The Horizontal Line Synopsis of the Gospels
Greek Edition
Volume I. The Gospel of Matthew

The Horizontal Line Synopsis of the Gospels
Greek Edition
Volume I. The Gospel of Matthew

Reuben J. Swanson
Professor of Religion

Western North Carolina Press, Inc.
Dillsboro, North Carolina

Library of Congress Catalog Card Number: 82-50638
International Standard Book Number (ISBN):
The Horizontal Line Synopsis of the Gospels (Greek Edition) 0-915948-09-5
Volume I. The Gospel of Matthew 0-915948-10-9

Manufactured in the United States of America
by Bookcrafters, Inc.
Chelsea, Michigan

To My Teachers
at Yale University
Who introduced me
to
Textual Criticism
and
Exegesis

Paul Schubert

Erich Dinkler

Millar Burrows

Acknowledgements

A special note of appreciation to those persons who have been of great service to me in completing this first volume of the Greek edition of The Synopsis:

To Bruce M. Metzger for his substantial support and wise counsel over the many years this volume has been in the making.

To Ralph Winter for his prudent suggestions on style and format.

To Marian Helen Swanson for her inspiration and sacrifice without which the task could not have been accomplished.

The Synopsis

The idea of a new format for a Synopsis of the Gospels arose from a classroom experience with undergraduates in a course entitled, "The Life of Jesus." It soon became apparent that students had great difficulty identifying similarities and differences from one gospel to another as they searched the text in the parallel column Synopses. The differences especially were difficult to see even when pointed out to the student. How can similarities and differences be meaningful, if one is unable to identify them? How can there be time for thoughtful consideration of the significance of seemingly small differences and close similarities, if the time is exhausted in the search? A new arrangement seemed imperative to expedite a more comprehensive understanding of our gospels.

The reader who is familiar with the English edition of *The Horizontal Line Synopsis of the Gospels*, published in 1975, appreciates in some measure the tortuous road that led to its production. That story does not need to be repeated. This first volume of the Greek edition, *The Gospel of Matthew*, represents another step towards the fulfillment of a vision of the gospels in parallel lines that dawned in 1964. The production of this volume has been an even more monumental task than the production of the English. It represents much more than one gospel in parallel lines, for it also includes the scribal readings from a number of the more important manuscripts of the Gospel of Matthew in a textual apparatus. In addition, a select list of cross references to relevant passages in the Old and New Testaments and in the Apocrypha has been added in a second set of footnotes. A first Appendix cites all the gospel quotes in the writings of Clement of Alexandria from late second and early third centuries which relate in some way to the Gospel of Matthew. A second Appendix gives a comprehensive listing of the vocabulary of the Gospel of Matthew, not only from the criticial text used, but also from the manuscript evidence. All of these additions provide a more complete resource for the investigation and interpretation of the Gospel of Matthew in the study and in the classroom. If this volume contributes to or advances our knowledge and understanding of our Lord's life and message, then its birthpangs have indeed been worthwhile.

Sola Dei Gloria!

The Use of the Synopsis

The Horizontal Line Synopsis is a neutral source for the study of the gospels and their interrelationships. It does not prejudge the question of relationships by giving priority to one gospel over another. Each gospel is cited completely in its natural sequence and thus tells its own story. The relationships of the other gospels to the one and also to one another are shown contextually. The Greek edition of the Synopsis, when complete, will consist of four volumes, a volume for each gospel. The exemplar, or lead gospel (in this instance the Gospel of Matthew), is cited as the top line of each of the blocks of lines except when material in one or more of the other gospels is more comprehensive. The additional material in the other gospels is included, since it is important for the reader to know what the other gospel writers are saying when this material is not repeated in the lead gospel. This additional material is usually shown in twelve-pitch type, so that the exemplar may always stand forth to the eye of the reader. The text of the lead gospel is also underlined to make it more readily recognized. The only exceptions are in long passages where the material is singular in the exemplar. Exact parallels in the supporting gospels are always underlined as well, so that the eye can pick up the similarities between the lead gospel and the supporting texts.

Materials identified as parallel are of two kinds, primary and secondary. Primary parallels are so identified because the context is very nearly the same in two or more gospels. Secondary parallels represent a repeat of similar materials in another context. Both kinds of parallels are always arranged, or spaced, so that exact agreements may be seen vertically. The exact agreements are also underlined so that similarities may be recognized immediately by the reader.

Chapter and verse identifications are shown in the left-hand margin. The chapter and verse markings for the lead gospel will always be shown consecutively. Chapter and verse markings for the supporting gospels will not occur consecutively, but are rearranged to conform to the lead gospel. This is necessary because the gospel material does not always occur in the same sequence in the four gospels. Sometimes portions of verses will be rearranged to correspond to the exemplar. When this occurs, the portion of the verse will be identified as a, b, c, or d. Chapter and verse identifications of secondary parallels are always indented one space and printed in twelve-pitch type (smaller) to aid the reader in distinguishing between primary and secondary readings.

The Horizontal Line Synopsis is to be read in blocks of lines. The similarities and differences among the gospel accounts stand out immediately. The arrangement and the underlining are intended to aid the reader to visualize the relationships among the gospels. This arrangement makes it possible to see all the similarities and differences immediately in synoptic form. The reader is released from the task of searching for and identifying similarities and differences and thus can devote his attention to the interpretation of the phenomena.

The flexibility of the horizontal line synoptic format is immediately apparent. The impossibility of showing more than the primary parallels in synoptic form has been overcome. Whereas the columnar synoptic arrangement only sets the primary parallels in an approximate parallel format, the horizontal line arrangement includes as many parallels, primary and secondary, as exist, not only in the gospels, but also when such parallels occur in other portions of the New Testament, particularly in The Acts of the Apostles and in Paul's First Letter to the Corinthians. A notable example is the showing of Paul's account of the Lord's Supper in parallel to Matthew's account (see pages 313 through 315 in the text). The inclusiveness of this format is also shown by this same pericope, for parallels from the pericopes of the Feeding of the Five Thousand and the Feeding of the Four Thousand are also shown.

Each gospel is organized into pericopes according to the natural order of the gospel. Thus the organization of the Matthean material is not imposed upon any other gospel and *vice versa.* The atomistic tendency of breaking down the gospels into the smallest possible units to accommodate a columnar arrangement is avoided. Pericope titles and chapter and verse identifications are correlated among the four gospels whenever possible. The Table of Contents for Matthew will correlate to the pericope organization of each of the other gospels, so that when the four volumes are complete the reader may turn to the proper pericope in another gospel and read the same pericope from the perspective of the other gospel writer.

The Division Into Parts

It is widely maintained that Mark provides the framework and basic outline for the Synoptic Gospels. The consensus is that Mark was the earliest gospel and was used by the authors of Matthew and Luke as a main source in the composition of their gospels. The Horizontal Line Synopsis is a basic tool to test this hypothesis in a more comprehensive and precise way than can be done when using other arrangements of the gospel materials. The inclusion of the Gospel of John and the paralleling of all materials, primary and secondary, will give a more substantial base for conclusions on this and other synoptic questions of origin.

Gospel parallels are truly paralleled in the horizontal format. Identical words and phrases are shown vertically, above and below one another. Thus the relationships among the four gospels are demonstrated conceptually, contextually and verbally. The ease of visualizing the similarity and dissimilarity among the gospels is facilitated, for the reader reads groups of parallel lines across the page. No longer does one need to search through three or four separate columns for parallels, columns in which the gospel material is paralleled only approximately. This is one of the most noteworthy contributions of The Horizontal Line Synopsis for the study of the gospels.

The very nature of the gospels demands that the work be presented in four parts, or, as in the Greek edition, in four volumes. The close juxtaposition of parallel materials makes it necessary to disturb the order of the three gospels to compare them precisely to the one. Each gospel must appear in its natural order to preserve its integrity. This in itself is an advantage. A student may study one gospel at a time and yet view its relationship to the others in the same reading. He does not need to lose the theme or the progression of the Gospel of Matthew, for example, as in a columnar harmony whenever Mark, Luke, or John contain non-Matthean material or, conversely, omit Matthean material. The reader is able to visualize each of the gospels in its entirety and at the same time give consideration to the interrelationships of the gospels to one another.

The Text

The text used for the Greek edition of The Gospel of Matthew is The United Bible Societies' third edition of 1975. This was chosen because it is perhaps the most widely used Greek text today. The use of the synopsis can thus be correlated to a curriculum where this particular text is the base for instruction.

The Textual Apparatus

Textual criticism, often neglected, is one of the basic disciplines for a comprehensive understanding of the New Testament. Nowhere is this more true than in the study of the gospels. The importance of textual criticism is without doubt recognized by many scholars, but the unreadable and incomprehensible format devised to proffer its treasures to the reader has contributed in large measure to neglect and non-use. This Greek edition includes the textual variant readings in parallel lines from original collations by the compiler. For the first time a critical apparatus is printed in a format which permits the reader to see immediately what the scribes have done with their exemplar. Alterations, harmonizations, additions, omissions are immediately evident. A rapid analysis of the variant readings can often determine which are the earlier and which the later readings. Furthermore, the readings are complete for the select list of manuscripts used, even to itacisms (these are shown only in those portions of the verses cited where there are significant variants). It has always seemed peculiar to the compiler that all critical editions show only partial readings of variants even when the omitted portion of the reading is singular and significant. This is misleading for any reader who uses a current textual apparatus seriously to make judgments about a particular manuscript or a particular reading. Such judgments can now be made with confidence, since the readings are cited comprehensively, completely, correctly and in a usable format.

Another feature of the apparatus which makes it unusually useful is that the variant readings from the four gospels are brought together in a parallel format similar to the text whenever there is reason to believe that harmonization among the gospels was consciously or unconsciously accomplished by a scribe. It is amazing what comes to light from a study and analysis of the phenomena. It becomes apparent that revisions will necessarily result in our understanding of the science of textual criticism from this arrangement.

The showing of the variant readings in parallel lines requires considerable space. The Greek edition of the Gospel of Matthew is double the size of English Matthew by the addition of the textual apparatus in this format. The addition of the Clement readings and the comprehensive word list increases the size. Thus it is necessary to issue the edition in four volumes. The magnitude of the project makes it urgent to make the first volume, Matthew, immediately available for students of the gospel who are concerned with the disciplines of text, source, form and redaction criticism, as well as for exegetical studies and interpretation. The horizontal line arrangement of the gospels is a superb tool for the application of each of these disciplines by the teacher in his study and in the classroom.

The Manuscripts

The textual variant readings are in twelve-pitch type and arranged in parallel lines with the manuscript identifications at the end of the line. The following manuscripts are quoted for Matthew:

P^{45} Chester Beatty Papyrus I. A third century manuscript containing the following fragments: M 20.24-32; 21.13-19; 25.41-26.3, 6-10, 19-33; Mk 4.36-40; 5.15-26, 38-6.3, 16-25, 36-50; ;7.3-15, 25-8.1, 10-26, 34-9.8, 18-31; 11.27-12.1, 5-8, 13-19, 24-28; L 6.31-41, 45-7.7; 9.26-41, 45-10.1, 6-22, 26-11.1, 6-25, 28-46, 50-12.12, 18-37, 42-13.1, 6-24, 29-14.10, 17-33; J 10.7-25, 31-11.10, 18-36, 43-57.

ℵ Codex Sinaiticus. Fourth century complete for gospels.

A Codex Alexandrinus. Fifth century lacking M 1.1-25.6. Otherwise complete for gospels.

B Codex Vaticanus. Fourth century complete for gospels.

C Codex Ephraemi. Fifth century palimpsest containing M 1.2-5.15; 7.5-17.16; 18.28-22.20; 23.17-24.10, 45-25.30; 26.22-27.11, 47-28.14; Mk 1.17-6.31; 8.5-12.29; 13.19-end; L 1.2-2.5, 42-3.21; 4.25-6.4, 37-7.16; 8.28-12.3; 19.42-20.27; 21.21-22.19; 23.25-24.7, 46-end; J 1.3-40; 3.33-5.16; 6.38-7.3; 8.34-9.11; 11.8-46; 13.8-14.7; 16.21-18.36; 20.26-end. (Tischendorf's collation has been used because of the impossibility of reading this text on microfilm).

D Codex Cantabrigiensis. Sixth century lacking M 1.1-20; 3.7-16; 6.20-9.2; 27.2-12; J 1.16-3.26 for the gospels.

E Codex Basiliensis. Eighth century. Lacking L 3.4-15; 24.47-end.

F Codex Boreelianus. Ninth Century. Lacking M 1.1-8, 34; 12.1-44; 13.55-14.9; 15.20-31; 20-21.5; Mk 1.43-2.8, 23-3.5, 11.6-26; 14.54-15.5, 39-16.19; Luke only as cited; J 3.5-14; 4.23-38; 5.18-38; 6.39-63; 7.28-8.10; 10.32-11.3, 40-12.3, 14-25; 13.34-end.

G Codex Boernerianus. Ninth century. Lacking M 1.1-5.29, 31-39, 43-6.6; 7.25-8.9, 23-9.2; 28.18-Mk 1.13; 14.19-25; L 1.1-13; 5.4-7.3; 8.46-9.5; 12.27-41; 24.41-end; J 18.5-19; 19.4-27.

K Codex Cyprius. Ninth century complete for gospels.

L Codex Regius. Eighth century. Lacking M 4.22-5.14; 28.17-20; Mk 10.16-30; 15.2-20; J 21.15-end.

W Codex Washingtonianus. Fourth, Fifth centuries. Lacking M 15.12-38.

Y Codex Cambridge. Ninth century. Lacking M 1.1-9.11; 10.35-11.4; L 1.26-36; 15.25-16.5; 23.22-34; J 20.27-21.17.

Θ Codex Koridethianus. Ninth century. Lacking M 1.1-9, 21-4.4, 17-5.4.

Π Codex Petropolitanus. Ninth century. Lacking M 3.12-4.17; 19.12-20.2; L 1.76-2.18; J 6.15-35; 8.6-39; 9.21-10.3

1. Family 1 Basel. Twelfth century. Complete for the gospels.

13. Family 13 Paris. Thirteenth century. Lacking M 1.1-2.20; 26.33-52; 27.26-28.9; Mk 1.20-45; J 16.19-17.11; 21.2-end.

28. Basel. Eleventh century. Lacking M 7.17-9.22; 14.33-16.10; 26.70-27.48; L 20.19-22.46; J 12.40-13.1; 15.24-16.12; 18.16-28; 20.19-21.4; 21.19-end.

565. Leningrad. Ninth century. Lacking J 11.26-48; 13.2-23.

1582. Athos. Tenth century. Lacking M 22.30-23.3.

The original plan was to include other significant manuscripts, but the time involved in collations and the press of other duties have made this not possible. The readings from the versions are also lacking, since the compiler does not claim to be an authority in equating these readings to the Greek. Many of these readings would not add to the material cited, but only support readings shown in the apparatus. The present apparatus provides the base for the additions of these and other materials by others in the future.

Clement of Alexandria

The readings from Clement of Alexandria are cited whenever there is true parallelism to the text. Often it is apparent he is citing from memory without reference to an exemplar. Clement represents an important witness to the type of text used in Egypt at the close of the second and at the beginning of the third centuries. This writer's dissertation, unpublished, is entitled, "The Gospel Text of Clement Alexandria." The research and its important conclusions were based only upon the *Stromata,* but a unique departure was made from previous dissertations for this type of research by using primary manuscript evidence to identify the text of Clement. Dr. Paul Schubert, supervisor for the preparation of the dissertation, urged the writer to publish. It was decided to expand the base for the conclusions of the dissertation by including all of Clement's writings. Research was well advanced on the project when permission to use the primary materials was withdrawn and thus the project was never completed. Since there is much valuable textual evidence in Clement for particular readings and even the possibility that Clement alone of all witnesses, manuscript and version, has preserved the original reading, it has seemed good to include his gospel text as well. The unique reading referred to is Clement's reading of ἁμαρτωλός for ἁμαρτωλῶν in M 11.19.* This is a singular reading which has intrinsic probability, since the change reflects the need of the community to protect the dogma of the sinlessness of Jesus as set forth elsewhere in the New Testament.

The Matthean Vocabulary

The rationale for the inclusion of the Matthean vocabulary as an appendix to the Synopsis is to provide the user with an immediate reference for entry to any passage in the gospel. There will be occasions in the classroom use of the Synopsis when the teacher will want to recall relevant pericopes or passages which relate to the one under discussion. Memory can fail momentarily and a strategic point can be lost. A word list immediately at hand can provide the necessary information at any moment and in every situation.

The word list is unique in several ways. First, it is comprehensive. Every word occurrence is listed with the exception of δέ, καί, and the various cases of the pronouns ἐγώ, ἡμεῖς, and αὐτός (all occurrences of these are listed for the nominative case). Only the chapter-verse references are listed for the various parts of speech with a few exceptions when words or spellings are of special interest. Verbs are printed out passage by passage, to enable the user to recognize immediately the various tenses used by the gospel writer.

---

*"Notes on the Critical Apparatus in Aland's *Synopsis Quattuor Evangeliorum*". The Harvard Theological Review, Vol. 61, No. 1, Jan., 1968.

Second, the addition of an N after the chapter-verse reference indicates an occurence of the word in the textual apparatus. This greatly multiplies the instances of word usage and also indicates a number of additional ἅπαξ λεγόμενα in the gospel. Many of these are undoubtedly scribal changes and sometimes represent scribal harmonizations. It is to be noted that occasionally a form of a word is used which, according to lexical authorities, has not been found in our manuscripts; e.g., ἄχρις in M 24.38. The textual variants in the manuscripts for the verbs are especially noteworthy and are quickly located and identified in the word list.

Finally, this word list, because of the additions from the textual apparatus, does not correspond precisely to any word list in print for the Gospel of Matthew. It is more comprehensive and inclusive for this gospel than in any concordance or lexicon. It is hoped that this word list will add in some appreciable measure to our understanding and knowledge of the Greek vocabulary of the early Christian community.

The numbering system used in Strong's Exhaustive Concordance to the English Authorized Version is also given for each word. In some instances, numbers have been assigned to words which are not found in that numbering system by adding a decimal point to the previous number. These new words can be located by comparing the list to Strong or to the latest edition of Moulton and Geden.

Abbreviations

Ac	The Acts of the Apostles
Am	Amos
1 C	1 Corinthians
2 C	2 Corinthians
1 Chr	1 Chronicles
2 Chr	2 Chronicles
Co	Colossians
Dn	Daniel
Dt	Deuteronomy
E	Ephesians
Ecc	Ecclesiastes
1 Esd	1 Esdras
Est	Esther
Ex	Exodus
Ez	Ezekiel
Ezr	Ezra
G	Galatians
Gn	Genesis
Hb	Habakkuk
He	Hebrews
Hg	Haggai
Hs	Hosea
Is	Isaiah
J	John
1 J	1 John
2 J	2 John
3 J	3 John
Jb	Job
Jd	Jude
Jdg	Judges
Jdth	Judith
Jl	Joel
Jon	Jonah
Jr	Jeremiah
Js	James
Jsh	Joshua
1 Kg	1 Kings
2 Kg	2 Kings
L	Luke
Lm	Lamentations
Lv	Leviticus
M	Matthew
Mal	Malachi
1 Mcc	1 Maccabees
4 Mcc	4 Maccabees
Mic	Micah
Mk	Mark
Ne	Nehemiah
Nu	Numbers
1 P	1 Peter
2 P	2 Peter
Ph	Philippians
Phl	Philemon
Pr	Proverbs
Ps	Psalms
PsSol	Psalm of Solomon
R	Romans
Re	Revelation
Rth	Ruth
1 Sm	1 Samuel
2 Sm	2 Samuel
Sir	Sirach
1 Th	1 Thessalonians
2 Th	2 Thessalonians
1 Ti	1 Timothy
2 Ti	2 Timothy
Tt	Titus
Tob	Tobit
Wsd	Wisdom
Zch	Zechariah
Zph	Zephaniah

Contents and Cross References: Matthew

The Pericopes Alphabetically Arranged

1. THE GENEALOGY OF JESUS

Matthew 1.1-17

M	1. 1	Βίβλος γενέσεως 'Ιησοῦ Χριστοῦ
Mk	1. 1	'Αρχὴ τοῦ εὐαγγελίου 'Ιησοῦ Χριστοῦ
L	3.23	Καὶ αὐτὸς ἦν 'Ιησοῦς ἀρχόμενος ὡσεὶ ἐτῶν
J	20.31a	ταῦτα δὲ γέγραπται ἵνα πιστεύσητε ὅτι 'Ιησοῦς ἐστιν ὁ Χριστὸς

M	1. 1	υἱοῦ Δαυὶδ υἱοῦ 'Αβραάμ.
Mk	1. 1	υἱοῦ θεοῦ.
L	3.23,34c	τριάκοντα, ὢν υἱός, ὡς ἐνομίζετο, 'Ιωσήφ, τοῦ 'Αβραάμ
J	20.31a	ὁ υἱὸς τοῦ θεοῦ,

M	1. 2	'Αβραὰμ ἐγέννησεν τὸν 'Ισαάκ, 'Ισαὰκ δὲ ἐγέννησεν τὸν 'Ιακώβ, 'Ιακὼβ
L	3.34b,a	τοῦ 'Ισαὰκ τοῦ 'Ιακώβ

M	1. 3	δὲ ἐγέννησεν τὸν 'Ιούδαν καὶ τοὺς ἀδελφοὺς αὐτοῦ, 'Ιούδας δὲ ἐγέννησεν
L	3.33f	τοῦ 'Ιούδα

M	1. 3	τὸν Φάρες καὶ τὸν Ζάρα ἐκ τῆς Θαμάρ, Φάρες δὲ ἐγέννησεν τὸν 'Εσρώμ,
L	3.33e,d	τοῦ Φάρες τοῦ 'Εσρὼμ

M	1. 4	'Εσρὼμ δὲ ἐγέννησεν τὸν 'Αράμ, 'Αρὰμ δὲ ἐγέννησεν τὸν 'Αμιναδάβ,
L	3.33c,b,a	τοῦ 'Αρνὶ τοῦ 'Αδμὶν τοῦ 'Αμιναδὰβ

M	1. 4	'Αμιναδὰβ δὲ ἐγέννησεν τὸν Ναασσών, Ναασσὼν δὲ ἐγέννησεν τὸν Σαλμών,
L	3.32e,d	τοῦ Ναασσὼν τοῦ Σαλὰ

M 1. 1 Δαυειδ BW
Δαβιδ 1.
δαδ ℵEKLΠ 28.565.1582

M 1. 2 Ισαακ, Ισαακ δε ℵ[c]BEKLWΠ 1.28.565.1582
Ισακ, Ισακ ℵ*
L 3.34 Ισακ ℵ*D

Ιουδαν ℵBELWΠ 1.28.565.1582
Ιουδα K

M 1. 3 Ζαρα ℵCEKLWΠ 1.28.565.1582
Ζαρε B

Εσρωμ ℵBCEKLΠ 1.28.565.1582
Εζρωμ W

M 1. 3 Αραμ ℵBCEKLW 1.28.565.1582
om. Π
L 3.33 Αραμ ADθY

M 1. 4 Αραμ δε εγεννησεν τον ℵBCKLW 1.28.565.1582
om. Π

M 1. 4 Αμιναδαβ, Αμιναδαβ CEKLWΠ 28.565.1582
Αμιναδαβ, Αμιναδαμ ℵ
Αμιναδαβ, Αμειναδαβ B
Αμιναδαμ, Αμιναδαμ 1.
L 3.33 Αμειναδαβ Dθ

Ναασσων, Ναασσων ℵBCKWΠ 1.28.565.1582
Νασσον, Νασσων L*
Νασσων, Νασσων L[c]
L 3.32 Νασσων θ*

M 1. 4 τον Σαλμων ℵBCKLWΠ 28.565.1582
om. 1.
L 3.32 Σαλα ℵ*B
Σαλμων ℵ[c]ADLθY

M 1.1 - Gn 5.1; 22.18; 1 Chr 17.11 M 1.2 - Gn 21.3, 12; 25.26; 29.35; 49.10
M 1.3 - 1 Chr 2.4f, 9; Gn 38.29f; Rth 4.12, 18-22 M 1.4 - 1 Chr 2.10f

1. THE GENEALOGY OF JESUS Matthew 1.1-17

M 1. 5 Σαλμὼν δὲ ἐγέννησεν τὸν Βόες ἐκ τῆς ῾Ραχάβ, Βόες δὲ ἐγέννησεν τὸν
L 3.32c,b τοῦ Βόος

M 1. 6 ᾿Ιωβὴδ ἐκ τῆς ῾Ρούθ, ᾿Ιωβὴδ δὲ ἐγέννησεν τὸν ᾿Ιεσσαί, ᾿Ιεσσαὶ δὲ
L 3.32a ᾿Ιωβὴδ τοῦ ᾿Ιεσσαὶ

M 1. 6 ἐγέννησεν τὸν Δαυὶδ τὸν βασιλέα.
L 3.31e τοῦ Δαυὶδ

M 1. 6,7 Δαυὶδ δὲ ἐγέννησεν τὸν Σολομῶνα ἐκ τῆς τοῦ Οὐρίου, Σολομὼν δὲ
L 3.31d τοῦ Ναθὰμ

M 1. 7 ἐγέννησεν τὸν ῾Ροβοάμ, ῾Ροβοὰμ δὲ ἐγέννησεν τὸν ᾿Αβιά, ᾿Αβιὰ δὲ
L 3.31c,b,a τοῦ Ματταθὰ τοῦ Μεννὰ τοῦ Μελεὰ

M 1. 8 ἐγέννησεν τὸν ᾿Ασάφ, ᾿Ασὰφ δὲ ἐγέννησεν τὸν ᾿Ιωσαφάτ, ᾿Ιωσαφὰτ δὲ
L 3.30e,d,c τοῦ ᾿Ελιακὶμ τοῦ ᾿Ιωνὰμ τοῦ ᾿Ιωσὴφ

M 1. 9 ἐγέννησεν τὸν ᾿Ιωράμ, ᾿Ιωρὰμ δὲ ἐγέννησεν τὸν ᾿Οζίαν, ᾿Οζίας δὲ
L 3.30b,a τοῦ ᾿Ιούδα τοῦ Συμεὼν

M 1. 9 ἐγέννησεν τὸν ᾿Ιωαθάμ, ᾿Ιωαθὰμ δὲ ἐγέννησεν τὸν ᾿Αχάζ, ᾿Αχὰζ δὲ
L 3.29e,d,c,b τοῦ Λευὶ τοῦ Μαθθὰτ τοῦ ᾿Ιωρὶμ τοῦ

M 1. 5 Σαλμων δε εγεννησεν τον Βοες εκ της Ραχαβ, Βοες אB
Σαλμων δε εγεννησεν τον Βοος εκ της Ραχαβ, Βοος C
Σαλμων δε εγεννησεν τον Βοοζ εκ της Ραχαβ, Βοοζ EKLWΠ 28.565.1582[c]
τον Βοοζ εκ της Ραχαβ, Βοοζ 1.
Σαλμων δε εγεννησεν τον Βοοζ εκ της Ρηχαβ, Βοοζ 1582*

M 1. 5 Ιωβηδ, Ιωβηδ אBC — Ιεσσαι אBCEKΠ 1.28.565.1582
Ωβηδ, Ωβηδ EKWΠ 1.28.565.1582 — Ειεσσαι W
ΟΒηδ, Οβηδ L — Ιεσε L

M 1. 6 Δαυειδ BW — Δαυειδ δε אBW
δαδ אCEKLΠ 1.28.565.1582 — δαδ δε CL 1.565.1582*
δαδ δε ο βασιλευς EKΠ 28.1582[c]

M 1. 6 Σολομωνα εκ της του Ουριου CEKΠ 28.565.1582[c]
Σαλομων εκ της του Ουριου א*
Σολωμωνα εκ της του Ουριου א[c]
Σολομωνα εκ της του Ουρειου B
Σολομωντα εκ της του Ουριου W
Σολομωνα εκ της του ριου L
Σολομων εκ της του Ουριου 1.1582*

M 1. 7 Αβια[2] א*BCEKLWΠ 1.28.565.1582 — Ασαφ[1.2] אBC 1.1582*
Αβιας א[c] — Ασα EKLWΠ 28.565.1582[c]

M 1. 8 Ιωσαφατ[1.2] אBC[c]EKLWΠ 1.28.565.1582 — Οζιαν, Οζιας אCEKLΠ 1.28.565.1582
Ιωσαφα C* — Οζειαν, Οζειας BW

M 1. 9 Αχαζ[1.2] BEKLWΠ 1.28.565.1582 (Αχαζ[2] θ)
Αχας אC

M 1. 5 - Jsh 2.1; He 11.31; Js 2.25; Rth 4.13-17 | M 1. 6 - 2 Sm 12.24

1. THE GENEALOGY OF JESUS Matthew 1.1-17

M 1.10 ἐγέννησεν τὸν Ἐζεκίαν, Ἐζεκίας δὲ ἐγέννησεν τὸν Μανασσῆ, Μανασσῆς
L 3.29a,28e Ἐλιέζερ τοῦ Ἰησοῦ τοῦ Ἤρ

M 1.11 δὲ ἐγέννησεν τὸν Ἀμώς, Ἀμὼς δὲ ἐγέννησεν τὸν Ἰωσίαν, Ἰωσίας δὲ
L 3.28d,c,b τοῦ Ἐλμαδὰμ τοῦ Κωσὰμ τοῦ Ἀδδὶ

M 1.11 ἐγέννησεν τὸν Ἰεχονίαν καὶ τοὺς ἀδελφοὺς αὐτοῦ ἐπὶ τῆς μετοικεσίας
L 3.28a,27e τοῦ Μελχὶ τοῦ Νηρὶ

M 1.11 Βαβυλῶνος.

M 1.12 Μετὰ δὲ τὴν μετοικεσίαν Βαβυλῶνος Ἰεχονίας ἐγέννησεν τὸν Σαλαθιήλ,
L 3.27d τοῦ Σαλαθιὴλ

M 1.13 Σαλαθιὴλ δὲ ἐγέννησεν τὸν Ζοροβαβέλ, Ζοροβαβὲλ δὲ ἐγέννησεν τὸν
L 3.27c,b τοῦ Ζοροβαβὲλ τοῦ

M 1.13 Ἀβιούδ, Ἀβιοὺδ δὲ ἐγέννησεν τὸν Ἐλιακίμ, Ἐλιακὶμ δὲ ἐγέννησεν
L 3.27a,26e,d Ῥησὰ τοῦ Ἰωανὰν τοῦ Ἰωδὰ τοῦ Ἰωσὴχ

M 1.14 τὸν Ἀζώρ, Ἀζὼρ δὲ ἐγέννησεν τὸν Σαδώκ, Σαδὼκ δὲ ἐγέννησεν
L 3.26c,b,a,25e τοῦ Σεμεῒν τοῦ Ματταθίου τοῦ Μάαθ τοῦ Ναγγαὶ

M 1.15 τὸν Ἀχίμ, Ἀχὶμ δὲ ἐγέννησεν τὸν Ἐλιούδ, Ἐλιοὺδ δὲ ἐγέννησεν
L 3.25d,c,b,a τοῦ Ἐσλὶ τοῦ Ναοὺμ τοῦ Ἀμὼς τοῦ Ματταθίου

M 1.10 Μανασσης ℵCEKΘΠ[c] 1.28.565.1582; Μανασση B; Μανσης L; Μανασης WΠ* — Αμως, Αμως ℵBCΘ 1.1582; Αμων, Αμων EKLW 28.565; Αμως, Αμω Π

M 1.10 Ιωσιαν, Ιωσιας ℵCEKLWΘΠ 1.28.565.1582; Ιωσειαν, Ιωσειας B

M 1.11 εγεννησεν ℵBCEKLWΠ 28.565; εγεννησεν τον Ιωακειμ, Ιωακειμ δε εγεννησεν Θ 1582; εγεννησεν τον Ιακειμ, Ιωακειμ δε εγεννησε 1.

M 1.12 Σαλαθιηλ, Σαλαθιηλ ℵCEKLWΠ 1.28.565.1582 (Σαλαθιηλ, ... Θ); Σελαθιηλ, Σελαθιηλ B

M 1.13 εγεννησεν[1] ℵCEKLWΠ 1.28.565.1582; γεννα B — Αβιουδ[1] ℵ[c]BCEKLΠ 1.28.565.1582; Αβιουτ ℵ*

M 1.13 Ελιακιμ Π 28.565; Ελιακειμ ℵBCEKLWΘ 1.1582 — Σαδωκ, Σαδωκ ℵ[c]BCEKLΠ 1.28.565.1582; Σαδωχ, Σαδωχ ℵ*; Σαδδωκ, Σαδδωκ W

M 1.14 Αχιμ, Αχιμ BL 1.28.1582; Αχειμ, Αχειμ ℵCEKWΘΠ 565 — Ελιουδ, Ελιουδ ℵ[c]BCE*KLWΘΠ 1.28.565.1582; Ελιουτ, Ελιουτ ℵ*; Ελειουδ, Ελειουδ E[c]

M 1.11 - 1 Esd 1.32 LXX M 1.12 - 1 Chr 3.17; Est 3.2

1. THE GENEALOGY OF JESUS Matthew 1.1-17

M 1.15 τὸν 'Ελεάζαρ, 'Ελεάζαρ δὲ ἐγέννησεν τὸν Ματθάν, Ματθὰν δὲ
L 3.24e,d,c,b,a τοῦ 'Ιωσὴφ τοῦ 'Ιανναὶ τοῦ Μελχὶ τοῦ Λευὶ τοῦ Μαθθάτ

M 1.16 ἐγέννησεν τὸν 'Ιακώβ, 'Ιακὼβ δὲ ἐγέννησεν τὸν 'Ιωσὴφ τὸν ἄνδρα Μαρίας,
L 3.23c,b τοῦ 'Ηλὶ 'Ιωσὴφ

M 1.16 ἐξ ἧς ἐγεννήθη 'Ιησοῦς ὁ λεγόμενος Χριστός.
L 3.23a Καὶ αὐτὸς ἦν 'Ιησοῦς ἀρχόμενος ὡσεὶ ἐτῶν τριάκοντα, ὢν υἱός, ὡς

L 3.23a ἐνομίζετο, ('Ιωσὴφ τοῦ 'Ηλὶ)

M 1.17 Πᾶσαι οὖν αἱ γενεαὶ ἀπὸ 'Αβραὰμ ἕως Δαυὶδ γενεαὶ δεκατέσσαρες, καὶ
M 1.17 ἀπὸ Δαυὶδ ἕως τῆς μετοικεσίας Βαβυλῶνος γενεαὶ δεκατέσσαρες, καὶ ἀπὸ
M 1.17 τῆς μετοικεσίας Βαβυλῶνος ἕως τοῦ Χριστοῦ γενεαὶ δεκατέσσαρες.

2. THE BIRTH OF JESUS

Matthew 1.18-25

M 1.18 Τοῦ δὲ 'Ιησοῦ Χριστοῦ ἡ γένεσις οὕτως ἦν.
L 1.26 'Εν δὲ τῷ μηνὶ τῷ ἕκτῳ ἀπεστάλη ὁ ἄγγελος Γαβριὴλ ἀπὸ τοῦ θεοῦ εἰς

M 1.18 μνηστευθείσης τῆς
L 1.27 πόλιν τῆς Γαλιλαίας ᾗ ὄνομα Ναζαρὲθ πρὸς παρθένον ἐμνηστευμένην ἀνδρὶ

M 1.18 μητρὸς αὐτοῦ Μαρίας τῷ 'Ιωσήφ, πρὶν ἢ συνελθεῖν αὐτοὺς εὑρέθη ἐν γαστρὶ
L 1.28 ᾧ ὄνομα 'Ιωσὴφ ἐξ οἴκου Δαυίδ, καὶ τὸ ὄνομα τῆς παρθένου

M 1.19 ἔχουσα ἐκ πνεύματος ἁγίου. 'Ιωσὴφ δὲ ὁ ἀνὴρ αὐτῆς, δίκαιος ὢν καὶ μὴ
L 1.28 Μαριάμ. καὶ εἰσελθὼν πρὸς αὐτὴν εἶπεν, Χαῖρε, κεχαριτωμένη, ὁ κύριος

M 1.15 Ματθαν, Ματθαν ℵB^cCEKLWΠ 1.28.565.1582
Μαθθαν, Μαθθαν B*θ

M 1.16 τον ανδρα Μαριας εξ ης εγεννηθη Ιησους ℵBCEKLWΠ 28.565.1582^c
τον ανδρα Μαριας εξ ης εγεννηθη 1.1582*
ω μνηστευθεισα παρθενος Μαριας εγεννησεν Ιησουν θ

M 1.16 ο λεγομενος Χριστος ℵBCEDLWΠ 1.28.565.1582
τον λεγομενον Χριστον θ

M 1.17 Δαυειδ, Δαυειδ BWθ
δαδ, δαδ ℵCEKLΠ 1.28.565.1582

M 1.18 Ιησου Χριστου η γενεσις ..μνηστευθεισης ..ευρεθη εν γαστρι ℵ
Χριστου Ιησου η γενεσις ..μνηστευθεισης ..ευρεθη εν γαστρι B
Ιησου Χριστου η γενεσεις..μνηστεθθισης ..ευρεθη εν γαστρι C*
Ιησου Χριστου η γενεσεις..μνηστευθισης γαρ..ευρεθη εν γαστρι C^c
Ιησου Χριστου η γεννησις..μνηστευθεισης γαρ..ευρεθη εν γαστρι ΕΚΠ
Ιησου Χριστου η γεννησις..μνηστευθησις γαρ..ευρεθη εν γαστρι L*
Ιησου Χριστου η γεννησις..μνηστευθησις ..ευρεθη εν γαστρι L^c
Ιησου η γενεσεις..μνηστευθεισης γαρ..ευρεθη εν γαστρι W
Ιησου Χριστου η γενεσις ..μνηστευθησης γαρ..ευρεθη εν γαστρι θ
Ιησου Χριστου η γενεσις ..μνηστευθεισης ..ηυρεθη εν γαστρι 1.1582
Ιησου Χριστου η γεννησις..μνηστευθεισης γαρ..ευρεθη εγγαστρι 28
Ιησου Χριστου η γεννησις..μνηστευθησης ..ευρεθη εν γαστρι 565

M 1.16 - M 27.17, 22 | M 1.18 - L 1.35

2. THE BIRTH OF JESUS Matthew 1.18-25

M 1.20 θέλων αὐτὴν δειγματίσαι, ἐβουλήθη λάθρᾳ ἀπολῦσαι αὐτήν. ταῦτα δὲ αὐτοῦ
L 1.29 μετὰ σοῦ. ἡ δὲ ἐπὶ τῷ λόγῳ διεταράχθη καὶ

M 1.20 ἐνθυμηθέντος ἰδοὺ ἄγγελος κυρίου
L 1.30 διελογίζετο ποταπὸς εἴη ὁ ἀσπασμὸς οὗτος. καὶ εἶπεν ὁ ἄγγελος

M 1.20 κατ' ὄναρ ἐφάνη αὐτῷ λέγων, 'Ιωσὴφ υἱὸς Δαυίδ, μὴ φοβηθῇς παραλαβεῖν
L 1.30 αὐτῇ, Μὴ φοβοῦ,

M 1.20 Μαρίαν τὴν γυναῖκά σου, τὸ γὰρ ἐν αὐτῇ γεννηθὲν
L 1.31 Μαριάμ, εὗρες γὰρ χάριν παρὰ τῷ θεῷ· καὶ ἰδοὺ συλλήμψῃ ἐν γαστρὶ

M 1.21 ἐκ πνεύματός ἐστιν ἁγίου· τέξεται δὲ υἱὸν καὶ καλέσεις τὸ ὄνομα αὐτοῦ
L 1.31 καὶ τέξῃ υἱόν, καὶ καλέσεις τὸ ὄνομα αὐτοῦ

M 1.22 'Ιησοῦν, αὐτὸς γὰρ σώσει τὸν λαὸν αὐτοῦ ἀπὸ τῶν ἁμαρτιῶν αὐτῶν. Τοῦτο
L 1.31 'Ιησοῦν.

M 1.22 δὲ ὅλον γέγονεν ἵνα πληρωθῇ τὸ ῥηθὲν ὑπὸ κυρίου διὰ τοῦ προφήτου λέγοντος,
M 1.23 'Ιδοὺ ἡ παρθένος ἐν γαστρὶ ἕξει καὶ τέξεται υἱόν,
M 1.23 καὶ καλέσουσιν τὸ ὄνομα αὐτοῦ 'Εμμανουήλ,
M 1.24 ὅ ἐστιν μεθερμηνευόμενον Μεθ' ἡμῶν ὁ θεός. ἐγερθεὶς δὲ ὁ 'Ιωσὴφ ἀπὸ τοῦ
M 1.24 ὕπνου ἐποίησεν ὡς προσέταξεν αὐτῷ ὁ ἄγγελος κυρίου καὶ παρέλαβεν τὴν
M 1.25 γυναῖκα αὐτοῦ· καὶ οὐκ ἐγίνωσκεν αὐτὴν ἕως οὗ ἔτεκεν υἱόν· καὶ ἐκάλεσεν
M 1.25 τὸ ὄνομα αὐτοῦ 'Ιησοῦν.

M 1.19 δειγματισαι B 1.1582*
παραδειγματισαι ℵCEKLWΘΠ 28.565.1582^c

M 1.20 κατ' οναρ εφανη αυτω λεγων, 'Ιωσηφ υιος Δαυιδ
κατ' οναρ εφανη αυτω λεγων, 'Ιωσηφ υιος Δαυειδ B
κατ' οναρ εφανη αυτω λεγων, 'Ιωσηφ υιος δαδ ℵCEKLΠ 1.28.565.1582
εφανη κατ' οναρ αυτω λεγων, 'Ιωσηφ υιος Δαυειδ W
εφανη κατ' οναρ τω 'Ιωσηφ λεγων υιος δαυειδ Θ

M 1.20 Μαριαν BL 1.
Μαριαμ ℵCDEKWΘΠ 28.565.1582
L 1.30 Μαριαμ ℵABCLWΘ

M 1.20 εστιν αγιου ℵBCEKWΘΠ 1.28.565.1582
αγιου εστιν DL

M 1.22 υπο κυριου δια του προφητου ℵBCW 1.1582*
υπο του κυριου δια του προφητου EKLΠ 28.565.1582^c
υπο κυριου δια Ησαιου του προφητου D

M 1.23 καλεσουσιν ℵBCEKLWΠ 1.28.565.1582
καλεσεις D

M 1.23 Εμμανουηλ ℵBCEKLWΠ 1.28.565.1582
Ενμανουηλ D

M 1.24 εγερθεις δε ο 'Ιωσηφ ℵBC 1.1582*
διεγερθεις δε ο 'Ιωσηφ DE^cLWΠ 1582^c
διερθεις δε ο 'Ιωσηφ E*
διεγερθεις δε 'Ιωσηφ K 28.565

M 1.25 εγινωσκεν αυτην εως ου ετεκεν υιον ℵB^c 1.1582*
εγινωσκεν αυτην εως ετεκεν υιον B*
εγνω αυτην εως ου ετεκεν τον υιον αυτης τον πρωτοτοκον D
εγινωσκεν αυτην εως ου ετεκεν τον υιον αυτης τον πρωτοτοκον CEKWΠ 565.1582^c
εγινωσκεν αυτην εως ου ετεκεν τον υιον τον πρωτοτοκον L

M 1.20 - 1.18; J 3.6   M 1.21 - L 1.31; 2.21; Sir 46.1; Ps 130.8; J 1.29; Ac 4.12; Tt 2.14.
M 1.23 - Is 7.14; 8.8, 10 LXX; R 8.31

3. THE WISE MEN AND THE DESCENT INTO EGYPT

Matthew 2.1-13

M 2. 1 Τοῦ δὲ Ἰησοῦ γεννηθέντος ἐν Βηθλέεμ τῆς Ἰουδαίας ἐν ἡμέραις Ἡρῴδου
M 2. 1 τοῦ βασιλέως, ἰδοὺ μάγοι ἀπὸ ἀνατολῶν παρεγένοντο εἰς Ἱεροσόλυμα
M 2. 2 λέγοντες, Ποῦ ἐστιν ὁ τεχθεὶς βασιλεὺς τῶν Ἰουδαίων; εἴδομεν γὰρ αὐτοῦ
M 2. 3 τὸν ἀστέρα ἐν τῇ ἀνατολῇ καὶ ἤλθομεν προσκυνῆσαι αὐτῷ. ἀκούσας δὲ ὁ
M 2. 4 βασιλεὺς Ἡρῴδης ἐταράχθη καὶ πᾶσα Ἱεροσόλυμα μετ' αὐτοῦ, καὶ συν-

M 2. 4 αγαγὼν πάντας τοὺς ἀρχιερεῖς καὶ γραμματεῖς τοῦ λαοῦ ἐπυνθάνετο παρ'
J 7.41 ἄλλοι ἔλεγον, Οὗτός ἐστιν ὁ Χριστός· οἱ δὲ ἔλεγον, Μὴ γὰρ ἐκ τῆς

M 2. 5 αὐτῶν ποῦ ὁ Χριστὸς γεννᾶται. οἱ δὲ
L 2.11 ὅτι ἐτέχθη ὑμῖν σήμερον σωτὴρ ὅς ἐστιν Χριστὸς κύριος
J 7.42 Γαλιλαίας ὁ Χριστὸς ἔρχεται; οὐχ ἡ γραφὴ εἶπεν ὅτι ἐκ τοῦ σπέρματος

M 2. 5 εἶπαν αὐτῷ, Ἐν Βηθλέεμ τῆς Ἰουδαίας· οὕτως γὰρ γέγραπται διὰ τοῦ
L 2.11 ἐν πόλει Δαυίδ·
J 7.42 Δαυίδ, καὶ ἀπὸ Βηθλέεμ τῆς κώμης ὅπου ἦν Δαυίδ, ἔρχεται ὁ Χριστός;

M 2. 5 προφήτου·
M 2. 6 Καὶ σύ, Βηθλέεμ γῆ Ἰούδα,
M 2. 6 οὐδαμῶς ἐλαχίστη εἶ ἐν τοῖς ἡγεμόσιν Ἰούδα·
M 2. 6 ἐκ σοῦ γὰρ ἐξελεύσεται ἡγούμενος,
M 2. 6 ὅστις ποιμανεῖ τὸν λαόν μου τὸν Ἰσραήλ.

M 2. 7 Τότε Ἡρῴδης λάθρᾳ καλέσας τοὺς μάγους ἠκρίβωσεν παρ' αὐτῶν τὸν χρόνον
M 2. 8 τοῦ φαινομένου ἀστέρος, καὶ πέμψας αὐτοὺς εἰς Βηθλέεμ εἶπεν, Πορευ-
M 2. 8 θέντες ἐξετάσατε ἀκριβῶς περὶ τοῦ παιδίου· ἐπὰν δὲ εὕρητε ἀπαγγείλατέ

M 2. 1
Ηρωδου .. παρεγενοντο εις Ιεροσολυμα ℵB 1.1582
Ηρωδου .. παρεγενοντο εις Ιερουσαλημ CEKWΠ 28.565
Ηρωδους .. παρεγενοντο εις Ιεροσολυμα D
Ηρωδου .. παραγενοντο εις Ιερουσαλημ L

M 2. 3
ο βασιλευς Ηρωδης .. και πασα ℵB 1.1582
Ηρωδης ο βασιλευς .. και πασα CEKWΠ 28.565
ο βασιλευς Ηρωδης .. κα D*
ο βασιλευς Ηρωδης .. και D^c
Ηρωδης ο βασιλευς .. και πασσα L

M 2. 4
παρ αυτων ℵBCEKLWΠ 1.28.565.1582
om. D

M 2. 5
ειπαν .. ουτως γαρ ℵB
ειπον .. ουτως γαρ CDEKWΠ 1.28.565.1582
ειπον .. ουτως L

M 2. 6
εκ σου γαρ .. ποιμανει B^cELWΠ 1.1582
εξ ου .. ποιμανει ℵ*
εξ ου γαρ .. ποιμανει ℵ^c 565
εξ σου γαρ .. ποιμανει B*
εξ ου γαρ μοι .. ποιμανει C
εκ ου γαρ .. ποιμενει D*
εκ σου γαρ .. ποιμενει D^c
εκ σου γαρ μοι .. ποιμανει K 28

M 2. 7
Ηρωδης .. ηκριβωσεν ℵBCEDL^cWΠ 1.28.565.1852
Ηρωδης .. ηκρειβασεν D
Ηρωδη .. ηκριβωσεν L*

M 2. 8
εις Βηθλεεμ ειπεν .. εξετασατε ακριβως .. επαν ℵC* 1.1582
εις Βηθλεεμ ειπεν .. εξετασαται ακρειβως .. επαν B
εις Βηθλεεμ ειπεν .. εξετασατε ακριβως .. επαν C^cEKWΠ 565
εις Βεθλεεμ ειπεν .. εξετασαται ακρειβως .. οταν D
εις Βιθλεεμ ειπεν .. εξετασατε ακριβως .. επαν L
ειπεν εις Βηθλεεμ .. εξετασατε ακριβως .. επαν 28

M 2. 1 - L 2.1-7; 1.5; 3.1 | M 2. 2 - Nu 24.17; M 2.9; Gn 49.10; 2 P 1.19; Re 22.16
M 2. 6 - Mic 5.1-3; 2 Sm 5.2; 1 Chr 11.2

3. THE WISE MEN AND THE DESCENT INTO EGYPT Matthew 2.1-13

M 2. 9 μοι, ὅπως κἀγὼ ἐλθὼν προσκυνήσω αὐτῷ. οἱ δὲ ἀκούσαντες τοῦ βασιλέως
M 2. 9 ἐπορεύθησαν, καὶ ἰδοὺ ὁ ἀστὴρ ὃν εἶδον ἐν τῇ ἀνατολῇ προῆγεν αὐτοὺς ἕως
M 2.10 ἐλθὼν ἐστάθη ἐπάνω οὗ ἦν τὸ παιδίον. ἰδόντες δὲ τὸν ἀστέρα ἐχάρησαν
M 2.11 χαρὰν μεγάλην σφόδρα. καὶ ἐλθόντες εἰς τὴν οἰκίαν εἶδον τὸ παιδίον μετὰ
M 2.11 Μαρίας τῆς μητρὸς αὐτοῦ, καὶ πεσόντες προσεκύνησαν αὐτῷ, καὶ ἀνοίξαντες
M 2.11 τοὺς θησαυροὺς αὐτῶν προσήνεγκαν αὐτῷ δῶρα, χρυσὸν καὶ λίβανον καὶ σμύρ-
M 2.12 ναν. καὶ χρηματισθέντες κατ᾽ ὄναρ μὴ ἀνακάμψαι πρὸς Ἡρῴδην, δι᾽ ἄλλης
M 2.12 ὁδοῦ ἀνεχώρησαν εἰς τὴν χώραν αὐτῶν.

M 2.13 Ἀναχωρησάντων δὲ αὐτῶν ἰδοὺ ἄγγελος κυρίου φαίνεται κατ᾽ ὄναρ τῷ
M 2.13 Ἰωσὴφ λέγων, Ἐγερθεὶς παράλαβε τὸ παιδίον καὶ τὴν μητέρα αὐτοῦ καὶ
M 2.13 φεῦγε εἰς Αἴγυπτον, καὶ ἴσθι ἐκεῖ ἕως ἂν εἴπω σοι· μέλλει γὰρ Ἡρῴδης
M 2.14 ζητεῖν τὸ παιδίον τοῦ ἀπολέσαι αὐτό. ὁ δὲ ἐγερθεὶς παρέλαβεν τὸ παιδίον
M 2.15 καὶ τὴν μητέρα αὐτοῦ νυκτὸς καὶ ἀνεχώρησεν εἰς Αἴγυπτον, καὶ ἦν ἐκεῖ
M 2.15 ἕως τῆς τελευτῆς Ἡρῴδου· ἵνα πληρωθῇ τὸ ῥηθὲν ὑπὸ κυρίου διὰ τοῦ προ-
M 2.15 φήτου λέγοντος, Ἐξ Αἰγύπτου ἐκάλεσα τὸν υἱόν μου.

M 2.16 Τότε Ἡρῴδης ἰδὼν ὅτι ἐνεπαίχθη ὑπὸ τῶν μάγων ἐθυμώθη λίαν, καὶ
M 2.16 ἀποστείλας ἀνεῖλεν πάντας τοὺς παῖδας τοὺς ἐν Βηθλέεμ καὶ ἐν πᾶσι τοῖς
M 2.16 ὁρίοις αὐτῆς ἀπὸ διετοῦς καὶ κατωτέρω, κατὰ τὸν χρόνον ὃν ἠκρίβωσεν παρὰ
M 2.17 τῶν μάγων. τότε ἐπληρώθη τὸ ῥηθὲν διὰ Ἰερεμίου τοῦ προφήτου λέγοντος,

---

M 2. 9 ακουσαντες .. ο αστηρ .. εσταθη επανω ου ην το παιδιον ℵBC 1.1582
ακουσαν .. ο αστηρ .. εσταθη επανω του παιδιου D*
ακουσαντες .. ο αστηρ .. εσταθη επανω του παιδιου D^{c}
ακουσαντες .. ο αστηρ .. εστη επανω ου ην το παιδιον EKWΠ 28.565
ακουσαντες .. αστηρ .. εστη επανω ου ην το παιδιον L

M 2.10 ιδοντες δε τον αστερα ℵ^{c}BDEKLWΠ 1.565.1582
ιδοντες δε τον αστεραν ℵ*C
οι δε ιδοντες τον αστερα 28

M 2.11 το παιδιον .. σμυρναν ℵBCEKLWΠ 1.28.565.1582
τον παιδα .. ζμυρναν D
το παιδιον .. ζμυρναν W*

M 2.12 χωραν αυτων BCDEKWΠ 28.565
εαυτων χωραν ℵ* 1.1582
αυτων χωραν ℵ^{c}
χωραν αυτω L

M 2.13 αναχωρησαντων δε αυτων ..φαινεται κατ οναρ τω Ιωσηφ ℵE 1.28.565.1582
αναχωρησαντων δε αυτων εις την χωραν αυτων..κατ οναρ εφανη τω Ιωσηφ B
αναχωρησαντων δε αυτων ..κατ οναρ φαινεται τω Ιωσηφ C*KΠ
αναχωρησαντων δε τον μαγον ..κατ οναρ φαινεται τω Ιωσηφ C^{c}
αυτων δε αναχωρησαντων ..φαινεται κατ οναρ τω Ιωσηφ D*D^{2}
αυτων δε αναχωρησαντων τον μαγον ..φαινεται κατ οναρ τω Ιωσηφ D^{c}
αναχωρησαντων δε αυτων ..φαινετε κατ οναρ τω Ιωσηφ L
αναχωρησαντων δε αυτων ..φαινεται τω Ιωσηφ κατ οναρ W

M 2.13 το παιδιον .. και φευγε .. ειπω σοι .. Ηρωδης .. το παιδιον .. αυτο ℵBCEWΠ 1.565.1582
τον παιδα .. και φευγε .. σοι ειπω .. Ηρωδης .. τον παιδα .. αυτον D
το παιδιον .. και φευγε .. ειπω σοι .. Ηρωδης .. το παιδιον .. αυτω K 28
το παιδιον .. φευγε .. ειπω σοι .. ο Ηρωδης .. το παιδιον .. αυτω L*
το παιδιον .. φευγε .. ειπω σοι .. ο Ηρωδης .. το παιδιον .. αυτο L^{c}

M 2.14 εγερθεις .. το παιδιον ℵBCEKLWΠ 1.28.565.1582
διεγερθεις .. τον παιδα D

M 2.15 υπο ℵBCDWΠ 1.1582*
υπο του EKL 28.565.1582^{c}

M 2.16 μαγων .. διετους και κατωτερω κατα .. ηκριβωσεν ℵBCEKLΠ 1.28.565.1582
μαγων .. διετειας και κατω κατα .. ηκρειβασεν D
γαμων .. διετους και κατωτερω κατα .. ηκριβωσεν W

M 2.17 δια Ιερεμιου ℵBC
υπο Ιερεμιου EKLΠ 1.28.565.1852
δια Ιηρεμιου W
υπο κυριου δια Ηρεμιου D*
υπο κυριου δια Ιηρεμιου D^{c}

M 2.11 - Ps 72.10-11, 15; Is 60. 6; J 19.39 | M 2.12 - M 2.22 | M 2.13 - 1 Kg 11.40; Jr 26.21
M 2.13 - M 1.20; 2.19 | M 2.15 - Hs 11.1; Nu 23.22; 24. 8

M 2.18 Φωνὴ ἐν ʽΡαμὰ ἠκούσθη,
M 2.18 κλαυθμὸς καὶ ὀδυρμὸς πολύς·
M 2.18 ʽΡαχὴλ κλαίουσα τὰ τέκνα αὐτῆς,
M 2.18 καὶ οὐκ ἤθελεν παρακληθῆναι, ὅτι οὐκ εἰσίν.

M 2.19 Τελευτήσαντος δὲ τοῦ ʽΗρῴδου ἰδοὺ ἄγγελος κυρίου φαίνεται κατʼ ὄναρ
M 2.20 τῷ ʼΙωσὴφ ἐν Αἰγύπτῳ λέγων, ʼΕγερθεὶς παράλαβε τὸ παιδίον καὶ τὴν
M 2.20 μητέρα αὐτοῦ καὶ πορεύου εἰς γῆν ʼΙσραήλ, τεθνήκασιν γὰρ οἱ ζητοῦντες
M 2.21 τὴν ψυχὴν τοῦ παιδίου. ὁ δὲ ἐγερθεὶς παρέλαβεν τὸ παιδίον καὶ τὴν
M 2.22 μητέρα αὐτοῦ καὶ εἰσῆλθεν εἰς γῆν ʼΙσραήλ. ἀκούσας δὲ ὅτι ʼΑρχέλαος
M 2.22 βασιλεύει τῆς ʼΙουδαίας ἀντὶ τοῦ πατρὸς αὐτοῦ ʽΗρῴδου ἐφοβήθη ἐκεῖ
M 2.22 ἀπελθεῖν· χρηματισθεὶς δὲ κατʼ ὄναρ ἀνεχώρησεν εἰς τὰ μέρη τῆς Γαλιλαίας,
M 2.23 καὶ ἐλθὼν κατῴκησεν εἰς πόλιν λεγομένην Ναζαρέτ, ὅπως πληρωθῇ τὸ ῥηθὲν
M 2.23 διὰ τῶν προφητῶν ὅτι Ναζωραῖος κληθήσεται.

4. JOHN THE BAPTIST

Matthew 3.1-12

M 3. 1 ʼΕν δὲ ταῖς ἡμέραις ἐκείναις
L 3. 1 ʼΕν ἔτει δὲ πεντεκαιδεκάτῳ τῆς ἡγεμονίας Τιβερίου Καίσαρος, ἡγεμονεύ-
M 4.17 Απο τοτε

L 3.1 οντος Ποντιου Πιλατου της Ιουδαιας, και τετρααρχουντος της Γαλιλαιας Ηρῳδου,
L 3.1 Φιλιππου δε του αδελφου αυτου τετρααρχουντος της Ιτουραιας και Τραχωνιτιδος
L 3.2 χωρας, και Λυσανιου της Αβιληνης τετρααρχουντος, επι αρχιερεως Αννα και Καιαφα,

M 3 1 παραγίνεται ʼΙωάννης ὁ βαπτιστὴς
Mk 1. 4 ἐγένετο ʼΙωάννης ὁ βαπτίζων
L 3. 2 ἐγένετο ῥῆμα θεοῦ ἐπὶ ʼΙωάννην τὸν Ζαχαρίου
M 4.17 ηρξατο ο ʼΙησους
M 10.7 πορευομενοι δε
J 1.6 Εγενετο ανθρωπος απεσταλμενος παρα θεου, ονομα αυτω ʼΙωάννης·
J 1.19 Και αυτη εστιν η μαρτυρια του ʼΙωάννου, οτε απεστειλαν

M 2.18 εν Ραμα ηκουσθη .. Ραχηλ .. ηθελεν ℵB 1.1582*
εν Ραμα ηκουσθη θρηνος και .. Ραχηλ .. ηθελεν CKWΠ 28.565.1582^{c}
εν Ραμα ηκουσθη θρηνος και .. Ραχηλ .. ηθελησεν D
εν Ραμα ηκουσθη θρηνος και .. Ραχιηλ.. ηθεν E*
εν Ραμα ηκουσθη θρηνος και .. Ραχιηλ.. ηθελεν E^{c}
ερρεμα ηκουσθη θρινος και .. Ραχηηλ.. ηθελεν L

M 2.19 φαινεται κατ οναρ ℵBD 1.1582
κατ οναρ φαινεται CEKWΠ 28.565
κατ οναρ φαινετε L

M 2.20 το παιδιον ℵBEKLWΠ 1.28.565.1582
τον παιδα D

M 2.21 εγερθεις .. το παιδιον .. εισηλθεν ℵBC
διεγερθεις .. τον παιδα .. ηλθεν D
εγερθεις .. το παιδιον .. ηλθεν EKLWΠ 1.28.565.1582

M 2.22 Αρχελαος βασιλευει .. του πατρος αυτου Ηρωδου εφοβηθη ℵB
Αρχελαος βασιλευει επι .. του πατρος αυτου Ηρωδου εφοβηθη C*W
Αρχελαος βασιλευει επι .. Ηρωδου του πατρος αυτου εφοβηθη C^{c}EKΠ 28.1582^{c}
Αρχιλαος βασιλευει επι .. Ηρωδου του πατρος αυτου εφηθη D*
Αρχιλαος βασιλευει επι .. Ηρωδου του πατρος αυτου εφοβηθη D^{c}
Αρχαιλαος βασιλευει επι .. Ηρωδου του πατρος αυτου εφοβηθη L
Αρχελαος βασιλευει .. Ηρωδου του πατρος αυτου εφοβηθη 1.1582*
Αρχελαος βασιλευη .. Ηρωδου του πατρος αυτου εφοβηθη 565

M 2.23 εις πολιν λεγομενην Ναζαρετ .. δια .. Ναζωραιος ℵBL 1582
εις πολιν λεγομενην Ναζαρεθ .. υπο .. Ναζωραιος C
εις πολιν λεγομενην Ναζαρετ .. δια .. Ναζωρεος D
εις πολιν λεγομενην Ναζαρεθ .. δια .. Ναζωραιος EΠ 28
εις πολιν λεγομενην Ναζαρεθ .. δια .. Ναζοραιος K
εις πολιν λεγομενην Ναζαρεθ .. δια .. Ναζωρεος W
εις πολιν λεγομενην Ναζαραθ .. δια .. Ναζωραιος 1.
εν πολει λεγομενη Ναζαρεθ .. δια .. Ναζωραιος 565

M 3. 1 εν δε .. Ιωαννης ο ℵB^{c}CW 1.1582
εν δε .. Ιωανης ο B*
εν .. Ιωανης ο D
εν .. Ιωαννης ο EKLΠ 28.565

Mk 1. 4 Ιωαννης ADWYΘ
Ιωαννης ο ℵL
Ιωανης ο B

L 3. 2 Ιωαννην ℵACLWYΘ
Ιωανην BD

M 2.18 - Jr 31.15; Gn 35.19
M 2.19 - M 2.12-13; 1.20
M 2.20 - M 4.19
M 2.22 - M 2.12
M 2.22-23 - Mk 1.9; L 1.26; 2.39; J 1.45-46
M 2.23 - Jdg 13.5; Is 11.1; 53.2

[illegible]. JOHN THE BAPTIST Matthew 3.1-12

M 3. 1	κηρύσσων ἐν τῇ ἐρήμῳ τῆς
Mk 1. 4	ἐν τῇ ἐρήμῳ καὶ κηρύσσων
L 3. 3	υἱὸν ἐν τῇ ἐρήμῳ. καὶ ἦλθεν εἰς πᾶσαν τὴν περίχωρον τοῦ
J 1.19	προς αυτον οι 'Ιουδαιοι εξ 'Ιεροσολυμων ιερεις και Λευιτας ινα ερωτησωσιν αυτον,

M 3. 2	'Ιουδαίας καὶ λέγων, Μετανοεῖτε, ἤγγικεν γὰρ ἡ βασιλεία
Mk 1. 4	βάπτισμα μετανοίας εἰς ἄφεσιν ἁμαρτιῶν.
L 3. 3	'Ιορδάνου κηρύσσων βάπτισμα μετανοίας εἰς ἄφεσιν ἁμαρτιῶν,
M 4.17	κηρυσσειν καὶ λέγειν, Μετανοεῖτε, ἤγγικεν γὰρ ἡ βασιλεία
M 10.7	κηρυσσετε λέγοντες οτι Ἤγγικεν ἡ βασιλεία
J 1.19	Συ τις ει;

M 3. 3	τῶν οὐρανῶν. οὗτος γάρ ἐστιν ὁ ῥηθεὶς διὰ 'Ησαίου τοῦ
Mk 1. 2	Καθὼς γέγραπται ἐν τῷ 'Ησαΐᾳ τῷ
L 3. 4	ὡς γέγραπται ἐν βίβλῳ λόγων 'Ησαίου τοῦ
J 1.23b	καθὼς εἶπεν 'Ησαΐας ὁ
M 4.17	τῶν οὐρανῶν.
M 10.7	τῶν οὐρανῶν.

M 3. 3	προφήτου λέγοντος,
Mk 1. 2	προφήτῃ,
L 3. 4	προφήτου,
J 2.23a	προφήτης. ἔφη,

Mk 1.2	Ιδου αποστελλω τον αγγελον μου προ προσωπου σου,
Mk 1.2	ος κατασκευασει την οδον σου·

M 3. 3	Φωνὴ βοῶντος ἐν τῇ ἐρήμῳ,
Mk 1. 3	φωνὴ βοῶντος ἐν τῇ ἐρήμῳ,
L 3. 4	Φωνὴ βοῶντος ἐν τῇ ἐρήμῳ,
J 1.23a	'Εγὼ φωνὴ βοῶντος ἐν τῇ ἐρήμῳ,

M 3. 3	'Ετοιμάσατε τὴν ὁδὸν κυρίου,
Mk 1. 3	'Ετοιμάσατε τὴν ὁδὸν κυρίου,
L 3. 4	'Ετοιμάσατε τὴν ὁδὸν κυρίου,
J 1.23a	Εὐθύνατε τὴν ὁδὸν κυρίου,

M 3. 3	εὐθείας ποιεῖτε τὰς τρίβους αὐτοῦ.
Mk 1. 3	εὐθείας ποιεῖτε τὰς τρίβους αὐτοῦ--
L 3. 4	εὐθείας ποιεῖτε τὰς τρίβους αὐτοῦ.

L 3.5	πασα φαραγξ πληρωθησεται
L 3.5	και παν ορος και βουνος ταπεινωθησεται,
L 3.5	και εσται τα σκολια εις ευθειαν
L 3.5	και αι τραχειαι εις οδους λειας·
L 3.6	και οψεται πασα σαρξ το σωτηριον του θεου.

M 3. 2	και λεγων	CDEKLWΠ 1.28.565.1582
	λεγων	ℵB

M 3. 3	ουτος γαρ .. δια .. προφητου λεγοντος .. τριβους αυτου	ℵBCDW
	ουτος γαρ .. υπο .. προφητου λεγοντος .. τριβους αυτου	EKLΠ 28.565
	ουτος .. δια .. προφητου λεγοντος .. τριβους αυτου	1.1582
	.... οδους κυριου	ClemAl (Pr 9.1)
L 3. 4	προφητου	ℵBDLW
	προφητου λεγοντος	CYΘ

M 3.2 - Mk 1.15 | M 3.3 - Is 40.3 | M 4.4 - 2 Kg 1.8

4. JOHN THE BAPTIST Matthew 3.1-12

M 3. 4 Αὐτὸς δὲ ὁ Ἰωάννης εἶχεν τὸ ἔνδυμα αὐτοῦ ἀπὸ τριχῶν καμήλου καὶ
Mk 1. 6 καὶ ἦν ὁ Ἰωάννης ἐνδεδυμένος τρίχας καμήλου καὶ

M 3. 4 ζώνην δερματίνην περὶ τὴν ὀσφὺν αὐτοῦ, ἡ δὲ τροφὴ ἦν αὐτοῦ ἀκρίδες καὶ
Mk 1. 6 ζώνην δερματίνην περὶ τὴν ὀσφὺν αὐτοῦ, καὶ ἐσθίων ἀκρίδας καὶ

M 3. 5 μέλι ἄγριον. τότε ἐξεπορεύετο πρὸς αὐτὸν Ἱεροσόλυμα καὶ πᾶσα ἡ
Mk 1. 5 μέλι ἄγριον. καὶ ἐξεπορεύετο πρὸς αὐτὸν πᾶσα ἡ
J 1.24 Και απεσταλμενοι ησαν εκ των Φαρισαιων.

M 3. 5 Ἰουδαία καὶ πᾶσα ἡ περίχωρος τοῦ Ἰορδάνου,
Mk 1. 5 Ἰουδαία χώρα καὶ οἱ Ἱεροσολυμῖται πάντες,
J 1.25 και ηρωτησαν αυτον και ειπαν αυτω, Τι

M 3. 6 καὶ ἐβαπτίζοντο ἐν τῷ Ἰορδάνῃ ποταμῷ ὑπ᾽ αὐτοῦ ἐξομολογούμενοι τὰς
Mk 1. 5 καὶ ἐβαπτίζοντο ὑπ᾽ αὐτοῦ ἐν τῷ Ἰορδάνῃ ποταμῷ ἐξομολογούμενοι τὰς
J 1.25 ουν βαπτίζεις ει συ ουκ ει ο Χριστος ουδε Ηλιας ουδε ο προφητης;

M 3. 6 ἁμαρτίας αὐτῶν.
Mk 1. 5 ἁμαρτίας αὐτῶν.

M 3. 7 Ἰδὼν δὲ πολλοὺς τῶν Φαρισαίων καὶ Σαδδουκαίων ἐρχομένους ἐπὶ τὸ
L 3. 7 Ἔλεγεν οὖν τοῖς ἐκπορευομένοις ὄχλοις

M 3. 7 βάπτισμα αὐτοῦ εἶπεν αὐτοῖς, Γεννήματα ἐχιδνῶν, τίς ὑπέδειξεν
L 3. 7 βαπτισθῆναι ὑπ᾽ αὐτοῦ, Γεννήματα ἐχιδνῶν, τίς ὑπέδειξεν

M 3. 8 ὑμῖν φυγεῖν ἀπὸ τῆς μελλούσης ὀργῆς; ποιήσατε οὖν καρπὸν ἄξιον τῆς
L 3. 8 ὑμῖν φυγεῖν ἀπὸ τῆς μελλούσης ὀργῆς; ποιήσατε οὖν καρποὺς ἀξίους τῆς

M 3.4 δε ο Ιωαννης ℵCEKLWΠ 1.28.565.1582
δε ο Ιωανης B
δε Ιωαννης D

Mk 1.6 και ην ο Ιωαννης ℵL
και ην ο Ιωανης B
ην δε ο Ιωαννης Θ
ην δε Ιωαννης ADWY

M 3.4 ην αυτου ℵBCDW 1.1582
αυτου ην EKLΠ 28.565

M 3.5 προς αυτον ℵBCDEKWΠ 28.1582[c]
προς αυτον πασα η 1.1582*

M 3.5 η Ιουδαια ℵBCDEKWΠ 1.565.1582
Ιουδαια 28
Ιδαια L

M 3.6 εβαπτιζοντο ℵBC*DEKLWΠ 1.28.565.1582
εβαπτιζοντο παντες C[c]

M 3.6 εν τω Ιορδανη ποταμω υπ αυτου ℵ[c]BC* 1.1582
εν τω Ιορδανη παταμω υπ αυτου W
εν τω Ιορδανη ποταμω ℵ*
εν τω Ιορδανη υπ αυτου DC[c]EKΠ 28.565
εν τω Ηορδανη υπ αυτου L

Mk 1.5 υπ αυτου εν τω Ιορδανη ποταμω ℵBL
εν Ιορδανη υπ αυτου D
εν τω Ιορδανη υπ αυτου WΘ
εν τω Ιορδανη ποταμω υπ αυτου AY

M 3.7 αυτου ℵ[c]CDEKLWΠ 1.28.565.1582
omit ℵ*B

M 3.8 καρπον αξιον της μετανοιας ℵBCEKWΠ 1.565.1582
καρπον αξιον μετανοιας D[sup]
καρπους αξιους της μετανοιας L 28

M 3.4 - 2 Kg 1.8; Lv 11.21f. | M 3.5 - M 11.7ff.
M 3.7 - M 12.34; 23.33; L 23.23; R 1.18; 2.5; 5.9; E 5.6; Co 3.6; 1 Th 1.10; Re 6.16-17
M 3.8 - Ac 26.20

4. JOHN THE BAPTIST Matthew 3.1-12

M	3. 9	μετανοίας· καὶ μὴ δόξητε λέγειν ἐν ἑαυτοῖς, Πατέρα ἔχομεν τὸν
L	3. 8	μετανοίας· καὶ μὴ ἄρξησθε λέγειν ἐν ἑαυτοῖς, Πατέρα ἔχομεν τὸν
J	8.33	απεκριθησαν προς αυτον, Σπερμα
J	8.39	Απεκριθησαν και ειπαν αυτω, Ο πατὴρ ημων

M	3. 9	Ἀβραάμ, λέγω γὰρ ὑμῖν ὅτι δύναται ὁ θεὸς ἐκ τῶν λίθων τούτων
L	3. 8	Ἀβραάμ, λέγω γὰρ ὑμῖν ὅτι δύναται ὁ θεὸς ἐκ τῶν λίθων τούτων
J	8.33	Ἀβραάμ εσμεν και ουδενι δεδουλευκαμεν πωποτε· πως συ λεγεις οτι Ελευθεροι
J	8.39	Ἀβραάμ εστιν. λέγει αυτοις ο Ιησους,

M	3.10	ἐγεῖραι τέκνα τῷ Ἀβραάμ. ἤδη δὲ ἡ ἀξίνη πρὸς τὴν ῥίζαν τῶν
L	3. 9	ἐγεῖραι τέκνα τῷ Ἀβραάμ. ἤδη δὲ καὶ ἡ ἀξίνη πρὸς τὴν ῥίζαν τῶν
J	8.33	γενησεσθε;
J	8.39	Ει τέκνα τοῦ Ἀβραάμ εστε, τα εργα του Αβρααμ εποιειτε·

M	3.10	δένδρων κεῖται· πᾶν οὖν δένδρον μὴ ποιοῦν καρπὸν καλὸν ἐκκόπτεται καὶ
L	3. 9	δένδρων κεῖται· πᾶν οὖν δένδρον μὴ ποιοῦν καρπὸν καλὸν ἐκκόπτεται καὶ
M	7.19	πᾶν δένδρον μὴ ποιοῦν καρπὸν καλὸν ἐκκόπτεται καὶ

M	3.10	εἰς πῦρ βάλλεται.
L	3.10	εἰς πῦρ βάλλεται. Και επηρωτων αυτον οι οχλοι λεγοντες, Τι ουν ποιησωμεν;
M	7.19	εἰς πῦρ βάλλεται.

L	3.11	αποκριθεις δε ελεγεν αυτοις, Ο εχων δυο χιτωνας μεταδοτω τω μη εχοντι, και ο εχων
L	3.12	βρωματα ομοιως ποιειτω. ηλθον δε και τελωναι βαπτισθηναι και ειπαν προς αυτον,
L	3.13	Διδασκαλε, τι ποιησωμεν; ο δε ειπεν προς αυτους, Μηδεν πλεον παρα το διατεταγμενον
L	3.14	υμιν πρασσετε. επηρωτων δε αυτον και στρατευομενοι λεγοντες, Τι ποιησωμεν και ημεις;
L	3.14	και ειπεν αυτοις, Μηδενα διασεισητε μηδε συκοφαντησητε, και αρκεισθε τοις οψωνιοις
L	3.14	υμων.
L	3.15	Προσδοκωντος δε του λαου και διαλογιζομενων παντων εν ταις καρδιαις αυτων περι του
L	3.15	Ιωαννου, μηποτε αυτος ειη ο Χριστος,

M	3.11	ἐγὼ μὲν ὑμᾶς βαπτίζω
Mk	1.7a,8a	καὶ ἐκήρυσσεν λέγων, ἐγὼ ἐβάπτισα ὑμᾶς
L	3.16	ἀπεκρίνατο λέγων πᾶσιν ὁ Ἰωάννης, Ἐγὼ μὲν ὕδατι βαπτίζω
J	1.15	Ιωαννης μαρτυρει περι αυτου και κεκραγεν λεγων,
J	1.26	απεκριθη αυτοις ο Ιωαννης λεγων, Ἐγὼ βαπτίζω
J	1.33	καγω ουκ ηδειν αυτον, αλλ ο πεμψας με βαπτίζειν

M 3. 9	δοξητε .. εαυτοις .. εγειραι	ℵBCEKΠ 28.565
	δοξηται .. εαυτοις .. εγειρε	D^{sup}
	δοξητε .. αυτοις .. εγειραι	L
	δοξητε .. εαυτοις .. εγειρε	W
	δοξητε .. εαυτοις οτι .. εγειραι	1.1582
L 3.8,9	αρξησθε .. εαυτοις .. εγειραι	ℵBCY
	αρξησθε .. εαυτοις .. εγειρε	AW
	αρξησθε .. αυτοις .. εγειραι	D*
	αρξησθε .. εν εαυτοις .. εγειραι	D^{c}
	δοξητε .. αυτοις οτι .. εγειραι	L
	αρξησθε .. εαυτοις οτι .. εγειραι	θ
M 3.10	ηδη δε .. προς	ℵBCD^{sup}W 1.1582*
	ηδη δε και .. προς	EKLΠ 565.1582^{c}
	ηδη δε και .. προ	28
L 3. 9	ηδη δε και	ℵABCLWYθ
	ηδη δε	D
M 3.11	εγω μεν υμας βαπτιζω εν υδατι εις μετανοιαν	BW 1.1582
	εγω μεν γαρ υμας βαπτιζω εν υδατι εις μετανοιαν	ℵ
	εγω μεν βαπτιζω υμας εν υδατι εις μετανοιαν	CD^{sup}EKLΠ 28.565
Mk 1. 8	εγω μεν εβαπτισα υμας εν υδατι	ℵB
	εγω μεν εβαπτισα υμας εν υδατι	AWY
	εγω μεν υμας βαπτιζω εν υδατι	D
	εγω εβαπτισα υμας εν υδατι	L
	εγω εβαπτισα υμας μεν υδατι	θ
L 3.16	εγω μεν υδατι βαπτιζω υμας	ℵABLWY
	εγω μεν υδατι βαπτιζω υμας εις μετανοιαν	C
	εγω υμας βαπτιζω εν υδατι εις μετανοιαν	D
	εγω μεν υμας υδατι βαπτιζω	θ

M 3.9 - R 4.12 | M 3.10 - L 13.6-9; M 13.40; J 15.6 | M 3.11 - J 1.31; Ac 1.5; 11.16; 13.24; 19.4

4. JOHN THE BAPTIST Matthew 3.1-12

M	3.11	ἐν ὕδατι εἰς μετάνοιαν· ὁ δὲ ὀπίσω μου ἐρχόμενος
Mk	1.7b	ὕδατι, Ἔρχεται
L	3.16	ὑμᾶς· ἔρχεται δὲ
J	1.15	Ουτος ην ον ειπον, ὁ ὀπίσω μου ἐρχόμενος
J	1.27	ἐν ὕδατι· μεσος υμων εστηκεν ον υμεις ουκ οιδατε, ὁ ὀπίσω μου ἐρχόμενος,
J	1.33	ἐν ὕδατι εκεινος μοι ειπεν,

M	3.11	ἰσχυρότερός μού ἐστιν, οὗ οὐκ εἰμὶ ἱκανὸς
Mk	1.7b	ὁ ἰσχυρότερός μου ὀπίσω μου, οὗ οὐκ εἰμὶ ἱκανὸς κύψας λῦσαι τὸν
L	3.16	ὁ ἰσχυρότερός μου, οὗ οὐκ εἰμὶ ἱκανὸς λῦσαι τὸν
J	1.15	εμπροσθεν μου γεγονεν, οτι πρωτος μου ην.
J	1.27	οὗ οὐκ εἰμὶ ἐγὼ ἄξιος ἵνα λύσω αὐτοῦ τὸν
J	1.33	Εφ ον αν ιδης το πνευμα

M	3.11	τὰ ὑποδήματα βαστάσαι· αὐτὸς ὑμᾶς βαπτίσει ἐν πνεύματι
Mk	1.8b	ἱμάντα τῶν ὑποδημάτων αὐτοῦ· αὐτὸς δὲ βαπτίσει ὑμᾶς ἐν πνεύματι
L	3.17	ἱμάντα τῶν ὑποδημάτων αὐτοῦ· αὐτὸς ὑμᾶς βαπτίσει ἐν πνεύματι
J	1.27	ἱμάντα τοῦ ὑποδήματος.
J	1.33	καταβαινον και μενον επ αυτον, οὗτός ἐστιν ὁ βαπτίζων ἐν πνεύματι

M	3.12	ἁγίῳ καὶ πυρί· οὗ τὸ πτύον ἐν τῇ χειρὶ αὐτοῦ, καὶ διακαθαριεῖ τὴν ἅλωνα
Mk	1.8b	ἁγίῳ.
L	3.17	ἁγίῳ καὶ πυρί· οὗ τὸ πτύον ἐν τῇ χειρὶ αὐτοῦ διακαθᾶραι τὴν ἅλωνα
J	1.33	ἁγίῳ.

M	3.12	αὐτοῦ, καὶ συνάξει τὸν σῖτον αὐτοῦ εἰς τὴν ἀποθήκην, τὸ δὲ
L	3.17	αὐτοῦ καὶ συναγαγεῖν τὸν σῖτον εἰς τὴν ἀποθήκην αὐτοῦ, τὸ δὲ

M	3.12	ἄχυρον κατακαύσει πυρὶ ἀσβέστῳ.
L	3.17	ἄχυρον κατακαύσει πυρὶ ἀσβέστῳ.

M	3.11	ο δε οπισω μου ερχομενος ισχυροτερος μου εστιν	אBCDEKLWΠ 1.28.565.1582
		ερχεται δε ο ισχυροτερος μου	אABWYθ
		ερχεται δε ο ισχυροτερος εμου	C
		ερχεται δε ο ισχυροτερος μου οπισω μου	L
		ο δε ερχομενος ισχυροτερος μου εστιν	D

M	3.11	αυτος υμας βαπτισει εν πνευματι αγιω και πυρι	אBCDKLWΠ 1.565.1582
		αυτος υμας βαπτισει εν πνευματι αγιω	E 28
Mk	1.8	αυτος δε βαπτισει υμας εν πνευματι αγιω	$א^c$AY
		αυτος δε βαπτισει εν πνευματι αγιω	א*
		αυτος δε βαπτισει υμας πνευματι αγιω	BL
		και αυτος υμας βαπτιζει εν πνευματι αγιω	D
		αυτος δε βαπτιση υμας εν πνευματι αγιω	W
		αυτος δε υμας βαπτισει εν πνευματι αγιω	θ
J	1.33	ουτος εστιν ο βαπτιζων εν πνευματι αγιω	$p^{66}p^{75}$אBWYθ
		αυτος εστιν ο βαπτιζων εν πνευματι αγιω	A
		ουτος εστιν ο βαπτιζων εν πνευματι αγιω και πυρι	C
		ουτος εστιν ο βαπτιζων εν τω πηευματι τω αγιω	L

M	3.12	και διακαθαριει	אBCDEKWΠ 1.28.565.1582
		και διακαθερει	L
L	3.17	διακαθαραι	א*B
		και διακαθαριει	$א^c$ACDLWYθ

M	3.12	συναξει τον σιτον αυτου εις την αποθηκην	$אCD^{sup}$KΠ 1.28.565.1582
		συναξει τον σιτον αυτου εις την αποθηκην αυτου	BW
		συναξη τον σιτον εις την αποθηκην αυτου	L
		συναξει τον σιτον εις την αποθηκην αυτου	E
L	3.17	συναγαγειν τον σιτον εις την αποθηκην αυτου	א*B
		συναξει τον σιτον εις την αποθηκην αυτου	$א^c$ACLWY
		τον μεν σειτον συναγαγειν εις αποθηκην	D
		συναξει τον μεν σιτον εις την αποθηκην αυτου	θ

M 3.11 - M 11.3; 21.9; 23.39; J 3.31; 6.14; 11.27; He 10.37; Ac 2.3; 13.25; 1.5; 11.16
M 3.12 - M 6.26; 13.30; L 12.18, 24; Mk 9.43

5. THE BAPTISM OF JESUS
Matthew 3.13-17

M	3.13	Τότε παραγίνεται ὁ Ἰησοῦς ἀπὸ
Mk	1. 9	Καὶ ἐγένετο ἐν ἐκείναις ταῖς ἡμέραις ἦλθεν Ἰησοῦς ἀπὸ Ναζαρὲτ
L	3.21	Ἐγένετο δὲ ἐν τῷ

M	3.13	τῆς Γαλιλαίας ἐπὶ τὸν Ἰορδάνην πρὸς τὸν Ἰωάννην τοῦ βαπτισθῆναι ὑπ'
Mk	1. 9	τῆς Γαλιλαίας
L	3.21	βαπτισθῆναι

M	3.14	αὐτοῦ. ὁ δὲ Ἰωάννης διεκώλυεν αὐτὸν λέγων, Ἐγὼ χρείαν ἔχω ὑπὸ σοῦ
M	3.15	βαπτισθῆναι, καὶ σὺ ἔρχῃ πρός με; ἀποκριθεὶς δὲ ὁ Ἰησοῦς εἶπεν πρὸς
M	3.15	αὐτόν, Ἄφες ἄρτι, οὕτως γὰρ πρέπον ἐστὶν ἡμῖν πληρῶσαι πᾶσαν δικαιο-

M	3.16	σύνην. τότε ἀφίησιν αὐτόν. βαπτισθεὶς δὲ ὁ Ἰησοῦς
Mk	1. 9	καὶ ἐβαπτίσθη εἰς τὸν Ἰορδάνην ὑπὸ
L	3.21	ἅπαντα τὸν λαὸν καὶ Ἰησοῦ βαπτισθέντος καὶ προσευχομένου
J	1.33	καγω ουκ ηδειν αυτον, αλλ' ο πεμψας με βαπτίζειν εν υδατι

M	3.16	εὐθὺς ἀνέβη ἀπὸ τοῦ ὕδατος· καὶ ἰδοὺ ἠνεῴχθησαν αὐτῷ
Mk	1.10	Ἰωάννου. καὶ εὐθὺς ἀναβαίνων ἐκ τοῦ ὕδατος εἶδεν σχιζομένους
L	3.21	ἀνεῳχθῆναι
J	1.32	Και εμαρτυρησεν
J	1.33	εκεινος μοι

M	3.16	οἱ οὐρανοί, καὶ εἶδεν τὸ πνεῦμα τοῦ θεοῦ καταβαῖνον ὡσεὶ
Mk	1.10	τοὺς οὐρανοὺς καὶ τὸ πνεῦμα ὡς περιστερὰν
L	3.22	τὸν οὐρανὸν καὶ καταβῆναι τὸ πνεῦμα τὸ ἅγιον σωματικῷ εἴδει ὡς
J	1.32	Ιωαννης λεγων οτι Τεθέαμαι τὸ πνεῦμα καταβαῖνον ὡς
J	1.33	ειπεν, Εφ ον αν ἴδῃς τὸ πνεῦμα καταβαῖνον

M 3.13 ο Ιησους .. Ιωαννην ℵCD^{sup}EKLW 1.28.565.1582
ο Ιησους .. Ιωανην B
Mk 1. 9 Ιησους ℵABLWY
ο Ιησους Dθ

M 3.14 Ιωαννης $ℵ^{c}D^{sup}$CEKLW 1.28.565.1582
Ιωανης ℵ*B

M 3.15 προς αυτον .. ουτως γαρ πρεπον εστιν ημιν $ℵ^{c}$CEL 1.565.1582
προς αυτον .. ουτω γαρ πρεπον εστιν ημας ℵ*
αυτω .. ουτω γαρ πρεπον εστιν ημιν B
προς αυτον .. ουτω γαρ πρεπον εστιν ημιν D^{sup}W 28
προς αυτοις .. ουτως γαρ πρεπον εστιν ημιν K

M 3.16 βαπτισθεις δε ο Ιησους ευθυς ανεβη απο του υδατος .. ηνεωχθησαν αυτω
βαπτισθεις δε ο Ιησους ευθυς ανεβη απο του υδατος .. ανεωχθησαν ℵ*
βαπτισθεις δε ο Ιησους ευθυς ανεβη απο του υδατος .. ανεωχθησαν αυτω $ℵ^{c}$
βαπτισθεις δε ο Ιησους ευθυς ανεβη απο του υδατος .. ηνεωχθησαν B
βαπτισθεις δε ο Ιησους ανεβη ευθυς απο του υδατος .. ανεωχθησαν αυτω C*
και βαπτισθεις ο Ιησους ανεβη ευθυς απο του υδατος .. ανεωχθησαν αυτω C^{c}EKL 28.565
και βαπτισθεις ο Ιησους ευθυς ανεβη απο του υδατος .. ανεωχθησαν αυτω D^{sup}W 1.1582
Mk 1.10 σχιζομενους ℵABLWYθ
ανυγμενος D

M 3.16 το πνευμα του θεου καταβαινον ωσει περιστεραν CEKLW 1.28.565.1582
πνευμα θεου καταβαινον ωσει περιστεραν ℵB
.. .. καταβαινοντα εκ του ουρανου ως περιστεραν D
Mk 1.10 ως περιστεραν καταβαινον ℵABLY
ως περιστεραν καταβαινων D
καταβαινον απο του ουρανου ωσει περιστεραν W
ως περιστεραν καταβενον θ
L 3.22 ως περιστεραν ℵBDLW
ωσει περιστεραν AYθ
J 1.32 καταβαινον ως περιστεραν εξ του ουρανου P^{75} ABCLW
ως περιστεραν καταβαινον εκ του ουρανου ℵ
καταβαινον ωσει περιστεραν εξ ουρανου P^{66} Y

M 3.14 - J 13.6 | M 3.15 - M 5.17 | M 3.16 - Ac 10.11; Is 11.2

M 3.17	περιστερὰν		καὶ ἐρχόμενον ἐπ' αὐτόν·	καὶ	ἰδοὺ
Mk 1.11	καταβαῖνον		εἰς αὐτόν·	καὶ	
L 3.22	περιστερὰν		ἐπ' αὐτόν,	καὶ	
J 1.32	περιστερὰν	εξ ουρανου,	καὶ ἔμεινεν ἐπ' αὐτόν·		
J 1.33			καὶ μένον ἐπ' αὐτόν,		
J 1.34				κἀγὼ	ἑώρακα,
M 17.5		ετι αυτου λαλουντος ιδου νεφελη φωτεινη επεσκιασεν	αὐτούς,	καὶ	ἰδοὺ
Mk 9.7		και εγενετο νεφελη επισκιαζουσα	αὐτοῖς,	καὶ	ἐγένετο
L 9.35				καὶ	
J 12.28b					ηλθεν ουν

M 3.17	φωνὴ	ἐκ τῶν οὐρανῶν λέγουσα,	Οὗτός ἐστιν ὁ υἱός μου ὁ
Mk 1.11	φωνὴ ἐγένετο	ἐκ τῶν οὐρανῶν,	Σὺ εἶ ὁ υἱός μου ὁ
L 3.22	φωνὴν	ἐξ οὐρανοῦ γενέσθαι,	Σὺ εἶ ὁ υἱός μου ὁ
J 1.33			οὗτός ἐστιν ὁ βαπτίζων ἐν
J 1.34		και μεμαρτυρηκα οτι	οὗτός ἐστιν ὁ υἱὸς τοῦ
M 17.5	φωνὴ	ἐκ τῆς νεφέλης λέγουσα,	Οὗτός ἐστιν ὁ υἱός μου ὁ
Mk 9.7	φωνὴ	ἐκ τῆς νεφέλης,	Οὗτός ἐστιν ὁ υἱός μου ὁ
L 9.35	φωνὴ ἐγένετο	ἐκ τῆς νεφέλης λέγουσα,	Οὗτός ἐστιν ὁ υἱός μου ὁ
J 12.28b	φωνὴ	ἐκ τοῦ οὐρανοῦ,	Καὶ ἐδόξασα καὶ πάλιν δόξασω.

M 3.17	ἀγαπητός, ἐν ᾧ εὐδόκησα.	
Mk 1.11	ἀγαπητός, ἐν σοὶ εὐδόκησα.	
L 3.22	ἀγαπητός, ἐν σοὶ εὐδόκησα.	
J 1.33	πνεύματι ἁγίῳ.	
J 1.34	θεοῦ.	
M 17.5	ἀγαπητός, ἐν ᾧ εὐδόκησα·	ἀκούετε αὐτοῦ.
Mk 9.7	ἀγαπητός,	ἀκούετε αὐτοῦ.
L 9.35	ἐκλελεγμένος,	αὐτοῦ ἀκούετε.

M 3.16	και ερχομενον επ		αυτον	ℵᶜCᶜDᶜEKLW 1.28.565.1582
	ερχομενον επ		αυτον	ℵ*B
	και ερχομενον προς		αυτον	C*
	και ερχομενον εις		αυτον	D*
Mk 1.10		εις	αυτον	ABDLY
	και μενον	επ	αυτον	ℵW
		επ	αυτον	θ
L 3.22		επ	αυτον	ℵABLWYθ
		εις	αυτον	D
J 1.33	και μενον	επ	αυτον	P66 P75 ℵABCLYθ
	και μενον	επ	αυτον	W

M 3.17	των ουρανων	λεγουσα	Ουτος εστιν	ℵBCEKL 1.28.565.1582
	των ουρανων	λεγουσα προς αυτον	Συ ει	D
	του ουρανου	λεγουσα	Ουτος εστιν	W
Mk 1.11	εγενετο εκ των ουρανων		Συ ει	ℵᶜABLY
	εκ των ουρανων		Συ ει	ℵ*D
	εγενετο εκ του ουρανου		Συ ει	W
	εκ των ουρανων	ηκουσθη	Συ ει	θ
L 3.22	εξ ουρανου γενεσθαι		Συ ει	ℵBLW
	εξ ουρανου γενεσθαι	λεγουσαν	Συ ει	AYθ
	εκ του ουρανου γενεσθαι		Συ ει	D
J 12.28	του ουρανου			P66 P75 ℵABLWYθ
	του ουρανου	λεγουσα		D

M 3.17	εν ω	ευδοκησα	ℵ*BDEK 1.28.565.1582
	εν ω	ηυδοκησα	ℵᶜCLW
Mk 1.11	εν σοι	ευδοκησα	ℵBDLθ
	εν ω	ευδοκησα	AY
	εν ω	ηυδοκησα	W
L 3.22		ευδοκησα	ℵBYθ
		ηυδοκησα	ALW

M 3.17 - Dt 4.12; Gn 22.2; Ps 2.7; Is 42.1; M 12.18; 2 P 1.17; Jr 31.9

6. THE TEMPTATION

Matthew 4.1-11

M	4. 1	Τότε ὁ Ἰησοῦς
Mk	1.12	Καὶ εὐθὺς
L	4. 1	Ἰησοῦς δὲ πλήρης πνεύματος ἁγίου ὑπέστρεψεν ἀπὸ τοῦ Ἰορδάνου,

M	4. 1	ἀνήχθη εἰς τὴν ἔρημον ὑπὸ τοῦ πνεύματος,
Mk	1.13	τὸ πνεῦμα αὐτὸν ἐκβάλλει εἰς τὴν ἔρημον. καὶ ἦν ἐν τῇ ἐρήμῳ τεσσερά-
L	4. 2	καὶ ἤγετο ἐν τῷ πνεύματι ἐν τῇ ἐρήμῳ ἡμέρας

M	4. 2	πειρασθῆναι ὑπὸ τοῦ διαβόλου. καὶ νηστεύσας
Mk	1.13	κοντα ἡμέρας πειραζόμενος ὑπὸ τοῦ Σατανᾶ,
L	4. 2	τεσσεράκοντα πειραζόμενος ὑπὸ τοῦ διαβόλου. καὶ οὐκ ἔφαγεν οὐδὲν ἐν

M	4. 2	ἡμέρας τεσσεράκοντα καὶ νύκτας τεσσεράκοντα ὕστερον ἐπείνασεν.
L	4. 2	ταῖς ἡμέραις ἐκείναις, καὶ συντελεσθεισῶν αὐτῶν ἐπείνασεν.

M	4. 3	Καὶ προσελθὼν ὁ πειράζων εἶπεν αὐτῷ, Εἰ υἱὸς εἶ τοῦ θεοῦ, εἰπὲ ἵνα οἱ
L	4. 3	Εἶπεν δὲ αὐτῷ ὁ διάβολος, Εἰ υἱὸς εἶ τοῦ θεοῦ, εἰπὲ τῷ

M	4. 1	τοτε ο Ιησους ανηχθη εις την ερημον υπο του πνευματος..του διαβολου	C^c DEW 1.28.565.1582
		τοτε ο Ιησους ανηχθη υπο του πνευματος εις την ερημον..του διαβολου	ℵK
		τοτε Ιησους ανηχθη εις την ερημον υπο του πνευματος..του διαβολου	B
		ανηχθη δε ο Ιησους εις την ερημον υπο του πνευματος..του διαβολου	C*L
Mk	1.13	του Σατανα	ℵABDLWY
		του διαβολου	Θ
L	4. 1,2	εν τη ερημω ..του διαβολου	ℵBLW
		εις την ερημον ..του διαβολου	AYΘ
		εν τη ερημω ..του Σατανα	D

M	4. 2	ημερας τεσσερακοντα και νυκτας τεσσερακοντα υστερον επεινασεν	L
		ημερας τεσσερακοντα και τεσσερακοντα νυκτας υστερον επεινασεν	ℵB*
		ημερας τεσσαρακοντα και νυκτας τεσσαρακοντα υστερον επεινασεν	B^c EKW 13.28.565.1582
		ημερας τεσσερακοντας και νυκτας τεσσερακοντα υστερον επεινασεν	C
		ημερας τεσσαρακοντα και τεσσαρακοντα νυκτας υστερον επεινασεν	D
		ημερας τεσσαρακοντα υστερον επεινασεν	1.
Mk	1.13	τεσσερακοντα ημερας	AB*W
		τεσσαρακοντα ημερας	ℵB^c
		ημερας τεσσαρακοντα και	D
		τεσσερακοντα ημερας και τεσσερακοντα νυκτας	L
		ημερας τεσσαρακοντα	YΘ
L	4. 2	ημερας τεσσερακοντα .. επεινασεν	B*LWΘ
		ημερας τεσσαρακοντα .. επεινασεν	ℵB^c D
		ημερας τεσσερακοντα .. υστερον επεινασεν	A
		ημερας τεσσαρακοντα .. υστερον επεινασεν	Y

M	4. 3	προσελθων ο πειραζων ειπεν αυτω	ℵBW 1.13.1582*
		προσελθων αυτω ο πειραζων ειπεν	CEKL 28.565.1582^c
		προσηλθεν αυτω ο πιραζων και ειπεν αυτω	D

M	4. 3	ειπε ινα οι λιθοι ουτοι αρτοι γενωνται	BCDEKLW 1.13.28.565.1582
		ειπο ινα οι λιθοι ουτοι αρτοι γενωνται	ℵ*
		ειπον ινα οι λιθοι ουτοι αρτος γενωνται	ℵ^c
L	4. 3	ειπε τω λιθω τουτω ινα γενηται αρτος	ℵABWYΘ
		ειπε ινα οι λιθοι ουτοι αρτοι γενωνται	D
		ειπε τω λιθω τουτω ινα γενητε αρτοι	L

M 4. 1 - M 12.29; He 2.18; 4.15 | M 4. 2 - Ex 34.28; 1 Kg 19.8 | M 4. 3 - Gn 3.1-7; Ps 2.7; M 27.40

6. THE TEMPTATION Matthew 4.1-11

M 4. 4 λίθοι οὗτοι ἄρτοι γένωνται. ὁ δὲ ἀποκριθεὶς εἶπεν,
L 4. 4 λίθῳ τούτῳ ἵνα γένηται ἄρτος. καὶ ἀπεκρίθη πρὸς αὐτὸν ὁ Ἰησοῦς,

M 4. 4 Γέγραπται,
L 4. 4 Γέγραπται ὅτι

M 4. 4 Οὐκ ἐπ' ἄρτῳ μόνῳ ζήσεται ὁ ἄνθρωπος,
L 4. 4 Οὐκ ἐπ' ἄρτῳ μόνῳ ζήσεται ὁ ἄνθρωπος.

M 4. 4 ἀλλ' ἐπὶ παντὶ ῥήματι ἐκπορευομένῳ διὰ στόματος θεοῦ.

M 4. 5 Τότε παραλαμβάνει αὐτὸν ὁ διάβολος εἰς τὴν ἁγίαν πόλιν, καὶ ἔστησεν
L 4. 9 Ἤγαγεν δὲ αὐτὸν εἰς Ἰερουσαλὴμ καὶ ἔστησεν

M 4. 6 αὐτὸν ἐπὶ τὸ πτερύγιον τοῦ ἱεροῦ, καὶ λέγει αὐτῷ, Εἰ υἱὸς εἶ τοῦ θεοῦ,
L 4. 9 ἐπὶ τὸ πτερύγιον τοῦ ἱεροῦ, καὶ εἶπεν αὐτῷ, Εἰ υἱὸς εἶ τοῦ θεοῦ,

---

M	4. 4	ο δε αποκριθεις	ειπεν	γεγραπται	ℵBCEKLW 1.13.1582
		αποκριθεις δε ο	Ιησους ειπεν	γεγραπται	D
		ο δε αποκριθεις	ειπεν		28
		ο δε αποκριθεις	ειπεν αυτω	γεγραπται	565
L	4. 4	και απεκριθη προς αυτον ο Ιησους		γεγραπται οτι	ℵ^{c}BLW
		και αποκριθη προς αυτον ο Ιησους		γεγραπται οτι	ℵ*
		και απεκριθη Ιησους προς αυτον	λεγων	γεγραπται οτι	AY
		και αποκριθεις ο Ιησους	ειπεν	γεγραπται	D
		και απεκριθη ο Ιησους προς αυτων	λεγων	γεγραπται οτι	θ*
		και απεκριθη ο Ιησους προς αυτον	λεγων	γεγραπται οτι	θ^{c}

M	4.4	αρτω μονω ζησεται ο ανθρωπος	ℵBCDEθ 1*.1582
		αρτω μονω ζησεται ανθρωπος	KLW 1^{c}.13.28.565
		αρτω μονω ζησεται ο δικαιος	ClemAl Pd III 40.1
		αρτω ζησεται ο δικαιος	ClemAl Pd II 7.2
L	4.4	αρτω μονω ζησεται ο ανθρωπος	ℵABDLθ
		αρτω ζησεται ο ανθρωπος	W
		αρτω μονω ζησεται ανθρωπος	Y

M	4.4	αλλ επι παντι ρηματι εκπορευομενω δια στοματος θεου	ℵBEKLW 1.28.1582
		αλλ εν παντι ρηματι θεου	D
		αλλ εν παντι ρηματι εκπορευομενου δια στοματος θεου	13.
		αλλα εν παντι ρηματι εκπορευομενω δια στοματος θεου	C
		αλλ επι παντι ρηματι εκπορευομενω εκ στοματος θεου	565
		αλλ εν τω ρηματι εκπορευομενω δια στοματος κυριου	ClemAl Pd III 40.1
L	4.4	omit	ℵBLW
		αλλ επι παντι ρηματι θεου	Aθ
		αλλ εν παντι ρηματι θεου	D

M	4.5	εστησεν αυτον επι	ℵBCD 1.1582*
		ιστησιν αυτον επι	EKLWθ 13.28.1582^{c}
		ιστησιν αυτον εις	565
		εστησεν επι	ℵBL
		εστησεν αυτον επι	ADWYθ

M	4.4	γεγραπται	ℵBCDEKLWθ 1.13.565.1582
		omit	28
L	4.4	γεγραπται οτι	ℵABLWYθ
		γεγραπται	D

M	4.6	λεγει αυτω, Ει υιος ει του θεου, βαλε σεαυτον	ℵ*BEKL 1.13.28.565.1582
		ειπεν αυτω, Ει υιος ει του θεου, βαλε σεαυτον	ℵ^{c}
		λεγει αυτω, Ει υιος ει του θεου, βαλε σεαυτον εντευθεν	C
		λεγει αυτω, Ει υιος ει θεου θεου, βαλε σεαυτον	D
		ειπεν αυτω, Ει υιος ει του θεου, βαλε σεαυτον	W
		λεγει αυτω, Ει υιος του θεου ει, βαλε σεαυτον εντευθεν	θ

M 4. 4 - Dt 8.3; Wsd 16.26; J 4.34 | M 4. 5 - M 27.53; Ne 11.1; Is 52.1; Re 11.2; 21.2, 10; 22.19
M 4. 6 - M 4.3; 27.40

6. THE TEMPTATION Matthew 4.1-11

M 4. 6 βάλε σεαυτὸν κάτω· γέγραπται γὰρ ὅτι
L 4.10 βάλε σεαυτὸν ἐντεῦθεν κάτω· γέγραπται γὰρ ὅτι

M 4. 6 Τοῖς ἀγγέλοις αὐτοῦ ἐντελεῖται περὶ σοῦ
L 4.10 Τοῖς ἀγγέλοις αὐτοῦ ἐντελεῖται περὶ σοῦ τοῦ διαφυλάξαι σε,

M 4. 6 καὶ ἐπὶ χειρῶν ἀροῦσίν σε,
L 4.11 καὶ ὅτι Ἐπὶ χειρῶν ἀροῦσίν σε

M 4. 6 μήποτε προσκόψῃς πρὸς λίθον τὸν πόδα σου.
L 4.11 μήποτε προσκόψῃς πρὸς λίθον τὸν πόδα σου.

M 4. 7 ἔφη αὐτῷ ὁ Ἰησοῦς, Πάλιν γέγραπται, Οὐκ ἐκπειράσεις
L 4.12 καὶ ἀποκριθεὶς εἶπεν αὐτῷ ὁ Ἰησοῦς ὅτι Εἴρηται, Οὐκ ἐκπειράσεις

M 4. 8 κύριον τὸν θεόν σου. Πάλιν παραλαμβάνει αὐτὸν ὁ διάβολος εἰς ὄρος
L 4. 5 κύριον τὸν θεόν σου. Καὶ ἀναγαγὼν αὐτὸν

M 4. 8 ὑψηλὸν λίαν, καὶ δείκνυσιν αὐτῷ πάσας τὰς βασιλείας τοῦ κόσμου
L 4. 5 ἔδειξεν αὐτῷ πάσας τὰς βασιλείας τῆς οἰκουμένης
J 18.36 απεκριθη Ιησους, Ἡ βασιλεία η εμη ουκ εστιν
J 18.36 εκ τοῦ κόσμου τουτου·
J 18.36 ει εκ τοῦ κόσμου τουτου
J 18.36 ην ἡ βασιλεία η εμη, οι υπηρεται
J 18.36 οι εμοι ηγωνιζοντο αν, ινα μη παραδοθω τοις Ιουδαιοις·
J 18.36 νυν δε ἡ βασιλεία η εμη ουκ εστιν εντευθεν.

M 4. 9 καὶ τὴν δόξαν αὐτῶν, καὶ εἶπεν αὐτῷ, Ταῦτά σοι πάντα δώσω
L 4. 6 ἐν στιγμῇ χρόνου· καὶ εἶπεν αὐτῷ ὁ διάβολος, Σοὶ δώσω τὴν
L 4. 6 ἐξουσίαν ταύτην ἅπασαν
L 4. 6 καὶ τὴν δόξαν αὐτῶν, ὅτι ἐμοὶ παραδέδοται καὶ ᾧ ἐὰν θέλω δίδωμι αὐτήν·

M 4.6 αρουσιν ℵBCEKLWΘ 1.13.28.565.1582
αιρουσιν D

M 4.6 και ℵBCDEKLWΘ 1.13.28.565.1582
L 4.11 και οτι ℵABLWΘ
και DY

M 4.7 παλιν γεγραπται, Ουκ εκπειρασεις ℵBCEKLW 1.13.28.565.1582
παλιν γεγραπται, Ου πειρασεις D
L 4.12 οτι Ειρηται, Ουκ εκπειρασεις ℵ*ABLY
Ειρηται, Ουκ εκπειρασεις ℵ[c]
γεγραπται, Ουκ εκπειρασεις DW

M 4.8 αυτον ο διαβολος εις ορος υψηλον λιαν, και δεικνυσιν BCEKLWΘ 1.13.28.565.1582
αυτον ο διαβολος εις ορος υψηλον λιαν, και δεικνυει ℵ
αυτον ο διαβολος εις ορος υψηλον λιαν, και εδειξεν D
L 4.5 αυτον εδειξεν ℵ*BL
αυτον εις ορος υψηλον εδειξεν ℵ[c]
αυτον ο διαβολος εις ορος υψηλον εδειξεν AYΘ
αυτον εις ορος υψηλον λειαν εδειξεν D
αυτον εις ορος εδειξεν W

M 4.8 του κοσμου ℵBCDEKLWΘ 1.13.28.565.1582
L 4.5 του οικουμενης ℵABLYΘ
του κοσμου D
της γης W

M 4.9 και ειπεν αυτω, Ταυτα σοι παντα δωσω ℵBC*
και ειπεν αυτω, Ταυτα παντα σοι δωσω D 13
και λεγει αυτω, Ταυτα σοι παντα δωσω W 1.1582
και λεγει αυτω, Ταυτα παντα σοι δωσω C[c]EKLΘ 28.565

M 4. 6 - Ps 91.11-12 | M 4. 7 - Dt 6.16; 1 C 10.9; 1 Kg 10. 9; Is 7.12
M 4. 8 - Dt 3.27; 34.1; M 16.26; Re 21.10; 11.15 | M 4. 9 - M 28.18

6. THE TEMPTATION Matthew 4.1-11

M 4.10 ἐὰν πεσὼν προσκυνήσῃς μοι. τότε
L 4.7,8 σὺ οὖν ἐὰν προσκυνήσῃς ἐνώπιον ἐμοῦ, ἔσται σοῦ πᾶσα. καὶ

M 4.10 λέγει αὐτῷ ὁ Ἰησοῦς, Ὕπαγε, Σατανᾶ· γέγραπται γάρ,
L 4. 8 ἀποκριθεὶς ὁ Ἰησοῦς εἶπεν αὐτῷ, Γέγραπται,

M 4.10 Κύριον τὸν θεόν σου προσκυνήσεις
L 4. 8 Κύριον τὸν θεόν σου προσκυνήσεις

M 4.10 καὶ αὐτῷ μόνῳ λατρεύσεις.
L 4. 8 καὶ αὐτῷ μόνῳ λατρεύσεις.

M 4.11 Τότε ἀφίησιν αὐτὸν ὁ διάβολος, καὶ
Mk 1.13 καὶ ἦν μετὰ τῶν θηρίων, καὶ
L 4.13 Καὶ συντελέσας πάντα πειρασμὸν ὁ διάβολος
J 1.51 και λεγει αυτω, Αμην αμην λεγω υμιν, οψεσθε τον ουρανον ανεωγοτα καὶ

M 4.11 ἰδοὺ ἄγγελοι προσῆλθον καὶ διηκόνουν αὐτῷ.
Mk 1.13 οἱ ἄγγελοι διηκόνουν αὐτῷ.
L 4.13 ἀπέστη ἀπ' αὐτοῦ ἄχρι καιροῦ.
J 1.51 τους ἀγγέλους του θεου αναβαινοντας και καταβαινοντας επι τον υιον του ανθρωπου.

7. JESUS ANNOUNCES THE KINGDOM OF HEAVEN

Matthew 4.12-17

M 4.12 Ἀκούσας δὲ ὅτι
Mk 1.14 Μετὰ δὲ
L 4.14 Καὶ
J 1.43a Τῇ ἐπαύριον ἠθέλησεν
M 14.3 Ο γαρ Ηρωδης
L 3.19 ο δὲ Ηρωδης ο τετρααρχης, ελεγχομενος υπ αυτου περι Ηρωδιαδος της γυναικος
J 4.43 Μετα δὲ τας δυο ημερας

M 4.9 προσκυνησης μοι ℵBCDEKLWΘ 1.13.28.565.1582
L 4.7 προσκυνησης ενωπιον εμου BDW
προσκυνησης μοι ενωπιον εμου ℵ*
προσκυνησης ενωπιον μου ℵ^{c}ALYΘ

M 4.10 λεγει αυτω ο Ιησους, Υπαγε, Σατανα ℵBC*KW 1.13.565.1582*
λεγει αυτω ο Ιησους, Υπαγε οπισω μου, Σατανα C^{c}DEL 28.1582^{c}
L 4.8 ο Ιησους ειπεν αυτω, ℵW
αυτω ειπεν Ιησους B
Ειπεν αυτω ο Ιησους, Υπαγε οπισω μου, Σατανα A
αυτω ο Ιησους ειπεν D
ο Ιησους αυτω ειπεν L
αυτω ειπεν ο Ιησους, Υπαγε οπισω μου, Σατανα YΘ

M 4.11 αυτον ℵBCDEKWΘ 1.13.28.565.1582
αυτω L

M 4.11 αγγελοι ℵBCDEKLWY 1.13.28.565.1582
Mk 1.13 οι αγγελοι ℵBDLWY
αγγελοι A

M 4.12 δε οτι Ιωαννης ℵ^{c}C*D
δε Ιωαννης οτι ℵ*
δε οτι Ιωανης B
δε ο Ιησους οτι Ιωαννης C^{c}EKLWΘ 1.13.28.565.1582

M 4.9 - Dn 3.5,10,15; M 2.11; 18.26; 1 C 14.25; Re 4.10; 5.14; 7.11; 11.16; 19.4,10; 22.8
M 4.10 - M 16.23; Dt 5.9; 6.13 M 4.11 - M 26.53; Js 4.7; 1 Kg 19.5-7; He 1.6,14
M 4.12 - M 14.13; Mk 6.17; J 3.24

7. JESUS ANNOUNCES THE KINGDOM OF HEAVEN Matthew 4.12-17

L 3.20	του αδελφου αυτου και περι παντων ων εποιησεν πονηρων ο Ηρωδης, προσεθηκεν και

M 4.12		Ἰωάννης	παρεδόθη ἀνεχώρησεν
Mk 1.14	τὸ παραδοθῆναι τὸν	Ἰωάννην	ἦλθεν ὁ
L 4.14			ὑπέστρεψεν ὁ
J 1.43a			ἐξελθεῖν
M 14.3	κρατησας τον	Ἰωάννην	εδησεν αυτον και εν φυλακη
L 3.20	τουτο επι πασιν και κατεκλεισεν τον	Ἰωάννην	εν φυλακη.
J 4.3			αφηκεν την
J 4.43			εξηλθεν εκειθεν

M 4.13		εἰς τὴν Γαλιλαίαν.	καὶ καταλιπὼν
Mk 1.14	Ἰησοῦς	εἰς τὴν Γαλιλαίαν	
Mk 1.21a			Καὶ
L 4.14	Ἰησοῦς ἐν τῇ δυνάμει τοῦ πνεύματος	εἰς τὴν Γαλιλαίαν.	
L 4.31			Καὶ
J 1.43a		εἰς τὴν Γαλιλαίαν,	
M 14.3	απεθετο δια Ηρωδιαδα την γυναικα Φιλιππου του αδελφου αυτου.		
J 2.12			Μετα τουτο
J 4.3	Ιουδαιαν και απηλθεν παλιν	εἰς τὴν Γαλιλαίαν.	
J 4.43		εἰς τὴν Γαλιλαίαν·	

M 4.13	τὴν Ναζαρὰ ἐλθὼν κατῴκησεν	εἰς Καφαρναοὺμ	τὴν παραθαλασσίαν ἐν ὁρίοις
Mk 1.21a	εἰσπορεύονται	εἰς Καφαρναούμ.	
L 4.31	κατῆλθεν	εἰς Καφαρναοὺμ	πόλιν τῆς Γαλιλαίας.
J 2.12	κατέβη	εἰς Καφαρναοὺμ	αυτος και η μητηρ αυτου και οι

M 4.14	Ζαβουλὼν καὶ Νεφθαλίμ· ἵνα πληρωθῇ τὸ ῥηθὲν διὰ Ἠσαΐου τοῦ προφήτου
J 2.12	αδελφοι αυτου και οι μαθηται αυτου, και εκει εμειναν ου πολλας ημερας.

M 4.14	λέγοντος,
M 4.15	Γῆ Ζαβουλὼν καὶ γῆ Νεφθαλίμ,
M 4.15	ὁδὸν θαλάσσης, πέραν τοῦ Ἰορδάνου,
M 4.15	Γαλιλαία τῶν ἐθνῶν,

M 4.13	Ναζαρα ελθων κατωκησεν εις	Καφαρναουμ την παραθαλασσιαν	ℵ^c B*
	Ναζαρεθ ελθων κατωκησεν εις	Καφαρναουμ την παραθαλασσαν	ℵ*
	Ναζαρετ ελθων κατωκησεν εις	Καφαρναουμ την παραθαλασσιαν	B^c
	Ναζαραθ ελθων κατωκησεν εις	Καπερναουμ την παραθαλασσιαν	C
	Ναζαρεθ ελθων κατοικησεν εις	Καφαρναουμ την παραθαλασσιον	D
	Ναζαρεθ ελθων κατοκησεν εις	Καπερναουμ την παραθαλασσιαν	E*
	Ναζαρεθ ελθων κατωκησεν εις	Καπερναουμ την παραθαλασσιαν	E^c K 1.13.28
	Ναζαρετ ελθων κατωκησεν εις	Καπερναουμ την παραθαλασσιαν	L
	Ναζαρεθ ελθων κατωκησεν εις	Καπερναουμ την παραθαλασσαν	W
	Ναζαρετ ελθων κατωκησεν εις την	Καπερναουμ την παραθαλασσιαν	565
	Ναζαρετ ελθων κατωκησεν εις	Καπερναουμ την παραθαλασσιον	1582
Mk 1.21		Καφαρναουμ	ℵBDWθ
		Καπερναουμ	ACLY
L 4.31		Καφαρναουμ	ℵBDW
		Καπερναουμ	ACLYθ
J 2.12		Καφαρναουμ	p66p75 ℵB
		Καπερναουμ	ALYθ
		omit	W

M 4.13	Νεφθαλιμ	W 565	M 4.14	προφητου	ℵBEKLW 1.13.28.565.1582
	Νεφθαλειμ	ℵBCE^c DKθ 1.13.1582		φητου	C
	Νεφθαλημ	L 28		προφητου του	D

M 4.15	γη Νεφθαλιμ	565	M 4.15	Γαλιλαια	ℵBCEKWθ 1.28.565.1582
	γη Νεφθαλειμ	ℵBCEKθ 1.13.1582		Γαλιλαιας	DL
	γη Νεφθαλημ	L 28		Γαλιλαιαν	13
	Νεφθαλειν	D			
	Νεφθαλιμ	W			

M 4.15 - Is 9.1; J 7.52

7. JESUS ANNOUNCES THE KINGDOM OF HEAVEN Matthew 4.12-17

M 4.16 ὁ λαὸς ὁ καθήμενος ἐν σκότει
M 4.16 φῶς εἶδεν μέγα,
M 4.16 καὶ τοῖς καθημένοις ἐν χώρᾳ καὶ σκιᾷ θανάτου
M 4.16 φῶς ἀνέτειλεν αὐτοῖς.

M 4.17 Ἀπὸ τότε ἤρξατο ὁ Ἰησοῦς κηρύσσειν
Mk 1.14 κηρύσσων
L 4.14 καὶ φήμη ἐξῆλθεν καθ' ὅλης τῆς περιχώρου περὶ αὐτοῦ.
M 3.1 Εν δε ταις ημεραις εκειναις παραγινεται Ιωαννης ο βαπτιστης κηρύσσων
M 10.7 πορευομενοι δε κηρύσσετε

M 4.17 καὶ λέγειν,
Mk 1.15 τὸ εὐαγγέλιον τοῦ θεοῦ καὶ λέγων ὅτι Πεπλήρωται ὁ καιρὸς καὶ
M 3.2 εν τη ερημω της Ιουδαιας καὶ λέγων
M 10.7 λέγοντες οτι

M 4.17 Μετανοεῖτε, ἤγγικεν γὰρ ἡ βασιλεία τῶν οὐρανῶν.
Mk 1.15 ἤγγικεν ἡ βασιλεία τοῦ θεοῦ· μετανοεῖτε καὶ πιστεύετε
M 3.2 Μετανοεῖτε, ἤγγικεν γὰρ ἡ βασιλεία τῶν οὐρανῶν.
M 10.7 Ἤγγικεν ἡ βασιλεία τῶν οὐρανῶν.

Mk 1.15 εν τω ευαγγελιω.

8. THE FIRST DISCIPLES

Matthew 4.18-22

M 4.18 Περιπατῶν δὲ
Mk 1.16 Καὶ παράγων
L 5. 1 Ἐγένετο δὲ ἐν τῷ τὸν ὄχλον ἐπικεῖσθαι αὐτῷ καὶ ἀκούειν τὸν λόγον τοῦ

M 4.18 παρὰ τὴν θάλασσαν τῆς Γαλιλαίας εἶδεν δύο
Mk 1.16 παρὰ τὴν θάλασσαν τῆς Γαλιλαίας εἶδεν
L 5. 2 θεοῦ καὶ αὐτὸς ἦν ἑστὼς παρὰ τὴν λίμνην Γεννησαρέτ, καὶ εἶδεν δύο
J 1.41 ευρισκει ουτος πρωτον τον

M 4.18 ἀδελφούς, Σίμωνα
Mk 1.16 Σίμωνα
L 5. 2 πλοῖα ἑστῶτα παρὰ τὴν λίμνην·
J 1.41 ἀδελφὸν τον ιδιον Σίμωνα και λεγει αυτω, Ευρηκαμεν τον Μεσσιαν (ο εστιν μεθερμη-

---

M 4.16 σκοτει φως ειδεν μεγα και τοις καθημενοις εν χωρα και σκια 1.13.1582
σκοτι φως ειδεν μεγα και τοις καθημενοις εν χωρα και σκια ℵ*C
σκοτια φως ειδεν μεγα και τοις καθημενοις εν χωρα και σκια ℵ^c B
τη σκοτεια ειδον φως μεγαν οι καθημενοι εν χωρα σκεια D*
τη σκοτεια ειδον φως μεγαν οι καθημενοι εν χωρα και σκεια D^c
σκοτει ειδεν φως μεγα και τοις καθημενοις εν χωρα και σκια EKLθ 28.565
τη σκοτια φως ειδεν μεγα και τοις καθημενοις εν χωρα και σκια W

M 4.17 απο τοτε ηρξατο ο Ιησους .. των ουρανων ℵBCEKLWθ 1.13.28.565.1582
απο τοτε γαρ ηρξατο Ιησους .. των ουρανων D
Mk 1.15 του θεου ℵABDLYθ
των ουρανων W

M 4.18 περιπατων δε ℵBCEKWΠ 1.13.28.565.1582
παραγων δε D
περιπατων δε ο Ιησους E
και περιπατων L
Mk 1.16 και παραγων ℵBDL
περιπατων δε AWYθ

M 4.16 - Is 9.2; L 1.79; M 5.14; J 1.9; R 2.19; Is 58.10; 2 P 1.19

8. THE FIRST DISCIPLES Matthew 4.18-22

J 1.42 νευομενον Χριστος)· ηγαγεν αυτον προς τον Ιησουν. εμβλεψας αυτω ο Ιησους ειπεν,
J 1.42 Συ ει Σιμων ο υιος Ιωαννου· συ κληθηση Κηφας (ο ερμηνευεται

M 4.18 τὸν λεγόμενον Πέτρον καὶ ᾿Ανδρέαν τὸν ἀδελφὸν αὐτοῦ, βάλλοντας
Mk 1.16 καὶ ᾿Ανδρέαν τὸν ἀδελφὸν Σίμωνος ἀμφιβάλλοντας
L 5.2 οἱ δὲ ἁλιεῖς ἀπ᾽ αὐτῶν ἀποβάντες
J 1.40 Πέτρος). ῏Ην ᾿Ανδρέας ὁ ἀδελφὸς Σίμωνος Πέτρου εἷς ἐκ

M 4.18 ἀμφίβληστρον εἰς τὴν θάλασσαν· ἦσαν γὰρ ἁλιεῖς.
Mk 1.16 ἐν τῇ θαλάσσῃ· ἦσαν γὰρ ἁλιεῖς.
L 5.3 ἔπλυνον τὰ δίκτυα. ἐμβὰς δὲ εἰς ἓν τῶν πλοίων, ὃ ἦν Σίμωνος, ἠρώτησεν
J 1.40 τῶν δύο τῶν ἀκουσάντων παρὰ ᾿Ιωάννου καὶ ἀκολουθησάντων αὐτῷ·

L 5.3 αυτον απο της γης επαναγαγειν ολιγον, καθισας δε εκ του πλοιου εδιδασκεν τους οχλους.
L 5.4 ως δε επαυσατο λαλων, ειπεν προς τον Σιμωνα, Επαναγαγε εις το βαθος και χαλασατε τα
L 5.5 δικτυα υμων εις αγραν. και αποκριθεις Σιμων ειπεν, Επιστατα, δι ολης νυκτος κοπια-
L 5.6 σαντες ουδεν ελαβομεν, επι δε τω ρηματι σου χαλασω τα δικτυα. και τουτο ποιησαντες
L 5.7 συνεκλεισαν πληθος ιχθυων πολυ, διερρησσετο δε τα δικτυα αυτων. και κατενευσαν τοις
L 5.7 μετοχοις εν τω ετερω πλοιω του ελθοντας συλλαβεσθαι αυτοις· και ηλθον, και επλησαν
L 5.8 αμφοτερα τα πλοια ωστε βυθιζεσθαι αυτα. ιδων δε Σιμων Πετρος προσεπεσεν τοις γονασιν
L 5.9 Ιησου λεγων, Εξελθε απ εμου, οτι ανηρ αμαρτωλος ειμι, κυριε· θαμβος γαρ περιεσχεν
L 5.9 αυτον και παντας τους συν αυτω επι τη αγρα των ιχθυων ων συνελαβον,

M 4.19 καὶ λέγει αὐτοῖς, Δεῦτε ὀπίσω μου, καὶ ποιήσω ὑμᾶς
Mk 1.17 καὶ εἶπεν αὐτοῖς ὁ ᾿Ιησοῦς, Δεῦτε ὀπίσω μου, καὶ ποιήσω ὑμᾶς
L 5.10b καὶ εἶπεν πρὸς τὸν Σίμωνα ὁ ᾿Ιησοῦς, Μὴ φοβοῦ· ἀπὸ τοῦ νῦν ἀνθρώπους

M 4.20 ἁλιεῖς ἀνθρώπων. οἱ δὲ εὐθέως ἀφέντες τὰ δίκτυα
Mk 1.18 γενέσθαι ἁλιεῖς ἀνθρώπων. καὶ εὐθὺς ἀφέντες τὰ δίκτυα
L 5.11 ἔσῃ ζωγρῶν. καὶ καταγαγόντες τὰ πλοῖα ἐπὶ τὴν γῆν ἀφέντες πάντα

M 4.18	λεγομενον ..	βαλλοντας αμφιβληστρον ..	αλιεις	B^c D^c KWΠ 1.13.565.1582
	λουμενον ..	βαλλοντας αμφιβληστρον ..	αλεεις	ℵ*
	καλουμενον ..	βαλλοντας αμφιβληστρον ..	αλιεις	ℵ^c 28
	λεγομενον ..	βαλλοντας αμφιβληστρον ..	αλεεις	B*C
	λεγομενον ..	βαλλοντας αμφιβληστρος ..	αλιεις	D*
	επικαλουμενον ..	βαλλοντας αμφιβληστρον ..	αλιεις	E
	λεγωμενον ..	βαλοντες αμφιβλιστρον ..	αλιεις	L
Mk 1.16		αμφιβαλλοντας ..	αλιεις	B^c
		αμφιβαλλοντας ..	αλεεις	ℵA^c B*L^c
		αμφιβαλλοντας τα δικτυα ..	αλιεις	D
		αμφιβαλλοντες ..	αλεεις	A*
		αμφιβαλλοντας ..	αλειεις	L*
		αμφιβαλλοντας αμφιβληστρον ..	αλιεις	W
		βαλλοντας αμφιβληστρον ..	αλιεις	Y
		αμφιβαλοντας τα δικτυα ..	αλιεις	θ

M 4.19	αυτοις .. υμας αλιεις	ℵ*B^c EKWΠ 1.13.28.565.1582
	αυτοις .. υμας γενεσθαι αλιεις	ℵ^c D
	αυτοις .. υμας αλεεις	B*C*
	αυτοις ο Ιησους .. υμας αλεεις	C^c
	αυτοις .. υμας αληεις	L
Mk 1.17	ειπεν ο Ιησους .. υμας γενεσθαι αλιεις	B^c DYθ
	ειπεν ο Ιησους .. υμας γενεσθαι αλεεις	ℵAB*CL
	ειπεν Ιησους .. υμας γενεσθαι αλιεις	W

M 4.20	ευθεως αφεντες τα δικτυα	ℵBCDEL 1.13.28.1582
	ευθεως αφεντες τα δικτυα αυτων	KWΠ 565
Mk 1.18	ευθυς αφεντες τα δικτυα	ℵLθ
	ευθεως αφεντες τα δικτυα αυτων	AY
	ευθεως αφεντες τα δικτυα	BCW
	ευθεως αφεντες παντα	D

M 4.19 - M 13.47; Jr 16.16; Ez 47.10; M 19.27

8. THE FIRST DISCIPLES Matthew 4.18-22

M	4.21	ἠκολούθησαν αὐτῷ. Καὶ προβὰς ἐκεῖθεν εἶδεν ἄλλους δύο ἀδελφούς,
Mk	1.19	ἠκολούθησαν αὐτῷ. Καὶ προβὰς ὀλίγον εἶδεν
L	5.10a	ἠκολούθησαν αὐτῷ. ὁμοίως δὲ καὶ
J	1.40	ἀκολουθησάντων αὐτῷ·

M	4.21	Ἰάκωβον τὸν τοῦ Ζεβεδαίου καὶ Ἰωάννην τὸν ἀδελφὸν αὐτοῦ,
Mk	1.19	Ἰάκωβον τὸν τοῦ Ζεβεδαίου καὶ Ἰωάννην τὸν ἀδελφὸν αὐτοῦ, καὶ αὐτοὺς
L	5.10a	Ἰάκωβον καὶ Ἰωάννην

M	4.21	ἐν τῷ πλοίῳ μετὰ Ζεβεδαίου τοῦ πατρὸς αὐτῶν καταρτίζοντας τὰ δίκτυα
Mk	1.19	ἐν τῷ πλοίῳ καταρτίζοντας τὰ δίκτυα,
L	5.10a	υἱοὺς Ζεβεδαίου, οἳ ἦσαν κοινωνοὶ τῷ Σίμωνι.

M	4.22	αὐτῶν· καὶ ἐκάλεσεν αὐτούς. οἱ δὲ εὐθέως ἀφέντες τὸ πλοῖον καὶ
Mk	1.20	καὶ εὐθὺς ἐκάλεσεν αὐτούς. καὶ ἀφέντες
L	5.11	καὶ καταγαγόντες τὰ πλοῖα ἐπὶ τὴν γῆν ἀφέντες

M	4.22	τὸν πατέρα αὐτῶν ἠκολούθησαν
Mk	1.20	τὸν πατέρα αὐτῶν Ζεβεδαῖον ἐν τῷ πλοίῳ μετὰ τῶν μισθωτῶν ἀπῆλθον ὀπίσω
L	5.11	πάντα ἠκολούθησαν

M	4.22	αὐτῷ.
Mk	1.20	αὐτοῦ.
L	5.11	αὐτῷ.

M 4.21 verse ℵBCDEKLΠ 1.13.28.565.1582
omit W

M 4.21 Ιωαννην ℵCDEKLΠ 1.13.28.565.1582
Ιωανην B
Mk 1.19 Ιωαννην ℵACDLWYΘ
Ιωανην B

M 4.21 εκειθεν ℵBCDEKLWΠ 1.13.28.565.1582
Mk 1.19 ολιγον ℵ[c]BDLWΘ
εκειθεν ℵ*
εκειθεν ολιγον ACY

M 4.21 Ζεβεδαιου του πατρος αυτων καταρτιζοντας ℵBDEKΠ 1.13.565.1582
Ζεβεδαιους του πατρος αυτων καταρτιζοντας C
Ζεβεδεου του πατρος αυτων καταρτιζοντες L
του πατρος αυτων Ζεβεδαιου καταρτιζοντας 28

M 4.21 δικτυα αυτων ℵBCDEKLWΠ 1.13.28.565.1582
Mk 1.19 δικτυα ℵABC*DLWYΘ
δικτυα αυτων C[c]

M 4.22 verse ℵBCDEKLΠ 1.13.28.565.1582
omit W

M 4.22 ευθεως αφεντες το πλοιον ℵ[c]BCDEΠ 1.13.28.565.1582
ευθεως αφεντες το πλοιον αυτων ℵ*
αφεντες ευθεως το πλοιον K

M 4.22 ηκολουθησαν αυτω ℵBCDEKLWΠ 1.13.28.565.1582
Mk 1.20 απηλθον οπισω αυτου ℵABCLY
ηκολουθησαν αυτω DW
ηλθον οπισω αυτου Θ

M 4.21 - M 10.2; 20.20; 27.56; Mk 1.29; 3.17; 10.35; L 9.54; J 21.2; M 17.1

9. PREACHING AND HEALING IN GALILEE

Matthew 4.23-25

M 4.23	Καὶ περιῆγεν	ἐν ὅλῃ τῇ Γαλιλαίᾳ,
Mk 1.39	καὶ ἦλθεν	
L 4.44	καὶ ἦν	
M 9.35	Καὶ περιῆγεν	ο Ιησους τας πολεις πασας και τας κωμας,
Mk 1.14	Μετα δε το παραδοθηναι τον Ιωαννην ηλθεν ο Ιησους	εἰς τὴν Γαλιλαίαν
Mk 6.6b	καὶ περιῆγεν	τας κωμας
L 4.14	Καὶ υπεστρεψεν ο Ιησους εν τη δυναμει του πνευματος	εἰς τὴν Γαλιλαίαν.
L 4.15	καὶ αυτος	
L 5.17a	Καὶ εγενετο εν μια των ημερων	και αυτος
L 8.1	Καὶ εγενετο εν τω καθεξης και αυτος διωδευεν	κατα πολιν και κωμην

M 4.23	διδάσκων ἐν ταῖς συναγωγαῖς αὐτῶν καὶ κηρύσσων τὸ εὐαγγέλιον
Mk 1.39	κηρύσσων εἰς τὰς συναγωγὰς αὐτῶν εἰς ὅλην τὴν Γαλιλαίαν
L 4.44	κηρύσσων εἰς τὰς συναγωγὰς τῆς Ἰουδαίας.
M 9.35	διδάσκων ἐν ταῖς συναγωγαῖς αὐτῶν καὶ κηρύσσων τὸ εὐαγγέλιον
Mk 1.14	κηρύσσων τὸ εὐαγγέλιον
Mk 6.6b	κυκλω διδάσκων.
L 4.15	ἐδίδασκεν ἐν ταῖς συναγωγαῖς αὐτῶν, δοξαζομενος υπο παντων.
L 5.17a	ην διδάσκων,
L 8.1	κηρύσσων και εὐαγγελιζόμενος

M 4.23	τῆς βασιλείας καὶ θεραπεύων πᾶσαν νόσον καὶ πᾶσαν μαλακίαν ἐν τῷ λαῷ.
M 9.35	τῆς βασιλείας καὶ θεραπεύων πᾶσαν νόσον καὶ πᾶσαν μαλακίαν.
Mk 1.14	του θεου
L 8.1	τὴν βασιλείαν του θεου, και οι δωδεκα συν αυτω,

M 4.24	καὶ ἀπῆλθεν ἡ ἀκοὴ αὐτοῦ εἰς ὅλην τὴν Συρίαν· καὶ προσήνεγκαν αὐτῷ
L 4.14	καὶ φήμη ἐξῆλθεν καθ' ὅλης τῆς περιχώρου περὶ αὐτοῦ.

M 4.24	πάντας τοὺς κακῶς ἔχοντας ποικίλαις νόσοις καὶ βασάνοις συνεχομένους
L 6.17	Και καταβας μετ
L 6.18b	και οι ενοχλουμενοι
L 6.19	και

M 4.23	εν ολη τη Γαλιλαια	διδασκων	B
	ο Ιησους εν τη Γαλιλαια	διδασκων αυτους	ℵ*
	ο Ιησους ολην την Γαλιλαιαν	διδασκων	ℵ^{c} 1.1582
	ο Ιησους εν ολη τη Γαλιλαια	διδασκων	C
	ο Ιησους ολην την Γαλιλαιαν	διδασκων	D
	ολην την Γαλιλαιαν ο Ιησους	διδασκων	EWΠ 13.28.565
	ολιν την Γαλιλαιαν ο Ιησους	διδασκων	K

M 4.24	απηλθεν η ακοη αυτου εις ολην	BEKWΠ 13.28.565
	εξηλθεν η ακοη αυτου εις πασαν	ℵ
	εξηλθεν η ακοη αυτου εις ολην	C
	απηλθεν αυτου η ακοη εις ολην	D
	εξηλθεν η ακοη αυτου εις ολη	1.
	εξηλθεν η ακοη αυτου εις ολην	1582

M 4.24	νοσοις και βασανοις	BCDKWΠ 1.13.28.565.1582
	νοσοις και βασανους	ℵ
	νοσσοις	E*
	νοσσοις και βασανοις	E^{c}

M 4.23 - M 10.1; A 10.36, 38 | M 4.24 - Mk 6.55-56

9. PREACHING AND HEALING IN GALILEE Matthew 4.23-25

M 4.24 καὶ δαιμονιζομένους καὶ σεληνιαζομένους καὶ παραλυτικούς, καὶ
Mk 1.39 καὶ τὰ δαιμόνια ἐκβάλλων.
Mk 3.7 Καὶ ὁ Ἰησοῦς μετὰ τῶν μαθητῶν αὐτοῦ ἀνεχώρησεν
L 5.17c και δυναμις κυριου ην εις το
L 6.17 αυτων εστη επι τοπου πεδινου, και οχλος πολυς μαθητων αυτου,
L 6.18a οι ηλθον ακουσαι αυτου καὶ
L 6.18b ἀπὸ πνευμάτων ἀκαθάρτων
L 6.19 πας ο οχλος εζητουν απτεσθαι αυτου, οτι δυναμις παρ αυτου εξηρχετο καὶ

M 4.25 ἐθεράπευσεν αὐτούς. καὶ ἠκολούθησαν αὐτῷ ὄχλοι πολλοὶ
Mk 3.7 πρὸς τὴν θάλασσαν· καὶ πολὺ πλῆθος
L 5.17b ἰᾶσθαι αὐτόν. καὶ ησαν καθημενοι Φαρισαιοι και νομοδιδασκαλοι οι ησαν
L 6.17 καὶ πλῆθος πολὺ του λαου
L 6.18a ἰαθῆναι απο των νοσων αυτων·
L 6.18b ἐθεραπεύοντο.
L 6.19 ἰᾶτο πάντας.

M 4.25 ἀπὸ τῆς Γαλιλαίας καὶ Δεκαπόλεως καὶ
Mk 3.7 ἀπὸ τῆς Γαλιλαίας ἠκολούθησεν· καὶ ἀπὸ τῆς
L 5.17b εληλυθοτες ἐκ πάσης κώμης τῆς Γαλιλαίας καὶ
L 6.17 ἀπὸ πάσης τῆς

M 4.25 Ἱεροσολύμων καὶ Ἰουδαίας καὶ πέραν
Mk 3.8 Ἰουδαίας καὶ ἀπὸ Ἱεροσολύμων καὶ ἀπὸ τῆς Ἰδουμαίας καὶ πέραν
L 5.17b Ἰουδαίας καὶ Ἰερουσαλήμ·
L 6.17 Ἰουδαίας καὶ Ἰερουσαλὴμ

M 4.25 τοῦ Ἰορδάνου.
Mk 3.8 τοῦ Ἰορδάνου και περι Τυρον και Σιδωνα, πληθος πολυ, ακουοντες οσα
L 6.17 και της παραλιου Τυρου και Σιδωνος,

Mk 3.8 εποιει ηλθον προς αυτον.

M 4.24 και δαιμονιζομενους DC[c]EKWΠ 1.28.565.1582
και δεμονιαζομενους ℵ
δαιμονιζομενους BC* 13

M 4.24 εθεραπευσεν αυτους ℵBCEKWΠ 1.13.28.565.1582
παντας εθεραπευσεν D

M 4.25 Γαλιλαιας ℵBCEKWΠ 1.13.28.565.1582
Γαλειλαιας D
Mk 3.7 Γαλιλαιας ACLWY 28
Γαλειλαιας BD

M 4.24 - M 17.15 | M 4.25 - Mk 5.20

10. FIRST DISCOURSE: SERMON ON THE MOUNT

Matthew 5.1-7.29

a. Setting
Matthew 5.1-2

M 5. 1 Ἰδὼν δὲ τοὺς ὄχλους ἀνέβη εἰς τὸ ὄρος·
L 6.17a Καὶ καταβὰς μετ' αὐτῶν ἔστη ἐπὶ τόπου πεδινοῦ,
J 6. 3 ἀνῆλθεν δὲ εἰς τὸ ὄρος Ἰησοῦς,

M 5. 2 καὶ καθίσαντος αὐτοῦ προσῆλθαν αὐτῷ οἱ μαθηταὶ αὐτοῦ· καὶ
L 6.17a καὶ ὄχλος πολὺς μαθητῶν αὐτοῦ,
L 6.20 Καὶ αὐτὸς
J 6. 3 καὶ ἐκεῖ ἐκάθητο μετὰ τῶν μαθητῶν αὐτοῦ.

M 5. 2 ἀνοίξας τὸ στόμα αὐτοῦ ἐδίδασκεν αὐτοὺς λέγων,
L 6.20 ἐπάρας τοὺς ὀφθαλμοὺς αὐτοῦ εἰς τοὺς μαθητὰς αὐτοῦ ἔλεγεν,

b. The Beatitudes
Matthew 5.3-12

M 5. 3 Μακάριοι οἱ πτωχοὶ τῷ πνεύματι,
L 6.20 Μακάριοι οἱ πτωχοί,

M 5. 3 ὅτι αὐτῶν ἐστιν ἡ βασιλεία τῶν οὐρανῶν.
L 6.20 ὅτι ὑμετέρα ἐστὶν ἡ βασιλεία τοῦ θεοῦ.

M 5. 4 μακάριοι οἱ πενθοῦντες,
L 6.21b μακάριοι οἱ κλαίοντες νῦν,

M 5. 4 ὅτι αὐτοὶ παρακληθήσονται.
L 6.21b ὅτι γελάσετε.

M 5. 5 μακάριοι οἱ πραεῖς,
M 5. 5 ὅτι αὐτοὶ κληρονομήσουσιν τὴν γῆν.

M 5. 1 προσηλθαν αυτω ℵ*
προσηλθαν B*
προσηλθον αυτω ℵ^c CDEKWΠ 1.13.28.565.1582
προσηλθον B^c

M 5. 2 εδιδασκεν ℵBCEKWΠ 1.13.28.565.1582
εδιδαξεν D

M 5. 3 οι πτωχοι τω πνευματι ℵBCEKWΠ 1.13.28.565.1582 ClemAl (Q.16.3)
οι πτωχοι πνευματι D ClemAl. (S.IV 26.3)
L 6.20 οι πτωχοι P^75 ℵ*ABDLWY 28
οι πτωχοι τω πνευματι ℵ^c
πτωχοι το πνευματι Θ

M 5. 3 αυτων ℵBCDEWΠ 1.13.28.565.1582
αυτον K
υμων ClemAl (Pr.99.4)
L 6.20 υμετερα P^75 ℵABDLY 28
ημετερα Θ
αυτων W

M 5. 4 πενθουντες ℵ*BCEWΘΠ 1.13.28.565.1582 ClemAl.(S.IV 37.5)
πενθουντες νυν ℵ^c
πενθουτες K

M 5. 4 Codex D reverses vs. 4 and 5, reading: μακαριοι οι πραεις οτι αυτοι κληρονομησουσιν την γην
μακαριοι οι πενθουντες οτι αυτοι παρακληθησονται

M 5.1 - M 15.29; 24.3 | M 5.2 - Ac 8.35 | M 5.3 - Ps 33.19 LXX; Is 61.1; M 11.5; L 4.18; Js 2.5
M 5.4 - Is 61.2-3; Re 7.16-17 | M 5.5 - Ps 33.11; M 11.29; R 4.13

b. The Beatitudes Matthew 5.3-12

M 5. 6 μακάριοι οἱ πεινῶντες καὶ διψῶντες τὴν δικαιοσύνην,
L 6.21a μακάριοι οἱ πεινῶντες νῦν,

M 5. 6 ὅτι αὐτοὶ χορτασθήσονται.
L 6.21a ὅτι χορτασθήσεσθε.

M 5. 7 μακάριοι οἱ ἐλεήμονες, ὅτι αὐτοὶ ἐλεηθήσονται.
L 6.24 Πλην ουαι υμιν τοις πλουσιοις, οτι απεχετε την παρακλησιν υμων.

M 5. 8 μακάριοι οἱ καθαροὶ τῇ καρδίᾳ, ὅτι αὐτοὶ τὸν θεὸν ὄψονται.
L 6.25 ουαι υμιν, οι εμπεπλησμενοι νυν, οτι πεινασετε.

M 5. 9 μακάριοι οἱ εἰρηνοποιοί, ὅτι αὐτοὶ υἱοὶ θεοῦ κληθήσονται.
L 6.25 ουαι, οι γελωντες νυν, οτι πενθησετε και κλαυσετε.

M 5.10 μακάριοι οἱ δεδιωγμένοι ἕνεκεν δικαιοσύνης,
L 6.26 ουαι οταν υμας καλως ειπωσιν παντες οι ανθρωποι,

M 5.10 ὅτι αὐτῶν ἐστιν ἡ βασιλεία τῶν οὐρανῶν.
L 6.26 κατα τα αυτα γαρ εποιουν τοις ψευδοπροφηταις οι πατερες αυτων.

M 5.11 μακάριοί ἐστε ὅταν
L 6.22 μακάριοί ἐστε ὅταν μισήσωσιν ὑμᾶς οἱ ἄνθρωποι, καὶ ὅταν

M 5.11 ὀνειδίσωσιν ὑμᾶς καὶ διώξωσιν καὶ εἴπωσιν πᾶν
L 6.22 ἀφορίσωσιν ὑμᾶς καὶ ὀνειδίσωσιν καὶ ἐκβάλωσιν τὸ ὄνομα ὑμῶν ὡς

M 5.12 πονηρὸν καθ' ὑμῶν ψευδόμενοι ἕνεκεν ἐμοῦ· χαίρετε
L 6.23 πονηρὸν ἕνεκα τοῦ υἱοῦ τοῦ ἀνθρώπου· χάρητε ἐν

M 5. 6 δικαιοσυνην οτι αυτοι χορτασθησονται ℵBCDEKWΘΠ 1.13.28.565.1582
αληθειαν οτι πλησθησονται τροφης αιδιου ClemAl.(S.V 70.1)
δικαιοσυνην του θεου ClemAl.(Q 17.5)
δικαιοσυνην του θεου ουτοι γαρ και εμπλησθησονται ClemAl.(Ecl 14.4)
L 6.21 οτι χορτασθησεσθε P75 ℵcABDLWYΘ 28
οτι χορτασθησονται ℵ*

M 5.7 αυτοι ℵBCDEWΘΠ 1.13.28.565.1582 ClemAl. (Pd III 92.2; S IV 38.1)
omit K

M 5. 9 οι ειρηνοποιοι οτι αυτοι BEWΘΠ 1.28.565.1582
οι ειρηνοποιοι οτι ℵCD 13
ειρηνοποιοι οτι αυτοι K
οτι αυτοι ClemAl. (S IV 41.2)
οι ειρηνοποιοι ClemAl. (S I 7.2, IV 40.2)

M 5.10 ενεκεν δικαιοσυνης οτι αυτων εστιν η βασιλεια ℵEBWΘΠ 1.13.28.565.1582 ClemAl (S IV 25.1, 41.2)
ενεκα δικαιοσυνης οτι αυτων εστιν η βασιλεια B
ενεκεν της δικαιοσυνης οτι αυτων εστιν η βασιλεια C
ενεκεν δικαιοσυνης οτι αυτων εστε η βασιλεια D
ενεκεν δικαιοσυνης ClemAl (S IV.25.1, 41.2)
υπερ της δικαιοσυνης οτι αυτοι εσονται τελειοι ClemAl (S IV.41.2f.)

M 5.11 εστε οταν ονειδισωσιν υμας και διωξωσιν ℵBCEKΠ 1.13.565.1582
εστε οταν διωξουσιν υμας και ονιδισουσιν D
οι εσται οταν ονιδισωσιν ημας και διωξουσιν Θ
εσται οταν ονιδισωσιν υμας και διωξουσιν W
εσται οταν ονειδησωσιν υμας και διωξωσιν 28

M 5.11 παν πονηρον καθ υμων φευδομενοι ενεκεν εμου ℵ
παν πονηρον καθ υμων φευδομενοι ενεκα εμου B
καθ υμων παν πονηρον ενεκεν δικαιοσυνης D
παν πονηρον ρημα καθ υμων φευδομενοι ενεκεν εμου CEKWΠ 1.13.28.565.1582
παν πονηρον ρημα καθη υμων φευδομενοι ενεκεν εμου Θ

M 5. 6 - J 6.35; Re 7.16 | M 5. 7 - M 18.33; Js 2.13
M 5. 8 - Ps 24.3-4; 51.12; 73.1; 1 T 1.5; Tt 1.15; 1 J 3.2; Re 22.4
M 5. 9 - E 2.15; He 12.14; R 15.33; 16.20; Js 3.18 | M 5.10 - Js 1.2; 1 P 3.14
M 5.11 - M 10.22; Is 51.7; J 16.2; Ac 5.41; 1 P 4.14

b. The Beatitudes Matthew 5.3-12

M 5.12 καὶ ἀγαλλιᾶσθε, ὅτι ὁ μισθὸς ὑμῶν πολὺς ἐν τοῖς
L 6.23 ἐκείνῃ τῇ ἡμέρᾳ καὶ σκιρτήσατε, ἰδοὺ γὰρ ὁ μισθὸς ὑμῶν πολὺς ἐν τῷ

M 5.12 οὐρανοῖς· οὕτως γὰρ ἐδίωξαν τοὺς προφήτας τοὺς πρὸ ὑμῶν.
L 6.23 οὐρανῷ· κατὰ τὰ αὐτὰ γὰρ ἐποίουν τοῖς προφήταις οἱ πατέρες αὐτῶν.

c. Salt and Light
Matthew 5.13-16

M 5.13 Ὑμεῖς ἐστε τὸ ἅλας τῆς γῆς· ἐὰν δὲ
Mk 9.49,50 πᾶς γὰρ πυρὶ ἁλισθήσεται. Καλὸν τὸ ἅλας· ἐὰν δὲ
L 14.34 Καλὸν οὖν τὸ ἅλας· ἐὰν δὲ καὶ

M 5.13 τὸ ἅλας μωρανθῇ, ἐν τίνι ἁλισθήσεται; εἰς οὐδὲν
Mk 9.50 τὸ ἅλας ἄναλον γένηται, ἐν τίνι αὐτὸ ἀρτύσετε; ἔχετε ἐν ἑαυτοῖς
L 14.35 τὸ ἅλας μωρανθῇ, ἐν τίνι ἀρτυθήσεται; οὔτε εἰς γῆν οὔτε

M 5.13 ἰσχύει ἔτι εἰ μὴ βληθὲν ἔξω καταπατεῖσθαι ὑπὸ τῶν ἀνθρώπων.
Mk 9.50 ἅλα, καὶ εἰρηνεύετε ἐν ἀλλήλοις.
L 14.35 εἰς κοπρίαν εὔθετόν ἐστιν· ἔξω βάλλουσιν αὐτό. ὁ ἔχων ὦτα ἀκούειν ἀκουέτω.
J 8.12 Παλιν ουν αυτοις ελαλησεν ο

M 5.12	χαιρετε και αγαλλιασθε		ℵBCDKWΘΠ 1.13^c.28.565.1582
	χαιρεται και αγαλλιασθαι		W
	χαιρετε και αγαλλιασθαι		E
	χαιρετε και και αγαλλιασθε		13*
M 5.12	πολυς εν τοις ουρανοις		ℵBCEKWΘΠ 1.13.28.1582
	πολυς εν τω ουρανω		D
	πολλυς εν τοις ουρανοις		565
M 5.12	τους προ υμων		ℵBCEWΘΠ^c 1.13.28.1582
	τους προ υμων υπαρχοντας		D
	προ υμων		KΠ* 565
M 5.13	εστε το αλας		ℵ^c BCD^c EKΠ 1.13.565.1582
	εστε το αλα		ℵ*D*
	εστε οι αλες		ClemAl (S.I 41.3)
	εστε αλας		ClemAl (Q 36.1)
	εσται το αλα		W
	εσται το αλας		Θ 28
Mk 9.50	αλας		ℵABCDYΘ 28
	αλα		LW
L 14.34	αλας		P^75 ℵ^c ABLYΘ 28
	αλα		ℵ*DW
M 5.13	εαν δε το αλας	μωρανθη	BCDEKΘΠ 1.13.28.565.1582
	εαν δε το αλα	μωρανθη	ℵW
Mk 9.50	εαν δε το αλας αναλον	γενηται	ℵ^c ABCYΘ 28
	εαν δε το αλα αναλον	γενηται	ℵ*L
	εαν δε το αλας αναλον	γενησεται	D
	εαν δε το αλα αναλον	μωρανθη	W
L 14.34	εαν δε και το αλας	μωρανθη	ℵ^c BLΘ
	εαν δε το αλα	μωρανθη	P^75
	εαν δε και το αλα	μωρανθη	ℵ*D
	εαν δε το αλας	μωρανθη	AWY 28
M 5.13	αλισθησεται		ℵBCDEKWΠ 1.13.28.565.1582
	αλλισθησεται		Θ

M 5.12 - Gn 15.1; 2 Chr 36.16; M 23.30, 37; Ac 7.52; He 11.32-38; Js 5.10

c. Salt and Light Matthew 5.13-18

M 5.14	Ὑμεῖς ἐστε τὸ φῶς τοῦ κόσμου.	οὐ δύναται πόλις κρυβῆναι ἐπάνω ὄρους
Mk 4.22		οὐ γαρ εστιν κρυπτὸν εαν μη ινα
L 8.17		οὐ γαρ εστιν κρυπτὸν ο ου
J 8.12	Ἐγώ εἰμι τὸ φῶς τοῦ κόσμου·	ο ακολουθων εμοι ου μη περιπατηση εν τη σκοτια,

M 5.14	κειμένη·
Mk 4.22	φανερωθη, ουδε εγενετο αποκρυφον αλλ ινα ελθη εις φανερον.
L 8.17	φανερον γενησεται, ουδε αποκρυφον ο ου μη γνωσθη και εις φανερον ελθη.
J 8.12	αλλ εξει το φως της ζωης.

Mk 4.23	ει τις εχει ωτα ακουειν ακουετω.
L 8.18	βλεπετε ουν πως ακουετε· ος αν γαρ εχη, δοθησεται αυτω, και ος αν μη εχη, και ο
L 8.18	δοκει εχειν αρθησεται απ αυτου.

M 5.15		οὐδὲ	καίουσιν	λύχνον καὶ τιθέασιν	
Mk 4.21	Καὶ ἔλεγεν αὐτοῖς,	Μήτι	ἔρχεται	ὁ λύχνος	
L 8.16		Οὐδεὶς δὲ	λύχνον ἅψας	καλύπτει	αὐτὸν
L 11.33		Οὐδεὶς	λύχνον ἅψας εἰς	κρύπτην	τίθησιν

M 5.15	αὐτὸν ὑπὸ τὸν μόδιον		ἀλλ᾽ ἐπὶ τὴν λυχνίαν,
Mk 4.21	ἵνα ὑπὸ τὸν μόδιον	τεθῇ ἢ ὑπὸ τὴν κλίνην; οὐχ	ἵνα ἐπὶ τὴν λυχνίαν
L 8.18	σκεύει ἢ ὑποκάτω κλίνης	τίθησιν,	ἀλλ᾽ ἐπὶ λυχνίας
L 11.33	οὐδὲ ὑπὸ τὸν μόδιον		ἀλλ᾽ ἐπὶ τὴν λυχνίαν,

M 5.16	καὶ λάμπει πᾶσιν τοῖς ἐν τῇ οἰκίᾳ.	οὕτως λαμψάτω τὸ φῶς ὑμῶν
Mk 4.21	τεθῇ;	
L 8.16	τίθησιν, ἵνα οἱ εἰσπορευόμενοι βλέπωσιν τὸ φῶς.	
L 11.33	ἵνα οἱ εἰσπορευόμενοι τὸ φῶς βλέπωσιν.	

M 5.16	ἔμπροσθεν τῶν ἀνθρώπων, ὅπως ἴδωσιν ὑμῶν τὰ καλὰ ἔργα καὶ δοξάσωσιν
M 5.16	τὸν πατέρα ὑμῶν τὸν ἐν τοῖς οὐρανοῖς.

d. The Old Law and the New

Matthew 5.17-48

M 5.17	Μὴ νομίσητε ὅτι ἦλθον καταλῦσαι τὸν νόμον ἢ τοὺς προφήτας· οὐκ ἦλθον
L 16.16	Ὁ νόμος καὶ οἱ προφῆται μέχρι Ἰωάννου·

M 5.14
- υμεις εστε ℵBCDEKWYΘ*Π 1.13.28.565.1582 ClemAl (Exc 9.3)
- υμεις εσται W
- ειπεν ο κυριος υμεις εστε $Θ^c$

M 5.15
- αλλ ℵBCEKWΘΠ 1.13.28.565.1582 ClemAl (S I 12.3)
- αλλα D
- αλ L

| λαμπει ℵBKWΘΠ 1.13.28.1582
- λαμπη EL
- λαμπι 565

M 5.16
- υμων τα καλα εργα ℵB^cEKLWΘΠ 1.13.565.1582 ClemAl (S III 36.4; IV 171.3)
- υμων τα καλα B*
- τα καλα υμων εργα 28

M 5.14 - M 4.16; J 9. 5; Ph 2.15
M 5.16 - E 5.8-9; 1 Pe 2.12; J 15.18; 1 C 10.31; Ph 1.11; M 6.2; R 2.23
M 5.17 - M 3.15; R 3.31; 8.4; 10.4; L 4.21

d. The Old Law and the New Matthew 5.17-48

M 5.18 καταλῦσαι ἀλλὰ πληρῶσαι. ἀμὴν γὰρ λέγω ὑμῖν, ἕως ἂν
L 16.17 απο τοτε η βασιλεια του θεου ευαγγελιζεται και πας εις αυτην βιαζεται. Εὐκοπώτερον
M 24.34 ἀμὴν λέγω ὑμῖν ὅτι οὐ
Mk 13.30 ἀμὴν λέγω ὑμῖν ὅτι οὐ
L 21.32 ἀμὴν λέγω ὑμῖν ὅτι οὐ

M 5.18 παρέλθῃ ὁ οὐρανὸς καὶ ἡ γῆ,
L 16.17 δέ ἐστιν τὸν οὐρανὸν καὶ τὴν γῆν
M 24.35 μη παρέλθῃ η γενεα αυτη εως αν παντα ταυτα γενηται. ὁ οὐρανὸς καὶ ἡ γῆ
Mk 13.31 μη παρέλθῃ η γενεα αυτη μεχρις ου ταυτα παντα γενηται. ὁ οὐρανὸς καὶ ἡ γῆ
L 21.33 μη παρέλθῃ η γενεα αυτη εως αν παντα γενηται. ὁ οὐρανὸς καὶ ἡ γῆ

M 5.18 ἰῶτα ἓν ἢ μία κεραία οὐ μὴ παρέλθῃ ἀπὸ τοῦ νόμου ἕως ἂν πάντα
L 16.17 παρελθεῖν ἢ τοῦ νόμου μίαν κεραίαν
M 24.35 παρελεύσεται, οι δε λογοι μου ου μη παρελθωσιν.
Mk 13.31 παρελεύσονται, οι δε λογοι μου ου μη παρελευσονται.
L 21.33 παρελεύσονται, οι δε λογοι μου ου μη παρελευσονται.

M 5.18 γένηται.
L 16.17 πεσεῖν.

M 5.19 ὃς ἐὰν οὖν λύσῃ μίαν τῶν ἐντολῶν τούτων τῶν ἐλαχίστων καὶ διδάξῃ οὕτως
M 5.19 τοὺς ἀνθρώπους, ἐλάχιστος κληθήσεται ἐν τῇ βασιλείᾳ τῶν οὐρανῶν· ὃς δ᾽
M 5.19 ἂν ποιήσῃ καὶ διδάξῃ, οὗτος μέγας κληθήσεται ἐν τῇ βασιλείᾳ τῶν οὐρανῶν.
M 5.20 λέγω γὰρ ὑμῖν ὅτι ἐὰν μὴ περισσεύσῃ ὑμῶν ἡ δικαιοσύνη πλεῖον τῶν γραμμα-
M 5.20 τέων καὶ Φαρισαίων, οὐ μὴ εἰσέλθητε εἰς τὴν βασιλείαν τῶν οὐρανῶν.

M 5.18 αμην γαρ λεγω υμιν εως αν ℵBDEKLWΘΠ 1.28.1582
αμην γαρ λεγω υμιν εως 13
αμην λεγω υμιν εως αν 565

M 5.18 νομου εως αν παντα γενηται ℵB[c]EKWΠ 1.28.1582
νομου εως παντα γενηται B*
νομου εως αν γενηται παντα D
νομου εως αν παντα γενητε L
νομου και των προφητων εως αν παντα γενηται Θ 13
νομου μου και των προφητων εως αν παντα γενηται 565

M 5.19 εαν ουν λυση ℵBEKWΘΠ 1.13.28.565.1582
ουν λυσει D*
αν ουν λυσει D[c]
εαν λυσει L

M 5.19 των ελαχιστων και διδαξη ουτως ℵBEKWΘΠ 1.28.565.1582
ελαχιστων και διδαξη D*
των ελαχιστων και διδαξη D[c]
των ελαχιστων και διδαξει ουτως L 13

M 5.19 ος δ αν ποιηση και διδαξη ουτος μεγας κληθησεται εν τη βασιλεια των ουρανων ℵ[c]BEKLΠ 1.28.565.1582
omit ℵ*DW
ος δ αν ποιησει και διδαξη ουτως μεγας κληθησεται εν τη βασιλεια των ουρανων 13
ος δ αν ποιηση και διδαξη ουτος μεγας κληθησεται εν τη βασηλεια των ουρανων Θ

M 5.20 omit verse D
εαν μη περισσευση υμων η δικαιοσυνη πλειον ℵ[c]BEKΠ 13.28
εαν μη περισσευση υμων η δικαιοσυνη πλεον ℵ*W
εαν μη περισευσει υμων η δικαιοσυνη πληονα L
εν μη περισσευσει υμων η δικαιοσυνη πλιον Θ*
εαν μη περισσευσει υμων η δικαιοσυνη πλιον Θ[c]
εαν μη περισσευση η δικαιοσυνη υμων πλειον 1.565.1582
εαν μη περισσευση η δικαιοσυνη υμων πλειω ClemAl (S III 33.3)
.... πλεον ClemAl (S VI 115.3)
εαν μη πλεοναση υμων η δικαιοσυνη πλειον ClemAl (S IV 164.2)

M 5.19 - Js 2.10; M 20.26; 1 C 15.9; M 28.20
M 5.20 - M 6.1; Ps 117.19f (LXX); Is 26.2; M 18.3; J 3.5

d. The Old Law and the New Matthew 5.17-48

M 5.21 Ἠκούσατε ὅτι ἐρρέθη τοῖς ἀρχαίοις, Οὐ φονεύσεις· ὃς δ' ἂν φονεύσῃ,
M 5.22 ἔνοχος ἔσται τῇ κρίσει. ἐγὼ δὲ λέγω ὑμῖν ὅτι πᾶς ὁ ὀργιζόμενος τῷ
M 5.22 ἀδελφῷ αὐτοῦ ἔνοχος ἔσται τῇ κρίσει· ὃς δ' ἂν εἴπῃ τῷ ἀδελφῷ αὐτοῦ,
M 5.22 Ῥακά, ἔνοχος ἔσται τῷ συνεδρίῳ· ὃς δ' ἂν εἴπῃ, Μωρέ, ἔνοχος ἔσται εἰς
M 5.22 τὴν γέενναν τοῦ πυρός.

M 5.23 ἐὰν οὖν προσφέρῃς τὸ δῶρόν σου ἐπὶ τὸ θυσιαστήριον κἀκεῖ μνησθῇς ὅτι
Mk 11.25 καὶ ὅταν στήκετε προσευχόμενοι,

M 5.24 ὁ ἀδελφός σου ἔχει τι κατὰ σοῦ, | ἄφες ἐκεῖ τὸ δῶρόν σου ἔμπροσθεν
Mk 11.25 ἀφίετε εἴ τι ἔχετε κατά τινος, ἵνα καὶ ὁ πατὴρ ὑμῶν ὁ ἐν τοῖς

M 5.24 τοῦ θυσιαστηρίου, καὶ ὕπαγε πρῶτον διαλλάγηθι τῷ ἀδελφῷ σου, καὶ τότε
Mk 11.25 οὐρανοῖς ἀφῇ ὑμῖν τὰ παραπτώματα ὑμῶν.

M 5.25 ἐλθὼν πρόσφερε τὸ δῶρόν σου. ἴσθι εὐνοῶν τῷ ἀντιδίκῳ σου ταχὺ
L 12.58 ὡς γὰρ ὑπάγεις μετὰ τοῦ ἀντιδίκου σου ἐπ'

M 5.25 ἕως ὅτου εἶ μετ' αὐτοῦ ἐν τῇ ὁδῷ,
L 12.58 ἄρχοντα, ἐν τῇ ὁδῷ δὸς ἐργασίαν ἀπηλλάχθαι ἀπ' αὐτοῦ,

---

M 5.21		
	ερρεθη .. δ αν φονευση ενοχος εσται	ℵΠ 1.28.565.1582
	ερρηθη .. δ αν φονευση ενοχος εσται	BE
	ερρηθη .. δ αν φονευσει ενοχος εστε	D
	ερριθη .. δ αν φονευση ενοχος εσται	K
	ερρεθη .. δ αν φονευσει ενοχος εστε	L
	ερρεθη .. δ α φονευση ενοχος εσται	W
	ερηθη .. δ αν φονευσει ενοχος εσται	Θ
	ερρεθη .. δ αν φονευσει ενοχος εσται	13

M 5.22

οργιζομενος τω αδελφω αυτου ..Ρακα ενοχος εσται..ειπη		Μωρε..γεενναν	ℵ^{c}B
οργιζομενος τω αδελφω αυτου ..Ραχα ενοχος εσται..ειπη		Μωρε..γεενναν	ℵ*
οργαζομενος τω αδελφω αυτου εικη ..Ραχα ενοχος εστε ..ειπη		Μωρε..γεενναν	D*
οργιζομενος τω αδελφω αυτου εικη ..Ραχα ενοχος εστε ..ειπη		Μωρε..γεενναν	D^{c}
οργιζομενος τω αδελφω αυτου ηκη ..Ρακα ενοχος εσται..ειπη		Μωρε..γεενναν	E
οργιζομενος τω αδελφω αυτου εικη ..Ρακα ενοχος εσται..ειπη		Μωρε..γεενναν	KWΠ 28
οργιζομενος τω αδελφω αυτου ηκει..Ρακα ενοχος εστε ..ειπει	τω αδελφω αυτου	Μορε..γεεναν	L
οργηζομενος το αλφω αυτου ..Ρακα ενοχος εσται..ειπη	τω αδελφω αυτου	Μωρε..γενναν	Θ
οργιζομενος τω αδελφω αυτου εικη ..Ρακα ενοχος εσται..ειπη	τω αδελφω αυτου	Μωρε..γεεναν	1.
οργιζομενος τω αδελφω αυτου εικη ..Ρακκα ενοχος εσται..ειπη	τω αδελφω αυτου	Μωρε..γεενναν	13
οργιζομενος τω αδελφω αυτου εικη ..Ρακαν ενοχος εσται..ειπη		Μωρε..γεεναν	565
οργιζομενος τω αδελφω αυτου εικη ..Ρακα ενοχος εσται..ειπη	τω αδελφω αυτου	Μωρε..γεενναν	1582

M 5.23		
	προσφερης .. κακει .. εχει τι	ℵBW
	προσφερης .. και εκει .. εχει τι	DEKΘΠ 1.1582
	προσφερεις .. κακει .. εχει τι	L
	προσφερης .. κακει .. εχει	13
	προσφερεις .. και εκει .. εχει τι	28.565

M 5.24		
	εμπροσθεν .. διαλλαγηθι .. προσφερε	ℵBEKΠ 1.13.565.1582
	ενπροσθεν .. καταλλαγηθι .. προσφερεις	D*
	ενπροσθεν .. καταλλαγηθι .. προσφερε	D^{c}
	ενπροσθεν .. διαλλαγηθη .. προσφερε	L
	εμπροσθεν .. διαλλαγθει .. προσφερε	W
	εμπροσθεν .. διαλαγηθη .. προσφερε	Θ
	ενπροσθεν .. διαλλαγηθι .. προσφερε	28

M 5.25		
	οτου ει μετ αυτου εν τη οδω	ℵBDW 1.13.1582
	οτου ει εν τη οδω μετ αυτου	EKΘΠ 565 ClemAl (S IV 95.2f)
	του ει μετ αυτου εν τη οδω	L
	ουν μετ αυτου εν τη οδω	28

M 5.21 - Ex 20.13; Dt 5.17; M 19.18; Mk 10.19; L 18.20; R 13.9; Js 2.11; Ex 21.12; Lv 24.17
M 5.22 - E 4.26; Js 1.19f; 4.2; 1 J 3.15 | M 5.25 - M 6.14f; 18.34f; L 18.3

d. The Old Law and the New Matthew 5.17-48

M 5.25 μήποτέ σε παραδῷ ὁ ἀντίδικος τῷ κριτῇ, καὶ ὁ κριτὴς
L 12.58 μήποτε κατασύρῃ σε πρὸς τὸν κριτήν, καὶ ὁ κριτής σε παραδώσει

M 5.26 τῷ ὑπηρέτῃ, καὶ εἰς φυλακὴν βληθήσῃ· ἀμὴν λέγω σοι, οὐ
L 12.59 τῷ πράκτορι, καὶ ὁ πράκτωρ σε βαλεῖ εἰς φυλακήν. λέγω σοι, οὐ

M 5.26 μὴ ἐξέλθῃς ἐκεῖθεν ἕως ἂν ἀποδῷς τὸν ἔσχατον κοδράντην.
L 12.59 μὴ ἐξέλθῃς ἐκεῖθεν ἕως καὶ τὸ ἔσχατον λεπτὸν ἀποδῷς.

M 5.27,28 Ἠκούσατε ὅτι ἐρρέθη, Οὐ μοιχεύσεις. ἐγὼ δὲ λέγω ὑμῖν ὅτι πᾶς ὁ
M 5.28 βλέπων γυναῖκα πρὸς τὸ ἐπιθυμῆσαι αὐτὴν ἤδη ἐμοίχευσεν αὐτὴν ἐν τῇ

M 5.25 σε παραδω ℵBEKLWΘΠ 1.13.28.565.1582
σε παραδωσει D
παραδω σε ClemAl (S IV.95.2f)

M 5.25 κριτης ℵB 1.13.1582*
κριτης σε παραδω EKLWΘΠ 28.565.1582^{c}
κριτης σε παραδωσει D
L 12.58 κριτης σε παραδωσει ℵABΘ
κριτης σε παραδω LWY 28
κριτης σε παραδοσει P^{75}
κριτης παραδωσει σε P^{45} D

M 5.25 βληθηση ℵBEKWΠ 1.13.565.1582
βληθησει DΘ
βληθεις L
βληθειση 28

M 5.26 εως αν αποδως τον εσχατον κοδραντην ℵBDEKΠ 1^{c}.13.28.565.1582
εως ου αποδως τον εσχατον κοδραντην LW
εως αν αποδως τον εσχατον κονδραντην Θ
εως αν αποδως τον εσχατον κοδραντον 1*
L 12.59 εως και το εσχατον λεπτον αποδως P^{75} ℵ*B
εως και τον εσχατον λεπτον αποδως ℵ^{c}L
εως του και τον εσχατον λεπτον αποδως A
εως ου αποδοις τον εσχατον κοδραντην D
εως ου και το εσχατον λεπτον αποδως W
εως ου και τον εσχατον λεπτον αποδως Y 28
εως αν τον εσχατον λεπτον αποδως Θ

M 5.27 ηκουσατε οτι ερρεθη ου μοιχευσεις ℵKW 1.1582
ηκουσατε οτι ερρηθη ου μοιχευσεις BDEΠ 28.565
ηκουσαται οτι ερρεθη τοις αρχεοις ου μυχευσεις L
ηκουσατε οτι ερρεθη τοις αρχαιοις ου μηχευσεις Θ*
ηκουσατε οτι ερρεθη τοις αρχαιοις ου μοιχευσεις Θ^{c} 13

M 5.28 βλεπων ℵBDELWΘΠ 1.13.565.1582 ClemAl (S III.94.3)
εμβλεψας K 28 ClemAl (S II 61.3; IV 114.2)
εμβλεψης ClemAl (S VII 82.3)
προσβλεπων ClemAl (S III 8.4)

M 5.28 επιθυμησαι αυτην BDEKWΘ 28.565
επιθυμησαι ℵ*Π ClemAl (S II 66.1; II 8.4, 94.3; IV 114.2)
επιθυμησαι αυτης ℵ^{c} 1.13.1582
επεθυμησαι αυτην L

M 5.25-26 - M 18.34f; L 18.3; 1 P 5.8
M 5.27 - Ex 20.14; Dt 5.18; M 19.18; Mk 10.19; L 18.20; R 13.9; Js. 2.11
M 5.28 - Jb 31.1; 2 P 2.14; Sr 9.5; 2 Sm 9.2

M 5.29	καρδίᾳ αὐτοῦ. εἰ δὲ ὁ ὀφθαλμός σου ὁ δεξιὸς σκανδαλίζει σε, ἔξελε
Mk 9.47	καὶ ἐὰν ὁ ὀφθαλμός σου σκανδαλίζῃ σε,
M 18.9	καὶ εἰ ὁ ὀφθαλμός σου σκανδαλίζει σε, ἔξελε

M 5.29	αὐτὸν καὶ βάλε ἀπὸ σοῦ· συμφέρει γάρ σοι ἵνα ἀπόληται
Mk 9.47	ἔκβαλε αὐτόν· καλόν σέ ἐστιν μονόφθαλμον εἰσελθεῖν
M 18.9	αὐτὸν καὶ βάλε ἀπὸ σοῦ· καλόν σοί ἐστιν μονόφθαλμον εἰς τὴν

M 5.29	ἓν τῶν μελῶν σου καὶ μὴ ὅλον τὸ σῶμά σου βληθῇ εἰς
Mk 9.47	εἰς τὴν βασιλείαν τοῦ θεοῦ ἢ δύο ὀφθαλμοὺς ἔχοντα βληθῆναι εἰς τὴν
M 18.9	ζωὴν εἰσελθεῖν, ἢ δύο ὀφθαλμοὺς ἔχοντα βληθῆναι εἰς τὴν

M 5.30	γέενναν. καὶ εἰ ἡ δεξιά
Mk 9.48,43	γέενναν, οπου ο σκωληξ αυτων ου τελευτα και το πυρ ου σβεννυται· Καὶ ἐὰν
M 18.8	γέενναν τοῦ πυρός. Εἰ δὲ ἡ

M 5.30	σου χεὶρ σκανδαλίζει σε, ἔκκοψον αὐτὴν καὶ βάλε ἀπὸ σοῦ·
Mk 9.43	σκανδαλίζῃ σε ἡ χείρ σου, ἀπόκοψον αὐτήν·
M 18.8	χείρ σου ἢ ὁ πούς σου σκανδαλίζει σε, ἔκκοψον αὐτὸν καὶ βάλε ἀπὸ σοῦ·

M 5.30	συμφέρει γάρ σοι ἵνα ἀπόληται ἓν τῶν μελῶν σου καὶ μὴ
Mk 9.43	καλόν ἐστίν σε κυλλὸν εἰσελθεῖν εἰς τὴν ζωὴν ἢ τὰς
M 18.8	καλόν σοί ἐστιν εἰσελθεῖν εἰς τὴν ζωὴν κυλλὸν ἢ χωλόν, ἢ

M 5.28	καρδια αυτου	ℵDEKLWΘΠ 1.13.28.565.1582
	καρδια εαυτου	B
M 5.29	σου ο δεξιος σκανδαλιζει σε εξελε αυτον και βαλε	ℵBEKWΘΠ 1.28.565.1582[c]
	ο δεξιος σου σκανδαλιζει σε εξελε αυτον και βαλε	D ClemAl (Q 24.2)
	σου ο δεξιος σκανδαλιζη σαι εξελε αυτον	L
	σου ο δεξιος σκανδαλιζη σε εξελε αυτον και βαλε	1582*
Mk 9.47	σου σκανδαλιζη σε εκβαλε	ℵABCLY
	σου ι σκανδαλιζει σε εκβαλε	D*
	σου ει σκανδαλιζει σε εκβαλε	D[c]
	σου σκανδαλιση σε εκβαλε	W
	σου σκανδαλιζει σε εκβαλε	Θ 28
M 5.29	βληθη εις γεενναν	ℵBEKΘΠ 1.28.565.1582
	απελθη εις γεενναν	D
	βληθησει εις την γεεναν	L
	βληθη εις την γεενναν	W
Mk 9.47	βληθηναι εις την γεενναν	ℵ
	βληθηναι εις την γεενναν του πυρος	ACY
	βληθηναι εις γεενναν	BL
	απελθειν εις την γεενναν	D
	εις την γεενναν	W
	βληθηναι εις την γεενναν του ρος	Θ
	βληθηναι εις γεεναν	28
M 5.30	omit verse	D
M 5.30	η δεξια σου χειρ σκανδαλιζει σε εκκοφον	ℵBEKΠ 1.28.565.1582
	η δεξια σου χειρ σκανδαλιζη σε εκοφον	L
	η δεξια σου χειρ σκανδαλιζει σε κοφον	W
	χειρ σου η δεξια σκανδαλιζει σε εκκοφον	Θ*
	η χειρ σου η δεξια σκανδαλιζει σε εκκοφον	Θ[c]
Mk 9.43	σκανδαλιζη σε	ACDY
	σκανδαλιση σε	ℵBLW
	σκανδαλιζει σε	Θ 28
M 5.30	και μη	BEKLWΘΠ 1.13.28.565.1582
	μη	ℵ

M 5.29 - Zch 11.17; Co 3.5

d. The Old Law and the New Matthew 5.17-48

M 5.30 ὅλον τὸ σῶμά σου εἰς γέενναν ἀπέλθῃ.
Mk 9.43 δύο χεῖρας ἔχοντα ἀπελθεῖν εἰς τὴν γέενναν, εἰς τὸ
M 18.8 δύο χεῖρας ἢ δύο πόδας ἔχοντα βληθῆναι εἰς τὸ

Mk 9.45 πυρ το ασβεστον. και εαν ο πους σου σκανδαλιζη σε, αποκοψον αυτον· καλον εστιν σε
M 18.8 πυρ το αιωνιον.

Mk 9.45 εισελθειν εις την ζωην χωλον η τους δυο ποδας εχοντα βληθηναι εις την γεενναν.

M 5.31 Ἐρρέθη δέ, Ὃς ἂν
M 19.3 Και προσηλθον αυτω Φαρισαιοι πειραζοντες αυτον και λεγοντες, Ει εξεστιν ανθρωπω
Mk 10.2 και προσελθοντες Φαρισαιοι επηρωτων αυτον ει εξεστιν ανδρι

M 5.31 ἀπολύσῃ τὴν γυναῖκα αὐτοῦ,
M 19.7 ἀπολῦσαι τὴν γυναῖκα αὐτοῦ κατα πασαν αιτιαν; λεγουσιν αυτω,
Mk 10.3 γυναῖκα ἀπολῦσαι, πειραζοντες αυτον. ο δε αποκριθεις ειπεν αυτοις,

M 5.31 δότω αὐτῇ ἀποστάσιον.
M 19.7 Τι ουν Μωυσης ενετειλατο δοῦναι βιβλιον ἀποστασίου
Mk 10.4 Τι υμιν ενετειλατο Μωυσης; οι δε ειπαν, Επετρεψεν Μωυσης βιβλιον ἀποστασίου γραψαι

M 5.32 ἐγὼ δὲ λέγω ὑμῖν ὅτι πᾶς ὁ ἀπολύων τὴν γυναῖκα αὐτοῦ
M 19.9 και απολυσαι αυτην; λέγω δὲ ὑμῖν ὅτι ὃς ἂν ἀπολύσῃ τὴν γυναῖκα αὐτοῦ
Mk 10.11 και απολυσαι. καὶ λέγει αὐτοῖς, Ὃς ἂν ἀπολύσῃ τὴν γυναῖκα αὐτοῦ
L 16.18 Πᾶς ὁ ἀπολύων τὴν γυναῖκα αὐτοῦ

M 5.32 παρεκτὸς λόγου πορνείας ποιεῖ αὐτὴν μοιχευθῆναι,
M 19.9 μὴ ἐπὶ πορνείᾳ καὶ γαμήσῃ ἄλλην μοιχᾶται.
Mk 10.11 καὶ γαμήσῃ ἄλλην μοιχᾶται ἐπ' αὐτήν,
L 16.18 καὶ γαμῶν ἑτέραν μοιχεύει,

M 5.30 εις γεενναν απελθη ℵB 1.1582
βληθη εις γεενναν EKWΘΠ 13.28
βληθησει εις την γεεναν L
Mk 9.43 εις την γεενναν εις το πυρ το ασβεστον ℵ*ABCY
εις την γεενναν ℵ^c L
εις την γεενναν οπου εστιν το πυρ το ασβεστον D
εις το πυρ το ασβεστον W 28
εις την γενναν εις το πυρ το ασβεστον Θ

M 5.31 ερρεθη δε ος αν ℵ^c 13
ερρεθη ος αν ℵ*
ερρηθη δε ος αν BDΠ 1.1582
ερρεθη δε οτι ος αν EΘ
ερρηθη ος αν K
ερρεθη δε ως αν L
ερρεθη δε οτι ος εαν W
ερρηθη δε οτι ος αν 28
ερρηθη οτι ος αν 565

|| M 5.31 αυτη αποστασιον ℵBDELWΘΠ 1.13.28.1582
αυτην ποστασιον K
αυτην αποστασιον 565

|| M 5.32 οτι πας ο απολυων ℵBKLWΘΠ 1.13.565.1582
ος αν απολυση D
οτι ος αν απολυση E 28
ωστε ο απολυων ClemAl (S III 47.2)

M 5.32 ποιει αυτην μοιχευθηναι ℵBDWΘ 1.13.1582
ποιει αυτην μοιχασθαι EKΠ 28.565
ποιη αυτην μοιχασθε L

M 5.31 - Dt 24.1 || M 5.32 - 1 C 7.10f

M 5.32	καὶ ὃς ἐὰν	ἀπολελυμένην		γαμήσῃ		μοιχᾶται.
Mk 10.12	καὶ ἐὰν αὐτὴ	ἀπολύσασα	τὸν ἄνδρα αὐτῆς	γαμήσῃ	ἄλλον	μοιχᾶται.
L 16.18	καὶ ὁ	ἀπολελυμένην	ἀπὸ ἀνδρὸς	γαμῶν		μοιχεύει.

M 5.33 Πάλιν ἠκούσατε ὅτι ἐρρέθη τοῖς ἀρχαίοις, Οὐκ ἐπιορκήσεις, ἀποδώσεις

M 5.34 δὲ τῷ κυρίῳ τοὺς ὅρκους σου. ἐγὼ δὲ λέγω ὑμῖν μὴ ὀμόσαι ὅλως· μήτε ἐν
M 23.22 καὶ ὁ ὀμόσας ἐν

M 5.35 τῷ οὐρανῷ, ὅτι θρόνος ἐστὶν τοῦ θεοῦ· |μήτε ἐν τῇ γῇ, ὅτι ὑπο-
M 23.22 τῷ οὐρανῷ ὀμνύει ἐν τῷ θρόνῳ τοῦ θεοῦ και εν τω καθημενω επανω αυτου.

M 5.35 πόδιόν ἐστιν τῶν ποδῶν αὐτοῦ· μήτε εἰς Ἱεροσόλυμα, ὅτι πόλις ἐστὶν τοῦ
M 5.36 μεγάλου βασιλέως· μήτε ἐν τῇ κεφαλῇ σου ὀμόσῃς, ὅτι οὐ δύνασαι μίαν
M 5.37 τρίχα λευκὴν ποιῆσαι ἢ μέλαιναν. ἔστω δὲ ὁ λόγος ὑμῶν ναὶ ναί, οὒ οὔ·
M 5.37 τὸ δὲ περισσὸν τούτων ἐκ τοῦ πονηροῦ ἐστιν.

M 5.32	και ος εαν απολελυμενην γαμηση μοιχαται	ℵ^c EK^c Π 1.28.565.1582
	και ος αν απολελυμενην γαμηση μοιχαται	ℵ*K* 13
	και ο απολελυμενην γαμησας μοιχαται	B
	omit	D
	και ως εαν απολελυμενην γαμηση μοιχατε	L
	και ος εαν απολελυμενην γαμηση μοιατε	W
	και ος αν απολελυμενην γαμησει μοχαταιε	Θ*
	και ος αν απολελυμενην γαμησει μοιχαταιε	Θ^c
M 5.33	επιορκησεις αποδωσεις δε τω κυριω	BEKΘΠ 13.28.1582^c
	εφιορκησεις αποδωσεις δε τω κυριω	ℵ
	επειορκησις αποδωσεις δε τω κυριω	D
	επιορκησεις αποδωσεις δε κυριω	L 1.1582*
	επιορκησεις αποδωσης τω κυριω	W
	επιορκησεις αποδοσεις τω κυριω	565
M 5.36	μιαν τριχα λευκην ποιησαι η μελαιναν	ℵ^c B
	μιαν τριχαν λευκην ποιησαι η μελαιναν	ℵ*
	ποιειν τριχα μειαν λευκην η μελαιναν	D*
	ποιησαι τριχα μειαν λευκην η μελαιναν	D^c
	μιαν τριχα λευκην η μελαιναν ποιησαι	EKΠ^c 565
	μιαν τριχα λευκην ποιησαι μελεναν	L
	μιαν τριχαν λευκην ποιησαι η μελαναν	W
	μιαν τριχαν λευκην ποιηση η μελεναν	Θ
	μιαν τριχα λευκην η μελαναν ποιησαι	Π*
	ποιησαι μιαν τριχα λευκην η μελαιναν	1.1582
	μιαν τριχαν ποιησαι λευκην μελεναν	13
	μιαν τριχα λευκην η μελεναν ποιησαι	28
	ποιησαι τριχα λευκην η μελαιναν	ClemAl (Pd III 16.4)
M 5.37	εστω	ℵDEKLWΘΠ 1.13.28.565.1582 ClemAl (S V 99.1)
	εσται	B ClemAl (S VII 67.5)
M 5.37	ναι ναι	ℵBDEKWΠ 1.13.28.565.1582
	ναι ναι και	L
	το ναι ναι και το	Θ ClemAl (S V 99.1) (S VII 67.5)
M 5.37	περισσον τουτων	ℵB^c DEKLWΠ 13.565.1582
	περισον τουτων	B*
	περησσον τουτων	Θ
	περισσον τουτου	1.
	πρισσον τουτων	28

M 5.33 - Lv 19.12; Nu 30.2f; Dt 23.21; Ps 50.14 || M 5.33-34 - Js 5.12; Is 66.1; Ac 7.49; Ps 48.2; 99.5; Lm 2.1
M 5.37 - Js 5.12; 2 C 1.17; M 6.13

M 5.38 Ἠκούσατε ὅτι ἐρρέθη, Ὀφθαλμὸν ἀντὶ ὀφθαλμοῦ καὶ ὀδόντα ἀντὶ ὀδόντος.
M 5.39 ἐγὼ δὲ λέγω ὑμῖν μὴ ἀντιστῆναι τῷ πονηρῷ·

M 5.39 ἀλλ᾽ ὅστις σε ῥαπίζει εἰς τὴν δεξιὰν σιαγόνα σου, στρέψον αὐτῷ καὶ τὴν
L 6.29 τῷ τύπτοντί σε ἐπὶ τὴν σιαγόνα πάρεχε καὶ τὴν

M 5.40 ἄλλην, |καὶ τῷ θέλοντί σοι κριθῆναι καὶ τὸν χιτῶνά σου λαβεῖν,
L 6.29 ἄλλην, καὶ ἀπὸ τοῦ αἴροντός σου τὸ ἱμάτιον

M 5.41 ἄφες αὐτῷ καὶ τὸ ἱμάτιον· καὶ ὅστις σε ἀγγαρεύσει μίλιον ἕν, ὕπαγε
L 6.29 καὶ τὸν χιτῶνα μὴ κωλύσῃς.

M 5.42 μετ᾽ αὐτοῦ δύο. τῷ αἰτοῦντί σε δός, καὶ τὸν θέλοντα ἀπὸ σοῦ
L 6.30 παντὶ αἰτοῦντί σε δίδου, καὶ ἀπὸ τοῦ αἴροντος τὰ σὰ

M 5.38 ερρεθη .. και οδοντα ℵLW 1.28.1582[c]
ερρηθη .. και οδοντα BEKΠ 565.1582*
ερρηθη .. οδοντα D
ερεθη .. και οδοντα Θ
ερρεθη .. οδοντα 13

M 5.39 αντιστηναι ..οστις σε ραπιζει εις την δεξιαν σιαγονα σου στρεψον αυτω B
αντισταθηναι..οστις σε ραπιζει εις την δεξιαν σιαγονα στρεψον αυτω ℵ*
αντισταθηναι..οστις σε ραπιζει επι την δεξιαν σιαγονα στρεψον αυτω ℵ[c]
αντιστηναι ..οστις σε ραπεισει επι την σιαγονα σου στρεψον αυτω D
αντιστηναι ..οστις σε ραπισει επι την δεξιαν σου σιαγονα στρεψον αυτω EK[c]Π
αντιστηναι ..οστι σε ραπισει επι την δεξιαν σου σιαγονα στρεψον αυτω K*
αντηστηναι ..οστη σε ραπισει επι την δεξιαν σου σιαγονα στρεψον αυτω L
αντιστηναι ..οστις σε ραπιζει εις την δεξιαν σιαγονα στρεψον αυτω W
αντηστηναι ..οστις σε ραπησει επι την δεξιαν σου σιαγονα στρεψον αυτω Θ
αντιστηναι ..οστις σε ραπισει επι την δεξιαν σιαγονα στρεψον αυτω 1.
αντιστηναι ..οστις σε ραπεισει επι την δεξιαν σου σιαγονα στρεψον αυτω 13
αντιστηναι ..οστις σε ραπησει επι την δεξιαν σου σιαγονα στρεψον αυτω 28
αντιστηναι ..οστις σε ραπισει επι την δεξιαν σου σιαγωνα στρεψον αυτω 565
L 6.29 επι την σιαγονα παρεχε P[75] ℵ[c]ABLYΘ
εις την δεξιαν σιαγονα παρεχε ℵ*
εις την σιαγονα παρεχε αυτω D
εις την σιαγονα παρεχε W
εις την δεξιαν σιαγονα παρεχε αυτω 28

M 5.40 τω θελοντι .. αφες αυτω και το ιματιον BEKWΠ 1.13.28.1582
τω θελοντι .. αφες τουτω και το ιματιον σου ℵ*
τω θελοντι .. αφες αυτω και το ιματιον σου ℵ[c]
ο θελων .. αφησεις αυτω και το ειματιον D
το θελοντι .. αφες αυτω και το ιματιον L 565
τω θελοντη .. αφες αυτω και τω ηματιον Θ

M 5.41 οστις σε αγγαρευσει .. αυτου BΠ 1.13.28.565.1582
οστις σε εαν ενγαρευση .. αυτου ℵ
οστις σε αγγαρευει .. αυτου ετι αλλα D
οστις σε αγγαρευση .. αυτου EKΘ
οστης αγγαρευση .. αυτου L
οστις σε ανγαρευση .. αυτου W

M 5.42 τω αιτουντι σε δος και τον θελοντα απο σου BW 13
τω αιτουντι σοι δος και τον θελοντα απο σου ℵ
τω αιτουντι σε δος και τω θελοντι D
τω αιτουντι σε διδου και τον θελοντα απο σου EKLΘΠ 1.1582
τω αιτουντι σαι διδου και τον θελοντα απο σου 28
τω αιτουντι σε διδου και τω θελοντι απο σου 565
τω αιτουντι σε δος και τον θελοντα ClemAl (S III 54.1)
L 6.30 παντι αιτουντι ℵBLWΘ
παντι τω αιτουντι ADY 28

M 5.38 - Ex 21.24; Lv 24.20; Dt 19.21
M 5.39 - J 18.22; R 12.19,21; 1 P 2.23; 3.9; 1 Th 5.15; Lv 19.18; Pr 20.22; 24.29; Lm 3.30
M 5.40 - 1 C 6.7

M 5.42 δανίσασθαι μὴ ἀποστραφῇς.
L 6.30 μὴ ἀπαίτει.

M 5.43 Ἠκούσατε ὅτι ἐρρέθη, Ἀγαπήσεις
M 22.39 δευτερα δε ομοια αυτη, Ἀγαπήσεις
Mk 12.31 δευτερα αυτη, Ἀγαπήσεις
L 10.27 ο δε αποκριθεις ειπεν, Ἀγαπήσεις κυριον τον θεον σου εξ ολης της καρδιας

L 10.27 σου και εν ολη τη ψυχη σου και εν ολη τη ισχυι σου και εν ολη τη διανοια σου, και

M 5.43 τὸν πλησίον σου καὶ μισήσεις τὸν ἐχθρόν σου.
M 22.39 τὸν πλησίον σου ως σεαυτον.
Mk 12.31 τὸν πλησίον σου ως σεαυτον. μειζων τουτων αλλη εντολη ουκ εστιν.
L 10.27 τὸν πλησίον σου ως σεαυτον.

M 5.44 ἐγὼ δὲ λέγω ὑμῖν, ἀγαπᾶτε τοὺς ἐχθροὺς ὑμῶν
L 6.27 Ἀλλὰ ὑμῖν λέγω τοῖς ἀκούουσιν, ἀγαπᾶτε τοὺς ἐχθροὺς ὑμῶν, καλῶς
L 6.35 πλὴν ἀγαπᾶτε τοὺς ἐχθροὺς ὑμῶν καὶ ἀγαθο-

M 5.44 καὶ προσεύχεσθε
L 6.28 ποιεῖτε τοῖς μισοῦσιν ὑμᾶς, |εὐλογεῖτε τοὺς καταρωμένους ὑμᾶς, προσεύχεσθε
L 6.35 ποιεῖτε καὶ δανίζετε μηδὲν ἀπελπίζοντες·

M 5.45 ὑπὲρ τῶν διωκόντων ὑμᾶς, |ὅπως γένησθε υἱοὶ τοῦ πατρὸς ὑμῶν τοῦ ἐν
L 6.28 περὶ τῶν ἐπηρεαζόντων ὑμᾶς.
L 6.35 καὶ ἔσται ὁ μισθὸς ὑμῶν πολύς, καὶ ἔσεσθε υἱοὶ ὑψίστου,

---

M 5.43 εχθρον σου ℵBDEKLWΘΠ 1.13.565.1582
εχθρον 28

M 5.44 τους εχθρους υμων ℵB 1.1582
τους εχθρους υμων ευλογειτε τους καταρωμενους υμειν καλως ποιειτε τοις μεισουσιν υμας D*
τους εχθρους υμων ευλογειτε τους καταρωμενους υμας καλως ποιειτε τοις μεισουσιν υμας D^c
τους εχθρους υμων ευλογειτε τους καταρωμενους υμας καλως ποιειτε τοις μισουσιν υμας EKΠ 13.28
τους εχθρους υμων ευλογητε τους κατρωμενους υμας καλως ποιητε τους μησουσιν υμας L
του εχθρους υμων ευλογειται τους καταρωμενους υμας καλως ποιειται τοις μισουσιν υμας W
τους εχθρους υμων ευλογητε τους καταρωμενους υμας καλως ποιειτε τοις μισουσιν υμας Θ
τους εχθους υμων ευλογειτε τους καταρωμενους υμας καλως ποιειτε τοις μισουσιν υμας 565
τους εχθρους υμων ευλογειτε τους καταρωμενους υμας καλως ποιειτε τους μισουντας υμας 1582^c
τους εχθρους υμων ευλογειτε τους καταρωμενους υμας ClemAl (S IV 95.1)

M 5.44 και προσευχεσθε υπερ των διωκοντων υμας ℵB 1.1582*
και προσευχεσθε υπερ των επηριαζοντων και διωκοντων υμας D
και προσευχεσθαι υπερ των επηρεαζοντων υμας και διωκοντων υμας EK 13
και προσευχεσθε υπερ των επερεαζοντων υμας και διοκοντων υμας L
προσευχεσθαι υπερ των επηρεαζοντων υμας και διωκοντων υμας W
και προσευχεσθαι υπερ των επιρεαζωντων υμας και διωκωντον ημας Θ*
και προσευχεσθαι υπερ των επιρεαζωντων υμας και διωκωντον υμας $Θ^c$
και προσευχεσθε υπερ των επηρεαζοντων υμας και διωκοντων υμας Π 565.1582^c
και προσευχεσθε υπερ των επηρεαζοντων υμιν ClemAl (S IV 95.1)
L 6.28 προσευχεσθε περι των επηρεαζοντων υμας P^{75} ℵB
προσευχεσθε υπερ των επερεαζοντων υμας A 28
προσευχεσθε υπερ των επηρηαζοντων υμας D
προσευχεσθε περι των επερεαζοντων υμας L
και προσευχεσθαι περι των επηρεαζοντων υμας W
προσευχεσθε υπερ των επηρεαζοντων υμας Y
προσευχεσθαι υπερ των επιρεαζοντον υμας Θ

M 5.45 γενησθε ℵBDEKΠ 1.13.28.565.1582 ClemAl (S IV 95.1)
γενεσθε L
γενησθαι W
αν γενησθαι Θ

M 5.43 - Lv 19.18; M 19.19; R 13.9; G 5.14; Js 2.8
M 5.44 - Ex 23.4f; Pr 25.21; R 12.20; L 23.34; Ac 7.60; R 12.14; 1 C 4.12 | M 5.45 - E 5.1

M	5.45	οὐρανοῖς, ὅτι τὸν ἥλιον αὐτοῦ ἀνατέλλει ἐπὶ πονηροὺς καὶ ἀγαθοὺς
L	6.35	ὅτι αὐτὸς χρηστός ἐστιν ἐπὶ τοὺς ἀχαρίστους καὶ πονηρούς.

M	5.46	καὶ βρέχει ἐπὶ δικαίους καὶ ἀδίκους. ἐὰν γὰρ ἀγαπήσητε τοὺς ἀγαπῶντας
L	6.32	καὶ εἰ ἀγαπᾶτε τοὺς ἀγαπῶντας

M	5.46	ὑμᾶς, τίνα μισθὸν ἔχετε; οὐχὶ καὶ οἱ τελῶναι τὸ
L	6.32	ὑμᾶς, ποία ὑμῖν χάρις ἐστίν; καὶ γὰρ οἱ ἁμαρτωλοὶ τοὺς ἀγαπῶντας

M	5.47	αὐτὸ ποιοῦσιν; καὶ ἐὰν ἀσπάσησθε τοὺς ἀδελφοὺς ὑμῶν μόνον,
L	6.33	αὐτοὺς ἀγαπῶσιν. καὶ γὰρ ἐὰν ἀγαθοποιῆτε τοὺς ἀγαθοποιοῦντας ὑμᾶς,
L	6.34	καὶ ἐὰν δανίσητε παρ᾽ ὧν ἐλπίζετε λαβεῖν,

M	5.48	τί περισσὸν ποιεῖτε; οὐχὶ καὶ οἱ ἐθνικοὶ τὸ αὐτὸ ποιοῦσιν; |"Εσεσθε
L	6.33	ποία ὑμῖν χάρις ἐστίν; καὶ οἱ ἁμαρτωλοὶ τὸ αὐτὸ ποιοῦσιν.
L	6.34	ποία ὑμῖν χάρις ἐστίν; καὶ ἁμαρτωλοὶ ἁμαρτωλοῖς δανίζουσιν ἵνα
L	6.36	Γίνεσθε

M 5.45

ουρανοις..ανατελλει..αγαθους	..δικαιους και αδικους	ℵ^{c}BDW 1.28.
ουρανοις..ανατελλει..αγαθους	..	ℵ* |1582*
ουρανοις..ανατελλει..αγαθους και βρεχει επι πονηρους και αγαθους	..δικαιους και αδικους	E
τοις ουρανοις..ανατελλει..αγαθους	..δικαιους και αδικους	KΘΠ 13.565.
ουρανοις..ανατελει ..αγαθους	..δικαιους και αδικους	L |1582^{c}
τοις ουρανοις..		ClemAl (S IV 95.1)

M	5.46	αγαπησητε τους	αγαπωντας..εχετε	ουχι και οι τελωναι το αυτο	ℵ^{c}BEKΠ 28.1582
		αγαπησητε τους	αγαπωντας..εχετε	και οι τελωναι το αυτο	ℵ*
		αγαπησηται τους	αγαπωντας..εξεται	ουχι και οι τελωναι ουτως	D
		αγαπησειτε τους	αγαπωντας..εχετε	ουχι και οι τελωναι το αυτω	L
		αγαπησηται τους	αγαπωντας..εχεται	ουχι και οι τελωναι το αυτο	W
		αγαπησητε τους	αγαπωντας..εχετε	ουχι και οι τελωναι το αυτω	Θ
		αγαπησητε τους	αγαποντας..εχετε	ουχι και οι τελωναι τουτο	1.
		αγαπησητε τους	αγαπωντας..εξετε	ουχι και οι τελωναι το αυτο	13
		αγαπησητε τους τους	αγαπωντας..εχετε	ουχι και οι τελωναι το αυτω	565

M	5.47	και εαν ασπασησθε τους αδελφους	ℵBD 1.13.1582
		και εαν ασπασησθε τους φιλους	EKLΘΠ 28.565
		και εαν ασπασησθαι τους φιλους	W
L	6.33	και γαρ εαν	P^{75} ℵ*B
		και εαν	ℵ^{c}ALWYΘ 28

M	5.47	ποιειτε ουχι και οι εθνικοι το αυτο	ℵBD 1.1582
		ποιειτε ουχι και οι τελωναι ουτως	EKΠ 565
		ποιητε ουχι και οι τελωναι ουτως	L
		ποιειται ουχι και οι τελωναι το αυτο	W
		ποιειτε ουχι και οι τελωναι ουτος	Θ
		ποιειτε ουχι και οι τελωναι το αυτο	13.28

M	5.48	εσεσθε ουν	ℵBDKLΘΠ 1.28.565.1582
		εσεσθεν ουν	E
		εσεσθαι ουν	W 13
L	6.36	γινεσθε	ℵBDLWYΘ 28
		γινεσθε ουν	A 28

d. The Old Law and the New Matthew 5.17-48

M 5.48 οὖν ὑμεῖς τέλειοι ὡς ὁ πατὴρ ὑμῶν ὁ οὐράνιος τέλειός ἐστιν.
L 6.34 ἀπολάβωσιν τὰ ἴσα.
L 6.36 οἰκτίρμονες καθὼς καὶ ὁ πατὴρ ὑμῶν οἰκτίρμων ἐστίν.

e. The New Righteousness

Matthew 6.1-7.23

M 6. 1 Προσέχετε δὲ τὴν δικαιοσύνην ὑμῶν μὴ ποιεῖν ἔμπροσθεν τῶν ἀνθρώπων
M 23.5a πάντα δὲ τὰ ἔργα αὐτῶν ποιοῦσιν

M 6. 1 πρὸς τὸ θεαθῆναι αὐτοῖς· εἰ δὲ μή γε, μισθὸν οὐκ ἔχετε παρὰ τῷ πατρὶ
M 23.5a πρὸς τὸ θεαθῆναι τοῖς ἀνθρώποις·

M 6. 1 ὑμῶν τῷ ἐν τοῖς οὐρανοῖς.

M 6. 2 Ὅταν οὖν ποιῇς ἐλεημοσύνην, μὴ σαλπίσῃς ἔμπροσθέν σου, ὥσπερ οἱ ὑπο-
M 6. 2 κριταὶ ποιοῦσιν ἐν ταῖς συναγωγαῖς καὶ ἐν ταῖς ῥύμαις, ὅπως δοξασθῶσιν
M 6. 3 ὑπὸ τῶν ἀνθρώπων· ἀμὴν λέγω ὑμῖν, ἀπέχουσιν τὸν μισθὸν αὐτῶν. σοῦ δὲ
M 6. 4 ποιοῦντος ἐλεημοσύνην μὴ γνώτω ἡ ἀριστερά σου τί ποιεῖ ἡ δεξιά σου, ⌈ὅπως
M 6. 4 ᾖ σου ἡ ἐλεημοσύνη ἐν τῷ κρυπτῷ· καὶ ὁ πατήρ σου ὁ βλέπων ἐν τῷ κρυπτῷ
M 6. 4 ἀποδώσει σοι.

M 5.48 ως ο πατηρ υμων ο ουρανιος ℵBL 1.13.1582
ωσπερ ο πατηρ υμων εν ουρανοις D
ως ο πατηρ υμων ο ουνιοις E*
ως ο πατηρ υμων ο ουνοις E^c
ωσπερ ο πατηρ υμων ο εν τοις ουρανοις KΘΠ 565
ωσπερ ο πατηρ υμων ο ουρανιος W 28
ως ο πατηρ υμων ο εν τοις ουρανοις ClemAl (S VI 104.2)
L 6.36 ο πατηρ υμων ℵABDLWYΘ 28
ο πατηρ υμων ο ουρανοις ℵ^2

M 6. 1 δε την δικαιοσυνην υμων μη ποιειν εμπροσθεν .. εχετε .. τοις ουρανοις
δε την δικαιοσυνην υμων μη ποιειν εμπροσθεν .. εχετε .. ουρανοις ℵ*^{c2.} 1.1582*
δε την δοσιν υμων μη ποιειν εμπροσθεν .. εχετε .. τοις ουρανοις ℵ^{c1.}
την δικαιοσυνην υμων μη ποιειν εμπροσθεν .. εχετε .. τοις ουρανοις B
την δικαιοσυνην υμων μη ποιειν ενπροσθεν .. εχετε .. ουρανοις D
την ελεημοσυνην υμων μη ποιειν εμπροσθεν .. εχετε .. τοις ουρανοις EKΠ 565
δε την ελεημοσυνην υμων μη ποιειν εμπροσθεν .. εχετε .. τοις ουρανοις L 1582^c
την ελεημοσυνην υμων μη ποιειν εμπροσθεν .. εχεται.. τοις ουρανοις W 13
δε την ελεημωσυνην υμων μη ποιει εμπροσθεν .. εχεται.. τοις ουρανοις Θ
την ελεημοσυνην υμων μη ποιειν ενπροσθεν .. εχετε .. τοις ουρανοις 28

M 6. 2 ποιης .. αμην ℵ^cBDEKWΠ 1.565.1582
ποιης .. αμην αμην ℵ*
ποιεις .. αμην LΘ 28
ποιεις .. αμην αμην 13

M 6. 3 ποιουντος ελεημοσυνην ℵBDEWΘΠ 1.13.28.565.1582
ποιουτος ελεημοσυνην K
ποιουντος την ελεημοσυνην L

M 6. 4 ῃ σου η ελεημοσυνη .. αποδωσει σοι ℵ^cB 1.1582*
η σου ελεημοσυνη ῃ .. αποδωσει σοι ℵ*
η ελεημοσυνη σου ῃ .. αυτος αποδωσει σοι D
η σου ελεημοσυνη ῃ .. αυτος αποδωσει σοι εν τω φανερω E
ῃ σου η ελεημοσυνη .. αποδωσει συ εν τω φανερω K
ῃ σου η ελεημοσυνη .. αποδωσει σοι εν τω φανερω L 13.1582^c
ῃ σου η ελεημοσυνη .. αυτος αποδωσι σοι εν τω φανερω W
ῃ σου η ελεημωσυνη .. αποδωσι σοι εν τω φανερω Θ
ῃ σου η ελεημοσυνη .. αυτος αποδωσει σοι εν τω φανερω Π 28.565

M 5.48 - Lv 19.2; Dt 18.13; M 19.21; 1 C 14.20; Js 1.4 | M 6. 1 - M 5.20 | M 6. 3 - R 12.8
M 6. 4 - M 6.18

M 6. 5 Καὶ ὅταν προσεύχησθε, οὐκ ἔσεσθε ὡς οἱ ὑποκριταί· ὅτι φιλοῦσιν ἐν

M 6. 5 ταῖς συναγωγαῖς καὶ ἐν ταῖς γωνίαις τῶν πλατειῶν ἑστῶτες προσεύχεσθαι,
M 23. 5 πάντα δὲ τὰ ἔργα αὐτῶν ποιοῦσιν

M 6. 5 ὅπως φανῶσιν τοῖς ἀνθρώποις· ἀμὴν λέγω ὑμῖν, ἀπέχουσιν τὸν μισθὸν
M 23. 5 πρὸς τὸ θεαθῆναι τοῖς ἀνθρώποις·

M 6. 6 αὐτῶν. σὺ δὲ ὅταν προσεύχῃ, εἴσελθε εἰς τὸ ταμεῖόν σου καὶ κλείσας
M 6. 6 τὴν θύραν σου πρόσευξαι τῷ πατρί σου τῷ ἐν τῷ κρυπτῷ· καὶ ὁ πατήρ σου
M 6. 7 ὁ βλέπων ἐν τῷ κρυπτῷ ἀποδώσει σοι. Προσευχόμενοι δὲ μὴ βατταλογήσητε
M 6. 7 ὥσπερ οἱ ἐθνικοί, δοκοῦσιν γὰρ ὅτι ἐν τῇ πολυλογίᾳ αὐτῶν εἰσακουσθήσον-
M 6. 8 ται. μὴ οὖν ὁμοιωθῆτε αὐτοῖς, οἶδεν γὰρ ὁ πατὴρ ὑμῶν ὧν χρείαν ἔχετε
M 6. 8 πρὸ τοῦ ὑμᾶς αἰτῆσαι αὐτόν.

M 6.5	προσευχησθε εσεσθε ως	ℵ^{c}B	
	προσευχη εσεσθε ως	ℵ*	
	προσευχη εση ως	D	
	προσευχη εση ωσπερ	EKWΘΠ 13.28.565	
	προσευχη εσει ωσπερ	L	
	προσευχησθε εσεσθε ωσπερ	1.1582	

M 6.5	φιλουσιν	ℵBEKLWΘΠ 1.13.28.565.1582
	φιλουσιν στηναι	D

M 6.5	εστωτες προσευχεσθαι οπως	ℵBΠ 1.1582
	εστωτες και προσευχομενοι οπως	D
	εστωτες προσευχεσθαι οπως αν	EWΘ 28.565
	προσευχεσθαι οπως	K
	εστωτες προσευχεσθε οπως	L
	εστωτες προσευχομενοι οπως	13

M 6.5	απεχουσιν	ℵBD 1.13.28.1582
	οτι απεχουσιν	EKLWΘΠ 565

M 6.6	ταμειον	ℵBEL
	ταμιειον	KΠ 1.13.28.565.1582 ClemAl (Pd III 82.3)
	ταμιον	DWΘ

M 6.6	τω εν τω κρυπτω	ℵBEGKLWΘΠ 28.565.1582^{c}
	εν τω κρυπτω	D 1.13.1582*

M 6.6	αποδωσει σοι	ℵBD 1.1582*
	αποδωσει σοι εν τω φανερω	EGKLΘΠ 28.565.1582^{c}
	αποδωση σοι εν τω φανερω	W

M 6.7	βατταλογησητε	ωσπερ οι εθνικοι	δοκουσιν γαρ οτι	ℵ 13
	βατταλογησητε	ωσπερ οι υποκριται	δοκουσιν γαρ οτι	B
	βλαττολογησηται	ωσπερ οι εθνικοι	δοκουσιν γαρ οτι	D
	βατολογησητε	ωσπερ οι εθνηκοι	δοκουσιν γαρ οτι	E
	βαττολογησητε	ωσπερ οι εθνικοι	δοκουσιν γαρ οτι	GK
	βαττολογησησητε	ωσπερ οι εθνηκοι	δοκουσιν γαρ οτι	L
	βατταλογειται	ωσπερ οι εθνικοι	δοκουσιν γαρ	W*
	βατταλογειται	ωσπερ οι εθνικοι	δοκουσιν γαρ οτι	W^{c}
	βαττολογησηται	ωσπερ οι εθνικοι	δοκουσιν γαρ οτι	Θ
	βαττολογησητε	ωσπερ οι εθνικοι	δοκουσιν γαρ οτι	Π 1.28.565.1582

M 6.7	εισακουσθησονται	ℵBDEGKWΘΠ 1.28.565.1582
	ησακουσθησονται	L
	εισακουσθησεται	13

M 6.8	ομοιωθητε	ℵBDEGKLΠ 1.13.28.565.1582
	ομοιωθηται	WΘ

M 6.8	οιδεν γαρ ο πατηρ υμων	ℵ*DEGKLWΘΠ 13.565.1582
	οιδεν γαρ ο θεος ο πατηρ υμων	ℵ^{c}B
	οιδεν γαρ ο πατηρ ημων	1.
	οιδεν γαρ ο πατηρ υμων ο ουρανιος	28

M 6.8	εχετε προ του υμας αιτησαι αυτον	ℵBEGKLΠ 1.28.565.1582
	εχετε προ του υμας ανοιξε το στομα	D
	εχεται προ του υμας αιτησαι αυτον	W 13
	εχεται προ τους υμας αιτησαι αυτον	Θ

M 6.5 - M 6.16 || M 6.6 - Is 26.20; 2 Kg 4.33; M 6.4, 18 || M 6.7 - Is 1.15 || M 6.8 - M 6.32; L 12.30

e. The New Righteousness Matthew 6.1-7.23

L 11. 1 Και εγενετο εν τω ειναι αυτον εν τοπω τινι προσευχομενον, ως επαυσατο, ειπεν τις
L 11. 1 των μαθητων αυτου προς αυτον, Κυριε, διδαξον ημας προσευχεσθαι, καθως και Ἰωαννης

M 6. 9 Οὕτως οὖν προσεύχεσθε ὑμεῖς·
L 11. 2 εδιδαξεν τους μαθητας αυτου. ειπεν δε αυτοις, Ὅταν προσεύχησθε, λέγετε,

M 6. 9 Πάτερ ἡμῶν ὁ ἐν τοῖς οὐρανοῖς,
L 11. 2 Πάτερ,

M 6. 9 ἁγιασθήτω τὸ ὄνομά σου,
L 11. 2 ἁγιασθήτω τὸ ὄνομά σου·

M 6.10 ἐλθέτω ἡ βασιλεία σου,
L 11. 2 ἐλθέτω ἡ βασιλεία σου·

M 6.10 γενηθήτω τὸ θέλημά σου,
M 6.10 ὡς ἐν οὐρανῷ καὶ ἐπὶ γῆς.

M 6.11 Τὸν ἄρτον ἡμῶν τὸν ἐπιούσιον δὸς ἡμῖν σήμερον·
L 11. 3 τὸν ἄρτον ἡμῶν τὸν ἐπιούσιον δίδου ἡμῖν τὸ καθ' ἡμέραν·

M 6.12 καὶ ἄφες ἡμῖν τὰ ὀφειλήματα ἡμῶν,
L 11. 4 καὶ ἄφες ἡμῖν τὰς ἁμαρτίας ἡμῶν,

M 6.12 ὡς καὶ ἡμεῖς ἀφήκαμεν τοῖς ὀφειλέταις ἡμῶν·
L 11. 4 καὶ γὰρ αὐτοὶ ἀφίομεν παντὶ ὀφείλοντι ἡμῖν·

M 6. 9 ουτως ουν προσευχεσθε .. Πατερ ημων ο εν τοις ουρανοις ℵ^{c}BDEGKLΠ 1.13.28.565^{c}.1582
ουτως ουν προσευχεσθε .. Πατερ ημων εν τοις ουρανοις ℵ*
ουτως ουν προσευχεσθαι .. Πατερ ημων ο εν τοις ουρανοις Wθ
ουτω ουν προσευχεσθε .. Πατερ ημων ο εν τοις ουρανοις 565*
.... Πατερ ημων ο εν τοις ουρανοις ClemAl (Pd I 73.1)
L 11. 2 Πατερ P^{75} ℵB
Πατερ ημων ο εν τοις ουρανοις ACDWYθ 28
Πατερ ημων L

M 6.10
ελθετω η βασιλεια σου γενηθητω το θελημα σου ως εν ουρανω και επι γης B 1.1582*
ελθατω η βασιλεια σου γενηθητω το θελημα σου ως εν ουρανω και επι γης ℵW
ελθατω η βασιλεια σου γενηθητω το θελημα σου εν ουρανω και επι γης D*
ελθατω η βασιλεια σου γενηθητω το θελημα σου ως εν ουρανω και επι της γης D^{c}
ελθετω η βασιλεια σου γενηθητω το θελημα σου ως εν ουρανω και επι της γης EGKLθΠ 13.28.565.1582^{c}
L 11. 2
ελθετω η βασιλεια σου P^{75} BL
ελθατω η βασιλεια σου γενηθητω το θελημα σου ως εν ουρανω ουτω και επι γης ℵ*
ελθατω η βασιλεια σου γενηθητω το θελημα σου ως εν ουρανω και επι γης ℵ^{c1}·CW
ελθατω η βασιλεια σου γενηθητω το θελημα σου ως εν ουρανω και επι της γης ℵ^{c2}
ελθετω η βασιλιεα σου γενηθητω το θελημα σου ως εν ουρανω και επι γης AY 28
ελθετω σου η βασιλεια γενηθητω το θελημα σου ως εν ουρανω και επι γης D
ελθετω η βασιλειας σου γενηθητω τω θελημα σου ως εν ουρανω και επι γης θ

M 6.11 δος ημιν σημερον all texts
L 11. 3 διδου ημιν το καθ ημεραν P^{75} ABCLWYθ
δος ημιν καθ ημεραν ℵ*
δος ημιν το καθ ημεραν ℵ^{c}
δος ημιν σημερον D 28

M 6.12 τα οφειληματα .. αφηκαμεν ℵ*B 1.1582*
τα οφειληματα .. αφιεμεν ℵ^{c}GΠ 13.28.1582^{c}
τα οφιλεματα .. αφιομεν D
τα οφειληματα .. αφιομεν E 565
τα οφεληματα .. αφιεμεν K
τα οφεληματα .. αφιωμεν L
τα οφιληματα .. αφιομεν Wθ
.. .. αφιεμεν ClemAl (S VII 81.1)
L 11. 4 τας αμαρτιας ℵABCLWY 28
τα οφιλεματα D

M 6. 9 - Sir 23.1, 4; Wsd 14.3; Ez 36.23; Is 64.7; 1 P 1.17; J 17.6
M 6.10 - M 26.42; L 22.42; Ac 1.3,6 | M 6.11 - Pr 30.8; J 6.32 | M 6.12 - M 6.14f; Sir 28.2; M 18.32f

e. The New Righteousness Matthew 6.1-7.23

M 6.13	καὶ μὴ εἰσενέγκῃς ἡμᾶς εἰς πειρασμόν,
L 11. 4	καὶ μὴ εἰσενέγκῃς ἡμᾶς εἰς πειρασμόν.

M 6.13	ἀλλὰ ῥῦσαι ἡμᾶς ἀπὸ τοῦ πονηροῦ.

M 6.14	Ἐὰν γὰρ ἀφῆτε τοῖς ἀνθρώποις τὰ
Mk 11.25	καὶ ὅταν στήκετε προσευχόμενοι, ἀφίετε εἴ τι ἔχετε κατά τινος,
M 18.35b	ἐὰν μὴ ἀφῆτε ἕκαστος τῷ ἀδελφῷ αὐτοῦ

M 6.14	παραπτώματα αὐτῶν, ἀφήσει καὶ ὑμῖν ὁ πατὴρ ὑμῶν ὁ οὐράνιος·
Mk 11.25	ἵνα καὶ ὁ πατὴρ ὑμῶν ὁ ἐν τοῖς οὐρανοῖς
M 18.35a	ἀπὸ τῶν καρδιῶν ὑμῶν. Οὕτως καὶ ὁ πατήρ μου ὁ οὐράνιος

M 6.15	ἐὰν δὲ μὴ ἀφῆτε τοῖς ἀνθρώποις τὰ παραπτώματα αὐτῶν, οὐδὲ ὁ
Mk 11.26	εἰ δὲ ὑμεῖς οὐκ ἀφίετε, οὐδὲ ὁ
M 18.35a	ποιήσει ὑμῖν

M 6.15	πατὴρ ὑμῶν ἀφήσει τὰ παραπτώματα ὑμῶν.
Mk 11.25	ἀφῇ ὑμῖν τὰ παραπτώματα ὑμῶν.
Mk 11.26	πατὴρ ὑμῶν ὁ ἐν τοῖς οὐρανοῖς ἀφήσει τὰ παραπτώματα ὑμῶν.

M 6.13	εισενεγκης ημας	ℵBDEGLWΘΠ 1.13.28.565.1582
	ει ενεγκης ημας	E
	εισενεγκης	565

M 6.13	πειρασμον αλλα ρυσαι ημας απο του πονηρου	ℵBDEGLWΘ^{c}Π 1.13.28.565.1582
	πειρασμον αλλα ρυσε ημας απο του πονηρου	KΘ*
L 11.4	πειρασμον	P^{75} ℵ*ℵ^{c2}B
	πειρασμον αλλα ρυσαι ημας απο του πονηρου	ℵ^{c1}ADWY 28
	πιρασμον αλλα ρυσε ημας απο του πονηρου	C
	πιρασμον	L
	πειρασμον αλλα ρυσαι ημασ̧ απο του πονηρου	Θ

M 6.13	πονηρου	ℵBD 1.1582*
	πονηρου οτι σου εστιν η βασιλεια και η δυναμις και η δοξα εις τους αιωνας αμην	EGKΘΠ 13.28.565.1582^{c}
	πονηρου οτι σου εστιν η βασιλεια και η δυναμεις και η δοξα εις τους αιωνας αμην	LW

M 6.14	εαν γαρ αφητε	ℵBEGKΠ 1.13.28.565.1582
	εαν αφητε	DL
	εαν γαρ αφηται	WΘ

M 6.14	αφησει και υμιν ο πατηρ υμων ο ουρανιος	ℵBE^{c}KΠ 1.565.1582
	αφησει υμιν και ο πατηρ υμων ο ουρανιος	D
	αφησει και υμιν ο πατηρ ημων ο ουρανιος	E*
	αφηση και υμιν ο πατηρ υμων ο ουρανιος	G
	αφησει και υμιν ο πατηρ υμων ο ουρανηος τα παραπτωματα υμων	L
	αφησει και υμιν ο πατηρ υμων ο εν τοις ουρανοις	Θ
	αφησει και υμιν ο πατηρ υμων ο ουρανιος τα παραπτωματα υμων	13
	αφησει και ο πατηρ υμων ο ουρανιος	28

M 6.15	αφητε τοις ανθρωποις τα παραπτωματα αυτων	BEGKLΘΠ 13.28.565.1582^{c}
	αφητε τοις ανθρωποις	ℵD 1.1582*
	αφηται τοις ανθρωποις τα παραπτωματα αυτων	W

M 6.15	πατηρ υμων αφησει	BEKLWΠ 1.13.28.565.1582
	πατηρ υμιν αφησει	ℵ
	πατηρ υμων αφησει υμειν	D
	πατηρ υμων αφηση	GΘ
Mk 11.25	αφη υμιν	ℵABCLY 28
	αφησει υμειν	D
	αφησει	Θ

M 6.13 - Sir 23.1; 33.1; M 5.37; 26.41; L 22.40; J 17.15; 2 Th 3.3; 2 Ti 4.18; 2 P 2.9
M 6.14 - M 5.25; E 4.32; Co 3.13

M 6.16 Ὅταν δὲ νηστεύητε, μὴ γίνεσθε ὡς οἱ ὑποκριταὶ σκυθρωποί, ἀφανίζουσιν
M 6.16 γὰρ τὰ πρόσωπα αὐτῶν ὅπως φανῶσιν τοῖς ἀνθρώποις νηστεύοντες· ἀμὴν λέγω
M 6.17 ὑμῖν, ἀπέχουσιν τὸν μισθὸν αὐτῶν. σὺ δὲ νηστεύων ἄλειψαί σου τὴν κεφα-
M 6.18 λὴν καὶ τὸ πρόσωπόν σου νίψαι, |ὅπως μὴ φανῇς τοῖς ἀνθρώποις νηστεύων
M 6.18 ἀλλὰ τῷ πατρί σου τῷ ἐν τῷ κρυφαίῳ· καὶ ὁ πατήρ σου ὁ βλέπων ἐν τῷ
M 6.18 κρυφαίῳ ἀποδώσει σοι.

M 6.19 Μὴ θησαυρίζετε ὑμῖν θησαυροὺς ἐπὶ τῆς γῆς, ὅπου σὴς καὶ βρῶσις
L 12.33 Πωλήσατε τὰ ὑπάρχοντα ὑμῶν καὶ δότε ἐλεημοσύνην·
M 19.21 εφη αυτω ο Ιησους, Ει θελεις
Mk 10.21 ο δε Ιησους εμβλεψας αυτω ηγαπησεν αυτον και ειπεν αυτω, Εν σε
L 18.22 ακουσας δε ο Ιησους ειπεν αυτω, Ετι εν σοι

M 6.20 ἀφανίζει, καὶ ὅπου κλέπται διορύσσουσιν καὶ κλέπτουσιν· θησαυρίζετε δὲ
L 12.33 ποιήσατε ἑαυτοῖς βαλλάντια μὴ παλαιούμενα, θησαυρὸν
M 19.21 τελειος ειναι, υπαγε πωλησον σου τα υπαρχοντα και δος τοις πτωχοις, και
Mk 10.21 υστερει· υπαγε οσα εχεις πωλησον και δος τοις πτωχοις, και
L 18.22 λειπει· παντα οσα εχεις πωλησον και διαδος πτωχοις, και

M 6.20 ὑμῖν θησαυροὺς ἐν οὐρανῷ, ὅπου οὔτε σὴς οὔτε βρῶσις ἀφανίζει, καὶ
L 12.33 ἀνέκλειπτον ἐν τοῖς οὐρανοῖς,
M 19.21 εξεις θησαυρὸν ἐν οὐρανοῖς, και δευρο ακολουθει μοι.
Mk 10.21 εξεις θησαυρὸν ἐν οὐρανῷ, και δευρο ακολουθει μοι.
L 18.22 εξεις θησαυρὸν ἐν τοῖς οὐρανοῖς, και δευρο ακολουθει μοι.

M 6,16 οταν ℵ^{c}BDEGKLWΘΠ 1.13.28.565.1582 || ως οι ℵ^{c}BD 1.1582
και οταν ℵ* ως ℵ*
ωσπερ οι EGKLWΘΠ 13.28

M 6.16 τα προσωπα αυτων ℵ^{c}DEGKLWΘΠ 1.565.1582
τον προσωπον αυτων ℵ*
τα προσωπα εαυτων B 28 || M 6.17 αλειψαι ℵBEG^{c}KΠ 1.13.28.565.1582
τα προσωπα αυτω 13 αλιψον D
αλειψαι G*
αληψε L
αλιψαι W
αλιψε Θ

M 6.16 αμην λεγω υμιν ℵ^{c}BDW 1.565.1582
αμην γαρ λεγω υμιν ℵ*
αμην λεγω υμιν οτι EGKLΘΠ 13.28

M 6.18 οπως μη φανης τοις ανθρωποις νηστευων ℵEGKLWΘΠ 1.13.28.565.1582
οπως μη φανης νηστευων τοις ανθρωποις B
ινα μη φανης τοις ανθρωποις νηστευων D

M 6.18 τω κρυφαιω ℵB 1.1582
κρυφια D
τω κρυπτω EGKLWΘΠ 13.28

M 6.18 και ο πατηρ σου ο βλεπων εν τω κρυφαιω αποδωσει σοι ℵ^{c}B 1.1582
και ο πατηρ ο βλεπων εν τω κρυφαιω αποδωσει σοι ℵ*
και ο πατηρ σου ο βλεπων εν κρυφαιω αποδωσει σοι D
αποδωσει σοι εν τω φανερω E*
και ο πατηρ σου ο βλεπων εν τω κρυπτω αποδωσει σοι εν τω φανερω E^{c}
και ο πατηρ σου ο βλεπων εν τω κρυπτω αποδωσει σοι GKLΘΠ 13.28.565

M 6.19 θησαυριζετε ℵBEGKΘΠ^{c} 1.13.28.565.1582 ClemAl (S IV 33.3f.)
θησαυρισεται D
θησαυριζεται LW
θησαυριζεττε Π*

M 6.19 και βρωσις αφανιζει ℵEGKLWΠ 1.13.28.565.1582 ClemAl (S III 86.3; IV 33.3f)
καβρωσις αφανιζει B
και βρωσις αφανιζουσιν D
και βρωσης αφανηζει Θ
και βρωσις αφανισει ClemAl (S III 56.2)

M 6.19 διορυσσουσιν ℵBDEGKWΘΠ 1.13.28.565.1582 ClemAl (S IV 33.3f)
διορρυσσουσιν L

M 6.20 θησαυριζετε δε υμιν θησαυρους ℵBEGKLWΘΠ 1.13.565.1582
θησαυριζετε δε υμειν θησαυρους ους D
θησαυριζεται δε υμιν θησαυρους W
θησαυριζετε δε μαλλον εαυτοις θησαυρους 28

M 6.16 - Is 58.5-9; M 6.5; 23.5 || M 6.17 - 2 Sm 12.20 || M 6.19 - Js 5.2f; L 12.16-21
M 6.20 - Sir 29.11; Co 3.1-2

M 6.21 ὅπου κλέπται οὐ διορύσσουσιν οὐδὲ κλέπτουσιν· ὅπου γάρ ἐστιν ὁ
L 12.34 ὅπου κλέπτης οὐκ ἐγγίζει οὐδὲ σὴς διαφθείρει· ὅπου γάρ ἐστιν ὁ

M 6.21 θησαυρός σου, ἐκεῖ ἔσται καὶ ἡ καρδία σου.
L 12.34 θησαυρὸς ὑμῶν, ἐκεῖ καὶ ἡ καρδία ὑμῶν ἔσται.

L 11.33 Ουδεις λυχνον αψας εις κρυπτην τιθησιν ουδε υπο τον μοδιον αλλ' επι την λυχνιαν,
L 11.33 ινα οι εισπορευομενοι το φως βλεπωσιν.

M 6.22 Ὁ λύχνος τοῦ σώματός ἐστιν ὁ ὀφθαλμός. ἐὰν οὖν ᾖ ὁ ὀφθαλμός σου
L 11.34 ὁ λύχνος τοῦ σώματός ἐστιν ὁ ὀφθαλμός σου. ὅταν ὁ ὀφθαλμός σου

M 6.23 ἁπλοῦς, ὅλον τὸ σῶμά σου φωτεινὸν ἔσται· ἐὰν δὲ ὁ ὀφθαλμός σου
L 11.34 ἁπλοῦς ᾖ, καὶ ὅλον τὸ σῶμά σου φωτεινόν ἐστιν· ἐπὰν δὲ

M 6.23 πονηρὸς ᾖ, ὅλον τὸ σῶμά σου σκοτεινὸν ἔσται. εἰ οὖν τὸ φῶς τὸ
L 11.35 πονηρὸς ᾖ, καὶ τὸ σῶμά σου σκοτεινόν. σκόπει οὖν μὴ τὸ φῶς τὸ

M 6.23 ἐν σοὶ σκότος ἐστίν, τὸ σκότος πόσον.
L 11.35 ἐν σοὶ σκότος ἐστίν.

L 11.36 ει ουν το σωμα σου ολον φωτεινον, μη εχον μερος τι σκοτεινον, εσται φωτεινον ολον
L 11.36 ως οταν ο λυχνος τη αστραπη φωτιζη σε.

M 6.20 διορυσσουσιν ουδε κλεπτουσιν BEGKΘΠ 13.28.565.1582[c]
διορυσσουσιν και κλεπτουσιν ℵ 1.1582*
διορυσουσιν ουδε κλεπτουσιν L
διορυσσουσιν W

M 6.21 σου εκει εσται και η καρδια σου ℵ 1.1582
σου εκει εσται η καρδια σου B
υμων εκει εσται και η καρδια υμων EGKWΘΠ 13.28.565
σου εκει εστε και η καρδια σου L

M 6.22 οφθαλμος εαν ουν η ο οφθαλμος σου απλους W
οφθαλμος εαν η ο οφθαλμος σου απλους ℵ
οφθαλμος σου εαν ουν η ο οφθαλμος σου απλους B
οφθαλμος εαν ουν ο οφθαλμος σου απλους η EGKΘΠ 1.13.28.565.1582
οφθαλμος εαν ουν ο οφθαλμος σου απλους ει L
L 11.34 οφθαλμος σου οταν ο οφθαλμος σου απλους η P[45] P[75] ℵ*BW
οφθαλμος οταν ο οφθαλμος σου απλους η ℵ[c]L
οφθαλμος σου οταν ουν ο οφθαλμος σου απλους η AC
οφθαλμος οταν ουν ο οφθαλμος σου απλους η ΥΘ 28
οφθαλμος σου οταν η ο οφθαλμος σου απλους D

M 6.23 ο οφθαλμος σου πονηρος η ολον το σωμα ℵ[c]BEGKΘΠ 565.1582
η ο οφθαλμος σου πονηρος ολον το σωμα ℵ*W
ο οφθαλμος σου πονηρος ει ολον το σωμα L
L 11.34 πονηρος η και το σωμα P[75] ℵ*·[2]ABLWY
πονηρος η και ολον το σωμα ℵ[c]
πονηρος η ολον το σωμα C 28

M 6.23 σκοτος εστιν ℵBEGKLΘΠ 1.13.28.565.1582
εστιν σκοτος W

M 6.23 - M 20.15; Mk 7.22; J 11.10

M	6.24	Οὐδεὶς δύναται δυσὶ κυρίοις δουλεύειν· ἢ γὰρ τὸν ἕνα μισήσει
L	16.13	Οὐδεὶς οἰκέτης δύναται δυσὶ κυρίοις δουλεύειν· ἢ γὰρ τὸν ἕνα μισήσει
M	6.24	καὶ τὸν ἕτερον ἀγαπήσει, ἢ ἑνὸς ἀνθέξεται καὶ τοῦ ἑτέρου καταφρονήσει·
L	16.13	καὶ τὸν ἕτερον ἀγαπήσει, ἢ ἑνὸς ἀνθέξεται καὶ τοῦ ἑτέρου καταφρονήσει.
M	6.24	οὐ δύνασθε θεῷ δουλεύειν καὶ μαμωνᾷ.
L	16.13	οὐ δύνασθε θεῷ δουλεύειν καὶ μαμωνᾷ.
M	6.25	Διὰ τοῦτο λέγω ὑμῖν, μὴ μεριμνᾶτε
L	12.22	Εἶπεν δὲ πρὸς τοὺς μαθητὰς αὐτοῦ, Διὰ τοῦτο λέγω ὑμῖν, μὴ μεριμνᾶτε
M	6.25	τῇ ψυχῇ ὑμῶν τί φάγητε ἢ τί πίητε, μηδὲ τῷ σώματι ὑμῶν τί ἐνδύσησθε·
L	12.22	τῇ ψυχῇ τί φάγητε, μηδὲ τῷ σώματι τί ἐνδύσησθε.
M	6.25	οὐχὶ ἡ ψυχὴ πλεῖόν ἐστιν τῆς τροφῆς καὶ τὸ σῶμα τοῦ ἐνδύματος;
L	12.23	ἡ γὰρ ψυχὴ πλεῖόν ἐστιν τῆς τροφῆς καὶ τὸ σῶμα τοῦ ἐνδύματος;

M 6.24		δυναται	δυσι	κυριοις	δουλευειν	η	BEGKΠ 1.13.28.565.1582
		δυναται	δυσι	κυριοις	δουλευειν	ει	ℵ
	οικετης	δυναται	δυσι	κυριοις	δουλευειν	ει	L
		δυνατε	δυσι	κυριος	δουλευειν	η	θ*
		δυνατε	δυσι	κυριοις	δουλευειν	η	θ^{c} 28
L 16.13	οικετης	δυναται	δυσι	κυριοις	δουλευειν	η	P^{75} ABDLWYθ 28
	οικετης	δυναται	δυσι	κυριοις	δουλευειν	ει	ℵ

M 6.24	η		ενος	ανθεξεται	ℵBEGKWθ^{c}Π 1.13.565.1582
	ει		ενος	ανθεξεται	L
	η		ενος	ανθεζετε	θ*
	η	του	ενος	ανθεξετε	28

M 6.25	μεριμνατε	τη ψυχη	υμων	τι φαγητε				ℵ 1.1582
	μεριμνατε	τη ψυχη	ημων	τι φαγητε	η	τι	πιητε	B
	μεριμνατε	τη ψυχη	υμων	τι φαγητε	και	τι	πιητε	EGKθ^{c}Π 565
	μερημνατε	τη ψυχη	υμων	τι φαγηται	και	τι	πιηται	L
	μεριμναται	τη ψυχη	υμων	τι φαγηται	η	τι	πιηται	W
	μεριμναται	τη ψυχη	υμων	τι φαγητε	και	τι	πητε	θ*
	μεριμνησητε	τη ψυχη	υμων	τι φαγητε	η	τι	πιητε	13
	μεριμνατε	τη ψυχη	υμων	τι φαγετε	και	τι	πιετε	28
L 12.22	μεριμνατε	τη ψυχη		τι φαγητε				P^{75} ℵABD
	μεριμνατε	τη ψυχη	υμων	τι φαγηται				P^{45} Y
	μεριματε	τη ψυχη		τι φαγηται				L
	μεριμναται	τη ψυχη		τι φαγηται				W
	μεριμναται	τη ψυχη		τι φαγητε				θ
	μερημνατε	τη ψυχη	υμων	τι φαγητε				28

M 6.25	σωματι	υμων	τι ενδυσησθε	ℵ^{c}BEGKΠ 1.13.565
	σωματι		τι ενδυσησθε	ℵ*
	σωματι	υμων	τι ενδυσησθαι	LWθ
	σωματι	υμων	τι ενδυσεισθε	28
	σωματι	υμων	τι ενδυσεσθε	1582^{c}
L 12.22	σωματι		τι ενδυσησθε	P^{45} P^{75} ℵAD
	σωματι	υμων	τι ενδυσησθε	B 28
	σωματι		τι ενδυσησθαι	LWθ

M 6.26 ἐμβλέψατε εἰς τὰ πετεινὰ τοῦ οὐρανοῦ ὅτι οὐ σπείρουσιν οὐδὲ θερίζουσιν
L 12.24 κατανοήσατε τοὺς κόρακας ὅτι οὐ σπείρουσιν οὐδὲ θερίζουσιν,

M 6.26 οὐδὲ συνάγουσιν εἰς ἀποθήκας, καὶ ὁ πατὴρ ὑμῶν ὁ οὐράνιος τρέφει
L 12.24 οἷς οὐκ ἔστιν ταμεῖον οὐδὲ ἀποθήκη, καὶ ὁ θεὸς τρέφει
M 10.31 μη
L 12. 7 αλλα και αι τριχες της κεφαλης υμων πασαι ηριθμηνται. μη

M 6.27 αὐτά· οὐχ ὑμεῖς μᾶλλον διαφέρετε αὐτῶν; τίς δὲ ἐξ ὑμῶν
L 12.25 αὐτούς· πόσῳ μᾶλλον ὑμεῖς διαφέρετε τῶν πετεινῶν. τίς δὲ ἐξ ὑμῶν
M 10.31 ουν φοβεισθε· πολλων στρουθιων διαφέρετε υμεις.
L 12. 7 φοβεισθε· πολλων στρουθιων διαφέρετε.

M 6.27 μεριμνῶν δύναται προσθεῖναι ἐπὶ τὴν ἡλικίαν αὐτοῦ πῆχυν ἕνα;
L 12.26 μεριμνῶν δύναται ἐπὶ τὴν ἡλικίαν αὐτοῦ προσθεῖναι πῆχυν; εἰ οὖν οὐδὲ

M 6.28 |καὶ περὶ ἐνδύματος τί μεριμνᾶτε; καταμάθετε τὰ κρίνα
L 12.27 ἐλάχιστον δύνασθε, τί περὶ τῶν λοιπῶν μεριμνᾶτε; κατανοήσατε τὰ κρίνα

M 6.29 τοῦ ἀγροῦ πῶς αὐξάνουσιν· οὐ κοπιῶσιν οὐδὲ νήθουσιν· |λέγω δὲ ὑμῖν ὅτι
L 12.27 πῶς αὐξάνει· οὐ κοπιᾷ οὐδὲ νήθει· λέγω δὲ ὑμῖν,

M 6.26 εμβλεψατε εις τα πετεινα του ουρανου ℵBDEGKLWΠ 1.13.28.565.1582
εμβλεψαται εις τα πετεινα του ουρανου Θ
L 12.24 κατανοησατε τους κορακας P75 ℵABWYΘ 28
κατανοησατε τα πετεινα του ουρανου και τους κορακας P45
κατανοησατε τα πετεινα του ουρανου D

M 6.26 ου σπειρουσιν ℵBDE*GKLWΘΠ 1.13.28.565.1582
ουτε σπειρουσιν Ec
L 12.24 ου σπειρουσιν P45 P75 ABWYΘ 28
ουτε σπειρουσιν ℵDL

M 6.26 εις αποθηκας ℵ*BEGKWΘΠ 1.13.28.565.1582
εις τας αποθηκας ℵcL

M 6.26 πατηρ υμων ο ουρανιος τρεφει αυτα ℵBEGKWΘΠ 1.13.28.565.1582
πατηρ ημων ο ουρανιος τρεφη αυτα L
L 12.24 θεος τρεφει αυτους P75 ℵABLWYΘ 28
θεος τρεφει αυτα P45 D

M 6.26 ουχ υμεις μαλλον διαφερετε αυτων ℵBDGKLWΠ 1.13.565.1582
ουχ υμεις μαλλον διαφερεται τουτων E
ουχει υμεις μαλλον διαφερεται αυτων W
ουχι υμεις μαλον διαφερετε αυτων Θ
ου πολλω μαλλον υμεις διαφερεται αυτων 28

M 6.27 προσθειναι επι την ηλικιαν αυτου πηχυν ενα all texts
L 12.25 επι την ηλικιαν αυτου προσθειναι πηχυν P75 B
προσθειναι επι την ηλικιαν αυτου πηχυν P45 ℵ*D
προσθειναι επι την ηλικιαν αυτου πηχυν ενα ℵcAY
προσθειναι επι την ηλικιαν αυτου ηχυν ενα L
προσθειναι επι την ηλικειαν αυτου πηχυν ενα W
προσθηναι επι την ηλικιαν αυτου πηχυν Θ
προσθηναι επι την ηλικιαν αυτου πηχυν ενα 28

M 6.28 αυξανουσιν ου κοπιωσιν ουδε νηθουσιν ℵc 1.1582
ου ξενουσιν ουδε νηθουσιν ουδε κοπιωσιν ℵ* (=ξαινουσιν)
αυξανουσιν ου κοπιουσιν ουδε νηθουσιν B
αυξανει ου κοπια ουδε νηθει EGKWΠ 13.28.565
αυξανει ου κοπια ουδε νιθη L
αυξανουσιν ου νιθουσιν ουδε κοπιωσιν Θ

M 6.29 λεγω δε υμιν οτι ουδε ℵBDEGKLΠ 1.13.28.565.1582
λεγω δε υμιν ουδε W
λεγω δε υμιν οτι ουτε Θ
L 12.27 λεγω δε υμιν ουδε P75 BWYΘ 28
λεγω δε υμιν οτι ουδε ℵADL
λεγω υμιν P45

M 6.26 - Ps.Sol. 5.9-11 LXX || M 6.29 - 1 Kg 10; 2 Chr 9

M 6.30 οὐδὲ Σολομὼν ἐν πάσῃ τῇ δόξῃ αὐτοῦ περιεβάλετο ὡς ἓν τούτων. εἰ δὲ τὸν
L 12.28 οὐδὲ Σολομὼν ἐν πάσῃ τῇ δόξῃ αὐτοῦ περιεβάλετο ὡς ἓν τούτων. εἰ δὲ ἐν

M 6.30 χόρτον τοῦ ἀγροῦ σήμερον ὄντα καὶ αὔριον εἰς κλίβανον βαλλόμενον ὁ
L 12.28 ἀγρῷ τὸν χόρτον ὄντα σήμερον καὶ αὔριον εἰς κλίβανον βαλλόμενον ὁ

M 6.31 θεὸς οὕτως ἀμφιέννυσιν, οὐ πολλῷ μᾶλλον ὑμᾶς, ὀλιγόπιστοι; μὴ οὖν
L 12.29 θεὸς οὕτως ἀμφιέζει, πόσῳ μᾶλλον ὑμᾶς, ὀλιγόπιστοι. καὶ ὑμεῖς μὴ

M 6.31 μεριμνήσητε λέγοντες, Τί φάγωμεν; ἤ, Τί πίωμεν; ἤ, Τί περιβαλώμεθα;
L 12.29 ζητεῖτε τί φάγητε καὶ τί πίητε, καὶ μὴ μετεωρίζεσθε·

M 6.29 πασῃ τη δοξη αυτου περιεβαλετο ℵBDEGKWΘΠ 1.13.28.1582
πασι τη δοξη αυ περιβεβλητε L*
πασι τη δοξη αυτου περιβεβλητε L[c]
πασῃ τη δοξει αυτου περιεβαλετο 565

M 6.30 τον χορτον του αγρου σημερον οντα ℵBEGKLΘΠ 1.13.28.565.1582
τον χορτον του αγρου σημερον εν αγρω οντα W
L 12.28 εν αγρω τον χορτον οντα σημερον P[75] ℵBL
εν αγρω σημερον τον χορτον P[45]
τον χορτον σημερον εν αγρω οντα AWΘ
τον χορτον εν του αγρου σημερον οντα D
τον χορτον εν τω αγρω σημερον οντα Y
τον χορτον του αγρου σημερον οντα 28

M 6.30 αμφιεννυσιν ου πολλω ℵBEGKLWΘΠ 1.13.28.565.1582
αμφυενουσιν ουπω L
L 12.28 αμφιεξει P[45] P[75] DL
αμφιεννυσιν ℵAWYΘ
αμφιενυσιν 28

M 6.31 μεριμνησητε λεγοντες ℵBEGK[c]L*Π 1.13.28.565.1582
μεριμνησητε K*
μεριμνησειτε λεγοντες L[c]
μεριμνησηται λεγοντες W
μεριμνισηται λεγοντες Θ

M 6.31 περιβαλωμεθα ℵBEGKLWΘΠ[c] 1.13.28.1582
περιβαλλωμεθα Π* 565

M 6.29 - 1 Kg 10; 2 Chr 9
M 6.30 - M 8.26; 14.31; 16.18; 17.20

M 6.32 πάντα γὰρ ταῦτα τὰ ἔθνη ἐπιζητοῦσιν· οἶδεν γὰρ ὁ πατὴρ ὑμῶν
L 12.30 ταῦτα γὰρ πάντα τὰ ἔθνη τοῦ κόσμου ἐπιζητοῦσιν· ὑμῶν δὲ ὁ πατὴρ οἶδεν

M 6.33 ὁ οὐράνιος ὅτι χρῄζετε τούτων ἁπάντων. ζητεῖτε δὲ πρῶτον τὴν βασιλείαν
L 12.31 ὅτι χρῄζετε τούτων. πλὴν ζητεῖτε τὴν βασιλείαν

M 6.33 τοῦ θεοῦ καὶ τὴν δικαιοσύνην αὐτοῦ, καὶ ταῦτα πάντα προστεθήσεται ὑμῖν.
L 12.31 αὐτοῦ, καὶ ταῦτα προστεθήσεται ὑμῖν.

M 6.34 μὴ οὖν μεριμνήσητε εἰς τὴν αὔριον, ἡ γὰρ αὔριον μεριμνήσει ἑαυτῆς·
L 12.32 Μὴ φοβοῦ, τὸ μικρὸν ποίμνιον, ὅτι εὐδόκησεν ὁ πατὴρ ὑμῶν δοῦναι ὑμῖν

M 6.34 ἀρκετὸν τῇ ἡμέρᾳ ἡ κακία αὐτῆς.
L 12.33 τὴν βασιλείαν. Πωλησατε τα υπαρχοντα υμων και δοτε ελεημοσυνην· ποιησατε εαυτοις

L 12.33 βαλλαντια μη παλαιουμενα, θησαυρον ανεκλειπτον εν τοις ουρανοις, οπου κλεπτης ουκ
L 12.34 εγγιζει ουδε σης διαφθειρει· οπου γαρ εστιν ο θησαυρος υμων, εκει και η καρδια
L 12.34 υμων εσται.

M 6.32 παντα γαρ ταυτα τα εθνη επιζητουσιν B 1.1582
ταυτα γαρ παντα τα εθνη επιζητουσιν ℵθ* 13
ταυτα γαρ παντα τα εθνη επιζητει θ^c
παντα γαρ ταυτα τα εθνη επιζητει EGKLWΠ 28.565
L 12.30 ταυτα γαρ παντα τα εθνη του κοσμου επιζητουσιν P75 ℵBLW^c
ταυτα γαρ παντα τα εθνη του κοσμου επιζητει P45 AYθ 28
ταυτα γαρ παντα τα εθνη του κοσμου ζητει D
ταυτα γαρ παντα τα εθνη επιζητουσιν W*

M 6.32 ουδεν γαρ ο πατηρ υμων ο ουρανιος οτι χρηζετε τουτων απαντων B^cEGKθΠ 1.565.1582
ουδεν γαρ ο θεος ο πατηρ υμων οτι χρηζετε τουτων απαντων ℵ*
ουδεν γαρ ο πατηρ υμων οτι χρηζετε τουτων απαντων ℵ^c 28 ClemAl (S IV 34.6)
ουδεν γαρ ο πατηρ υμων ο ουρανιος οτι χρητε τουτων απαντων B*
ουδεν γαρ ο πατηρ ο ουρανιος οτι χριζετε τουτων απαντων L
ουδεν γαρ ο πατηρ υμων ο ουρανιος οτι χρηζεται τουτων απαντων W 13
ουδεν γαρ ο πατηρ υμων οτι χριζετε τουτων απαντων 28
L 12.30 υμων δε ο πατηρ οιδεν οτι χρηζετε τουτων P45 P75 ℵABY
ουδεν γαρ ο πατηρ υμων οτι χρηζεται τουτων D
υμων δε ο πατηρ οιδεν οτι χρηζεται τουτων LW
υμων δε ο πατηρ οιδεν οτι χριξετε τουτων απαντων θ
υμων δε ο πατηρ οιδεν οτι χρηζετε τουτων απαντων 28

M 6.33 ζητειτε δε πρωτον την βασιλειαν του θεου και την δικαιοσυνην αυτου EGKLΠ 1.13.28.565.1582
ζητειτε δε πρωτον την βασιλειαν και την δικαιοσυνην αυτου ℵ
ζητειτε δε πρωτον την δικαιοσυνην και την βασιλειαν αυτου B
ζητειται δε πρωτον την βασιλειαν του θεου και την δικαιωσυνην αυτου W
ζητειτε δε πρωτον την βασιλειαν του θεου και τιν δικαιωσυνην αυτου θ
L 12.31 πλην ζητειτε την βασιλειαν αυτου ℵBL
πλην ζητειτε την βασιλειαν του θεου P45 AD^cWYθ
πλην ζητειτε την βασιλειαν P75
ζητειτε δε την βασιλειαν αυτου D*
ζητειτε δε την βασιλειαν του θεου D^c
πλην ζητειτε πρωτον την βασιλειαν του θεου 28

M 6.33 ταυτα παντα προστεθησεται ℵBEGKWΠ 1.13.28.565.1582
ταυτα παντα προστεθησετε Lθ
L 12.31 ταυτα προστεθησεται P45 P75 ℵ*BL
ταυτα παντα προστεθησεται ℵ^cADYθ 28

M 6.32 - M 6.8 || M 6.33 - R 14.17; 1.17; 1 Kg 3.13f.; Ps 37.4, 25 || M 6.34 - Ex 16.4

M	7. 1	Μὴ κρίνετε, ἵνα μὴ κριθῆτε·
Mk	4.24	Καὶ ἔλεγεν αὐτοῖς, Βλέπετε τί ἀκούετε.
L	6.37	Καὶ μὴ κρίνετε, καὶ οὐ μὴ κριθῆτε·

L	6.38	και μη καταδικαζετε, και ου μη καταδικασθητε. απολυετε, και απολυθησεσθε· διδοτε,
L	6.38	και δοθησεται υμιν· μετρον καλον πεπιεσμενον σεσαλευμενον υπερεκχυννομενον δωσουσιν
L	6.38	εις τον κολπον υμων·

M	7. 2	ἐν ᾧ γὰρ κρίματι κρίνετε κριθήσεσθε, καὶ ἐν ᾧ μέτρῳ μετρεῖτε
Mk	4.24	ἐν ᾧ μέτρῳ μετρεῖτε
L	6.38	ᾧ γὰρ μέτρῳ μετρεῖτε

M	7. 2	μετρηθήσεται ὑμῖν.
Mk	4.24	μετρηθήσεται ὑμῖν
L	6.39	ἀντιμετρηθήσεται ὑμῖν. Ειπεν δε και παραβολην αυτοις· Μητι δυναται τυφλος τυφλον

L	6.40	οδηγειν; ουχι αμφοτεροι εις βοθυνον εμπεσουνται; ουκ εστιν μαθητης υπερ τον διδασ-
L	6.40	καλον, κατηρτισμενος δε πας εσται ως ο διδασκαλος αυτου.

M	7. 3	τί δὲ βλέπεις τὸ κάρφος τὸ ἐν τῷ ὀφθαλμῷ τοῦ ἀδελφοῦ σου, τὴν δὲ
Mk	4.24	καὶ προστεθήσεται ὑμῖν.
L	6.41	Τί δὲ βλέπεις τὸ κάρφος τὸ ἐν τῷ ὀφθαλμῷ τοῦ ἀδελφοῦ σου, τὴν δὲ δοκὸν

M 7. 1	ινα μη κριθητε			ℵBEGKΘ^c Π 1.13.28.565.1582
	ινα μη κριθητε	μη καταδικαζετε	και ου μη καταδικασθηται	L
	ινα μη κριθηται			WΘ*
	και ου μη κριθητε			28
L 6.37	και ου μη κριθητε	και μη καταδικαζετε	και ου μη καταδικασθητε	ℵLY 28
	και ου μη κριθητε	και μη δικαζετε	και ου μη δικασθητε	B
	και ου μη κριθητε	μη καταδικαζετε	και ου μη καταδικασθητε	C
	ινα μη κριθητε	μη καταδικαζετε	και ου μη καταδικασθητε	AD
	ινα μη κριθηται	και μη καταδικαζετε	και ου μη καταδικασθητε	W
	και ου μη κριθητε	μη καταδικαζεται	και ου μη καταδικασθηται	Θ

M 7. 2	μετρηθησεται	ℵBEGKWΠ 1.565.1582
	μετριθησετε	L
	αντιμετριθησεται	Θ
	αντιμετρηθησεται	13 ClemAl (Q 33.4)
	μετρηθησετε	28*
	αντιμετρηθησετε	28^c
Mk 4.24	μετρηθησεται και προστεθησεται υμιν	ℵBCL
	μετρηθησεται	DW
L 6.38	αντιμετρηθησεται	P75 ℵAB^c CLWΘ
	μετρηθησεται	B
	αντιμετριθησεται	Y
	μετριθησεται	28

M 7. 1 - R 2.1; 14.4; 1 C 4.5; 5.12; Js 4.11; 5.9

M 7. 4 ἐν τῷ σῷ ὀφθαλμῷ δοκὸν οὐ κατανοεῖς; ἢ πῶς ἐρεῖς τῷ
L 6.42 τὴν ἐν τῷ ἰδίῳ ὀφθαλμῷ οὐ κατανοεῖς; πῶς δύνασαι λέγειν τῷ

M 7. 4 ἀδελφῷ σου, Ἄφες ἐκβάλω τὸ κάρφος ἐκ τοῦ ὀφθαλμοῦ σου,
L 6.42 ἀδελφῷ σου, Ἀδελφέ, ἄφες ἐκβάλω τὸ κάρφος τὸ ἐν τῷ ὀφθαλμῷ σου,

M 7. 5 καὶ ἰδοὺ ἡ δοκὸς ἐν τῷ ὀφθαλμῷ σου; ὑποκριτά,
L 6.42 αὐτὸς τὴν ἐν τῷ ὀφθαλμῷ σου δοκὸν οὐ βλέπων; ὑποκριτά,

M 7. 5 ἔκβαλε πρῶτον ἐκ τοῦ ὀφθαλμοῦ σου τὴν δοκόν, καὶ τότε
L 6.42 ἔκβαλε πρῶτον τὴν δοκὸν ἐκ τοῦ ὀφθαλμοῦ σου, καὶ τότε

M 7. 5 διαβλέψεις ἐκβαλεῖν τὸ κάρφος ἐκ τοῦ ὀφθαλμοῦ τοῦ ἀδελφοῦ σου.
L 6.42 διαβλέψεις τὸ κάρφος τὸ ἐν τῷ ὀφθαλμῷ τοῦ ἀδελφοῦ σου

M 7. 6 Μὴ δῶτε τὸ ἅγιον τοῖς κυσίν, μηδὲ βάλητε τοὺς μαργαρίτας ὑμῶν
L 6.42 ἐκβαλεῖν.

M 7. 3 εν τω σω οφθαλμω δοκον ℵ^c BEGKLWΘΠ 1.13.28.565.1582
δοκον την εν τω σω οφθαλμω ℵ*
L 6.41 δοκον την εν τω ιδιω οφθαλμω P75 ℵABCLWYΘ 28
δοκον την εν τω σω οφθαλμω D

M 7. 4 η πως ερεις τω αδελφω σου Αφες εκβαλω BGWΠ 1.13.28.1582
η πως λεγεις τω αδελφω σου αδελφε Αφες εκβαλω ℵ*
η πως ερεις τω αδελφω σου αδελφε Αφες εκβαλω ℵ^c
ει πως ερεις τω αδελφω σου Αφες εκβαλω EL
η πως ερεις το αδελφο σου Αφες εκβαλω K
η πως λεγεις τω αδελφω σου Αφες εκβαλω Θ
η πως ερεις τω αδελφω σου Αφες εκβαλλω 565
L 6.42 πως δυνασαι λεγειν τω αδελφω σου Αδελφε αφες εκβαλω P75 B
πως δε δυνασαι λεγειν τω αδελφω σου Αδελφε αφες εκβαλω ℵ
η πως δυνασαι λεγειν τω αδελφω σου Αδελφε αφες εκβαλω ACLWYΘ 28
η πως δυνασαι λεγειν τω αδελφω σου αφες εκβαλω D

M 7. 4 εκ του οφθαλμου σου και ιδου η δοκος εν τω οφθαλμω σου ℵB 1.13.1582
απο του οφθαλμου σου και ιδου η δοκος εν τω οφθαλμω σου EGKLWΘΠ 565
εκ του οφθαλμου σου 28
L 6.42 το εν τω οφθαλμω σου αυτος την εν τω οφθαλμω σου δοκον ℵABCWY 28
εκ του οφθαλμου σου και ιδου η δοκος εν τω σω οφθαλμω D
εν τω οφθαλμω σου αυτος την εν τω οφθαλμω σου δοκον L
το εν τω οφθαλμω σου αυτος δε την εν τω οφθαλμω σου δοκον Θ

M 7. 5 εκ του οφθαλμου σου την δοκον και τοτε διαβλεψεις εκβαλειν BC
εκ του οφθαλμου σου την δοκον και τοτε διαβλεψεις εκβαλλειν ℵ
την δοκον εκ του οφθαλμου σου και τοτε διαβλεψεις εκβαλειν EGKLWΠ 1.28.565.1582
την δοκον εκ του οφθαλμου σου και τοτε διαβλεψεις εκβαλλειν Θ
απο του οφθαλμου σου την δοκον και τοτε διαβλεψεις εκβαλειν 13
L 6.42 την δοκον εκ του οφθαλμου σου και τοτε διαβλεψεις εκβαλειν ℵADYΘ^c 28
δοκον εκ του οφθαλμου σου και τοτε διαβλεψεις εκβαλειν C
τη δοκον εκ του οφθαλμου σου και τοτε διαβλεψεις εκβαλειν Θ*

M 7. 6 δωτε το αγιον τοις κυσιν μηδε βαλητε ℵBCΘΠ 565.1582
δωτε το αγιον τοις κυσιν μηδε βαλειτε E
δωτε το αγιον τοις κυσιν μηδε βαλλετε L
δωτε το αγιον τοις κυσιν μηδε βαληται W
δοτε το αγιον τοις κυσιν μηδε βαλητε 1.28
δοτε το αγιον τοις κυσιν μηδε 13

M 7.6 - M 15.26

M 7. 6	ἔμπροσθεν τῶν χοίρων, μήποτε καταπατήσουσιν αὐτοὺς ἐν τοῖς ποσὶν αὐτῶν
M 7. 6	καὶ στραφέντες ῥήξωσιν ὑμᾶς.

L 11. 9	καγω υμιν λεγω,		
M 18.19	Παλιν αμην λεγω υμιν οτι	εαν δυο συμφωνησωσιν εξ υμων επι της γης	περι παντος
M 21.22			και παντα
Mk 11.24	δια τουτο λεγω υμιν,		παντα
J 14.13			και
J 15. 7		εαν μεινητε εν εμοι	και τα ρηματα μου εν υμιν
J 16.23b	αμην αμην λεγω υμιν,		
J 16.24			εως αρτι ουκ

M 7. 7		Αἰτεῖτε,	καὶ
L 11. 9		αἰτεῖτε,	καὶ
M 18.19	πραγματος ου εαν	αἰτήσωνται,	
M 21.22	οσα αν	αἰτήσητε	εν τη προσευχη πιστευοντες
Mk 11.24	οσα προσευχεσθε και	αἰτεῖσθε,	πιστευετε
J 14.13	ο τι αν	αἰτήσητε	εν τω ονοματι μου τουτο
J 14.14	εαν τι	αἰτήσητέ	με εν τω ονοματι μου εγω
J 15. 7	μεινη, ο εαν θελητε	αἰτήσασθε	καὶ
J 16.23b	αν τι	αἰτήσητε	τον πατερα εν τω ονοματι μου
J 16.24	ητησατε ουδεν εν τω ονοματι μου·	αἰτεῖτε	καὶ

M 7. 7	δοθήσεται ὑμῖν· ζητεῖτε, καὶ εὑρήσετε· κρούετε, καὶ ἀνοιγήσεται ὑμῖν.
L 11. 9	δοθήσεται ὑμῖν· ζητεῖτε, καὶ εὑρήσετε· κρούετε, καὶ ἀνοιγήσεται ὑμῖν.
M 18.19	γενήσεται αὐτοῖς παρα του πατρος μου του εν ουρανοις.
J 14.13	ποιήσω, ινα δοξασθη ο πατηρ εν τω υιω·
J 14.14	ποιήσω.
J 15. 7	γενήσεται ὑμῖν.
J 16.23b	δώσει ὑμῖν.

M 7. 6	καταπατησουσιν αυτους εν τοις ποσιν	BCLWΘ 13
	καταπατησωσιν αυτους εν τοις ποσιν	ℵEGKΠ 28.565
	καταπατησωσιν αυτους τοις ποσιν	1.1582 ClemAl (S I.55.3)

M 7. 7	αιτειτε και δοθησεται	ℵBEGKΘΠ 1.13.28c.565.1582
	αιτειται και δοθησεται	C
	αιτειτε και δωθησετε	L
	αιτιτε και δοθησεται	W
	αιτειτε και δοθησεται δοθησεται	28*
	αιτεισθε και δοθησεται	ClemAl (S II 116.2), (S VIII 1.2)

M 7. 7	ευρησετε κρουετε και ανοιγησεται	ℵBEGKΘΠ 1.565.1582
	ευρησετε κρουετε και ανοιγησετε	C
	ευρησειτε κρουετε και ανοιγησετε	L
	ευρησεται κρουεται και ανυγησεται	W
	ευρησεται κρουετε και ανοιγησεται	13
	ευρησητε κρουετε και ανοιγησετε	28

M 7. 7 - Js 1.5; 1 Jn 3.22; 5.14f.; Jr 29.13f; L 13.25

M 7. 8 πᾶς γὰρ ὁ αἰτῶν λαμβάνει καὶ ὁ ζητῶν εὑρίσκει καὶ τῷ κρούοντι
L 11.10 πᾶς γὰρ ὁ αἰτῶν λαμβάνει, καὶ ὁ ζητῶν εὑρίσκει, καὶ τῷ κρούοντι
M 21.22 λήμψεσθε.
Mk 11.24 οτι ἐλάβετε, και εσται υμιν.
J 16.24 λήμψεσθε, ινα η χαρα υμων η πεπληρωμενη.

M 7. 9 ἀνοιγήσεται. ἢ τίς ἐστιν ἐξ ὑμῶν ἄνθρωπος, ὃν αἰτήσει ὁ υἱὸς αὐτοῦ
L 11.11 ἀνοιγήσεται. τίνα δὲ ἐξ ὑμῶν τὸν πατέρα αἰτήσει ὁ υἱὸς

M 7.10 ἄρτον---μὴ λίθον ἐπιδώσει αὐτῷ; ἢ καὶ ἰχθὺν αἰτήσει---μὴ
L 11.12 ἰχθύν, καὶ ἀντὶ ἰχθύος ὄφιν αὐτῷ ἐπιδώσει; ἢ καὶ αἰτήσει ᾠόν,

M 7.11 ὄφιν ἐπιδώσει αὐτῷ; εἰ οὖν ὑμεῖς πονηροὶ ὄντες οἴδατε δόματα
L 11.13 ἐπιδώσει αὐτῷ σκορπίον; εἰ οὖν ὑμεῖς πονηροὶ ὑπάρχοντες οἴδατε δόματα

M 7.11 ἀγαθὰ διδόναι τοῖς τέκνοις ὑμῶν, πόσῳ μᾶλλον ὁ πατὴρ ὑμῶν ὁ ἐν τοῖς
L 11.13 αγαθα διδοναι τοις τεκνοις υμων, ποσω μαλλον ο πατηρ ο εξ

M 7. 8	ζητων ευρισκει και τω κρουοντι ανοιγησεται	ℵCE^c GKW^c Π 1.28.565.1582
	ζητων ευρισκει και τω κρουοντι ανοιγεται	B
	ζητον ευρισκει και τω κρουοντι ανοιγησεται	E*
	ζητων ευρισκη και τω κρουοντι ανοιγησεται	L
	αιτων ευρισκει και τω κρουοντι ανοιγησεται	W*
	ζητων ευρισκει και τω κρουοντι ανοιχθησετε	Θ*
	ζητων ευρισκει και τω κρουοντι ανοιχθησεται	Θ^c
	ζητων ευρησκει και τω κρουοντι ανοιγησεται	13
L 11.10	ζητων ευρισκει και τω κρουοντι ανοιγησεται	ℵ^c CL
	ζητων ευρισκει και τω κρουοντι ανυγησεται	P45 Θ
	ζητων ευρισκει και τω κρουοντι ανοιγεται	P75 BD
	ζητων ευρισκει και τω κρουοντι ανοιγηετε	ℵ*
	ζητων ευρισκει και τω κρουοντι ανοιχθησεται	AY
	ζητων ευρισκει και τω κρουοντι ανηχθησεται	W
	ζητων ευρισκει και τω κρουοντι ανοιγησετε	28

M 7. 9	εστιν εξ υμων ανθρωπος ον αιτησει	ℵ^c B^c Θ
	εστιν εξ υμων ανθρωπος ον εαν αιτησει	ℵ*
	εξ υμων ανθρωπος ον αιτησει	B*
	εστιν εξ υμων ανθρωπος ον αιτησεις	C
	εστιν εξ υμων ανθρωπος ον εαν αιτηση	EGWΠ 1.1582
	εστιν εξ υμων ανθρωπος ον αν αιτηση	K
	εξ υμων ανθρωπος ον αν αιτησει	L
	εξ υμων ανθρωπος ον εαν αιτησει	28
	εξ υμων ανθρωπος ον αν αιτηση	565

M 7. 9	επιδωσει αυτω	ℵBCEGKLΘΠ 1^c.13.565.1582
	επιδωση αυτω	W
	αντιδωσει αυτω	1*
	επιδωσει αυτον	28

|| M 7.10 verse — all texts; omit verse — K*

M 7.10	η και ιχθυν αιτησει-μη οφιν επιδωσει αυτω	ℵBC
	και εαν ιχθυν αιτηση μη οφιν επιδωσει αυτω	EGK^c Θ^c 1582^c
	και αν ιχθυν αιτησει μη οφιν επιδωσει αυτω	L
	και εαν ιχθυν αιτησει μη οφιν επιδωσει αυτω	W
	και αν ιχθυν αιτηση μη οφιν επιδωσει αυτω	Θ*
	η και εαν ιχθυν αιτηση μη οφιν επιδωσει αυτω	Π 565
	η και ιχθυν αιτηση μη οφιν επιδωσει αυτω	1.
	η και εαν ιχθυν αιτησει μη οφιν επιδωσει αυτω	13
	η και εαν ιχθυν αιτησει μη οφιν επιδωσει αυτον	28
	η και ιχθυν αιτηση μη οφιν επιδωσει αυτω	1582*

M 7.11	οντες οιδατε δοματα αγαθα	ℵBCEGKΘΠ 13.28
	οντες οιδατε αγαθα	L
	οντες οιδατε αγαθα δοματα	1.1582 ClemAl (Q 39.6)
L 11.13	υπαρχοντες οιδατε δοματα αγαθα	P75 BACLWΘ 28
	υπαρχοντες οιδατε αγαθα δοματα	P45
	οντες οιδατε δοματα αγαθα	ℵD

M 7. 9 - M 4.3 || M 7.11 - Js 1.17

M 7.12 οὐρανοῖς δώσει ἀγαθὰ τοῖς αἰτοῦσιν αὐτόν. Πάντα οὖν ὅσα ἐὰν
L 11.13 οὐρανοῦ δώσει πνεῦμα ἅγιον τοῖς αἰτοῦσιν αὐτόν.
L 6.31 καὶ καθὼς

M 7.12 θέλητε ἵνα ποιῶσιν ὑμῖν οἱ ἄνθρωποι, οὕτως καὶ ὑμεῖς ποιεῖτε αὐτοῖς·
L 6.31 θέλετε ἵνα ποιῶσιν ὑμῖν οἱ ἄνθρωποι, ποιεῖτε αὐτοῖς

M 7.12 οὗτος γάρ ἐστιν ὁ νόμος καὶ οἱ προφῆται.
L 6.31 ὁμοίως.

M 7.13 Εἰσέλθατε διὰ τῆς στενῆς πύλης·
L 13.23b,24 ὁ δὲ εἶπεν πρὸς αὐτούς, Ἀγωνίζεσθε εἰσελθεῖν διὰ τῆς στενῆς θύρας,
J 10. 7 Εἶπεν ουν παλιν ο Ιησους, Αμην αμην λεγω υμιν οτι εγω ειμι η θύρα
J 10. 9 εγω ειμι η θύρα·

M 7.13 ὅτι πλατεῖα ἡ πύλη καὶ εὐρύχωρος ἡ ὁδὸς ἡ ἀπάγουσα εἰς τὴν ἀπώλειαν,
J 10. 7 των προβατων.

M 7.14 καὶ πολλοί εἰσιν οἱ εἰσερχόμενοι δι' αὐτῆς· τί στενὴ ἡ
L 13.24 ὅτι πολλοί, λέγω ὑμῖν, ζητήσουσιν εἰσελθεῖν
J 10. 9 δι εμου εαν τις εἰσέλθῃ σωθησεται και εισελευσεται και

M 7.14 πύλη καὶ τεθλιμμένη ἡ ὁδὸς ἡ ἀπάγουσα εἰς τὴν ζωήν, καὶ ὀλίγοι εἰσὶν
L 13.23a εἶπεν δέ τις αὐτῷ, Κύριε, εἰ ὀλίγοι
L 13.24 καὶ οὐκ
J 10. 9 εξελευσεται καὶ νομην

Ref.	Reading	Witnesses
M 7.12		
	ουν οσα εαν θελητε ινα ποιωσιν υμιν οι ανθρωποι ουτως και υμεις ποιειτε αυτοις ουτος	ℵ^{c}C^c
	οσα εαν θελητε ινα ποιωσιν υμιν οι ανθρωποι ουτως και υμεις ποιειτε αυτοις ουτος	ℵ*
	ουν οσα αν θελητε ινα ποιωσιν υμιν οι ανθρωποι ουτως και υμεις ποιειτε αυτοις ουτος	BEGKΠ 1.28.565.1582
	ουν οσα εαν θελητε ινα ποιουσιν υμιν οι ανθρωποι ουτως και υμεις ποιειτε αυτοις ουτος	C*
	οσα αν θελεται ινα ποιουσιν υμιν οι ανθρωποι και υμεις ποιητε αυτοις ουτως	L
	ουν οσα εαν θεληται ινα ποιουσιν υμιν οι ανθρωποι ουτως και υμεις ποιειται αυτοις ουτος	W
	ουν οσα εαν θεληται ινα ποιωσιν υμιν οι ανθρωποι ουτως και υμεις ποιειτε αυτοις ουτος	Θ
	ουν οσα εαν θελητε ινα ποιωσιν υμιν οι ανθρωποι ουτως και υμεις ποιειτε αυτοις ουτως	13
L 6.31	θελετε ινα ποιωσιν υμιν οι ανθρωποι ποιειτε αυτοις ομοιως	P^{75} B
	θελετε ινα ποιωσιν υμιν οι ανθρωποι και υμεις ποιειτε αυτοις ομοιως	ℵLY
	θελετε ινα ποιουσιν υμας οι ανθρωποι και υμεις ποιειτε αυτοις ομοιως	A
	θελετε ινα ποιωσιν υμιν οι ανθρωποι και υμεις ποιειτε αυτοις	D
	θελεται ινα ποιωσιν υμιν οι ανθρωποι και υμεις ποιειτε αυτοις ομοιως	W
	θελετε ινα ποιωσιν υμιν οι ανθρωποι και υμεις ποιητε αυτοις ομοιως	Θ

Ref.	Reading	Witnesses
M 7.13	εισελθατε δια της στενης πυλης .. πλατεια η πυλη .. εισιν οι εισερχομενοι	BCW
	εισελθατε δια της στενης πυλης .. πλατεια .. οι εισερχομενοι	ℵ*
	εισελθατε δια της στενης πυλης .. πλατεια η πυλη .. εισιν οι πορευομενοι	ℵ^c
	εισελθεται δια της στενης πυλης .. πλατεια η πυλη .. εισιν οι εισερχομενοι	E*
	εισελθετε δια της στενης πυλης .. πλατεια η πυλη .. εισιν οι εισερχομενοι	E^{c}GΠ 28.565
	εισελθετε δια τη στενης πυλης .. πλατεια η πυλη .. εισιν οι εισερχομενοι	K
	εισελθατε δια της στενης πυλης .. πλατεια η πυλη .. εισιν οι ερχομενοι	L 13
	εισελθατε δια της στενης πυλης .. πλατεια η πυλη .. εισιν οι εισερχωμενοι	Θ
	εισελθετε δια της στενης πυλης .. πλατεια η πυλη .. εισιν οι εισπορευομενοι	1.1582
L 13.24	εισελθειν δια της στενης θυρας	P^{75} ℵBDL
	δια της στενης θυρας εισελθειν	P^{45}
	εισελθειν δια της στενης πυλης	AWY 28
	εισελθειν δια τη στενης θυρας	Θ

Ref.	Reading	Witnesses
M 7.14	τι στενη η πυλη .. ολιγοι εισιν	ℵ^{c}CEGWΠ 1^c.13.28.565.1582
	οτι στενη η πυλη .. ολιγοι εισιν	ℵ* 1*
	οτι δε στενη η πυλη .. ολιγοι εισιν	B*
	τι δε στενη η πυλη .. ολιγοι εισιν	B^c
	τι στενη υ πυλη .. ολιγοι εισιν	K
	τι στενη πυλη .. ολιγοι εισιν	L
	τη στενη πυλη .. ολιγοι εισιν	Θ
L 13.23	ολιγοι	ℵBLWYΘ 28
	ολιγοι εισιν	D

M 7.12 - M 22.40; R 13.8-10; G 5.14 | M 7.14 - M 19.24; 22.14; Ac 14.22

M 7.14 οἱ εὑρίσκοντες αὐτήν.
L 13.23a οἱ σῳζόμενοι;
L 13.24 ἰσχύσουσιν.
J 10. 9 εὑρήσει.

M 7.15 Προσέχετε ἀπὸ τῶν ψευδοπροφητῶν, οἵτινες ἔρχονται πρὸς ὑμᾶς ἐν ἐνδύ-

M 7.16 μασιν προβάτων, ἔσωθεν δέ εἰσιν λύκοι ἅρπαγες. ἀπὸ τῶν καρπῶν
L 6.44 ἕκαστον γὰρ δένδρον ἐκ τοῦ ἰδίου καρποῦ
M 12.33b ἐκ γὰρ τοῦ καρποῦ

M 7.16 αὐτῶν ἐπιγνώσεσθε αὐτούς· μήτι συλλέγουσιν ἀπὸ ἀκανθῶν σταφυλὰς
L 6.44 γινώσκεται· οὐ γὰρ ἐξ ἀκανθῶν συλλέγουσιν σῦκα,
M 12.33b τὸ δένδρον γινώσκεται.

M 7.16 ἢ ἀπὸ τριβόλων σῦκα;
L 6.45 οὐδὲ ἐκ βάτου σταφυλὴν τρυγῶσιν. ο αγαθος ανθρωπος εκ του αγαθου θησαυρου

L 6.45 της καρδιας προφερει το αγαθον, και ο πονηρος εκ του πονηρου προφερει το πονηρον·
L 6.45 εκ γαρ περισσευματος καρδιας λαλει το στομα αυτου.

M 7.17 οὕτως πᾶν δένδρον ἀγαθὸν καρποὺς καλοὺς ποιεῖ, τὸ
L 6.43 Οὐ γάρ ἐστιν δένδρον καλὸν ποιοῦν καρπὸν σαπρόν, οὐδὲ
M 12.33a Ἢ ποιήσατε τὸ δένδρον καλὸν καὶ τὸν καρπὸν αὐτοῦ καλόν, ἢ ποιήσατε τὸ

M 7.18 δὲ σαπρὸν δένδρον καρποὺς πονηροὺς ποιεῖ· οὐ δύναται
L 6.43 πάλιν δένδρον σαπρὸν ποιοῦν καρπὸν καλόν.
M 12.33a δένδρον σαπρὸν καὶ τὸν καρπὸν αὐτοῦ σαπρόν·

M 7.18 δένδρον ἀγαθὸν καρποὺς πονηροὺς ποιεῖν, οὐδὲ δένδρον σαπρὸν καρποὺς καλοὺς
M 3.10 ηδη δε η αξινη προς την ριζαν των δενδρων
L 3. 9 ηδη δε και η αξινη προς την ριζαν των δενδρων

M 7.19 ποιεῖν. πᾶν δένδρον μὴ ποιοῦν καρπὸν καλὸν ἐκκόπτεται καὶ εἰς
M 3.10 κειται· πᾶν οὖν δένδρον μὴ ποιοῦν καρπὸν καλὸν ἐκκόπτεται καὶ εἰς
L 3. 9 κειται· πᾶν οὖν δένδρον μὴ ποιοῦν καρπὸν καλὸν ἐκκόπτεται καὶ εἰς

M 7.20 πῦρ βάλλεται. ἄρα γε ἀπὸ τῶν καρπῶν αὐτῶν ἐπιγνώσεσθε αὐτούς.
M 3.10 πῦρ βάλλεται.
L 3. 9 πῦρ βάλλεται.

M 7.15 προσεχετε ℵB 565 || M 7.16 ακανθων σταφυλας ℵB 1.1582
προσεχετε δε CEGKLΘΠ 1.13.28.1582 ακανθων σταφυλην CEGKWΘΠ 13.28.565
προσεχεται δε W ακανθω σταφυλιν L

M 7.17 ουτως παν δενδρον αγαθον καρπους καλους ποιει EGKLW^c Π 1.13.28.565.1582
ουτω παν δενδρον αγαθον καρπους καλους ποιει ℵC
ουτως παν δενδρον αγαθον καρπους ποιει καλους B
ουτως παν δενδρον καρπους καλους ποιει W*
ουτος παν δενδρον αγαθον καρπους καλους ποιει Θ

M 7.18 ποιειν ουδε δενδρον σαπρον καρπους ποιειν ℵ^c CEGKLWΘΠ 1.13.565.1582
ποιειν ουδε δενδρον σαπρον καρπους ενεγκειν ℵ*
ενεγκειν ουδε δενδρον σαπρον καρπους ποιειν B
ποιειν ουδε παλλιν δενδρον σαπρον καρπους ποιειν L

M 7.19 παν ℵBC*EGKWΘΠ 1.13.565.1582* || M 7.19 βαλλεται ℵBEGKWΠ 1.13.565.1582
παν ουν C^c L 1582^c βαλλετε L
βαλεται Θ

M 7.20 απο των καρπων ℵBEGKLWΘΠ 1.13.565.1582
εκ των καρπων C

M 7.15 - M 24.11, 24; L 6.26; 2 P 2.1; 1 J 4.1; Re 16.13; Ez 22.27; M 10.16; J 10.12; Ac 20.29
M 7.16 - Sir 27.6; Js 3.12; G 5.19-23; Jb 31.40 || M 7.18 - 1 J 3.9 || M 7.19 - L 13.6-9; J 15.6
M 7.20 - M 7.16; 12.33

M 7.21 Οὐ πᾶς ὁ λέγων μοι, Κύριε κύριε, εἰσελεύσεται εἰς τὴν βασιλείαν τῶν
L 6.46 Τί δέ με καλεῖτε, Κύριε κύριε,

M 7.21 οὐρανῶν, ἀλλ' ὁ ποιῶν τὸ θέλημα τοῦ πατρός μου τοῦ ἐν τοῖς οὐρανοῖς.
L 6.46 καὶ οὐ ποιεῖτε ἃ λέγω;
L 13.25 αφ' ου αν εγερθη ο οικοδεσποτης και αποκλειση την θυραν,

M 7.22 πολλοὶ ἐροῦσίν μοι ἐν ἐκείνῃ τῇ ἡμέρᾳ, Κύριε κύριε, οὐ τῷ σῷ
M 25.11 υστερον δε ερχονται και αι λοιπαι παρθενοι λεγουσαι Κύριε κύριε, ανοιξον ημιν.
L 13.25 και αρξησθε εξω εσταναι και κρουειν την θυραν λεγοντες, Κύριε, ανοιξον ημιν·
L 13.26 τοτε αρξεσθε λεγειν, 'Εφαγομεν

M 7.22 ὀνόματι ἐπροφητεύσαμεν, καὶ τῷ σῷ ὀνόματι δαιμόνια ἐξεβάλομεν, καὶ τῷ
L 13.26 ενωπιον σου και επιομεν, καὶ εν ταις πλατειαις ημων εδιδαξας·

M 7.23 σῷ ὀνόματι δυνάμεις πολλὰς ἐποιήσαμεν; καὶ τότε ὁμολογήσω αὐτοῖς ὅτι
M 25.12 ο δε αποκριθεις ειπεν, 'Αμην λέγω ὑμῖν,
M 25.41 Τοτε ἐρεῖ και τοῖς
L 13.25 και αποκριθεις ἐρεῖ ὑμῖν,
L 13.27 και ἐρεῖ λέγων ὑμῖν,

M 7.23 Οὐδέποτε ἔγνων ὑμᾶς· ἀποχωρεῖτε ἀπ' ἐμοῦ οἱ ἐργαζόμενοι
M 25.12 οὐκ οἶδα ὑμᾶς.
M 25.41 εξ ευωνυμων, Πορεύεσθε ἀπ' ἐμοῦ οἱ κατηραμένοι
L 13.25 Οὐκ οἶδα ὑμᾶς ποθεν εστε.
L 13.27 Οὐκ οἶδα ὑμᾶς ποθεν εστε· ἀπόστητε ἀπ' ἐμοῦ, πάντες ἐργάται

M 7.23 τὴν ἀνομίαν.
M 25.41 εις το πυρ το αιωνιον το ητοιμασμενον τω διαβολω και τοις αγγελοις αυτου·
L 13.28 ἀδικίας. εκει εσται ο κλαυθμος και ο βρυγμος των οδοντων, οταν οψεσθε Αβρααμ

L 13.28 και Ισαακ και Ιακωβ και παντας τους προφητας εν τη βασιλεια του θεου, υμας δε εκ-
L 13.29 βαλλομενους εξω. και ηξουσιν απο ανατολων και δυσμων και απο βορρα και νοτου και
L 13.30 ανακλιθησονται εν τη βασιλεια του θεου. και ιδου εισιν εσχατοι οι εσονται πρωτοι,
L 13.30 και εισιν πρωτοι οι εσονται εσχατοι.

M 7.21 το θελημα ℵ^c BCEGKLWΘΠ 1.13.565.1582 ClemAl (S VII 74.8; 104.4); (Q 24.6)
τα θεληματα ℵ*

M 7.21 τοις ουρανοις ℵBC* 1.1582
ουρανοις EGKLΠ 13.565
τοις ουρανοις ουτος εισελευσεται εις την βασιλειαν των ουρανων C^c
ουρανοις αυτος εισελευσεται εις τιν βασιλειαν των ουρανων W
τοις ουρανοις αυτος εισελευσεται εις τιν βασιλειαν των ουρανων Θ

M 7.22 ου τω σω ονοματι επροφητευσαμεν ℵB*W 13
ου τω σω ονοματι προεφητευσαμεν B^c EGKΠ 1.1582
ουτως σω ονοματι επροφητευσαμεν C
ου το σω ονοματι επροφητευσαμεν L
ου τω σω ονοματι επροφητεσαμεν Θ

M 7.22 και τω σω ονοματι δαιμονια εξεβαλομεν ℵ^c BCE^c GKΘΠ 1.13.1582
και τω σω ονοματι δαιμονια πολλα εξεβαλλομεν ℵ*
omit E*
και το σω ονοματι δεμονια εξεβαλλωμεν L
και τω σω ονοματι δαιμονια εξεβαλωμεν 565

M 7.23 ουδεποτε εγνων υμας αποχωρειτε απ εμου ℵBCEGΠ 1.565.1582
ουδεπω εγνων υμας αποχωρειτε απ εμου K
ουδεποτε εγνων υμας αποχορητε απο παντες L*
ουδεποτε εγνων υμας αποχορητε απ εμου παντες L^c
ουδεποτε εγνων υμας αποχωριται απ εμου W
ουδεποτε εγνων υμας αναχωριτε απ εμου παντες Θ
ουδεποτε εγνων υμας αναχωρειτε απ εμου παντες 13

M 7.21 - M 21.31; R 2.13; Js 1.22, 25; 2.14; 1 J 2.17; 1 C 12.3
M 7.22 - Jr 14.14; 27.15; Mk 9.38; L 9.49; 1 C 13.1f.
M 7.23 - M 10.33; 2 Tm 2.12; Ps 6.8; M 13.41f.

f. The Two Houses

Matthew 7.24-27

M 7.24 Πᾶς οὖν ὅστις ἀκούει μου τοὺς λόγους τούτους καὶ
L 6.47 πᾶς ὁ ἐρχόμενος πρός με καὶ ἀκούων μου τῶν λόγων καὶ

M 7.24 ποιεῖ αὐτοὺς ὁμοιωθήσεται ἀνδρὶ
L 6.48 ποιῶν αὐτούς, ὑποδείξω ὑμῖν τίνι ἐστὶν ὅμοιος· ὅμοιός ἐστιν ἀνθρώπῳ

M 7.24 φρονίμῳ, ὅστις ᾠκοδόμησεν αὐτοῦ τὴν οἰκίαν
L 6.48 οἰκοδομοῦντι οἰκίαν ὃς ἔσκαψεν καὶ ἐβάθυνεν καὶ

M 7.25 ἐπὶ τὴν πέτραν. καὶ κατέβη ἡ βροχὴ καὶ ἦλθον οἱ
L 6.48 ἔθηκεν θεμέλιον ἐπὶ τὴν πέτραν· πλημμύρης δὲ γενομένης προσέρηξεν ὁ

M 7.25 ποταμοὶ καὶ ἔπνευσαν οἱ ἄνεμοι καὶ προσέπεσαν τῇ οἰκίᾳ ἐκείνῃ, καὶ οὐκ
L 6.48 ποταμὸς τῇ οἰκίᾳ ἐκείνῃ, καὶ οὐκ

M 7.26 ἔπεσεν, τεθεμελίωτο γὰρ ἐπὶ τὴν πέτραν. καὶ πᾶς ὁ
L 6.49 ἴσχυσεν σαλεῦσαι αὐτὴν διὰ τὸ καλῶς οἰκοδομῆσθαι αὐτήν. ὁ δὲ

M 7.26 ἀκούων μου τοὺς λόγους τούτους καὶ μὴ ποιῶν αὐτοὺς ὁμοιωθήσεται ἀνδρὶ
L 6.49 ἀκούσας καὶ μὴ ποιήσας ὅμοιός ἐστιν ἀνθρώπῳ

M 7.24 πας ουν οστις ακουει μου τους λογους τουτους ℵCEGWΘΠ 1.13.565.1582
πας ουν οστις ακουει μου τους λογους B
πας οστις ακουει μου τους λογους τουτους K
πας ουν οστις μου ακουει τους λογους τουτους L
L 6.47 μου των λογων ℵ^c ABDLWΘ 28
μου τους λογους C

M 7.24 ομοιωθησεται ανδρι φρονιμω οστις ωκοδομησεν αυτου την οικιαν ℵB 1.1582
ομοιωσω αυτον ανδρι φρονιμω οστις ωκοδομησεν αυτου την οικιαν CW
ομοιωσω αυτον ανδρι φρονιμω οστις ωκοδομησεν την οικιαν αυτου EGKΠ 565
ομοιωσω αυτον ανδρι φρονιμω οστις ωκοδομησεν τιν οικιαν αυτου L
ομοιωθησετε ανδρι φρονιμω οστις ωκοδομησεν αυτου την οικιαν Θ
ομοιωθησεται ανδρι φρονιμω οστις οικοδομησεν την οικιαν αυτου 13

M 7.25 ηλθον οι ποταμοι και επνευσαν οι ανεμοι και προσεπεσαν ℵ^c CE^c 1.13.1582
ηλθον οι ποταμοι και επνευσαν οι ανεμοι και προσεπεσεν ℵ*
ηλθαν οι ποταμοι και επνευσαν οι ανεμοι και προσεπεσαν B
ηλθων οι ποταμοι και επνευσαν οι ανεμοι και προσεπεσαν E*
ηλθον οι ποταμοι και επνευσαν οι ανεμοι και προσεπεσον KΠ 565
ηλθον οι ποταμοι και επνευσαν οι ανεμοι και προσεπεσων L
ηλθον οι ποταμοι και επνευσαν οι ανεμοι και προσεκρουσαν W
ηλθον οι ποταμοι και επνευσαν οι ανεμοι και προσερρηξαν Θ

M 7.25 τεθεμελιωτο γαρ επι την πετραν all texts
L 6.48 δια το καλως οικοδομησθαι αυτην ℵB*LW
τεθεμελιωτο γαρ επι την πετραν ACDYΘ 28

M 7.26 ο ακουων .. ποιων αυτους ℵBCEWΠ 1.1582
ο ακουον .. ποιων αυτους KL 565
οστις ακουει .. ποιει αυτους Θ 13

M 7.24 - Js 1.22, 25; M 7.21; L 8.21; M 25.2; 16.18 | M 7.26 - Js 1.23; M 25.2

f. The Two Houses   Matthew 7.24-27

M	7.27	μωρῷ, ὅστις ᾠκοδόμησεν αὐτοῦ τὴν οἰκίαν ἐπὶ τὴν ἄμμον. καὶ κατέβη ἡ
L	6.49	οἰκοδομήσαντι οἰκίαν ἐπὶ τὴν γῆν χωρὶς θεμελίου,

M	7.27	βροχὴ καὶ ἦλθον οἱ ποταμοὶ καὶ ἔπνευσαν οἱ ἄνεμοι καὶ προσέκοψαν τῇ
L	6.49	ᾗ προσέρηξεν ὁ ποταμός,

M	7.27	οἰκίᾳ ἐκείνῃ, καὶ ἔπεσεν, καὶ ἦν ἡ πτῶσις αὐτῆς
L	6.49	καὶ εὐθὺς συνέπεσεν, καὶ ἐγένετο τὸ ῥῆγμα τῆς οἰκίας

M	7.27	μεγάλη.
L	6.49	ἐκείνης μέγα.

g. Summary

Matthew 7.28-29

M	7.28	Καὶ ἐγένετο ὅτε ἐτέλεσεν ὁ Ἰησοῦς τοὺς λόγους τούτους ἐξεπλήσσοντο
Mk	1.22	καὶ ἐξεπλήσσοντο
L	4.32	καὶ ἐξεπλήσσοντο
L	7. 1	Ἐπειδὴ ἐπλήρωσεν πάντα τὰ ῥήματα αὐτοῦ εἰς τὰς ἀκοὰς

M	7.29	οἱ ὄχλοι ἐπὶ τῇ διδαχῇ αὐτοῦ· ἦν γὰρ διδάσκων αὐτοὺς ὡς ἐξουσίαν ἔχων
Mk	1.22	ἐπὶ τῇ διδαχῇ αὐτοῦ, ἦν γὰρ διδάσκων αὐτοὺς ὡς ἐξουσίαν ἔχων
L	4.32	ἐπὶ τῇ διδαχῇ αὐτοῦ, ὅτι ἐν ἐξουσίᾳ ἦν ὁ
L	7. 1	τοῦ λαοῦ, εἰσῆλθεν εἰς Καφαρναούμ.

M	7.26	ωκοδομησεν αυτου την οικιαν	ℵBΘ 1.1582
		ωκοδομησεν την οικιαν αυτου	CEKΠ 13.565
		ωκωδομησεν την οικιαν αυτου	L
		ωκοδομησεν αυτου την οικειαν	W
		οικοδωμησετε αυτου την οικιαν	Θ*
		οικοδωμησεται αυτου την οικιαν	Θ^{c}
L	6.49	οικιαν	ℵABCDLY 28
		την οικιαν	P^{75} Θ

M	7.27	ηλθον οι ποταμοι και επνευσαν οι ανεμοι	BCEKLWΘΠ 1.13.565.1582
		ηλθαν οι ποταμοι και επνευσαν οι ανεμο	ℵ*
		ηλθαν οι ποταμοι και επνευσαν οι ανεμοι	ℵ^{c}

M	7.27	προσεκοφαν τη οικια εκεινη και επεσεν .. μεγαλη	ℵBEKLWΠ
		προσερρηξαν τη οικια εκεινη και επεσεν .. μεγαλη	C 1.1582
		προσεριξεν τη οικια εκεινη και επεσεν .. μεγαλη σφοδρα	Θ
		προσεκρουσαν τη οικια εκεινη και επεσεν .. μεγαλη σφοδρα	13
		προσεκοφαν την οικια εκεινη και επεσεν .. μεγαλη	565
L	6.49	και ευθυς συνεπεσεν ..	P^{45} P^{75} ℵBL
		και ευθεως επεσεν	AWY 28
		και ευθυς επεσεν	C

M	7.28	ετελεσεν .. τουτους εξεπλησσοντο οι οχλοι επι τη διδαχη αυτου	ℵ^{c}BCW 565
		ετελεσεν .. τουτους εξεπληττοντο επι τη διδαχη αυτου οι οχλοι	ℵ*
		συνετελεσεν .. τουτους εξεπλησσοντο οι οχλοι επι τη διδαχη οχλοι	EKΠ 13
		συνετελεσεν .. τους εξεπλησσοντο οι οχλοι επι τη διδαχη οχλοι	L
		συνετελεσεν .. τουτους εξεπλησσοντο παντες οι οχλοι επι τη διδαχη αυτου	Θ
		ετελεσεν .. τουτους εξεπλησοντο παντες οι οχλοι επι τη διδαχη αυτου	1.
		ετελεσεν .. τουτους εξεπλησσοντο παντες οι οχλοι επι τη διδαχη αυτου	1582

M 7.27 - Ez 13.10-12 | M 7.28 - M 11.1; 13.53; 19.1; 26.1; 13.54; 19.25; 22.33; Mk 11.18; Ac 13.12
M 7.29 - Mk 1.27; J 7.46

g. Summary Matthew 7.28-29

M	7.29	καὶ οὐχ ὡς οἱ γραμματεῖς αὐτῶν.
Mk	1.22	καὶ οὐχ ὡς οἱ γραμματεῖς.
L	4.32	λόγος αὐτοῦ.

11. A LEPER CLEANSED

Matthew 8.1-4

M	8. 1	Καταβάντος δὲ αὐτοῦ ἀπὸ τοῦ ὄρους ἠκολούθησαν αὐτῷ ὄχλοι πολλοί.
Mk	1.45b	καὶ ἤρχοντο πρὸς αὐτὸν πάντοθεν.
L	5.12	Καὶ ἐγένετο ἐν τῷ εἶναι αὐτὸν ἐν μιᾷ τῶν πόλεων
L	5.15b	καὶ συνήρχοντο ὄχλοι πολλοὶ
L	17.12	καὶ εἰσερχομένου αυτου εις τινα

M	8. 2	καὶ ἰδοὺ λεπρὸς προσελθὼν
Mk	1.40	Καὶ ἔρχεται πρὸς αὐτὸν λεπρὸς
L	5.12	καὶ ἰδοὺ ἀνὴρ πλήρης λέπρας· ἰδὼν δὲ τὸν Ἰησοῦν πεσὼν ἐπὶ πρόσωπον
L	5.15b	ἀκούειν καὶ θεραπεύεσθαι ἀπὸ τῶν ἀσθενειῶν αὐτῶν·
L	17.13	κωμην απηντησαν αυτω δεκα λεπροὶ ανδρες, οι εστησαν πορρωθεν | και αυτοι

M	8. 2	προσεκύνει αὐτῷ λέγων, Κύριε, ἐὰν θέλῃς
Mk	1.40	παρακαλῶν αὐτὸν καὶ γονυπετῶν καὶ λέγων αὐτῷ ὅτι Ἐὰν θέλῃς
L	5.12	ἐδεήθη αὐτοῦ λέγων, Κύριε, ἐὰν θέλῃς
L	17.13	ηραν φωνην λέγοντες, Ἰησοῦ ἐπιστάτα, ἐλέησον

M	8. 3	δύνασαί με καθαρίσαι. καὶ ἐκτείνας τὴν χεῖρα ἥψατο αὐτοῦ
Mk	1.41	δύνασαί με καθαρίσαι. καὶ σπλαγχνισθεὶς ἐκτείνας τὴν χεῖρα αὐτοῦ ἥψατο
L	5.13	δύνασαί με καθαρίσαι. Καὶ ἐκτείνας τὴν χεῖρα ἥψατο αὐτοῦ
L	17.13	ἡμᾶς.

M	8. 3	λέγων, Θέλω, καθαρίσθητι· καὶ εὐθέως
Mk	1.42	καὶ λέγει αὐτῷ, Θέλω, καθαρίσθητι· καὶ εὐθὺς
L	5.13	λέγων, Θέλω, καθαρίσθητι· καὶ εὐθέως
L	17.14b	καὶ εγενετο εν τῳ υπαγειν αυτους

M	8. 3	ἐκαθαρίσθη αὐτοῦ ἡ λέπρα.
Mk	1.43	ἀπῆλθεν ἀπ᾽ αὐτοῦ ἡ λέπρα, καὶ ἐκαθαρίσθη. καὶ ἐμβριμησάμενος αὐτῷ
L	5.13	ἡ λέπρα ἀπῆλθεν ἀπ αὐτοῦ.
L	17.14b	ἐκαθαρίσθησαν.

M	7.29	ως οι γραμματεις αυτων	ℵBKΘΠ 1.13.1582
		ως οι γραμματεις και οι φαρισαιοι	C*
		ως οι γραμματεις αυτων και οι φαρισαιοι	C^c W
		ως οι γραμματεις	E 565
		ω οι γραμματεις	L

M	8. 1	καταβαντος δε αυτου	ℵ^c BCWΘ 1.1582		
		καταβαντι δε αυτου	ℵ*		
		καταβαντι δε αυτω	EKLΠ 565		
		καταβαινοντος δε αυτου	13		

M	8.2	προσελθων προσεκυνει	ℵBEΘ 1.565.1582
		ελθων προσεκυνει	EKWΠ
		ελθων προσεκυνη	L
		προσελθων προσεκυνησεν	13

M	8. 3	χειρα ηψατο αυτου	ℵ^c BC* 1.13.1582
		χειρα αυτου ηψατο αυτου	ℵ*
		χειρα ηψατο αυτου ο Ιησους	C^c EKLWΘΠ 565

M	8 3	ευθεως εκαθαρισθη	ℵ^c B^c CKWΘΠ 1.13.565.1582
		εκαθαρισθη	ℵ*
		ευθεως εκαθερισθη	B*EL

M 8. 2 - M 10.8; 11.5; 26.6; L 4.27; Nu 12.10-13

11. A LEPER CLEANSED Matthew 8.1-4

M	8. 4	καὶ λέγει αὐτῷ ὁ ᾽Ιησοῦς, Ὅρα μηδενὶ
Mk	1.44	εὐθὺς ἐξέβαλεν αὐτόν, |καὶ λέγει αὐτῷ, Ὅρα μηδενὶ
L	5.14	καὶ αὐτὸς παρήγγειλεν αὐτῷ μηδενὶ
L	17.14a	καὶ ἰδὼν εἶπεν αὐτοῖς,

M	8. 4	εἴπῃς, ἀλλὰ ὕπαγε σεαυτὸν δεῖξον τῷ ἱερεῖ, καὶ
Mk	1.44	μηδὲν εἴπῃς, ἀλλὰ ὕπαγε σεαυτὸν δεῖξον τῷ ἱερεῖ καὶ
L	5.14	εἰπεῖν, ἀλλὰ ἀπελθὼν δεῖξον σεαυτὸν τῷ ἱερεῖ, καὶ
L	17.14a	Πορευθέντες ἐπιδείξατε ἑαυτοὺς τοῖς ἱερεῦσιν.

M	8. 4	προσένεγκον τὸ δῶρον ὃ προσέταξεν Μωϋσῆς, εἰς
Mk	1.44	προσένεγκε περὶ τοῦ καθαρισμοῦ σου ἃ προσέταξεν Μωϋσῆς, εἰς
L	5.14	προσένεγκε περὶ τοῦ καθαρισμοῦ σου καθὼς προσέταξεν Μωϋσῆς, εἰς

M	8. 4	μαρτύριον αὐτοῖς.
Mk	1.45	μαρτύριον αὐτοῖς. ο δε εξελθων ηρξατο κηρυσσειν πολλα και διαφημιζειν τον
L	5.15a	μαρτύριον αὐτοῖς. διηρχετο δε μαλλον ο

Mk	1.45	λογον, ωστε μηκετι αυτον δυνασθαι φανερως εις πολιν εισελθειν, αλλ εξω επ
L	5.16	λογος περι αυτου, |αυτος δε ην υποχωρων

Mk	1.45	ερημοις τοποις ην· και ηρχοντο προς αυτον παντοθεν.
L	5.15b	εν ταις ερημοις και προσευχομενος. και θεραπευεσθαι απο των ασθενειων αυτων.

12. THE CENTURION'S SERVANT

Matthew 8.5-13

M	8. 5	Εἰσελθόντος δὲ
Mk	2. 1	Καὶ εἰσελθὼν
L	7. 1	Επειδη επληρωσεν παντα τα ρηματα αυτου εις τας ακοας του λαου, εἰσῆλθεν
J	4.46	Ηλθεν ουν παλιν εις την Κανα της Γαλιλαιας, οπου εποιησεν το υδωρ οινον.

M	8. 6	αὐτοῦ εἰς Καφαρναοὺμ προσῆλθεν αὐτῷ ἑκατόνταρχος παρακαλῶν αὐτὸν |καὶ
Mk	2. 1	πάλιν εἰς Καφαρναοὺμ δι᾽ ἡμερῶν ἠκούσθη ὅτι ἐν οἴκῳ ἐστίν.
L	7. 2	εἰς Καφαρναούμ. ῾Εκατοντάρχου δέ τινος
J	4.46	και ην τις βασιλικὸς

M	8. 4	λεγει .. μηδενι	.. αλλα	.. προσενεγκον	.. Μωυσης	BC[c]
		ειπεν .. μηδενι	.. αλλα	.. προσενεγκε	.. Μωυσης	ℵ*
		λεγει .. μηδενι	.. αλλα	.. προσενεγκε	.. Μωυσης	ℵ[c]KWΘΠ
		λεγει .. μηδενι	.. αλλα	.. προσενεγκον	.. Μωσης	C*
		λεγει .. μηδενι	.. αλλα	.. προσενεγκε	.. Μωσης	E
		λεγει .. μηδενι	.. αλλ	.. προσενεγκε	.. Μωσης	L 1.
		λεγει .. μηδενι	.. αλλ	.. προσενεγκε	.. Μωυσης	13.565
		λεγει .. μηδενι	.. αλλ	.. προσενεγκαι	.. Μωσης	1582
		ειπεν	.. ...	.. ..	.. ..	Clem Al (F 12)
Mk	1.44	λεγει .. μηδενι μηδεν	.. αλλα	.. προσενεγκε	.. Μωυσης	BY
		λεγει .. μηδενι	.. αλλα	.. προσενεγκε	.. Μωυσης	ℵDW
		λεγει .. μηδενι	.. αλλα	.. προσενεγκε	.. Μωσης	A
		λεγει .. μηδενι μηδεν	.. αλλα	.. προσενεγκαι	.. Μωσης	C 1.
		λεγει .. μηδενι μηδενι	.. αλλα	.. προσενεγκαι	.. Μωσης	L
		λεγει .. μηδενι μηδεν	.. αλλα	.. προσενεγκαι	.. Μωυσης	Θ
		ειπεν .. μηδενι μηδεν	.. αλλα	.. προσενεγκε	.. Μωυσης	28

M	8. 5	εισελθοντος δε	αυτου	εις Καφαρναουμ	προσηλθεν		αυτω εκατονταρχος	ℵ[c]B
		εισελθοντος δε	αυτου	εις Καφαρναουμ	προσηλθεν		αυτω εκατονταρχης	ℵ*
		εισελθοντος δε	αυτου	εις Καπερναουμ	προσηλθεν		αυτω εκατονταρχος	C* 1.1582
		εισελθοντι δε τω	Ιησου	εις Καπερναουμ	προσηλθεν		αυτω εκατονταρχος	C[c]L
		εισελθοντι δε	αυτου	εις Καπερναουμ	προσηλθεν		αυτω εκατονταρχος	E 565
		εισελθοντι δε	αυτω	εις Καπερναουμ	προσηλθεν		αυτω εκατονταρχος	K
		εισελθοντι δε	αυτω	εις Καπερναουμ	προσηλθεν		αυτω εκατονταρχης	W
		εισελθοντι δε	αυτω	εις Καπερναουμ	προσηλθεν		αυτω εκατονταρχος	Θ
		εισελθοντι δε	αυτω	εις Καπερναουμ	προσηλθεν		αυτω εκατονταρχος	Π
		εισελθοντος δε	αυτου	εις Καπερναουμ	προσηλθεν	προς	αυτω εκατονταρχος	13

M 8.4 - M 9.30; 12.16; Mk 5.43; 7.36; 8.30; 9.9; L 8.56; Lv 13.49; 14.2-32; M 10.18; 24.14
M 8.5 - Ac 10.1; 27.1

12. THE CENTURION'S SERVANT   Matthew 8.5-13

M 8. 6 λέγων, Κύριε, ὁ παῖς μου βέβληται ἐν τῇ οἰκίᾳ παραλυτικός, δεινῶς
L 7. 2 δοῦλος κακῶς ἔχων ἤμελλεν τελευτᾶν, ὃς ἦν αὐτῷ
J 4.47 οὗ ὁ υἱὸς ἠσθένει ἐν Καφαρναούμ· οὗτος

L 7. 3 εντιμος. ακουσας δε περι του Ιησου απεστειλεν
J 4.47 ακουσας οτι Ιησους ηκει εκ της Ιουδαιας εις την Γαλιλαιαν απηλθεν

M 8. 7 βασανιζόμενος. καὶ λέγει αὐτῷ, Ἐγὼ ἐλθὼν θεραπεύσω
L 7. 3 προς αυτον πρεσβυτερους των Ιουδαιων, ἐρωτῶν αὐτὸν ὅπως ἐλθὼν διασώσῃ
J 4.47 προς αυτον καὶ ἠρώτα ἵνα καταβῇ καὶ ἰάσηται

M 8. 7 αὐτόν.
L 7. 4 τὸν δοῦλον αὐτοῦ. οι δε παραγενομενοι προς τον Ιησουν παρεκαλουν αυτον σπου-
J 4.47 αὐτοῦ τὸν υἱόν, ἤμελλεν γὰρ ἀποθνῄσκειν.

L 7. 5 δαιως, λεγοντες οτι Αξιος εστιν ω παρεξη τουτο, |αγαπα γαρ το εθνος ημων και την συν-

L 7. 6 αγωγην αυτος ωκοδομησεν ημιν. ο δε Ιησους επορευετο συν αυτοις. ηδη δε αυτου ου
J 4.48 ειπεν ουν ο Ιησους προς αυτον, Εαν μη σημεια και

M 8. 8 καὶ ἀποκριθεὶς ὁ ἑκατόνταρχος ἔφη,
L 7. 6 μακραν απεχοντος απο της οικιας ἔπεμψεν φίλους ὁ ἑκατοντάρχης λέγων αὐτῷ,
J 4.49 τερατα ιδητε, ου μη πιστευσητε. λέγει πρὸς αὐτὸν ὁ βασιλικός,

M 8. 8 Κύριε, οὐκ εἰμὶ ἱκανὸς ἵνα μου ὑπὸ τὴν στέγην εἰσέλθῃς·
L 7. 7 Κύριε, μὴ σκύλλου, οὐ γὰρ ἱκανός εἰμι ἵνα ὑπὸ τὴν στέγην μου εἰσέλθῃς·
J 4.49 Κύριε, κατάβηθι πρὶν ἀποθανεῖν τὸ παιδίον μου.

M 8. 8 ἀλλὰ μόνον εἰπὲ λόγῳ, καὶ
L 7. 7 διὰ οὐδὲ ἐμαυτὸν ἠξίωσα πρὸς σὲ ἐλθεῖν· ἀλλὰ εἰπὲ λόγῳ, καὶ

M 8. 9 ἰαθήσεται ὁ παῖς μου. καὶ γὰρ ἐγὼ ἄνθρωπός εἰμι ὑπὸ ἐξουσίαν,
L 7. 8 ἰαθήτω ὁ παῖς μου. καὶ γὰρ ἐγὼ ἄνθρωπός εἰμι ὑπὸ ἐξουσίαν τασσόμενος,

---

M 8. 6 Κυριε ℵ^c BCEKLWΘΠ 1.13.565.1582
omit ℵ*

M 8. 7 και λεγει αυτω ℵ^c
και λεγει αυτω ακολουθει μοι ℵ*
λεγει αυτω B
και λεγει αυτω ο Ιησους CEKLWΘΠ 1.13.565.1582

M 8. 8 και αποκριθεις ο εκατονταρχος εφη ℵ^c
αποκριθεις δε ο εκατονταρχης ειπεν ℵ*
αποκριθεις δε ο εκατονταρχος εφη B
και αποκριθεις ο εκατονταρχος ειπεν C
και αποκριθεις ο εκατονταρχος εφη EKLWΠ 1.13.565.1582
και αποκριθης ο εκατονταραχος εφη Θ

M 8. 8 ικανος ινα μου υπο την στεγην ℵBCEKWΠ 1.565.1582
ικανος ινα μου υπο την στεγειν L
ικανος ινα υπο την στεγην μου Θ
ινα μου υπο την στεγην 13

M 8. 9 εξουσιαν CEKLWΘΠ 1.13.565.1582
εξουσιαν τασσομενος ℵB

M 8.8 - L 5.8; 19.8 || M 8.8 - R 13.1

12. THE CENTURION'S SERVANT Matthew 8.5-13

M 8. 9 ἔχων ὑπ' ἐμαυτὸν στρατιώτας, καὶ λέγω τούτῳ, Πορεύθητι, καὶ πορεύεται,
L 7. 8 ἔχων ὑπ' ἐμαυτὸν στρατιώτας, καὶ λέγω τούτῳ, Πορεύθητι, καὶ πορεύεται,

M 8. 9 καὶ ἄλλῳ, Ἔρχου, καὶ ἔρχεται, καὶ τῷ δούλῳ μου, Ποίησον τοῦτο, καὶ
L 7. 8 καὶ ἄλλῳ, Ἔρχου, καὶ ἔρχεται, καὶ τῷ δούλῳ μου, Ποίησον τοῦτο, καὶ

M 8.10 ποιεῖ. ἀκούσας δὲ ὁ Ἰησοῦς ἐθαύμασεν καὶ εἶπεν τοῖς
L 7. 9 ποιεῖ. ἀκούσας δὲ ταῦτα ὁ Ἰησοῦς ἐθαύμασεν αὐτόν, καὶ στραφεὶς τῷ

M 8.10 ἀκολουθοῦσιν, Ἀμὴν λέγω ὑμῖν, παρ' οὐδενὶ τοσαύτην πίστιν
L 7. 9 ἀκολουθοῦντι αὐτῷ ὄχλῳ εἶπεν, Λέγω ὑμῖν, οὐδὲ ἐν τῷ Ἰσραὴλ

M 8.11 ἐν τῷ Ἰσραὴλ εὗρον. λέγω δὲ ὑμῖν ὅτι πολλοὶ ἀπὸ ἀνατολῶν καὶ δυσμῶν
L 7. 9 τοσαύτην πίστιν εὗρον.
L 13.29 καὶ ἥξουσιν ἀπὸ ἀνατολῶν καὶ δυσμῶν

M 8.11 ἥξουσιν καὶ ἀνακλιθήσονται μετὰ Ἀβραὰμ καὶ Ἰσαὰκ καὶ
L 13.28b ὅταν ὄψεσθε Ἀβραὰμ καὶ Ἰσαὰκ καὶ
L 13.29 καὶ ἀπὸ βορρᾶ καὶ νότου καὶ ἀνακλιθήσονται

M 8.12 Ἰακὼβ ἐν τῇ βασιλείᾳ τῶν οὐρανῶν· οἱ δὲ υἱοὶ
L 13.28b Ἰακὼβ καὶ πάντας τοὺς προφήτας ἐν τῇ βασιλείᾳ τοῦ θεοῦ, ὑμᾶς δὲ
L 13.29 ἐν τῇ βασιλείᾳ τοῦ θεοῦ.
M 13.42 και
M 13.50 και
M 22.13 τοτε ο βασιλευς ειπεν τοις διακονοις, Δησαντες αυτου ποδας και χειρας
M 24.51 και
M 25.30 και τον

M 8.12 τῆς βασιλείας ἐκβληθήσονται εἰς τὸ σκότος τὸ ἐξώτερον·
L 13.28b ἐκβαλλομένους ἔξω.
M 13.42 βαλοῦσιν αὐτοὺς εἰς την καμινον του πυρος·
M 13.50 βαλοῦσιν αὐτοὺς εἰς την καμινον του πυρος·
M 22.13 ἐκβάλετε αὐτὸν εἰς τὸ σκότος τὸ ἐξώτερον·
M 24.51 διχοτομήσει αὐτὸν και το μερος αυτου μετα των υποκριτων θησει·
M 25.30 αχρειον δουλον ἐκβάλετε εἰς τὸ σκότος τὸ ἐξώτερον·

M 8.10 ακολουθουσιν ℵBEGKLWΘΠ 1.13.565.1582
ακολουθουσιν αυτω C

M 8.10 παρ ουδενι τοσαυτην πιστιν εν τω Ισραηλ ευρον BW 1582*
ουδε εν τω Ισραηλ τοσαυτην πιστιν ευρον ℵCELΠ 13.565.1582[c]
ουδε εν τω Ισραηλ τοσαυτην πιστιν ηυρον G
ουδε εν τω Ισραηλ τοσαυτην πιστην ευρον KΘ
παρ ουδενι τοσαυτην πιστιν ευρον 1.

M 8.11 λεγω δε υμιν οτι πολλοι απο ανατολων ℵBCEGKLWΘΠ 13.565
λεγω δε υμιν πολλοι ανατολων 1.
λεγω δε υμιν πολλοι απο ανατολων 1582

M 8.11 Αβρααμ και Ισαακ BCEGKLWΘΠ 1.13.565.1582
Αβρααμ και Ισακ ℵ
Αβραμ και Ισαακ L

M 8.12 εκβληθησονται ℵ[c]BCEGKWΘΠ 1.13.565.1582
εξελευσονται ℵ*
εκβαληθησονται L
βληθησονται ClemAl (Pd. I 91.1)

M 8.10 - M 15.28; Mk 6.6; L 18.8 || M 8.11 - Ps 107.3; Is 49.12; 59.19; Mal 1.11; M 22.32

12. THE CENTURION'S SERVANT Matthew 8.5-13

M	8.13	ἐκεῖ ἔσται ὁ κλαυθμὸς καὶ ὁ βρυγμὸς τῶν ὀδόντων.	καὶ εἶπεν ὁ
L	13.28a	ἐκεῖ ἔσται ὁ κλαυθμὸς καὶ ὁ βρυγμὸς τῶν ὀδόντων,	
J	4.50		λέγει αὐτῷ ὁ
M	13.42	ἐκεῖ ἔσται ὁ κλαυθμὸς καὶ ὁ βρυγμὸς τῶν ὀδόντων.	
M	13.50	ἐκεῖ ἔσται ὁ κλαυθμὸς καὶ ὁ βρυγμὸς τῶν ὀδόντων.	
M	22.13	ἐκεῖ ἔσται ὁ κλαυθμὸς καὶ ὁ βρυγμὸς τῶν ὀδόντων.	
M	24.51	ἐκεῖ ἔσται ὁ κλαυθμὸς καὶ ὁ βρυγμὸς τῶν ὀδόντων.	
M	25.30	ἐκεῖ ἔσται ὁ κλαυθμὸς καὶ ὁ βρυγμὸς τῶν ὀδόντων.	

M	8.13	Ἰησοῦς τῷ ἑκατοντάρχῃ, Ὕπαγε, ὡς ἐπίστευσας γενηθήτω
L	7.10	καὶ ὑποστρέψαντες εἰς τὸν οἶκον οἱ πεμφθέντες
J	4.50	Ἰησοῦς, Πορεύου· ὁ υἱός σου ζῇ. ἐπίστευσεν ὁ ἄνθρωπος

J	4.51	τω λογω ον ειπεν αυτω ο Ιησους και επορευετο. ηδη δε αυτου καταβαινοντος οι δουλοι
J	4.52	αυτου υπηντησαν αυτω λεγοντες οτι ο παις αυτου ζη. επυθετο ουν την ωραν παρ αυτων
J	4.52	εν η κομψοτερον εσχεν· ειπαν ουν αυτω οτι Εχθες ωραν εβδομην αφηκεν αυτον ο πυρετος.

M	8.13	σοι. καὶ ἰάθη ὁ παῖς αὐτοῦ ἐν τῇ ὥρᾳ ἐκείνῃ.
L	7.10	εὗρον τὸν δοῦλον ὑγιαίνοντα.
J	4.53	εγνω ουν ο πατηρ ὅτι ἐν ἐκείνῃ τῇ ὥρᾳ εν η ειπεν αυτω ο

J	4.54	Ιησους, Ο υιος σου ζη, και επιστευσεν αυτος και η οικια αυτου ολη. Τουτο δε παλιν
J	4.54	δευτερον σημειον εποιησεν ο Ιησους ελθων εκ της Ιουδαιας εις την Γαλιλαιαν.

13. HEALINGS AT CAPERNAUM

Matthew 8.14-17

M	8.14	Καὶ ἐλθὼν ὁ Ἰησοῦς εἰς τὴν οἰκίαν
Mk	1.29	Καὶ εὐθὺς ἐκ τῆς συναγωγῆς ἐξελθόντες ἦλθον εἰς τὴν οἰκίαν
L	4.38	Ἀναστὰς δὲ ἀπὸ τῆς συναγωγῆς εἰσῆλθεν εἰς τὴν οἰκίαν

M	8.14	Πέτρου εἶδεν τὴν πενθερὰν
Mk	1.30	Σίμωνος καὶ Ἀνδρέου μετὰ Ἰακώβου καὶ Ἰωάννου. ἡ δὲ πενθερὰ
L	4.38	Σίμωνος. πενθερὰ δὲ τοῦ

M 8.13
- τω εκατονταρχη — ℵ*BCEGWΠ 13.565
- τω εκατονταρχω — ℵ[c] 1.1582
- το εκατονταρχη — KL
- τω εκατωνταραχη — Θ

M 8.13
- ως επιστευσας γενηθητω — ℵBW
- και ως επιστευσας γενηθητω — CEKΘΠ[c] 1.13.565.1582
- και ως επιστευσας γεννηθητω — GΠ*
- και ως επιστευσας γενηθητο — L

M 8.13
- παις αυτου εν τη ωρα εκεινη — GKLΠ 13.565
- παις εν τη ωρα εκεινη και υποστρεψας ο εκατονταρχος εις τον οικον αυτου — ℵ* 1.1582*
- παις εν τη ωρα εκεινη — ℵ[c]B
- παις αυτου απο της ωρας εκεινης και υποστρεψας ο εκατονταρχος εις τον οικον αυτου — C
- παις αυτου εν τη ωρα εκεινη και υποστρεψας ο εκατονταρχος εις τον οικον αυτου — E
- παις αυτου εν τη ημερα εκεινη — W
- παις αυτου απο της ωρας εκεινης και υποστρεψας ο εκατονταραχος εις τον οικον αυτου — Θ*
- παις αυτου απο της ωρας εκεινης και υποστρεψας ο εκατονταραχος εις τον οικον αυτου — Θ[c]
- παις αυτου εν τη ωρα εκεινη και υποστρεψας ο εκατονταρχος εις τον οικον αυτου — 1582[c]

M 8.13 (con't)
- εν αυτη τη ωρα ευρεν τον παιδα υγιαινοντα — ℵ* 1.1582*
- εν αυτη τη ωρα ευρεν τον παιδα υγιαινοντα — C
- εν αυτη τη ωρα ευρον τον παιδα υγιαινοντα — E
- εν αυτη τη ωρα ευρεν τον πεδα υγιαινοντα — Θ*
- εν αυτη τη ωρα ευρεν τον παιδα υγιαινοντα — Θ[c]
- εν αυτη τη ωρα ευρεν τον παιδα υγιαινοντα — 1582[c]

M 8.12 - Ps 112.10 || M 9.13 - M 9.29; 15.28 || M 9.14 - 1 C 9.5

13. HEALINGS AT CAPERNAUM Matthew 8.14-17

M	8.14	αὐτοῦ βεβλημένην καὶ πυρέσσουσαν·
Mk	1.30	Σίμωνος κατέκειτο πυρέσσουσα, καὶ εὐθὺς λέγουσιν αὐτῷ περὶ
L	4.38	Σίμωνος ἦν συνεχομένη πυρετῷ μεγάλῳ, καὶ ἠρώτησαν αὐτὸν περὶ

M	8.15	καὶ ἥψατο τῆς χειρὸς αὐτῆς, καὶ
Mk	1.31	αὐτῆς. καὶ προσελθὼν ἤγειρεν αὐτὴν κρατήσας τῆς χειρός· καὶ
L	4.39	αὐτῆς. καὶ ἐπιστὰς ἐπάνω αὐτῆς ἐπετίμησεν τῷ πυρετῷ, καὶ

M	8.16	ἀφῆκεν αὐτὴν ὁ πυρετός· καὶ ἠγέρθη καὶ διηκόνει αὐτῷ. Ὀψίας δὲ
Mk	1.32	ἀφῆκεν αὐτὴν ὁ πυρετός, καὶ διηκόνει αὐτοῖς. Ὀψίας δὲ
L	4.39	ἀφῆκεν αὐτήν· παραχρῆμα δὲ ἀναστᾶσα διηκόνει αὐτοῖς.

M	8.16	γενομένης
Mk	1.32	γενομένης, ὅτε ἔδυ ὁ ἥλιος,
L	4.40a	Δύνοντος δὲ τοῦ ἡλίου ἅπαντες ὅσοι εἶχον ἀσθενοῦντας

M	8.16	προσήνεγκαν αὐτῷ
Mk	1.32	ἔφερον πρὸς αὐτὸν πάντας τοὺς κακῶς ἔχοντας καὶ
L	4.40a	νόσοις ποικίλαις ἤγαγον αὐτοὺς πρὸς αὐτόν·

M	8.16	δαιμονιζομένους πολλούς· καὶ
Mk	1.33,34b	τοὺς δαιμονιζομένους· και ην ολη η πολις επισυνηγμενη προς την θυραν. καὶ

M	8.16	ἐξέβαλεν τὰ πνεύματα λόγῳ,
Mk	1.34b	δαιμόνια πολλὰ ἐξέβαλεν,
L	4.41	ἐξήρχετο δὲ καὶ δαιμόνια ἀπὸ πολλῶν, κραυγαζοντα και λεγοντα οτι Συ ει ο υιος

Mk	1.34b	και ουκ ηφιεν λαλειν τα δαιμονια, οτι ηδεισαν αυτον.
L	4.41	του θεου. και επιτιμων ουκ εια αυτα λαλειν, οτι ηδεισαν τον Χριστον αυτον

L	4.41	ειναι.

M	8.17	καὶ πάντας τοὺς κακῶς ἔχοντας ἐθεράπευσεν· ὅπως πληρωθῇ
Mk	1.34a	καὶ ἐθεράπευσεν πολλοὺς κακῶς ἔχοντας ποικίλαις νόσοις,
L	4.40b	ὁ δὲ ἑνὶ ἑκάστῳ αὐτῶν τὰς χεῖρας ἐπιτιθεὶς ἐθεράπευεν αὐτούς.

M	8.17	τὸ ῥηθὲν διὰ Ἠσαΐου τοῦ προφήτου λέγοντος,

M	8.15	ηγερθη και διηκονει αυτω	B^{c}EGKΠ
		εγερθη διηκονει αυτω	ℵ*
		ηγερθη και διηκονει αυτοις	ℵ^{c}CL 1.565.1582
		ηγερθη και διεκονει αυτω	B*
		ηγερθη και διηκονι αυτω	W
		ηγερθη και δικονη αυτω	Θ
Mk	1.31	και διηκονει αυτοις	ℵAB^{c}CDLYΘ 1.28
		και διεκονει αυτοις	B*
		και διηκονι αυτω	W

M	8.16	παντας τους κακως εχοντας εθεραπευσεν	ℵBCEGKLWΠ 1.13.1582
		εθεραπευσεν παντας τους κακως εχοντας	Θ
		παντας τους κακως εχοντα εθεραπευσεν	565

M	8.17	Ησαιου του προφητου λεγοντος	ℵBCEGKΠ 1.13.565.1582
		Ισαιου του προφητου λεγοντος	LΘ
		Ησαιου του προφητου λεγοντος οτι	W

M 8.15 - M 9.25; Mk 5.41; 9.27; Ac 3.7; J 4.52; Ac 28.8 | M 8.17 - Is 53.4

13. HEALINGS AT CAPERNAUM Matthew 8.14-17

M 8.17 Αὐτὸς τὰς ἀσθενείας ἡμῶν ἔλαβεν
M 8.17 καὶ τὰς νόσους ἐβάστασεν.

14. THE DEMANDS OF DISCIPLESHIP

Matthew 8.18-22

M 8.18 Ἰδὼν δὲ ὁ Ἰησοῦς ὄχλον περὶ αὐτὸν
Mk 4.35 Καὶ λέγει αὐτοῖς ἐν ἐκείνῃ τῇ ἡμέρᾳ ὀψίας γενομένης,
L 8.22 Ἐγένετο δὲ ἐν μιᾷ τῶν ἡμερῶν καὶ αὐτὸς ἐνέβη εἰς πλοῖον

M 8.18 ἐκέλευσεν ἀπελθεῖν εἰς τὸ πέραν.
Mk 4.35 Διέλθωμεν εἰς τὸ πέραν.
L 8.22 καὶ οἱ μαθηταὶ αὐτοῦ, καὶ εἶπεν πρὸς αὐτούς, Διέλθωμεν εἰς τὸ πέραν τῆς

M 8.19 καὶ προσελθὼν εἷς γραμματεὺς
L 8.22 λίμνης· καὶ ἀνήχθησαν.
L 9.57 Καὶ πορευομένων αὐτῶν ἐν τῇ ὁδῷ εἶπέν τις

M 8.20 εἶπεν αὐτῷ, Διδάσκαλε, ἀκολουθήσω σοι ὅπου ἐὰν ἀπέρχῃ. καὶ λέγει αὐτῷ
L 9.58 πρὸς αὐτόν, Ἀκολουθήσω σοι ὅπου ἐὰν ἀπέρχῃ. καὶ εἶπεν αὐτῷ

M 8.20 ὁ Ἰησοῦς, Αἱ ἀλώπεκες φωλεοὺς ἔχουσιν καὶ τὰ πετεινὰ τοῦ οὐρανοῦ
L 9.58 ὁ Ἰησοῦς, Αἱ ἀλώπεκες φωλεοὺς ἔχουσιν καὶ τὰ πετεινὰ τοῦ οὐρανοῦ

M 8.20 κατασκηνώσεις, ὁ δὲ υἱὸς τοῦ ἀνθρώπου οὐκ ἔχει ποῦ τὴν κεφαλὴν κλίνῃ.
L 9.58 κατασκηνώσεις, ὁ δὲ υἱὸς τοῦ ἀνθρώπου οὐκ ἔχει ποῦ τὴν κεφαλὴν κλίνῃ.

M 8.21 ἕτερος δὲ τῶν μαθητῶν αὐτοῦ εἶπεν αὐτῷ,
L 9.59 Εἶπεν δὲ πρὸς ἕτερον, Ἀκολούθει μοι. ὁ δὲ εἶπεν,

M 8.22 Κύριε, ἐπίτρεψόν μοι πρῶτον ἀπελθεῖν καὶ θάψαι τὸν πατέρα μου. ὁ δὲ
L 9.60 Κύριε, ἐπίτρεψόν μοι ἀπελθόντι πρῶτον θάψαι τὸν πατέρα μου. εἶπεν

M 8.17 ασθενειας ημων ελαβεν ℵBCEGL 1.13.565.1582
ασθενειας ημων ανελαβεν KΠ
ασθενιας ημων ελαβεν W
ασθεινας ημων ελαβεν Θ

|| M 8.18 οχλον B
οχλους ℵ* 1.1582*
πολλους οχλους ℵ^c CEGKLΘΠ 13.565.1582^c
οχλον πολυν W

M 8.19 οπου εαν ℵBCGKLWΠ 1.13.565.1582
οπου αν WΘ

M 8.20 ο δε υιος .. εχει που την κεφαλην κλινη ℵBEWΠ 1.565.1582 ClemAl (S I 23.2)
ο δε υιος .. εχει που την κεφαλην κλεινη C
ο δε υιος .. εχει που την κεφαλην κλινει GK 13
ο δε ο υιος .. εχη που την κεφαλην κληνη L
ο δε υιος .. εχει που τινι κεφαλην κλινη Θ

M 8.21 μαθητων αυτου ειπεν EGKLWΘ^c Π 1.13.565.1582
μαθητων ειπεν ℵB
μαθητων ματων αυτου ειπεν C
μαθητων αυτου επεν Θ*

M 8.20 - Ps 84.3; 2 C 8.9 | M 8.21 - 1 Kg 19.20

14. THE DEMANDS OF DISCIPLESHIP Matthew 8.18-22

M 8.22 Ἰησοῦς λέγει αὐτῷ, Ἀκολούθει μοι, καὶ ἄφες τοὺς νεκροὺς θάψαι τοὺς
L 9.60 δὲ αὐτῷ, Ἄφες τοὺς νεκροὺς θάψαι τοὺς

M 8.22 ἑαυτῶν νεκρούς.
L 9.61 ἑαυτῶν νεκρούς, συ δε απελθων διαγγελλε την βασιλειαν του θεου. Ειπεν δε και

L 9.61 ετερος, Ακολουθησω σοι, κυριε· πρωτον δε επιτρεψον μοι αποταξασθαι τοις εις τον οικον
L 9.62 μου. ειπεν δε προς αυτον ο Ιησους, Ουδεις επιβαλων την χειρα επ αροτρον και βλεπων
L 9.62 εις τα οπισω ευθετος εστιν τη βασιλεια του θεου.

15. THE STORM AT SEA

Matthew 8.23-27

M 8.23 Καὶ ἐμβάντι αὐτῷ εἰς τὸ
Mk 4.36 καὶ ἀφέντες τὸν ὄχλον παραλαμβάνουσιν αὐτὸν ὡς ἦν ἐν τῷ
L 8.22 Ἐγένετο δὲ ἐν μιᾷ τῶν ἡμερῶν καὶ αὐτὸς ἐνέβη εἰς

M 8.23 πλοῖον ἠκολούθησαν αὐτῷ οἱ μαθηταὶ αὐτοῦ.
Mk 4.36 πλοίῳ, καὶ ἄλλα πλοῖα ἦν μετ' αὐτοῦ.
L 8.22 πλοῖον καὶ οἱ μαθηταὶ αὐτοῦ, καὶ εἶπεν πρὸς αὐτούς,

M 8.24 καὶ ἰδοὺ σεισμὸς
Mk 4.37 καὶ γίνεται
L 8.23b Διέλθωμεν εἰς τὸ πέραν τῆς λίμνης· καὶ ἀνήχθησαν. καὶ κατέβη

M 8.24 μέγας ἐγένετο ἐν τῇ θαλάσσῃ, ὥστε
Mk 4.37 λαῖλαψ μεγάλη ἀνέμου, καὶ τὰ κύματα ἐπέβαλλεν εἰς τὸ πλοῖον, ὥστε ἤδη
L 8.23b λαῖλαψ ἀνέμου εἰς τὴν λίμνην, καὶ

M 8.24 τὸ πλοῖον καλύπτεσθαι ὑπὸ τῶν κυμάτων· αὐτὸς δὲ
Mk 4.38 γεμίζεσθαι τὸ πλοῖον. καὶ αὐτὸς ἦν ἐν τῇ πρύμνῃ ἐπὶ
L 8.23a συνεπληροῦντο καὶ ἐκινδύνευον. πλεόντων δὲ αὐτῶν

M 8.25 ἐκάθευδεν. καὶ προσελθόντες ἤγειραν αὐτὸν
Mk 4.38 τὸ προσκεφάλαιον καθεύδων· καὶ ἐγείρουσιν αὐτὸν καὶ
L 8.24a ἀφύπνωσεν. προσελθόντες δὲ διήγειραν αὐτὸν

M 8.22 Ιησους λεγει αυτω ακολουθει BC 1.1582
λεγει αυτω ακολουθει א
Ιησους ειπεν αυτω ακολουθει EGKWΘΠ 565
Ιησους ειπεν αυτω ακολουθη L 13

M 8.23 εμβαντι αυτω το πλοιον ηκολουθησαν αυτω אEGKWΠ
εμβαντι αυτω πλοιον ηκολουθησαν αυτω BC 1.13.1582
εμβαντη αυτω το πλοιον ηκολουθησαν αυτω L
ενβαντι αυτω το πλοιον ηκολουθησαν αυτω Θ
ενβαντι αυτω πλοιον ηκολουθησαν 565

M 8.24 υπο των κυματων אB*C[c]EKLWΘΠ 1.13.565.1582
απο των κυματων B[c]
υπο των κυματων ην γαρ ο ανεμος εναντιος αυτοις C*

M 8.25 προσελθοντες אB
προσελθοντες οι μαθηται αυτου C*WΘ[c] 1.1582
προσελθοντες οι μαθηται C[c]EKΠ 13.565
προσελθοντες οι μαθητε L
προσελθοντες οι μαθητε αυτου Θ*

M 8.22 - M 9.9; J 1.43; 5.25; 21.19; R 6.13 | M 8.24 - M 14.24; Ps 4.8 | M 8.25 - Jon 1.4ff.

15. THE STORM AT SEA Matthew 8.23-27

M	8.26	λέγοντες, Κύριε, σῶσον, ἀπολλύμεθα. καὶ λέγει
Mk	4.40	λέγουσιν αὐτῷ, Διδάσκαλε, οὐ μέλει σοι ὅτι ἀπολλύμεθα; καὶ εἶπεν
L	8.25a	λέγοντες, Ἐπιστάτα, ἐπιστάτα, ἀπολλύμεθα. εἶπεν δὲ

M	8.26	αὐτοῖς, Τί δειλοί ἐστε, ὀλιγόπιστοι; τότε ἐγερθεὶς
Mk	4.39	αὐτοῖς, Τί δειλοί ἐστε; οὔπω ἔχετε πίστιν; |καὶ διεγερθεὶς
L	8.24b	αὐτοῖς, Ποῦ ἡ πίστις ὑμῶν; |ὁ δὲ διεγερθεὶς

M	8.26	ἐπετίμησεν τοῖς ἀνέμοις καὶ τῇ θαλάσσῃ,
Mk	4.39	ἐπετίμησεν τῷ ἀνέμῳ καὶ εἶπεν τῇ θαλάσσῃ, Σιώπα, πεφίμωσο.
L	8.24b	ἐπετίμησεν τῷ ἀνέμῳ καὶ τῷ κλύδωνι τοῦ ὕδατος·

M	8.27	καὶ ἐγένετο γαλήνη μεγάλη. οἱ δὲ ἄνθρωποι
Mk	4.41	καὶ ἐκόπασεν ὁ ἄνεμος, καὶ ἐγένετο γαλήνη μεγάλη. καὶ ἐφοβήθησαν
L	8.25b	καὶ ἐπαύσαντο, καὶ ἐγένετο γαλήνη. |φοβηθέντες δὲ

M	8.27	ἐθαύμασαν λέγοντες, Ποταπός ἐστιν οὗτος ὅτι καὶ
Mk	4.41	φόβον μέγαν, καὶ ἔλεγον πρὸς ἀλλήλους, Τίς ἄρα οὗτός ἐστιν ὅτι καὶ
L	8.25b	ἐθαύμασαν, λέγοντες πρὸς ἀλλήλους, Τίς ἄρα οὗτός ἐστιν ὅτι καὶ

M	8.27	οἱ ἄνεμοι καὶ ἡ θάλασσα αὐτῷ ὑπακούουσιν;
Mk	4.41	ὁ ἄνεμος καὶ ἡ θάλασσα ὑπακούει αὐτῷ;
L	8.25b	τοῖς ἀνέμοις ἐπιτάσσει καὶ τῷ ὕδατι, καὶ ὑπακούουσιν αὐτῷ;

16. THE TWO DEMONIACS

Matthew 8.28-34

M	8.28	Καὶ ἐλθόντος αὐτοῦ εἰς τὸ πέραν εἰς τὴν χώραν τῶν
Mk	5. 1	Καὶ ἦλθον εἰς τὸ πέραν τῆς θαλάσσης εἰς τὴν χώραν τῶν
L	8.26	Καὶ κατέπλευσαν εἰς τὴν χώραν τῶν

M 8.25 σωσον απολλυμεθα ℵBC 1.13.1582*
σωσον ημας απολλυμεθα EKLWΠ 565.1582^{c}
σωσον ημας απολυμεθα Θ

M 8.26 εγερθεις all texts || M 8.26 τοις ανεμοις ℵ^{c}BCEKLWΘΠ 565
Mk 4.39 διεγερθεις ℵABCYΘ 1. τω ανεμω ℵ* 1.13.1582
εγερθεις DW 28

M 8.27 λεγοντες all texts
L 8.25 λεγοντες προς αλληλους P^{75} ABDWYΘ 1.28
λεγοντες ℵ

M 8.27 ουτος οτι και ℵBEKΘΠ 1.13.565.1582 || M 8.27 αυτω υπακουουσιν ℵBW 1.1582
ουτος οτι C — υπακουουσιν αυτω CEKLΠ 13.565
ουτως οτι και L — αυτω υπακουσιν Θ
ο ανθρωπος ουτος οτι και W — Mk 4.41 υπακουει αυτω BL
αυτω υπακουει ℵ*C 1.28
υπακουουσιν αυτω ℵ^{c}AWYΘ

M 8.28 ελθοντος αυτου εις το περαν εις την χωραν ℵ^{c}BCΘ 1.13.1582
ελθοντων αυτων εις το περαν εις την χωραν ℵ*
ελθοντι αυτω εις το περαν εις την χωραν EKLΠ 565
ελθοντι αυτω εις το περαν W

M 8.26 - M 14.31; 6.30; Ps 107.23-32 || M 8.27 - L 5.8f.

16. THE TWO DEMONIACS Matthew 8.28-9.1

M 8.28 Γαδαρηνῶν
Mk 5. 2 Γερασηνῶν. καὶ ἐξελθόντος αὐτοῦ ἐκ
L 8.27 Γεργεσηνῶν, ἥτις ἐστὶν ἀντιπέρα τῆς Γαλιλαίας. ἐξελθόντι δὲ αὐτῷ ἐπὶ

M 8.28 ὑπήντησαν αὐτῷ δύο δαιμονιζόμενοι
Mk 5. 2 τοῦ πλοίου εὐθὺς ὑπήντησεν αὐτῷ
L 8.27 τὴν γῆν ὑπήντησεν ἀνήρ τις ἐκ τῆς πόλεως ἔχων δαιμόνια·

M 8.28 ἐκ τῶν μνημείων ἐξερχόμενοι, χαλεποὶ λίαν,
Mk 5. 3 ἐκ τῶν μνημείων ἄνθρωπος ἐν πνεύματι ἀκαθάρτῳ, |ὃς τὴν κατοίκησιν
L 8.27 καὶ χρόνῳ ἱκανῷ οὐκ ἐνεδύσατο ἱμάτιον, καὶ ἐν οἰκίᾳ οὐκ

M 8.28 ὥστε μὴ ἰσχύειν τινὰ παρελθεῖν διὰ τῆς
Mk 5. 3 εἶχεν ἐν τοῖς μνήμασιν· καὶ οὐδὲ ἁλύσει οὐκέτι οὐδεὶς ἐδύνατο
L 8.27 ἔμενεν ἀλλ' ἐν τοῖς μνήμασιν.

M 8.28 ὁδοῦ ἐκείνης.
Mk 5. 4 αὐτὸν δῆσαι, |δια το αυτον πολλακις πεδαις και αλυσεσιν δεδεσθαι και διεσπασθαι υπ

Mk 5. 5 αυτου τας αλυσεις και τας πεδας συντετριφθαι, και ουδεις ισχυεν αυτον δαμασαι· και
Mk 5. 5 δια παντος νυκτος και ημερας εν τοις μνημασιν και εν τοις ορεσιν ην κραζων και κατα-
Mk 5. 5 κοπτων εαυτον λιθοις.

M 8.29 καὶ ἰδοὺ
Mk 5. 6,7 καὶ ἰδὼν τὸν Ἰησοῦν ἀπὸ μακρόθεν ἔδραμεν καὶ προσεκύνησεν αὐτῷ, |καὶ
L 8.28 ἰδὼν δὲ τὸν Ἰησοῦν

M 8.29 ἔκραξαν λέγοντες, Τί ἡμῖν καὶ σοί,
Mk 5. 7 κράξας φωνῇ μεγάλῃ λέγει, Τί ἐμοὶ καὶ σοί,
L 8.28 ἀνακράξας προσέπεσεν αὐτῷ καὶ φωνῇ μεγάλῃ εἶπεν, Τί ἐμοὶ καὶ σοί,

M 8.29 υἱὲ τοῦ θεοῦ; ἦλθες ὧδε πρὸ καιροῦ βασανίσαι ἡμᾶς;
Mk 5. 7 Ἰησοῦ υἱὲ τοῦ θεοῦ τοῦ ὑψίστου; ὁρκίζω σε τὸν θεόν, μή με βασανίσῃς.
L 8.28 Ἰησοῦ υἱὲ τοῦ θεοῦ τοῦ ὑψίστου; δέομαί σου, μή με βασανίσῃς.

M	8.28	Γαδαρηνων	BC*θ
		Γαζαρηνων	ℵ*
		Γεργεσηνων	ℵ^{c}C^{c}EKWΠ 1.1582
		Γεργεσινων	L 13.565
Mk	5. 1	Γερασηνων	ℵ*BD
		Γεργεσηνων	ℵ^{c}Lθ 1.28
		Γαδαρηνων	ACY
L	8.26	Γερασηνων	P^{75} BD
		Γεργεσηνων	ℵLθ 1.
		Γαδαρηνων	AWY 28

M	8.29	εκραξαν λεγοντες Τι ημιν και σοι	ℵBC 1.
		εκραξαν λεγοντες Τι ημιν και σοι Ιησου	EKθΠ 565.1582
		εκραξαν λεγοντες Τι υμιν και συ	L
		εκραζον λεγοντες Τι ημιν και σοι Ιησου	W
		εκραξαν λεγοντες Τι ημιν και συ Ιησου	13

M	8.29	προ καιρου βασανισαι ημας	ℵ^{c}BCEKΠ 1.13.565.1582
		ημας απολεσαι προ καιρου	ℵ*
		προ καιρου βασανησαι ημας	Lθ
		απολεσαι ημας και προ καιρου βασανισαι	W

M 8.29 - 1 Kg 17.18; Mk 1.24; L 4.34, 41; Js 2.19; M 18.34

16. THE TWO DEMONIACS Matthew 8.28-9.1

Mk 5. 8 ελεγεν γαρ αυτω, Εξελθε το πνευμα το ακαθαρτον εκ του ανθρωπου.
L 8.29 παρηγγειλεν γαρ τω πνευματι τω ακαθαρτω εξελθειν απο του ανθρωπου. πολλοις γαρ

L 8.29 χρονοις συνηρπακει αυτον, και εδεσμευετο αλυσεσιν και πεδαις φυλασσομενος, και διαρ-

Mk 5. 9 και επηρωτα αυτον,
L 8.30 ρησσων τα δεσμα ηλαυνετο υπο του δαιμονιου εις τας ερημους. επηρωτησεν δε αυτον ο

Mk 5. 9 Τι ονομα σοι; και λεγει αυτω, Λεγιων ονομα μοι, οτι
L 8.30 Ιησους, Τι σοι ονομα εστιν; ο δε ειπεν, Λεγιων, οτι εισηλθεν δαιμονια

Mk 5.10 πολλοι εσμεν. και παρεκαλει αυτον πολλα ινα μη αυτα αποστειλη εξω της χωρας.
L 8.31 πολλα εις αυτον. και παρεκαλουν αυτον ινα μη επιταξη αυτοις εις την αβυσσον

L 8.31 απελθειν.

M 8.30,31 ἦν δὲ μακρὰν ἀπ' αὐτῶν ἀγέλη χοίρων πολλῶν βοσκομένη. οἱ δὲ
Mk 5.11,12 Ἦν δὲ ἐκεῖ πρὸς τῷ ὄρει ἀγέλη χοίρων μεγάλη βοσκομένη· καὶ
L 8.32 Ἦν δὲ ἐκεῖ ἀγέλη χοίρων ἱκανῶν βοσκομένη ἐν τῷ ὄρει· καὶ

M 8.31 δαίμονες παρεκάλουν αὐτὸν λέγοντες, Εἰ ἐκβάλλεις ἡμᾶς, ἀπόστειλον ἡμᾶς
Mk 5.12 παρεκάλεσαν αὐτὸν λέγοντες, Πέμψον ἡμᾶς
L 8.32 παρεκάλεσαν αὐτὸν ἵνα ἐπιτρέψῃ αὐτοῖς

M 8.32 εἰς τὴν ἀγέλην τῶν χοίρων. καὶ εἶπεν
Mk 5.13 εἰς τοὺς χοίρους, ἵνα εἰς αὐτοὺς εἰσέλθωμεν. καὶ ἐπέτρεψεν
L 8.32 εἰς ἐκείνους εἰσελθεῖν· καὶ ἐπέτρεψεν

M 8.32 αὐτοῖς, Ὑπάγετε. οἱ δὲ ἐξελθόντες ἀπῆλθον
Mk 5.13 αὐτοῖς. καὶ ἐξελθόντα τὰ πνεύματα τὰ ἀκάθαρτα εἰσῆλθον
L 8.33 αὐτοῖς. ἐξελθόντα δὲ τὰ δαιμόνια ἀπὸ τοῦ ἀνθρώπου εἰσῆλθον

M 8.32 εἰς τοὺς χοίρους· καὶ ἰδοὺ ὥρμησεν πᾶσα ἡ ἀγέλη κατὰ τοῦ κρημνοῦ εἰς τὴν
Mk 5.13 εἰς τοὺς χοίρους, καὶ ὥρμησεν ἡ ἀγέλη κατὰ τοῦ κρημνοῦ εἰς τὴν
L 8.33 εἰς τοὺς χοίρους, καὶ ὥρμησεν ἡ ἀγέλη κατὰ τοῦ κρημνοῦ εἰς τὴν

M 8.30 αγελη χοιρων πολλων βοσκομενη ℵBCEKLΠ 1.1582
αγελη χοιρων πολλων βοσκομενων W
αγελη χοιρων βοσκομενη Θ 565 || M 8.31 παρεκαλουν αυτον ℵBCE^{c}LWΘΠ 13.565.1582
αγελοι χοιρων πολλων βοσκομενη 13 παρεκαλουν αυτων E*K 1.

M 8.31 εκβαλλεις ημας αποστειλον ημας ℵB 1.1582
εκβαλλεις ημας επιτρεψον ημιν απελθειν C 13.565
εκβαλεις ημας επιτρεψον ημιν απελθειν EK*
εκβαλλεις ημας επιτρεψον ημιν απελθειν K^{c}Π
εκβαλης ημας επιτρεψον ημιν απελθειν L
εκβαλλεις ημας επιτρεψον ημιν απελθειν W
εκβαλλεις ημας αποστιλον ημας Θ

M 8.32 ειπεν αυτοις ℵBEKLWΘΠ 1.13.565.1582
ειπεν αυτοις ο Ιησους C

M 8.32 απηλθον εις τους χοιρους ℵC* 1.1582
απηλθαν εις τους χοιρους B
απηλθον εις την αγελην των χοιρων C^{c}EKLWΘΠ 13.565

M 8.32 ωρμησεν πασα η αγελη ℵBWΘ 1.1582*
ωρμησεν η αγελη πασα C*
ωρμησεν η αγελη πασα των χοιρων C^{c}
ωρμησεν πασα η αγελη των χοιρων EKΠ 565.1582^{c}
ορμησεν πασα η αγελη των χοιρων L
ορμησαι πασα η αγελη 13

16. THE TWO DEMONIACS Matthew 8.28-9.1

M 8.33 θάλασσαν, καὶ ἀπέθανον ἐν τοῖς ὕδασιν. οἱ δὲ βόσκοντες
Mk 5.14 θάλασσαν, ὡς δισχίλιοι, καὶ ἐπνίγοντο ἐν τῇ θαλάσσῃ. καὶ οἱ βόσκοντες
L 8.34 λίμνην καὶ ἀπεπνίγη. ἰδόντες δὲ οἱ βόσκοντες

M 8.33 ἔφυγον, καὶ ἀπελθόντες εἰς τὴν πόλιν ἀπήγγειλαν πάντα
Mk 5.14 αὐτοὺς ἔφυγον καὶ ἀπήγγειλαν εἰς τὴν πόλιν
L 8.34 τὸ γεγονὸς ἔφυγον καὶ ἀπήγγειλαν εἰς τὴν πόλιν

M 8.34 καὶ τὰ τῶν δαιμονιζομένων. καὶ ἰδοὺ πᾶσα ἡ πόλις
Mk 5.15 καὶ εἰς τοὺς ἀγρούς· καὶ ἦλθον ἰδεῖν τί ἐστιν τὸ γεγονός. καὶ
L 8.35 καὶ εἰς τοὺς ἀγρούς. ἐξῆλθον δὲ ἰδεῖν τὸ γεγονὸς καὶ

M 8.34 ἐξῆλθεν εἰς ὑπάντησιν τῷ Ἰησοῦ, καὶ ἰδόντες αὐτὸν
Mk 5.15 ἔρχονται πρὸς τὸν Ἰησοῦν, καὶ θεωροῦσιν τὸν δαιμονιζόμενον
L 8.35 ἦλθον πρὸς τὸν Ἰησοῦν, καὶ εὗρον καθήμενον τὸν

Mk 5.15 καθημενον ιματισμενον και σωφρονουντα, τον εσχηκοτα τον
L 8.35 ανθρωπον αφ ου τα δαιμονια εξηλθεν ιματισμενον και σωφρονουντα παρα τους ποδας του

Mk 5.16 λεγιωνα, και εφοβηθησαν. και διηγησαντο αυτοις οι ιδοντες πως εγενετο τω δαιμονιζομενω
L 8.36 Ιησου, και εφοβηθησαν. απηγγειλαν δε αυτοις οι ιδοντες πως εσωθη ο δαιμονισθεις.

Mk 5.16 και περι των χοιρων.

M 8.34 παρεκάλεσαν ὅπως
Mk 5.17 καὶ ἤρξαντο παρακαλεῖν αὐτὸν
L 8.37 καὶ ἠρώτησεν αὐτὸν ἅπαν τὸ πλῆθος τῆς περιχώρου τῶν Γερασηνῶν

M 8.34 μεταβῇ ἀπὸ τῶν ὁρίων αὐτῶν.
Mk 5.18 ἀπελθεῖν ἀπὸ τῶν ὁρίων αὐτῶν. και εμβαινοντος
L 8.37 ἀπελθεῖν ἀπ᾽ αὐτῶν, οτι φοβω μεγαλω συνειχοντο· αυτος δε εμβας

Mk 5.18 αυτου εις το πλοιον παρεκαλει αυτον ο δαιμονισθεις
L 8.38 εις πλοιον υπεστρεψεν. εδειτο δε αυτου ο ανηρ αφ ου εξεληλυθει τα δαιμονια

Mk 5.19 ινα μετ αυτου η. και ουκ αφηκεν αυτον, αλλα λεγει αυτω, Υπαγε εις τον οικον σου
L 8.39 ειναι συν αυτω· απελυσεν δε αυτον λεγων, Υποστρεφε εις τον οικον σου,

Mk 5.20 προς τους σους, και απαγγειλον αυτοις οσα ο κυριος σοι πεποιηκεν και ηλεησεν σε. και
L 8.39 και διηγου οσα σοι εποιησεν ο θεος. και

M 8.32 απεθανον ℵ*BEKWΘΠ 1.13.565.1582
απεθαναν ℵ[c]
απεθανεν C
απεθανων L

M 8.34 εξηλθεν εις υπαντησιν τω Ιησου BΘ 1.1582
εξηλθεν εις υπαντησιν του Ιησου ℵ
εξηλθεν εις συναντησιν του Ιησου C
εξηλθεν εις συναντησιν τω Ιησου EKLWΠ
εξηλθεν εις συναντισαν τω Ιησου 13.
εξηλθον εις συναντησιν τω Ιησου 565

M 8.34 οπως μεταβη ℵCEKLΘΠ 13.565
ινα μεταβη BW
μεταβηναι 1.1582

M 8.33 απηγγειλαν ℵBCEKLΘΠ 1.565.1582
απηγγειλον W
ανηγγειλαν 13

Mk 5.14 απηγγειλαν ABCDLY 1.
απηγγειλον ℵ
ανηγγειλον W
απηγγηλαν Θ
ανηγγειλαν 28

16. THE TWO DEMONIACS Matthew 8.28-9.1

Mk 5.20 απηλθεν και ηρξατο κηρυσσειν εν τη Δεκαπολει οσα εποιησεν αυτω ο Ιησους, και
L 8.39 απηλθεν καθ ολην την πολιν κηρυσσων οσα εποιησεν αυτω ο Ιησους.

Mk 5.20 παντες εθαυμαζον.

17. A PARALYTIC HEALED

Matthew 9.1-8

M 9. 1 Καὶ ἐμβὰς εἰς πλοῖον
Mk 5.18 καὶ ἐμβαίνοντος αὐτοῦ εἰς τὸ πλοῖον παρεκάλει αὐτὸν ὁ δαιμονισθεὶς
L 8.37b αὐτὸς δὲ ἐμβὰς εἰς πλοῖον

M 9. 1 διεπέρασεν
Mk 5.21 ἵνα μετ᾽ αὐτοῦ ᾖ. Καὶ διαπεράσαντος τοῦ Ἰησοῦ ἐν τῷ πλοίῳ πάλιν εἰς τὸ
L 8.37b ὑπέστρεψεν.

M 9. 1 καὶ ἦλθεν εἰς τὴν
Mk 2. 1 Καὶ εἰσελθὼν πάλιν εἰς
Mk 5.21 πέραν συνήχθη ὄχλος πολὺς ἐπ᾽ αὐτόν, καὶ ἦν παρὰ τὴν θάλασσαν.
J 5. 1 Μετὰ ταῦτα ἦν ἑορτὴ τῶν Ἰουδαίων, καὶ ἀνέβη Ἰησοῦς εἰς

M 9. 1 ἰδίαν πόλιν.
Mk 2. 2 Καφαρναοὺμ δι ημερων ηκουσθη οτι εν οικω εστιν. και συνηχθησαν πολλοι ωστε μηκετι
J 5. 2 Ἱεροσόλυμα. εστιν δε εν τοις Ιεροσολυμοις επι τη προβατικη κολυμβηθρα η επιλεγομενη

Mk 2. 2 χωρειν μηδε τα προς την θυραν, και ελαλει αυτοις τον λογον.
J 5. 3 Εβραιστι Βηθζαθα, πεντε στοας εχουσα. εν ταυταις κατεκειτο πληθος των ασθενουντων,

M 9. 2 καὶ ἰδοὺ προσέφερον αὐτῷ
Mk 2. 3 καὶ ἔρχονται φέροντες πρὸς αὐτὸν
L 5.18 καὶ ἰδοὺ ἄνδρες φέροντες ἐπὶ κλίνης ἄνθρωπον ὃς ἦν
J 5. 5 τυφλων, χωλων, ξηρων. ἦν δέ

M 9. 2 παραλυτικὸν ἐπὶ κλίνης βεβλημένον.
Mk 2. 3 παραλυτικὸν αἰρόμενον ὑπὸ τεσσάρων.
L 5.18 παραλελυμένος, καὶ ἐζήτουν αὐτὸν εἰσενεγκεῖν καὶ θεῖναι αὐτὸν ἐνώπιον αὐτοῦ
J 5. 5 τις ἄνθρωπος ἐκεῖ τριάκοντα καὶ ὀκτὼ ἔτη ἔχων ἐν τῇ ἀσθενείᾳ αὐτοῦ·

Mk 2. 4 και μη δυναμενοι προσενεγκαι αυτω δια τον οχλον απεστεγασαν την στεγην οπου
L 5.19 και μη ευροντες ποιας εισενεγκωσιν αυτον δια τον οχλον αναβαντες επι το δωμα δια των

Mk 2. 4 ην, και εξορυξαντες χαλωσι τον κραβαττον οπου ο παραλυτικος κατεκειτο.
L 5.19 κεραμων καθηκαν αυτον συν τω κλινιδιω εις το μεσον εμπροσθεν του Ιησου.

M 9. 1 εμβας εις πλοιον ℵBL 1.565.1582
εμβας εις το πλοιον ο Ιησους C*
εμβας ο Ιησους εις το πλοιον C[c]
εμβας εις το πλοιον EFKWΠ
ενβας εις πλοιον Θ*
ενβας ο Ιησους εις πλοιον Θ[c]
εμβας ο Ιησους εις πλοιον 13

M 9. 1 ιδιαν πολιν ℵBCEFKWΘΠ 1.13.565.1582
ιδηαν πολιν L
ιουδαιαν πολιν W || M 9. 2 προσεφερον ℵBEFKLWΘΠ 1.13.565.1582
προσφερουσιν C

M 9. 1 - M 4.13 || M 9. 2 - M 8.6

17. A PARALYTIC HEALED Matthew 9.1-8

M	9. 2	καὶ ἰδὼν ὁ Ἰησοῦς τὴν πίστιν αὐτῶν
Mk	2. 5	καὶ ἰδὼν ὁ Ἰησοῦς τὴν πίστιν αὐτῶν
L	5.20	καὶ ἰδὼν τὴν πίστιν αὐτῶν
J	5. 6	τοῦτον ἰδὼν ὁ Ἰησοῦς κατακείμενον, καὶ γνοὺς ὅτι πολὺν ἤδη χρόνον ἔχει,

M	9. 2	εἶπεν τῷ παραλυτικῷ, Θάρσει, τέκνον· ἀφίενταί σου αἱ ἁμαρτίαι.
Mk	2. 5	λέγει τῷ παραλυτικῷ, Τέκνον, ἀφίενταί σου αἱ ἁμαρτίαι.
L	5.20	εἶπεν, Ἄνθρωπε, ἀφέωνταί σοι αἱ ἁμαρτίαι σου.
J	5. 6	λέγει αὐτῷ, Θέλεις ὑγιὴς γενέσθαι;

M	9. 3	καὶ ἰδού τινες τῶν γραμματέων εἶπαν ἐν
Mk	2. 6	ἦσαν δέ τινες τῶν γραμματέων ἐκεῖ καθήμενοι καὶ διαλογιζόμενοι ἐν ταῖς
L	5.21	καὶ ἤρξαντο διαλογίζεσθαι οἱ γραμματεῖς καὶ οἱ Φαρισαῖοι
J	5. 7	ἀπεκρίθη αὐτῷ ὁ ἀσθενῶν,
J	10.33	ἀπεκρίθησαν αὐτῷ οἱ Ἰουδαῖοι,

M	9. 3	ἑαυτοῖς, Οὗτος βλασφημεῖ.
Mk	2. 7	καρδίαις αὐτῶν, |Τί οὗτος οὕτως λαλεῖ; βλασφημεῖ· τίς δύναται
L	5.21	λέγοντες, Τίς ἐστιν οὗτος ὃς λαλεῖ βλασφημίας; τίς δύναται
J	5. 7	Κύριε, ἄνθρωπον οὐκ ἔχω ἵνα ὅταν ταραχθῇ τὸ ὕδωρ βάλῃ με
J	10.33	Περὶ καλοῦ ἔργου οὐ λιθάζομέν σε ἀλλὰ περὶ βλασφημίας, καὶ ὅτι σὺ

M	9. 4	καὶ ἰδὼν ὁ Ἰησοῦς
Mk	2. 8	ἀφιέναι ἁμαρτίας εἰ μὴ εἷς ὁ θεός; |καὶ εὐθὺς ἐπιγνοὺς ὁ Ἰησοῦς τῷ
L	5.22	ἁμαρτίας ἀφεῖναι εἰ μὴ μόνος ὁ θεός; |ἐπιγνοὺς δὲ ὁ Ἰησοῦς
J	5. 7	εἰς τὴν κολυμβήθραν· ἐν ᾧ δὲ ἔρχομαι ἐγὼ ἄλλος πρὸ ἐμοῦ καταβαίνει.
J	10.33	ἄνθρωπος ὢν ποιεῖς σεαυτὸν θεόν.

M	9. 4	τὰς ἐνθυμήσεις αὐτῶν εἶπεν,
Mk	2. 8	πνεύματι αὐτοῦ ὅτι οὕτως διαλογίζονται ἐν ἑαυτοῖς λέγει
L	5.22	τοὺς διαλογισμοὺς αὐτῶν ἀποκριθεὶς εἶπεν πρὸς

M	9. 5	Ἱνατί ἐνθυμεῖσθε πονηρὰ ἐν ταῖς καρδίαις ὑμῶν; τί γάρ ἐστιν
Mk	2. 9	αὐτοῖς, Τί ταῦτα διαλογίζεσθε ἐν ταῖς καρδίαις ὑμῶν; τί ἐστιν
L	5.23	αὐτούς, Τί διαλογίζεσθε ἐν ταῖς καρδίαις ὑμῶν; τί ἐστιν

M	9. 2	θαρσει, τεκνον αφιενται σου αι αμαρτιαι	ℵB
		θαρσει, τεκνον αφεωνται σου αι αμαρτιαι	CW 1.1582
		θαρει, τεκνον αφιοντε σοι αι αμαρτιαι	D*
		θαρσει, τεκνον αφιοντε σοι αι αμαρτιαι	D^c
		θαρσει, τεκνον αφεωνται σοι αι αμαρτιαι σου	EFGΠ 565
		θαρσει, τεκνον αφεωνται σοι ε αμαρτιαι σου	K
		θαρσε, τεκνον αφεωντε σοι αι αμαρτιαι σου	L
		θαρσι, τεκνον αφεωντε σοι αι αμαρτιαι σου	Θ*
		θαρσι, τεκνον αφεωνται σοι αι αμαρτιαι σου	$Θ^c$
		θαρσει, τεκνον αφεονται σοι αι αμαρτιαι σου	13

M	9. 3	ειπαν εν εαυτοις ουτος βλασφημει	B
		ειπον εν εαυτοις ουτος βλασφημει	ℵCDEFGKWΘΠ 1.565.1582
		ειπον εν αυτοις ουτως βλασφημη	L
		ειπον εν εαυτοις ουτως βλασφημει	13

M	9. 4	και ιδων ο Ιησους τας ενθυμησεις αυτων ειπεν ινατι	ℵC
		και ειδως ο Ιησους τας ενθυμησεις αυτων ειπεν ινατι	B
		και ιδων ο Ιησους τας ενθυμησεις αυτων ειπεν αυτοις ινατι	D
		και ιδων ο Ιησους τας ενθυμησεις αυτων ειπεν ινατι υμεις	E*FGKLW
		και ιδως ο Ιησους τας ενθυμησεις αυτων ειπεν ινατι υμεις	E^c
		ειδως δε ο Ιησους τας ενθυμησεις αυτων ειπεν αυτοις ινατι υμεις	Θ
		και ειδως ο Ιησους τας ενθυμησεις αυτων ειπεν αυτοις ινατι υμεις	Π
		και ειδως ο Ιησους τους διαλογισμους αυτων ειπεν ινατι	1.1582
		και ιδων ο Ιησους τας ενθυμησεις αυτων ειπεν αυτοις ινατι υμεις	13
		και ειδως ο Ιησους τας ενθυμησεις αυτων ειπεν ινατι υμεις	565

M 9. 4 καρδιαις υμων ℵBCDEFGKLW$Θ^c$Π 1.13.565.1582 || M 9. 5 τι γαρ ℵBCDEFGLWΘ 1.13.1582
καρδιαις ημων Θ* τι KΠ 565

M 9. 2 - L 7.48 || M 9. 3 - M 26.65 || M 9. 4 - M 12.25; L 6.8; 9.47; Zch 8.17

17. A PARALYTIC HEALED Matthew 9.1-8

M 9. 5 εὐκοπώτερον, εἰπεῖν, 'Αφίενταί σου αἱ ἁμαρτίαι, ἢ
Mk 2. 9 εὐκοπώτερον, εἰπεῖν τῷ παραλυτικῷ, 'Αφίενταί σου αἱ ἁμαρτίαι, ἢ
L 5.23 εὐκοπώτερον, εἰπεῖν, 'Αφέωνταί σοι αἱ ἁμαρτίαι σου, ἢ

M 9. 6 εἰπεῖν, Ἔγειρε καὶ περιπάτει; ἵνα δὲ εἰδῆτε
Mk 2.10 εἰπεῖν, Ἔγειρε καὶ ἆρον τὸν κράβαττόν σου καὶ περιπάτει; ἵνα δὲ εἰδῆτε
L 5.24 εἰπεῖν, Ἔγειρε καὶ περιπάτει; ἵνα δὲ εἰδῆτε

M 9. 6 ὅτι ἐξουσίαν ἔχει ὁ υἱὸς τοῦ ἀνθρώπου ἐπὶ τῆς γῆς ἀφιέναι ἁμαρτίας--τότε
Mk 2.10 ὅτι ἐξουσίαν ἔχει ὁ υἱὸς τοῦ ἀνθρώπου ἀφιέναι ἁμαρτίας ἐπὶ τῆς γῆς--
L 5.24 ὅτι ὁ υἱὸς τοῦ ἀνθρώπου ἐξουσίαν ἔχει ἐπὶ τῆς γῆς ἀφιέναι ἁμαρτίας--

M 9. 6 λέγει τῷ παραλυτικῷ, 'Εγερθεὶς ἆρόν σου τὴν κλίνην
Mk 2.11 λέγει τῷ παραλυτικῷ, |Σοὶ λέγω, ἔγειρε ἆρον τὸν κράβαττόν σου
L 5.24 εἶπεν τῷ παραλελυμένῳ, Σοὶ λέγω, ἔγειρε καὶ ἄρας τὸ κλινίδιόν σου
J 5. 8 λέγει αὐτῷ ὁ 'Ιησοῦς, Ἔγειρε ἆρον τὸν κράβαττόν σου

M 9. 7 καὶ ὕπαγε εἰς τὸν οἶκόν σου. καὶ ἐγερθεὶς
Mk 2.12 καὶ ὕπαγε εἰς τὸν οἶκόν σου. καὶ ἠγέρθη
L 5.25 πορεύου εἰς τὸν οἶκόν σου. καὶ παραχρῆμα ἀναστὰς ἐνώπιον αὐτῶν,
J 5. 9a καὶ περιπάτει. καὶ εὐθέως ἐγένετο ὑγιὴς ὁ ἄνθρωπος,

M 9. 7 ἀπῆλθεν εἰς τὸν οἶκον αὐτοῦ.
Mk 2.12 καὶ εὐθὺς ἄρας τὸν κράβαττον ἐξῆλθεν ἔμπροσθεν πάντων,
L 5.25 ἄρας ἐφ' ὃ κατέκειτο, ἀπῆλθεν εἰς τὸν οἶκον αὐτοῦ
J 5. 9a καὶ ἦρεν τὸν κράβαττον αὐτοῦ καὶ περιεπάτει.

M 9. 5 αφιενται σου αι αμαρτιαι η ειπειν εγειρε και
αφιενται σου αι αμαρτιαι η ειπειν εγειρε ℵ*
αφιονται σου αι αμαρτιαι η ειπειν εγειρε και ℵ^c D
αφιενται σου αι αμαρτιαι η ειπειν εγειραι και B
αφαιωνται σου αι αμαρτιαι η ειπειν εγειρε και C
αφεωνται σου αι αμαρτιαι η ειπειν εγειρε και EFKΘ 565
αφεωνται σοι αι αμαρτιαι η ειπειν εγειρε και GΠ 1.1582*
αφεωνται σοι αι αμαρτιαι η ειπεν εγειρε και L
αφαιωνται σοι αι αμαρτιαι η ειπειν εγειρε και W
αφεονται σοι αι αμαρτιαι η ειπειν εγειρε και 13
αφεωνται σοι αι αμαρτιαι η ειπειν εγειραι και 1582^c

M 9. 6 ειδητε οτι εξουσιαν εχει ο υιος του ανθρωπου ℵBCKΘΠ 1.565.1582
ειδητε οτι ο υιος του ανθρωπου εξουσιαν εχει D
ιδητε οτι εξουσιαν εχει ο υιος του ανθρωπου EFL
ειδητε οτι εξουσιαν εχη ο υιος του ανθρωπου G
ειδηται οτι εξουσιαν εχει ο υιος του ανθρωπου W
ηδειτε οτι εξουσιαν εχει ο υιος του ανθρωπου 13
L 5.24 ειδητε οτι ο υιος του ανθρωπου εξουσιαν εχει B
ειδητε οτι εξουσιαν εχει ο υιος του ανθρωπου ℵACDY 1.28
ιδητε οτι ο υιος του ανθρωπου εξουσιαν εχει L
ειδηται οτι ο υιος του ανθρωπου εξουσιαν εχει W
ειδητε οτι εξουσιαν εχη ο υιος του ανθρωπου Θ

M 9. 6 επι της γης αφιεναι αμαρτιας ℵBCDEFGKΘΠ 1.13.565.1582
επι της γης αφηεναι αμαρτιας L
αφιεναι επι της γης αμαρτιας W
Mk 2.10 αφιεναι αμαρτιας επι της γης BLΘ
επι της γης αφιεναι αμαρτιας ℵCD
αφιεναι επι της γης αμαρτιας AYΠ 1.28

|| M 9. 6 λεγει τω παραλυτικω all texts
L 5.24 ειπεν τω παραλελυμενω ABY 1.28
ειπεν τω παραλυτικω ℵCLWΘ
λεγει τω παραλυτικω D

M 9. 6 εγερθεις αρον σου την κλινην και υπαγε ℵ^c EFGKLWΘ^c Π 1.13.565.1582
εγερθεις αρον σου την κλινην και πορευου ℵ*
εγειρε αρον σου την κλινην και υπαγε B
εγερθεις αρον σου την κλεινην και υπαγε C
εγειρε και αρον σου την κλινην και υπαγε D
εγερθεις αρον σου την κλινην και ειπαγε Θ*

M 9. 6 - M 28.18 | M 9.6-8 - Ac 9.33-35

17. A PARALYTIC HEALED Matthew 9.1-8

M 9. 8 ἰδόντες δὲ οἱ ὄχλοι ἐφοβήθησαν καὶ ἐδόξασαν τὸν θεὸν τὸν δόντα
Mk 2.12 ὥστε ἐξίστασθαι πάντας καὶ δοξάζειν τὸν θεὸν λέγοντας
L 5.25 δοξάζων τὸν θεόν.

L 5.26 καὶ ἔκστασις ἔλαβεν ἅπαντας καὶ ἐδόξαζον τὸν θεόν, καὶ

M 9. 8 ἐξουσίαν τοιαύτην τοῖς ἀνθρώποις.
Mk 2.12 ὅτι Οὕτως οὐδέποτε εἴδομεν.
L 5.26 ἐπλήσθησαν φόβου λέγοντες ὅτι Εἴδομεν παράδοξα σήμερον.

18. MATTHEW THE TAX COLLECTOR

Matthew 9.9-13

Mk 2.13 Και εξηλθεν παλιν παρα την θαλασσαν· και πας ο οχλος ηρχετο προς αυτον, και
Mk 2.13 εδιδασκεν αυτους.

M 9. 9 Καὶ παράγων ὁ Ἰησοῦς ἐκεῖθεν εἶδεν
Mk 2.14 καὶ παράγων εἶδεν
L 5.27 Καὶ μετὰ ταῦτα ἐξῆλθεν καὶ ἐθεάσατο τελώνην ὀνόματι

M 9. 9 ἄνθρωπον καθήμενον ἐπὶ τὸ τελώνιον, Μαθθαῖον λεγόμενον,
Mk 2.14 Λευὶν τὸν τοῦ Ἁλφαίου καθήμενον ἐπὶ τὸ τελώνιον,
L 5.27 Λευὶν καθήμενον ἐπὶ τὸ τελώνιον,

M 9. 9 καὶ λέγει αὐτῷ, Ἀκολούθει μοι. καὶ ἀναστὰς ἠκολούθησεν
Mk 2.14 καὶ λέγει αὐτῷ, Ἀκολούθει μοι. καὶ ἀναστὰς ἠκολούθησεν
L 5.28 καὶ εἶπεν αὐτῷ, Ἀκολούθει μοι. καὶ καταλιπὼν πάντα ἀναστὰς ἠκολούθει

M 9.10 αὐτῷ. Καὶ ἐγένετο αὐτοῦ ἀνακειμένου ἐν τῇ οἰκίᾳ,
Mk 2.15 αὐτῷ. Καὶ γίνεται κατακεῖσθαι αὐτὸν ἐν τῇ οἰκίᾳ αὐτοῦ,
L 5.29 αὐτῷ. Καὶ ἐποίησεν δοχὴν μεγάλην Λευὶς αὐτῷ ἐν τῇ οἰκίᾳ αὐτοῦ·
L 15. 1 Ἦσαν

M 9. 8 εφοβηθησαν και εδοξασαν ℵBDW 1.1582*
εθαυμασαν και εδοξασαν CEFGKLΘΠ 13.1582^{c}
εθαυμασαν και εδοξαζον 565

M 9. 8 τοιαυτην ℵBCDEFGKLWΘ^{c}Π 1.13.565.1582
τοιαυτον Θ*

M 9. 9 παραγων ο Ιησους εκειθεν ℵ^{c}BCEFGKWΠ 1.1582
παραγων ο Ιησους ℵ*L
παραγων εκειθεν ο Ιησους DΘ^{c} 13
παραγων τι εκειθεν ο Ιησους Θ*
παραγον εκειθεν ο Ιησους 565

M 9. 9 καθημενον επι το τελωνιον Μαθθαιον λεγομενον και ℵ^{c}B*D
καθημενον επι το τελωνιον Μαθθαιον λεγομενον ℵ*
καθημενον επι το τελωνιον Ματθαιον λεγομενον και B^{c}EFGKΠ 1.13.565.1582
επι το τελωνιον καθημενον Ματθαιον λεγομενον και C
καθημενον επι το τελωνηον Ματθεων λεγωμενον και L
καθημενον επι το τελωνιον Μαθθεον καλουμενον και W
καθημενον επι το τελωνιον Μματθαιον λεγομενον και Θ

M 9. 9 ηκολουθησεν BCEFGKLWΘΠ 13.565.1582^{c}
ηκολουθει ℵD 1.1582*
L 5.28 ηκολουθει BDW
ηκολουθησεν ℵACYΘ 1.28

M 9.10 εγενετο αυτου ανακειμενου BDEFGKLWΘΠ 1.13.565.1582
ανακειμενων ℵ*
εγενετο ανακειμενου αυτου ℵ^{c}C

M 9. 9 - M 8.22; 10.3; Mk 3.18; L 6.15; Ac 1.13; J 1.43; 21.19

18. MATTHEW THE TAX COLLECTOR Matthew 9.9-13

M	9.10	καὶ ἰδοὺ πολλοὶ τελῶναι καὶ ἁμαρτωλοὶ ἐλθόντες
Mk	2.15	καὶ πολλοὶ τελῶναι καὶ ἁμαρτωλοὶ
L	5.29	καὶ ἦν ὄχλος πολὺς τελωνῶν καὶ ἄλλων οἳ ἦσαν μετ᾽ αὐτῶν
L	15. 1	δὲ αὐτῷ ἐγγίζοντες πάντες οἱ τελῶναι καὶ οἱ ἁμαρτωλοὶ ἀκούειν αὐτοῦ.

M	9.10	συνανέκειντο τῷ Ἰησοῦ καὶ τοῖς μαθηταῖς αὐτοῦ.
Mk	2.15	συνανέκειντο τῷ Ἰησοῦ καὶ τοῖς μαθηταῖς αὐτοῦ· ἦσαν γὰρ πολλοὶ καὶ
L	5.29	κατακείμενοι.

M	9.11	καὶ ἰδόντες οἱ Φαρισαῖοι
Mk	2.16	ἠκολούθουν αὐτῷ. καὶ οἱ γραμματεῖς τῶν
L	5.30	καὶ ἐγόγγυζον οἱ Φαρισαῖοι καὶ οἱ
L	15. 2	καὶ διεγόγγυζον οἵ τε Φαρισαῖοι καὶ οἱ
L	19. 7	καὶ ἰδόντες πάντες διεγόγγυζον

M	9.11	ἔλεγον
Mk	2.16	Φαρισαίων ἰδόντες ὅτι ἐσθίει μετὰ τῶν ἁμαρτωλῶν καὶ τελωνῶν ἔλεγον
L	5.30	γραμματεῖς αὐτῶν πρὸς
L	15. 2	γραμματεῖς λέγοντες
L	19. 7	λέγοντες

M	9.11	τοῖς μαθηταῖς αὐτοῦ, Διὰ τί μετὰ τῶν τελωνῶν καὶ ἁμαρτωλῶν
Mk	2.16	τοῖς μαθηταῖς αὐτοῦ, Ὅτι μετὰ τῶν τελωνῶν καὶ ἁμαρτωλῶν
L	5.30	τοὺς μαθητὰς αὐτοῦ λέγοντες, Διὰ τί μετὰ τῶν τελωνῶν καὶ ἁμαρτωλῶν
L	15. 2	ὅτι Οὗτος ἁμαρτωλοὺς
L	19. 7	ὅτι Παρὰ ἁμαρτωλῷ

M	9.12	ἐσθίει ὁ διδάσκαλος ὑμῶν; ὁ δὲ ἀκούσας
Mk	2.17	ἐσθίει; καὶ ἀκούσας ὁ Ἰησοῦς
L	5.31	ἐσθίετε καὶ πίνετε; καὶ ἀποκριθεὶς ὁ Ἰησοῦς
L	15. 2	προσδέχεται καὶ συνεσθίει αὐτοῖς.
L	19. 7	ἀνδρὶ εἰσῆλθεν καταλῦσαι.

M	9.12	εἶπεν, Οὐ χρείαν ἔχουσιν οἱ ἰσχύοντες
Mk	2.17	λέγει αὐτοῖς ὅτι Οὐ χρείαν ἔχουσιν οἱ ἰσχύοντες
L	5.31	εἶπεν πρὸς αὐτούς, Οὐ χρείαν ἔχουσιν οἱ ὑγιαίνοντες

M	9.10	και ιδου πολλοι τελωναι και αμαρτωλοι ελθοντες συνανεκειντο	BFGKΘΠ 1.13.1582
		ιδου πολλοι τελωναι και αμαρτωλοι συνανεκειντο	ℵ*
		ιδου πολλοι τελωναι και αμαρτωλοι ελθοντες συνανεκειντο	ℵ^{c}
		και ιδου πολλοι αμαρτωλοι και τελωναι ελθοντες συνανεκειντο	C
		ιδου πολλοι τελωνε και αμαρτωλοι ελθοντες συνανεκιντο	D*
		ιδου πολλοι τελωναι και αμαρτωλοι ελθοντες συνανεκιντο	D^{c}
		και ιδου πολλοι τελωναι και αμαρτωλοι ελθοντες συνανεκιντο	E
		και ιδου πολλοι τελωναι κε αμαρτωλοι ελθοντες συνανεκειντο	L
		και ιδου τελωναι πολλοι και αμαρτωλοι ελθοντες συνανεκιντο	W
		και ιδου πολλοι τελωναι ελθοντες και αμαρτωλοι συνανεκειντο	565
Mk	2.15	και πολλοι τελωναι και αμαρτωλοι συνανεκειντο	ℵBC^{c}LYΠ
		και πολλοι τελωναι και αμαρτωλοι ελθοντες συνανεκειντο	AC*
		πολλοι τελωναι και αμαρτωλοι συνανεκειντο	DWΘ 1.28

M 9.11 και ιδοντες ℵBCEFGKLWΘΠ 1.13.565.1582 ‖ M 9.11 ελεγον ℵBCLW 1.1582
ειδοντες δε D ‖ ειπον DEGKΘΠ 13.565

M	9.11	δια τι μετα των τελωνων και αμαρτωλων εσθιει ο διδασκαλος υμων	ℵBEGKLWΘΠ 13
		δια τι μετα των τελωνων και αμαρτωλων ο διδασκαλος υμων εσθιει	C 1.1582
		δια τι ο διδασκαλος υμων μετα των αμαρτωλων και τελωνων εσθιει	D
		δια τι μετα των τελωνων και αμαρτωλων εσθιει και πινει ο διδασκαλος υμων	565
Mk	2.16	οτι μετα των τελωνων και αμαρτωλων εσθιει	
		δια τι μετα των τελωνων και αμαρτωλων εσθιει ο διδασκαλος υμων	ℵ
		δια τι μετα των αμαρτωλων και των τελωνων εσθιει	D
		δια τι μετα των τελωνων και αμαρτωλων εσθιει	W

M	9.12	ο δε ακουσας ειπεν ου χρειαν εχουσιν	ℵB
		ο δε Ιησους ακουσας ειπεν ου χριαν εχουσιν	C*
		ο δε Ιησους ακουσας ειπεν αυτοις ου χριαν εχουσιν	C^{c}EGKWΠ 1.13.565.1582
		ο δε ακουσας ειπεν ου χριαν εχουσιν	D
		ο δε Ιησους ακουσας ειπεν αυτοις ου χριαν εχουσιν	LΘ

M 9.10-11 - M 11.19; L 7.34 | M 9.12 - L 4.23

18. MATTHEW THE TAX COLLECTOR Matthew 9.9-13

M	9.13	ἰατροῦ ἀλλ' οἱ κακῶς ἔχοντες. πορευθέντες δὲ μάθετε τί ἐστιν, Ἔλεος
Mk	2.17	ἰατροῦ ἀλλ' οἱ κακῶς ἔχοντες·
L	5.31	ἰατροῦ ἀλλὰ οἱ κακῶς ἔχοντες·
M	12. 7	εἰ δὲ ἐγνώκειτε τί ἐστιν, Ἔλεος

M	9.13	θέλω καὶ οὐ θυσίαν· οὐ γὰρ ἦλθον καλέσαι δικαίους ἀλλὰ ἁμαρτωλούς.
Mk	2.17	οὐκ ἦλθον καλέσαι δικαίους ἀλλὰ ἁμαρτωλούς.
L	5.32	οὐκ ἐλήλυθα καλέσαι δικαίους ἀλλὰ ἁμαρτωλοὺς εἰς
M	12. 7	θέλω καὶ οὐ θυσίαν, οὐκ ἂν κατεδικάσατε τοὺς ἀναιτίους.

L	5.32	μετάνοιαν.

19. QUESTION OF FASTING

Matthew 9.14-17

M	9.14	Τότε προσέρχονται αὐτῷ οἱ μαθηταὶ Ἰωάννου
Mk	2.18	Καὶ ἦσαν οἱ μαθηταὶ Ἰωάννου καὶ οἱ Φαρισαῖοι νηστεύοντες.

M	9.14	λέγοντες, Διὰ τί ἡμεῖς καὶ οἱ
Mk	2.18	καὶ ἔρχονται καὶ λέγουσιν αὐτῷ, Διὰ τί οἱ μαθηταὶ Ἰωάννου καὶ οἱ
L	5.33	Οἱ δὲ εἶπαν πρὸς αὐτόν, Οἱ μαθηταὶ Ἰωάννου

M	9.14	Φαρισαῖοι νηστεύομεν πολλά,
Mk	2.18	μαθηταὶ τῶν Φαρισαίων νηστεύουσιν,
L	5.33	νηστεύουσιν πυκνὰ καὶ δεήσεις ποιοῦνται, ὁμοίως καὶ

M	9.14	οἱ δὲ μαθηταί σου οὐ νηστεύουσιν;
Mk	2.18	οἱ δὲ σοὶ μαθηταὶ οὐ νηστεύουσιν;
L	5.34	οἱ τῶν Φαρισαίων, οἱ δὲ σοὶ ἐσθίουσιν καὶ πίνουσιν. ὁ

M	9.15	καὶ εἶπεν αὐτοῖς ὁ Ἰησοῦς, Μὴ δύνανται οἱ υἱοὶ τοῦ
Mk	2.19	καὶ εἶπεν αὐτοῖς ὁ Ἰησοῦς, Μὴ δύνανται οἱ υἱοὶ τοῦ
L	5.34	δὲ Ἰησοῦς εἶπεν πρὸς αὐτούς, Μὴ δύνασθε τοὺς υἱοὺς τοῦ

M 9.12 ιατρου αλλ CDEGKLYΘΠ 1.13.565.1582 | M 9.13 ελεος ℵBC*DΘ 1.1582*
ιατρων αλλ ℵ — ελεον C^{c}EFGLWYΠ 13.565.1582^{c} ClemAl (Q 39.4)
ιατρου αλλα BW — ελαιον K

M	9.13	ηλθον καλεσαι δικαιους αλλα αμαρτωλους	ℵBD 1*.565.1582*
		ηλθον δικαιους καλεσαι αλλα αμαρτωλους εις μετανοιαν	C*
		ηλθον καλεσαι δικαιους αλλα αμαρτωλους εις μετανοιαν	C^{c}K$Θ^{c}$Π 1^{c}.13.1582^{c}
		ηλθον καλεσαι δικαιους αλλ αμαρτωλους εις μετανοιαν	EGY
		εληλυθα καλεσαι δικαιους αλλ αμαρτωλους εις μετανοιαν	F
		ηλθον καλεσαι δικαιουους αλλα αμαρτωλους εις μετανοιαν	L
		ηλθον δικαιους καλεσαι αλλα αμαρτωλους	W
		ηλθον καλεσε δικαιους αλλα αμαρτωλους εις μετανοιαν	Θ*
Mk	2.17	αμαρτωλους	ℵABDLWΘΠ 1.28
		αμαρτωλους εις μετανοιαν	CY
L	5.32	εληλυθα καλεσαι δικαιους αλλα αμαρτωλους εις μετανοιαν	$ℵ^{c}$ABCWΘ
		ηλθον καλεσαι δικαιους αλλα αμαρτωλους εις μετανοιαν	D 28
		εληλυθα καλεσε δικαιους αλλα αμαρτωλους εις μετανοιαν	L
		εληλυθα καλεσαι δικαιους αλλ αμαρτωλους εις μετανοιαν	Y
		ηλθον καλεσαι δικαιους αλλ αμαρτωλους εις μετανοιαν	1.

M 9.14 Ιωαννου ℵCEGKLWYΘΠ 1.13.565.1582 | M 9.14 πολλα $ℵ^{2}$·CDEFGKLWYΘΠ 1.13.565.1582
Ιωανου BD — πυκνα $ℵ^{1}$·
omit ℵ*

M	9.15	μη δυνανται οι υιοι	ℵBEFGKWYΘΠ 1.565.1582
		μη τι δυνανται οι υιοι	D
		μη δυναντα οι υιοι	C
		μη δυνανται υιοι	L 13

M 9.13 - Hs 6.6; 1 Sm 15.22; He 10.5, 8;13.16; M 18.11; L 19.10
M 9.14 - M 11.18; L 18.12 | M 9.15 - J 3.29

19. QUESTION OF FASTING Matthew 9.14-17

M 9.15 νυμφῶνος πενθεῖν ἐφ' ὅσον μετ' αὐτῶν ἐστιν ὁ νυμφίος;
Mk 2.19 νυμφῶνος ἐν ᾧ ὁ νυμφίος μετ'
L 5.34 νυμφῶνος ἐν ᾧ ὁ νυμφίος μετ'
J 3.29 ὁ ἔχων τὴν νύμφην νυμφίος

Mk 2.19 αὐτῶν ἐστιν νηστεύειν; ὅσον χρόνον ἔχουσιν τὸν νυμφίον μετ' αὐτῶν
L 5.34 αὐτῶν ἐστιν ποιῆσαι νηστεῦσαι;
J 3.29 ἐστίν·

M 9.15 ἐλεύσονται δὲ ἡμέραι ὅταν ἀπαρθῇ ἀπ' αὐτῶν
Mk 2.20 οὐ δύνανται νηστεύειν· ἐλεύσονται δὲ ἡμέραι ὅταν ἀπαρθῇ ἀπ' αὐτῶν
L 5.35 ἐλεύσονται δὲ ἡμέραι, καὶ ὅταν ἀπαρθῇ ἀπ' αὐτῶν
J 3.29 ὁ δὲ φίλος

M 9.15 ὁ νυμφίος, καὶ τότε νηστεύσουσιν.
Mk 2.20 ὁ νυμφίος, καὶ τότε νηστεύσουσιν ἐν ἐκείνῃ τῇ ἡμέρᾳ.
L 5.36 ὁ νυμφίος τότε νηστεύσουσιν ἐν ἐκείναις ταῖς ἡμέραις. Ἔλεγεν δὲ
J 3.29 τοῦ νυμφίου, ὁ ἑστηκὼς καὶ ἀκούων αὐτοῦ, χαρᾷ χαίρει διὰ τὴν φωνὴν τοῦ

M 9.16 οὐδεὶς δὲ ἐπιβάλλει ἐπίβλημα ῥάκους
Mk 2.21 Οὐδεὶς ἐπίβλημα ῥάκους
L 5.36 καὶ παραβολὴν πρὸς αὐτοὺς ὅτι Οὐδεὶς ἐπίβλημα ἀπὸ ἱματίου
J 3.29 νυμφίου. αὕτη οὖν ἡ χαρὰ ἡ ἐμὴ πεπλήρωται.

M 9.16 ἀγνάφου ἐπὶ ἱματίῳ παλαιῷ·
Mk 2.21 ἀγνάφου ἐπιράπτει ἐπὶ ἱμάτιον παλαιόν· εἰ δὲ μή,
L 5.36 καινοῦ σχίσας ἐπιβάλλει ἐπὶ ἱμάτιον παλαιόν· εἰ δὲ μή γε,

---

M	9.15	νυμφωνος πενθειν	ℵBCEFGKLYΘΠ 1.13.565.1582
		νυνφιου νηστευειν	D
		νυμφωνος νηστευειν	W
M	9.15	ελευσονται δε ημεραι οταν απαρθη απ αυτων ο νυμφιος	ℵ^c^BCEGKLYΘΠ 13.565
		omit	ℵ*
		ελευσονται δε αι ημεραι οταν αρθη απ αυτων ο νυμφιος	D*
		ελευσονται δε ημεραι οταν αρθη απ αυτων ο νυμφιος	D^c^ 1.1582
		ελευσονται δε ημεραι οταν αφερεθη απ αυτων ο νυμφιος	W
L	5.35	ελευσονται δε ημεραι και οταν απαρθη απ αυτων ο νυμφιος	ℵ^c^ABDWY 28
		ελευσονται δε ημεραι οταν απαρθη απ αυτων ο νυμφιος	ℵ*CLΘ
		ελευσονται δε ημεραι οταν αρθη απ αυτων ο νυμφιος	1.
M	9.15	και τοτε νηστευσουσιν	ℵBCEGKWYΘΠ 1.13.565.1582
		και τοτε νηστευουσιν εν εκειναις ταις ημεραις	D*
		και τοτε νηστευσουσιν εν εκειναις ταις ημεραις	D^c^
		και τοτε νηστευσωσιν	L
Mk	2.20	και τοτε νηστευσουσιν εν εκεινη τη ημερα	ℵABCD^c^LWΘ 28
		και τοτε νηστευουσιν εν εκεινη τη ημερα	D*Π 1.
		και τοτε νηστευσουσιν εν εκειναις ταις ημεραις	Y
L	5.35	τοτε νηστευσουσιν εν εκειναις ταις ημεραις	ABCDLWY
		και τοτε νηστευσουσιν εν εκειναις ταις ημεραις	ℵΘ 1.28
M	9.16	ουδεις δε επιβαλλει επιβλημα ρακους αγναφου	ℵBEKLW*YΠ 1.565.1582
		ουδεις δε επιβαλλει επιβλημα ρακους αγναφους	CW^c^
		ουδεις δε επιβαλλει επιβλημα ρακκους αγναφου	DG 13
		ουδεις δε επιβλημα επιβαλλει ρακκους αγναφου	Θ
Mk	2.21	ουδεις επιβλημα ρακους αγναφου	ℵBCW 1.
		ουδεις επιβλημα ρακκους αγναφου	AΘΠ
		ουδεις δε επιβλημα ρακκους αγναφου	D
		ουδεις επιβλημα ρακους αγναφους	L
		ουδεις δε επιβλημα ρακους ακναφου	28

M 9.15 - M 26.11; L 17.22 | M 9.16 - R 7.6

19. QUESTION OF FASTING Matthew 9.14-17

M	9.16	αἶρει γὰρ τὸ πλήρωμα αὐτοῦ ἀπὸ τοῦ ἱματίου, καὶ
Mk	2.21	αἶρει τὸ πλήρωμα ἀπ᾽ αὐτοῦ τὸ καινὸν τοῦ παλαιοῦ, καὶ
L	5.36	καὶ τὸ καινὸν σχίσει καὶ τῷ παλαιῷ οὐ

M	9.17	χεῖρον σχίσμα γίνεται. οὐδὲ βάλλουσιν οἶνον
Mk	2.22	χεῖρον σχίσμα γίνεται. καὶ οὐδεὶς βάλλει οἶνον
L	5.37	συμφωνήσει τὸ ἐπίβλημα τὸ ἀπὸ τοῦ καινοῦ. καὶ οὐδεὶς βάλλει οἶνον

M	9.17	νέον εἰς ἀσκοὺς παλαιούς· εἰ δὲ μή γε, ῥήγνυνται οἱ ἀσκοί,
Mk	2.22	νέον εἰς ἀσκοὺς παλαιούς---εἰ δὲ μή, ῥήξει ὁ οἶνος τοὺς ἀσκούς,
L	5.37	νέον εἰς ἀσκοὺς παλαιούς· εἰ δὲ μή γε, ῥήξει ὁ οἶνος ὁ νέος τοὺς ἀσκούς,

---

M	9.16	αιρει γαρ το πληρωμα αυτου απο του ιματιου	ℵ^{c}BCDEFGKYΘΠ 1.13.565.1582
		αιρει γαρ το πληρωμα απο του ιματιου	ℵ*
		ερει γαρ το πληρωμα αυτου απο του ιματιου του παλεου	L*
		ερει γαρ το πληρωμα αυτου απο του ιματιου	L^{c}W
Mk	2.22	αιρει το πληρωμα απ αυτου το καινον του παλαιου	L
		αιρει το πληρωμα αυτου το καινον του παλαιου	C
		ερει το πληρωμα το καινον απο του παλαιου	D
		ερει απ αυτου το πληρωμα το καινον του παλαιου	W
		αιρει το πληρωμα αυτου το καινον απο του παλαιου	Θ
		αιρει το πληρωμα το καινον απο του παλαιου	28

M	9.16	σχισμα γινεται	ℵBCDEFGYΘΠ 1.13.565.1582
		σχιμα γινεται	K
		σχισμα γινετε	L
		σχισμα γεινεται	W
Mk	2.21	σχισμα γινεται	ℵABCDΠ 1.28
		σχισμα γεινεται	W
		σχιμα γεινεται	Θ

M	9.17	ουδε βαλλουσιν	ℵBCDEGKL^{c}WYΘΠ 1.13.565.1582
		ουδε βαλουσιν	L*

M	9.17	ει δε μη γε ρηγνυνται οι ασκοι	ℵCEFGWYΘΠ 1.13.565.1582
		ει δε μη ρηγνυνται οι ασκοι	B
		ει δε μη γε ρησσει ο οινος ο νεος τους ασκους	D
		ει δε μη γε ρυγνυνται οι ασκοι	K
		ει δε μη ρηγνουνται οι ασκοι	L
Mk	2.22	ει δε μη ρηξει ο οινος τους ασκους	ℵBD
		ει δε μη ρησσει ο οινος τους ασκους	A 28
		ει δε μη γε ρηξει ο οινος τους ασκους	C*Θ
		ει δε μη γε ρηξει ο οινος ο νεος τους ασκους	C^{c}
		ει δε μη γε ριξει ο οινος τους ασκους	L
		ει δε μη διαρρησσονται οι ασκοι	W
		ει δε μη ρησσει ο οινος ο νεος τους ασκους	YΠ 1.
L	5.37	ει δε μη γε ρηξει ο οινος ο νεος τους ασκους	BL 1.
		ει δε μη γε ρηξει ο οινος τους ασκους	ℵ
		ει δε μη γε ρησσει ο οινος ο νεος τους ασκους	C
		ει δε μη ρηξει ο οινος τους ασκους	W

M 9.17 - Jb 32.19

19. QUESTION OF FASTING Matthew 9.14-17

M	9.17	καὶ ὁ οἶνος ἐκχεῖται καὶ οἱ ἀσκοὶ ἀπόλλυνται· ἀλλὰ βάλλουσιν οἶνον
Mk	2.22	καὶ ὁ οἶνος ἀπόλλυται καὶ οἱ ἀσκοί--- ἀλλὰ οἶνον
L	5.38	καὶ αὐτὸς ἐκχυθήσεται καὶ οἱ ἀσκοὶ ἀπολοῦνται· ἀλλὰ οἶνον

M	9.17	νέον εἰς ἀσκοὺς καινούς, καὶ ἀμφότεροι συντηροῦνται.
Mk	2.22	νέον εἰς ἀσκοὺς καινούς.
L	5.39	νέον εἰς ἀσκοὺς καινοὺς βλητέον. καὶ οὐδεὶς πιὼν παλαιὸν θέλει νέον·

L	5.39	λέγει γάρ, Ὁ παλαιὸς χρηστός ἐστιν.

20. JAIRUS' DAUGHTER AND A WOMAN WITH A HEMORRHAGE

Matthew 9.18-26

Mk	5.21	Και διαπερασαντος του Ιησου εν τω πλοιω παλιν εις το περαν συνηχθη οχλος πολυς επ
Mk	5.21	αυτον, και ην παρα την θαλασσαν.

M	9.18	Ταῦτα αὐτοῦ λαλοῦντος αὐτοῖς ἰδοὺ ἄρχων εἷς ἐλθὼν
Mk	5.22	καὶ ἔρχεται εἷς τῶν ἀρχισυναγώγων,
L	8.41	καὶ ἰδοὺ ἦλθεν ἀνὴρ ᾧ

M	9.17	εκχειται και οι ασκοι απολλυνται	ℵBΘ 1.13.1582
		εκχειται και οι ασκοι απολουνται	CEGKWY^{c}Π 565
		απολλυται και οι ασκοι	D
		εκχειται και οι ασκοι απολουντε	L
		εκχειται και οι ασκοι απολουται	Y*
Mk	2.22	απολλυται και οι ασκοι	B
		εκχειται και οι ασκοι απολουνται	ℵACYΠ 1.28
		και οι ασκοι απολουνται	D
		εκχειται και οι ασκοι	L
		εκχειται και οι ασκοι απολλυνται	W
		εκχειται και οι ασκοι απολυνται	Θ

M	9.17	αλλα βαλλουσιν οινον νεον εις ασκους καινους	BEGKWYΠ 1.13.565.1582
		αλλ οινον νεον εις ασκους καινους βλητεον	ℵ
		αλλα οινον νεον εις ασκους βαλλουσιν καινους	C
		βαλλουσιν δε οινον νεον εις ασκους καινους	D
		αλλα βαλουσιν οινον νεον εις ασκους κενους	L
		αλλα βαλουσιν οινον νεον εις ασκους καινους	Θ
Mk	2.22	αλλα οινον νεον εις ασκους καινους	ℵ*B
		αλλα οινον νεον εις ασκους καινους βλητεον	ℵ^{c}ACLΠ
		αλλα οινον νεον εις ασκους καινους βαλλουσιν	W
		αλλ οινον νεον εις ασκους καινους βλητεον	Y 1.
		αλλ οινον νεον εις ασκους καινους βληταιον	Θ 28
L	5.38	αλλα οινον νεος εις ασκους καινους βλητεον	ℵ^{c}ABCL 1.28
		αλλα οινον νεος εις ασκους καινους βαλλουσιν	ℵ*D
		αλλα οινον νεος εις ασκους καινους βληταιον	Θ
		αλλα οινον νεος εις ασκους καινους βαλληται	W

M	9.17	και αμφοτεροι συντηρουνται	ℵBCD^{c}EGKLWYΘΠ 1.13.565.1582
		και αμφοτεροι τηρουνται	D*
L	5.38	text omit	ℵBLW 1.
		και αμφοτεροι συντηρουνται	ACYΘ 28
		και αμφοτεροι τηρουνται	D

M	9.18	ταυτα αυτου λαλουντος αυτοις ιδου αρχων τις εις ελθων	ℵ^{c}C*DEKWYΠ 565
		ταυτα αυτου λαλουντος αυτοις ιδου αρχων προσελθων	ℵ*
		ταυτα αυτου λαλουντος αυτοις ιδου αρχων εις προσελθων	B
		ταυτα αυτου λαλουντος αυτοις ιδου αρχων τις προσελθον τω Ιησου	C^{c}
		ταυτα αυτου λαλουντος αυτοις ιδου αρχων τις προσηλθεν τω Ιησου	F
		ταυτα αυτου λαλουντος αυτοις ιδου αρχων τις προσελθων τω Ιησου	G 13
		ταυτα δε αυτου λαλουντος αυτοις ιδου αρχον τις προσελθων τω Ιησου	L*
		ταυτα δε αυτου λαλουντος αυτοις ιδου αρχον προσελθων τω Ιησου	L^{c}
		ταυτα αυτου λαλουντος αυτοις ιδου αρχων τις εις ελθον	Θ
		ταυτα αυτου λαλουντος ιδου αρχων εις ελθων	1.1582

20. JAIRUS' DAUGHTER AND A WOMAN WITH A HEMORRHAGE Matthew 9.18-26

Mk 5.22 ὀνόματι Ἰάϊρος, καὶ ἰδὼν αὐτὸν
L 8.41 ὄνομα Ἰάϊρος, καὶ οὗτος ἄρχων τῆς συναγωγῆς ὑπῆρχεν, καὶ

M 9.18 προσεκύνει αὐτῷ
Mk 5.23 πίπτει πρὸς τοὺς πόδας αὐτοῦ |καὶ παρακαλεῖ αὐτὸν πολλὰ
L 8.41 πεσὼν παρὰ τοὺς πόδας τοῦ Ἰησοῦ παρεκάλει αὐτὸν εἰσελθεῖν εἰς τὸν

M 9.18 λέγων ὅτι Ἡ θυγάτηρ μου ἄρτι
Mk 5.23 λέγων ὅτι Τὸ θυγάτριόν μου
L 8.42 οἶκον αὐτοῦ, |ὅτι θυγάτηρ μονογενὴς ἦν αὐτῷ ὡς ἐτῶν δώδεκα καὶ αὐτὴ

M 9.18 ἐτελεύτησεν· ἀλλὰ ἐλθὼν ἐπίθες τὴν χεῖρά σου ἐπ᾽ αὐτήν, καὶ
Mk 5.23 ἐσχάτως ἔχει, ἵνα ἐλθὼν ἐπιθῇς τὰς χεῖρας αὐτῇ ἵνα σωθῇ καὶ
L 8.42 ἀπέθνῃσκεν.

M 9.19 ζήσεται. καὶ ἐγερθεὶς ὁ Ἰησοῦς ἠκολούθησεν αὐτῷ καὶ οἱ μαθηταὶ
Mk 5.24 ζήσῃ. |καὶ ἀπῆλθεν μετ᾽ αὐτοῦ. Καὶ ἠκολούθει αὐτῷ ὄχλος
L 8.42 Ἐν δὲ τῷ ὑπάγειν αὐτὸν οἱ ὄχλοι

M 9.20 αὐτοῦ. Καὶ ἰδοὺ γυνὴ αἱμορροοῦσα
Mk 5.25 πολύς, καὶ συνέθλιβον αὐτόν. καὶ γυνὴ οὖσα ἐν ῥύσει αἵματος
L 8.43 συνέπνιγον αὐτόν. καὶ γυνὴ οὖσα ἐν ῥύσει αἵματος ἀπὸ

M 9.20 δώδεκα ἔτη
Mk 5.26 δώδεκα ἔτη |και πολλα παθουσα υπο πολλων ιατρων και δαπανησασα τα παρ αυτης παντα
L 8.43 ἐτῶν δώδεκα, ητις ιατροις προσαναλωσασα ολον τον
Mk 6.56 και οπου αν εισεπορευετο εις κωμας η εις πολεις

Mk 5.27 και μηδεν ωφεληθεισα αλλα μαλλον εις το χειρον ελθουσα, |ἀκούσασα περὶ τοῦ Ἰησοῦ
L 8.43 βιον ουκ ισχυσεν απ ουδενος θεραπευθηναι,
M 14.36 και
Mk 3.10 πολλους γαρ εθεραπευσεν, ωστε
Mk 6.56 η εις αγρους εν ταις αγοραις ετιθεσαν τους ασθενουντας, και
L 6.19 και πας ο οχλος

M 9.18 προσεκυνει αυτω λεγων οτι BCEFKWYΘΠ 565
προσεκυνη αυτω λεγων οτι GL
προσεκεινη αυτω λεγων 13
προσεκυνει αυτω λεγων ℵD 1.1582

M 9.18 αλλα ελθων επιθες την χειρα σου επ αυτην ℵBCDEFGKWΘΠ 585
αλλ ελθων επιθες την χειρα σου επ αυτην Y 1.1582
αλλ ελθων επειθες την χειρα σου επ αυτη 13
αλλα ελθων επιθεις την χειραν σου επ αυτην L

M 9.19 ηκολουθησεν αυτω και οι μαθηται αυτου BFGKLWΘΠ 1.13.565.1582
ηκολουθει αυτω και οι μαθηται αυτου ℵCD
ηκολουθησαν αυτω και οι μαθηται αυτου E
ηκολουθησεν αυτω Y

M 9.20 αιμορροουσα δωδεκα ετη BCDEFGYΘΠ 1.13.565.1582
αιμαροουσα δωδεκα ετη ℵ*
αιμοροουσα δωδεκα ετη $ℵ^c$W
αιμορρουσα δωδεκα ετη K
αιμορουσα δωδεκα ετη εχουσα εν τη ασθενηα L

M 9.18 - M 8.3; 19.13; Mk 6.5; 7.32; 8.23, 25; 16.18; L 4.40; 13.13; Ac 6.6 | M 9.20 - Lv 15.19, 25

20. JAIRUS' DAUGHTER AND A WOMAN WITH A HEMORRHAGE Matthew 9.18-26

M 9.20 προσελθοῦσα ὄπισθεν ἥψατο τοῦ κρασπέδου τοῦ ἱματίου αὐτοῦ·
Mk 5.27 ἐλθοῦσα ἐν τῷ ὄχλῳ ὄπισθεν ἥψατο τοῦ ἱματίου αὐτοῦ·
L 8.44a προσελθοῦσα ὄπισθεν ἥψατο τοῦ κρασπέδου τοῦ ἱματίου αὐτοῦ,
M 14.36 παρεκαλουν αυτον ινα μονον ἅψωνται τοῦ κραδπέδου τοῦ ἱματίου αὐτοῦ·
Mk 3.10 επιπιπτειν αυτω ινα αυτου ἅψωνται οσοι ειχον μαστιγας.
Mk 6.56 παρεκαλουν αυτον ινα καν τοῦ κρασπέδου τοῦ ἱματίου αὐτοῦ
L 6.19 εζητουν ἅπτεσθαι αὐτοῦ,

M 9.21 ἔλεγεν γὰρ ἐν ἑαυτῇ, Ἐὰν μόνον ἅψωμαι τοῦ ἱματίου αὐτοῦ σωθήσομαι.
Mk 5.28 ἔλεγεν γὰρ ὅτι Ἐὰν ἅψωμαι κἂν τῶν ἱματίων αὐτοῦ σωθήσομαι.
Mk 6.56 ἅψωνται·
L 6.19 οτι δυναμις παρ αυτου εξηρχετο και ιατο παντας.

M 9.22 ὁ δὲ Ἰησοῦς
Mk 5.30 καὶ εὐθὺς ὁ Ἰησοῦς ἐπιγνοὺς ἐν ἑαυτῷ τὴν ἐξ αὐτοῦ δύναμιν ἐξελθοῦσαν
L 8.45 καὶ εἶπεν ὁ Ἰησοῦς,

M 9.22 στραφεὶς
Mk 5.31 ἐπιστραφεὶς ἐν τῷ ὄχλῳ ἔλεγεν, Τίς μου ἥψατο τῶν ἱματίων; καὶ
L 8.45 Τίς ὁ ἁψάμενός μου; ἀρνουμένων δὲ πάντων

Mk 5.31 ελεγον αυτω οι μαθηται αυτου, Βλεπεις τον οχλον συνθλιβοντα σε, και
L 8.46 ειπεν ο Πετρος, Επιστατα, οι οχλοι συνεχουσιν σε και αποθλιβουσιν. ο δε

M 9.22 καὶ ἰδὼν αὐτὴν
Mk 5.32 λέγεις, Τίς μου ἥψατο; καὶ περιεβλέπετο ἰδεῖν τὴν τοῦτο ποιήσασαν.
L 8.46 Ἰησοῦς εἶπεν, Ἥψατό μού τις, ἐγὼ γὰρ ἔγνων δύναμιν ἐξεληλυθυῖαν ἀπ' ἐμοῦ.

Mk 5.33 η δε γυνη φοβηθεισα και τρεμουσα, ειδυια ο γεγονεν αυτη, ηλθεν και προσεπεσεν
L 8.47 ιδουσα δε η γυνη οτι ουκ ελαθεν τρεμουσα ηλθεν και προσπεσουσα

Mk 5.33 αυτω και ειπεν αυτω πασαν την αληθειαν.
L 8.47 αυτω δι ην αιτιαν ηψατο αυτου απηγγειλεν ενωπιον παντος του λαου και ως ιαθη παραχρημα.

M 9.20 κρασπεδου του ιματιου ℵBCDEFGKWΘΠ 565
κρασπεδου του ματιου D
κρασσπεδου του ιματιου W
Mk 5.27 του ιματιου ℵABCDLYΘΠ 28.565
κρασπεδου του ιματιου 1.1582

M 9.21 εαυτη εαν μονον αψωμαι του ιματιου αυτου σωθησομαι ℵ[c]BCEFGKWYΠ 1.565.1582
εαυτη εαν αψωμαι του ιματιου αυτου σωθησομαι ℵ*
εαυτη εαν αψωμαι μονον του ιματιου αυτου σωθησομαι D
αυτη εαν μονον αψωμαι του ιματιου αυτου σωθησωμαι L
εαυτη εαν μωνον αψωμαι του ιματιου αυτου σωθησομαι Θ
εαυτη εαν μονον αψωμαι του κρασπεδου αυτου σωθησομαι 13
Mk 5.28 εαν αψωμαι καν των ιματιων αυτου σωθησομαι B[c]CL
εαν αψωμαι καν του ιματιου αυτου σωθησομαι ℵ
εαν αψωμαι των ιματιων αυτου σωθησομαι B*

M 9.22 Ιησους στραφεις ℵ[c]B 13
στραφεις ℵ*
Ιησους επιστραφεις CEFGKWYΘΠ 1.565.1582
εστη στραφεις D
Ιησους επιστραφης L

M 9.20 - Nu 15.38 | M 9.22 - J 1.38; Ac 3.16

M 9.22 εἶπεν, θάρσει, θύγατερ· ἡ πίστις σου σέσωκέν σε.
Mk 5.34 ὁ δὲ εἶπεν αὐτῇ, Θυγάτηρ, ἡ πίστις σου σέσωκέν σε·
L 8.48 ὁ δὲ εἶπεν αὐτῇ, Θυγάτηρ, ἡ πίστις σου σέσωκέν σε·
Mk 10.52 καὶ ὁ Ἰησοῦς εἶπεν αὐτῷ, Ὕπαγε, ἡ πίστις σου σέσωκέν σε.
L 7.50 εἶπεν δὲ πρὸς τὴν γυναῖκα, Ἡ πίστις σου σέσωκέν σε·
L 17.19 καὶ εἶπεν αὐτῷ, Ἀναστὰς πορεύου· ἡ πίστις σου σέσωκέν σε.
L 18.42 καὶ ὁ Ἰησοῦς εἶπεν αὐτῷ, Ἀνάβλεψον· ἡ πίστις σου σέσωκέν σε.

M 9.22 καὶ
Mk 5.29 ὕπαγε εἰς εἰρήνην, καὶ ἴσθι ὑγιὴς ἀπὸ τῆς μάστιγός σου. |καὶ εὐθὺς
L 8.44b πορεύου εἰς εἰρήνην. καὶ παραχρῆμα
M 14.36 καὶ ὅσοι ἥψαντο
Mk 6.56 καὶ ὅσοι ἂν ἥψαντο αὐτοῦ
Mk 10.52 καὶ εὐθὺς ἀνέβλεψεν, καὶ ἠκολούθει αὐτῷ ἐν τῇ ὁδῷ.
L 7.50 πορεύου εἰς εἰρήνην.

M 9.22 ἐσώθη ἡ γυνὴ
Mk 5.29 ἐξηράνθη ἡ πηγὴ τοῦ αἵματος αὐτῆς, καὶ ἔγνω τῷ σώματι ὅτι ἴαται
L 8.44b ἔστη ἡ ῥύσις τοῦ αἵματος αὐτῆς.
M 14.36 διεσώθησαν.
Mk 6.56 ἐσῴζοντο.

M 9.22 ἀπὸ τῆς ὥρας ἐκείνης.
Mk 5.29 ἀπὸ τῆς μάστιγος.

Mk 5.35 Ετι αυτου λαλουντος ερχονται απο του αρχισυναγωγου λεγοντες οτι Η θυγατηρ
L 8.49 Ετι αυτου λαλουντος ερχεται τις παρα του αρχισυναγωγου λεγων οτι Τεθνηκεν η θυγατηρ

Mk 5.36 σου απεθανεν· τι ετι σκυλλεις τον διδασκαλον; |ο δε Ιησους παρακουσας τον λογον
L 8.50 σου, μηκετι σκυλλε τον διδασκαλον. ο δε Ιησους ακουσας

Mk 5.37 λαλουμενον λεγει τω αρχισυναγωγω, Μη φοβου, μονον πιστευε. και ουκ αφηκεν ουδενα μετ
L 8.50 απεκριθη αυτω, Μη φοβου, μονον πιστευσον, και σωθησεται.

Mk 5.37 αυτου συνακολουθησαι ει μη τον Πετρον και Ιακωβον και Ιωαννην τον αδελφον Ιακωβου.

M 9.23 Καὶ ἐλθὼν ὁ Ἰησοῦς εἰς τὴν οἰκίαν
Mk 5.38 καὶ ἔρχονται εἰς τὸν οἶκον
L 8.51 ἐλθὼν δὲ εἰς τὴν οἰκίαν οὐκ ἀφῆκεν εἰσελθεῖν τινα σὺν αὐτῷ εἰ

M 9.23 τοῦ ἄρχοντος καὶ ἰδὼν τοὺς
Mk 5.38 τοῦ ἀρχισυναγώγου, καὶ θεωρεῖ
L 8.51 μὴ Πέτρον καὶ Ἰωάννην καὶ Ἰάκωβον καὶ τὸν πατέρα τῆς παιδὸς καὶ τὴν

M 9.23 αὐλητὰς καὶ τὸν ὄχλον θορυβούμενον
Mk 5.38 θόρυβον καὶ κλαίοντας καὶ ἀλαλάζοντας πολλά,
L 8.52 μητέρα. ἔκλαιον δὲ πάντες καὶ ἐκόπτοντο αὐτήν.

M 9.22 θαρσει θυγατερ η πιστις σου σεσωκεν ℵBCE[c]FKWYΠ 1.13.565.1582
θαρσει θυγατηρ η πιστις σου σεσωκεν DG
θαρσει θυγατερ η πιστη σου σεσωκεν E*
θαρσει θυγατηρ η πιστη σου σεσωκεν L
θαρσει θυγατηρ η πιστις σου σεσωκαιεν Θ
Mk 5.34 θυγατηρ η πιστις σου σεσωκεν BC*DW 28
θαρσει θυγατερ η πιστις σου σεσωκεν C[c]
θυγατερ η πιστις σου σεσωκεν ℵALYΘΠ 1.565.1582
L 8.48 θυγατηρ η πιστις σου σεσωκεν P[75] BL
θυγατερ η πιστις σου σεσωκεν ℵD 1.
θαρσει θυγατερ η πιστις σου σεσωκεν ACY 28
θαρσι θυγατερ η πιστις σου σεσωκεν W | M 9.23 Ιησους ℵBCDEFGKLWYΠ 1.13.28.565.1582
θαρσι θυγατερ η πιστη σου σεσωκεν Θ Ιησους ει Θ

M 9.24 |ἔλεγεν, Ἀναχωρεῖτε, οὐ
Mk 5.39 |καὶ εἰσελθὼν λέγει αὐτοῖς, Τί θορυβεῖσθε καὶ κλαίετε; τὸ παιδίον οὐκ
L 8.52 ὁ δὲ εἶπεν, Μὴ κλαίετε, οὐ

M 9.25 γὰρ ἀπέθανεν τὸ κοράσιον ἀλλὰ καθεύδει. καὶ κατεγέλων αὐτοῦ. |ὅτε δὲ
Mk 5.40 ἀπέθανεν ἀλλὰ καθεύδει. |καὶ κατεγέλων αὐτοῦ. αὐτὸς δὲ
L 8.53 γὰρ ἀπέθανεν ἀλλὰ καθεύδει. |καὶ κατεγέλων αὐτοῦ, εἰδότες

M 9.25 ἐξεβλήθη ὁ ὄχλος,
Mk 5.40 ἐκβαλὼν πάντας παραλαμβάνει τὸν πατέρα τοῦ παιδίου καὶ τὴν μητέρα καὶ
L 8.53 ὅτι ἀπέθανεν.

M 9.25 εἰσελθὼν ἐκράτησεν τῆς
Mk 5.41 τοὺς μετ' αὐτοῦ, καὶ εἰσπορεύεται ὅπου ἦν τὸ παιδίον· καὶ κρατήσας τῆς
L 8.54 αὐτὸς δὲ κρατήσας τῆς

M 9.25 χειρὸς αὐτῆς,
Mk 5.41 χειρὸς τοῦ παιδίου λέγει αὐτῇ, Ταλιθα κουμ, ὅ ἐστιν μεθερμηνευό-
L 8.54 χειρὸς αὐτῆς ἐφώνησεν λέγων,

M 9.25 καὶ
Mk 5.42 μενον Τὸ κοράσιον, σοὶ λέγω, ἔγειρε. καὶ
L 8.55 Ἡ παῖς, ἔγειρε. καὶ ἐπέστρεψεν τὸ πνεῦμα αὐτῆς, καὶ

M 9.26 ἠγέρθη τὸ κοράσιον. καὶ
Mk 5.42 εὐθὺς ἀνέστη τὸ κοράσιον καὶ περιεπάτει, ἦν γὰρ ἐτῶν δώδεκα. καὶ
L 8.56 ἀνέστη παραχρῆμα, καὶ διέταξεν αὐτῇ δοθῆναι φαγεῖν. καὶ

M 9.26 ἐξῆλθεν ἡ φήμη αὕτη εἰς ὅλην τὴν γῆν ἐκείνην.
Mk 5.43 ἐξέστησαν εὐθὺς ἐκστάσει μεγάλῃ. καὶ διεστείλατο αὐτοῖς πολλὰ ἵνα μηδεὶς
L 8.56 ἐξέστησαν οἱ γονεῖς αὐτῆς· ὁ δὲ παρήγγειλεν αὐτοῖς μηδενὶ

Mk 5.43 γνοῖ τοῦτο, καὶ εἶπεν δοθῆναι αὐτῇ φαγεῖν.
L 8.56 εἰπεῖν τὸ γεγονός.

M 9.24 ελεγεν αναχωρειτε ℵBD1.13.1582
λεγει αυτοις αναχωρειτε CEFGKLYΠ 28.565
λεγει αυτοις αναχωρειται W
λεγει αυτοις αναχωρηται Θ

M 9.24 το κορασιον αλλα καθευδει και κατεγελων αυτου ℵ[c]BCD[c]EFGYΘΠ 1.13.28.
το κορασιον αλλα καθευδει και κατεγελων αυτου ειδοτες οτι απεθανεν ℵ* |565.1582
το κορασιον αλλα καθευδει και κατεγελων αυτον D*
το κορασιον αλλα καθευδει και κατεγελουν αυτου KW
το κορασιον αλλα καθευδη και κατεγελων αυτου L
L 8.52 αλλα καθευδει και κατεγελων αυτου ABCWY 28
αλλα καθευδει και κατεγελουν αυτου ℵ[c]
το κορασιον αλλα καθευδει και κατεγελων αυτου L 1.
το κορασιον αλλα καθευδει και καταιγελων αυτου Θ

M 9.25 εισελθων εκρατησεν της χειρος ℵBCEFGKLWYΘΠ 1.13.28.565.1582
ελθων εκρατησεν την χειρα D
Mk 5.41 κρατησας της χειρος ℵABCWYΘΠ 1.28.565.1582
κρατησας την χειρα D

M 9.26 φημη αυτη BEFGKLWYΠ 13.28.565
φημη αυτης ℵCΘ
φημη αυτου D
φημη αυτης εις 1.

M 9.24 - J 11.11 | M 9.25 - M 8.15; Mk 1.31; 9.27

21. TWO BLIND MEN AND A DUMB DEMONIAC

Matthew 9.27-34

M 9.27 Καὶ παράγοντι ἐκεῖθεν τῷ
M 20.29 Καὶ ἐκπορευομένων αὐτῶν ἀπὸ Ἰεριχὼ
Mk 10.46 Και ερχονται εις Ιεριχω. καὶ ἐκπορευομένου αὐτοῦ ἀπὸ Ἰεριχὼ
L 18.35 Ἐγένετο δὲ ἐν τῷ ἐγγίζειν αὐτὸν εἰς Ἰεριχὼ

M 9.27 Ἰησοῦ ἠκολούθησαν αὐτῷ δύο τυφλοὶ
M 20.30 ἠκολούθησεν αὐτῷ ὄχλος πολύς. καὶ ἰδοὺ δύο τυφλοὶ
Mk 10.46 καὶ τῶν μαθητῶν αὐτοῦ καὶ ὄχλου ἱκανοῦ ὁ υἱὸς Τιμαίου Βαρτιμαῖος τυφλὸς
L 18.35 τυφλὸς

M 20.30 καθημενοι παρα την οδον, ακουσαντες οτι Ιησους παραγει,
Mk 10.47 προσαιτης εκαθητο παρα την οδον. και ακουσας οτι Ιησους ο Ναζαρηνος εστιν
L 18.36 τις εκαθητο παρα την οδον επαιτων. ακουσας δε οχλου διαπορευομενου επυνθανετο

Mk 10.47 ηρξατο
L 18.37,38 τι ειη τουτο· απηγγειλαν δε αυτω οτι Ιησους ο Ναζωραιος παρερχεται. και

M 9.27 κράζοντες καὶ λέγοντες, Ἐλέησον ἡμᾶς, υἱὸς Δαυίδ.
M 20.31 ἔκραξαν λέγοντες, Ἐλέησον ἡμᾶς, κύριε, υἱὸς Δαυίδ. ο δε οχλος
Mk 10.48 κράζειν καὶ λέγειν, Υἱὲ Δαυὶδ Ἰησοῦ, ἐλέησόν με. και
L 18.39 ἐβόησεν λέγων, Ἰησοῦ, υἱὲ Δαυίδ, ἐλέησόν με. και οι προαγοντες

M 20.31 επετιμησεν αυτοις ινα σιωπησωσιν· οι δε μειζον εκραξαν λεγοντες,
Mk 10.48 επετιμων αυτω πολλοι ινα σιωπηση· ο δε πολλω μαλλον εκραζεν,
L 18.39 επετιμων αυτω ινα σιγηση· αυτος δε πολλω μαλλον εκραζεν,

M 20.32 Ελεησον ημας, κυριε, υιος Δαυιδ. και στας ο Ιησους εφωνησεν αυτους και
Mk 10.49 Υιε Δαυιδ, ελεησον με. |και στας ο Ιησους ειπεν, Φωνησατε αυτον. και
L 18.40 Υιε Δαυιδ, ελεησον με, σταθεις δε ο Ιησους εκελευσεν αυτον

M 10.50 φωνουσιν τον τυφλον λεγοντες αυτω, θαρσει, εγειρε, φωνει σε. ο δε αποβαλων το ιματιον

M 9.28 ἐλθόντι δὲ εἰς τὴν οἰκίαν προσῆλθον αὐτῷ οἱ τυφλοί, καὶ
Mk 10.51 αὐτοῦ ἀναπηδήσας ἦλθεν πρὸς τὸν Ἰησοῦν. καὶ
L 18.40 ἀχθῆναι πρὸς αὐτόν. ἐγγίσαντος δὲ αὐτοῦ

M 9.27 εκειθεν τω Ιησου ηκολουθησαν αυτω δυο τυφλοι κραζοντες και λεγοντες C^{c}EFGK^{c}YΘΠ 1.28.1582
εκειθεν τω Ιησου ηκολουθησαν αυτω δυο τυφλοι κραυγαζοντες και λεγοντες ℵ
εκειθεν τω Ιησου ηκολουθησαν δθο τυφλοι κραζοντες και λεγοντες BD
εκειθεν τω Ιησου ηκολουθησαν αυτω δυο τυφλοι κραυγαζοντες C*
εκειθεν τω Ιησου ηκολουθησαν αυτω δυ τυφλοι κραζοντες και λεγοντες K*
εκειθεν τω Ιησου ηκολουθησαν αυτω δυο τυφλοι κραζοντες L 13
τω Ιησου εκειθεν ηκολουθησαν αυτω δυο τυφλοι κραζοντες και λεγοντες W
εκειθεν τω Ιησου ηκουλουθησαν αυτω δυο τυφλοι κραζοντες και λεγοντες 565

M 9.27 ημας υιος Δαυιδ
ημας υιε δαδ ℵEFKLΘ 1.28.1582
ημας υιος Δαυειδ BW
ημας Ιησου υιε δαδ C*
ημας υιε δαδ C^{c}
ημας υιε Δαυειδ D
ημας υιος δαδ GYΠ 565
ημας κυριε υιε δαδ 13

M 9.28 ελθοντι δε εις τον οικιαν προσηλθον αυτοι οι CEFGLWYΠ 1.13.565.1582
εισελθοντι δε αυτω εις τον οικιαν προσηλθον αυτοι οι δυο ℵ*
ελθοντι δε αυτω εις τον οικιαν προσηλθον αυτοι οι ℵ^{c}
ελθοντι δε εις τον οικιαν προσηλθαν αυτοι οι B
και ερχεται εις τον οικιαν και προσηλθον αυτοι οι δυο D
ελθοντη δε εις τον οικιαν προσηλθον αυτοι οι KΘ

M 9.27 - M 12.23; 21.9

21. TWO BLIND MEN AND A DUMB DEMONIAC Matthew 9.27-34

M 9.28	λέγει αὐτοῖς ὁ Ἰησοῦς, Πιστεύετε ὅτι δύναμαι τοῦτο ποιῆσαι;
M 20.32	εἶπεν, Τί θέλετε ποιήσω ὑμῖν;
Mk 10.51	ἀποκριθεὶς αὐτῷ ὁ Ἰησοῦς εἶπεν, Τί σοι θέλεις ποιήσω;
L 18.41	ἐπηρώτησεν αὐτόν, |Τί σοι θέλεις ποιήσω;

M 9.28	λέγουσιν αὐτῷ, Ναί, κύριε.
M 20.33	λέγουσιν αὐτῷ, Κύριε, ἵνα ἀνοιγῶσιν οἱ ὀφθαλμοὶ ἡμῶν.
Mk 10.51	ὁ δὲ τυφλὸς εἶπεν αὐτῷ, Ραββουνι, ἵνα ἀναβλέψω.
L 18.41	ὁ δὲ εἶπεν, Κύριε, ἵνα ἀναβλέψω.

M 9.29	τότε ἥψατο τῶν ὀφθαλμῶν αὐτῶν λέγων,
M 20.34	σπλαγχνισθεὶς δὲ ὁ Ἰησοῦς ἥψατο τῶν ὀμμάτων αὐτῶν,
Mk 10.52	καὶ ὁ Ἰησοῦς εἶπεν αὐτῷ,
L 18.42	καὶ ὁ Ἰησοῦς εἶπεν αὐτῷ,

M 9.30	Κατὰ τὴν πίστιν ὑμῶν γενηθήτω ὑμῖν. καὶ ἠνεῴχθησαν αὐτῶν
M 20.34	καὶ εὐθέως ἀνέβλεψαν καὶ
Mk 10.52	Ὕπαγε, ἡ πίστις σου σέσωκέν σε. καὶ εὐθὺς ἀνέβλεψεν, καὶ
L 18.43	Ἀνάβλεψον· ἡ πίστις σου σέσωκέν σε. καὶ παραχρῆμα ἀνέβλεψεν, καὶ

M 9.30	οἱ ὀφθαλμοί. καὶ ἐνεβριμήθη αὐτοῖς ὁ Ἰησοῦς λέγων, Ὁρᾶτε μηδεὶς
M 20.34	ἠκολούθησαν αὐτῷ.
Mk 10.52	ἠκολούθει αὐτῷ ἐν τῇ ὁδῷ.
L 18.43	ἠκολούθει αὐτῷ δοξάζων τὸν θεόν.

M 9.31	γινωσκέτω. οἱ δὲ ἐξελθόντες διεφήμισαν αὐτὸν ἐν ὅλῃ τῇ γῇ ἐκείνῃ.
L 18.43	καὶ πᾶς ὁ λαὸς ἰδὼν ἔδωκεν αἶνον τῷ θεῷ.

M 9.28
- ο Ιησους πιστευετε οτι δυναμαι τουτο ποιησαι — ℵ^c DEFGYΠ^c 1.13.28.565.1582
- Ιησους πιστευετε οτι δυναμαι υμιν τουτο ποιησαι — ℵ*
- ο Ιησους πιστευετε οτι τουτο δυναμαι ποιησαι — B
- ο Ιησους πιστευετε οτι δυναμαι ποιησαι τουτο — C
- ο Ιησους πιστευετε οτι δυναμε τουτο ποιησαι — K
- ο Ιησους πιστευετε οι δυναμαι τουτο ποιησαι — L
- ο Ιησους πιστευεται οτι δυναμαι τουτο ποιησαι — W
- ο Ιησους πιστευετε οτι δυναμε τουτω ποιησαι — Θ
- ο Ιησους πιστευε οτι δυναμαι τουτο ποιησαι — Π*

M 9.29
- ηψατο των οφθαλμων αυτων λεγων — ℵBCEFGKWYΠ 13.28.565
- ηψατο των ομματων αυτων και ειπεν — D
- ηψατω των οφθαλμον αυτων λεγων — L*
- ηψατω των οφθαλμων αυτων λεγων — L^c
- ηψατο των ομματων αυτων λεγων — Θ
- ηψατο των οφθαλμων αυτων και ειπεν — 1.1582

M 9.29
- γενηθητω — ℵBCDEFGKWYΘΠ^c 1.13.28.565.1582 ClemAl (Pd I 29.3; S II 49.1; Exc 9)
- γεννηθητω — LΠ*

M 9.30
- ηνεωχθησαν αυτων οι οφθαλμοι — B
- ανεωχθησαν οι οφθαλμοι — ℵ*
- ανεωχθησαν αυτων οι οφθαλμοι — ℵ^c C^c E^c FGKLWYΘΠ 1.13.28.565.1582
- ηνοιχθησαν αυτων οι οφθαλμοι — C*
- ηνεωχθησαν οι οφθαλμοι αυτων — D
- ανεωχθησαν αυτω οι οφθαλμοι — E*

M 9.30
- ενεβριμηθη αυτοις ο Ιησους — ℵB* 1.1582
- ενεβριμησατο αυτοις ο Ιησους — B^c CEFGKWYΘΠ 13.28
- ενεβριμησατο αυτοις Ιησους — D
- ενβριμησατω αυτοις ο Ιησους — L
- ενεβρημησατο αυτοις ο Ιησους — 565

M 9.31
- εξελθοντες διεφημισαν αυτον εν ολη — ℵ^c BCDEFGKWYΘΠ 1.13.28.565.1582
- εξελθοντες διεφημισαν αυτον εν — ℵ*
- εξελθωτες διεφημισαν αυτον εν ολη — L

M 9.28 - Ac 14.9 | M 9.29 - M 8.13; 15.28 | M 9.30 - M 8.4; Mk 1.43; 14.5; J 11.33,38
M 9.30-31 - Mk 7.36

21. TWO BLIND MEN AND A DUMB DEMONIAC Matthew 9.27-34

M 9.32	Αὐτῶν δὲ ἐξερχομένων ἰδοὺ προσήνεγκαν αὐτῷ ἄνθρωπον
M 12.22	Τότε προσηνέχθη αὐτῷ δαιμονιζόμενος
M 15.30	καὶ προσῆλθον αὐτῷ ὄχλοι πολλοὶ ἔχοντες μετ' ἑαυτῶν χωλούς,
L 11.14	Καὶ ἦν ἐκβάλλων δαιμόνιον,

M 9.32	κωφὸν δαιμονιζόμενον·
M 12.22	τυφλὸς καὶ κωφός·
M 15.30	τυφλούς, κυλλούς, κωφούς, καὶ ἑτέρους πολλούς, καὶ ἔρριψαν αὐτοὺς παρὰ
L 11.14	καὶ αὐτὸ ἦν κωφόν·

M 9.33	καὶ ἐκβληθέντος τοῦ δαιμονίου ἐλάλησεν ὁ
M 12.22	καὶ ἐθεράπευσεν αὐτόν, ὥστε τὸν
M 15.31	τοὺς πόδας αὐτοῦ, καὶ ἐθεράπευσεν αὐτούς· ὥστε
L 11.14	ἐγένετο δὲ τοῦ δαιμονίου ἐξελθόντος ἐλάλησεν ὁ

M 9.33	κωφός. καὶ ἐθαύμασαν οἱ ὄχλοι λέγοντες,
M 12.23	κωφὸν λαλεῖν καὶ βλέπειν. καὶ ἐξίσταντο πάντες οἱ ὄχλοι καὶ ἔλεγον,
M 15.31	τὸν ὄχλον θαυμάσαι βλέποντας κωφοὺς
L 11.14	κωφός. καὶ ἐθαύμασαν οἱ ὄχλοι·

M 9.34	Οὐδέποτε ἐφάνη οὕτως ἐν τῷ Ἰσραήλ. οἱ δὲ Φαρισαῖοι
M 12.24	Μήτι οὗτός ἐστιν ὁ υἱὸς Δαυίδ; οἱ δὲ Φαρισαῖοι
M 15.31	λαλοῦντας, κυλλοὺς ὑγιεῖς, καὶ χωλοὺς περιπατοῦντας καὶ τυφλοὺς βλέποντας·
Mk 3.22	καὶ οἱ γραμματεῖς οἱ ἀπὸ
L 11.15	τινὲς δὲ ἐξ αὐτῶν
J 7.20	ἀπεκρίθη ὁ ὄχλος,

M 9.34	ἔλεγον,
M 12.24	ἀκούσαντες εἶπον, Οὗτος οὐκ ἐκβάλλει τὰ δαιμόνια εἰ μὴ
M 15.31	καὶ ἐδόξασαν τὸν θεὸν Ἰσραήλ.
Mk 3.22	Ἱεροσολύμων καταβάντες ἔλεγον ὅτι Βεελζεβοὺλ ἔχει, καὶ ὅτι
L 11.15	εἶπον,

M 9.34	Ἐν τῷ ἄρχοντι τῶν δαιμονίων ἐκβάλλει τὰ δαιμόνια.
M 12.24	ἐν τῷ Βεελζεβοὺλ ἄρχοντι τῶν δαιμονίων.
Mk 3.22	ἐν τῷ ἄρχοντι τῶν δαιμονίων ἐκβάλλει τὰ δαιμόνια.
L 11.15	Ἐν Βεελζεβοὺλ τῷ ἄρχοντι τῶν δαιμονίων ἐκβάλλει τὰ δαιμόνια·
J 7.20	Δαιμόνιον ἔχεις· τίς σε ζητεῖ ἀποκτεῖναι;

M 9.32	αυτων δε εξερχομενων ιδου προσηνεγκαν αυτω ανθρωπον	CDEGLWYΘΠ 1.13.28.565.1582
	αυτων δε εξερχομενων ιδου προσηνεγκαν αυτω	ℵB
	αυτων δε διεξερχομενων ιδου προσηνεγκαν αυτω ανθρωπον	F
	αυτον δε εξερχομενων ιδου προσηνεγκαν αυτω ανθρωπον	K

Mk 9.32	δαιμονιζομενον	ℵBCDEFGKLWYΘΠ 1.13.28.1582
	και δαιμονιζομενον	565

M 9.33	ουδεποτε εφανη ουτως εν τω Ισραηλ	ℵBCEFGKWYΠ 1.13.28.1582
	ουδεποτε ουτως εφανη εν Ισραηλ	D
	ουδεποτε εφανη ουτος εν τω Ισραηλ	L
	οτι ουδεποται εφανη ουτος εν τω Ισραηλ	Θ
	ουδεποτε εφανη εν τω Ισραηλ ουτως	565

M 9.34	**verse all texts**	
	omit verse	D

M 9.34	εν τω αρχοντι των δαιμονιων εκβαλλει	$\aleph^{c}$BCDEFGLYΘΠ 1.13.28.565.1582
	τω αρχοντι των δαιμονιων εκβαλλει	ℵ*
	εν τω αρχοντι των δαιμονιων εκβαλει	K

M 9.32-33 - Mk 7.32, 35; 9.17, 25 | M 9.33 - Mk 2.12; L 7.16 | M 9.34 - M 12.27; L 11.19

22. SECOND DISCOURSE: MISSION OF THE TWELVE

Matthew 9.35-11.1

a. Setting

Matthew 9.35-38

M 9.35 Καὶ περιῆγεν
Mk 6. 6b Καὶ περιῆγεν
L 8. 1 Καὶ ἐγένετο
M 4.23 Καὶ περιῆγεν
L 10. 1 Μετὰ δὲ ταῦτα ἀνέδειξεν ὁ κύριος ἑτέρους ἑβδομήκοντα δύο, καὶ ἀπέστειλεν

M 9.35 ὁ Ἰησοῦς τὰς πόλεις πάσας καὶ τὰς κώμας,
Mk 6. 6b τὰς κώμας
L 8. 1 ἐν τῷ καθεξῆς καὶ αὐτὸς διώδευεν κατὰ πόλιν καὶ κώμην
M 4.23 ἐν ὅλῃ τῇ Γαλιλαίᾳ,
L 10. 1 αὐτοὺς ἀνὰ δύο δύο πρὸ προσώπου αὐτοῦ εἰς πᾶσαν πόλιν καὶ τόπον

M 9.35 διδάσκων ἐν ταῖς συναγωγαῖς αὐτῶν καὶ κηρύσσων τὸ εὐαγγέλιον
Mk 6. 6b κύκλῳ διδάσκων.
L 8. 1 κηρύσσων καὶ εὐαγγελιζόμενος
M 4.23 διδάσκων ἐν ταῖς συναγωγαῖς αὐτῶν καὶ κηρύσσων τὸ εὐαγγέλιον
L 10. 1 οὗ ἤμελλεν αὐτὸς ἔρχεσθαι.

M 9.36 τῆς βασιλείας καὶ θεραπεύων πᾶσαν νόσον καὶ πᾶσαν μαλακίαν. Ἰδὼν δὲ
Mk 6.34 καὶ ἐξελθὼν εἶδεν
L 8. 1 τὴν βασιλείαν τοῦ θεοῦ, καὶ οἱ δώδεκα σὺν αὐτῷ,
M 4.23 τῆς βασιλείας καὶ θεραπεύων πᾶσαν νόσον καὶ πᾶσαν μαλακίαν ἐν τῷ λαῷ.
M 14.14 καὶ ἐξελθὼν εἶδεν

M 9.36 τοὺς ὄχλους ἐσπλαγχνίσθη περὶ αὐτῶν
Mk 6.34 πολὺν ὄχλον, καὶ ἐσπλαγχνίσθη ἐπ' αὐτοὺς
M 14.14 πολὺν ὄχλον, καὶ ἐσπλαγχνίσθη ἐπ' αὐτοῖς

M 9.35 περιηγεν ο Ιησους all texts
Mk 6. 6 περιηγεν ABCDLWYΘΠ 1.565.1582
περιηγεν ο Ιησους ℵ 28

M 9.35 συναγωγαις αυτων και κηρυσσων το ευαγγελιον ℵBCDEFGKWYΘΠ 1.13.28.565.1582
συναγωγας αυτων και κηρυσσων το ευαγγελον L

M 9.35 θεραπευων πασαν νοσον και πασαν μαλακιαν BC*DW 1.565.1582
θεραπευων πασαν νοσον πασαν μαλακιαν εν τω λαω και ηκολουθησαν αυτω ℵ*
θεραπευων πασαν νοσον και πασαν μαλακιαν εν τω λαω ℵ^{c}C^{c}EFKYΘΠ 28
εθεραπευων πασαν νοσον και πασαν μαλακιαν εν τω λαω G
θεραπευων πασαν νοσον και πασαν μαλακιαν εν τω λαω και πολλοι ηκολουθησαν αυτω L 13

M 9.36 τους οχλους εσπλαγχνισθη ℵBFWYΘΠ 1.28.565.1582
τους οχλους ο Ιησους εσπλαγχνισθη C 13
τους οχλους εσπλανχνισθη D
τους οχλους εσπλαγνησθη EL
ο Ιησους τους οχλους εσπλαγχνισθη G
τους οχλους εσπλαγνησθι K

M 9.35 - Mk 1.39; M 10.1; Mk 1.34; L 7.21
M 9.36 - M 15.32; Mk 8.2; Nu 27.17; 1 Kg 22.17; 2 Chr 18.16; Ez 34.5; Zch 10.2; Jdth 11.19;
M 10.6; 18.12; 26.31; 1 P 2.25

M 9.36 ὅτι ἦσαν ἐσκυλμένοι καὶ ἐρριμμένοι ὡσεὶ πρόβατα μὴ ἔχοντα ποιμένα.
Mk 6.34 ὅτι ἦσαν ὡς πρόβατα μὴ ἔχοντα ποιμένα,
M 14.14 καὶ ἐθεράπευσεν τοὺς ἀρρώστους αὐτῶν.

M 9.37 τότε λέγει τοῖς μαθηταῖς αὐτοῦ, Ὁ μὲν θερισμὸς πολύς,
Mk 6.34 καὶ ἤρξατο διδάσκειν αὐτοὺς πολλά.
L 10. 2 ἔλεγεν δὲ πρὸς αὐτούς, Ὁ μὲν θερισμὸς πολύς,
J 4.35 οὐχ ὑμεῖς λέγετε ὅτι Ἔτι τετράμηνός ἐστιν καὶ ὁ θερισμὸς ἔρχεται;

M 9.38 οἱ δὲ ἐργάται ὀλίγοι· δεήθητε οὖν τοῦ κυρίου τοῦ θερισμοῦ ὅπως
L 10. 2 οἱ δὲ ἐργάται ὀλίγοι· δεήθητε οὖν τοῦ κυρίου τοῦ θερισμοῦ ὅπως
J 4.35 ἰδοὺ λέγω ὑμῖν, ἐπάρατε τοὺς ὀφθαλμοὺς ὑμῶν καὶ θεάσασθε τὰς χώρας ὅτι

M 9.38 ἐκβάλῃ ἐργάτας εἰς τὸν θερισμὸν αὐτοῦ.
L 10. 2 ἐργάτας ἐκβάλῃ εἰς τὸν θερισμὸν αὐτοῦ.
J 4.35 λευκαί εἰσιν πρὸς θερισμόν.

b. The Twelve

Matthew 10.1-4

L 6.12 Εγενετο δε εν ταις ημεραις ταυταις εξελθειν αυτον εις το ορος προσευξασθαι, και ην
L 6.12 διανυκτερευων εν τη προσευχη του θεου.

M 10. 1 Καὶ προσκαλεσάμενος
Mk 3.13 Καὶ ἀναβαίνει εἰς τὸ ὄρος καὶ προσκαλεῖται οὓς ἤθελεν αὐτός, καὶ ἀπῆλθον
L 6.13 Καὶ ὅτε ἐγένετο ἡμέρα, προσεφώνησεν τοὺς μαθητὰς αὐτοῦ,
Mk 6. 7 καὶ προσκαλεῖται
L 9. 1 Συγκαλεσάμενος δὲ
L 10. 1 Μετὰ δὲ ταῦτα

M 10. 1 τοὺς δώδεκα μαθητὰς αὐτοῦ
Mk 3.14 πρὸς αὐτόν. καὶ ἐποίησεν δώδεκα, οὓς καὶ ἀποστόλους
L 6.13 καὶ ἐκλεξάμενος ἀπ' αὐτῶν δώδεκα,
Mk 6. 7 τοὺς δώδεκα,
L 9. 1 τοὺς δώδεκα
L 10. 1 ἀνέδειξεν ὁ κύριος ἑτέρους ἑβδομήκοντα δύο,

M 10. 1 ἔδωκεν
Mk 3.14 ὠνόμασεν, ἵνα ὦσιν μετ' αὐτοῦ καὶ ἵνα ἀποστέλλῃ
Mk 6. 7 καὶ ἤρξατο αὐτοὺς ἀποστέλλειν δύο δύο, καὶ ἐδίδου
L 9. 1 ἔδωκεν
L 10. 1 καὶ ἀπέστειλεν

M 9.36 ησαν εσκυλμενοι και ερριμμενοι ωσει EGKW 13.28
ησαν εσκυλμενοι και εριμμενοι ωσει ℵB
ησαν εσκυλμενοι και εριμμενοι ως C
ησαν εσκυλμενοι και ρεριμμενοι ως D
ησαν εσκυλμενοι και ερριμμενοι ως FYΘ
εισαν εκλελυμενοι και ερημενοι ως L
ησαν εσκυλμενοι ωσει Π
Mk 6.34 ησαν ως ℵ^c ABDWYΘΠ 1.28.565.1582
ησαν εσκυλμενοι και εριμμενοι ως 28

M 9.38 εκβαλη ℵBCDEFGKWYΘΠ 1.13.1582
εκβαλει L 28
εκβαλλη 565

M 10. 1 και προσκαλεσαμενος ℵBC*DEFGKWYΘ*Π 1.565.1582
και προσκαλεσαμενος ο Ιησους C^c L 13.28
και ο Ιησους προσκαλεσαμενος Θ^c

b. The Twelve Matthew 10.1-4

M 10. 1	αὐτοῖς ἐξουσίαν πνευμάτων ἀκαθάρτων ὥστε
Mk 3.15	αὐτοὺς κηρύσσειν |καὶ ἔχειν ἐξουσίαν
Mk 6. 7	αὐτοῖς ἐξουσίαν τῶν πνευμάτων τῶν ἀκαθάρτων·
L 9. 1	αὐτοῖς δύναμιν καὶ ἐξουσίαν ἐπὶ πάντα τὰ δαιμόνια
L 10. 1	αὐτοὺς ἀνὰ δύο δύο πρὸ προσώπου αὐτοῦ εἰς πᾶσαν πόλιν καὶ τόπον οὗ

M 10. 1	ἐκβάλλειν αὐτὰ καὶ θεραπεύειν πᾶσαν νόσον καὶ πᾶσαν μαλακίαν.
Mk 3.15	ἐκβάλλειν τὰ δαιμόνια·
L 9. 1	καὶ νόσους θεραπεύειν,
L 10. 1	ἤμελλεν αὐτὸς ἔρχεσθαι.

M 10. 2	Τῶν δὲ δώδεκα ἀποστόλων τὰ ὀνόματά ἐστιν ταῦτα· πρῶτος
Mk 3.16	καὶ ἐποίησεν τοὺς δώδεκα, καὶ ἐπέθηκεν ὄνομα τῷ
L 6.13	οὓς καὶ ἀποστόλους ὠνόμασεν,
J 1.41	εὑρίσκει οὗτος πρῶτον τὸν ἀδελφὸν τὸν ἴδιον
J 1.42b	ἐμβλέψας αὐτῷ ὁ Ἰησοῦς εἶπεν, Σὺ εἶ
A 1.13	καὶ ὅτε εἰσῆλθον, εἰς

M 10. 2	Σίμων ὁ λεγόμενος Πέτρος
Mk 3.16	Σίμωνι Πέτρον,
L 6.14	Σίμωνα, ὃν καὶ ὠνόμασεν Πέτρον,
J 1.41	Σίμωνα καὶ λέγει αὐτῷ, Εὑρήκαμεν τὸν Μεσσίαν (ὅ ἐστιν μεθερμηνευόμενον
J 1.42b	Σίμων ὁ υἱὸς Ἰωάννου· σὺ κληθήσῃ Κηφᾶς (ὃ ἑρμηνεύεται Πέτρος).
A 1.13	τὸ ὑπερῷον ἀνέβησαν οὗ ἦσαν καταμένοντες, ὅ τε Πέτρος

M 10. 2	καὶ Ἀνδρέας ὁ ἀδελφὸς αὐτοῦ, καὶ Ἰάκωβος ὁ τοῦ Ζεβεδαίου καὶ
Mk 3.17	|καὶ Ἰάκωβον τὸν τοῦ Ζεβεδαίου καὶ
L 6.14	καὶ Ἀνδρέαν τὸν ἀδελφὸν αὐτοῦ, καὶ Ἰάκωβον καὶ
J 1.40	Ἦν Ἀνδρέας ὁ ἀδελφὸς Σίμωνος Πέτρου εἷς ἐκ τῶν δύο τῶν ἀκουσάντων
J 1.42a	Χριστός)· ἤγαγεν αὐτὸν πρὸς τὸν Ἰησοῦν.
A 1.13	καὶ Ἰωάννης καὶ

M 10. 2	Ἰωάννης ὁ ἀδελφὸς αὐτοῦ,
Mk 3.17	Ἰωάννην τὸν ἀδελφὸν τοῦ Ἰακώβου, καὶ ἐπέθηκεν αὐτοῖς ὀνόματα Βοανηργές,
L 6.14	Ἰωάννην
J 1.40	παρὰ Ἰωάννου καὶ ἀκολουθησάντων αὐτῷ·
A 1.13	Ἰάκωβος

M 10. 1	πνευματων ακαθαρτων ωστε εκβαλλειν	ℵBGKYΘΠ 1.13.28.565.1582
	πνευματων ακαθαρτων ωστε εκβαλειν	CD
	κατα πνευματων ακαθαρτων ωστε εκβαλλειν	EFL
	πνευματων ακαθαρτων ωστε εκβαλλιν	W

M 10. 1	μαλακιαν	ℵBCDEFGKWYΘΠ 1.13.28.565.1582
	μαλακιαν εν τω λαω	L

M 10. 2	των δε δωδεκα αποστολων τα ονοματα εστιν	ℵBCEFGKWYΠ 1.28.1582
	των δωδεκα αποστολων τα ονοματα εστιν	DΘ
	των δε δωδεκα αποστολων τα ονοματα εισιν	L 13
	των δε δωδεκα αποστολων ονοματα εστιν	565

M 10. 2	λεγομενος Πετρος και Ανδρεας	ℵBCDEFGKLWYΠ 1.13.565.1582
	λεγομενος Πετρος και Ανδραιας	Θ
	καλουμενος Πετρος και Ανδρεας	28

M 10. 2	και Ιακωβος ο του Ζεβεδαιου και Ιωαννης	ℵ[c]
	Ιακωβος ο του Ζεβεδαιου και Ιωαννης	ℵ*CD[c]EGKYΘΠ 1.13.28.565.1582
	και Ιακωβος ο του Ζεβεδαιου και Ιωανης	B
	Ιακωβος του Ζεβεδαιου και Ιωαννης	D*
	Ιακωβος του Ζεβεδαιου και Ιωανης	F
	Ιακωβος ο του Ζεβεδεου και Ιωαννης	L
	Ιακωβος ο του Ζεβαιδεου και Ιωαννης	W

M 10. 1 - M 9.35; Mk 1.34; L 7.21; M 17.19f; L 10.17; M 4.21, 23 | M 10. 3 - J 1.43

b. The Twelve Matthew 10.1-4

M 10. 3 |Φίλιππος καὶ Βαρθολομαῖος,
Mk 3.18 ὅ ἐστιν Υἱοὶ Βροντῆς· καὶ Ἀνδρέαν καὶ Φίλιππον καὶ Βαρθολομαῖον
L 6.14 καὶ Φίλιππον καὶ Βαρθολομαῖον
A 1.13 Καὶ Ἀνδρέας, Φίλιππος καὶ Θωμᾶς,

M 10. 3 Θωμᾶς καὶ Μαθθαῖος ὁ τελώνης, Ἰάκωβος ὁ τοῦ Ἁλφαίου καὶ
Mk 3.18 καὶ Μαθθαῖον καὶ Θωμᾶν καὶ Ἰάκωβον τὸν τοῦ Ἁλφαίου καὶ
L 6.15 |καὶ Μαθθαῖον καὶ Θωμᾶν καὶ Ἰάκωβον Ἁλφαίου
A 1.13 Βαρθολομαῖος καὶ Μαθθαῖος, Ἰάκωβος Ἁλφαίου

M 10. 4 Θαδδαῖος, |Σίμων ὁ Καναναῖος καὶ
Mk 3.19 Θαδδαῖον καὶ Σίμωνα τὸν Καναναῖον |καὶ
L 6.16 καὶ Σίμωνα τὸν καλούμενον Ζηλωτὴν |καὶ Ἰούδαν Ἰακώβου καὶ
A 1.13 καὶ Σίμων ὁ Ζηλωτὴς καὶ Ἰούδας Ἰακώβου.

M 10. 4 Ἰούδας ὁ Ἰσκαριώτης ὁ καὶ παραδοὺς αὐτόν.
Mk 3.19 Ἰούδαν Ἰσκαριώθ, ὃς καὶ παρέδωκεν αὐτόν.
L 6.16 Ἰούδαν Ἰσκαριώθ, ὃς ἐγένετο προδότης.

M 10. 3 Μαθθαιος ο τελωνης ℵB*D
Ματθαιος ο τελωνης B^c CEFGKWYΘΠ 1.13.28.565.1582
Ματθεος ο τελωνης L
Mk 3.18 Μαθθαιον B*D
Ματθαιον ℵAB^c CYΠ 1.28.1582
Ματθαιων L
Μαθθεος W
Ματθαιον των τελωνην Θ
Ματθαιον τον τελωνην 565
L 6.15 Μαθθαιον ℵB*D
Ματθαιον AB^c LYΘ 1.28
Μαθθεον W

M 10. 3 και Θαδδαιος ℵ^c B
Θαδδαιος ℵ*
και Λεββαιος ο επικληθεις Θαδδαιος CEFGKWYΘΠ1.565.1582
και Λεββεος D
και Λεβεος ο επικληθεις Θαδεος L
και Θαδδαιος ο επικληθεις Λεββαιος 13
Mk 3.18 και Θαδδαιον ℵABCLYΠ 1.28.565.1582
και Λεββαιον D
omit W
Θαδδαιον Θ

M 10. 4 Σιμων ο Κανναιος BCL 1.1582
Σιμων ο Κανανιτης ℵEGKWYΘΠ 13.28.565
και Σιμων ο Χανναιος D
Σιμων ο Κανανητης L
Mk 3.18 και Σιμωνα τον Κανναιον ℵBCL 565
και Σιμωνα τον Κανανειτην A
και Σιμωνα το Κανναιον D
και Σιμων ο Κανανεος W
και Σιμωνα τον Κανανιτην YΘΠ 1.28.1582

M 10. 4 Ιουδας ο Ισκαριωτης ο και παραδους BKΘΠ 1.1582
ο Ιουδας ο Ισκαριωτης ο και παραδους ℵ*
Ιουδας Ισκαριωτης ο και παραδους ℵ^c EGWY 28.565
Ιουδας Ισκαριωθ ο και παραδους C
Ιουδας ο σκαριωτης ο και παραδους D
Ιουδας Ισκαριωτης ο παραδιδους F
Ιουδας Ισκαριωτης ως και παρεδωκεν L
Ιουδας Ισκαριωτης ος και παρεδωκεν 13
Mk 3.19 Ιουδαν Ισκαριωθ ος και παρεδωκεν ℵBCΘ 565
Ιουδαν Ισκαριωτην ος και παρεδωκεν AYΠ 1.28.1582
Ιουδας σκαριωθ ος και παρεδωκεν D
Ιουδαν Ισκαριωθ ως και παρεδωκεν L
Ιουδας Ισκαριωτης ο και παραδους W
L 6.16 Ιουδαν Ισκαριωθ ος ℵ*BL
Ιουδαν Ισκαριωτην ος ℵ^c W
Ιουδαν Ισκαριωτην ος και AYΘ 1.28
Ιουδαν σκαριωθ ος και D

M 10. 3 -J 1.40-49 | M 10. 4 - M 26.25; 27.3; Mk 14.44; J 6.64; 12.4; 13.11; 18.2, 5

c. The Mission

Matthew 10.5-15

M 10. 5 Τούτους τοὺς
Mk 6. 6b,7 Καὶ περιῆγεν τὰς κώμας κύκλῳ διδάσκων. καὶ προσκαλεῖται τοὺς
L 9. 1 Συγκαλεσάμενος δὲ τοὺς
L 10. 1 Μετὰ δὲ ταῦτα ἀνέδειξεν ὁ κύριος ἑτέρους

M 10. 5 δώδεκα
Mk 6. 7 δώδεκα, καὶ ἤρξατο αὐτοὺς
L 9. 1 δώδεκα ἔδωκεν αὐτοῖς δύναμιν καὶ ἐξουσίαν ἐπὶ πάντα τὰ δαιμόνια καὶ νόσους
M 15.24 ο δε απο-
L 10. 1 ἑβδομήκοντα δύο,

M 10. 5 ἀπέστειλεν ὁ Ἰησοῦς
Mk 6. 7 ἀποστέλλειν δύο δύο, καὶ ἐδίδου αὐτοῖς ἐξουσίαν τῶν
L 9. 2 θεραπεύειν, |καὶ ἀπέστειλεν
M 15.24 κριθεις ειπεν, Ουκ ἀπεστάλην
L 10. 1 καὶ ἀπέστειλεν

M 10. 5 παραγγείλας αὐτοῖς λέγων, Εἰς ὁδὸν ἐθνῶν μὴ
Mk 6. 8 πνευμάτων τῶν ἀκαθάρτων· καὶ παρήγγειλεν αὐτοῖς
L 9. 2 αὐτοὺς
L 10. 1 αὐτοὺς ἀνὰ δύο δύο πρὸ προσώπου

M 10. 5 ἀπέλθητε, καὶ εἰς πόλιν Σαμαριτῶν μὴ εἰσέλθητε·
L 10. 1 αὐτοῦ εἰς πᾶσαν πόλιν καὶ τόπον οὗ ἤμελλεν αὐτὸς ἔρχεσθαι.

L 10. 2 ελεγεν δε προς αυτους, Ο μεν θερισμος πολυς, οι δε εργαται ολιγοι· δεηθητε ουν του
L 10. 3 κυριου του θερισμου οπως εργατας εκβαλη εις τον θερισμον αυτου. υπαγετε· ιδου απο-
L 10. 3 στελλω υμας ως αρνας εν μεσω λυκων.

M 10. 6 πορεύεσθε δὲ μᾶλλον πρὸς τὰ πρόβατα τὰ ἀπολωλότα οἴκου Ἰσραήλ.
M 15.24 εἰ μὴ εἰς τὰ πρόβατα τὰ ἀπολωλότα οἴκου Ἰσραήλ.
M 3. 1 Ἐν δὲ ταῖς ἡμέραις ἐκείναις
M 4.17 Ἀπὸ τότε
Mk 1.14 Μετὰ δὲ τὸ παραδοθῆναι τὸν Ἰωάννην

M 10. 5 τους δωδεκα απεστειλεν ℵBCDEGKLYΘΠ 1.13.28^{c}.565.1582
τους δωδεκα αποστειλας F
τους δωδεκα εξαπεστιλεν W
δωδεκα απεστειλεν 28*

M 10. 5 παραγγειλας αυτοις λεγων ℵ^{c}BCEFGKWYΘΠ 1.13.28.565.1582
παραγγειλας αυτοις ℵ*
παραγγειλας αυτοις και λεγων D
παραγειλας αυτοις λεγων L

M 10. 5 εθνων μη απελθητε και εις πολιν Σαμαριτων μη εισελθητε ℵ^{c}CGLΠ* 28.565
μη απελθητε και εις πολιν Σαμαριτων μη εισελθητε ℵ*
εθνων μη απελθητε και εις πολιν Σαμαριτανων μη εισελθητε D
εθνων μη απελθηται και εις πολιν Σαμαρειτων μη εισελθητε E*
εθνων μη απελθητε και εις πολιν Σαμαρειτων μη εισελθητε BE^{c}FKYΠ^{c} 1.13.1582 ClemAl
εθνων μη απελθηται και εις πολιν Σαμαριτων μη εισελθηται W |(S III 107.1)
εθνων μη απελθηται και εις πολιν Σαμαριτων μη εισελθητε Θ

M 10. 6 πορευεσθε δε ℵB^{c}CFGKLYΘΠ 1.13.28.565.1582
πορευεσθαι δε B*EW
υπαγετε D

M 10.5 - M 28.19; L 9.52; Ac 13.46 | M 10. 6 - Jr 50.6; M 9.36; 18.12; J 10.16

c. The Mission Matthew 10.5-15

M 10. 7	πορευόμενοι δὲ		κηρύσσετε
L 9. 2			κηρύσσειν
M 3. 1	παραγίνεται	Ἰωάννης ὁ βαπτιστὴς	κηρύσσων ἐν τῇ ἐρήμῳ τῆς Ἰουδαίας
M 4.17	ἤρξατο	ὁ Ἰησοῦς	κηρύσσειν
Mk 1.14	ἦλθεν	ὁ Ἰησοῦς εἰς τὴν Γαλιλαίαν	κηρύσσων τὸ εὐαγγέλιον τοῦ θεοῦ

M 10. 7		λέγοντες ὅτι		Ἤγγικεν	ἡ
L 9. 2					τὴν
M 3. 2	καὶ	λέγων,	Μετανοεῖτε,	ἤγγικεν γὰρ	ἡ
M 4.17	καὶ	λέγειν,	Μετανοεῖτε,	ἤγγικεν γὰρ	ἡ
Mk 1.15	καὶ	λέγων ὅτι	Πεπλήρωται ὁ καιρὸς καὶ	ἤγγικεν	ἡ
L 10. 9b	καὶ	λέγετε αὐτοῖς,		Ἤγγικεν ἐφ' ὑμᾶς	ἡ
L 10.11b	πλὴν τοῦτο γινώσκετε ὅτι			ἤγγικεν	ἡ

M 10. 8	βασιλεία	τῶν οὐρανῶν.	ἀσθενοῦντας θεραπεύετε,	νεκροὺς ἐγείρετε,
L 9. 2	βασιλείαν	τοῦ θεοῦ	καὶ ἰᾶσθαι	τοὺς ασθενεῖς,
M 3. 2	βασιλεία	τῶν οὐρανῶν.		
M 4.17	βασιλεία	τῶν οὐρανῶν.		
Mk 1.15	βασιλεία	τοῦ θεοῦ· μετανοεῖτε καὶ πιστεύετε ἐν τῷ εὐαγγελίῳ.		
L 10. 9a	βασιλεία	τοῦ θεοῦ.	καὶ θεραπεύετε	τοὺς ἐν αὐτῇ ἀσθενεῖς,
L 10.11b	βασιλεία	τοῦ θεοῦ.		

M 10. 8 λεπροὺς καθαρίζετε, δαιμόνια ἐκβάλλετε· δωρεὰν ἐλάβετε, δωρεὰν δότε.

M 10. 9	Μὴ κτήσησθε χρυσὸν	μηδὲ ἄργυρον μηδὲ χαλκὸν	εἰς τὰς ζώνας ὑμῶν,
Mk 6. 8e		μὴ	εἰς τὴν ζώνην χαλκόν,
L 9. 3a,e	καὶ εἶπεν πρὸς αὐτούς,	μήτε ἀργύριον,	
L 10. 4a	μὴ βαστάζετε βαλλάντιον,		

M 10. 7	οτι	ℵCDEFGKLWYΘΠ 1.13.28.565.1582
	omit	B

M 10. 8	θεραπευετε νεκρους εγειρετε	λεπρους καθαριζετε	δαιμονια εκβαλλετε	ℵBC 1.565.1582*
	θεραπευσατε νεκρους εγειρατε	λεπρους καθαρεισατε και	δαιμονια εκβαλετε	D
	θεραπευετε	λεπρους καθαριζετε	δαιμονια εκβαλλετε	EGKLYΠ
	θεραπευετε	λεπρους καθαριζετε	δαιμονια εκβαλετε	F
	θεραπευεται λεπρους καθαριζεται	δαιμονια εκβαλλεται	νεκρους εγειρεται	W
	θεραπευετε	λεπρους καριζεται	δαιμονια εκβαλεται	Θ
	θεραπευεται νεκρους εγειρετε	λεπρους καθαριζετε	δαιμονια εκβαλλετε	13
	θεραπευετε	δαιμονια εκβαλλετε	λεπρους καθαριζετε	28
	θεραπευετε λεπρους καθαριζετε	νεκρους εγειρετε	δαιμονια εκβαλλετε	1582^{c}

M 10. 8	ελαβετε δωρεαν δοτε	ℵBCDEFKYΠ 1.28.565.1582
	ελαβετε δωρεαν δωτε	GL 13
	ελαβεται δωραιαν δοται	W
	ελαβεται δωρεαν δοτε	Θ

M 10. 9	κτησησθε	χρυσον	μηδε αργυρον	μηδε	ℵ^{c}BCEFGKΠ 1.1582
	κτησεσθε	χρυσον		μηδε	ℵ*
	κτησησθε	χρυσον	μητε αργυρον	μητε	D 13
	κτησεισθε	χρουσον	μητε αργυρον	μητε	L
	κτησησθαι	χρυσον	μηδε αργυρον	μηδε	W
	κτησησθε	χρυσον	μηδ αργυρον	μηδε	Y
	κτησεσθε	χρυσον	μητε αργυρον	μηδε	Θ
	κτησησθε	χρυσον	μητε αργυρον	μηδε	28
	κτησησθε	χρυσον	μηδε αργυρον	μητε	565

M 10. 8 - M 8.2; Mk 16.17; 2 Kg 5.14; Ac 8.20 | M 10.10 - Ac 20.31

c. The Mission Matthew 10.5-15

M 10.10	μὴ πήραν, εἰς ὁδὸν μηδὲ
Mk 6. 8d,b,9b	μὴ πήραν, |ἵνα μηδὲν αἴρωσιν εἰς ὁδὸν |καὶ μὴ ἐνδύσησθε
L 9. 3d,b,f	|μήτε πήραν μήτε ἄρτον |Μηδὲν αἴρετε εἰς τὴν ὁδόν, |μήτε ἀνὰ
L 10. 4c	μὴ πήραν, |καὶ μηδένα κατὰ τὴν ὁδὸν ἀσπάσησθε.

M 10.10	δύο χιτῶνας μηδὲ ὑποδήματα μηδὲ ῥάβδον· ἄξιος γὰρ ὁ
Mk 6. 9a,8c	δύο χιτῶνας. |ἀλλὰ ὑποδεδεμένους σανδάλια |εἰ μὴ ῥάβδον μόνον, μὴ
L 9. 3c	δύο χιτῶνας ἔχειν. μήτε ῥάβδον
L 10. 4b,7b	|μὴ ὑποδήματα, |ἄξιος γὰρ ὁ

M 10.11	ἐργάτης τῆς τροφῆς αὐτοῦ. εἰς ἣν δ' ἂν πόλιν ἢ κώμην εἰσέλθητε,
Mk 6. 8c	ἄρτον,
L 10. 7b,8	ἐργάτης τοῦ μισθοῦ αὐτοῦ. καὶ εἰς ἣν ἂν πόλιν εἰσέρχησθε
L 10.10a	εἰς ἣν δ' ἂν πόλιν εἰσέλθητε

M 10.11	ἐξετάσατε τίς ἐν αὐτῇ ἄξιός ἐστιν· κἀκεῖ μείνατε ἕως ἂν ἐξέλθητε.
Mk 6.10a,g	|καὶ ἔλεγεν αὐτοῖς, |ἐκεῖ μένετε ἕως ἂν ἐξέλθητε
L 9. 4b	|ἐκεῖ μένετε καὶ ἐκεῖθεν ἐξέρχεσθε.
L 10. 8	καὶ δέχωνται ὑμᾶς, ἐσθίετε
L 10. 7a	|ἐν αὐτῇ δὲ τῇ οἰκίᾳ μένετε, ἐσθίοντες καὶ πίνοντες

M 10.12	εἰσερχόμενοι δὲ εἰς τὴν
Mk 6.10b	ἐκεῖθεν. |Ὅπου ἐὰν εἰσέλθητε εἰς
L 9. 4a	καὶ εἰς ἣν ἂν
L 10. 5	τὰ παρατιθέμενα ὑμῖν, |εἰς ἣν δ' ἂν εἰσέλθητε
L 10. 7a,c	τὰ παρ' αὐτῶν, |μὴ μεταβαίνετε ἐξ οἰκίας εἰς

M 10.10	μη πηραν εις οδον μηδε δυο χιτωνας μηδε υποδηματα μηδε ραβδον	ℵB 1.1582
	μη πηραν εις οδον μηδε δυο χιτωνας μηδε υποδηματα μηδε ραβδους	CEFGKWYΠ 28.565
	μητε πηραν εις οδον μητε δυο χειθωνας μητε υποδηματα μητε ραβδον	D*
	μητε πηραν εις οδον μητε δυο χειτωνας μητε υποδηματα μητε ραβδον	D[c]
	μη πειραν εις οδον μητε δυο χειτωνας μητε υποδηματα μητε ραβδους	L
	μη πιραν εις οδον μηδε δυο χιτονας μητε υποδηματα μητε ραβδον	Θ
	μη πειραν εις οδον μητε δυο χιτωνας μητε υποδηματα μητε ραβδους	13

M 10.10	ο εργατης της τροφης αυτου	ℵBCL 1.1582*
	εστιν ο εργατης της τροφης αυτου	D
	ο εργατης της τροφης αυτου εστιν	EFGWYΘ 13.28.1582[c]
	ο εργατης του μισθου αυτου	K 565
	ο εργατης του μισθου αυτου εστιν	Π

M 10.11	εις ην δ αν πολιν η κωμην εισελθητε	ℵBCEFGKYΠ 565.1582[c]
	η πολις εις ην αν εισελθητε εις αυτην	D
	εις ην δ αν πολιν εισελθητε η κομιν	L
	εις ην δ αν πολιν η κωμην εισελθηται	W
	εις ην δ αν πολιν η κομην εισελθητε	Θ
	εις ην δ αν πολιν εισελθητε	1.1582*
	εις δ αν πολιν εισελθητε η κωμην	13
	εις ην δ αν πολιν η κωμην εισερχεσθε	28

M 10.11	τις εν αυτη αξιος εστιν κακει μεινατε εως αν εξελθητε	BCDEFGYΠ 1.13.565.1582
	εν αυτη τις αξιος εστιν κακει μεινατε εως αν εξελθητε	ℵK
	της εν αυτη αξιος κακει μεινατε εως αν εξελθηται	L
	τις εν αυτη αξιος εστιν κακει μειναται εως αν εξελθηται	W
	τις εν αυτη αξιος εστιν κακει μηνατε εως αν εξελθηται	Θ
	τις εν αυτη αξιος εστιν κακει μενετε εως αν εξελθητε	28

M 10.10 - Nu 18.31; 1 C 9.14; 1 Tm 5.18; Js 5.4

c. The Mission Matthew 10.5-15

M 10.13	οἰκίαν ἀσπάσασθε αὐτήν· καὶ ἐὰν μὲν ᾖ ἡ οἰκία ἀξία, ἐλθάτω
Mk 6.10b	οἰκίαν, ἐκεῖ μένετε ἕως ἂν ἐξέλθητε ἐκεῖθεν.
L 9. 4a	οἰκίαν εἰσέλθητε,
L 10. 5	οἰκίαν, πρῶτον λέγετε,
L 10. 7c,6	οἰκίαν. καὶ ἐὰν ἐκεῖ ᾖ υἱὸς εἰρήνης, ἐπαναπαήσεται

M 10.13	ἡ εἰρήνη ὑμῶν ἐπ' αὐτήν· ἐὰν δὲ μὴ ᾖ ἀξία, ἡ εἰρήνη ὑμῶν
L 10. 5	Εἰρήνη τῷ οἴκῳ τούτῳ.
L 10. 6	ἐπ' αὐτὸν ἡ εἰρήνη ὑμῶν· εἰ δὲ μή γε,

M 10.14	πρὸς ὑμᾶς ἐπιστραφήτω. καὶ ὃς ἂν μὴ δέξηται ὑμᾶς μηδὲ
Mk 6.11	καὶ ὃς ἂν τόπος μὴ δέξηται ὑμᾶς μηδὲ
L 9. 5	καὶ ὅσοι ἂν μὴ δέχωνται ὑμᾶς,
L 10. 6,10b	ἐφ' ὑμᾶς ἀνακάμψει. καὶ μὴ δέχωνται ὑμᾶς,

M 10.14	ἀκούσῃ τοὺς λόγους ὑμῶν, ἐξερχόμενοι ἔξω τῆς οἰκίας ἢ τῆς πόλεως
Mk 6.11	ἀκούσωσιν ὑμῶν, ἐκπορευόμενοι ἐκεῖθεν
L 9. 5	ἐξερχόμενοι ἀπὸ τῆς πόλεως
L 10.10b	ἐξελθόντες εἰς τὰς πλατείας αὐτῆς

M 10.14	ἐκείνης ἐκτινάξατε τὸν κονιορτὸν
Mk 6.11	ἐκτινάξατε τὸν χοῦν τὸν
L 9. 5	ἐκείνης τὸν κονιορτὸν
L 10.11a	εἴπατε, |Καὶ τὸν κονιορτὸν τὸν κολληθέντα ἡμῖν ἐκ τῆς πόλεως ὑμῶν

M 10.12	ασπασασθε αυτην	ℵ^{c}BEFGKYΠ 13.28.565
	ασπασασθε αυτην λεγοντες ειρηνη τω οικω τουτω	ℵ*DLθ 1.1582
	ασπασασθαι αυτην	C
	ασπασασθαι αυτην λεγοντες ειρηνη τω οικω τουτω	W
M 10.13	και εαν μεν η η οικια αξια ελθατω	ℵCW 13
	και εαν μεν η η οικια αξια ελθετω	BEFGKYθΠ 1.565.1582
	εαν μεν η η οικια αξια εστε	D
	και εαν μεν η η οικια ελθατω	L
	και εαν μεν η η οικια αξια εισελθετω	28
M 10.13	εαν δε μη η αξια η ειρηνη	ℵBEFGKWYθΠ 1.13.28.565.1582
	εαν δε μη ην αξια η ειρηνη	C
	ει δε μη γε ειρηνη	D*
	ει δε μη γε η ειρηνη	D^{c}
	ει δε μη γε η αξια ειρηνη	L
M 10.13	προς υμας επιστραφητω	CDEFGKLθΠ 13.28.565.1582
	εφ υμας επιστραφητω	ℵBW
	προς υμας επαναστραφητω	Y
	προς υμας επιστραφητο	1.
M 10.14	ος αν μη δεξηται υμας μηδε ακουση τους λογους	ℵB^{c}DW^{c} 13.565
	ος αν υμας μηδε ακουση τους λογους	B*
	ος εαν μη δεξηται υμας μηδε ακουση τους λογους	CGYΠ 1.28.1582
	ος εαν μη δεξητε υμας μηδε ακουση τους λογους	Eθ
	ος εαν μη δεξηται υμας μηδε ακουση τους λογου	F
	ος αν μη δεξητε υμας μηδε ακουση τους λογους	K
	οσοι αν μη δεξονται υμας μηδε ακουσωσιν τους λογους	L
	ος αν μη δεξηται υμας μηδε ακουση των λογων	W*
M 10.14	εξω της οικιας η της πολεως εκεινης εκτιναξατε	B
	της οικιας η πολεως η κωμης εκεινης εκτιναξατε	ℵ
	της οικιας η της πολεως εκεινης εκτιναξατε	C
	εξω της πολεως εκτειναξατε	D
	της οικιας η της πολεως εκεινης εκτιναξατε	EKY^{c}Π 1.1582
	της οικιας η της πολεω εκεινης εκτιναξατε	F
	της οικιας η της πολεως εκεινης εκτειναξατε	G 28.565
	εκ της οικιας η της πολεως εκεινης εκτειναξατε	L
	της οικιας η της πολεως εκεινης εκτιναξαται	W
	της οικιας η της πολεως εκεινης εκτιναξα	Y*
	εξω της οικιας η της πολεως εκεινης εκτηναξατε	θ
	της οικιας η πολεως η κωμης εκεινης εκτειναξατε	13

M 10.13 - J 20.19; 2 J 10 | M 10.14 - Ac 13.51; 18.6
M 10.15 - Gn 18.20-19.28; R 9.29; 2 P 2.6; Jd 7

c. The Mission Matthew 10.5-15

M 10.15		τῶν ποδῶν ὑμῶν.		ἀμὴν λέγω ὑμῖν,	ἀνεκτότερον
Mk 6.11	ὑποκάτω	τῶν ποδῶν ὑμῶν		εἰς μαρτύριον	αὐτοῖς.
L 9. 5	ἀπὸ	τῶν ποδῶν ὑμῶν	ἀποτινάσσετε	εἰς μαρτύριον ἐπ'	αὐτούς.
M 11.24				πλὴν λέγω ὑμῖν	ὅτι
L 10.11a,12	εἰς	τοὺς πόδας	ἀπομασσόμεθα	ὑμῖν· |λέγω ὑμῖν	ὅτι

Mk 6.12,13	Και εξελθοντες εκηρυξαν ινα μετανοωσιν, |και δαιμονια πολλα
L 9. 6	εξερχομενοι δε διηρχοντο κατα τας κωμας ευαγγελιζομενοι

Mk 6.13	εξεβαλλον, και ηλειφον ελαιω πολλους αρρωστους και εθεραπευον.
L 9. 6	και θεραπευοντες πανταχου.

M 10.15	ἔσται γῆ Σοδόμων καὶ Γομόρρων	ἐν	ἡμέρᾳ κρίσεως
M 11.24	γῆ Σοδόμων ἀνεκτότερον ἔσται	ἐν	ἡμέρᾳ κρίσεως
L 10.12	Σοδόμοις	ἐν	τῇ ἡμέρᾳ ἐκείνῃ ἀνεκτότερον ἔσται

M 10.15	ἢ τῇ πόλει ἐκείνῃ.
M 11.24	ἢ σοί.
L 10.12	ἢ τῇ πόλει ἐκείνῃ.

d. The Instruction

Matthew 10.16-42

M 10.16		Ἰδοὺ ἐγὼ ἀποστέλλω ὑμᾶς ὡς πρόβατα ἐν μέσῳ λύκων·
L 10. 3	ὑπάγετε·	ἰδοὺ ἀποστέλλω ὑμᾶς ὡς ἄρνας ἐν μέσῳ λύκων.

M 10.14	των ποδων	BDEFGKLWYΘΠ 1.13.28.565.1582
	εκ των ποδων	ℵC
M 10.15	αμην λεγω υμιν ανεκτοτερον εσται γη Σοδομων και Γομορρων εν ημερα	BFGKΠ 13
	αμην λεγω υμιν ανεκτοτερον εσται γη Σοδομων και γη Γομορρων εν ημερα	ℵ
	αμην λεγω υμιν ανεκτοτερον εσται γη Σοδομων και γη Γομορρας εν ημερα	C
	αμην λεγω υμιν ανεκτοτερον εσται γη Σοδομων και Γομορας εν η ημερα	D
	αμην λεγω υμιν ανεκτοτερον εσται γη Σοδομων και Γεμορρων εν ημερα	E
	αμην γαρ λεγω υμιν ανεκτοτερον εστε Σοδομων και Γομορας εν ημερα	L*
	αμην γαρ λεγω υμιν ανεκτοτερον εστε Σοδομων και Γομωρας εν ημερα	L^{c}
	αμην λεγω υμιν ανεκτοτερον εσται γη Σοδομων και Γομορων εν ημερα	W 28
	αμην λεγω υμιν ανεκτοτερον εσται γη Σοδομων και Γομορρας εν ημερα	YΘ
	αμην αμην λεγω υμιν ανεκτοτερον εσται γη Σοδομων και Γομορρας εν ημερα	1.1582
	αμην γαρ λεγω υμιν ανεκτοτερον εσται γη Σοδομων και Γομορρων εν ημερα	565
M 10.16	ιδου εγω αποστελλω υμας ως προβατα εν μεσω λυκων	ℵDEFGKWYΘΠ 1.13.28.565.1582
	ιδου εγω αποστελλω υμας ως προβατα εις μεσον λυκων	B
	ιδου εγω αποστελλω υμας ως προβατα εμ μεσω λυκων	C
	ιδου εγω αποστελω υμας ως προβατα εμ μεσω λυκων	L
L 10. 3	ιδου αποστελλω υμας ως αρνας εν μεσω λυκων	P^{75} ℵB
	ιδου αποστελλω υμας ως προβατα εμ μεσω λυκων	A
	ιδου εγω αποστελλω υμας ως αρνας εν μεσω λυκων	CWY 1.
	ισου εγω αποστελλω υμας ως αρνας μεσον λυκων	D
	ιδου εγω αποστελλω υμας ως αρνας εμ μεσω λυκων	L
	ιδου εγω αποστελω υμας ως αρνας εν μεσω λυκων	Θ
	ιδου εγω αποστελλω υμας ως προβατα εν μεσω λυκων	28

M 10.15 - Gn 18.20-19.28; R 9.29; 2 P 2.6; Jd 7 | M 10.16 - J 10.12; Ac 20.29; R 16.19; Ph 2.15; E 5.15; Gn 3.1

d. The Instruction Matthew 10.16-42

M 10.16 γίνεσθε οὖν φρόνιμοι ὡς οἱ ὄφεις καὶ ἀκέραιοι ὡς αἱ περιστεραί.
L 21.12 πρὸ δὲ τούτων πάντων ἐπιβαλοῦσιν ἐφ' ὑμᾶς τὰς

M 10.17 προσέχετε δὲ ἀπὸ τῶν ἀνθρώπων· παραδώσουσιν γὰρ ὑμᾶς εἰς συνέδρια,
Mk 13. 9 βλέπετε δὲ ὑμεῖς ἑαυτούς· παραδώσουσιν ὑμᾶς εἰς συνέδρια
L 12.11 ὅταν δὲ εἰσφέρωσιν ὑμᾶς
M 24. 9a τότε παραδώσουσιν ὑμᾶς εἰς θλῖψιν
L 21.12 χεῖρας αὐτῶν καὶ διώξουσιν, παραδιδόντες

M 10.18 καὶ ἐν ταῖς συναγωγαῖς αὐτῶν μαστιγώσουσιν ὑμᾶς· καὶ ἐπὶ ἡγεμόνας
Mk 13. 9 καὶ εἰς συναγωγὰς δαρήσεσθε καὶ ἐπὶ ἡγεμόνων
L 12.11 ἐπὶ τὰς συναγωγὰς καὶ τὰς ἀρχὰς καὶ τὰς ἐξουσίας,
M 24. 9a καὶ ἀποκτενοῦσιν ὑμᾶς,
L 21.12 εἰς τὰς συναγωγὰς καὶ φυλακάς, ἀπαγομένους ἐπὶ βασιλεῖς
J 16. 2 ἀποσυναγώγους ποιήσουσιν ὑμᾶς·

M 10.18 δὲ καὶ βασιλεῖς ἀχθήσεσθε ἕνεκεν ἐμοῦ
Mk 13. 9 καὶ βασιλέων σταθήσεσθε ἕνεκεν ἐμοῦ
L 21.13 καὶ ἡγεμόνας ἕνεκεν τοῦ ὀνόματός μου· ἀποβήσεται ὑμῖν

M 10.18 εἰς μαρτύριον αὐτοῖς καὶ τοῖς ἔθνεσιν.
Mk 13.10 εἰς μαρτύριον αὐτοῖς. καὶ εἰς πάντα τὰ ἔθνη πρῶτον δεῖ κηρυχθῆναι τὸ
L 21.13 εἰς μαρτύριον.

M 10.16	γινεσθε ουν φρονιμοι ως οι οφεις και ακεραιοι ως αι περιστεραι	ℵ^{c}BEFGYΠ 1.28.565.1582
	γινεσθε ουν φρονιμοι ως ο οφις και ακεραιοι ως αι περιστεραι	ℵ*
	γινεσθαι ουν φρονιμοι ως οι οφεις και ακεραιοι ως αι περισταιρε	C
	γεινεσθε ουν φρονιμοι ως οι οφεις και απλουστατοι ως αι περιστεραι	D
	γινεσθε ουν φρονιμοι ως οι οφις και ακεραιοι ως αι περιστεραι	K
	γινεσθε ουν φρονιμοι ωσει οφεις και ακερεοι ωσει περιστεραι	L
	γινεσθαι ουν φρονιμοι ως οι οφεις και ακεραιοι ως αι περιστεραι	W
	γινεσθαι ουν φρονιμοι ως οι οφις και ακερεοι ως ε περιστεραι	Θ
	γινεσθαι ουν φρονιμοι ως οι οφις και ακεραιοι ως αι περιστεραι	13
M 10.17	προσεχετε δε	ℵBCEFGKLYΘΠ 1.13.565.1582
	προσεχετε	D 28
	προσεχεται δε	W
M 10.17	παραδωσουσιν γαρ υμας εις συνεδρια και εν ταις συναγωγαις αυτων	ℵBC^{c}EFG^{c}KLYΠ 1.13.28.565.1582
	παραδωσουσιν γαρ εις συνεδρια και εν ταις συναγωγαις αυτων	C*
	παραδωσουσιν γαρ υμας εις συνεδρια και εις τας συναγωγας αυτων	D
	παραδωσουσιν γαρ υμας εις υνεδρια και εν ταις συναγωγαις αυτων	G*
	παραδωσωσιν γαρ υμας εις συνεδρια και εν ταις συναγωγαις	W
	παραδωσουσιν γαρ υμας εις συνεδρια και εν τες συναγωες αυτων	Θ*
	παραδωσουσιν γαρ υμας εις συνεδρια και εν τες συναγωγας αυτων	Θ^{c}
M 10.18	ηγεμονας δε και βασιλεις αχθησεσθε	ℵBCEKYΠ 1.13.28.565.1582
	ηγεμονων σταθησεσθαι	D
	ηγεμονας και βασιλεις αχθησεσθε	FG
	ηγεμωνας και βασιλεις αχθησεσθε	L
	ηγεμονας δε και βασιλεις αχθησεσθαι	WΘ
Mk 13. 9	ηγεμονων και βασιλεων σταθησεσθε	ℵBY 1582^{c}
	ηγεμονων δε και βασιλεων σταθησεσθε	AΠ
	ηγεμονων και βασιλεων σταθησεσθαι	LW 28
	ηγεμωνον και βασιλεων σταθησεσθαι	Θ
	ηγεμονων και βασιλεων αχθησεσθε	1.1582*

M 10.16 - R 16.19 | M 10.17 - Ac 5.40; 6.12; 25.23; 27.24; 2 C 11.24 | M 10.18 - M 8.4; 24.14

d. The Instruction Matthew 10.16-42

M 10.19	ὅταν δὲ παραδῶσιν ὑμᾶς, μὴ μεριμνήσητε πῶς
Mk 13.11	εὐαγγέλιον. καὶ ὅταν ἄγωσιν ὑμᾶς παραδιδόντες, μὴ προμεριμνᾶτε
L 12.11	μὴ μεριμνήσητε πῶς
L 21.14	θέτε οὖν ἐν ταῖς καρδίαις ὑμῶν μὴ προμελετᾶν

M 10.19	ἢ τί λαλήσητε· δοθήσεται γὰρ ὑμῖν
Mk 13.11	τί λαλήσητε, ἀλλ' ὃ ἐὰν δοθῇ ὑμῖν
L 12.12	ἢ τί ἀπολογήσησθε ἢ τί εἴπητε· |τὸ γὰρ ἅγιον πνεῦμα διδάξει ὑμᾶς
L 21.15	ἀπολογηθῆναι, |ἐγὼ γὰρ δώσω ὑμῖν

M 10.20	ἐν ἐκείνῃ τῇ ὥρᾳ τί λαλήσητε· οὐ γὰρ ὑμεῖς ἐστε οἱ λαλοῦντες ἀλλὰ
Mk 13.11	ἐν ἐκείνῃ τῇ ὥρᾳ τοῦτο λαλεῖτε, οὐ γάρ ἐστε ὑμεῖς οἱ λαλοῦντες ἀλλὰ
L 12.12	ἐν αὐτῇ τῇ ὥρᾳ ἃ δεῖ εἰπεῖν.
L 21.15	στόμα καὶ σοφίαν ᾗ οὐ δυνήσονται ἀντιστῆναι ἢ ἀντειπεῖν ἅπαντες οἱ
J 14.26	ὁ δὲ παράκλητος,

M 10.20	τὸ πνεῦμα τοῦ πατρὸς ὑμῶν
Mk 13.11	τὸ πνεῦμα τὸ ἅγιον.
L 21.15	ἀντικείμενοι ὑμῖν.
J 14.26	τὸ πνεῦμα τὸ ἅγιον ὃ πέμψει ὁ πατὴρ ἐν τῷ ὀνόματί μου, ἐκεῖνος ὑμᾶς

M 10.21	τὸ λαλοῦν ἐν ὑμῖν. παραδώσει
Mk 13.12	καὶ παραδώσει
M 24.10	καὶ τότε σκανδαλισθήσονται πολλοὶ καὶ ἀλλήλους παραδώσουσιν
L 21.16	παραδοθήσεσθε
J 14.26	διδάξει πάντα καὶ ὑπομνήσει ὑμᾶς πάντα ἃ εἶπον ὑμῖν ἐγώ.

M 10.21	δὲ ἀδελφὸς ἀδελφὸν εἰς θάνατον καὶ πατὴρ τέκνον, καὶ
Mk 13.12	ἀδελφὸς ἀδελφὸν εἰς θάνατον καὶ πατὴρ τέκνον, καὶ
L 21.16	δὲ καὶ ὑπὸ γονέων καὶ ἀδελφῶν καὶ συγγενῶν καὶ φίλων,
J 16. 2	ἀλλ' ἔρχεται ὥρα ἵνα πᾶς ὁ ἀποκτείνας ὑμᾶς δόξῃ λατρείαν

M 10.19	παραδωσιν υμας μη μεριμνησητε πως η τι λαλησητε	ℵBE* 1.1582*
	παραδιδωσιν υμας μη μεριμνησητε πως η τι λαλησητε	CE[c]FYΠ 13.28.565
	παραδωσουσιν υμας μη μεριμνησητε πως η τι λαλησητε	DGL
	παραδιδωσιν υμας μη μεριμνησετε πως η τι λαλησετε	K
	παραδωσουσιν υμας μη μεριμνησηται πως η τι λαλησηται	W
	παραδιδωσιν υμας μη μεριμνησετε πως η τι λαλησετε	Θ
	παραδωσιν υμας μη μεριμνησητε πως η τι λαλησετε	1582[c]

M 10.19	δοθησεται γαρ υμιν εν εκεινη τη ωρα τι λαλησητε	ℵBC[c]FGYΘ 1.28.565.1582*
	δοθησεται γαρ υμιν εν εκεινη τη ημερα τι λαλησητε	C*
	omit	DL
	δοθησεται γαρ υμιν εν εκεινη τη ωρα τι λαλησετε	EKΠ 1582[c]
	δοθησεται γαρ υμιν εν εκεινη τη ωρα τι λαλησηται	W
	δοθησετε γαρ υμιν εν εκεινη τη ωρα τι λαλησητε	13

M 10.20	πατρος υμων	ℵBCEFGKLWYΘΠ 1.13.28.565.1582
	πατρος	D Clem Al (S IV 73.4)

M 10.21	παραδωσει δε	ℵBCDEFGKLWYΘΠ 1.13.565.1582
	παραδοσει δε	28
Mk 13.12	και παραδωσει	ℵBDL
	παραδωσει δε	AWYΠ 1.28.565.1582
	παραδωσι δε	Θ

M 10.21	τεκνον	ℵBCDEFGKLYΘΠ 1.13.28.565.1582
	τεκνα	W

M 10.19 - Ac 4.8 | M 10.21 - M 10.35

M 10.22 ἐπαναστήσονται τέκνα ἐπὶ γονεῖς καὶ θανατώσουσιν αὐτούς. καὶ ἔσεσθε
Mk 13.13 ἐπαναστήσονται τέκνα ἐπὶ γονεῖς καὶ θανατώσουσιν αὐτούς· καὶ ἔσεσθε
M 24. 9b καὶ ἔσεσθε
M 24.10 καὶ
L 6.22 μακάριοί ἐστε
L 21.17 καὶ θανατώσουσιν ἐξ ὑμῶν, |καὶ ἔσεσθε
J 15.18 Εἰ ὁ κόσμος ὑμᾶς μισεῖ, γινώσκετε ὅτι ἐμὲ πρῶτον ὑμῶν
J 16. 2 προφέρειν τῷ θεῷ.

M 10.22 μισούμενοι ὑπὸ πάντων διὰ τὸ ὄνομά μου·
Mk 13.13 μισούμενοι ὑπὸ πάντων διὰ τὸ ὄνομά μου.
M 24. 9b μισούμενοι ὑπὸ πάντων τῶν ἐθνῶν διὰ τὸ ὄνομά μου.
M 24.10 μισήσουσιν ἀλλήλους·
L 6.22 ὅταν μισήσωσιν ὑμᾶς οἱ ἄνθρωποι, καὶ ὅταν ἀφορίσωσιν ὑμᾶς καὶ ὀνειδίσωσιν
L 21.18 μισούμενοι ὑπὸ πάντων διὰ τὸ ὄνομά μου. καὶ θρὶξ ἐκ τῆς
J 15.19 μεμίσηκεν. εἰ ἐκ τοῦ κόσμου ἦτε, ὁ κόσμος ἂν τὸ ἴδιον ἐφίλει· ὅτι

M 10.22 ὁ δὲ ὑπομείνας εἰς τέλος οὗτος σωθήσεται.
Mk 13.13 ὁ δὲ ὑπομείνας εἰς τέλος οὗτος σωθήσεται.
M 24.13 ὁ δὲ ὑπομείνας εἰς τέλος οὗτος σωθήσεται.
L 6.22 καὶ ἐκβάλωσιν τὸ ὄνομα ὑμῶν ὡς πονηρὸν ἕνεκα τοῦ υἱοῦ τοῦ ἀνθρώπου·
L 21.19 κεφαλῆς ὑμῶν οὐ μὴ ἀπόληται. ἐν τῇ ὑπομονῇ ὑμῶν κτήσασθε τὰς ψυχὰς ὑμῶν.
J 15.19 δὲ ἐκ τοῦ κόσμου οὐκ ἐστέ, ἀλλ' ἐγὼ ἐξελεξάμην ὑμᾶς ἐκ τοῦ κόσμου, διὰ

M 10.23 ὅταν δὲ διώκωσιν ὑμᾶς ἐν τῇ πόλει ταύτῃ, φεύγετε εἰς τὴν ἑτέραν· ἀμὴν γὰρ
J 15.19 τοῦτο μισεῖ ὑμᾶς ὁ κόσμος.

M 10.23 λέγω ὑμῖν, οὐ μὴ τελέσητε τὰς πόλεις τοῦ Ἰσραὴλ ἕως ἂν ἔλθῃ ὁ υἱὸς τοῦ
M 10.23 ἀνθρώπου.

M 10.21 επαναστησονται ℵCDEFGKWYΘΠ 1.13.28.565.1582
επαναστησεται B
επαναστησοντε L
Mk 13.12 επαναστησονται ℵADLYΠ 1.28.565.1582
επαναστησεται B
επαναστησοντε Θ

M 10.22 υπομεινας εις τελος ουτος ℵB^CCDEFGKLYΠ 1.28.565.1582 ClemAl (S IV 74.1; Q 32.6)
υπομενας εις τελος ουτος B*
υπομεινας εις τελος W
υπομηνας εις τελος ουτος Θ
υπομεινας εις τελος ουτως 13
Mk 13.13 υπομεινας εις τελος ουτος ℵADLYΘΠ 1.28.565.1582
υπομεινας εις στελος ουτος B
υπομεινας εις τελος W

M 10.23 διωκωσιν ℵBCEFGKLWYΠ 1.28.565.1582 ClemAl (S IV 76.1)
διωκουσιν DΘ 13

M 10.23 την ετεραν ℵBW
την αλλην CEFGKYΠ 28 ClemAl
την αλλην εαν δε εν τη αλλη διωκουσιν υμας φευγετε εις την αλλην D |(S IV 76.1)
την αλλην καν εκ ταυτης εκδιωξουσιν υμας φευγετε εις την ετεραν L
την αλλην καν εκ ταυτης διωκωσιν υμας φευγετε εις την ετεραν Θ
την ετεραν καν εκ ταυτης διωκωσιν υμας φευγετε εις τιν ετεραν 1.1582
ετεραν καν εκ ταυτης διωκωσιν υμας φευγετε εις την αλλην 13
την αλλην καν εκ ταυτης διωκωσιν υμας φευγετε εις την αλλην 565

M 10.23 αμην γαρ λεγω υμιν ου μη τελεσητε τας πολεις του Ισραηλ εως αν EFGKYΠ 1.13.1582
αμην γαρ λεγω υμιν ου μη τελεσητε τας πολεις του Ισραηλ εως ℵ*
αμην γαρ λεγω υμιν ου μη τελεσητε τας πολεις του Ισραηλ εως ου ℵ^C
αμην γαρ λεγω υμιν ου μη τελεσητε τας πολεις Ισραηλ εως B
αμην γαρ λεγω υμιν οτι ου μη τελεσητε τας πολεις του Ισραηλ εως αν C
αμην λεγω υμειν ου μη τελεσητε τας πολεις Ισραηλ εως αν D
αμην γαρ λεγω υμιν ου μη τελεσειτε τας πολεις του Ισραηλ εως αν L
αμην γαρ λεγω υμιν ου μη τελεσηται τας πολεις του Ισραηλ εως αν WΘ
αμην λεγω υμιν ου μη τελεσητε τας πολεις του Ισραηλ εως αν 28.565

M 10.21 - Mic 7.6 M 10.22 - J 15.21; 2 Ti 2.12; Re 13.10
M 10.23 - M 23.34; Ac 8.1; 14.6; 2 C 11.33; M 16.27f; 24.27, 30, 37, 39, 44; 25.31; 26.64; Mk 13.26; 14.62; L 9.26; 17.30; 18.8; 21.27

d. The Instruction Matthew 10.16-42

M 10.24 Οὐκ ἔστιν μαθητὴς ὑπὲρ τὸν διδάσκαλον
L 6.40 οὐκ ἔστιν μαθητὴς ὑπὲρ τὸν διδάσκαλον,
J 13.16a αμην αμην λεγω υμιν, οὐκ ἔστιν
J 13.16b οὐδὲ ἀπόστολος
J 15.20 μνημονευετε του λογου ου εγω ειπον υμιν, Οὐκ ἔστιν

M 10.25 οὐδὲ δοῦλος ὑπὲρ τὸν κύριον αὐτοῦ. ἀρκετὸν τῷ μαθητῇ ἵνα γένηται ὡς
L 6.40 κατηρτισμένος δὲ πᾶς ἔσται ὡς
M 9.34 οἱ δὲ
M 12.24 οἱ δὲ
Mk 3.22 καὶ οἱ
J 13.16a δοῦλος μείζων τοῦ κυρίου αὐτοῦ
J 13.16b μείζων τοῦ πέμψαντος αὐτόν.
J 15.20 δοῦλος μείζων τοῦ κυρίου αὐτοῦ. ει εμε εδιωξαν, και υμας διωξουσιν· ει

M 10.25 ὁ διδάσκαλος αὐτοῦ, καὶ ὁ δοῦλος ὡς ὁ κύριος αὐτοῦ. εἰ τὸν οἰκοδεσπότην
L 6.40 ὁ διδάσκαλος αὐτοῦ.
M 9.34 Φαρισαῖοι ἔλεγον,
M 12.24 Φαρισαῖοι ἀκούσαντες εἶπον, Οὗτος οὐκ ἐκβάλλει τὰ δαιμόνια εἰ μὴ ἐν τῷ
Mk 3.22 γραμματεῖς οἱ ἀπὸ Ἱεροσολύμων καταβάντες ἔλεγον ὅτι
L 11.15 τινὲς δὲ ἐξ αὐτῶν εἶπον, Ἐν
J 15.20 τον λογον μου ετηρησαν, και τον υμετερον τηρησουσιν.

M 10.25 Βεελζεβοὺλ ἐπεκάλεσαν, πόσῳ μᾶλλον τοὺς οἰκιακοὺς αὐτοῦ.
M 9.34 Ἐν τῷ ἄρχοντι τῶν δαιμονίων ἐκβάλλει τὰ δαιμόνια.
M 12.24 Βεελζεβοὺλ ἄρχοντι τῶν δαιμονίων.
Mk 3.22 Βεελζεβοὺλ ἔχει, καὶ ὅτι ἐν τῷ ἄρχοντι τῶν δαιμονίων ἐκβάλλει τὰ δαιμόνια.
L 11.15 Βεελζεβοὺλ τῷ ἄρχοντι τῶν δαιμονίων ἐκβάλλει τὰ δαιμόνια·

M 10.26 Μὴ οὖν φοβηθῆτε αὐτούς· οὐδὲν γάρ ἐστιν κεκαλυμμένον ὃ οὐκ
Mk 4.22 οὐ γάρ ἐστιν κρυπτὸν ἐὰν μὴ ἵνα
L 8.17 οὐ γάρ ἐστιν κρυπτὸν ὃ οὐ
L 12. 2 οὐδὲν δὲ συγκεκαλυμμένον ἐστὶν ὃ οὐκ

M 10.24 διδασκαλον ουδε δουλος υπερ τον κυριον BCDEGKLYΘΠ 1.28.565.1582 ClemAl (S II 77.4)
διδασκαλον αυτου ουδε δουλος υπερ τον κυριον ℵF 13
διδασκαλον W
L 6.40 διδασκαλον p75 ℵBDLW 1.
διδασκαλον αυτου ACY 28

M 10.25 ο δουλος ℵBCDEFGKWYΘΠ 1.13.28.565.1582
τω δουλω L

M 10.25 τον οικοδεσποτην Βεελζεβουλ επεκαλεσαν ποσω μαλλον τους οικιακους EFGK^c Π 13.28.565
τον οικοδεσποτην Βεεζεβουλ επεκαλεσαντο ποσω μαλλον τους οικιακους ℵ*
τον οικοδεσποτην Βεεζεβουλ επεκαλεσαν ποσω μαλλον τους οικιακους ℵ^c B^c
τω οικοδεσποτη Βεεζεβουλ επεκαλεσαν ποσω μαλλον τοις οικιακοις B*
τον οικοδεσποτην Βεελζεβουλ επεκαλεσαν ποσω μαλλον τους οικειακους CW
τον οικοδεσποτην Βελζεβουλ καλουσιν ποσω μαλλον τους οικιακους D
τον δεσποτην Βεελζεβουλ επεκαλεσαν ποσω μαλλον τους οικιακους K*
τον οικοδεσποτην Βελζεβουλ εκαλεσαντω ποσω μαλλον τους οικιακους L
τον οικοδεσποτην Βεελζεβουλ απεκαλεσαν ποσω μαλλον τους οικειακους Y
τον οικοδεσποτην Βεελζεβουλ εκαλεσαν ποσω μαλλον τους οικιακους Θ
τον οικοδεσποτην Βεελζεβουλ εκαλεσαν ποσω μαλλον τους οικειακους 1.1582

M 10.26 ουδεν γαρ εστιν κεκαλυμμενον ℵBCDEFGKLWYΘΠ 1.565.1582
ουδε γαρ εστιν συγκεκαλυμμενον 13*
ουδεν γαρ εστιν συγκεκαλυμμενον 13^c.28
Mk 4.22 ου γαρ εστιν κρυπτον BDYΘΠ 1.28.565.1582
ου γαρ εστιν τι κρυπτον ℵACL
ουδεν γαρ εστιν κρυπτον W
L 12. 2 ουδεν δε συγκεκαλυμμενον εστιν ABLY 1.28
ουδεν δε κεκαλυμμενον εστιν p45
ουδεν δε συνκεκαλυμμενον εστιν p75 WΘ
ουδεν κεκαλυμμενον εστιν ℵ
ουδεν δε εστιν κεκαλυμμενον C
ουδεν γαρ συνκεκαλυμμενον εστιν D

d. The Instruction Matthew 10.16-42

M 10.27	ἀποκαλυφθήσεται, καὶ κρυπτὸν ὃ οὐ γνωσθήσεται. ὃ λέγω
Mk 4.22	φανερωθῇ, οὐδὲ ἐγένετο ἀπόκρυφον ἀλλ᾽ ἵνα ἔλθῃ
L 8.17	φανερὸν γενήσεται, οὐδὲ ἀπόκρυφον ὃ οὐ μὴ γνωσθῇ καὶ
L 12. 3	ἀποκαλυφθήσεται, καὶ κρυπτὸν ὃ οὐ γνωσθήσεται. ἀνθ᾽ ὧν

M 10.27	ὑμῖν ἐν τῇ σκοτίᾳ, εἴπατε ἐν τῷ φωτί· καὶ ὃ εἰς τὸ οὖς
Mk 4.22	εἰς φανερόν.
L 8.17	εἰς φανερὸν ἔλθῃ.
L 12. 3	ὅσα ἐν τῇ σκοτίᾳ εἴπατε ἐν τῷ φωτὶ ἀκουσθήσεται, καὶ ὃ πρὸς τὸ οὖς

M 10.28	ἀκούετε, κηρύξατε ἐπὶ τῶν δωμάτων. καὶ
L 12. 4	ἐλαλήσατε ἐν τοῖς ταμείοις κηρυχθήσεται ἐπὶ τῶν δωμάτων. Λέγω δὲ ὑμῖν

M 10.28	μὴ φοβεῖσθε ἀπὸ τῶν ἀποκτεννόντων τὸ σῶμα, τὴν δὲ
L 12. 4	τοῖς φίλοις μου, μὴ φοβηθῆτε ἀπὸ τῶν ἀποκτεινόντων τὸ σῶμα καὶ μετὰ

M 10.28	ψυχὴν μὴ δυναμένων ἀποκτεῖναι·
L 12. 5	ταῦτα μὴ ἐχόντων περισσότερόν τι ποιῆσαι. ὑποδείξω δὲ ὑμῖν τίνα

M 10.28	φοβεῖσθε δὲ μᾶλλον τὸν δυνάμενον καὶ ψυχὴν καὶ σῶμα
L 12. 5	φοβηθῆτε· φοβήθητε τὸν μετὰ τὸ ἀποκτεῖναι ἔχοντα ἐξουσίαν

M 10.29	ἀπολέσαι ἐν γεέννῃ. οὐχὶ δύο
L 12. 6	ἐμβαλεῖν εἰς τὴν γέενναν· ναί, λέγω ὑμῖν, τοῦτον φοβήθητε. οὐχὶ πέντε

M 10.26	γνωσθησεται	ℵBCDFGKLWYΘΠ 1.13.28.565.1582
	αποκαλυφθησεται	E
	φανερωθησεται	ClemAl (S I 13.3)
M 10.27	εις το ους ακουετε κηρυξατε επι των δωματων	ℵBCDEFGKYΠ 13.565
	εις το ους ακουεται κηρυχθησετε επι των δωματων	L
	εις το ους ακουεται κηρυξαται επι των δωματων	W
	εις το ους ακουεται κηρυσσετε επι των δωματων	Θ
	εις το ους ηκουσατε κηρυξατε επι των δωματων υμων	1.1582*
	εις το ους ηκουσατε κηρυξατε επι των δωματων	1582^{c}
	προς το ους ηκουσατε κηρυξατε επι των δοματων	28
M 10.28	μη φοβεισθε απο των αποκτεννοντων το σωμα	ℵ
	μη φοβηθητε απο των αποκτεινοντων το σωμα	B
	μη φοβεισθαι απο των αποκτεννοντων το σωμα	C
	μη φοβηθητε απο των αποκτεννοντων	D 1.1582*
	μη φοβεισθε απο των αποκτενοντων	EGL 565
	μη φοβησθε απο των αποκτενοντων το σωμα	K
	μη φοβηθηται απο των αποκτεννοντων το σωμα	W
	μη φοβηθητε απο των αποκτενοντων το σωμα	YΠ 28.1582^{c}
	μη φοβεισθαι απο των αποκτενοντων το σωμα	13
L 12. 4	μη φοβηθητε απο των αποκτεινοντων το σωμα	B
	μη φοβηθητε απο των αποκτεννοντων το σωμα	ℵALY
	μη φοβηθηται απο των αποκτενοντων το σωμα	DW
	μη φοβηθητε απο των αποκτενοντων το σωμα	1.28
M 10.28	την δε ψυχην μη δυναμενων αποκτειναι	ℵBCD^{c}EGKLYΠ 1.13.28.565.1582
	την δε ψυχην μη δυναμενων σφαξαι	D*
	την δε ψυχην μη δυναμενων αποκτιναι	W
L 12. 4	και μετα ταυτα μη	P^{75} ℵABLWYΘ 28
	την δε ψυχην μη δυναμενων αποκτειναι μηδε	D
M 10.28	φοβεισθε δε μαλλον τον δυναμενον και ψυχην και σωμα απολεσαι εν γεεννη	B
	φοβεισθε δε μαλλον τον δυναμενον και ψυχην και το σωμα απολεσαι εν γεεννη	ℵ*
	φοβεισθε δε μαλλον τον δυναμενον και την ψυχην και το σωμα απολεσαι εν γεεννη	ℵ^{c}
	φοβεισθαι δε μαλλον τον δυναμενον και ψυχην και σωμα απολεσαι εν γεεννη	C
	φοβηθητε δε μαλλον τον δυναμενον και ψυχην και σωμα απολεσαι εις γεενναν	DYΠ 565
	φοβηθητε δε μαλλον τον δυναμενον και την ψυχην και το σωμα απολεσαι εν γεεννη	EGK 28
	φοβιθητε μαλλον τον δυναμενον και ψυχην και σωμα απολεσαι εν γεεννη	L
	φοβεισθαι δε μαλλον τον δυναμενον και την ψυχην και το σωμα απολεσαι εν γεεννη	W
	φοβηθητε μαλλον τον δυναμενον και ψυχην και σωμα απολεσαι εν γεεννη	1.1582
	φοβηθητε δε μαλλον τον δυναμενον και ψυχην και τω σωμα απολεσαι εν γεεννη	13
	φοβεισθαι μαλλον τον δυναμενον και την ψυχην και το σωμα απολεσαι εν γεεννη	ClemAl(Exc 51.3)
	φοβηθητε μαλλον τον δυναμενον και ψυχην και σωμα απολεσαι εις γεενναν	ClemAl(Exc 14.3)

M 10.26 - J 18.20 | M 10.28 - Ez 3.9; 1 P 3.14; Re 2.10; Js 4.12

d. The Instruction Matthew 10.16-42

M 10.29 στρουθία ἀσσαρίου πωλεῖται; καὶ ἓν ἐξ αὐτῶν οὐ πεσεῖται ἐπὶ τὴν γῆν
L 12. 6 στρουθία πωλοῦνται ἀσσαρίων δύο; καὶ ἓν ἐξ αὐτῶν οὐκ ἔστιν ἐπιλελησμένον

M 10.30 ἄνευ τοῦ πατρὸς ὑμῶν. ὑμῶν δὲ καὶ αἱ τρίχες τῆς κεφαλῆς πᾶσαι
L 12. 7 ἐνώπιον τοῦ θεοῦ. ἀλλὰ καὶ αἱ τρίχες τῆς κεφαλῆς ὑμῶν πᾶσαι
L 21.18 καὶ θρὶξ ἐκ τῆς κεφαλῆς ὑμῶν οὐ μὴ

M 10.31 ἠριθμημέναι εἰσίν. μὴ οὖν φοβεῖσθε· πολλῶν στρουθίων διαφέρετε ὑμεῖς.
L 12. 7 ἠρίθμηνται. μὴ φοβεῖσθε· πολλῶν στρουθίων διαφέρετε.
L 21.18 ἀπόληται.

M 10.32 Πᾶς οὖν ὅστις ὁμολογήσει ἐν ἐμοὶ ἔμπροσθεν τῶν ἀνθρώπων,
L 12. 8 Λέγω δὲ ὑμῖν, πᾶς ὃς ἂν ὁμολογήσῃ ἐν ἐμοὶ ἔμπροσθεν τῶν ἀνθρώπων,

---

M 10.29 ασσαριου πωλειται και εν εξ αυτων ου πεσειται επι την γην ℵBCEFGKWYΠ 1.28.565.1582
του ασσαριου πωλουνται και εν εξ αυτων ου πεσειται επι την γην D
ασσαριου πωλειται και εν εξ αυτων ου πεσειται επι την γην K
ασαριου πωλειτε και εν εξ αυτων ου πεσειται L
ασσαριου πολειται και εν εξ αυτων ου πεσειται επι την γην 13
L 12. 5 πωλουνται ασσαριων δυο και εν εξ αυτων P75 ℵB
πωλειται ασσαριων δυο και εν εξ αυτων P45 ADLY 1.
πωλειται δυο ασσαριων και εν εξ αυτων W
πωλειτε ασσαριων δυο και εν εξ αυτων 28

M 10.30 υμων δε και αι τριχες της κεφαλης πασαι ηριθμημεναι εισιν ℵBCEGKWYΠ 1.13.565.1582
αλλα και αι τριχες της κεφαλης υμων πασαι ηριθμημεναι εισιν D
υμων δε και αι τριχαις της κεφαλης πασαι ηριθμημεναι εισιν F
υμων δε και ε τριχε της κεφαλης υμων πασαι ηριθμημεναι εισιν L
υμων δε και αι τριχες της κεφαλης πασαι ηριθμηνται 28
L 12. 7 αλλα και αι τριχες της κεφαλης υμων πασαι ηριθμηνται P75 ℵABWY 1.28
αλλα και αι τριχες υμων της κεφαλης πασαι ηριθμημεναι P45
αλλα και αι τριχες υμων πασαι της κεφαλης ηριθμημεναι εισιν D
αλλα και αι τριχες της κεφαλης υμων πασαι ηριθμημεναι εισιν Θ

M 10.31 μη ουν φοβεισθε ℵB 1.1582
μη ουν φοβηθητε CDEGKYΠ 28.565
μη ουν φοβεισθαι L
μη ουν φοβεισθαι αυτους W
μη ουν φοβηθητε αυτους 13
L 12. 7 μη φοβεισθε P45 P75 B
μη ουν φοβεισθε ℵAY 1.28
μη ουν φοβηθητε D
μη φοβεισθαι L
μη ουν φοβισθαι W
μη ουν φοβεισθαι Θ

M 10.32 ομολογησει εν εμοι εμπροσθεν ℵBCFGKLWYΠ 1.13.565.1582*
ομολογησει εν εμοι ενπροσθεν D
ομολογηση εν εμπροσθεν E*
ομολογηση εν εμοι εμπροσθεν E^c 28.1582^c ClemAl (S IV 70.3)
L 12. 8 ομολογηση εν εμοι εμπροσθεν P75 ℵLWYΘ 1.
ομολογησει εν εμοι εμπροσθεν P45 AB 28
ομολογησει εν εμοι ενπροσθεν D

M 10.30 - 1 Sm 14.45; 2 Sm 14.11; Ac 27.34 | M 10.31 - M 6.26; 12.12
M 10.32 - 1 J 4.2, 3, 15; Re 3.5

d. The Instruction Matthew 10.16-42

M	10.32	ὁμολογήσω κἀγὼ ἐν αὐτῷ ἔμπροσθεν
L	12. 8	καὶ ὁ υἱὸς τοῦ ἀνθρώπου ὁμολογήσει ἐν αὐτῷ ἔμπροσθεν τῶν ἀγγέλων

M	10.33	τοῦ πατρός μου τοῦ ἐν τοῖς οὐρανοῖς· ὅστις δ᾽ ἂν ἀρνήσηταί με
L	12. 9	τοῦ θεοῦ· ὁ δὲ ἀρνησάμενός με
Mk	8.38	ὃς γὰρ ἐὰν ἐπαισχυνθῇ με
L	9.26	ὃς γὰρ ἂν ἐπαισχυνθῇ με

M	10.33	ἔμπροσθεν τῶν ἀνθρώπων,
L	12. 9	ἐνώπιον τῶν ἀνθρώπων
Mk	8.38	καὶ τοὺς ἐμοὺς λόγους ἐν τῇ γενεᾷ ταύτῃ τῇ μοιχαλίδι καὶ ἁμαρτωλῷ, καὶ
L	9.26	καὶ τοὺς ἐμοὺς λόγους, τοῦτον

M	10.33	ἀρνήσομαι κἀγὼ αὐτὸν ἔμπροσθεν
L	12. 9	ἀπαρνηθήσεται ἐνώπιον
M	8.38	ὁ υἱὸς τοῦ ἀνθρώπου ἐπαισχυνθήσεται αὐτὸν ὅταν ἔλθῃ ἐν τῇ δόξῃ
L	9.26	ὁ υἱὸς τοῦ ἀνθρώπου ἐπαισχυνθήσεται, ὅταν ἔλθῃ ἐν τῇ δόξῃ αὐτοῦ

M	10.33	τοῦ πατρός μου τοῦ ἐν τοῖς οὐρανοῖς.
L	12. 9	τῶν ἀγγέλων τοῦ θεοῦ.
Mk	8.38	τοῦ πατρὸς αὐτοῦ μετὰ τῶν ἀγγέλων τῶν ἁγίων.
L	9.26	καὶ τοῦ πατρὸς καὶ τῶν ἁγίων ἀγγέλων.

M	10.34	Μὴ νομίσητε ὅτι ἦλθον βαλεῖν εἰρήνην ἐπὶ τὴν γῆν· οὐκ ἦλθον
L	12.51	δοκεῖτε ὅτι εἰρήνην παρεγενόμην δοῦναι ἐν τῇ γῇ; οὐχί, λέγω

M 10.32	ομολογησω καγω εν αυτω εμπροσθεν του πατρος μου εν τοις ουρανοις	BCK 13.565
	ομολογησω καγω εν αυτω εμπροσθεν του πατρος μου εν ουρανοις	ℵEFWYΠ 1.28sup.1582
	ομολογησω καγω αυτον ενπροσθεν του πατρος μου εν ουρανοις	D
	ομολογησω καγω αυτω εμπροσθεν του πατρος μου εν ουρανοις	G
	ομολογησω αυτον καγω εμπροσθεν του πατρος μου εν ουρανοις	L
L 12. 8	ομολογησει εν αυτω εμπροσθεν	P75 ℵABLWYΘ 1.28
	ομολογησει αυτον εμπροσθεν	P45
	ομολογησει εν αυτω ενπροσθεν	D

M 10.33	οστις δ αν αρνησηται με εμπροσθεν	ℵEFGKYΠ
	οστις δε αρνησηται με εμπροσθεν	B
	οστις δ απαρνησηται με εμπροσθεν	C
	οστις δ αν αρνησηται με ενπροσθεν	D
	οστις δε αρνησεται με εμπροσθεν	L
	και οστις αρνησηται με εμπροσθεν	W
	οστις δ αν απαρνησηται με εμπροσθεν	Θ
	οστις δ αν απαρνησητε με εμπροσθεν	13
	οστις δ αν απαρνησεται με εμπροσθεν	28sup

M 10.33	αρνησομαι καγω αυτον εμπροσθεν του πατρος μου του εν τοις ουρανοις	B
	αρνησομαι καγω αυτον εμπροσθεν του πατρος μου του εν ουρανοις	ℵW
	αρνησομαι αυτον καγω εμπροσθεν του πατρος μου του εν ουρανοις	CEFGYΠ 13.565
	αρνησομαι καγω αυτον ενπροσθεν του πατρος μου του εν ουρανοις	D
	αρνησωμε αυτον καγω εμπροσθεν του πατρος μου του εν ουρανοις	KL
	αρνησομε καγω αυτον εμπροσθεν του πατρος μου του εν ουρανοις	Θ
	απαρνησομαι καγω αυτον εμπροσθεν του πατρος μου του εν ουρανοις	1.1582
	αρνησομε αυτον καγω εμπροσθεν του πατρος μου του εν ουρανοις	28sup

M 10.34	νομισητε οτι ηλθον βαλειν ειρηνην επι την γην	BCEFGKYΠ 1.565.1582
	νομισηται οτι ηλθον ιρηνην βαλιν επι την γην	ℵ
	νομισηται οτι ηλθον βαλειν ειρηνην επι την γην	D
	νομησειτε οτι ηλθον βαλειν ειρηνην επι την γην	L
	νομησειται οτι ηλθον βαλιν ειρηνην επι την γην	W
	νομησητε οτι ηλθον βαλειν ειρηνην επι τιν γην	Θ
	νομισητε οτι ηλθον βαλειν ειρηνην	13
	νομησητε οτι ηλθον βαλειν ειρηνην επι την γην	28

M 10.32 - 1 Sm 2.30 | M 10.33 - 2 Ti 2.12; 1 J 2.12; 4.3; Jd 4

d. The Instruction Matthew 10.16-42

M 10.34 βαλεῖν εἰρήνην ἀλλὰ μάχαιραν.
L 12.52 ὑμῖν, ἀλλ' ἢ διαμερισμόν. ἔσονται γὰρ ἀπὸ τοῦ νῦν πέντε ἐν ἑνὶ

M 10.35 ἦλθον γὰρ διχάσαι
L 12.53 οἴκῳ διαμεμερισμένοι, τρεῖς ἐπὶ δυσὶν καὶ δύο ἐπὶ τρισίν, διαμερισθήσονται

M 10.35 ἄνθρωπον κατὰ τοῦ πατρὸς αὐτοῦ
L 12.53 πατὴρ ἐπὶ υἱῷ καὶ υἱὸς ἐπὶ πατρί,

M 10.35 καὶ θυγατέρα κατὰ τῆς μητρὸς αὐτῆς
L 12.53 μήτηρ ἐπὶ τὴν θυγατέρα καὶ θυγάτηρ ἐπὶ τὴν μητέρα,

L 12.53 πενθερα επι την νυμφην αυτης

M 10.35 καὶ νύμφην κατὰ τῆς πενθερᾶς αὐτῆς,
L 12.53 καὶ νύμφη ἐπὶ τὴν πενθεράν.

M 10.36 καὶ ἐχθροὶ τοῦ ἀνθρώπου οἱ οἰκιακοὶ αὐτοῦ.

L 14.26 Ει τις
M 16.24 Τοτε ο Ιησους ειπεν τοις μαθηταις αυτου, Ει τις θελει
Mk 8.34 Και προσκαλεσαμενος τον οχλον συν τοις μαθηταις αυτου ειπεν αυτοις, Ει τις θελει
L 9.23 Ελεγεν δε προς παντας, Ει τις θελει
J 12.26 εαν εμοι τις διακονη,

M 10.37 Ὁ φιλῶν πατέρα ἢ μητέρα
L 14.26 ἔρχεται πρός με καὶ οὐ μισεῖ τὸν πατέρα ἑαυτοῦ καὶ τὴν μητέρα
M 16.24 ὀπίσω μου ἐλθεῖν,
Mk 8.34 ὀπίσω μου ἀκολουθεῖν,
L 9.23 ὀπίσω μου ἔρχεσθαι,
J 12.26 ἐμοὶ ἀκολουθείτω,

M 10.37 ὑπὲρ ἐμὲ οὐκ ἔστιν μου ἄξιος· καὶ ὁ φιλῶν υἱὸν ἢ θυγατέρα ὑπὲρ ἐμὲ
L 14.26 καὶ τὴν γυναῖκα καὶ τὰ τέκνα καὶ τοὺς ἀδελφοὺς καὶ τὰς ἀδελφάς, ἔτι τε

M 10.38 οὐκ ἔστιν μου ἄξιος· καὶ ὃς οὐ
L 14.27 καὶ τὴν ψυχὴν ἑαυτοῦ, οὐ δύναται εἶναί μου μαθητής. ὅστις οὐ
M 16.24 ἀπαρνησάσθω ἑαυτὸν καὶ
Mk 8.34 ἀπαρνησάσθω ἑαυτὸν καὶ
L 9.23 ἀρνησάσθω ἑαυτὸν καὶ
J 12.26 καὶ ὅπου εἰμὶ ἐγὼ ἐκεῖ

M 10.34 βαλειν ειρηνην αλλα μαχαιραν ℵBCD^{c}EFGKLWYΘΠ 1.13.565.1582
βαλειν ειρην αλλα μαχαιραν D*
βαλειν ειρηνην αλλα μαχην και μαχαιραν 28

M 10.35 ανθρωπον κατα του πατρος αυτου και θυγατερα ℵBCEGKWYΠ 1.13.28.565.1582
υιον κατα πατρος αυτου και θυγατερα D
ανθροπον κατα του πατρος αυτου και θυγατερα Θ
ανθρωπον κατα του πατρος αυτου και θυγατεραν L

M 10.36 εχθροι του ανθρωπου οι οικιακοι ℵBCEGKLWYΘΠ 13.28.565.1582
εκθροι του ανθρωπου οι οικιακοι D
εχθροι του ανθρωπου οι οικειακοι 1.

M 10.37 και ο φιλων υιον η θυγατερα υπερ εμε ουκ εστιν μου αξιος ℵB^{c}CE^{c}GKLWΘΠ 1.13.28.565.1582
omit B*D
και ο φιλον υιον η θυγατερα υπερ εμε ουκ εστιν μου αξιος E*

M 10.35-36 - Mic 7.6 | M 10.37 - Dt 33.9

d. The Instruction Matthew 10.16-42

M 10.38	λαμβάνει τὸν σταυρὸν αὐτοῦ καὶ ἀκολουθεῖ ὀπίσω μου, οὐκ
L 14.27	βαστάζει τὸν σταυρὸν ἑαυτοῦ καὶ ἔρχεται ὀπίσω μου οὐ
M 16.24	ἀράτω τὸν σταυρὸν αὐτοῦ καὶ ἀκολουθείτω μοι.
Mk 8.34	ἀράτω τὸν σταυρὸν αὐτοῦ καὶ ἀκολουθείτω μοι.
L 9.23	ἀράτω τὸν σταυρὸν αὐτοῦ καθ' ἡμέραν, καὶ ἀκολουθείτω μοι.
J 12.26	καὶ ὁ διάκονος ὁ ἐμὸς ἔσται· ἐάν τις ἐμοὶ διακονῇ τιμήσει αὐτὸν ὁ πατήρ.

M 10.39	ἔστιν μου ἄξιος. ὁ εὑρὼν τὴν ψυχὴν αὐτοῦ
L 14.27	δύναται εἶναί μου μαθητής.
M 16.25	ὃς γὰρ ἐὰν θέλῃ τὴν ψυχὴν αὐτοῦ σῶσαι
Mk 8.35	ὃς γὰρ ἐὰν θέλῃ τὴν ψυχὴν αὐτοῦ σῶσαι
L 9.24	ὃς γὰρ ἂν θέλῃ τὴν ψυχὴν αὐτοῦ σῶσαι,
L 17.33	ὃς ἐὰν ζητήσῃ τὴν ψυχὴν αὐτοῦ περιποιήσασθαι
J 12.25	ὁ φιλῶν τὴν ψυχὴν αὐτοῦ

M 10.39	ἀπολέσει αὐτήν, καὶ ὁ ἀπολέσας τὴν ψυχὴν αὐτοῦ ἕνεκεν ἐμοῦ
M 16.25	ἀπολέσει αὐτήν· ὃς δ' ἂν ἀπολέσῃ τὴν ψυχὴν αὐτοῦ ἕνεκεν ἐμοῦ
Mk 8.35	ἀπολέσει αὐτήν· ὃς δ' ἂν ἀπολέσει τὴν ψυχὴν αὐτοῦ ἕνεκεν ἐμοῦ καὶ τοῦ
L 9.24	ἀπολέσει αὐτήν· ὃς δ' ἂν ἀπολέσῃ τὴν ψυχὴν αὐτοῦ ἕνεκεν ἐμοῦ,
L 17.33	ἀπολέσει αὐτήν, ὃς δ' ἂν ἀπολέσῃ
J 12.25	ἀπολλύει αὐτήν, καὶ ὁ μισῶν τὴν ψυχὴν αὐτοῦ ἐν τῷ κόσμῳ τούτῳ

M 10.39	εὑρήσει αὐτήν.
M 16.25	εὑρήσει αὐτήν.
Mk 8.35	εὐαγγελίου σώσει αὐτήν.
L 9.24	οὗτος σώσει αὐτήν.
L 17.33	ζῳογονήσει αὐτήν.
J 12.25	εἰς ζωὴν αἰώνιον φυλάξει αὐτήν.

M 10.40	Ὁ
M 18. 5	καὶ ὃς ἐὰν
Mk 9.37	Ὃς ἂν ἓν τῶν τοιούτων παιδίων
L 9.48	καὶ εἶπεν αὐτοῖς, Ὃς ἐὰν
L 10.16a	Ὁ
J 12.44	Ἰησοῦς δὲ ἔκραξεν καὶ εἶπεν, Ὁ
J 12.45	καὶ ὁ
J 13.20	ἀμὴν ἀμὴν λέγω ὑμῖν, ὁ

M 10.40	δεχόμενος ὑμᾶς ἐμὲ δέχεται,
M 18. 5	δέξηται ἓν παιδίον τοιοῦτο ἐπὶ τῷ ὀνόματί μου, ἐμὲ δέχεται.
Mk 9.37	δέξηται ἐπὶ τῷ ὀνόματί μου, ἐμὲ δέχεται·
L 9.48	δέξηται τοῦτο τὸ παιδίον ἐπὶ τῷ ὀνόματί μου ἐμὲ δέχεται,
L 10.16a	ἀκούων ὑμῶν ἐμοῦ ἀκούει,
J 12.44	πιστεύων εἰς ἐμὲ οὐ πιστεύει
J 12.45	θεωρῶν ἐμὲ
J 13.20	λαμβάνων ἄν τινα πέμψω ἐμὲ λαμβάνει,

M 10.38	λαμβανει τον σταυρον αυτου και ακολουθει	ℵBCDEGWΘΠ 1.13.565.1582
	λαμβανη τον σταυρον αυτου και ακολουθει	K
	λαμβανει τον σταυρον αυτου και ακολουθη	L 28
M 10.39	ο ευρων την ψυχην αυτου απολεσει αυτην και ο	ℵ^c BCEGKWΘΠ 1.13.28.565.1582 ClemAl (S IV 27.2)
	ο	ℵ*
	ο ευρων την ψυχην αυτου απολεσει αυτην ο δε	D
	ο ευρον την ψυχην αυτου απωλεσει αυτην και ο	L

M 10.40 - Ac 16.15; G 4.14

d. The Instruction Matthew 10.16-42

M 10.40	καὶ ὁ ἐμὲ δεχόμενος		δέχεται		τὸν ἀποστείλαντά με.
Mk 9.37	καὶ ὃς ἂν ἐμὲ δέχηται,	οὐκ ἐμὲ	δέχεται	ἀλλὰ	τὸν ἀποστείλαντά με.
L 9.48	καὶ ὃς ἂν ἐμὲ δέξηται		δέχεται		τὸν ἀποστείλαντά με·
L 10.16a	καὶ ὁ	ἀθετῶν ὑμᾶς ἐμὲ	ἀθετεῖ·		
L 10.16b	ὁ δὲ ἐμὲ ἀθετῶν		ἀθετεῖ		τὸν ἀποστείλαντά με.
J 12.44	εἰς ἐμὲ			ἀλλὰ εἰς	τὸν πέμψαντά με,
J 12.45			θεωρεῖ		τὸν πέμψαντά με.
J 13.20	ὁ δὲ ἐμὲ λαμβάνων		λαμβάνει		τὸν πέμψαντά με.

M 10.41	ὁ δεχόμενος προφήτην εἰς ὄνομα προφήτου μισθὸν προφήτου λήμψεται, καὶ
L 9.48	ὁ γὰρ μικρότερος ἐν πᾶσιν ὑμῖν ὑπάρχων οὗτός ἐστιν μέγας.

M 10.42	ὁ δεχόμενος δίκαιον εἰς ὄνομα δικαίου μισθὸν δικαίου λήμψεται. καὶ ὃς
Mk 9.41	Ὃς

M 10.42		ἂν ποτίσῃ ἕνα τῶν μικρῶν τούτων	ποτήριον ψυχροῦ μόνον	εἰς ὄνομα
Mk 9.41	γὰρ	ἂν ποτίσῃ ὑμᾶς	ποτήριον ὕδατος	ἐν ὀνόματι

M 10.42		μαθητοῦ,	ἀμὴν λέγω ὑμῖν,		οὐ μὴ ἀπολέσῃ τὸν μισθὸν αὐτοῦ.
Mk 9.41	ὅτι	Χριστοῦ ἐστε,	ἀμὴν λέγω ὑμῖν	ὅτι	οὐ μὴ ἀπολέσῃ τὸν μισθὸν αὐτοῦ.

M 10.40	και ο εμε δεχομενος δεχεται	ℵ^{c}BCEFGKWΠ 1.13.28.565.1582
	ο δε εμε δεχομενος δεχεται	ℵ*
	lacuna	D
	και ο εμε δεχομενος δεχετε	Lθ

M 10.41	προφητου μισθον προφητου λημψεται	ℵBCDW
	προφητου μισθον προφητου ληψεται	EFGKΠ 1.13.28.565.1582 ClemAl (S IV 36.4)
	ποφητου μισθον προφητου λημψετε	L
	προφητου λημψεται	θ

M 10.41	και ο	δεχομενος δικαιον	εις ονομα δικαιου	ℵBCWθ
	omit			D
	και ο	δεχομενος δικαιον	εις ονομα δικαιου	EFGΠ 1.13.28.565.1582
	και ο	δεχομενος δικαιον	εις ομα δικαιου	K
	και ο	δεχομενος δικεον	εις ονομα δικαιου	L
	και ος αν	δεξηται δικαιον	εις ονομα δικαιου	ClemAl (S IV 36.4)
	ο	δεχομενος δικαιον η προφητην	εις ονομα δικαιου η προφητου	ClemAl (Q 31.4)

M 10.41 (cont.)	μισθον δικαιου λημψεται	ℵBCWθ
	omit	D
	μισθον δικαιου ληψεται	EFGΠ 1.13.28.565.1582
	μισθον δικαιου ληψεται	K
	μισθον δικαιου λημψεται	L
	μισθον δικαιου ληψεται	ClemAl (S IV 36.4)
	τον εκεινων μισθον ληψεται	ClemAl (Q 31.4)

M 10.42	αν ποτιση	ενα των μικρων	τουτων ποτηριον ψυχρου	μονον εις ονομα μαθητου	B
	εαν ποτιση	ενα των μικρων	τουτων ποτηριον ψυχρου	μονον εις ονομα μαθητου	ℵCE^{c}FGWΠ 1.28.565.1582
	αν ποτειση	ενα των ελαχιστων	τουτων ποτηριον υδατος	ψυχρου εις ονομα μαθητου	D
	εαν ποτιση	ενα των μικρων	τουτων ποτηριον ψυχρου		E*
	εαν ποτιση	ενα των μικρων	τουτων ποτηριον ψυχρου	μονον εις ομα μαθητου	K
	εαν ποτησει	ενα των μικρων	τουτων ποτηριον ψυχρου	μονον εις ονομα μαθητου	L
	αν ποτισει	ενα των μηκρον	τουτων ποτηριον ψυχρου	μονον εις ονο μαθητου	θ
	εαν ποτηση	ενα των μικρων	τουτων ποτηριον ψυχρου	μονον εις ονομα μαθητου	13

M 10.42	απολεση τον μισθον αυτου	ℵBCEFGKWΠ 13.565.1582
	αποληται ο μισθος αυτου	D
	απωλεσει τον μισθον αυτου	L 1.
	απολεση τον μησθων αυτου	θ
	απολεσει τον μισθον αυτου	28
	τον μισθον ουκ απολεσει	ClemAl (S IV 36.4; Q 31.4)

M 10.41 - M 23.29, 34; 1 Kg 17.9-24; 18.4; 2 Kg 4.8-37; 3 J 8 | M 10.42 - M 6.2; 25.40

e. Summary

Matthew 11.1

M 11. 1 Καὶ ἐγένετο ὅτε ἐτέλεσεν ὁ Ἰησοῦς διατάσσων τοῖς δώδεκα μαθηταῖς
M 11. 1 αὐτοῦ, μετέβη ἐκεῖθεν τοῦ διδάσκειν καὶ κηρύσσειν ἐν ταῖς πόλεσιν αὐτῶν.

23. JOHN THE BAPTIST AND THE 'COMING ONE'

Matthew 11.2-19

M 11. 2 Ὁ δὲ Ἰωάννης ἀκούσας ἐν τῷ δεσμωτηρίῳ τὰ ἔργα τοῦ Χριστοῦ
L 7.18 Καὶ ἀπήγγειλαν Ἰωάννῃ οἱ μαθηταὶ αὐτοῦ περὶ πάντων τούτων. καὶ

M 11. 2 πέμψας διὰ τῶν
L 7.19 προσκαλεσάμενος δύο τινὰς τῶν μαθητῶν αὐτοῦ ὁ Ἰωάννης |ἔπεμψεν πρὸς

M 11. 3 μαθητῶν αὐτοῦ |εἶπεν αὐτῷ, Σὺ εἶ ὁ ἐρχόμενος ἢ ἕτερον προσδοκῶμεν;
L 7.19 τὸν κύριον λέγων, Σὺ εἶ ὁ ἐρχόμενος ἢ ἄλλον προσδοκῶμεν;

L 7.20 παραγενομενοι δε προς αυτον οι ανδρες ειπαν, Ιωαννης ο βαπτιστης απεστειλεν ημας προς
L 7.21 σε λεγων, Συ ει ο ερχομενος η αλλον προσδοκωμεν; εν εκεινη τη ωρα εθεραπευσεν πολλους
L 7.21 απο νοσων και μαστιγων και πνευματων πονηρων, και τυφλοις πολλοις εχαρισατο βλεπειν.

M 11. 4 καὶ ἀποκριθεὶς ὁ Ἰησοῦς εἶπεν αὐτοῖς, Πορευθέντες ἀπαγγείλατε
L 7.22 καὶ ἀποκριθεὶς εἶπεν αὐτοῖς, Πορευθέντες ἀπαγγείλατε

M 11. 1 τοις δωδεκα μαθηταις .... κηρυσσειν ℵBCDGKYΠ 13.1582^{c}
τοις δωδεκα μαθηταις .... κηρυσιν E
τοις δωδεκα μαθητας .... κηρυσσειν F
τοις δωδεκα μαθηταις .... κηρυσσιν LW
τοις δωδεκα μαθηταις .... κηρυσειν Θ
τοις μαθηταις .... κηρυσσειν 1.1582*
τους δωδεκα μαθητας αυ .... κηρυσσειν 28
τους δωδεκα μαθητας .... κηρυσσειν 565

M 11. 2 Ιωαννης ακουσας εν τω δεσμωτηριω τα εργα του Χριστου πεμψας δια ℵC*WΘΠ^{c}
Ιωανης ακουσας εν τω δεσμωτηριω τα εργα του Χριστου πεμψας δια B
Ιωαννης ακουσας εν τω δεσμωτηριω τα εργα του Ιησου πεμψας δια D
Ιωαννης ακουσας εν τω δεσμωτηριω τα εργα του Χριστου πεμψας δυο C^{c}EFGKLΠ* 1.13.28.565.1582

M 11. 3 ερχομενος η ετερον ℵBCD^{c}EFGKLWΘΠ 1.13.28.565.1582
εργαζομενος η ετερον D*
L 7.19 ερχομενος η αλλον ADYΘ 1.
ερχομενος η ετερον ℵBLW 28

M 11. 4 και αποκριθεις ο Ιησους ℵBCEFGKLWΘΠ 1.13.28.565.1582
αποκριθεις δε ο Ιησους D
L 7.22 και αποκριθεις ℵBDW
και αποκριθεις ο Ιησους ALYΘ 1.28

M 11. 1 - M 7.28; 13.53; 19.1; 26.1 | M 11. 2 - M 14.3; J 3.24; 7.31
M 11. 3 - Mal 3.1; Ps 117.26LXX; Hb 2.3; M 3.11; J 1.15, 27; 6.14; Ac 19.4; He 10.37; Re 1.4, 8
M 11. 4 - M 13.13; 15.31

23. JOHN THE BAPTIST AND THE 'COMING ONE' Matthew 11.2-19

M 11. 5 Ἰωάννῃ ἃ ἀκούετε καὶ βλέπετε· τυφλοὶ ἀναβλέπουσιν καὶ χωλοὶ περιπατοῦσιν,
L 7.22 Ἰωάννῃ ἃ εἴδετε καὶ ἠκούσατε· τυφλοὶ ἀναβλέπουσιν, χωλοὶ περιπατοῦσιν,

M 11. 5 λεπροὶ καθαρίζονται καὶ κωφοὶ ἀκούουσιν, καὶ νεκροὶ ἐγείρονται καὶ
L 7.22 λεπροὶ καθαρίζονται καὶ κωφοὶ ἀκούουσιν, νεκροὶ ἐγείρονται,

M 11. 6 πτωχοὶ εὐαγγελίζονται· καὶ μακάριός ἐστιν ὃς ἐὰν μὴ σκανδαλισθῇ ἐν ἐμοί.
L 7.23 πτωχοὶ εὐαγγελίζονται· καὶ μακάριός ἐστιν ὃς ἐὰν μὴ σκανδαλισθῇ ἐν ἐμοί.

M 11. 7 Τούτων δὲ πορευομένων ἤρξατο ὁ Ἰησοῦς λέγειν τοῖς
L 7.24 Ἀπελθόντων δὲ τῶν ἀγγέλων Ἰωάννου ἤρξατο λέγειν πρὸς τοὺς

M 11. 7 ὄχλοις περὶ Ἰωάννου, Τί ἐξήλθατε εἰς τὴν ἔρημον θεάσασθαι; κάλαμον
L 7.24 ὄχλους περὶ Ἰωάννου, Τί ἐξήλθατε εἰς τὴν ἔρημον θεάσασθαι; κάλαμον

M 11. 4 Ιωαννη α ακουετε και βλεπετε CEFGKΘΠ 1.28.565.1582
τω Ιωαννη α ακουετε και βλεπετε ℵ 13
Ιωανει α ακουετε και βλεπετε B*
Ιωανη α ακουετε και βλεπετε B^c
Ιωαννει α ακουετε και βλεπετε D
Ιωαννη α βλεπετε και ακουετε L
Ιωαννει α ακουεται και βλεπεται W
Ιωαννη ClemAl (Pd I 90.2)
L 7.22 Ιωαννη WYΘ 1.28
Ιωανει P75 B*
Ιωανη B^cD

M 11. 5 και χωλοι περιπατουσιν ℵBCE^cFGLWYΠ 1.565.1582
omit D ClemAl (Pd I 90.2)
και χολοι περιπατουσιν E* 13
και χωλοι περιπατουσιν και K
και χωλοι περηπατουσιν Θ
χωλοι περιπατουσιν 28
L 7.22 χωλοι περιπατουσιν ℵABDLY 1.28
και χωλοι περιπατουσιν P75 WΘ

M 11. 5 και νεκροι εγειρονται και πτωχοι ευαγγελιζονται ℵBDW 1.565.1582
νεκροι εγειρονται και πτωχοι ευαγγελιζονται CEFGKYΠ 28
και νεκροι εγειρονται και πτωχοι ευαγγελιζοντε L
και πτωχοι ευαγγελιζονται και νεκροι εγειρονται Θ 13
L 7.22 νεκροι εγειρονται πτωχοι ευαγγελιζονται ABDLWY 28
νεκροι εγειρονται και πτωχοι ευαγγελιζονται ℵΘ 1.

M 11. 6 εαν ℵCEFGKLWYΘΠ 13.28 Clem Al (Pd I 90.2)
αν BD 1.565.1582
L 7.23 εαν ABLYΘ 1.28
αν ℵDW

M 11 7 ο Ιησους λεγειν τους οχλοις περι Ιωαννου τι εξηλθατε ℵCGLWΘ 28
ο Ιησους λεγειν τους οχλοις περι Ιωανου τι εξηλθατε B
Ιησους λεγειν τους οχλοις περι Ιωαννου τι εξηλθατε D
ο Ιησους λεγειν τους οχλοις περι Ιωαννου τι εξηλθετε EKYΠ 1.13.565.1582
ο Ιησους λεγειν τους οχλοις περι Ιωαννου τι εξεληλυθατε F
L 7.24 λεγειν προς τους οχλους περι Ιωαννου τι εξηλθατε ℵ^cALW
λεγειν προς του οχλου περι Ιωανου τι εξηλθατε P75
λεγειν τους οχλοις περι Ιωαννου τι εξηλθατε ℵ*
λεγειν προς τους οχλους περι Ιωανου τι εξηλθατε B
λεγειν περι Ιωανου τους οχλοις τι εξηλθατε D
λεγειν τους οχλοις περι Ιωαννου τι εξεληλυθατε Y 28
λεγειν προς τους οχλους περι Ιωαννου τι εξεληλυθαται Θ
λεγειν προς τους οχλους περι Ιωαννου τι εξηλθετε 1.

M 11. 5 - Is 29.18; 35.5f; 42.18; 61.1; M 8.2; 21.14; 5.3 | M 11. 6 - M 13.57; 26.31; J 6.61
M 11. 7 - M 3.1, 5

M 11. 8 ὑπὸ ἀνέμου σαλευόμενον; | ἀλλὰ τί ἐξήλθατε ἰδεῖν; ἄνθρωπον ἐν μαλακοῖς
L 7.25 ὑπὸ ἀνέμου σαλευόμενον; | ἀλλὰ τί ἐξήλθατε ἰδεῖν; ἄνθρωπον ἐν μαλακοῖς

M 11. 8 ἠμφιεσμένον; ἰδοὺ οἱ τὰ μαλακὰ φοροῦντες
L 7.25 ἱματίοις ἠμφιεσμένον; ἰδοὺ οἱ ἐν ἱματισμῷ ἐνδόξῳ καὶ τρυφῇ ὑπάρχοντες

M 11. 9 ἐν τοῖς οἴκοις τῶν βασιλέων εἰσίν. | ἀλλὰ τί ἐξήλθατε ἰδεῖν; προφήτην;
L 7.26 ἐν τοῖς βασιλείοις εἰσίν. | ἀλλὰ τί ἐξήλθατε ἰδεῖν; προφήτην;

M 11.10 ναί, λέγω ὑμῖν, καὶ περισσότερον προφήτου. οὗτός ἐστιν περὶ οὗ γέγραπται,
L 7.27 ναί, λέγω ὑμῖν, καὶ περισσότερον προφήτου. οὗτός ἐστιν περὶ οὗ γέγραπται,
Mk 1. 2 Καθὼς γέγραπται

Mk 1. 2 εν τω Ησαια τω προφητη,

M 11.10 Ἰδοὺ ἐγὼ ἀποστέλλω τὸν ἄγγελόν μου πρὸ προσώπου σου,
L 7.27 Ἰδοὺ ἀποστέλλω τὸν ἄγγελόν μου πρὸ προσώπου σου,
Mk 1. 2 Ἰδοὺ ἀποστέλλω τὸν ἄγγελόν μου πρὸ προσώπου σου,

M 11. 7 υπο ανεμου ℵBCDEFGKLWΘΠ 1.13.28.565.1582
υπ ανεμου Y
L 7.24 υπο ανεμου P75 ℵABDLWΘ 1.28
υπ ανεμου Y

M 11. 8 εξηλθατε ιδειν ανθρωπον εν μαλακοις ημφιεσμενον ℵcB
εξηλθατε ανθρωπον ιδειν εν μαλακοις ημφιεσμενον ℵ*
εξηλθατε ιδειν ανθρωπον εν μαλακοις ιματιοις ημφιεσμενον C 13.28
εξηλθατε ειδειν ανθρωπον εν μαλακοις ημφιασμενον D
εξηλθετε ιδειν ανθρωπον εν μαλακοις ιματιοις ημφιεσμενον EGKYΠ 565.1582
εξεληλυθατε ιδειν ανθρωπον εν μαλακοις ιματιοις ημφιεσμενον F
εξηλθατε ιδειν ανθρωπων εν μαλακοις ιματιοις ημφιεσμενον L
εξηλθατε ειδειν ανθρωπον εν μαλακοις ιματιοις ημφιεσμενον W
εξηλθαται ιδειν ανθρωπον εν μαλακοις ιματιοις ημφιεσμενον Θ
εξηλθετε ιδειν ανθρωπον εν μαλακιοις ιματιοις ημφιεσμενον 1.
L 7.25 εξηλθατε ιδειν ανθρωπον εν μαλακοις ιματιοις ημφιεσμενον ℵBDLW
εξεληλυθατε ιδειν ανθρωπον εν μαλακοις ιματιοις ημφιεσμενον Y 28
εξεληλυθατε ιδειν ανθρωπον εν μαλακοις ιματιοις ημφιασμενον Θ
εξηλθετε ιδειν ανθρωπον εν μαλακοις ιματιοις ημφιεσμενον 1.

M 11. 8 βασιλεων εισιν ℵcCDEFLWYΘΠ 1.13.28.1582
βασιλεων ℵ*B
βασιλειων εισιν GK 565

M 11. 9 εξηλθατε ιδειν προφητην ℵcCLΘ 28
εξηλθατε προφητην ιδειν ℵ*B
εξηλθατε ειδειν προφητην D
εξηλθετε ιδειν προφητην EGKYΠ 1.13.565.1582
εξεληλυθατε ιδειν προφητην F
εξεληλυθατε προφητην ιδειν W
L 7.26 εξηλθατε ιδειν προφητην P75 ℵBDL
εξεληλυθατε ιδειν προφητην AWYΘ 28
εξηλθετε ιδειν προφητην 1.

M 11.10 ουτος ℵBD
ουτος γαρ CEFGKLWYΘΠ 1.13.28.565.1582
L 7.27 ουτος ℵABDLWY 28
ουτος γαρ Θ 1.

M 11.10 ιδου εγω αποστελλω τον αγγελον μου προ ℵBCEFGKLWYΘΠ 1.13.28.1582
ιδου εγω αποστελλω τον ανγελον μου προ D
ιδου εγω αποστελλω τον αγγελον μου προ προ 565
L 7.27 ιδου αποστελλω τον αγγελον μου προ ℵBDLW 1.
ιδου εγω αποστελλω τον αγγελον μου προ AY 28
ιδου εγω αποστελω τον αγγελον μου πρω Θ*
ιδου εγω αποστελω τον αγγελον μου προ Θc

M 11. 8 - M 3.4; Mk 1.6; 2 Kg 1.8 | M 11. 9 - M 14.5; 21.66; L 1.76; 20.6
M 11.10 - Ex 23.20; Mal 3.1; L 1.76; 7.27; J 3.28

23. JOHN THE BAPTIST AND THE 'COMING ONE' Matthew 11.2-19

M 11.10	ὅς κατασκευάσει τὴν ὁδόν σου ἔμπροσθέν σου.
L 7.27	ὅς κατασκευάσει τὴν ὁδόν σου ἔμπροσθέν σου.
Mk 1. 2	ὅς κατασκευάσει τὴν ὁδόν σου·

M 11.11	ἀμὴν λέγω ὑμῖν, οὐκ ἐγήγερται ἐν γεννητοῖς γυναικῶν μείζων Ἰωάννου
L 7.28	λέγω ὑμῖν, μείζων ἐν γεννητοῖς γυναικῶν Ἰωάννου

M 11.11	τοῦ βαπτιστοῦ· ὁ δὲ μικρότερος ἐν τῇ βασιλείᾳ τῶν οὐρανῶν μείζων αὐτοῦ
L 7.28	οὐδείς ἐστιν· ὁ δὲ μικρότερος ἐν τῇ βασιλείᾳ τοῦ θεοῦ μείζων αὐτοῦ

M 11.11	ἐστιν.
L 7.29	ἐστιν. (Και πας ο λαος ακουσας και οι τελωναι εδικαιωσαν τον θεον, βαπτισθεντες το

L 7.30	βαπτισμα Ιωαννου· οι δε Φαρισαιοι και οι νομικοι την βουλην του θεου ηθετησαν εις
L 7.30	εαυτους, μη βαπτισθεντες υπ αυτου.)

M 11.12	ἀπὸ δὲ τῶν ἡμερῶν Ἰωάννου τοῦ βαπτιστοῦ ἕως ἄρτι ἡ βασιλεία τῶν οὐρανῶν
L 16.16b	ἀπὸ τότε ἡ βασιλεία τοῦ θεοῦ
M 17.10	και επηρωτησαν αυτον οι μαθηται λεγοντες, Τι ουν οι γραμματεις λεγουσιν
Mk 9.11	και επηρωτων αυτον λεγοντες, Οτι λεγουσιν οι γραμματεις

M 11.10	εμπροσθεν σου	ℵBCFGKWYΘΠ 1.13.28.565.1582
	ενπροσθεν	DL
	omit	E
L 7.27	εμπροσθεν σου	P75 ℵABLWYΘ 1.28
	omit	D

M 11.11	αμην λεγω υμιν ουκ εγηγερται εν γεννητοις γυναικων	ℵCKWΘΠ 1.13.28.1582
	αμην λεγω υμιν ουκ εγηγερται εν γεννητοις γυναικων	B
	αμην λεγω υμειν ουκ εγηγερται εν τοις γεννητοις των γυναικων	D
	αμην λεγω υμιν ουκ εγειγερται εν γεννητοις γυναικων	EFGY[c]
	αμην λεγω υμιν ουκ αιγειγερτε εν γεεντοις γυναικων	L
	αμην λεγω υμιν ουκ εγειγερται εν γεννητοις γυναικων	Y*
	αμην γαρ λεγω υμιν ουκ εγηγερται εν γεννητοις γυναικων	565
L 7.28	λεγω υμιν ουκ μειζων εν γεννητοις γυναικων	
	λεγω υμιν ουκ μειζων εν γεννητοις γυναικων	P75 B
	αμην λεγω υμιν ουκ μειζων εν γεννηται γυναικων	T*
	αμην λεγω υμιν ουκ μειζων εν γεννητοις γυναικων	T[c]L
	λεγω γαρ υμιν ουκ μειζων εν γεννητοις γυναικων	AY 28

M 11.11 (cont)	μειζων Ιωαννου του βαπτιστου	ℵCKWΘΠ 1.13.28.1582
	μειζων Ιωανου του βαπτιστου	B
	μειζων Ιωαννου του βαπτιστου	D
	μειζων Ιωαννου του βαπτιστου	EFGY[c]
	μειζων Ιωαννου του βαπτιστου	L
	μειζων Ιαννου του βαπτιστου	Y*
	μειζων Ιωαννου του βαπτιστου	565
L 7.28 (cont)	Ιωαννου	
	Ιωανου	P75 B
	Ιωαννου	T*
	Ιωαννου	T[c]L
	Ιωαννου του βαπτιστου	AY 28

M 11.11	αυτου εστιν	ℵBDEFGKLYΘΠ 1.13.28.565.1582
	εστιν αυτου	CW

M 11.12	απο δε των ημερων Ιωαννου του βαπτιστου εως αρτι	ℵCFGLWYΘΠ 1.13.1582
	απο δε των ημερων Ιωανου του βαπτιστου εως αρτι	B
	απο των ημερων Ιωαννους του βαπτιστου εως αρτι	D*
	απο δε των ημερων Ιωαννους του βαπτιστου εως αρτι	D[c]
	απο δε των ημερων Ιαννου του βαπτιστου εως αρτι	E 565
	απο δε των ημερων Ιωαννου του βαπτιστου εω αρτι	K
	απο δε των ημερων Ιωαννου εως αρτι	28

M 11.11 - Jb 14.1; J 3.3f; M 18.10; L 1.15 | M 11.12 - L 13.24; J 6.15

M 11.12 βιάζεται, καὶ βιασταὶ ἁρπάζουσιν αὐτήν.
L 16.16b εὐαγγελίζεται καὶ πᾶς εἰς αὐτὴν βιάζεται.
M 17.11 οτι Ηλιαν δει ελθειν πρωτον; ο δε αποκριθεις ειπεν, Ηλιας μεν ερχεται και
Mk 9.12 οτι Ηλιαν δει ελθειν πρωτον; ο δε εφη αυτοις, Ηλιας μεν ελθων πρωτον

M 11.13,14 πάντες γὰρ οἱ προφῆται καὶ ὁ νόμος ἕως Ἰωάννου ἐπροφήτευσαν· καὶ εἰ
L 16.16a Ὁ νόμος καὶ οἱ προφῆται μέχρι Ἰωάννου·
M 17.11 αποκαταστησει παντα·
Mk 9.12 αποκαθιστανει παντα, και πως γεγραπται επι τον υιον του ανθρωπου ινα πολλα παθη και

M 11.14 θέλετε δέξασθαι, αὐτός ἐστιν Ἠλίας ὁ μέλλων ἔρχεσθαι.
M 17.12 λεγω δε υμιν οτι Ἠλίας ἤδη ἦλθεν, και ουκ επεγνωσαν
Mk 9.13 εξουδενηθη; αλλα λεγω υμιν οτι και Ἠλίας ἐλήλυθεν, και

M 17.12 αυτον αλλα εποιησαν εν αυτω οσα ηθελησαν· ουτως και ο υιος του ανθρωπου μελλει πασχειν
Mk 9.13 εποιησαν αυτω οσα ηθελον, καθως γεγραπται επ αυτον.

M 17.13 υπ αυτων. τοτε συνηκαν οι μαθηται οτι περι Ιωαννου του βαπτιστου ειπεν αυτοις.

M 11.15 ὁ ἔχων ὦτα ἀκουέτω.
M 13. 9 ὁ ἔχων ὦτα ἀκουέτω.
M 13.43b ὁ ἔχων ὦτα ἀκουέτω.
Mk 4. 9 καὶ ἔλεγεν, Ὃς ἔχει ὦτα ἀκούειν ἀκουέτω.
Mk 4.23 εἴ τις ἔχει ὦτα ἀκούειν ἀκουέτω.
Mk 7.16 εἴ τις ἔχει ὦτα ἀκούειν ἀκουέτω.
L 8. 8b ταῦτα λέγων ἐφώνει, Ὁ ἔχων ὦτα ἀκούειν ἀκουέτω.
L 14.35b ὁ ἔχων ὦτα ἀκούειν ἀκουέτω.

M 11.12 βιαζεται και βιασται αρπαζουσιν αυτην ℵ^c BCEFGKWYΘΠ 1.13.28.565.1582
βιαζεται και βιαζστε αρπαζουσιν αυτην ℵ*
βιαζεται και οι βιασται αρπαζουσιν αυτην D
βιαζετεται και βιασται αρπαζουσιν αυτην L
L 16.16 βιαζεται P75 ABDLWYΘ 1.28
βιαζεται και βιασται αρπαζουσιν αυτην ℵ^c

M 11.13 εως Ιωαννου επροφητευσαν ℵD 1.13
εως Ιωανου επροφητευσαν B*
εως Ιωανου προεφητευσαν B^c
εως Ιαννου επροφητευσαν C
εως Ιωαννου προεφητευσαν EFGKLWYΘΠ 28.565.1582
L 16.16 μεχρι Ιωαννου ℵL
μεχρι Ιωανου P75 B
εως Ιωαννου AWY 28
εως Ιωαννου επροφητευσαν D
εως Ιωαννου προεφιτευσαν Θ

M 11.14 ει θελετε δεξασθαι αυτος εστιν Ηλιας ο μελλων ερχεσθαι ℵCFGKYΠ 1.13.565.1582
ει θελετε δεξασθαι αυτος εστιν Ηλειας ο μελλων ερχεσθαι BD
ει θελετε δεξασθε αυτος εστιν Ηλιας ο μελλων ερχεσθαι E
η θελετε δεξασθε αυτος εστιν Ηλιας ο μελλων ερχεσθε L
ει θελεται δεξασθαι αυτος εστιν Ηλιας ο μελλων ερχεσθαι W 28^c
ει θελετε δεξασθε αυτος εστιν Ηλιας ο μελλων ερχεσθε Θ
ει θελεται δεξασθαι αυτος εστιν Ηλιας ο μελλων ελευσεσθαι 28*

M 11.15 ωτα BD
ωτα ακουειν ℵCEFGKLWYΘΠ 1.13.28.565.1582 ClemAl (S II 24.4; V 2.1; V 115.3; VI 115.6)

M 11.13 - 1 P 1.10 | M 11.14 - Mal 4.5; L 1.17; J 1.21 | M 11.15 - Re 2.7; 13.9

23. JOHN THE BAPTIST AND THE 'COMING ONE' Matthew 11.2-19

M	11.16	Τίνι δὲ ὁμοιώσω τὴν γενεὰν ταύτην;
L	7.31	Τίνι οὖν ὁμοιώσω τοὺς ἀνθρώπους τῆς γενεᾶς ταύτης, καὶ τίνι εἰσὶν

M	11.16	ὁμοία ἐστὶν παιδίοις καθημένοις ἐν ταῖς ἀγοραῖς ἃ
L	7.32	ὅμοιοι; ὅμοιοί εἰσιν παιδίοις τοῖς ἐν ἀγορᾷ καθημένοις καὶ

M	11.17	προσφωνοῦντα τοῖς ἑτέροις |λέγουσιν,
L	7.32	προσφωνοῦσιν ἀλλήλοις, ἃ λέγει,

M	11.17	Ηὐλήσαμεν ὑμῖν καὶ οὐκ ὠρχήσασθε·
L	7.32	Ηὐλήσαμεν ὑμῖν καὶ οὐκ ὠρχήσασθε·

M	11.17	ἐθρηνήσαμεν καὶ οὐκ ἐκόψασθε.
L	7.32	ἐθρηνήσαμεν καὶ οὐκ ἐκλαύσατε.

M	11.18	ἦλθεν γὰρ Ἰωάννης μήτε ἐσθίων μήτε πίνων,
L	7.33	ἐλήλυθεν γὰρ Ἰωάννης ὁ βαπτιστὴς μὴ ἐσθίων ἄρτον μήτε πίνων οἶνον,

M	11.19	καὶ λέγουσιν, Δαιμόνιον ἔχει· ἦλθεν ὁ υἱὸς τοῦ ἀνθρώπου ἐσθίων καὶ
L	7.34	καὶ λέγετε, Δαιμόνιον ἔχει· ἐλήλυθεν ὁ υἱὸς τοῦ ἀνθρώπου ἐσθίων καὶ

M	11.16	καθημενοις εν ταις αγοραις α προσφωνουντα τοις ετεροις	ℵB
		καθημενοις εν αγοραις α προσφωνουσιν τοις ετεροις	C
		καθημενοις εν τη αγορα α προσφωνουντα τοις ετεροις	D
		εν αγοραις καθημενοις και προσφωνουσιν τοις ετεροις	EF
		εν αγοραις καθημενοις και προσφωνουσιν τοις εταιροις αυτων	GY
		εν αγοραις καθημενοις και προσφωνουσιν τοις ετεροις αυτων	KΠ
		καθημενοις εν αγοραις και προσφωνουσιν τοις ετεροις	L
		καθημενοις εν αγοραις και προσφωνουσιν τοις ετεροις αυτων	W
		καθημενοις εν αγοραις α προσφωνουντα τοις ετεροις αυτων	θ 13
		εν αγορα καθημενοις εν ταις αγοραις α προσφωνουντα τοις ετεροις	1.1582*
		εν αγορα καθημενοις και προσφωνουσιν τοις ετεροις αυτων	28
		εν αγοραις καθημενοις και προσφωνουσι τοις ετεροις αυτων	565
		εν αγοραις καθημενοις α προσφωνουντα τοις εταιροις	1582^c
M	11.17	λεγουσιν	ℵBDθ 1.13.1582
		και λεγουσιν	CEFGKLWYΠ 28.565 ClemAl (Pd I 13.3)
L	7.32	α λεγει	ℵ*B 1.
		και λεγουσιν	AYθ 28
M	11.17	ωρχησασθε εθρηνησαμεν και ουκ εκοψασθε	ℵBD 1.1582*
		ωρχησασθαι εθρηνησαμεν υμιν και ουκ εκοψασθαι	C
		ωρχησασθε εθρινησαμεν και ουκ εκοψασθε	E
		ωρχησασθε εθρηνησαμεν υμιν και ουκ εκοψασθε	FGKYΠ 13.565.1582^c
		ορχισασθε εθρινησαμεν υμιν και ουκ εκοψασθαι	L
		ωρχησασθαι εθρηνησαμεν υμιν και ουκ εκλαυσασθαι	W
		ωρχησασθαι εθρηνησαμεν υμιν και ου κοψασθαι	θ
		ορχησασθε εθρηνησαμεν υμιν και ουκ εκοψασθε	28
L	7.32	ωρχησασθε εθρηνησαμεν και ουκ εκλαυσατε	ℵB
		ωρχησασθαι εθρηνησαμεν υμιν και ουκ εκλαυσατε	AY 1.
		ωρχησασθαι εθρηνησαμεν και κεκλαυσατε	D*
		ωρχησασθαι εθρηνησαμεν και ουκ εκλαυσατε	D^cW
		ορχησασθαι εθρηνησαμεν και ουκ εκλαυσαται	L
		ωρχησασθαι εθρηνησαμεν και ουκ εκλαυσαται	θ
		ωρχησασθε εθρινησαμεν υμιν και ουκ εκλαυσατε	28
M	11.18	ηλθεν γαρ Ιωαννης	ℵCDEFGKWYΠ 1.28.565.1582
		ηλθεν γαρ Ιωανης	B
		ηλθεν προς υμας Ιωαννης	L
		ηλθεν γαρ προς υμας Ιωαννης	θ 13
		ηλθεν Ιωαννης	ClemAl (S III 52.4)

M 11.17 - Ecc 3.4 | M 11.18 - M 3.4; 9.14; L 18.12; J 10.20 | M 11.19 - M 9.11, 14; L 15.1f; 19.7

M	11.19	πίνων, καὶ λέγουσιν, Ἰδοὺ ἄνθρωπος φάγος καὶ οἰνοπότης, τελωνῶν φίλος
L	7.34	πίνων, καὶ λέγετε, Ἰδοὺ ἄνθρωπος φάγος καὶ οἰνοπότης, φίλος τελωνῶν

M	11.19	καὶ ἁμαρτωλῶν. καὶ ἐδικαιώθη ἡ σοφία ἀπὸ τῶν ἔργων αὐτῆς.
L	7.35	καὶ ἁμαρτωλῶν. καὶ ἐδικαιώθη ἡ σοφία ἀπὸ πάντων τῶν τέκνων αὐτῆς.

24. WOES AND THANKSGIVINGS
Matthew 11.20-30

M	11.20	Τότε ἤρξατο ὀνειδίζειν τὰς πόλεις ἐν αἷς ἐγένοντο αἱ πλεῖσται δυνάμεις
J	12.37	Τοσαῦτα δὲ αὐτοῦ σημεῖα

M	11.21	αὐτοῦ, ὅτι οὐ μετενόησαν· Οὐαί σοι, Χοραζίν· οὐαί σοι,
L	10.13	Οὐαί σοι, Χοραζίν· οὐαί σοι,
J	12.37	πεποιηκότος ἔμπροσθεν αὐτῶν οὐκ ἐπίστευον εἰς αὐτόν,

M	11.21	Βηθσαϊδά· ὅτι εἰ ἐν Τύρῳ καὶ Σιδῶνι ἐγένοντο αἱ δυνάμεις αἱ γενόμεναι
L	10.13	Βηθσαϊδά· ὅτι εἰ ἐν Τύρῳ καὶ Σιδῶνι ἐγενήθησαν αἱ δυνάμεις αἱ γενόμεναι

M	11.19	και λεγουσιν	ℵBCDEFGKLWYΘΠ 13.28.565.1582
		omit	1.
M	11.19	τελωνων φιλος και αμαρτωλων	BCDEFGKWYΘΠ 1.565.1582
		φιλος τελωνων και αμαρτωλων	ℵL 13.28
		φιλος τελωνων και αμαρτωλος	ClemAl (S III 52.4)
		τελωνων φιλος	ClemAl (Pd II 32.4)
M	11.19	των εργων αυτης	ℵB*W
		των τεκνων αυτης	B^c CDEFGKLYΘΠ 1.28.565.1582
		παντων των τεκνων αυτης	13
L	7.35	παντων των τεκνων αυτης	BW
		παντων των εργων αυτης	ℵ*
		των εργων αυτης	ℵ^c
		των τεκνων αυτης παντων	AY
		των τεκνων αυτης	DLΘ 1.28
M	11.20	ονειδιζειν τας πολεις εν αις εγενοντο αι πλεισται δυναμεις αυτου	ℵBEFG 28
		ο Ιησους ονειδιζειν τας πολεις εν αις εγενοντο αι πλεισται δυναμεις αυτου	CKWYΠ^c 1.565.1582
		ονειδιζειν τας πολεις εν αις γεγονεισαν α πλεισται δυναμεις	D*
		ονειδιζειν τας πολεις εν αις γεγονεισαν αι πλεισται δυναμεις	D^c
		ο Ιησους ονιδιζεν τας πολεις εν αις εγενοντο αι πλειστε δυναμεις αυτου	L
		ο Ιησους ονειδιζειν τας πολεις εν αις εγενοντο αι πλισται δυναμης αυτου	Θ
		ο Ιησους ονειδιζειν τας πολεις εν αις εγενετο αι πλεισται δυναμεις αυτου	Π*
		ο Ιησους ονειδιζειν τας πολεις εν αις εγενετο αι πλησται δυναμεις αυτου	13
M	11.21	χοραζιν ουαι σοι Βηθσαιδα οτι ει εν Τυρω και Σιδωνι εγενοντο	1.1582
		Χοραζειν ουαι σοι Βηδσαιδαν οτι ει εν Τυρω και Σιδωνι εγενοντο	ℵ*Π
		Χοραζειν ουαι σοι Βηδσαιδαν οτι η ει εν Τυρω και Σιδωνι εγενοντο	ℵ^c
		χοραζειν ουαι σοι Βηθσαιδαν οτι ει εν Τυρω και Σειδωνι εγενοντο	BΘ
		Χοραζειν ουαι σοι Βηθσαιδα οτι ει εν Τυρω και Σιδωνι εγενοντο	C
		Χοροζαιν και Βεθσαειδα οτι ει εν Τυρω και Σιδωνει εγεγονεισαν	D
		Χοραζειν ουαι σοι Βηθσαιδαν οτι ει εν Τυρω και Σιδωνι εγενοντο	EKWY
		Χωραζειν ουαι σοι Βηθσαιδαν οτι ει εν Τυρω και Σιδωνι εγενοντο	FG 13
		Χοραζζη ουαι σοι Βιθσαιδα οτι ει εν Τυρω και Σιδωνι εγενοντο	L
		Χωραζει ουαι σοι Βιθσαιδαν οτι ει εν Τυρω και Σιδωνι εγενοντο	28
		Χοραζει ουαι σοι Βηδσαιδαν οτι η εν Τυρω και Σιδωνι εγενοντο	565
L	10.13	Χοραζιν ουαι σοι Βηθσαιδα οτι ει εν Τυρω και Σιδωνι εγενηθησαν	
		Χοραζειν ουαι σοι Βηθσαιδαν οτι εν Τυρω και Σειδωνι εγενηθησαν	P^45
		Χοραζειν ουαι σοι Βηδσαιδα οτι ει εν Τυρω και Σιδονι εγεννηθησαν	P^75
		Χοραζειν ουαι σοι Βηθσαιδαν οτι ει εν Τυρω και Σιδωνι εγενηθησαν	ℵ
		Χοραζειν ουαι σοι Βηθσαιδα οτι ει εν Τυρω και Σειδωνι εγενοντο	A
		Χοραζειν ουαι σοι Βηδσαιδα οτι ει εν Τυρω και Σειδωνι εγενηθησαν	B*
		Χοραζειν ουαι σοι Βηθσαιδα οτι ει εν Τυρω και Σειδωνι εγενηθησαν	B^c
		Χοραζειν ουαι σοι Βηθσαιδα οτι ει εν Τυρω και Σιδωνι εγενοντο	CY
		Χοροζαιν και Βεδσαιδα οτι ει εν Τυρω και Σιδωνι εγενηθησαν	D
		Χοραζειν ουαι σοι Βηθσαιδα οτι ει εν Τυρω και Σιδωνι εγενηθησαν	L
		Χορεζειν ουαι σοι Βηθσαιδαν οτι εν Τυρω και Σιδονει εγενοντο	W
		Χοραζειν ουαι σοι Βησσαιδα οτι ει εν Τυρω και Σειδωνι εγενηθησαν	Θ
		Χοραζιν ουαι σοι Βηθσαιδαν οτι εν Τυρω και Σιδωνι εγενοντο	1.
		Χωραζειν ουαι σοι Βησαιδαν οτι ει εν Τυρω και Σιδωνι εγενοντο	28

M 11.19 - L 11.49; Dt 21.20; 1 C 1.24ff | M 11.20 - J 12.37
M 11.21-22 - Is 23.1-8; Ez 26-28; Jl 3.4-8; Am 1.9f; Zch 9.2-4; L 9.10

M 11.22 ἐν ὑμῖν, πάλαι ἂν ἐν σάκκῳ καὶ σποδῷ μετενόησαν. πλὴν λέγω
L 10.14 ἐν ὑμῖν, πάλαι ἂν ἐν σάκκῳ καὶ σποδῷ καθήμενοι μετενόησαν. πλὴν

M 11.23 ὑμῖν, Τύρῳ καὶ Σιδῶνι ἀνεκτότερον ἔσται ἐν ἡμέρᾳ κρίσεως ἢ ὑμῖν. καὶ
L 10.15 Τύρῳ καὶ Σιδῶνι ἀνεκτότερον ἔσται ἐν τῇ κρίσει ἢ ὑμῖν. καὶ

M 11.23 σύ, Καφαρναούμ,
L 10.15 σύ, Καφαρναούμ,

M 11.23 μὴ ἕως οὐρανοῦ ὑψωθήσῃ;
L 10.15 μὴ ἕως οὐρανοῦ ὑψωθήσῃ;

M 11.23 ἕως ᾅδου καταβήσῃ.
L 10.15 ἕως τοῦ ᾅδου καταβήσῃ.

L 10.16 Ο ακουων υμων εμου ακουει, και ο αθετων υμας εμε αθετει˙ ο δε εμε αθετων αθετει τον
L 10.16 αποστειλαντα με.

M 11.21	σακκω και σποδω	BDEFGKWYΘΠ 13.28.565	
	σακκω και σποδω καθημενοι	ℵC	
	σακω και σποδω	L	
	σακκω και σποδω καθημεναι	1.1582	
L 10.14	σακκω και σποδω καθημενοι	P[75] ℵABCWΘ 28	
	σακκω και σποδω καθημεναι	P[45] DY 1.	
	σσακκω και σποδω καθημενοι	L	

M 11.22	Σιδωνι ανεκτοτερον εσται εν ημερα κρισεως η υμιν	ℵCEFGKYΠ 1.13.28.565.1582
	Σειδωνι ανεκτοτερον εσται εν ημερα κρισεως η υμιν	B
	Σειδωνι ανεκτοτερον εσται εν ημερα κρισεως ην υμιν	D
	Σιδωνι ανεκτοτερον εστε εν ημερα κρισεως η υμιν	L
	Σιδωνει ανεκτοτερον εσται εν ημερα κρισεως η υμιν	W
	Σιδωνι ανεκτοτερον εσται εν ημερα κρισεως ι υμιν	Θ

M 11.23	συ Καφαρναουμ μη εως ουρανου υφωθηση	εως αδου καταβηση	B
	συ Καφαρναουμ μη εως ουρανου υφωθηση	εως αδου καταβιβασθηση	ℵ
	συ Καπερναουμ μη εως του ουρανου υφωθηση	εως αδου καταβιβασθηση	C 1.1582*
	συ Καφαρναουμ μη εως ουρανου υφωθηση η	εως αδου καταβηση	D
	συ Καπερναουμ η εως του ουρανου υφωθης	ες αδου καταβιβασθηση	E*
	συ Καπερναουμ η εως του ουρανου υφωθης	εως αδου καταβιβασθηση	E[c]FG
	συ Καπερναουμ η εως του ουρανου υφωθεισα	εως αδου καταβιβασθηση	KΠ 1582[c]
	σοι Καπερναουμ μη εως ουρανου υφωθησει η	εως αδου καταβιβασθησει	L
	συ Καπερναουμ μη εως ουρανου υφωθηση	εως η αδου καταβηση	W
	συ Καπερναουμ μη εως του ουρανου υφωθης	εως αδου καταβιβασθηση	Y*
	συ Καπερναουμ μη εως του ουρανου υφωθησα	εως αδου καταβιβασθηση	Y[c]
	συ Καπερναουμ μη εως ουρανου υφωθηση	εως αδου καταβιβασθηση	Θ
	συ Καπερναουμ μη εως του ουρανου υφωθηση	εως αδου καταβιβασθηση	1.
	συ Καπερναουμ η εως του ουρανου υφωθης	εως αδου καταβιβασθησει	13
	συ Καπερναουμ η εως ουρανου υφωθης	εως αδου καταβηβασθηση	28
	συ Καπερναουμ η εως του ουρανου υφωθησα	εως αδου καταβιβασθηση	565
L 10.15	συ Καφαρναουμ μη εως ουρανου υφωθηση	εως του αδου καταβηση	P[75] B*
	συ Καφαρναουμ μη εως ουρανου υφωθηση και	εως αδου καταβιβασθηση	P[45]
	συ Καφαρναουμ μη εως ουρανου υφωθηση	εως ο αδου καταβιβασθηση	ℵ*
	συ Καφαρναουμ μη εως ουρανου υφωθηση	εως αδου καταβιβασθηση	ℵ[c]
	συ Καπερναουμ η εως του ουρανου υφωθεισα	εως αδου καταβιβασθηση	AW
	συ Καφαρναουμ μη εως του ουρανου υφωθησει	εως του αδου καταβηση	B[c]
	συ Καφαρναουμ η εως ουρανου υφωθεισα η	εως αδου καταβιβασθηση	C
	συ Καφαρναουμ μη εως ουρανου υφωθηση η	εως αδου καταβηση	D
	συ Καπερναουμ μη εως του ουρανου υφωθηση	εως του αδου καταβιβασθηση	L
	συ Καπερναουμ η εως του ουρανου υφωθεισα	εως του αδου καταβιβασθεισα	Y
	συ Καπερναουμ η εως του ουρανου υφωθησα	εως αδου καταβηβασθησει	Θ
	συ Καπερναουμ η εω του ουρανου υφωθηση η	εως αδου καταβιβασθηση	1.
	συ Καπερναουμ η εως του ουρανου υφωθεισα	εως αδου καταβηβασθησει	28

M 11.21 - Est 4.1; Dn 9.3; Jon 3.6 | M 11.22 - R 2.12
M 11.23 - M 4.13; 8.5; 9.1; Is 14.13,15; Ez 26.20

M 11.23	ὅτι εἰ ἐν Σοδόμοις ἐγενήθησαν αἱ δυνάμεις αἱ γενόμεναι ἐν σοί, ἔμεινεν

M 11.24	ἂν μέχρι τῆς σήμερον. πλὴν λέγω ὑμῖν ὅτι γῇ Σοδόμων
L 10.12	λέγω ὑμῖν ὅτι Σοδόμοις
M 10.15	ἀμὴν λέγω ὑμῖν, ἀνεκτότερον ἔσται γῇ Σοδόμων καὶ

M 11.24	ἀνεκτότερον ἔσται ἐν ἡμέρᾳ κρίσεως ἢ σοί.
L 10.12	ἐν τῇ ἡμέρᾳ ἐκείνῃ ἀνεκτότερον ἔσται ἢ τῇ πόλει ἐκείνῃ.
M 10.15	Γομόρρων ἐν ἡμέρᾳ κρίσεως ἢ τῇ πόλει ἐκείνῃ.

M 11.25	Ἐν ἐκείνῳ τῷ καιρῷ ἀποκριθεὶς ὁ Ἰησοῦς εἶπεν,
L 10.21	Ἐν αὐτῇ τῇ ὥρᾳ ἠγαλλιάσατο ἐν τῷ πνεύματι τῷ ἁγίῳ καὶ εἶπεν,

M 11.25	Ἐξομολογοῦμαί σοι, πάτερ, κύριε τοῦ οὐρανοῦ καὶ τῆς γῆς, ὅτι ἔκρυψας
L 10.21	Ἐξομολογοῦμαί σοι, πάτερ, κύριε τοῦ οὐρανοῦ καὶ τῆς γῆς, ὅτι ἀπέκρυψας

M 11.26	ταῦτα ἀπὸ σοφῶν καὶ συνετῶν καὶ ἀπεκάλυψας αὐτὰ νηπίοις· ναί, ὁ πατήρ,
L 10.21	ταῦτα ἀπὸ σοφῶν καὶ συνετῶν, καὶ ἀπεκάλυψας αὐτὰ νηπίοις· ναί, ὁ πατήρ,
J 3.35	ὁ πατὴρ
J 17.25	πατὲρ

M 11.27	ὅτι οὕτως εὐδοκία ἐγένετο ἔμπροσθέν σου. Πάντα μοι παρεδόθη ὑπὸ τοῦ
L 10.22	ὅτι οὕτως εὐδοκία ἐγένετο ἔμπροσθέν σου. Πάντα μοι παρεδόθη ὑπὸ τοῦ
J 3.35	ἀγαπᾷ τὸν υἱόν, καὶ πάντα δέδωκεν
J 10.14	Ἐγώ εἰμι ὁ ποιμὴν
J 13. 3	εἰδὼς ὅτι πάντα ἔδωκεν αὐτῷ ὁ
J 17.25	δίκαιε,

M 11.23	οτι ει εν Σοδομοις εγενηθησαν	ℵBD 1.1582
	οτι εν Σοδομοις εγενηθησαν	C
	οτι ει εν Σοδομοις εγενοντο	EFGKWYΘΠ 13.28.565
	οτι εν Σοδομοις εγενοντο	L
M 11.23	εμεινεν αν μεχρι της σημερον	ℵB 1.1582*
	εμεινεν αν μεχρι της ημερον	C
	εμειναν αν μεχρι της σημερον	DEFGKWYΠ 13.28.565.1582^{c}
	εμεινον αν μεχρι της ημερον	L
	εμινον αν μεχρι της σημερον	Θ
M 11.24	οτι γη Σοδομων ανεκτοτερον εσται εν ημερα κρισεως η σοι	BCEFGKWYΘΠ 1.13.28.1582
	ανεκτοτερον εσται γη Σοδομων εν ημερα κρισεως η σοι	ℵ
	οτι γης Σοδομων ανεκτοτερον εσται εν ημερα κρισεως ην υμειν	D
	οτι γη Σωδομων ανεκτοτερον εσται εν ημερα κρισεως η σοι	L
	οτι γη Σοδομων ανεκτοτερον εσται εν ημερα κρισεως	565
M 11.25	εξομολογουμαι ... εκρυψας ταυτα απο σοφων και συνετων και απεκαλυψας	ℵB
	εξομολογουμαι ... απεκρυψας ταυτα απο σοφων και συνετων και απεκαλυψας	CFGKWYΠ 13.28.1582
	εξομολογουμαι ... εκρυψας ταυτα απο σοφων και συνετων και απεκαλυψες	D
	εξομολογουμαι ... απεκρυψας ταυτα απο σοφων και συνετων και απεκαλυλυψας	E
	εξομολογουμε ... απεκρυψας αυτα απο σοφων και συνετων και απεκαλυψας	L
	εξομωλογουμεν ... απεκρυψας ταυτα απο σοφων και συνετων και απεκαλυψας	Θ
	εξομολογουμαι ... απεκρυψας ταυτα απο σοφων και δυνατων και απεκαλυψας	1.
	εξομολογουμαι ... απεκρυψας αυτα απο σοφων και συνετων και απεκαλυψας	565
M 11.26	ουτως ευδοκια εγενετο εμπροσθεν	ℵBΘ^{c} 1.1582
	ουτως εγενετο ευδοκια εμπροσθεν	CEFGKYΠ 13.28.565
	ουτως εγενετο ευδοκια ενπροσθεν	D
	ουτος εγενετο ευδοκια εμπροσθεν	L
	ουτως ευδοκεια εγενετο εμπροσθεν	W
	ουτως ευδωκια εγενετο εμπροσθεν	Θ
L 10.21	ουτως ευδοκια εγενετο εμπροσθεν	P^{75} BCL
	ουτως εγενετο ευδοκια εμπροσθεν	P^{45} ℵAYΘ 1.28
	ουτως εγενετο ευδοκια ενπροσθεν	D
	ουτως εγενετο ευδοκεια εμπροσθεν	W

M 11.23 - Gn 19.24-28; 2 P 2.6; Jd 7 | M 11.25 - Sir 51.1; Tob 7.17; L 18.34; 19.42; Ac 17.42;
M 11.25 - 1 C 1.26-29; 2.6; Pr 16.21; Is 29.14LXX; M 21.16; 1 C 1.21
M 11.27 - M 28.18; J 17.2; Ph 2.9

M 11.27 πατρός μου, καὶ οὐδεὶς ἐπιγινώσκει τὸν υἱὸν εἰ μὴ ὁ πατήρ,
L 10.22 πατρός μου, καὶ οὐδεὶς γινώσκει τίς ἐστιν ὁ υἱὸς εἰ μὴ ὁ πατήρ,
J 3.35 ἐν τῇ χειρὶ αὐτοῦ.
J 10.14 ὁ καλός, καὶ γινώσκω τὰ ἐμὰ
J 10.15 καθὼς γινώσκει με ὁ πατὴρ
J 13. 3 πατὴρ εἰς τὰς χεῖρας καὶ ὅτι ἀπὸ θεοῦ ἐξῆλθεν καὶ πρὸς τὸν θεὸν ὑπάγει,
J 17.25 καὶ ὁ κόσμος σε οὐκ ἔγνω, ἐγὼ

M 11.27 οὐδὲ τὸν πατέρα τις ἐπιγινώσκει εἰ μὴ ὁ υἱὸς καὶ ᾧ ἐὰν
L 10.22 καὶ τίς ἐστιν ὁ πατὴρ εἰ μὴ ὁ υἱὸς καὶ ᾧ ἐὰν
J 7.29 ἐγὼ οἶδα αὐτόν, ὅτι παρ᾽ αὐτοῦ εἰμι κἀκεῖνός με
J 10.14 καὶ γινώσκουσί με τὰ ἐμά,
J 10.15 κἀγὼ γινώσκω τὸν πατέρα· καὶ τὴν ψυχήν μου τίθημι ὑπὲρ τῶν προβάτων.
J 17.25 δέ σε ἔγνων, καὶ οὗτοι ἔγνωσαν ὅτι σύ με

M 11.28 βούληται ὁ υἱὸς ἀποκαλύψαι. Δεῦτε πρός με πάντες οἱ κοπιῶντες καὶ
L 10.22 βούληται ὁ υἱὸς ἀποκαλύψαι.
J 7.29 ἀπέστειλεν.
J 17.25 ἀπέστειλας,

M 11.29 πεφορτισμένοι, κἀγὼ ἀναπαύσω ὑμᾶς. ἄρατε τὸν ζυγόν μου ἐφ᾽ ὑμᾶς καὶ
M 11.29 μάθετε ἀπ᾽ ἐμοῦ, ὅτι πραΰς εἰμι καὶ ταπεινὸς τῇ καρδίᾳ, καὶ εὑρήσετε
M 11.30 ἀνάπαυσιν ταῖς ψυχαῖς ὑμῶν. ὁ γὰρ ζυγός μου χρηστὸς καὶ τὸ φορτίον
M 11.30 μου ἐλαφρόν ἐστιν.

M 11.27 πατρος μου και ουδεις επιγινωσκει ℵ^c BDEFGKLYΘΠ 1.13.28.565.1582
πατρος και ουδεις επιγινωσκει ℵ*
πατρος μου και ουδεις γινωσκει C
πατρος μου και ουδεις επιγιγνωσκει W
L 10.22 πατρος μου και ουδεις γινωσκει ℵABLYΘ 1.28
πατρος μου και ουδεις γεινωσκει P75
πατρος μου και ουδεις επιγινωσκει C
πατρος και ουδεις γεινωσκει D
πατρος μου και ουδεις γιγνωσκει W

M 11.27 επιγινωσκει ει μη ο υιος και ω εαν βουληται ℵBCFGKYΠ 1.13.28.565.1582
επιγινωσκει ει μη ο υιος και ω αν βουληται D
επιγινωσκει ει μη ο υιος και ω εν βουληται E
επιγινωσκει ει μη ο υιος και ο εαν βουλετε L
επιγιγνωσκει ει μη ο υιος και ω εαν βουλεται W
επιγινωσκει ει μη ο υιος και ω εαν βουλητε Θ
επιγινωσκει ει μη ο υιος και ω αν ClemAl (Q 8.1)
εγνω ει μη ο υιος και ω αν ClemAl (Pr 10.3; Pd I 20.2; S V 84.3)
ει μη ο υιος και ω αν ClemAl (S I 178.2)
εγνω ει μη ο υιος και ω εαν ClemAl (S VII 58.4)
L 10.22 ει μη ο υιος και ω εαν βουληται P75 ℵCLY 1.
ει μη ο υιος και ω εαν βουλετε A
ει μη ο υιος και ω αν βουληται BD
ει μη ο υιος και ω εαν βουλεται W
ει μη ο υιος και ο εαν βουληται 28

M 11.28 πεφορτισμενοι ℵBCEFGKLWYΘΠ 1.13.28.565.1582 ClemAl (Pr 120.5; Pd I 91.2)
πεφορτισμενοι εσται D

M 11.29 ζυγον μου εφ υμας και μαθετε απ εμου οτι πραυς ℵ^c BC*D ClemAl (Pr 120.5)
ζυγον μου εφ υμας και μαθετε οτι πραυς ℵ*
ζυγον μου εφ υμας και μαθετε απ εμου οτι πραος C^c EFGKYΠ 1.28.565.1582
ζυγον μου εφ υμα και μαθετε απ εμου οτι πραος L
ζυγον μου εφ υμας και μαθεται απ εμου οτι πραος WΘ
ζυγον εφ υμας και μαθετε απ εμου οτι πραος 13

M 11.29 ευρησετε αναπαυσιν ταις ψυχαις υμων ℵB^c EFGKYΠ 1.565.1582 ClemAl (Pr 120.5)
ευρησεται αναπαυσιν ταις ψυχαις υμων B*CDWΘ 13
ευρησετε αναπαυσιν ταις ψυχαις ημων L
ευρησητε αναπαυσιν ταις ψυχαις υμων 28

M 11.30 χρηστος ℵBCDFGWYΘΠ 1.28.565.1582 ClemAl (Pr 120.5; S V 30.3; S II 126.3)
χριστος EKL 13

M 11.27 - J 1.18; M 16.17; G 1.15 | M 11.28 - Jr 31.25; Sir 24.19LXX; 51.23; Ex 33.14; M 23.4;
M 11.28 - 1 Kg 12.4; Jr 27.2 | M 11.29 - Jr 6.16; Ps 2.3LXX; G 5.1; 2 C 6.14; M 5.5; 21.5; Nu 12.3;
M 11.29 - 2 C 10.1; Is 28.12 | M 11.30 - 1 J 5.3; Ac 15.10; Re 14.13

25. QUESTION OF SABBATH OBSERVANCE

Matthew 12.1-8

M 12. 1	Ἐν ἐκείνῳ τῷ καιρῷ ἐπορεύθη ὁ Ἰησοῦς τοῖς σάββασιν
Mk 2.23	Καὶ ἐγένετο αὐτὸν ἐν τοῖς σάββασιν παραπορεύεσθαι
L 6. 1	Ἐγένετο δὲ ἐν σαββάτῳ διαπορεύεσθαι

M 12. 1	διὰ τῶν σπορίμων· οἱ δὲ μαθηταὶ αὐτοῦ ἐπείνασαν, καὶ
Mk 2.23	διὰ τῶν σπορίμων, καὶ οἱ μαθηταὶ αὐτοῦ
L 6. 1	αὐτὸν διὰ σπορίμων, καὶ ἔτιλλον οἱ μαθηταὶ αὐτοῦ

M 12. 1	ἤρξαντο τίλλειν στάχυας καὶ ἐσθίειν.
Mk 2.23	ἤρξαντο ὁδὸν ποιεῖν τίλλοντες τοὺς στάχυας.
L 6. 1	καὶ ἤσθιον τοὺς στάχυας

M 12. 2	οἱ δὲ Φαρισαῖοι ἰδόντες εἶπαν αὐτῷ, Ἰδοὺ
Mk 2.24	καὶ οἱ Φαρισαῖοι ἔλεγον αὐτῷ, Ἴδε
L 6. 2	ψώχοντες ταῖς χερσίν. τινὲς δὲ τῶν Φαρισαίων εἶπαν,

M 12. 1	επορευθη ο Ιησους τους σαββασιν δια των σποριμων	ℵCDEFGLYΠ 1.13.28.
	επορευθη ο Ιησους τους σαββατοις δια των σποριμων	B | 1582
	επορευθη ο Ιησους τους σαβασιν δια των σποριμων	K 565
	επορευθη ο Ιησους εν τους σαββασιν δια των σποριμων	W
	επορευθει ο Ιησους τους σαββασιν δια των σποριμων	Θ
Mk 2.23	αυτον εν τους σαββασιν παραπορευεσθαι δια των σποριμων	ℵΘ
	παραπορευεσθαι αυτον εν τους σαββασιν δια των σποριμων	AY 28
	παραπορευεσθαι αυτον τους σαββασιν δια των σποριμων	1.1582
L 6. 1	δια σποριμων	ℵ*ABLWΘ 1.
	δια των σποριμων	ℵ^{c}CD 28

M 12. 1	οι δε μαθηται αυτου ... ηρξαντο τιλλειν σταχυας	ℵB^{c}CFGKYΘΠ 1.13.
	ο δε μαθηται αυτου ... ηρξαντο τιλλειν σταχυας	B* | 1582
	οι δε μαθηται αυτου ... ηρξαντο του σταχυας τιλλειν	D
	οι δε μαθηται αυτου ... ηρξαντο τιλλιν σταχυας	E
	οι δε μαθηται αυτου ... ηρξαντο τιλειν σταχοιας	L
	οι δε μαθηται αυτου ... ηρξαντο τιλλιν τους σταχυας	W
	οι δε μαθηται αυτου ... ηρξαντο τιλλειν τους σταχυας	28
	οι δε μαθηται αυτου ... ηρξαντο τιλλειν τους σταοχυας	565
Mk 2.23	και οι μαθηται αυτου ηρξαντο οδον ποιειν τιλλοντες τους σταχυας	ℵC 28
	και οι μαθηται ηρξαντο τιλλειν τους σταχυας	D
	και οι μαθηται αυτου ηρξαντο τιλλειν τους σταχυας	W
	και οι μαθηται αυτου ηρξαντο οδον ποιην τιλλοντες σταχυας	L
L 6. 1	και ετιλλον οι μαθηται αυτου	ℵABCLWYΘ
	οι δε μαθηται ηρξαντο τιλλειν	D

M 12. 2	οι δε Φαρισαιοι ιδοντες ειπαν	ℵB
	οι δε Φαρισαιοι ιδοντες αυτους ειπαν	C
	οι δε Φαρισαιοι ιδοντες αυτους ειπον	DL 13
	οι δε Φαρισαιοι ιδοντες ειπων	E*
	οι δε Φαρισαιοι ιδοντες ειπον	E^{c}FGKWYΠ 1.28.565.1582
	οι δε Φαρισαιοι ιδοντες αυτους αυτους ειπαν	Θ
Mk 2.24	και οι Φαρισαιοι	ℵABCLYΠ 1.28.565.1582
	οι δε Φαρισαιοι	DWΘ
L 6. 2	ειπαν	W
	ειπον	ℵABCLYΘ 1.28

M 12. 1 - Dt 23.24f

25. QUESTIONS OF SABBATH OBSERVANCE Matthew 12.1-8

M 12. 2 οἱ μαθηταί σου ποιοῦσιν ὃ οὐκ ἔξεστιν ποιεῖν ἐν σαββάτῳ.
Mk 2.24 τί ποιοῦσιν τοῖς σάββασιν ὃ οὐκ ἔξεστιν;
L 6. 2 Τί ποιεῖτε ὃ οὐκ ἔξεστιν τοῖς σάββασιν;

M 12. 3 ὁ δὲ εἶπεν αὐτοῖς, Οὐκ ἀνέγνωτε τί
Mk 2.25 καὶ λέγει αὐτοῖς, Οὐδέποτε ἀνέγνωτε τί
L 6. 3 καὶ ἀποκριθεὶς πρὸς αὐτοὺς εἶπεν ὁ Ἰησοῦς, Οὐδὲ τοῦτο ἀνέγνωτε ὃ

M 12. 3 ἐποίησεν Δαυὶδ ὅτε ἐπείνασεν καὶ οἱ μετ' αὐτοῦ;
Mk 2.25 ἐποίησεν Δαυίδ, ὅτε χρείαν ἔσχεν καὶ ἐπείνασεν αὐτὸς καὶ οἱ μετ' αὐτοῦ;
L 6. 3 ἐποίησεν Δαυὶδ ὅτε ἐπείνασεν αὐτὸς καὶ οἱ μετ' αὐτοῦ

M 12. 4 πῶς εἰσῆλθεν εἰς τὸν οἶκον τοῦ θεοῦ καὶ
Mk 2.26a πῶς εἰσῆλθεν εἰς τὸν οἶκον τοῦ θεοῦ ἐπὶ Ἀβιαθὰρ ἀρχιερέως καὶ
L 6. 4a ὄντες; ὡς εἰσῆλθεν εἰς τὸν οἶκον τοῦ θεοῦ καὶ

M 12. 4 τοὺς ἄρτους τῆς προθέσεως ἔφαγον, ὃ οὐκ ἐξὸν ἦν αὐτῷ φαγεῖν
Mk 2.26a τοὺς ἄρτους τῆς προθέσεως ἔφαγεν, οὓς οὐκ ἔξεστιν φαγεῖν
L 6. 4c τοὺς ἄρτους τῆς προθέσεως λαβὼν ἔφαγεν |οὓς οὐκ ἔξεστιν φαγεῖν

M 12. 3	ειπεν αυτοις ουκ ανεγνωτε τι εποιησεν Δαυιδ οτε επεινασεν	
	ειπεν αυτοις ουκ ανεγνωτε τι εποιησεν δαδ οτε επεινασεν	ℵEGKΠ 1.565.1582*
	ειπεν αυτοις ουκ ανεγνωτε τι εποιησεν Δαυειδ οτε επεινασεν	B
	ειπεν αυτοις ουκ ανεγνωτε τι εποιησεν δαδ οτε επινασεν	C
	ειπεν αυτοις ουκ ανεγνωται τι εποιησεν Δαυειδ οτε επινασεν	DW
	ειπεν αυτοις ουκ ανεγνωται τι εποιησεν δαδ οτε επινασεν αυτος	L*
	ειπεν αυτοις ουκ ανεγνωται τι εποιησεν δαδ οτε επεινασεν αυτος	L^c
	ειπεν αυτοις ουκ ανεγνωτε τι εποιησεν δαδ οτε επεινασεν αυτος	Y 13.1582^c
	Ιησους ειπεν αυτοις ουκ ανεγνωται τι εποιησεν δαδ οτε επεινασεν αυτος	θ
	Ιησους ειπεν αυτοις ουκ ανεγνωτε τι εποιησεν δαδ οτε επεινασεν	28
Mk 2.25	ανεγνωτε τι εποιησεν Δαυιδ	
	ανεγνωτε τι εποιησεν δαδ	ℵACYΠ 1.565.1582
	ανεγνωτε τι εποιησεν Δαυειδ	BDW
	ανεγνωται τι εποιησεν δαδ	L
L 6. 3	ανεγνωτε ο εποιησεν Δαυιδ	
	ανεγνωτε ο εποιησεν δαδ	ℵACLY 1.28
	ανεγνωτε ο εποιησεν Δαυειδ	B
	ανεγνωται ο εποιησεν Δαυειδ	DW
	ανεγνωται ο εποιησεν δαδ	θ

M 12. 4	πως εισηλθεν εις τον οικον του θεου	ℵBCDEGKLWYΠ 1.13.28.565.1582
	ως εισηλθεν εις τον οικον του θεου	W
	πως εισηλλθεν εις τον οικον του θεου	θ
Mk 2.26	πως εισηλθεν εις τον οικον του θεου επι Αβιαθαρ αρχιερεως	ℵY
	εισηλθεν εις τον οικον του θεου	D
	πως εισελθων εις τον οικον του θεου	W
L 6. 4	ως εισηλθεν εις τον οικον του θεου	ℵ*ACWY 28
	πως εισηλθεν εις τον οικον του θεου	ℵ^cLθ 1.

M 12. 4	προθεσεως εφαγον ο ουκ εξον ην	ℵB
	προσεως εφαγεν ους ουκ εξεστιν	C
	προσθεσεως εφαγεν ο ουκ ην εξον	D
	προθεσεως εφαγεν ους ουκ εξον ην	EGYθΠ 1.565.1582
	προθεσεως εφαγεν ους ουκ εξων ην	K
	προθεσεως εφαγεν ους ουκ αιξων ην	L
	προθεσεως εφαγεν ο ουκ εξον ην	W 13
	προθεσεως εφαγεν ους ουκ εξεστιν	28
Mk 2.26	προθεσεως εφαγεν ους ουκ εξεστιν	ℵBCL
	προσθεσεως εφαγεν ους ουκ εξεστιν	D
L 6. 4	προθεσεως λαβων εφαγεν ... ους ουκ εξεστιν	Bθ
	προθεσεως εφαγεν ... ους ουκ εξεστιν	ℵ
	προθεσεως εφαγεν ... οις ουκ εξον ην	D
	προθεσεως εφαγεν ... ους ουκ εξεστιν	W 1.

M 12. 2 - Ex 20.10; Dt 5.14; J 5.10 | M 12.3-4 - 1 Sm 21.1-6 | M 12. 4 - Lv 24.5-9

M 12. 4 οὐδὲ τοῖς μετ' αὐτοῦ, εἰ μὴ τοῖς ἱερεῦσιν μόνοις;
Mk 2.26c,b |καὶ ἔδωκεν καὶ τοῖς σὺν αὐτῷ οὖσιν; |εἰ μὴ τοὺς ἱερεῖς,
L 6. 4b,d |καὶ ἔδωκεν τοῖς μετ' αὐτοῦ, |εἰ μὴ μόνους τοὺς ἱερεῖς;

M 12. 5 ἢ οὐκ ἀνέγνωτε ἐν τῷ νόμῳ ὅτι τοῖς σάββασιν οἱ ἱερεῖς ἐν τῷ ἱερῷ τὸ
M 12. 6 σάββατον βεβηλοῦσιν καὶ ἀναίτιοί εἰσιν; λέγω δὲ ὑμῖν ὅτι τοῦ ἱεροῦ

M 12. 7 μεῖζόν ἐστιν ὧδε. εἰ δὲ ἐγνώκειτε τί ἐστιν, Ἔλεος θέλω καὶ οὐ θυσίαν,
Mk 2.27 καὶ ἔλεγεν αὐτοῖς, Τὸ σάββατον διὰ τὸν ἄνθρωπον ἐγένετο καὶ οὐχ ὁ
L 6. 5 καὶ ἔλεγεν αὐτοῖς,
M 9.13 πορευθέντες δὲ μάθετε τί ἐστιν, Ἔλεος θέλω καὶ οὐ θυσίαν·

M 12. 8 οὐκ ἂν κατεδικάσατε τοὺς ἀναιτίους. κύριος γάρ ἐστιν τοῦ σαββάτου ὁ
Mk 2.28 ἄνθρωπος διὰ τὸ σάββατον· ὥστε κύριός ἐστιν ὁ
L 6. 5 Κύριός ἐστιν τοῦ σαββάτου ὁ
M 9.13 οὐ γὰρ ἦλθον καλέσαι δικαίους ἀλλὰ ἁμαρτωλούς.

M 12. 8 υἱὸς τοῦ ἀνθρώπου.
Mk 2.28 υἱὸς τοῦ ἀνθρώπου καὶ τοῦ σαββάτου.
L 6. 5 υἱὸς τοῦ ἀνθρώπου.

M 12. 4 τοις μετ αυτου ει μη τοις ιερευσιν μονοις ℵBCDEGKWΘΠ 13.28.565
τους μετ αυτου ει μη τοις ιερευσιν μονον L
τοις μετ αυτου ει μη τοις ειρευσι μονοις Y
τοις μετ αυτου ει μη τοις ιερευσιν 1.1582

M 12. 5 ανεγνωτε ... οτι τοις σαββασιν οι ιερεις ... και αναιτιοι εισιν ℵBGKYΠ 1.28.
ανεγνωτε ... οτι εν τοις σαββασιν οι ιερεις ... και αναιτιοι εισιν C
ανεγνωτε ... οτι εν τοις σαββασιν οι ειερεις ... και ανετιοι εισιν D
ανεγνωτε ... οτι τοις σαββασιν οι ιερεις E
ανεγνωται ... οτι τοις σσαββασιν οι ιερεις ... και ανετιοι εισιν L
ανεγνωται ... οτι εν τοις σαββασιν οι ιερεις ... και αναιτιοι εισιν W
ανεγνωτε ... οτι τοις σαββασιν οι ερεις ... και ανετιοι εισιν Θ*
ανεγνωτε ... οτι τοις σαββασιν οι ιερεις ... και ανετιοι εισιν Θ^c
ανεγνωτε ... οτι εν τω ιερω τοις σαββασιν οι ιερεις 13

M 12. 6 λεγω δε υμιν οτι του ιερου μειζον ℵBEGKYΠ 1.28.1582
λεγω δε υμιν οτι του ιερον μειζοων C*
λεγω δε υμιν οτι του ιερον μειζων C^cL 13
λεγω γαρ υμειν οτι του ιερου μειζον D
λεγω δε υμιν οτι του ιερου μιζον WΘ
λεγω υμιν οτι του ιερου μειζον 565

M 12. 7 ελεος θελω και ου θυσιαν ουκ αν κατεδικασατε ℵBDΘ 1.1582
ελεος θελω και ου θυσιαν ουκ αν κατεσατε C
ελεον θελω και ου θυσιαν ουκ αν κατεδικασατε EGKWYΠ 13.28.565
ελεον θελω και ου θυσιαν ουκ αν καταιδικασαται L

M 12. 8 του σαββατου ο υιος του ανθρωπου ℵBCDEGKLWYΘΠ 13.28.565
ο υιος του ανθρωπου και του σαββατου 1.1582
L 6. 5 του σαββατου ο υιος του ανθρωπου ℵBW
ο υιος του ανθρωπου και του σαββατου ALYΘ 1.28

M 12. 5 - Nu 28.9f; J 7.22f | M 12 6 - M 12.41f; L 11.31f | M 12. 7 - Hs 6.6; M 23.23; 1 Sm 15.22

26. A WITHERED HAND

Matthew 12.9-21

```
M   12. 9    Καὶ μεταβὰς ἐκεῖθεν              ἦλθεν          εἰς τὴν συναγωγὴν αὐτῶν.
Mk   3. 1    Καὶ                            εἰσῆλθεν  πάλιν εἰς τὴν συναγωγήν.
L    6. 6    Ἐγένετο  δὲ ἐν ἑτέρῳ σαββάτῳ εἰσελθεῖν αὐτὸν εἰς τὴν συναγωγὴν
 L  14. 1a   Καὶ ἐγένετο ἐν τῷ               ἐλθεῖν αὐτὸν εἰς     οἶκόν τινος τῶν

M   12.10                                                καὶ ἰδοὺ    ἄνθρωπος
Mk   3. 1                                                καὶ ἦν ἐκεῖ ἄνθρωπος
L    6. 6                                  καὶ διδάσκειν·  καὶ ἦν      ἄνθρωπος ἐκεῖ
 L  14. 2    ἀρχόντων τῶν Φαρισαίων σαββάτῳ φαγεῖν ἄρτον |καὶ ἰδοὺ    ἄνθρωπός τις

M   12.10        χεῖρα        ἔχων     ξηράν.  καὶ              ἐπηρώτησαν
Mk   3. 2        ἐξηραμμένην ἔχων   τὴν χεῖρα· |καὶ              παρετήρουν
L    6. 7    καὶ ἡ χεὶρ αὐτοῦ ἡ δεξιὰ ἦν ξηρά·                      παρετηροῦντο δὲ
 L  14. 1b   ἦν    ὑδρωπικὸς ἔμπροσθεν   αὐτοῦ.  καὶ αὐτοὶ ἦσαν παρατηρούμενοι
 L  14. 3                                     καὶ              ἀποκριθεὶς ὁ

M   12.10    αὐτὸν                                           λέγοντες, Εἰ ἔξεστιν
Mk   3. 2    αὐτὸν                                                     εἰ
L    6. 7    αὐτὸν               οἱ  γραμματεῖς καὶ οἱ Φαρισαῖοι       εἰ      ἐν
 L  14. 1b   αὐτόν.
 L  14. 3    Ἰησοῦς εἶπεν πρὸς τοὺς νομικοὺς   καὶ    Φαρισαίους λέγων,     Ἔξεστιν

M   12.10    τοῖς σάββασιν θεραπεῦσαι;       ἵνα          κατηγορήσωσιν αὐτοῦ.
Mk   3. 2    τοῖς σάββασιν θεραπεύσει αὐτόν, ἵνα          κατηγορήσωσιν αὐτοῦ.
L    6. 8    τῷ   σαββάτῳ  θεραπεύει,        ἵνα εὕρωσιν κατηγορεῖν    αὐτοῦ.  αὐτὸς
 L  14. 3    τῷ   σαββάτῳ  θεραπεῦσαι ἢ οὔ;

M   12.11                  ὁ δὲ             εἶπεν       αὐτοῖς,
Mk   3. 3                  καὶ              λέγει    τῷ ἀνθρώπῳ τῷ τὴν ξηρὰν χεῖρα
L    6. 8    δὲ ᾔδει τοὺς διαλογισμοὺς αὐτῶν, εἶπεν δὲ τῷ ἀνδρὶ   τῷ     ξηρὰν ἔχοντι
 L  14. 5                  καὶ πρὸς αὐτοὺς εἶπεν,
```

```
M  12. 9  εκειθεν               ℵBDKLWYΘΠ 1.13.28.565.1582
          εκειθεν ο Ιησους      CEG

M  12.10         ανθρωπος               χειρα  εχων ξηραν και επηρωτησαν   ℵB
                 ανθρωπος               χειρα  εχων ξηραν και επερωτησαν   C
                 ανθρωπος ην εκει την χειρα  εχων ξηραν και επηρωτησαν   DΘ
          ην εκει ανθρωπος          την χειρα  εχων ξηραν και επηρωτισαν   E
                 ανθρωπος ην      την χειρα  εχων ξηραν και επηρωτησαν   GKYΠ 28.565
                 ανθρωπος ην εκει την χειραν εχων ξηραν και επιρωτησαν   L
                 ανθρωπος               χειραν εχων ξηραν και επηρωτησαν   W
                 ανθρωπος ην εκει την χειρα  εχων ξαραν και επηρωτησαν   1.
                 ανθρωπος ην εκει την χειραν εχων ξηραν και επηρωτησαν   13
                 ανθρωπος ην εκει     χειρα  εχων ξηραν και επηρωτησαν   1582

M  12.10  θεραπευσαι ινα κατηγορησωσιν        ℵ
          θεραπευειν ινα κατηγορησωσιν        BCEGKYΘΠ 1.13.28.565.1582
          θεραπευσαι ινα κατηγορησουσιν       DW
          θεραπευσαι ινα κατηγωρησωσι         L
Mk  3. 2                 κατηγορησωσιν        ℵABLWYΠ 1.565.1582
                         κατηγορησουσιν       CD 28
```

26. A WITHERED HAND Matthew 12.9-21

M 12.11	Τίς ἔσται ἐξ ὑμῶν ἄνθρωπος ὃς ἕξει πρόβατον ἕν, καὶ ἐὰν
Mk 3. 3	ἔχοντι, Ἔγειρε εἰς τὸ μέσον.
L 6. 8	τὴν χεῖρα, Ἔγειρε καὶ στῆθι εἰς τὸ μέσον· καὶ ἀναστὰς ἔστη.
L 14. 5	Τίνος ὑμῶν υἱὸς ἢ βοῦς εἰς φρέαρ

M 12.11	ἐμπέσῃ τοῦτο τοῖς σάββασιν εἰς βόθυνον, οὐχὶ κρατήσει αὐτὸ καὶ
L 14. 5	πεσεῖται, καὶ οὐκ εὐθέως ἀνασπάσει αὐτὸν ἐν

M 12.12	ἐγερεῖ; |πόσῳ οὖν διαφέρει ἄνθρωπος προβάτου. ὥστε ἔξεστιν τοῖς
Mk 3. 4	καὶ λέγει αὐτοῖς, Ἔξεστιν τοῖς
L 6. 9	εἶπεν δὲ ὁ Ἰησοῦς πρὸς αὐτούς, Ἐπερωτῶ ὑμᾶς, εἰ ἔξεστιν τῷ
L 14. 5	ἡμέρᾳ τοῦ σαββάτου;

M 12.12	σάββασιν καλῶς ποιεῖν.
Mk 3. 4	σάββασιν ἀγαθὸν ποιῆσαι ἢ κακοποιῆσαι, ψυχὴν σῶσαι ἢ ἀποκτεῖναι; οἱ δὲ
L 6. 9	σαββάτῳ ἀγαθοποιῆσαι ἢ κακοποιῆσαι, ψυχὴν σῶσαι ἢ ἀπολέσαι;
L 14. 4	οἱ δὲ

M 12.13	τότε
Mk 3. 5	ἐσιώπων. καὶ περιβλεψάμενος αὐτοὺς μετ᾽ ὀργῆς, συλλυπούμενος
L 6.10	καὶ περιβλεψάμενος πάντας αὐτοὺς
L 14. 4	ἡσύχασαν. καὶ ἐπιλαβόμενος

M 12.13	λέγει τῷ ἀνθρώπῳ, Ἔκτεινόν
Mk 3. 5	ἐπὶ τῇ πωρώσει τῆς καρδίας αὐτῶν, λέγει τῷ ἀνθρώπῳ, Ἔκτεινον
L 6.10	εἶπεν αὐτῷ, Ἔκτεινον

M 12.11	τις εσται εξ υμων ανθρωπος ος εξει προβατον εν	ℵBC^{c}EGWYΠ 1.13.28.1582
	εσται εξ υμων ανθρωπος ος εξει προβατον εν	C*
	τι εστιν εν υμειν ανθρωπος ος εχει προβατον εν	D*
	τις εστιν εν υμειν ανθρωπος ος εχει προβατον εν	D^{c}
	τις εσται εξ υμων ανθρωπος ος εξει εν προβατον	K
	τις εξ υμων ως εξει προβατον εν	L
	τις εστιν εξ υμων ανθρωπος ος εξη προβατον εν	Θ
	τις εστιν εξ υμων ανθρωπος ος εξει προβατον εν	565

M 12.11	και εαν εμπεση τουτο ... εις βοθυνον ουχι κρατησει αυτο και εγερει	BE^{c}GYΠ 1.565.1582
	και εαν πεση τουτο ... εις βοθυνον ουχι κρατησας εγερει αυτο	ℵ*
	και εαν ενπεση τουτο ... εις βοθυνον ουχι κρατησας εγερει αυτο	ℵ^{c}
	και εαν εμπεση τουτο ... εις βοθυνον ουχι κρατησει αυτο και εγειρει	C
	και ενπεση ... εις βοθυνον ουχει κρατει αυτο και εγειρει	D
	και εαν επεση τουτο ... εις βοθυνον ουχι κρατησει αυτο και εγερει	E*
	και εαν εμπεση τουτο ... εις βοθυνον ουχι κρατησει αυτω και εγερει	K
	και αν ενπεσει τουτω ... εις τον βοθυνον ουχι κρατησει αυτω και εγειρι	L
	και εαν ενπεση τουτο ... εις βοθυνον ουχι κρατησει αυτο και εγερει	W
	και εαν ενπεση τουτο ... εις βοθυνον ουχι κρατησει αυτω και εγερει	Θ
	και εαν εμπεση τουτο ... εις βοθυνον ουχι κρατησει αυτον και εγερει	13
	και εαν ενπεση τουτο ... εις βοθυνον ουχι κρατησει αυτω και εγερει	28

M 12.12	ποσω ουν διαφερει ανθρωπος προβατου	ℵBCEGWYΠ 1.28.1582
	ποσω ουν διαφερει ανθρωπος του προβατου	D
	πως ουν διαφερει ανθρωπος προβατου	L
	ποσω ου διαφερει ανθρωπος προβατου	W
	ποσω ουν μαλλον διαφερει ανθρωπος προβατου	Θ 13.565

M 12.12	τοις σαββασιν	all texts
L 6. 9	τω σαββατω	ℵBDL^{c}W
	τοις σαββασιν	AYΘ 1.28

M 12.12 - M 6.26; 10.31; L 12.7, 24; 13.16; J 5.9; 7.23; 9.14

26. A WITHERED HAND Matthew 12.9-21

M	12.13	σου τὴν χεῖρα. καὶ ἐξέτεινεν, καὶ ἀπεκατεστάθη ὑγιὴς ὡς ἡ ἄλλη.
Mk	3. 5	τὴν χεῖρα. καὶ ἐξέτεινεν, καὶ ἀπεκατεστάθη ἡ χεὶρ αὐτοῦ.
L	6.10	τὴν χεῖρά σου. ὁ δὲ ἐποίησεν, καὶ ἀπεκατεστάθη ἡ χεὶρ αὐτοῦ.
L	14. 4	ἰάσατο αὐτὸν καὶ ἀπέλυσεν.

M	12.14	ἐξελθόντες δὲ οἱ Φαρισαῖοι συμβούλιον ἔλαβον
Mk	3. 6	καὶ ἐξελθόντες οἱ Φαρισαῖοι εὐθὺς μετὰ τῶν Ἡρῳδιανῶν συμβούλιον ἐδίδουν
L	6.11	αὐτοὶ δὲ ἐπλήσθησαν ἀνοίας, καὶ διελάλουν
L	14. 6	καὶ οὐκ ἴσχυσαν ἀνταποκριθῆναι

M	12.14	κατ᾽ αὐτοῦ ὅπως αὐτὸν ἀπολέσωσιν.
Mk	3. 6	κατ᾽ αὐτοῦ ὅπως αὐτὸν ἀπολέσωσιν.
L	6.11	πρὸς ἀλλήλους τί ἂν ποιήσαιεν τῷ Ἰησοῦ.
L	14. 6	πρὸς ταῦτα.

M	12.15	Ὁ δὲ Ἰησοῦς γνοὺς ἀνέχωρησεν
Mk	3. 7	Καὶ ὁ Ἰησοῦς μετὰ τῶν μαθητῶν αὐτοῦ ἀνέχωρησεν πρὸς τὴν
L	6.17	Καὶ καταβὰς μετ᾽ αὐτῶν ἔστη ἐπὶ τόπου

M	12.15	ἐκεῖθεν. καὶ
Mk	3. 7	θάλασσαν· καὶ πολὺ πλῆθος ἀπὸ τῆς
L	6.17	πεδινοῦ, καὶ ὄχλος πολὺς μαθητῶν αὐτοῦ, καὶ πλῆθος πολὺ τοῦ λαοῦ

M 12.13	σου την χειρα ... απεκατεσταθη υγιης ως η αλλη	Bθ 13
	σου την χειρα ... απεκατεσταθη υγιης	ℵ*
	την χειρα σου ... απεκατεσταθη υγιης	ℵ^{c}
	την χειρα σου ... απεκατεσταθη υγιης ως η αλλη	CE^{c}GW 565
	την χειρα σου ... αποκατεσταθη υγιης ως η αλλη	DKY
	την χειρα σου ... απεκατεσταθη υγιη ως η αλλη	E*
	σου την χειρα ... απεκατεσταθη υγιεις ωσει αλλη	L
	την χειρα σου ... αποκατεστη υγιης ως η αλλη	Π
	σου την χειρα ... αποκατεστη υγιης ως η αλλη	1.1582
	την χειρα σου ... απεκατεσταθη υγιης ωσει αλλη	28
Mk 3. 5	την χειρα ... απεκατεσταθη η χειρ αυτου	B
	την χειρα σου ... απεκατεσταθη η χειρ αυτου	ℵACWθ* 565
	την χειρα σου ... αποκατεσταθη η χειρ αυτου ευθεως	D
	την χειρα σου ... απεκατεσταθη η χειρ αυτου υγιης ος ι αλλη	L
	την χειρα σου ... αποκατεσταθη η χειρ αυτου υγιης ως η αλλη	Y 1582^{c}
	την χειρα σου ... απεκατεσταθη η χειρ αυτου υγιης ως η αλλη	θ^{c} 28
	την χειρα σου ... αποκατεσταθη η χειρ αυτου	Π 1.1582*
L 6.10	την χειρα σου ... απεκατεσταθη η χειρ αυτου	ℵ^{c}L
	την χειρα σου ... απεκατεστη η χειρ αυτου	ℵ*
	την χειρα σου ... απεκατεσταθη η χειρ αυτου ως η αλλη	A
	την χειρα σου ... αποκατεσταθη η χειρ αυτου	B
	την χειρα σου ... απεκατεσταθη η χειρ αυτου ως και η αλλη	D
	την χειρα σου ... απεκατεσταθη η χειρ αυτου υγιης	W
	την χειρα σου ... αποκατεσταθη η χειρ αυτου υγιης ως η αλλη	Y
	την χειρα σου ... αποκατεσταθη η χειρ αυτου ως η αλλη	θ
	την χειρα σου ... αποκατεστη η χειρ αυτου ως και η αλλη	1.
	την χειρα σου ... απεκατεσταθη η χειρ αυτου υγιης ωσει αλλη	28

M 12.14	εξελθοντες δε οι Φαρισαιοι συμβουλιον ελαβον κατ αυτου	ℵBC 1.1582
	και εξελθοντες οι Φαρεισαιοι συνβουλιον ελαβον κατ αυτου	D
	οι δε Φαρισαιοι συμβουλιον ελαβων κατ αυτου εξελθοντες	E*
	οι δε Φαρισαιοι συμβουλιον ελαβον κατ αυτου εξελθοντες	E^{c}GKYΠ 28.565
	οι δε Φαρισαιοι εξελθοντες συμβουλιον εποιησαν κατ αυτου	L
	οι δε Φαρισαιοι συμβουλιον ελαβον κατ αυτου	W
	οι δε Φαρισεοι εξελθοντες συμβουλιον ελαβον κατ αυτου	θ*
	οι δε Φαρισαιοι εξελθοντες συμβουλιον ελαβον κατ αυτου	θ^{c} 13
Mk 3. 6	και εξελθοντες οι Φαρισαιοι ευθυς ... συμβουλιον εδιδουν κατ αυτου	B
	και εξελθοντες οι Φαρισαιοι ευθυς ... συμβουλιον εποιησαν κατ αυτου	TC
	εξελθοντες δε οι Φαρισαιοι ... συνβουλιον ποιουντες κατ αυτου	D
	και ευθεως εξελθοντες οι Φαρισαοι ... συμβουλιον εποιησαν κατ αυτου	θ

M 12.14 - M 27.1; Mk 11.18; L 19.41; J 5.16,18

26. A WITHERED HAND Matthew 12.9-21

M 12.15 ἠκολούθησαν αὐτῷ ὄχλοι
Mk 3. 8 Γαλιλαίας ἠκολούθησεν· καὶ ἀπὸ τῆς Ἰουδαίας |καὶ ἀπὸ Ἱεροσολύμων
L 6.17 ἀπὸ πάσης τῆς Ἰουδαίας καὶ Ἰερουσαλὴμ
M 4.25 καὶ ἠκολούθησαν αὐτῷ ὄχλοι

Mk 3. 8 και απο της Ιδουμαιας και περαν του Ιορδανου και περι Τυρον και Σιδωνα, πληθος
L 6.18 και της παραλιου Τυρου και Σιδωνος, οι

Mk 3. 9 πολυ, ακουοντες οσα εποιει ηλθον προς αυτον. και ειπεν τοις μαθηταις αυτου ινα πλοιαρ-
L 6.18 ηλθον ακουσαι αυτου

M 12.15 πολλοί, καὶ ἐθεράπευσεν
Mk 3.10 ιον προσκαρτερη αυτω δια τον οχλον ινα μη θλιβωσιν αυτον· πολλοὺς γὰρ ἐθεράπευσεν,
L 6.18 καὶ ἰαθῆναι ἀπὸ
M 4.25 πολλοὶ ἀπὸ τῆς Γαλιλαίας

M 12.15 αὐτοὺς πάντας,
Mk 3.11 ωστε επιπιπτειν αυτω ινα αυτου αψωνται οσοι ειχον μαστιγας. και τα πνευματα τα ακαθαρτα,
L 6.18 τῶν νόσων αὐτῶν·
M 4.25 και Δεκαπολεως και Ιεροσολυμων και Ιουδαιας και περαν του Ιορδανου.

Mk 3.11 οταν αυτον εθεωρουν, προσεπιπτον αυτω και εκραζον λεγοντες οτι Συ ει ο υιος του θεου.

M 12.16 καὶ ἐπετίμησεν αὐτοῖς ἵνα μὴ φανερὸν αὐτὸν ποιήσωσιν·
Mk 3.12 καὶ πολλὰ ἐπετίμα αὐτοῖς ἵνα μὴ αὐτὸν φανερὸν ποιήσωσιν.
L 6.19 καὶ οἱ ἐνοχλούμενοι ἀπὸ πνευμάτων ἀκαθάρτων ἐθεραπεύοντο. καὶ πᾶς

L 6.19 ο οχλος εζητουν απτεσθαι αυτου, οτι δυναμις παρ αυτου εξηρχετο και ιατο παντας.

M 12.17 ἵνα πληρωθῇ τὸ ῥηθὲν διὰ Ἠσαίου τοῦ προφήτου λέγοντος,
M 12.18 Ἰδοὺ ὁ παῖς μου ὃν ἡρέτισα,
M 12.18 ὁ ἀγαπητός μου εἰς ὃν εὐδόκησεν ἡ ψυχή μου·
M 12.18 θήσω τὸ πνεῦμά μου ἐπ' αὐτόν,
M 12.18 καὶ κρίσιν τοῖς ἔθνεσιν ἀπαγγελεῖ.

M 12.15f οχλοι πολλοι ... αυτους παντας και επετιμησεν CE[c]GKLYΠ* 13.28.565
πολλοι ... αυτους παντας και επετιμησεν ℵBΠ[c]
οχλοι πολλοι ... αυτους παντας δε ους εθεραπευσεν επεπληξεν D
οχλοι πολλοι ... αυτοις παντας και επετιμησεν E*
οχλοι πολλοι ... αυτους παντας δε ους εθεραπευσεν επεπληξεν αυτοις W
οχλοι πολλοι ... αυτους και επετιμα Θ
οχλοι πολλοι ... αυτους παντας δε ους εθεραπευσεν επεπλησσεν 1.1582

M 12.17 ινα πληρωθη το ρηθεν δια Ησαιου ℵBD 1.1582
ινα πληρωθη το ρηθεν υπο Ησαιου C
οπως πληρωθη το ρηθεν δια Ησαιου EGKWYΘΠ 13.28.565
οπως πληρωθη το ρηθεν δια Ισαιου L

M 12.18 ον ηρετισα ο αγαπητος μου εις ον ευδοκησεν EGKLYΘΠ 565
ον ηρετισα ο αγαπητος μου ον ηυδοκησεν ℵ*
ον ηρετισα ο αγαπητος μου εις ον ηυδοκησεν ℵ[c]C[c]W 28
ον ηρετισα ο αγαπητος μου ον ευδοκησεν B
ον ηρετισα ο αγαπητος μου εν ω ηυδοκησεν C*
εις ον ηρετισα ο αγαπητος μου εν ω ηυδοκησεν D
ον ηρετισα ο αγαπητος μου εν ω ευδοκησεν 1.1582
ον ηρετισα ο αγαπητος μου εις ο ευδοκησεν 13

M 12.18 αυτον και κρισιν τοις εθνεσιν απαγγελει ℵBCEGWYΘΠ 1.28.565.1582
αυτον και κρισιν τοις εθνεσιν απαγγελλει D
αυτον και κρισιν τοις εθνεσιν αναγγελει K
αυτον και κρισιν τοις εθνεσιν απαιτελει L
αυτων και κρισιν τοις εθνεσιν απαγγελει 28

M 12.16 - M 8.4; 9.30; Mk 5.43; 7.36 | M 12.18-21 - Is 42.1-4

26. A WITHERED HAND Matthew 12.9-21

M 12.19 οὐκ ἐρίσει οὐδὲ κραυγάσει,
M 12.19 οὐδὲ ἀκούσει τις ἐν ταῖς πλατείαις τὴν φωνὴν αὐτοῦ.
M 12.20 κάλαμον συντετριμμένον οὐ κατεάξει
M 12.20 καὶ λίνον τυφόμενον οὐ σβέσει,
M 12.20 ἕως ἂν ἐκβάλῃ εἰς νῖκος τὴν κρίσιν.
M 12.21 καὶ τῷ ὀνόματι αὐτοῦ ἔθνη ἐλπιοῦσιν.

27. HOW CAN SATAN CAST OUT SATAN?

Matthew 12.22-37

M 12.22 Τότε προσηνέχθη αὐτῷ δαιμονιζόμενος
Mk 3.20 Καὶ ἔρχεται εἰς οἶκον· καὶ συνέρχεται πάλιν ὁ ὄχλος, ὥστε μὴ
L 11.14 Καὶ ἦν ἐβάλλων δαιμόνιον, καὶ
M 9.32 Αὐτῶν δὲ ἐξερχομένων ἰδοὺ προσήνεγκαν αὐτῷ ἄνθρωπον κωφὸν

M 12.22 τυφλὸς καὶ κωφός· καὶ ἐθεράπευσεν αὐτόν, ὥστε τὸν κωφὸν
Mk 3.20 δύνασθαι αὐτοὺς μηδὲ ἄρτον φαγεῖν.
L 11.14 αὐτὸ ἦν κωφόν· ἐγένετο δὲ τοῦ δαιμονίου ἐξελθόντος
M 9.33 δαιμονιζόμενον· καὶ ἐκβληθέντος τοῦ δαιμονίου

M 12.23 λαλεῖν καὶ βλέπειν. καὶ ἐξίσταντο πάντες οἱ ὄχλοι
Mk 3.21 καὶ ἀκούσαντες οἱ παρ᾽ αὐτοῦ ἐξῆλθον
L 11.14 ἐλάλησεν ὁ κωφός. καὶ ἐθαύμασαν οἱ ὄχλοι·
M 9.33 ἐλάλησεν ὁ κωφός. καὶ ἐθαύμασαν οἱ ὄχλοι
J 7.31 Ἐκ τοῦ ὄχλου δὲ πολλοὶ ἐπίστευσαν

M 12.19 κραυγασει ουδε ακουσει ℵBCEGKWYΘΠ 1.13.565.1582
κραυγασει ουδε ακουει D
κραυασει ουδε ακουσει L
κραυγασει ουδε ακουση 28

M 12.20 καλαμον συντετριμμενον ου κατεαξει ℵBCEGKLYΘΠ 1.13.28.565.1582
ου κατιαξεις D
καλαμον συντετριμμενον ου μη κατεαξει W

M 12.20 λινον τυφομενον ου σβεσει ℵB*CE^{C}GKLWYΘΠ 1.13.28.1582
ληνον τυφομενον ου σβεσει B^{C}E*
λινον τυφομενον ου μη ζβεσει D
λινον τυφωμενον ου σβεσει 565

M 12.20 αν εκβαλη εις νικος την κρισιν ℵBCDEGKWYΘΠ 1.1582
εκβαλει εις νικος την κρισιν L
αν εκβαλει εις νικος την κρισιν 13
αν εκβαλει εις νικος την κρισιν αυτου 28
αν εκβαλλη εις νικος την κρισιν 565

M 12.21 τω ονοματι αυτου εθνη ελπιουσιν ℵBCEGLYΘΠ 1.13.28.565.1582
εν τω ονοματι αυτου εθνη ελπιζουσιν D
το ονοματι αυτου εθνη ελπιουσιν K
επι τω ονοματι αυτου εθνη ελπιουσιν W

M 12.22 προσηνεχθη αυτω δαιμονιζομενος τυφλος και κωφος ℵCDEKLWΠ 1.13.28.565.1582
προσηνεγκαν αυτω δαιμονιζομενον τυφλον και κωφον B
προσηνεχθη αυτω δαιμονιζομενος τυφλος και κοφος Θ

M 12.22 αυτον ωστε τον κωφον ℵ^{C}BD
αυτους ωστε τον κωφον ℵ*
αυτον ωστε τον τυφλον και κωφον και CEKΠ 28.565
αυτον ωστε τον κωφον και τυφλον και L
αυτον ωστε τον κωφον και τυφλον WΘ 1.13.1582

27. HOW CAN SATAN CAST OUT SATAN? Matthew 12.22-37

M 12.24	καὶ ἔλεγον, Μήτι οὗτός ἐστιν ὁ υἱὸς Δαυίδ; οἱ
Mk 3.22	κρατῆσαι αὐτόν, ἔλεγον γὰρ ὅτι ἐξέστη. καὶ
L 11.15	τινὲς
M 9.34	λέγοντες, Οὐδέποτε ἐφάνη οὕτως ἐν τῷ Ἰσραήλ. οἱ
J 7.31	εἰς αὐτόν, καὶ ἔλεγον, Ὁ Χριστὸς ὅταν ἔλθῃ μὴ πλείονα σημεῖα
J 8.48	ἀπεκρίθησαν οἱ
J 10.19	Σχίσμα πάλιν ἐγένετο ἐν τοῖς

M 12.24	δὲ Φαρισαῖοι ἀκούσαντες εἶπον, Οὗτος οὐκ
Mk 3.22	οἱ γραμματεῖς οἱ ἀπὸ Ἱεροσολύμων καταβάντες ἔλεγον ὅτι
L 11.15	δὲ ἐξ αὐτῶν εἶπον,
M 9.34	δὲ Φαρισαῖοι ἔλεγον,
J 7.20	ἀπεκρίθη ὁ ὄχλος,
J 7.31	ποιήσει ὧν οὗτος ἐποίησεν;
J 8.48	Ἰουδαῖοι καὶ εἶπαν αὐτῷ, Οὐ καλῶς
J 8.49	ἀπεκρίθη Ἰησοῦς,
J 8.52	εἶπον οὖν αὐτῷ οἱ
J 10.20	Ἰουδαίοις διὰ τοὺς λόγους τούτους. ἔλεγον δὲ πολλοὶ ἐξ αὐτῶν,

M 12.24	ἐκβάλλει τὰ δαιμόνια εἰ μὴ ἐν τῷ Βεελζεβοὺλ
Mk 3.22	Βεελζεβοὺλ ἔχει, καὶ ὅτι ἐν τῷ
L 11.15	Ἐν Βεελζεβοὺλ τῷ
M 9.34	Ἐν τῷ
J 7.20	Δαιμόνιον ἔχεις· τίς σε ζητεῖ
J 8.48	λέγομεν ἡμεῖς ὅτι Σαμαρίτης εἶ σὺ καὶ δαιμόνιον ἔχεις;
J 8.49	Ἐγὼ δαιμόνιον οὐκ ἔχω, ἀλλὰ τιμῶ τὸν
J 8.52	Ἰουδαῖοι, Νῦν ἐγνώκαμεν ὅτι δαιμόνιον ἔχεις. Ἀβραὰμ
J 10.20	Δαιμόνιον ἔχει καὶ μαίνεται·

M 12.24	ἄρχοντι τῶν δαιμονίων.
Mk 3.22	ἄρχοντι τῶν δαιμονίων ἐκβάλλει τὰ δαιμόνια.
L 11.16	ἄρχοντι τῶν δαιμονίων ἐκβάλλει τὰ δαιμόνια· ἕτεροι δὲ πειράζοντες σημεῖον
M 9.34	ἄρχοντι τῶν δαιμονίων ἐκβάλλει τὰ δαιμόνια.
J 7.20	ἀποκτεῖναι;
J 8.49	πατέρα μου, καὶ ὑμεῖς ἀτιμάζετέ με.
J 8.52	ἀπέθανεν καὶ οἱ προφῆται, καὶ σὺ λέγεις, Ἐάν τις τὸν λόγον μου τηρήσῃ,
J 10.21	τί αὐτοῦ ἀκούετε; |ἄλλοι ἔλεγον, Ταῦτα τὰ ῥήματα οὐκ ἔστιν δαιμονιζομένου·

M 12.25	εἰδὼς δὲ τὰς ἐνθυμήσεις αὐτῶν
Mk 3.23	καὶ προσκαλεσάμενος αὐτοὺς ἐν παραβολαῖς
L 11.17	ἐξ οὐρανοῦ ἐζήτουν παρ' αὐτοῦ. αὐτὸς δὲ εἰδὼς αὐτῶν τὰ διανοήματα
J 8.52	οὐ μὴ γεύσηται θανάτου εἰς τὸν αἰῶνα.
J 10.21	μὴ δαιμόνιον δύναται τυφλῶν ὀφθαλμοὺς ἀνοῖξαι;

M 12.23	μητι ουτος εστιν ο υιος Δαυιδ	
	μητι ουτος εστιν ο υιος δαδ	ℵCEGKWYΘΠ 1.13.28.565.1582
	μητι ουτος εστιν ο υιος Δαυειδ	B
	μητι οτι ουτος εστιν ο υιος Δαυειδ	D
	μητι ουτος εστιν ο υιος δαδ	L
M 12.24	εκβαλλει τα δαιμονια ει μη εν τω Βεελζεβουλ	CDGKWYΠ 1.13.565.1582
	εκβαλλει τα δαιμονια ει μη εν τω Βεεζεβουλ	ℵB
	εκβαλλει τα δαιμονια ει μη εν βεελζεβουλ	E 28
	εκβαλλει τα δαιμονια ει μη εν τω Βελζεβουλ	L
	εκβαλι τα δαιμονια ει μη εν τω Βεελζεβουλ	Θ
M 3.22	Βεελζεβουλ	ℵACDLWYΘΠ 1.28.565.1582
	Βεεζεβουλ	B
L 11.15	εν Βεελζεβουλ τω	P45 P75 CWΘ
	εν Βεεζεβουλ τω	ℵB
	εν Βεελζεβουλ των	A
	εν Βεελζεβουλ	DY 1.28
	εν Βελζεβουλ τω	L
M 12.25	ειδως δε	ℵ*B
	ιδων δε	ℵc
	ειδως δε ο Ιησους	CEGYΘΠ 1.28.565.1582
	εδως δε ο Ιησους	L
	ιδως δε ο Ιησους	W
	ειδων δε ο Ιησους	13

M 12.23 - M 9.27 | M 12.24 - 1 Th 2.9 | M 12.25 - M 9.4

27. HOW CAN SATAN CAST OUT SATAN? Matthew 12.22-37

M	12.25	εἶπεν αὐτοῖς, Πᾶσα βασιλεία
Mk	3.24	ἔλεγεν αὐτοῖς, Πῶς δύναται Σατανᾶς Σατανᾶν ἐκβάλλειν; καὶ ἐὰν βασιλεία
L	11.17	εἶπεν αὐτοῖς, Πᾶσα βασιλεία

M	12.25	μερισθεῖσα καθ' ἑαυτῆς ἐρημοῦται, καὶ πᾶσα
Mk	3.25	ἐφ' ἑαυτὴν μερισθῇ, οὐ δύναται σταθῆναι ἡ βασιλεία ἐκείνη· καὶ ἐὰν
L	11.17	ἐφ' ἑαυτὴν διαμερισθεῖσα ἐρημοῦται, καὶ

M	12.25	πόλις ἢ οἰκία μερισθεῖσα καθ' ἑαυτῆς οὐ
Mk	3.25	οἰκία ἐφ' ἑαυτὴν μερισθῇ, οὐ δυνήσεται ἡ οἰκία ἐκείνη
L	11.17	οἶκος ἐπὶ οἶκον πίπτει.

M	12.26	σταθήσεται. καὶ εἰ ὁ Σατανᾶς τὸν Σατανᾶν ἐκβάλλει, ἐφ' ἑαυτὸν
Mk	3.26	σταθῆναι. καὶ εἰ ὁ Σατανᾶς ἀνέστη ἐφ' ἑαυτὸν καὶ
L	11.18	εἰ δὲ καὶ ὁ Σατανᾶς ἐφ' ἑαυτὸν

M	12.26	ἐμερίσθη· πῶς οὖν σταθήσεται ἡ βασιλεία αὐτοῦ;
Mk	3.26	ἐμερίσθη, οὐ δύναται στῆναι ἀλλὰ τέλος ἔχει.
L	11.18	διεμερίσθη, πῶς σταθήσεται ἡ βασιλεία αὐτοῦ; ὅτι λέγετε ἐν

M	12.27	καὶ εἰ ἐγὼ ἐν Βεελζεβοὺλ ἐκβάλλω
L	11.19	Βεελζεβοὺλ ἐκβάλλειν με τὰ δαιμόνια. εἰ δὲ ἐγὼ ἐν Βεελζεβοὺλ ἐκβάλλω

M	12.27	τὰ δαιμόνια, οἱ υἱοὶ ὑμῶν ἐν τίνι ἐκβάλλουσιν; διὰ τοῦτο
L	11.19	τὰ δαιμόνια, οἱ υἱοὶ ὑμῶν ἐν τίνι ἐκβάλλουσιν; διὰ τοῦτο

M 12.25	καθ εαυτης ερημουται και πασα πολις η οικια μερισθεισα καθ εαυτης ου σταθησεται	ℵBCEGWYΘΠ 1^{c}.
	εφ εαυτην ερημουτει και πασα πολις η οικια μερισθισα εφ εαυτην ου στησεται	D 565.1582
	καθ εαυτης ου σταθησεται και πασα πολις η οικια μερισθησα καθ εαυτης ερημουται	K
	καθ εαυτην ερημουται και πασα πολης η οικια μερισθεισα καθ εαυτης ου σταθησεται	L
	καθ εαυτης ερημουται και πασα πολις οικια μερισθεισα καθ εαυτης ου σταθησεται	1*.
	καθ εαυτης ερημουται και πασα πολις η οικια μερισθησα καθ εαυτησ ου στησεται	13
	καθ εαυτης ερημουται και πασα πολις η οικια μερισθεισα καθ εαυτην ου σταθησεται	28

M 12.26	και ει ο Σατανας τον Σαταναν εκβαλλει	ℵBCEGKWYΘΠ 1.13.28.565^{c}.1582
	ει δε και ο Σατανας τον Σαταναν εκβαλλει	D
	και ει ο Σατανας τον Σαταναν εκβαλει	L
	και ει ο Σατανας τον Σατανα εκβαλλει	565*
Mk 3.26	και ει ο Σατανας ανεστη	BL
	και εαν ο Σατανας Σαταναν εκβαλλει	D

M 12.26	ουν σταθησεται η βασιλεια αυτου	ℵBCDGKWYΘΠ 1.13.28.565.1582
	ουν σταθησεται η βασιλει αυτου	E
	ουν σταθησετε η βασιλεια αυτου	L
Mk 3.26	στηναι	ℵBCLΘ
	σταθηναι η βασιλεια αυτου	DW
	σταθηναι	AYΠ 1.28.565.1582

M 12.27	και ει εγω εν Βεελζεβουλ εκβαλλω τα δαιμονια οι υιοι ... εκβαλλουσιν	CE^{c}GKWYΠ 13.28.565
	και ει εγω εν Βεεζεβουλ εκβαλλω τα δαιμονια οι υιοι ... εκβαλλουσιν	ℵB
	ει δε εγω εν Βεελζεβουλ εκβαλλω τα δαιμονια οι υιοι ... εκβαλλουσιν	D 1.1582
	και ει εγω εν Βεελζεβουλ εκβαλλω τα δαιμονια οι υιοι ... εκβαλουσιν	E*
	και ει εγω εν Βελζεβουλ εκβαλω τα δαιμονια υιοι ... εκβαλουσιν	L
	και ει εγω εν Βεελζεβουλ εκβαλλω τα δαιμωνιαι οι υιοι ... εκβαλλουσιν	Θ
L 11.19	ει δε εγω εν Βεελζεβουλ εκβαλλω τα δαιμονια οι υιοι ... εκβαλλουσιν	P^{75} CYΘ^{c} 1.28
	ει δε εγω εν Βεεζεβουλ εκβαλλω τα δαιμονια οι υιοι ... εκβαλλουσιν	ℵB
	ει δε εγω εν Βεελζεβουλ εκβαλλω τα δαιμονια υιοι ... εκβαλλουσιν	AD
	ει δε εγω εν Βελζεβουλ εκβαλλω τα δαιμονια οι υιοι ... εκβαλλουσιν	L
	ει δε εγω εν Βελζεβουλ εκβαλλω τα δαιμονια οι υιοι ... εκβαλουσιν	Θ*

27. HOW CAN SATAN CAST OUT SATAN? Matthew 12.22-37

M 12.28 αὐτοὶ κριταὶ ἔσονται ὑμῶν. εἰ δὲ ἐν πνεύματι θεοῦ ἐγὼ ἐκβάλλω τὰ
L 11.20 αὐτοὶ ὑμῶν κριταὶ ἔσονται. εἰ δὲ ἐν δακτύλῳ θεοῦ ἐγὼ ἐκβάλλω τὰ

M 12.29 δαιμόνια, ἄρα ἔφθασεν ἐφ' ὑμᾶς ἡ βασιλεία τοῦ θεοῦ. ἢ πῶς δύναταί
Mk 3.27 ἀλλ' οὐ δύναται
L 11.21 δαιμόνια, ἄρα ἔφθασεν ἐφ' ὑμᾶς ἡ βασιλεία τοῦ θεοῦ. ὅταν ὁ ἰσχυρὸς

M 12.29 τις εἰσελθεῖν εἰς τὴν οἰκίαν τοῦ ἰσχυροῦ καὶ τὰ σκεύη
Mk 3.27 οὐδεὶς εἰς τὴν οἰκίαν τοῦ ἰσχυροῦ εἰσελθὼν τὰ σκεύη
L 11.21 καθωπλισμένος φυλάσσῃ τὴν ἑαυτοῦ αὐλήν, ἐν εἰρήνῃ ἐστὶν τὰ ὑπάρχοντα

M 12.29 αὐτοῦ ἁρπάσαι, ἐὰν μὴ πρῶτον δήσῃ τὸν ἰσχυρόν;
Mk 3.27 αὐτοῦ διαρπάσαι ἐὰν μὴ πρῶτον τὸν ἰσχυρὸν δήσῃ,
L 11.22 αὐτοῦ· ἐπὰν δὲ ἰσχυρότερος αὐτοῦ ἐπελθὼν νικήσῃ αὐτόν, τὴν πανοπλίαν

M 12.29 καὶ τότε τὴν οἰκίαν αὐτοῦ διαρπάσει.
Mk 3.27 καὶ τότε τὴν οἰκίαν αὐτοῦ διαρπάσει.
L 11.23 αὐτοῦ αἴρει ἐφ' ᾗ ἐπεποίθει, καὶ τὰ σκῦλα αὐτοῦ διαδίδωσιν.

Mk 9.38 Εφη αυτω ο Ιωαννης, Διδασκαλε, ειδομεν τινα εν τω ονοματι σου εκβαλλοντα
L 9.49 Αποκριθεις δε Ιωαννης ειπεν, Επιστατα, ειδομεν τινα εν τω ονοματι σου εκβαλλοντα

Mk 9.39 δαιμονια, και εκωλυομεν αυτον, οτι ουκ ηκολουθει ημιν. ο δε Ιησους ειπεν,
L 9.50 δαιμονια, και εκωλυομεν αυτον οτι ουκ ακολουθει μεθ ημων. ειπεν δε προς αυτον ο Ιησους,

Mk 9.39 Μη κωλυετε αυτον, ουδεις γαρ εστιν ος ποιησει δυναμιν επι τω ονοματι μου και δυνησεται
L 9.50 Μη κωλυετε,

Mk 9.39 ταχυ κακολογησαι με·

M 12.27	αυτοι κριται εσονται υμων	ℵBD
	αυτοι υμων εσονται κριται	CEGKYΠ 13.28.565
	αυτοι κριται εσοντε υμων	L
	κριται εχονται αυτοι υμων	W
	αυτοι κριται υμων εσονται	Θ 1.1582
L 11.19	αυτοι υμων κριται εσονται	P75 BD
	αυτοι εσονται υμων κριται	P45
	αυτοι κριται εσονται υμων	ℵ
	αυτοι κριται υμων εσονται	ACLWΘ 1.
	κριται υμων αυτοι εσονται	Y 28

M 12.28	ει δε εν πνευματι θεου εγω εκβαλλω τα δαιμονια αρα εφθασεν	ℵBCD^c EGKLWYΘΠ 13.28.565
	ει δε εν πνευματι θεου εγω εκβαλλω τα δαιμονια αρα εφθασαν	D*
	ει δε εγω εν πνευματι θεου εγω εκβαλλω τα δαιμονια αρα εφθασεν	1.1582*
	ει δε εγω εν πνευματι θεου εκβαλλω τα δαιμονια αρα εφθασεν	1582^c
L 11.20	ει δε εν δακτυλω θεου εγω εκβαλλω τα δαιμονια αρα εφθασεν	P75 ℵ^c BCL
	ει δε εν δακτυλω θεου εκβαλλω τα δαιμονια αρα εφθασεν	P45
	ει δε εν δακτυλω θεου εκβαλλω τα δαιμονια αρα εφθασεν	ℵ*AWYΘ 1.28
	ει δε εγω εν δακτυλω θεου εκβαλλω τα δαιμονια αρα εφθασεν	D

M 12.29	δυναται τις	**all texts**
	δυνατε	L

M 12.29	σκευη αυτου αρπασαι ... δηση τον ισχυρον ... διαρπασει	BC* 1.1582*
	σκευη αυτου διαρπαση ... δηση τον ισχυρον ... διαρπασει	ℵ
	σκευη αυτου διαρπασαι ... δηση τον ισχυρον ... διαρπασει	C^c Θ
	σκευη αυτου διαρπασαι ... δηση τον ισχυρον ... διαρπαση	DKGYΠ 28.565.1582^c
	σκευει αυτου διαρπασαι ... δηση τον ισχυρον ... διαρπασει	E
	σκευει αυτου διαρπασαι ... δισει τον ισχοιρον ... διαρπασει	L
	σκευη αυτου αρπασαι ... δηση τον ισχυρον ... διαρπαση	W
	σκευη αυτου διαρπασαι ... τον ισχυρον δηση ... διαρπαση	13

M 12.28 - Ac 10.38 | M 12.29 - Is 49.24

27. HOW CAN SATAN CAST OUT SATAN? Matthew 12.22-37

M 12.30 ὁ μὴ ὢν μετ' ἐμοῦ κατ' ἐμοῦ ἐστιν, καὶ ὁ μὴ συνάγων μετ' ἐμοῦ
L 11.23 ὁ μὴ ὢν μετ' ἐμοῦ κατ' ἐμοῦ ἐστιν, καὶ ὁ μὴ συνάγων μετ' ἐμοῦ
Mk 9.40 ὃς γὰρ οὐκ ἔστιν καθ' ἡμῶν, ὑπὲρ ἡμῶν ἐστιν.
L 9.50 ὃς γὰρ οὐκ ἔστιν καθ' ὑμῶν ὑπὲρ ὑμῶν ἐστιν.

M 12.31 σκορπίζει. Διὰ τοῦτο λέγω ὑμῖν, πᾶσα ἁμαρτία καὶ βλασφημία ἀφεθήσεται
Mk 3.28 'Αμὴν λέγω ὑμῖν ὅτι πάντα ἀφεθήσεται
L 11.23 σκορπίζει.

M 12.31 τοῖς ἀνθρώποις, ἡ δὲ τοῦ πνεύματος βλασφημία οὐκ ἀφεθήσεται.
Mk 3.28 τοῖς υἱοῖς τῶν ἀνθρώπων, τὰ ἁμαρτήματα καὶ αἱ βλασφημίαι ὅσα ἐὰν

M 12.32 καὶ ὃς ἐὰν εἴπῃ λόγον κατὰ τοῦ υἱοῦ τοῦ ἀνθρώπου, ἀφεθήσεται αὐτῷ·
Mk 3.28 βλασφημήσωσιν·
L 12.10 καὶ πᾶς ὃς ἐρεῖ λόγον εἰς τὸν υἱὸν τοῦ ἀνθρώπου, ἀφεθήσεται αὐτῷ·

M 12.32 ὃς δ' ἂν εἴπῃ κατὰ τοῦ πνεύματος τοῦ ἁγίου, οὐκ
Mk 3.29 ὃς δ' ἂν βλασφημήσῃ εἰς τὸ πνεῦμα τὸ ἅγιον οὐκ ἔχει
L 12.10 τῷ δὲ εἰς τὸ ἅγιον πνεῦμα βλασφημήσαντι οὐκ

M 12.32 ἀφεθήσεται αὐτῷ οὔτε ἐν τούτῳ τῷ αἰῶνι οὔτε ἐν τῷ μέλλοντι.
Mk 3.29 ἄφεσιν εἰς τὸν αἰῶνα, ἀλλὰ ἔνοχός ἐστιν αἰωνίου
L 12.10 ἀφεθήσεται.

Mk 3.30 αμαρτηματος---|οτι ελεγον, Πνευμα ακαθαρτον εχει.

M 12.30 σκορπιζει BCDEGKLWYΘΠ 1.13.28.565.1582c
σκορπιζει με ℵ 1582*

M 12.31 πασα αμαρτια και βλασφημια αφεθησεται ℵCDEGKLWYΘΠ 13.565.1582c
πασα αμαρτια και βλασφημια αφεθησεται υμιν B 1.1582*
οτι πασα αμαρτια και βλασφημια αφεθησεται 28

M 12.31 βλασφημια ουκ αφεθησεται ℵB 1.1582
βλασφημια ουκ αφεθησεται τοις ανθρωποις CDGKLWYΘΠ 13.28.565
βλασφια ουκ αφεθησεται τοις ανθρωποις E

M 12.32 ος εαν ℵBCEGKLWYΘΠ 28
ος αν D 1.13.565.1582

M 12.32 πνευματος του αγιου ουκ αφεθησεται αυτω ουτε εν τουτω τω αιωνι ουτε εν τω μελλοντι ℵcCDW 1.
πνευματος του αγιου ου μη αφεθησεται αυτω ουτε εν τουτω τω αιωνι ουτε εν τω μελλοντι ℵ* |1582
πνευματος του αγιου ου μη αφεθη αυτω ουτε εν τουτω τω αιωνι ουτε εν τω μελλοντι B
πνευματος του αγιου ουκ αφεθησεται αυτω ουτε εν τω μελλοντι E
πνευματος του αγιου ουκ αφεθησεται αυτω ουτε εν τω νυν αιωνι ουτε εν τω μελλοντι G
πνευματος του αγιου ουκ αφεθησεται αυτω ουτε εν τω αιωνι τουτω ουτε εν τω μελλοντι KYΠ 565
πνευματος του αγιου ουκ αφεθησετε αυτω ουτε εν τω νυν εωνι ουτε εν τω μελλοντι L
πνευματος του αγιου ουκ αφεθησετε αυτω ουτε εν τω αιωνι τουτω ουτε εν τω μελοντι Θ
αγιου πνευματος ουκ αφεθησεται αυτω ουτε εν τω αιωνι τουτω ουτε εν τω μελλοντι 13
πνευματος του αγιου ουκ αφεθησεται αυτω ουτε εν τουτω νυν ουτε εν τω μελλοντι 28
L 12.10 αγιον πνευμα ..ουκ αφεθησεται P75 ℵABLWYΘ 1.28
πνευμα το αγιον ..ουκ αφεθησεται αυτω ουτε εν τω αιωνι τουτω ουτε εν τω μελλοντι D

M 12.30 - J 11.52 | M 12.31 - 1 Ti 1.13; He 6.4-6; 10.26; 1 J 5.16

27. HOW CAN SATAN CAST OUT SATAN? Matthew 12.22-37

M 12.33 Ἢ ποιήσατε τὸ δένδρον καλὸν καὶ τὸν καρπὸν αὐτοῦ καλόν, ἢ ποιήσατε
L 6.43 Οὐ γάρ ἐστιν δένδρον καλὸν ποιοῦν καρπὸν σαπρόν, οὐδὲ πάλιν
M 7.17 οὕτως πᾶν δένδρον ἀγαθὸν καρποὺς καλοὺς ποιεῖ,

M 12.33 τὸ δένδρον σαπρὸν καὶ τὸν καρπὸν αὐτοῦ σαπρόν· ἐκ γὰρ
L 6.44 δένδρον σαπρὸν ποιοῦν καρπὸν καλόν. ἕκαστον γὰρ
M 7.16 τὸ δὲ σαπρὸν δένδρον καρποὺς πονηροὺς ποιεῖ· ἀπὸ
M 7.20 ἄρα γε ἀπὸ

M 12.34 τοῦ καρποῦ τὸ δένδρον γινώσκεται. γεννήματα ἐχιδνῶν,
L 6.44 δένδρον ἐκ τοῦ ἰδίου καρποῦ γινώσκεται· οὐ γὰρ ἐξ ἀκανθῶν
M 7.16 τῶν καρπῶν αὐτῶν ἐπιγνώσεσθε αὐτούς· μήτι συλλέγουσιν
M 7.20 τῶν καρπῶν αὐτῶν ἐπιγνώσεσθε αὐτούς.

M 12.34 πῶς δύνασθε ἀγαθὰ λαλεῖν πονηροὶ ὄντες; ἐκ γὰρ τοῦ
L 6.45b συλλέγουσιν σῦκα, οὐδὲ ἐκ βάτου σταφυλὴν τρυγῶσιν. ἐκ γὰρ
M 7.16 ἀπὸ ἀκανθῶν σταφυλὰς ἢ ἀπὸ τριβόλων σῦκα;

M 12.35 περισσεύματος τῆς καρδίας τὸ στόμα λαλεῖ. ὁ ἀγαθὸς ἄνθρωπος ἐκ
L 6.45a περισσεύματος καρδίας λαλεῖ τὸ στόμα αὐτοῦ. ὁ ἀγαθὸς ἄνθρωπος ἐκ

M 12.35 τοῦ ἀγαθοῦ θησαυροῦ ἐκβάλλει ἀγαθά, καὶ ὁ πονηρὸς
L 6.45a τοῦ ἀγαθοῦ θησαυροῦ τῆς καρδίας προφέρει τὸ ἀγαθόν, καὶ ὁ πονηρὸς

M 12.35 ἄνθρωπος ἐκ τοῦ πονηροῦ θησαυροῦ ἐκβάλλει πονηρά.
L 6.45a ἐκ τοῦ πονηροῦ πρόφερει τὸ πονηρόν·

M 12.33 το δενδρον .. ποιησατε το δενδρον σαπρον .. γινωσκεται ℵB^c CEGKLYΠ 1.13.565.1582
το δενδρον .. ποιησατε το δενδρον απρον .. γινωσκεται B*
τον δενδρον .. ποιησατε το δενδρον σαπρον .. γινωσκεται D
το δενδρον .. ποιησηται το δενδρον σαπρον .. γινωσκεται W
τον δενδρον .. ποιησαται το δενδρον σαπρον .. γινοσκεται Θ
τον δενδρον .. ποιησαται το δενδρον σαπρον .. γινωσκεται Θ^c
το δενδρον .. ποιησατε το δενδρον σαπρον .. επιγινωσκεται 28

M 12.34 γεννηματα ℵ^c BCDEGKLWYΘΠ 1.13.28.565.1582
γεννημα ℵ*

M 12.34 του περισσευματος της καρδιας το στομα λαλει ℵBCDEGKY^c ΘΠ 1.13.28.565.1582
του περισσευματος της καρδιας το στομα λαλει LWY*
L 6.45 περισσευματος καρδιας λαλει το στομα αυτου P75 ℵAB
του περισσευματος της καρδιας το στομα λαλει C
περισσευματος καρδιας καλει το στομα αυτου D
του περισσευματος της καρδιας λαλει το στομα αυτου LΘ 1.28
περισευματος καρδιας λαλει το στομα αυτου WY

M 12.35 ο αγαθος ανθρωπος ... θησαυρου εκβαλλει αγαθα BEKWYΘΠ 565
ο αγαθος ανθρωπος ... θησαυρου εκβαλλει τα αγαθα ℵCG 13.28
αγαθα αγαθος ανθρωπος ... θησαυρου εκβαλλει αγαθα D
ο αγαθος ανθρωπος ... θησαυρου της καρδιας αυτου εκβαλλει τα αγαθα L 1.1582
L 6.45 ο αγαθος ανθρωπος ... θησαυρου της καρδιας προφερει το αγαθον P75 ℵB
ο αγαθος ανθρωπος ... θησαυρου της καρδιας αυτου προφερει το αγαθον ACYΘ 1.28
ο αγαθος ανθρωπος ... θησαυρου αυτου της καρδιας προφερει αγαθον D
ο αγαθος ανθρωπος ... θησαυρου της καρδιας αυτου προσφερει το αγαθον L
ο αγαθος ανθρωπος ... θησαυρου της καρδιας αυτου προφερει αγαθον W

M 12.35 ανθρωπος ... θησαυρου εκβαλλει πονηρα ℵBCDEGKWYΘΠ 1.565.1582
ανθρωπος ... θησαυρου της καρδιας αυτου εκβαλλει τα πονηρα L
ανθρωπος ... θησαυρου εκβαλλει το πονηρα 13.28
L 6.45 ... προφερει το πονηρον P75 ℵ*BD 1.
ανθρωπος ... προφερει το πονηρον ℵ^c
ανθρωπος ... θησαυρου της καρδιας αυτου προφερει το πονηρον ACYΘ 28
... προσφερει το πονηρον L
ανθρωπος ... προφερει πονηρον W

M 12.33 - Jd 12 | M 12.34 - M 3.7; 23.33; L 3.7; M 15.11, 18; Mk 7.21; J 8.43; 12.39; R 8.7; 2 C 6.11
M 12.35 - M 13.52; 12.24; Jd 15; L 16.2 | M 12.36 - Js 3.1, 6

27. HOW CAN SATAN CAST OUT SATAN? Matthew 12.22-37

M 12.36	λέγω δὲ ὑμῖν ὅτι πᾶν ῥῆμα ἀργὸν ὃ λαλήσουσιν οἱ ἄνθρωποι ἀποδώσουσιν
M 12.37	περὶ αὐτοῦ λόγον ἐν ἡμέρᾳ κρίσεως· ἐκ γὰρ τῶν λόγων σου δικαιωθήσῃ,
M 12.37	καὶ ἐκ τῶν λόγων σου καταδικασθήσῃ.

28. AN EVIL GENERATION SEEKS A SIGN

Matthew 12.38-45

M 12.38	Τότε ἀπεκρίθησαν αὐτῷ τινες τῶν γραμματέων καὶ Φαρισαίων		
Mk 8.11	Καὶ ἐξῆλθον	οἱ Φαρισαῖοι καὶ ἤρξαντο	
M 16. 1	Καὶ προσελθόντες	οἱ Φαρισαῖοι καὶ Σαδδουκαῖοι	
L 11.16	ἕτεροι δὲ		
J 2.18	ἀπεκρίθησαν οὖν	οἱ Ἰουδαῖοι καὶ	
J 6.30	εἶπον οὖν αὐτῷ,		

M 12.38		λέγοντες, Διδάσκαλε, θέλομεν ἀπὸ	σοῦ	σημεῖον
Mk 8.11		συζητεῖν αὐτῷ, ζητοῦντες παρ'	αὐτοῦ	σημεῖον ἀπὸ τοῦ
M 16. 1	πειράζοντες	ἐπηρώτησαν αὐτὸν		σημεῖον ἐκ τοῦ
L 11.16	πειράζοντες			σημεῖον ἐξ
J 2.18		εἶπαν αὐτῷ, Τί		σημεῖον
J 6.30		Τί οὖν ποιεῖς σὺ		σημεῖον, ἵνα

M 12.39	ἰδεῖν.	ὁ δὲ	ἀποκριθεὶς
Mk 8.12	οὐρανοῦ, πειράζοντες αὐτόν.	καὶ	ἀναστενάξας τῷ πνεύματι αὐτοῦ
L 11.29		Τῶν δὲ ὄχλων	ἐπαθροιζομένων ἤρξατο
M 16. 2a	οὐρανοῦ ἐπιδεῖξαι αὐτοῖς.	ὁ δὲ	ἀποκριθεὶς
L 11.16	οὐρανοῦ ἐζήτουν παρ' αὐτοῦ.		
J 2.19	δεικνύεις ἡμῖν, ὅτι ταῦτα ποιεῖς;		ἀπεκρίθη Ἰησοῦς καὶ
J 6.30	ἴδωμεν καὶ πιστεύσωμέν σοι; τί ἐργάζῃ;		

M 12.36	λεγω δε	ℵBCDEGKLWYΘΠ 13.28.565
	λεγω	1.

M 12.36	λαλησουσιν οι ανθρωποι αποδωσουσιν περι αυτου λογον	ℵB
	εαν λαλησουσιν οι ανθρωποι αποδωσουσιν περι αυτου λογον	CΘ
	λαλουσιν οι ανθρωποι αποδωσουσιν περι αυτου λογον	D
	εαν λαλησωσιν οι ανθρωποι αποδωσουσιν περι αυτου λογον	EGKYΠ 1.13.28.565
	αν λαλησωσιν οι ανθρωποι αποδωσουσιν λογον περι αυτου	L
	εαν λαλησωσιν οι ανθρωποι αποδωσωσιν περι αυτου λογον	W

M 12.37	δικαιωθηση και εκ των λογων σου καταδικασθηση	BCEKWYΠ^{c} 1.
	δικαιωθηση και εκ των λογων καταδικασθηση	ℵ
	δικαιωθηση η εκ των λογων σου καταδικασθηση	D
	δικαιωθηση και εκ των λογων σου κατακριθηση	G 565
	δικαιωθησει και εκ τον λογον σου κατακριθησει	L
	δικαιωθηση και εκ των λογον εργων σου καταδικασθηση	Θ
	δικαιωθηση	Π*
	δικαιωθησει και εκ των λογων σου καταδικασθησει	13

M 12.38	αυτω τινες των γραμματεων και Φαρισαιων	ℵCD 13
	αυτω τινες των γραμματεων	B
	τινες των γραμματεων και Φαρισαιων	EGYΠ 1.28
	τινες των Φαρισαιων και γραμματεων	K
	αυτω τινες των γραμματαιων και Φαρισαιων	L
	τινες των γραμματεων και Φαρισεων	W
	αυτω τινες των γραμματεων και Φαρισεων	Θ
	αυτω τινες τινες των γραμματεων και Φαρισαιων	565

M 12.38	σημειον ιδειν	all texts
Mk 8.11	σημειον	ABCDLWYΘΠ 1.28.565.1582
	σημειον ιδειν	ℵ

M 12.37 - L 19.22 | M 12.38 - 1 C 1.22

M 12.39	εἶπεν αὐτοῖς, Γενεὰ πονηρὰ καὶ μοιχαλὶς σημεῖον ἐπιζητεῖ, καὶ
Mk 8.12	λέγει, Τί ἡ γενεὰ αὕτη ζητεῖ σημεῖον; ἀμὴν λέγω
L 11.29	λέγειν, Ἡ γενεὰ αὕτη γενεὰ πονηρά ἐστιν· σημεῖον ζητεῖ, καὶ
M 16. 4	εἶπεν αὐτοῖς, |Γενεὰ πονηρὰ καὶ μοιχαλὶς σημεῖον ἐπιζητεῖ, καὶ
J 2.19	εἶπεν αὐτοῖς,

M 12.39	σημεῖον οὐ δοθήσεται αὐτῇ εἰ μὴ τὸ σημεῖον Ἰωνᾶ τοῦ προφήτου.
Mk 8.13	ὑμῖν, εἰ δοθήσεται τῇ γενεᾷ ταύτῃ σημεῖον. καὶ ἀφεὶς αὐτοὺς
L 11.29	σημεῖον οὐ δοθήσεται αὐτῇ εἰ μὴ τὸ σημεῖον Ἰωνᾶ.
M 16. 4	σημεῖον οὐ δοθήσεται αὐτῇ εἰ μὴ τὸ σημεῖον Ἰωνᾶ. καὶ καταλιπὼν

M 12.40	ὥσπερ γὰρ ἦν Ἰωνᾶς ἐν τῇ κοιλίᾳ τοῦ κήτους τρεῖς ἡμέρας καὶ
Mk 8.13	πάλιν ἐμβὰς ἀπῆλθεν εἰς τὸ πέραν.
L 11.30	καθὼς γὰρ ἐγένετο Ἰωνᾶς τοῖς Νινευίταις σημεῖον,
M 16. 4	αὐτοὺς ἀπῆλθεν.
J 2.19	Λύσατε τὸν ναὸν τοῦτον καὶ ἐν τρισὶν ἡμέραις ἐγερῶ

M 12.40	τρεῖς νύκτας, οὕτως ἔσται ὁ υἱὸς τοῦ ἀνθρώπου ἐν τῇ καρδίᾳ τῆς γῆς
L 11.30	οὕτως ἔσται καὶ ὁ υἱὸς τοῦ ἀνθρώπου τῇ γενεᾷ ταύτῃ.
J 2.20	αὐτόν. εἶπαν οὖν οἱ Ἰουδαῖοι, Τεσσεράκοντα καὶ ἓξ ἔτεσιν οἰκοδομήθη

M 12.41	τρεῖς ἡμέρας καὶ τρεῖς νύκτας. ἄνδρες Νινευῖται
L 11.32	ἄνδρες Νινευῖται
J 2.21	ὁ ναὸς οὗτος, καὶ σὺ ἐν τρισὶν ἡμέραις ἐγερεῖς αὐτόν; ἐκεῖνος δὲ

M 12.39	μοιχαλις σημειον επιζητει ... δοθησεται αυτη ει μη	ℵBCD^{c}EGKWΠ 1.13.28
	μοιχαλις σημειον επιζητει ... δοθησεται σοι ει μη	D*
	μοιχαλλης σημειον ζητει ... δωθησετε αυτη ε μει	L*
	μοιχαλλης σημειον ζητει ... δωθησετε αυτη ει μει	L^{c}
	μοιχαλλις σημειον επιζητει ... δοθησεται αυτη ει μη	Y 565
	μοιχαλις σημειον επιζητει ... δωθησετε αυτη ει μη	θ*
	μοιχαλις σημειον επιζητει ... δωθησεται αυτη ει μη	θ^{c}
Mk 8.12	ζητει σημειον	ℵBCDLθ 1.28.565.1582
	σημειον επιζητει	AWYΠ
L 11.29	σημειον ζητει ... δοθησεται αυτη ει μη	(p^{45}) p^{75} ℵABL
	σημιον επιζητει ... δοθησεται αυτη ει μη	CW
	σημειον επειζητει .. δοθησεται αυτη ει μη	D
	σημειον επιζητει ... δοθησεται αυτη ει μη	Y 1.28
	σημειον επιζητει ... δοθησετε αυτη ει μη	θ

M 12.39	Ιωνα του προφητου	all texts
L 11.29	Ιωνα	p^{45} p^{75} ℵBDL
	Ιωνα του προφητου	ACWYθ 28
	Ιωαννου του προφητου	1.

M 12.40	ωσπερ γαρ ην Ιωνας εν τη κοιλια του κητους ... ουτως εσται	ℵBCKWYΠ 1.28
	ωσπερι γαρ Ιωνας εν τη κοιλια του κητους ... ουτως εστε και	D
	ωσπερ γαρ ην Ιωνας εν τη κοιλια του κητους ... ουτως εσται και	EW
	ωσπερ γαρ ην Ιωνας εν κοιλια του κητους ... ουτως εσται	G
	ωσπερ γαρ ην Ιωνας εν τη κοιλια του κητους ... ουτος εσται και	L
	ωσπερ γαρ εγενετο Ιωνας εν τη κοιλια του κητους ... ουτως εσται	θ
	ωσπερ γαρ ην Ιωνας εν τη κοιλια του κοιτους ... ουτως εσται	13
	ην Ιωνας εν τη κοιλια του κητους ... ουτως εσται	565
L 11.30	γενεα ταυτη	p^{45} p^{75} ℵABCLWY 1.28
	γενεα ταυτη και καθως Ιωνας εν τη κοιλια του κητους εγενετο τρις ημερας και τρεις νυκτας ουτως και ο υιος του ανθρωπου εν τη γη	D (see M 12.40)

M 12.41	Νινευιται	EKYΠ 1.13.28.565
	Νινευειτε	ℵ
	Νινευειται	BCLWθ
	Νεινευεται	D*
	Νεινευειται	D^{c}
L 11.32	Νινευιται	AC 1.
	Νινευειται	p^{45} p^{75} ℵBWθ
	Νινευειτε	L
	Νινευη	Y
	Νηνευι	28

M 12.39 - M 12.45; 17.17; Mk 8.38; L 9.41; Ac 2.40; Ph 2.15 | M 12.40 - Jon 1.17

M	12.41	ἀναστήσονται ἐν τῇ κρίσει μετὰ τῆς γενεᾶς ταύτης καὶ κατακρινοῦσιν
L	11.32	ἀναστήσονται ἐν τῇ κρίσει μετὰ τῆς γενεᾶς ταύτης καὶ κατακρινοῦσιν
J	2.21	ἔλεγεν περὶ τοῦ ναοῦ τοῦ σώματος αὐτοῦ.

M	12.41	αὐτήν· ὅτι μετενόησαν εἰς τὸ κήρυγμα Ἰωνᾶ, καὶ ἰδοὺ πλεῖον Ἰωνᾶ ὧδε.
L	11.32	αὐτήν· ὅτι μετενόησαν εἰς τὸ κήρυγμα Ἰωνᾶ, καὶ ἰδοὺ πλεῖον Ἰωνᾶ ὧδε.

M	12.42	βασίλισσα νότου ἐγερθήσεται ἐν τῇ κρίσει μετὰ τῆς γενεᾶς
L	11.31	βασίλισσα νότου ἐγερθήσεται ἐν τῇ κρίσει μετὰ τῶν ἀνδρῶν τῆς γενεᾶς

M	12.42	ταύτης καὶ κατακρινεῖ αὐτήν· ὅτι ἦλθεν ἐκ τῶν περάτων τῆς γῆς ἀκοῦσαι
L	11.31	ταύτης καὶ κατακρινεῖ αὐτούς· ὅτι ἦλθεν ἐκ τῶν περάτων τῆς γῆς ἀκοῦσαι

M	12.42	τὴν σοφίαν Σολομῶνος, καὶ ἰδοὺ πλεῖον Σολομῶνος ὧδε.
L	11.31	τὴν σοφίαν Σολομῶνος, καὶ ἰδοὺ πλεῖον Σολομῶνος ὧδε.

	Reading	Witnesses
M 12.41	γενεας ταυτης και κατακρινουσιν	ℵBCD^{c}KLWYΘΠ 1.13.28.565
	νεας ταυτης και κακρινουσιν	D*
	γεναιας ταυτης και κατακρινουσιν	E
M 12.41	οτι μετενοησαν εις το κηρυγμα Ιωνα και ιδου πλειον Ιωνα ωδε	ℵBCDEKYΘΠ 1.13.28.565
	omit	G
	οτι μετενοησαν επι το κηρυγμα Ιωνα και ιδου πλιον Ιωνα ωδε	L
	οτι μετενοησαν εις το κηρυγμα Ιωνα και ιδου πλιον Ιωνα ωδε	W
M 12.42	βασιλισσα νοτου εγερθησεται εν τη κρισει μετα	ℵBCDKWYΠ 1.565.1582
	βασιλεισσα νοτου εγερθησεται εν τη κρισει μετα	E 13
	omit	G
	βασιλεισσα νοτου εγερθησεται εν τη κρισει μετα	L
	βασιλεισαι νοτου εγερθησεται εν τη κρισει μετα	Θ
	βασιλισσα νωτου εγερθησεται εν τη κρισει μετα	28
L 11.31	βασιλισσα νοτου εγερθησεται εν τη κρισει μετα των ανδρων	ℵ^{c}ABWY 1.
	βασιλισσα νοτου εγερθησεται μετ. τω.	p^{45}
	βασιλισσα εγερθησεται εν τη κρισει μετα των ανδρων	p^{75}
	βασιλισσα νοτου εγερθησεται εν τη κρισει μετα των ανθρωπων	ℵ*
	βασιλισσα νοτου εγερθησεται εν τη κρισει μετα	C
	βασιλισσα νοτου εγερθησεται μετα των ανδρων	D
	βασιλεισσα νοτου εγερθησεται εν τη κρισει μετα των ανδρων	Θ
	βασιλισσα νοτου εγερθησεται εν τη κρισει	28
M 12.42 (cont)	της γενεας ταυτης και κατακρινει αυτην	ℵBCDKWYΠ 1.565.1582
	της γενεας ταυτης και κατακρινει αυτην	E 13
	omit	G
	της γενεας ταυτης και κατακρινη αυτην	L
	της γενεας ταυτης και κατακρινει αυτην	Θ
	της γενεας ταυτης και κατακρινει αυτην	28
L 11.31 (cont)	της γενεας ταυτης και κατακρινει αυτους	ℵ^{c}ABWY 1.
	... . .αυτης και κατακρινει αυτην	p^{45}
	της γενεας ταυτης και κατακρινει αυτην	p^{75}
	της γενεας ταυτης και κατακρινει αυτους	ℵ*
	της γενεας ταυτης και κατακρινει αυτους	C
	της γενεας ταυτης και κατακρινει αυτους	D
	της γενεας ταυτης και κατακρινει αυτους	Θ
	και κατακρινει τη γενεα ταυτη	28
M 12.42	ακουσαι την σοφιαν Σολομωνος και ιδου πλειον Σολομωνος	ℵBEGKYΘΠ 1.13.565.1582
	ακουσαι την σοφιαν Σολομωντος και ιδου πλειον Σολομωντος	C
	ακουσαι την σοφιαν του Σολομωνος και ιδου πλειον Σολομωνος	D
	ακουσαι την σοφιαν Σολωμονος και ιδου πλιον Σολωμονος	L
	ακουσαι την σοφιαν Σολομωνος και ιδου πλιον Σολομωνος	W
	ινα ακουσει την σοφιαν Σολομωνος και ιδου πλειον Σολομωνος	28
L 11.31	ακουσαι την σοφιαν Σολομωνος και ιδου πλειον Σολομωνος	p^{45} p^{75} ℵBAY 1.28
	ακουσαι την σοφιαν Σολομωντος και ιδου πλεον Σολομωντος	C
	ακουσαι την σοφιαν Σολομωνος και ιδου πλεον Σολομωνος	D
	ακουσαι την σοφιαν Σολομωντος και ιδου πλιον Σολομωντος	L
	ακουσαι την σοφιαν Σολομωντος και ιδου πλιον Σολομωνος	W
	ακουσαι την σοφιαν Σωλομωνος και ιδου πλειον Σολομωντος	Θ*
	ακουσαι την σοφιαν Σολομωνος κια ιδου πλειον Σολομωντος	Θ^{c}

M 12.41 - Jon 3.5, 8; M 12.6 | M 12.42 - 1 Kg 10.1-10; 2 Chr 9.1-12; M 12.6

28. AN EVIL GENERATION SEEKS A SIGN Matthew 12.38-45

M	12.43	Ὅταν δὲ τὸ ἀκάθαρτον πνεῦμα ἐξέλθῃ ἀπὸ τοῦ ἀνθρώπου, διέρχεται δι'
L	11.24	Ὅταν τὸ ἀκάθαρτον πνεῦμα ἐξέλθῃ ἀπὸ τοῦ ἀνθρώπου, διέρχεται δι'
M	12.44	ἀνύδρων τόπων ζητοῦν ἀνάπαυσιν, καὶ οὐχ εὑρίσκει. τότε λέγει,
L	11.24	ἀνύδρων τόπων ζητοῦν ἀνάπαυσιν, καὶ μὴ εὑρίσκον, τότε λέγει,
M	12.44	Εἰς τὸν οἶκόν μου ἐπιστρέψω ὅθεν ἐξῆλθον· καὶ ἐλθὸν εὑρίσκει
L	11.25	Ὑποστρέψω εἰς τὸν οἶκόν μου ὅθεν ἐξῆλθον· |καὶ ἐλθὸν εὑρίσκει
M	12.45	σχολάζοντα σεσαρωμένον καὶ κεκοσμημένον. τότε πορεύεται καὶ παραλαμβάνει
L	11.26	σεσαρωμένον καὶ κεκοσμημένον. τότε πορεύεται καὶ παραλαμβάνει
M	12.45	μεθ' ἑαυτοῦ ἑπτὰ ἕτερα πνεύματα πονηρότερα ἑαυτοῦ, καὶ εἰσελθόντα
L	11.26	ἕτερα πνεύματα πονηρότερα ἑαυτοῦ ἑπτά, καὶ εἰσελθόντα

M	12.43	οταν δε ... πνευμα εξελθη απο ... τοπων ζητουν αναπαυσιν και ουχ	ℵBCEGKLWYΘΠ 1.13.28.565.1582
		οταν δε ... πνευμα εξηλθη απο ... τοπων ζητουν αναπαυσιν και ουχ	D
		οταν ... πνευμα εξελθη απο ... τοπων ζητων αναπαυσιν και ουκ	L
L	11.24	οταν	ℵBACLYΘ 28
		οταν δε	P45 P75 DW 1.
M	12.44	εις τον οικον μου επιστρεψω	ℵBD
		επιστρεψω εις τον οικον μου	CEGKLWYΠ 565
		επιστρεψω εις τον οικων μου	Θ
		υποστρεψω εις τον οικον μου	1.13.28.1582
M	12.44	και ελθον ευρισκει σχολαζοντα ... και κεκοσμημενον	BC^c KWYΠ 1.28.565.1582
		και ελθον ευρισκει σχολαζοντα και ... και κεκοσμημενον	ℵC*
		και ελθων ευρεισκει τον οικον σχολαζοντα ... και κεκοσμημενον	D
		και ελθον ευρισκει σχολαζοντα ... και κοσμημενον	EL
		και ελθων ευρισκει σχολαζοντα ... και κοσμημενον	13*
		και ελθων ευρισκει σχολαζοντα ... και κεκοσμημενον	FG 13^c
		και εελθον ευρισκει σχολαζοντα ... και κεκοσμημενον	Θ
L	11.25	και ελθον ευρισκει ... και κεκοσμημενον	P75 ℵ*AWY
		και ελθον ευρισκει σχολαζοντα ... και κεκοσμημενον	ℵ^c B 1.
		και ελθων ευρισκει σχολαζοντα ... και κεκοσμημενον	C
		και ελθων ευρισκει ... κεκοσμημενον	D
		και ελθον ευρισκει σχολαζοντα ... και κοσμημενον	L
		και εθων ευρισκει ... και κεκοσμημενον	28*
		και ελθων ευρισκει ... και κεκοσμημενον	28^c
M	12.45	μεθ εαυτου επτα ετερα πνευματα πονηροτερα εαυτου και εισελθοντα	ℵBCFGKWYΠ 1.565.1582
		μεθ αυτου επτα ετερα πνευματα πονηροτερα εαυτου και εισελθοντα	D
		μεθ εαυτου επτα ετερα πνευματα πονηροτερα αυτου και εισελθον	E*
		μεθ εαυτου επτα ετερα πνευματα πονηροτερα εαυτου και εισελθον	E^c
		μεθ εαυτου επτα ετερα πνευματα πονηρωτερα εαυτου και εισελθων	L
		μεθ εαυτου επτα ετερα πνευματα πονηροτερα εαυτου και η ελθοντα	Θ
		μεθ εαυτου επτα ετερα πνευματα πονηροτερα εαυτου και εισελθων	13
		μεθ εαυτου ετερα πνευματα πονηροτερα εαυτου και εισελθοντα	28
L	11.26	ετερα πνευματα πονηροτερα εαυτου επτα και εισελθοντα	P75 B
		επτα ετερα πνευματα πονηροτερα εαυτου επτα και εισελθοντα	ℵ*
		μεθ εαυτου ετερα πνευματα πονηροτερα εαυτου επτα και εισελθοντα	ℵ^c
		επτα ετερα πνευματα πονηροτερα εαυτου και εισελθοντα	AWUΘ 1.
		μεθ εαυτου επτα ετερα πνευματα πονηροτερα εαυτου και εισελθοντα	C
		αλλα επτα πνευματα πονηροτερα εαυτου και εισελθοντα	D
		ετερα πνευματα πονηρωτερα εαυτου επτα και εισελθοντα	L
		ετερα πνευματα επτα πονηροτερα εαυτου και ελθοντα	28

M 12.43 - Is 34.14

28. AN EVIL GENERATION SEEKS A SIGN Matthew 12.38-45

M 12.45 κατοικεῖ ἐκεῖ· καὶ γίνεται τὰ ἔσχατα τοῦ ἀνθρώπου ἐκείνου χείρονα τῶν
L 11.26 κατοικεῖ ἐκεῖ, καὶ γίνεται τὰ ἔσχατα τοῦ ἀνθρώπου ἐκείνου χείρονα τῶν

M 12.45 πρώτων. οὕτως ἔσται καὶ τῇ γενεᾷ ταύτῃ τῇ πονηρᾷ.
L 11.26 πρώτων.

29. HIS MOTHER AND BROTHERS

Matthew 12.46-50

M 12.46 Ἔτι αὐτοῦ λαλοῦντος τοῖς ὄχλοις ἰδοὺ ἡ μήτηρ καὶ οἱ ἀδελφοὶ
Mk 3.31 Καὶ ἔρχεται ἡ μήτηρ αὐτοῦ καὶ οἱ ἀδελφοὶ
L 8.19 Παρεγένετο δὲ πρὸς αὐτὸν ἡ μήτηρ καὶ οἱ ἀδελφοὶ

M 12.46 αὐτοῦ εἱστήκεισαν ἔξω ζητοῦντες αὐτῷ λαλῆσαι.
Mk 3.32 αὐτοῦ καὶ ἔξω στήκοντες ἀπέστειλαν πρὸς αὐτὸν καλοῦντες αὐτόν. καὶ
L 8.19 αὐτοῦ, καὶ οὐκ ἠδύναντο συντυχεῖν αὐτῷ διὰ τὸν ὄχλον.

M 12.47 εἶπεν δέ τις αὐτῷ, Ἰδοὺ ἡ μήτηρ σου καὶ οἱ
Mk 3.32 ἐκάθητο περὶ αὐτὸν ὄχλος, καὶ λέγουσιν αὐτῷ, Ἰδοὺ ἡ μήτηρ σου καὶ οἱ
L 8.20 ἀπηγγέλη δὲ αὐτῷ, Ἡ μήτηρ σου καὶ οἱ

M 12.48 ἀδελφοί σου ἔξω ἑστήκασιν ζητοῦντές σοι λαλῆσαι. ὁ δὲ ἀποκριθεὶς
Mk 3.33 ἀδελφοί σου καὶ οἱ ἀδελφαί σου ἔξω ζητοῦσίν σε. καὶ ἀποκριθεὶς
L 8.21 ἀδελφοί σου ἑστήκασιν ἔξω ἰδεῖν θέλοντές σε. ὁ δὲ ἀποκριθεὶς

M 12.45 γινεται τα εσχατα του ανθρωπου εκεινου χειρονα ℵBCFGKYΠ 1.13.28.565.1582
γεινεται τα αισχατα αυτου του ανθρωπου εκεινου χειρον D*
γεινεται τα αισχατα αυτου του ανθρωπου εκεινου χειρονα D^c
γινεται τα εσχατα χειρονα τω του ανθρωπου εκεινου χειρονα E
γινετε τα εσχατα του ανθρωπου εκεινου χειρωνα L
γεινεται τα εσχατα του ανθρωπου εκεινου χειρονα W
γινεται τα εσχατα του ουρανου εκεινου χειρονα Θ

M 12.46 ετι αυτου λαλουντος τοις οχλοις ιδου η μητηρ ℵB
ετι δε αυτου λαλουντος τοις οχλοις ιδου η μητηρ CEFGKWYΘΠ 1.28.565.1582
λαλουντος δε ετι τοις οχλοις ιδου η μητηρ DL
ετι δε αυτου λαλουντος τοις οχλοις ιδου και η μητηρ 13
Mk 3.31 και ερχεται η μητηρ αυτου ℵD
και ερχεται η μητηρ 1.1582
L 8.19 παρεγενετο δε η μητηρ P75 ABLWYΘ 1.28
παρεγενετο δε η μητηρ αυτου ℵD

M 12.47 ... αυτω ... εξω εστηκασιν ζητουντες σοι λαλησαι CFGKWYΘΠ 565.1582^c
omit ℵ*BL
... των μαθητων αυτου ... εξω ζητουσιν σε ℵ^c
... αυτω ... εστηκεισαν εξω ζητουντες λαλησαι σοι D*
... αυτω ... εστηκασαν εξω ζητουντες λαλησαι σοι D^c
... αυτω ... εξω εστικασιν ζητουντες σοι λαλησαι E
... αυτω ... εστηκασιν ζητουντες σοι λαλησαι 1.1582*
... αυτω ... ζητουντες σοι λαλησαι 13
... αυτω ... εξω εστηκεισαν ζητουντες σοι λαλησαι 28
L 8.20 εστηκασιν εξω ιδειν θελοντες σε P75 B
εξω εστηκασιν ζητουντες σε D

M 12.45 - 2 P 2.20; M 27.64; J 5.14 | M 12.46 - M 13.55; Mk 6.3; J 2.12; Ac 1.14; J 7.3

29. HIS MOTHER AND BROTHERS Matthew 12.46-50

M 12.48		εἶπεν τῷ λέγοντι αὐτῷ, Τίς ἐστιν ἡ μήτηρ μου, καὶ τίνες εἰσὶν
Mk 3.33	αὐτοῖς	λέγει, τίς ἐστιν ἡ μήτηρ μου καὶ
L 8.21		εἶπεν πρὸς αὐτούς, Μήτηρ μου καὶ

M 12.49	οἱ ἀδελφοί μου; καὶ ἐκτείνας τὴν χεῖρα αὐτοῦ ἐπὶ τοὺς μαθητὰς αὐτοῦ
Mk 3.34	οἱ ἀδελφοί μου; καὶ περιβλεψάμενος τοὺς περὶ αὐτὸν κύκλῳ καθημένους
L 8.21	ἀδελφοί μου
M 7.21	Οὐ πᾶς ὁ λέγων μοι, Κύριε

M 12.50	εἶπεν, Ἰδοὺ ἡ μήτηρ μου καὶ οἱ ἀδελφοί μου· ὅστις γὰρ ἂν
Mk 3.35	λέγει, Ἴδε ἡ μήτηρ μου καὶ οἱ ἀδελφοί μου. ὃς γὰρ ἂν
L 8.21	οὗτοί
M 7.21	κύριε, εἰσελεύσεται εἰς τὴν βασιλείαν τῶν οὐρανῶν, ἀλλ᾽ ὁ
J 15.14	ὑμεῖς φίλοι μού ἐστε ἐὰν

M 12.50	ποιήσῃ τὸ θέλημα τοῦ πατρός μου τοῦ ἐν οὐρανοῖς αὐτός μου
Mk 3.35	ποιήσῃ τὸ θέλημα τοῦ θεοῦ, οὗτος ἀδελφός
L 8.21	εἰσιν οἱ τὸν λόγον τοῦ θεοῦ ἀκούοντες καὶ ποιοῦντες.
M 7.21	ποιῶν τὸ θέλημα τοῦ πατρός μου τοῦ ἐν τοῖς οὐρανοῖς.
J 15.14	ποιῆτε ἃ ἐγὼ ἐντέλλομαι ὑμῖν.

M 12.50	ἀδελφὸς καὶ ἀδελφὴ καὶ μήτηρ ἐστίν.
Mk 3.35	μου καὶ ἀδελφὴ καὶ μήτηρ ἐστίν.

30. THIRD DISCOURSE: PARABLES OF THE KINGDOM
Matthew 13.1-53

a. Setting
Matthew 13.1-3a

M 13. 1	Ἐν τῇ ἡμέρᾳ ἐκείνῃ	ἐξελθὼν ὁ Ἰησοῦς τῆς οἰκίας ἐκάθητο		παρὰ τὴν
Mk 4. 1	Καὶ πάλιν	ἤρξατο	διδάσκειν	παρὰ τὴν
Mk 2.13	Καὶ	ἐξῆλθεν πάλιν		παρὰ τὴν
L 5. 1b	καὶ αὐτὸς ἦν	ἑστὼς		παρὰ τὴν

M 12.48	τω λεγοντι αυτω	ℵBD
	τω ειποντι αυτω	CEFGKYΘΠ 1.13.28.565.1582
	τω ειποντη αυτω	L
	omit	W
M 12.48	και τινες εισιν οι αδελφοι μου	ℵB^c CEFGKLYΠ 1.13.28.565.1582
	και τινες εισιν οι αδελφοι	B*
	η τινες εισιν οι αδελφοι μου	DW
	η τηνες εισιν οι αδελφοι μου	Θ
Mk 3.33	οι αδελφοι μου	ℵACLWYΘΠ 1.28.565.1582
	οι αδελφοι	BD
M 12.49	την χειρα αυτου επι	ℵ^c BCEFGKLWYΘΠ 1.13.565.1582
	την χειρα επι	ℵ*D
	τας χειρας αυτου εις	28
M 12.49	μητηρ μου	ℵBCDEFGKLWYΘΠ 1.28.565.1582
	μητηρ	13
M 12.50	αυτος μου αδελφος και αδελφη και μητηρ	ℵBCDEFGKWYΠ 1.565.1582
	ουτος μου αδελφος και αδελφη και μητηρ	L 28
	αυτος μου και αδελφος και αδελφη και η μητηρ	Θ
	αυτος μου και αδελφος και αδελφη και μητηρ	13
Mk 3.35	αδελφος μου	ℵABCLYΘΠ 1.28.565.1582
	μου αδελφος	DW
M 13. 1	εν τη ημερα εκεινη εξελθων ο Ιησους της οικιας εκαθητο	B
	εν τη ημερα εκεινη εξελθων ο Ιησους εκ της οικιας εκαθητο	ℵ
	εν δε τη ημερα εκεινη εξελθων ο Ιησους απο της οικιας εκαθητο	CFGKYΠ 28.565.1582^c
	ες δε τη ημερα εκεινη εξηλθεν ο Ιησους και εκαθητο	D*
	εν δε τη ημερα εκεινη εξηλθεν ο Ιησους και εκαθητο	D^c
	εν δε ταις ημεραις εκειναις εξελθων ο Ιησους απο της οικιας εκαθητω	E*
	εν δε τη ημεραις εκεινη εξελθων ο Ιησους απο της οικιας εκαθητο	E^c
	εν δε τη ημερα εκεινη εξελθων ο Ιησους απο της οικιας εκαθητω	L 13
	εν δε τη ημερα εκεινη εξελθων ο Ιησους απο της οικειας εκαθητο	W
	εν δε τη ημερα εκεινη εξελθων ο Ιησους της οικιας εκαθητο	Θ

M 12.48 - L 2.49; J 2.4; Dt 33.9 | M 12.49 - J 20.17 | M 12.50 - J 15.14; R 8.29 | M 13.1 - M 13.36

M 13. 2 θάλασσαν· καὶ συνήχθησαν πρὸς αὐτὸν ὄχλοι πολλοί, ὥστε αὐτὸν
Mk 4. 1 θάλασσαν. καὶ συνάγεται πρὸς αὐτὸν ὄχλος πλεῖστος, ὥστε αὐτὸν
L 8. 4 Συνιόντος δὲ ὄχλου πολλοῦ καὶ τῶν
Mk 2.13 θάλασσαν· καὶ πᾶς ὁ ὄχλος ἤρχετο πρὸς αὐτόν,
L 5. 1a λίμνην Γεννησαρέτ, |Ἐγένετο δὲ ἐν τῷ τὸν ὄχλον ἐπικεῖσθαι αὐτῷ καὶ

L 5. 2 ακουειν τον λογον του θεου |και ειδεν δυο πλοια εστωτα παρα την λιμνην· οι δε αλιεις
L 5. 2 απ αυτων αποβαντες επλυνον τα δικτυα.

M 13. 2 εἰς πλοῖον ἐμβάντα καθῆσθαι, καὶ πᾶς ὁ ὄχλος
Mk 4. 1 εἰς πλοῖον ἐμβάντα καθῆσθαι ἐν τῇ θαλάσσῃ, καὶ πᾶς ὁ ὄχλος πρὸς
L 8. 4 κατὰ πόλιν ἐπιπορευομένων πρὸς αὐτὸν
L 5. 3 ἐμβὰς δὲ εἰς ἓν τῶν πλοίων, ὃ ἦν Σίμωνος, ἠρώτησεν αὐτὸν ἀπὸ τῆς γῆς

M 13. 3a ἐπὶ τὸν αἰγιαλὸν εἱστήκει. καὶ ἐλάλησεν αὐτοῖς πολλὰ
Mk 4. 2 τὴν θάλασσαν ἐπὶ τῆς γῆς ἦσαν. καὶ ἐδίδασκεν αὐτοὺς
L 8. 4 εἶπεν
Mk 2.13 καὶ ἐδίδασκεν αὐτούς.
L 5. 3 ἐπαναγαγεῖν ὀλίγον, καθίσας δὲ ἐκ τοῦ πλοίου ἐδίδασκεν τοὺς ὄχλους.

M 13. 3a ἐν παραβολαῖς λέγων,
Mk 4. 2 ἐν παραβολαῖς πολλά, καὶ ἔλεγεν αὐτοῖς ἐν τῇ διδαχῇ αὐτοῦ,
L 8. 4 διὰ παραβολῆς,

M 13. 2 συνηχθησαν προς αυτον οχλοι πολλοι ωστε αυτον εις πλοιον εμβαντα ℵBCY 1.1582
συνηχθησαν προς αυτον οχλοι πολλοι ωστε αυτον εις το πλοιον ενβαντα D
συνηχθησαν προς αυτον οχλοι πολλοι ωστε αυτον εις το πλοιον εμβαντα EFGKΠ 13.28.565
συνηχθησαν προς αυτον οχλοι πολλοι ωστε αυτον εις πλοιον L
συνηχθησαν προς αυτον οχλον πολλον ωστε αυτον εις ο πλοιον εμβαντα W
συνηχθησαν προς αυτον οχλοι πολλοι ωστε αυτον εις πλοιον ενβαντα Θ
Mk 4. 1 συναγεται προς αυτον οχλος πλειστος ωστε αυτον εις πλοιον εμβαντα ℵBCL
συνηχθησαν προς αυτον οχλος πολυς ωστε αυτον εμβαντα εις το πλοιον A
συνηχθη προς αυτον ο λαος πολυς ωστε αυτον εις το πλοιον ενβαντα D
συνηχθη προς αυτον οχλος πλειστος ωστε αυτον εις το πλοιον ενβαντα W
συνηχθη προς αυτον οχλος πολυς ωστε αυτον εμβαντα εις πλοιον Y
συνηχθη προς αυτον οχλος πολλυς ωστε αυτον εις πλοιον ενβαντα Θ
συνηχθη προς αυτον οχλος πολυς ωστε αυτον εμβαντα εις πλοιον Π
συναγεται προς αυτον οχλος πολλυς ωστε αυτον εμβαντα εις το πλοιον 28
συνηχθησαν προς αυτον οχλος πολυς ωστε αυτον εις πλοιον εμβαντα 565

M 13. 2 και πας ο οχλος επι τον αιγιαλον ειστηκει ℵBD^c KYΠ 1.28.565.1582
και πας ο οχλος επι τον αιγιαλον ιστηκει CEFGLWΘ
και πας ο οχλος επι τον αιγιαλον εστηκει D*
omit 13

M 13. 3 ελαλησεν αυτοις πολλα εν παραβολαις λεγων ℵBDEFGKWYΘΠ 1.13.28.565.1582
ελαλησεν αυτοις εν παραβολαις πολλα λεγων C
ελαλη αυτοις εν παραβολαις λεγων L
Mk 4. 2 εδιδασκεν αυτους εν παραβολαις πολλα ABCLYΘΠ 1.565.1582
εδιδασκεν αυτους πολλα εν παραβολαις ℵ
εδιδασκεν αυτους εν παραβολαις πολλαις D
εδιδασκεν αυτους εν παραβολαις λεγων W 28

M 13 3 - M 13.34

b. The Sower

Matthew 13.3b-23

M 13. 3b,4		Ἰδοὺ ἐξῆλθεν ὁ σπείρων τοῦ σπείρειν.	καὶ
Mk 4. 3, 4	Ἀκούετε.	ἰδοὺ ἐξῆλθεν ὁ σπείρων σπεῖραι.	καὶ
L 8. 5		Ἐξῆλθεν ὁ σπείρων τοῦ σπεῖραι τὸν σπόρον αὐτοῦ.	καὶ

M 13. 4		ἐν τῷ σπείρειν αὐτὸν ἃ μὲν ἔπεσεν παρὰ τὴν ὁδόν,
Mk 4. 4	ἐγένετο	ἐν τῷ σπείρειν ὃ μὲν ἔπεσεν παρὰ τὴν ὁδόν,
L 8. 5		ἐν τῷ σπείρειν αὐτὸν ὃ μὲν ἔπεσεν παρὰ τὴν ὁδόν, καὶ κατεπατήθη

M 13. 4	καὶ ἐλθόντα	τὰ πετεινὰ		κατέφαγεν αὐτά.
Mk 4. 4	καὶ ἦλθεν	τὰ πετεινὰ	καὶ	κατέφαγεν αὐτό.
L 8. 5	καὶ	τὰ πετεινὰ	τοῦ οὐρανοῦ	κατέφαγεν αὐτό.

M 13. 3	του σπειρειν	BCEFGKYΠ 565
	του σπιρε	ℵ
	σπειραι	D 1582
	του σπειραι	WL 1.13
	του σπιραι	θ
	του σπειραι τον σπορον αυτου	28
Mk 4. 3	σπειραι	ℵ*BW
	του σπειραι	ℵ^c ACLYΠ 1.28.565.1582
	omit	D
	του σπιραι	θ
L 8. 5	του σπειραι	ℵA^c BLYθ 1.28
	omit	A*
	σπειραι	DW

M 13. 4	και		εν τω σπειρειν	αυτον	α ..	ελθοντα	τα πετεινα		.. αυτα	B
	και		εν τω σπειρειν	αυτον	α ..	ηλθεν	τα πετεινα	και	.. αυτα	ℵFGY 1.1582
				αυτον	α ..	ηλθεν	τα πετεινα	και	.. αυτα	C
	και		εν τω σπειριν	αυτον	α ..	ηλθον	τα πετεινα	και	.. αυτα	DL
	και		εν τω σπειριν	αυτον	α ..	ηλθεν	τα πετεινα το ουρανου	και	.. αυτα	E
	και		εν τω σπειρειν	αυτον	α ..	ηλθεν	τα πετεινα του ουρανου	και	.. αυτα	KΠ 28
	και		εν τω σπιρειν	αυτον	α ..	ηλθεν	τα πετεινα	και	.. αυτα	W
	και		εν τω σπειρειν	αυτον	α ..	ελθοντα	τα πετηνα του ουρανου		.. αυτα	θ
	και		εν τω σπειρειν	αυτον	α ..	ελθοντα	τα πετεινα του ουρανου		.. αυτα	13
	και		εν τω σπειρειν	αυτον	α ..	ηλθον	τα πετεινα του ουρανου	και	.. αυτα	565
Mk 4. 4	και	εγενετο	εν τω σπειρειν		ο ..	ηλθεν	τα πετεινα	και	.. αυτο	ℵABCY 1.1582
	και		εν τω σπειραι		ο ..	ηλθαν	τα πετεινα του ουρανου	και	.. αυτο	D
	και	εγενετο	εν τω σπιρειν		ο ..	ηλθεν	τα πετεινα	και	.. αυτο	L
	και				το ..	ηλθεν	τα ορνεα	και	.. αυτο	W
	και	εγενετο	εν τω σπιρειν		ο	ηλθεν	τα πετηνα	και	.. αυτα	θ
	και	εγενετο	εν τω σπιρειν		α ..	ηλθεν	τα πετεινα	και	.. αυτα	28
	και	εγενετο	εν τω σπερειν		ο ..	ηλθεν	τα πετεινα	και	.. αυτα	565
L 8. 5	και		εν τω σπειρειν	αυτον	ο ..		τα πετεινα του ουρανου		.. αυτο	ℵAY 1.28
	και		εν τω	.....	ο		τα πετεινα του ουρανου		.. αυτα	P^75
	και		εν τω σπειρειν	αυτον	α		τα πετεινα του ουρανου		.. αυτα	B
	και		εν τω σπειρειν		ο		τα πετεινα		.. αυτο	D
	και		εν τω σπειρειν	αυτον	ο		τα πετεινα του ουρανου		.. αυτω	L
	και		εν τω σπιρειν	αυτον	α		τα πετεινα		.. αυτο	W

b. The Sower Matthew 13.3b-23

M 13. 5	ἄλλα δὲ ἔπεσεν ἐπὶ τὰ πετρώδη ὅπου οὐκ εἶχεν γῆν πολλήν, καὶ
Mk 4. 5	καὶ ἄλλο ἔπεσεν ἐπὶ τὸ πετρῶδες ὅπου οὐκ εἶχεν γῆν πολλήν, καὶ
L 8. 6	καὶ ἕτερον κατέπεσεν ἐπὶ τὴν πέτραν, καὶ

M 13. 6	εὐθέως ἐξανέτειλεν διὰ τὸ μὴ ἔχειν βάθος γῆς. ἡλίου δὲ ἀνατείλαντος
Mk 4. 6	εὐθὺς ἐξανέτειλεν διὰ τὸ μὴ ἔχειν βάθος γῆς· καὶ ὅτε ἀνέτειλεν ὁ ἥλιος
L 8. 6	φυὲν ἐξηράνθη διὰ τὸ μὴ ἔχειν ἰκμάδα.
J 15. 6	ἐὰν μή τις μένῃ ἐν ἐμοί, ἐβλήθη ἔξω ὡς τὸ κλῆμα

M 13. 6	ἐκαυματίσθη καὶ διὰ τὸ μὴ ἔχειν ῥίζαν ἐξηράνθη.
Mk 4. 6	ἐκαυματίσθη, καὶ διὰ τὸ μὴ ἔχειν ῥίζαν ἐξηράνθη.
J 15. 6	καὶ ἐξηράνθη,

M 13. 5	αλλα	δε	επεσεν	επι	τα	πετρωδη		οπου	ℵBCEFGKLWYΘΠ 1.13.28.565.1582
	α	δε	επεσεν	επι	τα	πετρωδη		οπου	D
Mk 4. 5	και	αλλο	επεσεν	επι	το	πετρωδες		οπου	ℵ^{c}L
	και	αλλο	επεσεν	επι	τα	πετρωδη		οπου	ℵ*Θ
	αλλο	δε	επεσεν	επι	το	πετρωδες		οπου	ACYΠ
	και	αλλο	επεσεν	επι	το	πετρωδες	και	οπου	B
	και	αλλα	επεσαν	επει	τα	πετρωδη	και	οτι	D
	αλλα	δε	επεσεν	επι	τα	πετρωδη	και	οτι	W
	αλλο	δε	επεσεν	επι	τα	πετρωδη		οπου	1.1582
	αλλα	δε	επεσεν	επι	το	πετρωδες		οπου	28
	και	αλλα	επεσεν	επι	τα	πετρωδη		οπου	565
L 8. 6	και	ετερον	κατεπεσεν						P75 BL
	και	ετερον	επεσεν						ℵAWYΘ 1.28
	και	αλλο	επεσεν						D

M 13. 5	και	ευθεως	εξανετειλεν	δια	το	μη	εχειν	βαθος		γης	ℵCEFGKYΠ 1.13.28.565.1582
	και	ευθεως	εξανετειλαν	δια	το	μη	εχειν	βαθος	της	γης	B
	και	ευθυς	εξανετειλεν	δια	το	μη	εχειν	βαθος		γης	D
	και		εξανετειλεν	δια	το	μη	ηχεν	βαθος		γης	L
	και	ευθεως	εξανετιλεν	δια	το	μη	εχειν	βαθος		γης	WΘ
Mk 4. 5	και	ευθυς	εξανετειλεν	δια	το	μη	εχειν	βαθος		γης	ℵC
	και	ευθεως	εξανετειλεν	δια	το	μη	εχειν	βαθος		γης	AYΠ 565.1582^{c}
	και	ευθεως	εξανετειλεν	δια	το	μη	εχειν	βαθος	της	γης	B
	και	ευθεως	εξανεστειλεν	δια	το	μη	εχειν	βαθος	την	γην	D
	και	ευθεως	εξανετιλεν	δια	το	μη	εχειν	γης		βαθος	L
		ευθεως	ανετειλε								W
	και	ευθεως	εξανετηλεν	δια	το	μη	εχειν	βαθος	της	γης	Θ
	και	ευθεως	εξεβλαστησεν	δια	το	μη	εχειν	βαθος		γης	1.28.1582*

M 13. 6	ηλιου δε ανατειλαντος	εκαυματισθη	..		ριζαν	εξηρανθη	ℵCFGKWYΠ 1.28.565
	ηλιου δε ανατειλαντος	εκαυματωθη	..		ριζαν	εξηρανθη	B |1582
	του δε ηλιου ανατειλαντος	εκαυματισθησαν	..		ριζαν	εξηρανθησαν	D
	ηλιου δε ανατειλαντος	εκαυματισθη	..		ριζαναν	εξηρανθη	E
	ηλιου δε ανατειλαντος ευθεως	εκαυματισθη	..		ριζαν	εξηρανθη	L
	ηλιου δε ανατειλαντος	εκαυματησθη	..	βαθος	ρηζης	εξηρανθη	Θ
	ηλιου δε ανατειλαντος	εκαυματισθη	..	βαθος	ριζης	εξηρανθη	13
Mk 4. 6	και οτε ανετειλεν ο ηλιος	εκαυματισθη	..		ριζαν	εξηρανθη	ℵCL 565
	ηλιου δε ανατειλαντος	εκαυματισθη	..		ριζαν	εξηρανθη	AYΠ 1.1582
	και οτε ανετειλεν ο ηλιος	εκαυματισθησαν	..		ριζαν	εξηρανθη	B
	και οτε ανετειλεν ο ηλιος	εκαυματισθησαν	..		ριζαν	εξηρανθησαν	D
	ηλιου δε ανατιλαντος	εκαυματισθη	..		ριζαν	εξηρανθη	W 28
	και οτε ανετειλεν ο ηλιος	εκαυματησθη			ριζαν	εξηρανθη	Θ

M 13. 6 - Js 1.11; 1 P 1.24

b. The Sower Matthew 13.3b-23

M 13. 7	ἄλλα δὲ ἔπεσεν ἐπὶ τὰς ἀκάνθας, καὶ ἀνέβησαν αἱ ἄκανθαι καὶ
Mk 4. 7	καὶ ἄλλο ἔπεσεν εἰς τὰς ἀκάνθας, καὶ ἀνέβησαν αἱ ἄκανθαι καὶ
L 8. 7	καὶ ἕτερον ἔπεσεν ἐν μέσῳ τῶν ἀκανθῶν, καὶ συμφυεῖσαι αἱ ἄκανθαι
J 15. 6	καὶ συνάγουσιν αὐτὰ καὶ εἰς τὸ πῦρ βάλλουσιν καὶ καίεται.

M 13. 8	ἔπνιξαν αὐτά. ἄλλα δὲ ἔπεσεν ἐπὶ τὴν γῆν
Mk 4. 8	συνέπνιξαν αὐτό, καὶ καρπὸν οὐκ ἔδωκεν. καὶ ἄλλα ἔπεσεν εἰς τὴν γῆν
L 8. 8	ἀπέπνιξαν αὐτό. καὶ ἕτερον ἔπεσεν εἰς τὴν γῆν

M 13. 8	τὴν καλὴν καὶ ἐδίδου καρπόν,
Mk 4. 8	τὴν καλήν, καὶ ἐδίδου καρπὸν ἀναβαίνοντα καὶ αὐξανόμενα, καὶ
L 8. 8	τὴν ἀγαθήν, καὶ φυὲν ἐποίησεν καρπὸν

M 13. 8	ὃ μὲν ἑκατόν, ὃ δὲ ἑξήκοντα, ὃ δὲ τριάκοντα.
Mk 4. 9	ἔφερεν ἓν τριάκοντα καὶ ἓν ἑξήκοντα καὶ ἓν ἑκατόν. καὶ ἔλεγεν,
L 8. 8	ἑκατονταπλασίονα. ταῦτα λέγων

M 13. 9	ὁ ἔχων ὦτα ἀκουέτω.
Mk 4. 9	Ὃς ἔχει ὦτα ἀκούειν ἀκουέτω.
L 8. 8	ἐφώνει, Ὁ ἔχων ὦτα ἀκούειν ἀκουέτω.
M 11.15	ὁ ἔχων ὦτα ἀκουέτω.
M 13.43b	ὁ ἔχων ὦτα ἀκουέτω.
Mk 4.23b	εἴ τις ἔχει ὦτα ἀκούειν ἀκουέτω.
Mk 7.16	εἴ τις ἔχει ὦτα ἀκούειν ἀκουέτω.
L 14.35b	ὁ ἔχων ὦτα ἀκούειν ἀκουέτω.

M 13.10	Καὶ προσελθόντες οἱ μαθηταὶ εἶπαν αὐτῷ,
Mk 4.10	Καὶ ὅτε ἐγένετο κατὰ μόνας, ἠρώτων αὐτὸν οἱ περὶ αὐτὸν σὺν τοῖς
L 8. 9	Ἐπηρώτων δὲ αὐτὸν οἱ μαθηταὶ αὐτοῦ τίς

M 13. 7	αλλα δε επεσεν επι τας ακανθας .. και επνιξαν αυτα	ℵB*θ 565
	αλλα δε επεσεν επι τας ακανθας .. και απεπνιξαν αυτα	B^{c}CEFGKLWYΠ 1.28.1582
	αλλα δε επεσεν εις τας ακανθας .. και επνιξαν αυτα	D 13
Mk 4. 7	και αλλο επεσεν εις τας ακανθας .. και συνεπνιξαν αυτο	ℵ^{c}ABLYΠ 1.1582
	και αλλος επεσεν εις τας ακανθας .. και συνεπνιξαν αυτο	ℵ*
	και αλλο επεσεν επι τας ακανθας .. και συνεπνιξαν αυτο	CD
	και αλλα επεσεν επι τας ακανθας .. και συνεπνιξαν αυτα	W 28
	και αλλο επεσεν επι τας ακανθας .. και συνεπνιξεν αυτα	θ
	και αλλο επεσεν επι τας ακανθας .. και συνεπνηξαν αυτο	565
L 8. 7	και ετερον επεσεν εν μεσω των ακανθων .. απεπνιξαν αυτο	ℵ^{c}BWYθ 28
	και ετερον επεσεν εν μεσω των ακανθων .. απεπνιξαν αυτα	P^{75} 1.
	και ετερον επεσεν εν μεσω των ακανθων .. επνιξαν αυτο	ℵ*
	και ετερον επεσεν εμμεσω των ακανθων .. απεπνιξαν αυτο	AL
	και αλλο επεσεν μεσον των ακανθων .. απεπνιξαν αυτο	D

M 13. 8	επεσεν επι την γην την καλην και εδιδου	ℵBEFGKLYΠ 1.13.28.565.1582
	επεσαν επι την γην την καλην και εδιδου	CW
	επεσεν επι την γην την καλην και εδιδουν	D
	επεσεν επι την γην την καλην και εδηδου	θ
Mk 4. 8	επεσεν εις την γην την καλην και εδιδου	ℵABDLYθΠ
	επεσεν επι την γην την καλην και εδιδοσαν	C
	επεσαν εις την γην την καλην και εδιδει	W
	επεσεν επι την γην την καλην και εδιδου	1.28.565.1582
L 8. 8	εις την γην	P^{75} ℵABLYθ 1.28
	επι την γην	DW

M 13. 9	ωτα	ℵ*BL
	ωτα ακουειν	ℵ^{c}CDEFGKWYθΠ 1.13.28.565.1582

M 13.10	προσελθοντες οι μαθηται ειπαν	ℵBθ
	προσελθοντες αυτω οι μαθηται αυτου ειπον	C
	προσελθοντες οι μαθηται ειπον	DEFGKWYΠ 1.28.565.1582
	προσελθοτες οι μαθηται ειπαν	L
	προσελθοντες οι μαθηται ειπον αυτω	13

M 13. 7 - Jb 31.40; He 6.8 | M 13. 9 - Re 2.7; 13.9 | M 13.10 - M 13.34

M 13.11	Διὰ τί ἐν παραβολαῖς λαλεῖς αὐτοῖς; ὁ δὲ ἀποκριθεὶς εἶπεν αὐτοῖς
Mk 4.11	δώδεκα τὰς παραβολάς. καὶ ἔλεγεν αὐτοῖς,
L 8.10	αὕτη εἴη ἡ παραβολή. ὁ δὲ εἶπεν,

M 13.11	ὅτι Ὑμῖν δέδοται γνῶναι τὰ μυστήρια τῆς βασιλείας τῶν οὐρανῶν,
Mk 4.11	Ὑμῖν τὸ μυστήριον δέδοται τῆς βασιλείας τοῦ θεοῦ·
L 8.10	Ὑμῖν δέδοται γνῶναι τὰ μυστήρια τῆς βασιλείας τοῦ θεοῦ,

M 13.12	ἐκείνοις δὲ οὐ δέδοται. ὅστις γὰρ ἔχει, δοθήσεται αὐτῷ καὶ
Mk 4.11	ἐκείνοις δὲ τοῖς
L 8.10	τοῖς δὲ λοιποῖς
M 25.29	τῷ γὰρ ἔχοντι παντὶ δοθήσεται καὶ
Mk 4.25	ὃς γὰρ ἔχει, δοθήσεται αὐτῷ·
L 8.18	βλέπετε οὖν πῶς ἀκούετε· ὃς ἂν γὰρ ἔχῃ, δοθήσεται αὐτῷ,
L 19.26	λέγω ὑμῖν ὅτι παντὶ τῷ ἔχοντι δοθήσεται,

M 13.12	περισσευθήσεται· ὅστις δὲ οὐκ ἔχει, καὶ ὃ ἔχει ἀρθήσεται
M 25.29	περισσευθήσεται· τοῦ δὲ μὴ ἔχοντος καὶ ὃ ἔχει ἀρθήσεται
Mk 4.25	καὶ ὃς οὐκ ἔχει, καὶ ὃ ἔχει ἀρθήσεται
L 8.18	καὶ ὃς ἂν μὴ ἔχῃ, καὶ ὃ δοκεῖ ἔχειν ἀρθήσεται
L 19.26	ἀπὸ δὲ τοῦ μὴ ἔχοντος καὶ ὃ ἔχει ἀρθήσεται.
J 9.39	καὶ εἶπεν

M 13.13	ἀπ' αὐτοῦ. διὰ τοῦτο ἐν παραβολαῖς αὐτοῖς λαλῶ, ὅτι
Mk 4.12	ἔξω ἐν παραβολαῖς τὰ πάντα γίνεται, | ἵνα
L 8.10	ἐν παραβολαῖς, ἵνα
M 25.29	ἀπ' αὐτοῦ.
Mk 4.25	ἀπ' αὐτοῦ.
L 8.18	ἀπ' αὐτοῦ.
J 9.39	ὁ Ἰησοῦς, Εἰς κρίμα ἐγὼ εἰς τὸν κόσμον τοῦτον ἦλθον, ἵνα οἱ μὴ

M 13.10 λαλεις αυτοις ℵ^c BCDEFGKWYΘΠ 1.13.28.565.1582
αυτοις λαλεις ℵ*
λαλης αυτοις L

M 13.11 αυτοις .. δεδοται γνωναι τα μυστηρια .. των ουρανων .. δε ου δεδοται BDEFGKWYΠ 13.565.1582
.. δεδοται γνωναι τα μυστηρια .. των ουρανων .. δε ου δεδοται ℵC
αυτοις .. δεδοται γνωναι τα μυστηρια .. των ουρανων .. δε ου δεδοτε L
αυτοις .. δεδοται γνωναι τα μυστηρια .. των ουρανων .. δεδοται Θ
αυτοις .. δεδοται γνωναι τα μυστηρια .. των .. δε ου δεδοται 1.
αυτοις .. δεδοτε γνωναι τα μυστηρια .. των ουρανων .. δε ου δεδοται 28
Mk 4.11 αυτοις .. το μυστηριον δεδοται .. του θεου ℵBC*L
αυτοις .. δεδοται το μυστηριον .. του θεου AWΠ
αυτοις .. δεδοται γνωναι το μυστηριον .. του θεου C^c DY 565
α .. δεδοτε γνωναι το μυστηριον .. του θεου Θ
αυτοις .. δεδοται γνωναι τα μυστηρια .. του θεου 1.1582
αυτοις .. δεδοται γνωναι τα το μυστηρια. του θεου 28
L 8.10 .. δεδοται γνωναι τα μυστηρια .. του θεου P75 ℵ^c ABLY 28
αυτοις .. δεδοται γνωναι τα μυστηρια .. του θεου Θ 1.

M 13.13 αυτοις λαλω οτι ℵBCEFGKYΠ 28 ClemAl (S I 2.3)
λαλει αυτοις ινα D
λαλω οτι L
αυτοις λαλω τι W
λαλω αυτοις ινα Θ 1.1582*
λαλω αυτοις ο τινα 13
λαλω αυτοις οτι 565.1582^c

M 13.11 - 1 C 2.10; 4.1; E 3.3f; Co 2.2; 4.3

b. The Sower Matthew 13.3b-23

M	13.13	βλέποντες ού βλέπουσιν καὶ ἀκούοντες ούκ
Mk	4.12	βλέποντες βλέπωσιν καὶ μὴ ἴδωσιν, καὶ ἀκούοντες
L	8.10	βλέποντες μὴ βλέπωσιν καὶ ἀκούοντες
Mk	8.17	και γνους λεγει αυτοις, Τι διαλογιζεσθε οτι αρτους ουκ εχετε; οὔπω
Mk	8.18	ὀφθαλμοὺς ἔχοντες ού βλέπετε καὶ ὦτα ἔχοντες ούκ
J	9.39	βλέποντες βλέπωσιν καὶ οἱ βλέποντες τυφλοὶ γένωνται.

M	13.14	ἀκούουσιν οὐδὲ συνίουσιν· καὶ ἀναπληροῦται αὐτοῖς ἡ προφητεία
Mk	4.12	ἀκούωσιν καὶ μὴ συνιῶσιν,
L	8.10	μὴ συνιῶσιν.
Mk	8.17	νοεῖτε οὐδὲ συνίετε; πεπωρωμένην ἔχετε τὴν καρδίαν ὑμῶν;
Mk	8.18	ἀκούετε; καὶ οὐ μνημονεύετε,
J	12.38	ἵνα ὁ λόγος
J	12.39	διὰ τοῦτο οὐκ ἠδύναντο πιστεύειν, ὅτι πάλιν εἶπεν

M	13.14	Ἠσαΐου ἡ λέγουσα,
J	12.38	Ἠσαΐου τοῦ προφήτου πληρωθῇ ὃν εἶπεν,
J	12.39	Ἠσαΐας,

J	12.38	Κυριε, τις επιστευσεν τη ακοη ημων;
J	12.38	και ο βραχιων κυριου τινι απεκαλυφθη;

M	13.14	Ἀκοῇ ἀκούσετε καὶ οὐ μὴ συνῆτε,
J	12.40	τετύφλωκεν αὐτῶν

M	13.14	καὶ βλέποντες βλέψετε καὶ οὐ μὴ ἴδητε.
J	12.40	τοὺς ὀφθαλμοὺς

M 13.13	ου βλεπουσιν	.. ουκ ακουουσιν ουδε συνιουσιν	ℵB*CEFGKLWΠ 565
	ου βλεπουσιν	.. ουκ ακουουσιν ουδε συνιωσιν	B^c
	μη βλεπωσιν	.. μη ακουσωσιν και μη συνωσιν μηποτε επιστρεψωσιν	D
	μη βλεποσιν	.. μη ακουωσιν και μη συνιωσιν μηποτε επιστρεψωσιν	Θ*
	μη βλεπωσιν	.. μη ακουωσιν και μη συνιωσιν μηποτε επιστρεψωσιν	$Θ^c$ 1.13.1582*
	ου βλεπουσιν	.. ουκ ακουουσιν	28
	ου βλεπωσι	.. ουκ ακουουσιν ουδε συνιουσιν	1582^c
	ου βλεπουσιν	.. ουκ ακουουσιν και ου συνιασι	ClemAl (S I 2.3)
Mk 4.12	βλεπωσιν και μη ιδωσιν	.. ακουωσιν και μη συνιωσιν	ℵABY 1582^c
	βλεπωσιν και μη ιδωσιν	.. ακουσωσιν και μη συνιωσιν	C
	βλεπωσιν και μη ιδωσιν	.. ακουωσιν και μη συνωσιν	DL 1.1582*
	μη ιδωσιν	.. μη συνωσιν	W
	βλεπωσιν και μη ιδωσιν	.. ακουσωσιν και μη συνηωσιν	Θ
	βλεπωσιν και μη ιδωσιν	.. ακουουσιν και μη συνιωσιν	Π
	μη βλεπωσιν	.. μη συνιωσιν	28
	βλεπωσιν και μη ιδωσιν	.. ακουωσιν και ου μη συνωσιν	565
L 8.10	βλεπωσιν	.. μη συνιωσιν	P^{75} ABY 28
	βλεπωσιν	.. ακουωσιν και μη συνιωσιν	ℵ*Θ
	βλεπωσιν	.. και μη συνιωσιν	$ℵ^c$
	ειδωσιν	.. μη συνιωσιν	D
	ιδωσιν	.. μη συνιωσιν	LW^c
	ιδωσιν	.. μη συνωσιν	W* 1.

M 13.14	αναπληρουται αυτοις	.. Ησαιου η λεγουσα	ℵBCEFGKYΠ
	τοτε πληρωθησεται αυτοις	.. του Ησαιου η λεγουσα πορευθητι και ειπε τω λαω τουτω	D |28.565
	αναπληρουται αυτοις	.. Ισαιου η λεγουσα	L
	αναπληρουτε αυτοις	.. Ησαιου η λεγουσα	W*
	αναπληρουτε επ αυτοις	.. Ησαιου η λεγουσα	W^c
	αναπληρουνται αυτοις	.. Ησαιου η λεγουσα	Θ
	τοτε πληρουται αυτοις	.. Ησαιου η λεγουσα	1.1582*
	αναπληρουται αυτης	.. Ησαιου λεγουσα	13
	τοτε αναπληρουται αυτοις	.. Ησαιου η λεγουσα	1582^c

M 13.14	ακοη ακουσετε και ου μη συνητε .. βλεψετε	B^cCKLYΠ 1.565.1582
	ακοη ακουσετε και ου μη συνητε .. βλεψητε	ℵE
	ακοη ακουσατε και ου μη συνητε .. βλεψετε	B*
	ακοη ακουσεται και ου μη συνηται .. βλεψεται	D
	ακοη ακουσητε και ου μη συνητε .. βλεψητε	FGΘ
	ακοη ακουσητε και ου μη συνητε .. βλεψηται	W
	ακοη ακουσητε και ου μη συνητε .. βλεψετε	13
	ακουη ακουσετε και ου μη συνητε .. βλεψητε	28

M 13.13 - J 6.36; Dt 29.3; Jr 5.21; L 19.42; J 9.40; Ac 13.40f | M 13.14-15 - Is 6.9f; Ac 28.26f

M 13.15 ἐπαχύνθη γὰρ ἡ καρδία τοῦ λαοῦ τούτου,
J 12.40 καὶ ἐπώρωσεν αὐτῶν τὴν καρδίαν,

M 13.15 καὶ τοῖς ὠσὶν βαρέως ἤκουσαν,
M 13.15 καὶ τοὺς ὀφθαλμοὺς αὐτῶν ἐκάμμυσαν·

M 13.15 μήποτε ἴδωσιν τοῖς ὀφθαλμοῖς
Mk 4.12 μήποτε
J 12.40 ἵνα μὴ ἴδωσιν τοῖς ὀφθαλμοῖς

M 13.15 καὶ τοῖς ὠσὶν ἀκούσωσιν

M 13.15 καὶ τῇ καρδίᾳ συνῶσιν καὶ ἐπιστρέψωσιν,
Mk 4.12 ἐπιστρέψωσιν
J 12.40 καὶ νοήσωσιν τῇ καρδίᾳ καὶ στραφῶσιν,

M 13.15 καὶ ἰάσομαι αὐτούς.
Mk 4.12 καὶ ἀφεθῇ αὐτοῖς.
J 12.40 καὶ ἰάσομαι αὐτούς.

M 13.16 ὑμῶν δὲ μακάριοι οἱ ὀφθαλμοὶ ὅτι
L 10.23 Και στραφεις προς τους μαθητας κατ ιδιαν ειπεν, Μακάριοι οἱ ὀφθαλμοὶ οἱ
J 12.41 ταῦτα εἶπεν Ἠσαίας, ὅτι

M 13.16 βλέπουσιν, καὶ τὰ ὦτα ὑμῶν ὅτι ἀκούουσιν.
L 10.23 βλέποντες ἃ βλέπετε.
J 12.41 εἶδεν τὴν δόξαν αὐτοῦ, καὶ ἐλάλησεν περὶ αὐτοῦ.

M 13.15 τοις ωσιν .. τους οφθαλμους αυτων εκαμμυσαν Β^{c}DE^{c}FGKWYΠ 1.13.28.565.1582
τοις ωσιν αυτων .. τους οφθαλμους αυτων εκαμμυσαν ℵC
τοι ωσιν .. τους οφθαλμους αυτων εκαμμυσαν B*
τοις ωσιν .. τους οφθαμους αυτων εκαμμυσαν E*
τοισς ωσιν .. τους οφθαλμους αυτων εκαμμυσαν L
τοις ωσιν .. τοις οφθαλμους αυτον εκαμυσαν Θ*
τοις ωσιν .. τοις οφθαλμους αυτων εκαμυσαν Θ^{c}

M 13.15 ωσιν ακουσωσιν και τη καρδια συνωσιν και επιστρεψωσιν και ιασομαι ℵ*BDΘ 13.565
ωσιν αυτων ακουσωσιν και τη καρδια συνωσιν και επιστρεψωσιν και ιασομαι ℵ^{c}
ωσιν και τη καρδια συνωσιν και επιστρεψωσιν και ιασομαι C
ωσιν ακουσωσιν και τη καρδια συνωσν και επιστρεφουσιν και ιασομαι E*
ωσιν ακουσωσιν και τη καρδια συνωσιν και επιστρεφουσιν και ιασομαι E^{c}FGY^{c}Π
ωσιν ακουσωσιν και τη καρδια συνωσιν και επιστρεφουσιν και ιασωμε K
ωσιν ακουσωσιν και τη καρδια συνωσιν και επιστρεψωσιν και ιασομε L
ωσιν ακουσωσιν και τη καρδια συνωσιν και επιστρεφουσιν και ιασωμαι W
ωσιν ακουσω και τη καρδια συνωσιν και επιστρεφουσιν και ιασομαι Y*
ωσιν ακουσωσιν και τη καρδια συνωσιν και επιστρεψωσιν και ιασωμαι 1.28.1582
J 12.40 και νοησωσιν τη καρδια και στραφωσιν και ιασομαι P^{75} B
και τη καρδια συνωσιν και στραφωσιν και ιασομαι ℵ
και συνωσι τη καρδια και επιστραφωσι και ιασομαι Y

M 13.16 οι οφθαλμοι οτι βλεπουσιν και τα ωτα υμων οτι ακουουσιν ℵCΘ 1.13.28.1582
οι οφθαλμοι οτι βλεπουσιν και τα ωτα οτι ακουουσιν B
οφθαλμοι οτι βλεπουσιν και ωτα υμων οτι ακουουσιν D
οι οφθαλμοι οτι βλεπουσιν και τα ωτα υμων οτι ακουει EGKLWYΠ 565

13.16 - M 16.17; Pr 20.12; Mk 8.17f; Ac 4.20; Is 52.15

b. The Sower Matthew 13.3b-23

M 13.17 ἀμὴν γὰρ λέγω ὑμῖν ὅτι πολλοὶ προφῆται καὶ δίκαιοι ἐπεθύμησαν
L 10.24 λέγω γὰρ ὑμῖν ὅτι πολλοὶ προφῆται καὶ βασιλεῖς ἠθέλησαν
J 8.56 Ἀβραὰμ ὁ πατὴρ ὑμῶν ἠγαλλιάσατο

M 13.17 ἰδεῖν ἃ βλέπετε καὶ οὐκ εἶδαν, καὶ ἀκοῦσαι ἃ ἀκούετε καὶ
L 10.24 ἰδεῖν ἃ ὑμεῖς βλέπετε καὶ οὐκ εἶδαν, καὶ ἀκοῦσαι ἃ ἀκούετε καὶ
J 8.56 ἵνα ἴδῃ τὴν ἡμέραν τὴν ἐμήν, καὶ εἶδεν καὶ ἐχάρη.

M 13.17 οὐκ ἤκουσαν.
L 10.24 οὐκ ἤκουσαν.

M 13.18 Ὑμεῖς οὖν ἀκούσατε τὴν παραβολὴν
Mk 4.13 Καὶ λέγει αὐτοῖς, Οὐκ οἴδατε τὴν παραβολὴν ταύτην, καὶ πῶς πάσας
L 8.11 Ἔστιν δὲ αὕτη ἡ παραβολή·

M 13.19 τοῦ σπείραντος. παντὸς
Mk 4.14,15b τὰς παραβολὰς γνώσεσθε; ὁ σπείρων τὸν λόγον σπείρει. καὶ ὅταν
L 8.12b Ὁ σπόρος ἐστὶν ὁ λόγος τοῦ θεοῦ. |οἱ

M 13.19 ἀκούοντος τὸν λόγον τῆς βασιλείας καὶ μὴ συνιέντος, ἔρχεται ὁ πονηρὸς
Mk 4.15b ἀκούσωσιν εὐθὺς ἔρχεται ὁ Σατανᾶς
L 8.12b ἀκούσαντες, εἶτα ἔρχεται ὁ διάβολος

M 13.19 καὶ ἁρπάζει τὸ ἐσπαρμένον ἐν τῇ καρδίᾳ αὐτοῦ·
Mk 4.15b καὶ αἴρει τὸν λόγον τὸν ἐσπαρμένον εἰς αὐτούς.
L 8.12b καὶ αἴρει τὸν λόγον ἀπὸ τῆς καρδίας αὐτῶν, ἵνα μὴ

M 13.17 γαρ..και δικαιοι.. ιδειν α βλεπετε και ουκ ειδαν και ακουσαι α ακουετε B^c
..και δικεοι .. ιδιν α βλεπετε και ουκ ιδαν και ακουσε α ακουετε ℵ*
..και δικαιοι.. ιδιν α βλεπετε και ουκ ιδαν και ακουσε α ακουετε ℵ^c
γαρ.. ιδειν α βλεπετε και ουκ ειδαν και ακουσαι α ακουετε B*
γαρ..και δικαιοι.. ιδειν α βλεπετε και ουκ ειδον και ακουσαι α ακουετε CGY 1.28
γαρ..και δικαιοι..ειδειν α βλεπετε και ουκ ηδυνηθησαν ειδειν και ακουσαι α ακουετε D |1582
γαρ..και δικαιοι.. ιδειν α βλεπτε και ουκ ειδον και ακουσαι α ακουετε E
γαρ..και δικαιοι.. ιδειν α βλεπετε και ουκ ιδον και ακουσαι α ακουετε KΠ 565
γαρ..και δικαιοι.. ιδειν α βλεπετε και ουκ ειδων και ακουσαι α ακουετε L
γαρ..και δικαιοι.. ιδειν α βλεπεται και ουκ ειδον και ακουσαι α ακουεται W
γαρ..και δικαιοι.. ιδειν α βλεπετε και ουχ ιδον και ακουσε αι α ακουετε Θ
γαρ..και δικαιοι.. ιδειν α βλεπετε και ουχ ιδον και ακουσε μου α ακουετε 13
L 10.24 γαρ..και βασιλεις..ιδειν α.βλεπετε και ουκ ειδαν και ακουσαι α ακουετε ℵ
..και βασιλεις..ιδειν α.βλεπετε και ουκ ιδαν και ακουσαι μου α ακουετε P^75*
..και βασιλεις..ιδειν α.βλεπετε και ουκ ειδαν και ακουσαι μου α ακουετε P^75c
γαρ..και βασιλεις..ιδειν α.βλεπετε και ουκ ειδον και ακουσαι α ακουετε AY 1.28
γαρ..και βασιλεις..ιδειν α.βλεπετε και ουκ ειδαν και ακουσαι μου α ακουετε B
γαρ..και βασιλεις..ιδειν α.βλεπετε και ουκ ιδαν και ακουσαι α ακουετε C
γαρ.. .ειδειν α.βλεπετε και ουκ ειδον και ακουσαι α υμεις ακουετε D
γαρ..και βασιλεις..ιδειν α.βλεπετε και ουκ ειδαν και ακουσαι α ηκουσατε L
γαρ..και βασιλεις..ιδειν α.βλεπεται και ουχ ειδον και ακουσαι α ακουεται W
γαρ..και βασιλεις..ιδειν α.βλεπεται και ουκ ειδον και ακουσαι α ακουετε Θ

M 13.18 ακουσατε την παραβολην του σπειραντος ℵ*B 13
ακουσατε την παραβολην του σπειροντος ℵ^cCDEGKYΠ 1.565.1582
ακουσαται την παραβολην του σπειροντος LW
ακουσατε την παραβαλην του σπηροντος Θ
ακουσατε την παραβολην ταυτην του σπειροντος 28

M 13.19 συνιεντος ερχεται .. αρπαζει .. εσπαρμενον εν τη καρδια αυτου ℵBCEGKYΘΠ 1.28.565.1582
συνιοντος ερχεται .. αρπαζει .. σπειρομενον εν τη καρδια αυτων D
συνηωντος ερχετε .. αρπαζει .. εσπαρμενον εν τη καρδια αυτου L
συνιεντος ερχεται .. αρπαζει .. σπειρομενον εν τη καρδια αυτου W
συνιεντος ερχετε . αρπαζει .. εσπαρμενον εν τη καρδια αυτου 13
Mk 4.15 ευθυς ερχεται .. αιρει .. εσπαρμενον εις αυτους B
ευθυς ερχεται .. αρπαζει .. εσπαρμενον εν αυτοις ℵC
ευθεως ερχεται .. αφερει .. εσπαρμενον εν ταις καρδιαις αυτων D
ευθεως ερχεται .. αιρει .. εσπαρμενον εν ταις καρδιαις αυτων YΠ 565
ευθεως ερχετε .. αιρι .. εσπαρμενον εν τες καρδιαις αυτον Θ
ερχεται .. αιρει .. εσπαρμενον εις αυτους 1.1582

M 13.17 - M 10.41; 11.11; 1 P 1.10,12; 1 J 1.1ff

b. The Sower Matthew 13.3b-23

M 13.19 οὗτός ἐστιν ὁ παρὰ τὴν ὁδὸν σπαρείς.
Mk 4.15a,16 οὗτοι δέ εἰσιν οἱ παρὰ τὴν ὁδὸν ὅπου σπείρεται ὁ λόγος, |καὶ
L 8.12a πιστεύσαντες σωθῶσιν. οἱ δὲ παρὰ τὴν ὁδόν εἰσιν

M 13.20 ὁ δὲ ἐπὶ τὰ πετρώδη σπαρείς, οὗτός ἐστιν ὁ τὸν λόγον
Mk 4.16 οὗτοί εἰσιν οἱ ἐπὶ τὰ πετρώδη σπειρόμενοι, οἳ ὅταν ἀκούσωσιν
L 8.13 οἱ δὲ ἐπὶ τῆς πέτρας οἳ ὅταν ἀκούσωσιν

M 13.20 ἀκούων καὶ εὐθὺς μετὰ χαρᾶς λαμβάνων αὐτόν·
Mk 4.17 τὸν λόγον εὐθὺς μετὰ χαρᾶς λαμβάνουσιν αὐτόν, |καὶ
L 8.13 μετὰ χαρᾶς δέχονται τὸν λόγον, καὶ οὗτοι ῥίζαν

M 13.21 οὐκ ἔχει δὲ ῥίζαν ἐν ἑαυτῷ ἀλλὰ πρόσκαιρός ἐστιν, γενομένης δὲ
Mk 4.17 οὐκ ἔχουσιν ῥίζαν ἐν ἑαυτοῖς ἀλλὰ πρόσκαιροί εἰσιν· εἶτα γενομένης
L 8.13 οὐκ ἔχουσιν, οἳ πρὸς καιρὸν πιστεύουσιν καὶ ἐν

M 13.21 θλίψεως ἢ διωγμοῦ διὰ τὸν λόγον εὐθὺς σκανδαλίζεται.
Mk 4.18 θλίψεως ἢ διωγμοῦ διὰ τὸν λόγον εὐθὺς σκανδαλίζονται. καὶ ἄλλοι
L 8.13 καιρῷ πειρασμοῦ ἀφίστανται.

M 13.22 ὁ δὲ εἰς τὰς ἀκάνθας σπαρείς, οὗτός ἐστιν ὁ τὸν λόγον
Mk 4.18 εἰσὶν οἱ εἰς τὰς ἀκάνθας σπειρόμενοι· οὗτοί εἰσιν οἱ τὸν λόγον
L 8.14 τὸ δὲ εἰς τὰς ἀκάνθας πεσόν, οὗτοί εἰσιν οἱ

M 13.22 ἀκούων καὶ ἡ μέριμνα τοῦ αἰῶνος καὶ ἡ ἀπάτη
Mk 4.19 ἀκούσαντες, |καὶ αἱ μέριμναι τοῦ αἰῶνος καὶ ἡ ἀπάτη
L 8.14 ἀκούσαντες, καὶ ὑπὸ μεριμνῶν καὶ

M 13.20	λογον ακουων και ευθυς	ℵBCDGKLYΘΠ 1.13.28.565.1582
	λογον ακουων και ευθεως	E
	λογον μου ακουων και ευθυς και	W
Mk 4.16	ευθυς	ℵBCL 28
	ευθεως	AWYΘΠ 1.565.1582
M 13.21	ουκ εχει δε ριζαν εν εαυτω..γενομενης δε.. ευθυς σκανδαλιζεται	ℵBCKWYΠ 1.565.1582
	ουκ εχει δε ριζαν εαυτω..γενομενης δε.. ευθεως σκανδαλιζεται	D*
	ουκ εχει δε ριζαν εν εαυτω..γενομενης δε.. ευθεως σκανδαλιζεται	D[c]
	ουκ εχει δε ριζαν εν εαυτω..γενομενης δε.. ευθυς σκανδαλιζετε	E 13
	ουκ εχει δε ριζαν εν εαυτω..ητα γενομενης.. ευθυς σκανδαλιζεται	G
	ουκ εχει ριζαν εν αυω ..γενομενης δε.. ευθυς σκανδαλιζεται	L
	ουκ εχει δε ριζαν εαυτω..ειτα γενομενης.. ευθεως σκανδαλιζεται	Θ
	ουκ εχει δε ριζαν εν εαυτω..γενομενης δε.. ευθυς σκανδαλιζονται	28
Mk 4.17	ειτα γενομενης.. ευθυς σκανδαλιζονται	ℵBCL
	ειτα γενομενης.. ευθεως σκανδαλιζονται	AYΠ 28.565.1582
	ειτα γενομενης..και ευθυς σκανδαλιζεται	W*
M 13.22	ο δε..σπαρεις ..λογον ..του αιωνος	ℵB
	ο δε..σπαρεις ..λογον ..του αιωνος τουτου	CEGKLYΠ 1.13.28.565.1582
	ο δε..σπειρομενος..λογον ..του αιωνος	D
	ο δε..σπαρεις ..λογον μου..του αιωνος τουτου	W
	ο δε..σπαρεις ..λογον ..τουτου αιωνος	Θ
Mk 4.18	και αλλοι εισιν οι ..σπειρομενοι..λογον ..του αιωνος	ℵBC
Mk 4.19	και αλλοι εισιν οι ..σπειρομενοι..λογον ..του αιωνος τουτου	AYΠ
	οι δε..σπειρομενοι..λογον ..του βιου	W

M 13.22 - M 6.19-34; L 12.16-21; 14.18-20; 1 Ti 6.9-10, 17

b. The Sower Matthew 13.3b-23

M 13.22	τοῦ πλούτου συμπνίγει
Mk 4.19	τοῦ πλούτου καὶ αἱ περὶ τὰ λοιπὰ ἐπιθυμίαι εἰσπορευόμεναι συμπνίγουσιν
L 8.14	πλούτου καὶ ἡδονῶν τοῦ βίου πορευόμενοι συμπνίγονται

M 13.23	τὸν λόγον, καὶ ἄκαρπος γίνεται. ὁ δὲ ἐπὶ τὴν
Mk 4.20	τὸν λόγον, καὶ ἄκαρπος γίνεται. καὶ ἐκεῖνοί εἰσιν οἱ ἐπὶ τὴν
L 8.15	καὶ οὐ τελεσφοροῦσιν. τὸ δὲ ἐν τῇ

M 13.23	καλὴν γῆν σπαρείς, οὗτός ἐστιν ὁ
Mk 4.20	γῆν τὴν καλὴν σπαρέντες, οἵτινες
L 8.15	καλῇ γῇ, οὗτοί εἰσιν οἵτινες ἐν καρδίᾳ καλῇ καὶ ἀγαθῇ

M 13.23	τὸν λόγον ἀκούων καὶ συνιείς, ὃς δὴ καρποφορεῖ καὶ ποιεῖ ὃ μὲν
Mk 4.20	ἀκούουσιν τὸν λόγον καὶ παραδέχονται καὶ καρποφοροῦσιν ἓν
L 8.15	ἀκούσαντες τὸν λόγον κατέχουσιν καὶ καρποφοροῦσιν ἐν ὑπομονῇ.

M 13.22	πλουτου συμπνιγει τον λογον	B^{c}CEGKYΠ 1.13.1582
	πλουτου συνπνιγει τον λογον	ℵB*L*θ 565
	πλουτου συνπνιγει τον λογον	CW
	πλουτους συνπνειγει τον λογον	D
	πλουτου και περι τα λυπα επεθυμηα εισπορευομεναι συνπνιγει τον λογον	L^{mg}
	πλουτου συμπνηγει τον λογον	28
Mk 4.19	πλουτου και αι περι τα λοιπα επιθυμιαι εισπορευομεναι συμπνιγουσιν τον λογον	B^{c}YΠ
	πλουτου συμπνιγει τον λογον και αι παρα τα λοιπα επιθυμιαι εισπορευομεναι	ℵ*
	πλουτου συμπνιγουσιν τον λογον και αι παρα τα λοιπα επιθυμιαι εισπορευομεναι	ℵ^{c}
	πλουτου και αι περι τα λοιπα επιθυμιαι εισπορευομεναι συνπνειγουσιν τον λογον	AB
	πλουτου και αι περι τα λοιπα επιθυμιαι εισπορευομεναι συνπνιγουσι τον λογον	C
	κοσμου εισπορευομεναι συνπνιγουσιν τον λογον	D
	πλουτου και αι περι τα λυπα επιθυμιαι εισπορευομεναι συνπνιγουσιν τον λογον	L
	πλουτου εισπορευομεναι συνπνιγουσιν τον λογον	W
	κοσμου συνπνηγουσιν τον λογον	θ
	πλουτου εισπορευομεναι συνπνιγουσιν τον λογον	1.28.1582
	κοσμου συμπνιγουσιν τον λογον	565

M 13.22 (cont)	και ακαρπος γινεται	B^{c}CEGKYΠ 1.13.1582
	και ακαρπος γινεται	ℵB*L*θ 565
	και ακαρπος γεινεται	CW
	και ακαρπος γεινεται	D
	και ακαρπος γινεται	L^{mg}
	και ακαρπος γινεται	28
Mk 4.19 (cont)	και ακαρπος γινεται	B^{c}YΠ
	και ακαρπος γινεται	ℵ*
	και ακαρπος γινεται	ℵ^{c}
	και ακαρπος γινεται	AB
	και ακαρπος γινεται	C
	και ακαρποι γεινονται	D
	και ακαρπος γινεται	L
	και ακαρποι γιγνονται	W
	και ακαρποι γινονται	θ
	και ακαρπος γινεται	1.28.1582
	και ακαρπος γινεται	565

M 13.23	επι την καλην γην .. τον λογον ακουων και συνιεις ος δη	ℵB
	επι την καλην γην .. τον λογον ακουων και συνειων ος δη	C
	επι την γην την καλην .. ακουων τον λογον και συνιεις τοτε	D
	επι την γην την καλην .. τον λογον ακουων και συνιων ος δη	EGKYΠ 565
	επι την καλην γην .. τον λογον ακουων και συνιων ος δη	L
	επι την γην την καλην .. τον λογον μου ακουων και συνιων ος δη	W
	επι την γην την καλην .. τον λογον ακουων και συνιεις ος δη	θ
	επι την γην καλην .. των λογων ακουων και συνιων ος δη	13
	επι την γην την καλην .. τον λογον ακουων και συνιων ως δη	28
Mk 4.20	επι την γην την καλην	ℵABDLWYθΠ 1.565.1582
	επι την καλην γην	C 28
L 8.15	εν τη καλη γη	P^{75} ℵABLWYθ 1.28
	εις την καλην γην	D

b. The Sower Matthew 13.3b-23

M 13.23 ἑκατόν, ὃ δὲ ἑξήκοντα, ὃ δὲ τριάκοντα.
Mk 4.20 τριάκοντα καὶ ἓν ἑξήκοντα καὶ ἓν ἑκατόν.

c. Weeds Among the Wheat

Matthew 13.24-30

M 13.24 Ἄλλην παραβολὴν παρέθηκεν αὐτοῖς λέγων, Ὡμοιώθη ἡ βασιλεία τῶν
Mk 4.26 Καὶ ἔλεγεν, Οὕτως ἐστὶν ἡ βασιλεία τοῦ

M 13.25 οὐρανῶν ἀνθρώπῳ σπείραντι καλὸν σπέρμα ἐν τῷ ἀγρῷ αὐτοῦ. ἐν δὲ τῷ
Mk 4.27 θεοῦ ὡς ἄνθρωπος βάλῃ τὸν σπόρον ἐπὶ τῆς γῆς |καὶ

M 13.25 καθεύδειν τοὺς ἀνθρώπους ἦλθεν αὐτοῦ ὁ ἐχθρὸς καὶ ἐπέσπειρεν ζιζάνια
Mk 4.27 καθεύδῃ καὶ ἐγείρηται νύκτα καὶ ἡμέραν,

M 13.26 ἀνὰ μέσον τοῦ σίτου καὶ ἀπῆλθεν. ὅτε δὲ ἐβλάστησεν ὁ χόρτος
Mk 4.27 καὶ ὁ σπόρος βλαστᾷ

M 13.27 καὶ καρπὸν ἐποίησεν, τότε ἐφάνη καὶ τὰ ζιζάνια. προσελθόντες δὲ οἱ
Mk 4.28 καὶ μηκύνηται ὡς οὐκ οἶδεν αὐτός. αὐτομάτη ἡ γῆ καρποφορεῖ, πρῶτον

M 13.27 δοῦλοι τοῦ οἰκοδεσπότου εἶπον αὐτῷ, Κύριε, οὐχὶ καλὸν σπέρμα ἔσπειρας
Mk 4.28 χόρτον, εἶτα στάχυν, εἶτα πλήρης σῖτον ἐν τῷ στάχυϊ.

M 13.28 ἐν τῷ σῷ ἀγρῷ; πόθεν οὖν ἔχει ζιζάνια; |ὁ δὲ ἔφη αὐτοῖς, Ἐχθρὸς ἄνθρωπος

M 13.23 εξηκοντα ο δε τριακοντα ℵBCDEKLWY*ΘΠ 1.13.
εξηκοντα ο δε τριακοντα ο εχων ωτα ακουειν ακουετω GY^c |28.565
$\overline{X}$ (εξακοσιοι) ο δε τριακοντα 1582
L 8.15 υπομονη P^75 ℵABDLWΘ 1.28
υπομονη ταυτα λεγων εφωνει ο εχων ωτα ακουειν ακουετω Y*
υπομονη ταυτα λεγων εφνωει ο εχων ωτα ακουετω Y^c

M 13.24 ωμοιωθη η βασιλεια .. σπειραντι .. αγρω αυτου ℵYΠ 1.28.1582
ωμοιωθη η βασιλεια .. σπειραντι .. αγρω εαυτου B
ομοιωθη η βασιλεια .. σπειροντι .. αγρω αυτου C
ωμοιωθη η βασιλεια .. σπειροντι .. ιδιω αγρω D
ωμοιωθη η βασιλεια .. σπειροντι .. αγρω αυτου EGK 565
ωμοιωθη η βασσιλεια .. σπειροντι .. αγρω αυτου L
ομοιωθη η βασιλεια .. σπειραντι .. αγρω αυτου W 13
ομοιωθη η βασιλεια .. σπιροντι .. αγρω αυτου Θ

M 13.25 εχθρος και επεσπειρεν .. και απηλθεν ℵ^cB 1.1582
εχθρος και επεσπαρκεν .. και απηλθεν ℵ*
εχθρος και επεσπειρεν .. και απηλθεν CEGKLWYΠ 13.28.565
εκθρος και εσπειρεν .. απηλθεν D*
εκθρος και εσπειρεν .. και απηλθεν D^c
εχθρος και επεσπιρεν .. και απηλθεν Θ

M 13.26 εφανη και τα ζιζανια ℵBCEGKLYΠ 1.565.1582
εφανη τα ζιζανια DW 13
εφανη τα ζηζανια Θ
εφανει και τα ζηζανια 28

M 13.27 οικοδεσποτου ειπον αυτω .. εσπειρας .. σω αγρω .. εχει ζιζανια ℵ^cBYΠ 1.28.1582
οικοδεσποτου ειπον αυτω .. εσπειρας .. σω αγρω .. εχει τα ζιζανια ℵ*L
οικοδεσποτου ειπον αυτω .. εσπειρες .. σω αγρω .. εχει ζιζανια CGW
οικοδεσποτου εκεινου ειπον αυτω .. εσπειρες .. σω αγρω .. εχει ζιζανια D
οικοδεσποτου ειπον αυτω .. εσπειρας .. σω αγρω .. εχη ζιζανια E
οικοδεσποτου ειπον αυτω .. εσπειρας .. αγρω .. εχει ζιζανια K 565
οικοδεσποτου ειπαν αυτω .. εσπιρας .. σω αγρω .. εχει τα ζηζανια Θ
οικοδεσποτου ειπαν αυτω .. εσπειρας .. σω αγρω .. εχει τα ζιζανια 13

M 13.24 – M 13.36-43

c. Weeds Among the Wheat Matthew 13.24-30

M 13.28	τοῦτο ἐποίησεν. οἱ δὲ δοῦλοι λέγουσιν αὐτῷ, Θέλεις οὖν ἀπελθόντες συλ-
M 13.29	λέξωμεν αὐτά; ὁ δέ φησιν, Οὔ, μήποτε συλλέγοντες τὰ ζιζάνια ἐκριζώσητε
M 13.30	ἅμα αὐτοῖς τὸν σῖτον. ἄφετε συναυξάνεσθαι ἀμφότερα ἕως τοῦ θερισμοῦ·

M 13.30	καὶ ἐν καιρῷ τοῦ θερισμοῦ ἐρῶ τοῖς θερισταῖς, Συλλέξατε
Mk 4.29	ὅταν δὲ παραδοῖ ὁ καρπός, εὐθὺς ἀποστέλλει τὸ δρέπανον, ὅτι

M 13.30	πρῶτον τὰ ζιζάνια καὶ δήσατε αὐτὰ εἰς δέσμας πρὸς τὸ κατακαῦσαι αὐτά,
Mk 4.29	παρέστηκεν ὁ θερισμός.

M 13.30	τὸν δὲ σῖτον συναγάγετε εἰς τὴν ἀποθήκην μου.

M 13.28	οι δε δουλοι λεγουσιν αυτω θελεις ουν απελθοντες συλλεξωμεν	ℵ
	οι δε αυτω λεγουσιν θελεις ουν απελθοντες συλλεξωμεν	B
	οι δε δουλοι αυτω λεγουσιν θελεις ουν απελθοντες συλλεξωμεν	C
	λεγουσιν αυτω οι δουλοι θελεις απελθοντες συνλεξωμεν	D
	οι δε δουλοι ειπον αυτω θελεις ουν απελθοντες συλλεξωμεν	EGY 565.1582*
	οι δε δουλοι ειπον αυτω θελεις ουν απελθοντες συλλεξομεν	KLΠ 1.28.1582ᶜ
	οι δε δουλοι ειπον αυτω θελεις ουν απελθοντες συνλεξωμεν	W
	οι δε δουλοι ειπαν αυτω θελεις ουν απελθοντες συλλεξωμεν	Θ
	οι δε δουλοι ειπαν αυτω θελεις ουν ελθοντες συλλεξομεν	13

M 13.29	ο δε φησιν Ου ..συλλεγοντες..εκριζωσητε .. αυτοις τον σιτον	ℵBC
	λεγει αυτοις Ου ..συνλεγοντες..εκριζωσητε ..και τον σειτον συν αυτοις	D
	ο δε εφη Ου ..συλλεγοντες..εκριζωσιτε .. αυτοις τον σιτον	E
	ο δε εφη Ου ..συλλεγοντες..εκριζωσητε .. αυτοις τον σιτον	GKYΠ 1.565.1582
	ο δε εφη Ου ..συλλεγοντες..εκριζωσειται.. αυτοις τον σιτον	L
	ο δε εφη Ου ..συλλεγοντες..εκριζωσηται .. αυτοις τον σιτον	W
	ο δε εφη αυτοις Ου ..συνλεγοντες..εκριζωσηται .. αυτοις τον σειτον	Θ
	ο δε εφη Ουχι..συλλεγοντες..εκριζωσητε .. αυτοις τον σιτον	13
	ο δε εφη Ου ..συλλεγοντες..εκριζωσητε .. αυτοις και τον σιτον	28

M 13.30	αφετε συναυξανεσθαι αμφοτερα εως ..εν καιρω	B
	αφετε συναυξανεσθαι αμφοτερα αχρι ..εν τω καιρω	ℵ*
	αφετε συναυξανεσθαι αμφοτερα μεχρι ..εν τω καιρω	ℵᶜC 565
	αφετε αμφοτερα συναυξανεσθαι εως ..εν καιρω	D
	αφετε συναυξανεσθαι αμφοτερα μεχρι ..εν καιρω	EKYΠ 28.1582ᶜ
	αφετε συναυξανεσθαι αμφοτερα μεχρη ..εν καιρω	G
	αφετε ουν αυξανεσθε αμφοτερα αχρι ..εν τω καιρω	L
	αφετε συναυξανεσθαι αμφοτερα μεχρις..εν καιρω	W
	αφετε συναυξανεσθαι αμφοτερα μεχρι ..εν κερω	Θ
	αφετε ουν αυξανεσθαι αμφοτερα μεχρι ..εν καιρω	1.1582*
	αφεται συναυξανεσθαι αμφοτερα μεχρι ..εν καιρω	13

M 13.30	συλλεξατε..αυτα εις..το κατακαυσαι αυτα..συναγαγετε εις την αποθηκην	ℵCEGKΘΠ 13.1582ᶜ
	συλλεξατε..αυτα εις..το κατακαυσαι αυτα..συναγετε εις την αποθηκην	BY
	συνλεξατε.. ..το κατακαυσαι ..συνλεγεται εις την αποθην	D*
	συνλεξατε.. ..το κατακαυσαι ..συνλεγεται εις την αποθηκην	Dᶜ
	συλλεξατε..αυτα ..το κατακαυσαι αυτα..συναγαγετε εις την αποθηκην	L 1582*
	συλλεξατε..αυτα εις..το κατακαυσαι αυτα..συναγαγεται εις την αποθηκην	W 28
	συλλεξατε..αυτα ..το κατακαυσαι αυτα..συναγετε εις την αποθηκην	1.

M 13.29 - M 15.13 | M 13.30 - M 3.12; Re 14.15

d. The Mustard Seed and Leaven

Matthew 13.31-33

M 13.31 Ἄλλην παραβολὴν παρέθηκεν αὐτοῖς λέγων, Ὁμοία ἐστὶν ἡ βασιλεία
Mk 4.30 Καὶ ἔλεγεν, Πῶς ὁμοιώσωμεν τὴν βασιλείαν
L 13.18 Ἔλεγεν οὖν, Τίνι ὁμοία ἐστὶν ἡ βασιλεία

M 13.31 τῶν οὐρανῶν κόκκῳ σινάπεως,
Mk 4.31 τοῦ θεοῦ, ἢ ἐν τίνι αὐτὴν παραβολῇ θῶμεν; ὡς κόκκῳ σινάπεως,
L 13.19 τοῦ θεοῦ, καὶ τίνι ὁμοιώσω αὐτήν; ὁμοία ἐστὶν κόκκῳ σινάπεως,

M 13.32 ὃν λαβὼν ἄνθρωπος ἔσπειρεν ἐν τῷ ἀγρῷ αὐτοῦ· ὃ μικρότερον μέν
Mk 4.31 ὃς ὅταν σπαρῇ ἐπὶ τῆς γῆς, μικρότερον
L 13.19 ὃν λαβὼν ἄνθρωπος ἔβαλεν εἰς κῆπον ἑαυτοῦ,

M 13.32 ἐστιν πάντων τῶν σπερμάτων, ὅταν δὲ αὐξηθῇ
Mk 4.32 ὂν πάντων τῶν σπερμάτων τῶν ἐπὶ τῆς γῆς, |καὶ ὅταν σπαρῇ, ἀναβαίνει
L 13.19 καὶ ηὔξησεν

M 13.32 μεῖζον τῶν λαχάνων ἐστὶν καὶ γίνεται δένδρον,
Mk 4.32 καὶ γίνεται μεῖζον πάντων τῶν λαχάνων καὶ ποιεῖ κλάδους
L 13.19 καὶ ἐγένετο εἰς δένδρον,

M 13.32 ὥστε ἐλθεῖν τὰ πετεινὰ τοῦ οὐρανοῦ καὶ
Mk 4.32 μεγάλους, ὥστε δύνασθαι ὑπὸ τὴν σκιὰν αὐτοῦ τὰ πετεινὰ τοῦ οὐρανοῦ
L 13.19 καὶ τὰ πετεινὰ τοῦ οὐρανοῦ

M 13.32 κατασκηνοῦν ἐν τοῖς κλάδοις αὐτοῦ.
Mk 4.32 κατασκηνοῦν.
L 13.19 κατεσκήνωσεν ἐν τοῖς κλάδοις αὐτοῦ.

M 13.31 παρεθηκεν αυτοις λεγων ομοια εστιν..κοκκω..εν τω αγρω ℵBCEGKWYΠ 565
ελαλησεν αυτοις λεγων ομοια εστιν..κοκκω..εν τω αγρω Dθ 1.13.1582
ελαλησεν αυτοις ο Ιησους λεγων ωμοιωθη ..κοκω ..εν τω αγρω L*
παρεθηκεν αυτοις λεγων ωμοιωθη ..κοκω ..εν τω αγρω L^c
παρεθηκεν αυτοις λεγων ομοια εστιν..κοκκω..εις αγρον 28

M 13.32 εστιν παντων των σπερματων ..αυξηθη μειζον ..γινεται BGL 1.1582*
εστιν παντων των σπερματων ..αυξηθη μειζον ..γινετε ℵE
εστιν παντων των σπερματων ..αυξηθη μειζον ..γεινεται C
εστιν παντων σπερματων ..αυξηση μειζων ..γεινεται D
εστιν παντων των σπερματων ..αυξιθη μειζον παντων..γινεται K
εστιν παντων των σπερματων ..αυξηθη μιζον ..γεινεται W
εστιν παντων των σπερματων ..αυξηθη μειζον παντων..γινεται YΠ 565.1582^c
εστιν παντων των σπερματων ..αυξηθη μιζων ..γηνετε θ*
εστιν παντων των σπερματων ..αυξηθη μιζων ..γηνεται θ^c
εστιν παντων των σπερματων ..αυξηση μειζων ..γινεται 13
εστιν παντων των σπερματων ..αυξηθη μειζων παντων..γινεται 28
Mk 4.31 παντων των σπερματων ℵBLWθ
παντων των σπερματων εστιν CYΠ 1.28.565.1582
εστιν παντων των σπερματων D

M 13.32 ελθειν τα πετεινα του ουρανου και κατασκηνουν ℵB^cCE^cGKWYθΠ 13.28.1582
ελθειν τα πετεινα του ουρανου και κατασκηνοιν B*D
ελθειν τα πετεινα του ουρανου και τασκηνουν E*
ελθειν τα πετεινα του ουρανου και κατασκεινουν L
τα πετεινα του ουρανου ελθειν και κατασκηνουν 1.1582

M 13.31 - M 17.20; L 17.6 | M 13.32 - Ps 104.12; Ez 17.23; 31.6; Dn 4.12,21

d. The Mustard Seed and Leaven Matthew 13.31-33

M	13.33	Ἄλλην παραβολὴν ἐλάλησεν αὐτοῖς· Ὁμοία ἐστὶν ἡ βασιλεία τῶν
L	13.20	Καὶ πάλιν εἶπεν, Τίνι ὁμοιώσω τὴν βασιλείαν τοῦ

M	13.33	οὐρανῶν ζύμῃ, ἣν λαβοῦσα γυνὴ ἐνέκρυψεν εἰς ἀλεύρου σάτα
L	13.21	θεοῦ; ὁμοία ἐστὶν ζύμῃ, ἣν λαβοῦσα γυνὴ ἐνέκρυψεν εἰς ἀλεύρου σάτα

M	13.33	τρία ἕως οὗ ἐζυμώθη ὅλον.
L	13.21	τρία ἕως οὗ ἐζυμώθη ὅλον.

e. The Use of Parables

Matthew 13.34-35

M	13.34	Ταῦτα πάντα ἐλάλησεν ὁ Ἰησοῦς ἐν παραβολαῖς τοῖς ὄχλοις,
Mk	4.33	Καὶ τοιαύταις παραβολαῖς πολλαῖς ἐλάλει αὐτοῖς

M	13.34	καὶ χωρὶς παραβολῆς οὐδὲν ἐλάλει
Mk	4.34	τὸν λόγον, καθὼς ἠδύναντο ἀκούειν· χωρὶς δὲ παραβολῆς οὐκ ἐλάλει

M	13.35	αὐτοῖς· ὅπως πληρωθῇ τὸ ῥηθὲν διὰ τοῦ προφήτου λέγοντος,
Mk	4.34	αὐτοῖς, κατ' ἰδίαν δὲ τοῖς ἰδίοις μαθηταῖς ἐπέλυεν πάντα.

M	13.35	Ἀνοίξω ἐν παραβολαῖς τὸ στόμα μου,
M	13.35	ἐρεύξομαι κεκρυμμένα ἀπὸ καταβολῆς κόσμου.

M 13.33	ελαλησεν αυτοις	... ενεκρυψεν εις αλευρου	BEKWYΠ 565
	ελαλησεν αυτοις λεγων	... ενεκρυψεν εις αλευρου	ℵΘ^c
	ελαλησεν αυτοις	... ενεκρυψεν εν αλευρου	C
		... ενεκρυψεν εις αλευρου	D
	ελαλησεν αυτοις	... εκρυψεν εις αλευρου	G 1.1582
	ελαλησεν αυτοις λεγων	... εκρυψεν εις αλευρου	L 28
	ελαλησεν αυττοις λεγων	... ενεκρυψεν εις αλευρου	Θ*
L 13.21		ενεκρυψεν	P75 ℵADWYΘ 1.28
		εκρυψεν	P45 BL

M 13.34	ελαλησεν	..τοις οχλοις και χωρις παραβολης	ουδεν	ελαλει	αυτοις	BC 13
	ελαλησεν	..τοις οχλοις και χωρις παραβολης	ουδεν	ελαλησεν	αυτοις	ℵ*
	ελαλησεν	..τοις οχλοις και χωρις παραβολης	ουκ	ελαλει	αυτοις	ℵ^cEGKYΠ
	ελαλησεν	..τοις οχλοις και χωρις παραβολης	ουκ	ελαληνσεν	αυτοις	D
	ελαλησεν	..τοις οχλοις και χωρις παραβολεις	ουκ	λαλει	αυτοις	L
	ελαλησεν	..τοις οχλοις και χωρις παραβολης	ουδεν	ελαλι	αυτοις	W
	ελαλησεν	..τοις οχλοις και χωρις παραβολαις	ουκ	ηλαλη	αυτοις	Θ
	ελαλησεν αυτοις..	και χωρις παραβολης	ουκ	ελαλει	τοις οχλοις	28
	ελαλησεν	..τοις οχλοις και χωρις παραβολης	ουκ	ελαλη	αυτοις	565

M 13.35	δια ..	ερευξομαι	κεκρυμμενα απο καταβολης κοσμου	CDEFGWYΠ 565
	δια Ησαιου ..	ερευξομαι	κεκρυμμενα απο καταβολης κοσμου	ℵ* 13
	δια ..	ερευξομαι	κεκρυμμενα απο καταβολης	ℵ^cB
	δια ..	ερευξομαι	κεκρυμμεν απο καταβολης κοσμου	K
	δια ..	ερευξομε	καικρυμενα απο καταβολης κοσμου	L
	δια Ισαιου ..	ερευξομαι	κεκρυμμενα απο καταβολης κοσμου	Θ
	δια Ησαιου ..	ερευξομαι	κεκρυμμενα απο καταβολης	1.1582
	δια ..	φθεγξομαι	κεκρυμμενα απο καταβολης κοσμου	28
		εξερευξεται	τα απο καταβολης κοσμου κεκρυμμενα	ClemAl (S V 80.7)

M 13.33 - Gn 18.6; M 16.6; 1 C 5.6; G 5.9 | M 13.35 - Ps 78.2; 1 C 2.7

f. The 'Weeds' Interpreted

Matthew 13.36-43

M 13.36 Τότε ἀφεὶς τοὺς ὄχλους ἦλθεν εἰς τὴν οἰκίαν. καὶ προσῆλθον αὐτῷ οἱ
M 13.36 μαθηταὶ αὐτοῦ λέγοντες, Διασάφησον ἡμῖν τὴν παραβολὴν τῶν ζιζανίων τοῦ
M 13.37 ἀγροῦ. ὁ δὲ ἀποκριθεὶς εἶπεν, Ὁ σπείρων τὸ καλὸν σπέρμα ἐστὶν ὁ υἱὸς
M 13.38 τοῦ ἀνθρώπου· |ὁ δὲ ἀγρός ἐστιν ὁ κόσμος· τὸ δὲ καλὸν σπέρμα, οὗτοί
M 13.38 εἰσιν οἱ υἱοὶ τῆς βασιλείας· τὰ δὲ ζιζάνιά εἰσιν οἱ υἱοὶ τοῦ πονηροῦ,
M 13.39 |ὁ δὲ ἐχθρὸς ὁ σπείρας αὐτά ἐστιν ὁ διάβολος· ὁ δὲ θερισμὸς συντέλεια
M 13.40 αἰῶνός ἐστιν, οἱ δὲ θερισταὶ ἄγγελοί εἰσιν. ὥσπερ οὖν συλλέγεται τὰ

M 13.40	ζιζάνια καὶ πυρὶ κατακαίεται, οὕτως ἔσται ἐν τῇ συντελείᾳ τοῦ αἰῶνος·
M 13.49	οὕτως ἔσται ἐν τῇ συντελείᾳ τοῦ αἰῶνος·

M 13.41	ἀποστελεῖ ὁ υἱὸς τοῦ ἀνθρώπου τοὺς ἀγγέλους αὐτοῦ, καὶ συλλέξουσιν ἐκ
M 13.49	ἐξελεύσονται οἱ ἄγγελοι καὶ ἀφοριοῦσιν τοὺς

M 13.41	τῆς βασιλείας αὐτοῦ πάντα τὰ σκάνδαλα καὶ τοὺς ποιοῦντας τὴν ἀνομίαν,
M 13.49	πονηροὺς ἐκ μέσου τῶν δικαίων
L 13.28b	οταν οψεσθε Αβρααμ και Ισαακ και Ιακωβ και παντας τους προφητας εν τη βασιλεια του

M 13.36	ηλθεν..οικιαν	και προσηλθον..μαθηται αυτου..διασαφησον	
	εισηλθεν..οικιαν	και προσηλθον..μαθηται αυτου..διασαφησον	ℵ*
	εισηλθεν..οικιαν	και προσηλθον..μαθηται αυτου.. φρασον	ℵ^c
	ηλθεν..οικιαν	και προσηλθαν..μαθηται αυτου..διασαφησον	B
	ηλθεν..οικιαν ο Ιησους	και προσηλθον..μαθηται αυτου.. φρασον	CEFGKLYΠ 13.28.565.1582^c
	ηλθεν..οικιαν	και προσηλθον..μαθηται αυτου.. φρασον	D
	ηλθεν..οικειαν	και προσηλθον..μαθηται αυτου.. φρασον	W
	ηλθεν..οικιαν ο Ιησους	και προσηλθον..μαθηται αυτου..διασαφησον	Θ
	ηλθεν..οικιαν αυτου	και προσηλθον..μαθηται φρασον	1.1582*

M 13.37	ειπεν ... του ανθρωπου	ℵBD
	ειπεν αυτοις ... του ανθρωπου	CEFGKLWYΘΠ 1.13.565.1582
	ειπεν αυτοις ... του θεου	28

M 13.38	υιοι της βασιλειας ... οι υιοι του πονηρου	ℵBCD^cEFGKWYΘΠ 1.13.28.565.1582
	υιο της βας της βασιλειας ... οι υιοι του πονηρου	D
	υιοι της βασιλειας ... οι υιοι του πονιρου	L
	υιοι της βασιλειας ...	Θ

M 13.39	ο σπειρας αυτα εστιν..ο δε θερισμος συντελεια αιωνος εστιν ..αγγελοι	ℵ^c 13
	ο σπειρας αυτα εστιν.. ..αγγελοι	ℵ*
	εστιν ο σπειρας αυτα..ο δε θερισμος συντελεια αιωνος εστιν ..αγγελοι	B
	ο σπειρας αυτα εστιν..ο δε θερισμος συντελεια του αιωνος εστιν ..αγγελοι	CEFGKWYΠ 1.565.1582
	ο σπειρας αυτα εστιν..ο δε θερισμος συντελεια αιωνος εστιν ..ανγελοι	D
	ο σπειων αυτα εστιν..ο δε θερισμος συντελεια του αιωνος εστιν ..αγγελοι	L*
	ο σπειρων αυτα εστιν..ο δε θερισμος συντελεια του αιωνος εστιν ..αγγελοι	L^c
	ο σπιρας αυτα εστιν..ο δε θερισμος συντελια αιωνος εστιν ..αγγελοι	Θ
	ο σπειρας αυτα εστιν..ο δε θερισμος η συντελεια του αιωνος τουτου..αγγελοι	28

M 13.40	συλλεγεται τα ζιζανια κατακαιεται ουτως εσται εν τη..αιωνος	ℵB 1.1582
	συλλεγεται τα ζιζανια καιεται ουτως εσται εν τη..αιωνος τουτου	CEFGWYΠ 13.28.565
	συνλεγονται τα ζιζανια κατακαιονται ουτως εσται εν τη..αιωνος	D
	συλλεγετε τα ζιζανια καιεται ουτως εσται και τη..αιωνος τουτου	K
	τα ζιζανια συλλεγεται καιεται ουτως εσται εν τη..αιωνος τουτου	L
	συλλεγεται τα ζιζανια καιεται ουτως εστε εν τη..αιωνος τουτου	Θ

M 13.41	αγγελους αυτου και συλλεξουσιν	BCEGKWYΘΠ 1.13.28.565.1582
	αγγελους και συλλεξουσιν	ℵF
	αγγελους αυτου και συνλεξουσιν	D
	αγγελους αυτου και συλεξουσιν	L

M 13.36 - M 13.1, 24-30; 15.15; Mk 4.10; 7.17; L 8.9 | M 13.37 - 1 C 3.9
M 13.38 - J 8.44; 1 J 3.10 | M 13.39 - M 24.3; 28.20; He 9.26 | M 13.40 - M 3.10; 7.19; J 15.6
M 13.41 - M 24.31; 25.31-46; 7.23; Mk 13.27; Zph 1.3; 1 C 6.9f

f. The 'Weeds' Interpreted Matthew 13.36-43

M 13.42	|καὶ	βαλοῦσιν αὐτοὺς εἰς τὴν κάμινον
M 8.12	οἱ δὲ υἱοὶ τῆς βασιλείας	ἐκβληθήσονται εἰς τὸ σκότος
M 13.50	|καὶ	βαλοῦσιν αὐτοὺς εἰς τὴν κάμινον
M 22.13	Δήσαντες αὐτοῦ πόδας καὶ χεῖρας	ἐκβάλετε αὐτὸν εἰς τὸ σκότος
M 24.51	καὶ	διχοτομήσει αὐτὸν καὶ τὸ μέρος αὐτοῦ
M 25.30	καὶ τὸν ἀχρεῖον δοῦλον	ἐκβάλετε εἰς τὸ σκότος
L 13.28b	θεοῦ, ὑμᾶς δὲ	ἐκβαλλομένους

M 13.42	τοῦ πυρός·	ἐκεῖ ἔσται ὁ κλαυθμὸς καὶ ὁ βρυγμὸς τῶν
M 8.12	τὸ ἐξώτερον·	ἐκεῖ ἔσται ὁ κλαυθμὸς καὶ ὁ βρυγμὸς τῶν
M 13.50	τοῦ πυρός·	ἐκεῖ ἔσται ὁ κλαυθμὸς καὶ ὁ βρυγμὸς τῶν
M 22.13	τὸ ἐξώτερον·	ἐκεῖ ἔσται ὁ κλαυθμὸς καὶ ὁ βρυγμὸς τῶν
M 24.51	μετὰ τῶν ὑποκριτῶν θήσει·	ἐκεῖ ἔσται ὁ κλαυθμὸς καὶ ὁ βρυγμὸς τῶν
M 25.30	τὸ ἐξώτερον·	ἐκεῖ ἔσται ὁ κλαυθμὸς καὶ ὁ βρυγμὸς τῶν
L 13.28a	ἔξω.	ἐκεῖ ἔσται ὁ κλαυθμὸς καὶ ὁ βρυγμὸς τῶν

M 13.43	ὀδόντων.	Τότε οἱ δίκαιοι ἐκλάμψουσιν ὡς ὁ ἥλιος ἐν τῇ βασιλείᾳ
M 8.12	ὀδόντων.	
M 13.50	ὀδόντων.	
M 22.13	ὀδόντων.	
M 24.51	ὀδόντων.	
M 25.30	ὀδόντων.	
L 13.28a	ὀδόντων.	

M 13.43	τοῦ πατρὸς αὐτῶν.	ὁ	ἔχων ὦτα		ἀκουέτω.
M 11.15		ὁ	ἔχων ὦτα		ἀκουέτω.
M 13. 9		ὁ	ἔχων ὦτα		ἀκουέτω.
Mk 4. 9	καὶ ἔλεγεν,	Ὃς	ἔχει ὦτα	ἀκούειν	ἀκουέτω.
Mk 4.23b		εἴ τις	ἔχει ὦτα	ἀκούειν	ἀκουέτω.
Mk 7.16		εἴ τις	ἔχει ὦτα	ἀκούειν	ἀκουέτω.
L 8. 8b	ταῦτα λέγων ἐφώνει,	Ὁ	ἔχων ὦτα	ἀκούειν	ἀκουέτω.
L 14.35b		ὁ	ἔχων ὦτα	ἀκούειν	ἀκουέτω.

g. Hidden Treasure and the Pearl
Matthew 13.44-46

M 13.44 Ὁμοία ἐστὶν ἡ βασιλεία τῶν οὐρανῶν θησαυρῷ κεκρυμμένῳ ἐν τῷ ἀγρῷ, ὃν
M 13.44 εὑρὼν ἄνθρωπος ἔκρυψεν, καὶ ἀπὸ τῆς χαρᾶς αὐτοῦ ὑπάγει καὶ πωλεῖ πάντα
M 13.44 ὅσα ἔχει καὶ ἀγοράζει τὸν ἀγρὸν ἐκεῖνον.

M 13.42	βαλουσιν αυτους .. εκει εσται ο κλαυθμος	ℵ^c BCFGKWYΘΠ 1.13.28.1582
	βαλλουσιν αυτους .. εκει εσται ο κλαυθμος	ℵ*D 565
	βαλουσιν αυτους .. εκει εσται ο κλαθμος	E
	βαλουσιν αυτους .. εκει εστε ο κλαυθμος	L
M 13.43	εκλαμψουσιν ... του πατρος αυτων ο εχων ωτα	ℵ*B
	εκλαμψουσιν ... του πατρος αυτων ο εχων ωτα ακουειν	ℵ^c CE^c FGKLWYΠ 1.13.28.565.1582
	λαμψουσιν ... του πατρος αυτων ο εχων ωτα ακουειν	D
	εκλαμψουσιν ... του πατρος αυτων ο εχων ωτα κουειν	E*
	εκλαμψουσιν ... των ουρανον ο εχων ωτα	Θ*
	εκλαμψουσιν ... των ουρανων ο εχων ωτα	Θ^c
M 13.44	ομοια ..των ουρανων θησαυρω κεκρυμμενω εν τω αγρω	B
	ομοια ..των ουρανων θησαυρω κεκρυμμενω	ℵ*
	ομοια δε..των ουρανων θησαυρω κεκρυμμενω εν τω αγρω	ℵ^c
	παλιν ομοια ..τω ουρανων θησαυρω κεκρυμμενω εν τω αγρω	C
	ομοια ..των ουρανων θηνσαυρω κεκρυμμενω εν αγρω	D
	παλιν ομοια ..των ουρανων θησαυρω κεκρυμμενω εν τω αγρω	EFGWYΘΠ 1.13.28.565.1582
	παλιν ομοια ..των ουρανων θησαυρω καικρυμμεν εν τω αγρω	K
	παλην ομοια ..των ουρανων θησαυρω καικρυμμενω εν τω αγρω	L
M 13.44	ον ευρων ανθρωπος..της χαρας..και πωλει παντα οσα εχει	ℵ 1582
	ον ευρων ανθρωπος..της χαρας..και πωλει οσα εχει	B
	ον ευρων ανθρωπος..της χαρας..και παντα οσα εχει πωλει	CEFGKLWYΠ 13
	ον ευρων τις ..της χαρας..και πωλει παντα οσα εχει	D
	ο ευρων ανθρωπος..της χαρας..και παντα οσα εχει πωλη	Θ
	ον ευρων ανθρωπος..της χαρας..και πολει παντα οσα εχει	1.
	ον ευρων ανθρωπος..της χαρας.. οσα εχει πολει	28
	ον ευρων ανθρωπος.. χαρας..και παντα οσα εχει πωλει	565

M 13.42 - Dn 3.6; Ps 112.10 | M 13.43 - Dn 12.3; M 17.2; Jdg 5.31; 2 Sm 23.3f; Re 2.7; 13.9
M 13.44 - Pr 2.4; Sir 20.30f; Ac 12.14; M 19.29; L 14.33; Ph 3.7

g. Hidden Treasure and the Pearl Matthew 13.44-46

M 13.45 Πάλιν ὁμοία ἐστὶν ἡ βασιλεία τῶν οὐρανῶν ἀνθρώπῳ ἐμπόρῳ ζητοῦντι
M 13.46 καλοὺς μαργαρίτας· εὑρὼν δὲ ἕνα πολύτιμον μαργαρίτην ἀπελθὼν πέπρακεν
M 13.46 πάντα ὅσα εἶχεν καὶ ἠγόρασεν αὐτόν.

h. The Net

Matthew 13.47-50

M 13.47 Πάλιν ὁμοία ἐστὶν ἡ βασιλεία τῶν οὐρανῶν σαγήνῃ βληθείσῃ εἰς τὴν
M 13.48 θάλασσαν καὶ ἐκ παντὸς γένους συναγαγούσῃ· ἣν ὅτε ἐπληρώθη ἀναβιβάσαντες
M 13.48 ἐπὶ τὸν αἰγιαλὸν καὶ καθίσαντες συνέλεξαν τὰ καλὰ εἰς ἄγγη, τὰ δὲ σαπρὰ

M 13.49 ἔξω ἔβαλον. οὕτως ἔσται ἐν τῇ συντελείᾳ τοῦ αἰῶνος· ἐξελεύσονται
M 13.40b,41 οὕτως ἔσται ἐν τῇ συντελείᾳ τοῦ αἰῶνος· ἀποστελεῖ ὁ υἱὸς τοῦ

M 13.49 οἱ ἄγγελοι καὶ ἀφοριοῦσιν τοὺς πονηροὺς ἐκ μέσου τῶν
M 13.41 ἀνθρώπου τοὺς ἀγγέλους αὐτοῦ, καὶ συλλέξουσιν ἐκ τῆς βασιλείας αὐτοῦ
L 13.28b οταν οψεσθε Αβρααμ και Ισαακ και

M 13.50 δικαίων |καὶ
M 8.12 οἱ δὲ υἱοὶ τῆς βασιλείας
M 13.42 πάντα τὰ σκάνδαλα καὶ τοὺς ποιοῦντας τὴν ἀνομίαν, |καὶ
M 22.13 τοτε ο βασιλευς ειπεν τοις διακονοις, Δήσαντες αὐτοῦ πόδας καὶ χεῖρας
M 24.51 καὶ
M 25.30 καὶ τὸν ἀχρεῖον δοῦλον
L 13.28b Ιακωβ και παντας τους προφητας εν τη βασιλεια του θεου, ὑμᾶς δὲ

M 13.45 ανθρωπω εμπορω ζητουντι ℵ[C]CEFGKWYΠ 1.13.28.565.1582
εμπορω ζητουντι ℵ*B
ανθρωπω ενπορω ζητουντι D
ανθρωπω εμπορω ζιτουντι L
ανθρωπω ενπορω ζητουν θ

M 13.46 ευρων δε ενα .. πεπρακεν παντα οσα ειχεν.. αυτον ℵBL 1.1582
ος ευρων ενα .. πεπρακεν παντα οσα ειχεν.. αυτον CEFGKWYΠ 13.28.565
ευρων δε .. επωλησεν α ειχεν.. αυτον D
ευρον δε .. πεπρακεν παντα οσα ειχεν..τον μαργαριτην εκεινον θ

M 13.47 βληθειση ... συναγαγουση ℵBCDGKWY[C]Π 1.565.1582
βληθησα ... συναγουση E*
βληθεισα ... συναγουση E[C]
βληθειση ... συναγουση FY*θ
βληθηση ... συναγουσιν L
βληθειση ... συναγουσι 13
βληθειση ... συναγαγουσι 28

M 13.48 ην οτε..αναβιβασαντες επι τον αιγιαλον και καθισαντες ℵB[C]EGKYΠ 13.28.565
ην οτε..αναβιβασαντες επι τον αγιαλον και καθισαντες B*
ην οτε..αναβιβασαντες και επι τον αιγιαλον καθισαντες C 1.1582
οτε δε..ανεβιβασαν αυτην επι τον αιγιαλον και καθισαντες D
ην οτε..αναβηβασαντες επι τον αιγιαλον και καθισαντες F
ην οτε..αναβηβασαντες επι τον αιγιαλον και καθησαντες L
ην οτε..αναβιβασαντες επι τον εγιαλον και καθεισαντες W
οτε δε..αναβηβασαντες επι τον αιγιαλον και καθησαντες θ

M 13.48 καλα εις αγγη τα δε σαπρα εξω εβαλον BCθ
καλα εις αγγη τα δε σαπρα εξω εβαλλον ℵ
καλλιστα εις τα αγγια τα δε σαπρα εξω εβαλαν D
καλα εις αγγεια τα δε σαπρα εξω εβαλον EFGKYΠ 13.28.565
καλα εις αγια τα δε σαπρα εξω εβαλον L
καλα εις αγγια τα δε σαπρα εξω εβαλον W
καλα εις αγγη τα δε σαθρα εξω εβαλον 1.
καλα εις αγγηι τα δε σαπρα εξω εβαλον 1582

M 13.49 εσται...αιωνος...αγγελοι και αφοριουσιν ℵBCEFGKWYθ[C]Π 1.28.565.1582
εσται...κοσμου...ανγελοι και αφοριουσιν D
εστε ...αιωνος...αγγελοι και αφοριουσιν L
εστα ...αιωνος...αγγελοι και αφοριουσιν θ
εσται...αιωνος...αγγελοι και αφορουσιν 13

M 13.45 - Pr 3.15; 8.10f | M 13.46 - L 10.42; Ph 3.7f | M 13.47 - M 22.9f; L 5.10; Hb 1.14-17
M 13.49 - M 25.32; Ps 1.5

g. Hidden Treasure and the Pearl Matthew 13.44-46

M 13.50	βαλοῦσιν αὐτοὺς εἰς τὴν κάμινον τοῦ πυρός·	ἐκεῖ ἔσται
M 8.12	ἐκβληθήσονται εἰς τὸ σκότος τὸ ἐξώτερον·	ἐκεῖ ἔσται
M 13.42	βαλοῦσιν αὐτοὺς εἰς τὴν κάμινον τοῦ πυρός·	ἐκεῖ ἔσται
M 22.13	ἐκβάλετε αὐτὸν εἰς τὸ σκότος τὸ ἐξώτερον·	ἐκεῖ ἔσται
M 24.51	διχοτομήσει αὐτὸν καὶ τὸ μέρος αὐτοῦ μετὰ τῶν ὑποκριτῶν θήσει·	ἐκεῖ ἔσται
M 25.30	ἐκβάλετε εἰς τὸ σκότος τὸ ἐξώτερον·	ἐκεῖ ἔσται
L 13.28b,a	ἐκβαλλομένους ἔξω.	ἐκεῖ ἔσται

M 13.50	ὁ κλαυθμὸς καὶ ὁ βρυγμὸς τῶν ὀδόντων.
M 8.12	ὁ κλαυθμὸς καὶ ὁ βρυγμὸς τῶν ὀδόντων.
M 13.42	ὁ κλαυθμὸς καὶ ὁ βρυγμὸς τῶν ὀδόντων.
M 22.13	ὁ κλαυθμὸς καὶ ὁ βρυγμὸς τῶν ὀδόντων.
M 24.51	ὁ κλαυθμὸς καὶ ὁ βρυγμὸς τῶν ὀδόντων.
M 25.30	ὁ κλαυθμὸς καὶ ὁ βρυγμὸς τῶν ὀδόντων.
L 13.28b	ὁ κλαυθμὸς καὶ ὁ βρυγμὸς τῶν ὀδόντων.

i. The Householder

Matthew 13.51-52

M 13.51,52	Συνήκατε ταῦτα πάντα; λέγουσιν αὐτῷ, Ναί. ὁ δὲ εἶπεν αὐτοῖς, Διὰ
M 13.52	τοῦτο πᾶς γραμματεὺς μαθητευθεὶς τῇ βασιλείᾳ τῶν οὐρανῶν ὅμοιός ἐστιν
M 13.52	ἀνθρώπῳ οἰκοδεσπότῃ ὅστις ἐκβάλλει ἐκ τοῦ θησαυροῦ αὐτοῦ καινὰ καὶ
M 13.52	παλαιά.

M 13.50	βαλουσιν αυτους εις ... κλαυθμος	א^{c}BCFGYΘΠ 1.28.1582
	βαλλουσιν αυτους εις ... κλαυθμος	א*D 13.565
	βαλουσιν αυτους εις ... κλαθμος	EW
	βαλουσιν αυτου εις ... κλαυθμος	K
	βαλουσιν αυτους ες ... κλυθμος	L

M 13.51	συνηκατε ταυτα παντα λεγουσιν αυτω ναι	אBD
	λεγει αυτοις ο Ιησους συνηκατε ταυτα παντα λεγουσιν αυτω ναι κυριε	CEFGKLWYΠ 28.565
	λεγει αυτοις ο Ιησους συνηκατε ταυτα παντα λεγουσιν αυτω ναι	Θ 1.13.1582

M 13.52	ο δε	ειπεν..μαθητευθεις		τη	βασιλεια	των..ομοιος..	ανθρωπω	א^{c}BΠ 565^{c}.1582
	ο δε	ειπεν..μαθητευθεις		τη	βασιλεια	των..ομοια ..	ανθρωπω	א*
	ο δε Ιησους	ειπεν..μαθητευθεις		τη	βασιλεια	των..ομοιος..	ανθρωπω	C
		λεγει..μαθηθευθεις	εν	τη	βασιλεια	των..ομοιος..	ανθρωπω	D
	ο δε	ειπεν..μαθητευθεις	εις	την	βασιλειαν	των..ομοιος..	ανθρωπω	EG
	ο δε	ειπεν..μαθητευθεις	εις	την	βασιλειαν	των..ομοιος..	ανθρωπω	FY 28
	ο δε	ειπεν..μαθητευθεις		τη	βασιλεια	τω ..ομοιος..	ανθρωπω	K
	ο δε	ειπεν..μαθητευθη	εις	την	βασιλειαν	των..ομοιος..	ανθρωπω	L
	ο δε	ειπεν..μαθητευθεις		τη	βασιλεια	των..ομοιος..	ανθρωπω	W
	ο δε	ειπεν..μαθητευθεις		τη	βασιλεια	των..ομοια ..α	ανθρωπο	Θ
	ο δε	ειπεν..μαθητευθεις		τη	βασιλεια	των..ομοιος..	ανθρωπω	1.
	ο δε	ειπεν..μαθητευθεις		τη	βασιλεια	των..ομοιος..	ανθρωπων	13*
	ο δε	ειπεν..μαθητευθεις		τη	βασιλεια	των..ομοιος..	ανθρωπων	13^{c}
	ο δε	ειπεν..μαθητευθεις		τη	βασιλεια	των..ομοιος..	ανθρωπω	565*

M 13.52 (cont)	οικοδεσποτη οστις εκβαλλει	א^{c}BΠ 565^{c}.1582
	οικοδεσποτη οστις εκβαλει	א*
	οικοδεσποτη οστις εκβαλλει	C
	οικοδεσποτη οστις εκβαλλει	D
	οικοδεσποτη οστις εκβαλει	EG
	οικοδεσποτη οστις εκβαλλει	FY 28
	οικοδεσποτη οστις εκβαλλει	K
	οικοδεσποτη οστις εκβαλει	L
	οικοδεσποτη οστις εκβαλει	W
	οικοδεσποτη οστις εκβαλλει	Θ
	οικοδεσποτη οστις προφερει	1.
	οιδεσποτη οστις εκβαλλει	13*
	οικοδεσποτη οστις εκβαλλει	13^{c}
	οικοδεσποτη οστι εκβαλλει	565*

M 13.50 - Dn 3.6 | M 13.52 - M 12.35

j. Summary

Matthew 13.53

M 13.53	Καὶ ἐγένετο ὅτε ἐτέλεσεν ὁ Ἰησοῦς τὰς παραβολὰς ταύτας, μετῆρεν
Mk 6. 1a	Καὶ ἐξῆλθεν

M 13.53	ἐκεῖθεν.
Mk 6. 1a	ἐκεῖθεν,

31. JESUS REJECTED BY HIS OWN

Matthew 13.54-58

M 13.54	καὶ ἐλθὼν εἰς τὴν πατρίδα αὐτοῦ
Mk 6. 1b	καὶ ἔρχεται εἰς τὴν πατρίδα αὐτοῦ, καὶ ἀκολουθοῦσιν αὐτῷ οἱ
L 4.16	Καὶ ἦλθεν εἰς Ναζαρά, οὗ ἦν τεθραμμένος, καὶ εἰσῆλθεν κατὰ
J 4.45	ὅτε οὖν ἦλθεν εἰς τὴν Γαλιλαίαν, ἐδέξαντο αὐτὸν οἱ

M 13.54	ἐδίδασκεν αὐτοὺς ἐν τῇ
Mk 6. 2	μαθηταὶ αὐτοῦ. καὶ γενομένου σαββάτου ἤρξατο διδάσκειν ἐν τῇ
L 4.16	τὸ εἰωθὸς αὐτῷ ἐν τῇ ἡμέρᾳ τῶν σαββάτων εἰς τὴν
J 4.45	Γαλιλαῖοι, πάντα ἑωρακότες ὅσα ἐποίησεν ἐν Ἱεροσολύμοις ἐν τῇ ἑορτῇ,

M 13.54	συναγωγῇ αὐτῶν, ὥστε
Mk 6. 2	συναγωγῇ· καὶ πολλοὶ ἀκούοντες
L 4.16	συναγωγήν, καὶ ἀνέστη ἀναγνῶναι.
L 4.22	Καὶ πάντες ἐμαρτύρουν αὐτῷ καὶ
J 4.45	καὶ αὐτοὶ γὰρ ἦλθον εἰς τὴν ἑορτήν.

M 13.54	ἐκπλήσσεσθαι αὐτοὺς καὶ λέγειν, Πόθεν τούτῳ ἡ σοφία
Mk 6. 2	ἐξεπλήσσοντο λέγοντες, Πόθεν τούτῳ ταῦτα, καὶ τίς ἡ σοφία
L 4.22	ἐθαύμαζον ἐπὶ τοῖς λόγοις τῆς χάριτος τοῖς ἐκπορευομένοις ἐκ
J 7.15	ἐθαύμαζον οὖν οἱ Ἰουδαῖοι λέγοντες, Πῶς οὗτος γράμματα οἶδεν μὴ

M 13.54	αὕτη καὶ αἱ δυνάμεις;
Mk 6. 2	ἡ δοθεῖσα τούτῳ καὶ αἱ δυνάμεις τοιαῦται διὰ τῶν χειρῶν αὐτοῦ γινόμεναι;
L 4.22	τοῦ στόματος αὐτοῦ, καὶ ἔλεγον,
J 6.42	καὶ ἔλεγον,
J 7.15	μεμαθηκώς;

M 13.54	ελθων.. πατριδα..εκπλησσεσθαι..ποθεν τουτω ..και αι δυναμεις	ℵ^c BCGΠ 565
	ελθων..αντιπατριδα..εκπλησσεσθαι..ποθεν τουτω ..και αι δυναμεις	ℵ*
	ελθων.. πατριδα..εκπλησσεσθαι..ποθεν τουτω πασα ..και αι δυναμεις	D
	ελθων.. πατριδα..εκπλησεσθαι ..ποθεν τουτω ..και αι δυναμεις	EF
	ελθων.. πατριδα..εκπληττεσθαι..ποθεν τουτω ..και αι δυναμεις	K 28
	ηλθεν.. πατριδα..εκπλησεσθαι ..ποθε τουτω ..και αι δυναμεις	L
	ελθων.. πατριδα..εκπλησσεσθαι..ποθεν τουτω ταυτα και τις..και αι δυναμεις	W
	ελθων.. πατριδα..εκπλησσεσθε ..ποθεν τουτω ..και αι δυναμεις	Y
	ελθων.. πατριδα..εκπλησσεσθαι..τουτο ποθεν ..και αι δυναμεις	Θ
	ελθων.. πατριδα..εκπλησσεσθαι..ποθεν τουτω ..	1.1582
	ελθων.. πατριδα..εκπλησσεσθαι..ποθεν τουτο ..και αι δυναμεις	13
Mk 6. 1	ερχεται	ℵBCLΘ
	ηλθεν	AYΠ 1.28.565.1582

M 13.53 - M 7.28; 11.1; 19.1; 26.1; L 7.1

31. JESUS REJECTED BY HIS OWN Matthew 13.54-58

M 13.55 οὐχ οὗτός ἐστιν ὁ τοῦ τέκτονος υἱός; οὐχ
Mk 6. 3 οὐχ οὗτός ἐστιν ὁ τέκτων, ὁ υἱὸς
L 4.23 Οὐχὶ υἱός ἐστιν Ἰωσὴφ οὗτος; καὶ εἶπεν πρὸς αὐτούς,
J 6.42 Οὐχ οὗτός ἐστιν Ἰησοῦς ὁ υἱὸς Ἰωσήφ, οὗ ἡμεῖς οἴδαμεν τὸν πατέρα καὶ

M 13.55 ἡ μήτηρ αὐτοῦ λέγεται Μαριὰμ καὶ οἱ ἀδελφοὶ αὐτοῦ Ἰάκωβος καὶ
Mk 6. 3 τῆς Μαρίας καὶ ἀδελφὸς Ἰακώβου καὶ
L 4.23 Πάντως ἐρεῖτέ μοι τὴν παραβολὴν ταύτην· Ἰατρέ, θεράπευσον σεαυτόν·
J 6.42 τὴν μητέρα; πῶς νῦν λέγει ὅτι Ἐκ τοῦ οὐρανοῦ καταβέβηκα;

M 13.56 Ἰωσὴφ καὶ Σίμων καὶ Ἰούδας; καὶ αἱ ἀδελφαὶ αὐτοῦ οὐχὶ
Mk 6. 3 Ἰωσῆτος καὶ Ἰούδα καὶ Σίμωνος; καὶ οὐκ εἰσὶν αἱ ἀδελφαὶ αὐτοῦ ὧδε
L 4.23 ὅσα ἠκούσαμεν γενόμενα εἰς τὴν Καφαρναοὺμ ποίησον καὶ ὧδε ἐν τῇ

M 13.57 πᾶσαι πρὸς ἡμᾶς εἰσιν; πόθεν οὖν τούτῳ ταῦτα πάντα; |καὶ ἐσκανδαλίζοντο
Mk 6. 3 πρὸς ἡμᾶς; καὶ ἐσκανδαλίζοντο
L 4.23 πατρίδι σου.
L 4.28 καὶ ἐπλήσθησαν

M 13.57 ἐν αὐτῷ. ὁ δὲ Ἰησοῦς εἶπεν αὐτοῖς, Οὐκ ἔστιν
Mk 6. 4 ἐν αὐτῷ. καὶ ἔλεγεν αὐτοῖς ὁ Ἰησοῦς ὅτι Οὐκ ἔστιν
L 4.24 εἶπεν δέ, Ἀμὴν λέγω ὑμῖν ὅτι οὐδεὶς
L 4.28 πάντες θυμοῦ ἐν τῇ συναγωγῇ ἀκούοντες ταῦτα,
J 4.44 αὐτὸς γὰρ Ἰησοῦς ἐμαρτύρησεν ὅτι

M 13.57 προφήτης ἄτιμος εἰ μὴ ἐν τῇ πατρίδι
Mk 6. 4 προφήτης ἄτιμος εἰ μὴ ἐν τῇ πατρίδι αὐτοῦ καὶ ἐν τοῖς συγγενεῦσιν
L 4.24 προφήτης δεκτός ἐστιν ἐν τῇ πατρίδι αὐτοῦ.
J 4.44 προφήτης ἐν τῇ ἰδίᾳ πατρίδι τιμὴν οὐκ ἔχει.

M 13.58 καὶ ἐν τῇ οἰκίᾳ αὐτοῦ. καὶ οὐκ ἐποίησεν ἐκεῖ
Mk 6. 5 αὐτοῦ καὶ ἐν τῇ οἰκίᾳ αὐτοῦ. καὶ οὐκ ἐδύνατο ἐκεῖ ποιῆσαι οὐδεμίαν
L 4.29 καὶ ἀναστάντες ἐξέβαλον αὐτὸν ἔξω τῆς

M 13.55 ουχ η μητηρ αυτου λεγεται Μαριαμ ... Ιωσηφ ℵ^c^Bθ
ουχ η μητηρ αυτου λεγεται Μαριαμ ... Ιωαννης ℵ*
ουχ η μητηρ αυτου λεγεται Μαρια ... Ιωσηφ C
ουχι η μητηρ αυτου λεγεται Μαριαμ ... Ιωαννης DEG 28
ουχι η μητηρ αυτου λεγεται Μαριαμ ... Ιωσης KYΠ 565
ουχι η μητηρ αυτου λεγετε Μαριαμ ... Ιωσης L
ουχ η μητηρ αυτου λεγεται Μαριαμ ... Ιωσης W 13
ουχι η μητηρ αυτου λεγεται Μαριαμ ... Ιωσηφ 1.1582

M 13.56 και αι αδελφαι αυτου ουχι πασαι προς ημας εισιν .. ταυτα παντα ℵBCθΠ 1.13.28.565.
και αι αδελφαι αυτου ουχι πασαι προς ημας εισιν .. παντα ταυτα DEGKLWY |1582
Mk 6. 3 και ουκ εισιν αι αδελφαι αυτου ωδε προς ημας ℵABCLWYθΠ 1.28.565.
ουχι και αι αδελφαι αυτου ωδε προς ημας εισιν D |1582

M 13.57 εσκανδαλιζοντο εν αυτω ℵBCDEGKLWYΠ 1.13.565.1582
ενσκανδαλιζοντο εν αυτω θ
εσκανδαλιζοντο εις αυτον 28

M 13.57 Ιησους .. πατριδι και εν τη οικια αυτου BDθ
..ιδια πατριδι και εν τη οικια αυτου ℵ
Ιησους .. πατριδι ιδια και εν τη οικια αυτου C
Ιησους .. πατριδι αυτου και εν τη οικια αυτου EGKWYΠ 1.
Ιησους .. πατριδι αυτου L 565 |28.1582
Ιησους ..ιδια πατριδι και εν τη οικια αυτου 13
Mk 6. 4 Ιησους οτι.. πατριδι αυτου και εν τοις συγγενευσιν αυτου και εν τη οικια αυτου B
Ιησους οτι.. πατριδι εαυτου και εν τη οικια αυτου ℵ*
Ιησους οτι..ιδια πατριδι αυτου και εν τοις συγγενευσιν και εν τη οικια αυτου ℵ^c^
Ιησους οτι..ιδια πατριδι αυτου και εν τοις συγγενεσιν και εν τη οικια αυτου A
Ιησους οτι..ιδια πατριδι εαυτου και εν τοις συγγενευσιν αυτου και εν τη οικια αυτου L
Ιησους .. πατριδι τη εαυτου και εν τοις συγγενευσιν και εν τη οικια αυτου θ
Ιησους .. πατριδι τη εαυτου και εν τοις συγγενευσιν και εν τη οικια αυτου 565

M 13.55 - L 3.23; M 12.46; Ac 12.17; Js 1.1; Jd 1 | M 13.56 - J 7.15, 46, 52
M 13.57 - M 11.6; 26.31

31. JESUS REJECTED BY HIS OWN Matthew 13.54-58

M 13.58	δυνάμεις πολλὰς
Mk 6. 6a	δύναμιν, εἰ μὴ ὀλίγοις ἀρρώστοις ἐπιθεὶς τὰς χεῖρας ἐθεράπευσεν· καὶ
L 4.29	πόλεως, καὶ ἤγαγον αὐτὸν ἕως ὀφρύος τοῦ ὄρους ἐφ' οὗ ἡ πόλις ᾠκοδόμητο

M 13.58	διὰ τὴν ἀπιστίαν αὐτῶν.
Mk 6. 6a	ἐθαύμαζεν διὰ τὴν ἀπιστίαν αὐτῶν.
L 4.29	αὐτῶν, ὥστε κατακρημνίσαι αὐτόν·

32. DEATH OF JOHN THE BAPTIST

Matthew 14.1-12

M 14. 1	Ἐν ἐκείνῳ τῷ καιρῷ ἤκουσεν Ἡρῴδης ὁ τετραάρχης
Mk 6.14	Καὶ ἤκουσεν ὁ βασιλεὺς Ἡρῴδης, φανερὸν γὰρ
L 9. 7	Ἤκουσεν δὲ Ἡρῴδης ὁ τετραάρχης τὰ

M 14. 2	τὴν ἀκοὴν Ἰησοῦ, |καὶ εἶπεν τοῖς παισὶν αὐτοῦ, Οὗτός ἐστιν
Mk 6.14	ἐγένετο τὸ ὄνομα αὐτοῦ, καὶ ἔλεγον ὅτι
L 9. 7	γινόμενα πάντα, καὶ διηπόρει διὰ τὸ λέγεσθαι ὑπό τινων ὅτι

M 14. 2	Ἰωάννης ὁ βαπτιστής· αὐτὸς ἠγέρθη ἀπὸ τῶν νεκρῶν, καὶ διὰ τοῦτο
Mk 6.14	Ἰωάννης ὁ βαπτίζων ἐγήγερται ἐκ νεκρῶν, καὶ διὰ τοῦτο
L 9. 7	Ἰωάννης ἠγέρθη ἐκ νεκρῶν,

M 14. 2	αἱ δυνάμεις ἐνεργοῦσιν ἐν αὐτῷ.
Mk 6.15	ἐνεργοῦσιν αἱ δυνάμεις ἐν αὐτῷ. ἄλλοι δὲ ἔλεγον ὅτι Ἠλίας ἐστίν·
L 9. 8	ὑπό τινων δὲ ὅτι Ἠλίας ἐφάνη,

M 13.58	την απιστιαν	ℵBCCKWYΠ 1.13.28.1582
	τας απιστειας	D
	την απιστειαν	E 565
	την απιστηαν	L
	τιν απιστιαν	θ
M 14. 1	εν εκεινω τω καιρω ηκουσεν Ηρωδης ο τετρααρχης	ℵ^{c}C
	ηκουσεν Ηρωδης εν εκεινω τω καιρω ο τετρααρχης	ℵ*
	εν εκεινω τω καιρω ηκουσεν Ηρωδης ο τετραρχης	BEGKLWYΠ 13.28.565.1582
	εν εκεινω δε τω καιρω ηκουσεν Ηρωδης ο τετραρχης	D
	εν εκεινω τω καιρω ηκουσεν Ηρωδεις ο τετραρχης	θ
	εν εκεινω τω καιρω ηκουσεν Ηρωδης ο τεταρχης	1.
Mk 6.14	ο βασιλευς Ηρωδης	ℵABC*LWYθΠ 1.28.1582
	Ηρωδης ο βασιλευς	DC^{c} 565
L 9. 7	ηκουσεν δε Ηρωδης ο τετρααρχης	ℵ^{c}C
	ηκουσεν δε Ηρωδης ο τετραρχης	P^{75} ABLWYθ 1.28
	ηκουσεν δε Ηρωδης	ℵ*
	ακουσας δε Ηρωδης ο τετραρχης	D
M 14. 2	ουτος εστιν Ιωαννης ο βαπτιστης	ℵEGKLWYθΠ 1.13.28.565.1582
	ουτος εστιν Ιωανης ο βαπτιστης	BC
	μητι ουτος εστιν Ιωανης ο βαπτιστης ον εγω απεκεφαλισα	D
Mk 6.14	Ιωαννης ο βαπτιζων	ℵACYΠ 565.1582
	Ιωανης ο βαπτιζων	BL
	Ιωαννης ο βαπτιστης	DW 28
	Ιωαννης ο βαπτηστης	θ
	ιω ο βαπτιζων	1.
L 9. 7	Ιωαννης	ℵACDLWYθ 1.28
	Ιωανης	P^{75} B
M 14. 2	αυτος ηγερθη απο των νεκρων και δια τουτο αι δυναμεις ενεργουσιν	ℵB^{c}EGKLWYΠ 13.565
	αυτος ηγερθη απο των νεκρων και αι δυναμεις ενεργουσιν	B*
	ουτος ηγερθη απο των νεκρων και δια τουτο αι δυναμεις ενεργουσιν	C 1.1582
	αυτος ηγερθη απο των νεκρων και δια τουτο αι δυναμεις εναργουσιν	D
	αυυτος ηγερθη απο των νεκρων και δια τουτο αι δυναμεις εναργουσιν	θ
	αυτος ηγερθη απο των νεκρων και δια τουτο ενεργουσιν αι δυναμεις	28
Mk 6.14	εγηγερται εκ νεκρων και δια τουτο ενεργουσιν αι δυναμεις	ℵBDL
	ηγερθη εκ νεκρων και δια τουτο ενεργουσιν αι δυναμεις	C
	εκ νεκρων ηγερθη και δια τουτο ενεργουσιν αι δυναμεις	WY 1.28.1582
	ηγερθη εκ νεκρων και δια τουτο αι δυναμεις ενεργουσιν	θ
	εκ νεκρων ανεστη και δια τουτο αι δυναμεις ενεργουσιν	Π
	εγηγερται εκ νεκρων και δια τουτο αι δυναμεις ενεργουσιν	565

Mk 6.16	αλλοι δε ελεγον οτι προφητης ως εις των προφητων. ακουσας δε ο Ηρωδης ελεγεν, Ον
L 9. 9	αλλων δε οτι προφητης τις των αρχαιων ανεστη. ειπεν δε Ηρωδης,

Mk 6.16	εγω απεκεφαλισα Ιωαννην, ουτος ηγερθη.
L 9. 9	Ιωαννην εγω απεκεφαλισα· τις δε εστιν ουτος περι ου ακουω τοιαυτα; και εξητει ιδειν

L 9. 9	αυτον.

M 14. 3	Ὁ γὰρ Ἡρῴδης κρατήσας τὸν Ἰωάννην ἔδησεν
Mk 6.17	Αὐτὸς γὰρ ὁ Ἡρῴδης ἀποστείλας ἐκράτησεν τὸν Ἰωάννην καὶ ἔδησεν
L 3.19	ὁ δὲ Ἡρῴδης ὁ τετραάρχης, ἐλεγχόμενος ὑπ᾽ αὐτοῦ
L 3.20	προσέθηκεν καὶ τοῦτο ἐπὶ πᾶσιν καὶ κατέκλεισεν τὸν Ἰωάννην

M 14. 3	αὐτὸν καὶ ἐν φυλακῇ ἀπέθετο διὰ Ἡρῳδιάδα τὴν γυναῖκα Φιλίππου τοῦ
Mk 6.17	αὐτὸν ἐν φυλακῇ διὰ Ἡρῳδιάδα τὴν γυναῖκα Φιλίππου τοῦ
L 3.19	περὶ Ἡρῳδιάδος τῆς γυναικὸς τοῦ
L 3.20	ἐν φυλακῇ.

M 14. 4	ἀδελφοῦ αὐτοῦ· ἔλεγεν γὰρ ὁ Ἰωάννης αὐτῷ,
Mk 6.18	ἀδελφοῦ αὐτοῦ, ὅτι αὐτὴν ἐγάμησεν· ἔλεγεν γὰρ ὁ Ἰωάννης τῷ Ἡρῴδῃ ὅτι
L 3.19	ἀδελφοῦ αὐτοῦ καὶ περὶ πάντων ὧν ἐποίησεν πονηρῶν ὁ Ἡρῴδης,

M 14. 4	Οὐκ ἔξεστίν σοι ἔχειν αὐτήν.
Mk 6.19	Οὐκ ἔξεστίν σοι ἔχειν τὴν γυναῖκα τοῦ ἀδελφοῦ σου. ἡ δὲ Ἡρῳδιὰς ἐνεῖχεν

M 14. 3	Ηρωδης κρατησας τον Ιωαννην εδησεν αυτον και εν φυλακη απεθετο δια	
	Ηρωδης κρατησας τον Ιωαννην εδησεν και εν φυλακη απεθετο δια	ℵ*
	Ηρωδης κρατησας τον Ιωαννην εδησεν αυτον εν φυλακη και εθετο δια	ℵ^c
	Ηρωδης τοτε κρατησας τον Ιωανην εδησεν και εν φυλακη απεθετο δια	B*
	Ηρωδης τοτε κρατησας τον Ιωανην εδησεν και εν τη φυλακη απεθετο δια	B^c
	Ηρωδης κρατησας τον Ιωαννην εδησεν αυτον και εθετο εν φυλακη δια	CEGKΠ 565
	Ηρωδης κρατησας τον Ιωαννην εδησεν αυτον εν τη φυλακη δια	D
	Ηρωδης κρατησας τον Ιωαννην εδησεν αυτων και εθετο εν φυλακη δια	L
	Ηρωδης κρατησας τον Ιωαννην εδησεν αυτον και εθετο εν φυλακη δια	W
	Ηρωδης κρατησας τον Ιωαννην εδησεν αυτον και εθετο εν φυλακη δι	Y
	Ηρωδης τοτε κρατησας τον Ιωαννην εδησεν αυτων εν τη φυλακη απεθετο δια	Θ
	Ηρωδης κρατησας τον Ιωαννην εδησεν αυτον και απεθετο εν τη φυλακη δια	1.1582
	Ηρωδης τοτε κρατησας τον Ιωαννην εδησεν αυτον και απεθετο εν φυλακη δια	13
	Ηρωδης κρατησας τον Ιωαννην εδησεν αυτον και εθετο εις φυλακην δια	28
M 14. 3 (cont)	Ηρωδιαδα την γυναικα Φιλιππου	
	Ηρωδιαδα την γυναικα Φιλιππου	ℵ*
	Ηρωδιαδα την γυναικα Φιλιππου	ℵ^c
	Ηρωδιαδα την γυναικα Φιλιππου	B*
	Ηρωδιαδα την γυναικα Φιλιππου	B^c
	Ηρωδιαδα την γυναικα Φιλιππου	CEGKΠ 565
	Ηρωδιαδα την γυναικα	D
	Ηρωδιαδα την γυναικα Φιλιππου	L
	Ηρωδιαδα την γυναικα Φιλιππου	W
	Ηρωδιαδα την γυναικα Φιλιππου	Y
	Ηρωδιαδα την γυναικα Φιλιππου	Θ
	Ηρωδιαδα την γυναικα Φιλιππου	1.1582
	Ηρωδιαδα την γυναικα Φιλιππου	13
	Ηρωδιαδα την γυναικα Φιλιππου	28
L 3.19	Ηρωδιαδος την γυναικος	P75 ℵBDLYΘ 1.
	Ηρωδιαδος της γυναικος Φιλιππου	ACW
M 14. 4	ελεγεν γαρ ο Ιωαννης αυτω ουκ εξεστιν σοι εχειν	
	ελεγεν γαρ Ιωαννης ουκ εξεστιν σοι εχειν	ℵ*
	ελεγεν γαρ Ιωαννης αυτω ουκ εξεστιν σοι εχειν	ℵ^c
	ελεγεν γαρ ο Ιωανης αυτω ουκ εξεστιν σοι εχειν	B
	ελεγεν γαρ αυτω ο Ιωαννης ουκ εξεστιν σοι εχεν	C
	ελεγεν γαρ αυτω Ιωαννης ουκ εξεστιν σοι εχειν	D
	ελεγεν γαρ αυτω ο Ιωαννης ουκ εξεστιν σοι εχειν	EGK^cWYΘΠ 1.13.1582
	ελε γαρ αυτω ο Ιωαννης ουκ εξεστιν σοι εχειν	K*
	ελεγεν γαρ αυτω ο Ιωαννης ουκ εξεστιν οι εχειν	L
	ελεγεν γαρ ο Ιωαννης ουκ εξεστιν σοι εχειν	28.565
Mk 6.18	ελεγεν γαρ ο Ιωαννης τω Ηρωδη οτι ουκ	ℵACLWYΘΠ 1.565.1582
	ελεγεν γαρ ο Ιωανης τω Ηρωδη οτι ουκ	B
	ελεγεν γαρ Ιωαννης τω Ηρωδη ουκ	D 28

M 14. 3 - M 11.2; 4.12; J 3.24 | M 14. 3-4 - Lv 18.16; 20.21; M 19.9

32. DEATH OF JOHN THE BAPTIST Matthew 14.1-12

M 14. 5 καὶ θέλων αὐτὸν ἀποκτεῖναι
Mk 6.20 αὐτῷ καὶ ἤθελεν αὐτὸν ἀποκτεῖναι, καὶ οὐκ ἠδύνατο· ὁ γὰρ Ἡρῴδης

M 14. 5 ἐφοβήθη τὸν ὄχλον, ὅτι ὡς προφήτην αὐτὸν εἶχον.
Mk 6.20 ἐφοβεῖτο τὸν Ἰωάννην, εἰδὼς αὐτὸν ἄνδρα δίκαιον καὶ ἅγιον, καὶ συνετήρει

M 14. 6 γενεσίοις δὲ
Mk 6.21 αυτον, και ακουσας αυτου πολλα ηπορει, και ηδεως αυτου ηκουεν. Καὶ γενομένης

M 14. 6 γενομένοις τοῦ Ἡρῴδου
Mk 6.21 ἡμέρας εὐκαίρου ὅτε Ἡρῴδης τοῖς γενεσίοις αὐτοῦ δεῖπνον ἐποίησεν τοῖς

Mk 6.22 μεγιστασιν αυτου και τοις χιλιαρχοις και τοις πρωτοις της Γαλιλαιας, |και

M 14. 6 ὠρχήσατο ἡ θυγάτηρ τῆς Ἡρῳδιάδος ἐν τῷ μέσῳ καὶ ἤρεσεν τῷ
Mk 6.22 εἰσελθούσης τῆς θυγατρὸς αὐτοῦ Ἡρῳδιάδος καὶ ὀρχησαμένης, ἤρεσεν τῷ

M 14. 7 Ἡρῴδῃ, |ὅθεν μεθ' ὅρκου ὡμολόγησεν αὐτῇ δοῦναι
Mk 6.22 Ἡρῴδῃ καὶ τοῖς συνανακειμένοις. εἶπεν ὁ βασιλεὺς τῷ κορασίῳ, Αἴτησόν με

M 14. 7 ὃ ἐὰν αἰτήσηται.
Mk 6.23 ὃ ἐὰν θέλῃς, καὶ δώσω σοι· καὶ ὤμοσεν αὐτῇ πολλά, Ὅ τι ἐάν με αἰτήσῃς

M 14. 5 οτι ως ℵCDEGKLWYΠ 1.13.28.565.1582
επει ως B
οτι εις Θ

M 14. 6 γενεσιοις δε γενομενοις του Ηρωδου ... της Ηρωδιαδος ℵB
γενεσιων δε γενομενων του Ηρωδου ... της Ηρωδιαδος CK 565
γενεσιοις δε γενομενοις του Ηρωδου ... αυτου Ηρωδιας D
γενεσιων δε αγομενον του Ηρωδου ... της Ηρωδιαδος E*
γενεσιων δε αγομενων του Ηρωδου ... της Ηρωδιαδος E^c GYΠ 28
γενεσιοις δε γενομενοις του Ιρωδου ... της Ηρωδιαδος L
γενεσιων δε αγομενων του Ηρωδου ... Ηρωδιαδος W
γενεσιων δε γενωμενων του Ηροδου ... Ηροδιαδος Θ
γενεσιοις δε αγομενοις του Ηρωδου ... της Ηρωδιαδος 1.1582*
γενεσιον δε αγομενων του Ηρωδου ... της Ηρωδιαδος 13
γενεσιων δε αγομενοις του Ηρωδου ... της Ηρωδιαδος 1582^c

M 14. 7 μεθ ορκου ωμολογησεν αυτη δουναι ο εαν αιτησηται CEGLY 28
μετα ορκου ωμολογησεν αυτη δουναι ο εαν αιτησηται ℵ
μεθ ορκου ωμολογησεν αυτη δουναι ο αν αιτησηται BD
μεθ ορκου ωμολογησεν δουναι αυτη ο εαν αιτησηται KWΠ 1.1582
μετ ορκου ωμολογησεν αυτη δουναι ο αν αιτησητε Θ
μεθ ορκου ωμωσεν αυτη δουναι ο αν αιτισεται 13
μεθ ορκου ωμολογησεν δουναι αυτη ο εαν αιτησητε 565

M 14. 5 - M 11.9; 21.26; L 1.76; 7.26

M 14. 8 ἡ δὲ προβιβασθεῖσα ὑπὸ τῆς μητρὸς
Mk 6.24 δώσω σοι ἕως ἡμίσους τῆς βασιλείας μου. καὶ ἐξελθοῦσα εἶπεν τῇ μητρὶ

M 14. 8 αὐτῆς,
Mk 6.24 αὐτῆς, Τί αἰτήσωμαι; ἡ δὲ εἶπεν, Τὴν κεφαλὴν Ἰωάννου τοῦ βαπτίζοντος.

Mk 6.25 και εισελθουσα ευθυς μετα σπουδης προς τον βασιλεα ητησατο λεγουσα, θελω ινα εξαυτης

M 14. 9 Δός μοι, φησίν, ὧδε ἐπὶ πίνακι τὴν κεφαλὴν Ἰωάννου τοῦ βαπτιστοῦ. καὶ
Mk 6.26 δῷς μοι ἐπὶ πίνακι τὴν κεφαλὴν Ἰωάννου τοῦ βαπτιστοῦ. καὶ

M 14. 9 λυπηθεὶς ὁ βασιλεὺς διὰ τοὺς ὅρκους καὶ τοὺς συνανακειμένους
Mk 6.26 περίλυπος γενόμενος ὁ βασιλεὺς διὰ τοὺς ὅρκους καὶ τοὺς ἀνακειμένους

Mk 6.27 ουκ ηθελησεν αθετησαι αυτην· και ευθυς αποστειλας ο βασιλευς σπεκουλατορα

M 14.10 ἐκέλευσεν δοθῆναι, |καὶ πέμψας ἀπεκεφάλισεν τὸν
Mk 6.27 ἐπέταξεν ἐνέγναι τὴν κεφαλὴν αὐτοῦ. καὶ ἀπελθὼν ἀπεκεφάλισεν

M 14.10 Ἰωάννην ἐν τῇ φυλακῇ·
Mk 6.27 αὐτὸν ἐν τῇ φυλακῇ

M 14. 8	προβιβασθεισα υπο..	δος μοι φησιν ωδε επι πινακι	την κεφαλην Ιωαννου	ℵCE^cGYΘΠ 1.28.	
	προβιβασθεισα υπο..	δος μοι φησιν ωδε επι πινακι	την κεφαλην Ιωανου	B*	1582
	προβιβασθεισα απο..	δος μοι φησιν ωδε επι πινακι	την κεφαλην Ιωανου	B^c	
	προβιβασθεισα υπο..ειπεν	δος μοι ωδε	κεφαλην Ιωαννου	D*	
	προβιβασθεισα υπο..ειπεν	δος μοι ωδε	την κεφαλην Ιωαννου	D^c	
	προβιβασθησα υπο..	δος μοι φησιν ωδε επι πινακι	την κεφαλην Ιωαννου	E* 13	
	προβηβασθισα υπο	δος μοι φισιν ωδε επι πινακι	την κεφαλην Ιωαννου	K	
	προβηβασθησα υπο..	δος μοι φησιν ωδε επι πινακι	την κεφαλην Ιωαννου	L	
	προβιβασθεισα υπο..ειπεν	δος μοι φησιν ωδε επι πινακει	την κεφαλην Ιωαννου	W	
	προβιβασθεισα υπο..	δος μοι φησιν ωδε επι πηνακι	την κεφαλην Ιωαννου	565	
Mk 6.25		επι πινακι	την κεφαλην Ιωαννου	ℵAWYΘΠ 1.565.	
		επι πινακι	την κεφαλην Ιωανου	B	1582
		επι πινακει	την κεφαλην Ιωαννου	CL	
		επι πινακι ωδε	την κεφαλην Ιωανου	D	
			την κεφαλην Ιωαννου	28	

M 14. 9	λυπηθεις..δια ..ορκους και	τους συνανακειμενους..δοθηναι	B
	ελυπηθη ..δια δε ..ορκους και	τους συνανακειμενους..δοθηναι	ℵCEGWYΠ 28
	λυπηθεις..δια ..ορκους και δια	τους συνανακειμενους..δοθηναι	D
	ελυπηθη ..δια δε ..ορκους και	τους συνακειμενους ..δοθηναι	K
	ελυπηθη ..δια ..ορκους και	τους συνανακειμενους..δωθηναι	L*
	ελυπηθη ..δια δε ..ορκους και	τους συνανακειμενους..δωθηναι	L^c
	λυπηθεις..δια ..ορκους και	τους συνανακειμενους..δοθηναι αυτη	Θ 1.1582
	λυπιθεις..δια ..ορκους και	τους συνανακειμενους..δοθηναι αυτη	13
	λυπηθεις..δια δε ..ορκους και	τους συνανακειμενους..δοθηναι αυτην	565
Mk 6.26		τους ανακειμενους	BLW
		τους συνανακειμενους	ℵACYΠ 1.28.565.1582
	δια	τους συνανακειμενους	D
		τους συνανακιμενους	Θ

M 14.10	και πεμψας απεκεφαλισεν	τον Ιωαννην	ℵ^cDEFGKLWYΘΠ 13.565
	και πεμψας απεκεφαλισεν	Ιωαννην	ℵ* 1.28.1582
	και πεμψας απεκεφαλισεν	τον Ιωανην	B
Mk 6.27	και απελθων απεκεφαλισεν	αυτον	BCLW 1.28.1582
	omit		ℵ
	ο δε απελθων απεκεφαλισεν	αυτον	ADYΠ 565
	και απελθων απεκεφαλησεν	τον Ιωαννην	Θ

M 14. 8 - Sir 25.13-21 | M 14. 9 - Sir 20.23

32. DEATH OF JOHN THE BAPTIST Matthew 14.1-12

M 14.11	καὶ ἠνέχθη ἡ κεφαλὴ αὐτοῦ ἐπὶ πίνακι καὶ ἐδόθη τῷ κορασίῳ,
Mk 6.28	καὶ ἤνεγκεν τὴν κεφαλὴν αὐτοῦ ἐπὶ πίνακι καὶ ἔδωκεν αὐτὴν τῷ κορασίῳ,

M 14.12	καὶ ἤνεγκεν τῇ μητρὶ αὐτῆς. καὶ προσελθόντες
Mk 6.29	καὶ τὸ κοράσιον ἔδωκεν αὐτὴν τῇ μητρὶ αὐτῆς. καὶ ἀκούσαντες

M 14.12	οἱ μαθηταὶ αὐτοῦ ἦραν τὸ πτῶμα καὶ ἔθαψαν αὐτόν, καὶ
Mk 6.29	οἱ μαθηταὶ αὐτοῦ ἦλθον καὶ ἦραν τὸ πτῶμα αὐτοῦ καὶ ἔθηκαν αὐτὸ ἐν

M 14.12	ἐλθόντες ἀπήγγειλαν τῷ Ἰησοῦ.
Mk 6.29	μνημείῳ.

33. THE FIVE THOUSAND FED

Matthew 14.13-21

Mk 6.30	Και συναγονται οι αποστολοι προς τον Ιησουν, και απηγγειλαν αυτω παντα οσα εποιησαν
Mk 6.31	και οσα εδιδαξαν. και λεγει αυτοις, Δευτε υμεις αυτοι κατ ιδιαν εις ερημον τοπον και
Mk 6.31	αναπαυσασθε ολιγον. ησαν γαρ οι ερχομενοι και οι υπαγοντες πολλοι, και ουδε φαγειν

M 14.11	επι πινακι και εδοθη	...ηνεγκεν	ℵBCEFGKYΠ 28.565
	επι τω πινακι και εδοθη	...ηνεγκεν	D
	επι πινακι και εδωθη	...ηνεγκεν	L
	επι πινακει και εδοθη	...ηνεγκεν	W
	εν τω πινακι και εδοθη	...ηνεγκεν	Θ 1.1582
	εν πινακι και εδοθη	...ηνεγκεν	13
Mk 6.28	επι πινακι και εδωκεν αυτην	...εδωκεν αυτην	ℵABYΘΠ 28.565
	επι πινακι και εδωκεν αυτην	...ηνεγκεν αυτην	C
	επι πινακι και εδωκεν αυτην	...εδωκεν	DLW 1.
	επι πινακι και εδωκεν	...εδωκεν αυτην	1582

M 14.12	και προσελθοντες...το πτωμα και εθαψαν αυτον	ℵ^c B
	και προσελθοντες...το πτωμα αυτου και εθαψαν αυτον	ℵ*
	και προσελθοντες...το πτωμα και εθαψαν αυτο	CΘ 1.13
	και προσελθοντες...το πτωμα αυτου και εθαψαν αυτο	D
	και προσελθοντες...το σωμα και εθαψαν αυτο	EF^c GKWΠ 1582^c
	και προσελθοντες...το σωμα και εθαψεν αυτο	F*
	και προσελθοντες...το πτωμα αυτου και εθαψαν αυτω	L
	και προσελθοντες...το σωμα και εθαψαν αυτω	Y 28
	και προσελθοντες...το πτωμα αυτου και εθαψαν αυτο	565
	και και προσελθοντες...το πτωμα και εθαψαν αυτο	1582*
Mk 6.29	το πτωμα αυτου και εθηκαν αυτο	ABCDLΘΠ 1.1582
	το πτωμα αυτου και εθηκαν αυτον	ℵW
	το πτωμα αυτου και εθηκαν αυτω	Y 28.565

M 14.12 - Ac 8.2

33. THE FIVE THOUSAND FED Matthew 14.13-21

M 14.13		Ἀκούσας δὲ ὁ
Mk 6.32	ευκαιρουν.	καὶ
L 9.10	Και υποστρεψαντες οι αποστολοι διηγησαντο αυτω οσα εποιησαν.	καὶ παραλαβὼν
J 6. 1		Μετὰ ταῦτα

M 14.13	Ἰησοῦς ἀνεχώρησεν ἐκεῖθεν ἐν πλοίῳ εἰς ἔρημον τόπον κατ' ἰδίαν·
Mk 6.33	ἀπῆλθον ἐν τῷ πλοίῳ εἰς ἔρημον τόπον κατ' ἰδίαν.
L 9.10	αὐτοὺς ὑπεχώρησεν κατ' ἰδίαν εἰς
J 6. 1	ἀπῆλθεν ὁ Ἰησοῦς πέραν τῆς θαλάσσης τῆς Γαλιλαίας τῆς

M 14.13	καὶ ἀκούσαντες οἱ ὄχλοι ἠκολούθησαν αὐτῷ
Mk 6.33	καὶ εἶδον αὐτοὺς ὑπάγοντας καὶ ἐπέγνωσαν πολλοί, καὶ
L 9.11	πόλιν καλουμένην Βηθσαϊδά. οἱ δὲ ὄχλοι γνόντες ἠκολούθησαν αὐτῷ.
J 6. 2	Τιβεριάδος. ἠκολούθει δὲ αὐτῷ ὄχλος πολύς, ὅτι ἐθεώρουν τὰ
Mk 8. 1	Ἐν ἐκείναις ταῖς ἡμέραις πάλιν πολλοῦ ὄχλου ὄντος καὶ μὴ ἐχόντων τί

M 14.14	πεζῇ ἀπὸ τῶν πόλεων. καὶ
Mk 6.34	πεζῇ ἀπὸ πασῶν τῶν πόλεων συνέδραμον ἐκεῖ καὶ προῆλθον αὐτούς. καὶ
J 6. 3	σημεῖα ἃ ἐποίει ἐπὶ τῶν ἀσθενούντων. ἀνῆλθεν δὲ εἰς
M 15.32	Ὁ δὲ Ἰησοῦς προσκαλεσάμενος
Mk 8. 1	φάγωσιν, προσκαλεσάμενος

M 14.14	ἐξελθὼν εἶδεν πολὺν ὄχλον, καὶ ἐσπλαγχνίσθη ἐπ' αὐτοῖς
Mk 6.34	ἐξελθὼν εἶδεν πολὺν ὄχλον, καὶ ἐσπλαγχνίσθη ἐπ' αὐτοὺς ὅτι ἦσαν
L 9.11	καὶ ἀποδεξάμενος αὐτοὺς ἐλάλει
J 6. 4	τὸ ὄρος Ἰησοῦς, καὶ ἐκεῖ ἐκάθητο μετὰ τῶν μαθητῶν αὐτοῦ. ἦν δὲ ἐγγὺς
M 9.36	Ἰδὼν δὲ τοὺς ὄχλους ἐσπλαγχνίσθη περὶ αὐτῶν ὅτι ἦσαν
M 15.32	τοὺς μαθητὰς αὐτοῦ εἶπεν, Σπλαγχνίζομαι ἐπὶ τὸν ὄχλον, ὅτι
Mk 8. 2	τοὺς μαθητὰς λέγει αὐτοῖς, |Σπλαγχνίζομαι ἐπὶ τὸν ὄχλον ὅτι

M 14.13	ακουσας δε..ανεχωρησεν εκειθεν	εν	πλοιω εις ερημον τοπον	ℵDLΘ 1.13.565.1582
	ακουσας δε..ανεχωρησεν εκει εν	εν	πλοιω εις ερημον τοπον	B*
	ακουσας δε..ανεχωρησεν εκει	εν	πλοιω εις ερημον τοπον	B^c
	και ακουσας..ανεχωρησεν εκειθεν	εν	πλοιω εις ερημον τοπον	CEFGKWYΠ 28
Mk 6.32		εν τω πλοιω		BLWΘ
		εν πλοιω		ℵ

L 9.10	υπεχωρησεν κατ ιδιαν	εις	πολιν	P75 ℵ^c1BL
	υπεχωρησεν κατ ιδιαν	εις τοπον ερημον		ℵ* ℵ^c2
	υπεχωρησεν κατ ιδιαν	εις ερημον τοπον	πολεως	AWY 28
	υπεχωρησεν κατ ιδιαν	εις τοπον ερημον	πολεως	C
	ανεχωρησεν κατ ιδιαν	εις	κωμην	D
	υπεχωρησεν κατ ιδιαν εις κωμην	εις τοπον ερημον		Θ
	υπεχωρησεν κατ ιδιαν	εις τοπον	πολεως	1.
J 6. 1	απηλθεν ο Ιησους			P75 ℵABLWY 1.
	απηλθεν ο Ιησους	εις ερημον τοπον		28

M 14.13	πεζη	BCDEFGKWYΘΠ 1.13.28.565.1582
	πεζοι	ℵL

M 14.14	και.. ειδεν πολυν οχλον	και εσπλαγχνισθη	επ	αυτοις	ℵBΘ 1.1582
	και..ο Ιησους ειδεν πολυν οχλον	και εσπλαγχνισθη	επ	αυτοις	CFYΠ 28.565
	και.. ειδεν οχλον πολυν	και εσπλαγχνισθη	περι	αυτων	D
	και..ο Ιησους ειδεν πολυν οχλον	και εσπλαγχνισθη	επ	αυτους	EW
	..ο Ιησους ειδεν πολυν οχλον	και εσπλαγχνισθη	επ	αυτους	G
	και..ο Ιησους ειδεν πολυν οχλον	και εσπλαγχνισθη	επ	αυτους	K
	και.. ιδεν ο Ιησους πολυν οχλον	και εσπλαχνισθη	επ	αυτους	L
	και..ο Ιησους ιδεν πολυν οχλον	και εσπλαγχησθη	επ	αυτοις	13
Mk 6.34	και.. ειδεν πολυν οχλον	και εσπλαγχνισθη	επ	αυτους	B
	και.. ειδεν οχλον πολυν	και εσπλαγχνισθη	επ	αυτους	ℵ
	και..ο Ιησους ειδεν πολυν οχλον	και εσπλαγχνισθη	επ	αυτοις	A
	και.. και ειδων πολυν οχλον ο Ιησους	και επλαγνισθη	επ	αυτους	D*
	και.. και ειδων πολυν οχλον ο Ιησους	και εσπλαγνισθη	επ	αυτους	D^c
	και.. ιδεν πλυν οχλον	και εσπαγχνισθη	επ	αυτους	L*
	και.. ιδεν πολυν οχλον	και εσπαγχνισθη	επ	αυτους	L^c
	και.. ιδεν οχλον πολυν	και εσπλαγχνισθη	επ	αυτοις	Θ

M 14.13 - M 4.12

33. THE FIVE THOUSAND FED Matthew 14.13-21

M 14.14 καὶ ἐθεράπευσεν τοὺς ἀρρώστους
Mk 6.34 ὡς πρόβατα μὴ ἔχοντα ποιμένα, καὶ ἤρξατο διδάσκειν αὐτοὺς πολλά.
L 9.11 αὐτοῖς περὶ τῆς βασιλείας τοῦ θεοῦ, καὶ τοὺς χρείαν ἔχοντας θεραπείας
J 6. 5 τὸ πάσχα, ἡ ἑορτὴ τῶν Ἰουδαίων. ἐπάρας οὖν τοὺς ὀφθαλμοὺς ὁ Ἰησοῦς
M 9.36 ἐσκυλμένοι καὶ ἐρριμμένοι ὡσεὶ πρόβατα μὴ ἔχοντα ποιμένα.
M 15.32 ἤδη ἡμέραι τρεῖς προσμένουσίν μοι καὶ οὐκ ἔχουσιν τί φάγωσιν·
Mk 8. 2 ἤδη ἡμέραι τρεῖς προσμένουσίν μοι καὶ οὐκ ἔχουσιν τί φάγωσιν·

M 14.15 αὐτῶν. ὀψίας δὲ γενομένης προσῆλθον αὐτῷ οἱ μαθηταὶ
Mk 6.35 Καὶ ἤδη ὥρας πολλῆς γενομένης προσελθόντες αὐτῷ οἱ μαθηταὶ αὐτοῦ
L 9.12a ἰᾶτο. Ἡ δὲ ἡμέρα ἤρξατο κλίνειν· προσελθόντες δὲ οἱ δώδεκα
J 6.5 καὶ θεασάμενος ὅτι πολὺς ὄχλος ἔρχεται πρὸς αὐτὸν
M 15.33 καὶ λέγουσιν αὐτῷ οἱ μαθηταί,
Mk 8. 4 καὶ ἀπεκρίθησαν αὐτῷ οἱ μαθηταὶ αὐτοῦ

M 14.15 λέγοντες, Ἔρημός ἐστιν ὁ τόπος καὶ ἡ ὥρα ἤδη
Mk 6.35 ἔλεγον ὅτι Ἔρημός ἐστιν ὁ τόπος, καὶ ἤδη ὥρα
L 9.12c εἶπαν αὐτῷ, |ὅτι ὧδε ἐν ἐρήμῳ τόπῳ ἐσμέν.
J 6. 5 λέγει πρὸς Φίλιππον,
M 15.33 Πόθεν ἡμῖν ἐν ἐρημίᾳ ἄρτοι τοσοῦτοι ὥστε χορτάσαι
Mk 8. 4 ὅτι Πόθεν τούτους δυνήσεταί τις ὧδε χορτάσαι

M 14.15 παρῆλθεν· ἀπόλυσον τοὺς ὄχλους, ἵνα ἀπελθόντες εἰς τὰς
Mk 6.36 πολλή· ἀπόλυσον αὐτούς, ἵνα ἀπελθόντες εἰς τοὺς κύκλῳ ἀγροὺς
L 9.12b |Ἀπόλυσον τὸν ὄχλον, ἵνα πορευθέντες εἰς τὰς κύκλῳ κώμας
M 15.32 καὶ ἀπολῦσαι αὐτοὺς νήστεις οὐ θέλω,
M 15.33 ὄχλον τοσοῦτον;
Mk 8. 3 καὶ ἐὰν ἀπολύσω αὐτοὺς νήστεις εἰς
Mk 8. 4 ἄρτων ἐπ' ἐρημίας;

M 14.15 κώμας ἀγοράσωσιν ἑαυτοῖς βρώματα.
Mk 6.36 καὶ κώμας ἀγοράσωσιν ἑαυτοῖς τί φάγωσιν.
L 9.12b καὶ ἀγροὺς καταλύσωσιν καὶ εὕρωσιν ἐπισιτισμόν,
J 6. 5 Πόθεν ἀγοράσωμεν ἄρτους ἵνα φάγωσιν οὗτοι;
M 15.32 μήποτε ἐκλυθῶσιν ἐν τῇ ὁδῷ.
M 8. 3 οἶκον αὐτῶν, ἐκλυθήσονται ἐν τῇ ὁδῷ· καί τινες αὐτῶν ἀπὸ μακρόθεν ἥκασιν.

M 14.14 αρρωστους ℵBCEFGKWYΘΠ 1.13.28.565.1582
αρρωστουντας D
αρωστους L

M 14.15 οψιας δε γενομενης προσηλθον αυτω οι μαθηται ℵ
οψιας δε γενομενης προσηλθαν αυτω οι μαθηται B
οψιας δε γενομενης προσηλθον αυτω οι μαθηται αυτου CEFGKWYΘΠ 1.13.28.565.1582
οψειας δε γενομενης προσηλθον αυτω οι μαθηται αυτου D
οψιας δε γενομενης προσηλθον αυτω οι μαθηται αυτου L
και οψιας γενομενης προσηλθον αυτω οι μαθηται αυτου Π
Mk 6.35 προσελθοντες αυτω οι μαθηται αυτου ℵ^c BLY
προσελθοντες αυτω οι μαθηται W 1.28.1582

M 14.15 και η ωρα ηδη παρηλθεν απολυσον τους οχλους BDEFGKWYΠ 13.28.565
και η ωρα παρηλθεν ηδη απολυσον ουν τους οχλους ℵ 1.1582
και η ωρα ηδη παρηλθεν απολυσον ουν τους οχλους C
και η ωρα ειδι παρηλθεν απολυσον τους οχλους L
και η ωρα ηδη παρελθεν απολυσον τους οχλους Θ
Mk 6.35 και ηδη ωρα πολλη απολυσον αυτους ℵABYΠ
και ηδη ωρα παρηλθεν απολυσον αυτους W
και ηδη ωρα πολλη απολυσον ουν τους οχλους Θ
και η ωρα ηδη πολλη απολυσον αυτους 1.1582
και ηδη ωρα πολλη απολυσον ουν αυτους 28.565
L 9.12 απολυσον τον οχλον ℵ^c ABCDLWYΘ 1.
απολυσον τους οχλους P75 28

M 14.15 απελθοντες εις τας κωμας αγορασωσιν εαυτοις βρωματα ℵ^c BC^c DEFGKWYΠ 1.13.|565.1582
απελθοντες εις τας χωρας αγορασωσιν εαυτοις βρωματα ℵ*
απελθοντες εις τας κυκλω κωμας αγορασωσιν εαυτοις βρωματα C*Θ
απελθοντες εις τας κωμας αγορασωσιν αυτοις βρωματα L
απελθοντες εις τας κωμας αγορασωσιν εαυτοις τροφας 28
Mk 6.36 αγορασωσιν εαυτοις τι φαγωσιν P45 BL^c W 28
αγορασωσιν εαυτοις βρωματα τι φαγωσιν ℵΘ
L 9.12 πορευθεντες εις τας κυκλω κωμας P75 ℵABCDL
απελθοντες εις τας κυκλω κωμας WYΘ 1.
απελθοντες εις τας κωμας 28.

M 14.16 ὁ δὲ Ἰησοῦς εἶπεν αὐτοῖς, Οὐ χρείαν ἔχουσιν ἀπελθεῖν·
Mk 6.37 ὁ δὲ ἀποκριθεὶς εἶπεν αὐτοῖς,
L 9.13a εἶπεν δὲ πρὸς αὐτούς,
J 6. 6 τοῦτο δὲ ἔλεγεν πειράζων αὐτόν, αὐτὸς γὰρ ᾔδει τί ἔμελλεν

M 14.16 δότε αὐτοῖς ὑμεῖς φαγεῖν.
Mk 6.37 Δότε αὐτοῖς ὑμεῖς φαγεῖν. και λεγουσιν αυτω, Απελθοντες αγορασωμεν
L 9.13c Δότε αὐτοῖς ὑμεῖς φαγεῖν. ει μητι πορευθεντες ημεις αγορασωμεν
J 6. 7 ποιεῖν. απεκριθη αυτω ο Φιλιππος,

Mk 6.37 δηναριων διακοσιων αρτους και δωσομεν αυτοις φαγειν;
L 9.13c εις παντα τον λαον τουτον βρωματα.
J 6. 7 Διακοσιων δηναριων αρτοι ουκ αρκουσιν αυτοις ινα εκαστος βραχυ τι λαβη.

Mk 6.38 ο δε λεγει αυτοις, Ποσους αρτους εχετε; υπαγετε ιδετε.
M 15.34 και λεγει αυτοις ο Ιησους, Ποσους αρτους εχετε;
Mk 8. 5 και ηρωτα αυτους, Ποσους εχετε αρτους;

M 14.17 οἱ δὲ λέγουσιν αὐτῷ,
Mk 6.38 καὶ γνόντες λέγουσιν,
L 9.13b οἱ δὲ εἶπαν,
J 6. 8 λέγει αὐτῷ εἷς ἐκ τῶν μαθητῶν αὐτοῦ, Ἀνδρέας ὁ ἀδελφὸς
M 15.34 οἱ δὲ εἶπαν,
Mk 8. 5 οἱ δὲ εἶπαν,

M 14.17 Οὐκ ἔχομεν ὧδε εἰ μὴ πέντε ἄρτους
Mk 6.38 Πέντε,
L 9.13b Οὐκ εἰσὶν ἡμῖν πλεῖον ἢ ἄρτοι πέντε
J 6. 9 Σίμωνος Πέτρου, |Ἔστιν παιδάριον ὧδε ὃς ἔχει πέντε ἄρτους κριθίνους
M 15.34 Ἑπτά,
Mk 8. 5 Ἑπτά.

M 14.18,19 καὶ δύο ἰχθύας. ὁ δὲ εἶπεν, Φέρετέ μοι ὧδε αὐτούς. καὶ
Mk 6.39 καὶ δύο ἰχθύας. καὶ
L 9.13b καὶ ἰχθύες δύο,
J 6. 9 καὶ δύο ὀψάρια· ἀλλὰ ταῦτα τί ἐστιν εἰς τοσούτους;
M 15.35 καὶ ὀλίγα ἰχθύδια. καὶ
Mk 8. 7a,6 καὶ εἶχον ἰχθύδια ὀλίγα· καὶ

M 14.16 Ιησους ειπεν αυτοις ... δοτε αυτοις υμεις φαγειν ℵ^c BCEFGKLWYΠ 13.28.565
ειπεν αυτοις ... δοτε αυτοις υμεις φαγειν ℵ*
ειπεν αυτοις ... δοτε υμεις φαγειν αυτοις D
Ιησους ειπεν αυτοις ... δοτε αυτοις υμις φαγειν Θ
Ιησους φησιν ... δοτε αυτοις υμεις φαγειν 1.1582
Mk 6.37 δοτε αυτοις υμεις φαγειν ℵABDLWYΘΠ 1.28.565.1582
δοτε υμεις φαγειν αυτοις P45 (cj)
L 9.13 ειπεν δε προς αυτους ABWYΘ 1.28
ειπεν δε αυτοις ℵL

M 14.17 οι δε λεγουσιν αυτω ουκ εχομεν ωδε ει μη πεντε αρτους και δυο ιχθυας ℵ^c BCDEFGWYΘΠ 1.13.28^c.565.1582
οι δε λεγουσιν αυτω ουκ εχομεν ωδε αρτους ει μη πεντε και δυο ιχθυας ℵ*
οι δε λεγουσιν αυτω ουκ εχωμεν ωδε ει μη πεντε αρτους και δυο ιχθυας K
οι δε λεγουσιν αυτω ουκ εχωμεν ωδε ει μι πεντε αρτους και δυο ιχθυας L
λεγουσιν αυτω ουκ εχομεν ωδε ει μη πεντε αρτους και δυο ιχθυας 28*
Mk 6.38 λεγουσιν . . . πεντε ℵBLWYΠ 1.28.1582
λεγουσιν αυτω . . . πεντε AΘ
λεγουσιν αυτω . . . πεντε αρτους D 565
L 9.13 αρτοι πεντε και ιχθυες δυο ℵ*B
πεντε αρτοι και ιχθυες δυο ℵ^c AYΘ 28
πεντε αρτοι και δυο ιχθυες DL
πεντε αρτων και ιχθυες δυο W

M 14.18 φερετε μοι ωδε αυτους ℵB
φερετε μοι αυτους ωδε CEFGKLYΠ 13.28.565
φερετε μοι αυτους DΘ 1.1582
φερεται μοι αυτους ωδε W

33. THE FIVE THOUSAND FED Matthew 14.13-21

M 14.19 κελεύσας τοὺς ὄχλους ἀνακλιθῆναι
Mk 6.39 ἐπέταξεν αὐτοῖς ἀνακλῖναι πάντας συμπόσια
L 9.14b εἶπεν δὲ πρὸς τοὺς μαθητὰς αὐτοῦ, Κατακλίνατε αὐτοὺς κλισίας
J 6.10a εἶπεν ὁ Ἰησοῦς, Ποιήσατε τοὺς ἀνθρώπους ἀναπεσεῖν.
M 15.35 παραγγείλας τῷ ὄχλῳ ἀναπεσεῖν
Mk 8. 6 παραγγέλλει τῷ ὄχλῳ ἀναπεσεῖν

M 14.19 ἐπὶ τοῦ χόρτου,
Mk 6.40 συμπόσια ἐπὶ τῷ χλωρῷ χόρτῳ. καὶ ἀνέπεσαν πρασιαὶ πρασιαὶ
L 9.15 ὡσεὶ ἀνὰ πεντήκοντα. καὶ ἐποίησαν οὕτως καὶ κατέκλιναν ἅπαντας.
J 6.10a ἦν δὲ χόρτος πολὺς ἐν τῷ τόπῳ.
M 15.35 ἐπὶ τὴν γῆν
Mk 8. 6 ἐπὶ τῆς γῆς·

M 14.19 λαβὼν τοὺς πέντε
Mk 6.41 κατὰ ἑκατὸν καὶ κατὰ πεντήκοντα. καὶ λαβὼν τοὺς πέντε
L 9.16 λαβὼν δὲ τοὺς πέντε
J 6.11 ἔλαβεν οὖν τοὺς
M 15.36 |ἔλαβεν τοὺς ἑπτὰ
Mk 8. 6 καὶ λαβὼν τοὺς ἑπτὰ
M 26.26a Ἐσθιόντων δὲ αὐτῶν λαβὼν ὁ Ἰησοῦς
Mk 14.22a Καὶ ἐσθιόντων αὐτῶν λαβὼν
L 22.19a καὶ λαβὼν
1 C 11.23b ὅτι ὁ κύριος Ἰησοῦς ἐν τῇ νυκτὶ ᾗ παρεδίδετο ἔλαβεν

M 14.19 ἄρτους καὶ τοὺς δύο ἰχθύας, ἀναβλέψας εἰς τὸν οὐρανὸν εὐλόγησεν
Mk 6.41 ἄρτους καὶ τοὺς δύο ἰχθύας ἀναβλέψας εἰς τὸν οὐρανὸν εὐλόγησεν
L 9.16 ἄρτους καὶ τοὺς δύο ἰχθύας ἀναβλέψας εἰς τὸν οὐρανὸν εὐλόγνσεν αὐτοὺς
J 6.11 ἄρτους ὁ Ἰησοῦς καὶ εὐχαριστήσας
M 15.36 ἄρτους καὶ τοὺς ἰχθύας καὶ εὐχαριστήσας
Mk 8. 6 ἄρτους εὐχαριστήσας
M 26.26a ἄρτον καὶ εὐλογήσας
Mk 14.22a ἄρτον εὐλογήσας
L 22.19a ἄρτον εὐχαριστήσας
1 C 11.24a ἄρτον |καὶ εὐχαριστήσας

M 14.19 κελευσας τους οχλους ανακλιθηναι επι του χορτου C*Wθ 1.1582
εκελευσεν τους οχλους ανακλιθηναι επι του χορτου ℵ
κελευσατε τους οχλους ανακλιθηναι επι του χορτου B
κελευσας τους οχλους ανακλιθηναι επι τους χορτους C^c EFGKYΠ 13.565
κελευσας τον οχλον ανακλιθηναι επι τον χορτον D
κελευσας τους οχλους ανακλιθηναι επι του χορτους L
κελευσας τους οχλους αναπεσειν επι τους χορτους 28
Mk 6.39 ανακλιναι ADLWYΠ
ανακλιθηναι ℵBθ 1.28.1582
ανακληθηναι 565

M 14.19 λαβων τους ... ευλογησεν BEFGKLYθΠ^c 1.13.28.565.1582
και λαβων τους ... ευλογησεν ℵ
και λαβων τους ... ηυλογησεν CW
και ελαβεν τους ... ηυλογησεν D
λαβων ... ευλογησεν Π*
Mk 6.41 ευλογησεν ℵABDYθΠ 1.565.1582
ηυλογνσεν p45 LW 28
L 9. 6 ευλογησεν αυτους BCLYθ 1.28
ηυλογησεν αυτους p45 AW
ευλογησεν ℵ
J 6.11 ελαβεν ουν p66 ABDLW
ελαβεν δε ℵ* Y 28
και λαβων θ 1.

M 14.19 - J 11.41; 17.1

M 14.19 καὶ κλάσας ἔδωκεν τοῖς μαθηταῖς τοὺς ἄρτους οἱ δὲ
Mk 6.41 καὶ κατέκλασεν τοὺς ἄρτους καὶ ἐδίδου τοῖς μαθηταῖς αὐτοῦ ἵνα
L 9.16 καὶ κατέκλασεν καὶ ἐδίδου τοῖς μαθηταῖς
J 6.11 διέδωκεν
M 15.36 ἔκλασεν καὶ ἐδίδου τοῖς μαθηταῖς, οἱ δὲ
Mk 8. 6 ἔκλασεν καὶ ἐδίδου τοῖς μαθηταῖς αὐτοῦ ἵνα
Mk 8. 7b εἶπεν καὶ ταῦτα
M 26.26a ἔκλασεν καὶ δοὺς τοῖς μαθηταῖς
Mk 14.22a ἔκλασεν καὶ ἔδωκεν αὐτοῖς
L 22.19a ἔκλασεν καὶ ἔδωκεν αὐτοῖς
1 C 11.24a ἔκλασεν

M 14.19 μαθηταὶ τοῖς ὄχλοις.
Mk 6.41 παρατιθῶσιν αὐτοῖς, καὶ τοὺς δύο
L 9.16 παραθεῖναι τῷ ὄχλῳ.
J 6.11 τοῖς ἀνακειμένοις, ὁμοίως καὶ ἐκ τῶν
M 15.36 μαθηταὶ τοῖς ὄχλοις.
Mk 8. 6 παρατιθῶσιν καὶ παρέθηκαν τῷ ὄχλῳ.
Mk 8. 7b παρατιθέναι.

M 14.20 καὶ ἔφαγον πάντες καὶ ἐχορτάσθησαν,
Mk 6.42 ἰχθύας ἐμέρισεν πᾶσιν. καὶ ἔφαγον πάντες καὶ ἐχορτάσθησαν·
L 9.17 καὶ ἔφαγον καὶ ἐχορτάσθησαν πάντες,
J 6.12 ὀψαρίων ὅσον ἤθελον. ὡς δὲ ἐνεπλήσθησαν λέγει τοῖς
M 15.37 καὶ ἔφαγον πάντες καὶ ἐχορτάσθησαν,
Mk 8. 8 καὶ ἔφαγον καὶ ἐχορτάσθησαν,

M 14.20 καὶ ἦραν τὸ περισσεῦον τῶν κλασμάτων δώδεκα
Mk 6.43 καὶ ἦραν κλάσματα δώδεκα
L 9.17 καὶ ἤρθη τὸ περισσεῦσαν αὐτοῖς κλασμάτων κόφινοι
J 6.12 μαθηταῖς αὐτοῦ, Συναγάγετε τὰ περισσεύσαντα κλάσματα, ἵνα μή τι
J 6.13 συνήγαγον οὖν, καὶ ἐγέμισαν δώδεκα
M 15.37 καὶ τὸ περισσεῦον τῶν κλασμάτων ἦραν, ἑπτὰ
Mk 8. 8 καὶ ἦραν περισσεύματα κλασμάτων ἑπτὰ

M 14.20 κοφίνους πλήρεις.
Mk 6.43 κοφίνων πληρώματα καὶ ἀπὸ τῶν ἰχθύων.
L 9.17 δώδεκα.
J 6.12 ἀπόληται.
J 6.13 κοφίνους κλασμάτων ἐκ τῶν πέντε ἄρτων τῶν κριθίνων ἃ ἐπερίσσευσαν τοῖς
M 15.37 σπυρίδας πλήρεις.
Mk 8. 8 σπυρίδας.

M 14.19 κλασας εδωκεν τοις μαθηταις ..οι δε μαθηται τοις οχλοις ℵBCDEFGKLWYΠ 1.28.565.
κλασας εδωκεν τοις μαθηταις αυτου..οι δε μαθηται τοις οχλοις Θ 13 |1582
Mk 6.41 κατεκλασεν..εδιδου τοις μαθηταις αυτου P45 ADWYΘΠ 28.565.1582
κλασας..εδιδου τοις μαθηταις ℵ
κατεκλασεν..εδιδου τοις μαθηταις B
εκλασεν..εδιδου τοις μαθηταις L
L 9.16 μαθηταις . . . τω οχλω P75 ℵABCWYΘ 1.28
μαθηταις . . . τοις οχλοις D
μαθηταις αυτου . . . τω οχλω L
J 6.11 διεδωκεν ABLW 1.
εδωκεν P66 ℵ
εδωκεν τοις μαθηταις οι δε μαθηται ℵcD
διεδωκεν τοις μαθηταις οι δε μαθηται YΘ
δεδωκε τοις μαθηταις οι δε μαθηται 28

M 14.20 εφαγον...και ηραν... των κλασματων δωδεκα κοφινους πληρεις ℵBCDKWYΘΠ 1.565.1582
εφαγων...και ηραν... των κλασματων δωδεκα κοφινους πληρης E
εφαγον...και ηραν... των κλασματων δωδεκα κοφινους πληρις F
εφαγον...και ηραν... των κλασματων δωδεκα κοφινους πληρης G 28
εφαγων...και ηραν... των κλασματων δωδεκα κοφινους πληρις L
εφαγον... ηραν... των κλασματων δωκεκα κοφινους πληρεις 13
L 9.17 αυτοις κλασματων κοφινοι δωδεκα P75 ABCLYΘ 1.
των κλασματων κοφινοι δωδεκα ℵ
των κλασματων κοφινοι δεκαδυο D
αυτων των κλασματων κοφινους δωδεκα W
αυτοις κλασματων δωδεκα κωφινοι 28

M 14.20 - 2 Kg 4.43f

33. THE FIVE THOUSAND FED Matthew 14.13-21

M 14.21 οἱ δὲ ἐσθίοντες ἦσαν ἄνδρες ὡσεὶ πεντακισχίλιοι
Mk 6.44 καὶ ἦσαν οἱ φαγόντες τοὺς ἄρτους πεντακισχίλιοι
L 9.14a ἦσαν γὰρ ὡσεὶ ἄνδρες πεντακισχίλιοι.
J 6.10b ἀνέπεσαν οὖν οἱ ἄνδρες τὸν ἀριθμὸν ὡς πεντακισχίλιοι.
J 6.13 βεβρώκοσιν.
M 15.38 οἱ δὲ ἐσθίοντες ἦσαν τετρακισχίλιοι
Mk 8. 9a ἦσαν δὲ ὡς τετρακισχίλιοι.

M 14.21 χωρὶς γυναικῶν καὶ παιδίων.
Mk 6.44 ἄνδρες.
M 15.38 ἄνδρες χωρὶς γυναικῶν καὶ παιδίων.

34. WALKING ON THE WATER

Matthew 14.22-33

M 14.22 Καὶ εὐθέως ἠνάγκασεν τοὺς μαθητὰς
Mk 6.45 Καὶ εὐθὺς ἠνάγκασεν τοὺς μαθητὰς αὐτοῦ
J 6.16b,17a κατέβησαν οἱ μαθηταὶ αὐτοῦ ἐπὶ τὴν θάλασσαν, |καὶ

M 14.22 ἐμβῆναι εἰς τὸ πλοῖον καὶ προάγειν αὐτὸν εἰς τὸ πέραν,
Mk 6.45 ἐμβῆναι εἰς τὸ πλοῖον καὶ προάγειν εἰς τὸ πέραν πρὸς
J 6.17a ἐμβάντες εἰς πλοῖον ἤρχοντο πέραν τῆς θαλάσσης εἰς

M 14.21 εσθιοντες..ανδρες ωσει πεντακισχιλιοι χωρις γυναικων και παιδιων ℵBCEFGKΠ 13.28.
αισθιωντες..ανδρες ως πεντακισχειλιοι χωρις παιδιων και γυναικων D* |565
εσθιοντες..ανδρες ως πεντακισχειλιοι χωρις παιδιων και γυναικων D^c
εσθιοντες..ανδρες ωσει πεντακισχιλιοι χωρις γυναικων και πεδιων L
εσθιοντες..ανδρες πεντακισχειλιοι χωρις γυναικων και παιδιων W
εσθιοντες..ανδρες ωσει πεντασκισχιλιοι χωρις γυναικων και παιδιων Y
εσθιοντες..ανδρες ως πετακεισχειλιοι χωρις παιδιων και γυναικων Θ
εσθιοντες..ανδρες ως πεντακισχιλιοι χωρις παιδιων και γυναικων 1.1582
Mk 6.44 τους αρτους πεντακισχιλιοι ανδρες ABLYΠ
πεντακισχειλιοι ανδρες p45
ως πεντακισχιλιοι ανδρες ℵ
πεντακισχιλιοι ανδρες D 1.1582
πεντακεισχειλιοι ανδρες W
ως πεντακισχειλιοι ανδρες Θ
ωσει πεντακισχειλιοι ανδρες 28
ως πεντακισχιλιοι 565
L 9.14 ωσει ανδρες ℵABCLWYΘ 28
ανδρες ως D
ανδρες ωσει 1.
J 6.10 οι ανδρες..ως πεντακισχιλιοι ℵ^cB
ανδρες..ωσει πεντακισχιλιοι p66 1.
οι ανδρες..ως τρισχιλιοι ℵ*
ανδρες..ως πεντακισχιλιοι DL
ανδρες..ως πεντακισχειλιοι W
οι ανδρες..ωσει πεντακισχειλιοι Θ 28
M 14.22 ευθεως ηναγκασεν ..μαθητας εμβηναι εις το πλοιον..προαγειν αυτον ℵ^cW
ηναγκασεν ..μαθητας εμβηναι εις το πλοιον..προαγειν αυτον ℵ*C*
ευθεως ηναγκασεν ..μαθητας αυτου εμβηναι εις πλοιον..προαγειν αυτον B
ευθεως ηναγκασεν ο Ιησους..μαθητας εμβηναι εις το πλοιον..προαγειν αυτον C^cGY
ευθεως ηναγκασεν ..μαθητας ενβηναι εις το πλοιον..προαγειν D
ευθεως ηναγκασεν ο Ιησους..μαθητας αυτου εμβηναι εις το πλοιον..προαγειν αυτον EFKΘ^cΠ 13
ευθεως ηναγκασεν ο Ιησους..μαθητας εμβηναι εις το πλοιων..προαγειν αυτον L
ευθεως ηναγκασεν ..μαθητας αυτου εμβηναι εις το πλοιον..προαγειν αυτον Θ*
ευθεως ηναγκασεν ..μαθητας εμβηναι εις πλοιον..προαγειν αυτον 1.1582
ευθεως ηναγκασεν ο Ιησους..μαθητας ενβηναι εις το πλοιον..προαγειν αυτον 28
ευθεως ηναγκασεν ο Ιησους..μαθητας αυτου εμβηναι εις πλοιον..προαγειν αυτον 565
Mk 6.45 ευθυς ηναγκασεν ..μαθητας αυτου εμβηναι εις το πλοιον..προαγειν BL
ευθυς ηναγκασεν ..μαθητας αυτου εμβηναι εις πλοιον..προαγειν ℵ
ευθεως ηνεγκασεν ..μαθητας αυτου εμβηναι εις το πλοιον..προαγειν A
ευθυς ηναγκασεν ..μαθητας αυτου ενβηναι εις το πλοιον..προαγειν W
ευθεως ηναγκασεν ..μαθητας αυτου εμβηναι εις το πλοιον..πραγειν YΠ
ευθυς ηναγκασεν ..μαθητας αυτου ενβηναι εις πλοιον..προαγιν αυτον Θ
ευθεως ηναγκασεν ..μαθητας αυτου εμβηναι εις πλοιον..προαγειν αυτον 1.565
ευθυς ηναγκασεν ..μαθητας αυτου εμβηναι εις το πλοιον..προαγειν αυτον 28
ευθυς ηναγκασεν ..μαθητας αυτου εμβηναι εις πλοιον..προαγειν 1582
J 6.17 εις πλοιον p75 ℵBL
εις το πλοιον ADWYΘ 1.28

34. WALKING ON THE WATER Matthew 14.22-33

M 14.23 ἕως οὗ ἀπολύσῃ τοὺς ὄχλους. καὶ ἀπολύσας τοὺς
Mk 6.46 Βηθσαϊδάν, ἕως αὐτὸς ἀπολύει τὸν ὄχλον. καὶ ἀποταξάμενος
J 6.15 Ἰησοῦς οὖν γνοὺς ὅτι μέλλουσιν ἔρχεσθαι καὶ ἁρπάζειν αὐτὸν ἵνα ποιήσωσιν
J 6.17a Καφαρναούμ.
L 6.12 Ἐγένετο δὲ ἐν ταῖς ἡμέραις

M 14.23 ὄχλους ἀνέβη εἰς τὸ ὄρος κατ' ἰδίαν προσεύξασθαι. ὀψίας δὲ
Mk 6.47 αὐτοῖς ἀπῆλθεν εἰς τὸ ὄρος προσεύξασθαι. καὶ ὀψίας
J 6.16a βασιλέα ἀνεχώρησεν πάλιν εἰς τὸ ὄρος αὐτὸς μόνος. Ὡς δὲ ὀψία
L 6.12 ταύταις ἐξελθεῖν αὐτὸν εἰς τὸ ὄρος προσεύξασθαι, καὶ ἦν

M 14.24 γενομένης μόνος ἦν ἐκεῖ. τὸ δὲ πλοῖον ἤδη σταδίους πολλοὺς
Mk 6.47 γενομένης ἦν τὸ πλοῖον ἐν μέσῳ τῆς θαλάσσης, καὶ αὐτὸς
J 6.16a ἐγένετο
L 6.12 διανυκτερεύων ἐν τῇ προσευχῇ τοῦ θεοῦ.

M 14.24 ἀπὸ τῆς γῆς ἀπεῖχεν, βασανιζόμενον ὑπὸ τῶν κυμάτων, ἦν
Mk 6.48 μόνος ἐπὶ τῆς γῆς. καὶ ἰδὼν αὐτοὺς βασανιζομένους ἐν τῷ ἐλαύνειν, ἦν
J 6.18 ἥ τε θάλασσα

M 14.25 γὰρ ἐναντίος ὁ ἄνεμος. τετάρτῃ δὲ φυλακῇ τῆς νυκτὸς
Mk 6.48 γὰρ ὁ ἄνεμος ἐναντίος αὐτοῖς, περὶ τετάρτην φυλακὴν τῆς νυκτὸς
J 6.17b ἀνέμου μεγάλου πνέοντος διεγείρετο. καὶ σκοτία ἤδη

M 14.22 εως ου απολυση τους οχλους ℵBCDEF^{c}GLWYΘΠ 1.13.565.1582
εως ου απολυση τον οχλον F*
εως ου απολυσει τους οχλους K 28
Mk 6.45 εως αυτος απολυει τον οχλον ℵB
εως αυτος απολυση τον οχλον P^{45} AYΠ
εως αν αυτος απολυση τον οχλον Θ
εως αυτος απολυει τους οχλους 1.
εως αυτος απολυσει τον οχλον 28
αυτος δε απελυσεν τους οχλους 565
εως αυτος απολυσει τους οχλους 1582

M 14.23 απολυσας τους οχλους...κατ ιδιαν...γενομενης μονος ℵ^{c}BCEGKLWYΘΠ 1.13.28.565.1582
...κατ ιδιαν...γενομενης μονος ℵ*
απολυσας τους οχλους...καθ ιδιαν...γενομενης μονος D
απολυσας τους οχλους...κατ ιδιαν...γενομενης F

M 14.24 ηδη σταδιους πολλους απο της γης απειχεν..ην γαρ εναντιος ο ανεμος B 13
ηδη μεσον της θαλασσης ην..ην γαρ εναντιος ο ανεμος ℵCEFGLWYΠ 1.565.
ην εις μεσον της θαλασσης ..η γαρ εναντιος ο ανεμος D |1582
ηδη μεσον της θαλασις ην..ην γαρ εναντιος ο ανεμος K*
ηδη μεσον της θαλασσις ην..ην γαρ εναντιος ο ανεμος K^{c}
ηδη απιχεν απο της γης σταδιους ικανους..ην γαρ εναντιος ο ανεμος αυτοις Θ
μεσων της θαλασσης ην..ην γαρ εναντιος ο ανεμος 28
Mk 6.48 ην γαρ ο ανεμος εναντιος P^{45} BDLWYΘΠ 28.565
ην γαρ εναντιος ο ανεμος ℵA 1.1582*

M 14.25 τεταρτη δε φυλακη ℵBCFGLYΘΠ 1.13.28.565.1582
τεταρτης δε φυλακης D
τεταρτι δε φυλακη EK
τεταρτη ουν φυλακη W

M 14.23 - L 9.28 | M 14.24 - M 8.24

34. WALKING ON THE WATER Matthew 14.22-33

M 14.25	ἦλθεν πρὸς αὐτοὺς περιπατῶν ἐπὶ τὴν θάλασσαν.
Mk 6.48	ἔρχεται πρὸς αὐτοὺς περιπατῶν ἐπὶ τῆς θαλάσσης·
J 6.17b	ἐγεγόνει καὶ οὔπω ἐληλύθει πρὸς αὐτοὺς ὁ Ἰησοῦς,

M 14.26	οἱ δὲ μαθηταὶ ἰδόντες αὐτὸν
Mk 6.49a	καὶ ἤθελεν παρελθεῖν αὐτούς. οἱ δὲ ἰδόντες αὐτὸν
J 6.19	ἐληλακότες οὖν ὡς σταδίους εἴκοσι πέντε ἢ τριάκοντα θεωροῦσιν τὸν Ἰησοῦν

M 14.26	ἐπὶ τῆς θαλάσσης περιπατοῦντα
Mk 6.50a	ἐπὶ τῆς θαλάσσης περιπατοῦντα |πάντες γὰρ αὐτὸν εἶδον καὶ
J 6.19	περιπατοῦντα ἐπὶ τῆς θαλάσσης καὶ ἐγγὺς τοῦ πλοίου γινόμενον, καὶ

M 14.26	ἐταράχθησαν λέγοντες ὅτι Φάντασμά ἐστιν, καὶ ἀπὸ τοῦ φόβου ἔκραξαν.
Mk 6.49b	ἐταράχθησαν. |ἔδοξαν ὅτι φάντασμά ἐστιν, καὶ ἀνέκραξαν·
J 6.19	ἐφοβήθησαν.

M 14.27	εὐθὺς δὲ ἐλάλησεν ὁ Ἰησοῦς αὐτοῖς λέγων, Θαρσεῖτε, ἐγώ εἰμι·
Mk 6.50b	ὁ δὲ εὐθὺς ἐλάλησεν μετ' αὐτῶν, καὶ λέγει αὐτοῖς, Θαρσεῖτε, ἐγώ εἰμι·
J 6.20	ὁ δὲ λέγει αὐτοῖς, Ἐγώ εἰμι,

M 14.27	μὴ φοβεῖσθε.
Mk 6.50b	μὴ φοβεῖσθε.
J 6.20	μὴ φοβεῖσθε.

M 14.25	ηλθεν προς αυτους περιπατων επι την θαλασσαν	ℵB 1.1582
	απηλθεν προς αυτους περιπατων επι της θαλασσης	C*
	ηλθεν προς αυτους ο Ιησους περιπατων επι της θαλασσης	C^c 565
	απηλθεν περιπατων προς αυτους επι της θαλασσης	D
	απηλθεν προς αυτους ο Ιησους περιπατων επι της θαλασσης	EFGKYΠ
	απηλθεν προς αυτους ο Ιησους περιπατον επι της θαλασσης	L
	απηλθεν προς αυτους περιπατων επι την θαλασσαν	W
	ηλθεν προς αυτους ο Ιησους περιπατων επι την θαλασσαν	θ 13
	απηλθεν ο Ιησους προς αυτους περιπατων επι της θαλασσης	28
Mk 6.48	προς αυτους περιπατων επι της θαλασσης	ℵALYΠ 28
	προς αυτους περιπαντων επι της θαλασσης	B
	ο Ιησους περιπατων επι της θαλασσης	D
	περιπατων επι της θαλασσης	W 565
	περηπατων επι της θαλασσης	θ

M 14.26	οι δε μαθηται ιδοντες αυτον επι της θαλασσης περιπατουντα	$ℵ^c$BD
	ιδοντες δε αυτον επι της θαλασσης περιπατουντα	ℵ*
	και ιδοντες αυτον οι μαθηται επι της θαλασσης περιπατουντα	C 28.1582^c
	και ιδοντες αυτον οι μαθηται επι την θαλασσαν περιπατουντα	EFGKLWYΠ 565
	ιδοντες δε αυτον περιπατουντα επι της θαλασσης	θ
	και ιδοντες αυτον επι της θαλασσης περιπατουντα	1.1582*
	οι δε μαθηται ιδοντες αυτον περιπατουντα επι της θαλασσης	13
Mk 6.19	περιπατουντα επι της θαλασσης	ℵBADLWYθ 1.28
	περιπατουντα επι την θαλασσαν	p^{75}

M 14.27	ευθυς δε...ο Ιησους αυτοις...θαρσειτε εγω ειμι μη φοβεισθε	
	ευθυς δε... αυτοις...θαρσιτε εγω ειμι μη φοβισθε	ℵ*
	ευθυς δε...ο Ιησους αυτοις...θαρσιτε εγω ειμι μη φοβισθε	$ℵ^c$
	ευθυς δε... αυτοις...θαρσειτε εγω ειμι μη φοβεισθε	B
	ευθεως δε...αυτοις ο Ιησους...θαρσειτε εγω ειμι μη φοβεισθαι	C 28
	ευθυς δε... αυτοις...θαρρειτε εγω ειμει μη φοβεισθαι	D
	ευθεως δε...αυτοις ο Ιησους...θαρσειτε εγω ειμι μη φοβησθε	E* 565
	ευθεως δε...αυτοις ο Ιησους...θαρσειτε εγω ειμι μη φοβεισθε	E^cFGKLYΠ 1.1582
	ευθεως δε...αυτοις ο Ιησους...θαρσειται εγω ειμι μη φοβισθαι	W
	ευθυς δε...αυτοις ο Ιησους...θαρσειται εγω ειμει μη φωβεισθαι	θ
	ευθυς δε...αυτοις ο Ιησους...θαρσειτε εγω ειμι μη φοβεισθε	13
Mk 6.50	ο δε ευθυς	ℵBL
	ευθυς δε	θ
	ευθεως δε	565

M 14.25 - Ps 77.20; Jb 9.8; Is 43.16 | M 14.26 - L 24.37; Ac 12.15

M 14.28 ἀποκριθεὶς δὲ αὐτῷ ὁ Πέτρος εἶπεν, Κύριε, εἰ σὺ εἶ, κέλευσόν με ἐλθεῖν
M 14.29 πρός σε ἐπὶ τὰ ὕδατα· ὁ δὲ εἶπεν, Ἐλθέ. καὶ καταβὰς ἀπὸ τοῦ πλοίου
M 14.30 ὁ Πέτρος περιεπάτησεν ἐπὶ τὰ ὕδατα καὶ ἦλθεν πρὸς τὸν Ἰησοῦν. βλέπων
M 14.30 δὲ τὸν ἄνεμον ἰσχυρὸν ἐφοβήθη, καὶ ἀρξάμενος καταποντίζεσθαι ἔκραξεν
M 14.31 λέγων, Κύριε, σῶσόν με. εὐθέως δὲ ὁ Ἰησοῦς ἐκτείνας τὴν χεῖρα ἐπελάβετο
M 14.31 αὐτοῦ καὶ λέγει αὐτῷ, Ὀλιγόπιστε, εἰς τί ἐδίστασας;

M 14.32 καὶ ἀναβάντων αὐτῶν εἰς τὸ πλοῖον ἐκόπασεν ὁ ἄνεμος.
Mk 6.51 καὶ ἀνέβη πρὸς αὐτοὺς εἰς τὸ πλοῖον, καὶ ἐκόπασεν ὁ ἄνεμος.
J 6.21 ἤθελον οὖν λαβεῖν αὐτὸν εἰς τὸ πλοῖον, καὶ εὐθέως ἐγένετο τὸ

M 14.33 οἱ δὲ ἐν τῷ πλοίῳ προσεκύνησαν αὐτῷ λέγοντες,
Mk 6.52 καὶ λίαν ἐκ περισσοῦ ἐν ἑαυτοῖς ἐξίσταντο, |οὐ γὰρ συνῆκαν ἐπὶ τοῖς
J 6.21 πλοῖον ἐπὶ τῆς γῆς εἰς ἣν ὑπῆγον.

M 14.33 Ἀληθῶς θεοῦ υἱὸς εἶ.
Mk 6.52 ἄρτοις, ἀλλ᾽ ἦν αὐτῶν ἡ καρδία πεπωρωμένη.

M 14.28 αποκριθεις..αυτω ο Πετρος ειπεν Κυριε ει συ ει κελευσον με ελθειν προς σε EW 1.13.1582
αποκριθεις..αυτω ο Πετρος ειπεν ει συ ει Κυριε κελευσον με ελθειν προς σε ℵ
αποκριθεις..ο Πετρος ειπεν αυτω Κυριε ει συ ει κελευσον με ελθειν προς σε B
αποκριθεις..αυτω ο Πετρος ειπεν Κυριε ει συ ει κελευσον μοι ελθειν προς σε C
αποκριθεις..αυτω Πετρος ειπεν Κυριε ει συ ει κελευσον με ελθειν προς σε D
αποκριθεις..αυτω ο Πετρος ειπεν Κυριε ει συ ει κελευσον με προς σε ελθειν FGKLYΠ 28.565
αποκριθει ..αυτω ο Πετρος ειπεν Κυριε ει συ ει καιελευσον με ελθειν προς σε θ

M 14.29 ο Πετρος ... και ηλθεν C*
Πετρος ... ελθειν ηλθεν ουν ℵ*
Πετρος ... ελθειν ℵ^{c}D
Πετρος ... και ηλθεν B
ο Πετρος ... ελθειν C^{c}EFGKLWYΠ 1.13.28.565.1582
ο Πετρος ... ελθην θ

M 14.30 ανεμον ισχυρον εφοβηθη ...εκραξεν ...σωσον με CDEFGKLYθ^{c}Π 13.28.1582^{c}
ανεμον εφοβηθη ...εκραξεν ...σωσον με ℵB
ανεμον ισχυρον σφοδρα εφοβηθη ελθειν...εκραξεν ...σωσον με W
ανεμων ισχυρον εφοβηθη ...εκραξεν ...σωσον με θ*
ανεμον ισχυρον εφοβηθη ...εκραξεν ...σωσον 1.1582*
ανεμον ισχυρον εφοβηθη ...εκραυγαζεν...σωσον με 565

M 14.31 ευθεως δε ο Ιησους BCE^{c}FGKLWYΠ 1.13.28.565.1582
ευθυς δε ο Ιησους ℵθ
ευθεως δε Ιησους D
ευθεως δε E*

M 14.32 αναβαντων ℵBDθ 13
εμβαντων CEFGKLYΠ 1.28.565.1582
ενβαντων W

M 14.33 τω πλοιω ... θεου υιος ει ℵBC^{c} 1.1582
τω πλοιω ελθοντες ... θεου υιος ει C*
τω πλοιω ελθοντες ... υιος θεου ει συ D
τω πλοιω ελθοντες ... θεου υιος ει EFGKWYΠ 565
το ποιω ... θεου υιος ει L
τω πλοιω προσελθοντες ... θεου υιος ει θ 13
τω πλοιω οντες ... θεου υιος ει 28

M 14.28 - L 22.33 | M 14.29 - J 21.7 | M 14.31 - M 6.30; 8.26; 28.17 | M 14.32 - Mk 4.39
M 14.33 - M 16.16; 26.63; 27.54; Mk 14.61; 15.39; L 22.70; J 1.49

35. HEALING AT GENNESARET

Matthew 14.34-36

M 14.34 Καὶ διαπεράσαντες ἦλθον ἐπὶ τὴν γῆν εἰς Γεννησαρέτ.
Mk 6.53 Καὶ διαπεράσαντες ἐπὶ τὴν γῆν ἦλθον εἰς Γεννησαρὲτ καὶ προσωρμίσθησαν.

M 14.35 καὶ ἐπιγνόντες αὐτὸν οἱ ἄνδρες τοῦ
Mk 6.54 καὶ ἐξελθόντων αὐτῶν ἐκ τοῦ πλοίου εὐθὺς ἐπιγνόντες αὐτὸν

M 14.35 τόπου ἐκείνου ἀπέστειλαν εἰς ὅλην τὴν περίχωρον ἐκείνην, καὶ προσήνεγκαν
Mk 6.55 |περιέδραμον ὅλην τὴν χώραν ἐκείνην καὶ ἤρξαντο ἐπὶ

M 14.35 αὐτῷ πάντας τοὺς κακῶς ἔχοντας,
Mk 6.55 τοῖς κραβάττοις τοὺς κακῶς ἔχοντας περιφέρειν ὅπου ἤκουον ὅτι ἐστίν.

Mk 6.56 και οπου αν εισεπορευετο εις κωμας η εις πολεις η εις αγρους εν ταις αγοραις ετιθεσαν
Mk 6.56 τους ασθενουντας,

M 14.34	ηλθον επι την γην εις Γεννησαρετ	ℵBW
	ηλθον επι την γην Γεννησαρετ	C
	ηλθον επι την γην εις Γεννησαρ	D*
	ηλθον επι την γην εις Γεννησαρατ	D^{c}
	ηλθον εις την γην Γεννησαρεθ	EGKYΠ
	ηλθον εις την γην Γενησαρεθ	FL 565
	ηλθον επι την γην εις Γεννησαρεθ	Θ
	ηλθον εις την γην Γεννησαρετ	1.1582
	ηλθον επι την γην Γεννησαρεθ	13
Mk 6.53	επι την γην ηλθον εις Γεννησαρετ και προσωρμισθησαν	ℵB^{c}L
	ηλθον επι την γην Γεννησαρετ και προσωρμισθησαν	A
	επι την γην ηλθον εις Γεννησαρεθ και προσωρμισθησαν	B*
	ηλθον επι την γην Γεννησαρ	D
	ηλθαν επι την γην εις Γεννησαρετ	W
	ηλθον επι την γην Γεννησαρεθ και προσωρμισθησαν	YΠ
	ηλθον επι την γην εις Γεννησαρεθ	Θ
	ηλθον επι την γην Γεννησαρεθ	1.565
	ηλθον επι την γην εις Γεννησαρετ	28
	ηλθον επι την γην Γεννησαρετ	1582

M 14.35	επιγνοντες αυτον οι ανδρες του τοπου εκεινου απεστειλαν	BCDEFGKLYΠ 1.565.1582
	επιγνοντες αυτον οι ανδρες του τοπου απεστειλαν	ℵ
	επιγνοντες αυτον οι ανδρες του τοπου εκεινου απεστιλον	W
	επιγνοντες αυτον οι ανδρες εκεινου του τοπου απεστειλαν	Θ
	επιγνωντες αυτον οι ανδρες εκεινου του τοπου απεστειλαν	13
Mk 6.54	επιγνοντες αυτον	ℵBYΘΠ
	επιγνοντες αυτον οι ανδρες του τοπου εκεινου	A 1.1582
	επιγνοντες αυτον οι ανδρες του τοπου	W
	επιγνωντες αυτον οι ανδρες του τοπου	28
	επεγνωσαν αυτον οι ανδρες του τοπου	565

M 14.35	ολην την περιχωρον εκεινην	all texts
Mk 6.55	ολην την χωραν εκεινην	ℵBLΘ
	ολην την περιχωρον εκεινον	ADWYΠ 1.28.565.1582

35. HEALING AT GENNESARET Matthew 14.34-36

M 14.36	|καὶ παρεκάλουν αὐτὸν ἵνα μόνον ἅψωνται τοῦ κρασπέδου τοῦ ἱματίου αὐτοῦ·
Mk 6.56	καὶ παρεκάλουν αὐτὸν ἵνα κἂν τοῦ κρασπέδου τοῦ ἱματίου αὐτοῦ ἅψωνται·
L 6.19	καὶ πᾶς ὁ ὄχλος ἐζήτουν ἅπτεσθαι αὐτοῦ,

M 14.36	καὶ ὅσοι ἥψαντο διεσώθησαν.
Mk 6.56	καὶ ὅσοι ἂν ἥψαντο αὐτοῦ ἐσῴζοντο.
L 6.19	ὅτι δύναμις παρ' αὐτοῦ ἐξήρχετο καὶ ἰᾶτο πάντας.

36. A QUESTION OF DEFILEMENT

Matthew 15.1-20

M 15. 1	Τότε προσέρχονται τῷ Ἰησοῦ ἀπὸ Ἱεροσολύμων Φαρισαῖοι καὶ
Mk 7. 1	Καὶ συνάγονται πρὸς αὐτὸν οἱ Φαρισαῖοι καὶ τινες τῶν
L 11.37	Ἐν δὲ τῷ λαλῆσαι ἐρωτᾷ αὐτὸν Φαρισαῖος ὅπως ἀριστήσῃ

M 15. 1	γραμματεῖς
Mk 7. 2	γραμματέων ἐλθόντες ἀπὸ Ἱεροσολύμων |καὶ ἰδόντες τινὰς τῶν
L 11.37	παρ' αὐτῷ· εἰσελθὼν δὲ ἀνέπεσεν.

Mk 7. 3	μαθητων αυτου οτι κοιναις χερσιν, τουτ εστιν ανιπτοις, εσθιουσιν τους αρτους |--οι γαρ
Mk 7. 3	Φαρισαιοι και παντες οι Ιουδαιοι εαν μη πυγμη νιψωνται τας χειρας ουκ εσθιουσιν, κρα-
Mk 7. 4	τουντες την παραδοσιν των πρεσβυτερων, |και απ αγορας εαν μη βαπτισωνται ουκ εσθιουσιν,
Mk 7. 4	και αλλα πολλα εστιν α παρελαβον κρατειν, βαπτισμους ποτηριων και ξεστων και χαλκιων
Mk 7. 4	και κλινων--

M 15. 2	λέγοντες, |Διὰ τί
Mk 7. 5	|καὶ ἐπερωτῶσιν αὐτὸν οἱ Φαρισαῖοι καὶ οἱ γραμματεῖς, Διὰ τί οὐ περι-

---

M 14.36	αυτον ινα	... αφωνται	... οσοι	... διεσωθησαν	B[c]D
	αυτον ινα	... αφωνται	... οσοι	... εσωθησαν	א
	ινα	... αφωνται	... οσοι	... διεσωθησαν	B*
	αυτον ινα	... αφωνται	... οσοι αν	... διεσωθησαν	C
	αυτον ινα	... αφονται	... οσοι	... διεσωθησαν	E
	αυτον ινα	... αφωνται	... οσοι	... διεσωθησαν	FGKLYΠ 565
	αυτον ινα	... αφωνται	... οσοι	... διελωθησαν	W
	αυτον ινα καν	... αφωνται	... οσοι	... διεσωθησαν	Θ 1582
	αυτον ινα καν	... αφονται	... οσοι	... διεσωθησαν	1.13
Mk 6.56				εσωζοντο	אABDLWY
				διεσωζοντο	1.1582
				εσωθησαν	565

M 15. 1	προσερχονται	τω Ιησου	απο Ιεροσολυμων Φαρισαιοι και γραμματεις	אBD[c]
	προσερχονται	τω Ιησου οι	απο Ιεροσολυμων γραμματεις και Φαρισαιοι	CEFGKLΠ
	προερχονται	προς αυτον	απο Ιεροσολυμων Φαρισαιοι και γραμματεις	D*
	προσερχονται	τω Ιησου οι	απο Ιεροσολυμων γραμματις και Φαρισαιοι	W
	προσερχονται	τω Ιησου	απο Ιεροσολυμων γραμματεις και Φαρισαιοι	Y
	προσερχονται	το Ιησου	απο Ιεροσολυμων Φαρισαιοι και γραματεις	Θ
	προσερχονται	αυτω	Φαρισαιοι και γραμματεις απο Ιεροσολυμων	1.1582
	προσερχονται	τω Ιησου οι	απο Ιεροσολυμων Φαρισαιοι και γραμματεις	13.565
Mk 7. 1			οι Φαρισαιοι	אABDLWYΘΠ 28
			Φαρισαοοι	1.565.1582

M 14.36 - M 9.20f; Mk 5.27f; L 8.44; Nu 15.38 | M 15. 1 - J 1.19

M 15. 2 οἱ μαθηταί σου παραβαίνουσιν τὴν παράδοσιν τῶν πρεσβυτέρων;
Mk 7. 5 πατοῦσιν οἱ μαθηταί σου κατὰ τὴν παράδοσιν τῶν πρεσβυτέρων,
L 11.38 ὁ δὲ Φαρισαῖος ἰδὼν ἐθαύμασεν ὅτι

M 15. 2 οὐ γὰρ νίπτονται τὰς χεῖρας αὐτῶν ὅταν ἄρτον ἐσθίωσιν.
Mk 7. 5 ἀλλὰ κοιναῖς χερσὶν ἐσθίουσιν τὸν ἄρτον;
L 11.38 οὐ πρῶτον ἐβαπτίσθη πρὸ τοῦ ἀρίστου.

M 15. 3 ὁ δὲ ἀποκριθεὶς εἶπεν αὐτοῖς, Διὰ τί καὶ ὑμεῖς παραβαίνετε τὴν
Mk 7. 9 Καὶ ἔλεγεν αὐτοῖς, Καλῶς ἀθετεῖτε τὴν
L 11.39 εἶπεν δὲ ὁ κύριος πρὸς αὐτόν, Νῦν ὑμεῖς οἱ Φαρισαῖοι τὸ

M 15. 4 ἐντολὴν τοῦ θεοῦ διὰ τὴν παράδοσιν ὑμῶν; ὁ γὰρ θεὸς εἶπεν,
Mk 7.10 ἐντολὴν τοῦ θεοῦ, ἵνα τὴν παράδοσιν ὑμῶν στήσητε. Μωϋσῆς γὰρ εἶπεν,
L 11.39 ἔξωθεν τοῦ ποτηρίου καὶ τοῦ πίνακος καθαρίζετε, τὸ δὲ ἔσωθεν ὑμῶν γέμει

M 15. 4 Τίμα τὸν πατέρα καὶ τὴν μητέρα, καί, Ὁ κακολογῶν πατέρα ἢ μητέρα
Mk 7.10 Τίμα τὸν πατέρα σου καὶ τὴν μητέρα σου, καί, Ὁ κακολογῶν πατέρα ἢ μητέρα
L 11.39 ἁρπαγῆς καὶ πονηρίας.

M 15. 5 θανάτῳ τελευτάτω· ὑμεῖς δὲ λέγετε, Ὃς ἂν εἴπῃ τῷ πατρὶ ἢ τῇ
Mk 7.11 θανάτῳ τελευτάτω· ὑμεῖς δὲ λέγετε, Ἐὰν εἴπῃ ἄνθρωπος τῷ πατρὶ ἢ τῇ

M 15. 5 μητρί, Δῶρον ὃ ἐὰν ἐξ ἐμοῦ ὠφεληθῇς,
Mk 7.11 μητρί, Κορβᾶν, ὅ ἐστιν, Δῶρον, ὃ ἐὰν ἐξ ἐμοῦ ὠφεληθῇς,

---

M 15. 2 μαθηται..παραδοσιν..νιπτονται..χειρας αυτων.. αρτον εσθιωσιν EF^c^Gθ
μαθηται..παραδοσιν..νιπτονται..χειρας .. αρτον εσθιωσιν ℵB 1.1582
μαται ..παραδοσιν..νιπτονται..χειρας αυτων.. αρτον εσθιωσιν C
μαθηται..παραδοσιν..νιπτοντε ..χειρας αυτων.. αρτον εσθιωσιν D
μαθηται..παραδωσιν..νιπτονται..χειρας αυτων.. αρτον εσθιωσιν F*
μαθηται..παραδοσιν..νιπτοντε ..χειρας αυτων.. αρτον εσθιοσιν K
μαθηται..παραδωσιν..νιπτοντε ..χειρας αυτων.. αρτον εσθιωσιν L
μαθηται..παραδοσιν..νιπτονται..χειρας αυτων.. αρτον εσθιουσιν W
μαθηται..παραδοσιν..νιπτονται..χειρας αυτων..τον αρτον εσθιωσιν YΠ 565
μαθηται..παραδοσιν..νιπτωνται..χειρας αυτων.. αρτον εσθιωσιν 13

M 15. 3 ειπεν αυτοις δια τι και υμεις παραβαινετε ℵ^c^BCFGKYΠ 1.565.1582
ειπεν αυτοις δια τι υμεις παραβαινετε ℵ*
ειπεν δια τι και υμεις παραβαιναι D*
ειπεν αυτοις δια τι και υμεις παραβαινεται EWθ 13
ειπεν αυτοις δια τι και υμεις παραβενετε L

M 15. 4 ειπεν...πατερα ...μητερα ...ο κακολογων ℵ^c^BD 1.1582
ενετειλατο λεγων...πατερα ...μητερα ...ο κακολογων ℵ*C*EFG
ενετειλατο λεγων...πατερα σου...μητερα ...ο κακολογων C^c^KYΠ 13.565
ενετειλατο λεγων...πατερα σου...μητερα ...ο καιολογων L
ενετιλατο λεγων...πατερα σου...μητερα σου...ο κακολογων W
ειπεν...πατερα σου...μητερα ...ο κακολογων θ

M 15. 5 ος εαν ειπη ... ο εαν ... ωφεληθης ℵ^c^BCEFKΠ 565
ος εαν ειπη ... ο εαν ... ωφεληθης ουδεν εστιν ℵ*
ος δ αν ειπη ... ο δ αν ... ωφεληθης D*
ος δ αν ειπη ... ο αν ... ωφεληθης D^c^
ος αν ειπη ... ο εαν ... ωφελης G
ος εαν ειπη ... ο εαν ... ωφεληθης LY
ος εαν ειπη ... ο αν ... ωφεληθης W
ος αν ειπη ... ο αν ... ωφηληθης θ
ος αν ειπη ... ο αν ... ωφεληθης 1.1582
ος δ αν ειπη ... ο εαν ... ωφεληθης 13
Mk 7.11 εαν ειπη ... ο εαν ℵBLYθΠ 1.1582
ος αν ειπη ... ο εαν A
εαν ειπη ... ο αν DW 28

M 15. 2 - Co 2.8 M 15. 4 - Ex 20.12; Dt 5.16; M 19.19; Mk 10.19; L 18.20; E 6.2; Ex 21.17; Lv 20.9
M 15. 5 - Pr 28.24; 1 Ti 5.8

M 15. 6 | οὐ μὴ τιμήσει τὸν πατέρα αὐτοῦ· καὶ
Mk 7.12 | οὐκέτι ἀφίετε αὐτὸν οὐδὲν ποιῆσαι τῷ πατρὶ ἢ τῇ μητρί,

M 15. 6 ἠκυρώσατε τὸν λόγον τοῦ θεοῦ διὰ τὴν παράδοσιν ὑμῶν.
Mk 7.13 | ἀκυροῦντες τὸν λόγον τοῦ θεοῦ τῇ παραδόσει ὑμῶν ᾗ παρεδώκατε· καὶ

M 15. 7 ὑποκριταί, καλῶς ἐπροφήτευσεν περὶ ὑμῶν Ἠσαΐας
Mk 7. 6 ὁ δὲ εἶπεν αὐτοῖς, Καλῶς ἐπροφήτευσεν Ἠσαΐας περὶ ὑμῶν τῶν ὑποκριτῶν,
Mk 7.13 παρόμοια τοιαῦτα πολλὰ ποιεῖτε.

M 15. 7 λέγων,
Mk 7. 6 ὡς γέγραπται ὅτι

M 15. 8 Ὁ λαὸς οὗτος τοῖς χείλεσίν με τιμᾷ,
Mk 7. 6 Οὗτος ὁ λαὸς τοῖς χείλεσίν με τιμᾷ,

M 15. 8 ἡ δὲ καρδία αὐτῶν πόρρω ἀπέχει ἀπ' ἐμοῦ·
Mk 7. 6 ἡ δὲ καρδία αὐτῶν πόρρω ἀπέχει ἀπ' ἐμοῦ·

M 15. 6	ου μη τιμησει τον πατερα αυτου		...τον λογον	BD
	ου μη τιμηση τον πατερα αυτου		...τον νομον	א*
	ου μη τιμηση τον πατερα αυτου		...τον λογον	א^{c}
	ου μη τιμησει τον πατερα αυτου η	την μητερα αυτου	...τον νομον	C
	και ου μη τημηση τον πατερα αυτου η	την μητερα αυτου	...την εντολην	E*
	και ου μη τημησει τον πατερα αυτου η	την μητερα αυτου	...την εντολην	E^{c}
	και ου μη τιμηση τον πατερα αυτου η	την μητερα αυτου	...την εντολην	FGKLYΠ
	και ου μη τιμησει τον πατερα αυτου η	την μητερα αυτου	...την εντολην	W
	ου μη τιμησει τον πατερα η	την μητερα αυτου	...τον λογον	Θ
	ου μη τιμησει τον πατερα η	την μητερα αυτου	...την εντολην	1.1582*
	και ου μη τιμησει τον πατερα αυτου η	την μητερα	...τον νομον	13
	ου μη τιμησει τον πατερα αυτου και	την μητερα αυτου	...την εντολην	565
	και ου μη τιμηση τον πατερα η	την μητερα αυτου	...την εντολην	1582^{c}
Mk 7.12	πατρι η	τη μητρι	...τον λογον	אBDLΘ 28
	πατρι αυτου η	τη μητρι αυτου	...τον λογον	AYΠ
	πατρι αυτου η	τη μητρι	...την εντολην	1.1582
	πατρι η	τη μητρι αυτου	...τον λογον	565

M 15. 7	επροφητευσεν περι υμων Ησαιας	אB*CDLΘ
	προεφητευσεν περι υμων Ησαιας	B^{c}EFGWY 1.13.1582
	προεφητευσεν Ησαιας περι υμων	KΠ 565
Mk 7. 6	επροφητευσεν Ησαιας περι υμων	אBDLΘ 1.565
	προεφητευσεν περι υμων Ησαιας	A 28
	προεφητευσεν Ησαιας περι υμων	YΠ 1582

M 15. 8	ο λαος ουτος		..καρδια αυτων..απεχει	אBL
	εγγιζει μοι ο λαος ουτος	τω στοματι αυτων και	..καρδια αυτων..απεχει	CEGKWYΠ 565
	ο λαος ουτος		..καρδια αυτων.. εστιν	D ClemAl (Pd I 76.4;
	εγγιζει με ο λαος ουτος	τω στοματι αυτων και	..καρδια αυτων..απεχει	F |S II 61.3)
	ο λαος ουτος		..καρδι αυτου..απεχι	Θ*
	ο λαος ουτος		..καρδια αυτου..απεχι	Θ^{c}
	ο λαος ουτος εγγιζει μοι		..καρδια αυτων..απεχει	1.1582
	εγγιζει μοι ο λαος ουτως	τω στοματι αυτων και	..καρδια αυτων..απεχει	13
	ο γαρ λαος ο ετερος		..καρδια αυτου..απεστιν	ClemAl (S IV 32.4)
Mk 7. 6			απεχει	אABYΠ 1.28.1582
			απεστιν	(L) Θ 565

M 15 8-9 - Is 29.13 LXX; Ps 78.36f

M 15. 9 μάτην δὲ σέβονταί με,
Mk 7. 7 μάτην δὲ σέβονταί με,

M 15. 9 διδάσκοντες διδασκαλίας ἐντάλματα ἀνθρώπων.
Mk 7. 7 διδάσκοντες διδασκαλίας ἐντάλματα ἀνθρώπων.

Mk 7. 8 αφεντες την εντολην του θεου κρατειτε την παραδοσιν των ανθρωπων.

M 15.10 Καὶ προσκαλεσάμενος τὸν ὄχλον εἶπεν αὐτοῖς, Ἀκούετε
Mk 7.14 Καὶ προσκαλεσάμενος πάλιν τὸν ὄχλον ἔλεγεν αὐτοῖς, Ἀκούσατέ μου πάντες

M 15.11 καὶ συνίετε· οὐ τὸ εἰσερχόμενον εἰς τὸ στόμα
Mk 7.15 καὶ σύνετε. οὐδέν ἐστιν ἔξωθεν τοῦ ἀνθρώπου εἰσπορευόμενον εἰς αὐτὸν

M 15.11 κοινοῖ τὸν ἄνθρωπον, ἀλλὰ τὸ ἐκπορευόμενον ἐκ τοῦ στόματος
Mk 7.15 ὃ δύναται κοινῶσαι αὐτόν· ἀλλὰ τὰ ἐκ τοῦ ἀνθρώπου

M 15.12 τοῦτο κοινοῖ τὸν ἄνθρωπον. Τότε προσελθόντες οἱ
Mk 7.15 ἐκπορευόμενά ἐστιν τὰ κοινοῦντα τὸν ἄνθρωπον.

M 15.12 μαθηταὶ λέγουσιν αὐτῷ, Οἶδας ὅτι οἱ Φαρισαῖοι ἀκούσαντες τὸν λόγον
J 9.40 Ἤκουσαν ἐκ τῶν Φαρισαίων ταῦτα
J 15. 1 Ἐγώ εἰμι ἡ ἄμπελος ἡ

M 15.13 ἐσκανδαλίσθησαν; ὁ δὲ ἀποκριθεὶς εἶπεν, Πᾶσα φυτεία ἣν οὐκ ἐφύτευσεν
J 9.40 οἱ μετ᾽ αὐτοῦ ὄντες,
J 15. 2 ἀληθινή, καὶ ὁ πατήρ μου ὁ γεωργός ἐστιν. πᾶν κλῆμα ἐν ἐμοὶ μὴ φέρον

M 15.10 ειπεν ...ακουετε και συνιετε ℵBCDEFGKYΠ 1.13.565.1582
ειπεν ...ακουεται και συνιετε L
ειπεν ...ακουεται και συνιεται W
ειπεν ...ακουσαται και συνιετε Θ
Mk 7.14 ελεγεν...ακουσατε μοι παντες και συνετε
ελεγεν...ακουετε μοι παντες και συνιετε ℵ
λεγει...ακουσατε μοι παντες και συνετε B
ελεγεν...ακουεται μοι παντες και συνιεται AW
ελεγεν...ακουετε μοι παντες και συνιετε YΠ 1.1582
ειπεν ...ακουσατε μοι παντες και συνιεται Θ
ελεγεν...ακουετε μοι παντες και συνιεται 28
ειπεν ...ακουσατε μοι παντες και συνιετε 565

M 15.11 ου το εισερχομενον..στομα κοινοι ..τουτο κοινοι τον ανθρωπον ℵ^c EGK^c LWYΘΠ 13.565
ου το εισερχομενον..στομα τουτο κοινοι ..τουτο κοινοι τον ανθρωπον ℵ*
ου το ερχομενον..στομα κοινοι ..τουτο κοινοι τον ανθρωπον B
ου το εισερχομενον..σταμα κοινοι ..τουτο κοινοι τον ανθρωπον C
ου παν το εισερχομενον..στομα κοινωνι..εκεινο κοινωνει τον ανθρωπον D
ου το εισερχομενον..στομα κοινοι ..τουτο κοι τον ανθρωπον K*
ου το εισερχομενον..στομα κοινοι .. 1.1582
ου τα εισερχομενα ..στομα κοινοι ClemAl (Pd II 16.3)
ου τα εισερχομενα ..στομα κοινοι ..εκεινα κοινοι τον ανθρωπον ClemAl (S II 50.2)

M 15.12 μαθηται λεγουσιν ... τον λογον BD L3
μαθηται ειπαν ... τον λογον ℵ
μαθηται αυτου ειπον ... τον λογον CE^c GLWYΠ 565
μαθηται αυτου ειπων ... τον λογον E*
μαθηται αυτου ειπον ... K
μαθητε λεγουσιν ... τονν λογον Θ*
μαθηται λεγουσιν ... τονν λογον Θ^c
μαθηται αυτου λεγουσιν ... τον λογον 1.1582

M 15.13 ειπεν ℵBCDEGKLWYΘΠ 1.13.1582
ειπεν αυτοις 565

M 15. 9 - Co 2.22; Tt 1.14
M 15.11 - M 12.34; Ac 10.15; 11.8; 1 Ti 4.4; Tt 1.15; E 4.29; Js 3.6; R 14.14

M 15.14	ὁ πατήρ μου ὁ οὐράνιος ἐκριζωθήσεται. ἄφετε αὐτούς· τυφλοί εἰσιν ὁδηγοὶ
L 6.39	Εἶπεν δὲ καὶ παραβολὴν αὐτοῖς· Μήτι
M 23.16	Οὐαὶ ὑμῖν, ὁδηγοὶ τυφλοὶ
M 23.24	ὁδηγοὶ τυφλοί,
J 9.40	καὶ εἶπον αὐτῷ, Μὴ καὶ ἡμεῖς τυφλοί ἐσμεν;
J 15. 2	καρπόν, αἴρει αὐτό, καὶ πᾶν τὸ καρπὸν φέρον καθαίρει αὐτὸ

M 15.14	τυφλῶν· τυφλὸς δὲ τυφλὸν ἐὰν ὁδηγῇ, ἀμφότεροι εἰς βόθυνον
Mk 7.17	Καὶ ὅτε εἰσῆλθεν εἰς οἶκον ἀπὸ
L 6.39	δύναται τυφλὸς τυφλὸν ὁδηγεῖν; οὐχὶ ἀμφότεροι εἰς βόθυνον
M 23.16	οι λεγοντες, Ος αν ομοση εν τω ναω, ουδεν εστιν· ος δ αν ομοση εν τω χρυσω του ναου
M 23.24	οι διυλιζοντες τον κωνωπα την δε καμηλον καταπινοντες.
J 9.41	εἶπεν αὐτοῖς ὁ Ἰησοῦς, Εἰ τυφλοὶ ἦτε, οὐκ ἂν εἴχετε ἁμαρτίαν· νῦν δὲ
J 15. 2	ἵνα καρπὸν πλείονα φέρῃ.

M 15.15	πεσοῦνται. Ἀποκριθεὶς δὲ ὁ Πέτρος εἶπεν αὐτῷ, Φράσον ἡμῖν τὴν
Mk 7.17	τοῦ ὄχλου, ἐπηρώτων αὐτὸν οἱ μαθηταὶ αὐτοῦ τὴν
L 6.39	ἐμπεσοῦνται;
J 9.41	λέγετε ὅτι Βλέπομεν· ἡ ἁμαρτία ὑμῶν μένει.

M 15.16	παραβολὴν ταύτην. ὁ δὲ εἶπεν, Ἀκμὴν καὶ ὑμεῖς ἀσύνετοί ἐστε;
Mk 7.18	παραβολήν. καὶ λέγει αὐτοῖς, Οὕτως καὶ ὑμεῖς ἀσύνετοί ἐστε;

M 15.17	οὐ νοεῖτε ὅτι πᾶν τὸ εἰσπορευόμενον εἰς τὸ στόμα
Mk 7.18	οὐ νοεῖτε ὅτι πᾶν τὸ ἔξωθεν εἰσπορευόμενον εἰς τὸν ἄνθρωπον οὐ δύναται

M 15.17	εἰς
Mk 7.19	αὐτὸν κοινῶσαι, |ὅτι οὐκ εἰσπορεύεται αὐτοῦ εἰς τὴν καρδίαν ἀλλ᾽ εἰς

M 15.14	αφετε αυτους τυφλοι εισιν οδηγοι τυφλων	$\aleph^{c}$ 1.13.1582
	αφετε αυτους οδηγοι εισιν τυφλοι	ℵ*
	αφετε αυτους τυφλοι εισιν οδηγοι	B
	αφετε αυτους οδηγοι εισιν τυφλοι τυφλων	CEFGYΠ 565
	αφετε τους τυφλους τυφλοι εισιν οδαγοι	D
	αφετε αυτους οδηγοι εισιν τυφλων	K
	αφετε αυτους τυφλοι εισιν οδιγοι	L
	αφεται αυτους οδηγοι εισιν τυφλοι τυφλων	W
	αφετε αυτους τυφλοι εισιν οδηγοι τυφλον	Θ

M 15.14	εαν οδηγη αμφοτεροι εις βοθυνον πεσουνται	ℵBCEGKYΠ
	εαν οδαγη αμφοτεροι ενπεσουνται εις βοθρον	D
	οδηγη αμφοτεροι εις βοθυνον εμπεσουνται	F
	εαν οδηγη αμφοτεροι πεσουνται εις βοθυνον	L
	εαν οδηγη αμφοτεροι εις βοθυνον εμπεσουνται	W 565
	οδιγων σφαλησεται και αμφοτεροι πεσουνται εις τον βοθυνον	Θ
	εαν οδηγη αμφοτεροι πεσουνται εις βοθρον	1.1582
	οδηγον σφαλησεται και αμφοτεροι πεσουνται εις τον βοθυνον	13

M 15.15	ο Πετρος ειπεν αυτω ... την παραβολην ταυτην	CDEFGKLWYΠ 565
	ο Πετρος ειπεν αυτω ... την παραβολην	ℵ 1.1582
	ο Πετρος αυτω ειπεν ... την παραβολην	B
	αυτω ο Πετρος ειπεν ... την παραβολην ταυτην	Θ
	ο Πετρος ειπεν αυτω ... ταυτην την παραβολην	13

M 15.16	ο δε ειπεν ακμην ... εστε	ℵB
	ο δε Ιησους ειπεν ακμην ... εστε	CEFGKYΠ 1.13.565.1582
	ο δε ειπεν ακνην ... εστε	D
	ο δε Ιησους ειπεν ακμην ... εσται	LWΘ

M 15.17	ου νοειτε ... εισπορευομενον ... στομα	D 565
	ουπω νοιτε ... εισπορευομενον ... στομα	ℵ
	ου νοειτε ... εισερχομενον ... στομα	BΘ
	ουπω νοειτε ... εισπορευομενον ... στομα	CEFGK^{c}LYΠ 1.13.1582
	ουπω νοειτε ... εισπορευομενον ... τομα	K*
	ουπω νοειται ... εισπορευομενον ... στομα	W

M 15.13 - M 13.29; Jd 12 | M 15.14 - Ac 5.38; M 13.14; R 2.19; J 16.13
M 15.15 - M 13.36; Mk 4.10; 7.17; L 8.9

M 15.17 τὴν κοιλίαν χωρεῖ καὶ εἰς ἀφεδρῶνα ἐκβάλλεται;
Mk 7.19 τὴν κοιλίαν, καὶ εἰς τὸν ἀφεδρῶνα ἐκπορεύεται;---καθαρίζων πάντα

M 15.18 τὰ δὲ ἐκπορευόμενα ἐκ τοῦ στόματος ἐκ τῆς
Mk 7.20 τὰ βρώματα. ἔλεγεν δὲ ὅτι Τὸ ἐκ τοῦ ἀνθρώπου ἐκπορευόμενον

M 15.19 καρδίας ἐξέρχεται, κἀκεῖνα κοινοῖ τὸν ἄνθρωπον. ἐκ γὰρ τῆς
Mk 7.21 ἐκεῖνο κοινοῖ τὸν ἄνθρωπον· ἔσωθεν γὰρ ἐκ τῆς

M 15.19 καρδίας ἐξέρχονται διαλογισμοὶ πονηροί,
Mk 7.21 καρδίας τῶν ἀνθρώπων οἱ διαλογισμοὶ οἱ κακοὶ ἐκπορεύονται, πορνεῖαι,

M 15.19 φόνοι, μοιχεῖαι, πορνεῖαι, κλοπαί, ψευδομαρτυρίαι,
Mk 7.22 κλοπαί, φόνοι, |μοιχεῖαι, πλεονεξίαι, πονηρίαι, δόλος, ἀσέλγεια,

M 15.20 βλασφημίαι. ταῦτά ἐστιν
Mk 7.23 ὀφθαλμὸς πονηρός, βλασφημία, ὑπερηφανία, ἀφροσύνη· πάντα ταῦτα τὰ

M 15.20 τὰ κοινοῦντα τὸν ἄνθρωπον, τὸ δὲ ἀνίπτοις
Mk 7.23 πονηρὰ ἔσωθεν ἐκπορεύεται καὶ κοινοῖ τὸν ἄνθρωπον.

M 15.20 χερσὶν φαγεῖν οὐ κοινοῖ τὸν ἄνθρωπον.

M 15.17 αφεδρωνα εκβαλλεται BDEFGKWYΘΠ 1.13.565.1582
τον αφεδρωνα εκβαλλετε א
αφεδρωνα εκβαλλετε CL
Mk 7.19 τον αφεδρωνα εκπορευεται ABLYΠ 1.565.1582
τον αφεδρωνα εκβαλλετε א

M 15.18 εξερχεται κακεινα κοινοι τον ανθρωπον א[c]BCEGKYΠ 565
omit א*
εξερχεται εκεινα κοινωνει τον ανθρωπον D
εξερχονται κακεινα κοινοι τον ανθρωπον F
εξερχεται κακεινα κοινοι τον ανθρωπων L
εξερχεται W*
εξερχονται W[c]
εξερχονται και εκεινα κοινοι τον ανθρωπον Θ
Mk 7.20 εκεινο אABLWYΘΠ 1.565.1582
εκεινα D

M 15.19 εκ γαρ της καρδιας εξερχονται..φονοι μοιχειαι πορνειαι..βλασφημιαι א[c]BCFGKYΠ 13.565
εξερχονται..φονοι μοιχειαι πορνειαι..βλασφημιαι א*
εκ γαρ της καρδιας εξερχονται..φονοι μοιχιαι πορνειαι..βλασφημεια D*
εκ γαρ της καρδιας εξερχονται..φονοι μοιχιαι πορνειαι..βλασφημιαι D[c]
εκ γαρ της καρδιας εξερχονται..φονοι μοιχειαι ..βλασφιμιαι E
εκ γαρ της καρδιας εξερχονται..πορνειαι μοιχειαι φονοι..βλασφιμιαι L
πορνιαι μοιχιαι φονοι..βλασφιμιαι W
εκ γαρ της καρδιας εξερχονται..φονοι μοιχειαι πονιαι ..βλασφιμιαι Θ*
εκ γαρ της καρδιας εξερχονται..φονοι μοιχειαι πορνιαι ..βλασφιμιαι Θ[c]
εκ γαρ της καρδιας εξερχονται..φθονοι μοιχειαι πορνειαι..βλασφιμιαι 1.
εκ γαρ της καρδιας εξερχονται..φωνοι μοιχειαι πορνειαι..βλασφιμιαι 1582

M 15.20 εστιν τα κοινουντα ... κοινοι אBEFGKLWYΠ 1.13.565.1582
εστιν τα κοινουντα ... κοινει C
εισιν τα κοινωνουντα ... κοινωνει D
εστην τα κοινουντα ... κοινοι Θ

15.18 - M 12.34; Js 3.6
15.19 - R 1.28-31; 1 C 5.10f; 6.9f; G 5.19-21; E 5.3-5; Co 3.5, 8; 1 Ti 1.9f; 2 Ti 3.2-4; 1 P 4.3; Re 21.8; 22.15; Gn 8.21

37. THE CANAANITE WOMAN

Matthew 15.21-28

M 15.21 Καὶ ἐξελθὼν ἐκεῖθεν ὁ Ἰησοῦς ἀνεχώρησεν εἰς τὰ μέρη Τύρου καὶ
Mk 7.24 Ἐκεῖθεν δὲ ἀναστὰς ἀπῆλθεν εἰς τὰ ὅρια Τύρου. καὶ

M 15.22 Σιδῶνος. καὶ
Mk 7.25 εἰσελθὼν εἰς οἰκίαν οὐδένα ἤθελεν γνῶναι, καὶ οὐκ ἠδυνήθη λαθεῖν· ἀλλ᾽

M 15.22 ἰδοὺ γυνὴ Χαναναία ἀπὸ τῶν ὁρίων ἐκείνων ἐξελθοῦσα ἔκραζεν
Mk 7.25 εὐθὺς ἀκούσασα γυνὴ περὶ αὐτοῦ,

M 15.22 λέγουσα, Ἐλέησόν με, κύριε, υἱὸς Δαυίδ· ἡ θυγάτηρ μου κακῶς
Mk 7.25 ἧς εἶχεν τὸ θυγάτριον αὐτῆς

M 15.23 δαιμονίζεται. |ὁ δὲ οὐκ ἀπεκρίθη αὐτῇ λόγον. καὶ προσελθόντες οἱ
Mk 7.25 πνεῦμα ἀκάθαρτον,
M 10. 5 Τουτους τους

M 15.23 μαθηταὶ αὐτοῦ ἠρώτουν αὐτὸν λέγοντες, Ἀπόλυσον αὐτήν, ὅτι κράζει
M 10. 5 δωδεκα απεστειλεν ο Ιησους παραγγειλας αυτοις λεγων, Εις οδον εθνων μη απελθητε,

M 15.24 ὄπισθεν ἡμῶν. ὁ δὲ ἀποκριθεὶς εἶπεν, Οὐκ ἀπεστάλην εἰ μὴ εἰς τὰ
M 10. 6 και εις πολιν Σαμαριτων μη εισελθητε· πορεύεσθε δὲ μᾶλλον πρὸς τὰ

M 15.24 πρόβατα τὰ ἀπολωλότα οἴκου Ἰσραήλ.
M 10. 6 πρόβατα τὰ ἀπολωλότα οἴκου Ἰσραήλ.

M 15.21	Τυρου και Σιδωνος	ℵCEGKLWYΘ^{c}Π 1.565.1582
	Τυρου και Σειδωνος	BD
	Τυρου και Σιδονος	Θ*
	Τυρου και Σοδωνος	13
Mk 7.24	Τυρου	DLWΘ 28.565
	Τυρου και Σιδωνος	ℵAYΠ 1.1582
	Τυρου και Σειδωνος	B

M 15.22	Χαναναια..εκεινων..εκραζεν	..υιος Δαυιδ ..κακως	
	Χαναναια..εκεινων..εκραξεν	..υιε δαδ ..κακως	ℵ* 13
	Χαναναια..εκεινων..εκραζεν	..υιε δαδ ..κακως	ℵ^{c} 1582^{c}
	Χαναναια..εκεινων..εκραζεν	..υιος Δαυειδ..κακως	B
	Χαναναια..εκεινων..εκραυγασεν	..υιε δαδ ..κακως	C
	Χαναναια..εκειων ..εκραζεν οπισω αυτου	..υιος Δαυειδ..κακως	D*
	Χαναναια..εκεινων..εκραζεν οπισω αυτου	..υιος Δαυειδ..κακως	D^{c}
	Χαναναια..εκεινων..εκραυασεν αυτω	..υιε δαδ ..κακως	E*
	Χαναναια..εκεινων..εκραυγασεν αυτω	..υιε δαδ ..κακως	E^{c}GKYΠ
	Χανανεα ..εκεινον..εκραυασεν αυτω	..υιε δαδ ..κακως	L
	Χαναναια..εκεινων..εκραυγασεν αυτω	..υιος Δαυειδ..κακως	W
	Χαναναια..εκεινων..εκραζεν	..υιος δαδ ..κακως	Θ
	Χαναναια..εκεινων..εκραζεν	..υιε δαδ ..δεινως	1.1582*
	Χαναναια..εκεινων..εκραυγασεν αυτω	..υιος δαδ ..κακως	565

M 15.23	αυτη λογον και προσελθοντες ... ηρωτουν ... κραζει οπισθεν	ℵBCD
	αυτη λογον και προσελθονταις ... ηρωτον ... κραζει οπισθεν	E*
	αυτη λογον και προσελθονταις ... ηρωτων ... κραζει οπισθεν	E^{c}
	αυτη λογον και προσελθοντες ... ηρωτων ... κραζει οπισθεν	GKYΘΠ 1.565.1582
	αυτη λογον και προσελθοντες ... ηρωτων ... κραζη οπισθεν	L
	αυτη λογον και προσελθοντες ... ηρωτων ... κραζει εμπροσθεν	W
	αυτω λογω και προσελθοντες ... ηρωτων ... κραζη οπισθεν	13*
	αυτη λογω και προσελθοντες ... ηρωτων ... κραζη οπισθεν	13^{c}

M 15.24	εις τα προβατα τα απολωλοτα οικου Ισραηλ	ℵBCEGKWYΠ 1.13.565.1582
	εις τα προβατα ταυτα τα απολωλοτα οικου Εισραηλ	D
	εις τα προβατα τα απολωλωτα οικου Ισραηλ	L
	προς τα προβατα τα απολωλοτα τα οικου Ισραηλ	Θ

M 15.22 - 1 Kg 17.8-24; Mk 3.8; M 9.27; 20.30f; Mk 10.47f; L 18.38f | M 15.24 - M 10.6; L 4.25-27

37. THE CANAANITE WOMAN Matthew 15.21-28

M 15.25 ἡ δὲ ἐλθοῦσα προσεκύνει αὐτῷ
Mk 7.26 ἐλθοῦσα προσεπέσεν πρὸς τοὺς πόδας αὐτοῦ· ἡ δὲ γυνὴ ἦν Ἑλληνίς,

M 15.25 λέγουσα, Κύριε, βοήθει μοι.
Mk 7.26 Συροφοινίκισσα τῷ γένει· καὶ ἠρώτα αὐτὸν ἵνα τὸ δαιμόνιον ἐκβάλῃ ἐκ τῆς

M 15.26 ὁ δὲ ἀποκριθεὶς εἶπεν,
Mk 7.27 θυγατρὸς αὐτῆς. καὶ ἔλεγεν αὐτῇ, Ἄφες πρῶτον χορτασθῆναι τὰ

M 15.26 Οὐκ ἔστιν καλὸν λαβεῖν τὸν ἄρτον τῶν τέκνων καὶ βαλεῖν
Mk 7.27 τέκνα, οὐ γάρ ἔστιν καλὸν λαβεῖν τὸν ἄρτον τῶν τέκνων καὶ
M 7. 6 Μὴ δῶτε τὸ ἅγιον

M 15.27 τοῖς κυναρίοις. ἡ δὲ εἶπεν, Ναί, κύριε, καὶ γὰρ
Mk 7.28 τοῖς κυναρίοις βαλεῖν. ἡ δὲ ἀπεκρίθη καὶ λέγει αὐτῷ, Κύριε, καὶ
M 7. 6 τοῖς κυσίν, μηδὲ βάλητε τοὺς μαργαρίτας ὑμῶν ἔμπροσθεν τῶν χοίρων, μήποτε

M 15.27 τὰ κυνάρια ἐσθίει ἀπὸ τῶν ψιχίων τῶν πιπτόντων
Mk 7.28 τὰ κυνάρια ὑποκάτω τῆς τραπέζης ἐσθίουσιν ἀπὸ τῶν ψιχίων
M 7. 6 καταπατήσουσιν αὐτοὺς ἐν τοῖς ποσὶν αὐτῶν καὶ στραφέντες ῥήξωσιν ὑμᾶς.

M 15.28 ἀπὸ τῆς τραπέζης τῶν κυρίων αὐτῶν. τότε ἀποκριθεὶς ὁ Ἰησοῦς εἶπεν
Mk 7.29 τῶν παιδίων. καὶ εἶπεν
M 8.13 καὶ εἶπεν ὁ Ἰησοῦς τῷ

M 15.28 αὐτῇ, Ὦ γύναι, μεγάλη σου ἡ πίστις· γενηθήτω σοι ὡς θέλεις.
Mk 7.29 αὐτῇ, Διὰ τοῦτον τὸν λόγον ὕπαγε, ἐξελήλυθεν ἐκ τῆς θυγατρός σου τὸ
M 8.13 ἑκατοντάρχῃ, Ὕπαγε, ὡς ἐπίστευσας γενηθήτω σοι.

M 15.28 καὶ ἰάθη ἡ
Mk 7.30 δαιμόνιον. καὶ ἀπελθοῦσα εἰς τὸν οἶκον αὐτῆς εὗρεν τὸ
M 8.13 καὶ ἰάθη ὁ
L 7.10 καὶ ὑποστρέψαντες εἰς τὸν οἶκον οἱ πεμφθέντες εὗρον τὸν

M 15.28 θυγάτηρ αὐτῆς ἀπὸ τῆς ὥρας ἐκείνης.
Mk 7.30 παιδίον βεβλημένον ἐπὶ τὴν κλίνην καὶ τὸ δαιμόνιον ἐξεληλυθός.
M 8.13 παῖς αὐτοῦ ἐν τῇ ὥρᾳ ἐκείνῃ.
L 7.10 δοῦλον ὑγιαίνοντα.

M 15.25 προσεκυνει ... βοηθει ℵ*BD1.1582
προσεκυνησεν ... βοηθει ℵ^{c}CEWYΠ 565
προσεκυνησεν ... βοηθη GKL
προσεκυνη ... βοηθησον Θ
προσεκυνη ... βοηθη 13

M 15.26 εστιν καλον ℵBCEGKWYΘΠ 1.13.565.1582
εξεστιν D
εστην καλον L

M 15.27 η δε..ναι κυριε και γαρ..εσθιει ..ψιχιων των πιπτοντων ..κυριων ℵCEGLEYΘΠ 13.1582
η δε..ναι κυριε και ..εσθιει ..ψιχιων των πιπτοντων ..κυριων B
η δε..ναι κυριε και γαρ..εσθιουσιν..ψειχων των πειπτοντων..κυναριων D
ει δε..ναι κυριε και γαρ..εσθιει ..ψιχιων των πιπτοντων ..κυριων K
η δε..ναι κυριε και γαρ..εσθιει ..ψιχιων των πιπτοντω ..κυριων 1.
η δε..ναι κυριε και γαρ..εσθιει ..ψυχιων των πιπτοντων ..κυριων 565

Mk 7.28 κυριε και p^{45} WΘ 565
ναι κυριε και ℵB 28
ναι κυριε και γαρ ALYΠ 1.1582

M 15.28 ο Ιησους ειπεν αυτη ω γυναι ... γενηθητω ℵBCEGKWYΠ 1.13.565.1582
ειπεν αυτη γυναι ... γενηθητω D
ο Ιησους ειπεν αυτη ω γυναι ... γεννηθητο L*
ο Ιησους ειπεν αυτη ω γυναι ... γεννηθητω L^{c}
ο Ιησους ειπεν ω γυναι ... γενηθητω Θ

M 15.27 - L 15.16; 16.21 | M 15.28 - M 8.10; 9.29

38. MANY SICK ARE HEALED

Matthew 15.29-31

M 15.29 Καὶ μεταβὰς ἐκεῖθεν ὁ Ἰησοῦς ἦλθεν παρὰ τὴν
Mk 7.31 Καὶ πάλιν ἐξελθὼν ἐκ τῶν ὁρίων Τύρου ἦλθεν διὰ Σιδῶνος εἰς τὴν

M 15.30 θάλασσαν τῆς Γαλιλαίας, καὶ ἀναβὰς εἰς τὸ ὄρος ἐκάθητο ἐκεῖ. καὶ
Mk 7.32 θάλασσαν τῆς Γαλιλαίας ἀνὰ μέσον τῶν ὁρίων Δεκαπόλεως. καὶ

M 15.30 προσῆλθον αὐτῷ ὄχλοι πολλοὶ ἔχοντες μεθ' ἑαυτῶν χωλούς, τυφλούς,
Mk 7.32 φέρουσιν αὐτῷ

M 15.30 κυλλούς, κωφούς, καὶ ἑτέρους πολλούς, καὶ ἔρριψαν αὐτοὺς παρὰ τοὺς
Mk 7.32 κωφὸν καὶ μογιλάλον, καὶ παρακαλοῦσιν αὐτὸν ἵνα ἐπιθῇ

M 15.30 πόδας αὐτοῦ,
Mk 7.33 αὐτῷ τὴν χεῖρα. και απολαβομενος αυτον απο του οχλου κατ ιδιαν εβαλεν τους δακτυλους

Mk 7.34 αυτου εις τα ωτα αυτου και πτυσας ηψατο της γλωσσης αυτου, |και αναβλεψας εις τον
Mk 7.34 ουρανον εστεναξεν, και λεγει αυτω, Εφφαθα, ο εστιν, Διανοιχθητι.

M 15.30 καὶ ἐθεράπευσεν αὐτούς·
Mk 7.35 καὶ εὐθέως ἠνοίγησαν αὐτοῦ αἱ ἀκοαί, καὶ ἐλύθη ὁ δεσμὸς τῆς γλώσσης αὐτοῦ,

Mk 7.36 και ελαλει ορθως. και διεστειλατο αυτοις ινα μηδενι λεγωσιν· οσον δε αυτοις διεστελ-
Mk 7.36 λετο, αυτοι μαλλον περισσοτερον εκηρυσσον.

M 15.29	Γαλιλαιας ... ορος	εκαθητο	ℵBCGKWYΘΠ 1.1582
	Γαλιλαιας ... ρος	εκαθητο	D
	Γαλιλαιας ... ορος	εκαθητω	E 565
	Γαληλαιας ... ορος	εκαθητω	L
	Γαλιλαιας ... ορος ο Ιησους	εκαθητο	13

M 15.30	μεθ εαυτων χωλους τυφλους κυλλους κωφους και ετερους πολλους	ℵ
	μεθ εαυτων χωλους κυλλους τυφλους κωφους και ετερους πολλους	B
	μεθ εαυτων χωλους κωφους τυφλους κυλλους και ετερους πολλους	CΠ 565
	μεθ εαυτων χωλους τυφλους κυλλους και ετερους πολλους	D
	μεθ εαυτων χολους τυφλους κοφους κυλλους και ετερους πολλους	E*
	μεθ εαυτων χωλους τυφλους κοφους κυλλους και ετερους πολλους	E^{c}
	μεθ εαυτων χωλους τυφλους κωφους κυλλους και ετερους πολλους	GY 13
	θ εαυτων χωλους κωφους τυφλους κυλλους και ετερους πολλους	K
	μεθ εαυτων κωφους χωλους τυφλους κυλους	L
	μεθ εαυτων κωφους χωλους τυφλους κυλλους και ετερους πολλους	W
	μεθ εαυτων χωλους τυφλους κωφους κυλους	Θ
	μεθ εαυτων κωφους τυφλους χωλους κυλλους και ετερους πολλους	1.1582

M 15.30	ερριψαν αυτους παρα τους ποδας αυτου ... αυτους	ℵBΘ 13
	ερριψαν αυτους παρα τους ποδας του Ιησου ... αυτοις	C
	εριψαν αυτους υπο τους ποδας αυτου ... αυτους παντας	D
	ερριψαν αυτους παρα τους ποδας του Ιησου ... αυτους	EGKWYΠ 1.565.1582
	εριψαν αυτους παρα τους ποδας αυτου ... αυτους	L

M 15.29 - M 5.1 | M 15.30 - M 19.2; Mk 3.10

M 15.31 ὥστε τὸν ὄχλον θαυμάσαι βλέποντας
Mk 7.37 καὶ ὑπερπερισσῶς ἐξεπλήσσοντο λέγοντες, Καλῶς πάντα πεποίηκεν· καὶ τοὺς

M 15.31 κωφοὺς λαλοῦντας, κυλλοὺς ὑγιεῖς, καὶ χωλοὺς περιπατοῦντας καὶ τυφλοὺς
Mk 7.37 κωφοὺς ποιεῖ ἀκούειν καὶ τοὺς ἀλάλους λαλεῖν.

M 15.31 βλέποντας· καὶ ἐδόξασαν τὸν θεὸν Ἰσραήλ.

39. THE FOUR THOUSAND FED

Matthew 15.32-39

M 15.32 Ὁ δὲ Ἰησοῦς
Mk 8. 1 Ἐν ἐκειναῖς ταῖς ἡμέραις πάλιν πολλοῦ ὄχλου ὄντος καὶ μὴ ἐχόντων τί
M 9.36 Ἰδὼν δὲ τοὺς ὄχλους
M 14.14 καὶ ἐξελθὼν εἶδεν πολὺν ὄχλον,
Mk 6.34 καὶ ἐξελθὼν εἶδεν πολὺν ὄχλον,
L 9.11 οἱ δὲ ὄχλοι γνόντες ἠκολούθησαν αὐτῷ.
J 6. 2 ἠκολούθει δὲ αὐτῷ ὄχλος πολύς, ὅτι ἐθεώρουν τὰ σημεῖα ἃ

M 15.32 προσκαλεσάμενος τοὺς μαθητὰς αὐτοῦ εἶπεν, Σπλαγχνίζομαι
Mk 8. 2 φάγωσιν, προσκαλεσάμενος τοὺς μαθητὰς λέγει αὐτοῖς, | Σπλαγχνίζομαι
M 9.36 ἐσπλαγχνίσθη
M 14.14 καὶ ἐσπλαγχνίσθη
Mk 6.34 καὶ ἐσπλαγχνίσθη
L 9.11 καὶ ἀποδεξάμενος
J 6. 3 ἐποίει ἐπὶ τῶν ἀσθενούντων. ἀνῆλθεν δὲ εἰς τὸ ὄρος Ἰησοῦς, καὶ ἐκεῖ

M 15.32 ἐπὶ τὸν ὄχλον, ὅτι ἤδη ἡμέραι τρεῖς προσμένουσίν μοι καὶ οὐκ ἔχουσιν τί
Mk 8. 2 ἐπὶ τὸν ὄχλον ὅτι ἤδη ἡμέραι τρεῖς προσμένουσίν μοι καὶ οὐκ ἔχουσιν τί
M 9.36 περὶ αὐτῶν ὅτι ἦσαν ἐσκυλμένοι καὶ ἐρριμμένοι ὡσεὶ πρόβατα μὴ ἔχοντα
M 14.14 ἐπ' αὐτοῖς
Mk 6.34 ἐπ' αὐτοὺς ὅτι ἦσαν ὡς πρόβατα μὴ ἔχοντα
L 9.11 αὐτοὺς ἐλάλει αὐτοῖς περὶ τῆς βασιλείας τοῦ θεοῦ,
J 6. 4 ἐκάθητο μετὰ τῶν μαθητῶν αὐτοῦ. ἦν δὲ ἐγγὺς τὸ πάσχα, ἡ ἑορτὴ τῶν

M 15.31 τον οχλον θαυμασαι βλεποντας κωφους λαλουντας κυλλους υγιεις C
τον οχλον θαυμασαι βλεποντας κωφους λαλουντας ℵ 1.1582
τους οχλους βλεποντας θαυμασαι κωφους ακουοντας κυλλους υγιεις B
τους οχλους θαυμασαι βλεποντας κωφους λαλουντας και κυλλους υγιεις D
τους οχλους θαυμασαι βλεποντας κωφους λαλουντας κυλλους υγιεις EFGKWYΠ 565
τους οχλους θαυμασαι βλεποντας κωφους λαλουντας κυλους υγιεις L
τον οχλον θαυμασαι βλεποντες κωφους λαλουντας και κυλους υγιεις Θ
τον οχλον θαυμασαι βλεποντας κωφους λαλουντας και κυλλους υγιεις 13

M 15.31 και χωλους ... τυφλους ... εδοξασαν BΘ 13.565
και χωλους ... τυφλους ... εδοξαζον ℵ 1.1582
χωλους ... τυφλους ... εδοξασαν CEFGKWYΠ
και χωλους ... τους τυφλους ... εδοξασαν D
χωλους ... τυφλους ... εδοξαζον L

M 15.32 τους μαθητας αυτου ειπεν σπλαγχνιζομαι..οχλον ..ηδη ημεραι τρεις EFGY 1.1582
τους μαθητας ειπεν αυτοις σπλαγχνιζομαι..οχλον ..ηδη ημερας τρεις ℵ
του μαθητας αυτου ειπεν σπλαγχνιζομαι..οχλον .. ημεραι τρεις B*
τους μαθητας αυτου ειπεν σπλαγχνιζομαι..οχλον .. ημεραι τρεις B^c
τους μαθητας αυτου λεγει αυτοις σπλαγχνιζομε ..οχλον ..ηδη ημεραι τρεις C
τους μαθητας αυτου ειπεν σπλανχνιζομαι..οχλον τουτον..ηδη ημεραι τρεις εισιν και D
τους μαθητας αυτου ειπεν αυτοις σπλαχνηζομαι ..οχλον ..ηδη ημερε τρεις KΠ
τους μαθητας αυτου ειπεν σπλαγχνιζωμε ..οχλον ..ηδι ημεραι τρεις L
τους μαθητας ειπεν σπλαγχνιζομε ..οχλον ..ηδη ημεραι τρις W
τους μαθητας ειπεν σπλαγχνιζομαι..οχλον ..ηδη ημερας τρεις Θ
τους μαθητας αυτου ειπεν σπλαγχνιζομαι..οχλον ..ηδη ημερας τρεις 13
τους μαθητας αυτου ειπεν αυτους σπλαγχνιζομαι..οχλον ..ηδη ημεραι τρεις 565
Mk 8.2 σπλαγχνιζομαι..οχλον ..ηδη ημεραι τρεις ℵAYΠ 28
σπλαχνιζομαι ..οχλου τουτου..ηδη ημεραι τρις D
σπλαγχνιζομαι..οχλον τουτον..ηδη ημεραι τρεις L
σπλαγχνιζομε ..οχλω ..ηδη ημερε τρις W
σπλαγχνιζομαι..ωχλω ..ηδη ημεραι τρις Θ
σπλαγχνιζομαι..οχλον ..ημερας ηδη τρεις 1.1582
σπλαγχνιζομαι..οχλω ..ηδη ημερας τρεις 565

M 15.31 - M 9.33; 11.4f; L 2.20

```
M  15.32     φάγωσιν·
Mk  8. 2     φάγωσιν·
 M  9.36     ποιμένα.
 M 14.14               καὶ ἐθεράπευσεν τοὺς ἀρρώστους αὐτῶν.
 Mk 6.34     ποιμένα, καὶ ἤρξατο διδάσκειν αὐτοὺς πολλά.
 L  9.11               καὶ τοὺς χρείαν ἔχοντας θεραπείας ἰᾶτο.
 J  6. 5     'Ιουδαίων. ἐπάρας οὖν τοὺς ὀφθαλμοὺς ὁ 'Ιησοῦς καὶ θεασάμενος ὅτι πολὺς

 M 14.15     οψιας δε             γενομενης προσηλθον    αυτω οι μαθηται        λεγοντες,
 Mk 6.35     Και ηδη ωρας πολλης γενομενης προσελθοντες αυτω οι μαθηται αυτου ελεγον      οτι
 L  9.12     Η     δε ημερα ηρξατο κλινειν· προσελθοντες δε  οι δωδεκα         ειπαν αυτω,
 J  6. 5     οχλος ερχεται προς αυτον λεγει προς Φιλιππον,

M  15.32                          καὶ                       ἀπολῦσαι     αὐτοὺς
Mk  8. 3                          καὶ ἐὰν                   ἀπολύσω      αὐτοὺς
 M 14.15     "Ερημός ἐστιν ὁ τόπος καὶ ἡ ὥρα ἤδη παρῆλθεν· ἀπόλυσον τοὺς ὄχλους, ἵνα
 Mk 6.36     "Ερημός ἐστιν ὁ τόπος, καὶ  ἤδη ὥρα πολλή·  ἀπόλυσον      αὐτούς, ἵνα
 L  9.12                                                'Απόλυσον τὸν ὄχλον, ἵνα

M  15.32     νήστεις οὐ θέλω,                         μήποτε ἐκλυθῶσιν    ἐν τῇ ὁδῷ.
Mk  8. 3     νήστεις     εἰς                    οἶκον αὐτῶν, ἐκλυθήσονται ἐν τῇ ὁδῷ·
 M 14.15     ἀπελθόντες εἰς τὰς                     κώμας
 Mk 6.36     ἀπελθόντες εἰς τοὺς κύκλῳ ἀγροὺς καὶ κώμας
 L  9.12     πορευθέντες εἰς τὰς κύκλῳ κώμας καὶ ἀγροὺς    καταλύσωσιν καὶ

M  15.33                                                                καὶ
Mk  8. 4     καί τινες αὐτῶν ἀπὸ μακρόθεν ἥκασιν.                           καὶ
 M 14.16     ἀγοράσωσιν ἑαυτοῖς βρώματα.                                 ὁ δὲ 'Ιησοῦς
 Mk 6.37     ἀγοράσωσιν ἑαυτοῖς τί φάγωσιν.                              ὁ δὲ ἀποκριθεὶς
 L  9.13     εὕρωσιν             ἐπισιτισμόν, ὅτι ὧδε ἐν ἐρήμῳ τόπῳ ἐσμέν. εἶπεν

M  15.33     λέγουσιν    αὐτῷ οἱ μαθηταί,          Πόθεν ἡμῖν ἐν ἐρημίᾳ ἄρτοι τοσοῦτοι
Mk  8. 4     ἀπεκρίθησαν αὐτῷ οἱ μαθηταὶ αὐτοῦ ὅτι Πόθεν τούτους  δυνήσεταί τις ὧδε
 M 14.16     εἶπεν       αὐτοῖς,                   Οὐ χρείαν ἔχουσιν ἀπελθεῖν· δότε
 Mk 6.37     εἶπεν       αὐτοῖς,                                               Δότε
 L  9.13        δὲ  πρὸς αὐτούς,                                               Δότε
 J  6. 5                                           Πόθεν ἀγοράσωμεν    ἄρτους

M  15.33     ὥστε χορτάσαι ὄχλον τοσοῦτον;
Mk  8. 4          χορτάσαι ἄρτων ἐπ' ἐρημίας;
 M 14.16     αὐτοῖς ὑμεῖς φαγεῖν.
 Mk 6.37     αὐτοῖς ὑμεῖς φαγεῖν. καὶ λέγουσιν αὐτῷ, 'Απελθόντες ἀγοράσωμεν δηναρίων
 L  9.13     αὐτοῖς ὑμεῖς φαγεῖν.
 J  6. 6     ἵνα φάγωσιν οὗτοι; τοῦτο δὲ ἔλεγεν πειράζων αὐτόν, αὐτὸς γὰρ ᾔδει τί
```

```
M 15.32 φαγωσιν και    απολυσαι..         ου θελω μηποτε εκλυθωσιν    εν τη οδω BCDᶜEFGKLYΘΠ 13.565.
        φαγωσιν και    απολυσαι..         ου θελω μη     εκλυθωσιν    εν τη οδω ℵ 1.1582*  |1582ᶜ
        φαγωσιν και    απολυσαι..         ου θελω                             D*
        φαγειν  και    απολυσαι..         ου θελω μηποτε εκλυθωσιν    εν τη οδω W
Mk 8. 3         και εαν απολυσω ..εις οικον αυτων        εκλυθησονται          ℵABYΠ 1.1582
                και    απολυσαι..εις οικον ου θελω μη     εκλυθωσιν             D
                και    απολυσαι..         ου θελω μη     εκλυθωσιν             Θ
                και    απολυσαι..         ου θελω μηποτε εκλυθωσιν             565

M  15.33  μαθηται            ποθεν      ημιν  εν ερημια      ... τοσουτον    ℵB
          μαθηται αυτου      ποθεν      ημιν  εν ερημω τοπω ... τοσουτον    C
          μαθηται αυτου      ποθεν ουν ημειν εν ερημια      ... τοσουτον    D
          μαθηται αυτου      ποθεν      ημιν  εν ερημια      ... τοσουτον    EFGKWYΠ 13.565
          μαθηται αυτου      ποθεν      ημιν  εν ερημια      ... τοσσουτον   L
          μαθηται αυτου      ποθεν ουν ημιν  εν ερημια      ... τοσουτον    Θ
          μαθηται            ποθεν ουν ημιν  εν ερημια      ... τοσουτον    1.1582
Mk  8. 4  μαθηται αυτου οτι ποθεν                                           BL
          μαθηται αυτου      ποθεν                                           ADYΘΠ 1.28.565.1582
```

Mk 6.37 διακοσιων αρτους και δωσομεν αυτοις
J 6. 7 εμελλεν ποιειν. απεκριθη αυτω ο Φιλιππος, Διακοσιων δηναριων αρτοι ουκ αρκουσιν αυτοις

M 15.34 καὶ λέγει αὐτοῖς ὁ Ἰησοῦς, Πόσους ἄρτους ἔχετε;
Mk 8. 5 καὶ ἠρώτα αὐτούς, Πόσους ἔχετε ἄρτους;
Mk 6.38 φαγεῖν; ὁ δὲ λέγει αὐτοῖς, Πόσους ἄρτους ἔχετε;
J 6. 8 ἵνα ἕκαστος βραχύ τι λάβῃ. λέγει αὐτῷ εἷς ἐκ τῶν μαθητῶν αὐτοῦ, Ἀνδρέας

M 15.34 οἱ δὲ εἶπαν,
Mk 8. 5 οἱ δὲ εἶπαν,
M 14.17 οἱ δὲ λέγουσιν αὐτῷ, Οὐκ ἔχομεν ὧδε εἰ μὴ
Mk 6.38 ὑπάγετε ἴδετε. καὶ γνόντες λέγουσιν,
L 9.13 οἱ δὲ εἶπαν, Οὐκ εἰσὶν ἡμῖν πλεῖον ἢ ἄρτοι
J 6. 9 ὁ ἀδελφὸς Σίμωνος Πέτρου, |Ἔστιν παιδάριον ὧδε ὃς ἔχει

M 15.34 Ἑπτά, καὶ ὀλίγα ἰχθύδια.
Mk 8. 7a Ἑπτά. καὶ εἶχον ἰχθύδια ὀλίγα·
M 14.18 πέντε ἄρτους καὶ δύο ἰχθύας. ὁ δὲ εἶπεν, Φέρετέ μοι
Mk 6.38 Πέντε, καὶ δύο ἰχθύας.
L 9.13 πέντε καὶ ἰχθύες δύο, εἰ μήτι πορευθέντες ἡμεῖς
J 6. 9 πέντε ἄρτους κριθίνους καὶ δύο ὀψάρια· ἀλλὰ ταῦτα τί ἐστιν εἰς

M 15.35 καὶ παραγγείλας
Mk 8. 6 καὶ παραγγέλλει
M 14.19 ὧδε αὐτούς. καὶ κελεύσας
Mk 6.39 καὶ ἐπέταξεν
L 9.14b ἀγοράσωμεν εἰς πάντα τὸν λαὸν τοῦτον βρώματα. εἶπεν δὲ
J 6.10 τοσούτους; εἶπεν ὁ Ἰησοῦς,

M 15.35 τῷ ὄχλῳ ἀναπεσεῖν ἐπὶ
Mk 8. 6 τῷ ὄχλῳ ἀναπεσεῖν ἐπὶ
M 14.19 τοὺς ὄχλους ἀνακλιθῆναι ἐπὶ
Mk 6.39 αὐτοῖς ἀνακλῖναι πάντας συμπόσια συμπόσια ἐπὶ
L 9.14b πρὸς τοὺς μαθητὰς αὐτοῦ, Κατακλίνατε αὐτοὺς κλισίας ὡσεὶ ἀνὰ
J 6.10 Ποιήσατε τοὺς ἀνθρώπους ἀναπεσεῖν.

M 15.35 τὴν γῆν
Mk 8. 6 τῆς γῆς·
M 14.19 τοῦ χόρτου,
Mk 6.40 τῷ χλωρῷ χόρτῳ. καὶ ἀνέπεσαν πρασιαὶ πρασιαὶ κατὰ ἑκατὸν καὶ κατὰ
L 9.15 πεντήκοντα. καὶ ἐποίησαν οὕτως καὶ κατέκλιναν ἅπαντας.
J 6.10a ἦν δὲ χόρτος πολὺς ἐν τῷ τόπῳ.

M 15.34 και λεγει αυτοις ο Ιησους ... αρτους εχετε ... ειπαν ℵ 1.1582
και λεγει αυτοις ο Ιησους ... αρτους εχετε ... ειπον BCEFGKLYΠ
και λεγει αυτοις ο Ιησους ... αρτους εχεται ... ειπον αυτω D
και λεγει αυτοις ο Ιησους ... αρτους εχεται ... ειπον W
και λεγει αυτοις Ιησους ... αρτους εχεται ... ειπον θ
και λεγει αυτοις ο Ιησους ... αρτους εχεται ... ειπαν 13
λεγει αυτοις ο Ιησους ... αρτους εχετε ... ειπον 565
Mk 8. 5 εχετε αρτους ... ειπαν B
αρτους εχετε ... ειπαν ℵ 565
εχεται αρτους ... ειπον A
αρτους εχεται ... ειπον D
εχετε αρτους ... ειπον αυτω L
ωδε αρτους εχετε ... ειπαν W
εχετε αρτους ... ειπον YΠ 1.1582
αρτους εχετε ... ειπον θ 28

M 15.35 παραγγειλας τω οχλω ... επι την γην ℵB 1.13.1582
εκελευσεν τους οχλους ... επι την γην C
παρανγειλας τω οχλω ... επι την γην D
εκελευσεν τοις οχλοις ... επι την γην EFGKLWY[c]Π
εκευσε τοις οχλοις ... επι την γην Y*
παραγγιλας τω οχλω ... επι την γην θ
Mk 8. 6 παραγγελλει τω οχλω ... επι της γης ℵBDL
παραγγειλας τω οχλω ... επι της γης θ 565
παρηγγειλεν τω οχλω ... επι την γην 1.1582

M 15.36	ἔλαβεν τοὺς ἑπτὰ
Mk 8. 6	καὶ λαβὼν τοὺς ἑπτὰ
M 14.19	λαβὼν τοὺς πέντε
Mk 6.41	πεντήκοντα. καὶ λαβὼν τοὺς πέντε
L 9.16	λαβὼν δὲ τοὺς πέντε
J 6.11	ἔλαβεν οὖν τοὺς
M 26.26a	Ἐσθιόντων δὲ αὐτῶν λαβὼν ὁ Ἰησοῦς
Mk 14.22a	Καὶ ἐσθιόντων αὐτῶν λαβὼν
L 22.19a	καὶ λαβὼν
1 C 11.23b	ὅτι ὁ κύριος Ἰησοῦς ἐν τῇ νυκτὶ ᾗ παρεδίδετο ἔλαβεν

M 15.36	ἄρτους καὶ τοὺς ἰχθύας καὶ εὐχαριστήσας
Mk 8. 6	ἄρτους εὐχαριστήσας
M 14.19	ἄρτους καὶ τοὺς δύο ἰχθύας, ἀναβλέψας εἰς τὸν οὐρανὸν εὐλόγησεν
Mk 6.41	ἄρτους καὶ τοὺς δύο ἰχθύας ἀναβλέψας εἰς τὸν οὐρανὸν εὐλόγησεν
L 9.16	ἄρτους καὶ τοὺς δύο ἰχθύας ἀναβλέψας εἰς τὸν οὐρανὸν εὐλόγησεν αὐτοὺς
J 6.11	ἄρτους ὁ Ἰησοῦς καὶ εὐχαριστήσας
M 26.26a	ἄρτον καὶ εὐλογήσας
Mk 14.22a	ἄρτον εὐλογήσας
L 22.19a	ἄρτον εὐχαριστήσας
1 C 11.24a	ἄρτον |καὶ εὐχαριστήσας

M 15.36	ἔκλασεν καὶ ἐδίδου τοῖς μαθηταῖς, οἱ δὲ
Mk 8. 6	ἔκλασεν καὶ ἐδίδου τοῖς μαθηταῖς αὐτοῦ ἵνα
M 14.19	καὶ κλάσας ἔδωκεν τοῖς μαθηταῖς τοὺς ἄρτους οἱ δὲ
Mk 6.41	καὶ κατέκλασεν τοὺς ἄρτους καὶ ἐδίδου τοῖς μαθηταῖς αὐτοῦ ἵνα
L 9.16	καὶ κατέκλασεν καὶ ἐδίδου τοῖς μαθηταῖς
J 6.11	διέδωκεν
M 26.26a	ἔκλασεν καὶ δοὺς τοῖς μαθηταῖς
Mk 14.22a	ἔκλασεν καὶ ἔδωκεν αὐτοῖς
L 22.19a	ἔκλασεν καὶ ἔδωκεν αὐτοῖς
1 C 11.24a	ἔκλασεν

M 15.36	μαθηταὶ τοῖς ὄχλοις.
Mk 8. 7	παρατιθῶσιν καὶ παρέθηκαν τῷ ὄχλῳ. καὶ εἶχον ἰχθύδια ὀλίγα· καὶ
M 14.19	μαθηταὶ τοῖς ὄχλοις.
Mk 6.41	παρατιθῶσιν αὐτοῖς, καὶ
L 9.16	παραθεῖναι τῷ ὄχλῳ.
J 6.11	τοῖς ἀνακειμένοις, ὁμοίως καὶ ἐκ

M 15.37	καὶ ἔφαγον πάντες καὶ
Mk 8. 8	εὐλογήσας αὐτὰ εἶπεν καὶ ταῦτα παρατιθέναι. καὶ ἔφαγον καὶ
M 14.20	καὶ ἔφαγον πάντες καὶ
Mk 6.42	τοὺς δύο ἰχθύας ἐμέρισεν πᾶσιν. καὶ ἔφαγον πάντες καὶ
L 9.17	καὶ ἔφαγον καὶ
J 6.12	τῶν ὀψαρίων ὅσον ἤθελον. ὡς δὲ

M 15.36	ελαβεν..και τους ιχθυας και ευχαριστησας εκλασεν και εδιδου	ℵ^c BDΘ 1.1582
	ελαβεν..και τους δυο ιχθυας και ευχαριστησας εκλασεν και εδιδου	ℵ*
	και λαβων..και τους ιχθυας ευχαρ....... ... .δωκεν	C*
	και λαβων..και τους ιχθυας ευχαριστησεν εκλασεν και εδωκεν	C^c
	και λαβων..και τους ιχθυας ευχαριστισας εκλασεν και εδωκεν	E
	και λαβων..και τους ιχθυας ευχαριστησας εκλασεν και εδωκεν	FGWΠ
	και λαβον..και τους ιχθυας ευχαριστησας εκλασεν και εδωκεν	K
	και λαβων.. ευχαριστεισας εκλασεν και εδωκεν	L
	και λαβων..και τους ιχθυας και ευχαριστησας εκλασεν και εδωκεν	Y 565
	ελαβεν..και ιχθυας και ευχαριστησας εκλασεν και εδιδου	13
Mk 8. 6	ευχαριστησας	ℵABLWYΘΠ 1.28.565.1582
	και ευχαριστησας	CD

M 15.36	τοις μαθηταις οι δε μαθηται τοις οχλοις	ℵB 1.13.1582
	τοις μαθηταις αυτου οι δε μαθηται τω οχλω	CEGWY 565
	τοις μαθηταις οι δε μαθηται τω οχλω	DΘ
	τοις ματαις αυτου οι δε μαθηται τω οχλω	F*
	τοις μαθταις αυτου οι δε μαθηται τω οχλω	F^c
	τοις μαθηταις αυτου οι δε μαθηται τοις οχλοις	KL^cΠ
	τοι μαθηταις αυτου οι δε μαθηται τοις οχλοις	L*

M 15.37	ἐχορτάσθησαν, καὶ τὸ περισσεῦον τῶν
Mk 8. 8	ἐχορτάσθησαν, καὶ ἦραν περισσεύματα
M 14.20	ἐχορτάσθησαν, καὶ ἦραν τὸ περισσεῦον τῶν
Mk 6.43	ἐχορτάσθησαν· καὶ ἦραν
L 9.17	ἐχορτάσθησαν πάντες, καὶ ἤρθη τὸ περισσεῦσαν αὐτοῖς
J 6.12	ἐνεπλήσθησαν λέγει τοῖς μαθηταῖς αὐτοῦ, Συναγάγετε τὰ περισσεύσαντα

M 15.37	κλασμάτων ἦραν, ἑπτὰ σπυρίδας
Mk 8. 8	κλασμάτων ἑπτὰ σπυρίδας,
M 14.20	κλασμάτων δώδεκα κοφίνους
Mk 6.43	κλάσματα δώδεκα κοφίνων
L 9.17	κλασμάτων κόφινοι δώδεκα.
J 6.13	κλάσματα, ἵνα μή τι ἀπόληται. συνήγαγον οὖν, καὶ ἐγέμισαν δώδεκα κοφίνους

M 15.38	πλήρεις. οἱ δὲ
Mk 8. 9	ἦσαν δὲ
M 14.21	πλήρεις. οἱ δὲ
Mk 6.44	πληρώματα καὶ ἀπὸ τῶν ἰχθύων. καὶ ἦσαν οἱ
L 9.14a	ἦσαν γὰρ
J 6.13	κλασμάτων ἐκ τῶν πέντε ἄρτων τῶν κριθίνων ἃ ἐπερίσσευσαν τοῖς βεβρωκόσιν.

M 15.38	ἐσθίοντες ἦσαν τετρακισχίλιοι ἄνδρες χωρὶς
Mk 8. 9	ὡς τετρακισχίλιοι.
M 14.21	ἐσθίοντες ἦσαν ἄνδρες ὡσεὶ πεντακισχίλιοι χωρὶς
Mk 6.44	φαγόντες τοὺς ἄρτους πεντακισχίλιοι ἄνδρες.
L 9.14a	ὡσεὶ ἄνδρες πεντακισχίλιοι.
J 6.10b	ἀνέπεσαν οὖν οἱ ἄνδρες τὸν ἀριθμὸν ὡς πεντακισχίλιοι.

M 15.39	γυναικῶν καὶ παιδίων. Καὶ ἀπολύσας τοὺς ὄχλους ἐνέβη εἰς
Mk 8.10	καὶ ἀπέλυσεν αὐτούς. Καὶ εὐθὺς ἐμβὰς εἰς
M 14.21	γυναικῶν καὶ παιδίων.

M 15.39	τὸ πλοῖον, καὶ ἦλθεν εἰς τὰ ὅρια Μαγαδάν.
Mk 8.10	τὸ πλοῖον μετὰ τῶν μαθητῶν αὐτοῦ ἦλθεν εἰς τὰ μέρη Δαλμανουθά.

M 15.37	το περισσευον των κλασματων ηραν επτα σπυριδας	Bθ[c] 1.1582
	ηραν το περισσευον των κλασματων επτα σπυριδας	ℵCEFGKLWYΠ 13.565
	το περισσευον των κλασματων ηραν επτα σφυριδας	D
	το περισευον των κλασματων ηραν επτα σπυριδας	θ*
M 8. 8	σπυριδας	A[c]BCYΠ 1.28.1582
	σφυριδας	ℵA*Dθ

M 15.38	τετρακισχιλιοι ανδρες χωρις γυναικων και παιδιων	CEFGKYΠ 565
	ανδρες ωσει τετρακισχιλιοι χωρις παιδιων και γυναικων	ℵ
	ως τετραχισχιλιοι ανδρες χωρις γυναικων και παιδιων	B
	τετρακισχιλιοι ανδρες χωρις παιδιων και γυναικων	D
	τετρακισχιλιοι ανδρες χωρις γυναικων και πεδιων	L
	τετρακισχειλοιοι ανδρες χωρις γυναικων και παιδιων	W
	ως τετρακισχειλοιοι ανδρες χωρις πεδων και γυναικων	θ*
	ως τετρακισχειλιοι ανδρες χωρις παιδιων και γυναικων	θ[c]
	ως τετραχισχιλιοι ανδρες χωρις παιδων και γυναικων	1.1582
	ως τετρακισχιλιοι ανδρες χωρις γυναικων και παιδιων	13

M 15.39	τους οχλους ενεβη εις το πλοιον και ηλθεν..ορια	Μαγαδαν	ℵ*B
	τους οχλους ενεβη εις το πλοιον και ηλθεν..ορια	Μαγεδαν	ℵ[c]
	τους οχλους ανεβη εις το πλοιον και ηλθεν..ορια	Μαγδαλαν	C
	τους οχλους ενβαινει εις το πλοιον και ηλθεν..ορια της	Μαγαδαν	D
	τους οχλους ανεβη εις το πλοιον και ηλθεν..ορια	Μαγδαλα	EFGKLYθ
	τους οχλους ανεβη εις το πλοιον και ηλθεν..ορια	Μαγδαλαν	WΠ 565
	ους οχλους ενεβη εις πλοιον και ηλθεν..ορια	Μαγδαλα	1.
	τους οχλους ανεβη εις πλοιον και ηλθεν..ορια	Μαγδαλα	13
	τους οχλους ενεβη εις πλοιον και ηλθεν..ορια	Μαγδαλα	1582
Mk 8.10	ευθυς εμβας εις το πλοιον ηλθεν..μερη	Δαλμανουθα	ℵ[c]C
	αυτος ανεβη εις το πλοιον και ηλθεν..ορια	Μελεγαδα	D
	ευθεως εμβας εις το πλοιον ηλθεν..μερη	Δαλμανουθα	Y
	ευθεως ανεβη εις το πλοιον και ηλθεν..μερη	Μαγδαλα	θ
	εμβας ευθυς εις πλοιον ηλθεν..μερη	Μαγδαλα	1.1582
	εμβας ευθυς εις πλοιον ηλθεν..ορος	Μαγεδα	28
	ευθεως ενεβη εις το πλοιον και ηλθεν..μερη	Μαγεδα	565

40. PHARISEES SEEK A SIGN AND A WARNING

Matthew 16.1-12

M 16. 1	Καὶ προσελθόντες οἱ Φαρισαῖοι καὶ Σαδδουκαῖοι πειράζοντες
Mk 8.11	Καὶ ἐξῆλθον οἱ Φαρισαῖοι καὶ ἤρξαντο συζητεῖν
M 12.38	Τότε ἀπεκρίθησαν αὐτῷ τινες τῶν γραμματέων καὶ Φαρισαίων
L 11.16	ἕτεροι δὲ πειράζοντες
L 11.29	Τῶν δὲ ὄχλων ἐπαθροιζομένων
J 2.18	ἀπεκρίθησαν οὖν οἱ Ἰουδαῖοι καὶ

M 16. 1	ἐπηρώτησαν αὐτὸν σημεῖον
Mk 8.11	αὐτῷ, ζητοῦντες παρ' αὐτοῦ σημεῖον
M 12.38	λέγοντες, Διδάσκαλε, θέλομεν ἀπὸ σοῦ σημεῖον
L 11.16	σημεῖον
J 2.18	εἶπαν αὐτῷ, Τί σημεῖον
J 6.30	εἶπον οὖν αὐτῷ, Τί οὖν ποιεῖς σὺ σημεῖον,

M 16. 2	ἐκ τοῦ οὐρανοῦ ἐπιδεῖξαι αὐτοῖς. ὁ δὲ ἀποκριθεὶς
Mk 8.12	ἀπὸ τοῦ οὐρανοῦ, πειράζοντες αὐτόν. καὶ ἀναστενάξας τῷ πνεύματι
L 12.54	Ἔλεγεν δὲ καὶ
M 12.39	ἰδεῖν. ὁ δὲ ἀποκριθεὶς
L 11.16	ἐξ οὐρανοῦ ἐζήτουν παρ' αὐτοῦ.
L 11.29	ἤρξατο
J 2.18	δεικνύεις ἡμῖν, ὅτι ταῦτα ποιεῖς;
J 6.30	ἵνα ἴδωμεν καὶ πιστεύσωμέν σοι; τί ἐργάζῃ;

M 16. 2	εἶπεν αὐτοῖς, Ὀψίας γενομένης
Mk 8.12	αὐτοῦ λέγει,
L 12.54	τοῖς ὄχλοις, Ὅταν ἴδητε τὴν νεφέλην ἀνατέλλουσαν ἐπὶ δυσμῶν,
M 12.39	εἶπεν αὐτοῖς,
L 11.29	λέγειν,

M 16. 2	λέγετε, Εὐδία, πυρράζει γὰρ ὁ οὐρανός·
L 12.54	εὐθέως λέγετε ὅτι Ὄμβρος ἔρχεται, καὶ γίνεται οὕτως·

M 16. 1	οι Φαρισαιοι και Σαδδουκαιοι	... επηρωτησαν αυτον εκ του ουρανου	BCFGKY^{c}Π
	οι Φαρισαιοι και οι Σαδδουκαιοι	... επηρωτων αυτον εκ του ουρανου	ℵ*
	οι Φαρισαιοι και οι Σαδδουκαιοι	... επηρωτησαν αυτον εκ του ουρανου	ℵ^{c}
	οι Φαρισαιοι και Σαδδουκαιοι	... αυτον επηρωτησαν εκ του ουρανου	D
	οι Φαρισαιοι και Σαδδουκαιοι	... επιρωτισαν αυτον εκ του ουρανου	E
	οι Φαρισαιοι και Σαδουκαιοι	... επηρωτησαν αυτων εκ του ουρανου	L
	οι Φαρισαιοι και Σαδδουκεοι	... επηρωτησαν αυτον εκ του ουρανου	W
	οι Φαρισαιοι και Σαδουκαιοι	... επηρωτησαν αυτον εκ του ουρανου	Y*
	οι Φαρισαιοι και οι Σαδουκαιοι	... επιρωτων αυτον εκ του ουρανου	Θ*
	οι Φαρισαιοι και οι Σαδδουκαιοι	... επιρωτων αυτον εκ του ουρανου	Θ^{c}
	οι Φαρισαιοι και Σαδδουκαιοι	... επηρωτων αυτον εκ του ουρανου	1.1582
	οι Φαρισαιοι και Σαδδουκαιοι	... επηρωτον αυτων εκ του ουρανου	13
	Φαρισαιοι και Σαδδουκαιοι	... επηρωτων αυτον εκ του ουρανου	565
Mk 8.11		απο του ουρανου	ℵABCDLYΘΠ 1.28.565.1582
		εκ του ουρανου	P^{45} W

M 16. 2	αυτοις οψιας γενομενης λεγετε ευδια πυρραζει γαρ ο ουρανος	Π 1.565.1582
	αυτοις	ℵBY 13
	αυτοις οψιας γενομενης λεγετε ευδια πυραζει γαρ ο ουρανος	CE^{c}FG
	οψειας γενομενης λεγεται ευδεια πυρραζει γαρ ο ουρανος	D
	αυτοις οψιας γενομενης λεγεται ευδια πυραζει γαρ ο ουρανους	E*
	αυτοις οψιας γενομενης λεγεται ευδια πυραζει γαρ ο ουρανος και γινεται ουτως	K
	αυτοις οψιας γενομενης λεγετε ευδια πυραζη γαρ ο ουρανος	L
	αυτοις οψιας γενομενης λεγεται ευδια πυραζει γαρ	W
	αυτοις οψιας γενομενης λεγεται ευδια πυραζι γαρ ο ουρανος	Θ

M 16. 1 - M 19.3; 1 C 1.22

40. PHARISEES SEEK A SIGN AND A WARNING Matthew 16.1-12

M 16. 3 καὶ πρωΐ, Σήμερον χειμών, πυρράζει γὰρ στυγνάζων
L 12.55,56 καὶ ὅταν νότον πνέοντα, λέγετε ὅτι Καύσων ἔσται, καὶ γίνεται. ὑποκριταί,

M 16. 3 ὁ οὐρανός. τὸ μὲν πρόσωπον τοῦ οὐρανοῦ γινώσκετε διακρίνειν,
L 12.56 τὸ πρόσωπον τῆς γῆς καὶ τοῦ οὐρανοῦ οἴδατε δοκιμάζειν,

M 16. 4 τὰ δὲ σημεῖα τῶν καιρῶν οὐ δύνασθε. Γενεὰ
Mk 8.12 Τί ἡ γενεὰ αὕτη
L 12.56 τὸν καιρὸν δὲ τοῦτον πῶς οὐκ οἴδατε δοκιμάζειν;
M 12.39 Γενεὰ
L 11.29 Ἡ γενεὰ αὕτη

M 16. 4 πονηρὰ καὶ μοιχαλὶς σημεῖον ἐπιζητεῖ, καὶ σημεῖον οὐ δοθήσεται
Mk 8.12 ζητεῖ σημεῖον; ἀμὴν λέγω ὑμῖν, εἰ δοθήσεται
M 12.39 πονηρὰ καὶ μοιχαλὶς σημεῖον ἐπιζητεῖ, καὶ σημεῖον οὐ δοθήσεται
L 11.29 γενεὰ πονηρά ἐστιν· σημεῖον ζητεῖ, καὶ σημεῖον οὐ δοθήσεται

M 16. 4 αὐτῇ εἰ μὴ τὸ σημεῖον Ἰωνᾶ. καὶ καταλιπὼν αὐτοὺς ἀπῆλθεν.
Mk 8.13 τῇ γενεᾷ ταύτῃ σημεῖον. καὶ ἀφεὶς αὐτοὺς πάλιν ἐμβὰς ἀπῆλθεν
M 12.39 αὐτῇ εἰ μὴ τὸ σημεῖον Ἰωνᾶ τοῦ προφήτου.
L 11.29 αὐτῇ εἰ μὴ τὸ σημεῖον Ἰωνᾶ.

M 16. 3	και πρωι σημερον χειμων πυρραζει γαρ..ουρανος	1.1582*
	omit verse	ℵBY 13
	και πρωι σημερον χειμων πυρραζει γαρ..ουρανος και	C
	και πρωει σημερον χειμων πυρραζει γαρ..αηρ	D
	και πρωιας σημερον χειμων πυραζει γαρ..ουρανος υποκριται	E
	... .ουρανος υποκριται	F
	και πρωι σημερον χειμων πυρραζει γαρ..ουρανος υποκριται	G
	και παλιν πρωι σημερον χειμων πυρραζει γαρ..ουρανος υποκριται	K
	και πρωι σημερον χειμων πυραζει γαρ..ουρανος	L
	..ουρανος	W
	και προι σημερον χιμων πυραζι γαρ..ουρανος	θ*
	και πρωι σημερον χιμων πυραζι γαρ..ουρανος	θ[c]
	και πρωι σημερον χειμων πυρραζει γαρ..ουρανος υποκριται	Π 565.1582[c]

M 16. 3 (cont)	το μεν..γινωσκετε ..δυνασθε	1.1582*
	omit verse	ℵBY 13
	το μεν..γινωσκετε ..δυνασθε	C
	το μεν..γεινωσκεται..δυνασθαι	D
	το μεν..γινωσκετε ..δυνασθε	E
	το ..γινωσκετε ..δυνασθε	F
	το μεν..γινωσκετε ..δυνασθε δοκιμαζειν	G
	το μεν..γινωσκεται ..δυνασθε	K
	το μεν..γινωσκετε .. δοκιμαζετε	L
	το μεν..γιγνωσκεται..δυνασθαι δοκιμασαι	W
	το μεν..γινοσκετε ..δυνασθαι	θ*
	το μεν..γινοσκετε ..δυνασθαι	θ[c]
	το μεν..γινωσκετε ..δυνασθαι	Π 565.1582[c]

M 16. 4	και μοιχαλις σημειον επιζητει..σημειον..δοθησεται..Ιωνα ..καταλιπων	ℵB[c]
	και μοιχαλις σημειον αιτει..σημειον..δοθησεται..Ιωνα ..καταλιπων	B*
	και μοιχαλις σημειον επιζητει..σημειον..δοθησεται..Ιωνα του προφητου..καταλιπων	CEFGYΠ 1.1582
	ζητει σημιον ..σημιαν ..δοθησεται..Ιωνα ..καταλιπων	D
	και μοιχαλης σημειον επιζητει..σημειον..δοθησετε ..Ιωνα του προφητου..καταλιπων	K
	και μοιχαλις σημειον επιζητει..σημειον..δωθησεται..Ιωνα ..καταλιπων	L
	και μοιχαλις σημιον επιζητει..σημιον ..δοθησεται..Ιωνα του προφητου..καταλιπων	W
	και μηχαλις σημειον ζητι ..σημιων ..δοθησεται..Ιωνα του προφητου..καταλιπων	θ*
	και μοιχαλις σημειον ζητι ..σημιων ..δοθησεται..Ιωνα του προφητου..καταλιπων	θ[c]
	και μοιχαλεις σημειον επιζητει..σημειον..δοθησεται..Ιωνα του προφητου..καταλιπων	13
	και μοιχαλλις σημειον επιζητει..σημειον..δοθησεται..Ιωνα του προφητου..καταλειπον	565
Mk 8.12	ζητει σημειον	ℵBCDL 1.565.
	σημειον αιτει	P45 |1582
	σημειον επιζητει	AYΠ
	σημιον επιζητει	W

M 16. 4 - M 17.17; Jon. 2.1

40. PHARISEES SEEK A SIGN AND A WARNING Matthew 16.1-12

M 16. 5 Καὶ ἐλθόντες οἱ μαθηταὶ εἰς τὸ πέραν ἐπελάθοντο ἄρτους λαβεῖν.
Mk 8.14 εἰς τὸ πέραν. |Καὶ ἐπελάθοντο λαβεῖν ἄρτους,

M 16. 6 ὁ δὲ Ἰησοῦς
Mk 8.15 καὶ εἰ μὴ ἕνα ἄρτον οὐκ εἶχον μεθ' ἑαυτῶν ἐν τῷ πλοίῳ. καὶ διεστέλλετο
L 12. 1 Ἐν οἷς ἐπισυναχθεισῶν τῶν μυριάδων τοῦ ὄχλου, ὥστε καταπατεῖν ἀλλήλους,

M 16. 6 εἶπεν αὐτοῖς, Ὁρᾶτε καὶ προσέχετε ἀπὸ
Mk 8.15 αὐτοῖς λέγων, Ὁρᾶτε, βλέπετε ἀπὸ
L 12. 1 ἤρξατο λέγειν πρὸς τοὺς μαθητὰς αὐτοῦ πρῶτον, Προσέχετε ἑαυτοῖς ἀπὸ

M 16. 6 τῆς ζύμης τῶν Φαρισαίων καὶ Σαδδουκαίων.
Mk 8.15 τῆς ζύμης τῶν Φαρισαίων καὶ τῆς ζύμης Ἡρῴδου.
L 12. 1 τῆς ζύμης, ἥτις ἐστὶν ὑπόκρισις, τῶν Φαρισαίων.

M 16. 7 οἱ δὲ διελογίζοντο ἐν ἑαυτοῖς λέγοντες ὅτι Ἄρτους οὐκ ἐλάβομεν.
Mk 8.16 καὶ διελογίζοντο πρὸς ἀλλήλους ὅτι ἄρτους οὐκ ἔχουσιν.

M 16. 8 γνοὺς δὲ ὁ Ἰησοῦς εἶπεν, Τί διαλογίζεσθε ἐν ἑαυτοῖς, ὀλιγόπιστοι,
Mk 8.17 καὶ γνοὺς λέγει αὐτοῖς, Τί διαλογίζεσθε

M 16. 8 ὅτι ἄρτους οὐκ ἔχετε;
Mk 8.17 ὅτι ἄρτους οὐκ ἔχετε;

M 16. 5 ελθοντες οι μαθηται εις το περαν επελαθοντο αρτους λαβειν ℵC
ελθοντες οι μαθηται εις το περαν επελαθοντο λαβειν αρτους B
ελθοντες εις το περαν επελαθοντο οι μαθηται αρτους λαβειν D
ελθοντες οι μαθηται αυτου εις το περαν επελαθοντο αρτους λαβειν EFGLWY 1.565.1582
ελθοντες οι μαθηται αυτου εις το περαν επελαθοντο λαβειν αρτους KΠ
ελθοντες οι μαθηται εις τω περαν επελαθοντο αρτους λαβειν Θ
εξελθοντες οι μαθηται εις το περαν επελαθοντο αρτους λαβειν 13

M 16. 6 ειπεν αυτοις ορατε και προσεχετε BCDEFGKLWYΠ 1.565.1582
ειπεν ορατε και προσεχετε ℵ
ειπεν αυτοις ορατε και προσεχεται Θ
ειπεν αυτοις ορατε και προσεχεται 13

M 16. 7 οι δε διελογιζοντο εν εαυτοις λεγοντες ℵBCFGWYΘΠ 1.13.565.1582
τοτε διελογιζοντο εν εαυτοις λεγοντες D
οι δε διελογιζοντω εν εαυτοις λεγοντες E
οι δε διελογιζοντο εν εαυτοις K
οι δε διελογιζοντο εν αυτοις λεγοντες L

M 16. 8 ο Ιησους ειπεν τι διαλογιζεσθε εν εαυτοις ολιγοπιστοι.. εχετε ℵB
ο Ιησους ειπεν αυτοις τι διαλογιζεσθαι εν εαυτοις ολιγοπιστοι.. ελαβετε C
ο Ιησους ειπεν τι διαλογιζεσθαι εν εαυτοις ολιγοπιστοι.. εχεται D
ο Ιησους ειπεν αυτοις τι διαλογιζεσθε εν εαυτοις ολιγοπιστοι.. ελαβετε EFGY
ο Ιησους ειπεν τι διαλογιζεσθε εν εαυτοις ολιγοπιστοι.. ελαβετε KΠ 1.565.
ο Ιησους ειπεν τι διαλογιζεσθε εν αυτοις ολιγοπιστοι..αιλαβετε L |1582
ο Ιησους ειπεν τι διαλογιζεσθαι εν εαυτοις ολιγοπιστοι.. ελαβεται W
ο Ιησους ειπεν τι διαλογηζεσθαι εν εαυτοις ολιγοπιστοι.. εχεται Θ
ο Ιησους ειπεν αυτοις τι διαλογιζεσθαι εν εαυτοις ολιγοπιστοι.. εχετε 13
Mk 8.17 λεγει αυτοις τι διαλογιζεσθε .. εχετε ℵ[c]B
. ... τι διαλογιζεσθε εν εαυτοις ολιγοπιστοι.. ..... p45
ο Ιησους λεγει αυτοις τι διαλογιζεσθε .. εχετε ℵ*AYΠ 1.
ο Ιησους λεγει αυτοις τι διαλογιζεσθαι .. εχετε C |1582
ο Ιησους λεγει αυτοις τι διαλογιζεσθαι εν ταις καρδιαις υμων .. εχετε D
λεγει αυτοις ο Ιησους τι διαλογιζεσθαι .. εχεται L
ο Ιησους λεγει αυτοις τι διαλογιζεσθαι εν εαυτοις ολιγοπιστοι.. εχεται W
ο Ιησους ειπεν αυτοις διατι διαλογιζεσθαι εν τες καρδιαις υμων ολιγωπιστοι.. εχετε Θ
ο Ιησους λεγει αυτοις τι διαλογιζεσθαι εν ταις καρδιαις υμων ολιγοπιστοι.. εχεται 28
ο Ιησους ειπεν αυτοις τι διαλογιζεσθε εν ταις καρδιαις υμων ολιγοπιστοι.. εχετε 565

M 16. 6 - 1 C 5.6; G 5.9; M 13.33 | M 16. 7 - J 4.33 | M 16. 8 - M 6.30f

M 16. 9 οὔπω νοεῖτε,
Mk 8.18 οὔπω νοεῖτε οὐδὲ συνίετε; πεπωρωμένην ἔχετε τὴν καρδίαν ὑμῶν; ὀφθαλμοὺς

M 16. 9 οὐδὲ μνημονεύετε
Mk 8.18 ἔχοντες οὐ βλέπετε καὶ ὦτα ἔχοντες οὐκ ἀκούετε; καὶ οὐ μνημονεύετε,

M 16. 9 τοὺς πέντε ἄρτους τῶν πεντακισχιλίων καὶ πόσους κοφίνους
Mk 8.19 |ὅτε τοὺς πέντε ἄρτους ἔκλασα εἰς τοὺς πεντακισχιλίους, πόσους κοφίνους

M 16.10 ἐλάβετε; οὐδὲ τοὺς ἑπτὰ ἄρτους
Mk 8.20 κλασμάτων πλήρεις ἤρατε; λέγουσιν αὐτῷ, Δώδεκα. |῞Οτε τοὺς ἑπτὰ εἰς

M 16.10 τῶν τετρακισχιλίων καὶ πόσας σπυρίδας ἐλάβετε;
Mk 8.20 τοὺς τετρακισχιλίους, πόσων σπυρίδων πληρώματα κλασμάτων ἤρατε; καὶ

Mk 8.20 λέγουσιν αὐτῷ, ῾Επτά.

M 16. 9 ουπω νοειτε ... ουδε μνημονευετε ..των πεντακισχιλιων ..ελαβετε BCEFGKLΠ 1.565.1582
ουπω νοειτε ... ..των πεντακισχιλιων ..ελαβετε ℵ*
ουπω νοειτε ... ουδε μνημονευεται ..των πεντακισχιλιων ..ελαβετε ℵ[c]
ουπω νοειτε ... ουδε μνημονευετε οτε..τοις πεντακισχιλειοις..ελαβεται D
ουπω νοειτε ... ουτε μνημονευεται ..των πεντακισχειλιων ..ελαβεται W
ουπω νοειτε ... ουδε μνημονευετε ..των πεντασκισχιλιων ..ελαβετε Y
ουπω νοειτε ... ουδε μνημονευετε ..των πεντακισχειλιων ..ελαβετε Θ
ου νοειτε ... ουδε μνημονευετε ..των πεντακισχιλιων ..ελαβετε 13
Mk 8.18 και ου μνημονευετε ℵBCLYΠ 1.1582
ουπω νοειτε ουδε μνημονευετε P45 565
και ου μνημονευεται A
ουδε μνημονευετε D
ου μνημονευεται W
ουπο νοειτε ουδε μνημονευετε Θ

M 16.10 τους επτα αρτους των τετρακισχιλιων και ποσας σπυριδας ℵCEGLYΠ 1.13.565.1582
τους επτα αρτους των τετρακισχιλιων και ποσας σφυριδας B
τους επτα αρτους τοις τετρακεισχειλειοις και ποσας σφυριδας D
επτα αρτους των τετρακισχιλιων και ποσας σπυριδας F
τους επτα αρτων των τετρακισχιλιων και ποσας σπυριδας K
τους επτα αρτους των τετρακισχειλιων και ποσας σπυριδας WΘ
Mk 8.10 ποσων σπυριδων P45 ABCLYΠ 1.28.1582
ποσας σφυριδας D
ποσας σπυριδας Θ 565

M 16.10 ελαβετε ℵBCDEFGKLYΘΠ 1.13.565.1582
ελαβεται W
ελαβεται οι δε ειπον επτα 28
Mk 8.20 ηρατε και λεγουσιν αυτω επτα BCL
ηρατε και λεγουσιν επτα ℵ
ηρατε οι δε ειπον επτα P45 ADYΠ 1.28.565.1582
ηρατε οι δε ειπαν επτα Θ

M 16. 9 - M 14.13-21; Mk 6.34-44; L 9.11-17; J 6.1-13; Mk 6.52
M 16.10 - M 15.32-38; Mk 8.1-9

40. PHARISEES SEEK A SIGN AND A WARNING Matthew 16.1-12

M 16.11 πῶς οὐ νοεῖτε ὅτι οὐ περὶ ἄρτων εἶπον ὑμῖν; προσέχετε
Mk 8.21 καὶ ἔλεγεν αὐτοῖς, Οὔπω συνίετε;

M 16.12 δὲ ἀπὸ τῆς ζύμης τῶν Φαρισαίων καὶ Σαδδουκαίων. τότε συνῆκαν ὅτι οὐκ
M 16.12 εἶπεν προσέχειν ἀπὸ τῆς ζύμης τῶν ἄρτων ἀλλὰ ἀπὸ τῆς διδαχῆς τῶν
M 16.12 Φαρισαίων καὶ Σαδδουκαίων.

41. PETER'S CONFESSION AND FIRST PREDICTION OF THE PASSION
Matthew 16.13-23

M 16.13 Ἐλθὼν δὲ ὁ Ἰησοῦς εἰς τὰ μέρη Καισαρείας
Mk 8.27 Καὶ ἐξῆλθεν ὁ Ἰησοῦς καὶ οἱ μαθηταὶ αὐτοῦ εἰς τὰς κώμας Καισαρείας
L 9.18 Καὶ ἐγένετο ἐν τῷ εἶναι αὐτὸν προσευχόμενον κατὰ μόνας συνῆσαν αὐτῷ
J 6.66 Ἐκ τούτου πολλοὶ ἐκ τῶν μαθητῶν αὐτοῦ ἀπῆλθον εἰς τὰ ὀπίσω καὶ

M 16.13 τῆς Φιλίππου ἠρώτα τοὺς μαθητὰς αὐτοῦ λέγων,
Mk 8.27 τῆς Φιλίππου· καὶ ἐν τῇ ὁδῷ ἐπηρώτα τοὺς μαθητὰς αὐτοῦ λέγων
L 9.18 οἱ μαθηταί, καὶ ἐπηρώτησεν αὐτοὺς λέγων,
J 6.67 οὐκέτι μετ' αὐτοῦ περιεπάτουν. εἶπεν οὖν ὁ

M 16.11	πως ου νοειτε ... αρτων ειπον υμιν προσεχετε δε	ℵBL^{c} 1.1582*
	πως ου νοειτε ... αρτων υμιν ειπον προσεχετε δε	C*
	πως ου νοειτε ... αρτων υμιν ειπον προσεχειν προσεχετε δε	C^{c}
	πως ου νοειτε ... αρτου ειπον προσεχετε	D
	πως ου νοειτε ... αρτου ειπον υμιν προσεχειν	EFGK
	πως ου νοειτε ... αρτον ειπον υμιν προσεχετε δε	L*
	πως ου νοειται... αρτου ειπον υμιν προσεχειν	W
	πως ου νοειτε ... αρτων ειπον υμιν προσεχειν	YΠ 1582^{c}
	ου νοητε ... αρτον ειπον υμιν προσεχετε δε	Θ*
	ου νοητε ... αρτων ειπον υμιν προσεχετε δε	Θ^{c}
	πως ου νοειτε ... αρτων ειπον ημιν προσεχετε	13
	και λεγει αυτοις πως ου νοειτε ... αρτων ειπον υμιν προσεχειν	28
	πως ουπω νοειτε ... αρτων ειπον υμιν προσεχειν	565
Mk 8.21	και ελεγεν αυτοις ουπω συνιετε	ℵCL
	και ελεγεν αυτοις πως ουπω συνιεται	A
	και ελεγεν αυτοις πως ου νοειτε	B
	και λεγει αυτοις πως ουπω συννοειτε	D
	και λεγει αυτοις πως ουπω συνιεται	WΘ
	και ελεγεν αυτοις πως ου συνιετε	Y
	και λεγει αυτοις πως συνιετε	Π
	και ειπεν αυτοις πως συνιετε	1.
	και λεγει αυτοις πως ουπω συνιετε	565
	και ειπεν αυτοις πως ουπω συνιετε	1582
M 16.12	ειπεν ..της ζυμης των αρτων αλλα	B
	ειπεν ..της ζυμης των Φαρεισαιων και Σαδδουκαιων αλλα	ℵ*
	ειπεν ..της ζυμης των αρτων των Φαρεισαιων και Σαδδουκαιων αλλα	ℵ^{c}
	ειπεν ..της ζυμης του αρτου αλλα	CKWΠ 13
	ειπεν ..της ζυμης αλλα	DΘ
	ειπεν ..της ζυμης του αρτου αλλ	EFGY
	ειπεν ..της ζυμης των αρτον αλλ	L
	ειπεν .. των αρτων αλλα	1.1582
	ειπεν αυτοις..της ζυμης του αρτου αλλα	28
M 16.12	διδαχης ... Φαρισαιων και Σαδδουκαιων	ℵ^{c}DEFGKLYΠ 1.28.565.1582
	διδασκαλιας ... Φαρισαιων και Σαδδουκαιων	ℵ*
	διδαχης ... Σαδδουκαιων και Φαρισαιων	B
	διδαχης ... φαρισαιων και Σαδδουκαιων	C
	διδαχης ... Φαρισαιων και Σαδδουκεων	W
	διδαχης ... Φαρισεων και Σαδδουκαιων	Θ
	διδαχης ... Φαρισαιων	13
M 16.13	ελθων δε ... Καισαρειας ... μαθητας αυτου λεγων	BFGKYΠ 1.13.28.565.1582
	ελθων δε ... Καισαριας ... μαθητας αυτου λεγων	ℵC*LΘ
	ελθων ... Καισαριας ... μαθητας αυτου λεγων	C^{c}E
	ελθων δε ... Καισαριας ... μαθητας λεγων	D
	ελθων δε ... Κεσαριας ... μαθητας αυτου λεγων	W
Mk 8.27	Καισαρειας ... μαθητας αυτου λεγων αυτοις	ℵ*BYΠ
	Καισαρειας ... μαθητας αυτου λεγων	ℵ^{c}
	Καισαρειας ... μαθητας λεγων αυτοις	A
	Καισαριας ... μαθητας αυτου λεγων αυτοις	CΘ
	Καισαριαν ... μαθητας αυτου λεγων	D
	Καισαριας ... μαθητας αυτου λεγων	L

41. PETER'S CONFESSION AND FIRST PREDICTION OF THE PASSION Matthew 16.13-23

M 16.13 Τίνα λέγουσιν οἱ ἄνθρωποι εἶναι τὸν υἱὸν τοῦ
Mk 8.27 αὐτοῖς, Τίνα με λέγουσιν οἱ ἄνθρωποι εἶναι;
L 9.18 Τίνα με λέγουσιν οἱ ὄχλοι εἶναι;
J 6.67 Ἰησοῦς τοῖς δώδεκα, Μὴ καὶ ὑμεῖς θέλετε ὑπάγειν;

M 16.14 ἀνθρώπου; οἱ δὲ εἶπαν, Οἱ μὲν Ἰωάννην τὸν
Mk 8.28 οἱ δὲ εἶπαν αὐτῷ λέγοντες ὅτι Ἰωάννην τὸν
L 9.19 οἱ δὲ ἀποκριθέντες εἶπαν, Ἰωάννην τὸν

M 16.14 βαπτιστήν, ἄλλοι δὲ Ἠλίαν, ἕτεροι δὲ Ἰερεμίαν ἢ ἕνα τῶν προφητῶν.
Mk 8.28 βαπτιστήν, καὶ ἄλλοι, Ἠλίαν, ἄλλοι δὲ ὅτι εἷς τῶν προφητῶν.
L 9.19 βαπτιστήν, ἄλλοι δὲ Ἠλίαν, ἄλλοι δὲ ὅτι προφήτης

M 16.15 λέγει αὐτοῖς, Ὑμεῖς δὲ τίνα με λέγετε
Mk 8.29 καὶ αὐτὸς ἐπηρώτα αὐτούς, Ὑμεῖς δὲ τίνα με λέγετε
L 9.20 τις τῶν ἀρχαίων ἀνέστη. εἶπεν δὲ αὐτοῖς, Ὑμεῖς δὲ τίνα με λέγετε

M 16.13 λεγουσιν οι ανθρωποι ειναι τον υιον B
οι ανθρωποι ειναι λεγουσιν τον υιον ℵ*
οι ανθρωποι λεγουσιν ειναι τον υιον ℵ^{c}
λεγουσιν με οι ανθρωποι ειναι τον υιον CW
με οι ανθρωποι λεγουσιν ειναι υιον D
με λεγουσιν οι ανθρωποι ειναι τον υιον EFGKLYΠ 13.28.565
με λεγουσιν οι ανθροποι εινε τον υιον Θ
με λεγουσιν ειναι οι ανθρωποι τον υιον 1.1582^{c}
λεγουσιν ειναι οι ανθρωποι τον υιον 1582*
Mk 8.27 οι ανθρωποι ειναι ℵABCLWYΘΠ 1.28.565.1582
ειναι οι ανθρωποι D
L 9.18 λεγουσιν οι οχλοι P^{75} ℵ^{c}CDWYΘ 28
οι οχλοι λεγουσιν ℵ*BL 1.
λεγουσιν οι ανθρωποι 1.

M 16.14 ειπαν οι μεν Ιωαννην ... αλλοι δε Ηλιαν Π
ειπον οι μεν Ιωανην ... αλλοι δε Ηλιαν ℵ
ειπαν οι μεν Ιωανην ... οι δε Ηλειαν B
ειπον οι μεν Ιωαννην ... αλλοι δε Ηλιαν CEFGKLYΘ 1.13.28.565.1582
ειπον Ιωαννην ... αλλοι δε Ηλειαν D
ειπον Ιωαννην ... αλλοι δε Ηλιαν W
Mk 8.28 και αλλοι Ηλιαν ℵCLYΠ 1.28.1582
και αλλοι Ηλειαν AB
αλλοι δε Ηλιαν DWΘ 565
L 9.19 ειπαν Ιωαννην ... αλλοι δε Ηλιαν ℵ
ειπαν Ιωανην ... αλλοι δε Ηλειαν P^{75} BD
ειπον Ιωαννην ... αλλοι δε Ηλιαν ACLWY 1.28
ειπον Ιωανην ... αλλοι δε Ηλειαν Θ

M 16.14 ετεροι δε Ιερεμιαν η ενα των προφητων ℵBCFKLWYΘΠ 1.13.28.565.1582
ετεροι δε Ιηρεμεδιαν η ενα των προφητων D
ετεροι δε Ιηερεμιαν η ενα των προφητων EG
Mk 8.28 αλλοι δε οτι εις των προφητων ℵBC*L
αλλοι δε ενα των προφητων AC^{c}DWYΘΠ 1.28.565.1582
L 9.19 αλλοι δε οτι προφητης τις των αρχαιων ανεστη P^{75} ℵABCLYΘ 28
αλλοι δε η ενα των προφητων D
αλλοι δε Ιερεμιαν αλλοι δε οτι προφητης τις των αρχαιων ανεστη 1.

M 16.15 λεγει αυτοις ... λεγετε ℵBDEFGLYΘΠ^{c} 13.28.565
λεγει αυτοις ο Ιησους ... λεγετε C
λεγει δε αυτοις ... λεγετε K 1.1582
λεγει αυτοις ... λεγεται WΠ*
Mk 8.29 και αυτος επηρωτα αυτους ... λεγετε ℵBC
και αυτος λεγει αυτοις ... λεγετε AYΠ
αυτος δε επηρωτα αυτους ... λεγεται D
και αυτος επηρωτα αυτους ... λεγεται L
λεγει αυτοις ... λεγεται W
λεγει αυτοις ... λεγετε Θ 1.1582
λεγει αυτοις ... λεγεται 28
αυτος δε επηρωτα αυτους ... λεγετε 565

M 16.13 - J 18.33f | M 16.14 - Mk 6.14f; L 9.7f; M 14.2; 17.10; 21.11; J 1.25

M 16.16 εἶναι; ἀποκριθεὶς δὲ Σίμων Πέτρος εἶπεν,
Mk 8.29 εἶναι; ἀποκριθεὶς ὁ Πέτρος λέγει αὐτῷ,
L 9.20 εἶναι; Πέτρος δὲ ἀποκριθεὶς εἶπεν,
J 1.49 ἀπεκρίθη αὐτῷ Ναθαναήλ, 'Ραββί,
J 6.68 ἀπεκρίθη αὐτῷ Σίμων Πέτρος, Κύριε, πρὸς τίνα ἀπελευσόμεθα;

J 6.69 ρηματα ζωης αιωνιου εχεις, |και ημεις πεπιστευκαμεν και εγνωκαμεν οτι
J 11.27 λεγει αυτω, Ναι, κυριε· εγω πεπιστευκα οτι

M 16.17 Σὺ εἶ ὁ Χριστὸς ὁ υἱὸς τοῦ θεοῦ τοῦ ζῶντος. ἀποκριθεὶς δὲ ὁ 'Ιησοῦς
Mk 8.29 Σὺ εἶ ὁ Χριστός.
L 9.20 Τὸν Χριστὸν τοῦ θεοῦ.
M 1.49 σὺ εἶ ὁ υἱὸς τοῦ θεοῦ, σὺ βασιλεὺς εἶ τοῦ 'Ισραήλ.
J 6.69 σὺ εἶ ὁ ἅγιος τοῦ θεοῦ.
J 11.27 σὺ εἶ ὁ Χριστὸς ὁ υἱὸς τοῦ θεοῦ ὁ εἰς τὸν κόσμον ἐρχόμενος.

M 16.17 εἶπεν αὐτῷ, Μακάριος εἶ, Σίμων Βαριωνᾶ, ὅτι σὰρξ καὶ αἷμα οὐκ ἀπεκάλυψέν
M 16.18 σοι ἀλλ' ὁ πατήρ μου ὁ ἐν τοῖς οὐρανοῖς. κἀγὼ δέ σοι λέγω ὅτι σὺ εἶ
M 16.18 Πέτρος, καὶ ἐπὶ ταύτῃ τῇ πέτρᾳ οἰκοδομήσω μου τὴν ἐκκλησίαν, καὶ πύλαι

M 16.19 ᾅδου οὐ κατισχύσουσιν αὐτῆς. δώσω σοι τὰς κλεῖδας τῆς βασιλείας τῶν
J 20.22 καὶ τοῦτο εἰπὼν ἐνεφύσησεν καὶ λέγει αὐτοῖς, Λάβετε

M 16.16 αποκριθεις δε Σιμων Πετρος ειπεν ...Χριστος ο υιος του θεου του ζωντος ℵBCEFGKLWYΠ 1.13.
αποκριθεις δε Σιμων Πετρος ειπεν αυτω...Χριστος ο υιος του θεου το σωζοντος D* |28.565.1582
αποκριθεις δε Σιμων Πετρος ειπεν αυτω...Χριστος ο υιος του θεου του ζωντος D^c
αποκριθεις δε Σιμων Πετρος επεν ...Χριστος ο υιος του θεου του ζωντος Θ
Mk 8.29 αποκριθεις ο Πετρος λεγει αυτω...Χριστος BΠ
αποκριθεις δε ο Πετρος λεγει αυτω...Χριστος ο υιος του θεου ℵ
αποκριθεις δε ο Πετρος λεγει αυτω...Χριστος CDYΘ 1.565.1582
αποκριθεις ο Πετρος λεγει αυτω...Χριστος ο υιος του θεου L
αποκριθεις δε ο Πετρος λεγει αυτω...Χριστος ο υιος του θεου του ζωντος W
αποκριθεις δε ο Πετρος ειπεν αυτω...Χριστος 28
L 19.20 Πετρος δε αποκριθεις ειπεν P75 ℵBCL 1.
αποκριθεις δε ο Πετρος ειπεν AD 28
αποκριθεις δε Πετρος ειπεν WYΘ

M 16.17 αποκριθεις δε ο Ιησους ειπεν αυτω..οτι.. και αιμα..αλλ ..εν τοις ουρανοις LΘ 1.1582
αποκριθεις δε ο Ιησους ειπεν αυτω..οτι.. και αιμα..αλλα..εν τοις ουρανοις ℵ
αποκριθεις δε ο Ιησους ειπεν αυτω.. .. και αιμα..αλλα..εν ουρανοις B*
αποκριθεις δε ο Ιησους ειπεν αυτω..οτι.. και αιμα..αλλα..εν ουρανοις B^c
και αποκριθεις ο Ιησους ειπεν αυτω..οτι.. και αιμα..αλλ ..εν τοις ουρανοις CEFGK^cWYΠ 28
και αποκριθεις ο Ιησους ειπεν ..οτι.. και αιμα..αλλ ..εν τοις ουρανοις D
και αποκριθεις ο Ιησους ειπεν αυτω..οτι.. και αι ..αλλ ..εν τοις ουρανοις K*
αποκριθεις δε ο Ιησους ειπεν αυτω..οτι.. και αιμα..αλλ .. ουρανιος 13
και αποκριθεις ο Ιησους ειπεν αυτω..οτι..και και αιμα..αλλ .. ουρανιος 565

M 16.18 δε σοι λεγω οτι..Πετρος..ταυτη τη πετρα ..μου την εκκλησιαν..κατισχυσουσιν ℵBCFGKWYΠ 565
δε σοι λεγω οτι..Πετρος..ταυτην την πετραν..την εκκλησιαν μου..κατισχυσουσιν D
δε σοι λεγω οτι..Πετρος..τη πετρα ταυτη ..μου την εκκλησιαν..κατισχυσουσιν E
σοι λεγω οτι..Πετρος..ταυτη τη πετρα ..μου την εκλησιαν ..κατισχυσουσιν L
δε σοι λεγω .. τρος..ταυτη τη πετρα ..μου την εκλησιαν ..κατισχυσουσιν Θ
δε σοι λεγω οτι..Πετρος..ταυτη τη πετρα ..μου την εκκλησιαν..κατισχυσουσιν 1.1582
δε συ λεγων οτι..Πετρος..ταυτη τη πετρα ..μου την εκκλησιαν..κατισχυσουσιν 13
δε σοι λεγω οτι..Πετρος..ταυτη τη πετρα ..μου την εκκλησιαν..κατισχυσωσιν 28

M 16.19 δωσω σοι τας κλειδας ℵ*
δωσω σοι τας κλεις ℵ^cB*C* 1.1582*
και δωσω σοι τας κλεις B^cC^c
σοι δωσω τας κλεις D
και δωσω σοι τας κλεις EFGKYΠ 13.28.565.1582^c
και συ δωσω τας κληδας L
και δωσω σοι τας κλειδας W
δωσω δε σοι τας κλιδας Θ

M 16.16 - M 14.33; 26.63; 27.54; Mk 14.61; M 11.27; 17.4f
M 16.17 - J 1.42; M 17.5; G 1.15f | M 16.18 - J 1.42; E 2.20; M 7.24
M 16.18 - Jb 38.17; Is 38.10; Wsd 16.13; Jr 1.19; 1 P 2.5; M 23.13 | M 16.19 - Re 1.18; 3.7

M	16.19	οὐρανῶν, καὶ ὃ ἐὰν δήσῃς ἐπὶ τῆς γῆς ἔσται δεδεμένον ἐν
M	18.18	Ἀμὴν λέγω ὑμῖν, ὅσα ἐὰν δήσητε ἐπὶ τῆς γῆς ἔσται δεδεμένα ἐν
J	20.23	πνεῦμα ἅγιον· ἄν τινων ἀφῆτε τὰς ἁμαρτίας ἀφέωνται

M	16.19	τοῖς οὐρανοῖς, καὶ ὃ ἐὰν λύσῃς ἐπὶ τῆς γῆς ἔσται λελυμένον ἐν
M	18.18	οὐρανῷ καὶ ὅσα ἐὰν λύσητε ἐπὶ τῆς γῆς ἔσται λελυμένα ἐν
J	20.23	αὐτοῖς, ἄν τινων κρατῆτε κεκράτηνται.

M	16.20	τοῖς οὐρανοῖς. τότε διεστείλατο τοῖς μαθηταῖς ἵνα μηδενὶ εἴπωσιν
Mk	8.30	καὶ ἐπετίμησεν αὐτοῖς ἵνα μηδενὶ λέγωσιν
L	9.21	Ὁ δὲ ἐπιτιμήσας αὐτοῖς παρήγγειλεν μηδενὶ λέγειν
M	18.18	οὐρανῷ.

M	16.20	ὅτι αὐτός ἐστιν ὁ Χριστός.
Mk	8.30	περὶ αὐτοῦ.
L	9.21	τοῦτο,

M	16.21	Ἀπὸ τότε ἤρξατο ὁ Ἰησοῦς δεικνύειν τοῖς μαθηταῖς αὐτοῦ ὅτι δεῖ
Mk	8.31	Καὶ ἤρξατο διδάσκειν αὐτοὺς ὅτι δεῖ τὸν
L	9.22	|εἰπὼν ὅτι Δεῖ τὸν

M	16.21	αὐτὸν εἰς Ἱεροσόλυμα ἀπελθεῖν καὶ πολλὰ παθεῖν
Mk	8.31	υἱὸν τοῦ ἀνθρώπου πολλὰ παθεῖν καὶ ἀποδοκιμασθῆναι
L	9.22	υἱὸν τοῦ ἀνθρώπου πολλὰ παθεῖν καὶ ἀποδοκιμασθῆναι

M	16.19	ο εαν δησης..της γης εσται δεδεμενον..ο εαν λυσης ..λελυμενον	ℵ^{c}CFGKYΠ 13.565
		ο εαν δησης..την γην εσται δεδεμενον..ο εαν λυσης ..λελυμενον	ℵ*
		ο αν δησης..της γης εσται δεδεμενον..ο εαν λυσης ..λελυμενον	BW
		ο αν δησης..της γης εσται δεδεμενον..ο αν λυσης ..λελυμενον	D
		ο αν δησης..της γης εσται δεδεμενα ..ο εαν λυσης ..λελυμενον	E
		ο εαν δησης..της γης εστε δεδεμενον..ο εαν λυσης ..λελυμενον	L
		οσα αν δησης..της γης εσται δεδεμενα ..οσα αν λυσης ..λελυμενα	Θ 1.1582
		ο εαν δησης..της γης εσται δεδεμενον..ο εαν λυσεις..λελυμενον	28

M	16.20	διεστειλατο τοις μαθηταις ...ειπωσιν..αυτος εστιν ο Χριστος	ℵ*
		διεστειλατο τοις μαθηταις ...ειπωσιν..αυτος εστιν Ιησους ο Χριστος	ℵ^{c}C
		επετιμησεν τοις μαθηταις ...ειπωσιν..αυτος εστιν ο Χριστος	B*
		επετειμησεν τοις μαθηταις ...ειπωσιν..αυτος εστιν ο Χριστος	B^{c}
		επετειμησεν τοις μαθηταις ...ειπωσιν..ουτος εστιν ο Χριστος Ιησους	D
		διεστειλατο τοις μαθηταις αυτου...ειπωσιν..αυτος εστιν Ιησους ο Χριστος	EFGKY 13
		διεστειλατο τοις μαθηταις αυτου...ειπωσιν..αυτος εστιν ο Χριστος	LΠ 1.28.565.1582
		διεστιλατο τοις μαθηταις αυτου...ειπωσιν..αυτος εστιν Ιησους ο Χριστος	W
		διεστηλατο τοις μαθηταις αυτου...ειπωσιν..ουτος εστιν ο Χριστος	Θ
Mk	8.30	λεγωσιν	ℵABLYΘΠ 28.565.1582
		ειπωσιν	CD

M	16.21	ηρξατο ο Ιησους δεικνυειν..δει..εις Ιεροσολυμα απελθειν	1.1582
		ηρξατο Ιησους Χριστος δεικνυειν..δει..εις Ιεροσολυμα απελθειν	ℵ*B
		ηρξατο ο Ιησους Χριστος δεικνυειν..δει..εις Ιεροσολυμα απελθειν	ℵ$^{c.1}$
		ηρξατο δεικνυειν..δει..εις Ιεροσολυμα απελθειν	ℵ$^{c.2}$
		ηρξατο ο Ιησους δικνυειν ..δει..απελθειν εις Ιεροσολυμα	CL
		ηρξατο Ιησους δεικνυειν..δι ..εις Ιεροσολυμα απελθειν	D*
		ηρξατο Ιησους δεικνυειν..δει..εις Ιεροσολυμα απελθειν	D^{c}
		ηρξατο ο Ιησους δεικνυειν..δει..απελθειν εις Ιεροσολυμα	EFGKYΠ 28.565
		ηρξατο ο Ιησους δικνυειν ..δι ..απελθειν εις Ιεροσολυμα	W
		ηρξατο ο Ιησους δικνυειν ..δι ..εις Ιεροσολυμα απελθειν	Θ
		ο Ιησους δεικνυειν..δει..εις Ιεροσολυμα απελθειν	13

M	16.21	παθειν	all texts
L	9.22	παθειν και αποδοκιμασθηναι	P^{75} ℵABCDLWYΘ 1.
		παθειν	28

M 16.19 - Mk 13.34; L 11.52 | M 16.20 - M 17.9; Mk 9.9

M	16.21	ἀπὸ τῶν πρεσβυτέρων καὶ ἀρχιερέων καὶ γραμματέων καὶ ἀποκτανθῆναι
Mk	8.31	ὑπὸ τῶν πρεσβυτέρων καὶ τῶν ἀρχιερέων καὶ τῶν γραμματέων καὶ ἀποκτανθῆναι
L	9.22	ἀπὸ τῶν πρεσβυτέρων καὶ ἀρχιερέων καὶ γραμματέων καὶ ἀποκτανθῆναι

M	16.22	καὶ τῇ τρίτῃ ἡμέρᾳ ἐγερθῆναι. καὶ
Mk	8.32	καὶ μετὰ τρεῖς ἡμέρας ἀναστῆναι· |καὶ παρρησίᾳ τὸν λόγον ἐλάλει. καὶ
L	9.22	καὶ τῇ τρίτῃ ἡμέρᾳ ἐγερθῆναι.

M	16.22	προσλαβόμενος αὐτὸν ὁ Πέτρος ἤρξατο ἐπιτιμᾶν αὐτῷ λέγων, Ἵλεώς σοι,
Mk	8.32	προσλαβόμενος ὁ Πέτρος αὐτὸν ἤρξατο ἐπιτιμᾶν αὐτῷ.

M	16.23	κύριε· οὐ μὴ ἔσται σοι τοῦτο. ὁ δὲ στραφεὶς
Mk	8.33	ὁ δὲ ἐπιστραφεὶς καὶ ἰδὼν τοὺς μαθητὰς

M	16.21	απο των πρεσβυτερων και αρχιερεων και γραμματεων	ℵBEFGKWYΠ 28.565
		απο των πρεσβυτερων και αρχιερεων και γραμματαιων	C
		υπο των πρεσβυτερων και αρχειεραιων και γραμματαιων	D
		απο των πρεσβυτερον και αρχιερεων και γραματαιων	L*
		απο των πρεσβυτερον και αρχιερεων και γραμματεων	L^c
		απο των αρχιερεων και γραματεων και πρεσβυτερων του λαου	θ
		απο των πρεσβυτερων και αρχιερεων και γραμματεων του λαου	1.1582
		απο των αρχιερεων και πρεσβυτερων και γραμματεων του λαου	13
Mk	8.31	και των αρχιερεων και των γραμματεων	ℵBY
		και αρχιερεων και γραμματεων	AΠ 1.1582
		και των αρχιερεων και των γραμματαιων	C
		και απο των αρχιερεων και των γραμματεων	D
		και των αρχιερεων και των γραμματαιων	L 28
		και των αρχιερεων και γραμματεων	W
		και των αρχιερεων και των γραματεων	θ

M	16.21	τη τριτη ημερα εγερθηναι	ℵBCEFGKLWYΠ 1.13.1582
		μετα τρεις ημερας αναστηναι	D
		τη τρητη ημερας εγερθηναι	θ
		τη τριτη ημερα εγερθησεται	28
		τη τριτη ημερα εγερθειναι	565
Mk	8.31	μετα τρεις ημερας αναστηναι	ℵABCDLYθΠ
		τη τριτη ημερα αναστηναι	W 1.28.565.1582
L	9.22	τη τριτη ημερα εγερθηναι	P75c ℵBLWYθ 28
		τη τριτη εγερθηναι	P75*
		τη τριτη ημερα αναστηναι	AC 1
		μεθ ημερας τρεις αναστηναι	D

M	16.22	αυτον ο Πετρος ηρξατο επιτιμαν αυτω λεγων ιλεως..εσται σοι τουτο	ℵCGYΠ
		αυτον ο Πετρος λεγει αυτω επιτειμων ιλεως..εσται σοι τουτο	B
		αυτον ο Πετρος ηρξατο αυτω επειτειμαν και λεγειν ειλεος..εσται τουτο σοι	D*
		αυτον ο Πετρος ηρξατο αυτω επειτειμαν και λεγειν ειλεως..εσται τουτο σοι	D^c
		αυτον ο Πετρος ηρξατο επιτημαν αυτω λεγων ιλεως..εσται σοι τουτο	EK
		αυτον ο Πετρος ηρξατο επιτιμαν αυτω και λεγων ιλεος..εσται σοι τουτο	F
		αυτον ο Πετρος ηρξατο επιτιμαν αυτω λεγων ιλεως..εσται σοι τουτω	L
		αυτον ο Πετρος ηρξατο επιτιμαν αυτω λεγων ειλεως..εσται σοι τουτο	W
		αυτον ο Πετρος ηρξατω αυτον επιτιμαν λεγων ειλεως..εσται σοι τουτο	θ
		αυτον ο Πετρος ηρξατο αυτω επιτιμαν λεγων ιλεως..εσται σοι τουτο	1.1582
		αυτον ο Πετρος ηρξατο επιτιμαν αυτω λεγων ιλεος..εστω σοι τουτο	13*
		αυτον ο Πετρος ηρξατο επιτιμαν αυτω λεγων ιλεος..εσται σοι τουτο	13^c
		αυτον ο Πετρος ηρξατο επιτιμαν αυτον λεγων ιλεως..εσται σοι τουτο	28
		αυτον ο Πετρος κατ ιδιαν ηρζατο αυτω επιτιμαν λεγων ιλεως..εσται σοι τουτο	565
Mk	8.32	ο Πετρος αυτον	BL
		αυτον ο Πετρος	ℵACWYθΠ 1.28.565.1582
		ο Πετρος	D

M	16.23	στραφεις	ℵBCEFGW 1.28.1582
		επιστραφεις	DKLYθΠ 13.565

M 16.21 - M 17.22f; 20.18f; 26.2; L 13.33; J 12.24; M 12.40; J 2.19; Hs 6.2; 1 C 15.4
M 16.22 - Ac 21.12; 1 Mcc 2.21

M 16.23 εἶπεν τῷ Πέτρῳ, Ὕπαγε ὀπίσω μου, Σατανᾶ· σκάνδαλον
Mk 8.33 αὐτοῦ ἐπετίμησεν Πέτρῳ καὶ λέγει, Ὕπαγε ὀπίσω μου, Σατανᾶ,

M 16.23 εἶ ἐμοῦ, ὅτι οὐ φρονεῖς τὰ τοῦ θεοῦ ἀλλὰ τὰ τῶν ἀνθρώπων.
Mk 8.33 ὅτι οὐ φρονεῖς τὰ τοῦ θεοῦ ἀλλὰ τὰ τῶν ἀνθρώπων.

42. COST OF DISCIPLESHIP

Matthew 16.24-28

M 16.24 Τότε ὁ Ἰησοῦς εἶπεν τοῖς
Mk 8.34 Καὶ προσκαλεσάμενος τὸν ὄχλον σὺν τοῖς μαθηταῖς αὐτοῦ εἶπεν
L 9.23 Ἔλεγεν δὲ πρὸς

M 16.24 μαθηταῖς αὐτοῦ, Εἴ τις θέλει ὀπίσω μου ἐλθεῖν, ἀπαρνησάσθω ἑαυτὸν
Mk 8.34 αὐτοῖς, Εἴ τις θέλει ὀπίσω μου ἀκολουθεῖν, ἀπαρνησάσθω ἑαυτὸν
L 9.23 πάντας, Εἴ τις θέλει ὀπίσω μου ἔρχεσθαι, ἀρνησάσθω ἑαυτὸν

M 16.24 καὶ ἀράτω τὸν σταυρὸν αὐτοῦ καὶ ἀκολουθείτω
Mk 8.34 καὶ ἀράτω τὸν σταυρὸν αὐτοῦ καὶ ἀκολουθείτω
L 9.23 καὶ ἀράτω τὸν σταυρὸν αὐτοῦ καθ' ἡμέραν, καὶ ἀκολουθείτω
M 10.38 καὶ ὃς οὐ λαμβάνει τὸν σταυρὸν αὐτοῦ καὶ ἀκολουθεῖ ὀπίσω
L 14.27 ὅστις οὐ βαστάζει τὸν σταυρὸν ἑαυτοῦ καὶ ἔρχεται ὀπίσω

M 16.25 μοι. ὃς γὰρ ἐὰν θέλῃ τὴν ψυχὴν αὐτοῦ
Mk 8.35 μοι. ὃς γὰρ ἐὰν θέλῃ τὴν ψυχὴν αὐτοῦ
L 9.24 μοι. ὃς γὰρ ἂν θέλῃ τὴν ψυχὴν αὐτοῦ
M 10.39 μου, οὐκ ἔστιν μου ἄξιος. ὁ εὑρὼν τὴν ψυχὴν αὐτοῦ
L 14.27 μου οὐ δύναται εἶναί μου μαθητής.
L 17.33 ὃς ἐὰν ζητήσῃ τὴν ψυχὴν αὐτοῦ
J 12.25 ὁ φιλῶν τὴν ψυχὴν αὐτοῦ

M 16.23 ει εμου οτι ου φρονεις ... αλλα τα των ανθρωπων ℵ*B 13
ει μου οτι ου φρονεις ... αλλα τα των ανθρωπων ℵᶜC
ει εμοι οτι ου φρονεις ... αλλα του ανθρωπου D
μου ει οτι ου φρονεις ... αλλα τα των ανθρωπων EFGKLYΠ 1.28.1582
μου ει οτι ου φονις ... αλλα το των ανθρωπων W
ει μου οτι ουκ εφρωνεσας ... αλα τα τον ανθρωπων θ*
ει μου οτι ουκ εφρονεσας ... αλλα τα τον ανθρωπων θᶜ
εμοι ει οτι ου φρονεις ... αλλα τα των ανθρωπων 565

M 16.24 ο Ιησους..ει τις ..ελθειν απαρνησασθω εαυτον..αρατω.. και ακολουθειτω ℵBᶜCGKΠ 28
Ιησους..ει τις ..ελθειν απαρνησασθω εαυτον..αρατω.. και ακολουθειτω B*
ο Ιησους..ει τεις..ελθειν απαρνησασθω εαυτον..αρατω.. και ακολουθειτω D
ο Ιησους..ει τις ..ελθειν απαρνησασθω εαυτον..αρατω.. και ακολουθητω EFY 13
ο Ιησους..ει της ..ελθειν απαρνησασθω εαυτον..αρατο.. και ακολουθητω L
ο Ιησους..ει τις ..ελθειν απαρνησασθω αυτον..αρατω.. και ακολουθιτω W
ο Ιησους..ει τις ..ελθειν απαρνησασθω εαυτον..αρας .. ακολουθιτω θ
ο Ιησους..ει τις ..ελθειν απαρνησασθω εαυτον..αρας .. ακολουθειτω 1.1582
..ει τις ..ελθειν απαρνησασθω εαυτον..αρατω.. και ακολουθειτω 565
Mk 8.34 ακολουθειν απαρνησασθω εαυτον..αρατω P45 C*DYθ 1.28.565.1582
ελθειν απαρνησασθω εαυτον..αρατω ℵABCᶜLΠ
ακολουθειν απαρνησασθω εαυτον..αρας W
L 9.23 ερχεσθαι αρνησασθω εαυτον..αρατω..καθ ημεραν και ακολουθειτω ℵ*ALΠᶜ
ερχεσθαι απαρνησασθω εαυτον..αρατω..καθ ημεραν και ακολουθειτω P75 BW 1.
ελθειν αρνησασθω εαυτον..αρατω.. και ακολουθειτω ℵᶜ
ερχεσθαι απαρνησασθω εαυτον..αρατω.. και ακολουθειτω C
ελθειν απαρνησασθω εαυτον..αρατω.. και ακολουθειτω Y 28

M 16.25 εαν θελη την ψυχην αυτου ℵBCΠ
αν θελη την ψυχην αυτου DEFGLWYθ 1.13.565.1582
αν θελει την ψυχην αυτου K
αν θελη την εαυτου ψυχην 28
Mk 8.35 εαν θελη την ψυχην αυτου ℵCθΠ 1.565.1582
εαν θελη την εαυτου ψυχην B 28
αν θελη την ψυχην αυτου ADLWY
L 9.24 αν θελη την ψυχην αυτου ABDLθ 28
εαν θελη την ψυχην αυτου ℵCY 1.
αν θελη την ψυχην W

M 16.23 - M 4.10; 2 Sm 19.23; Is 8.14; 1 P 2.8; R 9.32; 1 C 1.23; 2.11; 3.3 | M 16.24 - 1 P 2.21

42. COST OF DISCIPLESHIP Matthew 16.24-28

M 16.25 σῶσαι ἀπολέσει αὐτήν· ὃς δ' ἂν ἀπολέσῃ τὴν ψυχὴν αὐτοῦ
Mk 8.35 σῶσαι ἀπολέσει αὐτήν· ὃς δ' ἂν ἀπολέσει τὴν ψυχὴν αὐτοῦ
L 9.24 σῶσαι ἀπολέσει αὐτήν· ὃς δ' ἂν ἀπολέσῃ τὴν ψυχὴν αὐτοῦ
M 10.39 ἀπολέσει αὐτήν, καὶ ὁ ἀπολέσας τὴν ψυχὴν αὐτοῦ
L 17.33 περιποιήσασθαι ἀπολέσει αὐτήν, ὃς δ' ἂν ἀπολέσῃ
J 12.25 ἀπολλύει αὐτήν, καὶ ὁ μισῶν τὴν ψυχὴν αὐτοῦ

M 16.26 ἕνεκεν ἐμοῦ εὑρήσει αὐτήν. τί γὰρ ὠφεληθήσεται
Mk 8.36 ἕνεκεν ἐμοῦ καὶ τοῦ εὐαγγελίου σώσει αὐτήν. τί γὰρ ὠφελεῖ
L 9.25 ἕνεκεν ἐμοῦ, οὗτος σώσει αὐτήν. τί γὰρ ὠφελεῖται
M 10.39 ἕνεκεν ἐμοῦ εὑρήσει αὐτήν.
L 17.33 ζῳογονήσει αὐτήν.
J 12.26 ἐν τῷ κόσμῳ τούτῳ εἰς ζωὴν αἰώνιον φυλάξει αὐτήν. ἐὰν ἐμοί τις

M 16.26 ἄνθρωπος ἐὰν τὸν κόσμον ὅλον κερδήσῃ τὴν δὲ ψυχὴν αὐτοῦ
Mk 8.36 ἄνθρωπον κερδῆσαι τὸν κόσμον ὅλον καὶ ζημιωθῆναι τὴν ψυχὴν
L 9.25 ἄνθρωπος κερδήσας τὸν κόσμον ὅλον ἑαυτὸν δὲ ἀπολέσας ἢ
J 12.26 διακονῇ, ἐμοὶ ἀκολουθείτω, καὶ ὅπου εἰμὶ ἐγὼ ἐκεῖ καὶ ὁ διάκονος ὁ

M 16.26 ζημιωθῇ; ἢ τί δώσει ἄνθρωπος ἀντάλλαγμα τῆς ψυχῆς αὐτοῦ;
Mk 8.37 αὐτοῦ; τί γὰρ δοῖ ἄνθρωπος ἀντάλλαγμα τῆς ψυχῆς αὐτοῦ;
L 9.26 ζημιωθείς;
J 12.26 ἐμὸς ἔσται· ἐάν τις ἐμοὶ διακονῇ τιμήσει αὐτὸν ὁ πατήρ.

M 16.25 απολεσει ... απολεση ... ενεκεν εμου ... ευρησει ℵBCEFGKYΠ 13.565
απολεσει ... απολεσει ... ενεκεν εμου ... ευρησει DLW
απολεσει ... απολεση ... ενεκα εμου ... ευρησει Θ
απολεσει ... απολεση ... ενεκεν εμου ... ουτος σωσει 1.1582
απολεση ... απολεση ... ενεκεν εμου ... ευρησει 28
Mk 8.35 απολεσει ... σωσει P45 ℵBC*DcWYΘΠ 1582
απολεση ... σωσει AL 1.565
απολεσει ... ουτος σωσει Cc
απολεσει ... ευρησει 28
L 9.24 απολεσει ... απολεση P75 ℵABCDLY
απολεση ... απολεσει Θ
απολεσει ... απολεσει W 28
απολεση ... απολεση 1.

M 16.26 ωφεληθησεται ανθρωπος εαν τον κοσμον ολον κερδηση ..η τι δωσει..ανταλλαγμα ℵ* 1.13.1582
ωφεληθησεται ανθρωπος οταν τον κοσμον ολον κερδηση ..η τι δωσει..ανταλλαγμα ℵc
ωφεληθησεται ανθρωπος εαν τον κοσμον ολον κερδηση ..η τι δωσει..ανταλαγμα B
ωφελειται ανθρωπος εαν τον κοσμον ολον κερδηση ..η τι δωσει..ανταλλαγμα CDFGKWYΠ
ωφελειται ανθρωπος εαν τον κοσμον ολον κερδηση ..η τι δωσει..ανταλαγμαυ E
οφεληθησεται ανθρωπος εαν τον κοσμον ολον κερδησει ..η τι δωσει..ανταλαγμα L
ωφεληθησεται ανθρωπος εαν τον κοσμον καιερδηση..η τι δωσει..ανταλλαγμα Θ
ωφελειται ανθρωπος εαν ολον τον κοσμον κερδησει ..η τι δωσει..ανταλαγμα 28
ωφελειται ανθρωπος εαν τον κοσμον ολον κερδηση ..η τι δωσει..ανταλαγμα 565
Mk 8.36 ανθρωπον κερδησαι τον κοσμον ολον .. τι γαρ δοι ..ανταλλαγμα
ανθρωπον εαν κερδηση τον κοσμον ολον .. τι γαρ δωσει........... P45
ανθρωπος κερδησαι τον κοσμον ολον .. τι γαρ δοι ..ανταλλαγμα ℵ*
ανθρωπον κερδησαι τον κοσμον ολον .. τι γαρ δω ..ανταλλαγμα ℵc
ανθρωπον εαν κερδηση τον κοσμον ολον ..η τι δωσει..ανταλλαγμα AYΠ
ανθρωπον κερδησαι τον κοσμον ολον .. τι γαρ δοι ο..ανταλαγμα B
ανθρωπον εαν τον κοσμον ολον κερδηση ..η τι δωσει..ανταλλαγμα C
ανθρωπον εαν κερδηση τον κοσμον ολον ..η τι γαρ δωσει..ανταλλαγμα D
ανθρωπος κερδησας ολον τον κοσμον .. τι γαρ δω ..ανταλαγμα L
ανθρωπον εαν κερδηση τον κοσμον ολον .. τι γαρ δωσει..ανταλλαγμα W
ανθρωπον εαν κερδηση τον κοσμον ολον ..η τη δωσει..ανταλαγμα Θ
ανθρωπος εαν κερδηση τον κοσμον ολον ..η τι δωσει..ανταλλαγμα 1.1582
ανθρωπον εαν κερδησει τον κοσμον ολον .. τι γαρ δωσει..ανταλαγμα 28
ανθρωπον εαν κερδηση τον κοσμον ολον .. τι γαρ δωσει..ανταλαγμα 565

M 16.25 - Re 12.11 | M 16.26 - M 4.8f; L 12.20; Ph 3.8; Js 4.13; Ps 49.7f

M 16.27 μέλλει γὰρ
Mk 8.38 ὃς γὰρ ἐὰν ἐπαισχυνθῇ με καὶ τοὺς ἐμοὺς λόγους ἐν τῇ γενεᾷ ταύτῃ τῇ
L 9.26 ὃς γὰρ ἂν ἐπαισχυνθῇ με καὶ τοὺς ἐμοὺς λόγους,

M 16.27 ὁ υἱὸς τοῦ ἀνθρώπου
Mk 8.38 μοιχαλίδι καὶ ἁμαρτωλῷ, καὶ ὁ υἱὸς τοῦ ἀνθρώπου ἐπαισχυνθήσεται αὐτὸν ὅταν
L 9.26 τοῦτον ὁ υἱὸς τοῦ ἀνθρώπου ἐπαισχυνθήσεται, ὅταν

M 16.27 ἔρχεσθαι ἐν τῇ δόξῃ τοῦ πατρὸς αὐτοῦ μετὰ τῶν ἀγγέλων αὐτοῦ
Mk 8.38 ἔλθῃ ἐν τῇ δόξῃ τοῦ πατρὸς αὐτοῦ μετὰ τῶν ἀγγέλων τῶν
L 9.26 ἔλθῃ ἐν τῇ δόξῃ αὐτοῦ καὶ τοῦ πατρὸς καὶ τῶν ἁγίων ἀγγέλων.
J 8.52 ειπον ουν αυτω οι Ιουδαιοι, Νυν εγνωκαμεν

M 16.28 καὶ τότε ἀποδώσει ἑκάστῳ κατὰ τὴν πρᾶξιν αὐτοῦ. ἀμὴν λέγω ὑμῖν ὅτι
Mk 9. 1 ἁγίων. Καὶ ἔλεγεν αὐτοῖς, Ἀμὴν λέγω ὑμῖν ὅτι
L 9.27 λέγω δὲ ὑμῖν ἀληθῶς,
J 8.51 ἀμὴν ἀμὴν λέγω ὑμῖν, ἐάν
J 8.52 οτι δαιμονιον εχεις. Αβρααμ απεθανεν και οι προφηται, και συ λέγεις, Ἐάν

M 16.28 εἰσίν τινες τῶν ὧδε ἑστώτων οἵτινες οὐ μὴ γεύσωνται θανάτου ἕως ἂν
Mk 9. 1 εἰσίν τινες ὧδε τῶν ἑστηκότων οἵτινες οὐ μὴ γεύσωνται θανάτου ἕως ἂν
L 9.27 εἰσίν τινες τῶν αὐτοῦ ἑστηκότων οἳ οὐ μὴ γεύσωνται θανάτου ἕως ἂν
J 8.51 τις τὸν ἐμὸν λόγον τηρήσῃ, θάνατον οὐ μὴ θεωρήσῃ εἰς τὸν
J 8.52 τις τὸν λόγον μου τηρήσῃ, οὐ μὴ γεύσηται θανάτου εἰς τὸν

M 16.27 μελλει..του ανθρωπου..πατρος αυτου..αγγελων αυτου..αποδωσει..την πραξιν א^c BEGKYΠ 13.565
μελλει..του ανθρωπου..πατρος αυτου..αγγελων αυτου..αποδωσει..τα εργα א*F 1.28.1582
μελλει..του ανθρωπου..πατρος αυτου..αγγελων των αγιων..αποδωσει..την πραξιν C
μελλει..του ανθρωπου..πατρος αυτου..αγιων αγγελων αυτου..αποδωσει..την πραξιν D
μελει ..του ανθρωπου..πατρος αυτου..αγγελων αυτου..αποδωσει..την πραξιν L
μελλει..του ανθρωπου..πατρος αυτου..αγγελων αυτου..αποδωση ..την πραξιν W
μελλει..το ανθρωπου..πατρος αυτου..αγγελων αυτου..αποδωσει..την πραξιν Θ

M 16.28 αμην ..υμιν οτι..των ωδε εστωτων οιτινες..γευσωνται אB
αμην ..υμιν ..των ωδε εστωτων οιτινες..γευσωνται CD
αμην ..υμιν .. ωδε εστωτες οιτινες..γευσωνται EFG
αμην γαρ..υμιν ..των ωδε εστηκοτων οιτινες..γευσωνται K
αμην ..υμιν οτι..των ωδε εστωτων οιτινες..γευσονται L*Θ 13
αμην δε ..υμιν οτι..των ωδε εστωτων οιτινες..γευσονται L^c
αμην ..υμιν ..των εστωτες οιτινες..γευσονται W
αμην ..υμιν ..των ωδε εστηκοτων οιτινες..γευσωνται YΠ 28
αμην δε ..υμιν ..των ωδε εστωτων οιτινες..γευσωνται 1.
αμην ..υμιν ..των ωδε εστικοτων οιτινες..γευσονται 565
αμην δε ..υμιν ..των ωδε εστωτων οιτινες..γευσωνται 1582
των ωδε εστηκοτων οι ..γευσονται ClemAl (Exc. 4.3)

Mk 9. 1 υμιν οτι..ωδε των εστηκοτων οιτινες..γευσωνται B
υμιν οτι..των ωδε εστωτων οιτινες..γευσωνται א
υμιν οτι..των ωδε εστηκοτων οιτινες..γευσωνται AWYΠ
υμιν οτι..των ωδε εστηκοτων οιτινες..γευσωνται C
υμιν οτι.. δε των εστηκοτων.οιτινες..γευσωνται D
υμιν οτι..των ωδε εστηκοτων οιτινες..γευσονται L
υμιν οτι..των οδε εστηκοτων οιτινες..γευσωνται Θ
υμιν οτι..των εστηκοτων οδε οιτινες..γευσωνται 1.
υμιν οτι..των ωδε εστικοτων οιτινες..γευσονται 28
υμιν ..των ωδε εστηκοτων.οιτινες..γευσονται 565
υμιν οτι..των εστηκοτων ωδε οιτινες..γευσωνται 1582

L 9.27 υμιν αληθως ..των αυτου εστηκοτων οι ..γευσωνται אBL
υμιν αληθως οτι..τω. ....γευσωνται p45
....των αυτου εστηκοτων οι p75
υμιν αληθως ..των ωδε εστωτων οιτινες..γευσωνται A
υμιν αληθως ..των ωδε εστωτων οι ..γευσωνται CW 1582^c
υμιν οτι αληθως ..των ωδε εστωτων οι ..γευσονται D
υμιν αληθως οτι..των ωδε εστωτων οιτινες..γευσονται Y
υμιν αληθως ..των ωδε εστωτων οι ..γευσονται Θ
υμιν αληθως ..των αυτου εστωτων οι ..γευσωνται 1.1582*
υμιν αληθως ..των ωδε εστικοτων οι ..γευσωνται 28

M 16.27 - M 25.31; Ps 28.4; 62.12; Pr 24.12; Sir 35.19; J 5.29; R 2.6; 1 C 3.13; 2 C 11.15; Re 2.23 Re 22.12 | M 16.28 - H 2.9

42. COST OF DISCIPLESHIP Matthew 16.24-28

M 16.28 ἴδωσιν τὸν υἱὸν τοῦ ἀνθρώπου ἐρχόμενον ἐν τῇ βασιλείᾳ αὐτοῦ.
Mk 9. 1 ἴδωσιν τὴν βασιλείαν τοῦ θεοῦ
L 9.27 ἴδωσιν τὴν βασιλείαν τοῦ θεοῦ.
J 8.51 αἰῶνα.
J 8.52 αἰῶνα.

Mk 9. 1 ἐληλυθυῖαν ἐν δυνάμει.

43. THE TRANSFIGURATION

Matthew 17.1-13

M 17. 1 Καὶ μεθ' ἡμέρας ἕξ παραλαμβάνει
Mk 9. 2 Καὶ μετὰ ἡμέρας ἕξ παραλαμβάνει
L 9.28 Ἐγένετο δὲ μετὰ τοὺς λόγους τούτους ὡσεὶ ἡμέραι ὀκτὼ καὶ παραλαβὼν

M 17. 1 ὁ Ἰησοῦς τὸν Πέτρον καὶ Ἰάκωβον καὶ Ἰωάννην τὸν ἀδελφὸν
Mk 9. 2 ὁ Ἰησοῦς τὸν Πέτρον καὶ τὸν Ἰάκωβον καὶ τὸν Ἰωάννην,
L 9.28 Πέτρον καὶ Ἰωάννην καὶ Ἰάκωβον

M 17. 2 αὐτοῦ, καὶ ἀναφέρει αὐτοὺς εἰς ὄρος ὑψηλὸν κατ' ἰδίαν. καὶ
Mk 9. 2 καὶ ἀναφέρει αὐτοὺς εἰς ὄρος ὑψηλὸν κατ' ἰδίαν μόνους. καὶ
L 9.29 ἀνέβη εἰς τὸ ὄρος προσεύξασθαι. καὶ

M 17. 2 μετεμορφώθη ἔμπροσθεν αὐτῶν, καὶ ἔλαμψεν τὸ πρόσωπον αὐτοῦ ὡς ὁ ἥλιος,
Mk 9. 2 μετεμορφώθη ἔμπροσθεν αὐτῶν,
L 9.29 ἐγένετο ἐν τῷ προσεύχεσθαι αὐτὸν τὸ εἶδος τοῦ προσώπου αὐτοῦ ἕτερον

M 17. 2 τὰ δὲ ἱμάτια αὐτοῦ ἐγένετο λευκὰ ὡς τὸ φῶς.
Mk 9. 3 |καὶ τὰ ἱμάτια αὐτοῦ ἐνένετο στίλβοντα λευκὰ λίαν οἷα γναφεὺς ἐπὶ
L 9.29 καὶ ὁ ἱματισμὸς αὐτοῦ λευκὸς ἐξαστράπτων.

M 16.28 ιδωσιν τον υιον του ανθρωπου ερχομενον εν τη βασιλεια αυτου ℵ*BCDEFGKLWYΘΠ et al
ιδωσιν τον υιον του ανθρωπου ερχομενον εν τη δοξη του πατρος αυτου ℵc·3
ιδωσι τον υιον του ανθρωπου εν δοξη ClemAl (Exc 4.3)
L 9.27 ιδωσιν την βασιλειαν του θεου P75 ℵABCLWYΘ 1.28.1582
ειδωσιν τον υιον του ανθρωπου ερχομενον εν τη δοξη αυτου D

M 17. 1 και μεθ ημερας.. Ιακωβον και Ιωαννην..αναφερει..κατ ιδιαν BcCEFGKLWYΠ 13.28.|565
και μεθ ημερας..τον Ιακωβον και Ιωανην ..αναφερει..κατ ιδιαν ℵ
και μεθ ημερας.. Ιακωβον και Ιωανην ..αναφερει..καθ ιδιαν B*
και εγενετο μεθ ημερας..τον Ιακωβον και τον Ιωαννην..αναγει .. λειαν D
και εγενετο μεθ ημερας..τον Ιακωβον και Ιωαννην..αναφερη ..κατ ιδιαν Θ
και μεθ ημερας.. Ιακωβον και Ιωαννην..αναγει ..κατ ιδιαν 1.1582
Mk 9. 2 μετα ημερας..τον Ιακωβον και τον Ιωαννην..αναφερει..κατ ιδιαν ℵL
μεθ ημερας..τον Ιακωβον και τον Ιω..................καθ ιδιαν P45
μεθ ημερας..τον Ιακωβον και Ιωαννην..αναφερει..κατ ιδιαν A
μετα ημερας..τον Ιακωβον και Ιωανην ..αναφερει..κατ ιδιαν B
μετα ημερας..τον Ιακωβον και Ιαννην ..αναφερει..κατ ιδιαν C
μετα ημερας..τον Ιακωβον και τον Ιωαννην..αναγει ..κατ ιδιαν D
μεθ ημερας..τον Ιακωβον και τον Ιωαννην..αναφερει..καθ ιδιαν W
μεθ ημερας..τον Ιακωβον και τον Ιωαννην..αναφερει..κατ ιδιαν YΠ 1.1582
μεθ ημερας..τον Ιακωβον και Ιωαννην..αναφερι ..κατ ιδιαν Θ
μεθ ημερας..τον Ιακωβον και τον Ιωαννην..αναγει ..κατ ιδιαν 565

M 17. 2 μετεμορφωθη εμπροσθεν..και ελαμψεν..ο ηλιος..εγενετο ..το φως ℵBCEFGKWYΠ 1.1582
μεταμορφωθεις ο Ιησους ενπροσθεν.. ελαμψεν..ο ηλιος..εγενετο .. χειων D
μετεμορφωθη εμπροσθεν..και ελαμψεν..ο ηλιος..εγενοντο..το φως L 13.28
μετεμορφωθη εμπροσθεν..και ελαμψεν.. ηλιος..εγενετο ..το φως Θ
μετεμορφοθη εμπροσθεν..και ελαμψεν..ο ηλιος..εγενετο ..το φως 565

M 16.28 - M 10.23; 20.21; L 23.42 | M 17. 1 - M 26.37; Mk 5.37; 13.3
M 17. 2 - 2 P 1.16-18; Ex 24.16; 34.29; M 28.3; 13.43; Re 1.16

M 17. 3	καὶ ἰδοὺ ὤφθη αὐτοῖς
Mk 9. 4	τῆς γῆς οὐ δύναται οὕτως λευκᾶναι. καὶ ὤφθη αὐτοῖς
L 9.30	καὶ ἰδοὺ ἄνδρες δύο συνελάλουν

M 17. 3	Μωϋσῆς καὶ Ἠλίας συλλαλοῦντες
Mk 9. 4	Ἠλίας σὺν Μωϋσεῖ, καὶ ἦσαν συλλαλοῦντες
L 9.31	αὐτῷ, οἵτινες ἦσαν Μωϋσῆς καὶ Ἠλίας, |οἳ ὀφθέντες ἐν δόξῃ ἔλεγον τὴν

M 17. 3	μετ' αὐτοῦ.
Mk 9. 4	τῷ Ἰησοῦ.
L 9.32	ἔξοδον αὐτοῦ ἣν ἤμελλεν πληροῦν ἐν Ἰερουσαλήμ. ὁ δὲ Πέτρος καὶ οἱ σὺν

L 9.32	αυτω ησαν βεβαρημενοι υπνω· διαγρηγορησαντες δε ειδον την δοξαν αυτου και τους δυο
L 9.33	ανδρας τους συνεστωτας αυτω. και εγενετο εν τω διαχωριζεσθαι αυτους απ αυτου

M 17. 4	ἀποκριθεὶς δὲ ὁ Πέτρος εἶπεν τῷ Ἰησοῦ, Κύριε, καλόν ἐστιν ἡμᾶς
Mk 9. 5	καὶ ἀποκριθεὶς ὁ Πέτρος λέγει τῷ Ἰησοῦ, Ῥαββί, καλόν ἐστιν ἡμᾶς
L 9.32	εἶπεν ὁ Πέτρος πρὸς τὸν Ἰησοῦν, Ἐπιστάτα, καλόν ἐστιν ἡμᾶς

M 17. 3	ιδου ωφθη αυτοις Μωυσης και Ηλιας συλλαλουντες μετ αυτου	
	ιδου ωφθη αυτοις Μωυσης και Ηλιας συνλαλουντες μετ αυτου	ℵ
	ιδου ωφθη αυτοις Μωυσης και Ηλειας συνλαλουντες μετ αυτου	B
	ιδου ωφθησαν αυτοις Μωσης και Ηλιας μετ αυτου συλλαλουντες	CEFG
	ιδου ωφθη αυτοις Μωυσης και Ηλειας συνλαλουντες μετ αυτου	D
	ιδου ωφθησαν αυτοις Μωυσης και Ηλιας μετ αυτου συλλαλουντες	KYΠ 565
	ιδου ωφθησαν αυτοις Μωυσης και Ηλιας μετ αυτου συλαλουντες	L
	ιδου ωφθησαν αυτοις Μωυσης και Ηλιας συνλαλουντες μετ αυτου	W
	ιδου ωφθη αυτοις Μωυσης και Ηλιας μετ αυτου συνλαλουντες	Θ
	ιδου ωφθησαν αυτοις Μωσης και Ηλιας συλλαλουντες μετ αυτου	1.1582
	ιδου ωφθη αυτοις Μωυσης και Ηλιας μετ αυτου συλλαλουντες	13
	ωφθησαν αυτοις Μωυσης και Ηλιας μετ αυτου συλλαλουντες	28
Mk 9. 4	ωφθη αυτοις Ηλιας συν Μωυσει..συλλαλουντες	Π
	ωφθη αυτοις Ηλιας συν Μωυση .. λαλουντες	ℵ
	ωφθη αυτοις Ηλιας συν Μωυσει..συλλαλουντες	AY
	ωφθη αυτοις Ηλειας συν Μωυση ..συνλαλουντες	B*
	ωφθη αυτοις Ηλειας συν Μωυσει..συνλαλουντες	B^c
	ωφθη αυτοις Ηλιας συν Μωσει ..συλλαλουντες	C
	ωφθη αυτοις Ηλειας συν Μωυσει..συνελαλουν	D
	ωφθη αυτοις Ηλιας συν Μωσει ..συνλαλουντες	L
	ιδου ωφθη αυτος Ηλιας συν Μωυση ..συνλαλουντες	W
	ωφθη αυτοις Ηλιας συν Μωυσει..συνελαλουν	Θ
	ιδου ωφθη αυτω Ηλιας συν Μωυση ..συνλαλουντος	28
	ιδου ωφθη αυτοις Ηλιας συν Μωσει ..συνελαλουν	565
M 17. 4	ο Πετρος ειπεν τω Ιησου	ℵBCDEFGKLYΠ 1.13.28.565.1582
	Πετρος ειπεν τω Ιησου	WΘ
Mk 9. 5	ο Πετρος λεγει τω Ιησου	ℵABCLYΠ
	ελεγεν Πετρος τω Ιησου	P^{45}
	ο Πετρος ειπεν τω Ιησου	DΘ 565
	ο Πετρος ελεγεν τω Ιησου	1.28.1582
L 9.33	ο Πετρος προς τον Ιησουν	P^{75} ℵBCL 1.
	ο Πετρος προς Ιησουν	P^{45}
	ο Πετρος τω Ιησου	D
	Πετρος προς τον Ιησουν	AWYΘ 28

M 17. 3 - M 17.10; Mal 4.5f

M 17. 4 ὧδε εἶναι· εἰ θέλεις, ποιήσω ὧδε τρεῖς σκηνάς, σοὶ μίαν καὶ Μωϋσεῖ μίαν
Mk 9. 5 ὧδε εἶναι, καὶ ποιήσωμεν τρεῖς σκηνάς, σοὶ μίαν καὶ Μωϋσεῖ μίαν
L 9.33 ὧδε εἶναι, καὶ ποιήσωμεν σκηνὰς τρεῖς, μίαν σοὶ καὶ μίαν Μωϋσεῖ

M 17. 5 καὶ Ἡλίᾳ μίαν. ἔτι
Mk 9. 6,7 καὶ Ἡλίᾳ μίαν. οὐ γὰρ ᾔδει τί ἀποκριθῇ, ἔκφοβοι γὰρ ἐγένοντο. καὶ
L 9.34 καὶ μίαν Ἡλίᾳ, μὴ εἰδὼς ὃ λέγει. ταῦτα δὲ
J 12.27 Νῦν ἡ ψυχή μου τετάρακται. καὶ

M 17. 5 αὐτοῦ λαλοῦντος ἰδοὺ νεφέλη φωτεινὴ ἐπεσκίασεν αὐτούς,
Mk 9. 7 ἐγένετο νεφέλη ἐπισκιάζουσα αὐτοῖς,
L 9.34 αὐτοῦ λέγοντος ἐγένετο νεφέλη καὶ ἐπεσκίαζεν αὐτούς· ἐφοβήθησαν
J 12.27 τί εἴπω; Πάτερ, σῶσόν με ἐκ τῆς ὥρας ταύτης; ἀλλὰ διὰ τοῦτο ἦλθον εἰς

M 17. 5 καὶ ἰδοὺ φωνὴ
Mk 9. 7 καὶ ἐγένετο φωνὴ
L 9.35 δὲ ἐν τῷ εἰσελθεῖν αὐτοὺς εἰς τὴν νεφέλην. καὶ φωνὴ ἐγένετο
J 12.28 τὴν ὥραν ταύτην. |πάτερ, δόξασόν σου τὸ ὄνομα. ἦλθεν οὖν φωνὴ
M 3.17 καὶ ἰδοὺ φωνὴ
Mk 1.11 καὶ φωνὴ ἐγένετο
L 3.22b καὶ φωνὴν

M 17. 5 ἐκ τῆς νεφέλης λέγουσα, Οὗτός ἐστιν ὁ υἱός μου ὁ ἀγαπητός,
Mk 9. 7 ἐκ τῆς νεφέλης, Οὗτός ἐστιν ὁ υἱός μου ὁ ἀγαπητός,
L 9.35 ἐκ τῆς νεφέλης λέγουσα, Οὗτός ἐστιν ὁ υἱός μου ὁ ἐκλελεγμένος,
J 12.28 ἐκ τοῦ οὐρανοῦ, Καὶ ἐδόξασα καὶ πάλιν δοξάσω.
M 3.17 ἐκ τῶν οὐρανῶν λέγουσα, Οὗτός ἐστιν ὁ υἱός μου ὁ ἀγαπητός,
Mk 1.11 ἐκ τῶν οὐρανῶν, Σὺ εἶ ὁ υἱός μου ὁ ἀγαπητός,
L 3.22b ἐξ οὐρανοῦ γενέσθαι, Σὺ εἶ ὁ υἱός μου ὁ ἀγαπητός,

M 17. 4 ει θελεις ποιησω ωδε τρεις σκηνας σοι μιαν ℵ
ει θελεις ποιησω ωδε σκηνας τρεις σοι μιαν B
ει θελεις ποιησω ωδε τρεις σκησκηνας σοι μιαν C*
ει θελεις ποιησωμεν ωδε τρεις σκησκηνας σοι μιαν C[c]
ει θελεις ποιησωμεν ωδε τρεις σκηνας σοι μιαν DEFGKYΠ 13.28.565.1582[c]
ει θελεις ποιεισωμεν ωδε τρεις σκηνας σοι μιαν L
θελεις ποιησωμεν ωδε τρις σκηνας σοι μιαν W
θελεις ποιησωμεν ωδε τρεις σκηνας σοι μιαν Θ
θελεις ποιησομεν ωδε τρεις σκηνας σοι μιαν 1.
Mk 9. 5 και ποιησωμεν τρεις σκηνας σοι μιαν ℵBL
.............ιησωμεν ωδε τρεις σκηνας σοι P45
και ποιησωμεν σκηνας τρεις σοι μιαν AYΠ 1.1582
και ποιησωμεν ωδε τρις σκηνας σοι μιαν C
θελεις ποιησω σκηνας τρεις σοι μιαν D
και θελεις ποιησω ωδε σκηνας τρις σοι μιαν W
θελεις ποιησωμεν ωδε σκινας τρις σοι μιαν Θ
ει θελεις ποιησωμεν σκηνας τρεις σοι μιαν 28
θελεις ποιησωμεν ωδε σκηνας τρεις σοι μιαν 565
L 9.33 και ποιησωμεν σκηνας τρεις μιαν σοι P75 ABCY 28
ποιησωμεν σκηνας τρεις μιαν σοι P45
και ποιησομεν σκηνας τρεις σοι μιαν ℵ
θελεις ποιησω ωδε τρεις σκηνας μιαν σοι D
και ποιησωμεν τρεις σκηνας μιαν σοι L
και ποιησωμεν σκηνας τρις μιαν σοι W
και ποιησωμεν σκηνας τρεις μηαν σοι Θ
και ποιησωμεν σκηνας τρεις σοι μιαν 1.1582
M 17. 5 ετι ..ιδου ..φωτεινη επεσκιασεν αυτους..ιδου φωνη..της νεφελης λεγουσα ℵBCD[c]E[c]FGKWYΠ |1.1582
ετι ..ιδου ..φωτεινη επεσκιαζεν αυτους..ιδου φωνη..της νεφελης λεγουσα D*
ετι ..ιδου ..φωτεινη επεσκιασεν αυτους..ιδου φωνη..τη νεφελης λεγουσα E*
ετι ..ιδου ..φωτεινη επεσκειασεν αυτους..ιδου φωνη..της νεφελης λεγουσα L 565
ετι δε..ιδου ..φωτεινη επεσκιασεν αυτους..ιδου φωνη..της νεφελης λεγουσα Θ
ετι ..ιδου ..φωτηνη επεσκιασεν αυτους..ιδου φωνη..της νεφελης λεγουσα Π*
ετι ..ιδου ..φωτος επεσκιασεν αυτους..ιδου φωνη..της νεφελης λεγουσα 13
ετι ..ιδου ..φωτι.νη επεσκιασεν αυτους..ιδου φωνη..της νεφελης λεγουσα 28
Mk 9. 7 εγενετο.. ..αυτοις.. ..φωνη..της νεφελης BC
εγενετο.. ..αυτοις.. ..φωνη..της νεφελης λεγουσα ADL 1.1582
ιδου εγενετο.. ..αυτους.. ..φωνη..της νεφελης λεγουσα W 28
ιδου εγενετο.. ..αυτοις.. ..φωνη..της νεφελης λεγουσα Θ 565

M 17. 5 - Ps 2.7; M 12.18; 16.16; 2 P 1.17; Gn 22.2; Is 42.1

M 17. 6	ἐν ᾧ εὐδόκησα· ἀκούετε αὐτοῦ. καὶ ἀκούσαντες οἱ μαθηταὶ ἔπεσαν ἐπὶ
Mk 9. 7	ἀκούετε αὐτοῦ.
L 9.35	αὐτοῦ ἀκούετε.
J 12.29	ὁ οὖν ὄχλος ὁ ἑστὼς καὶ ἀκούσας ἔλεγεν βροντὴν γεγονέναι·
M 3.17	ἐν ᾧ εὐδόκησα.
Mk 1.11	ἐν σοὶ εὐδόκησα.
L 3.22b	ἐν σοὶ εὐδόκησα.

M 17. 7	πρόσωπον αὐτῶν καὶ ἐφοβήθησαν σφόδρα. καὶ προσῆλθεν ὁ Ἰησοῦς καὶ
J 12.30	ἄλλοι ἔλεγον, Ἄγγελος αὐτῷ λελάληκεν. ἀπεκρίθη Ἰησοῦς καὶ

M 17. 8	ἁψάμενος αὐτῶν εἶπεν, Ἐγέρθητε καὶ μὴ φοβεῖσθε. ἐπάραντες δὲ
Mk 9. 8	καὶ ἐξάπινα
L 9.36	καὶ ἐν τῷ γενέσθαι
J 12.30	εἶπεν, Οὐ δι᾽ ἐμὲ ἡ φωνὴ αὕτη γέγονεν ἀλλὰ δι᾽ ὑμᾶς.

M 17. 8	τοὺς ὀφθαλμοὺς αὐτῶν οὐδένα εἶδον εἰ μὴ αὐτὸν Ἰησοῦν μόνον.
Mk 9. 8	περιβλεψάμενοι οὐκέτι οὐδένα εἶδον ἀλλὰ τὸν Ἰησοῦν μόνον μεθ᾽ ἑαυτῶν.
L 9.36	τὴν φωνὴν εὑρέθη Ἰησοῦς μόνος.

M 17. 5	εν ω ευδοκησα ακουετε αυτου	ℵB 1.1582
	εν ω ηυδοκησα αυτου ακουετε	CG
	εν ω ηυδοκησα ακουετε αυτου	D
	εν ω ευδοκησα αυτου ακουετε	EFKYΘΠ 13.28.565
	εν ω ευδοκησα αυτου ακουεται	L
	εν ω ηυδοκησα αυτου ακουεται	W
Mk 9. 7	ακουετε αυτου	ℵ*BCLWΘ 1.565.1582
	εν ω ηυδοκησα ακουετε αυτου	ℵ^c
	αυτου ακουετε	AYΠ
	ακουετε αυτου αυτου	D
L 9.35	αυτου ακουετε	P^{75} ℵABCLYΘ 1.
	εν ω ηυδοκησα ακουετε αυτου	D
	αυτου ακουεται	W 28

M 17. 6	και ακουσαντες ... επεσαν ... προσωπον αυτων	ℵBCWΘ 13
	ακουσαντες δε ... επεσαν ... προσωπον αυτων	D
	και ακουσαντες ... επεσον ... προσωπον αυτων	EFGKYΠ 1.28.565.1582
	και ακουσαντες ... επεσον ... προσωπον εαυτων	L

M 17. 7	προσηλθεν ο Ιησους και αψαμενος αυτων ... εγερθητε	ℵB
	προσελθων ο Ιησους ηψατο αυτων και ... εγερθητε	CEFGKYΠ 1.28.565.1582
	προσηλθεν ο Ιησους και ηψατο αυτων ... εγειρεσθαι	D
	προσελθον ο Ιησους ηψατο αυτων και ... εγερθητε	L
	προσελθων ο Ιησους ηψατο αυτων και ... εγερθηται	W
	προσελθων ο Ιησους και αψαμενος αυτων ... εγερθητε	Θ

M 17. 8	επαραντες ... οφθαλμους αυτων ...ει μη αυτον Ιησουν μονον	B*Θ
	επαραντες ... οφθαλμους αυτων ...ει μη Ιησουν αυτον μονον	ℵ
	επαραντες ... οφθαλμους αυτων ουκετι...ει μη τον Ιησουν μονον μεθ εαυτων	C*
	επαραντες ... οφθαλμους αυτων ...ει μη τον Ιησουν μονον	C^{c}EFGKLYΠ 1.13.28.565.1582
	επεραντες ... οφθαλμους αυτων ...ει μη μονον τον Ιησουν	D*
	επαραντες ... οφθαλμους αυτων ...ει μη μονον τον Ιησουν	D^c
	επαραντες ... οφθαλμους ...ει μη Ιησουν μονον	W
Mk 9. 8	ουκετι...αλλα τον Ιησουν μονον μεθ εαυτων	ACLWYΘΠ 1.1582
	ουκετι...ει μη τον Ιησουν μονον μεθ εαυτων	ℵD
	ουκετι...μετα εαυτων ει μη τον Ιησουν μονον	B
	...αλλα μονον τον Ιησουν μεθ εαυτων	565

M 17. 6 - Dt 18.15 | M 17. 7 - Re 1.17

M 17. 9 Καὶ καταβαινόντων αὐτῶν ἐκ τοῦ ὄρους ἐνετείλατο
Mk 9. 9 Καὶ καταβαινόντων αὐτῶν ἐκ τοῦ ὄρους διεστείλατο
L 9.36 καὶ αὐτοὶ ἐσίγησαν
L 9.37a Ἐγένετο δὲ τῇ ἑξῆς ἡμέρᾳ κατελθόντων αὐτῶν ἀπὸ τοῦ ὄρους

M 17. 9 αὐτοῖς ὁ Ἰησοῦς λέγων, Μηδενὶ εἴπητε
Mk 9. 9 αὐτοῖς ἵνα μηδενὶ ἃ εἶδον διηγήσωνται,
L 9.36 καὶ οὐδενὶ ἀπήγγειλαν ἐν ἐκείναις ταῖς

M 17. 9 τὸ ὅραμα ἕως οὗ ὁ υἱὸς τοῦ ἀνθρώπου ἐκ νεκρῶν ἐγερθῇ.
Mk 9. 9 εἰ μὴ ὅταν ὁ υἱὸς τοῦ ἀνθρώπου ἐκ νεκρῶν ἀναστῇ.
L 9.36 ἡμέραις οὐδὲν ὧν ἑώρακαν.

Mk 9.10 και τον λογον εκρατησαν προς εαυτους συζητουντες τι εστιν το εκ νεκρων αναστηναι.

M 17.10 καὶ ἐπηρώτησαν αὐτὸν οἱ μαθηταὶ λέγοντες, Τί οὖν οἱ γραμματεῖς
Mk 9.11 καὶ ἐπηρώτων αὐτὸν λέγοντες, Ὅτι λέγουσιν οἱ

M 17.11 λέγουσιν ὅτι Ἠλίαν δεῖ ἐλθεῖν πρῶτον; ὁ δὲ ἀποκριθεὶς εἶπεν,
Mk 9.12a γραμματεῖς ὅτι Ἠλίαν δεῖ ἐλθεῖν πρῶτον; ὁ δὲ ἔφη αὐτοῖς,
M 11.13 πάντες γὰρ οἱ προφῆται καὶ ὁ νόμος

M 17. 9 καταβαινοντων αυτων..ενετειλατο αυτοις ο Ιησους..ειπητε..εκ νεκρων εγερθη B
καταβαινοντων αυτων..ενετειλατο αυτοις ο Ιησους..ειπητε..εκ νεκρων αναστη ℵCFGKYΘΠ 13.28.
καταβαινοντες ..ενετειλατο αυτοις ο Ιησους..ειπητε..εκ νεκρων εγερθη D |565.1582
καταβαινοντων αυτων..ενετειλατο αυτοι ο Ιησους..ειπητε..εκ νεκρων αναστη E
καταβαινοντων αυτων..ενετειλατ αυτοις ο Ιησους..ειπητε..εκ νεκρον αναστη L*
καταβαινοντων αυτων..ενετειλατο αυτοις ο Ιησους..ειπητε..εκ νεκρον αναστη L^c
καταβενοντων ..ενετειλατο αυτοις ο Ιησους..ειπηται.αναστη εκ νεκρων W
καταβαινοντων αυτων..ενετειλατο αυτοις ο υιος ..ειπητε..εκ νεκρων αναστη 1.

M 17.10 επηρωτησαν..μαθηται .. τι ουν οι γραμματεις λεγουσιν..Ηλιαν δει ελθειν ℵ^cW 1.1582
πηρωτησαν..μαθηται .. τι ουν οι γραμματεις λεγουσιν..Ηλιαν δει ελθειν ℵ*
επηρωτησαν..μαθηται αυτου.. τι ουν οι γραμματεις λεγουσιν..Ηλειαν δι ελθειν B*
επηρωτησαν..μαθηται αυτου.. τι ουν οι γραμματεις λεγουσιν..Ηλειαν δει ελθειν B^cD
επερωτησαν..μαθηται αυτου.. τι ουν οι γραμματεις λεγουσιν..Ηλιαν δι ελθειν C
επηρωτισαν..μαθηται αυτου.. τι ουν οι γραμματεις λεγουσιν..Ηλιαν δει ελθειν E
επηρωτησαν..μαθηται αυτου.. τι ουν οι γραμματεις λεγουσιν..Ηλιαν δει ελθειν FGKYΠ 28.565
επιρωτησαν..μαθηται .. τι ουν οι γραμματεις λεγουσιν..Ηλιαν δι ελθειν L
επηρωτησαν..μαθηται .. τι ουν οι γραμματεις λεγουσιν..Ηλιαν δι ελθειν Θ
επηρωτησαν..μαθηται αυτου.. τι ουν οι γραμματεις λεγουσιν..Ηλιαν δι ελθειν 13
Mk 9.11 επηρωτων .. ..οτι λεγουσιν οι γραμματεις..Ηλιαν CYΠ
επηρωτησαν.. ..οτι λεγουσιν οι γραμματεις..Ηλιαν A
επηρωτων .. ..οτι λεγουσιν οι γραμματεις..Ηλειαν B
επηρωτησαν.. .. τι ουν λεγουσιν οι γραμματεις..Ηλιαν W
επηρωτων .. .. τι ουν οι γραμματις λεγουσιν..Ηλιαν Θ
επηρωτησαν.. ..οτι λεγουσιν οι γραμματεις..Ηλιαν 1.28.1582

M 17.11 ο δε αποκριθεις ειπεν BDW
ο δε αποκριθεις ειπεν αυτοις οτι ℵ
ο δε Ιησους αποκριθεις ειπεν αυτοις CEGKLYΠ 13.28.565
ο δε Ιησους αποκριθεις ειπεν Θ
ο δε αποκριθεις αυτοις ειπεν 1.1582
Mk 9.12 ο δε εφη αυτοις ℵAB*C
ο δε αποκριθεις ειπεν αυτοις B^cDWYΘΠ 1.28.565.1582

M 17. 9 - M 16.20; Ac 9.10 | M 17.10-11 - Mal 4.5f; M 16.14; Ac 1.6

M 17.12 'Ηλίας μὲν ἔρχεται καὶ ἀποκαταστήσει πάντα; | λέγω δὲ ὑμῖν ὅτι
Mk 9.13 'Ηλίας μὲν ἐλθὼν πρῶτον ἀποκαθιστάνει πάντα, | ἀλλὰ λέγω ὑμῖν ὅτι καὶ
M 11.14 ἕως 'Ιωάννου ἐπροφήτευσαν· καὶ εἰ θέλετε δέξασθαι, αὐτός ἐστιν

M 17.12 'Ηλίας ἤδη ἦλθεν, καὶ οὐκ ἐπέγνωσαν αὐτὸν ἀλλὰ ἐποίησαν ἐν
Mk 9.13 'Ηλίας ἐλήλυθεν, καὶ ἐποίησαν
M 11.14 'Ηλίας ὁ μέλλων ἔρχεσθαι.

M 17.12 αὐτῷ ὅσα ἠθέλησαν· οὕτως καὶ ὁ υἱὸς τοῦ ἀνθρώπου μέλλει
Mk 9.12b καὶ πῶς γέγραπται ἐπὶ τὸν υἱὸν τοῦ ἀνθρώπου ἵνα πολλὰ
Mk 9.13 αὐτῷ ὅσα ἤθελον, καθὼς γέγραπται ἐπ' αὐτόν.

M 17.13 πάσχειν ὑπ' αὐτῶν. τότε συνῆκαν οἱ μαθηταὶ ὅτι περὶ 'Ιωάννου τοῦ
Mk 9.12b πάθη καὶ ἐξουδενηθῇ;

M 17.13 βαπτιστοῦ εἶπεν αὐτοῖς.

M 17.11	Ηλιας .. ερχεται και αποκαταστησει παντα	ℵW 1.1582
	Ηλειας .. ερχεται και αποκαταστησει παντα	B
	Ηλιας .. ερχεται πρωτον και αποκαταστησει παντα	CEGKYΠ 13.28
	Ηλειας .. ερχεται αποκαταστησαι παντα	D
	Ηλιας .. ερχεται αποκαθιστησι πρωτον παντα	L
	Ηλι .. ερχεται και αποκαταστησει παντα	θ
	Ηλιας .. ερχεται πρωτον και αποκαταστησει απαντα	565
Mk 9.12	Ηλιας .. πρωτον αποκαθιστανει	1.1582
	Ηλιας .. πρωτον αποκαταστανει	ℵ
	Ηλειας .. πρωτον αποκαθιστανει	AB^{c}
	Ηλειας .. πρωτον αποκατιστανει	B*
	Ηλιας .. πρωτον αποκαταστησει	C 565
	Ηλειας .. πρωτος αποκαταστηνει	D
	Ηλιας .. πρωτος αποκαθιστανι	W
	Ηλιας .. πρωτον αποκαθιστα	YΠ
	Ηλιας .. προτον αποκαταστησει	θ
	Ηλιας .. πρωτον αποκατασταινει	28
M 17.12	Ηλιας ηδη ηλθεν .. αυτον αλλα εποιησαν εν αυτω οσα ηθελησαν	CΠ
	Ηλιας ηδη ηλθεν .. αυτον αλλ εποιησαν αυτω οσα ηθελησαν	ℵ 13
	Ηλειας ηδη ηλθεν .. αυτον αλλ εποιησαν εν αυτω οσα ηθελησαν	B
	Ηλειας ηδη ηλθεν .. αυτον αλλα εποιησαν αυτω οσα ηθελησαν	D
	Ηλιας ηδη ηλθεν .. αυτον αλλ εποιησαν εν αυτω οσα ηθελησαν	EGK^{c}Y 1.565.1582
	Ηλιας ηδη ηλθεν .. αυτον αλλ εποιησαν αυτω ωσα ηθελησαν	F
	Ηλιας ηδη ηλθεν .. αυτον αλλ εποιησαν εν ατω οσα ηθελησαν	K*
	Ηλιας ηδη ηλθεν ..εν αυτον αλλ εποιησαν εν αυτω οσα ηθελησαν	L
	Ηλιας ηδη ηλθεν .. αυτον αλλα εποιησαν αυτω οσα ηθελησαν	W 28
	Ηλιας ηδη ηλθεν .. αυτον αλλ εποιησαν εν αυτω οσαν ηθελησαν	θ
Mk 9.13	και Ηλιας εληλυθεν.. εποιησαν αυτω οσα ηθελον	ℵ*
	και Ηλιας εληλυθεν.. εποιησαν εν αυτω οσα ηθελον	ℵ^{c}L
	και Ηλειας εληλυθεν.. εποιησαν αυτω οσα ηθελησαν	A
	και Ηλειας εληλυθεν.. εποιησαν αυτω οσα ηθελον	BD
	και Ηλιας ηδη ηλθεν .. εποιησαν αυτω οσα ηθελον	C*
	και Ηλιας ηδη ηλθεν .. εποιησαν αυτω οσα ηθελησαν	C^{c}
	ηδη Ηλιας ηλθεν .. εποιησαν αυτω οσα ηθελησαν	W
	και Ηλιας εληλυθεν.. εποιησαν εν αυτω οσα ηθελησαν	YΠ
	Ηλιας εληλυθεν.. εποιησεν αυτω οσα ηθελησαν	θ
	Ηλιας ηλθεν .. εποιησαν αυτω οσα ηθελησαν	1.
	Ηλιας ηλθεν .. εποιησαν εν αυτω οσα ηθελησαν	28
	Ηλιας εληλυθεν.. εποιησαν αυτω οσα ηθελησαν	565
	Ηλιας ηδη ηλθεν .. εποιησαν αυτω οσα ηθελησαν	1582
M 17.12	ουτως και ο υιος του ανθρωπου μελλει πασχειν υπ αυτων	CEFGKLWΠ 13.28.565
	ουτως και ο υιος του ανθρωπου μελλει πασχειν υπ αυτων	ℵB
	τοτε συνηκαν οι μαθηται οτι περι Ιωαννου του βαπτιστου ειπεν αυτοις	D
	ουτω και ο υιος του ανθρωπου μελλει πασχειν υπ αυτων	Y 1.1582
	ουτως και ο υιος του ανθρωπου μελλι πασχειν υπ αυτων	θ
M 17.13	τοτε συνηκαν οι μαθηται οτι περι Ιωαννου του βαπτιστου ειπεν αυτοις	CEFGKLWΠ 13.28.565
	τοτε συνηκαν οι μαθηται οτι περι Ιωανου του βαπτιστου ειπεν αυτοις	ℵB
	ουτως και ο υιος του ανθρωπου μελλει πασχειν υπ αυτων	D
	τοτε συνηκαν οι μαθηται οτι περι Ιωαννου του βαπτιστου ειπεν αυτοις	Y 1.1582
	τοτε συνηκαν οι μαθηται οτι περι Ιωαννου του βαπτιστου ειπεν αυτοις	θ

M 17.12 - M 16.20; 14.9f; 1 Kg 19.2, 10; L 23.25 | M 17.13 - M 11.13; L 1.17

44. THE EPILEPTIC BOY

Matthew 17.14-21

M 17.14 Καὶ ἐλθόντων πρὸς τὸν ὄχλον
Mk 9.14 Καὶ ἐλθόντες πρὸς τοὺς μαθητὰς εἶδον ὄχλον πολὺν περὶ αὐτοὺς καὶ
L 9.37b συνήντησεν αὐτῷ ὄχλος πολύς.

Mk 9.15 γραμματεις συζητουντας προς αυτους. και ευθυς πας ο οχλος ιδοντες αυτον εξεθαμβηθησαν,
Mk 9.16 και προστρεχοντες ησπαζοντο αυτον. και επηρωτησεν αυτους, Τι συζητειτε προς αυτους;

M 17.15 προσῆλθεν αὐτῷ ἄνθρωπος γονυπετῶν αὐτὸν |καὶ λέγων,
Mk 9.17 καὶ ἀπεκρίθη αὐτῷ εἷς ἐκ τοῦ ὄχλου,
L 9.38 καὶ ἰδοὺ ἀνὴρ ἀπὸ τοῦ ὄχλου ἐβόησεν λέγων,

M 17.15 Κύριε, ἐλέησόν μου τὸν υἱόν, ὅτι
Mk 9.17 Διδάσκαλε, ἤνεγκα τὸν υἱόν μου πρὸς σέ,
L 9.38 Διδάσκαλε, δέομαί σου ἐπιβλέψαι ἐπὶ τὸν υἱόν μου, ὅτι μονογενής μοί ἐστιν,

M 17.15 σεληνιάζεται καὶ κακῶς πάσχει· πολλάκις γὰρ
Mk 9.18 ἔχοντα πνεῦμα ἄλαλον· καὶ ὅπου ἐὰν αὐτὸν καταλάβῃ
Mk 9.22a καὶ πολλάκις καὶ
L 9.39 |καὶ ἰδοὺ πνεῦμα λαμβάνει αὐτόν, καὶ ἐξαίφνης κράζει, καὶ

M 17.15 πίπτει εἰς τὸ πῦρ καὶ πολλάκις εἰς τὸ ὕδωρ.
Mk 9.18 ῥήσσει αὐτόν, καὶ ἀφρίζει καὶ τρίζει τοὺς ὀδόντας καὶ ξηραίνεται·
Mk 9.22a εἰς πῦρ αὐτὸν ἔβαλεν καὶ εἰς ὕδατα ἵνα ἀπολέσῃ
L 9.39 σπαράσσει αὐτὸν μετὰ ἀφροῦ καὶ μόγις ἀποχωρεῖ ἀπ' αὐτοῦ συντρῖβον

M 17.16 καὶ προσήνεγκα αὐτὸν τοῖς μαθηταῖς σου, καὶ
Mk 9.18 καὶ εἶπα τοῖς μαθηταῖς σου ἵνα αὐτὸ ἐκβάλωσιν, καὶ
Mk 9.22a αὐτόν·
L 9.40 αὐτόν· καὶ ἐδεήθην τῶν μαθητῶν σου ἵνα ἐκβάλωσιν αὐτό, καὶ

M 17.17 οὐκ ἠδυνήθησαν αὐτὸν θεραπεῦσαι. ἀποκριθεὶς δὲ ὁ Ἰησοῦς εἶπεν,
Mk 9.19 οὐκ ἴσχυσαν. ὁ δὲ ἀποκριθεὶς αὐτοῖς λέγει,
L 9.41 οὐκ ἠδυνήθησαν. ἀποκριθεὶς δὲ ὁ Ἰησοῦς εἶπεν,
J 14. 9 λέγει αὐτῷ ὁ Ἰησοῦς,

M 17.14 ελθοντων ..προσηλθεν αυτω ανθρωπος γονυπετων αυτον ℵB 1.1582*
ελθοντων αυτων..προσηλθεν αυτω ανρωπος γονυπετων αυτον CE^c KLWYΠ 13.565.
ελθων ..προσηλθεν αυτω ανθρωπος γονυπετων ενπροσθεν αυτου D |1582^c
ελθοντων αυτων..προσηλθεν αυτω ανθρωπος γονυπετων αυτων E*θ
ελθοντων αυτων..προσηλθεν τω Ιησου ανθρωπος τις γονυπετων αυτον FG
ελθοντων αυτων..προσηλθεν αυτω ανθρωπος γονυπετων 28

M 17.15 Κυριε ελεησον..υιον οτι σεληνιαζεται..πασχει..και πολλακις EFGKY 13.28.565
ελεησον..υιον οτι σεληνιαζεται..εχει ..και πολλακις ℵ
Κυριε ελεησον..υιον μου οτι σεληνιαζεται..εχει ..και πολλακις B*
Κυριε ελεησον..υιον οτι σεληνιαζεται..εχει ..και πολλακις B^c
Κυριε ελησον ..υιον οτι σεληνιαζετε ..πασχει..και πολλακις C
Κυριε ελεησον..υιον οτι σεληνιαζεται..πασχει..και ενι οτε D 1.1582
Κυριε ελεησον..υιον οτι σεληνιαζετε ..πασχει..και πολλακις L
Κυριε ελεησον..υιον οτι σεληνιαζεται..πασχει..και W
Κυριε ελεησον..υιον οτι σεληνιαζεται..εχει ..και ενι οτε θ

M 17.16 προσηνεγκα ..ηδυνηθησαν αυτον θεραπευσαι ℵCEFGLWYθΠ 1.28.565.1582
προσηνεγκα ..ηδυνασθησαν αυτον θεραπευσαι B
προσηνεγκα ..ηδυνηθησαν θεραπευσαι αυτον D
προσηνεγκα ..εδυνηθησαν αυτον θεραπευσαι K
προσηνεγκαν..ηδυνηθησαν αυτον θεραπευσαι 13

M 17.17 αποκριθεις δε ο Ιησους ειπεν BCDEFGKLWYΠ 1.13.28.565.1582
ο δε αποκριθεις ειπεν αυτοις ℵ*
τοτε αποκριθεις ο Ιησους ειπεν αυτοις ℵ^c
αποκριθης δε ο Ιησους ειπεν θ

M 17.14 - M 4.24

M 17.17 Ὦ γενεὰ ἄπιστος καὶ διεστραμμένη, ἕως πότε μεθ' ὑμῶν ἔσομαι; ἕως πότε
Mk 9.19 Ὦ γενεὰ ἄπιστος, ἕως πότε πρὸς ὑμᾶς ἔσομαι; ἕως πότε
L 9.41 Ὦ γενεὰ ἄπιστος καὶ διεστραμμένη, ἕως πότε ἔσομαι πρὸς ὑμᾶς καὶ
J 14. 9 Τοσούτῳ χρόνῳ μεθ' ὑμῶν εἰμι καὶ οὐκ ἔγνωκάς με, Φίλιππε; ὁ ἑωρακὼς ἐμὲ

M 17.17 ἀνέξομαι ὑμῶν; φέρετέ μοι αὐτὸν ὧδε.
Mk 9.20 ἀνέξομαι ὑμῶν; φέρετε αὐτὸν πρός με. καὶ ἤνεγκαν
L 9.42 ἀνέξομαι ὑμῶν; προσάγαγε ὧδε τὸν υἱόν σου. ἔτι δὲ προσερχομένου
J 14. 9 ἑώρακεν τὸν πατέρα· πῶς σὺ λέγεις, Δεῖξον ἡμῖν τὸν πατέρα;

Mk 9.20 αυτον προς αυτον. και ιδων αυτον το πνευμα ευθυς συνεσπαραξεν αυτον, και πεσων επι
L 9.42 αυτου ερρηξεν αυτον το δαιμονιον και συνεσπαραξεν·

Mk 9.21 της γης εκυλιετο αφριζων. και επηρωτησεν τον πατερα αυτου, Ποσος χρονος εστιν ως τουτο
Mk 9.22 γεγονεν αυτω; ο δε ειπεν, Εκ παιδιοθεν· |και πολλακις και εις πυρ αυτον εβαλεν και εις
Mk 9.23 υδατα ινα απολεση αυτον· αλλ ει τι δυνη, βοηθησον ημιν σπλαγχνισθεις εφ ημας. ο δε
Mk 9.24 Ιησους ειπεν αυτω, Το Ει δυνη --- παντα δυνατα τω πιστευοντι. ευθυς κραξας ο πατηρ του
Mk 9.25 παιδιου ελεγεν, Πιστευω· βοηθει μου τη απιστια. ιδων δε ο Ιησους οτι επισυντρεχει οχλος

M 17.18 καὶ ἐπετίμησεν αὐτῷ ὁ Ἰησοῦς,
Mk 9.25 ἐπετίμησεν τῷ πνεύματι τῷ ἀκαθάρτῳ λέγων αὐτῷ, Τὸ
L 9.42 ἐπετίμησεν δὲ ὁ Ἰησοῦς τῷ πνεύματι τῷ ἀκαθάρτῳ,

Mk 9.25 αλαλον και κωφον πνευμα, εγω επιτασσω σοι, εξελθε εξ αυτου και μηκετι εισελθης εις αυτον.

M 17.18 καὶ ἐξῆλθεν ἀπ' αὐτοῦ τὸ δαιμόνιον·
Mk 9.26 καὶ κράξας καὶ πολλὰ σπαράξας ἐξῆλθεν· καὶ ἐγένετο ὡσεὶ νεκρός, ὥστε

M 17.18 καὶ
Mk 9.27 τοὺς πολλοὺς λέγειν ὅτι ἀπέθανεν. ὁ δὲ Ἰησοῦς κρατήσας τῆς χειρὸς αὐτοῦ
L 9.42 καὶ

M 17.19 ἐθεραπεύθη ὁ παῖς ἀπὸ τῆς ὥρας ἐκείνης. Τότε προσελθόντες
Mk 9.28 ἤγειρεν αὐτόν, καὶ ἀνέστη. καὶ εἰσελθόντες
L 9.43a ἰάσατο τὸν παῖδα καὶ ἀπέδωκεν αὐτὸν τῷ πατρὶ αὐτοῦ. ἐξεπλήσσοντο
L 17. 5 Καὶ εἶπαν

M 17.17 γενεα απιστος και διεστραμμενη..μεθ υμων εσομαι εως ποτε ανεξομαι υμων φερετε ℵBCDΘ 1.1582
γεναια απιστος και διεστραμμενη..εσομαι μθ υμων εως ποτε ανεξωμαι υμων φερετε E*
γεναια απιστος και διεστραμμενη..εσομαι μεθ υμων εως ποτε ανεξομαι υμων φερετε E[c]
γενεα απιστος και διεστραμμενη..εσομαι μεθ υμων εως ποτε ανεξομαι υμων φερετε FGKYΠ
γενεα απιστος και διεστραμμενη..εσωμε μεθ υμων εως ποτε ανεξωμε υμων φερετε L
γενεα απιστος και διεστραμμενη..εσομαι μεθ υμων εως ποτε ανεξομαι υμων φερεται W
γενεα απιστος και διεστραμμενη..ανεξομαι υμων εως ποτε μεθ υμων εσομαι φερετε 13
γενεα απιστος και διεστραμμενη..εσωμαι μεθ υμων εως ποτε ανεξωμαι υμων φερετε 28
γενεα απιστε και διεστραμμενη..μεθ υμων εσομαι εως ποτε ανεξομαι υμων φερετε 565
Mk 9.19 απιστος ..εσομαι.. ανεξομαι υμων φερετε ABLYΠ 1.1582
απιστος.και διεστραμμενη ..εσομαι......................φερετε p45
απιστε ..εσομαι.. ανεξομαι υμων φερετε DΘ
απιστε και διεστραμμενη ..εσομαι.. ανεξωμαι υμων φερεται W
απιστε ..εσωμαι.. ανεξομαι υμων φερετε 565
L 9.41 απιστος και διεστραμμενη..εσομαι προς υμας..και ανεξομαι υμων p75 BCLWΘ 1.1582
απιστε και διεστραμμενη..προς υμας εσομαι..και ανεξομαι υμων ℵ
απιστε και διεστραμμενη..εσομαι προς υμας..και ανεξομαι υμων D
απιστε και διεστραμμενη..εσωμαι προς υμας..και ανεξωμαι υμων 28

M 17.18 εθεραπευθη ο παις BCEFGKLWYΘΠ 1.13.28.565.1582
εθεραπευθη ℵ
εθαραπευθη ο παις D

M 17.17 - Dt 32.5, 20; M 16.4; Ph 2.15; Co 3.13 | M 17.18 - M 8.13; 9.22; 15.28; J 4.52f

M 17.19 οἱ μαθηταὶ τῷ Ἰησοῦ κατ᾽ ἰδίαν εἶπον, Διὰ τί
Mk 9.28 αὐτοῦ εἰς οἶκον οἱ μαθηταὶ αὐτοῦ κατ᾽ ἰδίαν ἐπηρώτων αὐτόν, Ὅτι
L 9.43a δὲ πάντες ἐπὶ τῇ μεγαλειότητι τοῦ θεοῦ.
L 17. 5 οἱ ἀπόστολοι τῷ κυρίῳ,

M 17.20 ἡμεῖς οὐκ ἠδυνήθημεν ἐκβαλεῖν αὐτό; ὁ δὲ λέγει
Mk 9.29 ἡμεῖς οὐκ ἠδυνήθημεν ἐκβαλεῖν αὐτό; καὶ εἶπεν
L 17. 6 εἶπεν δὲ ὁ κύριος,
M 21.21 ἀποκριθεὶς δὲ ὁ Ἰησοῦς εἶπεν
Mk 11.22 καὶ ἀποκριθεὶς ὁ Ἰησοῦς λέγει

M 17.20 αὐτοῖς, Διὰ τὴν ὀλιγοπιστίαν ὑμῶν· ἀμὴν γὰρ λέγω ὑμῖν, ἐὰν ἔχητε πίστιν
Mk 9.29 αὐτοῖς
L 17. 5 Πρόσθες ἡμῖν πίστιν.
L 17. 6 Εἰ ἔχετε πίστιν
M 21.21 αὐτοῖς, Ἀμὴν λέγω ὑμῖν, ἐὰν ἔχητε πίστιν
Mk 11.22 αὐτοῖς, Ἔχετε πίστιν

M 17.20 ὡς κόκκον σινάπεως, ἐρεῖτε
L 17. 6 ὡς κόκκον σινάπεως, ἐλέγετε ἂν
M 21.21 καὶ μὴ διακριθῆτε, οὐ μόνον τὸ τῆς συκῆς ποιήσετε, ἀλλὰ κἂν τῷ ὄρει
Mk 11.23 θεοῦ· ἀμὴν λέγω ὑμῖν ὅτι ὃς ἂν εἴπῃ

M 17.20 τῷ ὄρει τούτῳ, Μετάβα ἔνθεν ἐκεῖ, καὶ
L 17. 6 τῇ συκαμίνῳ ταύτῃ, Ἐκριζώθητι καὶ φυτεύθητι ἐν τῇ θαλάσσῃ· καὶ
M 21.21 τούτῳ εἴπητε, Ἄρθητι καὶ βλήθητι εἰς τὴν θάλασσαν,
Mk 11.23 τῷ ὄρει τούτῳ, Ἄρθητι καὶ βλήθητι εἰς τὴν θάλασσαν, καὶ μὴ

M 17.20 μεταβήσεται·
L 17. 6 ὑπήκουσεν ἂν
M 21.21 γενήσεται·
Mk 11.23 διακριθῇ ἐν τῇ καρδίᾳ αὐτοῦ ἀλλὰ πιστεύῃ ὅτι ὃ λαλεῖ γίνεται, ἔσται

M 17.19	κατ ιδιαν ειπον δια τι..ηδυνηθημεν εκβαλειν αυτο	B^cCFGWYΘΠ 1.13.28.1582
	κατ ιδιαν ειπαν δια τι..ηδυνηθημεν εκβαλειν αυτο	ℵ
	καθ ιδιαν ειπον δια τι..εδυνηθημεν εκβαλειν αυτο	B*
	καθ ιδιαν ειπον δια τι..ηδυνηθημεν εκβαλειν αυτο	D
	κατ ιδιαν ειπον δια τι..ηδυνηθημεν εκβαλην αυτο	E*
	κατ ιδιαν ειπον δια τι..ηδυνηθημεν εκβαλιειν αυτο	E^c
	κατ ιδιαν ειπον δια τι..εδυνηθημεν εκβαλειν αυτο	K 565
	κατ ιδιαν ειπον δια τι..ηδυνηθημεν εκβαλειν αυτω	L
Mk 9.28	κατ ιδιαν.. οτι..ηδυνηθημεν.. αυτο	ℵB^cWΘ 1.28.1582
	καθ ιδιαν.. οτι..ηδυνηθημεν.. αυτο	B*
	κατ ιδιαν.. δια τι..ηδυνηθημεν.. αυτο	D
	κατ ιδιαν.. οτι..ηδυνηθημεν.. αυτω	L
	κατ ιδιαν.. δια τι..ηδυνηθημεν.. αυτο	Y
	κατ ιδιαν.. δια τι..εδυνηθημεν.. αυτο	Π

M 17.20	ο δε λεγει .. ολιγοπιστιαν .. εαν εχητε πιστιν ως κοκκον..ερειτε	ℵB
	ο δε Ιησους ειπεν .. απιστιαν ..οτι εαν εχητε πιστιν ως κοκκον..ερειτε	C
	ο δε λεγει .. απιστειαν.. εαν εχητε πιστιν ως κοκκος..ερειτε	D*
	ο δε λεγε .. απιστειαν.. εαν εχητε πιστιν ως κοκκον..ερειτε	D^c
	ο δε Ιησους ειπεν .. απιστιαν .. εαν εχητε πιστιν ως κοκκον..ερειτε	EGKYΠ 28
	ο δε Ιησους ειπεν .. απιστιαν .. εαν εχητε πιστιν ως κοκον ..ερειτε	F
	ο δε Ιησους ειπεν .. απιστειαν.. εαν εχητε πιστιν ως κοκο ..ερειτε	L
	ο δε Ιησους ειπεν .. απιστιαν .. εαν εχηται πιστιν ως κοκκον..ερειται	W
	ο δε λεγει .. ολιγοπιστιαν .. εαν εχηται πιστιν ως κοκκον..ερειτε	Θ
	ο δε Ιησους λεγει .. ολιγοπιστιαν .. εαν εχητε πιστιν ως κοκκον..ερειτε	1.1582
	ο δε Ιησους λεγει .. ολιγοπιστειαν.. εαν εχητε πιστιν ως κοκκον..ερειτε	13
	ο δε Ιησους ειπεν .. απιστιαν .. εαν εχητε πιν ως κοκκον..ερειτε	565
	εαν εχητε πιστιν ως κοκκον..	ClemAl (S II 49.1)

M 17.20	μεταβα	ενθεν	ℵB 1.1582
	μεταβηθι	εντευθεν	CEFGKYΠ 28.565
	μεταβηθει	ενθεν	D
	μεταβηθη	εντευθεν	L
	μεταβηθει	εντευθεν	W
	μεταβα	εντευθεν	Θ 13

M 17.19 - M 10.1; L 10.17 | M 17.20 - 1 C 13.2; M 6.30; 13.31

M 17.21 καὶ οὐδὲν ἀδυνατήσει ὑμῖν. τοῦτο δὲ τὸ γένος οὐκ
Mk 9.29 Τοῦτο τὸ γένος ἐν οὐδενὶ δύναται
L 17. 6 ὑμῖν.
M 21.22 καὶ πάντα ὅσα ἂν
Mk 11.24 αὐτῷ. διὰ τοῦτο λέγω ὑμῖν, πάντα ὅσα

M 17.21 ἐκπορεύεται εἰ μὴ ἐν προσευχῇ καὶ νηστείᾳ.
Mk 9.29 ἐξελθεῖν εἰ μὴ ἐν προσευχῇ.
M 21.22 αἰτήσητε ἐν τῇ προσευχῇ πιστεύοντες λήμψεσθε.
Mk 11.24 προσεύχεσθε καὶ αἰτεῖσθε, πιστεύετε ὅτι ἐλάβετε,

Mk 11.24 καὶ ἔσται ὑμῖν.

45. SECOND PREDICTION OF THE PASSION

Matthew 17.22-23

M 17.22 Συστρεφομένων δὲ αὐτῶν ἐν τῇ Γαλιλαίᾳ
Mk 9.30 Κἀκεῖθεν ἐξελθόντες παρεπορεύοντο διὰ τῆς Γαλιλαίας, καὶ οὐκ ἤθελεν
L 9.43b Πάντων δὲ θαυμαζόντων ἐπὶ πᾶσιν οἷς ἐποίει
J 7. 1 Καὶ μετὰ ταῦτα περιεπάτει ὁ Ἰησοῦς ἐν τῇ Γαλιλαίᾳ· οὐ γὰρ ἤθελεν

M 17.22 εἶπεν
Mk 9.31 ἵνα τις γνοῖ· ἐδίδασκεν γὰρ τοὺς μαθητὰς αὐτοῦ καὶ ἔλεγεν
L 9.43b εἶπεν πρὸς τοὺς
J 7. 1 ἐν τῇ Ἰουδαίᾳ περιπατεῖν,

M 17.22 αὐτοῖς ὁ Ἰησοῦς, Μέλλει ὁ
Mk 9.31 αὐτοῖς ὅτι Ὁ
L 9.44 μαθητὰς αὐτοῦ, |Θέσθε ὑμεῖς εἰς τὰ ὦτα ὑμῶν τοὺς λόγους τούτους, ὁ γὰρ

M 17.23 υἱὸς τοῦ ἀνθρώπου παραδίδοσθαι εἰς χεῖρας ἀνθρώπων, |καὶ
Mk 9.31 υἱὸς τοῦ ἀνθρώπου παραδίδοται εἰς χεῖρας ἀνθρώπων, καὶ
L 9.44 υἱὸς τοῦ ἀνθρώπου μέλλει παραδίδοσθαι εἰς χεῖρας ἀνθρώπων.
J 7. 1 ὅτι ἐζήτουν αὐτὸν οἱ Ἰουδαῖοι

M 17.21 omit verse ℵ*Bθ
τουτο δε το γενος ουκ εκπορευεται ει μη εν προσευχη και νηστεια CDFGKYΠ 1.13.28.565.1582
τουτο δε το γενος ουκ εκβαλλεται ει μη εν προσευχη και νηστεια ℵ[c]
τουτο δε το γενος ουκ εκπορευται ει μη εν προσευχη και νηστεια E
τουτο δε το γενος ουκ εκπορευεται ει μι εν προσευχη και νιστεια L
τουτο δε το γενος ουκ εκπορευεται ει μη εν προσευχη και νηστια W
Mk 9.29 εν ουδενι ... προσευχη ℵ*B
εν ουδενι ... προσευχη και νηστεια ℵ[c]AC[c]
ου ... προσευχη και νηστεια C*
εν ουδεν ... προσευχη και νηστεια D
εν ουδενι ... προσευχη και νηστια θ
εν ουδενει... προσευχη και νηστια 28

M 17.22 συστρεφομενων δε αυτων .. Γαλιλαια .. αυτοις .. μελλει .. παραδιδοσθαι ℵ 1.1582
συστρεφομενων δε αυτων .. Γαλειλαια .. αυτοις .. μελλει .. παραδιδοσθαι B
αναστρεφομενων δε αυτων .. Γαλιλαια .. αυτοις .. μελλει .. παραδιδοσθαι CFG[c]KWYΠ 28.565
αυτων δε αναστρεφομενων .. Γαλειλαια .. αυτοις .. μελλει .. παραδιδοσθαι D
αναστρεφομενων δε αυτων .. Γαλιλαια .. αυτοις .. μελλη .. παραδιδοσθαι E
αναστρεφομενων δε αυτων .. Γαλιλαια .. αυτους .. μελλει .. παραδιδοσθαι G*
αναστρεφομενον δε αυτων .. Γαλιλαια .. αυτοις .. μελλη .. παραδηδωσθε L
αναστρεφομενων δε αυτων .. Γαλιλεα .. αυτοις .. μελλει .. παραδιδοσθαι θ
αναστρεφομενων δε αυτων .. Γαλιλαια .. αυτοις .. μελλει .. παραδιδοσθε 13

M 17.22 - M 16.21; 20.17-19; 2 Sm 24.14

45. SECOND PREDICTION OF THE PASSION Matthew 17.22-23

M 17.23 ἀποκτενοῦσιν αὐτόν, καὶ τῇ τρίτῃ ἡμέρᾳ ἐγερθήσεται.
Mk 9.31 ἀποκτενοῦσιν αὐτόν, καὶ ἀποκτανθεὶς μετὰ τρεῖς ἡμέρας ἀναστήσεται.
J 7. 1 ἀποκτεῖναι.
J 16. 6 ἀλλ' ὅτι ταῦτα λελάληκα ὑμῖν

M 17.23 καὶ ἐλυπήθησαν σφόδρα.
Mk 9.32 οἱ δὲ ἠγνόουν τὸ ῥῆμα,
L 9.45 οἱ δὲ ἠγνόουν τὸ ῥῆμα τοῦτο, καὶ ἦν παρακεκαλυμμένον ἀπ' αὐτῶν ἵνα μὴ
J 16. 6 ἡ λύπη πεπλήρωκεν ὑμῶν τὴν καρδίαν.

Mk 9.32 και εφοβουντο αυτον επερωτησαι.
L 9.45 αισθωνται αυτο, και εφοβουντο ερωτησαι αυτον περι του ρηματος τουτου.

46. THE TEMPLE TAX

Matthew 17.24-27

M 17.24 ᾿Ελθόντων δὲ αὐτῶν εἰς Καφαρναοὺμ προσῆλθον οἱ τὰ δίδραχμα λαμβάνοντες
M 17.25 τῷ Πέτρῳ καὶ εἶπαν, ῾Ο διδάσκαλος ὑμῶν οὐ τελεῖ τὰ δίδραχμα; λέγει, Ναί.
M 17.25 καὶ ἐλθόντα εἰς τὴν οἰκίαν προέφθασεν αὐτὸν ὁ ᾿Ιησοῦς λέγων, Τί σοι
M 17.25 δοκεῖ, Σίμων; οἱ βασιλεῖς τῆς γῆς ἀπὸ τίνων λαμβάνουσιν τέλη ἢ κῆνσον;

M 17.23 αποκτενουσιν .. τη τριτη ημερα εγερθησεται και ελυπηθησαν σφοδρα ℵCEFGLWYΠ 1.28.565.1582
αποκτενουσιν .. τη τρι ημερα αναστησεται και ελυπηθησαν σφοδρα B*
αποκτενουσιν .. τη τριτη ημερα αναστησεται και ελυπηθησαν σφοδρα B^{c} 13
αποκτεινουσιν..μετα τρεις ημερας εγερθησεται και ελυπηθησαν σφοδρα D
αποκτενουσιν .. τη τριτη ημερα εγερθησεται K
αποκτενουσιν .. τη τρητη ημερα εγερθησεται και ελυπηθησαν σφοδρα Θ
Mk 9.31 αποκτενουσιν ..μετα τρεις ημερας αναστησεται ℵBL
αποκτενουσιν .. τη τριτη ημερα αναστησεται AC^{c}YΘΠ 565
αποκτενουσιν ..μετα τρις ημερας αναστησεται C*
αποκτεινουσιν..μετα τρεις ημερας αναστησεται D
αποκτενουσιν .. τη τριτη ημερα εγειρεται W 28
αποκτενουσιν .. τη τριτη ημερα εγερθησεται 1.1582

M 17.24 ελθοντων δε.Καφαρναουμ προσηλθον.τα διδραχμα .τω Πετρω και ειπαν.ου τελει τα διδραχμα ℵ^{c}B
ελθοντων δε.Καφαρναουμ προσηλθον.τα διδραχμα .τω Πετρω και ειπον.ου τελει διδραχμα ℵ*
ελθοντων δε.Καπερναουμ προσηλθον.τα διδραχμα .τω Πετρω και ειπον.ου τελει τα διδραχμα CKYΠ
και ελθοντων.Καφαρναουμ προσηλθον.τα διδραγματα.και ειπαν τω Πετρω.ου τελει δειδραγμα D |1582
ελθοντων δε.Καπερναουμ προσηλθον.τα διδραγμα .τω Πετρω και ειπον.ου τελει τα διδραγμα EFL 13.
ελθοντων δε.Καπερναουμ προσηλθον.τα διδραγμα .τω Πετρω και ειπον.ου τελει τα διδραχμα G 1.|28
ελθοντων δε.Καφαρναουμ προσηλθον.το διδραγμα .τω Πετρω και ειπον.ου τε το διδραγμα W
ελθοντων δε.Καπερναουμ προσηλθαν.τα διδραχμα .τω Πετρω και ειπον.ου τελει τα διδραχμα Θ
ελθοντων δε.Καπαρναουμ προσηλθον.τα διδραγμα .τω Πετρω και ειπον.ου τελει τα διδραγμα 565

M 17.25 ελθοντα ..προεφθασεν αυτον..απο τινων .. τελη η κηνσον 1582
εισελθοντα ..προεφθασεν αυτον..απο τινων .. τελη η κηνσον ℵ*
εισηλθεν ..προεφθασεν αυτον..απο τινων .. τελη η κηνσον ℵ^{c}
ελθοντα ..προεφθασεν αυτον..απο τινος .. τελη η κηνσον B
οτε ηλθον ..προεφθασεν αυτον..απο τινων .. τελη η κηνσον C
εισελθοντι ..προεφθασεν αυτον..απο τινων .. τελη η κηνσον D
οτε εισηλθεν ..προεφθασεν αυτον..απο τινων .. τελει η κηνσον EF 28
οτε εισηλθεν ..προεφθασεν αυτον..απο τινων .. τελη η κηνσον GKYΠ 565
οτε εισηλθεν ..προεφθασεν αυτων..απο τεινων.. τελει η κηνσων L
οτε εισηλθεν ο Ιησους..προεφθασεν αυτον..απο τινων .. τελη η κηνσον W
εισελθοντων ..προεφθασεν αυτον..απο τινων .. τελη η κησον Θ
ελθοντα ..προεφθασεν αυτον..απο τινων ..τα τελη η κηνσον 1.
εισελθοντων ..προεφθασεν αυτον..απο τινων .. τελη η κηνσον 13

M 17.23 - M 16.21 | M 17.24 - Ex 30.13; 38.26; M 22.19

M 17.26 ἀπὸ τῶν υἱῶν αὐτῶν ἢ ἀπὸ τῶν ἀλλοτρίων; |εἰπόντος δέ, Ἀπὸ τῶν ἀλλοτρίων,
M 17.27 ἔφη αὐτῷ ὁ Ἰησοῦς, Ἄρα γε ἐλεύθεροί εἰσιν οἱ υἱοί. ἵνα δὲ μὴ σκανδα-
M 17.27 λίσωμεν αὐτούς, πορευθεὶς εἰς θάλασσαν βάλε ἄγκιστρον καὶ τὸν ἀναβάντα
M 17.27 πρῶτον ἰχθὺν ἆρον, καὶ ἀνοίξας τὸ στόμα αὐτοῦ εὑρήσεις στατῆρα· ἐκεῖνον
M 17.27 λαβὼν δὸς αὐτοῖς ἀντὶ ἐμοῦ καὶ σοῦ.

47. FOURTH DISCOURSE: THE NEW COMMUNITY

Matthew 18.1-19.2

a. Setting

Matthew 18.1-3a

M 18. 1 Ἐν ἐκείνῃ τῇ ὥρᾳ προσῆλθον οἱ μαθηταὶ τῷ Ἰησοῦ
Mk 9.33 Καὶ ἦλθον εἰς Καφαρναούμ. καὶ ἐν τῇ οἰκίᾳ γενόμενος

Mk 9.34 επηρωτα αυτους, Τι εν τη οδω διελογιζεσθε; οι δε εσιωπων, προς

M 18. 1 λέγοντες, Τίς ἄρα μείζων ἐστὶν ἐν τῇ
Mk 9.35 ἀλλήλους γὰρ διελέχθησαν ἐν τῇ ὁδῷ τίς μείζων. καὶ καθίσας
L 9.46 Εἰσῆλθεν δὲ διαλογισμὸς ἐν αὐτοῖς, τὸ τίς ἂν εἴη μείζων αὐτῶν.

Mk 9.35 εφωνησεν τους δωδεκα και λεγει αυτοις, Ει τις θελει πρωτος ειναι εσται παντων εσχατος

M 17.25 υιων αυτων ... αλλοτριων BCDEFGKLWYΠ 1.13.565.1582
υιων αυτων ... αλλοτριων ο δε εφη απο των αλλοτριων ℵ
υιων αυτων ... αλοτριων Θ
υιων ... αλλοτριων 28

M 17.26 ειποντος δε ..των αλλοτριων ..οι υιοι ℵB 1.1582
λεγει αυτω ο Πετρος..των αλλοτριων ειποντος δε αυτου απο των αλλοτριων..οι υιοι C
λεγει αυτω ..των αλλοτριων ..οι υιοι D
λεγει αυτω ο Πετρος..των αλλοτριων ..οι υιοι EFGKWYΠ 565
λεγει αυτω ο Πετρος.. αλοτριων ειποτος δε απο των αλοτριων ..οι υιοι L*
λεγει αυτω ο Πετρος.. αλοτριων ειποντος δε απο των αλοτριων ..οι υιοι L[c]
ειποντος δε ..τον αλοτριων ..οι υιοι Θ
λεγει αυτω ο Πετρος..των αλλοτριων .. υιοι 13
λεγει αυτω Πετρος..των αλλοτριων ..οι υιοι 28

M 17.27 ινα δε μη σκανδαλισωμεν .. εις θαλασσαν βαλε αγκιστρον BKWYΠ 1.1582
ινα δε μη σκανδαλιζωμεν .. εις θαλασσαν βαλε αγκιστρον ℵ
ινα δε μη σκανδαλισωμεν .. εις την θαλασσαν βαλε ανκιστρον D
ινα μη σκανδαλισωμεν .. εις την θαλασσαν βαλε αγκιστρον E*G
ινα δε μη σκανδαλισωμεν .. εις την θαλασσαν βαλε αγκιστρον E[c]F 13.565
ινα δε μη σκανδαλιζωμεν .. εις θαλασσαν βαλει αγκηστρον L
ινα δε μη σκανδαλισωμεν .. εις θαλασσαν βαλε αγγιστρον Θ
ινα δε μη σκανδαλισομεν .. εις την θαλασσαν βαλε αγκιστρον 28

M 17.27 αναβαντα .. αρον και ανοιξας .. ευρησεις ℵBE*G[c]KYΘΠ 1.565.1582
αναβαντα .. αρον και ανοιξας .. ευρησεις εκει D
αναβαινοντα .. αρον και ανοιξας .. ευρησεις E[c]FW 13.565
αναβαινοντα .. αρον και ανοιξας .. ευρησει G*
αναβαντα .. αρον ανοιξας .. ευρησις L
αναβαντα .. αρον και ανοιξας .. ευρυσεις 13
αναβαινοντα .. αρας και ανοιξας .. ευρησεις 28

M 18. 1 εκεινη τη ωρα .. τω Ιησου .. τις αρα μειζων εστιν ℵD[c]FGLYΠ 28.565
εκεινη δε τη ωρα .. τω Ιησου .. τις αρα μειζων εστιν B
εκεινη τη ωρα .. τω Ιησου .. τις αρα μειζω εστιν D*
εκεινη τη ωρα .. αυτω Ιησου .. τις αρα μειζων εστιν E
εκεινη τη ωρα .. τω Ιησου .. τις αρα μειζον εστιν K 13
εκεινη τη ωρα .. τω Ιησου .. τις αρα μιζων εστιν W
εκεινη τη ημερα .. τω Ιησου .. τις αρα μιζων εστιν Θ
εκεινη τη ημερα .. τω Ιησου .. τις αρα μειζων εστιν 1.1582
Mk 9.34 εν τη οδω τις μειζων BCLY 1.1582
εν τη οδω τις μειζων εστιν ℵ
τις μειζων AΠ

M 17.27 - R 14.13; 1 C 8.13 | M 18. 1 - L 22.24

47. FOURTH DISCOURSE: THE NEW COMMUNITY - a. Setting Matthew 18.1-3a

M 18. 2 βασιλεία τῶν οὐρανῶν; καὶ προσκαλεσάμενος
Mk 9.36 καὶ πάντων διάκονος. καὶ λαβὼν
L 9.47 ὁ δὲ Ἰησοῦς εἰδὼς τὸν διαλογισμὸν τῆς καρδίας αὐτῶν ἐπιλαβόμενος

M 18. 3a παιδίον ἔστησεν αὐτὸ ἐν μέσῳ αὐτῶν |καὶ εἶπεν,
Mk 9.36 παιδίον ἔστησεν αὐτὸ ἐν μέσῳ αὐτῶν καὶ ἐναγκαλισάμενος αὐτὸ εἶπεν
L 9.48a παιδίον ἔστησεν αὐτὸ παρ' ἑαυτῷ, |καὶ εἶπεν

Mk 9.36 αὐτοῖς,
L 9.48a αὐτοῖς,

b. Who Is the Greatest?

Matthew 18.3b-4

M 18. 3b Ἀμὴν λέγω ὑμῖν, ἐὰν μὴ στραφῆτε καὶ γένησθε ὡς
Mk 10.15 ἀμὴν λέγω ὑμῖν, ὃς ἂν μὴ δέξηται τὴν βασιλείαν τοῦ θεοῦ ὡς
L 18.17 ἀμὴν λέγω ὑμῖν, ὃς ἂν μὴ δέξηται τὴν βασιλείαν τοῦ θεοῦ ὡς
J 3. 3b Ἀμὴν ἀμὴν λέγω σοι, ἐὰν μή τις γεννηθῇ ἄνωθεν,
J 3. 5b Ἀμὴν ἀμὴν λέγω σοι, ἐὰν μή τις γεννηθῇ ἐξ ὕδατος καὶ πνεύματος,

M 18. 4 τὰ παιδία, οὐ μὴ εἰσέλθητε εἰς τὴν βασιλείαν τῶν οὐρανῶν. ὅστις
Mk 10.15 παιδίον, οὐ μὴ εἰσελθῇ εἰς αὐτήν.
L 18.17 παιδίον, οὐ μὴ εἰσελθῇ εἰς αὐτήν.
J 3. 3b οὐ δύναται ἰδεῖν τὴν βασιλείαν τοῦ θεοῦ.
J 3. 5b οὐ δύναται εἰσελθεῖν εἰς τὴν βασιλείαν τοῦ θεοῦ.

M 18. 4 οὖν ταπεινώσει ἑαυτὸν ὡς τὸ παιδίον τοῦτο, οὗτός ἐστιν ὁ μείζων ἐν
M 23.11 ὁ δὲ μείζων
L 22.26 ὑμεῖς δὲ οὐχ οὕτως, ἀλλ' ὁ μείζων ἐν

M 18. 4 τῇ βασιλείᾳ τῶν οὐρανῶν.
M 23.11 ὑμῶν ἔσται ὑμῶν διάκονος.
L 22.26 ὑμῖν γινέσθω ὡς ὁ νεώτερος, καὶ ὁ ἡγούμενος ὡς ὁ διακονῶν.

M 18. 2 προσκαλεσαμενος παιδιον ℵB 1.1582*
προσκαλεσαμενος ο Ιησους παιδιον εν D
προσκαλεσαμενος ο Ιησους παιδιον EGKWYΘΠ 13.28.565.1582[c]
προσκαλεσαμενος πεδιων L

M 18. 3 στραφητε και γενησθε ... εισελθητε ℵ[c]BEFGKYΠ 1.565.1582
στραφητε και γενησθε ... εισελθηε ℵ*
στραφηται και γενησθε ... εισελθητε D
στραφηται και γενεσθε ... εισελθητε L
στραφηται και γενεσθαι ... εισελθηται W
στραφηται και γενησθαι ... εισελθηται Θ
στραφητε και γηνεσθαι ... εισελθητε 13
στραφητε και γενησθαι ... εισελθητε 28
γενησθε ... εισελευσεσθε ClemAl (Pd I 16.2; S V 13.4)

M 18. 4 οστις ουν ταπεινωσει εαυτον ... τουτο ℵBDEFKYΠ 1.28.565.1582
οστις ταπεινωσει εαυτον ... τουτο G
οστις ουν ταπινωσει αυτων ... τουτο L
οστις γαρ ταπινωσει εαυτον ... τουτο W
οστις ουν ταπινωσει εαυτον ... τουτο Θ
και οστις ουν ταπεινωσει εαυτον ... τουτον 13
ος εαν εαυτον ταπεινωση ... τουτο ClemAl (Pd I 16.1)

M 18. 2-3 - M 19.14; Mk 10.15; L 18.17; 1 P 2.2; M 5.20; L 18.25
M 18. 4 - M 20.26f; Mk 10.43f

c. Receiving Children

Matthew 18.5-14

M 18. 5	καὶ ὃς ἐὰν δέξηται ἓν παιδίον
Mk 9.37	Ὃς ἂν ἓν τῶν τοιούτων παιδίων
L 9.48	καὶ εἶπεν αὐτοῖς, Ὃς ἐὰν δέξηται τοῦτο τὸ παιδίον
M 10.40	Ὁ δεχόμενος ὑμᾶς
L 10.16a	Ὁ ἀκούων ὑμῶν
J 12.44	Ἰησοῦς δὲ ἔκραξεν καὶ εἶπεν, Ὁ πιστεύων
J 12.45	καὶ ὁ θεωρῶν
J 13.20	αμὴν ἀμὴν λέγω ὑμῖν, ὁ λαμβάνων ἄν τινα

M 18. 5	τοιοῦτο ἐπὶ τῷ ὀνόματί μου, ἐμὲ δέχεται.
Mk 9.37	δέξηται ἐπὶ τῷ ὀνόματί μου, ἐμὲ δέχεται, και ος αν εμε δεχηται, ουκ εμε
L 9.48	ἐπὶ τῷ ὀνόματί μου ἐμὲ δέχεται, και ος αν εμε δεξηται
M 10.40	ἐμὲ δέχεται, και ο εμε δεχομενος
L 10.16a	ἐμοῦ ἀκούει, και ο αθετων υμας εμε
L 10.16b	ο δε εμε αθετων
J 12.44	εἰς ἐμὲ οὐ πιστεύει εις εμε
J 12.45	ἐμὲ
J 13.20	πέμψω ἐμὲ λαμβάνει, ο δε εμε λαμβανων

Mk 9.37	δεχεται αλλα τον αποστειλαντα με.
L 9.48	δεχεται τον αποστειλαντα με·
M 10.40	δεχεται τον αποστειλαντα με.
L 10.16a	αθετει·
L 10.16b	αθετει τον αποστειλαντα με.
J 12.44	αλλα εις τον πεμψαντα με,
J 12.45	θεωρει τον πεμψαντα με.
J 13.20	λαμβανει τον πεμψαντα με.

M 18. 6	Ὃς δ᾽ ἂν σκανδαλίσῃ ἕνα τῶν μικρῶν τούτων τῶν πιστευόντων εἰς ἐμέ,
Mk 9.42	Καὶ ὃς ἂν σκανδαλίσῃ ἕνα τῶν μικρῶν τούτων τῶν πιστευόντων εἰς ἐμέ,
L 17. 2b	ἢ ἵνα σκανδαλίσῃ τῶν μικρῶν τούτων ἕνα.

M 18. 6	συμφέρει αὐτῷ ἵνα κρεμασθῇ μύλος ὀνικὸς περὶ τὸν τράχηλον
Mk 9.42	καλόν ἐστιν αὐτῷ μᾶλλον εἰ περίκειται μύλος ὀνικὸς περὶ τὸν τράχηλον
L 17. 2a	λυσιτελεῖ αὐτῷ εἰ λίθος μυλικὸς περίκειται περὶ τὸν τράχηλον

M 18. 7	αὐτοῦ καὶ καταποντισθῇ ἐν τῷ πελάγει τῆς θαλάσσης. οὐαὶ τῷ κόσμῳ ἀπὸ
Mk 9.42	αὐτοῦ καὶ βέβληται εἰς τὴν θάλασσαν.
L 17. 1	αὐτοῦ καὶ ἔρριπται εἰς τὴν θάλασσαν |Εἶπεν δὲ πρὸς τοὺς

M 18. 5	και ος εαν δεξηται εν παιδιον τοιουτο ... δεχεται	Θ 1.1582
	και ος εαν δεξηται παιδιον εν τοιουτο ... δεχεται	ℵ
	και ος εαν δεξηται εν παιδιον τοιουτον... δεχεται	B
	και ος αν δεξηται εν παιδιον τοιουτον... δεχεται	D
	και ος εαν δεξηται παιδιον τοιουτον εν... δεχεται	EF 28.565
	και ος εαν δεξηται παιδιον εν τοιουτον... δεχεται	G
	και ος εαν δεξηται παιδιον τοιουτο εν... δεχεται	KWYΠ
	και ος αν δεξητε εν πεδιων τοιουτο ... δεχεται	L
	και ος εαν δεξηται εν παιδιον τοιουτον... δεχετε	13
M 18. 6	σκανδαλιση ..πιστευοντων .. συμφερει .. μυλος ονικος περι .. πελαγει	ℵB
	σκανδαλειση..πιστευοντων .. συνφερι .. μυλος ονικος επι .. πελαγει	D
	σκανδαληση ..πιστευων .. συμφερει .. μυλος ονικος εις .. πελαγη	E
	σκανδαλιση ..πιστευοντων .. συμφερει .. μυλος ονικος εις .. πελαγει	FGKWY^{c}Π 1.1582
	σκανδαλησει..πιστευοντων .. συμφερει .. λιθος μυλικος περι .. πελαγει	L
	σκανδαλιση ..πιστευοντων .. συμφερει .. μυλος ονικος εις .. πελαγη	Y* 13
	σκανδαλισει..πιστευοντων .. συμφερι .. μυλος ονικος εις .. πελαγη	Θ
	σκανδαλιση ..πιστευοντων .. συμφερει .. μυλος ονικος περι .. πελαγη	28
	σκανδαλιση ..πιστευοντων .. συμφερει .. μυλος ονικος επι .. πελαγη	565
Mk 9.42	σκανδαλιση .. μυλος ονικος περι	ℵBCL 1.1582
	σκανδαλιση .. λιθος μυλικος περι	AYΠ
	σκανδαλιζη .. μυλος ονικος επι	D
	σκανδαλησει μυλικος λιθος περι	28
L 17. 2	λυσιτελει .. λιθος μυλικος	P^{75} ℵBΘ 1.1582
	λυσιτελει .. μυλος ονικος	AY 28
	συνφερει .. λιθος μυλικος	D
	λυσιτελει .. λιθος ονικος	W

M 18. 6 - Re 18.21

M 18. 7 τῶν σκανδάλων· ἀνάγκη γὰρ ἐλθεῖν τὰ σκάνδαλα, πλὴν οὐαὶ τῷ
L 17. 1 μαθητὰς αὐτοῦ, Ἀνένδεκτόν ἐστιν τοῦ τὰ σκάνδαλα μὴ ἐλθεῖν, πλὴν οὐαὶ

M 18. 8 ἀνθρώπῳ δι' οὗ τὸ σκάνδαλον ἔρχεται. Εἰ δὲ ἡ χείρ
Mk 9.43 Καὶ ἐὰν σκανδαλίζῃ σε ἡ χείρ
Mk 9.45 καὶ ἐὰν
L 17. 1 δι' οὗ ἔρχεται·
M 5.30 καὶ εἰ ἡ δεξιά σου

M 18. 8 σου ἢ ὁ πούς σου σκανδαλίζει σε, ἔκκοψον αὐτὸν καὶ βάλε ἀπὸ σοῦ· καλόν
Mk 9.43 σου, ἀπόκοψον αὐτήν· καλόν
Mk 9.45 ὁ πούς σου σκανδαλίζῃ σε, ἀπόκοψον αὐτόν· καλόν
M 5.30 χείρ σκανδαλίζει σε, ἔκκοψον αὐτὴν καὶ βάλε ἀπὸ σοῦ· συμφέρει

M 18. 8 σοί ἐστιν εἰσελθεῖν εἰς τὴν ζωὴν κυλλὸν ἢ χωλόν, ἢ δύο
Mk 9.43 ἐστίν σε κυλλὸν εἰσελθεῖν εἰς τὴν ζωὴν ἢ τὰς δύο
Mk 9.45 ἐστίν σε εἰσελθεῖν εἰς τὴν ζωὴν χωλὸν
M 5.30 γάρ σοι ἵνα ἀπόληται ἓν τῶν

M 18. 7 ελθειν τα σκανδαλα πληην ουαι τω ανθρωπω ..το σκανδαλον ερχεται 1.1582
εστιν ελθειν τα σκανδαλα πληην ουαι τω ανθρωπω ..το σκανδαλον ερχεται ℵ
ελθειν τα σκανδαλα πληην ουαι τω ανθρωπω εκεινω..το σκανδαλον ερχεται B
εστιν ελθειν τα σκανδαλα πληην δε ουαι τω ανθρωπω ..το σκανδαλον ερχεται D
εστιν ελθειν τα σκανδαλα πληην ουαι τω ανθρωπω εκεινω..το σκανδαλον ερχεται EGKYΠ 28
ελθειν τα σκανδαλα πληην ουε τω ανθρωπω ..το σκανδαλον ερχετε L
εστιν ελθειν τα σκανδαλα πληην εκεινω ουαι τω ανθρωπω..το σκανδαλον ερχεται W*
εστιν ελθειν τα σκανδαλα πληην εκεινω ουαι τω ανθρωπω..το σκανδαλον ερχετε W^c
ελθειν τα σκανδαλα πληην ουαι τω ανθρωπω εκεινω.. ερχεται Θ
εστιν ελθειν τα σκανδαλα πληην ουαι τω ανθρωπω εκεινω..τα σκανδαλα ερχεται 13.565
L 17. 1 εστιν του τα σκανδαλα μη ελθειν πληην ουαι P75^c ℵBL
εστιν του μη ελθειν το σκανδαλα ουαι δε AY 28
εστιν μη ελθειν του τα σκανδαλα πληην ουαι D
εστιν μη ελθην τα σκανδαλα ουαι δε Θ
εστιν του μη ελθειν τα σκανδαλα πληην ουαι 1.

M 18. 8 χειρ σου η ο πους σου σκανδαλιζει σε εκκοφον αυτον και βαλε απο σου ℵ^cBD 1.13.1582
χειρ σου η ο πους σου σκανδαλιζει σε εξελε αυτον και βαλε απο σου ℵ*
χειρ σου η ο πους σου σκανδαλιζει σε εκκοφον αυτα και βαλε απο σου EGK^cWYΠ 565
χειρ σου η ο πους σου σκανδαλιζη σε εκκοφον αυτα και βαλε απο σου F
χει σου η ο πους σου σκανδαλιζει σε εκκοφον αυτα και βαλε απο σου K*
χηρ σου η ο πους σου σκανδαλιζη σε εκκοφον αυτον και βαλε απο σου L
χειρ σου η ο πους σου σκανδαλιζει σε εκκοφον αυτον και βαλε αποσσου Θ
χειρ σου η δεξια σκανδαλιζει σε εκκοφον αυτην και βαλε απ σου 28
Mk 9.45 σκανδαλιζη σε αποκοφον αυτον BCDYΠ 1.1582
σκανδαλιζει σε αποκοφον αυτον ℵΘ 28
σκανδαλιζη σε αποκοφον αυτην A
σκανδαλισει σε αποκοφον αυτον L
σκανδαλιση σε κοφον αυτον W
σκανδαλιζει σε εκκοφον αυτον 565

M 18. 8 εισελθειν εις την ζωην κυλλον η χωλον η δυο ℵB
εισελθειν εις την ζωην χωλον η κυλλον η δυο DEFGLYΘ 1.13.565.1582
εις την ζωην εισελθειν χωλον η κυλλον η δυο KΠ
εις την ζωην χωλον η κυλλον η δυο W
χολον η κυλλον εισελθειν εις την ζωην η δυο 28
Mk 9.43 κυλλον εισελθειν εις την ζωην η τας δυο ℵABCLΘ 565
κυλλον εεελθειν εις την ζωην η δυο D
εις την ζωην εισελθειν κυλλον η τας δυο W
κυλλον εις την ζωην εισελθειν η τας δυο YΠ 1.28.1582
Mk 9.45 εισελθειν εις την ζωην χωλον ABCWYΠ 1.1582
εις την ζωην κυλλον η εισελθειν χωλον ℵ
χωλον εισελθειν εις την ζωην αιωνιον D
εις την ζωην χωλων Θ
χωλον εισελθειν εις την ζωην 565

M 18. 8 - R 6.19; 8.13; Co 3.5

M 18. 8 χεῖρας ἢ δύο πόδας ἔχοντα βληθῆναι εἰς τὸ πῦρ τὸ
Mk 9.43 χεῖρας ἔχοντα ἀπελθεῖν εἰς τὴν γέενναν, εἰς τὸ πῦρ τὸ
Mk 9.45 ἢ τοὺς δύο πόδας ἔχοντα βληθῆναι εἰς τὴν γέενναν.
M 5.30 μελῶν σου καὶ μὴ ὅλον τὸ σῶμά σου εἰς γέενναν ἀπέλθῃ.

M 18. 9 αἰώνιον. καὶ εἰ ὁ ὀφθαλμός σου σκανδαλίζει σε, ἔξελε αὐτὸν
Mk 9.43 ἄσβεστον.
Mk 9.47 καὶ ἐὰν ὁ ὀφθαλμός σου σκανδαλίζῃ σε,
M 5.29 εἰ δὲ ὁ ὀφθαλμός σου ὁ δεξιὸς σκανδαλίζει σε, ἔξελε αὐτὸν

M 18. 9 καὶ βάλε ἀπὸ σοῦ· καλόν σοί ἐστιν μονόφθαλμον εἰς τὴν ζωὴν
Mk 9.47 ἔκβαλε αὐτόν· καλόν σέ ἐστιν μονόφθαλμον εἰσελθεῖν εἰς τὴν
M 5.29 καὶ βάλε ἀπὸ σοῦ· συμφέρει γάρ σοι ἵνα

M 18. 9 εἰσελθεῖν, ἢ δύο ὀφθαλμοὺς ἔχοντα βληθῆναι
Mk 9.47 βασιλείαν τοῦ θεοῦ ἢ δύο ὀφθαλμοὺς ἔχοντα βληθῆναι
M 5.29 ἀπόληται ἓν τῶν μελῶν σου καὶ μὴ ὅλον τὸ σῶμά σου βληθῇ

M 18. 9 εἰς τὴν γέενναν τοῦ πυρός.
Mk 9.48,49 εἰς τὴν γέενναν, οπου ο σκωληξ αυτων ου τελευτα και το πυρ ου σβεννυται· πας γαρ
M 5.29 εἰς γέενναν.

Mk 9.50 πυρι αλισθησεται. Καλον το αλας· εαν δε το αλας αναλον γενηται, εν τινι αυτο αρτυσετε;
Mk 9.50 εχετε εν εαυτοις αλα, και ειρηνευετε εν αλληλοις.

M 18. 8 χειρας η δυο ποδας ..βληθηναι εις το πυρ το αιωνιον ℵBEFGKWYΘΠ 13.28.565
ποδας η δυο χειρας..βληθηναι εις το πυρ το αιωνιον D
χειρας η δυο ποδας ..βληθηναι εις το πυρ το αιωνηον L
χειρας η δυο ποδας ..βληθηναι εις την γεενναν του πυρος 1.1582
Mk 9.43 απελθειν εις την γεενναν εις το πυρ το ασβεστον ABC 565
εισελθειν εις την γεενναν εις το πυρ το ασβεστον ℵ*
απελθειν εις την γεενναν ℵ[c]
βληθηναι εις την γεενναν οπου εστιν το πυρ το ασβεστον D
βληθηναι εις το πυρ το ασβεστον W 1.28.1582
Mk 9.45 βληθηναι εις την γεενναν BC
βληθηναι εις την γεενναν εις το πυρ το ασβεστον W 1.1582

M 18. 9 και ει ο οφθαλμος..σκανδαλιζει..εξελε αυτον ℵEGKWYΘΠ 28.565
και ει ο οφθαλμος..σκανδαλει ..εξελε αυτον B
το αυτο ει και ο οφθαλμος..σκανδαλιζει..εξελε αυτον D
και ει ο οφθαλμος..σκανδαλιζη ..εξελε αυτον F
και ει ο οφθαλμος..σκανδαλιζη ..εξελε αυτων L
και ει οφθαλμος..σκανδαλιζει..εξελε αυτον 1.13[c].1582
και ει οφθαλμος..σκανδαλιζει..εξε αυτον 13*
Mk 9.45 σκανδαλιζη ABCDYΠ 1.1582
σκανδαλιζει ℵΘ 28.565

M 18. 9 καλον σοι εστιν..εισελθειν..εχοντα ..την γεενναν του πυρος ℵBGKWYΠ 1.28.1582
καλον σοι εστιν..εισελθειν..εχοντα ..την γεενναν D
καλον σοι εστιν..εισελθειν..εχοντα ..την γεεναν του πυρος EF[c]Θ 565
καλον σοι εστιν..ει ελθειν..εχοντα ..την γεεναν του πυρος F*
καλον σοι εστιν..εισελθειν..εχειν ..την γεενναν του πυρος L
καλον σοι εστιν..εισελθειν..εχειν και..την γεενναν του πυρος 13
Mk 9.47 καλον σε εστιν.. ..την γεενναν ℵ
καλον σοι εστιν.. ..την γεενναν του πυρος ACYΠ
καλον σε εστιν.. .. γεενναν B
καλον σοι εστιν.. ..την γεενναν D 1.1582
καλον εστιν.. ..την γεενναν W
καλον εστιν σε .. ..την γεενναν του ρος Θ
καλον σε .. ..την γεενναν 565

M 18.10 Ὁρᾶτε μὴ καταφρονήσητε ἑνὸς τῶν μικρῶν τούτων· λέγω γὰρ ὑμῖν ὅτι οἱ
M 18.10 ἄγγελοι αὐτῶν ἐν οὐρανοῖς διὰ παντὸς βλέπουσι τὸ πρόσωπον τοῦ πατρός μου

M 18.11 τοῦ ἐν οὐρανοῖς. ἦλθεν γὰρ ὁ υἱὸς τοῦ ἀνθρώπου σῶσαι τὸ
L 19.10 ἦλθεν γὰρ ὁ υἱὸς τοῦ ἀνθρώπου ζητῆσαι καὶ σῶσαι τὸ

M 18.12 ἀπολωλός. Τί ὑμῖν δοκεῖ; ἐὰν γένηταί τινι ἀνθρώπῳ
L 15. 3,4 εἶπεν δὲ πρὸς αὐτοὺς τὴν παραβολὴν ταύτην λέγων, |Τίς ἄνθρωπος
L 19.10 ἀπολωλός.

M 18.12 ἑκατὸν πρόβατα καὶ πλανηθῇ ἓν ἐξ αὐτῶν, οὐχὶ ἀφήσει τὰ
L 15. 4 ἐξ ὑμῶν ἔχων ἑκατὸν πρόβατα καὶ ἀπολέσας ἐξ αὐτῶν ἓν οὐ καταλείπει τὰ

M 18.12 ἐνενήκοντα ἐννέα ἐπὶ τὰ ὄρη καὶ πορευθεὶς ζητεῖ τὸ πλανώμενον;
L 15. 4 ἐνενήκοντα ἐννέα ἐν τῇ ἐρήμῳ καὶ πορεύεται ἐπὶ τὸ ἀπολωλὸς ἕως εὕρῃ

M 18.10 ορατε μη καταφρονησητε ενος των μικρων τουτων ℵBEFGKYΠ 1.28.565.1582
ορατε μη καταφρονησηται ενος τουτων των μικρων των πιστευοντων εις εμε D
ορατε μη καταφρονησητε ενος τουτων των μικρον L
ορατι μη καταφρονησηται ενος των μικρων τουτων W
ορατε μη καταφρονησητε ενος τον μηκρων τουτων Θ*
ορατε μη καταφρονησητε ενος των μηκρων τουτων Θ^c
ορατε μη καταφρονησητε ενος των μικρων τουτον 13
μη καταφρονησητε ενος των μικρων τουτων ClemAl (Q 31.1; Exc 11.1)

M 18.10 εν ουρανοις δια παντος βλεπουσι το προσωπον του πατρος μου του εν ουρανοις ℵEFGKLWYΘΠ
εν τω ουρανοις δια παντος βλεπουσι το προσωπον του πατρος μου του εν ουρανοις B |565
εν ουρανοις δια παντος βλεπουσι το προσωπον του πατρος μου του εν τοις ουρανοις D
δια παντος βλεπουσι το προσωπον του πατρος μου του εν ουρανοις 1.13.1582
εν ουρανοις βλεπουσι του πατρος μου του εν ουρανοις το προσωπον δια παντος 28
δια παντος βλεπουσι το προσωπον του πατρος μου του εν ουρανοις ClemAl (Q 31.1
δια παντος το προσωπον του πατρος βλεπουσιν ClemAl (Exc 10.6
το προσωπον του πατρος δια παντος βλεπουσιν ClemAl (Exc 11.1

M 18.11 **omit verse** ℵBL*Θ* 1.13.1582
ηλθεν γαρ ο υιος του ανθρωπου σωσαι το απολωλος DEFKWYΠ 28.565
ηλθεν γαρ ο υιος του ανθρωπου ζητησαι και σωσαι το απολωλος G
ηλθεν γαρ ο υιος του ανθρωπου ζητη κε σωσε το απολολος L^c
ηλθεν γαρ ο υιος του ανθρωπου σωσε το απολωλος Θ^c

M 18.12 τι ..γενηται ..αφησει τα ενενηκοντα εννεα επι τα ορη L
τι ..γενηται ..αφεις τα ενενηκοντα εννεα ℵ*
τι ..γενηται ..αφεις τα ενενηκοντα εννεα επι τα ορη ℵ^{c}E^{c}FGKWYΠ 1.1582
τι ..γενηται ..αφησει τα ενενηκοντα εννεα προβατα επι τα ορη B
τι δε..γενηται ..αφιησιν τα ενενηκοντα εννεα επι τα ορη D
τι ..γενηται ..αφεις τα ενενικοντα εννεα προβατα επι τα ορη E*
τ̅ι ..γενωνται..αφησει τα ενενηκοντα εννεα προβατα επι τα ορη Θ
τι ..γενηται ..αφησει τα ενενικοντα εννεα προβατα επι τα ορη 13
τι ..γενηται ..αφεις τα ενενικοντα εννεα επι τα ορη 28
τι ..γενηται ..αφεις τα εννεα επι τα ορη 565

M 18.12 και πορευθεις ζητει το πλανωμενον BL
πορευθεις ζητει το πλανωμενον ℵEFGKW 28
και πορευομενοι ζητει το πλανωμενον D
πορευθεις ζητει το πλανομενον YΠ
και πορευθεις ζητησει τω πλανωμενων Θ
πορευθεις ζητησει το πλανωμενωμενον 1.
και πορευθεις ζητησει το πλανομενον 13
πορευθεις ζητησει το πλανομενον 565

M 18.10 - L 2.13; 16.22; Ac 5.19; 12.7, 15; He 1.14 | M 18.12 - 1 P 2.25; Ez 34.12, 16; Ps 119.176

M 18.13 καὶ ἐὰν γένηται εὑρεῖν αὐτό, ἀμὴν λέγω ὑμῖν ὅτι χαίρει ἐπ'
L 15. 5 αὐτό; καὶ εὑρὼν ἐπιτίθησιν ἐπὶ τοὺς ὤμους αὐτοῦ χαίρων,

M 18.13 αὐτῷ
L 15. 6 |καὶ ἐλθὼν εἰς τὸν οἶκον συγκαλεῖ τοὺς φίλους καὶ τοὺς γείτονας λέγων

M 18.13 μᾶλλον ἢ ἐπὶ τοῖς ἐνενήκοντα ἐννέα τοῖς μὴ
L 15. 6 αὐτοῖς, Συγχάρητέ μοι, ὅτι εὗρον τὸ πρόβατόν μου τὸ

M 18.14 πεπλανημένοις. οὕτως οὐκ ἔστιν θέλημα ἔμπροσθεν τοῦ πατρὸς ὑμῶν
L 15. 7 ἀπολωλός. λέγω ὑμῖν ὅτι οὕτως χαρὰ ἐν τῷ οὐρανῷ ἔσται ἐπὶ ἑνὶ ἁμαρτωλῷ

M 18.14 τοῦ ἐν οὐρανοῖς ἵνα ἀπόληται ἓν τῶν μικρῶν τούτων.
L 15. 7 μετανοοῦντι ἢ ἐπὶ ἐνενήκοντα ἐννέα δικαίοις οἵτινες οὐ χρείαν ἔχουσιν

L 15. 7 μετανοίας.

d. Forgiveness

Matthew 18.15-22

M 18.15 Ἐὰν δὲ ἁμαρτήσῃ εἰς σὲ ὁ ἀδελφός σου, ὕπαγε ἔλεγξον
L 17. 3 προσέχετε ἑαυτοῖς. ἐὰν ἁμάρτῃ ὁ ἀδελφός σου ἐπιτίμησον

M 18.15 αὐτὸν μεταξὺ σοῦ καὶ αὐτοῦ μόνου. ἐάν σου ἀκούσῃ, ἐκέρδησας τὸν ἀδελφόν
L 17. 3 αὐτῷ, καὶ ἐὰν μετανοήσῃ ἄφες αὐτῷ·

M 18.13 γενηται ευρειν αυτο .. επ αυτω .. ενενηκοντα εννεα ℵBDE^{c}FG^{c}WY*Π 1.28.1582
γενηται ευριν αυτο .. επ αυτω .. ενενικοντα εννεα E*
γενηται ευρειν αυτω .. επ αυτω .. ενενηκοντα εννεα G*
γεννητε ευρειν αυτο .. επ αυτω .. ενενηκοντα ενεα L
γενηται ευρειν αυτο .. επ αυτο .. ενενηκοντα εννεα Y^{c}
γενηται του ευρειν αυτο .. επ αυτω .. ενενηκοντα εννεα Θ
γενηται του ευρειν αυτο .. εν αυτω .. ενενηκοντα εννεα 13
γενηται ευρειν αυτο .. επ αυτω .. ενενικοντα εννεα 565

M 18.14 εμπροσθεν του πατρος υμων .. εν ουρανοις .. αποληται εν
του πατρος υμων .. εν ουρανοις .. αποληται εν ℵ
εμπροσθεν του πατρος μου .. εν ουρανοις .. αποληται εν B
ενπροσθεν του πατρος ημων .. εν τοις ουρανοις .. αποληται εν D
εμπροσθεν του πατρος υμων .. εν ουρανοις .. αποληται εις EGKWYΠ 1.28.1582
εμπροσθεν του πατρος μου .. εν ουρανοις .. αποληται εις FΘ 13
εμπροσθεν του πατρος υμων .. εν ουρανοις .. απολητε εν L
εμπροσθεν του πατρος μων .. εν ουρανοις .. αποληται εν 565

M 18.15 δε αμαρτηση εις σε .. υπαγε ελεγξον .. ακουση εκερδησας .. αδελφον 28.1582^{c}
δε αμαρτηση .. υπαγε ελεγξον .. ακουση εκερδησας .. αδελφον ℵB 1.1582*
δε αμαρτηση εις σε .. υπαγε ελενξον .. ακουση εκερδησες .. αδελφον D
δε αμαρτηση εις σε .. υπαγε και ελεγξον .. ακουση εκερδισας .. αδελφον E
δε αμαρτηση εις σε .. υπαγε και ελεγξον .. ακουση εκερδησας .. αδελφον FGYΠ
δε αμαρτηση εις σε .. υπαγε και ελεγξον .. ακουση εκερδησας .. αδελφος K
δε αμαρτισει εις σε .. υπαγε και ελεγξον .. ακουσει εκερδισας .. αδελφον L
δε αμαρτη εις σε .. υπαγε και ελεγξε .. ακουση εκερδησας .. αδελφον W
αμαρτησει εις σε .. υπαγε ελεγξον .. ακουση εκερδησας .. αδελφον Θ
αμαρτηση εις σε .. υπαγε ελεγξον .. ακουση εκερδησας .. αδελφον 13
αμαρτηση εις σε .. υπαγε και ελεγξον .. ακουση εκερδησας .. αδελφον 565
L 17. 3 αμαρτη ℵB
δε αμαρτη AW 1.
αμαρτηση εις σε D
δε αμαρτη εις σε Y 28
αμαρτησει Θ

M 18.15 - Lv 19.17; G 6.1; 2 Ti 4.2; Tt 3.10

M 18.16	σου· ἐὰν δὲ μὴ ἀκούσῃ, παράλαβε μετὰ σοῦ ἔτι ἕνα ἢ δύο, ἵνα ἐπὶ στόματος
J 8.17	καὶ ἐν τῷ νόμῳ δὲ τῷ ὑμετέρῳ γέγραπται ὅτι

M 18.17	δύο μαρτύρων ἢ τριῶν σταθῇ πᾶν ῥῆμα· ἐὰν δὲ παρακούσῃ αὐτῶν,
M 16.18	κἀγὼ δέ σοι λέγω ὅτι σὺ εἶ Πέτρος, καὶ ἐπὶ ταύτῃ τῇ πέτρᾳ οἰκοδομήσω
J 8.17	δύο ἀνθρώπων ἡ μαρτυρία ἀληθής ἐστιν.

M 18.17	εἰπὲ τῇ ἐκκλησίᾳ· ἐὰν δὲ καὶ τῆς ἐκκλησίας παρακούσῃ, ἔστω σοι
M 16.19	μου τὴν ἐκκλησίαν, καὶ πύλαι ᾅδου οὐ κατισχύσουσιν αὐτῆς. δώσω σοι

M 18.18	ὥσπερ ὁ ἐθνικὸς καὶ ὁ τελώνης. Ἀμὴν λέγω ὑμῖν, ὅσα ἐὰν δήσητε
M 16.19	τὰς κλεῖδας τῆς βασιλείας τῶν οὐρανῶν, καὶ ὃ ἐὰν δήσῃς
J 20.23	ἄν τινων ἀφῆτε

M 18.18	ἐπὶ τῆς γῆς ἔσται δεδεμένα ἐν οὐρανῷ καὶ ὅσα ἐὰν λύσητε
M 16.19	ἐπὶ τῆς γῆς ἔσται δεδεμένον ἐν τοῖς οὐρανοῖς, καὶ ὃ ἐὰν λύσῃς
J 20.23	τὰς ἁμαρτίας ἀφέωνται αὐτοῖς, ἄν τινων κρατῆτε

M 18.18	ἐπὶ τῆς γῆς ἔσται λελυμένα ἐν οὐρανῷ.
M 16.19	ἐπὶ τῆς γῆς ἔσται λελυμένον ἐν τοῖς οὐρανοῖς.
J 20.23	κεκράτηνται.

M 18.16	εαν δε μη ..μετα σου ετι ενα η δυο .. δυο μαρτυρων η τριων σταθη	EFGWY
	εαν δε μη ..μετα σεαυτου ετι ενα η δυο .. δυο η τριων μαρτυρων σταθη	ℵ 1.1582
	εαν δε μη ..ετι ενα η δυο μετα σου .. δυο μαρτυρων η τριων σταθη	B
	εαν δε μη ..μετα σου ετι ενα η δυο .. δυο η τρειων σταθη	D
	εαν δε μη ..μετα σεαυτου ετι ενα η δυο .. δυο μαρτυρων η τριων σταθη	KΠ 13
	εαν δε μη σου..μετα σεαυτου ετι ενα η δυο .. μαρτυρων δυο η τριων σταθη	L
	εαν δε μη ..μετα σεαυτου ετι ενα η δυο .. δυο η τριων μαρτυρον σταθη	Θ
	εαν δε μη ..μετα σεαυτου ετι ενα η δυο .. δυο μαρτυρων και τριων σταθη	28
	εαν δε μη ..μετα σου ετι ενα η δυο .. δυο μαρτυρων η τριων σταθησεται	565

M 18.17	ειπε τη εκκλησια ..της εκκλησιας ..εστω σοι ..ο εθνικος και ο τελωνης	BFGYΠ 28
	ειπον τη εκκλησια ..της εκκλησιας ..εστω σοι ..ο εθνικος και ο τελωνης	ℵ
	ειπε τη εκκλησεια..της εκκλησειας..εστω σοι ..ο εθνικος και ως ο τελωνης	D
	ειπε τη εκκλησια ..της εκκλησιας ..εστω σοι ..ο εθνηκος και ο τελωνης	E 13
	ειπε τη εκλησια ..της εκκλησιας ..εστω σοι ..ο εθνικος και ο τελωνης	K
	ειπον τη εκκλησια ..της εκκλησιας ..εστω ..ο εθνικος και ο τελωνης	L
	ειπε τη εκκλησια ..της εκκλησιας ..εστω σοι .. εθνικος και ο τελωνης	W
	ειπε τη εκκλησια ..της εκκλησιας ..εστω σοι ..ο εθνικος και ο τελωνις	Θ
	ειπε τη εκκλησια ..της εκκλησιας ..εστω σοι λοιπον..ο εθνικος και ο τελωνης	1.1582
	ειπε τη εκκλησια ..τη εκκλησια ..εστω σοι ..ο εθνικος και ο τελωνης	565

M 18.18	οσα εαν δησητε .. εσται δεδεμενα εν ουρανω	
	ος εαν δησητε .. εσται δεδεμενα εν τοις ουρανοις	ℵ*
	οσα εαν δησητε .. εσται δεδεμενα εν τοις ουρανοις	ℵ^c
	οσα αν δησητε .. εσται δεδεμενα εν ουρανω	B
	οσα αν δησητε .. εσται λελυμενα εν τοις ουρανοις	D
	οσα εαν δησητε .. εστε δεδεμενα εν τω ουρανω	E*
	οσα εαν δησητε .. εσται δεδεμενα εν τω ουρανω	E^cFGK 1.1582
	οσα αν δησητε .. εσται δεδεμενα εν τοις ουρανοις	L
	οσα εαν δησηται .. εσται δεδεμενα εν τω ουρανω	W
	οσα αν δησητε .. εσται δεδεμενα εν τω ουρανω	YΠ 13.565
	οσα αν δησειτε .. εστε δεδεμενα εν ουρανω	Θ

M 18.18	και οσα εαν λυσητε επι της γης εσται λελυμενα εν ουρανω	ℵ^cB
	και οσα αν λυσητε επι της γης εσται λελυμενα εν ουρανω	ℵ*
	omit	D
	και οσα εαν λυσητε επι της γης εσται λελυμενα εν τω ουρανω	EFGKΠ 1.28.1582
	και οσα αν λυσητε επι της γης εσται λελυμενα εν τοις ουρανοις	L
	και οσα εαν λυσηται επι της γης εσται λελυμενα εν τω ουρανω	W
	και οσα αν λυσητε επι της γης εσται λελυμενα εν τω ουρανω	Y 13.565
	και ωσα αν λυσητε επι της γης εσται λελυμεν εν ουρανω	Θ*
	και οσα αν λυσητε επι της γης εσται λελυμεν εν ουρανω	Θ^c

M 18.16 - Dt 19.15; 2 C 13.1; 1 Ti 5.19; He 10.28 \| M 18.17 - 1 C 5.13-19; 2 Th 3.15

M 18.19 Πάλιν ἀμὴν λέγω ὑμῖν ὅτι ἐὰν δύο συμφωνήσωσιν ἐξ ὑμῶν ἐπὶ τῆς γῆς περὶ
Mk 11.24 διὰ τοῦτο λέγω ὑμῖν,
J 16.24 ἕως ἄρτι οὐκ ᾐτήσατε

M 18.19 παντὸς πράγματος οὗ ἐὰν αἰτήσωνται, γενήσεται
Mk 11.24 πάντα ὅσα προσεύχεσθε καὶ αἰτεῖσθε, πιστεύετε ὅτι ἐλάβετε, καὶ ἔσται
J 14.23 ἀπεκρίθη Ἰησοῦς καὶ εἶπεν
J 16.24 οὐδὲν ἐν τῷ ὀνόματί μου· αἰτεῖτε καὶ λήμψεσθε, ἵνα ἡ χαρὰ

M 18.20 αὐτοῖς παρὰ τοῦ πατρός μου τοῦ ἐν οὐρανοῖς. οὗ γάρ εἰσιν δύο ἢ τρεῖς
Mk 11.24 ὑμῖν.
J 14.23 αὐτῷ, Ἐάν τις ἀγαπᾷ με τὸν λόγον μου τηρήσει, καὶ ὁ πατήρ μου ἀγαπήσει
J 16.24 ὑμῶν ᾖ πεπληρωμένη.

M 18.20 συνηγμένοι εἰς τὸ ἐμὸν ὄνομα, ἐκεῖ εἰμι ἐν μέσῳ αὐτῶν.
M 28.20b καὶ ἰδοὺ ἐγὼ μεθ᾽ ὑμῶν εἰμι πάσας
J 14.23 αὐτόν, καὶ πρὸς αὐτὸν ἐλευσόμεθα καὶ μονὴν παρ᾽ αὐτῷ ποιησόμεθα.

M 28.20b τὰς ἡμέρας ἕως τῆς συντελείας τοῦ αἰῶνος.

M 18.21 Τότε προσελθὼν ὁ Πέτρος εἶπεν αὐτῷ, Κύριε, ποσάκις
L 17. 4 καὶ ἐὰν ἑπτάκις τῆς ἡμέρας

M 18.21 ἁμαρτήσει εἰς ἐμὲ ὁ ἀδελφός μου καὶ ἀφήσω αὐτῷ; ἕως ἑπτάκις;
L 17. 4 ἁμαρτήσῃ εἰς σὲ

M 18.19 παλιν αμην λεγω υμιν οτι εαν δυο συμφωνησωσιν εξ υμων B
παλιν λεγω υμιν οτι εαν δυο συμφωνησωσιν εξ υμων ℵL
παλιν λεγω υμιν οτι δυο εαν συνφωνησουσιν εξ υμων D
παλιν αμιν λεγω υμιν οτι εαν δυο υμων συμφωνησουσιν E
παλιν αμην λεγω υμιν οτι εαν δυο υμων συμφωνησωσιν FGKYΠ 28
παλιν δε υμιν λεγω οτι εαν δυο υμων συμφωνησωσιν W
αμιν λεγω υμιν οτι εαν δυο εξ υμων συμφωνησωσιν Θ
παλιν λεγω υμιν οτι εαν δυο υμων συμφωνησωσιν 1.1582
παλιν αμην λεγω υμιν οτι εαν δυο εξ υμων συμφωνησωσιν 13
αμην λεγω υμιν οτι εαν δυο υμων συμφωνησωσιν 565

M 18.19 παντος πραγματος ου εαν αιτησωνται γενησεται αυτοις BEFGKY^cΠ 1.565.1582
παντος πραγματος ου εαν αιτησωνται αυτοις γενησεται ℵ
παντος του πραγματος ου αν αιτησωνται γενησεται αυτοις D
παντος πραγματος ου εαν ετησονται γενησεται αυτοις L*
παντος πραγματος ου εαν ετησωνται γενησεται αυτοις L^c
παντος πραγματος ο εαν αιτησωνται γενησεται αυτοις W
παντος πραγματος ου εαν αιτησωται γενησεται αυτοις Y*
πατος πραγματος ου εαν αιτησονται γενησετε αυτοις Θ*
παντος πραγματος ου εαν αιτησονται γενησετε αυτοις Θ^c
παντος πραγματος ου αιαν αιτησονται γενησεται αυτοις 13
παντος πραγματος ου εαν αιτησονται γενησεται αυτοις 28

M 18.20 ου γαρ εισιν δυο η .. εκει ειμι εν μεσω BEFGKYΠ 1.565.1582
ου γαρ εισιν δυο .. εκει ειμι εν μεσω ℵ*
οπου γαρ εισιν δυο η .. εκει ειμι εν μεσω ℵ^cΘ 13
ουκ εισιν γαρ δυο η .. παρ οις ουκ ειμει εν μεσω D
ου γαρ εισιν δυο η .. εκει ειμι εμμεσω L 28
ου γαρ εισιν δυο η .. εκει ειμει εν μεσω W

M 18.21 ο Πετρος ειπεν αυτω .. αμαρτησει εις εμε ο αδελφος μου .. αφησω αυτω
ο Πετρος ειπεν .. αμαρτησει εις εμε ο αδελφος μου .. αφησω αυτω ℵ*
αυτω ο Πετρος ειπεν .. αμαρτησει εις εμε ο αδελφος μου .. αφησω αυτω ℵ^cFGKYΠ 1.28.565.1582
ο Πετρος ειπεν αυτω .. αμαρτησει ο αδελφος μου εις εμε .. αφησω αυτω B
Πετρος ειπεν αυτω .. αμαρτησει εις εμε ο αδελφος μου .. αφησω αυτω D
αυτω ο Πετρος ειπεν .. αμαρτηση εις εμε ο αδελφος μου .. αφησω αυτω EW
αυτω ο Πετρος ειπεν .. αμαρτησει εις εμε ο αδελφος .. αφησω αυτω L
αυτω ο Πετρος ειπεν .. αμαρτησει ο αδελφος μου εις εμε .. αφησω αυτον Θ
αυτω ο Πετρος ειπεν .. αμαρτηση ο αδελφος μου εις εμε .. αφησω αυτω 13

M 18.19 - M 7.7; 21.22; J 15.7; Js 1.5; 1 J 3.22; 5.14f | M 18.20 - 1 C 5.4; L 24.15

M	18.22	|λέγει αὐτῷ ὁ Ἰησοῦς, Οὐ λέγω σοι ἕως ἑπτάκις
L	17. 4	καὶ ἑπτάκις ἐπιστρέψῃ πρὸς σὲ λέγων,

M	18.22	ἀλλὰ ἕως ἑβδομηκοντάκις ἑπτά.
L	17. 4	Μετανοῶ, ἀφήσεις αὐτῷ.

e. The Unmerciful Servant

Matthew 18.23-35

M	18.23	Διὰ τοῦτο ὡμοιώθη ἡ βασιλεία τῶν οὐρανῶν ἀνθρώπῳ βασιλεῖ ὃς ἠθέλησεν
M	18.24	συνᾶραι λόγον μετὰ τῶν δούλων αὐτοῦ. ἀρξαμένου δὲ αὐτοῦ συναίρειν
M	18.25	προσηνέχθη αὐτῷ εἷς ὀφειλέτης μυρίων ταλάντων. μὴ ἔχοντος δὲ αὐτοῦ
M	18.25	ἀποδοῦναι ἐκέλευσεν αὐτὸν ὁ κύριος πραθῆναι καὶ τὴν γυναῖκα καὶ τὰ
M	18.26	τέκνα καὶ πάντα ὅσα ἔχει, καὶ ἀποδοθῆναι. πεσὼν οὖν ὁ δοῦλος προσεκύνει
M	18.27	αὐτῷ λέγων, Μακροθύμησον ἐπ᾽ ἐμοί, καὶ πάντα ἀποδώσω σοι. σπλαγχνισθεὶς
M	18.27	δὲ ὁ κύριος τοῦ δούλου ἐκείνου ἀπέλυσεν αὐτόν, καὶ τὸ δάνειον ἀφῆκεν αὐτῷ.

M 18.22	αλλα εως εβδομηκοντακις επτα	BD^{c}
	αλλ εως εβδομηκοντακις επτα	א
	αλλα εως εβδομηκοντακις επτακις	D*
	αλλ εως εβδομηκοντακις επτα	EFGK^{c}LWYΘΠ 1.13.28.1582
	αλλ εως εβδοκοντακις επτα	K*
	αλλ εως εβδομηκοντακεις επτα	565

M 18.23	ωμοιωθη ... ανθρωπω βασιλει ... συναραι	אBDEFWYΘΠ 1.565.1582
	ωμοιωθη ... βασιλει ... συναραι	G
	ωμοωθη ... ανθρωπω βασιλει ... συναρε	K
	ωμοιωθη ... ανθρωπω βασιλει ... συναρε	L
	ομηωθη ... ανθρωπω βασιλει ... συναραι	13
	ομοιωθη ... ανθρωπω βασιλει ... συναραι	28

M 18.24	συναιρειν προσηνεχθη αυτω εις ... μυριων	א^{c}EFGKL^{c}WYΘΠ 1.13.28.565.1582
	συναιρειν προσηνεχθη εις αυτω ... πολλων	א*
	συναιρειν προσηχθη εις αυτω ... πολλων	B
	συναιρειν προσηχθη αυτω εις ... μυριων	D
	συναρειν προσηνεχθη αυτω εις ... μυριων	L*

M 18.25	μη εχοντος..αυτου αποδουναι..ο κυριος ..γυναικα ..τεκνα ..εχει ..αποδοθηναι	B
	μη εχοντος..αυτου αποδουναι..ο κυριος ..γυναικα ..παιδια..ειχεν..αποδοθηναι	א
	μη εχοντος..αυτου αποδουναι..ο κυριος ..γυναικα αυτου..τεκνα ..ειχεν..αποθηναι	D*
	μη εχοντος..αυτου αποδουναι..ο κυριος ..γυναικα αυτου..τεκνα ..ειχεν..αποδοθηναι	D^{c}
	μη εχοντος..αυτου αποδουναι..ο κυριος αυτου..γυναικα αυτου..τεκνα ..ειχεν..αποδοθηναι	EGKWΠ 13.
	μη εχοντων..αυτου αποδουναι..ο κυριος αυτου..γυναικα αυτου..τεκνα ..ειχεν..αποδοθηναι	F |28.565
	μη εχοντος..αυτου αποδουναι..ο κυριος ..γυναικα ..τεκνα ..ειχεν..αποδοθηναι	L
	μη εχοντος.. αποδουναι..ο κυριος αυτου..γυναικα αυτου..τεκνα ..ειχεν..αποδοθηναι	Y
	μη εχοντος..αυτου αποδουναι..ο κυριος αυτου..γυναικα ..τεκνα ..εχει ..αποδοθηναι	Θ
	μη εχοντος..αυτου αποδουναι.. ..γυναικα ..τεκνα ..εχει ..αποδοθηναι	1.1582

M 18.26	πεσων ουν ο δουλος προσεκυνει..λεγων ..επ εμοι και παντα αποδωσω σοι	B
	πεσων ουν ο δουλος προσεκυνει..λεγων κυριε..επ εμοι και παντα αποδωσω σοι	א*
	πεσων ουν ο δουλος εκεινος προσεκυνει..λεγων κυριε..επ εμοι και παντα αποδωσω σοι	א^{c}
	πεσων δε ο δουλος εκεινος προσεκυνει..λεγων ..επ εμε και παντα αποδωσω	D
	πεσων ουν ο δουλος προσεκυνει..λεγων κυριε..επ εμοι και παντα σοι αποδωσω	EFKWYΠ 1.
	πεσων ουν ο δουλος προσεκυνει..λεγων κυριε..εν εμοι και παντα σοι αποδωσω	G |28.1582
	πεσον ουν ο δουλος προσεκυνει..λεγων κυριε..επ εμε και παντα αποδωσω σοι	L
	πεσων ουν ο δουλος εκεινος προσεκυνει..λεγων ..επ εμοι	Θ
	πεσων ουν ο συνδουλος προσεκεινη..λεγων κυριε..επ εμοι και παντα αποδωσω σοι	13
	πεσων ουν ο δουλος προσεκηνη ..λεγων κυριε..επ εμοι και παντα σοι αποδοσω	565

M 18.27	σπλαγχνισθεις .. δουλου εκεινου .. το δανειον	אFGWYΠ 13.28.565
	σπλαγχνισθεις .. δουλου .. το δανειον	BΘ
	σπλανχνισθεις .. δουλου εκεινου .. το δανιον	D
	σπλαγχνησθεις .. δουλου εκεινου .. το δανιον	E
	σπλαχνισθεις .. δουλου εκεινου .. το δανειον	K
	σπλαγχνισθεις .. δουλου εκεινου .. το δανιον	L
	σπλαγχνισθεις .. δουλου .. πασαν την οφειλην	1.1582*
	σπλαγχνισθεις .. δουλου εκεινου .. πασαν την οφειλην	1582^{c}

M 18.22 - Gn 4.24 | M 18.23 - M 22.2; 25.19 | M 18.27 - L 7.42; E 4.32; Co 3.13

M 18.28 ἐξελθὼν δὲ ὁ δοῦλος ἐκεῖνος εὗρεν ἕνα τῶν συνδούλων αὐτοῦ ὃς ὤφειλεν
M 18.28 αὐτῷ ἑκατὸν δηνάρια, καὶ κρατήσας αὐτὸν ἔπνιγεν λέγων, Ἀπόδος εἴ τι
M 18.29 ὀφείλεις. πεσὼν οὖν ὁ σύνδουλος αὐτοῦ παρεκάλει αὐτὸν λέγων, Μακροθύ-
M 18.30 μησον ἐπ' ἐμοί, καὶ ἀποδώσω σοι. ὁ δὲ οὐκ ἤθελεν, ἀλλὰ ἀπελθὼν ἔβαλεν
M 18.31 αὐτὸν εἰς φυλακὴν ἕως ἀποδῷ τὸ ὀφειλόμενον. ἰδόντες οὖν οἱ σύνδουλοι
M 18.31 αὐτοῦ τὰ γενόμενα ἐλυπήθησαν σφόδρα, καὶ ἐλθόντες διεσάφησαν τῷ κυρίῳ
M 18.32 ἑαυτῶν πάντα τὰ γενόμενα. τότε προσκαλεσάμενος αὐτὸν ὁ κύριος αὐτοῦ
M 18.32 λέγει αὐτῷ, Δοῦλε πονηρέ, πᾶσαν τὴν ὀφειλὴν ἐκείνην ἀφῆκά σοι, ἐπεὶ
M 18.32 παρεκάλεσάς με·

M 18.28 εξελθων δε ο δουλος εκεινος ευρεν..ωφειλεν..εκατον δηναρια.. ει τι οφειλεις ℵWYΠ 565.1582*
εξελθων δε ο δουλος ευρεν..ωφειλεν..εκατον δηναρια.. ει τι οφειλεις B
....μοι ει τι οφειλεις C
εξελθων δε ο δουλος εκεινος ευρεν..ωφειλεν..δηναρια εκατον.. ει τι οφειλεις D
εξελθων δε ο δουλος εκεινος ευρεν..ωφειλεν..εκατον δηναρια..μοι ει τι οφειλεις E 1582^c
εξελθων δε ο δουλος εκεινος ευρεν..ωφειλεν..εκατον δηναρια..μοι ει τι οφειλης F 28
εξελθων ο δουλος εκεινος ευρεν..ωφειλεν..εκατον δηναρια..μοι ει τι οφειλεις G
εξελθων δε ο δουλος εκεινος ευρεν..ωφειλεν..εκατον διναρια..μοι ει τι οφειλεις K
εξελθων δε ο δουλος εκεινος ευρεν..ωφειλεν..εκατον δηναρια.. ει τι οφιλεις L
εξελθων δε ο δουλος εκεινος ευρον..ωφειλεν..εκατον διναρια.. ει τι οφειλεις Θ
εξελθων δε ο δουλος εκεινος ευρεν..ωφολεν ..εκατον δηναρια.. ει τι οφειλεις 1.
εξελθων δε ο δουλος εκεινος ευρεν..ωφειλεν..εκατον δυναρια..μοι ει τι οφειλης 13

M 18.29 συνδουλος αυτου παρεκαλει αυτον..επ εμοι και αποδωσω σοι ℵ*BG
συνδουλος αυτου παρεκαλει αυτον..επ εμοι και παντα αποδωσω σοι ℵ^c 1.1582*
συνδουλος αυτου παρεκαλει αυτον..επ εμε και σοι αποδωσω C*
συνδουλος αυτου εις τους ποδας αυτου παρεκαλει αυτον..επ εμε και παντα σοι αποδωσω C^c
συνδουλος αυτου παρεκαλει αυτον..επ εμε καγω αποδωσω σοι D
συνδουλος αυτου εις τους ποδας αυτου παρεκαλει αυτον..επ εμοι και αποδωσω σοι E
συνδουλος αυτου εις τους ποδας αυτου παρεκαλει αυτον..επ εμοι και αποδοσω σοι F
συνδουλος αυτου εις τους ποδας αυτου παρεκαλει αυτον..επ εμοι και αποδωσω σοι παντα K
συνδουλος αυτου παρεκαλει αυτον..επ εμε και παντα αποδωσω σοι L
συνδουλος αυτου εις τους ποδας αυτου παρεκαλει αυτον..επ εμοι και παντα αποδωσω σοι WY 1582^c
συνδουλος αυτου παρεκαλει αυτον..επ εμοι και παντα σοι απωδωσω Θ
συνδουλος αυτου εις τους ποδας αυτου παρεκαλει αυτον..επ εμοι και παντα σοι αποδωσω Π 13*
συνδουλος αυτου εις τους ποδας αυτου παρεκαλει αυτον..επ εμοι και απαντα σοι αποδωσω 13^c
συνδουλος αυτου προσεκυνει αυτον και παρεκαλει ..επ εμοι και αποδωσω σοι 28
συνδουλος αυτου εις τους ποδας αυτου παρεκαλει αυτον..επ εμοι και παντα σοι αποδοσω 565

M 18.30 ηθελεν αλλα .. φυλακην εως αποδω ℵ^{c}B
ηθελεν και .. φυλακην εως αποδη ℵ*
ηθελεν αλλα .. φυλακην εως αποδω παν C
ηθελησεν αλλα .. φυλακην εως ου αποδω D 13
ηθελεν αλλα .. φυλακην εως ου αποδω EGKWΠ 28.565
ηθελεν αλλ .. φυλακην εως ου αποδω FY 1.1582
ηθελεν αλλα .. την φυλακην εως αποδω L
ηθελεν αλλα .. την φυλακην εως ου αποδο Θ

M 18.31 ουν οι συνδουλοι αυτου τα γενομενα .. και ελθοντες..εαυτων παντα τα γενομενα
ουν οι συνδουλοι αυτου τα γενομενα ..οι δε ελθοντες..εαυτων παντα τα γενομενα ℵ*
δε οι συνδουλοι αυτου τα γενομενα ..οι δε ελθοντες..εαυτων παντα τα γενομενα ℵ^c
ουν αυτου οι συνδουλοι τα γενομενα .. και ελθοντες..εαυτων παντα τα γενομενα B
δε οι συνδουλοι αυτου τα γενομενα .. και ελθοντες..εαυτων απαντα τα γενομενα C
ουν οι συνδουλοι αυτου τα γειvομενα.. και ελθοντες.. αυτων παντα τα γενομενα D
δε οι συνδουλοι αυτου τα γενομενα .. και ελθοντες..εαυτων απαντα τα γενομενα EFGKWYΠ 28
δε οι συνδουλοι αυτου τα γενομενα .. και ελθοντες.. αυτων παντα τα γενομενα L
δε οι συνδουλοι αυτου τα γενομενα .. και απελθοντες.. αυτων παντα τα γενομενα Θ 13
δε οι συνδουλοι αυτου τα γενομενα .. και ελθοντες.. αυτων απαντα γενομενα 1.
δε οι συνδουλοι αυτου τα γενομενα .. και απελθοντες..εαυτων παντα τα γενομενα 565
δε οι συνδουλοι αυτου τα γενομενα .. και ελθοντες.. αυτων απαντα τα γενομενα 1582

M 18.32 τοτε προσκαλεσαμενος .. λεγει αυτω .. παρεκαλεσας ℵBCEFGKLW 13.28.565
τοτε προσκαλεσαμενος .. λεγει .. παρεκαλεσας DΘ
προσκαλεσαμενος δε .. λεγει αυτω .. παρεκαλεσας YΠ 565
τοτε προσκαλεσαμενος .. λεγει αυτω .. επαρεκαλεσας 1.

M 18.32 - M 7.2; L 6.36-38

M 18.33 οὐκ ἔδει καὶ σὲ ἐλεῆσαι τὸν σύνδουλόν σου, ὡς κἀγὼ σὲ
M 5. 7 μακάριοι οἱ ἐλεήμονες, ὅτι αὐτοὶ
L 6.36 Γίνεσθε οἰκτίρμονες καθὼς καὶ ὁ πατὴρ ὑμῶν

M 18.34 ἠλέησα; καὶ ὀργισθεὶς ὁ κύριος αὐτοῦ παρέδωκεν αὐτὸν τοῖς βασανισταῖς
M 5. 7 ἐλεηθήσονται.
L 6.36 οἰκτίρμων ἐστίν.

M 18.35 ἕως οὗ ἀποδῷ πᾶν τὸ ὀφειλόμενον. Οὕτως καὶ ὁ πατήρ μου ὁ οὐράνιος
M 6.14b ἀφήσει καὶ ὑμῖν ὁ πατὴρ ὑμῶν ὁ οὐράνιος·
M 6.15b οὐδὲ ὁ πατὴρ ὑμῶν

M 18.35 ποιήσει ὑμῖν ἐὰν μὴ ἀφῆτε ἕκαστος τῷ ἀδελφῷ αὐτοῦ
M 6.14a Ἐὰν γὰρ ἀφῆτε τοῖς ἀνθρώποις τὰ
M 6.15a ἀφήσει τὰ παραπτώματα ὑμῶν. ἐὰν δὲ μὴ ἀφῆτε τοῖς ἀνθρώποις,

M 18.35 ἀπὸ τῶν καρδιῶν ὑμῶν.
M 6.14a παραπτώματα αὐτῶν,

f. Summary

Matthew 19.1-2

M 19. 1 Καὶ ἐγένετο ὅτε ἐτέλεσεν ὁ Ἰησοῦς τοὺς λόγους τούτους, μετῆρεν ἀπὸ
Mk 10. 1 Καὶ ἐκεῖθεν ἀναστὰς

M 19. 1 τῆς Γαλιλαίας καὶ ἦλθεν εἰς τὰ ὅρια τῆς Ἰουδαίας πέραν τοῦ
Mk 10. 1 ἔρχεται εἰς τὰ ὅρια τῆς Ἰουδαίας καὶ πέραν τοῦ

M 18.33 ουκ εδει ... ελεησαι ... καγω ℵB
ουκ εδει ... ελεησαι ... και εγω CEFGKWYΠ 1.13.28.565.1582
ουκ εδι ουν ... ελεησε ... καγω D
ουκ εδει ... ελεησε ... καγω L
ουκ εδει ουν ... ελεησε ... καγω Θ

M 18.34 βασανισταις εως ου αποδω παν το οφειλομενον
βασανισταις εως ου αποδω παν το οφειλομενον αυτω ℵCFGKL^c^YΠ 1.13.28.565.1582
βασανισταις εως αποδω παν το οφειλομενον B
βασανισταις εως ου αποδω το οφειλομενον D
βασανησταις εως ου αποδω παν το οφειλομενον αυτω E
βασανισταις εως ου αποδω παν το οφλειλομενον αυτω L*
μασανισταις εως ου αποδω παν το οφιλομενον αυτω W
βασανισταις εως ου αποδω παν τω οφιλομενον Θ

M 18.35 ουτως ..ο πατηρ μου ο ουρανιος ποιησει υμιν..αφητε ..υμων ℵBL
ουτως ..ο πατηρ μου επουρανιος ποιησει υμιν..αφητε ..υμων τα παραπτωματα αυτων C*
ουτως ..ο πατηρ μου ο επουρανιος ποιησει υμιν..αφητε ..υμων τα παραπτωματα αυτων C^c^EFGK 13
ουτως ..υμιν ποιησει ο πατηρ μου ο ουρανιος..αφητε ..υμων D
ουτως ..ο πατηρ μου ο επουρανιος ποιησει υμιν..αφηται..υμων τα παραπτωματα αυτων W
ουτω ..ο πατηρ μου ο επουρανιος ποιησει υμιν..αφητε ..υμων τα παραπτωματα αυτων Y
ουτως ουν..ο πατηρ μου ο επουρανιος υμιν ποιησει..αφητε ..υμων Θ
ουτως ..ο πατηρ μου ο ουρανιος υμιν ποιησει..αφητε ..υμων τα παραπτωματα αυτων Π 565
ουτως ουν..υμιν ποιησει ο πατηρ μου ο ουρανιος..αφητε ..υμων 1.1582*
ουτως ..ο πατηρ υμων ο ουρανιος ποιησει υμιν..αφητε ..υμων τα παραπτωματα αυτων 28
ουτως ουν..υμιν ποιησει ο πατηρ μου ο ουρανιος..αφητε ..υμων τα παραπτωματα αυτων 1582^c^

M 19. 1 ετελεσεν ο Ιησους τους λογους τουτους..Γαλιλαιας ..ηλθεν ..Ιουδαιας ℵ^c^EFGK 1.13.28.
ετελεσεν ο Ιησους τους λογους τουτους..Γαλιλαιας ..ηλθεν και ηλθεν..Ιουδαιας ℵ* |565.1582
ετελεσεν ο Ιησους τους λογους τουτους..Γαλειλαιας..ηλθεν ..Ιουδαιας B
ετελεν ο Ιησους τους λογους τουτους..Γαλιλαιας ..ηλθεν ..Ιουδαιας C
ελαλησεν ο Ιησους τους λογους τουτους..Γαλειλαιας..ηλθεν ..Ιουδαιας D
ετελεσεν ο Ιησους τους λογους τουτους..Γαληλαιας ..ηλθεν ..Ιουδαιας L
ετελεσεν τους λογους τουτους ο Ιησους..Γαλιλαιας ..ηλθεν ..Ιουδεας Θ

M 18.33 - M 6.12; 1 J 4.11 | M 18.34 - M 5.25f; L 12.58f | M 18.35 - Mk 11.25; M 22.7; 5.26; Js 2.13
M 19. 1 - M 7.28; 11.1; 13.53; 26.1; L 9.51

M 19. 2	Ἰορδάνου. καὶ ἠκολούθησαν αὐτῷ ὄχλοι πολλοί, καὶ
Mk 10. 1	Ἰορδάνου, καὶ συμπορεύονται πάλιν ὄχλοι πρὸς αὐτόν, καὶ ὡς εἰώθει

M 19. 2	ἐθεράπευσεν αὐτοὺς ἐκεῖ.
Mk 10. 1	πάλιν ἐδίδασκεν αὐτούς.

48. MARRIAGE AND DIVORCE

Matthew 19.3-12

M 19. 3	Καὶ προσῆλθον αὐτῷ Φαρισαῖοι πειράζοντες αὐτὸν καὶ λέγοντες, Εἰ
Mk 10. 2	καὶ προσελθόντες Φαρισαῖοι ἐπηρώτων αὐτὸν εἰ

M 19. 4	ἔξεστιν ἀνθρώπῳ ἀπολῦσαι τὴν γυναῖκα αὐτοῦ κατὰ πᾶσαν αἰτίαν; ὁ δὲ
Mk 10. 3	ἔξεστιν ἀνδρὶ γυναῖκα ἀπολῦσαι, πειράζοντες αὐτόν. ὁ δὲ

M 19. 4	ἀποκριθεὶς εἶπεν, Οὐκ ἀνέγνωτε ὅτι ὁ κτίσας ἀπ᾽
Mk 10. 6	ἀποκριθεὶς εἶπεν αὐτοῖς, Τί ὑμῖν ἐνετείλατο Μωϋσῆς; ἀπὸ δὲ ἀρχῆς

M 19. 5	ἀρχῆς ἄρσεν καὶ θῆλυ ἐποίησεν αὐτούς; καὶ εἶπεν, Ἕνεκα τούτου
Mk 10. 7	κτίσεως ἄρσεν καὶ θῆλυ ἐποίησεν αὐτούς· ἕνεκεν τούτου

M 19. 5	καταλείψει ἄνθρωπος τὸν πατέρα καὶ τὴν μητέρα καὶ κολληθήσεται
Mk 10. 7	καταλείψει ἄνθρωπος τὸν πατέρα αὐτοῦ καὶ τὴν μητέρα καὶ προσκολληθήσεται

M 19. 3	Φαρισαιοι .. λεγοντες	.. ανθρωπω	απολυσαι	BCYΘ^c Π 1.1582
	οι Φαρισαιοι .. λεγοντες	..	απολυσαι	ℵ*
	οι Φαρισαιοι .. λεγοντες	.. ανθρωπω	απολυσαι	ℵ^c K
	οι Φαρισαιοι .. λεγουσιν αυτω	.. ανθρωπω	απολυσαι	D*
	οι Φαρισαιοι .. λεγοντες αυτω	.. ανθρωπω	απολυσαι	D^c
	οι Φαρισαιοι .. λεγοντες αυτω	.. ανθρωπω	απολυσαι	EFG 13.28
	Φαρισαιοι .. λεγοντες	..	απολυσαι	L
	Φαρισαιοι .. λεγοντες αυτω	.. ανθρωπω	απολυσαι	W
	Φαρισαιοι .. λεγοντες	.. ανθρωπω	απολυσε	Θ*
	Φαρισαιοι .. λεγοντες	.. ανθρωπω τινι	απολυσαι	565

M 19. 4	ειπεν	ουκ ανεγνωτε ..ο	κτισας ..	αρσεν και θηλυ	B
	ειπεν	ουκ ανεγνωτε ..ο	ποιησας..	αρσεν και θηλυ	ℵD^c
	ειπεν αυτοις	ουκ ανεγνωτε ..ο	ποιησας..	αρσεν και θηλυ	C
	ειπεν	ουκ ανεγωντε ..ο	ποιησας..	αρσεν και θηλυν	D*
	ειπεν αυτοις	ουκ ανεγνωτε ..ο	ποιησας..	αρρεν και θηλυ	E
	ειπεν αυτοις	ουκ ανεγνωτε ..ο	ποιησας..	αρσεν και θηλυ	FGKYΠ
	ειπεν	ουκ ανεγνωτε ..	εποιησας..	αρσεν και θηλυ	L
	ειπεν αυτοις	ουκ ανεγνωται..ο	ποιησας..	αρσεν και θηλυ	W
	ειπεν αυτοις	ουκ ανεγνωτε ..ο	κτισας ..	αρσεν και θηλυ	Θ 1.1582
	ειπεν αυτοις	ουκ ανεγνωτε ..ο	ποιησας..	αρσεν και θηλη	13
	ειπεν αυτοις	ουκ ανεγνωτε ..ο	ποιησας..τον ανθρωπον	αρσεν και θηλοι	28
	ειπεν αυτοις	ουκ ανεγνωτε ..ο	ποιησας..	αρσεν και θηλοι	565

M 19. 5	και ειπεν ενεκα ..	καταλειφει..πατερα	..μητερα	.. κολληθησεται	B
	και ειπεν ενεκα ..	καταλειφει..πατερα	..μητερα	..προσκολληθησεται	ℵL
	και ειπεν ενεκεν..	καταλειφει..πατερα αυτου	..μητερα	..προσκολληθησεται	CY 1.1582
	και ειπεν ενεκεν..	καταλειφει..πατερα	..μητερα	.. κολληθησεται	DΘ
	και ειπεν ενεκεν..	καταλειφει..πατερα αυτου	..μητερα	.. κολληθησεται	E 28
	και ειπεν ενεκεν..	καταλειφει..πατερα	..μητερα	.. κοληθησεται	F
	και ειπεν ενεκεν..	καταλειφει..πατερα	..μητερα	..προσκολληθησεται	GKΠ
	και ειπεν ενεκεν..	καταλειφει..πατερα	..μητερα αυτου..	κολληθησεται	W
	και ειπεν ενεκεν..	καταλυφει ..πατερα αυτου	..μητερα	.. κολληθησεται	13
	και ειπεν ενεκεν..το	καταλειφει..πατερα	..μητερα	..προσκολληθησεται	565
Mk 10. 7	ενεκεν..	καταλειφει..πατερα αυτου	..μητερα	..προσκολληθησεται	ACLYΠ 1.1582
	ενεκεν..	καταλειφει..πατερα αυτου	..μητερα αυτου		ℵ
	ενεκεν..	καταλειφει..πατερα αυτου	..μητερα		B
	ενεκεν..	καταλειφει..πατερα	..μητερα εαυτου.	προσκολληθησεται	D
	και ειπεν ενεκεν..	καταλειφει..πατερα αυτου	..μητερα	..προσκολληθησεται	WΘ
	ειπεν ενεκεν..	καταλειφει..πατερα αυτου	..μητερα	..προσκολληθησεται	28
	ενεκεν..	καταλειφει..πατερα	..μητερα	..προσκολληθησεται	565

M 19. 2 - M 15.30 | M 19. 3 - M 16.1; 5.31 | M 19. 4 - Gn 1.27; 5.2 | M 19. 5 - Gn 2.24; E 5.31

M 19. 6 τῇ γυναικὶ αὐτοῦ, καὶ ἔσονται οἱ δύο εἰς σάρκα μίαν. ὥστε οὐκέτι
Mk 10. 8 πρὸς τὴν γυναῖκα αὐτοῦ, |καὶ ἔσονται οἱ δύο εἰς σάρκα μίαν· ὥστε οὐκέτι

M 19. 6 εἰσὶν δύο ἀλλὰ σὰρξ μία. ὃ οὖν ὁ θεὸς συνέζευξεν ἄνθρωπος μὴ χωριζέτω.
Mk 10. 9 εἰσὶν δύο ἀλλὰ μία σάρξ. ὃ οὖν ὁ θεὸς συνέζευξεν ἄνθρωπος μὴ χωριζέτω.

M 19. 7 λέγουσιν αὐτῷ, Τί οὖν Μωϋσῆς ἐνετείλατο δοῦναι βιβλίον
Mk 10. 4 οἱ δὲ εἶπαν, Ἐπέτρεψεν Μωϋσῆς βιβλίον
M 5.31 Ἐρρέθη δέ, Ὃς ἂν ἀπολύσῃ τὴν γυναῖκα αὐτοῦ, δότω αὐτῇ

M 19. 8 ἀποστασίου καὶ ἀπολῦσαι αὐτήν; λέγει αὐτοῖς ὅτι Μωϋσῆς
Mk 10. 5 ἀποστασίου γράψαι καὶ ἀπολῦσαι. ὁ δὲ Ἰησοῦς εἶπεν αὐτοῖς,
M 5.31 ἀποστάσιον.

M 19. 8 πρὸς τὴν σκληροκαρδίαν ὑμῶν ἐπέτρεψεν ὑμῖν ἀπολῦσαι τὰς γυναῖκας ὑμῶν,
Mk 10.10 Πρὸς τὴν σκληροκαρδίαν ὑμῶν ἔγραψεν ὑμῖν τὴν ἐντολὴν ταύτην. Καὶ εἰς

M 19. 9 ἀπ᾽ ἀρχῆς δὲ οὐ γέγονεν οὕτως. λέγω δὲ
Mk 10.11 τὴν οἰκίαν πάλιν οἱ μαθηταὶ περὶ τούτου ἐπηρώτων αὐτόν. καὶ λέγει
M 5.32 ἐγὼ δὲ λέγω

M 19. 5 τη γυναικι αυτου ... σαρκα ℵBCDEFGK^cWYΘΠ 1.13.28.565.1582
τη γυναικι αυτου ... αρκα K*
τη γυαικι αυτου ... σαρκα L
Mk 10. 7 προς την γυναικα αυτου ℵBDWYΘΠ 28.565
τη γυναικα αυτου A 1.1582
γυγυναικι αυτου C
τη γυναικι αυτου L

M 19. 6 σαρξ μια .. ο θεος συνεζευξεν .. χωριζετω BCEFGKLWYΘΠ 1.28.565.1582
μια σαρξ .. ο θεος συνεζευξεν .. χωριζετω ℵ
μια σαρξ .. ο θεος συνεζευξεν εις εν .. αποχωριζετω D
σαρξ μια .. θεος συνεζευξεν .. χωριζετω 13
Mk 10. 8 μια σαρξ .. ο θεος BDL
σαρξ μια .. ο θεος ℵCWΘΠ 28.565.1582
σαρξ μια .. θεος A
σαρ μια .. ο θεος 1.

M 19. 7 Μωυσης ενετειλατο .. απολυσαι αυτην BKWYΠ 565
Μωσης ενετειλατο .. απολυσαι ℵ*
Μωυσης ενετειλατο .. απολυσαι ℵ^cLΘ
Μωσης ενετειλατο .. απολυσαι αυτην CEFG 13
ο Μωυσης ενετειλατο .. απολυσαι D
Μωυσης εγραψεν .. απολυσαι αυτην 28
Mk 10. 4 επετρεψεν Μωυσης ℵBD
Μωσης επετρεψεν A
επετρεψεν Μωσης CL
Μωυσης επετρεψεν WYΠ 28
Μωυσης ενετειλατο 1.1582

M 19. 8 λεγει αυτοις ..Μωυσης προς την σκληροκαρδιαν υμων επετρεψεν υμιν BKLYΘΠ 28.565
λεγει αυτοις ο Ιησους..Μωυσης προς την σκληροκαριδαν υμων επετρεψεν υμιν ℵ
λεγει αυτοις ..Μωσης προς την σκληροκαρδιαν υμων επετρεψεν υμιν CEFG 1.1582
και λεγει αυτοις ..προς την σκληροκαρδιαν υμων επετρεψεν υμειν Μωυσης D
λεγει αυτοις ..Μωυσης επετρεψεν προς την σκληροκαρδιαν υμων W*
λεγει αυτοις ..Μωυσης επετρεψεν υμιν προς την σκληροκαρδιαν υμων W^c
λεγει αυτοις ..Μωυσης προς την σκλυροκαρδιαν υμων επετρεψεν υμιν 13
προς την σκληροκαρδιαν υμων ο Μωυσης ταυτα εγραψεν ClemAl(S III 47.2)

M 19. 8 ου γεγονεν ουτως ℵBCEFGKLWYΠ 1.13.28.565.1582
ουκ εγενετο ουτως D
ου γεγωνεν ουτος Θ

M 19. 5 - 1 C 6.16; 7.10f | M 19. 7 - Dt 24.1

M 19. 9	ὑμῖν ὅτι ὃς ἂν ἀπολύσῃ τὴν γυναῖκα αὐτοῦ μὴ ἐπὶ πορνείᾳ καὶ
Mk 10.11	αὐτοῖς, Ὃς ἂν ἀπολύσῃ τὴν γυναῖκα αὐτοῦ καὶ
L 16.18	Πᾶς ὁ ἀπολύων τὴν γυναῖκα αὐτοῦ καὶ
M 5.32	ὑμῖν ὅτι πᾶς ὁ ἀπολύων τὴν γυναῖκα αὐτοῦ παρεκτὸς λόγου πορνείας

M 19.10	γαμήσῃ ἄλλην μοιχᾶται. λέγουσιν αὐτῷ οἱ μαθηταὶ αὐτοῦ, Εἰ
Mk 10.12	γαμήσῃ ἄλλην μοιχᾶται ἐπ' αὐτήν, καὶ ἐὰν αὐτὴ ἀπολύσασα τὸν ἄνδρα
L 16.18	γαμῶν ἑτέραν μοιχεύει, καὶ ὁ ἀπολελυμένην ἀπὸ ἀνδρὸς
M 5.32	ποιεῖ αὐτὴν μοιχευθῆναι, καὶ ὃς ἐὰν ἀπολελυμένην

M 19.10	οὕτως ἐστὶν ἡ αἰτία τοῦ ἀνθρώπου μετὰ τῆς γυναικός, οὐ συμφέρει γαμῆσαι.
Mk 10.12	αὐτῆς γαμήσῃ ἄλλον μοιχᾶται.
L 16.18	γαμῶν μοιχεύει.
M 5.32	γαμήσῃ μοιχᾶται.

M 19.11	ὁ δὲ εἶπεν αὐτοῖς, Οὐ πάντες χωροῦσιν τὸν λόγον τοῦτον, ἀλλ' οἷς δέδοται.

M 19. 9

υμιν οτι ος αν απολυση .. μη επι πορνεια και γαμηση αλλην	ℵL
υμιν ος αν απολυση .. παρεκτος λογου πορνειας	B
υμιν οτι ος εαν απολυση .. μη επι πορνεια και γαμηση αλλην	C
υμειν ος αν απολυση .. παρεκτος λογου πορνειας και γαμηση αλλην	D
υμιν οτι ος αν απολυση .. μη επι πορνεια και γαμηση αλλην	EFGK
υμιν οτι ος αν απολυση .. μη επι πορνια γαμηση αλλην	W
υμιν οτι ος αν απυλυση .. μη επι πορνεια και γαμησει αλλην	Y
υμιν οτι ος αν απολυση .. μη επι πορνια και γαμηση αλλην	θ*
υμιν οτι ος αν απολυση .. μη επι πορνια και γαμηση αλλην	θ^c
υμιν οτι ος αν απολυση .. μη επι πορνεια και γαμηση αλλην	Π
υμιν οτι ος αν απολυση .. παρεκτος λογου πορνειας	1.1582
υμιν οτι ος αν απολυση .. παρεκτος λογου πορνειας και γαμηση αλλην	13
υμιν οτι ος αν απολυση .. μη επι πορνεια και γαμησει αλλην	28
υμιν οτι ος αν απολυση .. μη επι πορνεια και γαμησει αλλην	565
ωστε ο απολυων .. χωρις λογου πορνειας	ClemAl (S III 47.2)

M 19. 9 (cont)

μοιχαται	ℵL
ποιει αυτην μοιχευθηναι και ο απολελυμενην γαμησας μοιχαται	B
ποιει αυτην μοιχευθηναι και ο απολελυμενην γαμων μοιχαται	C
μοιχαται	D
μοιχαται και ο απολελυμενην γαμησας μοιχαται	EFGK
μοιχατε και ο απολελυμενην γαμων μοιχατε	W
μοιχαται και ο απολελυμενην γαμων μοιχαται	Y
μηχατε και ο απολυμενην γαμων μοιχαταιε	θ*
μοιχατε και ο απολυμενην γαμων μοιχαταιε	θ^c
μοιχαται και ο απολελυμενην γαμων μοιχαται	Π
ποιει αυτην μοιχευθηναι και ο απολελυμενην γαμων μοιχαται	1.1582
μοιχαται και ο απολελυμενην γαμων μοιχαται	13
μοιχαται και ο απολελυμενην γαμησας μοιχαται	28
μοιχαται και ο απολυμενην γαμων μοιχαται	565
ποιει αυτην μοιχευθηναι	ClemAl (S III 47.2)

M 19.10

αυτω..αυτου ει ουτως εστιν..του ανθρωπου μετα της γυναικος ου συμφερει	CEFGKLW 1.13.28.1582
.. ουτως εστιν..του ανθρωπου μετα της γυναικος ου συμφερει	ℵ*
αυτω.. ει ουτως εστιν..του ανθρωπου μετα της γυναικος ου συμφερει	ℵ^c
αυτω..αυτου ει ουτως εστιν..του ανδρος μετα της γυναικος ου συνφερει	D
αυτω..αυτου ει ουτως εστιν..του ανθρωπου μετα της γυναικος αυτου ου συμφερει	YΠ 565
αυτω.. ει ουτως εστιν..του ανθρωπου μετα της γυναικος ου συμφερι	θ
εαν ουτως η ..της γυναικος ου συμφερει τω ανθρωπω	ClemAl(S III 50.2)

M 19.11

ο δε .. λογον τουτον .. δεδοται	CDEFGLW 13.28.565.1582^c
ο δε .. λογον τουτον .. δεδοτε	ℵ
ο δε .. λογον .. δεδοται	B
ο δε Ιησους .. λογον τουτον .. δεδοται	KYΠ
ο δε .. λογων τουτων .. δεδοτε	θ
.. λογον τουτον ..	ClemAl (S III 1.1; 50.1)
.. λογον τουτον .. δεδοται	ClemAl (S III 50.2)

M 19. 9 - 1 C 7.10f; M 14.4 \| M 19.10 - 1 C 7.1f, 7-9 \| M 19.11 - 1 C 7.7, 9, 17

M 19.12 εἰσὶν γὰρ εὐνοῦχοι οἵτινες ἐκ κοιλίας μητρὸς ἐγεννήθησαν οὕτως, καὶ εἰσὶν
M 19.12 εὐνοῦχοι οἵτινες εὐνουχίσθησαν ὑπὸ τῶν ἀνθρώπων, καὶ εἰσὶν εὐνοῦχοι
M 19.12 οἵτινες εὐνούχισαν ἑαυτοὺς διὰ τὴν βασιλείαν τῶν οὐρανῶν. ὁ δυνάμενος
M 19.12 χωρεῖν χωρείτω.

49. LET THE CHILDREN COME

Matthew 19.13-15

M 19.13 Τότε προσηνέχθησαν αὐτῷ παιδία, ἵνα τὰς χεῖρας ἐπιθῇ αὐτοῖς
Mk 10.13 καὶ προσέφερον αὐτῷ παιδία ἵνα αὐτῶν ἅψηται·
L 18.15 Προσέφερον δὲ αὐτῷ καὶ τὰ βρέφη ἵνα αὐτῶν ἅπτηται·

M 19.14 καὶ προσεύξηται· οἱ δὲ μαθηταὶ ἐπετίμησαν αὐτοῖς. ὁ δὲ
Mk 10.14 οἱ δὲ μαθηταὶ ἐπετίμησαν αὐτοῖς. ἰδὼν δὲ ὁ
L 18.16 ἰδόντες δὲ οἱ μαθηταὶ ἐπετίμων αὐτοῖς. ὁ δὲ

M 19.14 Ἰησοῦς εἶπεν, Ἄφετε τὰ παιδία
Mk 10.14 Ἰησοῦς ἠγανάκτησεν καὶ εἶπεν αὐτοῖς, Ἄφετε τὰ παιδία ἔρχεσθαι πρός
L 18.16 Ἰησοῦς προσεκαλέσατο αὐτὰ λέγων, Ἄφετε τὰ παιδία ἔρχεσθαι πρός

M 19.14 καὶ μὴ κωλύετε αὐτὰ ἐλθεῖν πρός με, τῶν γὰρ τοιούτων ἐστὶν ἡ βασιλεία
Mk 10.14 με, μὴ κωλύετε αὐτά, τῶν γὰρ τοιούτων ἐστὶν ἡ βασιλεία
L 18.16 με καὶ μὴ κωλύετε αὐτά, τῶν γὰρ τοιούτων ἐστὶν ἡ βασιλεία

M 19.14 τῶν οὐρανῶν.
Mk 10.15 τοῦ θεοῦ. ἀμὴν λέγω ὑμῖν, ὃς ἂν μὴ δέξηται τὴν βασιλείαν τοῦ θεοῦ
L 18.17 τοῦ θεοῦ. ἀμὴν λέγω ὑμῖν, ὃς ἂν μὴ δέξηται τὴν βασιλείαν τοῦ θεοῦ

M 19.12 εισιν γαρ..μητρος εγεννηθησαν..ευνουχισθησαν..οιτινες ευνουχισαν..δυναμενος א^c B^c CEF^c KLWYΠ 1.13.28.565.1582
εισιν ..μητρος εγεννηθησαν..ευνουχισθησαν..οιτινες ευνουχισαν..δυναμενος א*
εισιν γαρ..μητρος εγεννηθησαν..ευνουχισθησαν..οιτινες ευνουχισαν..δυνομενος B*
εισιν γαρ..μητρος εγεννηθησαν..ηυνουχισθησαν..οιτινες ευνουχισαν..δυναμενος D
εισιν γαρ..μητρος εγεννηθησαν..ευνουχισθησαν..οιτιν ευνουχισαν..δυναμενος F*
εισιν γαρ..μητρι εγεννηθησαν..ευνουχιθησαν ..οιτινες ευνουχισαν..δυναμενος G
εισιν γαρ..μητρος εγενηθησαν ..ευνουχισθησαν..οιτινες ευνουχισαν..δυναμενος Θ
εισιν γαρ.. εγεννηθησαν..ευνουχισθησαν..οιτινες ευνουχισαν..δυναμενος ClemAl (S III 50.1)
εισιν γαρ ευνουχοι, οι μεν εκ γενετης, οι δε εξ αναγκης ClemAl (S III 1.1)

M 19.13 τοτε προσηνεχθησαν..παιδια..τας χειρας επιθη ..επετιμησαν אBL
τοτε προσηνεχθησαν..παιδια..τασ χειρας επιθη ..επετιμων C
τοτε προσηνεχθησαν..παιδια..επιθη τας χειρας..επετειμησαν D
τοτε προσηνεχθη ..παιδια..τας χειρας επιθη ..επετιμησαν EFGWYΘ 1.28.565.1582
τοτο προσηνεχθη ..παιδια..τας χειρας επιθη ..επετιμησαν K
τοτε προσηνεχθη ..παιδια..τας χειρας επιθει..επετιμησαν 13
προσηνεγκαν ..παιδια εις χειροθεσιαν ευλογιας ClemAl (Pd I 12.3)

Mk 10.13 επετιμησαν אBCL
επετιμων AWYΘΠ 1.28.565.1582
επετειμων D

L 18.15 βρεφη .. επετιμων אB 1.
βρεφη .. επετιμησαν AWY 28
παιδια.. επιτειμων D
βρεφη .. επετειμων L
βρεφη .. επετειμησαν Θ

M 19.14 ο δε Ιησους ειπεν αφετε . και μη κωλυετε αυτα ελθειν . με.των ουρανων B^c EFGKYΘ 13
ο δε Ιησους ειπεν αυτοις αφετε . και μη κωλυετε αυτα ελθειν .εμε.των ουρανων א
ο δε Ιησους ειπεν αφεται. και μη κωλυετε αυτα ελθειν . με.των ουρανων B*
ο δε Ιησους ειπεν αυτοις αφετε . και μη κωλυετε αυτα ελθειν . με.των ουρανων C
ο δε Ιησους ειπεν αυτοις αφεται. και μη κωλυσητε αυτα ελθειν . με.των ουρανων D
ο δε Ιησους ειπεν αυτοις αφετε . και μη κωλυεται αυτα ελθειν .εμε.των ουρανων L
ο δε Ιησους ειπεν αυτοις αφεται. και μη κωλυεται αυτα ελθειν . με.των ουρανων W
ο δε Ιησους ειπεν αφετε . μη κωλυετε αυτα ελθειν . με.των ουρανων 1.1582
ο δε Ιησους ειπεν αφετε . ερχεσθε. με.των ουρανων 28
ειπεν ο Ιησους αφετε . και μη κωλυετε αυτα ελθειν . με.των ουρανων ClemAl(Pd I 12.3)

Mk 10.14 ειπεν αυτοις αφετε . με μη κωλυετε αυτα.. του θεου BYΠ
ειπεν αυτοις αφετε . με και μη κωλυετε αυτα.. του θεου אACDL 1.565.1582
αυτοις ειπεν αφεται.εμε μη κωλυεται αυτα.. των ουρανων W
ειπεν αυτοις αφεται. με και μη κωλυετε αυτα.. του θεου Θ

M 19.12 - L 14.20; 1 C 7.33 | M 19.13 - M 9.18; 20.31 | M 19.14 - M 18.2f; L 9.50

M 19.15	καὶ
Mk 10.16	ὡς παιδίον, οὐ μὴ εἰσέλθῃ εἰς αὐτήν. καὶ ἐναγκαλισάμενος αὐτὰ κατευλόγει
L 18.17	ὡς παιδίον, οὐ μὴ εἰσέλθῃ εἰς αὐτήν.

M 19.15	ἐπιθεὶς τὰς χεῖρας αὐτοῖς ἐπορεύθη ἐκεῖθεν.
Mk 10.16	τιθεὶς τὰς χεῖρας ἐπ' αὐτά.

50. THE PERIL OF RICHES

Matthew 19.16-30

M 19.16	Καὶ ἰδοὺ εἷς προσελθὼν αὐτῷ
Mk 10.17	Καὶ ἐκπορευομένου αὐτοῦ εἰς ὁδὸν προσδραμὼν εἷς καὶ γονυπετήσας αὐτὸν
L 18.18	Καὶ ἐπηρώτησέν τις αὐτὸν
L 10.25	Καὶ ἰδοὺ νομικός τις ἀνέστη ἐκπειράζων αὐτὸν

M 19.16	εἶπεν, Διδάσκαλε, τί ἀγαθὸν ποιήσω ἵνα σχῶ ζωὴν
Mk 10.17	ἐπηρώτα αὐτόν, Διδάσκαλε ἀγαθέ, τί ποιήσω ἵνα ζωὴν
L 18.18	ἄρχων λέγων, Διδάσκαλε ἀγαθέ, τί ποιήσας ζωὴν
L 10.25	λέγων, Διδάσκαλε, τί ποιήσας ζωὴν

M 19.17	αἰώνιον; ὁ δὲ εἶπεν αὐτῷ, Τί με
Mk 10.18	αἰώνιον κληρονομήσω; ὁ δὲ Ἰησοῦς εἶπεν αὐτῷ, Τί με
L 18.19	αἰώνιον κληρονομήσω; εἶπεν δὲ αὐτῷ ὁ Ἰησοῦς, Τί με
L 10.26	αἰώνιον κληρονομήσω; ὁ δὲ εἶπεν πρὸς αὐτόν,

M 19.17	ἐρωτᾷς περὶ τοῦ ἀγαθοῦ; εἷς ἐστιν ὁ ἀγαθός.
Mk 10.18	λέγεις ἀγαθόν; οὐδεὶς ἀγαθὸς εἰ μὴ εἷς ὁ θεός.
L 18.19	λέγεις ἀγαθόν; οὐδεὶς ἀγαθὸς εἰ μὴ εἷς ὁ θεός.

M 19.17	εἰ δὲ θέλεις εἰς τὴν ζωὴν εἰσελθεῖν, τήρησον τὰς ἐντολάς.
Mk 10.19	τὰς ἐντολὰς οἶδας·
L 18.20	τὰς ἐντολὰς οἶδας·
L 10.26	Ἐν τῷ νόμῳ τί γέγραπται;

M 19.15	τας χειρας αυτοις	BDLθ 13
	τας χειρας επ αυτους	ℵ
	αυτοις τας χειρας	CEFGKWY 1.28.565.1582
M 19.16	αυτω ειπεν διδασκαλε ..ποιησω ινα σχω ζωην αιωνιον	B
	αυτω ειπεν διδασκαλε ..ποιησας ζωην αιωνιον κληρονομησω	ℵ
	ειπεν αυτω διδασκαλε αγαθε..ποιησω ινα σχω ζωην αιωνιον	C*
	ειπεν αυτω διδασκαλε αγαθε..ποιησω ινα εχω ζωην αιωνιον	C[c]EFGKY 565.1582[c]
	λεγει αυτω διδασκαλε ..ποιησω ινα σχω ζωην αιωνιον	D
	ειπεν αυτω διδασκαλε ..ποιησας ζωην αιωνιον κληρονομησω	L
	ειπεν αυτω διδασκαλε αγαθε..ποιησω ινα ζωην εχω αιωνιον	W
	αυτω ειπεν διδασκαλαι αγαθε..ποιησω ινα σχω ζωην αιωνιων	θ*
	αυτω ειπεν διδασκαλαι αγαθε..ποιησω ινα σχω ζωην αιωνιον	θ[c]
	ειπεν αυτω διδασκαλε ..ποιησας ινα εχω ζωην αιωνιον	1.1582*
	αυτω ειπεν διδασκαλε αγαθε..ποιησω ινα εχω ζωην αιωνιον	13
	ειπεν αυτω διδασκαλε αγαθε..ποιησας ζωην αιωνιον κληρονομησω	28
M 19.17	ο δε ..ερωτας περι του αγαθου εις εστιν ο αγαθος	ℵB[c]Lθ 1582*
	ο δε ..ερωτας περι του αγαθου εστιν ο αγαθος	B*
	ο δε ..λεγεις αγαθον ουδεις αγαθος ει μη εις ο θεος	CFGKWY 13.28.565.1582[c]
	ο δε ..ερωτας περι αγαθου εις εστιν αγαθος	D
	ο δε Ιησους..λεγεις αγαθον ουδεις αγαθος ει μη εις ο θεος	E
	ο δε ..ερωτας περι του αγαθου εις εστιν αγαθος	1.
	ουδεις αγαθος ει μη ο πατηρ μου ο εν τοις ουρανοις	ClemAl (Pd I 72.2)
M 19.17	θελεις εις την ζωην εισελθειν τηρησον	ℵCKθ
	θελεις εις την ζωην εισελθειν τηρει	B
	θελεις εις την ζωην ελθειν τηρει	D
	θελεις εισθειν εις την ζωην τηρησον	E*
	θελεις εισελθειν εις την ζωην τηρησον	E[c]FGWY 1.13.1582
	θελεις ει την ζωην εισελθειν τηρησον	L
	θελης εισελθειν εις την ζωην τηρησον	28
	θελεις εις την ζωην εισελθειν τηρη	565

M 19.16 - M 19.29; R 2.7 | M 19.17 - Lv 18.5

M 19.18 | λέγει αὐτῷ, Ποίας; ὁ δὲ Ἰησοῦς εἶπεν, Τὸ Οὐ φονεύσεις,
Mk 10.19 Μὴ φονεύσῃς,
L 18.20 Μὴ μοιχεύσῃς,
L 10.27 πῶς ἀναγινώσκεις; ὁ δὲ ἀποκριθεὶς εἶπεν, Ἀγαπήσεις κύριον

M 19.19 Οὐ μοιχεύσεις, Οὐ κλέψεις, Οὐ ψευδομαρτυρήσεις, | Τίμα τὸν
Mk 10.19 Μὴ μοιχεύσῃς, Μὴ κλέψῃς, Μὴ ψευδομαρτυρήσῃς, Μὴ ἀποστερήσῃς, Τίμα τὸν
L 18.20 Μὴ φονεύσῃς, Μὴ κλέψῃς, Μὴ ψευδομαρτυρήσῃς, Τίμα τὸν
L 10.27 τὸν θεόν σου ἐξ ὅλης τῆς καρδίας σου καὶ ἐν ὅλῃ τῇ ψυχῇ σου καὶ ἐν ὅλῃ τῇ

M 19.19 πατέρα καὶ τὴν μητέρα, καί, Ἀγαπήσεις τὸν πλησίον σου ὡς
Mk 10.19 πατέρα σου καὶ τὴν μητέρα.
L 18.20 πατέρα σου καὶ τὴν μητέρα.
M 22.39b Ἀγαπήσεις τὸν πλησίον σου ὡς
L 10.27 ἰσχύϊ σου καὶ ἐν ὅλῃ τῇ διανοίᾳ σου, καὶ τὸν πλησίον σου ὡς

M 19.20 σεαυτόν. λέγει αὐτῷ ὁ νεανίσκος, Πάντα ταῦτα ἐφύλαξα·
Mk 10.20 ὁ δὲ ἔφη αὐτῷ, Διδάσκαλε, ταῦτα πάντα ἐφυλαξάμην ἐκ νεότητός
L 18.21 ὁ δὲ εἶπεν, Ταῦτα πάντα ἐφύλαξα ἐκ νεότητος.
M 22.39b σεαυτόν.
L 10.28 σεαυτόν. εἶπεν δὲ αὐτῷ, Ὀρθῶς ἀπεκρίθης· τοῦτο ποίει καὶ ζήσῃ.

M 19.18 λεγει αυτω ποιας..Ιησους ειπεν το ου φονευσεις ου μοιχευσεις ου κλεψεις CEGKYΘ 28.
ποιας φησιν..Ιησους ειπεν το ου φονευσεις ℵ* |565
ποιας φησιν..Ιησους ειπεν το ου φονευσεις ου μοιχευσεις ου κλεψεις ℵ[c]L
λεγει αυτω ποιας..Ιησους εφη το ου φονευσεις ου μοιχευσεις ου κλεψεις B
λεγει αυτω ποιας..Ιησους ειπεν ου φονευσεις ου μοιχευσεις ου κλεψεις D
λεγει αυτω ποιας.. ειπεν το ου φονευσεις ου μοιχευσεις ου κλεψεις F
λεγει αυτω ποιας..Ιησους ειπεν ου φονευσεις ου μοιχευσις ου κλεψεις W
ο δε λεγει αυτω ποιας..Ιησους ειπεν το ου φονευσεις ου μοιχευσεις ου κλεψεις 1.1582
λεγει αυτω ποιας.. εφη το ου φονευσεις ου μοιχευσεις ου κλεψεις 13
L 18.20 μη μοιχευσης μη φονευσης μη κλεψης ℵABWYΘ 1.28
ο δε ειπεν ποιας ειπεν δε ο Ιησους το ου μοιχευσεις ου φονευσεις ου κλεψεις D

M 19.18 ου ψευδομαρτηρησεις all texts
Mk 10.19 μη ψευδομαρτηρησης μη αποστερησης ℵAB[c]CYΘ 565
μη ψευδομαρτηρησης B*WΠ 1.28.1582
μη ψευδομαρτηρησεις μη αποστερησεις D
L 18.20 μη ψευδομαρτηρησης ℵABLWY 1.28
ου ψευδομαρτυρησεις D
μη ψεδομαρτυρησης Θ

M 19.19 πατερα .. αγαπησεις .. ως σεαυτον ℵBC*DFGKL 1.1582
πατερα σου .. αγαπησεις .. ως σεαυτον C[c]Y 13.565[c]
πατερα .. αγαπησεις .. ος σεαυτον E
πατερα σου .. αγαπησις .. ως σεαυτον W
πατερα .. αγαπησες .. ως εαυτον Θ*
πατερα .. αγαπησεις .. ως εαυτον Θ[c]
πατερα σου .. αγαπησεις .. ως εαυτον 565*
αγαπησεις .. ως σεαυτον ClemAl (Pd 120.4; Pr 108.5)
αγαπησεις .. ως εαυτον ClemAl (S III 55.2)

M 19.20 νεανισκος παντα ταυτα εφυλαξα ℵ*L
νεανισκος παντα ταυτα εφυλαξα εκ νεοτητος μου ℵ[c]
νεανισκος ταυτα παντα εφυλαξα B 1.1582
νεανισκος παντα ταυτα εφυλαξαμην εκ νεοτητος μου CFGWY 565
νεανισκος ταυτα παντα εφυλαξα εκ νεοτητος D
νεανισκος παντα ταυτα εφυλαξαμην εκ νεοτιτος μου E
νεανισκος ταυτα παντα εφυλαξαμην εκ νεοτητος μου K 13
νεανια ο παντα ταυτα εφυλαξα Θ
νεανισκος ταυτα παντα εφυλαξαμην εκ νεοτιτος μου 28
πασας τας εντολας εκ νεοτητος τετηρηκεναι ClemAl (S III 55.2)

M 19.18-19 -Ex 20.12-16; Dt 5.16-20; R 13.9; Lv 19.18; M 5.43; 22.39

50. THE PERIL OF RICHES Matthew 19.16-30

M 19.20 τί ἔτι
Mk 10.21 μου. ὁ δὲ Ἰησοῦς ἐμβλέψας αὐτῷ ἠγάπησεν αὐτὸν καὶ εἶπεν αὐτῷ,
L 18.22 ἀκούσας δὲ ὁ Ἰησοῦς εἶπεν αὐτῷ, Ἔτι

M 19.21 ὑστερῶ; ἔφη αὐτῷ ὁ Ἰησοῦς, Εἰ θέλεις τέλειος εἶναι, ὕπαγε
Mk 10.21 Ἕν σε ὑστερεῖ· ὕπαγε ὅσα
L 18.22 ἕν σοι λείπει· πάντα ὅσα

M 19.21 πώλησόν σου τὰ ὑπάρχοντα καὶ δὸς τοῖς πτωχοῖς, καὶ ἕξεις θησαυρὸν
Mk 10.21 ἔχεις πώλησον καὶ δὸς τοῖς πτωχοῖς, καὶ ἕξεις θησαυρὸν
L 18.22 ἔχεις πώλησον καὶ διάδος πτωχοῖς, καὶ ἕξεις θησαυρὸν

M 19.22 ἐν οὐρανοῖς, καὶ δεῦρο ἀκολούθει μοι. ἀκούσας δὲ ὁ νεανίσκος τὸν
Mk 10.22 ἐν οὐρανῷ, καὶ δεῦρο ἀκολούθει μοι. ὁ δὲ στυγνάσας ἐπὶ τῷ
L 18.23 ἐν τοῖς οὐρανοῖς, καὶ δεῦρο ἀκολούθει μοι. ὁ δὲ ἀκούσας

M 19.22 λόγον ἀπῆλθεν λυπούμενος, ἦν γὰρ ἔχων κτήματα πολλά.
Mk 10.22 λόγῳ ἀπῆλθεν λυπούμενος, ἦν γὰρ ἔχων κτήματα πολλά.
L 18.23 ταῦτα περίλυπος ἐγενήθη, ἦν γὰρ πλούσιος σφόδρα.

M 19.23 Ὁ δὲ Ἰησοῦς εἶπεν τοῖς μαθηταῖς
Mk 10.23 Καὶ περιβλεψάμενος ὁ Ἰησοῦς λέγει τοῖς μαθηταῖς
L 18.24 Ἰδὼν δὲ αὐτὸν ὁ Ἰησοῦς περίλυπον γενόμενον εἶπεν,

Ref	Reading	Witnesses
M 19.21	εφη ..τελειος ειναι ..δος τους πτωχους..εν ουρανοις..ακολουθει	D
	εφη ..τελειος γενεσθαι..δος πτωχους..εν ουρανω ..ακολουθει	ℵ*
	εφη ..τελειος ειναι ..δος πτωχους..εν ουρανω ..ακολουθει	ℵ^c E^c FGKWY 1.28.565.1582
	λεγει..τελειος ειναι ..δος τους πτωχους..εν ουρανοις..ακολουθει	B
	εφη ..τελειος ειναι ..δος πτωχους..εν ουρανοις..ακολουθει	C
	εφη ..τελειος ειναι ..δως πτωχους..εν ουρανω ..ακολουθη	E*
	εφη ..τελειος ειναι ..δος πτοχους..εν ουρανω ..ακολουθη	L
	λεγει..τελειος ειναι ..δος τους πτωχους..εν ουρανω ..ακολουθει	θ
	λεγει..τελειος ειναι ..δος πτωχους..εν ουρανω ..ακολουθει	13
	πτωχοις δος.. ..ακολουθει	ClemAl (Pd II 36.2)
	..τελειος γενεσθαι..δος πτωχους	ClemAl (S III 55.2)
	δος πτωχους.. ..ακολουθει	ClemAl (S IV 28.6)
	..τελειος γενεσθαι	ClemAl (Q 10.1)
Mk 10.21	τους πτωχους..εν ουρανω	ℵCDθ 1.28.565.1582
	πτωχους..εν ουρανω	ABYΠ
	πτωχους..εν ουρανοις	W
L 18.22	διαδος πτωχους..εν τους ουρανοις..ακολουθει	B
	δος πτωχους..εν ουρανοις..ακολουθει	ℵA
	δος τους πτωχους..εν τους ουρανοις..ακολουθει	D
	δος πτωχους..εν τους ουρανοις..ακολουθη	L
	διαδος πτωχους..εν ουρανω ..ακολουθει	WY
	διαδους τους πτωχους..εν ουρανω ..ακωλουθη	θ*
	διαδους τους πτωχους..εν ουρανω ..ακολουθη	θ^c
	δος πτωχους..εν ουρανω ..ακολουθει	1.
	δος πτωχους..εν ουρανω ..ακολουθη	28
M 19.22	ακουσας δε .. τον λογον .. κτηματα	CFGKWYθ 1.13.28.565.1582
	ακουσας δε .. .. κτηματα	ℵ
	ακουσας δε .. τον λογον τουτον .. χρηματα	L
	ακουσας .. τον λογον .. κτηματα	B
	ακουσας δε .. τον λογον .. κτιματα	D
		E
M 19.23	ο δε Ιησους ειπεν	all texts
L 18.24	δε αυτον ο Ιησους περιλυπον γενομενον ειπεν	AWYθ 28
	δε αυτον ο Ιησους ειπεν	ℵL 1.
	δε αυτον Ιησους ειπεν	B

M 19.21 - M 5.48; Ph 3.7f, 12; Mk 14.5; L 12.33; 16.9; 19.8; J 12.5; Ac 2.45; 4.34-37; M 6.20
M 19.22 - Ps 62.10

```
M  19.23   αὐτοῦ, Ἀμὴν λέγω ὑμῖν ὅτι πλούσιος δυσκόλως
Mk 10.23   αὐτοῦ,                          Πῶς δυσκόλως οἱ τὰ χρήματα ἔχοντες
L  18.24                                   Πῶς δυσκόλως οἱ τὰ χρήματα ἔχοντες

M  19.23   εἰσελεύσεται εἰς τὴν βασιλείαν τῶν οὐρανῶν.
Mk 10.24   εἰς τὴν βασιλείαν τοῦ θεοῦ  εἰσελεύσονται.  οἱ δὲ μαθηταὶ ἐθαμβοῦντο ἐπὶ
L  18.24   εἰς τὴν βασιλείαν τοῦ θεοῦ  εἰσπορεύονται·

M  19.24                                        πάλιν δὲ          λέγω  ὑμῖν,
Mk 10.24   ἐπὶ τοῖς λόγοις αὐτοῦ.  ὁ δὲ Ἰησοῦς πάλιν ἀποκριθεὶς λέγει αὐτοῖς, Τέκνα,

M  19.24                                                              εὐκοπώτερόν
Mk 10.25   πῶς δύσκολόν ἐστιν εἰς τὴν βασιλείαν τοῦ θεοῦ εἰσελθεῖν· εὐκοπώτερόν
L  18.25                                                              εὐκοπώτερον γάρ

M  19.24   ἐστιν κάμηλον διὰ     τρυπήματος     ῥαφίδος  διελθεῖν ἢ πλούσιον
Mk 10.25   ἐστιν κάμηλον διὰ τῆς τρυμαλιᾶς τῆς ῥαφίδος  διελθεῖν ἢ πλούσιον
L  18.25   ἐστιν κάμηλον διὰ     τρήματος       βελόνης εἰσελθεῖν ἢ πλούσιον

M  19.24   εἰσελθεῖν εἰς τὴν βασιλείαν τοῦ θεοῦ.
Mk 10.25   εἰς τὴν βασιλείαν τοῦ θεοῦ εἰσελθεῖν.
L  18.25   εἰς τὴν βασιλείαν τοῦ θεοῦ εἰσελθεῖν.
```

```
M  19.23  αμην    ..πλουσιος δυσκολως εισελευσεται  εις την βασιλειαν των ουρανων ℵBCDLΘ 1.13.1582
          αμην    ..δυσκολως πλουσιος εισελευσεται  εις την βασιλειαν των ουρανων EFGKWY 28
          αμην γαρ..δυσκολως εισελευσεται πλουσιος  εις την βασιλειαν των ουρανων 565
L  18.24                           εις την βασιλειαν του θεου    εισπορευονται BL
                                   εις την βασιλειαν του θεου    εισελευσονται ℵD
                                   εισελευσονται εις την βασιλειαν του θεου    AWΘ 1.28
                                   εισελευσονται εις την βασιλειαν των ουρανων Y

M  19.24  δε λεγω υμιν     ..δια     τρυπηματος                 ραφιδος  διελθειν..πλουσιον DEGY 28
          δε λεγω υμιν οτι..δια      τρηματος                   ραφιδος εισελθειν..πλουσιον ℵ*
          δε λεγω υμιν οτι..δια      τρυπηματος                 ραφιδος  διελθειν..πλουσιον ℵ^c
          δε λεγω υμιν     ..δια     τρηματος                   ραφιδος  διελθειν..πλουσιον B
          δε λεγω υμιν οτι..δια      τρυμαλιας                  ραφιδος εισελθειν..πλουσιον C
             λεγω υμιν     ..δια     τρυπηματος                 ραφηδος εισελθειν..πλουσιον F
          δε λεγω υμιν     ..δια     τρυμαλιας                  ραφιδος εισελθειν..πλουσιον K
             λεγω υμιν οτι..δια      τρυπηματος                 ραφιδος εισελθειν..πλουσιον L
          δε λεγω υμιν     ..εισελθειν δια    τρυπηματος               ραφιδος..πλουσιον W
             λεγω υμιν     ..δια     τρυμαλιας                  ραφιδος  διελθειν..πλουσιον Θ 565
             λεγω υμιν     ..δια     τρυπηματος                 ραφιδος  διελθειν..πλουσιον 1.1582
          δε λεγω υμιν     ..δια     τρυπηματος                 ραφιδος εισελθειν..πλουσιος 13
Mk 10.25                     δια της τρυμαλιας              της ραφιδος  διελθειν           B
                             δια     τρηματος                   ραφιδος εισελθειν           ℵ*
                             δια     τρυμαλιας                  ραφιδος εισελθειν           ℵ^cAΘ
                             δια     τρυμαλιας                  ραφιδος  διελθειν           CYΠ 1.1582
                             δια     τρυμαλιδος                 ραφιδος  διελευσεται        D (v.24)
                             δια     τρωμαλιας                  ραφιδος εισελθειν           W
                             δια     τρυμαλιας              της ραφιδος εισελθειν           28.565
L  18.25                     δια     τρηματος                   βελονης εισελθειν           ℵB
                             δια     τρυμαλιας                  ραφιδος  διελθειν           A
                             δια     τρηματος                   βελονης  διελθειν           D
                             δια     τρυπηματος                 βελονης εισελθειν           L
                             δια     τρυμαλιας                  ραφιδος εισελθειν           WY 28
                             δια     τρυπηματος βελονης μαλιας ραφιδος  διελθειν            Θ
                             δια     τρυμαλιας                  βελονης εισελθειν           1.
                             δια     τρυμαλιας                  βελωνης  διελθειν           1582*
                             δια     τρυμαλιας                  βελονης  διελθειν           1582^c

M  19.24  εισελθειν εις την βασιλειαν του θεου    BDΘ
                    εις την βασιλειαν του θεου    ℵL 565
          εις την βασιλειαν του θεου εισελθειν    CEFGKWY 13.28
                    εις την βασιλειαν των ουρανων 1.1582
Mk 10.25  εις την βασιλειαν του θεου εισελθειν    ℵABCYΠ 28.565
          εις την βασιλειαν του θεου              DWΘ
L  18.25  εις την βασιλειαν του θεου εισελθειν    ℵABLWYΘ 1.28
          εισελθειν εις την βασιλειαν του θεου    D
```

M 19.25 ἀκούσαντες δὲ οἱ μαθηταὶ ἐξεπλήσσοντο σφόδρα λέγοντες,
Mk 10.26 οἱ δὲ περισσῶς ἐξεπλήσσοντο λέγοντες πρὸς ἑαυτούς, Καὶ
L 18.26 εἶπαν δὲ οἱ ἀκούσαντες, Καὶ

M 19.26 Τίς ἄρα δύναται σωθῆναι; ἐμβλέψας δὲ ὁ Ἰησοῦς εἶπεν αὐτοῖς,
Mk 10.27 τίς δύναται σωθῆναι; ἐμβλέψας αὐτοῖς ὁ Ἰησοῦς λέγει,
L 18.27 τίς δύναται σωθῆναι; ὁ δὲ εἶπεν, Τὰ ἀδύνατα

M 19.26 Παρὰ ἀνθρώποις τοῦτο ἀδύνατόν ἐστιν, παρὰ δὲ θεῷ πάντα δυνατά.
Mk 10.27 Παρὰ ἀνθρώποις ἀδύνατον ἀλλ᾽ οὐ παρὰ θεῷ, πάντα γὰρ δυνατὰ παρὰ
L 18.27 παρὰ ἀνθρώποις δυνατὰ παρὰ τῷ θεῷ ἐστιν.

M 19.27 Τότε ἀποκριθεὶς ὁ Πέτρος εἶπεν αὐτῷ, Ἰδοὺ ἡμεῖς ἀφήκαμεν
Mk 10.28 τῷ θεῷ. Ἤρξατο λέγειν ὁ Πέτρος αὐτῷ, Ἰδοὺ ἡμεῖς ἀφήκαμεν
L 18.28 Εἶπεν δὲ ὁ Πέτρος, Ἰδοὺ ἡμεῖς ἀφέντες τὰ

M 19.27 πάντα καὶ ἠκολουθήσαμέν σοι· τί ἄρα ἔσται ἡμῖν;
Mk 10.28 πάντα καὶ ἠκολουθήκαμέν σοι.
L 18.28 ἴδια ἠκολουθήσαμέν σοι.

M 19.25 δε οι μαθηται εξεπλησσοντο ℵ^{c}BC*K 13.565
οι μαθηται εξεπλησσοντο ℵ*
δε οι μαθηται αυτου εξεπλησσοντο C^{c}EFGWY 1.28.1582
δε οι μαθηται εξεπλησσοντο και εφοβηθησαν D
δε οι μαται εξεπλησσοντο L
δε οι μαθηται εξεπλησοντο θ

M 19.26 εμβλεψας δε..ειπεν αυτοις παρα ανθρωποις τουτο αδυνατον εστιν ℵ^{c}BCEFGLW 1.13.28.1582
εμβλεψας δε..ειπεν αυτοις τουτο αδυνατον εστιν ℵ*
ενβλεψας δε..ειπεν αυτοις παρα ανθρωποις τουτο δυνατον εστιν D*
ενβλεψας δε..ειπεν αυτοις παρα ανθρωποις τουτο αδυνατον εστιν D^{c}
εμβλεψας δε..λεγει αυτοις παρα ανθρωποις τουτο αδυνατον εστιν KY 565
εμβλεψας δε..ειπεν παρα ανθρωποις τουτο αδυνατον εστιν θ
Mk 10.27 εμβλεψας ..λεγει παρα ανθρωποις αδυνατον ℵ^{c}ABC*Π 1.1582*
εμβλεψας ..ειπεν παρα ανθρωποις αδυνατον ℵ*
εμβλεψας δε..λεγει παρα ανθρωποις τουτο αδυνατον C^{c}
ενβλεψας ..λεγει παρα ανθρωποις τουτο αδυνατον εστιν D
εμβλεψας δε..λεγει παρα μεν ανθρωποις τουτον αδυνατον W
εμβλεψας δε..λεγει παρα μεν ανθρωποις αδυνατον Y 1582^{c}
αποκριθεις ..λεγει παρα μεν ανθρωπος τουτο αδυνατον θ*
αποκριθεις ..λεγει παρα μεν ανθρωποις τουτο αδυνατον θ^{c}
εμβλεψας δε..λεγει παρα μεν ανθρωποις τουτο αδυνατον εστιν 28
αποκριθεις δε..λεγει παρα μεν ανθρωποις αδυνατον 565

M 19.26 παρα δε θεω παντα δυνατα BC*KWYθ 1.13.28.565.1582
παρα δε θεω δυνατα παντα ℵL
παρα δε θεω παντα δυνατα εστιν C^{c}EFG
παρα δε τω θεω παντα δυνατα εστιν D
Mk 10.27 αλλ ου παρα θεω παντα γαρ δυνατα ℵBθ 565
αλλ ου παρα τω θεω παντα γαρ δυνατα εστιν AΠ
αλλ ου παρα θεω παντα γαρ δυνατα εστιν CY 1582
εστιν παρα δε τω θεω δυνατον D
αλλα ου παρα τω θεω παντα γαρ δυνατα W
εστιν αλλ ου παρα θεω παντα γαρ δυνατα 28

M 19.27 τοτε αποκριθεις..αφηκαμεν παντα και ηκολουθησαμεν σοι τι αρα εσται ημιν ℵBEFGKLWY 1.13.28.565.1582
αποκριθεις..αφηκαμεν παντα και ηκολουθησαμεν σοι τι αρα εσται ημιν C
τοτε αποκριθεις..αφηκαμεν παντα και ηκολουθηκαμεν σοι τι αρα εστε ημειν D
τοτε αποκριθεις..αφεντες παντα ηκολουθησαμεν σοι τι αρα εσται ημιν θ
Mk 10.28 ηκολουθηκαμεν σοι BCDW
ηκολουθησαμεν σοι τι αρα εσται ημιν ℵ
ηκολουθησαμεν σοι AYθΠ 1.28.565.1582

M 19.25 - M 7.28 | M 19.26 - Gn 18.14; Jb 42.2; Zch 8.6 LXX; L 1.37
M 19.27 - M 4.20, 22; Mk 1.18; L 5.11, 28

```
M   19.28          ὁ δὲ ᾽Ιησοῦς εἶπεν αὐτοῖς, ᾽Αμὴν λέγω ὑμῖν ὅτι ὑμεῖς          οἱ
Mk  10.29     ἔφη ὁ    ᾽Ιησοῦς,              ᾽Αμὴν λέγω ὑμῖν,
L   18.29          ὁ δὲ          εἶπεν αὐτοῖς, ᾽Αμὴν λέγω ὑμῖν ὅτι
 L  22.28                                                      ὑμεῖς δέ ἐστε οἱ

M   19.28     ἀκολουθήσαντές         μοι, ἐν τῇ   παλιγγενεσίᾳ, ὅταν καθίσῃ ὁ υἱὸς τοῦ
 L  22.29     διαμεμενηκότες μετ᾽ ἐμοῦ ἐν τοῖς πειρασμοῖς μου· κἀγὼ διατίθεμαι ὑμῖν

 L  22.30      καθως διεθετο μοι ο πατηρ μου βασιλειαν |ινα εσθητε και πινητε επι της τραπεζης μου

M   19.28     ἀνθρώπου ἐπὶ θρόνου δόξης αὐτοῦ, καθήσεσθε καὶ ὑμεῖς ἐπὶ δώδεκα θρόνους
 L  22.30     ἐν τῇ βασιλείᾳ μου,          καὶ καθήσεσθε        ἐπὶ        θρόνων

M   19.29     κρίνοντες τὰς δώδεκα φυλὰς              τοῦ ᾽Ισραήλ.  καὶ πᾶς     ὅστις
Mk  10.29                                                           οὐδείς ἐστιν ὃς
L   18.29                                                           οὐδείς ἐστιν ὃς
 L  14.26                                                           Εἴ          τις
 L  22.30              τὰς δώδεκα φυλὰς κρίνοντες τοῦ ᾽Ισραήλ.

M   19.29                               ἀφῆκεν οἰκίας              ἢ ἀδελφοὺς ἢ ἀδελφὰς ἢ
Mk  10.29                               ἀφῆκεν οἰκίαν              ἢ ἀδελφοὺς ἢ ἀδελφὰς ἢ
L   18.29                               ἀφῆκεν οἰκίαν ἢ γυναῖκα ἢ ἀδελφοὺς               ἢ
 L  14.26     ἔρχεται πρός με καὶ οὐ μισεῖ                                               τὸν

M   19.29     πατέρα        ἢ       μητέρα                   ἢ      τέκνα ἢ ἀγροὺς
Mk  10.29     μητέρα        ἢ       πατέρα                   ἢ      τέκνα ἢ ἀγροὺς
L   18.29     γονεῖς                                         ἢ      τέκνα
 L  14.26     πατέρα ἑαυτοῦ καὶ τὴν μητέρα καὶ τὴν γυναῖκα καὶ τὰ τέκνα καὶ τοὺς
```

```
M  19.28  ειπεν αυτοις .. ακολουθησαντες .. παλιγγενεσια  .. καθιση   B^cKY 1.28.565.1582
          ειπεν αυτοις .. ακολουθησαντες .. παλινγενεσια  .. καθιση   ℵB*CEFW
          ειπεν αυτω   .. ακολουθησαντες .. παλινγενεσεια .. καθιση   D
          ειπεν αυτοις .. ακολουθησαντες .. παλιγγενεσια  .. καθηση   G
          ειπεν αυτοις .. ακολουθησατες  .. παλινγενεσια  .. καθηση   L
          ειπεν αυτοις .. ακολουθησαντες .. παληνγενεσια  .. καθιση   Θ
          ειπεν αυτοις .. ακολουθησαντες .. παλινγενεσια  .. καθηση   13

M  19.28  καθησεσθε      και υμεις .. δωδεκα  .. τας δωδεκα .. Ισραηλ   BGΘ 13.28
          καθησεσθε      και αυτοι .. δωδεκα  .. τας δωδεκα .. Ισραηλ   ℵL
          καθισεσθε      και υμεις .. δωδεκα  .. τας δωδεκα .. Ισραηλ   CEFKY 565
          καθισεσθε      και αυτοι .. δεκαδυο ..     δωδεκα .. Ισραηλ   D*
          καθησεσθε      και αυτοι .. δεκαδυο .. τας δωδεκα .. Ισραηλ   D^c
          καθησεσθαι     και υμεις .. δωδεκα  .. τας δωδεκα .. Ιστραηλ  W
          καθεσθησεσθε   και αυτοι .. δωδεκα  .. τας δωδεκα .. Ισραηλ   1.1582
M  19.29
  οστις.οικιας  η αδελφους              η αδελφας η πατερα η μητερα           η τεκνα η αγρους  B
  οστις.           αδελφους              η αδελφας η πατερα η μητερα η γυναικα η τεκνα η αγρους  ℵ*
  οστις.           αδελφους   η αδελφας η πατερα η μητερα η γυναικα η τεκνα η αγρους  η οικιας  ℵ^cCL
  οστις.οικειας η αδελφους              η αδελφας          η μητερα           η τεκνα η αγρους  D
  οστις.οικιας  η αδελφους η αδελφους   η αδελφας η πατερα η μητερα           η τεκνα η αγρο.υς E*
  οστις.οικιας  η αδελφους              η αδελφας η πατερα η μητερα           η τεκνα η αγρο.υς E^c
  ος    .οικιας  η αδελφους              η αδελφας η πατερα η μητερα η γυναικα η τεκνα η αγρους  FG 28
  οστις.οικιαν  η αδελφους              η αδελφας η πατερα η μητερα η γυναικα η τεκνα η αγρους  KYΘ 565
  οστις.οικειας η αδελφους              η αδελφας η πατερα η μητερα η γυναικα η τεκνα η αγρους  W
  οστις.           αδελφους              η αδελφας η γονεις           η τεκνα η αγρους  η οικιας  1.1582
  οστις.οικιας  η αδελφους              η αδελφας η πατερα η μητερα η γυναικα η τεκνα η αγρους  13
Mk 10.29 οικιαν  η αδελφους              η αδελφας η μητερα η πατερα                              BWΘ 565
         οικιαν  η αδελφους              η αδελφας η πατερα η μητερα                              ℵ 1.1582
         οικιαν  η αδελφους              η αδελφας η πατερα η μητερα η γυναικα                    AYΠ 28
         οικιαν  η αδελφους              η αδελφας η μητερα η πατερα η γυναικα                    C
                 η αδελφους              η αδελφας η μητερα                                       D
L  18.29 οικιαν  η γυναικα η αδελφους            η γονεις                                         ℵBL
         οικιαν  η γονεις  η αδελφους                               η γυναικα                      AYΘ 1.28
         οικιας  η γονις   η αδελφους  η αδελφας                    η γυναικα                      D
         οικειαν η γονεις  η αδελφους                               η γυναικα                      W
```

M 19.28 - Dn 7.9f; M 25.31; 20.21; Mk 10.37; Re 3.21; L 22.30 | M 19.29 - M 13.44; He 10.34

M 19.29	ἕνεκεν τοῦ ὀνόματός μου
Mk 10.30	ἕνεκεν ἐμοῦ καὶ ἕνεκεν τοῦ εὐαγγελίου, |ἐὰν μὴ λάβῃ
L 18.30	ἕνεκεν τῆς βασιλείας τοῦ θεοῦ, |ὃς οὐχὶ μὴ ἀπολάβῃ
L 14.26	ἀδελφοὺς καὶ τὰς ἀδελφάς, ἔτι τε καὶ τὴν ψυχὴν ἑαυτοῦ, οὐ δύναται

M 19.29	ἑκατονταπλασίονα λήμψεται
Mk 10.30	ἑκατονταπλασίονα νῦν ἐν τῷ καιρῷ τούτῳ οἰκίας καὶ ἀδελφοὺς καὶ ἀδελφὰς
L 18.30	πολλαπλασίονα ἐν τῷ καιρῷ τούτῳ
L 14.26	εἶναί μου μαθητής.

M 19.29	καὶ
Mk 10.30	καὶ μητέρας καὶ τέκνα καὶ ἀγροὺς μετὰ διωγμῶν, καὶ ἐν τῷ αἰῶνι τῷ ἐρχομένῳ
L 18.30	καὶ ἐν τῷ αἰῶνι τῷ ἐρχομένῳ

M 19.30	ζωὴν αἰώνιον κληρονομήσει.	Πολλοὶ δὲ	ἔσονται	πρῶτοι	
Mk 10.31	ζωὴν αἰώνιον.	πολλοὶ δὲ	ἔσονται	πρῶτοι	
L 18.30	ζωὴν αἰώνιον.				
M 20.16		Οὕτως	ἔσονται οἱ	ἔσχατοι	
Mk 9.35b		Εἴ τις	θέλει	πρῶτος εἶναι	ἔσται πάντων
L 13.30		καὶ ἰδοὺ	εἰσὶν	ἔσχατοι οἳ	ἔσονται

M 19.30	ἔσχατοι καὶ	ἔσχατοι		πρῶτοι.
Mk 10.31	ἔσχατοι καὶ οἱ	ἔσχατοι		πρῶτοι.
M 20.16	πρῶτοι καὶ οἱ	πρῶτοι		ἔσχατοι.
Mk 9.35b	ἔσχατος καὶ πάντων	διάκονος.		
L 13.30	πρῶτοι, καὶ εἰσὶν	πρῶτοι οἳ	ἔσονται	ἔσχατοι.

51. THE LABORERS IN THE VINEYARD

Matthew 20.1-16

M 20. 1 Ὁμοία γάρ ἐστιν ἡ βασιλεία τῶν οὐρανῶν ἀνθρώπῳ οἰκοδεσπότῃ ὅστις ἐξ-
M 20. 2 ῆλθεν ἅμα πρωῒ μισθώσασθαι ἐργάτας εἰς τὸν ἀμπελῶνα αὐτοῦ· συμφωνήσας δὲ
M 20. 2 μετὰ τῶν ἐργατῶν ἐκ δηναρίου τὴν ἡμέραν ἀπέστειλεν αὐτοὺς εἰς τὸν ἀμπελῶνα
M 20. 3 αὐτοῦ. καὶ ἐξελθὼν περὶ τρίτην ὥραν εἶδεν ἄλλους ἑστῶτας ἐν τῇ ἀγορᾷ

M 19.29	ενεκεν του ονοματος μου εκατονταπλασιονα λημψεται .. αιωνιον κληρονομησει	CKW
	ενεκα του εμου ονοματος εκατονταπλασιονα λημψεται .. αιωνιον κληρονομησει	ℵ
	ενεκεν του εμου ονοματος πολλαπλασιονα λημψεται .. αιωνιον κληρονομησει	B
	ενεκα του ονοματος μου εκατονταπλασιον λημψεται .. αιωνιον κληρονομησει	D
	ενεκεν του ονοματος μου εκατονταπλασιονα ληψεται .. αιωνιον κληρονομησει	EFGY 1.13.28.565.
	ενεκεν του ονοματος μου πολλαπλασιονα λημψεται .. αιωνιον κληρονομησει	L |1582
	ηνεκεν του εμου ονοματος εκατονταπλασιονα λημψεται .. αιωνιον κληρονομησαι	Θ
Mk 10.29	ενεκεν εμου και ενεκεν	ℵ^c B^c CWYΠ 28
	ενεκεν	ℵ*
L 18.30	αιωνιον	ℵABDLWY 1.28
	αιωνιον κλιρονομισι	Θ

M 19.30	πρωτοι εσχατοι και εσχατοι πρωτοι	BEFGKYΘ 1.28.565.1582
	εσχατοι πρωτοι και πρωτοι εσχατοι	ℵL
	πρωτοι εσχατοι και οι εσχατοι πρωτοι	C 13
	πρωτοι αισχατοι και αισχατοι πρωτοι	D
	πρωτοι εσχατοι και εσχατοι εσονται πρωτοι	W
Mk 10.31	οι εσχατοι	BCY
	εσχατοι	ℵADLWΘΠ 1.28.565.1582

M 20. 2	συμφωνησας δε .. δηναριου .. αμπελωνα αυτου	ℵBCDLWYΘ 28.565
	και συμφωνησας .. δηναριου .. αμπελωνα αυτου	EG
	και συφωνησας .. δηναριου .. αμπελωνα αυτου	F
	συμωνησας .. δηναριου .. αμπελωνα αυτου	K
	συμφωνησας δε .. δηναριου .. αμπελωνα	1.1582
	συμφωνησας δε .. δυναριου .. αμπελωνα αυτου	13

M 20. 3	εξελθων .. τριτην ωραν ειδεν .. εστωτας εν τη αγορα	ℵBEFGLWY 1.28.1582
	εξελθων .. την τριτην ωραν ιδεν .. εστωτας εν τη αγορα	C
	διεξελθων .. ωραν τριτην ευρεν .. εστωτας εν τη αγορα	D
	εξελθων .. τριτην ωραν ιδεν .. εστωτας εν τη αγορα	KΘΠ 565
	εξελθων .. τριτην ωραν ειδεν .. εν τη αγορα εστωτας	13

M 19.29 - M 19.16; L 10.25 | M 20. 1 - M 21.28, 33; L 13.6; Is 5.1-7; M 9.37 | M 20. 2 - Tob 5.15

M 20. 4 ἀργούς· καὶ ἐκείνοις εἶπεν, Ὑπάγετε καὶ ὑμεῖς εἰς τὸν ἀμπελῶνα, καὶ
M 20. 5 ὃ ἐὰν ᾖ δίκαιον δώσω ὑμῖν. |οἱ δὲ ἀπῆλθον. πάλιν δὲ ἐξελθὼν περὶ ἕκτην
M 20. 6 καὶ ἐνάτην ὥραν ἐποίησεν ὡσαύτως. περὶ δὲ τὴν ἑνδεκάτην ἐξελθὼν εὗρεν
M 20. 6 ἄλλους ἑστῶτας, καὶ λέγει αὐτοῖς, Τί ὧδε ἑστήκατε ὅλην τὴν ἡμέραν ἀργοί;
M 20. 7 λέγουσιν αὐτῷ, Ὅτι οὐδεὶς ἡμᾶς ἐμισθώσατο. λέγει αὐτοῖς, Ὑπάγετε καὶ
M 20. 8 ὑμεῖς εἰς τὸν ἀμπελῶνα. ὀψίας δὲ γενομένης λέγει ὁ κύριος τοῦ ἀμπελῶνος
M 20. 8 τῷ ἐπιτρόπῳ αὐτοῦ, Κάλεσον τοὺς ἐργάτας καὶ ἀπόδος αὐτοῖς τὸν μισθὸν
M 20. 9 ἀρξάμενος ἀπὸ τῶν ἐσχάτων ἕως τῶν πρώτων. καὶ ἐλθόντες οἱ περὶ τὴν ἑν-
M 20.10 δεκάτην ὥραν ἔλαβον ἀνὰ δηνάριον. καὶ ἐλθόντες οἱ πρῶτοι ἐνόμισαν ὅτι
M 20.11 πλεῖον λήμψονται· καὶ ἔλαβον τὸ ἀνὰ δηνάριον καὶ αὐτοί. λαβόντες δὲ

M 20. 4 και εκεινοις .. υπαγετε και υμεις .. αμπελωνα .. ο εαν η BEFG 1582
και εκεινοις .. υπαγετε και υμεις .. αμπελωνα μου .. ο εαν η ℵΘ 13
κακεινοις .. υπαγετε και υμεις .. αμπελωνα μου .. ο εαν η CYΠ 565
κακεινοις .. υπαγεται και υμεις .. αμπελωνα .. ο αν η D
κακεινοις .. υπαγετε και ειμεις .. αμπελωνα .. ο εαν η K
κακεινοις .. υπαγετε και υμεις .. αμπελωνα .. ο αν η L
και εκεινοις .. υπαγεται και υμεις .. αμπελωνα .. ο εαν η W
και εκεινοις .. υπαγετε και υμεις .. αμπελωνα .. ο αν η 1.
κακεινοις .. υπαγεται και υμεις .. αμπελωνα .. ο εαν ει 28

M 20. 5 δε απηλθον παλιν δε εξελθων περι εκτην και ενατην ωραν εποιησεν ωσαυτως ℵC
δε απηλθον παλιν εξελθων περι εκτην και ενατην ωραν εποιησεν ωσαυτως BEFK^{C}WYΘΠ 1.13.
δε απηλθον παλιν δε εξελθων περι ωραν εκτην και εννατην εποιησεν ωσαυτως D |1582
δε απηλθον παλιν εξελθων περι εκτην και εννατην ωραν εποιησεν ωσαυτως G 565
πηλθον παλιν εξελθων περι εκτην και ενατην ωραν εποιησεν ωσαυτως K*
δε απηλθον παλιν δε εξελθων περι εκτην και ενατην εποιησεν ωσαυτως L
δε απηλθον 28*
δε απηλθον περι δε εκτην και εννατην ωραν εξελθων εποιησεν ωσαυτως 28^{C}

M 20. 6 ενδεκατην εξελθων .. εστωτας .. την ημεραν ℵ^{C}B
ενδεκατην εξηλθεν .. εστωτας .. την ημεραν ℵ*
ενδεκατην ωραν εξελθων .. εστωτας αγρους .. την ημεραν C*EFGKWYΠ 1.13.28.1582
ενδεκατην ωραν εξελθων .. εστωτας .. την ημεραν C^{C}L^{C} 565
ενδεκατην εξηλθεν και .. εστωτας .. την ημεραν D
ενδεκατην ωραν εξελθων .. εστωτας .. την ολην ημεραν L*
ενδεκατιν εξελθων .. εστωτας .. την ημεραν Θ

M 20.7 λεγουσιν..ημας..λεγει αυτοις υπαγετε ..αμπελωνα ℵ^{C}BΘ 1.1582*
λεγουσιν.. ..λεγει αυτοις υπαγετε ..αμπελωνα ℵ*
λεγουσιν..ημας..λεγει αυτοις υπαγετε ..αμπελωνα και ο εαν η δικαιον λημψεσθε C*
λεγουσιν..ημας..λεγει αυτοις υπαγετε ..αμπελωνα μου και ο εαν η δικαιον λημψεσθε C^{C}
λεγουσιν..ημας..λεγει αυτοις υπαγεται..αμπελωνα μου D
λεγουσιν..ημας..λεγει αυτοις υπαγετε ..αμπελωνα και ο εαν η δικαιον ληψεσθε EFGKY 1582^{C}
λεγουσιν..ημας..λεγει υπαγετε ..αμπελωνα L
λεγουσιν..ημας..λεγει αυτοις υπαγεται..αμπελωνα και ο εαν η δικαιον λημψεσθαι W
λεγουσιν..ημας..λεγει αυτοις υπαγετε ..αμπελωνα μου και ο εαν η δικαιον ληψεσθε Π
λεγουσιν..ημας..λεγει αυτοις υπαγετε ..αμπελωνα και ο εαν η δικαιον λημψεσθαι 13
λεγουσιν..ημας..λεγει αυτοις υπαγετε ..αμπελωνα και ο εαν ει δικαιον ληψεσθε 28
λεγοσιν ..ημας..λεγει αυτοις υπαγετε ..αμπελωνα μου και ο εαν η δικαιον ληψεσθε 565

M 20. 8 αποδος αυτοις BDEFGKLWYΘΠ 1.13.28.565.1582
αποδος ℵC

M 20. 9 και ελθοντες .. ωραν ελαβον ℵCFGKLWYΠ 1.28^{C}.1582
ελθοντες δε .. ωραν ελαβον B
ελθοντες ουν .. ωραν ελαβον DΘ
και ελθοντες .. ωραν ελαβων E 565
ελθοντες ουν .. ωραν ελαβον και αυτοι 13
και ελθοντες .. ελαβον 28*

M 20.10 και ελθοντες..πλειον λημψονται και ελαβον το ανα δηναριον και αυτοι
ελθοντες δε..πλειονα λημψονται και ελαβον ανα δηναριον και αυτοι ℵ
και ελθοντες..πλειον λημψονται και ελαβον ανα δηναριον και αυτοι B
και ελθοντες..πλειον λημψονται και ελαβον και αυτοι το ανα δηναριον C*
και ελθοντες..πλειονα λημψονται και ελαβον και αυτοι το ανα δηναριον C^{C}
και ελθοντες..πλειω λημψονται ελαβον δε και αυτοι ανα δηναριον D
ελθοντες δε..πλειονα ληψονται και ελαβων και αυτοι ανα δηναριον E
ελθοντες δε..πλειονα ληψονται και ελαβον και αυτοι ανα δηναριον FGKYΠ 28
ελθοντες δε..πλειον λημψονται και ελαβον το ανα δηναριον και αυτοι L
ελθοντες δε..πλιονα λημψονται και ελαβον και αυτοι ανα δηναριον W
και ελθοντες..πλιον λημψονται και ελαβον το ανα δηναριον και αυτοι Θ
ελθοντες δε..πλειον ληψονται και ελαβον και αυτοι ανα δηναριον 1.1582
και ελθοντες..πλειον λημψονται ελαβον και αυτοι ανα δηναριον 13
ελθοντες δε..πλειονα ληψονται και ελαβον και αυτοι ανα δυναριον 565

M 20. 4 - Co 4.1 | M 20. 8 - Lv 19.13; Dt 24.14f

51. THE LABORERS IN THE VINEYARD Matthew 20.1-16

M 20.12 ἐγόγγυζον κατὰ τοῦ οἰκοδεσπότου |λέγοντες, Οὗτοι οἱ ἔσχατοι μίαν ὥραν
M 20.12 ἐποίησαν, καὶ ἴσους ἡμῖν αὐτοὺς ἐποίησας τοῖς βαστάσασι τὸ βάρος τῆς
M 20.13 ἡμέρας καὶ τὸν καύσωνα. ὁ δὲ ἀποκριθεὶς ἑνὶ αὐτῶν εἶπεν, Ἑταῖρε, οὐκ
M 20.14 ἀδικῶ σε· οὐχὶ δηναρίου συνεφώνησάς μοι; ἆρον τὸ σὸν καὶ ὕπαγε· θέλω
M 20.15 δὲ τούτῳ τῷ ἐσχάτῳ δοῦναι ὡς καὶ σοί. ἢ οὐκ ἔξεστίν μοι ὃ θέλω ποιῆσαι
M 20.15 ἐν τοῖς ἐμοῖς; ἢ ὁ ὀφθαλμός σου πονηρός ἐστιν ὅτι ἐγὼ ἀγαθός εἰμι;

M 20.16	Οὕτως	ἔσονται οἱ ἔσχατοι		πρῶτοι	καὶ οἱ	
M 19.30	Πολλοὶ δὲ	ἔσονται	πρῶτοι	ἔσχατοι	καὶ	
Mk 9.35b	Εἴ τις	θέλει	πρῶτος εἶναι ἔσται πάντων	ἔσχατος	καὶ	πάντων
Mk 10.31	πολλοὶ δὲ	ἔσονται	πρῶτοι	ἔσχατοι	καὶ οἱ	
L 13.30	καὶ ἰδοὺ	εἰσὶν	ἔσχατοι οἳ ἔσονται	πρῶτοι,	καὶ	εἰσὶν

M 20.16	πρῶτοι	ἔσχατοι.
M 19.30	ἔσχατοι	πρῶτοι.
Mk 9.35b	διάκονος.	
Mk 10.31	ἔσχατοι	πρῶτοι.
L 13.30	πρῶτοι οἳ ἔσονται	ἔσχατοι.

M 20.11 εγογγυζον κατα του ℵBEGKLWYΠ 1.13.28.565.1582
εγογγυζον κατα του κατα του C
εγονγυσαν κατα του D
εγονγυζον κατα του F
εγογγυζων κατα του Θ

M 20.12 λεγοντες .. οι εσχατοι .. ισους ημιν αυτους BC^{c} 1.1582*
λεγοντες .. οι εσχατοι .. ισους αυτους ημιν ℵ
λεγοντες οτι .. εσχατοι .. ισους ημιν αυτους C*
λεγοντες .. οι αισχατοι .. ισους αυτους ημειν D
λεγοντες οτι .. οι εσχατοι .. ισους ημιν αυτους EFGKWYΘΠ 13.28.565.1582^{c}
λεγοντες οτι .. οι εσχατοι .. ισου αυτους ημιν L

M 20.13 ενι αυτων ειπεν εταιρε ουκ .. συνεφωνησας μοι D
ενι αυτων ειπεν εταιρε ουχ .. συνεφνωησας μοι ℵ
αυτων ενι ειπεν εταιρε ουκ .. συνεφωνησας μοι B
ειπεν ενι αυτων εταιρε ουκ .. συνεφωνησας μοι CE^{c}FGKYΠ 1.565.1582
ειπεν ενι αυτων ετερε ουκ .. συνεφωνησας μοι E*W 13
ειπεν ενι αυτων εταιρε ουκ .. συνεφωνησασοι L
ενι αυτων ειπεν ετεραι ουκ .. συνεφωνησας μοι Θ
ειπεν ενι αυτων ετεραι ουκ .. συνεφωνησας μοι 28

M 20.14 θελω δε τουτω τω εσχατω .. σοι CFGKLWYΘΠ 1.28.565.1582
θελω δε τουτω ω εσχατω .. συ ℵ*
θελω δε τουτω τω εσχατω .. συ ℵ^{c}
θελω εγω τουτω τω εσχατω .. σοι B
θελω δε τω αισχατω τουτω .. σοι D
θελω δε και τουτο τω εσχατω .. σοι E
θελω δε τουτω εσχατω .. σοι 13

M 20.15 η ουκ εξεστιν μοι ο θελω ποιησαι .. η ο οφθαλμος ℵ
ουκ εξεστιν μοι ο θελω ποιησαι .. η ο οφθαλμος B*D^{c}L
ουκ εξεστιν μοι ο θελω ποιησαι .. η ει οφθαλμος B^{c}
η ουκ εξεστιν μοι ποιησαι ο θελω .. η ο οφθαλμος CEFGKΠ 565
ουκ εστιν μοι ο θελω ποιησαι .. η ο οφθαλμος D*
η ουκ εξεστιν μοι ποιησαι ως θελω .. η ο οφθαλμος W
η ουκ εξεστιν μοι ο θελω .. η ο οφθαλμος Y
ουκ εξεστην μοι ο θελω ποιησαι .. η ο οφθαλμος Θ
η ουκ εξεστιν μοι ποιησαι ο θελω .. ει οφθαλμος 1.1582
η ουκ εξεστιν μοι ο θελω ποιησαι .. ει ο οφθαλμος 13
η ουκ εξεστιν μοι ποιησαι ο θελω .. ει ο οφθαλμος 28

M 20.16
οι εσχατοι πρωτοι..οι πρωτοι εσχατοι ℵB
οι εσχατοι πρωτοι..οι πρωτοι εσχατοι πολλοι γαρ εισιν κλητοι ολιγοι δε εκλεκτοι CEFGKWYΠ 1.13.
οι αισχατοι πρωτοι..οι πρωτοι αισχατοι πολλοι γαρ εισιν κλητοι ολιγοι δε εκλεκτοι D |565.1582
εσχατοι πρωτοι.. πρωτοι εσχατοι L
οι εσχατοι πρωτοι..οι πρωτοι εσχατοι πολλοι γαρ εισιν οι κλητοι ολιγοι δε εκλεκτοι Θ
οι πρωτοι εσχατοι..οι εσχατοι πρωτοι πολλοι γαρ εισιν κλητοι ολιγοι δε εκλεκτοι 28

M 20.15 - M 6.23; Mk 7.22; R 9.16, 21; L 15.28

52. THIRD PREDICTION OF THE PASSION

Matthew 20.17-19

M 20.17 Καὶ ἀναβαίνων ὁ Ἰησοῦς εἰς Ἱεροσόλυμα
Mk 10.32 Ἦσαν δὲ ἐν τῇ ὁδῷ ἀναβαίνοντες εἰς Ἱεροσόλυμα, καὶ ἦν προάγων

Mk 10.32 αυτους ο Ἰησους, και εθαμβουντο, οι δε ακολουθουντες εφοβουντο.

M 20.17 παρέλαβεν τοὺς δώδεκα μαθητὰς κατ' ἰδίαν, καὶ ἐν τῇ ὁδῷ εἶπεν
Mk 10.32 καὶ παραλαβὼν πάλιν τοὺς δώδεκα ἤρξατο αὐτοῖς
L 18.31 Παραλαβὼν δὲ τοὺς δώδεκα εἶπεν

M 20.18 αὐτοῖς, |Ἰδοὺ ἀναβαίνομεν εἰς
Mk 10.33 λέγειν τὰ μέλλοντα αὐτῷ συμβαίνειν, |ὅτι Ἰδοὺ ἀναβαίνομεν εἰς
L 18.31 πρὸς αὐτούς, Ἰδοὺ ἀναβαίνομεν εἰς

M 20.18 Ἱεροσόλυμα, καὶ ὁ υἱὸς
Mk 10.33 Ἱεροσόλυμα, καὶ ὁ υἱὸς
L 18.31 Ἰερουσαλήμ, καὶ τελεσθήσεται πάντα τὰ γεγραμμένα διὰ τῶν προφητῶν τῷ υἱῷ

M 20.18 τοῦ ἀνθρώπου παραδοθήσεται τοῖς ἀρχιερεῦσιν καὶ γραμματεῦσιν, καὶ
Mk 10.33 τοῦ ἀνθρώπου παραδοθήσεται τοῖς ἀρχιερεῦσιν καὶ τοῖς γραμματεῦσιν, καὶ
L 18.32 τοῦ ἀνθρώπου· παραδοθήσεται γὰρ

M 20.19 κατακρινοῦσιν αὐτὸν θανάτῳ, |καὶ παραδώσουσιν αὐτὸν τοῖς ἔθνεσιν εἰς τὸ
Mk 10.34 κατακρινοῦσιν αὐτὸν θανάτῳ καὶ παραδώσουσιν αὐτὸν τοῖς ἔθνεσιν |καὶ
L 18.32 τοῖς ἔθνεσιν καὶ

M 20.17 και αναβαινων ο Ιησους εις Ιεροσολυμα..μαθητας κατ ιδιαν και εν τη οδω
και αναβαινων ο Ιησους εις Ιεροσολυμα.. κατ ιδιαν και εν τη οδω ℵL
μελλων δε αναβαινειν Ιησους εις Ιεροσολυμα..μαθητας καθ ιδιαν και εν τη οδω B*
μελλων δε αναβαινειν Ιησους εις Ιεροσολυμα..μαθητας κατ ιδιαν και εν τη οδω B^c
και αναβαινων ο Ιησους εις Ιεροσολυμα..μαθητας κατ ιδιαν εν τη οδω και CEFGKWYΠ 28*.
και αναβαινωω ο Ιησους εις Ιεροσολυμα.. κατ ιδιαν εν τη οδω και D |565
και αναβενων ο Ιησους εις Ιεροσολυμα.. κατ ιδιαν και εν τη οδω Θ
μελλων δε ο Ιησους αναβαινειν εις Ιεροσολυμα.. κατ ιδιαν και εν τη οδω 1.1582
και αναβαινων Ιησους Ιεροσολυμα..μαθητας αυτου κατ ιδιαν και εν τη οδω 13
και αναβαινων ο Ιησους εις Ιεροσολυμα..μαθητας αυτου κατ ιδιαν εν τη οδω και 28^c

M 20.18 εις Ιεροσολυμα..τοις αρχιερευσιν και γραμματευσιν.. θανατω CDEFGKLWYΠ 1.565^{sup}.
εις Ιεροσολυμα..τοις αρχιερευσιν και γραμματευσιν..εις θανατον ℵ |1582
εις Ιεροσολυμα..τοις αρχιερευσιν και γραμματευσιν.. B
εις Ιεροσολυμα..τοις αρχιερευσιν και γραματευσιν .. θανατω Θ
εις εις Ιεροσολυμα..τοις αρχιερευσιν και γραμματευσιν.. θανατω 13
εις Ιεροσολυμα..εις χειρας ανθρωπων αμαρτωλων .. θανατω 28
Mk 10.33 και τοις γραμματευσιν $ℵ^c$ABDLΘ 1.28.1582
και γραμματευσιν CWYΠ 565
L 18.31 εις Ιερουσαλημ ℵBDL 28
εις Ιεροσολυμα AWY 1.
εις Ιεροσωλυμα Θ

M 20.17 - L 9.51 | M 20.18 - M 16.21; 17.22f; L 9.22

52. THIRD PREDICTION OF THE PASSION   Matthew 20.17-19

M 20.19 ἐμπαῖξαι καὶ μαστιγῶσαι
Mk 10.34 ἐμπαίξουσιν αὐτῷ καὶ ἐμπτύσουσιν αὐτῷ καὶ μαστιγώσουσιν
L 18.33 ἐμπαιχθήσεται καὶ ὑβρισθήσεται καὶ ἐμπτυσθήσεται, |καὶ μαστιγώσαντες

M 20.19 καὶ σταυρῶσαι, καὶ τῇ τρίτῃ ἡμέρᾳ ἐγερθήσεται.
Mk 10.34 αὐτὸν καὶ ἀποκτενοῦσιν, καὶ μετὰ τρεῖς ἡμέρας ἀναστήσεται.
L 18.33 ἀποκτενοῦσιν αὐτόν, καὶ τῇ ἡμέρᾳ τῇ τρίτῃ ἀναστήσεται.

L 18.34 και αυτοι ουδεν τουτων συνηκαν, και ην το ρημα τουτο κεκρυμμενον απ αυτων, και ουκ
L 18.34 εγινωσκον τα λεγομενα.

53. THE SONS OF ZEBEDEE

Matthew 20.20-28

M 20.20 Τότε προσῆλθεν αὐτῷ ἡ μήτηρ τῶν υἱῶν Ζεβεδαίου μετὰ
Mk 10.35 Καὶ προσπορεύονται αὐτῷ Ἰάκωβος καὶ Ἰωάννης οἱ υἱοὶ Ζεβεδαίου

M 20.20 τῶν υἱῶν αὐτῆς προσκυνοῦσα καὶ αἰτοῦσά τι
Mk 10.35 λέγοντες αὐτῷ, Διδάσκαλε, θέλομεν ἵνα ὃ ἐὰν αἰτήσωμέν

M 20.21 ἀπ' αὐτοῦ. ὁ δὲ εἶπεν αὐτῇ, Τί θέλεις;
Mk 10.36,37 σε ποιήσῃς ἡμῖν. ὁ δὲ εἶπεν αὐτοῖς, Τί θέλετέ με ποιήσω ὑμῖν; οἱ δὲ

M 20.21 λέγει αὐτῷ, Εἰπὲ ἵνα καθίσωσιν οὗτοι οἱ δύο υἱοί μου εἷς
Mk 10.37 εἶπαν αὐτῷ, Δὸς ἡμῖν ἵνα εἷς

M 20.21 ἐκ δεξιῶν σου καὶ εἷς ἐξ εὐωνύμων σου ἐν τῇ βασιλείᾳ σου.
Mk 10.37 σου ἐκ δεξιῶν καὶ εἷς ἐξ ἀριστερῶν καθίσωμεν ἐν τῇ δόξῃ σου.

M 20.19 εμπαιξαι .. σταυρωσαι και τη τριτη .. εγερθησεται ℵ^{c}L
εμπαιξαι .. σταυρωσαι τη τριτη .. εγερθησεται ℵ*
εμπαιξαι .. σταυρωσαι και τη τριτη .. αναστησεται BGKYΠ 1.13.1582
εμπεξαι .. σταυρωσαι και τη τριτη .. εγερθησεται C*
εμπεξαι .. σταυρωσαι και τη τριτη .. αναστησεται C^{c}
ενπεξαι .. σταυρωσαι και τη τριτη .. αναστησεται DE
ενπεξαι .. σταυρωσαι και τη τριτη .. αναστησεται W
εμπαιξαι .. σταυρωσαι και τη τρητη .. αναστησεται θ
εμπεξαι .. σταυρωσαι και θανατωσαι και τη τριτη .. αναστησεται 28
εμπαιξε .. σταυρωσαι και τη τριτη .. αναστησεται 565^{sup}
Mk 10.34 και μετα τρεις ℵBDL
και τη τριτη WYθΠ 1.28.565.1582

M 20.20 Ζεβεδαιου .. απ αυτου B
Ζεβεδαιου .. παρ αυτου ℵCEGKLWYθ^{c}Π 1.13.28.565^{sup}.1582
Ζεβεδεου .. απ αυτου D
Ζεβεδεου .. παρ αυτου θ*

M 20.21 ειπεν αυτη ..λεγει αυτω..ουτοι οι δυο..εκ δεξιων σου..εξ ευωνυμων σου GKWYΠ 13.28.
ειπεν αυτη ..λεγει αυτω..ουτοι οι δυο..εκ δεξιων ..εξ ευωνυμων σου ℵ |1582^{c}
ειπεν αυτη ..η δε ειπεν..ουτοι οι δυο..εκ δεξιων ..εξ ευωνυμων σου B
ειπεν αυτη ..λεγει αυτω.. οι δυο..εκ δεξιων σου..εξ ευωνυμων σου C
ειπεν αυτη ..λεγει αυτω..ουτοι οι δυο..εκ δεξιων σου..εξ ευωνυμων DE^{c}θ 1.1582*
ειπεν αυτοις..λεγει αυτω..ουτοι οι δυο..εκ δεξιων σου..εξ ευωνυμων E*
Ιησους ειπεν αυτη ..λεγει αυτω..ουτοι οι δυο..εκ δεξιων σου..εξ ευωνυμων σοι L
ειπεν αυτη ..η δε ειπεν..ουτοι οι δυο..εκ δεξιων σου..εξ ευωνυμων σου 565^{sup}
Mk 10.37 σου εκ δεξιων..εξ αριστερων B
σου εκ δεξιων..σου εξ ευωνυμων ℵ
εκ δεξιων σου..εξ ευωνυμων σου AC^{c}YΠ 28.1582^{c}
σου εκ δεξιων..εξ ευωνυμων σου C*
εκ δεξιων σου..εξ ευωνυμων DWθ
σου εκ δεξιων..σου εξ αριστερων L
εκ δεξιων σου..εξ ευωνυμων 1.
εκ δεξιων ..εξ ευωνυμων σου 1582*

M 20.20 - M 27.56; 4.21 | M 20.21 - M 19.28; L 22.30; 23.42; 2 Ti 2.11f; M 25.33

M 20.22 ἀποκριθεὶς δὲ ὁ Ἰησοῦς εἶπεν, Οὐκ οἴδατε τί αἰτεῖσθε· δύνασθε
Mk 10.38 ὁ δὲ Ἰησοῦς εἶπεν αὐτοῖς, Οὐκ οἴδατε τί αἰτεῖσθε. δύνασθε

M 20.22 πιεῖν τὸ ποτήριον ὃ ἐγὼ μέλλω πίνειν;
Mk 10.38 πιεῖν τὸ ποτήριον ὃ ἐγὼ πίνω, ἢ τὸ βάπτισμα ὃ ἐγὼ βαπτίζομαι

M 20.23 λέγουσιν αὐτῷ, Δυνάμεθα. |λέγει αὐτοῖς,
Mk 10.39 βαπτισθῆναι; |οἱ δὲ εἶπαν αὐτῷ, Δυνάμεθα. ὁ δὲ Ἰησοῦς εἶπεν αὐτοῖς,

M 20.23 Τὸ μὲν ποτήριόν μου πίεσθε,
Mk 10.39 Τὸ ποτήριον ὃ ἐγὼ πίνω πίεσθε καὶ τὸ βάπτισμα ὃ ἐγὼ βαπτίζομαι

M 20.23 τὸ δὲ καθίσαι ἐκ δεξιῶν μου καὶ ἐξ εὐωνύμων οὐκ ἔστιν
Mk 10.40 βαπτισθήσεσθε, |τὸ δὲ καθίσαι ἐκ δεξιῶν μου ἢ ἐξ εὐωνύμων οὐκ ἔστιν

M 20.23 ἐμὸν τοῦτο δοῦναι, ἀλλ' οἷς ἡτοίμασται ὑπὸ τοῦ πατρός μου.
Mk 10.40 ἐμὸν δοῦναι, ἀλλ' οἷς ἡτοίμασται.

M 20.22 αποκριθεις δε ο Ιησους ειπεν..αιτεισθε δυνασθε πιειν το ποτηριον ℵBEGKYΘΠ 565^{sup} |1582
αποκριθεις δε ο Ιησους ειπεν..αιτισθαι δυνασθαι πιειν το ποτηριον C
αποκριθεις δε ο Ιησους ειπεν..αιτειτε δυνασθαι το ποτηριον πειειν D*
αποκριθεις δε ο Ιησους ειπεν..αιτεισθε δυνασθαι το ποτηριον πειειν D^{c}
αποκριθεις δε ο Ιησους ειπεν..αιτεισθε δυνασθαι πιειν το ποτηριον L
αποκριθεις δε ο Ιησους ειπεν..αιτισθαι δυνασθαι πιν το ποτηριον W
αποκριθεις δε ο Ιησους ειπεν..αιτισθε δυνασθε πιειν το ποτηριον 1.
αποκριθεις ο Ιησους ειπεν..αιτισθε δυνασθε ποιειν το ποτηριον 13
αποκριθεις δε ο Ιησους ..αιτεισθαι δυνασθε πιειν το ποτηριον 28*
αποκριθεις δε ο Ιησους ειπεν..αιτεισθαι δυνασθε πιειν το ποτηριον 28^{c}
Mk 10.38 ο δε Ιησους ειπεν ℵABCLYΠ
ο δε Ιησους αποκριθεις ειπεν DW 1.28.565.1582
ο δε αποκριθεις ειπεν Θ

M 20.22 πινειν λεγουσιν αυτω ℵLΘ 1.1582*
πιειν λεγουσιν αυτω B
πινειν η το βαπτισμα ο εγω βαπτιζομαι βαπτισθηναι λεγουσιν αυτω CKWYΠ 28.565^{sup}
πεινειν λεγουσιν D
πιειν η το βαπτισμα ο εγω βαπτιζομαι βαπτισθηναι λεγουσιν αυτω EG
πινει η το βαπτισμα ο εγω βαπτιζομαι βαπτισθηναι λεγουσιν αυτω 13
πινειν και το βαπτισμα ο εγω βαπτιζομαι βαπτισθηναι λεγουσιν αυτω 1582^{c}

M 20.23 λεγει αυτοις ..πιεσθε ℵB 1.1582*
και λεγει αυτοις ..πιεσθαι και το βαπτισμα ο εγω βαπτιζομαι βαπτισθησεσθαι C
λεγει αυτοις ο Ιησους..πιεσθαι D
και λεγει αυτοις ..πιεσθε και το βαπτισμα ο εγω βαπτιζομαι βαπτισθησεσθε EGYΠ 28
και λεγει αυτοις ..πιεσθε και το βαπτισμα ο εγω βαπτιζωμαι βαπτισθησεσθε K
και λεγει αυτοις ..πιεσθε L
και λεγει αυτοις ..πιεσθε και το βαπτισμα ο εγω βαπτιζομαι βαπτισθησεσθαι W 565^{sup}
λεγει αυτοις ο Ιησους..πιεσθαι Θ
και λεγει αυτοις ο Ιησους..πιεσθε και το βαπτισμα ο εγω βαπτιζομαι βαπτισθησεσθε 13
λεγει αυτοις ..πιεσθε και το βαπτισμα ο εγω βαπτιζομαι βαπτισθησεσθε 1582^{c}

M 20.23 το δε..και εξ ευωνυμων ..τουτο δουναι.. ητοιμασται υπο του πατρος μου CD
το δε..και εξ ευωνυμων .. δουναι.. ητοιμασται υπο του πατρος μου ℵΠ* 13^{c}.28.1582*
το δε..η εξ ευωνυμων .. δουναι.. ητοιμασται υπο του πατρος μου B 1.
το δε..και εξ ευονυμων μου .. δουναι.. ητοιμασται υπο του πατρος μου E*
το δε..και εξ ευωνυμων μου .. δουναι.. ητοιμασται υπο του πατρος μου $E^{c}GΠ^{c}$ 1582^{c}
το δε..η εξ ευωνυμων .. δουναι.. ητοιμασται του πατρος μου L
το δε..και εξ ευωνυμων μου ..τουτον δουναι.. ητοιμασται υπο του πατρος μου W
το δε..και εξ ευωνυμων ..το δουναι.. ητοιμασται υπο του πατρος μου Y
το δε..και εξ ευωνυμων .. δουναι..οιτοιμασται υπο του πατρος μου Θ
το ..και εξ ευωνυμων .. δουναι.. ητοιμασται υπο του πατρος μου 13*
το δε..και εξ ευωνυμων τουτο. δουναι.. ητοιμασται υπο του πατρος μου 565^{sup}
Mk 10.40 η εξ ευωνυμων .. ητοιμασται $ℵ^{c}$BLW
η εξ ευωνυμων .. ητοιμασται υπο του πατρος μου ℵ*
και εξ ευωνυμων .. ητοιμασται ACYΠ 28
η εξ ευωνυμων .. ητοιμαθαι D
και εξ ευωνυμων ητοιμασται παρα του πατρος μου Θ
και εξ ευωνυμων .. ητοιμασται υπο του πατρος μου 1.1582
και εξ ευονυμων .. ητοιμασται 565

M 20.22 - M 26.39; J 18.11 | M 20.23 - Ac 4.3; 5.33, 40; 12.2; 1 P 5.1; Re 1.9

53. THE SONS OF ZEBEDEE Matthew 20.20-28

M 20.24	Καὶ ἀκούσαντες οἱ δέκα ἠγανάκτησαν περὶ τῶν δύο ἀδελφῶν.
Mk 10.41	Καὶ ἀκούσαντες οἱ δέκα ἤρξαντο ἀγανακτεῖν περὶ Ἰακώβου καὶ Ἰωάννου.
L 22.24	Ἐγένετο δὲ καὶ φιλονεικία ἐν αὐτοῖς, τὸ τίς αὐτῶν δοκεῖ εἶναι μείζων.

M 20.25	ὁ δὲ Ἰησοῦς προσκαλεσάμενος αὐτοὺς εἶπεν, Οἴδατε ὅτι
Mk 10.42	καὶ προσκαλεσάμενος αὐτοὺς ὁ Ἰησοῦς λέγει αὐτοῖς, Οἴδατε ὅτι
L 22.25	ὁ δὲ εἶπεν αὐτοῖς,

M 20.25	οἱ ἄρχοντες τῶν ἐθνῶν κατακυριεύουσιν αὐτῶν καὶ οἱ μεγάλοι
Mk 10.42	οἱ δοκοῦντες ἄρχειν τῶν ἐθνῶν κατακυριεύουσιν αὐτῶν καὶ οἱ μεγάλοι αὐτῶν
L 22.25	Οἱ βασιλεῖς τῶν ἐθνῶν κυριεύουσιν αὐτῶν καὶ οἱ

M 20.26	κατεξουσιάζουσιν αὐτῶν. οὐχ οὕτως
Mk 10.43	κατεξουσιάζουσιν αὐτῶν. οὐχ οὕτως δέ
L 22.26	ἐξουσιάζοντες αὐτῶν εὐεργέται καλοῦνται. ὑμεῖς δὲ οὐχ οὕτως,
J 13.16	ἀμὴν ἀμὴν λέγω ὑμῖν, οὐκ

M 20.26	ἔσται ἐν ὑμῖν· ἀλλ᾽ ὃς ἐὰν θέλῃ ἐν ὑμῖν μέγας γενέσθαι
Mk 10.43	ἐστιν ἐν ὑμῖν· ἀλλ᾽ ὃς ἂν θέλῃ μέγας γενέσθαι ἐν ὑμῖν,
L 22.26	ἀλλ᾽ ὁ μείζων ἐν ὑμῖν γινέσθω ὡς ὁ νεώτερος,
M 23.11	ὁ δὲ μείζων ὑμῶν
J 13.16	ἔστιν δοῦλος μείζων τοῦ κυρίου αὐτοῦ οὐδὲ

M 20.26	ἔσται ὑμῶν διάκονος,
Mk 10.43	ἔσται ὑμῶν διάκονος,
L 22.26	καὶ ὁ ἡγούμενος ὡς ὁ διακονῶν.
M 23.11	ἔσται ὑμῶν διάκονος.
J 13.16	ἀπόστολος μείζων τοῦ πέμψαντος αὐτόν.

M 20.24	και ακουσαντες οι δεκα ηγανακτησαν..των δυο αδελφων	BCDEGKWYΠ 1.28.565^{sup}.1582
	και ακουσαντες οι δεκα ηρξαντο αγανακτειν ..των δυο αδελφων	ℵ*
	ακουσαντες δε οι δεκα ηρξαντο αγανακτειν ..των δυο αδελφων	ℵ^{c}
	ακουσαντες δε οι δεκα ηγανακτησαν..των δυο αδελφων	Lθ 13
Mk 10.41	ηρξαντο αγανακτειν ..Ιακωβου και Ιωαννου	CDLWYθΠ 28
	ηγανακτησαν..των δυο αδελφων	A
	ηγανακτησαν..Ιακωβου και Ιωαννου	1.1582
M 20.25		
	ο δε Ιησους προσκαλεσαμενος αυτους ειπεν ..κατακυριευουσιν ..μεγαλοι	ℵCEGKLYθΠ 1.13.
	ο δε Ιησους προσκαλεσαμενος αυτους ειπεν ..κατακυριευσουσιν..μεγαλοι	B |565^{sup}.1582
	ο δε Ιησους προσκαλεσαμενος αυτους ειπεν αυτοις..κατακυριευουσιν ..μεγαλοι	DW
	ο δε Ιησους προσκαλεσαμενος αυτους ειπεν ..κατακυριευουσιν ..μεγαλοι αυτων	1.1582
Mk 10.42		
	και προσκαλεσαμενος αυτους ο Ιησους λεγει αυτοις..κατακυριευουσιν ..μεγαλοι αυτων	BC^{c}Lθ 565
	ο δε Ιησους προσκαλεσαμενος αυτους λεγει αυτοις..κατακυριευουσιν ..μεγαλοι αυτων	AYΠ
	και προσκαλεσαμενος αυτους ο Ιησους λεγει αυτοις..κατακυριευσουσιν..μεγαλοι αυτων	D
	ο δε προσκαλεσαμενος λεγει αυτοις..κατακυριευουσιν ..μεγαλοι αυτων	W
	ο δε Ιησους προσκαλεσαμενος λεγει αυτοις..κατακυριευουσιν ..μεγαλοι	1.1582
	ο δε Ιησους προσκαλεσαμενος αυτους λεγει αυτοις..κατακυριευουσιν ..μεγαλοι	28
M 20.26	ουτως εσται..αλλ ος εαν θελη εν υμιν μεγας γενεσθαι εσται υμων διακονος	ℵ*E^{c}GWYθΠ 1.565
	ουτως εσται..αλλ ος εαν θελη εν υμιν μεγας γενεσθαι εστω υμων διακονος	ℵ^{c} 1582*
	ουτως εστιν..αλλ ος αν θελη μεγας εν υμιν γενεσθαι εσται υμων διακονος	B
	ουτως δε εσται..αλλ ος εαν θελη μεγας γενεσθαι εν υμιν εσται υμων διακονος	C
	ουτως εστιν..αλλ ος αν θελη εν υμειν μεγας γενεσθε εστε υμων διακονος	D
	ουτως εσται	E*
	ουτος εσται..αλλ ος εαν θελη εν υμιν μεγας γενεσθαι εσται υμων διακονος	K 13
	ουτως εσται..αλλ ος εαν θελη υμων μεγας γενεσθαι εστω υμων διακονος	L
	ουτως δε εσται..αλλ ος εαν θελει εν υμιν μεγας ειναι εστω υμων διακονος	28
	ουτως δε εσται..αλλ ος εαν θελη εν υμιν μεγας γενεσθαι εσται υμων διακονος	1582^{c}
Mk 10.43	ουτως δε εστιν.. μεγας γενεσθαι εν υμιν εσται υμων διακονος	BL
	ουτως δε εστιν.. μεγας γενεσθαι εν υμιν εστω υμων διακονος	ℵC*
	ουτως δε εσται.. γενεσθαι μεγας εν υμιν εσται υμων διακονος	A
	ουτως δε εσται.. γενεσθαι μεγας εν υμιν εστω υμων διακονος	C^{c}
	ουτως εσται.. μεγας εν υμιν ειναι εσται υμων διακονος	D
	ουτως εσται.. εν υμιν μεγας γενεσθαι εσται υμων διακονος	W
	ουτω δε εσται.. γενεσθαι μεγας εν υμιν εσται υμων διακονος	Y
	ουτως δε εσται.. γενεσθαι μεγας εν υμιν εσται υμων διακονος	1.1582
	ουτως δε εσται.. εν υμιν μεγας γενεσθαι εσται υμων διακονος	28
	ουτως εσται.. εν υμιν μεγας γενεσθαι εστω υμων διακονος	565

M 20.25 - 1 C 2.6; 1 Sm 8.5 | M 20.26 - M 5.19; 1 C 9.19

M 20.27 καὶ ὃς ἂν θέλῃ ἐν ὑμῖν εἶναι πρῶτος ἔσται
Mk 10.44 καὶ ὃς ἂν θέλῃ ἐν ὑμῖν εἶναι πρῶτος, ἔσται
L 22.27 τίς γὰρ μείζων, ὁ ἀνακείμενος ἢ ὁ
Mk 9.35b Εἴ τις θέλει πρῶτος εἶναι ἔσται πάντων ἔσχατος καὶ
L 9.48b ὁ γὰρ μικρότερος ἐν πᾶσιν ὑμῖν ὑπάρχων οὗτός ἐστιν

M 20.28 ὑμῶν δοῦλος· ὥσπερ ὁ υἱὸς τοῦ ἀνθρώπου οὐκ ἦλθεν διακονηθῆναι ἀλλὰ
Mk 10.45 πάντων δοῦλος· καὶ γὰρ ὁ υἱὸς τοῦ ἀνθρώπου οὐκ ἦλθεν διακονηθῆναι ἀλλὰ
L 22.27 διακονῶν; οὐχὶ ὁ ἀνακείμενος; ἐγὼ δὲ ἐν μέσῳ ὑμῶν εἰμι ὡς ὁ
Mk 9.35b πάντων διάκονος.
L 9.48b μέγας.
J 13.15 ὑπόδειγμα γὰρ ἔδωκα ὑμῖν ἵνα καθὼς ἐγὼ

M 20.28 διακονῆσαι καὶ δοῦναι τὴν ψυχὴν αὐτοῦ λύτρον ἀντὶ πολλῶν.
Mk 10.45 διακονῆσαι καὶ δοῦναι τὴν ψυχὴν αὐτοῦ λύτρον ἀντὶ πολλῶν.
L 22.28 διακονῶν. ὑμεῖς δέ ἐστε οἱ διαμεμενηκότες μετ᾽ ἐμοῦ ἐν τοῖς πειρασμοῖς
J 13.15 ἐποίησα ὑμῖν καὶ ὑμεῖς ποιῆτε.

L 22.29,30 μου· καγω διατιθεμαι υμιν καθως διεθετο μοι ο πατηρ μου βασιλειαν |ινα εσθητε και
L 22.30 πινητε επι της τραπεζης μου εν τη βασιλεια μου, και καθησεσθε επι θρονων τας δωδεκα
L 22.30 φυλας κρινοντες του Ισραηλ.

54. TWO BLIND MEN

Matthew 20.29-34

M 20.29 Καὶ ἐκπορευομένων αὐτῶν ἀπὸ Ἰεριχὼ
Mk 10.46 Καὶ ἔρχονται εἰς Ἰεριχώ. καὶ ἐκπορευομένου αὐτοῦ ἀπὸ Ἰεριχὼ
L 18.35 Ἐγένετο δὲ ἐν τῷ ἐγγίζειν αὐτὸν εἰς Ἰεριχὼ
M 9.27 Καὶ παράγοντι ἐκεῖθεν τῷ Ἰησοῦ

M 20.27 ος αν θελη εν υμιν ειναι πρωτος εσται υμων ℵ
...ν ειναι πρωτος εστα. P45
ος αν θελη ειναι υμων πρωτος εστω υμων B
ος εαν θελη εν υμιν ειναι πρωτος εσται υμων CKΘ 1.13.1582
ος αν θελη εν υμειν ειναι πρωτος εστε υμων D
ος εαν θελη εν υμιν ειναι πρωτος εστω υμων EG
ος εαν θελη εν υμιν πρωτος εσται υμων L
ος αν θελη εν υμιν πρωτος ειναι εσται υμων W
ος θελη εν υμιν ειναι πρωτος εστω υμων Y
ος θελη εν υμιν ειναι πρωτος εσται υμων Π 565
ος εαν θελει εν υμιν πρωτος γενεσθε εστω υμων 28
Mk 10.44 ος αν θελη εν υμιν ειναι πρωτος εσται παντων ℵB 28
ος εαν θελη υμων γενεσθαι πρωτος εσται παντων AC^c YΠ
ος εαν θελη εν υμιν ειναι πρωτος εσται παντων C*L
ος εαν θελη υμων ειναι πρωτος εσται υμων D 565
ος αν θελη υμων ειναι πρωτος εσται υμων W
ος εαν θελη υμων ειναι πρωτος εσται παντων 1.1582

M 20.28 αυτου..αντι πολλων ℵBCEGKLWYΠ 1.13.28.565.1582
αυ ..αντι πολλων Θ
αυτου..αντι πολλων υμεις δε ζητειτε εκ μεικρου αυξησαι και εκ
μειζονος ελαττον ειναι εισερχομενοι δε και παρακληθεντες
δειπνησαι μη ανακλεινεσθαι εις τους εξεχοντας τοπους μη-
ποτε ενδοξοτερος σου επελθη και προσελθων ο δειπνοκλητωρ
ειπη σοι ετι κατω χωρει και καταισχυνθηση εαν δε αναπεσης
εις τον ηττονα τοπον και επελθη σου ηττων ερει σοι ο
δειπνοκλητωρ συναγε ετι ανω και εσται σοι τουτο χρησιμον D
M 20.29 και εκπορευομενων αυτων απο Ιεριχω ℵDEKWYΘΠ 1.13.28*.565.1582
και εκπορευομενων αυτων απο Ιερειχω BC*L^c
και εκπορευομενου του Ιησου απο Ιερειχω C^c
και εκπορευομενου του Ιησου απο Ιεριχω G
και εκπορευομενων αυτων απο Ιερηχω L*
τω καιρω εκεινω εκπορευομενου του Ιησου απο Ιεριχω 28^mg
Mk 10.46 και ερχονται εις Ιεριχω και εκπορευομενου αυτου απο Ιεριχω AWYΠ 1.28.1582
και ερχονται εις Ιεριχω και εκπορευομενου αυτου απο Ιερειχω ℵ
και εκπορευομενου αυτου απο Ιερειχω B*
και ερχονται εις Ιερειχω και εκπορευομενου αυτου απο Ιερειχω B^c

---

M 20.27 - 3 J 9 | M 20.28 - Ph 2.7; 1 Ti 2.6; Ps 49.8; Is 53.10-12

M 20.30	ἠκολούθησεν αὐτῷ		ὄχλος πολύς.	καὶ ἰδοὺ δύο			
Mk 10.46	καὶ τῶν μαθητῶν αὐτοῦ καὶ		ὄχλου ἱκανοῦ	ὁ υἱὸς Τιμαίου Βαρτιμαῖος			
M 9.27	ἠκολούθησαν αὐτῷ			δύο			

M 20.30	τυφλοὶ		καθήμενοι παρὰ τὴν ὁδόν,		ἀκούσαντες
Mk 10.47	τυφλὸς προσαίτης	ἐκάθητο	παρὰ τὴν ὁδόν.		καὶ ἀκούσας
L 18.36	τυφλός τις	ἐκάθητο	παρὰ τὴν ὁδὸν	ἐπαιτῶν.	ἀκούσας δὲ
M 9.27	τυφλοὶ				

M 20.30		ὅτι
Mk 10.47		ὅτι
L 18.37	ὄχλου διαπορευομένου ἐπυνθάνετο τί εἴη τοῦτο· ἀπήγγειλαν δὲ αὐτῷ	ὅτι

M 20.30	Ἰησοῦς	παράγει,		ἔκραξαν	λέγοντες,	
Mk 10.47	Ἰησοῦς ὁ Ναζαρηνός	ἐστιν	ἤρξατο	κράζειν	καὶ λέγειν,	Υἱὲ Δαυὶδ
L 18.38	Ἰησοῦς ὁ Ναζωραῖος	παρέρχεται.	καὶ	ἐβόησεν	λέγων,	Ἰησοῦ,
M 9.27				κράζοντες καὶ	λέγοντες,	

M 20.31		Ἐλέησον ἡμᾶς,	κύριε,	υἱὸς Δαυίδ.	ὁ δὲ ὄχλος	ἐπετίμησεν
Mk 10.48	Ἰησοῦ,	ἐλέησόν με.			καὶ	ἐπετίμων
L 18.39	υἱὲ Δαυίδ,	ἐλέησόν με.			καὶ οἱ προάγοντες	ἐπετίμων
M 9.27		Ἐλέησον ἡμᾶς,		υἱὸς Δαυίδ.		

M 20.31	αὐτοῖς	ἵνα σιωπήσωσιν·	οἱ	δὲ μεῖζον	ἔκραξαν λέγοντες,
Mk 10.48	αὐτῷ πολλοὶ	ἵνα σιωπήσῃ·	ὁ	δὲ πολλῷ μᾶλλον	ἔκραζεν,
L 18.39	αὐτῷ	ἵνα σιγήσῃ·	αὐτὸς	δὲ πολλῷ μᾶλλον	ἔκραζεν,
M 9.28					ἐλθόντι δὲ εἰς

M 20.29	ηκολουθησεν αυτω οχλος πολυς	ℵᶜBCEGKLYΘΠ 1.13.28.565.1582
	....ουθησαν οχλοι πολ...	p45
	ηκολουθησεν οχλος πολυς	ℵ*
	ηκολουθησαν αυτω οχλοι πολλοι	D
	ηκωλουθησεν αυτω οχλος πολυς	W

M 20.30	ακουσαντες οτι	Ιησους	εκραξαν ..	ελεησον ημας κυριε	υιος Δαυιδ	
	ακουσαντες ...	......	....	....ς κυριε	υιε Δαυιδ	p45
	ακουσαντες	ο Ιησους	εκραξαν ..	ελεησον ημας Ιησου	υιε δαδ	ℵ*
	ακουσαντες οτι	Ιησους	εκραξαν ..	ελεησον ημας Ιησου	υιε δαδ	ℵᶜ
	ακουσαντες οτι	Ιησους	εκραξαν ..κυριε	ελεησον ημας	υιος Δαυειδ	B
	ακουσαντες οτι	Ιησους	εκραξαν ..	ελεησον ημας κυριε	υιε δαδ	C 1.1582
	ηκουσαν οτι	Ιησους και	εκραξαν ..	ελεησον ημας	υιε Δαυειδ	D
	ακουσαντες οτι	Ιησους	εκρανξαν..	ελεησον ημας κυριε	υιε δαδ	E
	ακουσαντες οτι	Ιησους	εκραξαν ..	ελεησον ημας κυριε	υιος δαδ	GKYΠ
	ακουσαντες οτι	Ιησους	εκραξαν ..κυριε	ελεησον ημας ιησου	υιε δαδ	L
	ακουσαντες οτι	Ιησους	εκραξαν ..	ελεησον ημας κυριε	υιος Δαυειδ	W
	ακουσαντες οτι	Ιησους	εκραξαν ..	ελεησον ημας Ιησου	υιε Δαυειδ	Θ
	ακουσαντες οτι	Ιησους	εκραξαν ..	ελεησον ημας Ιησου	υιος δαδ	13
	και ακουσαντες οτι	Ιησους	εκραξαν ..	ελεησον ημας κυριε	υιος δαδ	28
	ακουσαντες οτι		εκραξαν ..	ελεησον ημας	υιε δαδ	565
Mk 10.47					υιε Δαυιδ Ιησου	LΘ
				κυριε	υιος δαδ	28
				Ιησου	υιος δαδ	565

M 20.31	σιωπησωσιν	οι δε μειζον	εκραξαν	BΠ 28
		....ω	εκραυγασαν	p45
	σιωπησωσιν	οι δε πολλω μαλλον	εκραξαν	ℵ
	σιωπησωσιν	ο δε μειζον	εκραζον	C*
	σιωπησωσιν	οι δε μειζον	εκραζον	CᶜEGKY 1.565.1582
	σειωπησωσιν	οι δε μειζον	εκραξαν	D
	σιωπησουσιν	οι δε μειζον	εκραξαν	L
	σιωπησωσιν	οι δε μιζον	εκραζον	W
	σιωπησωσιν	οι δε μηζων	εκραυγαζον	Θ
	σιωπησωσιν	οι δε μειζων	εκραυγασαν	13

M 20.30 - M 15.22 | M 20.31 - M 19.13

54. TWO BLIND MEN Matthew 20.29-34

M 20.32 ʼΕλέησον ἡμᾶς, κύριε, υἱὸς Δαυίδ. καὶ στὰς ὁ ʼΙησοῦς
Mk 10.49 Υἱὲ Δαυίδ, ἐλέησόν με. καὶ στὰς ὁ ʼΙησοῦς εἶπεν,
L 18.40 Υἱὲ Δαυίδ, ἐλέησόν με. σταθεὶς δὲ ὁ ʼΙησοῦς
M 9.28 τὴν οἰκίαν προσῆλθον αὐτῷ οἱ τυφλοί, καὶ λέγει αὐτοῖς ὁ ʼΙησοῦς,

M 20.32 ἐφώνησεν αὐτοὺς
Mk 10.49 Φωνήσατε αὐτόν. καὶ φωνοῦσιν τὸν τυφλὸν λέγοντες αὐτῷ, Θάρσει, ἔγειρε,
L 18.40 ἐκέλευσεν αὐτὸν ἀχθῆναι πρὸς αὐτόν,

M 10.50 φωνει σε. ο δε αποβαλων το ιματιον αυτου αναπηδησας ηλθεν προς τον Ιησουν.

M 20.32 καὶ εἶπεν, Τί θέλετε
Mk 10.51 καὶ ἀποκριθεὶς αὐτῷ ὁ ʼΙησοῦς εἶπεν, Τί σοι θέλεις
L 18.41 ἐγγίσαντος δὲ αὐτοῦ ἐπηρώτησεν αὐτόν, |Τί σοι θέλεις
M 9.28 Πιστεύετε ὅτι δύναμαι

M 20.33 ποιήσω ὑμῖν; λέγουσιν αὐτῷ, Κύριε, ἵνα ἀνοιγῶσιν
Mk 10.51 ποιήσω; ὁ δὲ τυφλὸς εἶπεν αὐτῷ, Ραββουνι, ἵνα ἀναβλέψω.
L 18.41 ποιήσω; ὁ δὲ εἶπεν, Κύριε, ἵνα ἀναβλέψω.
M 9.28 τοῦτο ποιῆσαι; λέγουσιν αὐτῷ, Ναί, κύριε.

M 20.34 οἱ ὀφθαλμοὶ ἡμῶν. σπλαγχνισθεὶς δὲ ὁ ʼΙησοῦς ἥψατο τῶν ὀμμάτων αὐτῶν,
Mk 10.52 καὶ ὁ ʼΙησοῦς
L 18.42 καὶ ὁ ʼΙησοῦς
M 9.29 τότε ἥψατο τῶν ὀφθαλμῶν αὐτῶν

M 20.34 καὶ εὐθέως
Mk 10.52 εἶπεν αὐτῷ, Ὕπαγε, ἡ πίστις σου σέσωκέν σε. καὶ εὐθὺς
L 18.43 εἶπεν αὐτῷ, ʼΑνάβλεψον· ἡ πίστις σου σέσωκέν σε. καὶ παραχρῆμα
M 9.30a λέγων, Κατὰ τὴν πίστιν ὑμῶν γενηθήτω ὑμῖν. καὶ

M 20.34 ἀνέβλεψαν καὶ ἠκολούθησαν αὐτῷ.
Mk 10.52 ἀνέβλεψεν, καὶ ἠκολούθει αὐτῷ ἐν τῇ ὁδῷ.
L 18.44 ἀνέβλεψεν, καὶ ἠκολούθει αὐτῷ δοξάζων τὸν θεόν. καὶ πᾶς ὁ λαὸς ἰδὼν
M 9.30a ἠνεῴχθησαν αὐτῶν οἱ ὀφθαλμοί.

L 18.44 εδωκεν αινον τω θεω.

M 20.31 ελεησον ημας κυριε υιος Δαυιδ
κυριε ελεησον ημας υιος δαδ ℵ* 13
κυριε ελεησον ημας υιε δαδ ℵ^{c}L
κυριε ελεησον ημας υιος Δαυειδ Bθ
ελεησον ημας κυριε υιε δαδ C
κυριε ελεησον ημας υιε Δαυειδ D
ελεησον ημας κυριε υιος δαδ EGKYΠ 1.28.565.1582
ελεησον ημας κυριε υιος Δαυειδ W

M 20.32 ο Ιησους .. θελετε ποιησω ℵ*CEGKYθΠ 1.13.1582
ο Ιησους .. θελετε ινα ποιησω ℵ^{c}L 565
Ιησους .. θελετε ποιησω B
ο Ιησους .. θελεται ποιησω DW
ο Ιησους .. θελετε ποιησαι με 28

M 20.33 ανοιγωσιν οι οφθαλμοι ημων ℵ^{c}BL
ανοιγωσιν οι οφθαλμοι υμων ℵ*
ανοιχθωσιν ημων οι οφθαλμοι CEGKΠ 1.565.1582
ανυγωσιν οι οφθαλμοι ημων D
ανεωχθωσιν ημων οι οφθαλμοι W
ανοιχθωσιν υμων οι οφθαλμοι Y
ανοιγωσιν ημων οι οφθαλμοι θ 13
ανοιχθωσιν οιμων οι οφθαλμοι 28

M 20.34 σπλαγχνισθεις..των ομματων αυτων..ανεβλεψαν .. ηκολουθησαν L
σπλαγχνισθεις..των οφθαλμων αυτου..ανεβλεψαν .. ηκολουθησαν ℵ*
σπλαγχνισθεις..των οφθαλμων αυτων..ανεβλεψαν .. ηκολουθησαν ℵ^{c} 1.28.1582
σπλαγχνισθεις..αυτων των ομματων..ανεβλεψαν .. ηκολουθησαν B
σπλαγχνισθεις..των οφθαλμων αυτων..ανεβλεψαν αυτων οι οφθαλμοι.. ηκολουθησαν CGYΠ 565
σπλανχνισθεις..των οφθαλμων αυτων..ανεβλεψαν .. ηκολουθησαν D
σπλαγχνησθεις..των οφθαλμων αυτων..ανεβλεψαν αυτων οι οφθαλμοι.. ηκολουθησαν E
σπλαχνισθεις ..των οφθαλμων αυτων..ανεβλεψαν αυτων οι οφθαλμοι.. ηκολουθησαν K
σπλανχνισθεις..των οφθαλμων αυτων..ανεβλεψαν αυτων οι οφθαλμοι.. ηκολουθησαν W
σπλαγχνισθεις..των ομματων ..ανεβλεψαν ..οικωλουθησαν θ
σπλαγχνισθεις..των ομματων αυτων..ανεβλεψαν αυτων οι οφθαλμοι.. ηκολουθησαν 13

55. JESUS ENTERS JERUSALEM

Matthew 21.1-11

L 19.28 Και ειπων ταυτα επορευετο εμπροσθεν αναβαινων εις Ιεροσολυμα.

M 21. 1 Καὶ ὅτε
Mk 11. 1 Καὶ ὅτε
L 19.29 Καὶ ἐγένετο ὡς
J 12.12 Τῇ ἐπαύριον ὁ ὄχλος πολὺς ὁ ἐλθὼν εἰς τὴν ἑορτήν, ἀκούσαντες ὅτι

M 21. 1 ἤγγισαν εἰς Ἱεροσόλυμα καὶ ἦλθον εἰς Βηθφαγὴ
Mk 11. 1 ἐγγίζουσιν εἰς Ἱεροσόλυμα εἰς Βηθφαγὴ καὶ Βηθανίαν
L 19.29 ἤγγισεν εἰς Βηθφαγὴ καὶ Βηθανίαν
J 12.12 ἔρχεται ὁ Ἰησοῦς εἰς Ἱεροσόλυμα,

M 21. 1 εἰς τὸ Ὄρος τῶν Ἐλαιῶν, τότε Ἰησοῦς ἀπέστειλεν δύο
Mk 11. 1 πρὸς τὸ Ὄρος τῶν Ἐλαιῶν, ἀποστέλλει δύο τῶν
L 19.29 πρὸς τὸ ὄρος τὸ καλούμενον Ἐλαιῶν, ἀπέστειλεν δύο τῶν

M 21. 2 μαθητὰς |λέγων αὐτοῖς, Πορεύεσθε εἰς τὴν κώμην τὴν κατέναντι
Mk 11. 2 μαθητῶν αὐτοῦ |καὶ λέγει αὐτοῖς, Ὑπάγετε εἰς τὴν κώμην τὴν κατέναντι
L 19.30 μαθητῶν |λέγων, Ὑπάγετε εἰς τὴν κατέναντι κώμην,

M 21. 2 ὑμῶν, καὶ εὐθέως εὑρήσετε ὄνον δεδεμένην καὶ
Mk 11. 2 ὑμῶν, καὶ εὐθὺς εἰσπορευόμενοι εἰς αὐτὴν εὑρήσετε πῶλον δεδεμένον ἐφ᾿
L 19.30 ἐν ᾗ εἰσπορευόμενοι εὑρήσετε πῶλον δεδεμένον, ἐφ᾿

M 21. 2 πῶλον μετ᾿ αὐτῆς· λύσαντες ἀγάγετέ μοι.
Mk 11. 2 ὃν οὐδεὶς οὔπω ἀνθρώπων ἐκάθισεν· λύσατε αὐτὸν καὶ φέρετε.
L 19. 30 ὃν οὐδεὶς πώποτε ἀνθρώπων ἐκάθισεν, καὶ λύσαντες αὐτὸν ἀγάγετε.

M 21. 1 ηγγισαν ..ηλθον εις Βηθφαγη εις το Ορος των Ελαιων B*
ηγγισαν ..ηλθεν εις Βηθφαγη προς το Ορος των Ελαιων ℵ*E
ηγγισαν ..ηλθον εις Βηθφαγη προς το Ορος των Ελαιων ℵ^c DGYθ 1.565.1582
ηγγισαν ..ηλθον εις Βηθσφαγη εις το Ορος των Ελαιων B^c
ηγγισαν ..ηλθον εις Βηθφαγη και Βηθανιαν προς το Ορος των Ελαιων C*
ηγγισεν ο Ιησους..ηλθεν εις Βηθφαγη και Βηθανιαν εις το Ορος των Ελαιων C^c
ηγγισαν ..ηλθον εις Βηθσφαγη προς το Ορος των Ελαιων KΠ
ηγγισαν ..ηλθον εις Βησφαγη προς το Ορος των Ελαιων L
ηγγισαν ..ηλθεν εις Βηθσφαγη προς το Ορος των Ελαιων W
ηγγισαν ..ηλθον εις Βηθσφαγη και Βηθανιαν προς το Ορος των Ελαιων 13
ηγγισαν ..ηλθεν εις Βηθφαγη 28
Mk 11. 1 εις Βηθφαγη και Βηθανιαν AWYΠ 1.28.565.1582
εις Βηθσφαγη και Βηθανιαν B^c
M 21. 1 τοτε Ιησους .. μαθηται BCDE
τοτε ο Ιησους .. μαθηται ℵGKLWYΠ 1.565.1582
τοτε ο Ιησους ..των μαθητων αυτου θ 13
..των μαθητων αυτου 28
L 19.29 των μαθητων ℵB^c L
M 21. 2 των μαθητων αυτου ADYθ 1.28
λεγων αυτοις πορευεσθε ..κωμην την κατεναντι..ευθεως ευρησετε .. αγαγετε
λεγων αυτοις πορευεσθε ..κωμην την κατεναντι..ευθυς ευρησετε .. αγαγετε ℵ
λεγων αυτοις πορευεσθε ..κωμην την κατεναντι..ευθεως ευρησετε .. αγετε B
λεγων αυτοις πορευθητε ..κωμην την κατεναντι..ευθεως ευρησετε .. αγαγετε C
λεγων αυτοις πορευεσθαι..κωμην την κατεναντι..ευθεως ευρησεται.. αγεται D
λεγων αυτοις πορευθητε ..κωμην την απεναντι..ευθεως ευρησετε .. αγαγετε EGKYΠ 1.565.
λεγων αυτοις πορευεσθαι..κωμην την κατεναντη..ευθυς ευρησετε .. αγαγετε L |1582
λεγων αυτοις πορευθηται..κωμην την απεναντι..ευθεως ευρησεται.. αγαγεται W
λεγων αυτοις πορευεσθε ..κωμην την κατεναντι..ευθεως ευρεσεται.. αγαγετε θ
λεγων αυτοις πορευεσθαι..κωμην την κατεναντι..ευθεως ευρησετε .. αγαγετε 13
λεγων αυτοις πορευθητε ..πολιν την κατεναντι..ευθεως ευρησητε .. αγαγετε 28
Mk 11. 2
και λεγει αυτοις.. ..ευθυς ..αυτον και φερετε ℵBL
και λεγει αυτοις.. ..ευθεως.. ..αυτον αγαγετε AYΠ
και λεγει αυτοις.. ..ευθεως.. ..αυτον και φερετε C
και ειπεν αυτοις.. ..ευθεως.. ..αυτον και αγαγετε D
λεγων αυτοις.. ..ευθεως.. ..αυτον αγαγετε W
λεγων αυτοις.. ..ευθεως.. ..αυτον αγαγεται θ
λεγων .. ..ευθεως.. ..αυτον αγαγετε 1.1582

M 21. 1 - Zch 14.4

55. JESUW ENTERS JERUSALEM Matthew 21.1-11

M 21. 3 καὶ ἐάν τις ὑμῖν εἴπῃ τι, ἐρεῖτε ὅτι Ὁ κύριος
Mk 11. 3 καὶ ἐάν τις ὑμῖν εἴπῃ, Τί ποιεῖτε τοῦτο; εἴπατε, Ὁ κύριος
L 19.31 καὶ ἐάν τις ὑμᾶς ἐρωτᾷ, Διὰ τί λύετε; οὕτως ἐρεῖτε ὅτι Ὁ κύριος

M 21. 4 αὐτῶν χρείαν ἔχει· εὐθὺς δὲ ἀποστελεῖ αὐτούς. Τοῦτο δὲ γέγονεν ἵνα
Mk 11. 3 αὐτοῦ χρείαν ἔχει, καὶ εὐθὺς αὐτὸν ἀποστέλλει πάλιν ὧδε.
L 19.31 αὐτοῦ χρείαν ἔχει.

M 21. 4 πληρωθῇ τὸ ῥηθὲν διὰ τοῦ προφήτου λέγοντος,
J 12.14b καθώς ἐστιν γεγραμμένον,

M 21. 5 Εἴπατε τῇ θυγατρὶ Σιών,
J 12.15 Μὴ φοβοῦ, θυγάτηρ Σιών·

M 21. 5 Ἰδοὺ ὁ βασιλεύς σου ἔρχεταί σοι,
J 12.15 ἰδοὺ ὁ βασιλεύς σου ἔρχεται,

M 21. 5 πραῢς καὶ ἐπιβεβηκὼς ἐπὶ ὄνον,
J 12.15 καθήμενος

M 21. 5 καὶ ἐπὶ πῶλον υἱὸν ὑποζυγίου.
J 12.15 ἐπὶ πῶλον ὄνου.

M 21. 3
εαν..ειπη τι ερειτε οτι..αυτων ..ευθυς δε αποστελει αυτους B
εαν..ειπη τι ερειτε οτι..αυτου ..ευθυς δε αποστελει αυτους ℵ
εαν..ειπη τι ερειτε οτι..αυτων ..ευθεως δε αποστελλει αυτους CGYΠ 1.13.28.565.
αν..ειπη τι ποιειται ερειτε οτι..αυτων εχει..και ευθεως αποστελει αυτους D* |1582
εαν..ειπη τι ποιειται ερειτε οτι..αυτων ..και ευθεως αποστελει αυτους D^{c}
εαν..ειπι τι ερειτε οτι..αυτων ..ευθεως δε αποστελλει αυτους E
εαν..ειπη τι ερειτε οτι..αυτων ..ευθεως δε αποστελει αυτους K 1582*
εαν..ειπη τι ερειται οτι..αυτων ..ευθυς δε αποστελλει αυτους L
εαν..ειπη τι ερειται οτι..αυτων ..ευθεως δε αποστελλι αυτους W
εαν..ειπη τι ερειτε οτι..αυτου ..ευθεως δε αποστελλι αυτους Θ
Mk 11. 3
εαν..ειπη τι ποιειτε τουτο ειπατε ..αυτου ..και ευθυς αυτον αποστελλει παλιν
εαν..ειπη τι ποιειτε τουτο ειπατε οτι..αυτου ..και ευθυς αυτον αποστελλει παλιν ℵL
εαν..ειπη τι ποιειτε τουτο ειπατε οτι..αυτου ..και ευθεως αυτον αποστελλει AY
εαν..ειπη τι ποιειτε τουτο ειπατε ..αυτου ..και ευθυς παλιν αυτον αποστελλει B
εαν..ειπη τι ποιειτε τουτο ειπατε οτι..αυτου ..και ευθυς παλιν αυτον αποστελλει C*
εαν..ειπη τι ποιειτε τουτο ειπατε οτι..αυτου ..και ευθυς αυτον αποστελλει C^{c}
αν..ειπη τι λυετε τον πωλον ειπατε οτι..αυτου ..και ευθυς αυτον αποστελλει παλιν D
εαν..ειπη τι ειπατε οτι..αυτου ..και ευθεως αυτον αποστελει W 1.1582
εαν..ειπη τι λυετε τον πολον ειπατε οτι..αυτου ..και ευθεως παλιν αποστελλι αυτον Θ
εαν..ειπη τι ποιειτε τουτο ειπατε οτι..αυτου ..και ευθεως αυτον αποστελει Π
εαν..ειπη τι λυεται τον πωλον ειπατε οτι..αυτου ..και ευθεως αυτον αποστελλει 28
εαν..ειπη τι λυετε τον πωλον ειπατε οτι..αυτου ..και ευθεως αυτον αποστελλει 565
M 21. 4 τουτο δε .. ρηθεν δια του προφητου ℵB^{c}C*D
τουτο δε .. ρηθεν δια του πληρωθη το ρηθεν δια του προφητου B*
τουτο δε ολον .. ρηθεν δια του προφητου C^{c}EGKWYΠ 1.28.565.1582
τουτο δε .. ρηθεν υπο του προφητου L
τουτο δε .. ρηθεν υπο του προφη Θ
τουτο δε ολον .. ρηθεν υπο του προφητου 13
M 21. 5 τη θυγατρι Σιων ..ο βασιλευς..και επιβεβηκως..επι πωλον υιον υποζυγιου ℵ*
τη θυγατρι Σιων ..ο βασιλευς..και επιβεβηκως..επι πωλον υποζυγιου ℵ^{c}
τη θυγατρι Σειων ..ο βασιλευς..και επιβεβηκως..επι πωλον υιον υποζυγιου B
τη θυγατρι Σιων ..ο βασιλευς..και επιβεβηκως.. πωλον υιον υποζυγιου CEGKYΠ 13.565
τη θυγατρι Σιων ..ο βασιλευς.. επιβεβηκως.. πωλον υιον υποζυγιον D*
τη θυγατρι Σιων ..ο βασιλευς.. επιβεβηκως.. πωλον υιον υποζυγιου D^{c}
.. .. πωλον υον υποζυγιου F
τη θυγατηρι Σιων ..ο βασιλευς..και επιβεβικως..επι πωλον υποζυγιου L
τη θυγατρι Σιων ..α βασιλευς..και επιβεβηκως.. πωλον υιον υποζυγιου W
τη θυγατρι Σειων ..ο βασιλευς..και επιβεβηκως.. πωλον υιον υποζυγιου Θ
τη θυγατρι Σιων ..ο βασιλευς..και επιβεβηκως..επι πωλον νεον 1.1582
τη θυγατρι Σιων ..ο βασιλευς..και επιβεβηκος.. πωλον υιον υποζυγιου 28

M 21. 3 - M 26.18; J 13.13 | M 21. 5 - Is 62.11; Zch 9.9; M 11.29f

M 21. 6	πορευθέντες δὲ οἱ μαθηταὶ
Mk 11. 4	καὶ ἀπῆλθον καὶ εὗρον πῶλον δεδεμένον πρὸς θύραν ἔξω ἐπὶ
L 19.32	ἀπελθόντες δὲ οἱ ἀπεσταλμένοι εὗρον
J 12.14a	εὑρὼν δὲ

M 21. 6	καὶ ποιήσαντες καθὼς συνέταξεν αὐτοῖς ὁ Ἰησοῦς
Mk 11. 4	τοῦ ἀμφόδου, καὶ λύουσιν αὐτόν.
L 19.33	καθὼς εἶπεν αὐτοῖς. λυόντων δὲ αὐτῶν
J 12.14a	ὁ Ἰησοῦς

Mk 11. 5	και τινες των εκει εστηκοτων ελεγον αυτοις, Τι ποιειτε λυοντες τον πωλον;
L 19.33	τον πωλον ειπαν οι κυριοι αυτου προς αυτους, Τι λυετε τον πωλον;

Mk 11. 6	οι δε ειπαν αυτοις καθως ειπεν ο Ιησους· και αφηκαν αυτους.
L 19.34	οι δε ειπαν οτι Ο κυριος αυτου χρειαν εχει.

M 21. 7	ἤγαγον τὴν ὄνον καὶ τὸν πῶλον, καὶ ἐπέθηκαν ἐπ᾽
Mk 11. 7	καὶ φέρουσιν τὸν πῶλον πρὸς τὸν Ἰησοῦν, καὶ ἐπιβάλλουσιν
L 19.35	καὶ ἤγαγον αὐτὸν πρὸς τὸν Ἰησοῦν, καὶ ἐπιρίψαντες
J 12.14a	ὀνάριον

M 21. 8	αὐτῶν τὰ ἱμάτια, καὶ ἐπεκάθισεν ἐπάνω αὐτῶν. ὁ δὲ πλεῖστος
Mk 11. 8	αὐτῷ τὰ ἱμάτια αὐτῶν, καὶ ἐκάθισεν ἐπ᾽ αὐτόν. καὶ πολλοὶ τὰ
L 19.36	αὐτῶν τὰ ἱμάτια ἐπὶ τὸν πῶλον ἐπεβίβασαν τὸν Ἰησοῦν. πορευομένου δὲ
J 12.14a	ἐκάθισεν ἐπ᾽ αὐτό,

M 21. 6	πορευθεντες δε..και ποιησαντες καθως συνεταξεν αυτοις ο Ιησους	BC
	πορευθεντες δε..και ποιησαντες καθως προσεταξεν αυτοις ο Ιησους	ℵEKWYΘΠ 1.13.1582
	πορευθεντες δε.. εποιησαν καθως συνεταξεν αυτοις ο Ιησους	D
	πορευθεντες ..και ποιησαντες καθως προσεταξεν αυτοις ο Ιησους	F
	πορευθεντες δε..και ποιησαντες καθα προσεταξεν αυτοις ο Ιησους	G
	πορευθεντες δε..και ποιησατες καθως προσεταξεν αυτοις ο Ιησους	L
	πορευθεντες δε..και ποιησαντες καθως προσεταξεν αυτοις	28
	πορευθεντες δε..και ποιησαντες ως προσεταξεν αυτοις ο Ιησους	565
L 19.32	αυτοις	ℵABLWY 28
	αυτοις ο Ιησους	Θ

M 21. 7	ηγαγον ..επ αυτων τα ιματια και επεκαθισεν επανω αυτων	B
	ηγαγον ..επ αυτων τα ιματια και εκαθισαν επανω επ αυτων	ℵ*
	ηγαγον ..επ αυτων τα ιματια αυτων και επεκαθισαν επανω αυτον	ℵ^c
	ηγαγον ..επανω αυτων τα ιματια αυτων και επεκαθισεν επανω αυτων	CF 28.1582
	και ηγαγον ..επ αυτον τα ειματεια και εκαθητο επανω αυτου	D
	ηγαγον ..επανω αυτων τα ιματια αυτων	EG 1.
	ηγαγον ..επανω αυτων τα ιματι αυτων και εκαθησεν επανω αυτων	K*
	ηγαγον ..επανω αυτων τα ιματια αυτων και εκαθησεν επανω αυτων	K^c
	ηγαγον ..επ αυτων τα ιματια αυτων και επεκαθησαν επανω αυτων	L
	ηγαγον ..επανω αυτων τα ιματια αυτων και επεκαθεισεν επανω αυτων	W
	ηγαγον ..επανω αυτων τα ιματια αυτων και εκαθισεν επανω αυτων	YΠ 565
	ηγαγον ..επ αυτω τα ιματια και εκαθησεν επανω αυτου	Θ
	ηγαγον .. αυτω τα ιματια αυτων και εκαθησεν επανω αυτου	13
Mk 11. 7	και φερουσιν.. αυτω τα ιματια αυτων και εκαθισεν επ αυτον	L
	και αγουσιν .. αυτων τα ιματια εαυτω και εκαθισαν επ αυτον	ℵ*
	και φερουσιν.. αυτω τα ιματια εαυτων και εκαθισεν επ αυτον	ℵ^cB
	και ηγαγον .. αυτω τα ιματια αυτων και εκαθισεν επ αυτω	AYΠ
	και αγουσιν .. αυτω τα ιματια αυτων και εκαθισεν επ αυτον	C
	και ηγαγον .. αυτω τα ιματια αυτου και καθειζει επ αυτον	D
	και αγουσιν .. αυτω τα ιματια και καθιζει επ αυτω	W
	και αγουσιν .. αυτω τα ιματια εαυτων και εκαθισεν επ αυτον	Θ
	και αγουσιν .. αυτω ιματια και καθιζει επ αυτω	1.28.1582
	και ηγαγον .. αυτων τα ιματια και καθιζει επ αυτον	565

M 21. 7 - 1 Kg 1.33

M 21. 8 ὄχλος ἔστρωσαν ἑαυτῶν τὰ ἱμάτια ἐν τῇ ὁδῷ, ἄλλοι δὲ
Mk 11. 8 ἱμάτια αὐτῶν ἔστρωσαν εἰς τὴν ὁδόν, ἄλλοι δὲ
L 19.37 αὐτοῦ ὑπεστρώννυον τὰ ἱμάτια αὐτῶν ἐν τῇ ὁδῷ. Ἐγγίζοντος

M 21. 8 ἔκοπτον κλάδους ἀπὸ τῶν δένδρων καὶ ἐστρώννυον ἐν τῇ ὁδῷ.
Mk 11. 8 στιβάδας κόψαντες ἐκ τῶν ἀγρῶν.
L 19.37 δὲ αὐτοῦ ἤδη πρὸς τῇ καταβάσει τοῦ Ὄρους τῶν Ἐλαιῶν ἤρξαντο ἅπαν τὸ
J 12.13 ἔλαβον τὰ βαΐα τῶν φοινίκων καὶ ἐξῆλθον εἰς ὑπάντησιν

M 21. 9 οἱ δὲ ὄχλοι οἱ προάγοντες αὐτὸν καὶ οἱ ἀκολουθοῦντες ἔκραζον
Mk 11. 9 καὶ οἱ προάγοντες καὶ οἱ ἀκολουθοῦντες ἔκραζον,
L 19.37 πλῆθος τῶν μαθητῶν χαίροντες αἰνεῖν τὸν
J 12.13 αὐτῷ, καὶ ἐκραύγαζον,

M 21. 9 λέγοντες,
L 19.38 θεὸν φωνῇ μεγάλῃ περὶ πασῶν ὧν εἶδον δυνάμεων, |λέγοντες,

---

M 21. 8		
	εαυτων τα ιματια εν τη οδω ..εκοπτον ..απο των δενδρων και εστρωννυον εν τη οδω	ℵ[c]CGY 1.565.
	εαυτων τα ιματια εν τη οδω ..εκοπτον ..απο των δενδρων και εστρωσαν εν τη οδω	ℵ*B |1582
	αυτων τα ειματεια εν τη οδω ..εκοπτον ..απο των δενδρων και εστρωσαν εν τη οδω	D
	εαυτων τα ιματια εν τη οδω ..εκοπτον ..απο των δενδρων και εστρωννυον τη οδω	EF
	εαυτων τα ιματια εν τη δω ..εκοπτον ..απο των δενδρων και εστρωννυον εν τη οδω	K
	αυτων τα ιματια εν τη οδω ..εκοπτον ..απο των δενδρων και εστρωννυον εν τη οδω	L
	αυτων τα ιματια εν τη οδω ..εκοπτον .. και εστρωννυον εν τη οδω	W
	αυτον τα ιματια εν τη οδω ..εκοπτον ..απο των δενδρων και εστρωννυον εν τη οδω	Θ
	εαυτων τα ιματια εν τη οδω ..εκοπτον ..απο των δενδρων και εστρωνυον εν τη οδω	Π
	τα ιματια αυτων εν τη οδω ..εκοπτον ..απο των δενδρον και στρωννυον εν τη οδω	13
	εαυτων τα ιματια εν τη οδω ..εκοπτον ..απο των δενδρων και εστροννυον εν τη οδω	28
Mk 11. 8	εις τον οδον.. κοψαντες..εκ των αγρων	ℵB
	εν τη οδω ..εκοπτον ..εκ των δενδρων και εστρωννυον εις την οδον	A
	εις τον οδον..εκοπτον ..εκ των αγρων	C
	εις τον οδον..εκοπτον ..εκ των δενδρων και εστρωννυον την οδον	D
	εν τη οδω ..εκοπτον ..εκ των δενδρων και εστρωννυον εν τη οδω	YΠ
	εις την οδον..εκοπτον ..εκ δενδρων και εστρωννυον εν τη οδω	Θ
	εις την οδον..εκοπτον ..εκ των δενδρων και εστρωννυον εις την οδον	1.1582
	εν τη οδω ..εκοπτον ..εκ δενδρων και εστρωννον εν τη οδω	28
	εις την οδον..εκοπτον ..εκ δενδρων και εστρωννυον τη οδω	565
M 21. 9	οι προαγοντες αυτον και οι ακολουθουντες εκραζον λεγοντες	ℵBC 1582
	οι προαγοντες αυτον και οι ακολουθουντες εκραξαν λεγοντες	DL
	οι προαγοντες και οι ακολουθουντες εκραζον λεγοντες	EFGKYΘΠ 13.28.565
	οι προαγοντες και ακολουθουντες εκραζον λεγοντες	W
	προαγοντες αυτον και οι ακολουθουντες εκραζον λεγοντες	1.
Mk 11. 9	εκραζον	ℵBCL
	εκραζον λεγοντες	ADYΠ 1.565.1582
	εκραζων λεγοντες	28
J 12.13	εκραυγαζον	P75 BLW
	εκραυγασαν λεγοντες	p66
	εκραυγαζον λεγοντες	ℵD
	εκραζον λεγοντες	A 1.
	εκραζον	YΘ
	εκραζων	28

M 21. 8 - 2 Kg 9.13

M 21. 9 Ὡσαννὰ τῷ υἱῷ Δαυίδ·
Mk 11. 9 Ὡσαννά·
J 12.13 Ὡσαννά·

M 21. 9 Εὐλογημένος ὁ ἐρχόμενος ἐν ὀνόματι κυρίου·
Mk 11. 9 Εὐλογημένος ὁ ἐρχόμενος ἐν ὀνόματι κυρίου·
L 19.38 Εὐλογημένος ὁ ἐρχόμενος ὁ βασιλεὺς ἐν ὀνόματι κυρίου·
J 12.13 εὐλογημένος ὁ ἐρχόμενος ἐν ὀνόματι κυρίου,

Mk 11.10 Εὐλογημένη ἡ ἐρχομένη βασιλεία τοῦ πατρὸς ἡμῶν Δαυίδ.

M 21. 9 Ὡσαννὰ ἐν τοῖς ὑψίστοις.
Mk 11.10 Ὡσαννὰ ἐν τοῖς ὑψίστοις.
L 19.38 ἐν οὐρανῷ εἰρήνη καὶ δόξα ἐν ὑψίστοις.
J 12.13 καὶ ὁ βασιλεὺς τοῦ Ἰσραήλ.

M 21.10 καὶ εἰσελθόντος αὐτοῦ εἰς Ἱεροσόλυμα ἐσείσθη πᾶσα ἡ πόλις λέγουσα, Τίς
Mk 11.11 Καὶ εἰσῆλθεν εἰς Ἱεροσόλυμα εἰς τὸ ἱερόν· καὶ περιβλεψάμενος
L 19.39 καί τινες τῶν Φαρισαίων ἀπὸ τοῦ ὄχλου εἶπαν πρὸς αὐτόν, Διδάσκαλε,
J 12.16 ταῦτα οὐκ ἔγνωσαν αὐτοῦ οἱ μαθηταὶ τὸ πρῶτον, ἀλλ᾽ ὅτε ἐδοξάσθη Ἰησοῦς

M 21.11 ἐστιν οὗτος· οἱ δὲ ὄχλοι ἔλεγον, Οὗτός ἐστιν ὁ προφήτης Ἰησοῦς ὁ ἀπὸ
Mk 11.11 πάντα, ὀψίας ἤδη οὔσης τῆς ὥρας, ἐξῆλθεν εἰς Βηθανίαν μετὰ τῶν δώδεκα.
L 19.40 ἐπιτίμησον τοῖς μαθηταῖς σου. καὶ ἀποκριθεὶς εἶπεν, Λέγω ὑμῖν, ἐὰν
J 12.16 τότε ἐμνήσθησαν ὅτι ταῦτα ἦν ἐπ᾽ αὐτῷ γεγραμμένα καὶ ταῦτα ἐποίησαν

M 21.11 Ναζαρὲθ τῆς Γαλιλαίας.
L 19.40 οὗτοι σιωπήσουσιν, οἱ λίθοι κράξουσιν.
J 12.16 αὐτῷ.

M 21. 9 ωσαννα .. Δαυιδ .. ερχομενος ..ωσαννα
ωσαννα .. δαδ .. ερχομενος ..ωσαννα ℵCEGKYΠ 1.13.28.565.1582
ωσαννα .. Δαυειδ.. ερχομενος ..ωσαννα BD^{c}W
οσσανα .. Δαυειδ.. ερχομενος ..οσσανα D*
ωσαννα .. δαδ .. ερχομενος ..ωαννα E*
ωσαννα .. δαδ .. ερχομενος ..ωσσαννα F
ωσανα .. δαν .. ερχομενος ..ωσανα L
ωσαννα .. δαδ .. ερχομενος ..ωσανα Θ
ωσαννα .. Δαβιδ .. ερχομενος ClemAl (Pd I 12.5)
L 19.38 ερχομενος ο βασιλευς B
ερχομενος W 1.

M 21.10 εισελθοντος .. Ιεροσολυμα .. λεγουσα ℵ^{c}BCDFGKLWYΠ 1.13.28.565.1582
ελθοντος .. Ιεροσολυμα .. λεγουσα ℵ*
εισελθοντος .. Ιερωολυμα .. λεγουσα E
εισελθοντος .. Ιεροσολυμα .. λεγοντες Θ

M 21.11 οι δε οχλοι ελεγον .. ο προφητης Ιησους ο .. Ναζαρεθ της Γαλιλαιας
οι δε οχλοι ελεγον .. ο προφητης Ιησους ο .. Ναζαρεθ της Γαλιλεας ℵ
οι δε οχλοι ελεγον .. ο προφητης Ιησους ο .. Ναζαρεθ της Γαλειλαιας B
οι δε οχλοι ελεγον .. Ιησους ο προφητης ο .. Ναζαρεθ της Γαλιλαιας CEFKYΠ 28.565
οι δε πολλοι ειπον .. ο προφητης Ιησους .. Ναζαρεθ της Γαλιλαιας D
οι δε οχλοι ελεγον .. Ιησους ο προπητης ο .. Ναζαρετ της Γαλιλαιας GLW
οι δε οχλοι ειπον .. ο προφητης Ιησους ο .. Ναζαρεθ της Γαλιλαιας Θ
πολλοι δε ελεγον .. Ιησους ο προφητης ο .. Ναζαρεθ της Γαλιλαιας 1.1582
οι δε οχλοι ελεγον .. ο προφητης ο .. Ναζαρεθ της Γαλιλαιας 13

M 21. 9 - Ps 118.25f; M 3.11; 9.27; 21.15; 23.39; L 13.35 | M 21.10 - M 2.3
M 21.11 - M 21.46; 16.14; Mk 6.15; L 7.16, 39; 24.19; J 7.52

56. CLEANSING THE TEMPLE

Matthew 21.12-17

J 2.13 Και εγγυς ην το πασχα των Ιουδαιων, και ανεβη εις Ιεροσολυμα ο Ιησους.

M 21.12 Καὶ εἰσῆλθεν Ἰησοῦς εἰς τὸ ἱερόν, καὶ
Mk 11.15 Καὶ ἔρχονται εἰς Ἱεροσόλυμα. καὶ εἰσελθὼν εἰς τὸ ἱερὸν ἤρξατο
L 19.45 Καὶ εἰσελθὼν εἰς τὸ ἱερὸν ἤρξατο
J 2.14 καὶ εὗρεν ἐν τῷ ἱερῷ

J 2.15 τους πωλουντας βοας και προβατα και περιστερας και τους κερματιστας καθημενους, |και
J 2.15 ποιησας φραγελλιον εκ σχοινιων

M 21.12 ἐξέβαλεν πάντας τοὺς πωλοῦντας καὶ ἀγοράζοντας ἐν τῷ ἱερῷ, καὶ τὰς
Mk 11.15 ἐκβάλλειν τοὺς πωλοῦντας καὶ τοὺς ἀγοράζοντας ἐν τῷ ἱερῷ, καὶ τὰς
L 19.45 ἐκβάλλειν τοὺς πωλοῦντας,
J 2.15 πάντας ἐξέβαλεν ἐκ τοῦ ἱεροῦ, τά τε πρόβατα καὶ τοὺς βόας, καὶ

M 21.12 τραπέζας τῶν κολλυβιστῶν κατέστρεψεν
Mk 11.15 τραπέζας τῶν κολλυβιστῶν
J 2.15 τῶν κολλυβιστῶν ἐξέχεεν τὸ κέρμα καὶ τὰς τραπέζας ἀνέτρεψεν,

M 21.12 καὶ τὰς καθέδρας τῶν πωλούντων τὰς περιστεράς,
Mk 11.16 καὶ τὰς καθέδρας τῶν πωλούντων τὰς περιστερὰς κατέστρεψεν, |καὶ οὐκ ἤφιεν
J 2.16 |καὶ τοῖς τὰς περιστερὰς πωλοῦσιν

M 21.12 και εισηλθεν Ιησους εις το ιερον ℵB
και εισηλθεν Ιησους εις το ιερον του θεου CEW 28
και εισηλθεν ο Ιησους εις το ιερον του θεου DFKYΠ 1.565.1582
και εισελθων ο Ιησους εις το ιερον του θεου G
και εισηλθεν ο Ιησους εις το ιερον Lθ 13
Mk 11.15 και ερχονται εις Ιεροσολυμα και εισελθων εις το ιερον ℵBLW 1.565.1582
και ερχονται εις Ιεροσολυμα και εισελθων ο Ιησους εις το ιερον AYθΠ
και εισελθων εις το ιερον 28

M 21.12
πωλουντας και αγοραζοντας εν τω ιερω και τας τραπεζας των κολλυβιστων ℵBCDFGKWθΠ 1.13.
πωλουντας και αγοραζοντας εν τω ιερω και τας τραπεζας των κολυβιστων ELY 28.565 |1582
Mk 11.15
πωλουντας και τους αγοραζοντας εν τω ιερω και τας τραπεζας των κολλυβιστων ℵBCΠ^c
πωλουντας και τους αγοραζοντας εν αυτω και τας τραπεζας των κολλυβιστων A
πωλουντας και αγοραζοντας εν τω ιερω και τας τραπεζας των κολλυβιστων DYθ 1.1582
πωλλουντας και τους αγοραζοντας εν τω ιερω και τας τραπεζας των κολυβιστων L
πωλουντας εν τω ιερω και τας τραπεζας των κολλυβιστων W
πωλουντας και τους αγοραζοντας εν τω ιερω και τας τραπεζας των κολυβιστων Π*
πωλουντας και αγωραζοντας εν τω ιερω και τας τραπεζας των κολλυβιστων 28
πολουντας και αγοραζοντας εν τω ιερω και τας τραπεζας των κολυβιστων 565
L 19.45
πωλουντας ℵBL 1.
πωλουντας εν αυτω και αγοραζοντας AWY
πωλουντας και τους αγοραζοντας C
πωλουντας εν αυτω και αγοραζοντας και τας τραπεζας των κολλυβιστων D
πολουντας εν αυτω και αγοραζοντας θ
πωλουντας εν αυτω και αγοραζοντας εν τω ιερω 28
J 2.15 κολλυβιστων P^66 P^75 ℵABLW 1.28
κολυβιστων Yθ

M 21.12 κατεστρεψεν και τας καθεδρας των πωλουντων τας περιστερας all texts
Mk 11.15 και τας καθεδρας των πωλουντων τας περιστερας κατεστρεψεν ℵ^cABCLWYΠ 1.28.565.1582
κατεστρεψεν και τας καθεδρας των πωλουντων τας περιστερας ℵ*
και τας καθεδρας των πωλουντων τας περιστας D
και τας καθεδρας των πολουντων τας περιστερας κατεστρεψεν θ
L 19.45 omit ℵABCLWYθ 1.28
εξεχεεν και τας καθεδρας των πωλουντων τας περιστερας D
J 2.15 ανετρεψεν P^66 BWθ
ανεστρεψεν P^75 ALY 1.28
κατεστρεψεν ℵ

M 21.12 - L 2.24

M 21.13	|καὶ λέγει αὐτοῖς,
Mk 11.17	ἵνα τις διενέγκῃ σκεῦος διὰ τοῦ ἱεροῦ. καὶ ἐδίδασκεν καὶ ἔλεγεν αὐτοῖς,
L 19.46	|λέγων αὐτοῖς,
J 2.16	εἶπεν,

M 21.13	Γέγραπται,
Mk 11.17	Οὐ γέγραπται ὅτι
L 19.46	Γέγραπται, Καὶ ἔσται
J 2.16	Ἄρατε ταῦτα ἐντεῦθεν, μὴ ποιεῖτε

M 21.13	Ὁ οἶκός μου οἶκος προσευχῆς κληθήσεται,
Mk 11.17	Ὁ οἶκός μου οἶκος προσευχῆς κληθήσεται πᾶσιν τοῖς ἔθνεσιν;
L 19.46	ὁ οἶκός μου οἶκος προσευχῆς,
J 2.16	τὸν οἶκον τοῦ πατρός μου οἶκον

M 21.13	ὑμεῖς δὲ αὐτὸν ποιεῖτε σπήλαιον λῃστῶν.
Mk 11.17	ὑμεῖς δὲ πεποιήκατε αὐτὸν σπήλαιον λῃστῶν.
L 19.46	ὑμεῖς δὲ αὐτὸν ἐποιήσατε σπήλαιον λῃστῶν.
J 2.16	ἐμπορίου.

J 2.17	Εμνησθησαν οι μαθηται αυτου οτι γεγραμμενον εστιν, Ο ζηλος του οικου σου καταφαγεται
J 2.18	με. απεκριθησαν ουν οι Ιουδαιοι και ειπαν αυτω, Τι σημειον δεικνυεις ημιν, οτι
J 2.19	ταυτα ποιεις; απεκριθη Ιησους και ειπεν αυτοις, Λυσατε τον ναον τουτον και εν τρισιν
J 2.20	ημεραις εγερω αυτον. ειπαν ουν οι Ιουδαιοι, Τεσσερακοντα και εξ ετεσιν οικοδομηθη
J 2.21	ο ναος ουτος, και συ εν τρισιν ημεραις εγερεις αυτον; εκεινος δε ελεγεν περι του
J 2.22	ναου του σωματος αυτου. οτε ουν ηγερθη εκ νεκρων, εμνησθησαν οι μαθηται αυτου οτι
J 2.22	τουτο ελεγεν, και επιστευσαν τη γραφη και τω λογω ον ειπεν ο Ιησους.

M 21.14	Καὶ προσῆλθον αὐτῷ τυφλοὶ καὶ χωλοὶ ἐν τῷ ἱερῷ, καὶ ἐθεράπευσεν
L 19.47	Καὶ ἦν διδάσκων τὸ καθ' ἡμέραν ἐν τῷ ἱερῷ.

M 21.13

γεγραπται	ο οικος..προσευχης κληθησεται	ℵBCD^c EFGKLWYΘΠ 1.13.28.565.1582
γεγραπται	οικος..προσευχης κληθησεται	D*

Mk 11.17

ου γεγραπται οτι	ο οικος..προσευχης κληθησεται πασιν τοις εθνεσιν	ℵABLWYΠ
ου γεγραπται	ο οικος..προσευχης κληθησεται πασιν τοις εθνεσιν	C
γεγραπται	ο οικος..προσευχης κληθησεται πασιν τοις εθνεσιν	D
γεγραπται οτι	ο οικος..προσευϋχης κληθησεται πασιν τοις ενεσιν	Θ*
γεγραπται οτι	ο οικος..προσευχης κληθησεται πασιν τοις εθνεσιν	Θ^c
γεγραπται οτι	ο οικος..προσσυχης κληθησεται	28

L 19.46

γεγραπται και εσται	ο οικος..προσευχης	ℵ^c BLΘ 1.
γεγραπται	ο οικος..προσευχης	ℵ*
γεγραπται οτι	ο οικος..προσευχης εστιν	ADW
γεγραπται οτι	ο οικος..προσευχης κληθησεται	C
γεγραπται	ο οικος..προσευχης εστιν	Y 565
γεγραπται	ο οικος..προσευχης κληθησεται	28
γεγραπται και εσται	ο οικος..προσευχης εστιν	1582

M 21.13	υμεις δε αυτον ποιειτε	ℵBΘ
	υμεις δε αυτον εποιησατε	CDE^c FGKWYΠ 13.565
	υμεις δε εποι αυτον εποιησατε	E*
	υμεις δε ποιειται	L
	υμεις δε αυτον πεποιηκατε	1.1582
	υμεις δε εποιησατε αυτον	28
Mk 11.17	υμεις δε πεποιηκατε αυτον	BL
	υμεις δε εποιησατε αυτον	ℵCWY 28
	υμεις δε αυτον εποιησατε	AΘΠ 1.565.1582
	υμεις δε εποιησατε αυτην	D
L 19.46	υμεις δε αυτον εποιησατε	ℵAB^c CWYΘ 1.1582
	υμεις δε αυτον εποιησαται	B*
	υμεις δε εποιησατε αυτον	D 565
	υμεις δε αυτον ποιειται	L

M 21.14	τυφλοι και χωλοι εν τω ιερω	ℵBDLΘ 1.1582
	χωλοι και τυφλοι εν τω ιερω	CEFGKWYΠ
	τυφλοι και χωλοι	13
	χολοι και τυφλοι εν τω ιερω	28
	χωλοι τυφλοι εν τω ιερω	565

M 21.13 - Is 56.7; 60.7; Jr 7.11 \| M 21.14 - M 11.5; 2 Sm 5.8

M 21.15 αὐτούς. ἰδόντες δὲ οἱ ἀρχιερεῖς καὶ οἱ γραμματεῖς τὰ θαυμάσια
Mk 11.18 καὶ ἤκουσαν οἱ ἀρχιερεῖς καὶ οἱ γραμματεῖς, καὶ ἐζήτουν
L 19.39 καί τινες τῶν Φαρισαίων ἀπὸ τοῦ ὄχλου
L 19.47 οἱ δὲ ἀρχιερεῖς καὶ οἱ γραμματεῖς ἐζήτουν

M 21.15 ἃ ἐποίησεν καὶ τοὺς παῖδας τοὺς κράζοντας ἐν τῷ ἱερῷ καὶ λέγοντας,
Mk 11.18 πῶς αὐτὸν ἀπολέσωσιν· ἐφοβοῦντο γὰρ αὐτόν,
L 19.48 αὐτὸν ἀπολέσαι καὶ οἱ πρῶτοι τοῦ λαοῦ· καὶ οὐχ εὕρισκον τὸ τί

M 21.16 Ὡσαννὰ τῷ υἱῷ Δαυίδ, ἠγανάκτησαν |καὶ εἶπαν αὐτῷ,
Mk 11.18 πᾶς γὰρ ὁ ὄχλος ἐξεπλήσσετο ἐπὶ τῇ διδαχῇ αὐτοῦ.
L 19.39 εἶπαν πρὸς αὐτόν, Διδάσκαλε,
L 19.48 ποιήσωσιν, ὁ λαὸς γὰρ ἅπας ἐξεκρέματο αὐτοῦ ἀκούων.

M 21.16 Ἀκούεις τί οὗτοι λέγουσιν; ὁ δὲ Ἰησοῦς λέγει αὐτοῖς, Ναί·
L 19.40 ἐπιτίμησον τοῖς μαθηταῖς σου. καὶ ἀποκριθεὶς εἶπεν, Λέγω ὑμῖν,

M 21.16 οὐδέποτε ἀνέγωντε ὅτι Ἐκ στόματος νηπίων καὶ θηλαζόντων κατηρτίσω
L 19.40 ἐὰν οὗτοι σιωπήσουσιν, οἱ λίθοι κράξουσιν.

M 21.17 αἶνον; Καὶ καταλιπὼν αὐτοὺς ἐξῆλθεν
Mk 11.19 Καὶ ὅταν ὀψὲ ἐγένετο, ἐξεπορεύοντο
L 21.37 Ἦν δὲ τὰς ἡμέρας ἐν τῷ ἱερῷ διδάσκων, τὰς δὲ νύκτας ἐξερχόμενος

M 21.17 ἔξω τῆς πόλεως εἰς Βηθανίαν, καὶ ηὐλίσθη ἐκεῖ.
Mk 11.19 ἔξω τῆς πόλεως.
L 21.37 ηὐλίζετο εἰς τὸ ὄρος τὸ καλούμενον

L 21.3 Ελαιων. και πας ο λαος ωρθριζεν προς αυτον εν τω ιερω ακουειν αυτου.

M 21.15 αρχιερεις και οι γραμματεις..εποιησεν παιδας τους..Ωσαννα..Δαυιδ
αρχιερεις και οι γραμματεις..εποιησεν παιδας τους..Ωσαννα..δαδ ℵ
αρχιερεις και οι γραμματεις..εποιησεν παιδας τους..Ωσαννα..Δαυειδ BD^{c}
αρχιερεις και οι γραμματεις..εποιησεν παιδας ..Ωσαννα..δαδ CEFGY 1.565.1582
αρχιερεις και οι γραμματεις..εποιησεν παιδας τους..Οσσανα..Δαυειδ D*
αρχιερεις και γραμματεις..εποιησεν παιδας ..Ωσαννα..δαδ KΠ
αρχιερεις και οι γραμματεις..εποιησεν παιδας τους..Ωσανα ..δαδ L
αρχιερεις και οι γραμματεις..εποιησεν παιδας ..Ωσαννα..Δαυειδ W
γραματεις και οι αρχιερεις..εποιησεν παιδας τους..Ωσανα ..δαδ Θ*
γραμματεις και οι αρχιερεις..εποιησεν παιδας τους..Ωσαννα..δαδ Θ^{c}
γραμματεις και οι αρχιερεις..εποιησεν παιδας ..Ωσαννα..δαδ 13
αρχιερεις και οι γραμματεις..εποιησεν ο Ιησους παιδας ..Ωσαννα..δαδ 28
Mk 11.18 αρχιερεις και οι γραμματεις ℵABCLΠ 1.28.565.158
γραμματεις και οι αρχιερεις Y
M 21.16
ειπαν αυτω ακουεις.λεγει αυτοις.ουδεποτε ανεγνωτε οτι.στοματος.θηλαζοντων κατηρτισω B
ειπον αυτω α...................ουδεποτε αν.........................ντων κατηρτισω P^{45}
ειπαν αυτω ακουεις.λεγει αυτοις.ουδεποτε ανεγνωτε .στοματος.θηλαζοντων κατηρτισω ℵ
ειπον αυτω ακουεις.λεγει αυτοις.ουδεποτε ανεγνωτε οτι.στοματος.θηλαζοντων κατηρτισω CEWYΠ 1.13.
ειπαν αυτω ακουεις.λεγει αυτω .ουδεποτε ανεγνωτε .στοματος.θηλαζοντων καταρτεισω D* |565.158
ειπαν αυτω ακουεις.λεγει αυτοις.ουδεποτε ανεγνωτε .στοματος.θηλαζοντων καταρτεισω D^{c}
ειπον αυτω ουκ ακουεις.λεγει αυτοις.ουδεποτε ανεγνωτε οτι. τοματος.θηλαζοντων κατηρτησω F
ειπον αυτω ακουεις.λεγει αυτοις.ουδεποτε ανεγνωτε οτι.στοματος.θηλαζοντων κατηρτησω G
ειπον αυτω ακουεις.ειπεν αυτοις.ουδεποτε ανεγνωτε οτι.στοματος.θηλαζοντων κατηρτησω K
ειπαν αυτω ακουεις.λεγει αυτοις.ουδεποτε ανεγνωται οτι.στοματος.θηλαζοντων κατηρτισω L
ειπαν αυτω ακουεις.λεγει αυτοις.ουδεποτε ανεγνωτε οτι.στοματος.θηζοντων κατηρτισω Θ
ειπον αυτω ακουεις.λεγει αυτοις.ουκ ανεγνωτε οτι.στοματος.θηλαζοντων κατηρτησω 28
L 19.39
ειπαν προς αυτον ℵABDL
ειπον προς αυτον WYΘ 1.
ειπον αυτω 28
M 21.17 καταλιπων ..εξω της πολεως εις Βηθανιαν και ηυλισθη εκει ℵ^{c}B^{c}C^{c}EFGWYΘΠ 1.1582
καταλιπων .. εις Βηθανιαν και ηυλισθη εκει ℵ* 28
καταλιπων ..εξω της πολεως εις Βηθανια και ηυλισθη εκει B*
καταλιπων ..εξω της πολεως εις Βηθανιαν και ηυλισθησαν C*
καταλειπων..εξω της πολεως εις Βηθανειαν και ηυλισθη εκει D
καταλειπων..εξω της πολεως εις Βηθανιαν και ηυλισθη εκει KL 13.565

M 21.15 - M 21.9; J 12.17-19; L 9.43; Ps 118.26f | M 21.16 - Ps 8.3 LXX; M 11.25

57. THE WITHERED FIG TREE

Matthew 21.18-22

M 21.18,19 Πρωῒ δὲ ἐπανάγων εἰς τὴν πόλιν ἐπείνασεν. καὶ ἰδὼν
Mk 11.12,13 Καὶ τῇ ἐπαύριον ἐξελθόντων αὐτῶν ἀπὸ Βηθανίας ἐπείνασεν. καὶ ἰδὼν
L 13. 6 Ἔλεγεν δὲ ταύτην τὴν παραβολήν·

M 21.19 συκῆν μίαν ἐπὶ τῆς ὁδοῦ ἦλθεν
Mk 11.13 συκῆν ἀπὸ μακρόθεν ἔχουσαν φύλλα ἦλθεν εἰ ἄρα τι
L 13. 6 Συκῆν εἶχέν τις πεφυτευμένην ἐν τῷ ἀμπελῶνι αὐτοῦ, καὶ ἦλθεν

M 21.19 ἐπ' αὐτήν, καὶ οὐδὲν εὗρεν ἐν αὐτῇ εἰ μὴ
Mk 11.13 εὑρήσει ἐν αὐτῇ, καὶ ἐλθὼν ἐπ' αὐτὴν οὐδὲν εὗρεν εἰ μὴ
L 13. 6 ζητῶν καρπὸν ἐν αὐτῇ καὶ οὐχ εὗρεν.

M 21.19 φύλλα μόνον, καὶ λέγει
Mk 11.14 φύλλα· ὁ γὰρ καιρὸς οὐκ ἦν σύκων. καὶ ἀποκριθεὶς εἶπεν
L 13. 7 εἶπεν δὲ πρὸς τὸν

M 21.19 αὐτῇ, Μηκέτι ἐκ σοῦ καρπὸς γένηται εἰς τὸν
Mk 11.14 αὐτῇ, Μηκέτι εἰς τὸν αἰῶνα ἐκ σοῦ μηδεὶς καρπὸν φάγοι. καὶ ἤκουον
L 13. 7 ἀμπελουργόν, Ἰδοὺ τρία ἔτη ἀφ' οὗ ἔρχομαι ζητῶν καρπὸν ἐν τῇ συκῇ ταύτῃ

M 21.19 αἰῶνα. καὶ ἐξηράνθη παραχρῆμα ἡ
Mk 11.14 οἱ μαθηταὶ αὐτοῦ.
Mk 11.20 Καὶ παραπορευόμενοι πρωῒ εἶδον τὴν συκῆν ἐξηραμμένην ἐκ ῥιζῶν.
L 13. 7 καὶ οὐχ εὑρίσκω. ἔκκοψον οὖν αὐτήν·

M 21.20 συκῆ. καὶ ἰδόντες οἱ μαθηταὶ ἐθαύμασαν
Mk 11.21 καὶ ἀναμνησθεὶς ὁ Πέτρος
L 13. 8 ἱνατί καὶ τὴν γῆν καταργεῖ; ὁ δὲ ἀποκριθεὶς

M 21.20 λέγοντες, Πῶς παραχρῆμα ἐξηράνθη ἡ συκῆ;
Mk 11.21 λέγει αὐτῷ, Ῥαββί, ἴδε ἡ συκῆ ἣν κατηράσω ἐξήρανται.
L 13. 8 λέγει αὐτῷ, Κύριε, ἄφες αὐτὴν καὶ τοῦτο τὸ ἔτος, ἕως ὅτου σκάψω περὶ

M 21.18 πρωι δε επαναγων ℵ[c]B[c]θ
πρωι δε επαναγαγων ℵ*B*
πρωιας δε επαναγων CEFGKYΠ 1.13.28.565.1582
πρωι δε παραγων D
πρωιας δε επαναγαγων L
πρωιας δε υπαγων W

M 21.19 συκην μιαν ..επ αυτην..ευρεν..φυλλα μονον.. αυτη μηκετι..εκ σου..γενηται CEF[c]GWYΠ 1.13.28.565.1582
συκην μιαν ..επ αυτην.. ..φυλλα μονον.. αυτη μηκετι..εκ σου..γενοιτο ℵ*
συκην μιαν ..επ αυτην..ευρεν..φυλλα μονον.. αυτη μηκετι..εκ σου..γενοιτο ℵ[c]
συκην μιαν ..επ αυτην..ευρεν..φυλλα μονον.. αυτη ου μηκετι..εκ σου..γενηται B
συκην μειαν..επ αυτην..ευρεν..φυλλα μονον.. αυτη μηκετι..εξ ου..γενηται D
συκην μιαν ..επ αυτην..ευρεν..φυλλα μονον..αυαυτη μηκετη..εκ σου..γενηται F*
συκην μιαν ..επ αυτην..ευρεν..φυλα μονον.. αυτη μηκετι..εκ σου..γενηται K
συκην μιαν ..επ αυτης..ευρεν..φυλλα μονον.. αυτη ου μηκετι..εκ σου..γενηται L
συκην μιαν ..επ αυτην..ευρεν..φυλα μονον.. αυτη μηκετι..εκ σου..γενοιτο θ
Mk 11.13 συκην .. ..φυλλα ABCDLθ 1.1582
συκην μιαν .. ..φυλλα ℵ
συκην .. ..φυλλα μονον W 565
συκην μιαν .. ..φυλλα YΠ
συκην .. ..φυλλα μονα 28

M 21.19 - Hb 3.17

57. THE WITHERED FIG TREE Matthew 21.18-22

M 21.21 ἀποκριθεὶς δὲ ὁ Ἰησοῦς εἶπεν αὐτοῖς, Ἀμὴν
Mk 11.22 καὶ ἀποκριθεὶς ὁ Ἰησοῦς λέγει αὐτοῖς,
M 17.20 ὁ δὲ λέγει αὐτοῖς, Διὰ τὴν ὀλιγοπιστίαν ὑμῶν· ἀμὴν
L 13. 9 αὐτὴν καὶ βάλω κόπρια· κἂν μὲν ποιήσῃ καρπὸν εἰς τὸ μέλλον--εἰ δὲ μή γε,
L 17. 6 εἶπεν δὲ ὁ κύριος,

M 21.21 λέγω ὑμῖν, ἐὰν ἔχητε πίστιν καὶ μὴ διακριθῆτε, οὐ μόνον τὸ
Mk 11.23b Ἔχετε πίστιν θεοῦ· |καὶ μὴ διακριθῇ ἐν τῇ καρδίᾳ αὐτοῦ
M 17.20 γὰρ λέγω ὑμῖν, ἐὰν ἔχητε πίστιν ὡς κόκκον σινάπεως,
L 13. 9 ἐκκόψεις αὐτήν.
L 17. 6 Εἰ ἔχετε πίστιν ὡς κόκκον σινάπεως,

M 21.21 τῆς συκῆς ποιήσετε, ἀλλὰ κἂν τῷ ὄρει τούτῳ
Mk 11.23a ἀλλὰ πιστεύῃ ὅτι ὃ λαλεῖ γίνεται, |ἀμὴν λέγω ὑμῖν ὅτι ὃς ἂν εἴπῃ τῷ
M 17.20 ἐρεῖτε τῷ
L 17. 6 ἐλέγετε ἂν τῇ

M 21.21 εἴπητε, Ἄρθητι καὶ βλήθητι εἰς τὴν θάλασσαν, γενήσεται·
Mk 11.23c ὄρει τούτῳ, Ἄρθητι καὶ βλήθητι εἰς τὴν θάλασσαν, |ἔσται
M 17.20 ὄρει τούτῳ, Μετάβα ἔνθεν ἐκεῖ, καὶ μεταβήσεται·
L 17. 6 συκαμίνῳ ταύτῃ, Ἐκριζώθητι καὶ φυτεύθητι ἐν τῇ θαλάσσῃ· καὶ ὑπήκουσεν
J 16.23 και εν εκεινη τη ημερα εμε ουκ ερωτησετε

M 21.22 καὶ πάντα ὅσα ἂν αἰτήσητε ἐν τῇ προσευχῇ
Mk 11.24 αὐτῷ. διὰ τοῦτο λέγω ὑμῖν, πάντα ὅσα προσεύχεσθε καὶ αἰτεῖσθε,
M 17.20 καὶ οὐδὲν ἀδυνατήσει ὑμῖν.
L 17. 6 ἂν ὑμῖν.
J 14.13 καὶ ὅ τι ἂν αἰτήσητε ἐν τῷ
J 14.14 ἐάν τι αἰτήσητέ με ἐν τῷ
J 16.23 ουδεν. ἀμὴν ἀμὴν λέγω ὑμῖν, ἄν τι αἰτήσητε τὸν πατέρα ἐν τῷ
J 16.24 ἕως ἄρτι οὐκ ᾐτήσατε οὐδὲν ἐν τῷ

M 21.22 πιστεύοντες λήμψεσθε.
Mk 11.25 πιστεύετε ὅτι ἐλάβετε, καὶ ἔσται ὑμῖν. καὶ ὅταν στήκετε προσ-
J 14.13 ὀνόματί μου τοῦτο ποιήσω, ἵνα δοξασθῇ ὁ πατὴρ ἐν τῷ υἱῷ·
J 14.14 ὀνόματί μου ἐγὼ ποιήσω.
J 16.23 ὀνόματί μου δώσει ὑμῖν.
J 16.24 ὀνόματί μου· αἰτεῖτε καὶ λήμψεσθε, ἵνα ἡ χαρὰ ὑμῶν ᾖ πεπληρωμένη.

Mk 11.25 ευχομενοι, αφιετε ει τι εχετε κατα τινος, ινα και ο πατηρ υμων ο εν τοις ουρανοις αφη
Mk 11.25 υμιν τα παραπτωματα υμων.

M 21.21
αποκριθεις.ειπεν .εχητε .διακριθητε .το της.ποιησετε .αλλα καν τω ορει τουτω ειπητε ℵBCFKYΠ 1.
αποκρεις .ειπεν .εχητε .διακριθηται.το της.ποιησετε .αλλα και τω ορει τουτω εαν ειπητε D |13.1582
αποκριθεις.ειπεν .εχειτε.διακριθητε .το της.ποιησετε .αλλα καν τω ορι τουτω ειπητε E*
αποκριθεις.ειπεν .εχειτε.διακριθητε .το της.ποιησετε .αλλα καν τω ορει τουτω ειπητε E^c
αποκριθεις.ειπεν .εχητε .διακριθητε .τον της.ποιησετε .αλλα καν τω ορει τουτω ειπητε G
αποκριθεις.ειπεν .εχητε .διακριθητε .το της.ποιησεται.αλλα καν τω ορει τουτω ειπητε L
αποκριθεις.ειπεν .εχηται.διακριθηται.το της.ποιησεται.αλλα καν τω ορι τουτω ειπηται W
αποκρηθεις.ειππεν.εχητε .διακριθηται.το της.ποιησετε .αλλα καν το ορη τουτω ειπητε Θ
απωκριθεις.ειπεν .εχητε .διακριθητε .το της.ποιησετε .αλλα καν τω ορει τουτω ειπητε 28
αποκριθεις.ειπεν .εχητε .διακριθητε .το της.ποιησετε .αλλα και τω ορει τουτω ειπητε 565

M 21.22 αν αιτησητε .. λημψεσθε ℵB
εαν αιτησητε .. λημψεσθε CEFGKYΠ
αιτησητε .. λημψεσθαι D
εαν αιτησησθαι .. λημψεσθαι L
εαν αιτησηται .. λημψεσθαι W
αν αιτησειτε .. λημψεσθαι Θ
αν αιτησητε .. ληψεσθε 1.565.1582
αν αιτησηται .. ληψεσθε 13
αν αιτησετε .. ληψεσθε 28

Mk 11.24 αιτεισθε ..ελαβετε ℵBC
ετεισθαι .. λημψεσθαι D
αιτησησθέ .. λημψεσθαι Θ
αιτησθε .. ληψεσθε 1.1582
αιτησητε .. ληψεσθε 565

M 21.21 - R 4.20; 1 C 13.2; Js 1.6 | M 21.22 - M 7.7-11; 18.19

58. CONTROVERSIES IN JERUSALEM

Matthew 21.23-22.46

a. The Authority of Jesus

Matthew 21.23-27

M 21.23		Καὶ
Mk 11.27	Καὶ ἔρχονται πάλιν εἰς Ἱεροσόλυμα.	καὶ ἐν τῷ ἱερῷ
L 20. 1		Καὶ ἐγένετο ἐν μιᾷ τῶν ἡμερῶν

M 21.23	ἐλθόντος αὐτοῦ εἰς τὸ ἱερὸν προσῆλθον
Mk 11.27	περιπατοῦντος αὐτοῦ ἔρχονται
L 20. 1	διδάσκοντος αὐτοῦ τὸν λαὸν ἐν τῷ ἱερῷ καὶ εὐαγγελιζομένου ἐπέστησαν

M 21.23	αὐτῷ διδάσκοντι οἱ ἀρχιερεῖς καὶ οἱ πρεσβύτεροι
Mk 11.27	πρὸς αὐτὸν οἱ ἀρχιερεῖς καὶ οἱ γραμματεῖς καὶ οἱ πρεσβύτεροι
L 20. 1	οἱ ἀρχιερεῖς καὶ οἱ γραμματεῖς σὺν τοῖς πρεσβυτέροις,

M 21.23	τοῦ λαοῦ λέγοντες, Ἐν ποίᾳ ἐξουσίᾳ ταῦτα ποιεῖς;
Mk 11.28	καὶ ἔλεγον αὐτῷ, Ἐν ποίᾳ ἐξουσίᾳ ταῦτα ποιεῖς;
L 20. 2	καὶ εἶπαν λέγοντες πρὸς αὐτόν, Εἰπὸν ἡμῖν ἐν ποίᾳ ἐξουσίᾳ ταῦτα ποιεῖς,

M 21.24	καὶ τίς σοι ἔδωκεν τὴν ἐξουσίαν ταύτην; ἀποκριθεὶς δὲ ὁ
Mk 11.29	ἢ τίς σοι ἔδωκεν τὴν ἐξουσίαν ταύτην ἵνα ταῦτα ποιῇς; ὁ δὲ
L 20. 3	ἢ τίς ἐστιν ὁ δούς σοι τὴν ἐξουσίαν ταύτην. ἀποκριθεὶς δὲ

M 21.24	Ἰησοῦς εἶπεν αὐτοῖς, Ἐρωτήσω ὑμᾶς κἀγὼ λόγον ἕνα,
Mk 11.29	Ἰησοῦς εἶπεν αὐτοῖς, Ἐπερωτήσω ὑμᾶς ἕνα λόγον,
L 20. 3	εἶπεν πρὸς αὐτούς, Ἐρωτήσω ὑμᾶς κἀγὼ λόγον,

M 21.23	ελθοντος αυτου..οι πρεσβυτεροι του λαου λεγοντες ..και τις	ℵBDLΘ 1.13.1582
	ελθοντος αυτου..οι πρεσβυτεροι του λαου λεγοντες ..η τις	C
	ελθοντι αυτω ..οι πρεσβυτεροι του λαου λεγοντες ..και τις	EFGWY^{c}Π 28.565
	εισελθοντι αυτω ..οι πρεσβυτεροι του λαου λεγοντες ..και τις	K
	ελθοντι αυτω .. πρεσβυτεροι του λαου λεγοντες ..και τις	Y*
Mk 11.27	οι πρεσβυτεροι .. ..η τις	ℵBCLWΘ
	οι πρεσβυτεροι .. ..και τις	AYΠ 28.565
	οι πρεσβυτεροι του λαου.. ..	D
	.. ..και τις	1.1582
L 20. 2	και ειπαν λεγοντες..ειπον ημιν..η τις	ℵ^{c}BL
	και ειπαν λεγοντες.. ..η τις	ℵ*
	και ειπον .. ..η τις	C
	και ειπον ..ειπε ημιν..και τις	D
	λεγοντες..ειπον ημιν..η τις	1.1582

M 21.24	αποκριθεις δε ο Ιησους.. ερωτησω υμας καγω λογον ενα	BEGKWYΘΠ 1.565.1582
	αποκριθεις δε ο Ιησους.. ερωτησω υμας και εγω λογον ενα	ℵ
	αποκριθεις δε ο Ιησους.. ερωτησω υμας καγω ενα λογον	CF 28
	αποκριθεις δε ο Ιησους..επερωτησω υμας καγω ενα λογον	D
	αποκριθεις ο Ιησους.. ερωτησω υμας καγω λογον ενα	L
	αποκριθεις δε ο Ιησους.. ερωτισω υμας και εγω λογον ενα	13
Mk 11.29	επερωτησω υμας ενα λογον	BCL
	..επερωτησω υμας καγω ενα λογον	ℵ
	αποκριθεις.. ..επερωτησω καγω υμας ενα λογον	AYΠ 565
	αποκριθεις.. ..επερωτησω υμας καγω ενα λογον	D
	αποκριθεις.. ..επερωτω υμας καγω ενα λογον	W
	αποκριθεις.. ..επερωτησω υμας λογον ενα	Θ
	αποκριθεις.. ..επερωτησω υμας καγω λογον ενα	1.1582
	αποκριθεις.. ..επερωτισω υμας καγω λογον ενα	28
L 20. 3	αποκριθεις δε .. ερωτησω υμας καγω λογον	ℵBLW
	αποκριθεις δε .. ερωτησω υμας καγω λογον ενα	A 28
	αποκριθεις δε ο Ιησους.. ερωτησω υμας καγω ενα λογον	CΘ
	αποκριθεις δε ..επερωτησω υμας καγω ενα λογον	DY
	αποκριθεις δε ..επερωτησω υμας και εγω λογον	1.1582

M 21.23 - J 2.18; Ac 4.7

a. The Authority of Jesus Matthew 21.23-27

M 21.24 ὃν ἐὰν εἴπητέ μοι κἀγὼ ὑμῖν ἐρῶ ἐν ποίᾳ ἐξουσίᾳ ταῦτα ποιῶ·
Mk 11.29 καὶ ἀποκρίθητέ μοι, καὶ ἐρῶ ὑμῖν ἐν ποίᾳ ἐξουσίᾳ ταῦτα ποιῶ·
L 20. 3 καὶ εἴπατέ μοι·

M 21.25 τὸ βάπτισμα τὸ Ἰωάννου πόθεν ἦν; ἐξ οὐρανοῦ ἢ ἐξ ἀνθρώπων;
Mk 11.30 τὸ βάπτισμα τὸ Ἰωάννου ἐξ οὐρανοῦ ἦν ἢ ἐξ ἀνθρώπων; ἀποκρίθητέ
L 20. 4 Τὸ βάπτισμα Ἰωάννου ἐξ οὐρανοῦ ἦν ἢ ἐξ ἀνθρώπων;

M 21.25 οἱ δὲ διελογίζοντο ἐν ἑαυτοῖς λέγοντες, Ἐὰν εἴπωμεν, Ἐξ οὐρανοῦ,
Mk 11.31 μοι. καὶ διελογίζοντο πρὸς ἑαυτοὺς λέγοντες, Ἐὰν εἴπωμεν, Ἐξ οὐρανοῦ,
L 20. 5 οἱ δὲ συνελογίσαντο πρὸς ἑαυτοὺς λέγοντες ὅτι Ἐὰν εἴπωμεν, Ἐξ οὐρανοῦ,

M 21.25 ἐρεῖ ἡμῖν, Διὰ τί οὖν οὐκ ἐπιστεύσατε αὐτῷ;
Mk 11.31 ἐρεῖ, Διὰ τί οὖν οὐκ ἐπιστεύσατε αὐτῷ;
L 20. 5 ἐρεῖ, Διὰ τί οὐκ ἐπιστεύσατε αὐτῷ;

M 21.24 ον εαν ειπητε .. καγω υμιν ερω BCD^{c}EFGKYΘΠ 1.28.1582
ον εαν ειπητε .. και εγω υμιν ερω ℵ 13
εαν ειπητε .. καγω υμιν ερω D*
ο εαν ειπιτε .. καγω υμιν ερω L
ον εαν ειπηται .. καγω υμιν ερω W
ον εαν ειπητε .. καγω υμας ερω 565
Mk 11.29 και ερω υμιν ℵ*ABCLWYΘΠ 1.28.565.1582
καγω ερω υμιν ℵ^{c}
και εγω λεγω υμιν D
καγω υμιν ερω L
L 20. 3 και ειπατε ℵABCLWYΘ 1.28.1582
ον ειπατε D

M 21.25 το Ιωαννου ποθεν ην εξ ουρανου..εν εαυτοις..ειπωμεν..ημιν..τι ουν..επιστευσατε
το Ιωαννου ποθεν η εξ ουρανου..παρ εαυτοις..ειπωμεν..ημιν..τι ουν..επιστευσατε ℵ*
το Ιωαννου ποθεν ην εξ ουρανου..παρ εαυτοις..ειπωμεν..ημιν..τι ουν..επιστευσατε ℵ^{c}C 1582
το Ιωανου ποθεν ην εξ ουρανου..εν εαυτοις..ειπωμεν..ημιν..τι ουν..επιστευσατε B
Ιωαννου ποθεν ην εξ ουρανου..παρ εαυτοις..ειπωμεν.ημειν..τι ..επιστευσατε D
Ιωανου ποθεν ην εξ ουρανου..παρ εαυτοις..ειπωμεν..ημιν..τι ουν..επιστευσατε E*
Ιωαννου ποθεν ην εξ ουρανου..παρ εαυτοις..ειπωμεν..ημιν..τι ουν..επιστευσατε E^{c}FGKY^{c}ΘΠ
Ιωαννου ποθεν ην εξ ουρανου..εν αυτοις..ειπωμεν..ημιν..τι .αιπιστευσατε L |565
Ιωαννου ποθεν ην εξ ουρανου..παρ εαυτοις..ειπωμεν..ημιν..τι ουν..επιστευσαται W
Ιωαννου ποθεν ην εξ ουρανου..παρ εαυτοις..ειπομεν..ημιν..τι ουν..επιστευσατε Y*
του Ιωαννου ποθεν ην εξ ουρανου..παρ εαυτοις..ειπωμεν..ημιν..τι ουν..επιστευσατε 1.
Ιωαννου ποθεν ην εξ ουρανου..παρ εαυτοις..ειπωμεν..υμιν..τι ουν..επιστευσατε 13
Ιωαννου ποθεν εστιν εξ ουρανου..παρ εαυτοις..ειπομεν..ημιν..τι ..επιστευσατε 28
Mk 11.30 το Ιωαννου εξ ουρανου ην.. .. ..τι ουν
το Ιωαννου ποθεν ην εξ ουρανου.. .. ..τι ουν ℵC^{c}
το Ιωαννου εξ ουρανου ην.. .. ..τι A
το Ιωανου εξ ουρανου.. .. ..τι ουν B
το Ιωαννου ποθεν ην εξ ουρανου.. .. ..τι C*
το Ιωαννου εξ ουρανων ην.. .υμειν..τι ουν D
το Ιωαννου εξ ουρανου.. .. ..τη L
Ιωαννου απ ουρανου ην.. ..ημιν..τι W
Ιωαννου εξ ουρανου ην.. .. ..τι ουν YΠ
το Ιωαννου εξ ουρανου ην.. ..υμιν..τι ουν Θ
Ιωαννου απ ουρανου ην.. ..ημιν..τι ουν 1.1582
Ιωαννου εξ ουρανου ην.. .. ..τι 28
Ιωαννου εξ ουρανου ην.. ..ημιν..τι 565
L 20. 4 Ιωαννου.. ειπωμεν ..τι WY^{c}Θ 28
το Ιωαννου.. ειπωμεν ..τι ℵL
Ιωαννου.. ειπωμεν ..τι ουν AC 1.
Ιωανου .. ειπωμεν ..τι B
το Ιωανου .. ειπωμεν ..τι ουν D
Ιωαννου.. ειπομεν ..τι Y*

M 21.25 - J 1.6, 25, 33; M 21.32; L 7.30; Ac 5.38f

a. The Authority of Jesus Matthew 21.23-27

M 21.26 ἐὰν δὲ εἴπωμεν, Ἐξ ἀνθρώπων, φοβούμεθα τὸν ὄχλον, πάντες
Mk 11.32 ἀλλὰ εἴπωμεν, Ἐξ ἀνθρώπων;---ἐφοβοῦντο τὸν ὄχλον, ἅπαντες
L 20. 6 ἐὰν δὲ εἴπωμεν, Ἐξ ἀνθρώπων, ὁ λαὸς ἅπας καταλιθάσει

M 21.26 γὰρ ὡς προφήτην ἔχουσιν
Mk 11.32 γὰρ εἶχον τὸν Ἰωάννην ὄντως ὅτι προφήτης ἦν.
L 20. 6 ἡμᾶς, πεπεισμένος γάρ ἐστιν Ἰωάννην προφήτην εἶναι.

M 21.27 τὸν Ἰωάννην. καὶ ἀποκριθέντες τῷ Ἰησοῦ εἶπαν, Οὐκ οἴδαμεν.
Mk 11.33 καὶ ἀποκριθέντες τῷ Ἰησοῦ λέγουσιν, Οὐκ οἴδαμεν.
L 20. 7 καὶ ἀπεκρίθησαν μὴ εἰδέναι πόθεν.

M 21.27 ἔφη αὐτοῖς καὶ αὐτός, Οὐδὲ ἐγὼ λέγω ὑμῖν ἐν ποίᾳ ἐξουσίᾳ
Mk 11.33 καὶ ὁ Ἰησοῦς λέγει αὐτοῖς, Οὐδὲ ἐγὼ λέγω ὑμῖν ἐν ποίᾳ ἐξουσίᾳ
L 20. 7 καὶ ὁ Ἰησοῦς εἶπεν αὐτοῖς, Οὐδὲ ἐγὼ λέγω ὑμῖν ἐν ποίᾳ ἐξουσίᾳ

M 21.27 ταῦτα ποιῶ.
Mk 11.33 ταῦτα ποιῶ.
L 20. 8 ταῦτα ποιῶ.

b. The Two Sons

Matthew 21.28-32

M 21.28 Τί δὲ ὑμῖν δοκεῖ; ἄνθρωπος εἶχεν τέκνα δύο. καὶ προσελθὼν τῷ πρώτῳ
M 21.29 εἶπεν, Τέκνον, ὕπαγε σήμερον ἐργάζου ἐν τῷ ἀμπελῶνι. ὁ δὲ ἀποκριθεὶς

M 21.26 εαν δε..ανθρωπων φοβουμεθα.. παντες..ως προφητην εχουσιν τον Ιωαννην ℵCL
εαν δε..ανθρωπων φοβουμεθα.. παντες..ως προφητην εχουσιν τον Ιωανην B
εαν δε..ανθρωπων φοβουμεθα.. παντες..εχουσιν τον Ιωαννην ως προφητην DEFGYΘΠ 13.28.565
εαν δε..ανθρωπων φοβουμεθα.. παντες..εχουσιν τον Ιωαννην ος προφητην K
εαν δε..ανθρωπου φοβουμεθα.. παντες..εχουσιν τον Ιωαννην ως προφητην W
εαν δε..ανθρωπων φοβουμεθα.. παντες..ειχον τον Ιωαννην ως προφητην 1.1582
Mk 11.32 αλλα .. ..εφοβουντο ..απαντες ℵ^c AB
αλλα .. ..εφοβουντο .. παντες ℵ*C
εαν .. .. φοβουμεν .. παντες D
αλλ εαν.. .. φοβουμεθα.. παντες WΘ 28
αλλ .. ..εφοβουντο .. παντες 1.1582
εαν δε.. .. φοβουμεθα.. παντες 565
L 20. 6 ανθρωπων ℵABCDLYΘ 1.28
ανθρωπου W

M 21.27 ειπαν .. και αυτος ουδε εγω λεγω υμιν DΘ
ειπαν .. ο Ιησους ουδε εγω λεγω υμιν ℵ
ειπον .. και αυτος ουδε εγω λεγω υμιν BCEFGKLY 1.28.565.1582
ειπον .. και αυτος ουδε εγω υμιν λεγω WΠ 13

M 21.28 τι δε ..ανθρωπος ..τεκνα δυο και προσελθων..εν τω αμπελωνι ℵ^c KΠ* 565
τι δε ..ανθρωπος ..τεκνα δυο προσελθων..εν τω αμπελωνι ℵ*L
τι δε ..ανθρωπος ..δυο τεκνα και προσελθων..εν τω αμπελωνι B
τι δε ..ανθρωπος τις..τεκνα δυο και προσελθων..εν τω αμπελωνι C*
τι δε ..ανθρωπος τις..τεκνα δυο και προσελθων..εν τω αμπελωνι μου C^c
τι δε ..ανθρωπος ..τεκνα δυο και προσελθων..εις το αμπελωνα D*
τι δε ..ανθρωπος ..τεκνα δυο και προσελθων..εις τον αμπελωνα D^c
τι δε ..ανθρωπος ..τεκνα δυο και προσελθων..εν τω αμπελωνι μου FGWΠ^c 28
τι ..ανθρωπος ..τεκνα δυο και προσελθων..εν τω αμπελωνι Y
τι ..ανθρωπος τις..τεκνα δυο και προσελθων..εν τω αμπελωνι Θ 13
τι δαι..ανθρωπος τις..τεκνα δυο και προσελθων..εν τω αμπελωνι 1.1582

M 21.26 - M 14.5; 21.46; Mk 12.12; L 20.19; 22.2; Ac 5.26 | M 21.28 - L 15.11; M 20.1

b. The Two Sons Matthew 21.28-32

M 21.30 εἶπεν, Οὐ θέλω, ὕστερον δὲ μεταμεληθεὶς ἀπῆλθεν. προσελθὼν δὲ τὸ ἑτέρῳ
M 21.30 εἶπεν ὡσαύτως. ὁ δὲ ἀποκριθεὶς εἶπεν, Ἐγώ, κύριε· καὶ οὐκ ἀπῆλθεν.
M 21.31 τίς ἐκ τῶν δύο ἐποίησεν τὸ θέλημα τοῦ πατρός; λέγουσιν, Ὁ πρῶτος.

M 21.31 λέγει αὐτοῖς ὁ Ἰησοῦς, Ἀμὴν λέγω ὑμῖν ὅτι οἱ τελῶναι καὶ αἱ πόρναι
L 7.29 Καὶ πᾶς ὁ λαὸς ἀκούσας καὶ οἱ τελῶναι

M 21.32 προάγουσιν ὑμᾶς εἰς τὴν βασιλείαν τοῦ θεοῦ. ἦλθεν γὰρ Ἰωάννης πρὸς
L 7.29 ἐδικαίωσαν τὸν θεόν, βαπτισθέντες τὸ βάπτισμα Ἰωάννου·

M 21.32 ὑμᾶς ἐν ὁδῷ δικαιοσύνης, καὶ οὐκ ἐπιστεύσατε αὐτῷ·
L 7.30 οἱ δὲ Φαρισαῖοι καὶ οἱ νομικοὶ τὴν βουλὴν τοῦ θεοῦ ἠθέτησαν εἰς ἑαυτούς,

M 21.32 οἱ δὲ τελῶναι καὶ αἱ πόρναι ἐπίστευσαν αὐτῷ· ὑμεῖς δὲ ἰδόντες οὐδὲ

M 21.32 μετεμελήθητε ὕστερον τοῦ πιστεῦσαι αὐτῷ.
L 7.30 μὴ βαπτισθέντες ὑπ᾽ αὐτοῦ.

M 21.29 ου θελω υστερον δε μεταμεληθεις απηλθεν ℵ^{c}CEFGKLWYΠ 1.28.565.1582
ου θελω υστερον μεταμεληθεις απηλθεν ℵ*
εγω κυριε και ουκ απηλθεν B
ου θελω υστερον δε μεταμεταμεληθεις απηλθεν εις τον αμπελωνα D*
ου θελω υστερον δε μεταμεληθεις απηλθεν εις τον αμπελωνα D^{c}
υπαγω και ουκ απηλθον Θ
υπαγω κυριε και ουκ απηλθον 13

M 21.30
προσελθων δε. ετερω.ωσαυτως ο δε αποκριθεις ειπεν εγω κυριε και ουκ απηλθεν
προσελθων δε. ετερω.ωσαυτως εγω κυριε και ουκ απηλθεν ℵ*
προσελθων δε.δευτερω.ωσαυτως ο δε αποκριθεις ειπεν εγω κυριε και ουκ απηλθεν ℵ^{c}L 1.1582
προσελθων δε.δευτερω.ωσαυτως ο δε αποκριθεις ειπεν ου θελω υστερον μεταμεληθεις απηλθεν B
και προσελθων. ετερω.ωσαυτως ο δε αποκριθεις ειπεν εγω κυριε και ουκ απηλθεν C*EFGWYΠ
και προσελθων.δευτερω.ωσαυτως ο δε αποκριθεις ειπεν εγω κυριε και ουκ απηλθεν C^{c}28 |565
προσελθων δε. ετερω.ωσαυτως ο δε αποκριθεις ειπεν εγω κυριε υπαγω και ουκ απηλθεν D
και προσελθων. ετερω.ωσαυτω ο δε αποκριθεις ειπεν εγω κυριε και ουκ απηλθεν K
προσελθον δε. ετερω.ωσαυτως ο δε αποκριθεις ειπεν ου θελω υστερον δε μεταμελληθεις απηλθεν Θ
προσελθον δε. ετερω.ωσαυτως ο δε αποκριθεις ειπεν ου θελω υστερον δε μεταμεληθεις απηλθεν 13

M 21.31 δυο εποιησεν το θελημα του πατρος λεγουσιν ο πρωτος ..οτι ℵ^{c}L
δυο εποιησεν το θελημα του πατρος λεγουσιν ο πρωτος .. ℵ*
δυο εποιησεν το θελημα του πατρος λεγουσιν ο υστερος ..οτι B
δυο εποιησεν το θελημα του πατρος λεγουσιν αυτω ο πρωτος ..οτι CEFGKWYΠ 1.28.565.1582
δυω το θελημα του πατρος εποιησεν λεγουσιν ο αισχατος ..οτι D
δυο εποιησεν το θελημα του πατρος λεγουσιν ο εσχατος ..οτι Θ 13

M 21.31 εις την βασιλειαν του θεου ℵBCDEFGKLWYΘΠ^{c} 1.565.|1582
εις την βασιλειαν του θεου ηλθεν γαρ προς υμας εις την βασιλειαν του θεου Π*
εις την βασιλειαν των ουρανων 13
εν τη βασιλεια του θεου 28

M 21.32 Ιωαννης προς υμας εν οδω δικαιοσυνης .. ουκ επιστευσατε ℵC
Ιωανης προς υμας εν οδω δικαιοσυνης .. ουκ επιστευσατε B
προς υμας Ιωαννης εν οδω δικαιοσυνης .. ουκ επιστευσαται D
προς υμας Ιωαννης εν οδω δικαιοσυνης .. ουκ επιστευσατε EFGKW^{c}YΠ 1.13.565.1582
Ιωαννης προς υμας εν οδω δικαιοσυνης .. ουκ αιπιστευσαται L
προς υμας Ιωαννης εν οδω δικαιοσυνης .. επιστευσατε W*
προς υμας Ιωαννης εν οδω δικαιωσυνης .. ουκ επιστευσατε Θ
προς υμας Ιωαννης .. ουκ επιστευσατε 28

M 21.32 οι δε τελωναι και αι πορναι επιστευσαν αυτω ℵBCDEKLWYΘΠ 1.13.28.565.1582
οι τελωναι και αι πορναι επιστευσαν αυτω F
omit G

M 21.32 ουδε μετεμεληθητε υστερον του πιστευσαι αυτω B 1.13.1582
ου μετεμεληθητε υστερον του πιστευσαι αυτω ℵCE^{c}FGKYΠ 565
μετεμεληθητε υστερον του πιστευσαι αυτω D
ου μετεμεληθηται υστερον του πιστευσαι αυτω E*L
ου μετεμεληθηται υστερον τω πιστευσαι αυτω W
ουδε μετεμεληθητε υστερον πιστευσαι εν αυτω Θ
ου μετεμεληθητε του πιστευσαι εις αυτο υστερον αυτω 28

M 12.29 - M 7.21; L 6.46 | M 12.31 - L 7.36-50; 18.14 | M 21.32 - M 21.25; L 3.12; J 7.48; 2 P 2.21

c. The Wicked Tenants

Matthew 21.33-46

M 21.33 Ἄλλην παραβολὴν ἀκούσατε.
Mk 12. 1 Καὶ ἤρξατο αὐτοῖς ἐν παραβολαῖς λαλεῖν, Ἀμπελῶνα
L 20. 9 Ἤρξατο δὲ πρὸς τὸν λαὸν λέγειν τὴν παραβολὴν ταύτην·

M 21.33 Ἄνθρωπος ἦν οἰκοδεσπότης ὅστις ἐφύτευσεν ἀμπελῶνα καὶ
Mk 12. 1 ἄνθρωπος ἐφύτευσεν, καὶ περιέθηκεν
L 20. 9 Ἄνθρωπός τις ἐφύτευσεν ἀμπελῶνα,

M 21.33 φραγμὸν αὐτῷ περιέθηκεν καὶ ὤρυξεν ἐν αὐτῷ ληνὸν καὶ ᾠκοδόμησεν πύργον,
Mk 12. 1 φραγμὸν καὶ ὤρυξεν ὑπολήνιον καὶ ᾠκοδόμησεν πύργον,

M 21.34 καὶ ἐξέδετο αὐτὸν γεωργοῖς, καὶ ἀπεδήμησεν. ὅτε δὲ ἤγγισεν
Mk 12. 2 καὶ ἐξέδετο αὐτὸν γεωργοῖς, καὶ ἀπεδήμησεν. καὶ
L 20.10 καὶ ἐξέδοτο αὐτὸν γεωργοῖς, καὶ ἀπεδήμησεν χρόνους ἱκανούς. καὶ

M 21.34 ὁ καιρὸς τῶν καρπῶν, ἀπέστειλεν τοὺς δούλους
Mk 12. 2 ἀπέστειλεν πρὸς τοὺς γεωργοὺς τῷ καιρῷ δοῦλον,
L 20.10 καιρῷ ἀπέστειλεν πρὸς τοὺς γεωργοὺς δοῦλον,

M 21.34 αὐτοῦ πρὸς τοὺς γεωργοὺς λαβεῖν τοὺς καρποὺς αὐτοῦ.
Mk 12. 2 ἵνα παρὰ τῶν γεωργῶν λάβῃ ἀπὸ τῶν καρπῶν τοῦ ἀμπελῶνος·
L 20.10 ἵνα ἀπὸ τοῦ καρποῦ τοῦ ἀμπελῶνος δώσουσιν αὐτῷ·

M 21.35 καὶ λαβόντες οἱ γεωργοὶ τοὺς δούλους αὐτοῦ ὃν μὲν ἔδειραν,
Mk 12. 3 καὶ λαβόντες αὐτὸν ἔδειραν
L 20.10 οἱ δὲ γεωργοὶ ἐξαπέστειλαν αὐτὸν δείραντες

Mk 12. 4 καὶ ἀπέστειλαν κενόν. καὶ πάλιν ἀπέστειλεν πρὸς αὐτοὺς ἄλλον δοῦλον·
L 20.11 κενόν. καὶ προσέθετο ἕτερον πέμψαι δοῦλον·

M 21.35 ὃν δὲ ἀπέκτειναν, ὃν δὲ ἐλιθοβόλησαν.
Mk 12. 5 κἀκεῖνον ἐκεφαλίωσαν καὶ ἠτίμασαν. καὶ
L 20.12 οἱ δὲ κἀκεῖνον δείραντες καὶ ἀτιμάσαντες ἐξαπέστειλαν κενόν. καὶ

M 21.33 ακουσατε ανθρωπος ..εφυτευσεν..περιεθηκεν..εν αυτω..εξεδετο C
ακουσατε ανθρωπος ..εφυτευσεν..περιεθηκεν.. αυτω..εξεδετο ℵ*
ακουσατε ανθρωπος ..εφυτευσεν..περιεθηκεν..εν αυτω..εξεδοτο ℵ^{c}B^{c}DWYΠ 1.13.565.1582
ακουσατε ανθρωπος ..εφυτευσεν..περιεθηκεν..εν αυτω..εξεδετε B*
ακουσατε ανθρωπος της..εφυτευσεν..περιεθηκεν..εν αυτω..εξεδετο C^c
ακουσατε ανθρωπος τις..εφυτευσεν..περιεθηκεν..εν αυτω..εξεδοτω E
ακουσατε ανθρωπος τις.. υτευσεν..περιεθηκεν..εν αυτω..εξεδοτο F*
ακουσατε ανθρωπος τις.. φυτευσεν..περιεθηκεν..εν αυτω..εξεδοτο F^c
ακουσατε ανθρωπος τις..εφυτευσεν..περιεθηκεν..εν αυτω..εξεδο G*
ακουσατε ανθρωπος τις..εφυτευσεν..περιεθηκεν..εν αυτω..εξεδτο G^c
ακουσατε ανθρωπος ..εφυτευσεν..περιεθηκαν..εν αυτω..εξεδοτο K
ακουσαταται ανθρωπος ..εφυτευσεν..περιεθηκεν..εν αυτω..εξεδοτο L
ακουσαται ανθρωπος ..εφυτευσεν..περιεθηκεν..εν αυτω..εξεδοτο Θ*
ακουσαται ανθρωπος τις..εφυτευσεν..περιεθηκεν..εν αυτω..εξεδοτο Θ^c
ακουσατε ανθρωπος τις..εφυτευσεν..περιεθηκεν..εν αυτω..εξεδοτο 28
Mk 12. 1 ανθρωπος .. ..εξεδετο ℵCL
ανθρωπος .. ..εξεδοτο ABDYΠ 1.28.1582
ανθρωπος τις.. ..εξεδοτο W 565
ανθρωπος τις.. ..εξεδετο Θ
L 12. 9 ανθρωπος τις.. ..εξεδοτο AWΘ
ανθρωπος .. ..εξεδετο ℵ*B*CL
ανθρωπος .. ..εξεδοτο ℵ^{c}B^{c}DY 1.28
M 21.34 οτε δε .. τους καρπους ℵBCDEFGKLWYΘΠ 1.28.565.1582
ο δε .. τους καρπους 13
Mk 12. 2 απο των καρπων ℵBCL
απο του καρπου ADWYΠ 1.28.565.1582
τους καρπους Θ
M 21.35 τους δουλους .. ον δε ℵBCD^{c}EFGLWYΘΠ 1.13.28.565.1582
τους δουλους .. ο δε D*
τoὺ δουλους .. ον δε K

M 21.33 - Is 5.1f; 27.2; M 20.1ff | M 21.35 - M 22.6

c. The Wicked Tenants Matthew 21.33-46

M 21.36 πάλιν ἀπέστειλεν ἄλλους δούλους
Mk 12. 5 ἄλλον ἀπέστειλεν, κἀκεῖνον ἀπέκτειναν, καὶ πολλοὺς ἄλλους,
L 20.12 προσέθετο τρίτον πέμψαι·

M 21.36 πλείονας τῶν πρώτων, καὶ ἐποίησαν αὐτοῖς ὡσαύτως.
Mk 12. 5 οὓς μὲν δέροντες οὓς δὲ ἀποκτέννοντες.
L 20.13 οἱ δὲ καὶ τοῦτον τραυματίσαντες ἐξέβαλον. εἶπεν δὲ ὁ

M 21.37 ὕστερον δὲ ἀπέστειλεν πρὸς αὐτοὺς
Mk 12. 6 ἔτι ἕνα εἶχεν, υἱὸν ἀγαπητόν· ἀπέστειλεν αὐτὸν ἔσχατον πρὸς αὐτοὺς
L 20.13 κύριος τοῦ ἀμπελῶνος, Τί ποιήσω; πέμψω

M 21.37 τὸν υἱὸν αὐτοῦ λέγων, Ἐντραπήσονται τὸν υἱόν μου.
Mk 12. 6 λέγων ὅτι Ἐντραπήσονται τὸν υἱόν μου.
L 20.13 τὸν υἱόν μου τὸν ἀγαπητόν· ἴσως τοῦτον ἐντραπήσονται.

M 21.38 οἱ δὲ γεωργοὶ ἰδόντες τὸν υἱὸν εἶπον ἐν ἑαυτοῖς,
Mk 12. 7 ἐκεῖνοι δὲ οἱ γεωργοὶ πρὸς ἑαυτοὺς εἶπαν
L 20.14 ἰδόντες δὲ αὐτὸν οἱ γεωργοὶ διελογίζοντο πρὸς ἀλλήλους

M 21.38 Οὗτός ἐστιν ὁ κληρονόμος· δεῦτε ἀποκτείνωμεν αὐτὸν καὶ
Mk 12. 7 ὅτι Οὗτός ἐστιν ὁ κληρονόμος· δεῦτε ἀποκτείνωμεν αὐτόν, καὶ ἡμῶν
L 20.14 λέγοντες, Οὗτός ἐστιν ὁ κληρονόμος· ἀποκτείνωμεν αὐτόν, ἵνα ἡμῶν

M 21.39 σχῶμεν τὴν κληρονομίαν αὐτοῦ. καὶ λαβόντες αὐτὸν
Mk 12. 8 ἔσται ἡ κληρονομία. καὶ λαβόντες ἀπέκτειναν αὐτόν, καὶ
L 20.15 γένηται ἡ κληρονομία. καὶ

M 21.40 ἐξέβαλον ἔξω τοῦ ἀμπελῶνος καὶ ἀπέκτειναν. ὅταν οὖν ἔλθῃ ὁ
Mk 12. 8 ἐξέβαλον αὐτὸν ἔξω τοῦ ἀμπελῶνος.
L 20.15 ἐκβαλόντες αὐτὸν ἔξω τοῦ ἀμπελῶνος ἀπέκτειναν.

M 21.36 παλιν .. αλλους .. πλειονας ℵ^c BCEFKYΘΠ 1.13.28.565.1582
και παλιν .. αλλους .. πλειονας ℵ*
παλιν ουν .. αλλους .. πλιονας D
παλιν .. αλους .. πλειονας G
παλιν .. αλλους .. πλιονας LW
Mk 12. 5 και αλλον .. ℵBCDL
και παλιν αλλον .. AWYΘΠ 1.28.565.1582
M 21.37 υστερον δε .. προς αυτους .. λεγων ℵBCEFGKLWYΘΠ 1.13.565.1582
υστερον δε .. αυτοις .. λεγων D
υστερον δε παντων .. .. λεγων 28
Mk 12. 6 ετι ενα .. .. λεγων οτι ℵB 1.1582
ετι ενα .. .. λεγων L
υστερον δε ενα .. .. λεγων W
υστερον δε ενα .. .. λεγων οτι Θ
υστερον δε ετι ενα .. .. λεγων οτι 28
υστερον δε ετι .. .. λεγων οτι 565
M 21.38 οι δε..εν εαυτοις..κληρονομος δευτε.. σχωμεν την κληρονομιαν αυτου ℵB^c D
οι δε..εν εαυτος ..κληρομος δευτε.. σχωμεν την κληρονομιαν αυτου B*
οι δε..εν εαυτοις..κληρονομος δευτε..κατασχωμεν την κληρονομιαν αυτου CEFGKWYΠ 13.
οι δε..εν αυτοις..κληρονομος δευτε.. σχωμεν την κληρονομιαν αυτου L |28.565
οι δε..εν εν εαυτοις..κληρονομος δευτε.. σχομεν την κληρονομιαν αυτου Θ
οι δε..εν εαυτοις..κληρονομος δευτε.. σχωμεν αυτου την κληρονομιαν 1.1582
Mk 12. 7 εκεινοι δε οι ℵABCLWYΘΠ 1.28.565.1582
οι δε D
L 20.14 κληρονομος ABW 1.
κληρονομος δευτε ℵCDLYΘ 28
M 21.39 λαβοντες αυτον εξεβαλον εξω του αμπελωνος και απεκτειναν BCEFGKLYΠ 1.13.28.565.1582
λαβοντες αυτον εβαλον εξω του αμπελωνος και απεκτειναν ℵ
λαβοντες αυτον απεκτειναν και εξεβαλαν εξω του αμπελωνος D
λαβοντες αυτον εξεβαλον εξω του αμπελωνος και απεκτιναν W
λαβοντες απεκτηναν αυτον και εξεβαλον εξω του αμπελωνος Θ
L 20.15 εκβαλοντες αυτον.. απεκτειναν ℵABDWYΘ 1.
λαβοντες αυτον εξεβαλον .. και απεκτειναν C
λαβοντες αυτον .. απεκτειναν L

M 21.36 - M 22.4; 2 Chr 36.15 | M 21.38 - L 19.14; J 1.11; He 1.1f | M 21.39 - He 13.12f

M 21.41	κύριος τοῦ ἀμπελῶνος, τί ποιήσει τοῖς γεωργοῖς ἐκείνοις; λέγουσιν
Mk 12. 9	τί οὖν ποιήσει ὁ κύριος τοῦ ἀμπελῶνος;
L 20.15	τί οὖν ποιήσει αὐτοῖς ὁ κύριος τοῦ ἀμπελῶνος;

M 21.41	αὐτῷ, Κακοὺς κακῶς ἀπολέσει αὐτούς, καὶ τὸν ἀμπελῶνα
Mk 12. 9	ἐλεύσεται καὶ ἀπολέσει τοὺς γεωργούς, καὶ
L 20.16	ἐλεύσεται καὶ ἀπολέσει τοὺς γεωργοὺς τούτους, καὶ

M 21.41	ἐκδώσεται ἄλλοις γεωργοῖς, οἵτινες ἀποδώσουσιν αὐτῷ τοὺς
Mk 12. 9	δώσει τὸν ἀμπελῶνα ἄλλοις.
L 20.16	δώσει τὸν ἀμπελῶνα ἄλλοις. ἀκούσαντες δὲ εἶπαν, Μὴ γένοιτο.

M 21.42	καρποὺς ἐν τοῖς καιροῖς αὐτῶν. λέγει αὐτοῖς ὁ Ἰησοῦς, Οὐδέποτε
Mk 12.10	οὐδὲ
L 20.17	ὁ δὲ ἐμβλέψας αὐτοῖς εἶπεν, Τί οὖν

M 21.42	ἀνέγνωτε ἐν ταῖς γραφαῖς,
Mk 12.10	τὴν γραφὴν ταύτην ἀνέγνωτε,
L 20.17	ἐστιν τὸ γεγραμμένον τοῦτο·

M 21.42	Λίθον ὃν ἀπεδοκίμασαν οἱ οἰκοδομοῦντες,
Mk 12.10	Λίθον ὃν ἀπεδοκίμασαν οἱ οἰκοδομοῦντες,
L 20.17	Λίθον ὃν ἀπεδοκίμασαν οἱ οἰκοδομοῦντες,

M 21.42	οὗτος ἐγενήθη εἰς κεφαλὴν γωνίας·
Mk 12.10	οὗτος ἐγενήθη εἰς κεφαλὴν γωνίας·
L 20.17	οὗτος ἐγενήθη εἰς κεφαλὴν γωνίας;

M 21.42	παρὰ κυρίου ἐγένετο αὕτη,
Mk 12.11	παρὰ κυρίου ἐγένετο αὕτη,

M 21.42	καὶ ἔστιν θαυμαστὴ ἐν ὀφθαλμοῖς ἡμῶν;
Mk 12.11	καὶ ἔστιν θαυμαστὴ ἐν ὀφθαλμοῖς ἡμῶν;

M 21.43	διὰ τοῦτο λέγω ὑμῖν ὅτι ἀρθήσεται ἀφ' ὑμῶν ἡ βασιλεία τοῦ θεοῦ καὶ
M 21.43	δοθήσεται ἔθνει ποιοῦντι τοὺς καρποὺς αὐτῆς.

M 21.41	λεγουσιν .. απολεσει αυτους .. αμπελωνα εκδωσεται	ℵBDEFGKYΠ 1582
	λεγουσιν .. απολεσει αυτους .. αμπελωνα εκδωσει	C
	λεγουσιν .. αναλωσει αυτους .. αμπελωνα εκδωσεται	L
	λεγουσιν .. απολει αυτους .. αμπελωνα εκδωσεται	W
	λεγουσιν .. απολεσει .. απελωνα εκδωσεται	Θ
	λεγωσιν .. απολεσει αυτους .. αμπελωνα εκδωσεται	1.
	λεγουσιν .. απολεσει αυτους .. αμπελωνα εκδοσεται	13.565
	λεγουσιν .. απολεση αυτους .. αμπελωνα εκδωσεται	28

M 21.42	ανεγνωτε .. εγενηθη εις κεφαλην .. κυριου εγενετο .. οφθαλμοις ημων	ℵ[c]BCD[c]FGKY 565
	ανεγνωτε .. εγενηθη εις κεφαλην .. κυριω εγενετο .. οφθαλμοις ημων	ℵ*
	ανεγνωτε .. εγενηθη εις κεφαλην .. κυριου εγενετο .. οφθαλμοις υμων	D* 1.13.28.1582
	ανεγνωτε .. εγενηθη ει κεφαλην .. κυριου εγενετω .. οφθαλμοις ημων	E*
	ανεγνωτε .. εγενηθη εις κεφαλην .. κυριου εγενετω .. οφθαλμοις ημων	E[c]Θ
	ανεγνωται .. εγενηθη εις κεφαλην .. κυριου εγενετο .. οφαλμοις ημων	L
	ανεγνωται .. εγενηθη εις κεφαλην .. κυριου εγενετο .. οφθαλμοις ημων	W
	ανεγνωτε .. εγεννηθη εις κεφαλην .. κυριου εγενετο .. οφθαλμοις ημων	Π

M 21.43	οτι αρθησεται .. δοθησεται .. καρπους αυτης	B[c]CDEFGKWYΠ 1.13.1582
	αρθησεται .. δοθησεται .. καρκαρπους αυτου	ℵ*
	αρθησεται .. δοθησεται .. καρκαρπους αυτης	ℵ[c]
	αρθησεται .. δοθησεται .. καρπους αυτης	B* 28.565
	οτι αρθησεται .. δωθησεται .. καρπους αυτης	L
	αρθησεται .. δοθησετε .. καρπους αυτης	Θ

M 21. 42 - Ps 118.22f; Is 28.16; 8.14; L 9.22; Ac 4.11; R 9.33; 1 P 2.6-8

c. The Wicked Tenants Matthew 21.33-46

M 21.44 Καὶ ὁ πεσὼν ἐπὶ τὸν λίθον τοῦτον συνθλασθήσεται· ἐφ' ὃν δ' ἂν
L 20.18 πᾶς ὁ πεσὼν ἐπ' ἐκεῖνον τὸν λίθον συνθλασθήσεται· ἐφ' ὃν δ' ἂν

M 21.44 πέσῃ, λικμήσει αὐτόν.
L 20.18 πέσῃ, λικμήσει αὐτόν.

M 21.45 Καὶ ἀκούσαντες οἱ ἀρχιερεῖς καὶ οἱ Φαρισαῖοι τὰς παραβολὰς αὐτοῦ

M 21.45 ἔγνωσαν ὅτι περὶ αὐτῶν λέγει·
Mk 12.12b ἔγνωσαν γὰρ ὅτι πρὸς αὐτοὺς τὴν παραβολὴν εἶπεν.
L 20.19b ἔγνωσαν γὰρ ὅτι πρὸς αὐτοὺς εἶπεν τὴν παραβολὴν ταύτην.

M 21.46 καὶ ζητοῦντες αὐτὸν κρατῆσαι
Mk 12.12a Καὶ ἐζήτουν αὐτὸν κρατῆσαι,
L 20.19a Καὶ ἐζήτησαν οἱ γραμματεῖς καὶ οἱ ἀρχιερεῖς ἐπιβαλεῖν ἐπ' αὐτὸν τὰς

M 21.46 ἐφοβήθησαν τοὺς ὄχλους, ἐπεὶ εἰς προφήτην
Mk 12.12c καὶ ἐφοβήθησαν τὸν ὄχλον, |καὶ ἀφέντες αὐτὸν
L 20.19a χεῖρας ἐν αὐτῇ τῇ ὥρᾳ, καὶ ἐφοβήθησαν τὸν λαόν·

M 21.46 αὐτὸν εἶχον.
Mk 12.12c ἀπῆλθον.

d. The Marriage Feast

Matthew 22.1-14

L 14.15 Ακουσας δε τις των συνανακειμενων ταυτα ειπεν αυτω, Μακαριος οστις φαγεται αρτον
L 14.15 εν τη βασιλεια του θεου.

M 22. 1 Καὶ ἀποκριθεὶς ὁ Ἰησοῦς πάλιν εἶπεν ἐν παραβολαῖς αὐτοῖς λέγων,
L 14.16 ὁ δὲ εἶπεν αὐτῷ,

M 22. 2 Ὡμοιώθη ἡ βασιλεία τῶν οὐρανῶν ἀνθρώπῳ βασιλεῖ, ὅστις ἐποίησεν γάμους
L 14.16 Ἄνθρωπός τις ἐποίει δεῖπνον

M 21.44 verse ℵBCEFGKLWYΘΠ 1.13.28.565.1582 | M 21.44 και ο πεσων ℵBCEFGKLWY 1.13.28.565.1582
omit D | ο παισων Θ
ο πεσων Π

M 21.45 και ακουσαντες .. Φαρισαιοι BCDEFGKWYΘΠ 1.13.28.565.1582
ακουσαντες δε .. Φαρισαιοι ℵ
ακουσαντες δε .. Φασαιοι L

M 21.46 αυτον κρατησαι εφοβηθησαν τους οχλους επει εις προφητην ℵ^c BL 1.1582*
αυτον κρατησαι εφοβηθησαν τον οχλον επει εις προφητην ℵ*
αυτον κρατησαι εφοβηθησαν τον οχλον επειδη ως προφητην C
αυτον κρατησαι εφοβηθησαν τους οχλους επι ως προφην D
αυτον κρατησας εφοβηθησαν τους οχλους επειδη ως προφητην EFGWYΠ 28.565^sup
αυτον κρατησαι εφοβηθησαν τους οχλους επειδη ος προφητην K
αυτον κρατησαι εφοβηθησαν τους οχλους επι εις προφητην Θ
αυτων ποιησαι εφοβησαν τους οχλους επιδει ως προφητην 13
αυτον κρατησαι εφοβηθησαν τους οχλους επει ως προφητην 1582^c

M 22. 1 παλιν ειπεν εν παραβολαις αυτοις ℵ^c BDG 1.1582
παλιν ειπεν παραβολαις αυτοις ℵ*
παλιν ειπεν αυτοις εν παραβολαις KYΠ 13.28.565^sup
παλιν εν παραβολαις E
ειπεν αυτοις εν παραβολαις FW
παλιν ειπεν εν παραβολαις εαυτοι L
παλιν ειπεν εν παραβολαις Θ

M 22. 2 ωμοιωθη .. εποιησεν ℵBDEGKLYΠ 565^sup
ομοιωθη .. εποιησεν FW 13.28
ομοιωθη .. ποιων Θ 1.1582
L 14.16 εποιει P^75 ℵB 1.
εποιησεν ADLWY 28
εποιεισεν Θ

M 21.44 - Dn 2.34f, 44f | M 21.46 - M 14.5; 21.26; 16.14; 21.11; L 7.16; 24.19; J 4.19; 9.17

d. The Marriage Feast Matthew 22.1-14

M 22. 3 τῷ υἱῷ αὐτοῦ. καὶ ἀπέστειλεν τοὺς δούλους αὐτοῦ
L 14.17 μέγα, καὶ ἐκάλεσεν πολλούς, |καὶ ἀπέστειλεν τὸν δοῦλον αὐτοῦ τῇ ὥρᾳ

M 22. 3 καλέσαι τοὺς κεκλημένους εἰς τοὺς γάμους,
L 14.17 τοῦ δείπνου εἰπεῖν τοῖς κεκλημένοις, Ἔρχεσθε, ὅτι ἤδη ἕτοιμά ἐστιν.

M 22. 4 καὶ οὐκ ἤθελον ἐλθεῖν. πάλιν ἀπέστειλεν ἄλλους
L 14.18 |καὶ ἤρξαντο ἀπὸ μιᾶς πάντες παραιτεῖσθαι. ὁ πρῶτος εἶπεν αὐτῷ, Ἀγρὸν

M 22. 4 δούλους λέγων, Εἴπατε τοῖς κεκλημένοις, Ἰδοὺ τὸ ἄριστόν μου ἡτοίμακα,
L 14.18 ἠγόρασα καὶ ἔχω ἀνάγκην ἐξελθὼν ἰδεῖν αὐτόν· ἐρωτῶ σε, ἔχε με παρῃτημένον.

M 22. 4 οἱ ταῦροί μου καὶ τὰ σιτιστὰ τεθυμένα, καὶ πάντα ἕτοιμα· δεῦτε εἰς τοὺς
L 14.19 καὶ ἕτερος εἶπεν, Ζεύγη βοῶν ἠγόρασα πέντε καὶ πορεύομαι δοκιμάσαι αὐτά·

M 22. 5 γάμους. οἱ δὲ ἀμελήσαντες ἀπῆλθον, ὃς μὲν εἰς τὸν ἴδιον ἀγρόν, ὃς δὲ
L 14.20 ἐρωτῶ σε, ἔχε με παρῃτημένον. καὶ ἕτερος εἶπεν, Γυναῖκα ἔγημα καὶ διὰ

M 22. 6 ἐπὶ τὴν ἐμπορίαν αὐτοῦ· οἱ δὲ λοιποὶ κρατήσαντες τοὺς δούλους αὐτοῦ
L 14.21 τοῦτο οὐ δύναμαι ἐλθεῖν. καὶ παραγενόμενος ὁ δοῦλος ἀπήγγειλεν τῷ

M 22. 7 ὕβρισαν καὶ ἀπέκτειναν. ὁ δὲ βασιλεὺς ὠργίσθη, καὶ πέμψας τὰ στρατεύματα
L 14.21 κυρίῳ αὐτοῦ ταῦτα. τότε ὀργισθεὶς ὁ οἰκοδεσπότης

M 22. 8 αὐτοῦ ἀπώλεσεν τοὺς φονεῖς ἐκείνους καὶ τὴν πόλιν αὐτῶν ἐνέπρησεν. τότε

M 22. 3 και απεστειλεν .. καλεσαι ℵBDEFGKLYΠ 13.28.565sup
απεστιλεν .. καλεσαι W
απεστιλεν .. καλεσε Θ
απεστειλεν .. καλεσαι 1.1582

M 22. 4
παλιν απεστειλεν..τοις κεκλημενοις..το αριστον μου ητοιμακα..σιτιστα τεθυμενα ℵBC* 1582c
παλιν απεστειλεν..τοις κεκλημενοις..το αριστον μου ητοιμασα..σιτιστα τεθυμενα CcEFKYΠ
παλιν απεστειλεν..τοις κεκλημενοις..το αριστον μου ητοιμακα..σειτιστα τεθυμενα D
παλιν απεστειλεν..τοις κεκλημενοις..το αριστον μου ητοιμασα..σιτευτα τεθυμενα K
παλιν αποστελλει..τοις κεκλημενοις..το αριστον μου ητοιμακα..σιτιστα τεθυμενα L
παλιν απεστειλεν..τοις κεκλημενοις..το αριστον μου ητοιμασα..σιτιστα μου τεθυμενα W
παλιν απεστειλεν..τους κεκλημενοις..το αριστον μου ητοιμασα..σιτιστα τεθυμενα Θ
παλιν απεστειλεν..τοις κεκλημενοις..το αριστον ητοιμακα..σιτιστα τεθυμενα 1.1582*
παλιν απεστειλεν..τοις κεκλημενοις.. αριστον μου ητοιμασα..σιτιστα τεθημενα 13*
παλιν απεστειλεν..τοις κεκλημενοις..το αριστον μου ητοιμασα..σιτιστα τεθημενα 13c.565sup
και παλιν απεστειλεν..τοις κεκλημενοις..το αριστον μου ητοιμασα..σιτιστα τεθυμενα 28

M 22. 5 αμελησαντες..ος μεν..ος δε επι την εμποριαν αυτου BΘ 13
αμελησαντες..ο μεν..ος δε επι την εμποριαν αυτου ℵC
αμελησαντες..οι μεν..οι δε επι την εμπορειαν αυτων D
αμελησαντες..ο μεν..ο δε εις την εμποριαν αυτου EGΠ 28.565sup
αμελησαντε ..ο μεν..ο δε εις την εμποριαν αυτου F
αμελησαντες..ο μεν..ο δε εις την εμπορειαν αυτου K
αμελησαντες..ος μεν..ος δε εις την εμποριαν αυτου LW 1.1582
αμελησαντες..ο μεν..ος δε εις την εμποριαν αυτου Y

M 22. 6 δουλους αυτου ℵBCDEFGKYΘΠ 1.13.28.565sup.1582
δουλους LW

M 22. 7 ο δε βασιλευς ..τα στρατευματα..απωλεσεν τους φονεις ℵB
και ακουσας ο βασιλευς εκεινος..τα στρατευματα..απωλεσεν τους φονεις CFGWYΠ 28.565sup
εκεινος ο βασιλευς ακουσας..το στρατευμα ..απωλεσεν τους φονεις D
και ακουσας ο βασιλευς εκεινος..τα στρατευματα..απωλεσεν τους φωνης E
και ακουσας εκεινος ο βασιλευς..τα στρατευματα..απωλεσεν τους φωνεις K
ο δε βασιλευς ..τα στρατευματα..απολεσεν τους φονεις L
ο δε βασιλευς ακουσας..τα στρατευματα..απωλεσεν τους φονεις Θ 13
ο δε βασιλευς ..το στρατευμα ..ανειλεν τους φονεις 1.1582

M 22. 4 - M 21.36 | M 22. 5 - He 2.3 | M 22. 6 - M 21.35; 23.37 | M 22. 7 - M 18.34; 24.2; J 11.48

d. The Marriage Feast Matthew 22.1-14

M 22. 8   λέγει τοῖς δούλοις αὐτοῦ, Ὁ μὲν γάμος ἕτοιμός ἐστιν, οἱ δὲ κεκλημένοι
L 14.21   εἶπεν τῷ δούλῳ αὐτοῦ,

M 22. 9   οὐκ ἦσαν ἄξιοι· πορεύεσθε οὖν ἐπὶ τὰς διεξόδους τῶν ὁδῶν,
L 14.21   Ἔξελθε ταχέως εἰς τὰς πλατείας καὶ ῥύμας τῆς πόλεως,

M 22. 9   καὶ ὅσους ἐὰν εὕρητε καλέσατε εἰς
L 14.21   καὶ τοὺς πτωχοὺς καὶ ἀναπείρους καὶ τυφλοὺς καὶ χωλοὺς εἰσάγαγε ὧδε.

M 22.10   τοὺς γάμους. καὶ ἐξελθόντες οἱ δοῦλοι ἐκεῖνοι
L 14.22   καὶ εἶπεν ὁ δοῦλος, Κύριε, γέγονεν ὃ ἐπέταξας, καὶ

M 22.10   εἰς τὰς
L 14.23   ἔτι τόπος ἐστίν. καὶ εἶπεν ὁ κύριος πρὸς τὸν δοῦλον, Ἔξελθε εἰς τὰς

M 22.10   ὁδοὺς συνήγαγον πάντας οὓς εὗρον, πονηρούς τε καὶ ἀγαθούς· καὶ ἐπλήσθη
L 14.23   ὁδοὺς καὶ φραγμοὺς καὶ ἀνάγκασον εἰσελθεῖν, ἵνα γεμισθῇ μου

M 22.11   ὁ γάμος ἀνακειμένων. εἰσελθὼν δὲ ὁ βασιλεὺς θεάσασθαι τοὺς ἀνακειμένους
L 14.24   ὁ οἶκος· λέγω γὰρ ὑμῖν ὅτι οὐδεὶς τῶν ἀνδρῶν ἐκείνων τῶν κεκλημένων

M 22.12   εἶδεν ἐκεῖ ἄνθρωπον οὐκ ἐνδεδυμένον ἔνδυμα γάμου· καὶ λέγει αὐτῷ,
L 14.24   γεύσεταί μου τοῦ δείπνου.

M 22.13   Ἑταῖρε, πῶς εἰσῆλθες ὧδε μὴ ἔχων ἔνδυμα γάμου; ὁ δὲ ἐφιμώθη. |τότε

M 22. 9 πορευεσθε ..επι τας..και οσους εαν ευρητε καλεσατε ℵBCEFG 1.565^{sup}.1582
πορευεσθαι..επι τας..και οσους αν ευρητε καλεσατε DL
πορευεσθε ..επι τας..και οσους αν ευρητε καλεσατε KYΘΠ
πορευεσθαι..επι τας..και οσους αν ευρηται καλεσατε W
πορευεσθε ..επι τας..και οσους εαν ευρητε καλασατε 13
πορευεσθαι..εις τας..και οσους εαν ευρητε καλεσατε 28
L 14.21 και τους πτωχους P^{45} P^{75} ℵ*ABDLWYΘ 1.28
και οσους εαν ευρητε και τους πτωχους ℵ^{c}

M 22.10 δουλοι εκεινοι.. ους ευρον..επλησθη ο γαμος ανακειμενων
δουλοι εκεινοι.. ους ευρον..επλησθη ο νυμφων ανακειμενων ℵB*
δουλοι εκεινοι..οσους ευρον..επλησθη ο γαμος ανακειμενων B^{c}EFGWYΠ 1.28.1582
δουλοι εκεινοι..οσους ευρον..επλησθη ο αγαμος ανακεινων C
δουλοι αυτου .. ους ευραν..επλησθη ο γαμος των ανακειμενων D
δουλοι εκεινοι..οσους ευρον..επλησθη ο γαμος ανακειμενου K
δουλοι εκεινοι..οσους ευρον..επλησθη ο νυμφων ανακειμενων L
δουλοι εκεινοι..οσους ευρον..επλησθη ο γαμος των ανακειμενων Θ 13
δουλοι εκεινοι..οσους ευρον..επληθη ο γαμος ανακειμενων 565

M 22.11 θεασασθαι .. εκει ανθρωπον ουκ ενδεδυμενον CEGKLWYΘΠ 1.13.28.565.1582
θεασασθε .. ανθρωπον ουκ ενδεδυμενον ℵ*
θεασασθε .. εκει ανθρωπον ουκ ενδεδυμενον ℵ^{c}BF
θεασασθαι .. εκει ανθρωπον μη ενδεδυμενον D

M 22.12 εταιρε .. εισηλθες .. ο δε εφιμωθη ℵBEFGKYΠ 1.565.1582
ετεραι .. εισηλθες .. ο δε εφιμωθη CΘ
ετεραι .. ηλθες .. ος δε εφειμωθη D
ετερε .. εισηλθες .. ο δε εφιμιωθη L
ετερε .. εισηλθες .. ο δε εφιμωθη W 13
εταιρε .. εισηλθες .. ο δε εφημωθη 28

M 22. 8 - Ac 13.46 | M 22. 9 - M 13.47; 21.43 | M 22.10 - M 9.15 | M 22.11 - Re 19.8

d. The Marriage Feast Matthew 22.1-14

M 22.13	ὁ βασιλεὺς εἶπεν τοῖς διακόνοις, Δήσαντες αὐτοῦ πόδας καὶ χεῖρας
M 8.12	οἱ δὲ υἱοὶ τῆς βασιλείας
M 13.42	καὶ
M 13.50	καὶ
M 24.51	καὶ
M 25.30	καὶ τὸν ἀχρεῖον δοῦλον
L 13.28b	ὑμᾶς δὲ

M 22.13	ἐκβάλετε αὐτὸν εἰς τὸ σκότος τὸ ἐξώτερον· ἐκεῖ
M 8.12	ἐκβληθήσονται εἰς τὸ σκότος τὸ ἐξώτερον· ἐκεῖ
M 13.42	βαλοῦσιν αὐτοὺς εἰς τὴν κάμινον τοῦ πυρός· ἐκεῖ
M 13.50	βαλοῦσιν αὐτοὺς εἰς τὴν κάμινον τοῦ πυρός· ἐκεῖ
M 24.51	διχοτομήσει αὐτὸν καὶ τὸ μέρος αὐτοῦ μετὰ τῶν ὑποκριτῶν θήσει· ἐκεῖ
M 25.30	ἐκβάλετε εἰς τὸ σκότος τὸ ἐξώτερον· ἐκεῖ
L 13.28a	ἐκβαλλομένους ἔξω. ἐκεῖ

M 22.14	ἔσται ὁ κλαυθμὸς καὶ ὁ βρυγμὸς τῶν ὀδόντων. πολλοὶ γάρ εἰσιν κλητοὶ
M 8.12	ἔσται ὁ κλαυθμὸς καὶ ὁ βρυγμὸς τῶν ὀδόντων.
M 13.42	ἔσται ὁ κλαυθμὸς καὶ ὁ βρυγμὸς τῶν ὀδόντων.
M 13.50	ἔσται ὁ κλαυθμὸς καὶ ὁ βρυγμὸς τῶν ὀδόντων.
M 24.51	ἔσται ὁ κλαυθμὸς καὶ ὁ βρυγμὸς τῶν ὀδόντων.
M 25.30	ἔσται ὁ κλαυθμὸς καὶ ὁ βρυγμὸς τῶν ὀδόντων.
L 13.28a	ἔσται ὁ κλαυθμὸς καὶ ὁ βρυγμὸς τῶν ὀδόντων, ὅταν ὄψεσθε Ἀβραὰμ καὶ Ἰσαὰκ

M 22.14	ὀλίγοι δὲ ἐκλεκτοί.
L 13.28a	καὶ Ἰακὼβ καὶ πάντας τοὺς προφήτας ἐν τῇ βασιλείᾳ τοῦ θεοῦ,

3. Render to God

Matthew 22.15-22

M 22.15	Τότε πορευθέντες οἱ Φαρισαῖοι συμβούλιον ἔλαβον
L 20.20	Καὶ παρατηρήσαντες ἀπέστειλαν ἐγκαθέτους ὑποκρινομένους ἑαυτοὺς

M 22.15	ὅπως αὐτὸν παγιδεύσωσιν ἐν λόγῳ.
Mk 12.13b	ἵνα αὐτὸν ἀγρεύσωσιν λόγῳ.
L 20.20	δικαίους εἶναι, ἵνα ἐπιλάβωνται αὐτοῦ λόγου, ὥστε παραδοῦναι

M 22.13

ο βασιλευς ειπεν τοις..δησαντες αυτου ποδας και χειρας εκβαλετε αυτον	ℵBL^{c}Θ
ειπεν ο βασιλευς τοις..δησαντες αυτου ποδας και χειρας αρατε αυτον και εκβαλετε	CEGKYΠ
ειπεν ο βασιλευς τοις..αρατε αυτον ποδων και χειρων και βαλεται αυτον	D
ειπεν ο βασιλευς τοις..δησαντες αυτου ποδας και χειρας αρατε αυτον και εκβαλλετε αυτον	F
ο βασιλευς ειπεν τοι ..δησαντες αυτου ποδας και χειρας εκβαλετε αυτον	L*
ειπεν ο βασιλευς τοις..δησαντες αυτου ποδας και χειρας αρατε αυτον και εκβαλεται	W
ειπεν ο βασιλευς τοις..δησαντες αυτου ποδας και χειρας εκβαλετε αυτον	1.1582
ο βασιλευς ειπεν τοις..δησαντες αυτου ποδας και χειρας βαλετε αυτον	13
ειπεν ο βασιλευς τοις..δησαντες αυτου ποδας και χειρας αρατε αυτον και βαλατε	28
ο βασιλευς ειπεν τοις..δησαντες αυτου χειρας και ποδας αρατε αυτον και εκβαλετε	565

M 22.13	εσται ο κλαυθμος	ℵBCDFGKYΘΠ 1.13.28.565.1582
	εσται ο κλαθμος	EW*
	εστε ο κλαυθμος	L

M 22.14	πολλοι γαρ εισιν κλητοι ολιγοι δε εκλεκτοι	ℵBCDEFGKWY^{c}ΘΠ 13.28.565
	πολλοι γαρ ησιν οι κλητοι ολιγοι δε οι εκλεκτοι	L
	omit	Y*
	πολλοι γαρ εισιν οι κλητοι ολιγοι δε οι εκλεκτοι	1.1582

M 22.15	συμβουλιον ελαβον οπως..παγιδευσωσιν εν λογω	ℵ^{c}BC*EFGKLWYΠ 13.28.565
	συμβουλιον οπως..παγιδευσωσιν	ℵ*
	συμβουλιον ελαβον κατ αυτου οπως..παγιδευσωσιν εν λογω	C^{c1} 1.1582
	συμβουλιον ελαβον κατ του Ιησου οπως..παγιδευσωσιν εν λογω	C^{c2}
	συνβουλιον ελαβον πως..παγιδευσωσιν εν λογω	D
	συνβουλιον ελαβον κατ αυτου οπως..παγιδευσωσιν εν λογω	Θ
Mk 12.13	αγρευσωσιν	ℵABCLWYΠ 1.28.1582
	παγιδευσωσιν	DΘ 565

M 22.13 - Wsd 17.2; Ps 112.10 | M 22.15-16 - Mk 3.6; J 8.6

e. Render to God Matthew 22.15-22

M 22.16 καὶ ἀποστέλλουσιν
Mk 12.13a Καὶ ἀποστέλλουσιν πρὸς
L 20.21a αὐτὸν τῇ ἀρχῇ καὶ τῇ ἐξουσίᾳ τοῦ ἡγεμόνος. καὶ ἐπηρώτησαν

M 22.16 αὐτῷ τοὺς μαθητὰς αὐτῶν μετὰ τῶν Ἡρῳδιανῶν λέγοντες,
Mk 12.14a αὐτόν τινας τῶν Φαρισαίων καὶ τῶν Ἡρῳδιανῶν |καὶ ἐλθόντες λέγουσιν
L 20.21a αὐτὸν λέγοντες,

M 22.16 Διδάσκαλε, οἴδαμεν ὅτι ἀληθὴς εἶ καὶ
Mk 12.14c αὐτῷ, Διδάσκαλε, οἴδαμεν ὅτι ἀληθὴς εἶ |ἀλλ' ἐπ'
L 20.21c Διδάσκαλε, οἴδαμεν ὅτι ὀρθῶς λέγεις καὶ διδάσκεις |ἀλλ' ἐπ'

M 22.16 τὴν ὁδὸν τοῦ θεοῦ ἐν ἀληθείᾳ διδάσκεις, καὶ οὐ μέλει σοι περὶ
Mk 12.14b ἀληθείας τὴν ὁδὸν τοῦ θεοῦ διδάσκεις· |καὶ οὐ μέλει σοι περὶ
L 20.21b ἀληθείας τὴν ὁδὸν τοῦ θεοῦ διδάσκεις· |καὶ οὐ

M 22.17 οὐδενός, οὐ γὰρ βλέπεις εἰς πρόσωπον ἀνθρώπων. εἰπὲ οὖν ἡμῖν τί σοι
Mk 12.14b οὐδενός, οὐ γὰρ βλέπεις εἰς πρόσωπον ἀνθρώπων,
L 20.21b λαμβάνεις πρόσωπον,

M 22.17 δοκεῖ· ἔξεστιν δοῦναι κῆνσον Καίσαρι ἢ οὔ;
Mk 12.14d |ἔξεστιν δοῦναι κῆνσον Καίσαρι ἢ οὔ; δῶμεν ἢ μὴ δῶμεν;
L 20.22 ἔξεστιν ἡμᾶς Καίσαρι φόρον δοῦναι ἢ οὔ;

M 22.16	αποστελλουσιν	αυτω ..μαθητας	αυτων..λεγοντες..αληθης	ει	και..εν αληθεια	CFGKWYΠ[c]1.13.
	αποστελλουσιν	αυτω ..μαθητας	αυτων..λεγοντας..αληθη	ει	και..εν αληθεια	ℵ* |565.1582
	αποστελλουσιν	αυτω ..μαθητας	αυτων..λεγοντας..αληθης	ει	και..εν αληθεια	ℵ[c]BL
	αποστελλουσιν προς	αυτον..μαθητας	αυτων..λεγοντες..αληθης	ει	και..επ αληθεια	D*
	αποστελλουσιν προς	αυτον..μαθητας	αυτων..λεγοντες..αληθης	ει	και..επ αληθειας	D[c]
	αποστελλουσιν	αυτω ..μαθητας	αυτων..λεγοντες..αληθεις	ει	και..εν αληθεια	E
	αποστελλουσιν	αυτω ..μαθητας	εαυτων..λεγοντες..αληθης	ει	και..εν αληθεια	θ
	αποστελουσιν	αυτω ..μαθητας	αυτων..λεγοντες..αληθης	ει	και..εν αληθεια	Π*
	αποστελλουσιν	αυτω ..μαθητας	αυτων..λεγοντες..αληθης	η	και..εν αληθεια	28

M 22.16	ου μελει .. ανθρωπων	ℵBCDKLWΠ 13
	ου μελλει .. ανθρωπων	EFY
	ου μελλει .. ανθρωπου	G
	ου μελι .. ανθρωπου	θ
	μελλει .. ανθρωπου	1.
	ου μελει .. ανθρωπου	28.565.1582[c]
	μελει .. ανθρωπου	1582*
Mk 12.14	ου μελει .. ανθρωπων	ℵABCDL
	μελει .. ανθρωπων	W
	ου μελλει .. ανθρωπων	Y
	ου μελι .. ανθρωπων	θ
	ου μελει .. ανθρωπου	1.28.1582

M 22.17	ειπε ουν ημιν	τι σοι δοκει εξεστιν	δουναι κηνσον	ℵBCFGKYΠ 13.28.565
		τι σοι δοκει εξεστιν	δουναι κηνσον	D
	ειπε ουν ημιν	τι σοι δοκει εξεστιν	δουναι κινσον	E
	ειπον ουν ημιν	τι σοι δοκει εξεστιν	δουναι κηνσον	L
	ειπε ουν ημιν	τι σοι δοκει εξεστιν	κηνσον δουναι	W
	ειπε ουν ημιν	τι σοι δοκει εξεστιν	κηνσων δουναι	θ
	ειπε ουν ημιν	τι σοι δοκει εξεστιν ημιν	δουναι κηνσον	1.1582
Mk 12.14		εξεστιν		ℵABLYΠ 1.1582
	ειπον ουν ημιν ει	εξεστιν		C*
	ειπε ουν ημιν	εξεστιν		C[c]
	ειπε ουν ημειν ει	εξεστιν		D
	ειπον ουν ημιν	εξεστιν		Wθ 28.565

M 22.16 - J 3.2; 2 C 11.15

e. Render to God Matthew 22.15-22

M 22.18 γνοὺς δὲ ὁ Ἰησοῦς τὴν πονηρίαν αὐτῶν εἶπεν, Τί με
Mk 12.15 ὁ δὲ εἰδὼς αὐτῶν τὴν ὑπόκρισιν εἶπεν αὐτοῖς, Τί με
L 20.23 κατανοήσας δὲ αὐτῶν τὴν πανουργίαν εἶπεν πρὸς αὐτούς,

M 22.19 πειράζετε, ὑποκριταί; |ἐπιδείξατέ μοι τὸ νόμισμα τοῦ κήνσου. οἱ δὲ
Mk 12.16 πειράζετε; φέρετέ μοι δηνάριον ἵνα ἴδω. |οἱ δὲ
L 20.24 Δείξατέ μοι δηνάριον·

M 22.20 προσήνεγκαν αὐτῷ δηνάριον. καὶ λέγει αὐτοῖς, Τίνος ἡ εἰκὼν αὕτη καὶ
Mk 12.16 ἤνεγκαν. καὶ λέγει αὐτοῖς, Τίνος ἡ εἰκὼν αὕτη καὶ
L 20.24 τίνος ἔχει εἰκόνα καὶ

M 22.21 ἡ ἐπιγραφή; |λέγουσιν αὐτῷ, Καίσαρος. τότε λέγει
Mk 12.17 ἡ ἐπιγραφή; οἱ δὲ εἶπαν αὐτῷ, Καίσαρος. |ὁ δὲ Ἰησοῦς εἶπεν
L 20.25 ἐπιγραφήν; οἱ δὲ εἶπαν, Καίσαρος. |ὁ δὲ εἶπεν πρὸς

M 22.21 αὐτοῖς, Ἀπόδοτε οὖν τὰ Καίσαρος Καίσαρι καὶ τὰ τοῦ θεοῦ τῷ θεῷ.
Mk 12.17 αὐτοῖς, Τὰ Καίσαρος ἀπόδοτε Καίσαρι καὶ τὰ τοῦ θεοῦ τῷ θεῷ.
L 20.25 αὐτούς, Τοίνυν ἀπόδοτε τὰ Καίσαρος Καίσαρι καὶ τὰ τοῦ θεοῦ τῷ θεῷ.

M 22.18 την πονηριαν ..τι με πειραζετε υποκριται ℵBCEFGKYΠ 1.28.565.1582
την πονηριαν ..τι με πειραζεται υποκριται DL 13
τας πονηριας ..τι με πειραζεται W
την πονηριαν ..τι με πιραζεται υποκριται Θ
Mk 12.15 τι με πειραζετε ℵABCDLYΠ
τι με πειραζετε υποκριται P45 W 1.565.1582
τι με πιραζεται υποκριται Θ 28
L 20.23 την πανουργιαν.. ℵBL 1.
την πανουργιαν..τι με πειραζετε AY
την πανουργιαν..τι με πειραζετε υποκριται C
την πονηριαν ..τι με πειραζετε D
την πανουργιαν..τι με πειραζεται W
την πανουγιαν ..τι με πειραζεται Θ

M 22.19 επιδειξατε μοι το νομισμα ℵBCDEFGKLWYΘΠ 1.13.565.1582
υποδειξατε μοι το νομισμα 28
L 20.24 δειξατε μοι δηναριον ℵBW
επιδειξατε μοι δηναριον CY 1.
δειξατε μοι το νομισμα D
M 22.20 και λεγει αυτοις .. εικων αυτη και η επιγραφη ℵBEFGKWYΠ 1.565.1582
ο δε λεγει αυτοις .. εικων αυτη και η επιγραφη C
λεγει αυτοις ο Ιησους .. εικων αυτη και η επιγραφη D
και λεγει αυτοις ο Ιησους .. εικωνα και η επιγραφη αυτη L
και λεγει αυτοις ο Ιησους .. εικων αυτη και η επιγραφη Θ 13
και λεγει αυτοις .. εικων αυτη και ει επιγραφη 28
M 22.21
λεγουσιν αυτω..λεγει αυτοις αποδοτε ουν τα Καισαρος Καισαρι EFGY 1.13.28.
λεγουσιν ..λεγει αυτοις αποδοτε ουν τα Καισαρος Καισαρι ℵB |1582
λεγουσιν αυτω..λεγει αυτοις αποδοτε τα Καισαρος τω Καισαρι D
λεγουσιν αυτω..λεγει αυτοις αποδοτε ουν τα Καισαρος τω Καισαρι KΘΠ 565
λεγουσιν αυτω..λεγει αυτοις αποδοτε ουν τα Καισαρος Κεσαρι L
λεγουσιν αυτω..λεγει αυτοις αποδοτε ουν τα Κεσαρος Κεσαρι W
Mk 12.16
οι δε ειπαν αυτω..ειπεν αυτοις τα Καισαρος αποδοτε Καισαρι ℵC
λεγουσιν αυτω..ειπεν αυτοις αποδοτε τα Καισαρος Καισαρι A
οι δε ειπαν αυτω..ειπεν τα Καισαρος αποδοτε Καισαρι B
ειπαν αυτω..ειπεν αποδοτε τα του Καισαρος τω Καισαρι D
οι δε ειπαν αυτω..ειπεν αυτοις τα Καισαρος αποδοτε Καισαρει L
οι δε ειπαν ..ειπεν αυτοις τα Καισαρος αποδοτε Καισαρι W
οι δε ειπον αυτω..ειπεν αυτοις αποδοτε τα Καισαρος Καισαρι YΠ
οι δε ειπον αυτω..ειπεν αυτοις τα Καισαρος ουν Καισαρος τω Καισαρι Θ 565
οι δε ειπον ..ειπεν αυτοις αποδοτε τα Καισαρος Καισαρι 1.1582
οι δε ειπαν ..λεγει αυτοις τα Καισαρος αποδοτε Καισαρι 28
L 20.25 ειπεν προς αυτους τοινυν αποδοτε τα Καισαρος Καισαρι ℵB
ειπεν αυτοις αποδοτε τοινυν τα Καισαρος Καισαρι AWYΘ
ειπεν αυτοις αποδοτε τοινυν τα τω Καισαρος Καισαρι C
ειπεν αυτοις αποδοτε τα του Καισαρος τω Καισαρι D
ειπεν προς αυτους τοινυν αποδοτε τα Καισαρος τω Καισαρει L

M 22.19 - M 17.24 | M 22.21 - R 13.7; 1 P 2.17

e. Render to God Matthew 22.15-22

```
M  22.22    καὶ ἀκούσαντες
Mk 12.17    καὶ
L  20.26    καὶ οὐκ ἴσχυσαν ἐπιλαβέσθαι αὐτοῦ ῥήματος ἐναντίον τοῦ λαοῦ, καὶ

M  22.22      ἐθαύμασαν, καὶ ἀφέντες αὐτὸν ἀπῆλθαν.
Mk 12.17    ἐξεθαύμαζον ἐπ' αὐτῷ.
L  20.26       θαυμάσαντες ἐπὶ τῇ ἀποκρίσει αὐτοῦ ἐσίγησαν.
```

f. The God of the Living

Matthew 22.23-33

```
M  22.23    'Εν ἐκείνῃ τῇ ἡμέρᾳ προσῆλθον αὐτῷ          Σαδδουκαῖοι,
Mk 12.18     Καὶ                ἔρχονται              Σαδδουκαῖοι πρὸς αὐτόν,
L  20.27                     Προσελθόντες δέ τινες τῶν Σαδδουκαίων,

M  22.24             λέγοντες μὴ εἶναι ἀνάστασιν, καὶ ἐπηρώτησαν αὐτὸν |λέγοντες,
Mk 12.18    οἵτινες λέγουσιν ἀνάστασιν μὴ εἶναι, καὶ ἐπηρώτων  αὐτὸν  λέγοντες,
L  20.28    οἱ  ἀντιλέγοντες ἀνάστασιν μὴ εἶναι,     ἐπηρώτησαν αὐτὸν |λέγοντες,

M  22.24    Διδάσκαλε, Μωϋσῆς εἶπεν,           'Εάν τις            ἀποθάνῃ
Mk 12.19   |Διδάσκαλε, Μωϋσῆς ἔγραψεν ἡμῖν ὅτι ἐάν τινος ἀδελφὸς ἀποθάνῃ καὶ
L  20.28    Διδάσκαλε, Μωϋσῆς ἔγραψεν ἡμῖν,     ἐάν τινος ἀδελφὸς ἀποθάνῃ

M  22.24                          μὴ ἔχων τέκνα,        ἐπιγαμβρεύσει ὁ ἀδελφὸς
Mk 12.19    καταλίπῃ γυναῖκα  καὶ μὴ ἀφῇ  τέκνον,   ἵνα λάβῃ           ὁ ἀδελφὸς
L  20.28    ἔχων     γυναῖκα, καὶ οὗτος ἄτεκνος ᾖ, ἵνα λάβῃ           ὁ ἀδελφὸς
```

```
M  22.22    εθαυμασαν              .. απηλθαν  BDW*
            εθαυμασαν              .. απηλθον  ℵEFGKLW^cYΘΠ 1.13.28.565.1582
Mk 12.17  εξεθαυμαζον   επ αυτω               ℵBL
            εθαυμασαν   επ αυτω               ACWYΠ 1.1582
            εθαυμαζοντο επ αυτον              D
            εθαυμαζον   επ αυτω               Θ 565
            εθαυμασαν   επ αυτον              28

M  22.23       εν εκεινη..αυτω   Σαδδουκαιοι       λεγοντες..επηρωτησαν   BDWΠ*  1.28
           και εν εκεινη..αυτω   Σαδδουκαιοι       λεγοντες..επηρωτησαν   ℵ*
               εν εκεινη..αυτω   Σαδδουκαιοι οι    λεγοντες..επηρωτησαν   ℵ^cEFGKLYΘΠ^c 565.1582
               εν εκεινη..αυτω οι Σαδδουκαιοι      λεγοντες..επηρωτησαν   13
Mk 12.18                         Σαδδουκαιοι..          ..επηρωτων        ℵBDLΘ
                                 Σαδδουκαιοι..          ..επηρωτησαν      AYΠ 1.28.1582
                                 Σαδδουκεοι ..          ..επηρωτησαν      W
                              οι Σαδδουκαιοι..          ..επηρωτων        565
L  20.27                                      οι αντιλεγοντες             AWY
                                              οι    λεγοντες              ℵBCDLΘ 1.

M  22.24  Μωυσης..τις              ..τεκνα      επιγαμβρευσει   BKYΘΠ 28.565
          Μωσης ..τις              ..τεκνα      επιγαμβρευσει   ℵEFG 1.1582
          Μωυσης..τις              ..τεκνα  ινα επιγαμβρευσει   D
          Μωυσης..τις              ..τεκνα      επιγαβρευσει    L
          Μωυσης..τις              ..τεκνα      επιγαμβρευση    W
          Μωυσης..τις              ..τεκνα  και επιγαμβρευση    13
Mk 12.19  Μωυσης..τινος αδελφος..τεκνον..                      ℵ^cBWΘ
          Μωυσης..τινος αδελφος..τεκνα ..                      ℵ*DΠ 28.565
          Μωσης ..τινος αδελφος..τεκνα ..                      ACY 1582
          Μωσης ..τινος αδελφος..τεκνον..                      L
          Μωσης ..τινος          ..τεκνον..                    1.
L  20.28  Μωυσης                                               ABDLYΘ
          Μωσης                                                ℵW 1.
```

M 22.22 - J 8.9 | M 22.23 - Ac 4.2; 23.6, 8; 1 C 15.12 | M 22.24 - Dt 25.5f; Gn 38.8

M 22.25	αὐτοῦ τὴν γυναῖκα αὐτοῦ καὶ ἀναστήσει σπέρμα τῷ ἀδελφῷ αὐτοῦ. ἦσαν
Mk 12.19	αὐτοῦ τὴν γυναῖκα καὶ ἐξαναστήσῃ σπέρμα τῷ ἀδελφῷ αὐτοῦ.
L 20.28	αὐτοῦ τὴν γυναῖκα καὶ ἐξαναστήσῃ σπέρμα τῷ ἀδελφῷ αὐτοῦ.

M 22.25	δὲ παρ' ἡμῖν ἑπτὰ ἀδελφοί· καὶ ὁ πρῶτος γήμας
Mk 12.20	ἑπτὰ ἀδελφοὶ ἦσαν· καὶ ὁ πρῶτος ἔλαβεν γυναῖκα, καὶ
L 20.29	ἑπτὰ οὖν ἀδελφοὶ ἦσαν· καὶ ὁ πρῶτος λαβὼν γυναῖκα

M 22.25	ἐτελεύτησεν, καὶ μὴ ἔχων σπέρμα ἀφῆκεν τὴν γυναῖκα αὐτοῦ τῷ ἀδελφῷ
Mk 12.20	ἀποθνῄσκων οὐκ ἀφῆκεν σπέρμα·
L 20.29	ἀπέθανεν ἄτεκνος·

M 22.26	αὐτοῦ· ὁμοίως καὶ ὁ δεύτερος
Mk 12.21	καὶ ὁ δεύτερος ἔλαβεν αὐτήν, καὶ ἀπέθανεν μὴ καταλιπὼν
L 20.30	καὶ ὁ δεύτερος

M 22.26	καὶ ὁ τρίτος, ἕως τῶν ἑπτά.
Mk 12.22	σπέρμα· καὶ ὁ τρίτος ὡσαύτως· |καὶ οἱ ἑπτὰ οὐκ ἀφῆκαν
L 20.31	|καὶ ὁ τρίτος ἔλαβεν αὐτήν, ὡσαύτως δὲ καὶ οἱ ἑπτὰ οὐ κατέλιπον

M 22.27	ὕστερον δὲ πάντων ἀπέθανεν ἡ γυνή.
Mk 12.22	σπέρμα. ἔσχατον πάντων καὶ ἡ γυνὴ ἀπέθανεν.
L 20.32,33	τέκνα καὶ ἀπέθανον. ὕστερον καὶ ἡ γυνὴ ἀπέθανεν. ἡ γυνὴ οὖν

M 22.24	την γυναικα αυτου και αναστησει	ℵBEGKLWYΠ 1.13.28.565.1582
	και αναστησει	D
	την γυναικα αυτου και εξαναστησει	FΘ
Mk 12.19	την γυναικα και εξαναστηση	ℵBLWYΘ 1.1582
	την γυναικα και εξαναστησει	A 565
	την γυναικα αυτου και εξαναστηση	CΠ
	την γυναικα αυτου και εξαναστησει	D 28
L 20.28	και εξαναστηση	ℵBDLΘ 1.
	και εξαναστησει	AW
	και αναστησει	Y

M 22.25	ησαν δε παρ ημιν επτα αδελφοι ..γημας ..γυναικα αυτου	ℵB 1.1582
	ησαν παρ ημειν επτα αδελφοι ..γαμησας..γυναικα αυτου	D
	ησαν δε παρ ημιν επτα αδελφοι ..γαμησας..γυναικα αυτου	EFGKWYΠ 13.28.565
	ησαν δε παρ ημιν επτα αδελφοι ..γημας ..γυναικα	LΘ
Mk 12.20	επτα αδελφοι ησαν	ℵ*ABC*LWYΠ 1.1582
	επτα αδελφοι ησαν παρ ημιν	ℵ[c] 28.565
	ησαν ουν παρ ημειν επτα αδελφοι	D
	επτα αδελφοι ησαν παρ ημην	Θ
L 20.29	επτα ουν αδελφοι ησαν	ℵ*ABLWYΘ 1.
	επτα ουν αδελφοι ησαν παρ ημιν	ℵ[c]
	ησαν παρ ημειν επτα αδελφοι	D

M 22.26	ο τριτος	ℵBDEFGKLWΘΠ 1.13.28.565.1582
	τριτος	Y
L 20.31	ο τριτος ελαβεν αυτην	ℵ*ABLWYΘ 1.
	ο τριτος	D

M 22.27	υστερον δε παντων απεθανεν η γυνη	ℵBLWYΠ* 1.565.1582*
	υστερον δε παντων απεθανεν και η γυνη	DEFGKΘΠ[c] 13.28.1582[c]
Mk 12.22	εσχατον παντων και η γυνη απεθανεν	ℵBCL
	εσχατη παντων απεθανεν και η γυνη	A
	και η γυνη απεθανεν	D
	εσχατον παντων η γυνη απεθανεν	W
	εσχατον παντων απεθανεν και η γυνη	YΠ
	εσχατον δε παντων και η γυνη απεθανεν	Θ 1.28.565.1582
L 20.32	υστερον και η γυνη απεθανεν	ℵ*BD
	υστερων δε και η γυνη απεθανεν	ℵ[c] 1.
	υστερον δε παντων απεθανεν και η γυνη	AY
	υστερον δε και η γυνη απεθανεν	L
	υστερα δε παντων απεθανεν η γυνη	W
	υστερον δε παντον απεθανεν και η γυνη	Θ

M 22.25 - Is 4.1

f. The God of the Living Matthew 22.23-33

M 22.28 ἐν τῇ ἀναστάσει οὖν τίνος τῶν ἑπτὰ ἔσται γυνή; πάντες
Mk 12.23 ἐν τῇ ἀναστάσει, ὅταν ἀναστῶσιν, τίνος αὐτῶν ἔσται γυνή; οἱ
L 20.33 ἐν τῇ ἀναστάσει τίνος αὐτῶν γίνεται γυνή; οἱ

M 22.29 γὰρ ἔσχον αὐτήν. ἀποκριθεὶς δὲ ὁ Ἰησοῦς εἶπεν αὐτοῖς,
Mk 12.24 γὰρ ἑπτὰ ἔσχον αὐτὴν γυναῖκα. ἔφη αὐτοῖς ὁ Ἰησοῦς,
L 20.34 γὰρ ἑπτὰ ἔσχον αὐτὴν γυναῖκα. καὶ εἶπεν αὐτοῖς ὁ Ἰησοῦς,

M 22.29 Πλανᾶσθε μὴ εἰδότες τὰς γραφὰς μηδὲ τὴν δύναμιν τοῦ θεοῦ·
Mk 12.24 Οὐ διὰ τοῦτο πλανᾶσθε μὴ εἰδότες τὰς γραφὰς μηδὲ τὴν δύναμιν τοῦ θεοῦ;
L 20.35 Οἱ υἱοὶ τοῦ αἰῶνος τούτου γαμοῦσιν καὶ γαμίσκονται, |οἱ δὲ καταξιωθέντες

M 22.28	εν τη	αναστασει ουν		τινος	των επτα εσται	γυνη	ℵBL 1.13.1582
	εν τη	αναστασει ουν		τινος	εστε των επτα	γυνη	D
	εν τη	ουν αναστασει		τινος	των επτα εσται	γυνη	EFGKYΠ 28
	εν τη	ουν αναστασι		τινος	των επτα εσται	γυνη	W
	εν τη	αναστασει ουν		τινος	των επτα εστε	γυνη	Θ
	εν τη	αναστασει		τινος	των επτα εσται	γυνη	565
Mk 12.23	εν τη	αναστασει	οταν αναστωσιν	τινος αυτων	εσται	γυνη	
	εν τη	αναστασει		τινος αυτων	εσται	γυνη	ℵBC*L
	εν τη ουν	αναστασει	οταν αναστωσιν	τινος αυτων	εσται	η γυνη	A
	εν τη ουν	αναστασει		τινος αυτων	εσται	γυνη	C[c]
	εν τη	αναστασει ουν		τινος αυτων	εσται	η γυνη	D
	εν τη	αναστασι ουν		αυτων τινος	εσται	γυνη	W
	εν τη ουν	αναστασει	οταν αναστωσιν	τινος αυτων	εσται	γυνη	YΠ
	εν τη	αναστασει ουν	οταν αναστωσιν	τινος αυτων	γινεται	γυνη	Θ
	εν τη	αναστασει ουν	οταν αναστωσιν	τινος	των επτα εσται	γυνη	1.1582
	εν τη	αναστασει ουν	οταν αναστωσιν	τινος αυτων	εσται	γυνη	28
	εν τη	αναστασει ουν	οταν αναστωσιν	τινος εσται	τουτων	γυνη	565
L 20.33							
η γυνη ουν	εν τη	αναστασει		τινος αυτων	γινεται	γυνη	B
	εν τη	αναστασει		τινος	εσται	γυνη	ℵ*
	εν τη ουν	αναστασει		τινος αυτων	εσται	γυνη	ℵ[c]DΘ
	εν τη ουν	αναστασει		τινος αυτων	γινεται	γυνη	A
η γυνη ουν	εν τη	αναστασει		τινος αυτον	εσται	γυνη	L*
η γυνη ουν	εν τη	αναστασει		τινος αυτων	εσται	γυνη	L[c]
	εν τη ουν	αναστασι		τινος αυτων	γεινεται	γυνη	W
	εν τη	αναστασει ουν		τινος αυτων	εσται	γυνη	1.

M 22.28	παντες γαρ	εσχον αυτην		ℵBDEFLWYΠ 1.13.565.1582
	παντες γαρ	εσχον αυτην	γυναικα	G 28
	παντες γαρ	εσχων αυτην		K
	παντες γαρ	ειχον αυτην		Θ
Mk 12.23	οι γαρ επτα	εσχον αυτην	γυναικα	ℵABCDLWYΘΠ 28.565
	παντες γαρ επτα	εσχον αυτην	γυναικα	1.1582

M 22.29	αποκριθεις δε ο Ιησους ειπεν αυτοις		πλανασθε	μη ειδοτες	BEFGKLYΠ 1.565.1582
	και αποκριθεις ο Ιησους ειπεν αυτοις		πλανασθε	μη ειδοτες	ℵ
	αποκρειθεις δε ο Ιησους ειπεν αυτοις		πλανασθαι	μη ειδοτες	D
	αποκριθεις δε ο Ιησους ειπεν αυτοις		πλανασθαι	μη ειδοτες	WΘ
	αποκριθεις δε ο Ιησους ειπεν αυτοις		πλανασθε	μη ιδοντες	13
	αποκριθεις δε ο Ιησους ειπεν		πλανασθαι υμεις	μη ιδοτες	28
Mk 12.24	εφη	αυτοις ο Ιησους.	πλανασθε	μη ειδοτες	ℵB
	και αποκριθεις ο Ιησους ειπεν αυτοις	..	πλανασθε	μη ειδοτες	AWΠ
	εφη	αυτοις ο Ιησους.	πλανασθαι	μη ειδοτες	C
	αποκριθεις δε ο Ιησους ειπεν αυτοις	..	πλανασθαι	μη γεινωσκοντες	D
	εφη	αυτοις ο Ιησους.	πλανασθαι	μη ιδοτες	L
	αποκριθεις δε ο Ιησους ειπεν αυτοις	..	πλανασθαι	μη ειδοτες	W
	αποκριθεις δε ο Ιησους ειπεν αυτοις	..	πλασθαι	μη ειδοτες	Θ
	αποκριθεις δε ο Ιησους ειπεν αυτοις	..	πλανασθε	μη ειδοτες	1.565.1582
	αποκριθεις δε ο Ιησους ειπεν αυτοις	..	πλανασθαι	μη ιδωτες	28
L 20.34	ειπεν αυτοις ο Ιησους				ℵBL
	αποκριθεις ειπεν αυτοις ο Ιησους				AWY 1.
	αποκριθης ειπεν αυτοις ο Ιησους				Θ

M 22.29 - 1 C 15.34

M 22.30 ἐν γὰρ τῇ ἀναστάσει οὔτε γαμοῦσιν
Mk 12.25 ὅταν γὰρ ἐκ νεκρῶν ἀναστῶσιν, οὔτε γαμοῦσιν
L 20.35 τοῦ αἰῶνος ἐκείνου τυχεῖν καὶ τῆς ἀναστάσεως τῆς ἐκ νεκρῶν οὔτε γαμοῦσιν

M 22.30 οὔτε γαμίζονται, ἀλλ' ὡς ἄγγελοι ἐν τῷ
Mk 12.25 οὔτε γαμίζονται, ἀλλ' εἰσὶν ὡς ἄγγελοι ἐν τοῖς
L 20.36 οὔτε γαμίζονται· οὐδὲ γὰρ ἀποθανεῖν ἔτι δύνανται, ἰσάγγελοι γάρ

M 22.31 οὐρανῷ εἰσιν. περὶ δὲ
Mk 12.26 οὐρανοῖς. περὶ δὲ
L 20.37 εἰσιν, καὶ υἱοί εἰσιν θεοῦ, τῆς ἀναστάσεως υἱοὶ ὄντες. ὅτι δὲ

M 22.31 τῆς ἀναστάσεως τῶν νεκρῶν οὐκ ἀνέγνωτε
Mk 12.26 τῶν νεκρῶν ὅτι ἐγείρονται οὐκ ἀνέγνωτε ἐν τῇ βίβλῳ
L 20.37 ἐγείρονται οἱ νεκροὶ καὶ

M 22.31 τὸ ῥηθὲν ὑμῖν ὑπὸ τοῦ θεοῦ λέγοντος,
Mk 12.26 Μωϋσέως ἐπὶ τοῦ βάτου πῶς εἶπεν αὐτῷ ὁ θεὸς λέγων,
L 20.37 Μωϋσῆς ἐμήνυσεν ἐπὶ τῆς βάτου, ὡς λέγει

M 22.32 Ἐγώ εἰμι ὁ θεὸς Ἀβραὰμ καὶ ὁ θεὸς Ἰσαὰκ καὶ ὁ θεὸς Ἰακώβ;
Mk 12.26 Ἐγὼ ὁ θεὸς Ἀβραὰμ καὶ ὁ θεὸς Ἰσαὰκ καὶ ὁ θεὸς Ἰακώβ;
L 20.38 κύριον τὸν θεὸν Ἀβραὰμ καὶ θεὸν Ἰσαὰκ καὶ θεὸν Ἰακώβ· θεὸς δὲ

M 22.30
αναστασει ..γαμουσιν ουτε γαμιζονται αλλ .. αγγελοι εν τω ουρανω εισιν B
αναστασει ..γαμουσιν ουτε γαμιζονται αλλ .. αγγελοι θεου εν τω ουρανω εισιν ℵL
αναστασει ..γαμουσιν ουτε γαμειζονται αλλα.. αγγελοι εν ουρανω εισιν D
αναστασει ..γαμουσιν ουτε εκγαμιζονται αλλ .. αγγελοι του θεου εν ουρανω εισιν EFGKYΠ
αναστασει ..γαμουσιν ουτε γαμισκονται αλλ .. αγγελοι του θεου εν ουρανω εισιν W
αναστασει ..γαμουσιν ουτε γαμησκονται αλλ ..οι αγγελοι εν ουρανοις εισιν Θ
αναστασει ..γαμουσιν ουτε γαμιζονται αλλ ..οι αγγελοι εν τω ουρανω εισιν 1.
αναστασει ..γαμουνται ουτε ενγαμιζονται αλλ .. αγγελοι θεου εισιν εν τω ουρανω 13
αναστασει ..γαμουσιν ουτε εκγαμιζονται αλλ .. αγγελοι θεου εν ουρανω εισιν 28
αναστασταστασει..γαμουσιν ουτε εκγαμιζονται αλλ .. αγγελοι του θεου εν ουρανω εισιν 565

Mk 12.25
ουτε γαμιζονται αλλ .. αγγελοι ℵCL 1.1582
ουτε εκγαμισκονται αλλ .. αγγελοι οι A
ουτε γαμιζονται αλλ ..οι αγγελοι B
ουδε γαμιζουσιν αλλα.. αγγελοι D
ουτε γαμισκοντε αλλ ..οι αγγελοι W
ουτε γαμισκονται αλλ .. αγγελοι οι Y
ουτε γαμησκονται αλλ ..οι αγγελοι Θ
ουτε γαμισκονται αλλ .. αγγελοι Π 28
ουτε γαμιζουσιν αλλ .. αγγελοι οι 565

L 20.35
ουτε γαμιζονται ℵDL 1.
ουτε εκγαμειζονται A
ουτε γαμισκονται B
ουτε εκγαμιζονται WYΘ

M 22.31
της αναστασεως .. το ρηθεν υμιν ℵBFGLW 1.13.28
της αναστασεως .. το ρηθεν υμειν D
τη αναστασεως .. το ριθεν υμιν E*
της αναστασεως .. το ριθεν υμιν E[c]
της αναστασεως .. το ρηθεν K*
της αναστασεως .. το ρηθεν K[c]YΘΠ
αναστασεως .. το ρηθεν 565

M 22.32
ειμι ο θεος Αβρααμ και ο θεος Ισαακ και ο θεος Ιακωβ BEFGKLWYΠ 1.13.28.565
ειμι ο θεος Αβρααμ και θεος Ισακ και θεος Ιακωβ ℵ*
ειμι ο θεος Αβρααμ και θεος Ισαακ και θεος Ιακωβ ℵ[c]
ειμι ο θεος Αβρααμ και ο θεος Ισακ και ο θεος Ιακωβ DΘ

Mk 12.26
ο θεος Αβρααμ και ο θεος Ισαακ και ο θεος Ιακωβ ℵ[c]ACLYΘΠ 1.565.1582
ο θεος Αβρααμ και ο θεος Ισακ και ο θεος Ιακωβ ℵ*
ο θεος Αβρααμ και θεος Ισαακ και θεος Ιακωβ B
θεος Αβρααμ και θεος Ισακ και θεος Ιακωβ D
θεος Αβρααμ και θεος Ισαακ και θεος Ιακωβ W
ειμι ο θεος Αβρααμ και ο θεος Ισαακ και ο θεος Ιακωβ 28

L 20.37
θεον Ισαακ και θεον Ιακωβ ℵ[c]BL
θεον Ισακ και θεον Ιακωβ ℵ*D
τον θεον Ισαακ και τον θεον Ιακωβ AYΘ 1.

M 22.32 - 4 Mcc 7.19; 16.25; Ex 3.6, 15f; M 8.11

f. The God of the Living Matthew 22.23-33

M 22.32 οὐκ ἔστιν ὁ θεὸς νεκρῶν ἀλλὰ ζώντων.
Mk 12.27 οὐκ ἔστιν θεὸς νεκρῶν ἀλλὰ ζώντων· πολὺ πλανᾶσθε.
L 20.39 οὐκ ἔστιν νεκρῶν ἀλλὰ ζώντων, πάντες γὰρ αὐτῷ ζῶσιν. ἀποκριθέντες

M 22.33 καὶ ἀκούσαντες οἱ ὄχλοι ἐξεπλήσσοντο ἐπὶ τῇ διδαχῇ αὐτοῦ.
L 20.40 δέ τινες τῶν γραμματέων εἶπαν, Διδάσκαλε, καλῶς εἶπας· οὐκέτι γὰρ

L 20.40 ἐτόλμων ἐπερωτᾶν αὐτὸν οὐδέν.

g. The Great Commandment

Matthew 22.34-40

M 22.34 Οἱ δὲ Φαρισαῖοι ἀκούσαντες ὅτι
Mk 12.28 Καὶ προσελθὼν εἷς τῶν γραμματέων ἀκούσας αὐτῶν συζητούντων, ἰδὼν ὅτι

M 22.35 ἐφίμωσεν τοὺς Σαδδουκαίους συνήχθησαν ἐπὶ τὸ αὐτό. καὶ ἐπηρώτησεν εἷς
Mk 12.28 καλῶς ἀπεκρίθη αὐτοῖς, ἐπηρώτησεν
L 10.25 Καὶ ἰδοὺ

M 22.36 ἐξ αὐτῶν νομικὸς πειράζων αὐτόν, |Διδάσκαλε, ποία
Mk 12.28 αὐτόν, Ποία
L 10.25 νομικός τις ἀνέστη ἐκπειράζων αὐτὸν λέγων, Διδάσκαλε, τί

M 22.36 ἐντολὴ μεγάλη ἐν τῷ νόμῳ;
Mk 12.28 ἐστὶν ἐντολὴ πρώτη πάντων;
L 10.26 ποιήσας ζωὴν αἰώνιον κληρονομήσω; ὁ δὲ εἶπεν πρὸς αὐτόν, Ἐν τῷ νόμῳ

M 22.32 ουκ εστιν ο θεος νεκρων BL 1. | M 22.33 εξεπλησσοντο ℵBDEFGKLWYΠ 1.13.28.
ουκ εστιν θεος νεκρων ℵDW εξεπλησοντο Θ |565
ουκ εστιν ο θεος θεος νεκρων EFGKYΠ 565
ουκ εστιν δε ο θεος θεος νεκρων Θ 13
ωστε ουκ εστιν θεος νεκρων 28
Mk 12.27 ουκ εστιν θεος νεκρων BDLWYΠ 28
ουκ εστιν ο θεος νεκρων ℵAC 1.565.1582*
ουκ εστιν ο θεος θεος νεκρων Θ 1582c

M 22.34 επι το αυτο ℵBEFGKLWYΘΠ 1.13.28.565
επ αυτον D

M 22.35 επηρωτησεν .. νομικος πειραζων αυτον ℵB
επηρωτησεν .. νομικος πειραζων αυτον και λεγων DKWYΠ 13.28.565
επειρωτησεν.. νομικος πειραζων αυτον και λεγων E
επηρωτησεν .. νομικος τις πειραζων αυτον και λεγων FG
επιρωτησεν .. νομικος πειραζων αυτον L
επηρωτησεν .. νομικος πιραζων αυτον και λεγων Θ
επηρωτησεν .. πειραζων αυτον και λεγων 1.
Mk 12.28 αυτον ℵABCLWYΘΠ 1.28.565.1582
αυτον λεγων D
L 10.25 αυτον λεγων P75 ℵBL
αυτον και λεγων ACDWYΠ 1.28
αυτον και λεγον Θ

M 22.36 Διδασκαλε ποια .. μεγαλη εν τω νομω ℵBEFGKLWYΠ 1.13.28.565
Διδασκαλε ποια .. εν τω νομω μεγαλη D
Διδασκαλε ποια .. μιζων εν τω νομω Θ
Mk 12.28 ποια ℵABCLWYΘΠ 1.28.565.1582
Διδασκαλε ποια D

M 22.33 - M 7.28; 13.54; Mk 11.28

g. The Great Commandment Matthew 22.34-40

```
M  22.37                                        ὁ δὲ              ἔφη   αὐτῷ,
Mk 12.29                                             ἀπεκρίθη ὁ 'Ιησοῦς ὅτι Πρώτη ἐστίν,
L  10.27    τί γέγραπται; πῶς ἀναγινώσκεις; |ὁ δὲ ἀποκριθεὶς εἶπεν,

M  22.37                                                                  'Αγαπήσεις
Mk 12.30    "Ακουε, 'Ισραήλ, κύριος ὁ θεὸς ἡμῶν κύριος εἷς ἐστιν, |καὶ ἀγαπήσεις
L  10.27                                                                  'Αγαπήσεις

M  22.37    κύριον τὸν θεόν σου ἐν ὅλῃ  τῇ  καρδίᾳ  σου καὶ ἐν ὅλῃ  τῇ  ψυχῇ  σου
Mk 12.30    κύριον τὸν θεόν σου ἐξ ὅλης τῆς καρδίας σου καὶ ἐξ ὅλης τῆς ψυχῆς σου
L  10.27    κύριον τὸν θεόν σου ἐξ ὅλης τῆς καρδίας σου καὶ ἐν ὅλῃ  τῇ  ψυχῇ  σου

M  22.38    καὶ ἐν ὅλῃ  τῇ  διανοίᾳ  σου· αὕτη ἐστὶν ἡ μεγάλη καὶ πρώτη ἐντολή.
Mk 12.30    καὶ ἐξ ὅλης τῆς διανοίας σου καὶ ἐξ ὅλης τῆς ἰσχύος σου.
L  10.27    καὶ ἐν ὅλῃ  τῇ  ἰσχύϊ    σου καὶ ἐν ὅλῃ  τῇ  διανοίᾳ σου,

M  22.39,40 δευτέρα δὲ ὁμοία αὐτῇ, 'Αγαπήσεις τὸν πλησίον σου ὡς σεαυτόν.  ἐν
Mk 12.31    δευτέρα αὕτη,          'Αγαπήσεις τὸν πλησίον σου ὡς σεαυτόν.  μείζων
L  10.28             καὶ                  τὸν πλησίον σου ὡς σεαυτόν.  εἶπεν
 M 19.19b            καί,          'Αγαπήσεις τὸν πλησίον σου ὡς σεαυτόν.
```

```
M 22.37
  ο          δε          εφη    αυτω..τη καρδια ..εν ολη τη ψυχη σου                      ℵcL
  ο          δε          εφη    αυτω..   καρδια ..εν ολη τη ψυχη σου                      ℵ*
  ο          δε          εφη    αυτω..   καρδια ..εν ολη    ψυχη σου                      B
                  εφη  αυτω  Ιησους..τη καρδεια..εν ολη τη ψυχη σου                      D
  ο          δε   Ιησους εφη    αυτω..   καρδια ..εν ολη    ψυχη σου                      EFG 28
  ο          δε   Ιησους εφη    αυτω..τη καρδια ..εν ολη τη ψυχη σου                      KYΠ 565
  ο          δε   Ιησους ειπεν  αυτω..   καρδια ..εν ολη    ψυχη σου                      W
  ο          δε   Ιησους ειπεν  αυτω..   καρδια ..εν ολη    ψυχη σου και εν ολη τη ισχυι σου  θ 13
  ο          δε   Ιησους εφη    αυτω..τη καρδια ..   ολη τη ψυχη σου                      1.
Mk 12.29
  απεκριθη      ο Ιησους                                                                  ℵBL
  ο          δε   Ιησους απεκριθη αυτω                                                    ACYΠ
  αποκριθεις δε ο Ιησους          αυτω                                                    D
  ο          δε          ειπεν αυτω                                                       W 1.1582
  ο          δε   Ιησους ειπεν αυτω                                                       θ 28.565

M 22.38  η μεγαλη και    πρωτη ℵB 1.13
           μεγαλη και    πρωτη D
           πρωτη  και   μεγαλη EFGKYΠ 28.565
         η μεγαλη και η  πρωτη L
         η πρωτη  και η μεγαλη W
         η μεγαλη και    προτη θ
         η πρωτη  και   μεγαλη 565

M 22.39  δευτερα  δε ομοια  αυτη αγαπησεις .. σεαυτον      ℵcDcFGKLYΠc 13.565
         δευτερα     ομοια  αυτη αγαπησεις .. σεαυτον      ℵ*
         δευτερα     ομοιως      αγαπησεις .. σεαυτον      B
         δευτερα  δε ομοια ταυτη αγαπησεις .. σεαυτον      D*
         δευτερα  δε ομοια  αυτη αγαπησης  .. σεαυτον      E
         δευτερα  δε ομοια  αυτη αγαπησις  .. σεαυτον      W
         δευτερα  δε ομοια  αυτη αγαπησεις ..  εαυτον      θ 28
         δευτερα  δε ομοια  αυτη απησεις   .. σεαυτον      Π*
         δευτερα  δε ομοια  αυτη αγαπησεις ..  εαυτον σου  1.
Mk 12.31 δευτερα     αυτη            ..    .. σεαυτον      B
         και δευτερα ομοια  αυτην..        .. σεαυτον      A*
         και δευτερα ομοια  αυτη ..        .. σεαυτον      AcYΠ 1.28c.1582
         δευτερα  δε ομοια ταυτη ..        .. σεαυτον      D
         δευτερα  δε ομοια  αυτη ..        .. σεαυτον      θ 565
         και δευτερα ομοια  αυτη ..        ..  εαυτον      28*
```

M 22.37 - Dt 6.5; Jsh 22.5 | M 22.39 - Lv 19.18; M 5.43; R 13.9; G 5.14; Js 2.8

M 22.40 ταύταις ταῖς δυσὶν ἐντολαῖς ὅλος ὁ νόμος κρέμαται καὶ οἱ προφῆται.
Mk 12.32 τούτων ἄλλη ἐντολὴ οὐκ ἔστιν. καὶ εἶπεν αὐτῷ ὁ γραμματεύς, Καλῶς,
L 10.28 δὲ αὐτῷ, Ὀρθῶς ἀπεκρίθης· τοῦτο ποίει καὶ ζήσῃ.

Mk 12.33 διδασκαλε, επ αληθειας ειπες οτι εις εστιν και ουκ εστιν αλλος πλην αυτου· και το
Mk 12.33 αγαπαν αυτον εξ ολης της καρδιας και εξ ολης της συνεσεως και εξ ολης της ισχυος και
Mk 12.33 το αγαπαν τον πλησιον ως εαυτον περισσοτερον εστιν παντων των ολοκαυτωματων και θυσιων.
Mk 12.34 και ο Ιησους ιδων αυτον οτι νουνεχως απεκριθη ειπεν αυτω, Ου μακραν ει απο της βασιλειας
Mk 12.34 του θεου. και ουδεις ουκετι ετολμα αυτον επερωτησαι.

h. The Son of David

Matthew 22.41-46

M 22.41,42 Συνηγμένων δὲ τῶν Φαρισαίων ἐπηρώτησεν αὐτοὺς ὁ Ἰησοῦς |λέγων,
Mk 12.35 Καὶ ἀποκριθεὶς ὁ Ἰησοῦς ἔλεγεν
L 20.41 Εἶπεν δὲ πρὸς αὐτούς,
J 7.40 Ἐκ τοῦ ὄχλου οὖν ἀκούσαντες τῶν λόγων τούτων ἔλεγον, Οὗτός ἐστιν

M 22.42 Τί ὑμῖν δοκεῖ περὶ τοῦ Χριστοῦ; τίνος
Mk 12.35 διδάσκων ἐν τῷ ἱερῷ, Πῶς λέγουσιν οἱ γραμματεῖς ὅτι ὁ Χριστὸς
L 20.41 Πῶς λέγουσιν τὸν Χριστὸν
J 7.41 ἀληθῶς ὁ προφήτης· ἄλλοι ἔλεγον, Οὗτός ἐστιν ὁ Χριστός· οἱ δὲ

M 22.43 υἱός ἐστιν; λέγουσιν αὐτῷ, Τοῦ Δαυίδ. λέγει αὐτοῖς, Πῶς
Mk 12.36 υἱὸς Δαυίδ ἐστιν; αὐτὸς
L 20.42 εἶναι Δαυὶδ υἱόν; αὐτὸς
J 7.41 ἔλεγον, Μὴ γὰρ ἐκ τῆς Γαλιλαίας ὁ Χριστὸς ἔρχεται;
J 7.42 οὐχ ἡ γραφὴ εἶπεν ὅτι ἐκ τοῦ σπέρματος Δαυίδ, καὶ ἀπὸ Βηθλέεμ τῆς

M 22.43 οὖν Δαυὶδ ἐν πνεύματι καλεῖ αὐτὸν κύριον λέγων,
Mk 12.36 Δαυὶδ εἶπεν ἐν τῷ πνεύματι τῷ ἁγίῳ,
L 20.42 γὰρ Δαυὶδ λέγει ἐν βίβλῳ ψαλμῶν,
J 7.42 κώμης ὅπου ἦν Δαυίδ, ἔρχεται ὁ Χριστός;

M 22.44 Εἶπεν κύριος τῷ κυρίῳ μου,
Mk 12.36 Εἶπεν κύριος τῷ κυρίῳ μου,
L 20.42 Εἶπεν κύριος τῷ κυρίῳ μου,

M 22.40 ολος ο νομος κρεμαται και οι προφηται ℵ^c BDLΘ
ο νομος κρεμαται και οι προφηται ℵ*
ολος ο νομος και οι προφηται κρεμανται EFGKWYΠ 1.13.28.565 ClemAl (Pd III 88.1)

M 22.41 επηρωτησεν αυτους ℵBDEFGKL^c WYΘ 1.13.565 | M 22.42 του Δαυιδ
επρωτησεν αυτους L*
επηρωτησεν αυτοις Π 28

M 22.42 (cont.):
δαδ ℵGYΠ 1.
του Δαυειδ BDW
του δαδ EFKLΘ 13.28.565

M 22.43 αυτοις .. Δαυιδ .. καλει αυτον κυριον
αυτοις .. δαδ .. καλει κυριον αυτον ℵ
αυτοις .. Δαυειδ .. καλει αυτον αυτον κυριον B*
αυτοις .. Δαυειδ .. καλει αυτον κυριον B^c D
αυτοις .. δαδ .. κυριον αυτον καλει EFGKYΠ 13.28.565
αυτοις ο Ιησους .. δαδ .. καλει κυριον αυτον L
αυτοις .. Δαυειδ .. κυριον αυτον καλει W
αυτοις .. δαδ .. καλει αυτον κυριον αυτον Θ
αυτοις ο Ιησους .. δαδ .. κυριον αυτον καλει 1.

M 22.44 ειπεν κυριος ℵBD 13
ειπεν ο κυριος EFGKLWYΘΠ 1.28.565
Mk 12.36 ειπεν κυριος B
ειπεν ο κυριος ℵADLWYΘΠ 1.28.565.1582
L 20.42 ειπεν κυριος B
ειπεν ο κυριος ℵALWYΘ 1.
λεγει κυριος D

M 22.40 - R 13.10; M 7.12 | M 22.43 - 2 Sm 23.2 | M 22.44 - Ps 110.1; Ac 2.34f; 1 C 15.25; He 1.13

M 22.44	Κάθου ἐκ δεξιῶν μου
Mk 12.36	Κάθου ἐκ δεξιῶν μου
L 20.42	Κάθου ἐκ δεξιῶν μου

M 22.44	ἕως ἂν θῶ τοὺς ἐχθρούς σου ὑποκάτω τῶν ποδῶν σου;
Mk 12.36	ἕως ἂν θῶ τοὺς ἐχθρούς σου ὑποκάτω τῶν ποδῶν σου.
L 20.43	ἕως ἂν θῶ τοὺς ἐχθρούς σου ὑποπόδιον τῶν ποδῶν σου.

M 22.45.46	εἰ οὖν Δαυὶδ καλεῖ αὐτὸν κύριον, πῶς υἱὸς αὐτοῦ ἐστιν; καὶ
Mk 12.37	αὐτὸς Δαυὶδ λέγει αὐτὸν κύριον, καὶ πόθεν αὐτοῦ ἐστιν υἱός; καὶ ὁ
L 20.44	Δαυὶδ οὖν κύριον αὐτὸν καλεῖ, καὶ πῶς αὐτοῦ υἱός ἐστιν;
Mk 12.34b	καὶ

M 22.46	οὐδεὶς ἐδύνατο ἀποκριθῆναι αὐτῷ λόγον, οὐδὲ ἐτόλμησέν τις ἀπ'
Mk 12.37	πολὺς ὄχλος ἤκουεν αὐτοῦ ἡδέως.
L 20.40	οὐκέτι γὰρ ἐτόλμων
Mk 12.34b	οὐδεὶς οὐκέτι ἐτόλμα
J 7.43,44	σχίσμα οὖν ἐγένετο ἐν τῷ ὄχλῳ δι' αὐτόν. τινὲς δὲ ἤθελον ἐξ αὐτῶν πιάσαι

M 22.46	ἐκείνης τῆς ἡμέρας ἐπερωτῆσαι αὐτὸν οὐκέτι.
L 20.40	ἐπερωτᾶν αὐτὸν οὐδέν.
Mk 12.34b	αὐτὸν ἐπερωτῆσαι.
J 7.44	αὐτόν, ἀλλ' οὐδεὶς ἐπέβαλεν ἐπ' αὐτὸν τὰς χεῖρας.

M 22.44	εως αν .. εχθρους .. υποκατω	ℵBLθ
	εως αν .. εκθρους .. υποκατω	D
	εως αν .. εχθρους .. υποποδιον	EGKWYΠ 1.13.28.565
	εως .. εχθρους .. υποποδιον	F
Mk 12.36	υποκατω	BDW 28
	υποποδιον	ℵALYθΠ 1.565.1582
L 20.43	υποποδιον	ℵABLWYθ 1.
	υποκατω	D

M 22.45	ει ουν Δαυιδ καλει αυτον κυριον πως υιος αυτου εστιν	
	ει ουν δαδ καλει αυτον κυριον πως υιος αυτου εστιν	ℵEFGL 1.28
	ει ουν Δαυειδ καλει αυτον κυριον πως υιος αυτου εστιν	BW
	ει ουν Δαυειδ εν πνευματι καλει αυτον κυριον πως υιος αυτου εστιν	D
	ει ουν δαδ εν πνευματι καλει αυτον κυριον πως υιος αυτου εστιν	KYθΠ 13.565
Mk 12.37	αυτος Δαυιδ λεγει αυτον κυριον και ποθεν αυτου εστιν υιος	
	αυτος δαδ λεγει αυτον κυριον και πως υιος αυτου εστιν	ℵ* 28
	αυτος δαδ λεγει αυτον κυριον και ποθεν υιος αυτου εστιν	ℵ[c]
	αυτος ουν δαδ λεγει αυτον κυριον και ποθεν υιος αυτου εστιν	AYΠ
	αυτος Δαυειδ λεγει αυτον κυριον και ποθεν αυτου εστιν υιος	B
	αυτος Δαυειδ λεγει αυτον κυριον και ποθεν εστιν υιος αυτου	D
	αυτος δαδ λεγει αυτον κυριον και ποθεν αυτου εστιν υιος	L
	αυτος δαδ λεγει αυτον κυριον και πως υιος αυτου εστιν	W
	αυτος δαδ λεγει αυτον κυριον και πως αυτου εστιν υιος	θ
	αυτος ουν δαδ λεγει αυτον κυριον και πως υιος αυτου εστιν	1.1582
	αυτος δαδ καλει αυτον κυριον και πως αυτου εστιν υιος	565
L 20.44	Δαυιδ ουν κυριον αυτον καλει και πως αυτου υιος εστιν	
	δαδ ουν κυριον αυτον καλει και πως υιος αυτου εστιν	ℵY
	δαδ ουν αυτον κυριον καλει και πως αυτου υιος εστιν	A
	Δαυειδ ουν αυτον κυριον καλει και πως αυτου υιος εστιν	B
	Δαυειδ κυριον αυτον λεγει πως υιος αυτου εστιν	D
	δαδ ουν αυτον κυριον καλει και πως υιος αυτου εστιν	L
	Δαυειδ ουν κυριον αυτον καλει και πως υιος αυτου εστιν	W
	δαδ ουν κυριον αυτον καλει και πως αυτου υιος εστιν	θ 1.

M 22.46	εδυνατο αποκριθηναι αυτω .. ημερας επερωτησαι	ℵBKΠ 13
	εδυνατο αποκρειθηναι αυτω .. ωρας επερωτησε	D
	εδυνατο αυτω αποκριθηναι .. ημερας επερωτησαι	EFGY 565
	εδυνατο αποκριθηναι αυτω .. ημερας επερωτησε	L
	εδυνατο αυτω αποκριθηναι .. ωρας επερωτησαι	W
	εδυνατο αποκριθηναι αυτω .. ημεραις επερωτησε	θ
	ηδυνατο αυτω αποκριθηναι .. ωρας επερωτησαι	1.
	ηδυνατο αποκριθηναι αυτω .. ημερας επερωτησαι	28

M 22.44 - He 2.8; 10.13; Re 3.21

59. WOES AGAINST SCRIBES AND PHARISEES

Matthew 23.1-36

L 11.45 Αποκριθεις δε τις των νομικων λεγει αυτω, Διδασκαλε, ταυτα λεγων και ημας υβριζεις.

M 23. 1 Τότε ὁ Ἰησοῦς ἐλάλησεν τοῖς ὄχλοις καὶ τοῖς μαθηταῖς
Mk 12.38a Καὶ ἐν τῇ διδαχῇ αὐτοῦ ἔλεγεν,
L 11.46 ὁ δὲ εἶπεν,
L 20.45 Ἀκούοντος δὲ παντὸς τοῦ λαοῦ εἶπεν τοῖς μαθηταῖς

M 23. 2 αὐτοῦ |λέγων, Ἐπὶ τῆς Μωϋσέως καθέδρας ἐκάθισαν οἱ γραμματεῖς καὶ οἱ
Mk 12.38a Βλέπετε ἀπὸ τῶν γραμματέων
L 11.46 Καὶ ὑμῖν τοῖς νομικοῖς οὐαί,
L 20.46a αὐτοῦ, Προσέχετε ἀπὸ τῶν γραμματέων

M 23. 3 Φαρισαῖοι. πάντα οὖν ὅσα ἐὰν εἴπωσιν ὑμῖν ποιήσατε καὶ τηρεῖτε, κατὰ
M 23. 3 δὲ τὰ ἔργα αὐτῶν μὴ ποιεῖτε· λέγουσιν γὰρ καὶ οὐ ποιοῦσιν.

M 23. 4 δεσμεύουσιν δὲ φορτία βαρέα καὶ δυσβάστακτα καὶ ἐπιτιθέασιν
L 11.46 ὅτι φορτίζετε τοὺς ἀνθρώπους φορτία δυσβάστακτα,

M 23. 4 ἐπὶ τοὺς ὤμους τῶν ἀνθρώπων, αὐτοὶ δὲ τῷ δακτύλῳ αὐτῶν οὐ θέλουσιν
L 11.46 καὶ αὐτοὶ ἑνὶ τῶν δακτύλων ὑμῶν οὐ

M 23. 5 κινῆσαι αὐτά. πάντα δὲ τὰ ἔργα αὐτῶν ποιοῦσιν
L 11.46 προσψαύετε τοῖς φορτίοις.
M 6. 1a Προσέχετε δὲ τὴν δικαιοσύνην ὑμῶν μὴ ποιεῖν ἔμπροσθεν

M 23. 1 ο Ιησους ελαλησεν ℵEFGKLYΘΠ 1.28.565
Ιησους ελαλησεν BW
ελαλησεν ο Ιησους D 13

M 23. 2 Μωυσεως καθεδρας ℵBKLWYΠ 28.565
καθεδρας Μωυσεως D 13
Μωσεως καθεδρας EFG 1.
καθεδρας Μωσεως Θ

M 23. 3

	παντα ουν οσα εαν..υμιν	ποιησατε και τηρειτε..μη	ποιειτε λεγουσιν	
	παντα ουν οσα εαν..υμιν	ποιησατε ..μη	ποιειτε λεγουσιν	ℵ*
	παντα ουν οσα εαν..υμιν τηρειν	τηρειτε και ποιησατε.μη	ποιειτε λεγουσιν	ℵ^{c}
	παντα ουν οσα αν..υμιν	ποιησατε και τηρειτε..μη	ποιειτε λεγουσιν	B
παντα ουν	παντα ουν οσα αν..	ποιειτε και τηρειτε..μη	ποιειτε λεγουσιν	D*
	παντα ουν οσα αν..	ποιειτε και τηρειτε..μη	ποιειτε λεγουσιν	D^{c}
	παντα ουν οσα εαν..υμιν τηρειν	τηρειτε και ποιειτε..μη	ποιειτε λεγουσιν	EGΠ 13.28
	παντα ουν οσα αν..υμιν τηρειν	τηρει και ποιειτε..μη	ποιειτε λεγουσιν	F
	παντα ουν οσα αν..υμιν τηρειν	τηρειτε και ποιειτε..μη	ποιειτε λεγουσιν	KY
	παντα ουν οσα εαν..υμιν	ποιησατε και τηρειτε..μη	ποιειται λεγουσιν	L
	παντα ουν οσα εαν..υμιν τηρειν	τηρειται και ποιειται.μη	ποιειται λεγουσιν	W
	παντα ουν οσα εαν..υμιν	ποιησατε και τηριτε ..μοι	ποιειτε λεγουγουσιν	Θ*
	παντα ουν οσα εαν..υμιν	ποιησατε και τηριτε ..μη	ποιειτε λεγουγουσιν	Θ^{c}
	παντα ουν οσα εαν..υμιν	ποιειτε και τηρειτε..μη	ποιειτε λεγουσιν	1.
	παντα ουν οσα εαν..υμιν τηρειν	τηρειτε και ποιητε ..μη	ποιειτε λεγουσιν	565

M 23. 4

δε φορτια	βαρεα και δυσβαστακτα ..	αυτοι δε τω .. θελουσιν	B
δε φορτια μεγαλα	βαρεα ..	αυτοι δε τω .. θελουσιν	ℵ
γαρ φορτεια	βαρεα και αδυσβαστακτα ..	αυτοι δε τω .. θελουσιν	D
γαρ φορτια	βαρεα και δυσβαστακτα ..	τω δε .. θελωσιν	E
γαρ φορτια	βαρεα και δυσβαστακτα ..	τω δε .. θελουσιν	FGKWΘ 28
δε φορτια	βαρεα ..	αυτοι δε τω .. θελουσιν	L
δε φορτια	βαρεα και δυσβαστακτα ..	τω δε .. θελουσιν	YΠ
δε φορτια	βαρεα	τω δε .. θελουσιν	1.1582
γαρ φορτια	βαρεα και δυσβαστακτα ..	τω δε .. θελωσιν	13
φορτια	βαρεα και δυσβαστακτα ..	τω δε .. θελουσιν	565

M 23. 3 - Mal 2.7f; R 2.21f | M 23. 4 - M 11.28-30; Ac 15.10, 28

M 23. 5 πρὸς τὸ θεαθῆναι τοῖς ἀνθρώποις· πλατύνουσιν γὰρ τὰ
M 6. 1a τῶν ἀνθρώπων πρὸς τὸ θεαθῆναι αὐτοῖς·

M 23. 6 φυλακτήρια αὐτῶν καὶ μεγαλύνουσιν τὰ κράσπεδα, |φιλοῦσιν δὲ τὴν
Mk 12.38a,39b τῶν θελόντων ἐν στολαῖς περιπατεῖν |καὶ
L 11.43 οὐαὶ ὑμῖν τοῖς Φαρισαίοις, ὅτι ἀγαπᾶτε
L 20.46a,d τῶν θελόντων περιπατεῖν ἐν στολαῖς |καὶ

M 23. 6 πρωτοκλισίαν ἐν τοῖς δείπνοις καὶ τὰς πρωτοκαθεδρίας ἐν ταῖς συναγωγαῖς
Mk 12.39a πρωτοκλισίας ἐν τοῖς δείπνοις· |καὶ πρωτοκαθεδρίας ἐν ταῖς συναγωγαῖς
L 11.43 τὴν πρωτοκαθεδρίαν ἐν ταῖς συναγωγαῖς
L 20.46c πρωτοκλισίας ἐν τοῖς δείπνοις, |καὶ πρωτοκαθεδρίας ἐν ταῖς συναγωγαῖς

M 23. 7 |καὶ τοὺς ἀσπασμοὺς ἐν ταῖς ἀγοραῖς καὶ καλεῖσθαι ὑπὸ τῶν ἀνθρώπων,
Mk 12.38b |καὶ ἀσπασμοὺς ἐν ταῖς ἀγοραῖς
L 11.43 καὶ τοὺς ἀσπασμοὺς ἐν ταῖς ἀγοραῖς.
L 20.46b |καὶ φιλούντων ἀσπασμοὺς ἐν ταῖς ἀγοραῖς

M 23. 8 Ῥαββί. ὑμεῖς δὲ μὴ κληθῆτε, Ῥαββί, εἷς γάρ ἐστιν ὑμῶν ὁ διδάσκαλος,
J 13.13 ὑμεῖς φωνεῖτέ με Ὁ διδάσκαλος

M 23. 9 πάντες δὲ ὑμεῖς ἀδελφοί ἐστε. καὶ πατέρα μὴ
J 13.13 καὶ Ὁ κύριος, καὶ καλῶς λέγετε, εἰμὶ γάρ.

M 23. 5	πλατυνουσιν γαρ τα φυλακτηρια αυτων και μεγαλυνουσιν τα κρασπεδα	ℵBD
	πλατυνουσιν δε τα φυλακτηρια αυτων και μεγαλυνουσιν τα κρασπεδα των ιματιων αυτων	EFGKWY 28
	πλατυνουσιν γαρ τα φυλακτηρια και μεγαλυνουσιν τα κρασπεδα των ηματιων αυτων	L
	πλατυνουσιν γαρ τα φυλακτηρια εαυτων και μεγαλυνουσιν τα κρασπε	Θ
	πλατυνουν δε τα φυλακτηρια αυτων και μεγαλυνουσιν τα κρασπεδα των ιματιων αυτων	Π
	πλατυνουσιν γαρ τα φυλακτηρια εαυτων και μεγαλυνουσιν τα κρασπεδα	1.1582
	πλατυνουσιν γαρ τα φυλακτηρια αυτων και μεγαλυνουσιν τα κρασπεδα των ιματιων αυτων	13
	πλατυνοντες τα φυλακτηρια αυτων και μεγαλυννουσι τα κρασπεδα των ιματιων αυτων	565

M 23. 6	δε την πρωτοκλισιαν εν τοις δειπνοις	ℵ*BKΠ 13
	δε τας πρωτοκλισιας εν τοις δειπνοις	ℵ^{c} 1582^{c}
	δε την την πρωκλεισιαν εν τοις δειπνοις	D*
	δε την πρωκλεισιαν εν τοις δειπνοις	D^{c}
	τε την πρωτοκλισιαν εν τος δειπνοις	E*
	τε την πρωτοκλισιαν εν τοις δειπνοις	E^{c}GWY
	τε την πρωτοκλησιαν εν τοις δειπνοις	F 28
	δε τας πρωτοκλησιας εν τοις διπνοις	L
	δε τιν προτοκλισιαν εν τοις δειπνοις	Θ
	δε τας πρωτοκλησιας εν τοις δειπνοις	1.1582*
	δε την πρωτοκλησιαν εν τοις δειπνοις	565

M 23. 7	αγοραις	.. Ραββι	L 1.1582
	αγοραις	.. Ραββει	ℵ*BΘ
	αγοραις	.. Ραββι Ραββι	ℵ^{c}GΠ 28
	αγοραις	.. Ραββει Ραββει	DEF^{c}KWY 565
	αγοραις	.. Ραβει Ραββει	F*
L 11.46	αγοραις		P^{75} ℵABLWYΘΠ 1.28
	αγοραις και τας πρωτοκλησιας εν τοις διπνοις		C
	αγοραις και πρωτοκλισιας εν τοις δειπνοις		D

M 23. 8	υμεις δε μη κληθητε Ραββι .. υμων ο διδασκαλος .. εστε	ℵ^{c}
	υμων ο καθηγητης .. εστε	ℵ*
	υμεις δε μη κληθητε Ραββει .. υμων ο διδασκαλος .. εστε	B
	υμεις δε μη κληθητε Ραββει .. υμων ο καθηγητης .. εσται	D
	υμεις δε μη κλιθητε Ραββει .. υμων ο καθηγητης ο Χριστος.. εστε	E*
	υμεις δε μη κλιθητε Ραββει .. υμων ο καθηγητης .. εστε	E^{c}
	υμεις δε μη κληθητε Ραββει .. υμων ο καθηγητης ο Χριστος.. εστε	FY
	υμεις δε μη κληθητε Ραββι .. υμων ο καθηγητης ο Χριστος.. εστε	GK 13.28
	υμεις δε μη κληθητε Ραββι .. υμων δε καθηγητης .. εσται	L
	υμεις δε μη κληθηται Ραββει .. ο καθηγητης υμων .. εσται	W
	υμεις δε μηδενα καλεσηται Ραββει .. υμων ο καθηγητης .. εσται	Θ
	υμεις δε μη κληθητε Ραββι .. υμων ο καθηγητης .. εστε	Π 1.1582
	υμεις δε μη κληθητε Ραββει .. υμων ο καθηγητης .. εστε	565

M 23. 5 - M 6.5; Ex 13.9; Dt 6.8; 11.18; Nu 15.38f | M 23. 6 - L 14.7f | M 23. 8 - Jr 31.34

M 23.10	καλέσητε ὑμῶν ἐπὶ τῆς γῆς, εἷς γάρ ἐστιν ὑμῶν ὁ πατὴρ ὁ οὐράνιος. μηδὲ

M 23.11	κληθῆτε καθηγηταί, ὅτι καθηγητὴς ὑμῶν ἐστιν εἷς ὁ Χριστός. ὁ δὲ
M 20.26b	ἀλλ' ὃς ἐὰν θέλῃ
Mk 9.35b	Εἴ τις θέλει
Mk 10.43b	ἀλλ' ὃς ἂν θέλῃ
L 9.48b	ὁ γὰρ
L 22.26b	ἀλλ' ὁ
J 13.16	ἀμὴν ἀμὴν λέγω ὑμῖν, οὐκ ἔστιν

M 23.11	μείζων ὑμῶν ἔσται
M 20.26b	ἐν ὑμῖν μέγας γενέσθαι ἔσται
Mk 9.35b	πρῶτος εἶναι ἔσται πάντων ἔσχατος
Mk 10.43b	μέγας γενέσθαι ἐν ὑμῖν, ἔσται
L 9.48b	μικρότερος ἐν πᾶσιν ὑμῖν ὑπάρχων οὗτός ἐστιν
L 22.26b	μείζων ἐν ὑμῖν γινέσθω ὡς ὁ νεώτερος, καὶ ὁ
J 13.16	δοῦλος μείζων τοῦ κυρίου αὐτοῦ οὐδὲ ἀπόστολος μείζων τοῦ πέμψαντος αὐτόν.

M 23.12	ὑμῶν διάκονος. ὅστις δὲ ὑψώσει ἑαυτὸν ταπεινωθήσεται, καὶ
M 20.26b	ὑμῶν διάκονος,
Mk 9.35b	καὶ πάντων διάκονος.
Mk 10.43b	ὑμῶν διάκονος,
L 9.48b	μέγας.
L 14.11	ὅτι πᾶς ὁ ὑψῶν ἑαυτὸν ταπεινωθήσεται καὶ
L 18.14b	ὅτι πᾶς ὁ ὑψῶν ἑαυτὸν ταπεινωθήσεται, ὁ
L 22.26b	ἡγούμενος ὡς ὁ διακονῶν.

M 23.12	ὅστις ταπεινώσει ἑαυτὸν ὑψωθήσεται.
L 14.11	ὁ ταπεινῶν ἑαυτὸν ὑψωθήσεται.
L 18.14b	δὲ ταπεινῶν ἑαυτὸν ὑψωθήσεται.

M 23. 9	καλεσητε υμων .. υμων ο πατηρ ο ουρανιος	ℵB
	καλεσητε υμειν .. ο πατηρ υμων ο εν ουρανοις	D
	καλεσητε υμων .. ο πατηρ υμων ο εν τοις ουρανοις	EFGKYΠ 28.565
	καλεσητε υμων .. ο πατηρ υμων ο ουρανιος	L 13
	καλεσηται υμων .. ο πατηρ υμων ο εν ουρανοις	W
	καλεσητε υμιν .. ο πατηρ υμων ο εν ουρανοις	Θ
	καλεσητε υμων .. ο πατηρ υμων ο εν ουρανοις	1.1582

M 23.10	κληθητε .. οτι καθηγητης υμων εστιν εις ο Χριστος	B^C
	κληθητε .. εις γαρ εστιν υμων ο καθηγητης ο Χριστος	ℵY
	κληθηται .. οτι καθηγητης υμων εστιν εις ο Χριστος	B*L
	κληθητε .. οτι καθηγητης υμων εις εστιν ο Χριστος	DG
	κληθητε .. εις γαρ υμων εστιν ο καθηγητης ο Χριστος	EF 28
	κληθητε .. εις γαρ εστιν ο καθηγητης ο Χριστος	KΠ 565
	κληθηται .. εις γαρ εστιν ο καθηγητης ο Χριστος	W
	κληθηται .. οτι καθηγητης υμων εστιν ο Χριστος	Θ
	κληθητε .. οτι καθηγητης υμων ο Χριστος	1.
	κληθητε .. εις γαρ εστιν ο καθηγητης υμων ο Χριστος	13
	κληθητε .. οτι καθηγητης υμων εστιν ο Χριστος	1582

M 23.11	ο δε μειζων υμων εσται υμων διακονος	BEFGKLYΠ 1.13.28.565.1582
	ο δε μειζων υμων εσται διακονος	ℵ
	ο μειζων υμων εσται υμων διακονος	D
	ο δε μιζων υμων εσται υμων διακονος	W
	ο δε μιζων εν υμιν εσται υμων διακονος	Θ

M 23.12	οστις δε .. εαυτον .. ταπεινωσει .. υψωθησεται	ℵBDE^CFGKWYΠ 13.28.565
	οστις δε .. εαυτον .. ταπεινωσει .. υψωθησετε	E*
	οστις δε .. αυτον .. ταπεινωσει .. υψωθησεται	L
	ος δε .. εαυτον .. ταπεινωσει .. υψωθησεται	Θ
	οστις ουν .. εαυτον .. ταπεινωσει .. υψωθησεται	1.
	οστις ουν .. εαυτον .. ταπεινωση .. υψωθησεται	1582

M 23.12 - Jb 22.29; Pr 29.23; Ez 21.26

M 23.13	Οὐαὶ δὲ ὑμῖν, γραμματεῖς καὶ Φαρισαῖοι ὑποκριταί, ὅτι
L 11.52	οὐαὶ ὑμῖν τοῖς νομικοῖς, ὅτι ἤρατε τὴν

M 23.13	κλείετε τὴν βασιλείαν τῶν οὐρανῶν ἔμπροσθεν τῶν ἀνθρώπων· ὑμεῖς γὰρ
L 11.52	κλεῖδα τῆς γνώσεως· αὐτοὶ

M 23.13	οὐκ εἰσέρχεσθε, οὐδὲ τοὺς εἰσερχομένους ἀφίετε εἰσελθεῖν.
L 11.52	οὐκ εἰσήλθατε καὶ τοὺς εἰσερχομένους ἐκωλύσατε.

M 23.14	Οὐαὶ δὲ ὑμῖν, γραμματεῖς καὶ Φαρισαῖοι ὑποκριταί, ὅτι κατεσθίετε τὰς
Mk 12.40	οἱ κατεσθίοντες τὰς
L 20.47	οἳ κατεσθίουσιν τὰς

M 23.14	οἰκίας τῶν χηρῶν καὶ προφάσει μακρὰ προσευχόμενοι· διὰ τοῦτο λήμψεσθε
Mk 12.40	οἰκίας τῶν χηρῶν καὶ προφάσει μακρὰ προσευχόμενοι, οὗτοι λήμψονται
L 20.47	οἰκίας τῶν χηρῶν καὶ προφάσει μακρὰ προσεύχονται· οὗτοι λήμψονται

M 23.14	περισσότερον κρίμα.
Mk 12.40	περισσότερον κρίμα.
L 20.47	περισσότερον κρίμα.

M 23.15	Οὐαὶ ὑμῖν, γραμματεῖς καὶ Φαρισαῖοι ὑποκριταί, ὅτι περιάγετε τὴν
M 23.15	θάλασσαν καὶ τὴν ξηρὰν ποιῆσαι ἕνα προσήλυτον, καὶ ὅταν γένηται ποιεῖτε
M 23.15	αὐτὸν υἱὸν γεέννης διπλότερον ὑμῶν.

M 23.13, 14	omit verse 14	ℵBDLθ 1.1582
	verse order 14, 13	EFGKWYΠ 28.565
	verse order 13, 14	13

M 23.13

ουαι δε..κλειετε	..ουρανων		εμπροσθεν..εισερχεσθε	ουδε..αφιετε	εισελθειν	ℵ^{c}B 1.1582
ουαι ..κλειετε	..ουρανων		εμπροσθεν..εισερχεσθε	ουδε..αφιετε	εισελθειν	ℵ*E^{c}FGKYΠ 565
ουαι δε..κλειεται	..ουρανων		ενπροσθεν..εισερχεσθαι	ουδε..αφειεται	εισελθειν	D
ουαι ..κλειετε	..ουρανων	υμεις γαρ	εμπροσθεν..εισερχεσθε	ουδε..αφιετε	εισελθειν	E*
ουαι δε..κλειεται	..ουρανων		εμπροσθεν..εισερχεσθαι	ουδε..αφιετε	εισελθειν	L
ουαι ..κλιεται	..ουρανων		εμπροσθεν..εισερχεσθαι	ουδε..αφιεται	εισελθειν	W
ουαι δε..και εσται	..ουρανων		εμπροσθεν..εισερχεσθαι	ουδε..αφιεται	εισελθειν	θ
ουαι δε..κλειεται	..ουρανων		εμπροσθεν..εισερχεσθαι	ουδε..αφιετε	εισελθειν	13
ουαι ..κλειετε	..ουρανων		εμπροσθεν..εισερχεσθαι	και ..κωλυετε		28

M 23.14	omit verse					ℵBDL^{θ} 1.1582
	ουαι δε..κατεσθιετε	..χηρων	και προφασει..προσευχομενοι..λημψεσθε		περισσοτερον	FGK^{c}Π 565
	ουαι δε..κατεσθιετε	..χηρων	και προφασει..προσευχομενοι..λημψεσθε		περισσορον	E
	ουαι δε..κατεσθιετε	..χηρων	και προφασει..προσευχομενοι..λημψεσθε		περισσοτερο	K*
	ουαι δε..καταισθειεται	..χηρων	και προφαει ..προσευχομενοι..λημψεσθαι		περισσοτερον	W
	ουαι ..κατεσθιετε	..χηρων	και προφασει..προσευχομενοι..λημψεσθε		περισσοτερον	Y
	ουαι δε..καταισθειεται	..χηρων	και προφασει..προσευχομενοι..λημψεσθε		περισσοτερον	13
	ουαι δε..κατεσθιετε	..χειρων	και προφασει..προσευχομενοι..λημψεσθε		περισσοτερον	28
L 20.47				προσευχονται		ℵABLWY 1.
				προσευχομενοι		Dθ

M 23.15	οτι περιαγετε	..θαλασσαν..	ποιησαι	..γενηται ποιειτε	..γεεννης	ℵBEGYΠ 1.1582
	οτι περιαγετε	..θαλασσαν..ινα	ποιησηται	..γενηται ποιειτε	..γεεννης	D
	οτι περιαγετε	..θαλασσαν..	ποιησαι	..γενηται ποιητε	..γεεννης	F 565
	οτι περιαγετε	..θαλασαν ..	ποιησαι	..γενηται ποιειτε	..γεεννης	K
	οτι περιαγεται	..θαλασσαν..	ποιησαι	..γενηται ποιειται	..γεεννης	LW
		..θαλασσαν..του	ποιησαι	..γενηται ποιειτε	..γειννης	θ
	οτι περιαγετε	..θαλασσαν..του	ποιησαι	..γενηται ποιειτε	..γεεννης	13
	οτι περιαγετε	..θαλασσαν..	ποιησαι	..γενητε ποιειτε	..γεεννης	28

M 23.13 - M 16.19; 3 J 10

M 23.16 Οὐαὶ ὑμῖν, ὁδηγοὶ τυφλοὶ οἱ λέγοντες, Ὃς ἂν ὀμόσῃ ἐν τῷ ναῷ, οὐδέν
M 23.17 ἐστιν· ὃς δ' ἂν ὀμόσῃ ἐν τῷ χρυσῷ τοῦ ναοῦ ὀφείλει. Μωροὶ καὶ τυφλοί,
M 23.18 τίς γὰρ μείζων ἐστίν, ὁ χρυσὸς ἢ ὁ ναὸς ὁ ἁγιάσας τὸν χρυσόν; καί,
M 23.18 Ὃς ἂν ὀμόσῃ ἐν τῷ θυσιαστηρίῳ, οὐδέν ἐστιν· ὃς δ' ἂν ὀμόσῃ ἐν τῷ δώρῳ
M 23.19 τῷ ἐπάνω αὐτοῦ ὀφείλει. τυφλοί, τί γὰρ μεῖζον, τὸ δῶρον ἢ τὸ

M 23.20 θυσιαστήριον τὸ ἁγιάζον τὸ δῶρον; ὁ οὖν ὀμόσας ἐν τῷ θυσιαστηρίῳ
M 5.33 Πάλιν ἠκούσατε ὅτι ἐρρέθη τοῖς ἀρχαίοις, Οὐκ ἐπιορκήσεις, ἀποδώσεις δὲ

M 23.21 ὀμνύει ἐν αὐτῷ καὶ ἐν πᾶσι τοῖς ἐπάνω αὐτοῦ· καὶ ὁ ὀμόσας ἐν τῷ ναῷ
M 5.33 τῷ κυρίῳ τοὺς ὅρκους σου.

M 23.22 ὀμνύει ἐν αὐτῷ καὶ ἐν τῷ κατοικοῦντι αὐτόν· καὶ ὁ ὀμόσας
M 5.34 ἐγὼ δὲ λέγω ὑμῖν μὴ ὀμόσαι ὅλως· μήτε

M 23.22 ἐν τῷ οὐρανῷ ὀμνύει ἐν τῷ θρόνῳ τοῦ θεοῦ καὶ ἐν τῷ καθημένῳ
M 5.34 ἐν τῷ οὐρανῷ, ὅτι θρόνος ἐστὶν τοῦ θεοῦ·

M 23.22 ἐπάνω αὐτοῦ.

	Reading	Witnesses
M 23.16	ουαι υμιν .τυφλοι οι λεγοντες	ℵBD^{c}EFGKLWYΠ 1.13.565.1582
	ουαι υμιν .τυφλοι λεγοντες	D*
	ουαι υμιν .τυφλων οι λεγοντες	Θ
	ουαι υμιν γραμματεις και Φαρισαιοι υποκριται και.τυφλοι οι λεγοντες	28

	Reading	Witnesses
M 23.16	αν ομοση εν τω ναω ουδεν εστιν ος δ αν ομοση	ℵBDEFKWYΘΠ 1.13.1582
	αν ομοση	G
	αν ομοση εν τω ναω ουδεν εστιν ος δ αν ομωση	L
	αν ομοσει εν τω ναω ουδεν εστιν ος δ αν ομοση	28
	δ αν ομοση εν τω ναω ουδεν εστιν ος δ αν ομοση	565

	Reading	Witnesses
M 23.17	τις γαρ μειζων .. αγιασας	ℵB
	τις γαρ μειζω .. αγιασας	D
	τις γαρ μειζον .. αγιαζων	EF
	τις γαρ μειζων .. αγιαζων	GKLYΠ 1.13.28.565.1852
	τι γαρ μιζων .. αγιαζων	W
	τις γαρ μειζων .. αγιαζον	Θ

	Reading	Witnesses
M 23.18	ος αν .. εστιν .. ομοση .. τω επανω αυτου	ℵBCDFK^{c}LΠ 13.565
	ος εαν .. εστιν .. ομοση .. τω επανω αυτου	EGW
	ος αν .. εστιν .. ομοση .. τω επανω του	K*
	ος αν .. εστν .. ομοση .. τω επανω αυτου	Θ
	ος δ αν .. εστιν .. ομοση .. του επανω αυτου	1.
	ος αν .. εστιν .. ομοσει .. τω επανω αυτου	28
	ος αν .. εστιν .. ομοση .. του επανω αυτου	1582

	Reading	Witnesses
M 23.19	τυφλοι τι γαρ μειζον .. αγιαζον	ℵL 1.1582*
	μωροι και τυφλοι τι γαρ μειζον .. αγιαζον	BKYΠ 1582^{c}
	μωροι και τυφλοι τι γαρ μειζον .. αγιαζων	CE
	τυφλοι τι γαρ μειζω .. αγιαζον	D
	μωροι και τυφλοι τις γαρ μειζον .. αγιαζον	F
	μωροι και τυφλοι τι γαρ μειζων .. αγιαζον	G
	μωροι και τυφλοι τι γαρ μιζον .. αγιαζον	W
	τυφλοι τι γαρ μιζων .. αγιαζον	Θ
	μωροι και τυφλοι τι γαρ μειζων .. αγιαζων	13.28.565

	Reading	Witnesses
M 23.21	ο ομοσας .. εν τω κατοικουντι αυτον	ℵBLΘ 1.13.1582
	ο ομοσας .. εν τω κατοικησαντι αυτον	CDEKWYΠ 565
	ομοσας .. εν τω κατοικησαντι αυτον	F
	ο ομοσας .. εν τω κατοικησαντι εν αυτω	G
	ο ομνυων .. τω κατοικουντι αυτω	28

M 23.16 - M 15.14; 23.24; R 2.19 | M 23.19 - Ex 29.37 | M 23.21 - 1 Kg 8.18; Ps 26.8
M 23.22 - Is 66.1; Ac 7.49

M 23.23 Οὐαὶ ὑμῖν, γραμματεῖς καὶ Φαρισαῖοι ὑποκριταί, ὅτι ἀποδεκατοῦτε
L 11.42 ἀλλὰ οὐαὶ ὑμῖν τοῖς Φαρισαίοις, ὅτι ἀποδεκατοῦτε

M 23.23 τὸ ἡδύοσμον καὶ τὸ ἄνηθον καὶ τὸ κύμινον, καὶ ἀφήκατε τὰ βαρύτερα
L 11.42 τὸ ἡδύοσμον καὶ τὸ πήγανον καὶ πᾶν λάχανον, καὶ παρέρχεσθε

M 23.23 τοῦ νόμου, τὴν κρίσιν καὶ τὸ ἔλεος καὶ τὴν πίστιν· ταῦτα δὲ ἔδει
L 11.42 τὴν κρίσιν καὶ τὴν ἀγάπην τοῦ θεοῦ· ταῦτα δὲ ἔδει

M 23.24 ποιῆσαι κἀκεῖνα μὴ ἀφιέναι. ὁδηγοὶ τυφλοί, οἱ διϋλίζοντες τὸν κώνωπα
L 11.42 ποιῆσαι κἀκεῖνα μὴ παρεῖναι.

M 23.24 τὴν δὲ κάμηλον καταπίνοντες.

L 11.37 Εν δε τω λαλησαι ερωτα αυτον Φαρισαιος οπως αριστηση παρ αυτω˙ εισελθων δε ανεπεσεν.
L 11.38 ο δε Φαρισαιος ιδων εθαυμασεν οτι ου πρωτον εβαπτισθη προ του αριστου.

M 23.25 Οὐαὶ ὑμῖν, γραμματεῖς καὶ Φαρισαῖοι ὑποκριταί, ὅτι
Mk 7. 3 ---οἱ γὰρ Φαρισαῖοι καὶ πάντες οἱ
L 11.39 εἶπεν δὲ ὁ κύριος πρὸς αὐτόν, Νῦν ὑμεῖς οἱ Φαρισαῖοι

M 23.25 καθαρίζετε τὸ ἔξωθεν τοῦ ποτηρίου καὶ τῆς παροψίδος,
Mk 7. 3 Ἰουδαῖοι ἐὰν μὴ πυγμῇ νίψωνται τὰς χεῖρας οὐκ ἐσθίουσιν, κρατοῦντες
L 11.39 τὸ ἔξωθεν τοῦ ποτηρίου καὶ τοῦ πίνακος καθαρίζετε, τὸ δὲ

M 23.23 Φαρισαιοι .. αποδεκατουτε .. ανηθον .. αφηκατε τα βαρυτερα ℵEFKYΠ 28.565
Φαρισαιοι .. αποδεκατουτε .. ανηθον .. αφηκετε τα βαρυτερα B
Φαρισαιοι .. αποδεκατουται .. ανηθον .. αφηκατε τα βαρυτερα CW 13
Φαρισαιο .. αποδεκατουτε .. ανηθον .. αφηκατε τα βαρυτερα D
Φαρισαιοι .. αποδεκατουτε .. αννηθον .. αφηκατε τα βαρυτερα G
Φαρισαιοι .. αποδεκατουται .. ανθον .. αφηκατε τα βαρυτερα L
Φαρισαιοι .. αποδεκατουται .. ανηθον .. αφηκαται τα βαρυτερα Θ
Φαρισαιοι .. αποδεκατουτε .. ανηθον .. αφηκατε τα βαρεα 1.1582
L 11.42 αποδεκατουτε .. πηγανον P^{75} ℵABCDWΠ 1.
αποδεκατουτε .. ανηθον P^{45}
αποδεκατουται .. πηγανον L 28
M 23.23 την κρισιν και το ελεος .. πιστιν ταυτα δε .. ποιησαι .. αφιεναι
την κρισιν και το ελεος .. πιστιν ταυτα .. ποιησαι .. αφινε ℵ
την κρισιν και το ελεος .. πιστιν ταυτα δε .. ποιησαι .. αφειναι BL
την κρισιν και τον ελεον .. πιστιν ταυτα δε .. ποιησαι .. αφιεναι CKWYΠ
την κρισιν και το ελεος .. πιστιν ταυτα .. ποιησαι .. αφιεναι D
την κρισιν και τον ελεον .. πιστη ταυτα .. ποιησαι .. αφιεναι E
την κρισιν και τον ελεον .. πιστιν ταυτα .. ποιησαι .. αφιεναι FG 1.28.1582
την κρισιν και το ελεος .. πιστιν ταυτα .. ποιειν .. αφιεναι Θ
και την κρισιν και τον ελαιον .. πιστιν ταυτα .. ποιησαι .. αφιεναι 13
την κρισιν και το ελεον .. πιστιν ταυτα δε .. ποιησαι .. αφιεναι 565
L 11.42 ταυτα δε .. ποιησαι ..παρειναι P^{75} ℵ^{c}B*L
ταυτα .. ποιησαι .. αφειναι ℵ*
ταυτα δει.. ποιησαι παραφιεναι A
ταυτα δε .. ποιησαι .. αφιεναι B^{c}CYΠ
ταυτα .. ποιησαι .. αφιεναι W 1.28
M 23.24 οι δυλιζοντες .. την δε καμηλον ℵ*C^{c}EFGWYΠ 1.13.28.565.1582
δυλιζοντες .. την δε καμηλον ℵ^{c}BL
οι δυλιζονται .. την δε καμηλον C*
δυλιζοντες .. τον δε καμηλον D*
οι δυλιζοντες .. τον δε καμηλον D^{c}
οι δυλιζοντες .. τηιν καμηλον K
οι δυλιζοντες .. την δε καμιλον Θ
M 23.25 γραμματεις..Φαρισαιοι υποκριται..καθαριζετε το εξωθεν..παροψιδος ℵCEFGK 1.13.
γραμματεις ..Φαρισαιοι υποκριται..καθαριζετε το εξωθεν..παροψιδος B |1582
γραμματεις..Φαρισαιοι υποκριται..καθαριζεται το εξω ..παροψιδος D
γραμματεις..Φαρισαιοι υποκριται..καθαριζεται το εξωθεν..παροψιδος L
γραμματις ..Φαρισαιοι υποκριται..καθαριζεται το εξωθεν..παροψιδος W
γραμματεις..Φαρισαιοι υποκριται..καθαριζετε το εξωθεν..παροψιδος του πινακος YΠ 565
γραμματεις..Φαρισαιοι υποκριται..καθαριζεται το εξοθεν..παροψιδος Θ
γραμματεις..Φαρισαιοι υποκριται..καθαριζετε το εκτος ..παροψιδος 28
L 11.39 Φαρισαιοι P^{75} ℵABCLWYΠ 1.28
Φαρισαιοι υποκριται D

M 23.23 - Lv 27.30; Mic 6.8; L 18.12; 12.57; J 7.24; M 12.7; 1 Ti 1.5
M 23.24 - M 15.14; 23.16; R 2.19

M 23.26 ἔσωθεν δὲ γέμουσιν ἐξ ἁρπαγῆς καὶ ἀκρασίας. Φαρισαῖε τυφλέ,
Mk 7. 4 τὴν παράδοσιν τῶν πρεσβυτέρων, | καὶ ἀπ' ἀγορᾶς ἐὰν μὴ βαπτίσωνται οὐκ
L 11.40 ἔσωθεν ὑμῶν γέμει ἁρπαγῆς καὶ πονηρίας. ἄφρονες, οὐχ ὁ ποιήσας

M 23.26 καθάρισον πρῶτον τὸ ἐντὸς τοῦ ποτηρίου, ἵνα γένηται καὶ
Mk 7. 4 ἐσθίουσιν, καὶ ἄλλα πολλά ἐστιν ἃ παρέλαβον κρατεῖν, βαπτισμοὺς
L 11.41 τὸ ἔξωθεν καὶ τὸ ἔσωθεν ἐποίησεν; πλὴν τὰ ἐνόντα δότε ἐλεημοσύνην,

M 23.26 τὸ ἐκτὸς αὐτοῦ καθαρόν.
Mk 7. 4 ποτηρίων καὶ ξεστῶν καὶ χαλκίων καὶ κλινῶν---
L 11.41 καὶ ἰδοὺ πάντα καθαρὰ ὑμῖν ἐστιν.

M 23.27 Οὐαὶ ὑμῖν, γραμματεῖς καὶ Φαρισαῖοι ὑποκριταί, ὅτι παρομοιάζετε
L 11.44 οὐαὶ ὑμῖν, ὅτι ἐστὲ ὡς τὰ

M 23.27 τάφοις κεκονιαμένοις, οἵτινες ἔξωθεν μὲν φαίνονται ὡραῖοι ἔσωθεν δὲ
L 11.44 μνημεῖα τὰ ἄδηλα, καὶ οἱ ἄνθρωποι οἱ περιπατοῦντες ἐπάνω οὐκ οἴδασιν.

M 23.28 γέμουσιν ὀστέων νεκρῶν καὶ πάσης ἀκαθαρσίας. οὕτως καὶ ὑμεῖς ἔξωθεν
M 23.28 μὲν φαίνεσθε τοῖς ἀνθρώποις δίκαιοι, ἔσωθεν δέ ἐστε μεστοὶ ὑποκρίσεως
M 23.28 καὶ ἀνομίας.

M 23.25 εσωθεν .. εξ αρπαγης και ακρασιας ℵBLYΘΠ 1.13.565.1582
εσωθεν .. αρπαγης και αδικιας C
εσωθεν .. αρπαγης και ακρασειας D
εωθεν .. εξ αρπαγης και αδικιας E*
εσωθεν .. εξ αρπαγης και αδικιας E^c FGK 28
εσωθεν .. εξ αρπαγης και αδικειας W

M 23.26 Φαρισαιε ..εντος του ποτηριου ινα γενηται..εκτος αυτου 1.
Φαρισαιε ..εντος του ποτηριου και της παροψιδος ινα γενηται..εντος αυτων ℵ*
Φαρισαιε ..εντος του ποτηριου και της παροψιδος ινα γενηται..εκτος αυτων ℵ^c B^c E^c FLW 1582^c
Φαρισαιε ..εντος του ποτηριου και της παροψιδος ινα γενηται..εκτος αυτου B* 13
Φαρισαιοιε..εντος του ποτηριου και της παροψιδος ινα γενηται..εκτος αυτων C
Φαρισαιε ..εντος του ποτηριου ινα γενηται..εξωθεν αυτου D
Φαρισαιε ..εντος του ποτηριου και της παροψιδος ινα γενητε ..εκτος αυτου E* 28
Φαρισαιε ..εντος του ποτηρι και της παροψιδος ινα γενηται..εκτος αυτου G
Φαρισαιε ..εσωθεν του ποτηριου και της παροψιδος ινα γενηται..εκτος αυτων KYΠ 565
Φαρισαιε ..εντος του ποτηριου ινα γενη ..εκτος αυτου Θ
Φαρισαιε ..εντος του ποτηριου ινα γενηται..εκτος αυτων 1582*

M 23.27 ουαι υμιν γραμματεις και Φαρισαιοι υποκριται all texts
L 11.44 ουαι υμιν P45 P75 ℵBCL 1.
ουαι υμιν γραμματεις και Φαρισαιοι υποκριται AWYΘ 28
ουαι υμιν γραμματεις και Φαρισαιοι D

M 23.27 παρομοιαζετε ..οιτινες ..μεν φαινονται ωραιοι..γεμουσιν ℵ^c EGKYΠ 28.565
παρομοιαζετε .. ..μεν φαινονται ωραιοι..γεμουσιν ℵ*
ομοιαζετε ..οιτινες ..μεν φαινονται ωραιοι..γεμουσιν B 1.1582
παρομοιαζεται..οιτινες ..μεν φαινονται ωραιοι..γεμουσιν CLΘ
παρομοιαζετε .. ..ο ταφος φαινετε ωραιος..γεμι D
παρομοιαζετε ..οιτινες ..μεν φαινονται τοις ανθρωποις ωραιοι..γεμουσιν F
παρομοιαζεται..οιτινες ..μεν φαινονται ωρεοι ..γεμουσιν W
παρομοιαζεται..οιτινες μεν.. φαινονται οραιοι..γεμουσιν 13

M 23.28 ουτως .. φαινεσθε .. εστε μεστοι ℵB
ουτως .. φαινεσθαι .. εστε μεστοι CΘ
ουτως .. φενεσθαι .. εσται μεστοι D
ουτως .. φενεσθαι .. μεστοι εστε E
ουτως .. φαινεσθε .. μεστοι εσται F
ουτως .. φαινεσθε .. μεστοι εστε GKΠ 28.565
ουτως .. φαινεσθε .. εσται μεστοι L
ουτως .. φαινεσθαι .. μεστοι εσται W
ουτω .. φαινεσθε .. μεστοι εστε Y 1.1582
ουτως .. φαινεσθαι .. εσται μεστοι 13

M 23.26 - J 9.40; Tt 1.15 | M 23.27 - Ac 23.3 | M 23.28 - L 16.15

M 23.29 Οὐαὶ ὑμῖν, γραμματεῖς καὶ Φαρισαῖοι ὑποκριταί, ὅτι οἰκοδομεῖτε τοὺς
L 11.47 οὐαὶ ὑμῖν, ὅτι οἰκοδομεῖτε τὰ

M 23.30 τάφους τῶν προφητῶν καὶ κοσμεῖτε τὰ μνημεῖα τῶν δικαίων, |καὶ λέγετε,
L 11.48 μνημεῖα τῶν προφητῶν, οἱ δὲ πατέρες ὑμφν ἀπέκτειναν αὐτούς. ἄρα

M 23.30 Εἰ ἤμεθα ἐν ταῖς ἡμέραις τῶν πατέρων ἡμῶν, οὐκ ἂν
L 11.48 μάρτυρές ἐστε καὶ συνευδοκεῖτε τοῖς ἔργοις τῶν πατέρων ὑμῶν, ὅτι αὐτοὶ

M 23.31 ἤμεθα αὐτῶν κοινωνοὶ ἐν τῷ αἵματι τῶν προφητῶν. ὥστε μαρτυρεῖτε ἑαυτοῖς
L 11.48 μὲν ἀπέκτειναν αὐτοὺς ὑμεῖς δὲ οἰκοδομεῖτε.

M 23.32 ὅτι υἱοί ἐστε τῶν φονευσάντων τοὺς προφήτας. καὶ ὑμεῖς πληρώσατε τὸ
M 23.33 μέτρον τῶν πατέρων ὑμῶν. ὄφεις γεννήματα ἐχιδνῶν, πῶς φύγητε ἀπὸ τῆς

M 23.34 κρίσεως τῆς γεέννης; διὰ τοῦτο ἰδοὺ ἐγὼ ἀποστέλλω
L 11.49 διὰ τοῦτο καὶ ἡ σοφία τοῦ θεοῦ εἶπεν, Ἀποστελῶ

M 23.34 πρὸς ὑμᾶς προφήτας καὶ σοφοὺς καὶ γραμματεῖς· ἐξ αὐτῶν ἀποκτενεῖτε
L 11.49 εἰς αὐτοὺς προφήτας καὶ ἀποστόλους, καὶ ἐξ αὐτῶν ἀποκτενοῦσιν
M 10.17 προσέχετε δὲ ἀπὸ τῶν ἀνθρώπων·

M 23.29 οικοδομειτε .. κοσμειτε ℵBDEFGKYΠ 1.28.565.1582
οικοδομηται .. κοσμειται CL 13
οικοδομειται .. κοσμειται W
οικοδομηται .. κοσμητε Θ

M 23.30 λεγετε ει ημεθα .. ημεθα αυτων κοινωνοι B
λεγετε ει ημεθα .. ημεθα κοινωνοι αυτων ℵCEFG
λεγεται ει ημεθα .. ημεθα αυτων κοινωνοι D
λεγετε ει ημεν . ημεν κοινωνοι αυτων KYΠ 28.565
λεγεται ει ημεθα .. ημεθα κοινωνοι αυτων L
λεγεται ει ημεν .. ημεν κοινωνοι αυτων W
λεγετε ει ημεθα .. ημεθα κοινωνοι Θ
λεγετε ει ημεν .. ημεν αυτων κοινωνοι 1.1582
λεγετε ει ημεθα .. ημεν αυτων κοινωνοι 13

M 23.31 μαρτυρειτε εαυτοις .. εστε των φονευσαντων ℵBDEFGKLYΘΠ 565.1582
μαρτυρειται εαυτοις .. εστε των φονευσαντων C
μαρτυριται εαυτοις .. εσται των φονευσαντων W
μαρτυρειτε αυτοις .. εστε των φονευσαντων 1.13
μαρτυρειτε εαυτοις .. εσται των αποκτεινοντων 28

M 23.32 πληρωσατε το μετρον ℵB^{c}CEFGKLWYΘΠ 1.13.565.1582
πληρωσετε το μετρον B*
επληρωσατε το μετρον D
πληρωσατε το εργον 28

M 23.33 εχιδνων πως φυγητε απο .. γεεννης ℵBCEGKLYΠ 1.13.565.1582
εχιδνων πως φυγεται απο .. γεεννης D
εχιδνων πως φυγητε .. γεεννης F
εχιδνων πως φυγηται απο .. γεεννης WΘ
εχιδνων πως φυγητε απο .. γεενης 28

M 23.34
ιδου εγω αποστελλω προς υμας.και γραμματεις εξ αυτων αποκτενειτε ℵBΠ 1.565
ιδου εγω αποστελλω προς υμας.και γραμματεις και εξ αυτων αποκτενειτε CE^{c}FGKY 28.1582
ιδου αποστελω .και γραμματεις και εξ αυτων αποκτεινειτε D
εγω αποστελλω προς υμας.και γραμματεις και εξ αυτων αποκτενειτε E*
ιδου εγω αποστελλω προς υμας. γραμματεις και εξ αυτων αποκτενειτε L
ιδου εγω αποστελλω προς υμας.και γραμματεις εξ αυτων αποκτενιται W
ιδου εγω αποστελλω προς υμας.και γραμματεις εξ αυτων αποκτενιτε Θ
αποστελλω προς υμας.και γραμματεις εξ αυτων αποκτενειτε 13

L 11.49
και η σοφια του θεου ειπεν αποστελω .. .. και εξ αυτων P^{75} ℵBCLY 28
και η σοφια του θεου ειπεν αποστελω .. .. εξ αυτων AWΠ 1.
αποστελλω.. .. και εξ αυτων D
και η σοφια του θεου ειπεν αποστελλω.. .. και εξ αυτων Θ

M 23.29 - M 10.41; 13.17 | M 23.30 - M 5.12 | M 23.31 - Ac 7.52; Jr 26.15; Re 6.11
M 23.32 - 1 Th 2.15f | M 23.33 - M 3.7; 12.34; L 3.7 | M 23.34 - 2 Sm 12.1; M 13.52; Ac 7.52

M 23.34 καὶ σταυρώσετε, καὶ ἐξ αὐτῶν μαστιγώσετε ἐν ταῖς συναγωγαῖς ὑμῶν καὶ
L 11.49 καὶ
M 10.17 παραδώσουσιν γὰρ ὑμᾶς εἰς συνέδρια, καὶ ἐν ταῖς συναγωγαῖς αὐτῶν

M 23.35 διώξετε ἀπὸ πόλεως εἰς πόλιν· ὅπως ἔλθῃ ἐφ' ὑμᾶς πᾶν αἷμα
L 11.50 διώξουσιν, |ἵνα ἐκζητηθῇ τὸ αἷμα πάντων τῶν
M 10.17 μαστιγώσουσιν ὑμᾶς·

M 23.35 δίκαιον ἐκχυννόμενον ἐπὶ τῆς γῆς
L 11.50 προφητῶν τὸ ἐκκεχυμένον ἀπὸ καταβολῆς κόσμου ἀπὸ τῆς γενεᾶς ταύτης,

M 23.35 ἀπὸ τοῦ αἵματος Ἅβελ τοῦ δικαίου ἕως τοῦ αἵματος Ζαχαρίου υἱοῦ
L 11.51 |ἀπὸ αἵματος Ἅβελ ἕως αἵματος Ζαχαρίου

M 23.36 Βαραχίου, ὃν ἐφονεύσατε μεταξὺ τοῦ ναοῦ καὶ τοῦ θυσιαστηρίου. ἀμὴν
L 11.51 τοῦ ἀπολομένου μεταξὺ τοῦ θυσιαστηρίου καὶ τοῦ οἴκου· ναί,

M 23.36 λέγω ὑμῖν, ἥξει ταῦτα πάντα ἐπὶ τὴν γενεὰν ταύτην.
L 11.51 λέγω ὑμῖν, ἐκζητηθήσεται ἀπὸ τῆς γενεᾶς ταύτης.

M 23.34 και σταυρωσετε και εξ αυτων μαστιγωσετε εν ταις συναγωγαις υμων..διωξετε $\aleph^c$BCE^{c}FKLYΠ 1.13.
και σταυρωσετε εξ αυτων και μαστιγωσετε εν ταις συναγωγαις υμων..διωξετε ℵ* |565.1582
και σταυρωσεται ..διωξεται D
και σταυρωσετε εν ταις συναγωγαις υμων..διωξετε E*
και σταυρωσετε και εξ αυτων μαστιγγωσεται εν ταις συναγωγαις υμων..διωξετε G
και σταυρωσεται και εξ αυτων μαστιγωσεται εν ταις συναγωγαις υμων..διωξεται W
και σταυρωσετε και εξ αυτον μαστιγωσεται εν τες συναγωγαις υμων..διωξεται Θ
και σταυρωσετε και εξ αυτων μαστιγωσεται εν ταις συναγωγαις υμων..διωξετε 28
σταυρωσετε και εξ αυτων μαστιγωσετε εν ταις συναγωγαις υμων..διωξετε 1582*

M 23.35 οπως ελθη..παν αιμα..εκχυννομενον..του αιματος Αβελ του δικαιου GWΠ 1.
οπως ελθη.. αιμα..εκχυννομενον..του αιματος Αβελ του δικαιου ℵ*
οπως αν ελθη..παν αιμα..εκχυννομενον..του αιματος Αβελ του δικαιου $\aleph^c$C 13
οπως ελθη..παν αιμα..εκχυνομενον ..του αιματος Αβελ του δικαιου BEFKY 28.565.1582
οπως ελθη..παν αιμα..εχχυννομενον.. αιματος Αβελ του δικαιου D
οπως επελθη..παν αιμα..εκχυνομενον .. αιματος Αβελ του δικαιου L
οπως αν ελθη..παν αιμα..εκχυνομενον ..του αιματος Αβελ του δικαιου Θ
L 11.50,51 εκκεχυμενον .. αιματος Αβελ B
εκκε......... αιματος .... P^{45}
εκχυνομενον .. αιματος Αβελ P^{75}
εκχυννομενον.. αιματος Αβελ ℵCDL 1.
εκχυννομενον..του αιματος Αβελ AW
εκχυνομενον ..του αιματος Αβελ του δικαιου Y
εκχυνομενον ..του αιματος Αβελ Θ 28
εκχυννομενον..του αιματος Αβελ του δικαιου Π

M 23.35
εως του αιματος..υιου Βαραχιου ον εφονευσατε μεταξυ του ναου και του θυσιαστηριου $\aleph^c$BCEFGKLWYΠ 13.
εως του αιματος.. ον εφονευσατε μεταξυ του ναου και του θυσιαστηριου ℵ* |28.565.1582
εως αιματος..υιου Βαραχειου ον εφονευσατε μεταξυ του ναου και του θυσιαστηριου D
εως αιματος..υιου Βαρασιου ον εφονευσατε μεταξυ του ναου και του θυσιαστηριου Θ 1.
L 11.51
εως αιματος.. του απολομενου μεταξυ του θυσιαστηριου και του οικου P^{75} $\aleph^c$BL 1.
εως αιματος.. του απολομενου μετοξυ του θυσιαστηριου και του οικου ℵ*
εως του αιματος.. του απολομενου μεταξυ του θυσιαστηριου και του οικου ACWYΘΠ 28
εως αιματος..υιου Βαραχειου ον εφονευσαν ανα μεσον του θυσιαστηριου και του ναου D

M 23.36 ηξει ταυτα παντα .. γενεαν ταυτην ℵDΘ
ηξει παντα ταυτα .. γενεαν ταυτην B 1.1582
οτι ηξει ταυτα παντα .. γενεαν ταυτην C 13.28.565
οτι ηξει παντα ταυτα .. γενεαν ταυτην EGKWYΠ
οτι εξει ταυτα παντα .. γενεαν ταυτην F
ηξει ταυτα παντα .. γενεαν αυτην L

M 23.34 - M 10.23 | M 23.35 - Gn 4.8, 10; He 11.4; 12.24; 2 Chr 24.20f; Zch 1.1; M 27.25; Re 18.24

60. LAMENT OVER JERUSALEM

Matthew 23.37-39

L 13.31 Εν αυτη τη ωρα προσηλθαν τινες Φαρισαιοι λεγοντες αυτω, Εξελθε και πορευου εντευθεν,
L 13.32 οτι Ηρωδης θελει σε αποκτειναι. και ειπεν αυτοις, Πορευθεντες ειπατε τη αλωπεκι ταυτη,
L 13.32 Ιδου εκβαλλω δαιμονια και ιασεις αποτελω σημερον και αυριον, και τη τριτη τελειουμαι.
L 13.33 πλην δει με σημερον και αυριον και τη εχομενη πορευεσθαι, οτι ουκ ενδεχεται προφητην
L 13.33 απολεσθαι εξω Ιερουσαλημ.

M 23.37 'Ιερουσαλὴμ 'Ιερουσαλήμ, ἡ ἀποκτείνουσα τοὺς προφήτας καὶ λιθοβολοῦσα
L 13.34 'Ιερουσαλὴμ 'Ιερουσαλήμ, ἡ ἀποκτείνουσα τοὺς προφήτας καὶ λιθοβολοῦσα

M 23.37 τοὺς ἀπεσταλμένους πρὸς αὐτήν, ποσάκις ἠθέλησα ἐπισυναγαγεῖν τὰ τέκνα
L 13.34 τοὺς ἀπεσταλμένους πρὸς αὐτήν, ποσάκις ἠθέλησα ἐπισυνάξαι τὰ τέκνα

M 23.37 σου, ὃν τρόπον ὄρνις ἐπισυνάγει τὰ νοσσία αὐτῆς ὑπὸ τὰς
L 13.34 σου ὃν τρόπον ὄρνις τὴν ἑαυτῆς νοσσιὰν ὑπὸ τὰς

M 23.38 πτέρυγας, καὶ οὐκ ἠθελήσατε. ἰδοὺ ἀφίεται ὑμῖν ὁ οἶκος ὑμῶν ἔρημος.
L 13.35 πτέρυγας, καὶ οὐκ ἠθελήσατε. ἰδοὺ ἀφίεται ὑμῖν ὁ οἶκος υμων.

M 23.37 η αποκτεινουσα τους προφητας και λιθοβολουσα τους απεσταλμενους προς αυτην ℵ[c]BEFLYΠ 1.28.565.|1582
τους προφητας αποκτενουσα και λιθοβολουσα τους απεσταλμενους προς αυτην ℵ*
η αποκτεννουσα τους προφητας και λιθοβολουσα τους απεσταλμενους προς αυτην CGK
η αποκτεινουσα τους προφητας και λιθοβολουσα τους απεσταλμενους προς σε D
η αποκτινουσα τους προφητας και λιθοβολησασα τους απτεταλμενους προς αυτην W
η αποκτινουσα τους προφητας και λιθοβολουσα του απεσταλμενους προς αυτην Θ
η αποκτενουσα τους προφητας και λιθοβολουσα τους απεσταλμενους προς αυτην 13
L 13.34 η αποκτεινουσα P[75] ℵBDYΘΠ 28
η αποκτεννουσα A
η αποκτινουσα LW
η αποκτενουσα 1.

M 23.37 επισυναγαγειν..ορνις επισυναγει τα νοσσια αυτης υπο τας πτερυγας
επισυναγειν ..ορνις επισυναγει τα νοσσια αυτης υπο τας πτερυγας ℵ*
επισυναγαγειν..ορνις επισυναγει τα νοσσια εαυτης υπο τας πτερυγας ℵ[c]L 1.1582
επισυναγαγειν..ορνις επισυναγει τα νοσσια υπο τας πτερυγας B
επισυναγαγειν..επισυναγει ορνις τα νοσσια εαυτης υπο τας πτερυγας CEFGY 565[c]
επισυναγαγειν..ορνις επισυναγει τα νοσσεια αυτης υπο τας πτερυγας D
επισυναγαγειν..ορνης επισυναγαγει τα νοσσια εαυτης υπο τας πτερυγας K
επισυναγαγειν..επισυναγει ορνις τα νοσσια αυτης υπο τας πτερυγας W
επισυναγαγειν..ορνεις επισυναγει τα νοσια εαυτης υπο τας πτερυγας Θ
επισυναγαγειν..επισυναγει ορνις τα νοσια εαυτης υπο τας πτερυγας Π 565*
επισυναγαγειν..ορνεις επισυναγει τα νοσσια εαυτης υπο τας πτερυγας 13
επισυναγαγειν..επισυναγει ορνις τα νοσσια εαυτης υπο τας πτερυγας αυτης 28
L 13.34 επισυναξαι ..ορνις την εαυτης νοσσιαν υπο τας πτερυγας BYΘ
επισυναξαι ..ορνις τα εαυτης νοσσια υπο τας πτερυγας A 1.
επισυναξαι ..ορνιξ τα νοσσια αυτης υπο τας πτερυγας D
επισυναξαι ..ορνις τα εαυτης νοσια υπο τας πτερυγας Π
επισυναγαγειν..ορνις την εαυτης νοσιαν υπο τας πτερυγας 28

M 23.38 αφιεται υμιν ο οικος υμων ερημος ℵCEFGKWYΘΠ 1.1582
αφιεται υμιν ο οικος υμων BL
αφιετε υμειν ο οικος ημων ερημος D*
αφιετε υμειν ο οικος υμων ερημος D[c]
αφιετε υμιν ο οικος υμων ερημος 13.565
αφιετε ο οικος υμων ημιν ερημος 28
L 13.35 αφιεται υμιν ο οικος υμων P[75] ℵABLYΠ 1.
αφιεται υμειν ο οικος υμων ερημος D
αφιετε υμιν ο οικος υμων ερημος Θ
αφιεται ο οικος υμων ερημος 28

M 23.37 - M 22.6; J 8.59; Ac 7.59; 1 Th 2.15; He 11.36f; Re 11.8
M 23.38 - L 19.14; Ac 1.20; 1 Kg 9.7f; Jr 12.7; 22.5; Tob 14.4

M 23.39	λέγω γὰρ ὑμῖν, οὐ μή με ἴδητε ἀπ' ἄρτι ἕως ἂν εἴπητε, Εὐλογημένος
L 13.35	λέγω δὲ ὑμῖν, οὐ μὴ ἴδητέ με ἕως ἥξει ὅτε εἴπητε, Εὐλογημένος

M 23.39	ὁ ἐρχόμενος ἐν ὀνόματι κυρίου.
L 13.35	ὁ ἐρχόμενος ἐν ὀνόματι κυρίου.

61. FIFTH DISCOURSE: THE END OF THE AGE

Matthew 24.1-26.2

a. Setting: Destruction of the Temple

Matthew 24.1-2

M 24. 1	Καὶ ἐξελθὼν ὁ Ἰησοῦς ἀπὸ τοῦ ἱεροῦ ἐπορεύετο, καὶ προσῆλθον οἱ μαθηταὶ
Mk 13. 1	Καὶ ἐκπορευομένου αὐτοῦ ἐκ τοῦ ἱεροῦ λέγει αὐτῷ εἷς τῶν μαθητῶν
L 21. 5	Καί τινων

M 24. 1	αὐτοῦ ἐπιδεῖξαι αὐτῷ τὰς οἰκοδομὰς τοῦ ἱεροῦ·
Mk 13. 1	αὐτοῦ, Διδάσκαλε, ἴδε ποταποὶ λίθοι καὶ ποταπαὶ οἰκοδομαί.
L 21. 5	λεγόντων περὶ τοῦ ἱεροῦ, ὅτι λίθοις καλοῖς

M 24. 2	ὁ δὲ ἀποκριθεὶς εἶπεν αὐτοῖς, Οὐ βλέπετε ταῦτα πάντα;
Mk 13. 2	καὶ ὁ Ἰησοῦς εἶπεν αὐτῷ, Βλέπεις ταύτας τὰς μεγάλας
L 21. 6	καὶ ἀναθήμασιν κεκόσμηται, εἶπεν, |Ταῦτα ἃ θεωρεῖτε, ἐλεύσονται

M 23.39	υμιν ου μη με ιδητε απ αρτι εως αν ειπητε ..κυριου	ℵBCFGKLYΠ 28
	υμειν οτι ου μη με ιδητε απ αρτι εως αν ειπητε ..θεου	D
	υμιν ου μη με ιδετε απ αρτι εως αν ειπητε ..κυριου	E
	υμιν ου μη με ιδηται απ αρτι εως αν ειπηται..κυριου	W
	υμιν οτι ου μη με ιδητε απ αρτι εως αν ειπητε ..κυριου	Θ 1.1582
	υμιν οτι ου μη με ιδειτε απ αρτι εως αν ιπειτε..κυριου	13
	υμιν ου μη ιδητε απ αρτι εως αν ειπητε ..κυριου	565
L 13.35	υμιν ου μη ιδητε με εως ηξει οτε ειπητε	
	υμιν ου μη με ιδητε εως αν ειπητε	P45 1.
	υμιν ου μη με ιδητε εως ειπητε	P75 L
	υμιν ου μη ιδητε με εως αν ειπητε	ℵ
	υμιν οτι ου μη ιδητε με εως αν ηξει οτε ειπητε	A
	υμιν ου μη ιδητε με εως ειπητε	B
	υμειν ου μη με ιδητε εως ηξει οτε ειπητε	D
	υμιν οτι ου μη ιδηται με εως αν ηξει οτε ειπητε	W
	υμιν οτι ου μη με ιδητε εως αν ηξη οτε ειπητε	Y
	υμιν ου μη ιδηται με απ αρτι εως αν ειπητε	Θ
	υμιν οτι ου μη ιδητε με εως οτε ειπητε	Π
	υμιν οτι ου μη με ιδητε εως αν ηξει οτε ειπητε	28

M 24. 1	απο του ιερου επορευετο .. επιδειξαι .. οικοδομας του ιερου	ℵD 1.13.1582
	εκ του ιερου επορευετο .. επιδειξαι .. οικοδομας του ιερου	B
	επορευετο απο του ιερου .. επιδειξαι .. οικοδομας του ιερου	CEFGKWYΠ 28.565
	απο του ιερου επορευετο .. επιδειξε .. οικδομας του ιερου	L
	απο του ορου επορευετο .. επιδειξαι .. οικοδομας του ιερου	Θ
Mk 13. 1	οικοδομαι	ℵABLWYΘΠ 1.28.1582
	οικοδομαι του ιερου	D

M 24. 2	ο δε αποκριθεις ειπεν αυτοις ου βλεπετε ταυτα παντα	ℵBΘ 1.13.1582
	ο δε Ιησους ειπεν αυτοις ου βλεπετε ταυτα παντα	CYΠ 28
	ο δε αποκριθεις ειπεν αυτοις βλεπετε παντα ταυτα	D
	ο δε Ιησους ειπεν αυτοις ου βλεπετε παντα ταυτα	EFGK 565
	ο δε Ιησους ειπεν αυτοις βλεπετε ταυτα παντα	L
	ο δε Ιησους ειπεν αυτοις ου βλεπεται παντα ταυτα	W
Mk 13. 2	και ο Ιησους ειπεν αυτω βλεπεις	ℵBL 28
	και αποκριθεις ο Ιησους ειπεν αυτω βλεπεις	AΠ
	και αποκριθεις ειπεν αυτοις ο Ιησους βλεπετε	D
	και αποκριθεις ειπεν αυτω βλεπεις	W
	και ο Ιησους αποκριθεις ειπεν αυτω βλεπεις	Y
	και αποκριθεις ειπεν αυτω ου βλεπεις	Θ 565
	και αποκριθεις ο Ιησους ειπεν βλεπεις	1.1582

M 23.39 - Ps 118.26; M 3.11; 21.9; Mk 11.10; L 19.38 \| M 24.2 - M 12.6; 22.7; L 19.44; Ac 6.14; Jr 7.14

a. Setting: Destruction of the Temple Matthew 24.1-2

M 24. 2 ἀμὴν λέγω ὑμῖν, οὐ μὴ ἀφεθῇ ὧδε λίθος ἐπὶ λίθον ὃς οὐ καταλυθήσεται.
Mk 13. 2 οἰκοδομάς; οὐ μὴ ἀφεθῇ ὧδε λίθος ἐπὶ λίθον ὃς οὐ μὴ καταλυθῇ.
L 21. 6 ἡμέραι ἐν αἷς οὐκ ἀφεθήσεται λίθος ἐπὶ λίθῳ ὃς οὐ καταλυθήσεται.

b. Signs of the End

Matthew 24.3-44

M 24. 3 Καθημένου δὲ αὐτοῦ ἐπὶ τοῦ Ὄρους τῶν Ἐλαιῶν
Mk 13. 3 Καὶ καθημένου αὐτοῦ εἰς τὸ Ὄρος τῶν Ἐλαιῶν κατέναντι τοῦ ἱεροῦ

M 24. 3 προσῆλθον αὐτῷ οἱ μαθηταὶ κατ' ἰδίαν
Mk 13. 3 ἐπηρώτα αὐτὸν κατ' ἰδίαν Πέτρος καὶ Ἰάκωβος καὶ
L 21. 7 Ἐπηρώτησαν δὲ αὐτὸν

M 24. 3 λέγοντες, Εἰπὲ ἡμῖν πότε ταῦτα ἔσται, καὶ τί τὸ
Mk 13. 4 Ἰωάννης καὶ Ἀνδρέας, |Εἰπὸν ἡμῖν πότε ταῦτα ἔσται, καὶ τί τὸ
L 21. 7 λέγοντες, Διδάσκαλε, πότε οὖν ταῦτα ἔσται, καὶ τί τὸ

M 24. 4 σημεῖον τῆς σῆς παρουσίας καὶ συντελείας τοῦ αἰῶνος. καὶ ἀποκριθεὶς ὁ
Mk 13. 5 σημεῖον ὅταν μέλλῃ ταῦτα συντελεῖσθαι πάντα. ὁ δὲ
L 21. 8 σημεῖον ὅταν μέλλῃ ταῦτα γίνεσθαι; ὁ δὲ

M 24. 4 Ἰησοῦς εἶπεν αὐτοῖς, Βλέπετε μή τις ὑμᾶς πλανήσῃ·
Mk 13. 5 Ἰησοῦς ἤρξατο λέγειν αὐτοῖς, Βλέπετε μή τις ὑμᾶς πλανήσῃ·
L 21. 8 εἶπεν, Βλέπετε μὴ πλανηθῆτε·

M 24. 2 αμην λεγω υμιν ..ωδε..ος ου καταλυθησεται ℵBCEFLW[c]θ 13.28
αμην λεγω υμειν οτι..ωδε..ος ου καταλυθησεται D
αμην λεγω υμιν ..ωδε..ος ου μη καταλυθησεται GKYΠ 1.565.1582
αμην λεγω υμιν .. ..ος ου καταλυθησεται W*
Mk 13. 2 ..ωδε..ος ου μη καταλυθη ℵ[c]B
..ωδε..ος ου καταλυθησετε ℵ*
.. ..ος ου μη καταλυθη AYΠ
αμην λεγω υμειν οτι..ωδε..ος ου μη καταλυθη D
..ωδε..ος ου καταλυθη L
..ωδε..ος ου μη αφεθη ουδε διαλυθησεται W
αμην λεγω σοι ..ωδε..ος ου καταλυθησεται θ 28.565
λεγω υμιν ..ωδε..ος ου μη καταλυθη 1.1582
M 24. 3
καθημενου δε..Ορους των Ελαιων ..αυτω οι μαθηται κατ ιδιαν B[c]EFGYΠ 1.13.28.
καθημενου δε..Ορους των Ελαιων ..αυτω οι μαθηται καθ ιδιαν ℵB* |565.1582
καθημενου δε..Ορους των Ελαιων κατεναντι του ιερου..αυτω οι μαθηται αυτου κατ ιδιαν C
καθημενου δε..Ορους των Ελεων ..αυτω οι μαθηται κατ ιδιαν DL
καθημενου δε..Ορους τω Ελαιω ..αυτω οι μαθηται κατ ιδιαν K
καθημενου δε..Ορους των Ελαιων ..αυτω οι μαθηται αυτου κατ ιδιαν W
καθημενου δε..Ορου των Ελαιων ..αυτω οι μαθηται κατ ιδιαν θ
Mk 13. 3
και καθημενου.. ..κατ ιδιαν ℵAB[c]DYθΠ 1.28.565.
και καθημενου.. ..καθ ιδιαν B* |1582
καθημενου δε.. ..κατ ιδιαν W
L 21. 7 αυτον ℵABLWYθ 1.
αυτον οι μαθηται D
M 24. 3 ειπε .. ποτε .. της σης παρουσιας συντελειας ℵB 565
ειπε .. τοτε .. της σης παρουσιας συντελειας C
ειπε .. ποτε .. της παρουσιας σου της συντελειας D
ειπε .. ποτε .. της σης παρουσιας της συντελειας EFGKWYΠ 13.28
ειπον .. ποτε .. της σης παρουσιας συντελειας L 1.1582*
ειπε .. ποτε .. τη σης παρουσιας συντελιας θ
ειπον .. ποτε .. της σης παρουσιας της συντελειας 1582[c]
Mk 13. 4 ειπον ℵBDLWθ 1.28.565.1582
ειπε AYΠ
L 21. 7 ποτε ουν ℵABLWYθ
ποτε D 1.
M 24. 4 και αποκριθεις ο Ιησους ειπεν αυτοις .. πλανηση ℵBCDEFGKLWYθΠ 13.565
αποκριθεις δε ο Ιησους ειπεν αυτοις .. πλανηση 1.1582
και αποκριθεις ο Ιησους ειπεν αυτοις .. πλανησει 28
Mk 13. 5 ο δε Ιησους ηρξατο λεγειν αυτοις .. πλανηση ℵBL
και αποκριθεις ο Ιησους ειπεν αυτοις .. πλανησει D
και αποκριθεις ο Ιησους ειπεν αυτοις .. πλανηση θ 565

M 24. 3 - M 5.1; 24.27, 37, 39; 13.39, 40, 49; 28.20 | M 23. 4 - M 23.24

b. Signs of the End Matthew 24.3-44

M 24. 5 πολλοὶ γὰρ ἐλεύσονται ἐπὶ τῷ ὀνόματί μου λέγοντες, Ἐγώ εἰμι ὁ Χριστός,
Mk 13. 6 πολλοὶ ἐλεύσονται ἐπὶ τῷ ὀνόματί μου λέγοντες ὅτι Ἐγώ εἰμι,
L 21. 8 πολλοὶ γὰρ ἐλεύσονται ἐπὶ τῷ ὀνόματί μου λέγοντες, Ἐγώ εἰμι·

M 24. 6 καὶ πολλοὺς πλανήσουσιν. μελλήσετε δὲ ἀκούειν
Mk 13. 7 καὶ πολλοὺς πλανήσουσιν. ὅταν δὲ ἀκούσητε
L 21. 9 καί, Ὁ καιρὸς ἤγγικεν· μὴ πορευθῆτε ὀπίσω αὐτῶν. ὅταν δὲ ἀκούσητε

M 24. 6 πολέμους καὶ ἀκοὰς πολέμων· ὁρᾶτε, μὴ θροεῖσθε· δεῖ γὰρ γενέσθαι,
Mk 13. 7 πολέμους καὶ ἀκοὰς πολέμων, μὴ θροεῖσθε· δεῖ γενέσθαι,
L 21. 9 πολέμους καὶ ἀκαταστασίας, μὴ πτοηθῆτε· δεῖ γὰρ ταῦτα γενέσθαι

M 24. 7 ἀλλ' οὔπω ἐστὶν τὸ τέλος. ἐγερθήσεται γὰρ
Mk 13. 8 ἀλλ' οὔπω τὸ τέλος. ἐγερθήσεται γὰρ
L 21.10 πρῶτον, ἀλλ' οὐκ εὐθέως τὸ τέλος. Τότε ἔλεγεν αὐτοῖς, Ἐγερθήσεται

M 24. 7 ἔθνος ἐπὶ ἔθνος καὶ βασιλεία ἐπὶ βασιλείαν, καὶ ἔσονται λιμοὶ καὶ σεισμοὶ
Mk 13. 8 ἔθνος ἐπ' ἔθνος καὶ βασιλεία ἐπὶ βασιλείαν, ἔσονται σεισμοὶ
L 21.11 ἔθνος ἐπ' ἔθνος καὶ βασιλεία ἐπὶ βασιλείαν, |σεισμοὶ

M 24. 5 πολλοι γαρ..τω ονοματι..λεγοντες ..ειμι ο Χριστος..πολλους πλανησουσιν ℵBC^{c}DFGKWYΘ^{c}Π^{c} 1.13.
πολλοι γαρ..τω ονοματι..λεγοντες οτι..ειμι ο Χριστος..πολλους πλανησουσιν C* |28.565.1582
πολλοι γαρ..το ονοματι..λεγοντες ..ειμι ο Χριστος..πολλους πλανησουσιν EK
πολλοι γαρ..τω ονοματι..λεγοντες ..ειμι ο Χριστος..πολους πλανησουσιν Θ*
πολλοι γαρ..τω ονοματι..λεγοντες ..ειμι ο Χριστος..πολλους πλανησωσιν Π*
Mk 13. 6 πολλοι ..τω ονοματι..λεγοντες οτι..ειμι ℵBL
πολλοι γαρ..τω ονοματι..λεγοντες οτι..ειμι AYΠ 1.1582
πολλοι γαρ..τω ονοματι..λεγοντες ..ειμι D
πολλοι ..τω ονοματι..λεγοντες οτι..ειμει ο Χριστος W
πολλοι γαρ..τω ονοματι..λεγοντες ..ειμι ο Χριστος Θ
πολλοι γαρ..τω ονοματι..λεγοντες οτι..ειμι ο Χριστος 28.565
M 24. 6 μελλησετε ..ορατε μη θροεισθε δει γαρ γενεσθαι..εστιν ℵB^{c}Y^{c} 1.1582
μελλησεται..ορατε μη θροεισθε δει γαρ γενεσθαι..εστιν B*
μελλησετε ..ορατε μη θροεισθε δει γαρ παντα γενεσθαι..εστιν CEFGKΠ 28
μελλεται ..ορατε μη θροεισθαι δει γαρ γενεσθαι..εστιν D
μελλετε ..ορατε μη θροεισθαι δει γαρ γενεσθαι..εστην L
μελλησεται..ορατε μη θροεισθαι δει γαρ παντα γενεσθαι..εστιν W
μελλησετε ..ορατε μη θροεισθε ..εστιν Y*
μελλησεται..ορατε μη θροεισθε δι γαρ παντα γενεσθαι..εστιν Θ
μελλεται ..ορατε μη θροεισθε δει γαρ παντα γενεσθαι..εστιν 13
μελλησετε ..ορατε μη θροεισθε δει γαρ ταυτα γενεσθαι..εστιν 565
Mk 13. 7 μη θροεισθε δει B
ορατε μη θροεισθε δει ℵ*
ορατε μη θροεισθε δει γαρ ℵ^{c}
μη θροεισθαι δει γαρ AL
μη θορυβεισθαι δει γαρ D
μη θροεισθαι δει W
μη θροεισθε δει γαρ YΘ 1.565.1582
μη θρωεισθαι δει γαρ 28
M 24. 7 εγερθησεται γαρ εθνος επι..και εσονται λιμοι και σεισμοι BE^{c}
εγερθησεται γαρ εθνος επ ..και εσονται σεισμοι και λιμοι ℵ
εγερθησεται γαρ εθνος επ ..και εσονται λιμοι και λοιμοι και σεισμοι CKYΠ 1.28.
εγερθησεται γαρ εθνος επι..και εσονται λειμοι και σεισμοι D |1582
εγερθησεται γαρ εθνς επι..και εσονται λιμοι και σεισμοι E*
εγερθησεται γαρ εθνος επι..και εσονται λιμοι και λοιμοι και σεισμοι FG
εγερθησονται γαρ εθνος επ ..και εσονται λοιμοι και λιμοι και σισμοι L
εγερθησεται γαρ εθνος επ ..και εσονται λοιμοι και λιμοι και σισμοι W
εγερθησσεται γαρ εθνος επ ..και εσονται λιμοι και λοιμοι και σισμοι Θ
εγερθησεται γαρ εθνος επι..και εσονται λοιμοι και λιμοι και σεισμοι 13
εγερθησεται γαρ εθνος επι..και εσονται λιμοι και λοιμοι 565
Mk 13. 8 εγερθησεται γαρ εθνος επ .. εσονται ℵBL
εγερθησεται γαρ εθνος επι..και εσονται A
εγερθησεται γαρ εθνος επι.. εσονται D
εγερθησεται εθνος επι.. εσονται W
εγερθησεται γαρ εθνος επι..και εσονται YΠ 1.28.1582
L 21.10
τοτε ελεγεν αυτοις εγερθησεται εθνος επ ℵALY 1.
τοτε ελεγεν αυτοις εγερθησεται εθνος επι BWΘ
εγερθησεται γαρ εθνος επι D

M 24. 5 - M 24.11, 23f; J 5.43; Ac 5.36f; 1 J 2.18
M 24. 6 - Dn 2.28, 29; 2.45 Theodotion; 2 Th 2.2 | M 24. 7 - 2 Chr 15.6; Is 19.2

M 24. 8 κατὰ τόπους· πάντα δὲ ταῦτα ἀρχὴ ὠδίνων.
Mk 13. 8 κατὰ τόπους, ἔσονται λιμοί· ἀρχὴ ὠδίνων ταῦτα.
L 21.11 τε μεγάλοι καὶ κατὰ τόπους λιμοὶ καὶ λοιμοὶ ἔσονται, φόβητρά τε

L 21.12 και απ ουρανου σημεια μεγαλα εσται. προ δε τουτων παντων επιβαλουσιν εφ υμας τας

M 24. 9 τότε παραδώσουσιν ὑμᾶς εἰς θλῖψιν
Mk 13. 9 βλέπετε δὲ ὑμεῖς ἑαυτούς· παραδώσουσιν ὑμᾶς εἰς συνέδρια
L 21.12 χεῖρας αὐτῶν καὶ διώξουσιν, παραδιδόντες εἰς τὰς συναγωγὰς
M 10.17 προσέχετε δὲ ἀπὸ τῶν ἀνθρώπων· παραδώσουσιν γὰρ ὑμᾶς εἰς συνέδρια,
J 16. 2 ἀποσυναγώγους ποιήσουσιν ὑμᾶς· ἀλλ᾽ ἔρχεται ὥρα

Mk 13. 9 και εις συναγωγας δαρησεσθε και επι ηγεμονων και βασιλεων
L 21.12 και φυλακας, απαγομενους επι βασιλεις και ηγεμονας
M 10.18 και εν ταις συναγωγαις αυτων μαστιγωσουσιν υμας· και επι ηγεμονας δε και βασιλεις

Mk 13. 9 σταθησεσθε ενεκεν εμου εις μαρτυριον αυτοις.
L 21.13,14 ενεκεν του ονοματος μου· αποβησεται υμιν εις μαρτυριον. θετε ουν εν ταις
M 10.18 αχθησεσθε ενεκεν εμου εις μαρτυριον αυτοις και τοις εθνεσιν.

L 21.15 καρδιαις υμων μη προμελεταν απολογηθηναι, |εγω γαρ δωσω υμιν στομα και σοφιαν η ου
L 21.16 δυνησονται αντιστηναι η αντειπειν απαντες οι αντικειμενοι υμιν. παραδοθησεσθε δε και
L 21.16 υπο γονεων και αδελφων και συγγενων και φιλων,

M 24. 9 καὶ ἀποκτενοῦσιν ὑμᾶς, καὶ ἔσεσθε μισούμενοι ὑπὸ πάντων τῶν ἐθνῶν
Mk 13.13 καὶ ἔσεσθε μισούμενοι ὑπὸ πάντων
L 21.17 καὶ θανατώσουσιν ἐξ ὑμῶν, |καὶ ἔσεσθε μισούμενοι ὑπὸ πάντων
M 10.22 καὶ ἔσεσθε μισούμενοι ὑπὸ πάντων
J 15.18 Εἰ ὁ κόσμος ὑμᾶς μισεῖ, γινώσκετε ὅτι ἐμὲ πρῶτον
J 15.21 ἀλλὰ ταῦτα πάντα ποιήσουσιν εἰς ὑμᾶς
J 16. 2 ἵνα πᾶς ὁ ἀποκτείνας ὑμᾶς δόξῃ λατρείαν προσφέρειν τῷ θεῷ.

M 24.10 διὰ τὸ ὄνομά μου. καὶ τότε σκανδαλισθήσονται πολλοὶ καὶ ἀλλήλους
Mk 13.13 διὰ τὸ ὄνομά μου.
L 21.18 διὰ τὸ ὄνομά μου. καὶ θρὶξ ἐκ τῆς κεφαλῆς ὑμῶν οὐ μὴ ἀπόληται.
M 10.22 διὰ τὸ ὄνομά μου·
J 15.18 ὑμῶν μεμίσηκεν.
J 15.21 διὰ τὸ ὄνομά μου, ὅτι οὐκ οἴδασιν τὸν πέμψαντά με.

M 24. 8 παντα δε ταυτα αρχη ωδινων ℵBCD^{c}EFGKLYΘΠ 28
παντα δε ταυτα αρχη οδυνων D*
ταυτα δε παντα αρχη ωδινων W 1.1582
ταυτα παντα αρχη οδινων 13
παντα δε ταυτα αρχη ωδεινων 565
Mk 13. 8 αρχη ωδινων ταυτα ℵBDLΠ
ταυτα δε παν αρχη ωδεινων Θ
ταυτα δε παντα αρχη ωδινων 28.565

M 24. 9 παραδωσουσιν..θλιψιν ..αποκτενουσιν ..εσεσθε ..παντων των εθνων ℵ^{c}BE^{c}FGKΠ 13.
παραδωσουσιν..θλιψιν ..αποκτενουσιν ..εσεσθε .. των εθνωη ℵ* |28.565
παραδωσουσιν..θλιψιν ..αποκτενουσιν ..εσεσθε ..παντων C
παραδωσουσιν..θλειψειν..αποκτεινουσιν..εσεσθαι..παντων εθνων D*
παραδωσουσιν..θλειψειν..αποκτεινουσιν..εσεσθαι..παντων των εθνων D^{c}
παραδοσουσιν..θλιψιν ..αποκτενουσιν ..εσεσθε ..παντων των εθνων E*Y
παραδωσουσιν..θλιψεις ..αποκτενουσιν ..εσεσθε ..παντων των εθνων L
παραδωσωσιν ..θλιψιν ..αποκτενουσιν ..εσεσθαι..παντων των εθνων WΘ
παραδωσουσιν..θλιψεις ..αποτενουσιν ..εσεσθε ..παντων 1.1582
Mk 13. 9
βλεπετε δε υμεις εαυτους παραδωσουσιν BL
και παραδωσουσιν 1.28*.1582*

M 24. 9 ονομα μου ℵBC*DEFGKLWYΘΠ 1.13.28.565.1582
ονομα μου ο δε υπομινας εις τελος ουτος σωθησετε C^{2}

M 24. 9 - M 10.23 | M 24.10 - Dn 11.41

b. Signs of the End Matthew 24.3-44

M 24.11 παραδώσουσιν καὶ μισήσουσιν ἀλλήλους· καὶ πολλοὶ ψευδοπροφῆται εγερθή-
M 24.12 σονται καὶ πλανήσουσιν πολλούς· καὶ διὰ τὸ πληθυνθῆναι τὴν ἀνομίαν
M 24.12 ψυγήσεται ἡ ἀγάπη τῶν πολλῶν.

M 24.13,14 ὁ δὲ ὑπομείνας εις τέλος οὗτος σωθήσεται. καὶ
Mk 13.13,10 ὁ δὲ ὑπομείνας εἰς τέλος οὗτος σωθήσεται. καὶ εἰς πάντα τὰ ἔθνη
L 21.19 ἐν τῇ ὑπομονῇ ὑμῶν κτήσασθε τὰς ψυχὰς ὑμῶν.
M 10.22 ὁ δὲ ὑπομείνας εἰς τέλος οὗτος σωθήσεται.

M 24.14 κηρυχθήσεται τοῦτο τὸ εὐαγγέλιον τῆς βασιλείας ἐν ὅλῃ τῇ
Mk 13.11 πρῶτον δεῖ κηρυχθῆναι τὸ εὐαγγέλιον. καὶ ὅταν ἄγωσιν ὑμᾶς
L 21.13 ἀποβήσεται

M 24.14 οἰκουμένῃ εἰς μαρτύριον πᾶσιν τοῖς ἔθνεσιν, καὶ τότε ἥξει τὸ τέλος.
Mk 13.11 παραδιδόντες, μὴ προμεριμνᾶτε τί λαλήσητε, ἀλλ᾽ ὃ ἐὰν δοθῇ ὑμῖν ἐν ἐκείνῃ
L 21.13 ὑμῖν εἰς μαρτύριον.

Mk 13.12 τη ωρα τουτο λαλειτε, ου γαρ εστε υμεις οι λαλουντες αλλα το πνευμα το αγιον. και
Mk 13.12 παραδωσει αδελφος αδελφον εις θανατον και πατηρ τεκνον, και επαναστησονται τεκνα επι
Mk 13.12 γονεις και θανατωσουσιν αυτους·

M 24.15 Ὅταν οὖν ἴδητε
Mk 13.14 Ὅταν δὲ ἴδητε
L 21.20 Ὅταν δὲ ἴδητε κυκλουμένην ὑπὸ στρατοπέδων Ἰερουσαλήμ, τότε γνῶτε

M 24.15 τὸ βδέλυγμα τῆς ἐρημώσεως τὸ ῥηθὲν διὰ Δανιὴλ τοῦ προφήτου ἑστὸς ἐν τόπῳ
Mk 13.14 τὸ βδέλυγμα τῆς ἐρημώσεως ἑστηκότα
L 21.20 ὅτι ἤγγικεν ἡ ἐρήμωσις αὐτῆς.

M 24.10 και μισησουσιν αλληλους BDEFGKWYΠ 1.13.28.565.1582
εις θλιψιν ℵ
και μεισησουσιν αλληλους D
και μησισουσιν αλληλους L
και μησησον αλησλους Θ
M 24.11 εγερθησονται και πλανησουσιν πολλους BEFGKYΘΠ 1.13.28.565.1582
εγερθησονται και πολλους πλανησουσιν ℵ
εξεγερθησονται και πλανησουσιν πολλους D
αναστησονται και πλανησουσιν υμας W
M 24.12 δια το πληθυνθηναι .. ψυγησεται .. των πολλων ℵBEFGLWYΠ 1.13.28.565.1582
δια το πληθυναι .. ψυγησεται .. των πολλων D
δια το πληθυνθηναι .. ψυγησεται .. των πολλων K
δι το πληθυνθηναι .. ψυγησεται .. τον πολων Θ
M 24.13 τελος ουτος ℵBDEFGKLYΘΠ 1.13.28.565.1582
τελος W
Mk 13.13 τελος ουτος ℵADLYΘΠ 1.28.565.1582
τελος W
M 24.14 τουτο το ευαγγελιον..εν ολη τη οικουμενη ..πασιν τοις εθνεσιν BEFGKYΘΠ 13.28.565
τουτο το ευαγγελιον..εις ολην την οικουμενην..πασιν τοις εθνεσιν ℵ
το ευαγγελιον τουτο..εν ολη τη οικουμενη ..πασιν τοις εθνεσιν F
τουτο το ευαγγελιον..εν ολη τη οικουμενη ..πασιν τοις εθνεσν D*
τουτο το ευαγγελιον..εν ολη τη οικουμενη ..πασιν τοις εθνεσην D^c
τουτο το ευαγγελιον..εν ολη τη οικουμενη .. τοις εθνεσιν W
τουτο το ευαγγελιον.. ολη τη οικουμενη ..πασιν τοις εθνεσιν 1.1582
M 24.15 ουν ιδητε ..της ερημωσεως το ρηθεν δια Δανιηλ του προφητου εστος εν τοπω B*FGYΠ 565
ουν ιδητε ..της ερημωσεως το ρηθεν δια ιηλ του προφητου εστος εν τοπω ℵ*
δε ιδητε ..της ερημωσεως το ρηθεν δια Δανιηλ του προφητου εστος εν τοπω ℵ^cL
ουν ιδητε ..της ερημωσεως το ρηθεν δια Δανιηλ του προφητου εστως εν τοπω B^cEΘ 1.13.28.1582
ουν ειδητε ..της ερημωσεως το ρηθεν δια Δανιηλου του προφητου εστως εν τοπω D
ουν ιδητε ..τη ερημωσεως το ρηθεν δια Δανιηλ του προφητου εστως εν τοπω K
ουν ιδηται..της ερημωσεως το ρηθεν δια Δανιηλ του προφητου εστος εν τοπω W
Mk 13.14 ερημωσεως εστηκοτα ℵBL
ερημωσεως το ρηθεν υπο Δανιηλ του προφητου εστος AYΠ
ερημωσεως εστηκος D
ερημωσεως το ριθεν υπο Δανιηλ του προφητου εστος τω τοπω Θ
ερωμωσεως το ρηθεν δια Δανιηλ του προφητου στηκον 1.
ερημωσεως το ρηθεν δια Δανιηλ του προφητου στηκον 28.1582
ερημωσεως εστος 565

M 24.11 - M 24.5, 24 | M 24.12 - 2 Th 2.10; 2 Ti 3.1-5 | M 24.13 - M 10.22; Re 13.10
M 24.14 - M 28.19; Re 14.6; M 8.4; 10.18 | M 24.15 - Dn 9.27; 11.31; 12.11; 1 Mcc 1.54; 6.7

M 24.16 ἁγίῳ, ὁ ἀναγινώσκων νοείτω, |τότε οἱ ἐν τῇ Ἰουδαίᾳ φευγέτωσαν
Mk 13.14 ὅπου οὐ δεῖ, ὁ ἀναγινώσκων νοείτω, τότε οἱ ἐν τῇ Ἰουδαίᾳ φευγέτωσαν
L 21.21 τότε οἱ ἐν τῇ Ἰουδαίᾳ φευγέτωσαν

M 24.17 εἰς τὰ ὄρη, ὁ ἐπὶ τοῦ δώματος
Mk 13.15 εἰς τὰ ὄρη, ὁ δὲ ἐπὶ τοῦ δώματος
L 17.31 ἐν ἐκείνῃ τῇ ἡμέρᾳ ὃς ἔσται ἐπὶ τοῦ δώματος καὶ τὰ σκεύη αὐτοῦ ἐν τῇ
L 21.21 εἰς τὰ ὄρη, καὶ οἱ ἐν μέσῳ αὐτῆς

M 24.17 μὴ καταβάτω ἆραι τὰ
Mk 13.15 μὴ καταβάτω μηδὲ εἰσελθάτω ἆραί τι
L 17.31 οἰκίᾳ, μὴ καταβάτω ἆραι αὐτά,
L 21.21 ἐκχωρείτωσαν, καὶ οἱ ἐν ταῖς χώραις μὴ εἰσερχέσθωσαν εἰς

M 24.18 ἐκ τῆς οἰκίας αὐτοῦ, |καὶ ὁ ἐν τῷ ἀγρῷ μὴ ἐπιστρεψάτω
Mk 13.16 ἐκ τῆς οἰκίας αὐτοῦ, |καὶ ὁ εἰς τὸν ἀγρὸν μὴ ἐπιστρεψάτω εἰς τὰ
L 17.31 καὶ ὁ ἐν ἀγρῷ ὁμοίως μὴ ἐπιστρεψάτω εἰς τὰ
L 21.22 αὐτήν, |ὅτι ἡμέραι ἐκδικήσεως αὗταί εἰσιν τοῦ πλησθῆναι πάντα τὰ

M 24.19 ὀπίσω ἆραι τὸ ἱμάτιον αὐτοῦ. οὐαὶ δὲ ταῖς ἐν γαστρὶ ἐχούσαις καὶ ταῖς
Mk 13.17 ὀπίσω ἆραι τὸ ἱμάτιον αὐτοῦ. οὐαὶ δὲ ταῖς ἐν γαστρὶ ἐχούσαις καὶ ταῖς
L 17.31 ὀπίσω.
L 21.23 γεγραμμένα. οὐαὶ ταῖς ἐν γαστρὶ ἐχούσαις καὶ ταῖς

M 24.19 θηλαζούσαις ἐν ἐκείναις ταῖς ἡμέραις.
Mk 13.17 θηλαζούσαις ἐν ἐκείναις ταῖς ἡμέραις.
L 21.23 θηλαζούσαις ἐν ἐκείναις ταῖς ἡμέραις·

M 24.16 Ιουδαια .. εις τα ορη BD 1.28.1582
Ιουδαια .. επι τα ορη ℵEFGKLWYΠ 13.565
Ιουδεα .. εις τα ορη Θ
Mk 13.14 Ιουδαια .. εις τα ορη ℵABDLWYΠ 1.28.1582
Ιουδεα .. εις τα ορη Θ
Ιουδαια .. επι τα ορη 565

M 24.17 ο .. καταβατω αραι τα .. οικιας αυτου ℵ[c]BL
ο .. καταβατω αραι το .. οικιας αυτου ℵ*
ο δε .. καταβατω αραι τι .. οικειας D
ο .. καταβαινετω αρε τα .. οικιας αυτου E
ο .. καταβαινετω αραι τα .. οικιας αυτου FGKYΠ 13
ο .. καταβαινετω αραι τα .. οικειας αυτου W
ο .. καταβατω αραι τι .. οικιας αυτου Θ
ο .. καταβαινετω αραι τι .. οικιας αυτου 1.28.1582
ο .. καταβαινετω αραι τα .. οικιας αυτου 565

M 24.18 και ο εν τω αγρω .. οπισω αραι το ιματιον ℵBKLYΠ 1.13.565.1582
και ο εν τω αγρω .. οπισω αραι το ειματειον D
και ο εν τω αγρω .. οπισω αραι τα ιματια EFG
ο εν τω αγρω .. οπισω αραι τα ιματια W
και ο εν τω αγρω .. οπισω αραι τω ιματιον Θ
και ο εν τω αγρω .. αραι τα ιματια 28
Mk 13.16 εις τα οπισω αραι το ιματιον ABLWYΘΠ 1.28.565.1582
οπισω αραι το ιματιον ℵD
εις τα οπισω αρε τα ιματια W

M 24.19 ουαι δε .. θηλαζουσαις ℵBEFGKWYΘΠ 1.13.28.565.1582 ClemAl (S III 49.6)
ουαι δε .. θηλαζομεναις D
ουαι δε .. ενθηλαζουσαις L
Mk 13.17 ουαι δε .. θηλαζουσαις ℵABLYΘΠ 1.565.1582
ουαι .. θηλαζομεναις D 28
ουαι δε .. ενθηλαζουσαις L
L 21.23 ουαι .. θηλαζουσαις B
ουαι δε .. θηλαζουσαις ℵACWYΘ 1.
ουαι .. θηλαζομεναις D
ουαι .. ενθηλαζουσαις L

M 24.16 - Ez 7.16 | M 24.19 - L 23.29; 1 C 7.26-28

M 24.20 προσεύχεσθε δὲ ἵνα μὴ γένηται ἡ φυγὴ ὑμῶν χειμῶνος μηδὲ σαββάτῳ·
Mk 13.18 προσεύχεσθε δὲ ἵνα μὴ γένηται χειμῶνος·

M 24.21 ἔσται γὰρ τότε θλῖψις μεγάλη οἵα οὐ γέγονεν ἀπ᾽
Mk 13.19 ἔσονται γὰρ αἱ ἡμέραι ἐκεῖναι θλῖψις οἵα οὐ γέγονεν τοιαύτη ἀπ᾽
L 21.23 ἔσται γὰρ ἀνάγκη μεγάλη ἐπὶ τῆς γῆς καὶ ὀργὴ τῷ λαῷ

M 24.22 ἀρχῆς κόσμου ἕως τοῦ νῦν οὐδ᾽ οὐ μὴ γένηται. καὶ εἰ
Mk 13.20 ἀρχῆς κτίσεως ἣν ἔκτισεν ὁ θεὸς ἕως τοῦ νῦν καὶ οὐ μὴ γένηται. καὶ εἰ
L 21.24 τούτῳ, |καὶ πεσοῦνται στόματι μαχαίρης καὶ αἰχμαλωτισθήσονται εἰς τὰ ἔθνη

M 24.22 μὴ ἐκολοβώθησαν αἱ ἡμέραι ἐκεῖναι, οὐκ ἂν ἐσώθη πᾶσα σάρξ· διὰ δὲ
Mk 13.20 μὴ ἐκολόβωσεν κύριος τὰς ἡμέρας, οὐκ ἂν ἐσώθη πᾶσα σάρξ. ἀλλὰ διὰ
L 21.24 πάντα, καὶ Ἰερουσαλὴμ ἔσται πατουμένη ὑπὸ ἐθνῶν, ἄχρι οὗ πληρωθῶσιν

M 24.22 τοὺς ἐκλεκτοὺς κολοβωθήσονται αἱ ἡμέραι ἐκεῖναι.
Mk 13.20 τοὺς ἐκλεκτοὺς οὓς ἐξελέξατο ἐκολόβωσεν τὰς ἡμέρας.
L 21.24 καιροὶ ἐθνῶν.

L 17.20 Επερωτηθεις δε υπο των Φαρισαιων ποτε ερχεται η βασιλεια του θεου απεκριθη αυτοις
L 17.20 και ειπεν, Ουκ ερχεται η βασιλεια του θεου μετα παρατηρησεως,

---

M 24.20	προσευχεσθε .. γενηται η φυγη υμων χειμωνος μηδε	σαββατω	ℵBYΠ 1.565.1582
	προσευχεσθαι .. γενηται η φυγη υμων χειμωνος μηδε	σαββατου	D
	προσευχεσθε .. γενηται η φυγη υμων χειμωνος μηδε εν	σαββατω	EFGK
	προσευχεσθε .. γενητε η φυγη υμων χειμωνος μηδε	σαββατω	L
	προσευχεσθαι .. γενηται υμων η φυγη χειμωνος μηδε	σαββατω	W
	προσευχεσθαι .. γενηται η φυγη υμων χειμωνος μηδε	σαββατω	θ 13
	προσευχεσθαι .. γενηται η φυγη υμων χειμωνος μηδε εν	σαββατω	28
Mk 13.18	προσευχεσθε .. γενηται χειμωνος		ℵ*B
	προσευχεσθε .. γενηται η φυγη υμων χειμωνος		ℵ^cAYΠ 1.1582
	προσευχεσθε .. χειμενος ταυτα γινεται η	σαββατου	L
	προσευχεσθαι .. γενηται χειμωνος		W

M 24.21	γαρ τοτε .. ου γεγονεν .. κοσμου .. εως του νυν ουδ ου μη γενηται	BFGK^cLYΠ 13.28.565
	γαρ τοτε .. ουκ εγενετο .. κοσμου .. εως του νυν ουδ ου μη γενηται	ℵθ
	γαρ τοτε .. ουκ εγενετο .. κοσμου .. εως νυν ουδε μη γενοιτο	D*
	γαρ τοτε .. ουκ εγενετο .. κοσμου .. εως νυν ουδε μη γενηται	D^c
	γαρ τοτε .. ουκ γεγονεν .. κοσμου .. εως του νυν ουδ ου μη γενητε	E
	γαρ .. ουκ γεγονεν .. κοσμου .. εως του νυν ουδ ου μη γενηται	K*
	γαρ τοτε .. ουκ γεγονεν .. κοσμου .. εως του νυν ουδε μη γενηται	W
	γαρ τοτε .. ουκ γεγονεν .. του κοσμου .. εως του νυν ουδ ου μη γενηται	1.1582
Mk 13.19	και ου μη γενηται	ℵABCLWYΠ 28
	ουδε μη γενωνται	D
	ουδ ου μη γενωνται	θ 565
	ουδ ου μη γενηται	1.1582
L 21.23	γαρ	ℵABCDLWYθ
	γαρ τοτε	1.1582

M 24.22

ει.εκολοβωθησαν αι ημεραι εκειναι.δια δε.εκλεκτους κολοβωθησονται.ημεραι εκειναι	ℵ*BDFGK^cWΠ 1.28.565.1582
ει. κολοβωθησονται αι ημεραι εκειναι.δια δε.εκλεκτους κολοβωθησονται.ημεραι εκειναι	ℵ^c
ει.εκολωβωθησαν ημεραι εκειναι.δια δε.εκλεκτους κολοβωθησονται.ημεραι εκειναι	E*
ει.εκολοβωθησαν ημεραι εκειναι.δια δε.εκλεκτους κολοβωθησονται.ημεραι εκειναι	E^c
.εκολοβωθησαν αι ημεραι εκειναι.δια δε.εκλεκτους κολοβωθησονται.ημεραι εκειναι	K*
ει.εκολοβοθησαν αι ημεραι εκειναι.δια δε.εκλετους κολοβωθησονται.ημεραι εκειναι	L
ει.εκολοβωθησαν αι ημεραι εκειναι.δια δε.εκλεκτους κολωβωθησονται.ημεραι εκειναι	Y
ει.εκολοβωθησαν αι ημεραι εκειναι.δια δε.εκλεκτους κολοβοθησονται.ημεραι εκειναι	θ 13

Mk 13.20

εκολοβωσεν κυριος.. ημερας .αλλα δια.. ημερας	ℵBL
εκολοβωσεν .. ημερας .αλλα δια.. ημερας	W
εκολοβωσεν κυριος.. ημερας εκεινας.αλλα δια.. ημερας εκεινας	θ
κυριος εκολοωβσεν.. ημερας εκεινας.δια δε.. ημερας	1.1582
ο θεος εκολοβωσεν.. ημερας .δια δε.. ημερας	28

M 24.20 - Ac 1.12 | M 24.21 - Dn 12.1; J l 2.2; Re 7.14

b. Signs of the End Matthew 24.3-44

M 24.23 τότε ἐάν τις ὑμῖν εἴπῃ, Ἰδοὺ ὧδε ὁ Χριστός, ἤ, Ὧδε,
Mk 13.21 καὶ τότε ἐάν τις ὑμῖν εἴπῃ, Ἴδε ὧδε ὁ Χριστός, Ἴδε ἐκεῖ,
L 17.21 οὐδὲ ἐροῦσιν, Ἰδοὺ ὧδε· ἤ, Ἐκεῖ·
L 17.23 καὶ ἐροῦσιν ὑμῖν, Ἰδοὺ ἐκεῖ· ἤ, Ἰδοὺ ὧδε·

M 24.24 μὴ πιστεύσητε· ἐγερθήσονται γὰρ ψευδόχριστοι καὶ ψευδοπροφῆται, καὶ
Mk 13.22 μὴ πιστεύετε· ἐγερθήσονται γὰρ ψευδόχριστοι καὶ ψευδοπροφῆται καὶ
L 17.22 ἰδοὺ γὰρ ἡ βασιλεία τοῦ θεοῦ ἐντὸς ὑμῶν ἐστιν. Εἶπεν δὲ πρὸς τοὺς
L 17.23 μὴ ἀπέλθητε μηδὲ διώξητε.

M 24.24 δώσουσιν σημεῖα μεγάλα καὶ τέρατα ὥστε πλανῆσαι, εἰ δυνατόν, καὶ
Mk 13.22 δώσουσιν σημεῖα καὶ τέρατα πρὸς τὸ ἀποπλανᾶν, εἰ δυνατόν,
L 17.22 μαθητάς, Ἐλεύσονται ἡμέραι ὅτε ἐπιθυμήσετε μίαν τῶν ἡμερῶν τοῦ υἱοῦ τοῦ

M 24.25,26 τοὺς ἐκλεκτούς· ἰδοὺ προείρηκα ὑμῖν. ἐὰν οὖν εἴπωσιν ὑμῖν,
Mk 13.23 τοὺς ἐκλεκτούς. ὑμεῖς δὲ βλέπετε· προείρηκα ὑμῖν πάντα.
L 17.23 ἀνθρώπου ἰδεῖν καὶ οὐκ ὄψεσθε. καὶ ἐροῦσιν ὑμῖν,

M 24.26 Ἰδοὺ ἐν τῇ ἐρήμῳ ἐστίν, μὴ ἐξέλθητε· Ἰδοὺ ἐν τοῖς ταμείοις, μὴ
L 17.23 Ἰδοὺ ἐκεῖ· ἤ, Ἰδοὺ ὧδε· μὴ ἀπέλθητε μηδὲ

M 24.23 τοτε εαν .. ιδου ωδε .. η ωδε μη πιστευσητε ℵEFGKYΘΠ 1.13.28.565.1582
τοτε εαν .. ιδου ωδε .. η ωδε μη πιστευετε B*
τοτε εαν .. ιδου ωδε .. η ωδε μη πιστευητε B^c
τοτε εαν .. ιδου ωδε .. η εκει μη πιστευσηται D
τοτε εαν .. ιδου ωδε .. η ωδε μη πιστευσηται LW
Mk 13.21 και τοτε εαν .. ιδε ωδε .. ιδε εκει μη πιστευετε ℵ
και τοτε εαν .. ιδου ωδε .. η ιδου εκει μη πιστευεται A
και τοτε εαν .. ιδε ωδε .. και ιδε εκει μη πιστευετε B
και τοτε εαν .. ιδου ωδε .. η εκει μη πιστευετε C
και τοτε αν .. ιδου ωδε .. η ειδε εκει μη πιστευετε D
και τοτε αν .. ιδε ωδε .. ειδε εκει μη πιστευετε L
και τοτε εαν ..ειδου ωδε .. ειδου εκει μη πιστευεται W
και τοτε εαν .. ιδου ωδε .. η ιδου εκει μη πιστευετε Y
τοτε εαν .. ιδου ωδε .. η ιδου εκει μη πιστευειτε Θ
και τοτε εαν .. ιδου ωδε .. η ιδου εκει μη πιστευσητε Π
τοτε εαν .. ιδου ωδε .. η ιδου εκει μη πιστευσητε 1.1582
και τοτε εαν .. ιδου ωδε .. η ιδε εκει μη πιστευσητε 28
τοτε εαν .. ιδου ωδε .. ιδου εκει μη πιστευσητε 565
L 17.21 η εκει P^75 ℵBL
η ιδου εκει AYΠ^c 1.28
η ιδου εκει μη πιστευσητε D
M 24.24 ψευδοχριστοι και..μεγαλα και τερατα.. πλανησαι ..και τους εκλεκτους BEFGKW^cYΠ 13
ψευδοχριστοι και.. και τερατα.. πλανηθηναι..και τους εκλεκτους ℵ
ψευδοχρειστοι και..μεγαλα και τερατα.. πλανηθηναι..και τους εκλεκτους D
ψευδοχριστοι και..μεγαλα και τερατα.. πλανασθαι ..και τους εκλεκτους LΘ 1.1582
ψευδοχριστοι και.. και τερατα.. πλανησαι ..και τους εκλεκτους W*
ψευδοχριστοι και..τερατα και μεγαλα.. πλανησαι ..και τους εκλεκτους 28
..μεγαλα και τερατα.. πλανησαι ..και τους εκλεκτους 565
Mk 13.22 ψευδοχριστοι και.. και τερατα..αποπλαναν .. τους εκλεκτους ℵB
φευδοχριστοι και.. και τερατα..αποπλαναν ..και τους εκλεκτους A
ψευδοχριστοι και.. και τερατα..αποπλαναν ..και τους εκλεκτους CLYΘΠ 1.565.1582
.. και τερατα..αποπλαναν .. τους εκλεκτους D
ψευδοχριστοι και.. και τερατα.. πλαναν ..και τους εκλεκτους W
ψευδοχριστοι και.. και τερατα.. πλανησαι ..και τους εκλεκτους 28
M 24.25 verse ℵBDEFGKLWYΘΠ 1.28.565.1582
omit 13
M 24.26 εαν ουν .. μη εξελθητε .. ταμειοις μη πιστευσητε ℵ^cBEYΠ 565
εαν .. μη εξελθητε .. ταμειοις μη πιστευσητε ℵ*
εαν ουν .. μη εξελθηται .. ταμειοις μη πιστευσηται D
εαν ουν .. μηδε εξελθητε .. ταμειοις μη πιστευσητε F
εαν ουν .. μη εξελθητε .. ταμιοις μη πιστευσητε G 28
εαν ουν .. μη εξελθη .. ταμειοις μη πιστευσητε K
εαν ουν .. μη εξελθητε .. ταμιειοις μη πιστευσητε L 1.1582
εαν ουν .. μη εξελθητε .. ταμειοις μη πιστευσηται W
εαν ουν .. μη εξελθηται .. ταμειοις μη πιστευσηται Θ
εαν ουν .. μη εξελθητε .. ταμιεις μη πιστευσητε 13

M 24.23f - M 24.5; 1 J 2.18; M 11.7 | M 23.24 - Dt 13.1-3; 2 Th 2.9f; Re 13.13f; 2 P 2.1; 1 J 4.1
M 24.24 - L 6.26; Ac 13.6; Re 2.2; 16.13 | M 24.26 - J 13.19

M 24.27 πιστεύσητε· ὥσπερ γὰρ ἡ ἀστραπὴ ἐξέρχεται ἀπὸ ἀνατολῶν
L 17.24 διώξητε. ὥσπερ γὰρ ἡ ἀστραπὴ ἀστράπτουσα ἐκ τῆς ὑπὸ τὸν οὐρανὸν εἰς

M 24.27 καὶ φαίνεται ἕως δυσμῶν, οὕτως ἔσται ἡ παρουσία τοῦ υἱοῦ τοῦ
L 17.24 τὴν ὑπ' οὐρανὸν λάμπει, οὕτως ἔσται ὁ υἱὸς τοῦ

M 24.27 ἀνθρώπου.
L 17.25 ἀνθρώπου ἐν τῇ ἡμέρᾳ αὐτοῦ. πρῶτον δὲ δεῖ αὐτὸν πολλὰ παθεῖν καὶ

M 24.28 ὅπου
L 17.25 ἀποδοκιμασθῆναι ἀπὸ τῆς γενεᾶς ταύτης.
L 17.37 καὶ ἀποκριθέντες λέγουσιν αὐτῷ, Ποῦ, κύριε; ὁ δὲ εἶπεν αὐτοῖς, Ὅπου

M 24.28 ἐὰν ᾖ τὸ πτῶμα, ἐκεῖ συναχθήσονται οἱ ἀετοί.
L 17.37 τὸ σῶμα, ἐκεῖ καὶ οἱ ἀετοὶ ἐπισυναχθήσονται.

M 24.29 Εὐθέως δὲ μετὰ τὴν θλῖψιν τῶν ἡμερῶν ἐκείνων,
Mk 13.24 Ἀλλὰ ἐν ἐκείναις ταῖς ἡμέραις μετὰ τὴν θλῖψιν ἐκείνην
L 21.25 Καὶ ἔσονται σημεῖα ἐν

M 24.29 ὁ ἥλιος σκοτισθήσεται,
Mk 13.24 ὁ ἥλιος σκοτισθήσεται,
L 21.25 ἡλίῳ

M 24.29 καὶ ἡ σελήνη οὐ δώσει τὸ φέγγος αὐτῆς,
Mk 13.24 καὶ ἡ σελήνη οὐ δώσει τὸ φέγγος αὐτῆς,
L 21.25 καὶ σελήνῃ

M 24.29 καὶ οἱ ἀστέρες πεσοῦνται ἀπὸ τοῦ οὐρανοῦ,
Mk 13.25 καὶ οἱ ἀστέρες ἔσονται ἐκ τοῦ οὐρανοῦ πίπτοντες,
L 21.25 καὶ ἄστροις,

M 24.27 η αστραπη..φαινεται .. η παρουσια ..ανθρωπου ℵBEFKYΠ 28
η αστραπη..φαινει .. η παρουσεια..ανθρωπου D
η αστραπη..φαινει .. η παρουσια ..ανθρωπου G 1.1582*
η αστραπη..φενεται .. η παρουσια ..ανθρωπου L
η αστραπη..φαινεται ..και η παρουσια ..ανθρωπου W
η αστραπη..φενι ..και η παρουσια ..ανθρωπου Θ
η αστραπη..φενεται απο ανατολων..και η παρουσια ..ανθρωπου 13
αστραπη..φαινετε .. η παρουσια ..ανθρωπου 565
η αστραπη..φαινει ..και η παρουσια ..ανθρωπου 1582^{c}
L 17.24 ανθρωπου εν τη ημερα αυτου ℵALWYΠ 1.28
ανθρωπου P^{75} BD
M 24.28 οπου εαν .. πτωμα .. συναχθησονται οι αετοι ℵ^{c}BL 1.1582*
που εαν .. σωμα .. συναχθησονται οι αετοι ℵ*
οπου αν .. πτωμα .. συναχθησονται οι αετοι DΘ
οπου γαρ εαν .. πτωμα .. συναχθησονται οι αετοι EFGKWYΠ 13.28.1582^{c}
οπου γαρ εαν .. πτωμα .. και συναχθησονται οι αετοι 565
L 17.37 σωμα .. και οι αετοι επισυναχθησονται ℵBL
σωμα .. συναχθησονται οι αετοι ADYΠ 1.
σωμα .. συναθησοντε οι αετοι W
πτωμα .. συναχθησονται οι αετοι Θ 28
M 24.29 θλιψιν ..σεληνη..φεγγος..πεσουνται απο του ουρανου BDEFGKWYΘΠ 13.28^{c}.565.|1582
θλιψιν ..σεληνη..φεγγος..πεσουνται εκ του ουρανου ℵ
θλειψειν ..σεληνη..φεγγος..πεσουνται εκ του ουρανου D
θλιψιν ..σεληνη..φεγος ..πεσουνται απο του ουρανου L
θλιψιν ..σεληλη..φεγγος..πεσουνται απο του ουρανου 1.
θλιψιν εκεινην ..σεληνη..φεγγος..πεσουνται απο του ουρανου 28*
Mk 13.25 φεγγος.. εσονται εκ του ουρανου πιπτοντες ℵBC
φεγγος..οι εκ του ουρανου εσονται πιπτοντες D
φεγος .. του ουρανου εσονται πιπτοντες L
φεγγος.. εκ του ουρανου πεσουντε W
φεγγος..πεσουνται εκ του ουρανου 565

M 24.27 - M 24.37, 39; 1 C 15.23; 1 Th 2.19; 3.13; 4.15; 5.23; 2 Th 2.1, 8; Js 5.7f; 2 P 3.4, 12; 1 J 2.28 | M 24.28 - Jb 39.27-30; Hb 1.8; Re 19.17
M 24.29 - Is 13.10; 34.4; Ez 32.7; Jl 2.10,31; 3.15; Hb 12.26f; 2 P 3.10; Re 6.12

L 21.26 και επι της γης συνοχη εθνων εν απορια ηχους θαλασσης και σαλου, |αποψυχοντων ανθρωπων
L 21.26 απο φοβου και προσδοκιας των επερχομενων τη οικουμενη,

M 24.29 καὶ αἱ δυνάμεις τῶν οὐρανῶν σαλευθήσονται.
Mk 13.25 καὶ αἱ δυνάμεις αἱ ἐν τοῖς οὐρανοῖς σαλευθήσονται.
L 21.26 αἱ γὰρ δυνάμεις τῶν οὐρανῶν σαλευθήσονται.

M 24.30 καὶ τότε φανήσεται τὸ σημεῖον τοῦ υἱοῦ τοῦ ἀνθρώπου ἐν οὐρανῷ, καὶ

M 24.30 τότε κόψονται πᾶσαι αἱ φυλαὶ τῆς γῆς καὶ ὄψονται τὸν υἱὸν τοῦ
Mk 13.26 καὶ τότε ὄψονται τὸν υἱὸν τοῦ
L 21.27 καὶ τότε ὄψονται τὸν υἱὸν τοῦ

M 24.30 ἀνθρώπου ἐρχόμενον ἐπὶ τῶν νεφελῶν τοῦ οὐρανοῦ μετὰ δυνάμεως
Mk 13.26 ἀνθρώπου ἐρχόμενον ἐν νεφέλαις μετὰ δυνάμεως πολλῆς
L 21.27 ἀνθρώπου ἐρχόμενον ἐν νεφέλῃ μετὰ δυνάμεως

M 24.31 καὶ δόξης πολλῆς· καὶ ἀποστελεῖ τοὺς ἀγγέλους αὐτοῦ μετὰ
Mk 13.27 καὶ δόξης. καὶ τότε ἀποστελεῖ τοὺς ἀγγέλους
L 21.28 καὶ δόξης πολλῆς. ἀρχομένων δὲ τούτων γίνεσθαι ἀνακύψατε καὶ ἐπάρατε τὰς

M 24.31 σάλπιγγος μεγάλης, καὶ ἐπισυνάξουσιν τοὺς ἐκλεκτοὺς αὐτοῦ ἐκ τῶν
Mk 13.27 καὶ ἐπισυνάξει τοὺς ἐκλεκτοὺς αὐτοῦ ἐκ τῶν
L 21.28 κεφαλὰς ὑμῶν, διότι ἐγγίζει ἡ ἀπολύτρωσις ὑμῶν.

M 24.29 των ουρανων all texts
Mk 13.25 αι εν τοις ουρανοις ℵBCL 565
των ουρανων D
εν τοι ουρανοις W*
εν τοις ουρανοις W[c]

M 24.30 εν ουρανω ..τοτε κοψονται πασαι..επι των νεφελων ..και δοξης πολλης ℵ[c]BL
εν ουρανω .. κοψονται πασαι..επι των νεφελων ..και δοξης πολλης ℵ*
του εν ουρανοις..κοψονται τοτε πασαι..επι των νεφελων ..πολλης και δοξης D
εν τω ουρανω ..τοτε κοψονται πασαι..επι των νεφελων ..και δοξης πολλης EFGKWYΠ 28.565
εν ουρανω ..κοψονται τοτε πασαι..επι των νεφελων ..και δοξης πολλης Θ
εν τω ουρανω ..κοψονται τοτε ..επι των νεφελων ..και δοξης πολλης 1.1582
εν τω ουρανω .. κοψονται πασαι..επι των νεφελων ..και δοξης πολλης 13
Mk 13.26 εν νεφελαις..πολλης και δοξης ℵBCLY 1582[c]
εν νεφελαις..και δοξης πολλης AΠ
επι των νεφελων ..πολλης και δοξης D
εν νεφελη ..πολλης και δοξης WΘ 1.565.1582*
εν νεφελη ..και δοξης πολλης 28

M 24.31
αποστελει..αγγελους αυτου..σαλπιγγος ..επισυναξουσιν..εκλεκτους αυτου εκ ℵ[c] 1582*
αποστελει..αγγελους αυτου..σαλπιγγος ..επισυναξει ..εκλεκτους αυτου εκ ℵ*
αποστελει..αγγελους αυτου..σαλπιγγος φωνης..επισυναξουσιν..εκλεκτους αυτου εκ BEGKYΠ 13.28. |1582[c]
αποστελει..αγγελους αυτου..σαλπιγγος και φωνης..επισυναξουσιν..εκλεκτους αυτου εκ D
αποστελει..αγγελους αυτου..σαλπιγος ..επισυναξουσιν..εκλεκτους αυτου εκ L
τοτε αποστελει..αγγελους αυτου..σαλπιγγος ..επισυναξουσιν..εκλεκτους αυτου εκ W
αποστελλη..αγγελους αυτου..σαλπιγγος ..επισυναξουσιν..εκλεκτους εκ Θ
αποστελει..αγγελους αυτου..σαλπηγγος ..επισυναξουσιν..εκλεκτους αυτου εκ 1.
αποστελει..αγγελους αυτου..σαλπιγγος φωνης..επισυναξουσιν..εκλεκτους απο 565
Mk 13.27 αγγελους .. ..επισυναξει ..εκλεκτους αυτου εκ B
αγγελους αυτου.. ..επισυναξει ..εκλεκτους αυτου εκ ℵCYΘΠ 1582[c]
αγγελους .. ..επισυναξει ..εκλεκτους εκ D
αγγελους .. ..επισυναξουσιν..εκλεκτους εκ L
αγγελους αυτου.. ..επισυναξει ..εκλεκτους εκ 1.565.1582*

M 24.29 - Is 34.4; Hg 2.6, 21; Re 6.13 | M 24.30 - Zch 12.10, 14; Re 1.7; Dn 7.13f; M 10.23; M 16.22; 26.64

M 24.31 - M 13.41; Is 27.13; 1 C 15.52; 1 Th 4.16; Dt 30.4; Zch 2.6; Re 7.1; 8.1f

M 24.31 τεσσάρων ἀνέμων ἀπ' ἄκρων οὐρανῶν ἕως τῶν ἄκρων αὐτῶν.
Mk 13.27 τεσσάρων ἀνέμων ἀπ' ἄκρου γῆς ἕως ἄκρου οὐρανοῦ.

M 24.32 Ἀπὸ δὲ τῆς συκῆς μάθετε τὴν παραβολήν·
Mk 13.28 Ἀπὸ δὲ τῆς συκῆς μάθετε τὴν παραβολήν,
L 21.29 Καὶ εἶπεν παραβολὴν αὐτοῖς· Ἴδετε τὴν συκῆν καὶ πάντα τὰ δένδρα·

M 24.32 ὅταν ἤδη ὁ κλάδος αὐτῆς γένηται ἁπαλὸς καὶ τὰ φύλλα ἐκφύῃ,
Mk 13.28 ὅταν ἤδη ὁ κλάδος αὐτῆς ἁπαλὸς γένηται καὶ ἐκφύῃ τὰ φύλλα,
L 21.30 ὅταν προβάλωσιν ἤδη, βλέποντες

M 24.33 γινώσκετε ὅτι ἐγγὺς τὸ θέρος· οὕτως καὶ ὑμεῖς,
Mk 13.29 γινώσκετε ὅτι ἐγγὺς τὸ θέρος ἐστίν. οὕτως καὶ ὑμεῖς,
L 21.31 ἀφ' ἑαυτῶν γινώσκετε ὅτι ἤδη ἐγγὺς τὸ θέρος ἐστίν· οὕτως καὶ ὑμεῖς,

M 24.33 ὅταν ἴδητε πάντα ταῦτα, γινώσκετε ὅτι ἐγγύς ἐστιν ἐπὶ θύραις.
Mk 13.29 ὅταν ἴδητε ταῦτα γινόμενα, γινώσκετε ὅτι ἐγγύς ἐστιν ἐπὶ θύραις.
L 21.31 ὅταν ἴδητε ταῦτα γινόμενα, γινώσκετε ὅτι ἐγγύς ἐστιν ἡ βασιλεία τοῦ

M 24.31 τεσσαρων..απ ακρων ουρανων εως των ακρων αυτων B 1.13.1582
τεσσαρων..απ ακρων ουρανων εως ακρων αυτων ℵEFGKLWY 565
τεσαρων ..απ ακρων των ουρανων εως των ακρων αυτων Θ*
τεσσαρων..απ ακρων των ουρανων εως των ακρων αυτων Θ^c
τεσσαρων..απ ακρων ουρανων εως ακρου αυτων Π
τεσαρων ..απ ακρων ουρανων εως ακρων αυτων 28
τεσσαρων..απο ακρων ουρανων εως ακρων αυτων αρχομενων δε τουτων
γεινεσθαι αναβλεψατε και επαρατε τας κεφαλας υμων διοτι εγγειζει η
απολυτρωσεις υμων D (L 21.28)
Mk 13.27 τεσσαρων..απ ακρου ℵABCLWYΘ^cΠ 1.1582
τεσσαρων..απ ακρων D 565
τεσαρων ..απ ακρου Θ*
τεσσαρων..απο ακρου 28
M 24.32
μαθετε..οταν ..γενηται απαλος..τα φυλλα εκφυη γινωσκετε ..εγγυς το θερος ℵ^cB*EFGKLYΠ 1.
μαθετε..οταν ..γενηται απαλος.. φυλλα εκφυη γινωσκετε ..εγγυς το θερος ℵ* |13.28.1582
μαθετε..οταν ..γενηται απαλος..τα φυλλα εκφυη γεινωσκεται.εγγυς το θερος B^c
μαθεται.οταν ..γενηται απαλος..τα φυλλα εκφυη γεινωσκεται.ενγυς εστιν το θερος D
μαθεται.οταν ..γενηται απαλος..τα φυλλα εκφυει γιγνωσκεται.ευθυς το θερος W
μαθετε..οταν γαρ..γενηται απαλος..τα φυλλα εκφυη γινωσκετε ..εγγυς το θερος Θ
μαθετε..οταν .. ..τα φυλα εκφυη γινωσκετε ..εγγυς το θερος 565
Mk 13.28
μαθετε..οταν ..απαλος γενηται..εκφυη τα φυλλα γινωσκετε ..εγγυς το θερος εστιν ℵ
μαθετε..οταν ..απαλος γενηται..εκφυη τα φυλλα γεινωσκεται.εγγυς το θερος εστιν B^c
μαθετε..οταν ..απαλος γενηται..εκφυη τα φυλλα εν αυτη γεινωσκεται.εγγυς το θερος εστιν D
μαθετε..οταν ..απαλος γενηται..εκφυη τα φυλλα γινωσκετε ..εγγυς το θερος Y
μαθεται.οταν ..απαλος γενηται..εκφυη τα φυλλα εν αυτη γινωσκεται..εγγυς το θερος εστιν Θ
μαθετε..οταν ..γενηται απαλος..εκφυη τα φυλλα γινωσκετε ..εγγυς το θερος Π
μαθετε..οταν ..απαλος γενηται..τα φυλλα εκφυη γινωσκετε ..εγγυς το θερος εστιν 1.1582
μαθετε..οταν ..γενηται απαλος..εκφυη τα φυλλα εν αυτη γινωσκεται..εγγυς το θερος εστιν 28
M 24.33 ουτως.. ιδητε παντα ταυτα γινωσκετε ..εγγυς εστιν BEFGΠ 565
ουτως.. ιδητε ταυτα παντα γινωσκετε ..εγγυς εστιν ℵK 1.13.1582
ουτως.. ιδητε ταυτα παντα γεινωσκετε ..ενγυς εστιν D
ουτως.. ιδητε παντα ταυτα γινωσκεται ..εγγυς εστιν L
ουτως..ειδηται ταυτα παντα γινωσκεται ..εγγυς εστιν W
ουτω .. ιδητε παντα ταυτα γινωσκετε ..εγγυς εστιν Y
ουτος.. ιδηται παν ταυτα γινωσκετε ..εγγυς εστιν Θ
ουτως.. ιδητε ταυτα παντα γινωσκετε ..εγγυς εστιν το θερος τοις συντελειας και 28
Mk 13.29 ουτως.. ιδητε ταυτα..γινωσκετε ℵBΠ^c 1.565.
ουτως..ειδητε παντα ταυτα..γεινωσκεται.. D |1582
ουτως.. ιδητε ταυτα..γινωσκεται L
ουτω .. ταυτα ιδητε..γινωσκετε Y
L 21.31 ουτως.. ιδητε ταυτα..γινωσκετε ℵAB^cCL 1.
ουτως.. ιδητε ταυτα..γινωσκεται B*Θ
ουτως..ειδητε ταυτα..γεινωσκεται D
ουτως..ειδηται ταυτα..γινωσκεται W
ουτω .. ιδητε ταυτα..γινωσκετε Y

M 24.32 - Jr 1.11 | M 24.33 - Js 5.9

b. Signs of the End Matthew 24.3-44

M 24.34 ἀμὴν λέγω ὑμῖν ὅτι οὐ μὴ παρέλθῃ ἡ γενεὰ αὕτη ἕως ἂν
Mk 13.30 ἀμὴν λέγω ὑμῖν ὅτι οὐ μὴ παρέλθῃ ἡ γενεὰ αὕτη μέχρις οὗ
L 21.32 θεοῦ. ἀμὴν λέγω ὑμῖν ὅτι οὐ μὴ παρέλθῃ ἡ γενεὰ αὕτη ἕως ἂν
M 5.18 ἀμὴν γὰρ λέγω ὑμῖν, ἕως ἂν παρέλθῃ

M 24.35 πάντα ταῦτα γένηται. ὁ οὐρανὸς καὶ ἡ γῆ
Mk 13.31 ταῦτα πάντα γένηται. ὁ οὐρανὸς καὶ ἡ γῆ
L 21.33 πάντα γένηται. ὁ οὐρανὸς καὶ ἡ γῆ
M 5.18 ὁ οὐρανὸς καὶ ἡ γῆ, ἰῶτα ἓν ἢ μία κεραία οὐ μὴ
L 16.17 Εὐκοπώτερον δέ ἐστιν τὸν οὐρανὸν καὶ τὴν γῆν

M 24.35 παρελεύσεται, οἱ δὲ λόγοι μου οὐ μὴ παρέλθωσιν.
Mk 13.31 παρελεύσονται, οἱ δὲ λόγοι μου οὐ μὴ παρελεύσονται.
L 21.33 παρελεύσονται, οἱ δὲ λόγοι μου οὐ μὴ παρελεύσονται.
M 5.18 παρέλθῃ ἀπὸ τοῦ νόμου ἕως ἂν πάντα γένηται.
L 16.17 παρελθεῖν ἢ τοῦ νόμου μίαν κεραίαν πεσεῖν.

M 24.36 Περὶ δὲ τῆς ἡμέρας ἐκείνης καὶ ὥρας οὐδεὶς οἶδεν, οὐδὲ οἱ ἄγγελοι
Mk 13.32 Περὶ δὲ τῆς ἡμέρας ἐκείνης ἢ τῆς ὥρας οὐδεὶς οἶδεν, οὐδὲ οἱ ἄγγελοι

M 24.36 τῶν οὐρανῶν οὐδὲ ὁ υἱός, εἰ μὴ ὁ πατὴρ μόνος.
Mk 13.32 ἐν οὐρανῷ οὐδὲ ὁ υἱός, εἰ μὴ ὁ πατήρ.

M 24.34 αμην ..οτι ου μη..εως αν παντα ταυτα γενηται BF 1.1582
αμην .. ου μη..εως παντα ταυτα γενηται ℵ
αμην ..οτι ου μη..εως αν ταυτα παντα γενηται D 13
αμην .. ου μη..εως αν παντα ταυτα γενηται EGKWYΠ 565
αμην δε..οτι ου μη..εως αν ταυτα παντα γενηται L
αμην ..οτι ου μη..εως αν ταυτα παντα γενητε Θ
αμην δε..οτι ου μη..εως αν παντα ταυτα γενηται 28
Mk 13.30 αμην ..οτι ου μη..μεχρις ου ταυτα παντα γενηται C
αμην ..οτι ου μη..εως ου παντα ταυτα γενηται D
αμην δε..οτι ου μη..μεχρις ου ταυτα παντα γενηται L
αμην δε..οτι ου μη..εως παντα ταυτα γενηται W
αμην ..οτι ου μη..μεχρις ου παντα ταυτα γενηται YΠ
αμην ..οτι ου μη..εως ταυτα παντα γενηται Θ 565
αμην ..οτι ου μη..εως αν παντα ταυτα γενηται 1.1582
αμην ..οτι ου μη..εως αν παντα γενηται ταυτα 28
L 21.32 αμην ..οτι ου μη..εως αν παντα γενηται ABCLWYΘ
αμην ..οτι ου μη..εως αν ταυτα παντα γενηται D
αμην .. ου μη..εως αν παντα γενηται 1.
M 24.35 verse ℵ^{c}BDEFGKLWYΘΠ 1.13.28.565.1582
omit ℵ*
M 24.35 παρελευσεται .. παρελθωσιν ℵ^{c}BDL
παρελευσονται .. παρελθωσιν EFGKWYΘΠ 1.13.28.565.1582
Mk 13.31 παρελευσονται .. παρελευσονται ℵB
παρελευσεται .. παρελθωσιν ACY
παρελευσονται .. παρελθωσιν DΘΠ 1.28.565.1582
παρελευσεται .. παρελευσονται L
παρελευσετε .. παρελθωσιν W
L 21.33 παρελευσονται .. παρελευσονται ℵBDLW^{c}
παρελευσονται .. παρελθωσιν AY
παρελευσεται .. παρελθωσιν CΘ 1.
παρελευσεται .. παρελευσονται W*
M 24.36 και ωρας.. των ουρανων ουδε ο υιος..πατηρ μονος ℵ*BD 13.28
και ωρας.. των ουρανων πατηρ μονος ℵ^{c}YΠ 565
και ωρας.. των ουρανων πατηρ μου μονος EFGKW
.. των ουρανων πατηρ μονος L
και της ωρας.. των ουρανων ουδε ο υιος..πατηρ μονος Θ
και της ωρας.. των ουρανων ..πατηρ μονος 1.1582*
και της ωρας.. των ουρανων ..πατηρ μου μονος 1582^{c}
Mk 13.32 η της ωρας..εν ουρανω ουδε ο υιος..πατηρ BCYΠ
και της ωρας..εν ουρανω ουδε ο υιος..πατηρ ℵW 1.1582
η ωρας..εν ουρανω ουδε ο υιος..πατηρ A
και της ωρας..εν τω ουρανω ουδε ο υιος..πατηρ D
και της ωρας..εν ουρανω ουδε ο υιος..πατηρ μονος Θ 565
και ωρας.. τον ουρανων ουδε ο υιος..πατηρ 28

M 24.34 - M 16.28 | M 24.35 - Is 40.8 | M 24.36 - Ac 1.7; 1 Th 5.1f

M 24.37 ὥσπερ γὰρ αἱ ἡμέραι τοῦ Νῶε, οὕτως ἔσται ἡ παρουσία
L 17.26 καὶ καθὼς ἐγένετο ἐν ταῖς ἡμέραις Νῶε, οὕτως ἔσται καὶ ἐν ταῖς ἡμέραις

M 24.38 τοῦ υἱοῦ τοῦ ἀνθρώπου. ὡς γὰρ ἦσαν ἐν ταῖς ἡμέραις ἐκείναις ταῖς πρὸ
L 17.26 τοῦ υἱοῦ τοῦ ἀνθρώπου·

M 24.38 τοῦ κατακλυσμοῦ τρώγοντες καὶ πίνοντες, γαμοῦντες καὶ γαμίζοντες, ἄχρι ἧς
L 17.27 ἤσθιον, ἔπινον, ἐγάμουν, ἐγαμίζοντο, ἄχρι ἧς

M 24.39 ἡμέρας εἰσῆλθεν Νῶε εἰς τὴν κιβωτόν, |καὶ οὐκ ἔγνωσαν ἕως ἦλθεν ὁ
L 17.27 ἡμέρας εἰσῆλθεν Νῶε εἰς τὴν κιβωτόν, καὶ ἦλθεν ὁ

M 24.39 κατακλυσμὸς καὶ ἦρεν ἅπαντας, οὕτως ἔσται καὶ ἡ παρουσία τοῦ υἱοῦ τοῦ
L 17.28 κατακλυσμὸς καὶ ἀπώλεσεν πάντας. ὁμοίως καθὼς ἐγένετο ἐν ταῖς ἡμέραις Λώτ·

M 24.39 ἀνθρώπου.
L 17.29 ἤσθιον, ἔπινον, ἠγόραζον, ἐπώλουν, ἐφύτευον, ᾠκοδόμουν· ᾗ δὲ ἡμέρᾳ ἐξῆλθεν

L 17.30 Λωτ απο Σοδομων, εβρεξεν πυρ και θειον απ ουρανου και απωλεσεν παντας. κατα τα αυτα
L 17.31 εσται η ημερα ο υιος του ανθρωπου αποκαλυπτεται. εν εκεινη τη ημερα ος εσται επι του
L 17.31 δωματος και τα σκευη αυτου εν τη οικια, μη καταβατω αραι αυτα, και ο εν αγρω ομοιως μη
L 17.32,33 επιστρεψατω εις τα οπισω. μνημονευετε της γυναικος Λωτ. ος εαν ζητηση την ψυχην αυτου
L 17.33 περιποιησασθαι απολεσει αυτην, ος δ αν απολεση ζωογονησει αυτην.

M 24.37 ωσπερ γαρ..του Νωε.. η παρουσια του υιου B
ωσπερ γαρ..του Νωε.. η παρουσια ℵ*
ωσπερ δε ..του Νωε.. η παρουσια του υιου ℵᶜL
ωσπερ γαρ..του Νωε..και η παρουσια του υιου D
ωσπερ δε ..του Νωε..και η παρουσια του υιου EFGKWYΘΠ 1.13.28.1582
ωσπερ ..του Νωε..και η παρουσια του υιου 565
L 17.26 Νωε P75 ℵABDLWYΘΠ 28
του Νωε 1.

M 24.38 ως ..εκειναις ταις προ.. κατακλυσμου.. γαμουντες.. γαμιζοντες αχρι ης
ως .. ταις προ.. κατακλυσμου.. γαμουντες.. γαμιζοντες αχρι ης ℵ*
ως .. ταις προ.. κατακλυσμου..και γαμουντες.. γαμιζοντες αχρι ης ℵᶜ
ως ..εκειναις ταις προ.. κατακλυσμου.. γαμουντες.. γαμισκοντες αχρι ης B
ωσπερ..εκειναις προ.. κατακλυσμου..και γαμουντες.. γαμειζοντες αχρει της D
ωσπερ.. ταις προ.. κατακλυσμου.. γαμουντες..εκγαμιζοντες αχρι ης EFGKYΠ 1.565.
ως .. .. κατακλυσμου..και γαμουντες..εκγαμιζοντες αχρι ης L |1582
ωσπερ.. ταις προ.. κατακλυσμου.. γαμουντες..εκγαμισκοντες αχρι ης W
ωσπερ.. ταις προ.. κατακλυσμου.. γαμουντες..εκγαμηζοντες αχι ης Θ*
ωσπερ.. ταις προ.. κατακλυσμου.. γαμουντες..εκγαμηζοντες αχρι ης Θᶜ
ωσπερ.. ταις προ.. κατακλυσμου.. γαμουντες..εγγαμιζοντες αχρις 13
ωσπερ.. ταις προ..κατακατακλυσμου.. γαμουντες..εκγαμιζοντες αχρι ης 28

M 24.39 εγνωσαν εως ηλθεν..απαντας..και η παρουσια ℵᶜEFGKLYΘΠ 1.13.28.565.1582
εγνωσαν ο εως ηλθεν..απαντας..και η παρουσια ℵ*
εγνωσαν εως ηλθεν..απαντας.. η παρουσια B
εγνωσαν εως ηλθεν.. παντας.. η παρουσεια D
εγνωσαν εως αν ηλθεν..απαντας..και η παρουσια W

M 24.37 - Gn 6.9-12; M 24.27,39; 1 C 15.23; 1 Th 2.19; 3.13; 4.15; 5.23; 2 Th 2.1, 8; Js 5.7, 8; 2 P 3.4, 12; 1 J 2.28
M 24.38-39 - Gn 6.13-7.24; Is 54.9; 2 P 3.6; 2.5
M 24.39 - M 24.24, 37; 1 C 15.23; 1 Th 2.19; 3.13; 4.15; 5.23; 2 Th 2.1, 8; Js 5.7, 8; 2 P 3.4, 12; 1 J 2.28 | M 24.40 - Wsd 17.15, 17, 19f

M 24.40 τότε δύο ἔσονται ἐν τῷ ἀγρῷ, εἷς
L 17.34 λέγω ὑμῖν, ταύτῃ τῇ νυκτὶ ἔσονται δύο ἐπὶ κλίνης μιᾶς, ὁ εἷς
L 17.36 δύο ἐν ἀγρῷ· εἷς

M 24.41 παραλαμβάνεται καὶ εἷς ἀφίεται· δύο ἀλήθουσαι ἐν τῷ
L 17.35 παραλημφθήσεται καὶ ὁ ἕτερος ἀφεθήσεται· ἔσονται δύο ἀλήθουσαι ἐπὶ τὸ
L 17.36 παραλημφθήσεται καὶ ὁ ἕτερος ἀφεθήσεται.

M 24.41 μύλῳ, μία παραλαμβάνεται καὶ μία ἀφίεται.
L 17.37 αὐτό, ἡ μία παραλημφθήσεται ἡ δὲ ἑτέρα ἀφεθήσεται. καὶ ἀποκριθέντες

L 17.37 λεγουσιν αυτω, Που, κυριε; ο δε ειπεν αυτοις, Οπου το σωμα, εκει και οι αετοι
L 17.37 επισυναχθησονται.

L 21.34 Προσεχετε δε εαυτοις μηποτε βαρηθωσιν υμων αι καρδιαι εν κραιπαλη και μεθη και
L 21.35 μεριμναις βιωτικαις, και επιστη εφ υμας αιφνιδιος η ημερα εκεινη |ως παγις. επεισ-
L 21.35 ελευσεται γαρ επι παντας τους καθημενους επι προσωπον πασης της γης.

M 24.42 γρηγορεῖτε οὖν, ὅτι οὐκ οἴδατε ποίᾳ ἡμέρᾳ ὁ κύριος ὑμῶν
Mk 13.33 βλέπετε ἀγρυπνεῖτε· οὐκ οἴδατε γὰρ πότε ὁ καιρός
Mk 13.35 γρηγορεῖτε οὖν, οὐκ οἴδατε γὰρ πότε ὁ κύριος τῆς οἰκίας
L 21.36 ἀγρυπνεῖτε δὲ ἐν παντὶ καιρῷ δεόμενοι ἵνα κατισχύσητε ἐκφυγεῖν
M 25.13 Γρηγορεῖτε οὖν, ὅτι οὐκ οἴδατε τὴν ἡμέραν οὐδὲ τὴν ὥραν.

M 24.42 ἔρχεται.
Mk 13.34 ἐστιν. ὡς ἄνθρωπος ἀπόδημος ἀφεὶς τὴν οἰκίαν αὐτοῦ καὶ δοὺς τοῖς δούλοις
Mk 13.35 ἔρχεται, ἢ ὀψὲ ἢ μεσονύκτιον ἢ ἀλεκτοροφωνίας ἢ πρωΐ,
L 21.36 ταῦτα πάντα τὰ μέλλοντα γίνεσθαι, καὶ σταθῆναι ἔμπροσθεν τοῦ υἱοῦ τοῦ

Mk 13.34 αυτου την εξουσιαν, εκαστω το εργον αυτου, και τω θυρωρω ενετειλατο ινα γρηγορη.
L 21.36 ανθρωπου.

Mk 13.36.37 μη ελθων εξαιφνης ευρη υμας καθευδοντας. ο δε υμιν λεγω, πασιν λεγω, γρηγορειτε.

M 24.40 δυο εσονται.. εις παραλαμβανεται .. εις αφιεται ℵ^c Lθ 1.1582
εσονται δυο.. εις παραλαμβανεται .. εις αφιεται ℵ*B
δυο εσονται.. εις παραλαμβανεται .. εις αφειεται D
δυο εσονται..ο εις παραλαμβανεται ..ο εις αφιεται EFGKWYΠ 13.565
δυο εσονται..ο εις παραλαμβανεται ..ο εις αφιετε 28
L 17.34 εσονται δυο..ο εις παραλημφθησεται P^75 ℵB
δυο εσονται.. εις παραλημφθησεται AW
εσονται ..δυο.. εις παραλαμβανετε D
εσονται δυο.. εις παραλαμφθησεται L
εσονται δυο.. εις παραληφθησεται Y
δυο εσονται..ο εις παραλημφθησεται θΠ
εσονται δυο..ο εις παραληφθησεται 1.
εσονται δυο.. εις παραλειφθησεται 28

M 24.41
μυλω ..παραλαμβανεται..αφιεται ℵBEFGKWY
μυλω ..παραλαμβανεται..αφειεται δυο επι κλεινης μειας εις παραλαμβανεται και εις αφιεται D
μυλω ..παραμβανεται ..αφιεται L
μυλωνι..παραλαμβανεται..αφιεται θΠ 1.565.1582^c
μυλωνι..παραλαμβανεται..αφιεται δυο επι κλινης μιας εις παραλαμβανεται και εις αφιεται 13
μυλωνι..παραλαμβανετε ..αφιετε 28
μυλωνι..παραλμβανεται ..αφιεται 1582*

M 24.42 γρηγορειτε ουν..ποια ημερα..ερχεται ℵBD 1.13.1582*
γρηγορειτε ουν..ποια ωρα ..ερχεται EFGKYΠ 1582^c
γρηγορηται ουν..ποια ωρα ..ερχεται L*
γρηγορειται ουν..ποια ωρα ..ερχεται L^c
γρηγοριται ουν..ποια ημερα..ερχεται W
γρηγορειτε ουν..ποια ημερα..ερχετε θ
γρηγορειτε ουν..ποιου ωρα ..ερχεται 28
γρηγορειτε ..ποια ωρα ..ερχεται 565

M 24.40 - Wsd 17.15, 17, 19f | M 24.42 - M 25.13

b. Signs of the End Matthew 24.3-44

M 24.43 ἐκεῖνο δὲ γινώσκετε ὅτι εἰ ᾔδει ὁ οἰκοδεσπότης ποίᾳ φυλακῇ ὁ κλέπτης
L 12.39 τοῦτο δὲ γινώσκετε ὅτι εἰ ᾔδει ὁ οἰκοδεσπότης ποίᾳ ὥρᾳ ὁ κλέπτης

M 24.43 ἔρχεται, ἐγρηγόρησεν ἂν καὶ οὐκ ἂν εἴασεν διορυχθῆναι τὴν οἰκίαν αὐτοῦ.
L 12.39 ἔρχεται, οὐκ ἂν ἀφῆκεν διορυχθῆναι τὸν οἶκον αὐτοῦ.

M 24.44 διὰ τοῦτο καὶ ὑμεῖς γίνεσθε ἕτοιμοι, ὅτι ᾗ οὐ δοκεῖτε ὥρᾳ ὁ υἱὸς τοῦ
L 12.40 καὶ ὑμεῖς γίνεσθε ἕτοιμοι, ὅτι ᾗ ὥρᾳ οὐ δοκεῖτε ὁ υἱὸς τοῦ

M 24.44 ἀνθρώπου ἔρχεται.
L 12.40 ἀνθρώπου ἔρχεται.

c. The Faithful and Wise Servant

Matthew 24.45-51

L 12.41 Ειπεν δε ο Πετρος, Κυριε, προς ημας την παραβολην ταυτην λεγεις η και προς παντας;

M 24.45 Τίς ἄρα ἐστὶν ὁ πιστὸς δοῦλος καὶ φρόνιμος ὃν
L 12.42 καὶ εἶπεν ὁ κύριος, Τίς ἄρα ἐστὶν ὁ πιστὸς οἰκονόμος ὁ φρόνιμος, ὃν

M 24.43
εκεινο δε γινωσκετε ..φυλακη..ερχεται εγρηγορησεν αν και ουκ αν ειασεν διορυχθηναι την οικιαν ℵ 1.1582
εκεινο δε γινωσκετε ..φυλακη..ερχεται εγρηγορησεν αν και ουκ αν ειασεν διορυγηναι την οικιαν BEKYΠ
εκεινο δε γεινωσκεται..φυλακη..ερχεται εγρηγορησεν αν και ουκ ηασεν διορυχθηναι την οικειαν D
εκεινο γινωσκετε ..φυλακη..ερχεται εγρηγορησεν αν και ουκ αν ειασεν διορυγηναι τη οικιαν F
εκεινο δε γινωσκετε ..ωρα ..ερχεται εγρηγορησεν αν και ουκ αν ειασεν διορυγηναι την οικιαν G
εκεινω δε γινωσκεται ..φυλακη..ερχεται εγρηγορησεν αν και ουκ αν ειασεν διορυχθηναι τον οικον L
εκεινο δε γινωσκεται ..φυλακη..ερχεται εγρηγορησεν αν και ουκ αν ηασεν διορυγηναι τον οικον W
εκεινο δε γινωσκεται ..ωρα ..ερχεται εγρηγορησεν αν και ουκ ειασεν δυορυγηναι την οικιαν Θ
εκεινω δε γινωσκετε ..ωρα ..ερχεται εγρηγορησεν αν και ουκ αν ειασεν διορυγηναι την οικιαν 13
εκεινο δε γινωσκετε ..φυλακη..ερχετε εγρηγορησεν αν και ουκ αν ειασεν διορυγηναι την οικιαν 28
εκεινω δε γινωσκετε ..φυλακη..ερχεται εγρηγορησεν αν και ουκ αν ειασεν διορυγηναι την οικιαν 565
L 12.39 ουκ αν αφηκεν διορυχθηναι τον οικον P[75] ℵ*W
εγρηγορησεν αν και ουκ αν αφηκεν διορυχθηναι τον οικον ℵ[c]Θ
εγρηγορησεν αν και ουκ αν αφηκεν διορυγηναι τον οικον AYΠ 1582
εγρηγορησεν αν και ουκ αφηκεν διορυχθηναι τον οικον B (L)
εγρηγορησεν αν και ουκ αφηκεν διορυγηναι την οικιαν 1.28

M 24.44 και υμεις γινεσθε .. ου δοκειτε ωρα ℵB
και υμεις γεινεσθαι .. ου δοκειται ωρα D
και υμεις γινεσθε .. ωρα ου δοκειτε EFGK[c]YΠ 13
και υμεις γινεσθε . .. ω ου δοκειτε K*
και υμεις γινεσθε .. ωρα η ου δοκειτε L
και υμεις γινεσθαι .. ωρα ου δοκειται W
και υμεις γινεσθαι .. ου δοκιτε ωρα Θ
και υμεις γινεσθε .. ωρα ου γινωσκετε 1.1582
και υμεις γινεσθαι .. ωρα ου δοκειτε 28
υμεις γινεσθε .. ωρα ου δοκειτε 565

M 24.45 τις αρα εστιν .. φρονιμος ℵBEFGKLWYΘΠ 1.13.565.1582
τις γαρ εστιν .. φρονιμος D
τις αρα .. φρονιμος εκεινος 28

M 24.43 - 1 Th 5.2; 2 P 3.10; Re 3.3; 16.15

c. The Faithful and Wise Servant Matthew 24.45-51

M 24.45 κατέστησεν ὁ κύριος ἐπὶ τῆς οἰκετείας αὐτοῦ τοῦ δοῦναι αὐτοῖς τὴν
L 12.42 καταστήσει ὁ κύριος ἐπὶ τῆς θεραπείας αὐτοῦ τοῦ διδόναι ἐν

M 24.46 τροφὴν ἐν καιρῷ; μακάριος ὁ δοῦλος ἐκεῖνος ὃν ἐλθὼν ὁ κύριος
L 12.43 καιρῷ τὸ σιτομέτριον; μακάριος ὁ δοῦλος ἐκεῖνος, ὃν ἐλθὼν ὁ κύριος

M 24.47 αὐτοῦ εὑρήσει οὕτως ποιοῦντα· ἀμὴν λέγω ὑμῖν ὅτι ἐπὶ πᾶσιν τοῖς
L 12.44 αὐτοῦ εὑρήσει ποιοῦντα οὕτως· ἀληθῶς λέγω ὑμῖν ὅτι ἐπὶ πᾶσιν τοῖς

M 24.48 ὑπάρχουσιν αὐτοῦ καταστήσει αὐτόν. ἐὰν δὲ εἴπῃ ὁ κακὸς δοῦλος ἐκεῖνος
L 12.45 ὑπάρχουσιν αὐτοῦ καταστήσει αὐτόν. ἐὰν δὲ εἴπῃ ὁ δοῦλος ἐκεῖνος

M 24.48 ἐν τῇ καρδίᾳ αὐτοῦ, Χρονίζει μου ὁ κύριος,
L 12.45 ἐν τῇ καρδίᾳ αὐτοῦ, Χρονίζει ὁ κύριός μου ἔρχεσθαι,

M 24.45

κατεστησεν ο κυριος	..της οικετειας	αυτου του	δουναι αυτοις την τροφην εν καιρω	B
καταστησει ο κυριος	..της οικιας	αυτου του	δουναι αυτοις την τροφην εν καιρω	ℵ
....	....	εαυτου του	δουναι αυτοις την τροφην εν καιρω	C
κατεστησεν ο κυριος	..της θεραπειας	αυτου	δουναι αυτοις την τροφην εν καιρω	D
κατεστησεν ο κυριος αυτου	..της θεραπιας	αυτου του	διδοναι αυτοις την τροφην εν καιρω	E*Π
κατεστησεν ο κυριος αυτου	..της θεραπειας	αυτου του	διδοναι αυτοις την τροφην εν καιρω	E^{c}FGK
κατεστησεν ο κυριος	..της οικαιτιας	αυτου του	δουναι αυτοις την τροφην εν καιρω	L
κατεστησεν ο κυριος αυτου	..της οικετιας	αυτου του	διδοναι την τροφην εν καιρω	W
κατεστησεν ο κυριος αυτου	..της οικετιας	αυτου του	διδοναι αυτοις την τροφην εν καιρω	Y
κατεστησεν ο κυριος αυτου του	..της οικητιας	αυτου του	δουναι αυτοις την τροφην εν καιρω	θ
κατεστησεν ο κυριος	..της θεραπειας	αυτου του	δουναι αυτοις την τροφην εν καιρω	1.1582
κατεστησεν ο κυριος αυτου	..της οικετιας	αυτου του	δουναι αυτοις την τροφην εν καιρω	13
κατεστησεν ο κυριος αυτου	..της θεραπιας	αυτου του	διδοναι αυτοις εν καιρω την τροφην	28
κατεστησεν ο κυριος αυτου	..της οικιας	αυτου του	διδοναι αυτοις την τροφην εν καιρω	565

L 12.42

καταστησει ο κυριος	..της θεραπειας	αυτου του	διδοναι	ℵ^{c}ABYΠ
καταστησει ο κυριος	..της θεραπειας	αυτου του	διαδιδοναι	P^{75}
κατεστησεν ο κυριος	..της θεραπειας	αυτου του	διαδουναι	ℵ*
καταστησει ο κυριος	..την θεραπειαν	αυτου	διδοναι	D
καταστηση ο κυριος	..της θεραπειας	αυτου	διδοναι	L
καταστησει ο κυριος	..της θεραπιας	αυτου	δουναι	W
καταστησει ο κυριος	..της θεραπειας	αυτου του	δουναι	θ
καταστησει ο κυριος	..της οικετιας	αυτου του	διδοναι	1.
καταστησει ο κυριος	..της θεραπειας	αυτου του	δουναι αυτοις	28

M 24.46	ουτως ποιουντα	ℵBCDLθ 1.13.1582
	ποιουντα ουτως	EFGKWYΠ 28.565
L 12.43	ποιουντα ουτως	ABDWYθΠ 1.28
	ουτως ποιουντα	P^{45} P^{75} ℵ
	ουτω ποιουντα	L

M 24.47	τους υπαρχουσιν αυτου καταστησει	ℵBCDEFGWY 1.13.28.1582
	αυτου τους υπαρχουσιν καταστησει	KΠ 565
	τους υπαρχουσιν αυτου καταστησι	L
	τους υπαρχουσιν καταστησι	θ

M 24.48	δουλος εκεινος..καρδια αυτου..μου ο κυριος	BC
	δουλος ..καρδια εαυτου..μου ο κυριος	ℵ*
	δουλος εκεινος..καρδια εαυτου..μου ο κυριος	ℵ^c
	δουλος εκεινος..καρδια αυτου..μου ο κυριος ελθειν	D
	δουλος εκεινος..καρδια αυτου..ο κυριος μου ελθειν	EFGKLWYΠ 13.28.565
	δουλος ..καρδια αυτου..μου ο κυριος ελθειν	θ
	δουλος εκεινος..καρδια αυτου..ο κυριος μου ερχεσθαι	1.1582
L 12.45	δουλος εκεινος..καρδια αυτου..ο κυριος μου ερχεσθαι	ABDLWθ 1.28
	δουλος εκεινος..καρδια εαυτου..ο κυριος μου ερχεσθαι	P^{75}
	δουλος εκεινος..καρδια αυτου..μου ο κυριος ερχεσθαι	ℵ
	δουλος εκεινος..καρδια αυτου..ο κυριος μου ελθειν	Y
	δουλος εκεινος..καρδια αυτου..μου ο κυριος ελθειν	Π

M 24.45 - M 10.10; Ps 104.27 | M 24.48 - 2 P 3.4; Ecc 8.11

c. The Faithful and Wise Servant Matthew 24.45-51

M 24.49 |καὶ ἄρξηται τύπτειν τοὺς συνδούλους αὐτοῦ, ἐσθίῃ δὲ καὶ πίνῃ
L 12.45 καὶ ἄρξηται τύπτειν τοὺς παῖδας καὶ τὰς παιδίσκας, ἐσθίειν τε καὶ πίνειν

M 24.50 μετὰ τῶν μεθυόντων, ἥξει ὁ κύριος τοῦ δούλου ἐκείνου ἐν ἡμέρᾳ ᾗ οὐ
L 12.46 καὶ μεθύσκεσθαι, |ἥξει ὁ κύριος τοῦ δούλου ἐκείνου ἐν ἡμέρᾳ ᾗ οὐ

M 24.51 προσδοκᾷ καὶ ἐν ὥρᾳ ᾗ οὐ γινώσκει, |καὶ διχοτομήσει
L 12.46 προσδοκᾷ καὶ ἐν ὥρᾳ ᾗ οὐ γινώσκει, καὶ διχοτομήσει
M 8.12 οἱ δὲ υἱοὶ τῆς βασιλείας ἐκβληθήσονται
M 13.42 καὶ βαλοῦσιν
M 13.50 καὶ βαλοῦσιν
M 22.13b Δήσαντες αὐτοῦ πόδας καὶ χεῖρας ἐκβάλετε
M 25.30 καὶ τὸν ἀχρεῖον δοῦλον ἐκβάλετε
L 13.28b ὑμᾶς δὲ ἐκβαλλομένους

M 24.51 αὐτὸν καὶ τὸ μέρος αὐτοῦ μετὰ τῶν ὑποκριτῶν θήσει· ἐκεῖ ἔσται ὁ κλαυθμὸς
L 12.47 αὐτὸν καὶ τὸ μέρος αὐτοῦ μετὰ τῶν ἀπίστων θήσει. ἐκεῖνος δὲ ὁ δοῦλος
M 8.12 εἰς τὸ σκότος τὸ ἐξώτερον· ἐκεῖ ἔσται ὁ κλαυθμὸς
M 13.42 αὐτοὺς εἰς τὴν κάμινον τοῦ πυρός· ἐκεῖ ἔσται ὁ κλαυθμὸς
M 13.50 αὐτοὺς εἰς τὴν κάμινον τοῦ πυρός· ἐκεῖ ἔσται ὁ κλαυθμὸς
M 22.13b αὐτὸν εἰς τὸ σκότος τὸ ἐξώτερον· ἐκεῖ ἔσται ὁ κλαυθμὸς
M 25.30 εἰς τὸ σκότος τὸ ἐξώτερον· ἐκεῖ ἔσται ὁ κλαυθμὸς
L 13.28a ἔξω. ἐκεῖ ἔσται ὁ κλαυθμὸς

M 24.51 καὶ ὁ βρυγμὸς τῶν ὀδόντων.
L 12:47 ὁ γνοὺς τὸ θέλημα τοῦ κυρίου αὐτοῦ καὶ μὴ ἑτοιμάσας ἢ ποιήσας πρὸς τὸ
M 8.12 καὶ ὁ βρυγμὸς τῶν ὀδόντων.
M 13.42 καὶ ὁ βρυγμὸς τῶν ὀδόντων.
M 13.50 καὶ ὁ βρυγμὸς τῶν ὀδόντων.
M 22.13b καὶ ὁ βρυγμὸς τῶν ὀδόντων.
M 25.30 καὶ ὁ βρυγμὸς τῶν ὀδόντων.
L 13.28a καὶ ὁ βρυγμὸς τῶν ὀδόντων,

L 12.48 θελημα αυτου δαρησεται πολλας· ο δε μη γνους, ποιησας δε αξια πληγων, δαρησεται ολιγας.
L 12.48 παντι δε ω εδοθη πολυ, πολυ ζητηθησεται παρ αυτου, και ω παρεθεντο πολυ, περισσοτερον
L 12.48 αιτησουσιν αυτον.

M 24.49 αρξηται ..συνδουλους αυτου εσθιη δε..πινη ..μεθυοντων BL 13
αρξηται ..συνδουλους εαυτου εσθιη δε..πινη ..μεθυοντων א
αρξηται ..συνδουλους αυτου εσθιη τε..πινη ..μεθυοντων C 1.1582*
αρξηται ..συνδουλους αυτου εσθιη δε..πεινη ..μεθυοντων D
αρξηται λεγειν..συνδουλους εσθιη δε..πινη ..μεθυωντων E
αρξηται ..συνδουλους εσθηει δε..πινει ..μεθυοντων F
αρξηται ..συνδουλους εσθιειν τε..πινην ..μεθυοντων G
αρξηται ..συνδουλους εσθιει δε..πινει ..μεθυοντων K
αρξηται ..συνδουλους εσθιειν τε..πινειν..μεθυστων W
αρξηται ..συνδουλους εσθιη δε..πινη ..μεθυοντων Y
αρξηται ..συνδουλους αυτου εσθη δε..πινη ..μεθυοντων Θ
αρξηται ..συνδουλους εσθιειν δε..πινειν..μεθυοντων Π 565
αρξητε ..συνδουλους εσθιειν δε..πινειν..μεθυοντων 28
αρξηται ..συνδουλους αυτου εσθιειν τε..πινειν..μεθυοντων 1582^{c}

M 24.50 ηξει .. δουλου .. γινωσκει אBCE^{c}FGKLWY^{c}ΘΠ 13.28.565.1582
ηξει .. δουλου .. γεινωσκει D
ηξη .. δουλου .. γινωσκει E* 1.
ηξει .. λου .. γινωσκει Y*
ηξει .. δουλου .. γινωκει 565

M 24.51 μετα των υποκριτων θησει .. κλαυθμος אBCFGKYΘΠ 1.13.28.565.1582
θησει μετα των υποκριτων .. κλαυθμος D
μετα των υποκριτων θησει .. κλαθμος ELW
L 12.46 μετα των απιστων θησει P^{45} P^{75} אABLYΘΠ 28
θησει μετα των απιστων D
μετα απιστων θησει W
μετα των υποκριτων θησει 1.

M 24.49 - L 21.34 | M 24.50 - M 24.42 | M 24.51 - Ps 112.10

d. The Ten Maidens

Matthew 25.1-13

M 25. 1 Τότε ὁμοιωθήσεται ἡ βασιλεία τῶν οὐρανῶν δέκα παρθένοις, αἵτινες
M 25. 2 λαβοῦσαι τὰς λαμπάδας ἑαυτῶν ἐξῆλθον εἰς ὑπάντησιν τοῦ νυμφίου. πέντε
M 25. 3 δὲ ἐξ αὐτῶν ἦσαν μωραὶ καὶ πέντε φρόνιμοι. αἱ γὰρ μωραὶ λαβοῦσαι τὰς
M 25. 4 λαμπάδας αὐτῶν οὐκ ἔλαβον μεθ' ἑαυτῶν ἔλαιον· αἱ δὲ φρόνιμοι ἔλαβον
M 25. 5 ἔλαιον ἐν τοῖς ἀγγείοις μετὰ τῶν λαμπάδων ἑαυτῶν. χρονίζοντος δὲ τοῦ
M 25. 6 νυμφίου ἐνύσταξαν πᾶσαι καὶ ἐκάθευδον. μέσης δὲ νυκτὸς κραυγὴ γέγονεν,
M 25. 7 Ἰδοὺ ὁ νυμφίος, ἐξέρχεσθε εἰς ἀπάντησιν αὐτοῦ. τότε ἠγέρθησαν πᾶσαι
M 25. 8 αἱ παρθένοι ἐκεῖναι καὶ ἐκόσμησαν τὰς λαμπάδας ἑαυτῶν. αἱ δὲ μωραὶ

M 25. 1 ομοιωθησεται..εαυτων εξηλθον εις υπαντησιν του νυμφιου B*
ομοιωθησεται.. αυτων εξηλθον εις υπαντησιν του νυμφιου ℵ 1582[c]
ομοιωθησεται..εαυτων εξηλθον εις απαντησιν του νυμφιου B[c]
ομοιωθησεται.. αυτων εξηλθον εις υπαντησιν τω νυμφιω C
ομοιωθησεται..εαυτων εξηλθον εις απαντησιν του νυμφιου και της νυμφης D
ομοιωθησεται.. αυτων εξηλθον εις απαντησιν του νυμφιου EGKYΠ 13.28.565
ομοιωθησεται.. αυτων F
ομοιωθησετε ..εαυτων εξηλθον εις απαντησιν του νυμφιου L
ωμοιωθη .. αυτων εξηλθον εις απαντησιν του νυμφιου W
ομοιωθησεται..εαυτων εξηλθαν εις απαντησιν του νυμφιου και της νυμφης Θ
ομοιωθησεται.. αυτων εξηλθον εις υπαντησιν του νυμφιου και της νυμφης 1.1582*

M 25. 2 πεντε δε εξ αυτων ησαν μωραι και πεντε φρονιμοι ℵBCD 1.1582
πεντε δε ησαν εξ αυτων φρονιμοι και αι πενται μωραι E
omit F
πεντε δε ησαν εξ αυτων φρονιμοι αι δε πεντε μωραι G
πεντε δε ησαν εξ αυτων φρονιμοι και πεντε μωραι KWYΠ 565
πεντε δε εξ αυτων ησαν μωραι και πεντε φρονημοι LΘ
πεντε δε ησαν εξ αυτων φρονιμοι και αι πεντε μωραι 13.28

M 25. 3 αι γαρ μωραι λαβουσαι τας λαμπαδας αυτων..εαυτων ελαιον BC
αι γαρ μωραι λαβουσαι τας λαμπαδας ..εαυτων ελαιον ℵ
αι ουν μωραι λαβουσαι τας λαμπαδας αυτων..εαυτων ελαιον εν τοις αγγειοις αυτων D
αιτινες μωραι λαβουσαι τας λαμπαδας αυτων..εαυτων ελαιον EGKWYΠ 13.
..εαυτον ελαιον F |28.565
λαββουσαι δε αι μωραι τας λαμπαδας ..εαυτων ελαιον Θ
λαβουσαι δε αι μωραι τας λαμπαδας εαυτων..εαυτων ελαιον 1.1582

M 25. 4 αγγειοις μετα των λαμπαδων εαυτων ℵB
αγγιοις αυτων μετα των λαμπαδων C
αγγειοις μετα των λαμπαδων αυτων D 1.1582
αγγιοις αυτων E*
αγγειοις αυτων μετα των λαμπαδων αυτων E[c]FGYΠ 28
αγγιοις αυτων μετα των λαμπαδων αυτων KW 13.565
αγιοις μετα των λαμπαδων αυτων L
αγγιοις μετα των λαμπαδων αυτον Θ

M 25. 6 γεγονεν ..νυμφιος εξερχεσθε εις απαντησιν αυτου LY
γεγονεν ..νυμφιος εξερχεσθε εις απαντησιν ℵ
εγενετο..νυμφιος εξερχεσθε εις απαντησιν B
γεγονεν ..νυμφιος εξερχεσθαι εις συναντησιν αυτω C*
γεγονεν ..νυμφιος ερχεται εξερχεσθε εις συναντησιν αυτω C[c]
γεγονεν ..νυμφιος εξερχεσαι εις απαντησιν αυτου D*
γεγονεν ..νυμφιος εξερχεσθαι εις απαντησιν αυτου D[c]
γεγονεν ..νυμφιος ερχεται εξερχεσθαι εις απαντησιν αυτου EW
γεγονεν ..νυμφιος ερχεται εξερχεσθε εις απαντησιν αυτου FGKΠ 13.28.565
γεγονεν ..νυμφιος ερχεται εγειρεσθε εις υπαντησιν αυτου Θ
γεγονεν ..νυμφιος ερχεται εγειρεσθε εις απαντησιν αυτου 1.1582

M 25. 7 αι παρθενοι εκειναι .. λαμπαδας εαυτων ℵABL
αι παρθενοι εκειναι .. λαμπαδας αυτων CEFGKWYΘΠ 1.13.28.1582
αι παρθενοι .. λαμπαδας αυτων D
αι παρθενοι εκεινοι .. λαμπαδας αυτων 565

M 25. 1 - L 12.35f; J 3.29; Re 19.7; M 7.24, 26 | M 25. 5 - L 12.45; M 26.40; Mk 13.36

d. The Ten Maidens Matthew 25.1-13

M 25. 8	ταῖς φρονίμοις εἶπαν, Δότε ἡμῖν ἐκ τοῦ ἐλαίου ὑμῶν, ὅτι αἱ λαμπάδες
M 25. 9	ἡμῶν σβέννυνται. ἀπεκρίθησαν δὲ αἱ φρόνιμοι λέγουσαι, Μήποτε οὐ μὴ
M 25. 9	ἀρκέσῃ ἡμῖν καὶ ὑμῖν· πορεύεσθε μᾶλλον πρὸς τοὺς πωλοῦντας καὶ
M 25.10	ἀγοράσατε ἑαυταῖς. ἀπερχομένων δὲ αὐτῶν ἀγοράσαι ἦλθεν ὁ νυμφίος, καὶ

M 25.10	αἱ ἕτοιμοι εἰσῆλθον μετ' αὐτοῦ εἰς τοὺς γάμους, καὶ ἐκλείσθη ἡ
L 13.25	ἀφ' οὗ ἂν ἐγερθῇ ὁ οἰκοδεσπότης καὶ ἀποκλείσῃ τὴν

M 25.11	θύρα. ὕστερον δὲ ἔρχονται καὶ αἱ λοιπαὶ παρθένοι λέγουσαι, Κύριε
M 7.21	Οὐ πᾶς ὁ λέγων μοι, Κύριε
L 13.25	θύραν, καὶ ἄρξησθε ἔξω ἑστάναι καὶ κρούειν τὴν θύραν λέγοντες, Κύριε,

M 25.12	κύριε, ἄνοιξον ἡμῖν. ὁ δὲ ἀποκριθεὶς εἶπεν, Ἀμὴν λέγω ὑμῖν,
M 7.21	κύριε, εἰσελεύσεται εἰς τὴν βασιλείαν τῶν οὐρανῶν, ἀλλ' ὁ ποιῶν τὸ θέλημα
M 7.23	καὶ τότε ὁμολογήσω αὐτοῖς
L 13.25	ἄνοιξον ἡμῖν· καὶ ἀποκριθεὶς ἐρεῖ ὑμῖν,
L 13.27	καὶ ἐρεῖ λέγων ὑμῖν,
M 7.21	του πατρος μου του εν τοις ουρανοις.

M 25. 8	ειπαν δοτε ημιν .. ημων σβεννυνται	BC[c]
	ειπον δοτε ημιν .. ημων σβεννυνται	ℵEFGKWYΠ 1.13.1582
	ειπον δοτε ημιν ελαιον .. ημων σβεννυνται	A
	ειπαν δοτε ημιν .. υμων σβεννυνται	C*
	ειπον δοτε ημειν .. ημων ζβεννυνται	D
	ειπαν δοτε ημιν .. υμων σβενυνται	L
	ειπαν δοτε ημιν .. ημων σβενυνται	θ
	ειπον δοτε ημιν .. ημων σβενυνται	28
	ειπον δοται ημιν .. ημων σβενυνται	565

M 25. 9	φρονιμοι.. μηποτε ου μη αρκεση ημιν και υμιν πορευεσθε ..αγορασατε	BEG
	φρονιμοι.. μηποτε ουκ αρκεση υμιν και ημιν πορευεσθε ..αγορασατε	ℵ
	φρονιμοι.. μηποτε ουκ αρκεση ημιν και υμιν πορευεσθαι ..αγορασατε	A
	φρονιμοι.. μηποτε ου μη αρκεση ημιν και υμιν πορευεσθε δε..αγορασατε	CFKYΠ 1582
	φρονιμοι.. μηποτε ου μη αρκεσει ημιν και υμειν πορευεσθαι ..αγορασαται	D
	φρονημοι.. μηποτε ουκ αρκεση ημιν και υμιν πορευεσθε δε..αγορασατε	L
	φρονιμοι.. μηποτε ου μη αρκεση ημιν και υμιν πορευεσθαι δε..αγορασαται	W*
	φρονιμαι.. μηποτε ου μη αρκεση ημιν και υμιν πορευεσθαι δε..αγορασαται	W[c]
	φρονιμοι.. μηποτε ουκ αρκεση ημιν και υμιν πορευεσθαι ..αγορασατε	θ
	φρονιμοι.. μηποτε ου μη αρκεση ημιν και υμιν πορευεσθε δε..αγορασετε	1.
	φρονιμοι.. μηποτε ουκ αρκεση ημιν και υμιν πορευεσθαι δε..αγορασατε	13
	φρονιμοι.. μηποτε ουκ αρκεσει ημιν και υμιν πορευεσθε δε..αγορασατε	28
	φρονιμοι.. μηποτε ουκ αρκεση ημιν και υμιν πορευεσθε δε..αγορασατε	565

M 25.10	απερχομενων δε αυτων αγορασαι..αι ετοιμοι εισηλθον..εκλεισθη	ℵB[c]E[c]FGKYΠ 1.13.28.565.1582
	απερχομενων δε αυτων αγορασαι..αι ετοιμαι εισηλθον..εκλεισθη	A
	απερχομενων δε αυτων αγορασαι..αι ετοιμοι εισηλθον..ηκλεισθη	B*
	απερχομενων δε αυτων αγορασαι..αι ετοιμοι εισηλθον..εκλισθη	C
	εως υπαγουσιν αγορασαι..αι ετοιμοι εισηλθον..εκλισθη	D
	απερχομενων δε αυτων αγορασαι..αι ετοιμοι εισηλθων..εκλεισθη	E*
	απερχομενων δε αυτων αγορασαι.. ετοιμοι εισηλθον..εκλισθη	L
	απερχομενων δε αυτων αγορασε ..αι ετοιμοι εισηλθον..εκλισθη	W
	απερχομενων δε αγορασαι..αι ετοιμοι εισηλθον..εκλισθη	θ

M 25.11	ερχονται και αι λοιπαι παρθενοι	ℵABCE[c]FGKLYΠ 1.13.28.565.1582
	ηλθον αι λοιπαι παρθενοι	D
	ερχονται και αι λυπαι παρθενοι	E*
	ηλθον και αι λοιπαι παρθενοι	W
	ερχονται και αι λοιπε παρθεναι	θ*
	ερχονται και αι λοιπαι παρθεναι	θ[c]

M 25.12	αμην λεγω υμιν	ℵABCDEFGKLWYθΠ 13.28.565
	omit	1.1582

M 25. 8 - Pr 13.9 | M 25.10 - Re 19.7, 9

d. The Ten Maidens Matthew 25.1-13

M 25.13 οὐκ οἶδα ὑμᾶς. Γρηγορεῖτε οὖν, ὅτι οὐκ οἴδατε τὴν
M 7.23 ὅτι Οὐδέποτε ἔγνων ὑμᾶς· ἀποχωρεῖτε ἀπ᾽ ἐμοῦ οἱ ἐργαζόμενοι
M 24.42 γρηγορεῖτε οὖν, ὅτι οὐκ οἴδατε ποίᾳ
Mk 13.33 βλέπετε ἀγρυπνεῖτε· οὐκ οἴδατε γὰρ πότε ὁ
Mk 13.35 γρηγορεῖτε οὖν, οὐκ οἴδατε γὰρ πότε
L 13.25 Οὐκ οἶδα ὑμᾶς πόθεν ἐστέ.
L 13.27 Οὐκ οἶδα ὑμᾶς πόθεν ἐστέ· ἀπόστητε ἀπ᾽ ἐμοῦ, πάντες ἐργάται
L 21.36 ἀγρυπνεῖτε δὲ ἐν παντὶ καιρῷ δεόμενοι ἵνα

M 25.13 ἡμέραν οὐδὲ τὴν ὥραν.
M 7.23 τὴν ἀνομίαν.
M 24.42 ἡμέρᾳ ὁ κύριος ὑμῶν ἔρχεται.
Mk 13.33 καιρός ἐστιν.
Mk 13.35 ὁ κύριος τῆς οἰκίας ἔρχεται, ἢ ὀψὲ ἢ μεσονύκτιον ἢ ἀλεκτοροφωνίας
L 13.27 ἀδικίας.
L 21.36 κατισχύσητε ἐκφυγεῖν ταῦτα πάντα τὰ μέλλοντα γίνεσθαι, καὶ σταθῆναι

Mk 13.35 η πρωι,
L 21.36 εμπροσθεν του υιου του ανθρωπου.

e. The Talents

Matthew 25.14-30

L 19.11 Ακουοντων δε αυτων ταυτα προσθεις ειπεν παραβολην δια το εγγυς ειναι Ιερουσαλημ
L 19.11 αυτον και δοκειν αυτους οτι παραχρημα μελλει η βασιλεια του θεου αναφαινεσθαι.

M 25.14 Ὥσπερ γὰρ ἄνθρωπος ἀποδημῶν
Mk 13.34 ὡς ἄνθρωπος ἀπόδημος ἀφεὶς τὴν οἰκίαν αὐτοῦ
L 19.12 εἶπεν οὖν, Ἄνθρωπός τις εὐγενὴς ἐπορεύθη εἰς χώραν μακρὰν λαβεῖν

M 25.14 ἐκάλεσεν τοὺς ἰδίους δούλους καὶ
Mk 13.34 καὶ δοὺς τοῖς δούλοις αὐτοῦ
L 19.13 ἑαυτῷ βασιλείαν καὶ ὑποστρέψαι. καλέσας δὲ δέκα δούλους ἑαυτοῦ

M 25.15 παρέδωκεν αὐτοῖς τὰ ὑπάρχοντα αὐτοῦ, |καὶ ᾧ μὲν ἔδωκεν πέντε
Mk 13.34 τὴν ἐξουσίαν,
L 19.13 ἔδωκεν αὐτοῖς δέκα

M 25.15 τάλαντα, ᾧ δὲ δύο, ᾧ δὲ ἕν, ἑκάστῳ κατὰ τὴν ἰδίαν δύναμιν, καὶ
Mk 13.34 ἑκάστῳ τὸ ἔργον αὐτοῦ, καὶ τῷ θυρωρῷ
L 19.14 μνᾶς καὶ εἶπεν πρὸς αὐτούς, Πραγματεύσασθε ἐν ᾧ ἔρχομαι. οἱ δὲ

M 25.13 γρηγορειτε .. ωραν ℵABC*YΘΠ 1.565.1582*
γρηγορειτε .. ωραν εν η ο υιος του ανθρωπου ερχεται C^c EFGK 13.1582^c
γρηγορειται .. ωραν D
γρηγορητε .. ωραν L
γρηγορειται .. ωραν W
γρηγορειτε .. ωραν εν η ο υιος του ανθρωπου ερχετε 28

M 25.14 ωσπερ γαρ ανθρωπος αποδημων .. τα υπαρχοντα αυτου ℵBC*EGKLYΠ 1.13.28.565.1582
ωσπερ γαρ ανθρωπος αποδημων .. τα υπαρχοντα αυτων A
ωσπερ γαρ ανθρωπος τις αποδημων .. τα υπαρχοντα αυτου C²F
ωσπερ ανθρωπος αποδημων .. τα υπαρχοντα αυτου DW
ωσπερ γαρ ανθρωπος αποδημων .. τα υπαρχωντα αυτου Θ
Mk 13.34 ως ανθρωπος αποδημος ℵABCLYΠ
ως ανθρωπος αποδημων D
ωσπερ γαρ ανθρωπος αποδημος W
ωσπερ γαρ ανθρωπος αποδημων Θ 28.565
ωσπερ ανθρωπος αποδημων 1.1582
M 25.15 ω δε εν .. ιδιαν δυναμιν ℵABCEFGKWYΘΠ 1.13.28.1582
ω δε ενα.. δυναμιν αυτου D
ω δε εν .. ιδιαν δυναμην L
ω δε ενα.. ιδιαν δυναμιν 565

M 25.13 - M 25.50; L 12.40 | M 25.14 - M 21.33 | M 25.15 - R 12.3, 6

e. The Talents Matthew 25.14-30

M	25.16	ἀπεδήμησεν. εὐθέως |πορευθεὶς ὁ τὰ πέντε τάλαντα λαβὼν ἠργάσατο ἐν
Mk	13.34	ἐνετείλατο ἵνα γρηγορῇ.
L	19.14	πολῖται αὐτοῦ ἐμίσουν αὐτόν, καὶ ἀπέστειλαν πρεσβείαν ὀπίσω αὐτοῦ
M	25.17	αὐτοῖς καὶ ἐκέρδησεν ἄλλα πέντε· ὡσαύτως ὁ τὰ δύο ἐκέρδησεν ἄλλα δύο.
L	19.14	λέγοντες, Οὐ θέλομεν τοῦτον βασιλεῦσαι ἐφ᾽ ἡμᾶς.
M	25.18	ὁ δὲ τὸ ἓν λαβὼν ἀπελθὼν ὤρυξεν γῆν καὶ ἔκρυψεν τὸ ἀργύριον τοῦ κυρίου
M	25.19	αὐτοῦ. μετὰ δὲ πολὺν χρόνον ἔρχεται ὁ κύριος
L	19.15	Καὶ ἐγένετο ἐν τῷ ἐπανελθεῖν αὐτὸν λαβόντα τὴν βασιλείαν
M	25.19	τῶν δούλων ἐκείνων
L	19.15	καὶ εἶπεν φωνηθῆναι αὐτῷ τοὺς δούλους τούτους οἷς δεδώκει τὸ ἀργύριον,
M	25.20	καὶ συναίρει λόγον μετ᾽ αὐτῶν. καὶ προσελθὼν ὁ τὰ πέντε τάλαντα λαβὼν
L	19.16	ἵνα γνοῖ τί διεπραγματεύσαντο. παρεγένετο δὲ ὁ πρῶτος
M	25.20	προσήνεγκεν ἄλλα πέντε τάλαντα λέγων, Κύριε, πέντε τάλαντά μοι
L	19.16	λέγων, Κύριε, ἡ μνᾶ σου
M	25.20	παρέδωκας· ἴδε ἄλλα πέντε τάλαντα ἐκέρδησα.
L	19.16	δέκα προσηργάσατο μνᾶς.

M 25.16	πορευθεις ..ταλαντα.. ηργασατο εν αυτοις και εκερδησεν..πεντε	B*
	πορευθεις .. αλαντα.. ηργασατο εν αυτοις και εποιησεν ..πεντε ταλαντα	ℵ*
	πορευθεις δε..ταλαντα..ειργασατο εν αυτοις και εκερδησεν..πεντε ταλαντα	ℵ^{c}A^{c}C
	πορευθεις δε..ταλαντα..ειργασατο εν αυτοις και εποιησεν ..πεντε ταλαντα	A*EF^{c}GYΠ 28.565
	πορευθεις ..ταλαντα..ειργασατο εν αυτοις και εκερδησεν..πεντε	B^{c}
	πορευθεις δε..ταλαντα.. ηργασατο εν αυτοις και εκερδησεν..πεντε ταλαντα	D 13
	πορευθεις δε..ταλαντα..ειργασα εν αυτοις και εποιησεν ..πεντε ταλαντα	F*
	πορευθεις δε..τα ..ειργασατο εν αυτοις και εποιησεν ..πεντε ταλαντα	K
	πορευθεις δε..ταλαντα.. ηργασατο εν αυτοις και εκερδησεν..πεντε	L
	πορευθεις δε..ταλαντα.. ηργασατο εν αυτοις και εποιησεν ..πεντε ταλαντα	W
	δε πορευθειε ..ταλαντα.. ηργασατο επ αυτοις και εκερδησεν..πεντε	Θ
	δε πορευθεις ..ταλαντα..ειργασατο επ αυτοις και εκερδησεν..πεντε	1.1582
M 25.17	ωσαυτως ..δυο εκερδησεν	ℵ*C*L
	ωσαυτως και..δυο εκερδησεν	ℵ^{c}B
	ωσαυτως δε και..δυο εκερδησεν και αυτος	A
	ωσαυτως και..δυο εκερδησεν και αυτος	C^{c}EFGWYΠ 1.13.28.565.1582
	ομοιως και..δυο ταλαντα λαβων και αυτος εκερδησεν	D
	ωσαυτος και..δυο εκερδησεν και αυτος	K
	ωσαυτως ..δυο εκερδησεν και αυτος	Θ
M 25.18	το εν ..απελθων.. γην.. εκρυψεν	ℵBL
	το εν ταλαντον..απελθων..εν τη γη .. εκρυψεν	A
	το εν ..απελθων.. την γην.. εκρυψεν	C
	το εν .. ..εν τη γη .. εκρυψεν	D
	το εν ..απελθων..εν τη γη ..απεκρυψεν	EFGKWYΘΠ 1.13.28.565.1582
M 25.19	πολυν χρονον ερχεται .. λογον μετ αυτων	ℵ*BCD 1.1582
	χρονον πολυν ερχεται .. λογον μετ αυτων	ℵ^{c}Π
	χρονον πολυν ερχεται .. μετ αυτων λογον	AEFY 565
	πολυν χρονον ερχεται .. μετ αυτων λογον	G 13
	χρονον πολυν ερχετε .. μετ αυτων λογον	K 28
	πολυν χρονον ερχετε .. λογον μετ αυτων	LΘ
	χρονον τινα ερχεται .. μετ αυτων λογον	W
	πολυν χρονον ερχεται .. μετ αυτων λογον	13
M 25.20	και προσελθων..πεντε ταλαντα ..πεντε ταλαντα	BCDEGKLYΠ 1.13.28.565.1582
	και προσελθων..πεντε ..πεντε ταλαντα	ℵ
	προσελθων δε..πεντε ταλαντα ..πεντε ταλαντα	A
	και προσελθων..πεντε ταλτα ..πεντε ταλαντα	F
	και προσελθων..πεντε ταλαντα ..πεντε	W
	και προσελθον..πεντε ταλλαντα..πεντε ταλαντα	Θ

M 25.19 - M 18.23

M 25.21 ἔφη αὐτῷ ὁ κύριος αὐτοῦ, Εὖ, δοῦλε ἀγαθὲ καὶ πιστέ, ἐπὶ ὀλίγα ἦς
L 19.17 καὶ εἶπεν αὐτῷ, Εὖγε, ἀγαθὲ δοῦλε, ὅτι ἐν ἐλαχίστῳ

M 25.21 πιστός, ἐπὶ πολλῶν σε καταστήσω· εἴσελθε εἰς τὴν χαρὰν
L 19.17 πιστὸς ἐγένου, ἴσθι ἐξουσίαν ἔχων ἐπάνω δέκα πόλεων.
L 16.10 ὁ πιστὸς ἐν ἐλαχίστῳ καὶ ἐν πολλῷ πιστός ἐστιν, καὶ ὁ ἐν ἐλαχίστῳ

M 25.22 τοῦ κυρίου σου. προσελθὼν δὲ καὶ ὁ τὰ δύο τάλαντα εἶπεν, Κύριε, δύο
L 19.18 καὶ ἦλθεν ὁ δεύτερος λέγων, Ἡ
L 16.10 ἄδικος καὶ ἐν πολλῷ ἄδικός ἐστιν.

M 25.23 τάλαντά μοι παρέδωκας· ἴδε ἄλλα δύο τάλαντα ἐκέρδησα. ἔφη αὐτῷ
L 19.19 μνᾶ σου, κύριε, ἐποίησεν πέντε μνᾶς. εἶπεν δὲ καὶ τούτῳ,

M 25.23 ὁ κύριος αὐτοῦ, Εὖ, δοῦλε ἀγαθὲ καὶ πιστέ, ἐπὶ ὀλίγα ἦς πιστός, ἐπὶ πολλῶν
L 19.19 Καὶ σὺ ἐπάνω

M 25.24 σε καταστήσω· εἴσελθε εἰς τὴν χαρὰν τοῦ κυρίου σου. προσελθὼν δὲ καὶ ὁ τὸ
L 19.20a γίνου πέντε πόλεων. καὶ ὁ

M 25.24 ἓν τάλαντον εἰληφὼς εἶπεν, Κύριε, ἔγνων σε ὅτι σκληρὸς εἶ ἄνθρωπος,
L 19.21b,d ἕτερος ἦλθεν λέγων, Κύριε, |ὅτι ἄνθρωπος αὐστηρὸς εἶ, |καὶ

M 25.21 εφη .. ευ δουλε αγαθε .. επι ολιγα .. πολλων ℵBCKLΘ
εφη δε .. ευ συ δουλε αγαθε .. επι ολιγα .. πολλων A*
εφη δε .. ευ δουλε αγαθε .. επι ολιγα .. πολλων A^c GWYΠ 1.13.28.565.1582
εφη .. ευ δουλε αγαθε .. επι επ ολιγα .. πολλων D
εφη .. ευ δουλε αγαθε .. επι η ολιγα .. πολλων E
εφη δε .. ευ δουλε αγαθε .. επι ολιγα .. πολων F
L 19.17 ευγε αγαθε δουλε BD
ευ δουλε αγαθε ℵ 1.
ευ αγαθε δουλε ALWYΘΠ 28

M 25.22 προσελθων δε..τα δυο.. ειπεν κυριε..παρεδωκας ιδε .. εκερδησα L
προσελθων ..τα δυο..λαβων ειπεν ..παρεδωκας ιδε .. εκερδησα ℵ*
προσελθων δε..τα δυο..λαβων ειπεν ..παρεδωκας ιδε .. εκερδησα ℵ^c
προσελθων δε..τα δυο.. ειπεν κυρbε..παρεδωκας ιδε .. εκερδησα επ αυτοις ACΠ
προσελθων ..τα δυο.. ειπεν κυριε..παρεδωκας ιδε .. εκερδησα B
προσελθων δε..τα δυο..λαβων ειπεν κυριε..παρεδωκες ιδου..επεκερδησα D
προσελθων δε..τα δυο..λαβων ειπεν κυριε..παρεδωκας ιδε .. εκερδισα επ αυτοις E
προσελθων δε..τα δυο..λαβων ειπεν κυριε..παρεδωκας ιδε .. εκερδησα επ αυτοις FGKY 13.1582^c
προσελθων δε..τα δυο.. ειπεν κυριε..παρεδωκας ειδε .. εκερδησα επ αυτοις W
προσελθων δε..τα δυο.. ειπενν κυριε..παρεδωκας ιδε ..επεκερδησα Θ
παρελθων δε..τα δυο.. ειπεν κυριε..παρεδωκας ιδε .. εκερδησα επ αυτοις 1.1582*
προσελθων δε..τα δυο..λαβων ειπεν κυριε..παρεδωκας ιδε .. εκερδησα εν αυτοις 28
προσελθων δε..το δυο..λαβων ειπεν κυριε..παρεδκωας ιδε .. εκερδησα επ αυτοις 565

M 25.23 εφη .. ευ .. επι ολιγα ης πιστος .. καταστησω ℵA^c CFGKYΘΠ 1.13.565.1582
εφη .. ευ συ .. επι ολιγα ης πιστος .. καταστησω A*
εφη .. ευ .. επι ολιγα πιστος ης .. καταστησω B
εφη .. ευ .. επι επ ολιγα ης πιστος .. καταστησω D
εφη .. ευ .. επι ολιγα ης πιστος .. καταστεισω E
εφη .. ευ .. επι ολιγη εις πιστος .. καταστησω L
εφη .. ευ .. επι ολειγα ης πιστος .. καταστησω W
εφη δε .. ευ .. επι ολιγα ης πιστος .. καταστησω 28

M 25.24 προσελθων δε και ο το εν ..ειληφως..εγνων σε..σκληρος ει ανθρωπος ABCLWYΠ 13.28.565
προσελθων δε και ο το εν ..ειληφως..εγνων σε..ανρθωπος αυστηρος ει ℵ
προσελθων δε ο το ενα..ειληφως..εγνων ..σκληρος ει ανθρωπος D
προσελθων δε και ο το εν ..ειληφως..εγνων σε..σκληρος ανθρωπος E
προσελθων δε και ο το εν .. λαβων..εγνων σε..σκληρος ει ανθρωπος F
προσελθων δε και ο το εν ..ειληφως..εγνων σε..σκληρος ανθρωπος ει G
προσελθων δε και ο το εν ..ειληφως..εγνως σε..σκληρος ει ανθρωπος K
προσελθων δε και ο το εν ..ειληφως..εγνων ..σκληρως ει ανθρωπος Θ
προσελθων δε και ο το εν ..ειληφως..εγνων σε..αυστηρος ει ανθρωπος 1.1582

M 25. 21 - M 25.23; 24.45-47; L 12.44; He 12.2 | M 25.23 - M 25.21; L 16.10; M 24.47

e. The Talents Matthew 25.14-30

M 25.25 θερίζων ὅπου οὐκ ἔσπειρας καὶ συνάγων ὅθεν οὐ διεσκόρπισας· καὶ φοβηθεὶς
L 19.21c,a θερίζεις ὃ οὐκ ἔσπειρας. |αἴρεις ὃ οὐκ ἔθηκας |ἐφοβούμην

M 25.25 ἀπελθὼν ἔκρυψα τὸ τάλαντόν σου ἐν τῇ γῇ· ἴδε ἔχεις τὸ σόν.
L 19.20c,b γάρ σε, |ἣν εἶχον ἀποκειμένην ἐν σουδαρίῳ· |ἰδοὺ ἡ μνᾶ σου

M 25.26 ἀποκριθεὶς δὲ ὁ κύριος αὐτοῦ εἶπεν αὐτῷ,
L 19.22a λέγει αὐτῷ, Ἐκ τοῦ στόματός σου κρίνω σε,

M 25.26 Πονηρὲ δοῦλε καὶ ὀκνηρέ, ᾔδεις ὅτι θερίζω
L 19.22c πονηρὲ δοῦλε. ᾔδεις ὅτι ἐγὼ ἄνθρωπος αὐστηρός εἰμι, |καὶ θερίζων

M 25.27 ὅπου οὐκ ἔσπειρα καὶ συνάγω ὅθεν οὐ διεσκόρπισα; ἔδει σε οὖν βαλεῖν
L 19.22b,23 ὃ οὐκ ἔσπειρα; |αἴρων ὃ οὐκ ἔθηκα |καὶ διὰ τί οὐκ ἔδωκάς

M 25.27 τὰ ἀργύριά μου τοῖς τραπεζίταις, καὶ ἐλθὼν ἐγὼ ἐκομισάμην ἂν τὸ ἐμὸν
L 19.23 μου τὸ ἀργύριον ἐπὶ τράπεζαν; κἀγὼ ἐλθὼν σὺν τόκῳ ἂν αὐτὸ

M 25.28 σὺν τόκῳ. ἄρατε οὖν ἀπ' αὐτοῦ τὸ τάλαντον
L 19.24 ἔπραξα. καὶ τοῖς παρεστῶσιν εἶπεν, Ἄρατε ἀπ' αὐτοῦ τὴν μνᾶν

M 25.28 καὶ δότε τῷ ἔχοντι τὰ δέκα τάλαντα·
L 19.25 καὶ δότε τῷ τὰς δέκα μνᾶς ἔχοντι |---καὶ εἶπαν αὐτῷ, Κύριε, ἔχει

M 25.24 οπου ουκ εσπειρας και συναγων οθεν ου διεσκορπισας ℵABCEFGKLYΘΠ 13.565
οπου ουκ εσπειρας και συναγων οπου ου διεσκορπισας D
οπου ουκ εσπειρας και συναγων οπου ουκ εσκορπισας W
οθεν ουκ εσπειρας και συναγων οθεν ου διεσκορπισας 1.
οπου ουκ εσπειρας και συναγων οθεν ου διεσκορπησας 28
οπου ουκ εσπειρας και συναγων οπου ου διεσκορπισας 1582
L 19.21 εσπειρας ℵABDLYΠ 1.28
εσπειρας και συναγεις οθεν ου διεσκορπισας Θ

M 25.25 απελθων .. το ταλαντον .. ιδε ℵABCEFGKLYΘΠ 1.28.565.1582
απηλθον και .. το ταλαντον .. ιδου D
απελθων .. το ταλαντον .. ειδε W
απελθων .. ταλαντον .. ιδε 13

M 25.26 αποκριθεις δε..πονηρε δουλε..οτι θεριζω ℵBCDEFGKLYΠ 1.13.28.565. |1582
αποκριθεις δε..δουλε πονηρε..οτι θεριζω A
αποκριθεις δε..πονηρε δουλε..οτι εγω ανθρωπος αυστηρος ειμει θεριζω W
αποκριθεις ..πονηρε δουλε..οτι θεριζω Θ
L 19.22 οτι εγω ανθρωπος αυστηρος ειμι ..θεριζων ℵABWYΠ 1.28
οτι εγω ανθρωπος αυστηρος ειμι ..θεριζω D
οτι ανθρωπος αυστηρος ειμι ..θεριζων LΘ

M 25.26 εσπειρα και συναγω οθεν ου διεσκορπισα ℵABCDEFGKLWYΠ 1.13.28.565.1582
εσπειρα και συναγων οθεν ου διεσκορπισα Θ
L 19.22 εσπειρα ℵABDLWYΠ 1.28
εσπιρα και συναγων οθεν ου διεσκορπισα Θ

M 25.27 εδει σε ουν..τα αργυρια μου..ελθων εγω εκομισαμην αν.. τοκω ℵ*BΘ
εδει σε ουν..το αργυριον μου..ελθων εγω εκομισαμην αν.. τοκω ℵ[c]C
εδει ουν σε..το αργυριον μου..εγω ελθων εκομισαμην αν.. τοκω A
εδει ουν σε..το αργυριον μου..ελθων εγω εκομισαμην αν.. τοκω DEFGKYΠ[c] 1.13.28.565.1582
εδει ουν σε..το αργυριον μου..ελθων εγω αν εκομισαμην.. τοκω L
εδει ουν σε..τα αργυρια μου..ελθων εγω εκομισαμην αν..τω τοκω W
ειδει σε ουν..το αργυριον μου..ελθων εγω εκομισαμην αν.. τοκω Π*
L 19.23 μου το αργυριον ℵABLW*Θ
το αργυριον μου DW[c]YΠ 1.28

M 25.28 ταλαντον .. τω εχοντι .. δεκα ℵABCEFGKWYΘΠ 1.28.565.1582
ταλαντον .. τω εχοντι .. πεντε D
ταλαντον .. το εχοτι .. δεκα L
ταλαντο .. τω εχοντι .. δεκα 13

M 25.24 - J 4.37

e. The Talents Matthew 25.14-30

M 25.29	τῷ γὰρ ἔχοντι παντὶ δοθήσεται καὶ
L 19.26	δέκα μνᾶς---λέγω ὑμῖν ὅτι παντὶ τῷ ἔχοντι δοθήσεται,
M 13.12	ὅστις γὰρ ἔχει, δοθήσεται αὐτῷ καὶ
Mk 4.25	ὃς γὰρ ἔχει, δοθήσεται αὐτῷ·
L 8.18	βλέπετε οὖν πῶς ἀκούετε· ὃς ἂν γὰρ ἔχῃ, δοθήσεται αὐτῷ,

M 25.29	περισσευθήσεται· τοῦ δὲ μὴ ἔχοντος καὶ ὃ ἔχει ἀρθήσεται
L 19.26	ἀπὸ δὲ τοῦ μὴ ἔχοντος καὶ ὃ ἔχει ἀρθήσεται.
M 13.12	περισσευθήσεται· ὅστις δὲ οὐκ ἔχει, καὶ ὃ ἔχει ἀρθήσεται
Mk 4.25	καὶ ὃς οὐκ ἔχει, καὶ ὃ ἔχει ἀρθήσεται
L 8.18	καὶ ὃς ἂν μὴ ἔχῃ, καὶ ὃ δοκεῖ ἔχειν ἀρθήσεται

M 25.30	ἀπ᾽ αὐτοῦ. καὶ τὸν ἀχρεῖον δοῦλον ἐκβάλετε εἰς τὸ σκότος
L 19.27	πλὴν τοὺς ἐχθρούς μου τούτους τοὺς μὴ θελήσαντάς με βασιλεῦσαι ἐπ᾽ αὐτοὺς
M 8.12	οἱ δὲ υἱοὶ τῆς βασιλείας ἐκβληθήσονται εἰς τὸ σκότος
M 13.12	ἀπ᾽ αὐτοῦ.
M 13.42	καὶ βαλοῦσιν αὐτοὺς εἰς τὴν κάμινον
M 13.50	καὶ βαλοῦσιν αὐτοὺς εἰς τὴν κάμινον
M 22.13b	Δήσαντες αὐτοῦ πόδας καὶ χεῖρας ἐκβάλετε αὐτὸν εἰς τὸ σκότος
M 24.51	καὶ διχοτομήσει αὐτὸν καὶ τὸ μέρος
Mk 4.25	ἀπ᾽ αὐτοῦ.
L 8.18	ἀπ᾽ αὐτοῦ.
L 13.28b	ὑμᾶς δὲ ἐκβαλλομένους

M 25.30	τὸ ἐξώτερον· ἐκεῖ ἔσται ὁ κλαυθμὸς καὶ ὁ βρυγμὸς τῶν
L 19.27	ἀγάγετε ὧδε καὶ κατασφάξατε αὐτοὺς ἔμπροσθέν μου.
M 8.12	τὸ ἐξώτερον· ἐκεῖ ἔσται ὁ κλαυθμὸς καὶ ὁ βρυγμὸς τῶν
M 13.42	τοῦ πυρός· ἐκεῖ ἔσται ὁ κλαυθμὸς καὶ ὁ βρυγμὸς τῶν
M 13.50	τοῦ πυρός· ἐκεῖ ἔσται ὁ κλαυθμὸς καὶ ὁ βρυγμὸς τῶν
M 22.13b	τὸ ἐξώτερον· ἐκεῖ ἔσται ὁ κλαυθμὸς καὶ ὁ βρυγμὸς τῶν
M 24.51	αὐτοῦ μετὰ τῶν ὑποκριτῶν θήσει· ἐκεῖ ἔσται ὁ κλαυθμὸς καὶ ὁ βρυγμὸς τῶν
L 13.28a	ἔξω. ἐκεῖ ἔσται ὁ κλαυθμὸς καὶ ὁ βρυγμὸς τῶν

M 25.30	ὀδόντων.
M 8.12	ὀδόντων.
M 13.42	ὀδόντων.
M 13.50	ὀδόντων.
M 22.13b	ὀδόντων.
M 24.51	ὀδόντων.
L 13.28a	ὀδόντων, οταν οψεσθε Αβρααμ και Ισαακ και Ιακωβ και παντας τους προφητας εν τη βασιλεια
L 13.28a	του θεου,

M 25.29 παντι δοθησεται ..περισσευθησεται του δε.. εχει αρθησεται απ αυτου ℵB 1.1582*
παντι δοθησεται ..περισσευθησεται απο δε του.. εχει αρθησεται απ αυτου ACFGKYΠ 13.28.
δοθησεται ..περισσευσεται του δε.. εχει αρθησεται απ αυτου D |565.1582[c]
παντι δωθησεται ..περισσευθησεται απο δε του.. εχη αρθησετε απ αυτου E
παντι δοθησεται ..περισσευθησεται του δε..δοκει εχειν αρθησεται απ αυτου L
δοθησεται ..περισσευθησεται απο δε του.. εχει αρθησεται απ αυτου W
παντι δοθεισειται..περισσευθησεται του δε.. εχει αρθησεται απ αυτου Θ
L 19.26 εχει αρθησεται ℵBL
εχει αρθησεται απ αυτου ADWYΠ 1.28
δοκει εχειν αρθησεται απ αυτου Θ

M 25.29 απ αυτου ℵABC*DEF*GKLWYΘΠ 1.13.28.565.1582
απ αυτου ταυτα λεγον εφωνη ο εχον οτα ακουην ακουετω C[mg]
απ αυτου ταυτα λεγων εφνωει ο εχων ωτα ακουειν ακουετω F[c]

M 25.30 και τον αχρειον δουλον εκβαλετε εις το σκοτος το εξωτερον εκει εσται ℵABEKWYΘΠ 1.28.565.
και τον αχρειον δουλον εκβαλεται εις το σκοτος το εξωτερον εκει εσται C |1582
και τον αχρειον δουλον βαλεται εξω εις το σκοτος το εξωτερον εκει εσται D
και τον αχρειον δουλον εκβαλλετε εις το σκοτος το εξωτερον εκει εσται FG[mg]
ταυτα λεγων εφωνη ο εχον ωτα ακοην ακουετω G*
και τον αχριον δουλον εκβαλετε εις το σκοτος το εξωτερον εκει εσται L 13

M 25.30 (cont) ο κλαυθμος και ο βρυγμος των οδοντων ℵABCDFG[mg]KLYΘΠ 1.28.565.1582
ο κλαθμος και ο βρυγμος των οδοντων EW
ο κλαυθμος και ο βρυγμος των οδοντων ο εχων ωτα ακουειν ακουετω 13

M 25.30 - L 17.10; Ps 112.10

f. The Last Judgment

Matthew 25.31-46

M 25.31 Ὅταν δὲ ἔλθῃ ὁ υἱὸς τοῦ ἀνθρώπου ἐν τῇ δόξῃ αὐτοῦ καὶ πάντες οἱ
M 25.32 ἄγγελοι μετʼ αὐτοῦ, τότε καθίσει ἐπὶ θρόνου δόξης αὐτοῦ· καὶ συναχθή-
M 25.32 σονται ἔμπροσθεν αὐτοῦ πάντα τὰ ἔθνη, καὶ ἀφορίσει αὐτοὺς ἀπʼ ἀλλήλων,
M 25.33 ὥσπερ ὁ ποιμὴν ἀφορίζει τὰ πρόβατα ἀπὸ τῶν ἐρίφων, |καὶ στήσει τὰ μὲν
M 25.34 πρόβατα ἐκ δεξιῶν αὐτοῦ τὰ δὲ ἐρίφια ἐξ εὐωνύμων. τότε ἐρεῖ ὁ βασιλεὺς
M 25.34 τοῖς ἐκ δεξιῶν αὐτοῦ, Δεῦτε, οἱ εὐλογημένοι τοῦ πατρός μου, κληρονομή-
M 25.35 σατε τὴν ἡτοιμασμένην ὑμῖν βασιλείαν ἀπὸ καταβολῆς κόσμου· ἐπείνασα
M 25.35 γὰρ καὶ ἐδώκατέ μοι φαγεῖν, ἐδίψησα καὶ ἐποτίσατέ με, ξένος ἤμην
M 25.36 καὶ συνηγάγετέ με, |γυμνὸς καὶ περιεβάλετέ με, ἠσθένησα καὶ ἐπεσκέψασθέ
M 25.37 με, ἐν φυλακῇ ἤμην καὶ ἤλθατε πρός με. τότε ἀποκριθήσονται αὐτῷ οἱ
M 25.37 δίκαιοι λέγοντες, Κύριε, πότε σε εἴδομεν πεινῶντα καὶ ἐθρέψαμεν, ἢ διψῶντα
M 25.38 καὶ ἐποτίσαμεν; πότε δέ σε εἴδομεν ξένον καὶ συνηγάγομεν, ἢ γυμνὸν καὶ

M 25.31 οι αγγελοι .. καθισει ℵBDΘΠ* 1.565.1582
οι αγιοι αγγελοι .. καθιση AEFGKWYΠ^{c} 28
οι αγγελοι .. καθειση L
οι αγιοι αγγελοι .. καθηση 13

M 25.32 συναχθησονται εμπροσθεν αυτου παντα τα εθνη..αφορισει..απ αλληλων..εριφων ℵ*LΘ
συναχθησονται εμπροσθεν αυτου παντα τα εθνη..αφοριει ..απ αλληλων..εριφων ℵ^{c}GKΠ 13.28.565
συναχθησεται εμπροσθεν αυτου παντα τα εθνη..αφοριει ..απ αλληλων..εριφων AEFY
συναχθησονται εμπροσθεν αυτου παντα τα εθνη..αφοριει ..απ αλληλων..εριφιων B
συναχθησονται ενπροσθεν αυτου παντα τα εθνη..αφοριει ..απο αλληλων..εριφων D
συναχθησεται παντα τα εθνη εμπροσθεν αυτου..αφορισει..απ αλληλων..εριφων W
συναχθησεται εμπροσθεν αυτου παντα τα εθνη..αφορισει..απ αλληλων..εριφων 1.1582

M 25.33 τα μεν προβατα εκ δεξιων αυτου τα δε εριφια εξ ευωνυμων BEFGKLWYΘΠ 1.13.28.565
τα μεν προβατα εκ δεξιων τα δε εριφια εξ ευωνυμων αυτου ℵ
τα μεν προβατα εκ δεξιων τα δε εριφια εξ ευωνυμων A
τα προβατα εκ δεξιων αυτου τα δε εριφεια εξ ευωνυμων D
το μεν προβατα εκκ δεξιων αυτου τα δε εριφια εξ ευωνυμων 1582

M 25.34 κληρονομησατε .. υμιν ℵABEGWYΠ 1.28.565.1582 ClemAl (Q 30.2) (Pd III 93.4)
κληρονομησατε .. υμειν D
κληρομησατε .. υμιν F
κληρονομησατε .. ημιν K 13
κληρονομησαται .. υμιν LΘ

M 25.35 εδιψησα .. συνηγαγετε ℵABEFGKLYΘΠ 1.13.28.565.1582 ClemAl (S III 54.3)
εδιψησα .. συνηγαγεται D
και εδιψησα .. συνηγαγεται W

M 25.36 περιεβαλετε .. επεσκεψασθε .. ηλθατε προς με ABEFGΘ 13
περιεβαλετε .. επεσκεψασθε .. ηλθατε προς εμε ℵ
περιεβαλεται .. επεσκεψασθαι .. ηλθατε προς με D
περιεβαλετε .. επεσκεψασθε .. ηλθετε προς με KYΠ 1.565.1582 ClemAL (PD III 93.4)
περιεβαλετε .. επεσκεψασθαι .. ηλθατε προς με L 28
περιεβαλεται .. επεσκεψασθαι .. ηλθετε προς με W

M 25.37 αποκριθησονται αυτω .. ειδομεν ℵAB^{c}DEFGYΠ 1.28.1582 ClemAl (Q 30.3)
αποκριθησονται αυτω .. ειδαμεν B*
αποκριθησονται αυτω .. ιδομεν KLWΘ
αποκριθησονται .. ιδωμεν 13
αποκριθησονται αυτω .. ειδωμεν 565

M 25.38 ποτε δε σε ειδομεν .. συνηγαγομεν η γυμνον ℵABEFGY 1.1582
ποτε δε ειδομεν σε .. συνηγαγομεν και γυμνον D
ποτε δε σε ιδομεν .. συνηγαγομεν η γυμνον KLWΠ^{c} 13
ποτε δε ιδομεν σε .. συνηγαγομεν η γυμνον Θ
ποτε σε ιδομεν .. συνηγαγομεν η γυμνον Π*
ποτε δε σε ειδομεν .. συνηγαγωμεν η γυμνον 28
ποτε σε ειδομεν .. συνηγαγομεν η γυμνον 565

M 25.31 - Dt 33.2 LXX; Zch 14.5; M 13.41; 16.27; Jd 14; M 19.28; Re 3.21; 20.11
M 25.32 - Ez 34.17; R 14.10; M 13.48 | M 25.33-34 - L 12.32; M 20.21 | M 25.34 - L 22.30
M 25.35-36 - Is 58.7; Js 1.27; 2.15; He 13.3 | M 25.37 - M 6.3

M 25.39 περιεβάλομεν; πότε δέ σε εἴδομεν ἀσθενοῦντα ἢ ἐν φυλακῇ καὶ ἤλθομεν πρός
M 25.40 σε; καὶ ἀποκριθεὶς ὁ βασιλεὺς ἐρεῖ αὐτοῖς, 'Αμὴν λέγω ὑμῖν, ἐφ' ὅσον
M 25.40 ἐποιήσατε ἑνὶ τούτων τῶν ἀδελφῶν μου τῶν ἐλαχίστων, ἐμοὶ ἐποιήσατε.

M 25.41 Τότε ἐρεῖ καὶ τοῖς ἐξ εὐωνύμων, Πορεύεσθε ἀπ' ἐμοῦ οἱ κατηραμένοι εἰς
M 25.41 τὸ πῦρ τὸ αἰώνιον τὸ ἡτοιμασμένον τῷ διαβόλῳ καὶ τοῖς ἀγγέλοις αὐτοῦ·
M 25.42 ἐπείνασα γὰρ καὶ οὐκ ἐδώκατέ μοι φαγεῖν, ἐδίψησα καὶ οὐκ ἐποτίσατέ με,
M 25.43 |ξένος ἤμην καὶ οὐ συνηγάγετέ με, γυμνὸς καὶ οὐ περιεβάλετέ με, ἀσθενὴς καὶ
M 25.44 ἐν φυλακῇ καὶ οὐκ ἐπεσκέψασθέ με. τότε ἀποκριθήσονται καὶ αὐτοὶ λέγοντες,
M 25.44 Κύριε, πότε σε εἴδομεν πεινῶντα ἢ διψῶντα ἢ ξένον ἢ γυμνὸν ἢ ἀσθενῆ ἢ ἐν
M 25.45 φυλακῇ καὶ οὐ διηκονήσαμέν σοι; τότε ἀποκριθήσεται

M 25.39 ποτε δε σε ειδομεν ασθενουντα ..ηλθομεν B
ποτε δε σε ειδομεν ασθενη ..ηλθομεν ℵAEFGY 1.28.1582
η ποτε σε ειδομεν ασθενουντα ..ηλθαμεν D
ποτε δε σε ιδομεν ασθενη ..ηλθομεν KW 13
ποτε δε σε ιδομεν ασθενη ..ηλθομε L
ποτε δε ιδομεν σε ασθενουντα ..ηλθομεν Θ
ποτε σε ιδομεν ασθενη ..ηλθομεν Π
ποτε σε ειδομεν ασθενη ..ηλθομεν 565
η ποτε σε ειδομεν ασθενουντα ..ηλθομεν ClemAl (Q 30.3)

M 25.40 ο βασιλευς ερει αυτοις .. των αδελφων μου ℵAB^{C}EFGKLWYΘΠ 1.13.28.565.1582 ClemAl (Q 30.4)
ο βασιλευς ερει αυτοις .. B*
ερει αυτοις ο βασιλευς .. των αδελφων μου D

M 25.41 ευωνυμων πορευεσθε .. οι κατηραμενοι .. το ητοιμασμενον
ευωνυμων υπαγετε .. κατηραμενοι .. το ητοιμασμενον ℵ
ευωνυμων υπαγετε .. κατηραμενοι .. το ητοιμασμενον B
ευωνυμων πορευεσθαι .. οι κατηραμενοι .. το ητοιμασμενον AΘ
ευωνυμων πορευεσθαι .. οι κατηραμενοι .. ο ητοιμασεν ο πατηρ μου D
ευνυμων πορευεθε .. οι κατηραμενοι .. το ητοιμασμενω E*
ευωνυμων πορευεσθε .. οι κατηραμενοι .. το ητοιμασμενω E^{C}F
ευωνυμων πορευεσθε .. οι κατηραμενοι .. το ητοιμασμενον GKYΠ 13.565.1582^{C}
ευωνυμων πορευεσθαι .. κατηραμενοι .. το ητοιμασμενον L
ευωνυμοις πορευεσθαι .. οι κατηραμενοι .. το ητοιμασμενον W
ευωνυμων πορευεσθε .. οι κατηραμενοι .. ο ητοιμασεν ο πατηρ μου 1.1582*
ευωνυμων πορευεσθαι .. οι κατηραμμενοι.. το ητοιμασμενον 28

M 25.42 και ουκ εδωκατε μοι φαγειν εδιψησα .. εποτισατε ℵAB^{C}FGKYΘΠ 1.13.28.565.1582
και εδωκατε μοι φαγειν και εδιψησα .. εποτισατε B*
και ουκ εδωκατε μοι φαγειν εδειψησα .. εποτεισατε D
και ουκ εδωκατε μοι φαγειν εδιψησα .. εποτησατε E
και ουκ εδωκατε μοι φαγεν και εδιψησα .. εποτησατε L
και ουκ εδωκατε μοι φαγειν εδιψησα .. εποτισαται W

M 25.43 συνηγαγετε με γυμνος και ου περιεβαλετε με .. επεσκεψασθε ABEFGKL^{C}YΠ 1.13.28.565.|1582
.... και γυμνος ημ.. .. επεσκεψα... P^{45}
συνηγαγετε με .. επεσκεψασθε ℵ*
συνηγαγετε με γυμνος και ου περιεβαλετε .. επεσκεψασθε ℵ^{C}
συνηγαγεται με γυμνος και ου περιεβαλεται με .. επεσκεψασθαι DW
συνηγαγετ με γυμνος και ου περιεβαλετε με .. επεσκεψασθε L*
συνηγαγετε με και γυμνος και ου περιεβαλετε με .. επεσκεψασθε Θ

M 25.44 και αυτοι ..ποτε σε ειδομεν..η εν φυλακη και ου διηκονησαμεν A^{C}B^{C}DEFKLWYΘ 13.28.|1582^{C}
... .ποτε σε ειδομ....και εν φυ.... ... . P^{45}
αυτω οι ..ποτε σε ειδομεν..η εν φυλακη και ουκ η διηκονησαμεν ℵ*
και αυτοι ..ποτε σε ειδομεν..η εν φυλακη και ουκ η διηκονησαμεν ℵ^{C}
και αυτοι ..ποτε σε ειδομεν..η εν φυλακη και ου διακονησαμεν A*
και αυτοι ..ποτε σε ειδομεν..η εν φυλακη και ου διεκονησαμεν B*
και αυτοι ..ποτε δε σε ειδομεν..η εν φυλακη και ου διηκονησαμεν G
και αυτοι ..ποτε σε ιδομεν..η εν φυλακη και ου διηκονησαμεν Π
και αυτοι αυτω..ποτε σε ειδομεν..η εν φυλακη και ου διηκονησαμεν 1.1582*
και αυτοι ..ποτε σε ειδωμεν..η εν φυλακη και ου διηκονισαμεν 565

M 25.40 - Pr 19.17; M 10.42; 18.5; Mk 9.41; He 2.11 | M 25.41 - M 7.23; Mk 9.48; Jd 7; Re 14.10; Re 12.9; 20.10

f. The Last Judgment Matthew 25.31-46

M 25.45 αὐτοῖς λέγων, ʼΑμὴν λέγω ὑμῖν, ἐφʼ ὅσον οὐκ ἐποιήσατε ἑνὶ τούτων τῶν
J 5.28 μὴ θαυμάζετε τοῦτο, ὅτι ἔρχεται ὥρα ἐν ᾗ πάντες οἱ ἐν τοῖς μνημείοις

M 25.46 ἐλαχίστων, οὐδὲ ἐμοὶ ἐποιήσατε. καὶ ἀπελεύσονται οὗτοι
J 5.29 ἀκούσουσιν τῆς φωνῆς αὐτοῦ |καὶ ἐκπορεύσονται, οἱ τὰ ἀγαθὰ ποιήσαντες

M 25.46 εἰς κόλασιν αἰώνιον, οἱ δὲ δίκαιοι εἰς ζωὴν αἰώνιον.
J 5.29 εἰς ἀνάστασιν ζωῆς, οἱ δὲ τὰ φαῦλα πράξαντες εἰς ἀνάστασιν κρίσεως.

g. Summary

Matthew 26.1-2

M 26. 1 Καὶ ἐγένετο ὅτε ἐτέλεσεν ὁ ʼΙησοῦς πάντας τοὺς λόγους τούτους, εἶπεν

M 26. 2 τοῖς μαθηταῖς αὐτοῦ, |Οἴδατε ὅτι μετὰ δύο ἡμέρας τὸ πάσχα γίνεται, καὶ
Mk 14. 1a ʼΗν δὲ τὸ πάσχα καὶ τὰ ἄζυμα
L 22. 1 ʼΗγγιζεν δὲ ἡ ἑορτὴ τῶν ἀζύμων ἡ λεγομένη πάσχα.

M 26. 2 ὁ υἱὸς τοῦ ἀνθρώπου παραδίδοται εἰς τὸ σταυρωθῆναι.
Mk 14. 1a μετὰ δύο ἡμέρας.

M 25.45 αυτοις λεγων..λεγω υμιν ..εποιησατε ..τουτων των ..ουδε εμοι ℵABE^{c}FGKLWΠ 1.13.28.565.|1582
αυτοις λεγ....... ....τουτων των .... P^{45}
αυτοις λεγων..λεγω υμειν..εποιησατε ..τουτων των ..ουδε εμοι D
αυτοις λεγων..λεγω υμιν ..εποιησατε ..τουτων των αδελφ..ουδε εμοι E*
αυτοις λεγων..λεγω υμιν ..εποιησατε ..τουτων των ..ουδε μοι Y
και αυτοις λεγων..λεγων υμιν ..εποιησαται..τουτων των ..ουδε εμοι Θ

M 25.46 εις ζωην ℵABDEFGKLYΘΠ 1.13.28.565.1582
ει ζωην W

M 26. 1 οτε ετελεσεν .. παντας .. λογους τουτους .. μαθηταις αυτου ℵABFGΘΠ 1.13.28.1582
ο τελεσεν .. παντας .. λογους τουτους .. μαθηταις D*
οτε ετελεσεν .. παντας .. λογους τουτους .. μαθηταις D^{c}
οτε ετελεσεν .. .. λογους τουτους .. μαθηταις αυτου E 565
οτε ετελεν .. παντας .. λογους τουτους .. μαθηταις αυτου K
οτε ετελεσεν .. παντας .. λογου τουτους .. μαθηταις αυτου L
οτε ετελεσεν .. παντας .. λογους τους .. μαθηταις αυτου W
οτε ετελεσεν .. παντας .. λογους τουτους .. εαυτου μαθηταις Y

M 26. 2 μετα δυο ημερας το πασχα γινεται .. παραδιδοται ℵABFGKLYΠ 1.565.1582
μετα δυο ημερας το πασχα γεινεται .. παραδιδοται D
μετα δυο ημερας το πασχα γινεται .. παραδιδοτε E 28
μεθ ημερας δυο το πασχα γεινεται .. παραδιδοτε W
μετα δυο ημερας το πασχα γινεται .. παραδοθησεται Θ
μετα δυο ημερας το πασχα γινετε .. παραδιδοται 13
Mk 14. 1 το πασχα και τα αζυμα ℵABCLWYΘΠ 1.28.565.1582
το πασχα D

M 25.46 - Dn 12.2 | M 26. 1 - M 7.28; 11.1; 13.53; 19.14; Dt 31.1, 24
M 26. 2 - Ex 12.1-27; M 20.18f; 27.26; Mk 15.15; L 24.7, 20; J 19.16

62. THE PLOT TO KILL JESUS

Matthew 26.3-5

J 11.45 Πολλοι ουν εκ των Ιουδαιων, οι ελθοντες προς την Μαριαμ και θεασαμενοι α εποιησεν,
J 11.46 επιστευσαν εις αυτον· τινες δε εξ αυτων απηλθον προς τους Φαρισαιους και ειπαν αυτοις
J 11.46 α εποιησεν Ιησους.

M 26. 3 Τότε συνήχθησαν οἱ ἀρχιερεῖς καὶ οἱ πρεσβύτεροι τοῦ λαοῦ εἰς τὴν
Mk 14. 1b καὶ ἐζήτουν οἱ ἀρχιερεῖς καὶ οἱ γραμματεῖς
L 22. 2 καὶ ἐζήτουν οἱ ἀρχιερεῖς καὶ οἱ γραμματεῖς
J 11.47 συνήγαγον οὖν οἱ ἀρχιερεῖς καὶ οἱ Φαρισαῖοι συνέδριον, καὶ ἔλεγον, Τί

J 11.48 ποιουμεν, οτι ουτος ο ανθρωπος πολλα ποιει σημεια; εαν αφωμεν αυτον ουτως, παντες
J 11.48 πιστευσουσιν εις αυτον, και ελευσονται οι Ρωμαιοι και αρουσιν ημων και τον τοπον και
J 11.48 το εθνος.

M 26. 3 αὐλὴν τοῦ ἀρχιερέως τοῦ λεγομένου Καϊάφα,
J 11.49 εἷς δέ τις ἐξ αὐτῶν Καϊάφας, ἀρχιερεὺς ὢν τοῦ ἐνιαυτοῦ

εκεινου, ειπεν αυτοις, Υμεις ουκ οιδατε ουδεν, |ουδε λογιζεσθε οτι συμφερει υμιν ινα
εις ανθρωπος αποθανη υπερ του λαου και μη ολον το εθνος αποληται. τουτο δε αφ εαυτου
ουκ ειπεν, αλλα αρχιερευς ων του ενιαυτου εκεινου επροφητευσεν οτι εμελλεν Ιησους
αποθνησκειν υπερ του εθνους, |και ουχ υπερ του εθνους μονον αλλ ινα και τα τεκνα του
θεου τα διεσκορπισμενα συναγαγη εις εν. απ εκεινης ουν της ημερας

M 26. 4 |καὶ συνεβουλεύσαντο ἵνα τὸν Ἰησοῦν δόλῳ κρατήσωσιν καὶ ἀποκτείνωσιν·
Mk 14. 1b πῶς αὐτὸν ἐν δόλῳ κρατήσαντες ἀποκτείνωσιν·
L 22. 2 τὸ πῶς ἀνέλωσιν
J 11.53 ἐβουλεύσαντο ἵνα ἀποκτείνωσιν

M 26. 5 ἔλεγον δέ, Μὴ ἐν τῇ ἑορτῇ, ἵνα μὴ θόρυβος γένηται ἐν τῷ λαῷ.
Mk 14. 2 ἔλεγον γάρ, Μὴ ἐν τῇ ἑορτῇ, μήποτε ἔσται θόρυβος τοῦ λαοῦ.
L 22. 2 αὐτόν, ἐφοβοῦντο γὰρ τὸν λαόν.
J 11.53 αὐτόν.

M 26. 3 αρχιερεις .. πρεσβυτεροι του λαου .. Καιαφα ℵABᶜLΘ 1.13.565.1582
αρχιερεις .. πρεσβυτεροι .. Καιαφα B*
αρχιερεις .. πρεσβυτεροι του λαου .. Καιφα D
αρχιερεις και οι γραμματεις .. πρεσβυτεροι του λαου .. Καιαφα EFGKYΠ 28
αρχιερεις και οι Φαρισαιοι .. πρεσβυτεροι του λαου .. Καιαφα W

M 26. 4 συνεβουλευσαντο .. δολω κρατησωσιν και αποκτεινωσιν ℵABᶜEFGKLYΠ 1.13.565.1582
συνεβουλευσαντο .. δολω κρατησωσιν B*
συνεβουλευοντο .. δολω κρατησωσιν και αποκτεινωσιν D
συνεβουλευσαντο .. δολω κρατησωσιν και αποκτινωσιν WΘ
συνεβουλευσαντο .. δολω κρατησουσι και αποκτεινωσιν 28
Mk 14. 1 εν δολω κρατησαντες αποκτεινωσιν ℵABCLYΠ 565
κρατησαντες και αποκτεινωσιν D
δολω κρατησαντες αποκτεινωσιν W
δολω κρατησωσιν και αποκτεινωσιν 28

M 26. 5 ελεγον δε .. ινα μη θορυβος γενηται ℵABCLWYΘΠ 1.28.565.1582
ελεγον δε .. ινα μη θορυβος γινεται F
ελεγον δε .. μηποτε θορυβος γενηται L
ελεγον δε .. ινα μη γενηται θορυβος Θ
Mk 14. 2 ελεγον γαρ .. μηποτε εσται θορυβος ℵBC*L
ελεγον δε .. μηποτε θορυβος εσται AWYΠ 1.1582
ελεγον δε .. μηποτε εσται θορυβος Cᶜ
ελεγον δε .. και εσται θορυβος Θ
ελεγων δε .. μηποτε θορυβος γενηται 28

M 26. 3 - M 16.21; 26.57; L 3.2; J 18.33ff; Ac 4.6

63. JESUS ANOINTED FOR BURIAL

Matthew 26.6-13

M 26. 6 Τοῦ δὲ Ἰησοῦ γενομένου
Mk 14. 3 Καὶ ὄντος αὐτοῦ
L 7.36 Ἠρώτα δέ τις αὐτὸν τῶν Φαρισαίων ἵνα φάγῃ μετ' αὐτοῦ· καὶ εἰσελθὼν
J 12. 1 Ὁ οὖν Ἰησοῦς πρὸ ἓξ ἡμερῶν τοῦ πάσχα ἦλθεν

M 26. 6 ἐν Βηθανίᾳ ἐν οἰκίᾳ Σίμωνος τοῦ λεπροῦ,
Mk 14. 3 ἐν Βηθανίᾳ ἐν τῇ οἰκίᾳ Σίμωνος τοῦ λεπροῦ
L 7.36 εἰς τὸν οἶκον τοῦ Φαρισαίου
J 12. 1 εἰς Βηθανίαν, ὅπου ἦν Λάζαρος, ὃν ἤγειρεν ἐκ νεκρῶν Ἰησοῦς.

J 12. 2 εποιησαν ουν αυτω δειπνον εκει, και η Μαρθα διηκονει, ο δε Λαζαρος εις ην εκ των

M 26. 7 |προσῆλθεν αὐτῷ γυνὴ
Mk 14. 3 κατακειμένου αὐτοῦ ἦλθεν γυνὴ
L 7.37 κατεκλίθη. καὶ ἰδοὺ γυνὴ ἥτις ἦν ἐν τῇ πόλει ἁμαρτωλός, καὶ
J 12. 3 ἀνακειμένων σὺν αὐτῷ. ἡ οὖν Μαριὰμ

M 26. 7 ἔχουσα ἀλάβαστρον
Mk 14. 3 ἔχουσα ἀλάβαστρον
L 7.37 ἐπιγνοῦσα ὅτι κατάκειται ἐν τῇ οἰκίᾳ τοῦ Φαρισαίου, κομίσασα ἀλάβαστρον
J 12. 3 λαβοῦσα λίτραν

M 26. 7 μύρου βαρυτίμου
Mk 14. 3 μύρου νάρδου πιστικῆς πολυτελοῦς·
L 7.38 μύρου |καὶ στᾶσα ὀπίσω παρὰ τοὺς πόδας αὐτοῦ κλαίουσα, τοῖς δάκρυσιν
J 12. 3 μύρου νάρδου πιστικῆς πολυτίμου

L 7.38 ηρξατο βρεχειν τους ποδας αυτου και ταις θριξιν της κεφαλης αυτης εξεμασσεν, και

M 26. 7 καὶ κατέχεεν ἐπὶ τῆς κεφαλῆς αὐτοῦ
Mk 14. 3 συντρίψασα τὴν ἀλάβαστρον κατέχεεν αὐτοῦ τῆς κεφαλῆς.
L 7.38 κατεφίλει τοὺς πόδας αὐτοῦ καὶ ἤλειφεν τῷ μύρῳ.
J 12. 3 ἤλειψεν τοὺς πόδας τοῦ Ἰησοῦ

M 26. 7 ἀνακειμένου.
J 12. 3 καὶ ἐξέμαξεν ταῖς θριξὶν αὐτῆς τοὺς πόδας αὐτοῦ· ἡ δὲ οἰκία ἐπληρώθη ἐκ

J 12. 3 της οσμης του μυρου.

M 26. 6 Βηθανια εν οικια .. λεπρου ℵABFGLWYΘΠ 1.13.28.565.1582
Βηθανια εν οικεια.. λεπρωσου D
Βιθανια εν οικια .. λεπρου EK
Mk 14. 3 εν τη οικια ℵ^c ABDLYΠ 1.28.1582
εν οικια ℵ*Θ 565

M 26. 7
εχουσα αλαβαστρον μυρου βαρυτιμου και κατεχεεν επι της κεφαλης αυτου ανακειμενου B 13
εχουσα αλαβαστρον μυρου πολυτιμου και κατεχεεν επι της κεφαλης αυτου ανακειμενου ℵΘ
αλαβαστρον μυρου εχουσα πολυτιμου και κατεχεεν επι την κεφαλην αυτου ανακειμενου AΠ 565
εχουσα αλαβαστρον μυρου πολυτειμου και κατεχεεν επι της κεφαλης αυτου ανακειμενου αυτου D
αλαβαστρον μυρου εχουσα βαρυτιμου και κατεχεεν επι την κεφαλην αυτου ανακειμενου EFGWY^c 28
αλαβαστρον μυρου εχουσα βαρυτυμου και κατεχεεν επι την κεφαλην αυτου ανακειμενου K
εχουσα αλαβαστρον μυρου πολυτιμου και κατεχεεν επι την κεφαλην αυτου ανακειμενου L
αλαβαστρον μυρου εχουσα βαρυτιμου κατεχεεν επι την κεφαλην αυτου ανακειμενου Y*
αλαβαστρον μυρου εχουσα βαρυτιμου και κατεχεεν επι της κεφαλης αυτου ανακειμενου 1.1582
Mk 14. 3 αυτου της κεφαλης ℵBCLW 1.28.
επι της κεφαλης αυτου D |1582

M 26. 8 ἰδόντες δὲ οἱ μαθηταὶ ἠγανάκτησαν
Mk 14. 4 ἦσαν δέ τινες ἀγανακτοῦντες πρὸς ἑαυτούς,
L 7.39 ἰδὼν δὲ ὁ Φαρισαῖος ὁ καλέσας αὐτὸν εἶπεν ἐν ἑαυτῷ
J 12. 4 λέγει δὲ Ἰούδας ὁ Ἰσκαριώτης εἷς ἐκ τῶν μαθητῶν αὐτοῦ, ὁ μέλλων

M 26. 8 λέγοντες, Εἰς τί ἡ ἀπώλεια αὕτη;
Mk 14. 4 Εἰς τί ἡ ἀπώλεια αὕτη τοῦ μύρου γέγονεν;
L 7.39 λέγων, Οὗτος εἰ ἦν προφήτης, ἐγίνωσκεν ἂν τίς καὶ ποταπὴ
J 12. 5 αὐτὸν παραδιδόναι, |Διὰ τί

L 7.40 η γυνη ητις απτεται αυτου, οτι αμαρτωλος εστιν. και αποκριθεις ο Ιησους ειπεν προς
L 7.41 αυτον, Σιμων, εχω σοι τι ειπειν. ο δε, Διδασκαλε, ειπε, φησιν. δυο χρεοφειλεται ησαν

M 26. 9 ἐδύνατο γὰρ τοῦτο πραθῆναι πολλοῦ καὶ
Mk 14. 5 ἠδύνατο γὰρ τοῦτο τὸ μύρον πραθῆναι ἐπάνω δηναρίων τριακοσίων καὶ
L 7.41 δανιστῇ τινι· ὁ εἷς ὤφειλεν δηνάρια πεντακόσια, ὁ δὲ
J 12. 5 τοῦτο τὸ μύρον οὐκ ἐπράθη τριακοσίων δηναρίων καὶ

M 26. 9 δοθῆναι πτωχοῖς.
Mk 14. 5 δοθῆναι τοῖς πτωχοῖς· καὶ ἐνεβριμῶντο αὐτῇ.
L 7.42 ἕτερος πεντήκοντα. μὴ ἐχόντων αὐτῶν ἀποδοῦναι ἀμφοτέροις ἐχαρίσατο.
J 12. 6 ἐδόθη πτωχοῖς; εἶπεν δὲ τοῦτο οὐχ ὅτι περὶ τῶν πτωχῶν ἔμελεν αὐτῷ

J 12. 6 αλλ οτι κλεπτης ην και το γλωσσοκομον εχων τα βαλλομενα εβασταζεν.

M 26.10 γνοὺς δὲ ὁ Ἰησοῦς εἶπεν αὐτοῖς,
Mk 14. 6 ὁ δὲ Ἰησοῦς εἶπεν, Ἄφετε αὐτήν·
L 7.43 τίς οὖν αὐτῶν πλεῖον ἀγαπήσει αὐτόν; ἀποκριθεὶς Σίμων εἶπεν, Ὑπολαμβάνω
J 12. 7 εἶπεν οὖν ὁ Ἰησοῦς, Ἄφες αὐτήν, ἵνα εἰς τὴν ἡμέραν τοῦ

L 7.44 οτι ω το πλειον εχαρισατο. ο δε ειπεν αυτω, Ορθως εκρινας. και στραφεις προς την
L 7.44 γυναικα τω Σιμωνι

M 26.10 Τί κόπους παρέχετε τῇ γυναικί; ἔργον γὰρ καλὸν ἠργάσατο εἰς
Mk 14. 6 τί αὐτῇ κόπους παρέχετε; καλὸν ἔργον ἠργάσατο ἐν
L 7.44 ἔφη, Βλέπεις ταύτην τὴν γυναῖκα; εἰσῆλθόν σου εἰς τὴν οἰκίαν,
J 12. 7 ἐνταφιασμοῦ μου τηρήσῃ αὐτό·

M 26. 8
οι μαθηται ..	απωλεια	ℵBDL
οι μαθηται αυτου ..	απωλεια	AEGKYΠ 1.13.565.1582
οι μαθηται αυτου ..	απολεια	F
οι μαθηται αυτου ..	απωλια	W 28
οι μαθητε ..	ααπωλεια	Θ

M 26. 9
εδυνατο γαρ τουτο	.. πολλου ..	πτωχοις	ℵB*L 565
εδυ....	.. ..	....	P45
ηδυνατο γαρ τουτο	.. πολλου ..	τοις πτωχοις	AD
ηδυνατο γαρ τουτο	.. πολλου ..	πτωχοις	Bc 1.1582*
ηδυνατο γαρ τουτο το μυρον	.. πολλου ..	τοις πτωχοις	EY 28
ηδυνατο γαρ τουτο το μυρον	.. πολλου ..	πτωχοις	FG 13.1582c
εδυνατο γαρ τουτο το μυρον	.. πολλου ..	τοις πτωχοις	K
εδυνατο γαρ τουτο	.. πολλου ..	τοις πτωχοις	WΠ
εδυνατο γαρ	.. πολου ..	πτωχοις	Θ*
εδυνατο γαρ	.. πολλου ..	πτωχοις	Θc
ηδυνατο γαρ τουτο	.. πολλου ..	πτωχοις	1.1582*

M 26.10
ο Ιησους ..	αυτοις ..	παρεχετε	.. εργον γαρ ..	ηργασατο	ℵ*B*Θ
ο Ιησους ..	αυτοις ..	παρεχετε	.. εργον γαρ ..	ειργασατο	ℵcABcFKYΠ 28.565
Ιησους ..	αυτοις ..	παρεχεται	.. εργον γαρ ..	ηργασατο	D
ο Ιησους ..	αυτοις ..	παρεχετε εν	.. εργον γαρ ..	ειργασατο	E
ο Ιησους ..	τοις ..	παρεχετε	.. εργον γαρ ..	ειργασατο	G
ο Ιησους ..	αυτοις ..	παρεχεται	.. εργον γαρ ..	ειργασατο	L
ο Ιησους ..	αυτοις ..	παρεχεται	.. εργον γαρ ..	ηργασατο	W 13
ο Ιησους ..	αυτοις ..	παρεχετε	.. εργον ..	ειργασατο	1.1582

M 26.10 - G 6.17

L 7.44 υδωρ μοι επι ποδας ουκ εδωκας· αυτη δε τοις δακρυσιν εβρεξεν μου τους ποδας και ταις
L 7.45 θριξιν αυτης εξεμαξεν. φιλημα μοι ουκ εδωκας· αυτη δε αφ ης εισηλθον ου διελιπεν

M 26.11 ἐμέ· πάντοτε γὰρ τοὺς πτωχοὺς ἔχετε μεθ᾽ ἑαυτῶν,
Mk 14. 7 ἐμοί. πάντοτε γὰρ τοὺς πτωχοὺς ἔχετε μεθ᾽ ἑαυτῶν, καὶ ὅταν θέλητε δύνασθε
L 7.45 καταφιλοῦσά μου τοὺς πόδας.
J 12. 8 τοὺς πτωχοὺς γὰρ πάντοτε ἔχετε μεθ᾽ ἑαυτῶν,

M 26.12 ἐμὲ δὲ οὐ πάντοτε ἔχετε· βαλοῦσα
Mk 14. 8 αὐτοῖς εὖ ποιῆσαι, ἐμὲ δὲ οὐ πάντοτε ἔχετε. ὃ ἔσχεν ἐποίησεν· προέλαβεν
L 7.46 ἐλαίῳ τὴν κεφαλήν μου οὐκ ἤλειψας·
J 12. 8 ἐμὲ δὲ οὐ πάντοτε ἔχετε.

M 26.12 γὰρ αὕτη τὸ μύρον τοῦτο ἐπὶ τοῦ σώματός μου πρὸς τὸ ἐνταφιάσαι με
Mk 14. 8 μυρίσαι τὸ σῶμά μου εἰς τὸν ἐνταφιασμόν.
L 7.47 αὕτη δὲ μύρῳ ἤλειψεν τοὺς πόδας μου. |οὗ χάριν λέγω σοι, ἀφέωνται
J 12. 7b ἵνα εἰς τὴν ἡμέραν τοῦ ἐνταφιασμοῦ μου

M 26.13 ἐποίησεν. ἀμὴν λέγω ὑμῖν, ὅπου ἐὰν κηρυχθῇ τὸ εὐαγγέλιον τοῦτο ἐν
Mk 14. 9 ἀμὴν δὲ λέγω ὑμῖν, ὅπου ἐὰν κηρυχθῇ τὸ εὐαγγέλιον εἰς
L 7.47 αἱ ἁμαρτίαι αὐτῆς αἱ πολλαί, ὅτι ἠγάπησεν πολύ· ᾧ δὲ ὀλίγον ἀφίεται,
J 12. 7b τηρήσῃ αὐτό·

M 26.13 ὅλῳ τῷ κόσμῳ, λαληθήσεται καὶ ὃ ἐποίησεν αὕτη εἰς
Mk 14. 9 ὅλον τὸν κόσμον, καὶ ὃ ἐποίησεν αὕτη λαληθήσεται εἰς
L 7.48,49 ὀλίγον ἀγαπᾷ. εἶπεν δὲ αὐτῇ, Ἀφέωνταί σου αἱ ἁμαρτίαι. καὶ ἤρξαντο

M 26.13 μνημόσυνον αὐτῆς.
Mk 14. 9 μνημόσυνον αὐτῆς.

L 7.50 οι συνανακειμενοι λεγειν εν εαυτοις, Τις ουτος εστιν ος και αμαρτιας αφιησιν; ειπεν
L 7.50 δε προς την γυναικα, Η πιστις σου σεσωκεν σε· πορευου εις ειρηνην.

M 26.11 παντοτε γαρ τους πτωχους εχετε .. εαυτων .. εχετε ℵABDGKLYΠ 1.13.565.1582
τους πτωχους γαρ παντοτε εχετε .. εαυτον .. εχετε E
τους πτωχους γαρ παντοτε εχετε .. εαυτων .. εχετε F 28
παντοτε γαρ τους πτωχους εχεται .. εαυτων .. εχεται W
παντοτε τους πτωχους εχετε .. εαυτων .. εχετε Θ

M 26.12 βαλουσα .. μυρον τουτο .. σωματος ℵABD[c]EFGKLYΘΠ 1.28.565.1582
βαλουσα .. μυρον τουτο .. σωματοσματος D*
βαλλουσα .. μυρον τουτο .. σωματος W
βαλουσα .. μυρον τουτον .. σωματος 13

M 26.13
αμην ..εαν..τουτο εν ολω τω κοσμω ..και ο εποιησεν αυτη..μνημοσυνον αυτης ℵAB*EF[c]GKWYΠ 1.13.565.
αμην δε ..εαν..τουτο εν ολω τω κοσμω ..και ο εποιησεν αυτη..μνημοσυνον αυτης B[c] |1582
αμην .. αν..τουτο εν ολο τω κοσμω ..και ο εποιησεν αυτη..μνημοσυνον αυτης D
αμην ..εαν..τουτο εν ολω τω κοσμω ..και ο εποιησεν αυτη..μνημοσυν αυτης F*
αμην .. αν..τουτο εν ολω τω κοσμω ..και ο εποιησεν αυτη..μνημοσυνον αυτης L
αμην .. αν..τουτο εν ολω τω κοσμω .. ..μνημοσυνον αυτης Θ
αμην ..εαν..τουτο ..και ο εποιησεν αυτη..μνημοσυνας 28
Mk 14. 9
αμην δε ..εαν.. εις ολον τον κοσμον ℵBL[c]
αμην ..εαν..τουτο εις ολον τον κοσμον AC 1.1582
αμην δε .. αν.. εις ολον τον κοσμον DL*
αμην .. αν.. εις ολον τον κοσμον W
αμην δε ..εαν..τουτο εις ολον τον κοσμον Y
αμην ..εαν..τουτο εν ολο τω κοσμω Θ
αμην δε .. αν..τουτο εις ολον τον κοσμον Π
αμην γαρ.. αν.. εις ολον τον κοσμον 28
αμην ..εαν.. εις ολον τον κοσμον 565

M 26.11 - Dt 15.11

64. JUDAS PLANS THE BETRAYAL

Matthew 26.14-16

M 26.14 Τότε πορευθεὶς εἷς τῶν δώδεκα,
Mk 14.10 Καὶ
L 22. 3 Εἰσῆλθεν δὲ Σατανᾶς
J 6.70 ἀπεκρίθη αὐτοῖς ὁ Ἰησοῦς, Οὐκ ἐγὼ ὑμᾶς τοὺς δώδεκα ἐξελεξάμην, καὶ
J 13. 2 καὶ δείπνου γινομένου, τοῦ διαβόλου ἤδη βεβληκότος εἰς τὴν καρδίαν
J 13.27 καὶ μετὰ τὸ ψωμίον τότε εἰσῆλθεν εἰς ἐκεῖνον ὁ Σατανᾶς. λέγει οὖν

M 26.14 ὁ λεγόμενος Ἰούδας
Mk 14.10 Ἰούδας
L 22. 3 εἰς Ἰούδαν τὸν
J 6.71 ἐξ ὑμῶν εἷς διαβολός ἐστιν; ἔλεγεν δὲ τὸν Ἰούδαν
J 13. 2 ἵνα παραδοῖ αὐτὸν Ἰούδας
J 13.27 αὐτῷ ὁ Ἰησοῦς, Ὃ ποιεῖς ποίησον τάχιον.

M 26.14 Ἰσκαριώτης,
Mk 14.10 Ἰσκαριὼθ ὁ
L 22. 3 καλούμενον Ἰσκαριώτην, ὄντα ἐκ τοῦ
J 6.71 Σίμωνος Ἰσκαριώτου· οὗτος γὰρ ἔμελλεν παραδιδόναι αὐτόν, εἷς ἐκ
J 13. 2 Σίμωνος Ἰσκαριώτου,

M 26.14 πρὸς τοὺς ἀρχιερεῖς
Mk 14.10 εἷς τῶν δώδεκα ἀπῆλθεν πρὸς τοὺς ἀρχιερεῖς
L 22. 4 ἀριθμοῦ τῶν δώδεκα· καὶ ἀπελθὼν συνελάλησεν τοῖς ἀρχιερεῦσιν καὶ
J 6.71 τῶν δώδεκα.

M 26.15 |εἶπεν, Τί θέλετέ μοι δοῦναι κἀγὼ ὑμῖν παραδώσω αὐτόν; οἱ δὲ
Mk 14.11 ἵνα αὐτὸν παραδοῖ αὐτοῖς. οἱ δὲ
L 22. 5 στραγηγοῖς τὸ πῶς αὐτοῖς παραδῷ αὐτόν. καὶ

M 26.15 ἔστησαν αὐτῷ τριάκοντα ἀργύρια.
Mk 14.11 ἀκούσαντες ἐχάρησαν καὶ ἐπηγγείλαντο αὐτῷ ἀργύριον δοῦναι.
L 22. 5 ἐχάρησαν καὶ συνέθεντο αὐτῷ ἀργύριον δοῦναι.

M 26.16 καὶ ἀπὸ τότε ἐζήτει εὐκαιρίαν ἵνα αὐτὸν
Mk 14.11 καὶ ἐζήτει πῶς αὐτὸν εὐκαίρως
L 22. 6 καὶ ἐξωμολόγησεν, καὶ ἐζήτει εὐκαιρίαν τοῦ

M 26.16 παραδῷ.
Mk 14.11 παραδοῖ.
L 22. 6 παραδοῦναι αὐτὸν ἄτερ ὄχλου αὐτοῖς.

M 26.14 δωδεκα .. Ισκαριωτης ℵABEFGKLYΘΠ 1.13.28.565.1582
δωδεκα .. Σκαριωτης D
δεκα δυο .. Ισκαριωτης W
Mk 14.10 Ισκαριωθ ℵBC*LΘ
Ισκαριωτης AC^c DWYΠ 1.28.1582

M 26.15
ειπεν ..θελετε ..δουναι καγω ..παραδωσω..οι δε..εστησαν αυτω .. αργυρια BE*LYΠ 13.
ειπεν ..θελετε ..δωναι και εγω..παραδωσω..οι δε..εστησαν αυτω .. αργυρια ℵ |28
ειπεν ..θελετε ..δουναι καγω ..παραδωσω..οι δε..εστησαν αυτων.. αργυρια A
και ειπεν αυτοις..θελετε ..δουναι και εγω..παραδωσω..οις δε..εστησαν αυτω ..στατηρας D*
και ειπεν αυτοις..θελετε ..δουναι και εγω..παραδωσω..οι δε..εστησαν αυτω ..στατηρας D^c
ειπεν ..θελετε ..δουναι και εγω..παραδωσω..οι δε..εστησαν αυτω .. αργυρια E^cΘ
ειπεν ..θελεται..δουναι και εγω..παραδω ..οι δε..εστησαν αυτω .. αργυρια W
ειπεν ..θελετε ..δουναι και εγω..παραδωσω..οι δε..εστησαν αυτω ..στατηρας αργυριου 1.1582
ειπεν ..θελετε ..δουναι καγω ..παραδοσω..οι δε..εστησαν αυτω .. αργυρια 565

M 26.16 απο τοτε .. παραδω ℵABEFGKLWYΠ 1.13.28.565.1582
απ οτε .. παραδω αυτοις D
απο τωτε .. παραδω αυτοις Θ
Mk 14.11 παραδοι BCDW
παραδω ℵALYΘΠ 1.28.565.1582

M 26.14-15 - J 11.57 | M 26.15 - Zch 11.12 (Ex 21.32); M 28.12 | M 26.16 - 1 Ti 6.9f

65. THE PASSOVER MEAL

Matthew 26.17-29

M 26.17 Τῇ δὲ πρώτῃ τῶν ἀζύμων
Mk 14.12 Καὶ τῇ πρώτῃ ἡμέρᾳ τῶν ἀζύμων, ὅτε τὸ πάσχα ἔθυον,
L 22. 7,8 Ἦλθεν δὲ ἡ ἡμέρα τῶν ἀζύμων, ἐν ᾗ ἔδει θύεσθαι τὸ πάσχα. καὶ

L 22. 8 απεστειλεν Πετρον και Ιωαννην ειπων, Πορευθεντες ετοιμασατε ημιν το πασχα ινα φαγωμεν.

M 26.17 προσῆλθον οἱ μαθηταὶ τῷ Ἰησοῦ λέγοντες, Ποῦ θέλεις
Mk 14.12 λέγουσιν αὐτῷ οἱ μαθηταὶ αὐτοῦ, Ποῦ θέλεις ἀπελθόντες
L 22. 9 οἱ δὲ εἶπαν αὐτῷ, Ποῦ θέλεις

M 26.17 ἑτοιμάσωμέν σοι φαγεῖν τὸ πάσχα;
Mk 14.13 ἑτοιμάσωμεν ἵνα φάγῃς τὸ πάσχα; καὶ ἀποστέλλει δύο τῶν μαθητῶν αὐτοῦ
L 22. 9 ἑτοιμάσωμεν;

M 26.18 ὁ δὲ εἶπεν, Ὑπάγετε εἰς τὴν πόλιν πρὸς
Mk 14.13 καὶ λέγει αὐτοῖς, Ὑπάγετε εἰς τὴν πόλιν, καὶ ἀπαντήσει
L 22.10 ὁ δὲ εἶπεν αὐτοῖς, Ἰδοὺ εἰσελθόντων ὑμῶν εἰς τὴν πόλιν συναντήσει

M 26.18 τὸν δεῖνα καὶ
Mk 14.14 ὑμῖν ἄνθρωπος κεράμιον ὕδατος βαστάζων· ἀκολουθήσατε αὐτῷ, |καὶ
L 22.10 ὑμῖν ἄνθρωπος κεράμιον ὕδατος βαστάζων· ἀκολουθήσατε αὐτῷ εἰς τὴν οἰκίαν

M 26.18 εἴπατε αὐτῷ,
Mk 14.14 ὅπου ἐὰν εἰσέλθῃ εἴπατε τῷ οἰκοδεσπότῃ ὅτι
L 22.11 εἰς ἣν εἰσπορεύεται. καὶ ἐρεῖτε τῷ οἰκοδεσπότῃ τῆς οἰκίας, Λέγει σοι

M 26.18 Ὁ διδάσκαλος λέγει, Ὁ καιρός μου ἐγγύς ἐστιν· πρὸς σὲ ποιῶ τὸ πάσχα
Mk 14.14 Ὁ διδάσκαλος λέγει, Ποῦ ἐστιν τὸ κατάλυμά μου ὅπου τὸ πάσχα
L 22.11 ὁ διδάσκαλος, Ποῦ ἐστιν τὸ κατάλυμα ὅπου τὸ πάσχα

M 26.17
προσηλθον ..τω Ιησου λεγοντες ..θελεις ετοιμασωμεν σοι φαγειν το πασχα ℵBΘΠ 565
προσηλθον ..τω Ιησου λεγοντες αυτω..θελεις ετοιμασωμεν σοι φαγειν το πασχα AEF^{C}GY
προσηλθον ..τω Ιησου λεγοντες ..θελεις ετοιμασομεν σοι φαγειν το πασχα DK
προσηλθον ..τω Ιησου λεγοντες ..θελεις ετοιμασωμεν σοι φαγειν το πασα F*
προσηλθον ..τω Ιησου λεγοντες ..θελεις ετοιμαωμεν σοι φαγειν το πασχα L
προσηλθον ..λεγοντες τω Ιησου ..θελις απελθοντες ετοιμασωμεν σοι φαγειν το πασχα W
προσηλθον ..λεγοντες τω Ιησου ..θελεις ετοιμασομεν σοι φαγειν το πασχα 1.1582
προσηλθον ..τω Ιησου λεγοντες αυτω..θελις απελθοντες ετοιμασωμεν σοι φαγειν το πασχα 13
προσηλθον αυτω.. αυτου λεγοντες ..θελεις ετοιμασωμεν σοι φαγειν το πασχα 28
Mk 14.12 ετοιμασωμεν ℵABCLWYΠ 28
ετοιμασωμεν σοι DΘ 565
ετοιμασομεν 1.1582
L 22. 9 ετοιμασωμεν P^{75} ℵACLWYΘ
ετοιμασωμεν σοι φαγειν το πασχα B
ετοιμασωμεν σοι D
ετοιμασομεν 1.

M 26.18
ο δε ειπεν υπαγετε ..ο διδασκαλος λεγει ο καιορς..εγγυς..ποιω το πασχα ℵBE^{C}FGYΠ 1.28.565.|1582
ο δε ειπεν υπαγετε .. ο καιρος..εγγυς..ποιω το πασχα A
ο δε ειπεν υπαγετε ..ο διδασκαλος λεγει ο καιρος..ενγυς..ποιησω το πασχα D
ο δε ειπεν υπαγετε ..ο διδασκαλος λεγει ο καιρος..εγγυς..ποιω το παχα E*
ο δε ειπεν αυτοις υπαγετε ..ο διδασκαλος λεγει ο καρος ..εγγυς..ποιω το πασχα K
ο δε Ιησους ειπεν υπαγετε ..ο διδασκαλος λεγει ο καιρος..εγγυς..ποιω το πασχα L
ο δε ειπεν υπαγεται..ο διδασκαλος λεγει ο καιρος..εγγυς..ποιω τα πασχα W
ο δε Ιησους ειπεν αυτοις υπαγετε ..ο διδασκαλος λεγει ο καιρος..εγγυς..ποιω το πασχα Θ 13

M 26.17 - Ex 12.14-20; 1 C 5.7 | M 26.18 - M 21.3

M 26.18 μετὰ τῶν μαθητῶν μου.
Mk 14.15 μετὰ τῶν μαθητῶν μου φάγω; καὶ αὐτὸς ὑμῖν δείξει ἀνάγαιον μέγα
L 22.12 μετὰ τῶν μαθητῶν μου φάγω; κἀκεῖνος ὑμῖν δείξει ἀνάγαιον μέγα

M 26.19 καὶ ἐποίησαν οἱ μαθηταὶ
Mk 14.16 ἐστρωμένον ἕτοιμον· καὶ ἐκεῖ ἑτοιμάσατε ἡμῖν. καὶ ἐξῆλθον οἱ μαθηταὶ
L 22.13 ἐστρωμένον· ἐκεῖ ἑτοιμάσατε. ἀπελθόντες

M 26.19 ὡς συνέταξεν αὐτοῖς ὁ Ἰησοῦς, καὶ
Mk 14.16 καὶ ἦλθον εἰς τὴν πόλιν καὶ εὗρον καθὼς εἶπεν αὐτοῖς, καὶ
L 22.13 δὲ εὗρον καθὼς εἰρήκει αὐτοῖς, καὶ

M 26.20 ἡτοίμασαν τὸ πάσχα. Ὀψίας δὲ γενομένης ἀνέκειτο μετὰ τῶν δώδεκα.
Mk 14.17 ἡτοίμασαν τὸ πάσχα. Καὶ ὀψίας γενομένης ἔρχεται μετὰ τῶν δώδεκα.
L 22.14 ἡτοίμασαν τὸ πάσχα. Καὶ ὅτε ἐγένετο ἡ ὥρα, ἀνέπεσεν καὶ οἱ ἀπόστολοι
J 13.21 Ταῦτα εἰπὼν ὁ Ἰησοῦς

M 26.21 καὶ ἐσθιόντων αὐτῶν εἶπεν, Ἀμὴν λέγω ὑμῖν
Mk 14.18 καὶ ἀνακειμένων αὐτῶν καὶ ἐσθιόντων ὁ Ἰησοῦς εἶπεν, Ἀμὴν λέγω ὑμῖν
L 22.14 σὺν αὐτῷ.
J 13.21 ἐταράχθη τῷ πνεύματι καὶ ἐμαρτύρησεν καὶ εἶπεν, Ἀμὴν ἀμὴν λέγω ὑμῖν

M 26.21 ὅτι εἷς ἐξ ὑμῶν παραδώσει με.
Mk 14.18 ὅτι εἷς ἐξ ὑμῶν παραδώσει με, ὁ ἐσθίων μετ᾽ ἐμοῦ.
L 22.21 πλὴν ἰδοὺ ἡ χεὶρ τοῦ παραδιδόντος με μετ᾽ ἐμοῦ ἐπὶ τῆς τραπέζης·
J 13.21 ὅτι εἷς ἐξ ὑμῶν παραδώσει με.

M 26.22 καὶ λυπούμενοι σφόδρα ἤρξαντο
Mk 14.19 ἤρξαντο λυπεῖσθαι καὶ
L 22.23 καὶ αὐτοὶ ἤρξαντο
J 13.22 ἔβλεπον εἰς ἀλλήλους οἱ μαθηταὶ ἀπορούμενοι περὶ τίνος λέγει.

J 13.23 ην ανακειμενος εις εκ των μαθητων αυτου εν τω κολπω του Ιησου, ον ηγαπα ο Ιησους·
J 13.24,25 νευει ουν τουτω Σιμων Πετρος πυθεσθαι τις αν ειη περι ου λεγει. αναπεσων ουν εκεινος
J 13.25 ουτως επι το στηθος του Ιησου

M 26.22 λέγειν αὐτῷ εἷς ἕκαστος, Μήτι ἐγώ εἰμι, κύριε;
Mk 14.19 λέγειν αὐτῷ εἷς κατὰ εἷς, Μήτι ἐγώ;
L 22.23 συζητεῖν πρὸς ἑαυτοὺς τὸ τίς ἄρα εἴη ἐξ αὐτῶν ὁ τοῦτο μέλλων πράσσειν.
J 13.25 λέγει αὐτῷ, Κύριε, τίς ἐστιν;

M 26.19 και εποιησαν .. ως .. και ητοιμασαν το πασχα ℵABDEFLYΘΠ 1.13.28.565.1582
και εποιησαν .. ως .. G
και εποιησαν .. ω .. και ητοιμασαν το πασχα K
εποιησαν ουν .. ως .. και ητοιμασαν το πασχα W

M 26.20 οψιας δε ..των δωδεκα BDEFGKY 1.13.28.565.1582
οψιας δε ..των δωδεκα μαθητων ℵALWΘΠ
Mk 14.17 και οψιας ℵABCLWYΠ 1.28.565.1582
οψιας δε DΘ
L 22.14 οι αποστολοι P^{75} ℵ*BD
οι δωδεκα αποστολοι $ℵ^2$ACWYΘ 1.
οι δωδεκα $ℵ^1$L

M 26.21 και εσθιοντων .. ειπεν ABDEFGKLWYΠ 1.13.28.565.1582
και εσθιοντων .. λεγει ℵ
εσθιοντων δε .. ειπεν Θ

M 26.22 αυτω εις εκαστος ℵBCL
αυτω εις αυτων AEFGKWYΠ 1.28.565.1582
εις εκαστος αυτων DΘ 13
Mk 14.19 αυτω εις κατα εις ℵBL
αυτω εις εκαστος C

M 26.23 ὁ δὲ ἀποκριθεὶς εἶπεν, Ὁ ἐμβάψας μετ' ἐμοῦ
Mk 14.20 ὁ δὲ εἶπεν αὐτοῖς, Εἷς τῶν δώδεκα, ὁ ἐμβαπτόμενος μετ' ἐμοῦ
J 13.26 ἀποκρίνεται ὁ Ἰησοῦς, Ἐκεῖνός ἐστιν ᾧ ἐγὼ βάψω τὸ ψωμίον καὶ

J 13.26 δωσω αυτω. βάψας ουν το ψωμιον

J 13.27 λαμβανει και διδωσιν Ιουδα Σιμωνος Ισκαριωτου. και μετα το ψωμιον τοτε εισηλθεν εις
J 13.28 εκεινον ο Σατανας. λεγει ουν αυτω ο Ιησους, Ο ποιεις ποιησον ταχιον. |τουτο δε ουδεις
J 13.29 εγνω των ανακειμενων προς τι ειπεν αυτω· τινες γαρ εδοκουν, επει το γλωσσοκομον ειχεν
J 13.29 Ιουδας, οτι λεγει αυτω ο Ιησους, Αγορασον ων χρειαν εχομεν εις την εορτην, η τοις
J 13.29 πτωχοις ινα τι δω.

M 26.24 τὴν χεῖρα ἐν τῷ τρυβλίῳ οὗτός με παραδώσει. ὁ μὲν υἱὸς τοῦ ἀνθρώπου
Mk 14.21 εἰς τὸ τρύβλιον. ὅτι ὁ μὲν υἱὸς τοῦ ἀνθρώπου
L 22.22 ὅτι ὁ υἱὸς μὲν τοῦ ἀνθρώπου

M 26.24 ὑπάγει καθὼς γέγραπται περὶ αὐτοῦ, οὐαὶ δὲ τῷ ἀνθρώπῳ
Mk 14.21 ὑπάγει καθὼς γέγραπται περὶ αὐτοῦ, οὐαὶ δὲ τῷ ἀνθρώπῳ
L 22.22 κατὰ τὸ ὡρισμένον πορεύεται, πλὴν οὐαὶ τῷ ἀνθρώπῳ

M 26.24 ἐκείνῳ δι' οὗ ὁ υἱὸς τοῦ ἀνθρώπου παραδίδοται· καλὸν ἦν αὐτῷ εἰ οὐκ
Mk 14.21 ἐκείνῳ δι' οὗ ὁ υἱὸς τοῦ ἀνθρώπου παραδίδοται· καλὸν αὐτῷ εἰ οὐκ
L 22.22 ἐκείνῳ δι' οὗ παραδίδοται.

M 26.24 ἐγεννήθη ὁ ἄνθρωπος ἐκεῖνος.
Mk 14.21 ἐγεννήθη ὁ ἄνθρωπος ἐκεῖνος.

M 26.23 αποκριθεις ειπεν..εμβαψας μετ εμου την χειρα εν τω τρυβλιω ουτος ℵABL
.... .ειρα μετ εμου εν τ. P45
αποκριθεις ειπεν..εμβαψας μετ εμου εν τω τρυβλιω την χειρα ουτος CEFGKYΠ 1.28.
αποκρεις ειπεν..ενβαπτομενος την χειρα μετ εμου εις το τρυβαλιον ουτος D* |1582
αποκριθεις ειπεν..ενβαπτομενος την χειρα μετ εμου εις το τρυβαλιον ουτος Dc
αποκριθεις ειπεν..εμβαψας μετ εμου εν τω τρυβλιω την χειρα εκεινος W
αποκριθεις ειπεν..εμβαψας την χειρα μετ εμου εν τω τρυβλιω ουτος Θ
Ιησους αποκριθεις ειπεν..εμβαψας μετ εμου εν τω τρυβλιω την χειρα ουτως 13
αποκριθεις ειπεν..ενβαψας μετ εμου εν τω τρυβλιω την χειρα ουτος 565
ος αν εμβαψηται μετ εμου.. εις το τρυβαλιον ουτος ClemAl (Pd II 62.4)
Mk 14.20 ειπεν..εμβαπτομενος μετ εμου ℵBCL
αποκριθεις ειπεν..εμβαπτομενος μετ εμου την χειρα A
λεγει..ενβαπτιζομενος μετ εμου D
αποκριθεις ειπεν..ενβαπτομενος μετ εμου W
αποκριθεις ειπεν..εμβαπτομενος μετ εμου YΠ 1.28.1582
αποκριθεις λεγει..εμβαπτομενος μετ εμου Θ 565
M 26.24 ο μεν υιος..περι αυτου..ο υιος του ανθρωπου παραδιδοται ℵBCEcFGKLYΘΠ 1.13.
ο μεν υιος..περι εαυτου..ο υιος του ανθρωπου παραδιδοται A |565.1582
ο μεν ουν υιος..περι αυτου..ο υιος του ανθρωπου παραδιδοται δια τουτο D
ο μεν υιος..περι αυτου..ο υιος του ανθρωπου παραδιδωται E*
ο μεν υιος..περι αυτου..ο υιος του ανθρωπου παραδιδοτε W
ο μεν υιος..περι αυτου.. παραδιδοται 28
Mk 14.21 οτι ο μεν υιος..περι αυτου..ο υιος του ανθρωπου παραδιδοται ℵBL
ο μεν υιος..περι αυτου..ο υιος του ανθρωπου παραδιδοται ACYΘΠ 1.28.565.1582
ο μεν υιος..περι αυτου.. παραδιδοτε D
ο μεν υιος..περι αυτου..ο υιος του ανθρωπου παραδιδοτε W
L 14.22 οτι ο υιος μεν ℵcBL
και ο μεν υιος AWYΘ 1.
M 26.24 ην αυτω ει ουκ εγεννηθη ℵBCDEFGKLWYΘΠ 1.13.565.1582
.. .υτω ει ουκ εγεν.... P45
ην αυτω η ουκ εγενηθη A
ην αυτω ει ουκ εγενηθη Θ 28
ην αυτω ει μη εγεννηθη ClemAl (S II 107.2)
Mk 14.21 αυτω ει ουκ εγεννηθη BW
ην αυτω ει ουκ εγεννηθη ℵCDYΠ 1.565.1582
ην αυτω η ουκ εγενηθη A 28
αυτω η ουκ αιγεννηθη L
ην αυτω ει ουκ εγενηθη Θ

M 26.23 - Ps 41.9 | M 26.24 - M 18.7; L 17.1; Ps 22.7, 8, 16-18; Is 53.9

M 26.25 ἀποκριθεὶς δὲ 'Ιούδας ὁ παραδιδοὺς αὐτὸν εἶπεν, Μήτι ἐγώ εἰμι,
J 13.30 λαβὼν οὖν τὸ ψωμίον ἐκεῖνος ἐξῆλθεν εὐθύς· ἦν δὲ νύξ.

M 26.25 ῥαββί; λέγει αὐτῷ, Σὺ εἶπας.

1 C 11.23 Εγω γαρ παρελαβον απο του κυριου, ο και παρεδωκα υμιν, οτι ο κυριος Ιησους εν τη

M 26.26 'Εσθιόντων δὲ αὐτῶν λαβὼν ὁ 'Ιησοῦς ἄρτον
Mk 14.22 Καὶ ἐσθιόντων αὐτῶν λαβὼν ἄρτον
L 22.19 καὶ λαβὼν ἄρτον
1 C 11.23 νυκτὶ ᾗ παρεδίδετο ἔλαβεν ἄρτον
J 6.48,49 ἐγώ εἰμι ὁ ἄρτος τῆς ζωῆς. οἱ πατέρες ὑμῶν

J 6.49 εφαγον εν τη ερημω το μαννα και απεθανον·
J 6.50 ουτος εστιν ὁ ἄρτος ο εκ του ουρανου καταβαινων ινα τις
J 6.51 εξ αυτου φαγη και μη αποθανη. εγω ειμι ὁ ἄρτος ο ζων ο εκ του ουρανου καταβας· εαν
J 6.51 τις φαγη εκ τουτου τοῦ ἄρτου ζησει εις τον αιωνα·
J 6.51 και ὁ ἄρτος δε ον εγω δωσω

M 26.26 καὶ εὐλογήσας ἔκλασεν καὶ δοὺς τοῖς μαθηταῖς εἶπεν, Λάβετε φάγετε,
Mk 14.22 εὐλογήσας ἔκλασεν καὶ ἔδωκεν αὐτοῖς καὶ εἶπεν, Λάβετε,
L 22.19 εὐχαριστήσας ἔκλασεν καὶ ἔδωκεν αὐτοῖς λέγων,
1 C 11.24 |καὶ εὐχαριστήσας ἔκλασεν καὶ εἶπεν,

M 26.26 τοῦτό ἐστιν τὸ σῶμά μου.
Mk 14.22 τοῦτό ἐστιν τὸ σῶμά μου.
L 22.19 Τοῦτό ἐστιν τὸ σῶμά μου τὸ ὑπὲρ ὑμῶν διδόμενον· τοῦτο ποιεῖτε εἰς
1 C 11.24 Τοῦτό μού ἐστιν τὸ σῶμα τὸ ὑπὲρ ὑμῶν· τοῦτο ποιεῖτε εἰς
J 6.51 ἡ σάρξ μού ἐστιν ὑπὲρ τῆς τοῦ κόσμου ζωῆς.

J 6.52 Εμαχοντο ουν προς αλληλους οι Ιουδαιοι λεγοντες, Πως δυναται ουτος ημιν δουναι
J 6.53 τὴν σάρκα αυτου φαγειν; ειπεν ουν αυτοις ο Ιησους, Αμην αμην λεγω
J 6.53 υμιν, εαν μη φαγητε τὴν σάρκα του υιου του ανθρωπου

M 26.25
Ιουδας .. ραββι λεγει αυτω CGLΘΠ 1.28.1582
...δας .. ..ω ο Ιησους P45
Ιουδας .. ραββει λεγει αυτω ο Ιησους ℵ
Ιουδας .. ραββει λεγει αυτω ABEFKWY 565
ο Ιουδας .. ραββει λεγει αυτω D
Ιουδας .. ραββι λεγει αυτω ο Ιησους 13

M 26.26
εσθιοντων δε αυτων λαβων ο Ιησους αρτον και ευλογησας . δους . ειπεν λαβετε φαγετε ℵcBL
....λογησας . ...τε P45
εσθιοντων δε αυτων λαβων ο Ιησους αρτον και ευλογησας .εδιδου. ειπεν λαβετε φαγετε ℵ*
εσθιοντων δε αυτων λαβων ο Ιησους τον αρτον και ευχαριστησας.εδιδου.και ειπεν λαβετε φαγετε AFKYΠ 28.
εσθιοντων δε αυτων λαβων ο Ιησους αρτον και ευλογησας .εδιδου.και ειπεν λαβετε φαγετε CG |565
αυτων δε εσθιοντων ο Ιησους λαβων αρτον και ευλογησας . δους . ειπεν λαβετε φαγεται D
εσθιωντων δε αυτων ο Ιησους λαβων τον αρτον και ευχαριστισας.εδιδου.και ειπεν λαβετε φαγετε E
εσθιοντων δε αυτων ο Ιησους λαβων τον αρτον ευχαριστησας.εδιδου.και ειπεν λαβετε φαγετε W
αυτων δε εσθιοντων λαβων ο Ιησους αρτον και ευλογησσας . δους . ειπεν λαβετε φαγεται Θ
εσθιοντων δε αυτων λαβων ο Ιησους αρτον και ευχαριστησας. δους . ειπεν λαβετε φαγετε 1.1582
αυτων δε εσθιοντων λαβων ο Ιησους τον αρτον και ευχαριστησας. δους . ειπεν λαβετε φαγετε 13
Mk 14.22 λαβων .. ..εδωκεν.και ειπεν λαβετε BCDL 565
λαβων ο Ιησους.. ..εδωκεν.και ειπεν λαβετε ℵΠ
λαβων .. ..εδωκεν.και ειπεν λαβεται AΘ
λαβων .. ..εδιδου.και ειπεν λαβεται W
λαβων ο Ιησους.. ..εδωκεν.και ειπεν λαβετε φαγετε Y 28
λαβων ο Ιησους.. ..εδιδου.και ειπεν λαβετε 1.1582*
λαβων ο Ιησους.. ..εδιδου.και ειπεν λαβετε φαγετε 1582c
L 22.19 λεγων ℵBCDLWYΘ 1.
λεγων λαβετε A

M 26.26 - M 14.19; 15.36; Mk 6.41; 8.6; L 9.16; 1 C 10.16

M 26.27 καὶ λαβὼν ποτήριον καὶ εὐχαριστήσας
Mk 14.23 καὶ λαβὼν ποτήριον εὐχαριστήσας
L 22.17 καὶ δεξάμενος ποτήριον εὐχαριστήσας
L 22.20 τὴν ἐμὴν ἀνάμνησιν. καὶ τὸ ποτήριον ὡσαύτως μετὰ τὸ
1 C 11.25 τὴν ἐμὴν ἀνάμνησιν. ὡσαύτως καὶ τὸ ποτήριον μετὰ τὸ
J 6.53 καὶ πίητε αὐτοῦ τὸ αἷμα, οὐκ ἔχετε ζωὴν ἐν

M 26.27 ἔδωκεν αὐτοῖς λέγων, Πίετε ἐξ αὐτοῦ πάντες,
Mk 14.23 ἔδωκεν αὐτοῖς, καὶ ἔπιον ἐξ αὐτοῦ πάντες.
L 22.17 εἶπεν, Λάβετε τοῦτο καὶ διαμερίσατε εἰς ἑαυτούς·
L 22.20 δειπνῆσαι, λέγων,
1 C 11.25 δειπνῆσαι, λέγων,
J 6.54 ἑαυτοῖς. ὁ τρώγων μου τὴν σάρκα καὶ πίνων μου τὸ αἷμα ἔχει ζωὴν αἰώνιον,

J 6.55 καγω αναστησω αυτον τη εσχατη ημερα· η γαρ σαρξ μου αληθης εστιν βρωσις, και το αιμα
J 6.56 μου αληθης εστιν ποσις. ο τρωγων μου την σαρκα και πινων μου το αιμα εν εμοι μενει
J 6.57 καγω εν αυτω. καθως απεστειλεν με ο ζων πατηρ καγω ζω δια τον πατερα, και ο τρωγων με
J 6.58 κακεινος ζησει δι εμε. ουτος εστιν ο αρτος ο εξ ουρανου καταβας, ου καθως εφαγον οι
J 6.59 πατερες και απεθανον· ο τρωγων τουτον τον αρτον ζησει εις τον αιωνα. Ταυτα ειπεν εν
J 6.59 συναγωγη διδασκων εν Καφαρναουμ.

M 26.28 |τοῦτο γάρ ἐστιν τὸ αἷμά μου τῆς διαθήκης
Mk 14.24 καὶ εἶπεν αὐτοῖς, Τοῦτό ἐστιν τὸ αἷμά μου τῆς διαθήκης
L 22.20 Τοῦτο τὸ ποτήριον ἡ καινὴ διαθήκη ἐν τῷ
1 C 11.25 Τοῦτο τὸ ποτήριον ἡ καινὴ διαθήκη ἐστὶν ἐν τῷ

M 26.28 τὸ περὶ πολλῶν ἐκχυννόμενον εἰς ἄφεσιν ἁμαρτιῶν.
Mk 14.24 τὸ ἐκχυννόμενον ὑπὲρ πολλῶν·
L 22.20 αἵματί μου, τὸ ὑπὲρ ὑμῶν ἐκχυννόμενον.
1 C 11.25 ἐμῷ αἵματι· τοῦτο ποιεῖτε, ὁσάκις ἐὰν πίνητε, εἰς τὴν ἐμὴν ἀνάμνησιν.

L 22.15 και ειπεν προς αυτους, Επιθυμια επεθυμησα τουτο το πασχα φαγειν μεθ υμων προ του με
L 22.15 παθειν·

M 26.27 ποτηριον και ευχαριστησας .. λεγων πιετε .. αυτου παντες ℵBFGθ 13.28
το ποτηριον και ευχαριστησας .. λεγων πιετε .. αυτου παντες AEYΠ 565
το ποτηριον ευχαριστησας .. λεγων πιετε .. αυτου παντες C
το ποτηριον και ευχαριστη... .. λεγων πειεται .. αυτου D
το ποτηριον και ευχαριστησας .. λεγων πιετε .. αυτου παντες K
ποτηριον ευχαριστησας .. λεγων πιετε .. αυτου παντες L 1.1582
ποτηριον και ευχαριστησας .. λεγων πιεται .. αυτου παντες W
Mk 14.23 ποτηριον ℵBCDLYθ 1.1582
το ποτηριον AWΠ 28.565
L 22.17 ποτηριον ℵBCY 1.
το ποτηριον ADWθ

M 26.28 τουτο γαρ.. της διαθηκης το περι πολλων εκχυννομενον εις αφεσιν αμαρτιων ℵBL[c]θ[c]
τουτο γαρ..το της καινης διαθηκης το περι πολλων εκχυννομενον εις αφεσιν αμαρτιων AC*Π
τουτο ..το της καινης διαθηκης το περι πολλων εκχυννομενον εις αφεσιν αμαρτιων C[c] 1.1582*
τουτο γαρ.. της καινης διαθηκης το υπερ πολλων εκχυννομενον εις αφεσιν αμαρτιων D
τουτο γαρ..το της καινης διαθηκης το περι πολλων εκχυνομενον εις αφεσιν αμαρτιων EFGKW 13.28.
τουτο γαρ.. τις διαθηκης το περι πολλων εκχυννομενον εις αφεσιν αμαρτιων L* |565
τουτο γαρ..το της διαθηκης το περι πολλων εκχυνομενον εις αφεσιν αμαρτιων Y
τουτο γαρ.. της διαθηκης το περι πολον εκχυννομενον εις αφεσιν αμαρτιων θ*
τουτο ..το της διαθηκης το περι πολλων εκχυνομενον εις αφεσιν αμαρτιων 1582[c]
περι πολλων εκχεομενον εις αφεσιν αμαρτιων ClemAl (Pd II 32.2)
Mk 14.24 της διαθηκης το εκχυννομενον υπερ πολλων ℵBCL
το της καινης διαθηκης το περι πολλων εκχυννομενον AΠ
το της διαθηκης το υπερ πολλων εκχυννομενον D
το της διαθηκης το υπερ πολλων εκχυννομενον εις αφεσιν αμαρτιων W
το της καινης διαθηκης το περι πολλων εκχυνομενον Y 1.28.1582
της διαθηκης το υπερ πολλων εκχυνομενον 565
L 22.20 εκχυννομενον ℵABL
εκχυνομενον Yθ 1.

M 26.28 - Ex 24.8; Is 53.12; Jr 31.31; Zch 9.11; He 7.22; 9.20

M 26.29 λέγω δὲ ὑμῖν, οὐ μὴ πίω ἀπ᾽ ἄρτι ἐκ τούτου τοῦ
Mk 14.25 ἀμὴν λέγω ὑμῖν ὅτι οὐκέτι οὐ μὴ πίω ἐκ τοῦ
L 22.16 λέγω γὰρ ὑμῖν ὅτι οὐ μὴ φάγω αὐτὸ
L 22.18 λέγω γὰρ ὑμῖν ὅτι οὐ μὴ πίω ἀπὸ τοῦ νῦν ἀπὸ τοῦ
1 C 11.26 ὁσάκις γὰρ ἐὰν ἐσθίητε τὸν ἄρτον τοῦτον καὶ τὸ ποτήριον πίνητε, τὸν

M 26.29 γενήματος τῆς ἀμπέλου ἕως τῆς ἡμέρας ἐκείνης ὅταν αὐτὸ πίνω μεθ᾽ ὑμῶν
Mk 14.25 γενήματος τῆς ἀμπέλου ἕως τῆς ἡμέρας ἐκείνης ὅταν αὐτὸ πίνω
L 22.16 ἕως ὅτου πληρωθῇ
L 22.18 γενήματος τῆς ἀμπέλου ἕως οὗ
1 C 11.27 θάνατον τοῦ κυρίου καταγγέλλετε, ἄχρις οὗ ἔλθῃ. Ὥστε ὃς ἂν ἐσθίῃ τὸν

M 26.29 καινὸν ἐν τῇ βασιλείᾳ τοῦ πατρός μου.
Mk 14.25 καινὸν ἐν τῇ βασιλείᾳ τοῦ θεοῦ.
L 22.16 ἐν τῇ βασιλείᾳ τοῦ θεοῦ.
L 22.18 ἡ βασιλεία τοῦ θεοῦ ἔλθῃ.
1 C 11.27 ἄρτον ἢ πίνῃ τὸ ποτήριον τοῦ κυρίου ἀναξίως, ἔνοχος ἔσται τοῦ σώματος

1 C 11.28 και του αιματος του κυριου. δοκιμαζετω δε ανθρωπος εαυτον, και ουτως εκ του αρτου
1 C 11.29 εσθιετω και εκ του ποτηριου πινετω˙ ο γαρ εσθιων και πινων κριμα εαυτω εσθιει και
1 C 11.30 πινει μη διακρινων το σωμα. δια τουτο εν υμιν πολλοι ασθενεις και αρρωστοι και
1 C 11.31,32 κοιμωνται ικανοι. ει δε εαυτους διεκρινομεν, ουκ αν εκρινομεθα˙ κρινομενοι δε υπο
1 C 11.33 του κυριου παιδευομεθα, ινα μη συν τω κοσμω κατακριθωμεν. ωστε, αδελφοι μου, συν-
1 C 11.34 ερχομενοι εις το φαγειν αλληλους εκδεχεσθε. ει τις πεινα, εν οικω εσθιετω, ινα μη
1 C 11.34 εις κριμα συνερχησθε. Τα δε λοιπα ως αν ελθω διαταξομαι.

65. THE PASSOVER MEAL

Matthew 26.26
(Showing the parallels to the Feeding Pericopes)

1 C 11.23 Εγω γαρ παρελαβον απο του κυριου, ο και παρεδωκα υμιν, οτι ο κυριος Ιησους εν

M 26.26 Ἐσθιόντων δὲ αὐτῶν λαβὼν ὁ Ἰησοῦς ἄρτον
Mk 14.22 Καὶ ἐσθιόντων αὐτῶν λαβὼν ἄρτον
L 22.19 καὶ λαβὼν ἄρτον
1 C 11.23 τῇ νυκτὶ ᾗ παρεδίδετο ἔλαβεν ἄρτον
M 14.19b λαβὼν τοὺς πέντε ἄρτους καὶ τοὺς δύο ἰχθύας,
M 15.36 ἔλαβεν τοὺς ἑπτὰ ἄρτους καὶ τοὺς ἰχθύας
Mk 6.41 καὶ λαβὼν τοὺς πέντε ἄρτους καὶ τοὺς δύο ἰχθύας
Mk 8. 6b καὶ λαβὼν τοὺς ἑπτὰ ἄρτους
L 9.16 λαβὼν δὲ τοὺς πέντε ἄρτους καὶ τοὺς δύο ἰχθύας
J 6.11 ἔλαβεν οὖν τοὺς ἄρτους ὁ Ἰησοῦς

M 26.26 καὶ εὐλογήσας ἔκλασεν
Mk 14.22 εὐλογήσας ἔκλασεν
L 22.19 εὐχαριστήσας ἔκλασεν
1 C 11.24 καὶ εὐχαριστήσας ἔκλασεν
M 14.19b ἀναβλέψας εἰς τὸν οὐρανὸν εὐλόγησεν καὶ κλάσας
M 15.36 καὶ εὐχαριστήσας ἔκλασεν
Mk 6.41 ἀναβλέψας εἰς τὸν οὐρανὸν εὐλόγησεν καὶ κατέκλασεν τοὺς ἄρτους
Mk 8. 6b εὐχαριστήσας ἔκλασεν
L 9.16 ἀναβλέψας εἰς τὸν οὐρανὸν εὐλόγησεν αὐτοὺς καὶ κατέκλασεν
J 6.11 καὶ εὐχαριστήσας

M 26.29 ου μη .. του γενηματος .. αυτο πινω μεθ υμων καινον ℵ[c]B
ου μη .. γενηματος .. αυτο πινω μεθ υμων καινον ℵ*
οτι ου μη .. του γενηματος .. αυτο πινω μεθ υμων καινον AEFYΠ
οτι ου μη .. γενηματος .. αυτο πινω καινον μεθ υμων C
ου μη .. του γενηματος .. αυτο πιω μεθ υμων καινον DΘ
οτι ου μη .. του γεννηματος .. αυτο πινω μεθ υμων καινον GKW
οτι ου μη .. γενηματος .. αυτω πινω καινον μεθ υμων L
ου μη .. του γενηματος .. αυτο πινω καινον μεθ υμων 1.1582*
ου μη .. του γενηματος .. αυτω πινω μεθ υμων καινον 13
οτι ου μη .. του γεννηματος .. αυτο πινω καινον μεθ υμων 28
οτι ου μη .. του γενηματος .. αυτω πιω μεθ υμων καινον 565
ου μη .. του γεννηματος .. αυτο πινω καινον μεθ υμων 1582[c]
ου μη .. του γενηματος .. πιω αυτο μεθ υμων ClemAl (Pd II 32.3)

M 26.29 - Ac 10.41

M 26.26	καὶ δοὺς τοῖς μαθηταῖς εἶπεν, Λάβετε φάγετε, τοῦτό ἐστιν τὸ σῶμά
Mk 14.22	καὶ ἔδωκεν αὐτοῖς καὶ εἶπεν, Λάβετε, τοῦτό ἐστιν τὸ σῶμά
L 22.19	καὶ ἔδωκεν αὐτοῖς λέγων, Τοῦτό ἐστιν τὸ σῶμά
1 C 11.24	καὶ εἶπεν, Τοῦτό μού ἐστιν τὸ σῶμα
M 14.19b	ἔδωκεν τοῖς μαθηταῖς τοὺς ἄρτους οἱ δὲ μαθηταὶ
M 15.36	καὶ ἐδίδου τοῖς μαθηταῖς, οἱ δὲ μαθηταὶ
Mk 6.41	καὶ ἐδίδου τοῖς μαθηταῖς αὐτοῦ ἵνα παρατιθῶσιν
Mk 8. 6	καὶ ἐδίδου τοῖς μαθηταῖς αὐτοῦ ἵνα παρατιθῶσιν καὶ παρέθηκαν
L 9.16	καὶ ἐδίδου τοῖς μαθηταῖς παραθεῖναι
J 6.11	διέδωκεν

M 26.26	μου.
Mk 14.22	μου.
L 22.19	μου τὸ ὑπὲρ ὑμῶν διδόμενον· τοῦτο ποιεῖτε εἰς τὴν ἐμὴν ἀνάμνησιν.
1 C 11.24	τὸ ὑπὲρ ὑμῶν· τοῦτο ποιεῖτε εἰς τὴν ἐμὴν ἀνάμνησιν.
M 14.19b	τοῖς ὄχλοις.
M 15.36	τοῖς ὄχλοις.
Mk 6.41	αὐτοῖς, καὶ τοὺς δύο ἰχθύας ἐμέρισεν πᾶσιν.
Mk 8. 6	τῷ ὄχλῳ.
L 9.16	τῷ ὄχλῳ.
J 6.11	τοῖς ἀνακειμένοις, ὁμοίως καὶ ἐκ τῶν ὀψαρίων ὅσον ἤθελον.

66. PETER'S DENIAL FORETOLD

Matthew 26.30-35

M 26.30	Καὶ ὑμνήσαντες ἐξῆλθον εἰς τὸ Ὄρος
Mk 14.26	Καὶ ὑμνήσαντες ἐξῆλθον εἰς τὸ Ὄρος
L 22.39	Καὶ ἐξελθὼν ἐπορεύθη κατὰ τὸ ἔθος εἰς τὸ Ὄρος
J 18. 1	Ταῦτα εἰπὼν Ἰησοῦς ἐξῆλθεν σὺν τοῖς μαθηταῖς αὐτοῦ πέραν τοῦ χειμάρρου

M 26.31	τῶν Ἐλαιῶν. Τότε λέγει αὐτοῖς ὁ Ἰησοῦς, Πάντες ὑμεῖς σκανδαλισθήσεσθε
Mk 14.27	τῶν Ἐλαιῶν. Καὶ λέγει αὐτοῖς ὁ Ἰησοῦς ὅτι Πάντες σκανδαλισθήσεσθε,
L 22.31	Σίμων Σίμων, ἰδοὺ ὁ Σατανᾶς
L 22.39	τῶν Ἐλαιῶν· ἠκολούθησαν δὲ αὐτῷ καὶ οἱ μαθηταί.
J 18. 1	τοῦ Κεδρὼν ὅπου ἦν κῆπος, εἰς ὃν εἰσῆλθεν αὐτὸς καὶ οἱ μαθηταὶ αὐτοῦ.

M 26.31	ἐν ἐμοὶ ἐν τῇ νυκτὶ ταύτῃ, γέγραπται γάρ,
Mk 14.27	ὅτι γέγραπται,
L 22.32	ἐξῃτήσατο ὑμᾶς τοῦ σινιάσαι ὡς τὸν σῖτον· ἐγὼ δὲ

M 26.31	Πατάξω τὸν ποιμένα,
Mk 14.27	Πατάξω τὸν ποιμένα,
L 22.32	ἐδεήθην περὶ σοῦ ἵνα μὴ ἐκλίπῃ ἡ πίστις σου·
J 16.32	ἰδοὺ ἔρχεται ὥρα καὶ ἐλήλυθεν

M 26.31	τοτε	λεγει..	παντες	υμεις	σκανδαλισθησεσθε	εν εμοι	εν τη	νυκτι	ταυτη	ℵABCEFGKYΠ 1.28.565.
	τοτε	λεγει..	παντες	υμεις	σκανδαλισθησεσθαι	εν εμοι	εν τη	νυκτι	ταυτη	DW 13 |1582
	τοτε	λεγει..	παντες	υμεις	σκανδαλισθησεσθαι	εν μοι	εν τη	νυκτι	ταυτη	L
	τοτε	λεγει..	παντες	υμεις	σκανδαλισθησεσθαι	εν εμμοι	εν τη	νυκτι	ταυτη	Θ
Mk 14.27	και	λεγει..οτι	παντες		σκανδαλισθησεσθε					ℵBC
	και	λεγει..οτι	παντες		σκανδαλισθησεσθε	εν εμοι	εν τη	νυκτι	ταυτη	AΠ 1.1582
	τοτε	λεγει..οτι	παντες	υμεις	σκανδαλισασθαι					D
	και	λεγει..οτι	παντες		σκανδαλισθησεσθαι					L
	και	λεγει..οτι	παντες		σκανδαλισθησεσθαι	εν εμοι	εν τη	νυκτι	ταυτη	W
	και	λεγει..οτι	παντες		σκανδαλισθησεσθε	εν εμοι	εν τη	νυνυκτι	ταυτη	Y
	και	λεγει..	παντες		σκανδαλισθησεσθαι	εν εμοι	εν τη	νυκτι	ταυτη	Θ
	και	λεγει..οτι	παντες		σκανδαλισθησεσθε	εν εμοι				28
	και	λεγει..	παντες		σκανδαλισθησεσθε	εν εμοι	εν τη	νυκτι	ταυτη	565

M 26.30 - Ps 113-118 | M 26.31 - M 11.6

M 26.31 καὶ διασκορπισθήσονται τὰ πρόβατα τῆς ποίμνης·
Mk 14.27 καὶ τὰ πρόβατα διασκορπισθήσονται·
L 22.32 καὶ σύ ποτε ἐπιστρέψας στήρισον τοὺς ἀδελφούς σου.
J 16.32 ἵνα σκορπισθῆτε ἕκαστος εἰς τὰ ἴδια κἀμὲ μόνον ἀφῆτε·

J 16.32 και ουκ ειμι μονος, οτι ο πατηρ μετ εμου εστιν.

M 26.32,33 μετὰ δὲ τὸ ἐγερθῆναί με προάξω ὑμᾶς εἰς τὴν Γαλιλαίαν. ἀποκριθεὶς
Mk 14.28 ἀλλὰ μετὰ τὸ ἐγερθῆναί με προάξω ὑμᾶς εἰς τὴν Γαλιλαίαν.

M 26.33 δὲ ὁ Πέτρος εἶπεν αὐτῷ, Εἰ πάντες σκανδαλισθήσονται ἐν σοί, ἐγὼ
Mk 14.29 ὁ δὲ Πέτρος ἔφη αὐτῷ, Εἰ καὶ πάντες σκανδαλισθήσονται, ἀλλ' οὐκ ἐγώ.
L 22.33 ὁ δὲ εἶπεν αὐτῷ, Κύριε, μετὰ σοῦ ἕτοιμός εἰμι καὶ εἰς
J 13.37 λέγει αὐτῷ ὁ Πέτρος, Κύριε, διὰ τί οὐ δύναμαί σοι ἀκολουθῆσαι

M 26.34 οὐδέποτε σκανδαλισθήσομαι. ἔφη αὐτῷ ὁ Ἰησοῦς,
Mk 14.30 καὶ λέγει αὐτῷ ὁ Ἰησοῦς,
L 22.34 φυλακὴν καὶ εἰς θάνατον πορεύεσθαι. ὁ δὲ εἶπεν,
J 13.38 ἄρτι; τὴν ψυχήν μου ὑπὲρ σοῦ θήσω. ἀποκρίνεται Ἰησοῦς, Τὴν ψυχήν

M 26.34 Ἀμὴν λέγω σοι ὅτι ἐν
Mk 14.30 Ἀμὴν λέγω σοι ὅτι σὺ σήμερον
L 22.34 Λέγω σοι, Πέτρε, οὐ φωνήσει σήμερον
J 13.38 σου ὑπὲρ ἐμοῦ θήσεις; ἀμὴν ἀμὴν λέγω σοι, οὐ μὴ

M 26.34 ταύτῃ τῇ νυκτὶ πρὶν ἀλέκτορα φωνῆσαι τρὶς ἀπαρνήσῃ με.
Mk 14.31 ταύτῃ τῇ νυκτὶ πρὶν ἢ δὶς ἀλέκτορα φωνῆσαι τρίς με ἀπαρνήσῃ. ὁ δὲ
L 22.34 ἀλέκτωρ ἕως τρίς με ἀπαρνήσῃ εἰδέναι.
J 13.38 ἀλέκτωρ φωνήσῃ ἕως οὗ ἀρνήσῃ με τρίς.

M 26.31 διασκορπισθησονται τα προβατα της ποιμνης ℵABCGL 13
διασκορπισθησεται τα προβατα της ποιμνης DEFKWYΠ 1.28.565.1582
διασκορπισθησεται τα προβατα τοις ποιμνης Θ
Mk 14.27 τα προβατα διασκορπισθησονται ℵBCDLΘ 565
διασκορπισθησονται τα προβατα A 1582
τα προβατα διασκορπισθησεται W
διασκορπισθησεται τα προβατα της ποιμνης YΠ
διασκορπισθησωνται τα προβατα 1.
διασκορπισθησεται τα προβατα 28
M 26.32 προαξω .. Γαλιλαιαν ℵACDEFGKLWYΘΠ 1.13.28.1582 ClemAl (Exc 61.5)
προαξω .. Γαλειλαιαν B
προσαξω .. Γαλιλαιαν κακει με οψεσθε 565
M 26.33
ει παντες σκανδαλισθησονται εν σοι εγω ουδεποτε σκανδαλισθησομαι ABC*DLΘ 1.28.1582
παντες σκανδαλισθησονται εν σοι εγω ουδεποτε σκανδαλισθησομαι ℵ*
ει και παντες σκανδαλισθησονται εν σοι εγω ουδεποτε σκανδαλισθησομαι ℵ^{c}WΠ
ει παντες σκανδαλισθησονται εν σοι εγω δε ουδεποτε σκανδαλισθησομαι C^{c}EG 565
ει και παντες σκανδαλισθησονται εν σοι εγω δε ουδεποτε σκανδαλισθησομαι εν σοι F
ει κε παντες σκανδαλισθησονται εν σοι εγω δε ουδεποτε σκανδαλισθησομαι K
ει και παντες σκανδαλισθησονται εν σοι εγω δε ουδεποτε σκανδαλισθησομαι Y
Mk 14.29 σκανδαλισθησονται .. εγω ℵABCLWYΠ 28
σκανδαλισθωσιν .. εγω ου σκανδαλισθησομαι D
σκανδαλισθησονται εν σοι .. εγω 1.1582
M 26.34 οτι εν ταυτη τη νυκτι .. αλεκτορα φωνησαι τρις απαρνηση με EKWYΠ
οτι εν ταυτη τη νυκτι .. αλεκτορα φωνησαι τρις με απαρνηση ℵ
οτι εν ταυτη τη νυκτι .. αλεκτορα φωνησαι απαρνηση με τρεις A
οτι εν ταυτη τη νυκτι .. αλεκτορα φωνησαι τρις απαρνησει με B 28.565
οτι εν ταυτη τη νυκτι .. αλεκτορα φωνησαι τρεις απαρνησει με C
οτι ταυτη τη νυκτ. .. αλεκτορα φωνησαι τρις απαρνηση με D
οτι εν ταυτη τη νυκτι .. αλεκτορα φωνησαι τρεις απαρηση με FG
οτι εν ταυτη τη νυκτι ..η αλεκτοροφωνιας τρης απαρνηση με L
οτι εν ταυτη τη νυκτι .. αλεκτορα φωνησε τρις απαρνησει με Θ
οτι εν ταυτη τη νυκτι .. αλεκτοροφωνιας τρις απαρνηση με 1.1582
Mk 14.30 οτι συ σημερον ταυτη τη νυκτι ..η δις αλεκτορα φωνησαι τρις με απαρνηση B
οτι σημερον ταυτη τη νυκτι .. αλεκτορα φωνησαι τρις με απαρνησει ℵ
οτι συ σημερον εν τη νυκτι ταυτη ..η δις αλεκτορα φωνησαι τρις απαρνηση με AYΠ 28
οτι σημερον ταυτη τη νυκτι ..η αλεκτορα φωνησαι τρις με απαρνηση C*
οτι ταυτη τη νυκτει.. αλεκτορα φωνησαι τρις με απαρνηση D
οτι συ σημερον τη νυκτι ταυτη ..η δις αλεκτορα φωνησαι τρις απαρνηση με 1.1582
οτι συ ταυτη τη νυκτι .. αλεκτορα δις φωνησαι τρις απαρνηση με 565

M 26.31 - Zch 13.7; M 9.36 | M 26.34 - M 26.69-75; Mk 14.66-72; L 22.56-62; J 18.25-27

M 26.35 λέγει αὐτῷ ὁ Πέτρος, Κἂν δέῃ με σὺν σοὶ ἀποθανεῖν, οὐ μή σε
Mk 14.31 ἐκπερισσῶς ἐλάλει, Ἐὰν δέῃ με συναποθανεῖν σοι, οὐ μή σε

M 26.35 ἀπαρνήσομαι. ὁμοίως καὶ πάντες οἱ μαθηταὶ εἶπαν.
Mk 14.31 ἀπαρνήσομαι. ὡσαύτως δὲ καὶ πάντες ἔλεγον.

67. GETHSEMANE

Matthew 26.36-46

L 22.39 Και εξελθων επορευθη κατα το εθος εις το Ορος των Ελαιων· ηκολουθησαν δε αυτω και
L 22.39 οι μαθηται.

M 26.36 Τότε ἔρχεται μετ' αὐτῶν ὁ Ἰησοῦς εἰς
Mk 14.32 Καὶ ἔρχονται εἰς
L 22.40a γενόμενος δὲ ἐπὶ τοῦ
J 18. 1 Ταῦτα εἰπὼν Ἰησοῦς ἐξῆλθεν σὺν τοῖς μαθηταῖς αὐτοῦ πέραν τοῦ

M 26.36 χωρίον λεγόμενον Γεθσημανί, καὶ λέγει
Mk 14.32 χωρίον οὗ τὸ ὄνομα Γεθσημανί, καὶ λέγει
L 22.40a τόπου
J 18. 1 χειμάρρου τοῦ Κεδρὼν ὅπου ἦν κῆπος, εἰς ὃν εἰσῆλθεν αὐτὸς καὶ

M 26.35 ο Πετρος .. δεη με συν σοι αποθανειν .. απαρνησομαι ομοιως και .. ειπαν
ο Πετρος .. δεη με συν σοι αποθανειν .. απαρνησομαι ομοιως και .. ειπον ℵBCL
ο Πετρος .. δεη με συν σοι αποθανειν .. απαρνησωμαι ομοιως δε και .. ειπον AEGKWYΠ 1582
Πετρος .. δεη με συν σοι αποθανειν .. απαρνησομαι ομοιως και .. ειπον D
ο Πετρος .. δεη με συν σοι αποθανειν .. απαρνησομαι ομοιως δε και .. ειπον F 1.565
ο Πετρος .. δεη με συν σοι αποθανειν .. απαρνησομαι ομοιως δε και .. ειπαν Θ
ο Πετρος .. δεει με συν σοι αποθανειν .. απαρνησομαι ομοιως δε και .. ειπον 28
Mk 14.31 συναποθανειν σοι .. απαρνησομαι ωσαυτως δε και ℵACWΘΠ 28
συναποθανειν σοι .. απαρνησομαι ωσαυτως και B
συναποθανειν σοι .. απαρνησομαι ωσαυτως δε D
συν σοι αποθανειν .. απαρνησομαι ωσαυτως δε και L 565
συναποθανειν σοι .. απαρνησωμαι ωσαυτως δε και Y
συν σοι αποθανειν .. απαρνησομαι ωσαυτως και 1.
συν σοι αποθανειν .. απαρνησωμαι ωσαυτως και 1582

M 26.36 ερχεται μετ αυτων ο Ιησους .. Γεθσημανι ℵΠ
ερχεται μετ αυτων ο Ιησους .. Γεθσημανει ABCF 1.1582*
ερχεται ο Ιησους μετ αυτων .. Γεθσαμανει D
ερχεται μετ αυτων ο Ιησους .. Γεσσημανει EGY
ερχεται μετ αυτων ο Ιησους .. Γεθσσμανει K
ερχετε μετ αυτων ο Ιησους .. Γεθσημανι L
ερχεται ο Ιησους μετ αυτων .. Γεδσημανι W
ερχετε ο Ιησους μετ αυτων .. Γηθσημανι Θ
ερχεται μετ αυτων ο Ιησους .. Γετσημανει 28.1582[c]
ερχετε μετ αυτων ο Ιησους .. Γετσημανει 565
Mk 14.32 ερχονται.. .. Γεθσημανι Π
ερχονται.. .. Γεθσημανει ℵAB[c]CL
ερχονται.. .. Γετσημανει B*
ερχονται.. .. Γησαμανει D
εξερχονται.. .. Γεσσημανιν W
ερχονται.. .. Γεσσημανει Y
ερχεται .. .. Γεθσημανη Θ
ερχεται .. .. Γηθσεμανει 1.565
ερχονται.. .. Γεθσιμανη 28
ερχονται.. .. Γηθσεμανει 1582*
ερχονται.. .. Γηθσεμανη 1582[c]

M 26.35 - J 11.16

M 26.36 τοῖς μαθηταῖς, Καθίσατε αὐτοῦ ἕως οὗ ἀπελθὼν ἐκεῖ προσεύξωμαι.
Mk 14.32 τοῖς μαθηταῖς αὐτοῦ, Καθίσατε ὧδε ἕως προσεύξωμαι.
J 18. 1 οἱ μαθηταὶ αὐτοῦ.

M 26.37 καὶ παραλαβὼν τὸν Πέτρον καὶ τοὺς δύο υἱοὺς Ζεβεδαίου
Mk 14.33 καὶ παραλαμβάνει τὸν Πέτρον καὶ τὸν Ἰάκωβον καὶ τὸν Ἰωάννην μετ᾽ αὐτοῦ,

M 26.38 ἤρξατο λυπεῖσθαι καὶ ἀδημονεῖν. τότε λέγει αὐτοῖς, Περίλυπός
Mk 14.34 καὶ ἤρξατο ἐκθαμβεῖσθαι καὶ ἀδημονεῖν, |καὶ λέγει αὐτοῖς, Περίλυπός

M 26.39 ἐστιν ἡ ψυχή μου ἕως θανάτου· μείνατε ὧδε καὶ γρηγορεῖτε μετ᾽ ἐμοῦ. καὶ
Mk 14.35 ἐστιν ἡ ψυχή μου ἕως θανάτου· μείνατε ὧδε καὶ γρηγορεῖτε. καὶ
L 22.41 καὶ
J 12.27 Νῦν ἡ ψυχή μου τετάρακται.

M 26.39 προελθὼν μικρὸν ἔπεσεν ἐπὶ πρόσωπον αὐτοῦ
Mk 14.35 προελθὼν μικρὸν ἔπιπτεν ἐπὶ τῆς γῆς, καὶ
L 22.41 αὐτὸς ἀπεσπάσθη ἀπ᾽ αὐτῶν ὡσεὶ λίθου βολήν, καὶ θεὶς τὰ γόνατα

M 26.36 τοις μαθηταις καθισατε αυτου εως ου απελθων εκει προσευξωμαι B
τοις μαθηταις αυτου καθισατε εως απελθων εκει προσευξωμαι ℵ
τοις μαθηταις αυτου καθισατε αυτου εως ου αν απελθων προσευξωμαι εκει A
τοις μαθηταις αυτου καθισατε εως ου απελθων προσευξωμαι εκει C
τοις μαθηταις αυτου καθισατε αυτου εως αν απελθων εκει προσευξομαι D
τοις μαθηταις καθησατε αυτου εως ου απελθων προσευξωμαι εκει E*
τοις μαθηταις καθισατε αυτου εως ου απελθων προσευξωμαι εκει E^c GY
τοις μαθηταις καθισατε αυτου εως ου απελθων προσευξομαι εκει F
τοις μαθηταις καθισατε αυτου εως αν απελθων προσευξωμαι εκει KΠ
τοις μαθηταις καθησατε αυτου εως αν απελθων εκει προσευξωμαι L
τοις μαθηταις αυτου καθεισατε αυτου εως αν απελθων προσευξωμαι εκει W
αυτοις καθισατε αυτου εως αν απελθων εκει προσευξομαι Θ
τοις μαθηταις αυτου καθισατε αυτου εως αν απελθων προσευξωμαι εκει 1.1582
τοις μαθηταις καθισατε αυτου εως απελθων προσευξομαι εκει 28
τοις μαθηταις καθισατε αυτου εως αν απελθων προσευξομαι 565
Mk 14.32 τοις μαθηταις αυτου καθισατε ωδε εως προσευξωμαι ℵB^c CWY^c Π 565
τοις μαθηταις καθισατε ωδε εως προσευξωμαι A
τοις μαθηταις αυτου καθισατε εως προσευξωμαι B*
αυτοις καθισατε ωδε εως προσευξομαι D
τοις μαθηταις αυτου καθισαται ωδε εως προσευξωμαι L
τοις μαθηταις αυτου καθισατε ωδε εως προσευξομαι Y*Θ
τοις μαθηταις αυτου καθισατε αυτου εως προσευξωμαι 1.
τοις μαθηταις αυτου καθησατε ωδε εως αν απελθων προσευξωμαι εκει 28
τοις μαθηταις αυτου καθισατε αυτου εως προσευξομαι 1582
M 26.37 Ζεβεδαιου ηρξατο λυπεισθαι ℵABCDEFGKYΠ 1.565.1582
Ζεβεδεου ηρξατο λυπεισθαι L
Ζεβαιδεου ηρξατο λυπεισθαι W
Ζεβεδαιου ηρξαντο λυπεισθαι Θ
Ζεβεδαιου ηρξατο λυπεισθε 28
Mk 14.33 ηρξατο εκθαμβεισθαι ℵBCDYΠ 28.565
ηρξαντο εκθαμβεισθαι L
ηρξατο λυπεισθαι 1.1582
M 26.38 τοτε λεγει αυτοις .. γρηγορειτε μετ εμου ℵABC*DLWΘ 1.28.1582
τοτε λεγει αυτοις ο Ιησους .. γρηγορειτε μετ εμου C^2 EFGKYΠ 565
Mk 14.34 και λεγει αυτοις .. γρηγορειτε ℵBCDYΠ 28.565
τοτε λεγει αυτοις .. γρηγορειτε DΘ 565
και λεγει αυτοις .. γρηγορειτε μετ εμου 1.28.1582
M 26.39 προελθων .. επεσεν επι προσωπον αυτου BEFGKLWYΠ 1582^c
προσελθων .. επεσεν επι προσωπον αυτου ℵAΘ 1.28.565.1582*
προσελθων .. επεσεν επεσεν επι προσωπον αυτου C
προσελθων .. επεσεν επει προσωπον αυτου D
Mk 14.35 προελθων .. επιπτεν επι της γης ℵB
προσελθων .. επεσεν επι της γης AC
προελθων .. επεσεν επι προσωπον επι της γης D 1582
προσελθων .. επιπτεν επι της γης L
προελθων .. επεσεν επι την γην W
προελθων .. επεσεν επι της γης YΠ
προσελθον .. επεσεν επι προσωπον επι την γην Θ
προσελθων .. επεσεν επι προσωπον επι της γης 1.
προσελθων .. επεσεν επι προσωπον αυτου 28
προσελθων .. επεσεν επι προσωπον επι την γην 565

M 26.37 - M 17.1; Mk 5.37; L 8.51; 9.28 | M 26.38 - Ps 42.5, 11; 43.5; Jon 4.9; He 2.14; 5.7f; M 4.21; L 12.50

67. GETHSEMANE Matthew 26.36-46

M 26.39	προσευχόμενος καὶ λέγων,
Mk 14.36	προσηύχετο ἵνα εἰ δυνατόν ἐστιν παρέλθῃ ἀπ' αὐτοῦ ἡ ὥρα, |καὶ ἔλεγεν,
L 22.42	προσηύχετο |λέγων,
J 12.27	καὶ τί εἴπω;

M 26.39	Πάτερ μου, εἰ δυνατόν ἐστιν, παρελθάτω ἀπ' ἐμοῦ τὸ ποτήριον
Mk 14.36	Αββα ὁ πατήρ, πάντα δυνατά σοι· παρένεγκε τὸ ποτήριον
L 22.42	Πάτερ, εἰ βούλει παρένεγκε τοῦτο τὸ ποτήριον
J 6.38	ὅτι καταβέβηκα
J 12.27	Πάτερ, σῶσόν με ἐκ τῆς ὥρας

M 26.39	τοῦτο· πλὴν οὐχ ὡς ἐγὼ θέλω ἀλλ' ὡς σύ.
Mk 14.36	τοῦτο ἀπ' ἐμοῦ· ἀλλ' οὐ τί ἐγὼ θέλω ἀλλὰ τί σύ.
L 22.42	ἀπ' ἐμοῦ· πλὴν μὴ τὸ θέλημά μου ἀλλὰ τὸ σὸν γινέσθω.
J 6.38	ἀπὸ τοῦ οὐρανοῦ οὐχ ἵνα ποιῶ τὸ θέλημα τὸ ἐμὸν ἀλλὰ τὸ θέλημα τοῦ
J 12.27	ταύτης; ἀλλὰ διὰ τοῦτο ἦλθον

M 26.40	καὶ ἔρχεται πρὸς τοὺς μαθητὰς καὶ εὑρίσκει
Mk 14.37	καὶ ἔρχεται καὶ εὑρίσκει
L 22.45	καὶ ἀναστὰς ἀπὸ τῆς προσευχῆς ἐλθὼν πρὸς τοὺς μαθητὰς εὗρεν
J 6.38	πέμψαντός με·
J 12.27	εἰς τὴν ὥραν ταύτην.

M 26.40	αὐτοὺς καθεύδοντας, καὶ λέγει τῷ Πέτρῳ,
Mk 14.37	αὐτοὺς καθεύδοντας, καὶ λέγει τῷ Πέτρῳ, Σίμων, καθεύδεις;
L 22.40b	κοιμωμένους αὐτοὺς ἀπὸ τῆς λύπης, |εἶπεν αὐτοῖς,

M 26.40	Οὕτως οὐκ ἰσχύσατε μίαν ὥραν γρηγορῆσαι μετ' ἐμοῦ;
Mk 14.37	οὐκ ἴσχυσας μίαν ὥραν γρηγορῆσαι;

M 26.39	πατερ μου..	εστιν παρελθατω απ εμου το ποτηριον τουτο πλην	ℵACDEFGΘ 28
	πατερ μου..	εστιν παρελθετω απ εμου το ποτηριον τουτο πλην	BKWYΠ 565
	πατηρ ..	εστιν παρελθατω απ εμου το ποτηριον τουτο πλην	L
	πατηρ ..	εστιν παρελθετω απ εμου το ποτηριον τουτο πλην	1.
	πατηρ ..	εστιν παρελθετω απ εμου το ποτηριον τουτο πλην ου	1582
Mk 14.36	σοι ..	..το ποτηριον τουτο απ εμου	ℵABLΘ 565
	σοι εστιν..	..το ποτηριον τουτο απ εμου	W
	σοι ..	..απ εμου το ποτηριον τουτο	YΠ

M 26.39	συ	ℵABC*DEFGKLWYΘΠ 1.
	σοι	28 |565.1582
	συ ωφθι δε αυτω αγελος απ ουρανου ενυσχυον αυτου και γενομενος εν αγωνια εκτενεστερον προσηυχετο εγενετο δε ο ιδρος αυτου ωση θρομβε εματως καταβενοντες επη τιν γιν	C[mg]

M 26.40

και	ερχεται..μαθητας	..αυτους καθευδοντας	ℵABC*EFGKYΠ 1.28.565.1582
και αναστας απο της προσευχεις και	ερχεται..μαθητας	..αυτους καθευδοντας	C[mg]
και	ερχεται..μαθητας αυτου	..αυτους καθευδοντας	D
και	ερχετε ..μαθητας	..καθευδοντας αυτους	L
και	ερχετε ..μαθητας	..αυτους καθευδοντας	WΘ

M 26.40	τω Πετρω ουτως ουκ ισχυσατε	ℵBCEGW 28.565.1582[c]
	τω Πετρω ουτως ουκ ισχυσας	A
	τω Πετρω ουτως ουκ εισχυσαται	D
	αυτοις ουτως ουκ ισχυσατε	FKYΠ
	τω Πετρω ουτως ουκ ισχυσαται	L
	το Πετρω ουτως ουκ ισχυσατε	Θ
	τω Πετρω ουκ ισχυσατε	1.1582*
Mk 14.37	ισχυσας	ℵABCLWYΠ 28
	ισχυσατε	D 1.565.1582
	εισχυσατε	Θ

M 26.39 - He 5.7f; L 17.16; M 20.22; Is 51.17, 22; J 18.11; He 10.9f | M 26.40 - M 25.5; He 2.18; 4.15

M 26.41 γρηγορεῖτε καὶ προσεύχεσθε, ἵνα μὴ εἰσέλθητε εἰς πειρασμόν· τὸ μὲν πνεῦμα
Mk 14.38 γρηγορεῖτε καὶ προσεύχεσθε, ἵνα μὴ ἔλθητε εἰς πειρασμόν· τὸ μὲν πνεῦμα
L 22.40b,43 Προσεύχεσθε μὴ εἰσελθεῖν εἰς πειρασμόν. ὤφθη δὲ αὐτῷ

M 26.42 πρόθυμον ἡ δὲ σὰρξ ἀσθενής. πάλιν ἐκ δευτέρου ἀπελθὼν
Mk 14.39 πρόθυμον ἡ δὲ σὰρξ ἀσθενής. καὶ πάλιν ἀπελθὼν
L 22.44 ἄγγελος ἀπ' οὐρανοῦ ἐνισχύων αὐτόν. καὶ γενόμενος ἐν ἀγωνίᾳ ἐκτενέστερον

M 26.42 προσηύξατο λέγων, Πάτερ μου, εἰ οὐ δύναται τοῦτο παρελθεῖν ἐὰν μὴ αὐτὸ
Mk 14.39 προσηύξατο τὸν αὐτὸν λόγον εἰπών.
L 22.44 προσηύχετο· καὶ ἐγένετο ὁ ἱδρὼς αὐτοῦ ὡσεὶ θρόμβοι αἵματος καταβαίνοντος

M 26.43 πίω, γενηθήτω τὸ θέλημά σου. καὶ ἐλθὼν πάλιν εὗρεν αὐτοὺς καθεύδοντας,
Mk 14.40 καὶ πάλιν ἐλθὼν εὗρεν αὐτοὺς καθεύδοντας,
L 22.44 ἐπὶ τὴν γῆν.

M 26.44 ἦσαν γὰρ αὐτῶν οἱ ὀφθαλμοὶ βεβαρημένοι. καὶ ἀφεὶς αὐτοὺς
Mk 14.40 ἦσαν γὰρ αὐτῶν οἱ ὀφθαλμοὶ καταβαρυνόμενοι, καὶ οὐκ ᾔδεισαν τί

M 26.41
γρηγορειτε ..προσευχεσθε ινα μη εισελθητε ..το μεν πνευμα ..σαρξ ℵABCEGYΠ 1.565.1582
γρηγορειται..προσευχεσθαι ινα μη εισελθηται ..το μεν πνευμα ..σαρξ DL
γρηγορειτε ..προσευχεσθε ινα μη εισ.......θητε ..το μεν πνευμα ..σαρξ F
γρηγορειτε ..προσευχεσθε ινα μη εισελθητε ..τον μεν πνευμα ..σαρξ K
γρηγορειτε ..προσευχεσθαι ινα μη εισελθητε ..το μεν πνευμα ..σαρξ W
γρηγορειτε ..προσευχεσθαι ινα μη ει εισελθητε ..το μεν πνευμα ..σαρξ Θ
γρηγορειτε ..προσευχεσθε ινα μη εισελθητε ..το μεν πνευμα πνευμα..σαρ 28
το πνευμα ..σαρξ ClemAl (S IV 45.4)

Mk 14.38
γρηγορειτε ..προσευχεσθε .. .. ελθητε ℵ*B
γρηγορειτε ..προσευχεσθε .. ..εισελθητε ℵ^{c}AYΠ 1.1582
γρηγορειτε ..προσευχεσθαι.. ..εισελθητε CDΘ
γρηγορειται..προσευχεσθαι.. ..εισελθητε L 28
γρηγορειται..προσευχεσθαι.. ..εισελθηται W
γρηγορειται..προσευχεσθε .. ..εισελθητε 565
L 22.40 προσευχεσθε .. ..εισελθειν P^{75} ℵAB^{c}Y 1.
προσευχεσθαι.. ..εισελθητε F
προσευχεσθαι.. ..εισελθειν LWΘ

M 26.42 απελθων προσηυξατο λεγων..ει ου..τουτο παρελθειν ..αυτο ℵ
απελθων προσηυξατο λεγων..ει ου..τουτο παρελθειν απ εμου..αυτο ACWΠ
απελθων προσηυξατο ..ει ου..τουτο παρελθειν ..αυτο B
απελθων προσηυξατο λεγων..ει ου..το ποτηριον τουτο παρελθειν ..αυτο D
απελθων προσηυξατο λεγων..ει ου..τουτο το ποτηριον παρελθειν απ εμου..αυτω E*K
απελθων προσηυξατο λεγων..ει ου..τουτο το ποτηριον παρελθειν απ εμου..αυτο E^{c}F^{c}GY 28
απελθων προσηυξατο λεγων.... ..τουτο το ποτηριον παρελθειν απ εμου..αυτο F*
απελθων προσηυξατο ο Ιησους λεγων..ει ου..τουτο παρελθειν ..αυτο L
απελθων προσηυξατω ο Ιησους λεγων..ει ου..τουτο το ποτηριον παρελθειν ..αυτο Θ
απελθων προσηυξατο ο Ιησους λεγων..ει ου..τουτο παρελθειν ..αυτο 1.1582*
προσηυξατο λεγων..ει ου..τουτο παρελθειν απ εμου..αυτω 565
απελθων προσηυξατω ο Ιησους λεγων..ει ου..τουτο το ποτηριον παρελθειν απ εμου..αυτο 1582^{c}

M 26.43 ελθων παλιν ευρεν αυτους .. βεβαρημενοι ℵBCDLΘ 1.1582
ελθων ευρεν αυτους παλιν .. βεβαρημενοι AKWΠ 565
ελθων ευρισκει αυτους παλιν .. βεβαρημενοι EFGY 28
Mk 14.40 παλιν ελθων ευρεν αυτους .. καταβαρυνομενοι ℵ^{c}BL
παλιν ελθων ευρεν αυτους .καταβεβαρημενοι ℵ*
υποστρεψας ευρεν αυτους παλιν .. βεβαρημενοι C
ελθων ευρεν αυτους .. καταβαρυνομενοι D
υποστρεψας παλιν ευρεν αυτους .. βεβαρημενοι Θ
υποστρεψας ευρεν αυτους παλιν .. βεβαρημενοι 28
υποστρεψας παλιν ευρεν αυτους .. βεβαρημενοι 565

M 26.41 - M 6.13; L 11.4; 1 P 4.7; 5.8; E 6.18; Js 1.2; Re 3.2; 16.15 | M 26.42 - M 6.10; Ac 21.14
M 26.43 - L 9.32

67. GETHSEMANE Matthew 26.36-46

M 26.45	πάλιν ἀπελθὼν προσηύξατο ἐκ τρίτου τὸν αὐτὸν λόγον εἰπὼν πάλιν. τότε
Mk 14.41	ἀποκριθῶσιν αὐτῷ. καὶ

M 26.45	ἔρχεται πρὸς τοὺς μαθητὰς καὶ λέγει αὐτοῖς, Καθεύδετε τὸ λοιπὸν καὶ
Mk 14.41	ἔρχεται τὸ τρίτον καὶ λέγει αὐτοῖς, Καθεύδετε τὸ λοιπὸν καὶ
L 22.46	καὶ εἶπεν αὐτοῖς, Τί καθεύδετε; ἀναστάντες

M 26.45	ἀναπαύεσθε; ἰδοὺ ἤγγικεν ἡ ὥρα καὶ ὁ υἱὸς τοῦ ἀνθρώπου παραδίδοται
Mk 14.41	ἀναπαύεσθε; ἀπέχει· ἦλθεν ἡ ὥρα, ἰδοὺ παραδίδοται ὁ υἱὸς τοῦ ἀνθρώπου
L 22.46	προσεύχεσθε, ἵνα μὴ εἰσέλθητε εἰς πειρασμόν.

M 26.46	εἰς χεῖρας ἁμαρτωλῶν. ἐγείρεσθε, ἄγωμεν· ἰδοὺ ἤγγικεν ὁ
Mk 14.42	εἰς τὰς χεῖρας τῶν ἁμαρτωλῶν. ἐγείρεσθε ἄγωμεν· ἰδοὺ ὁ
J 14.31b	Ἐγείρεσθε, ἄγωμεν ἐντεῦθεν.

M 26.46	παραδιδούς με.
Mk 14.42	παραδιδούς με ἤγγικεν.

M 26.44	παλιν απελθων προσηυξατο εκ τριτου τον αυτον λογον ειπων παλιν	ℵ^c BC
	παλιν απελθων προσηυξατο τον αυτον εκ τριτου λογον ειπων παλιν	ℵ*
	απελθων προσηυξατο παλιν τον αυτον λογον ειπων	ΑΚΠ 565
	παλιν απελθων προσηυξατο τον αυτον λογον ειπων	D
	απελθων παλιν προσηυξατο τριτου τον αυτον λογον ειπων	E*
	ατελθων παλιν προσηυξατο εκ τριτου τον αυτον λογον ειπων	E^c FGY 1582^c
	παλιν απελθων προσηυξατο εκ τριτου των αυτον λογον ειπων παλιν	L
	απελθων προσηυξατο παλιν εκ τριτου τον αυτον λογον ειπων παλιν	W
	απελθων προσηυξατο εκ τριτου τον αυτων λογον ειπον παλιν	Θ
	απελθων προσηυξατο τον αυτον λογον ειπων	1.
	παλιν απελθων προσηυξατο εκ τριτου τον αυτον λογον	28
	απελθων προσηυξατο τον αυτον λογον ειπων παλιν	1582*
M 26.45	τους μαθητας ..αυτοις καθευδετε το λοιπον..αναπαυεσθε	ℵAKYΠ 1.565.1582
	τους μαθητας ..αυτοις καθευδετε λοιπον..αναπαυεσθε	B
	τους μαθητας ..αυτοις καθευδετε λοιπον..αναπαυεσθαι	C
	του μαθητας αυτου..αυτοις καθευδετε το λοιπον..αναπαυεσθαι	D*
	τους μαθητας αυτου..αυτοις καθευδετε το λοιπον..αναπαυεσθαι	D^c EFG
	τους μαθητας ..αυτοις καθευδεται λοιπον..αναπαυεσθαι	L
	τους μαθητας αυτου..αυτοις καθευδεται λοιπον..αναπαυεσθαι	W
	τους μαθητας ..αυτοις καθευδεται το λοιπον..αναπαυεσθαι	Θ
	τους μαθητας αυτου..αυτους καθευδετε το λοιπον..αναπαυεσθε	28
Mk 14.41	καθευδετε το λοιπον..αναπαυεσθε	ℵBY 1.565.1582
	καθευδετε λοιπον..αναπαυεσθε	AL 28
	καθευδετε λοιπον..αναπαυεσθαι	C
	καθευδετε λοιπον..αναπαεσθαι	D
	καθευδεται λοιπον..αναπαυεσθαι	W
	καθευδεται το λοπον ..αναπαυεσθαι	Θ
L 22.46	τι καθευδετε	P^75 ℵABY 1.
	καθευδετε	D
	τι καθευδεται	LWΘ

M 26.45

ιδου ηγγικεν η ωρα και ο υιος του ανθρωπου παραδιδοται εις χειρας	ℵACDFGKYΠ 28.565.
ιδου γαρ ηγγικεν η ωρα και ο υιος του ανθρωπου παραδιδοται εις χειρας	BE |1582^c
ιδου ηγγικεν η ωρα του υιου του ανθρωπου και παραδιδοται εις χειρας	L
ιδου ηγγικεν η ωρα και ο υιος του ανθρωπου παραδιδοτε εις χειρας	W
ηγγικεν γαρ η ωρα και ο υιος του ανθρωπου παραδιδοται εις χειρας	Θ
ηγγικεν γαρ η ωρα μου και ο υιος του ανθρωπου παραδιδοται εις χειρας	1.1582*
Mk 14.41 εις τας χειρας	ℵBCDLWY 28
εις χειρας	AΠ 1.565.1582

M 26.46	εγειρεσθε αγωμεν ..ηγγικεν ο παραδιδους με	ℵ^c ABCDEFKYΘΠ 1.28.565.1582
	εγειρεσθε αγωμεν ..ηγγικεν ο παραδιδων με	ℵ*
	εγειρεσθε αγωμεν εντευθε..ηγγικεν ο παραδιδους με	G
	εγειρεσθαι αγωμεν ..ηγγικεν ο παραδιδους με	LW
Mk 14.42	εγειρεσθε .. ..ο παραδιδους με ηγγικεν	ABYΠ 1.28.1582
	εγειρεσθε .. ..ηγγικεν ο παραδιδων με	D
	εγειρεσθαι.. ..ο παραδιδους με ηγγικεν	LW
	εγειρεσθε .. ..ηγγικεν ο παραδιδους με	565

M 26.44 - 2 C 12.8
M 26.45 - J 12.23; 13.1; 17.1; M 17.22; Mk 9.31; 10.33; L 9.44; 24.7; R 13.11; 2 Sm 24.14

68. JESUS ARRESTED

Matthew 26.47-56

J 18. 2 ηδει δε και Ιουδας ο παραδιδους αυτον τον τοπον, οτι πολλακις συνηχθη Ιησους εκει
J 18. 2 μετα των μαθητων αυτου.

M 26.47 Καὶ ἔτι αὐτοῦ λαλοῦντος ἰδοὺ Ἰούδας εἷς
Mk 14.43 Καὶ εὐθὺς ἔτι αὐτοῦ λαλοῦντος παραγίνεται Ἰούδας εἷς
L 22.47 Ἔτι αὐτοῦ λαλοῦντος ἰδοὺ ὄχλος, καὶ ὁ λεγόμενος Ἰούδας εἷς
J 18. 3 ὁ οὖν Ἰούδας

M 26.47 τῶν δώδεκα ἦλθεν καὶ μετ᾽ αὐτοῦ ὄχλος πολὺς μετὰ μαχαιρῶν καὶ ξύλων
Mk 14.43 τῶν δώδεκα καὶ μετ᾽ αὐτοῦ ὄχλος μετὰ μαχαιρῶν καὶ ξύλων
L 22.47 τῶν δώδεκα προήρχετο αὐτούς,
J 18. 3 λαβὼν τὴν σπεῖραν καὶ

M 26.47 ἀπὸ τῶν ἀρχιερέων καὶ πρεσβυτέρων τοῦ λαοῦ.
Mk 14.43 παρὰ τῶν ἀρχιερέων καὶ τῶν γραμματέων καὶ τῶν πρεσβυτέρων.
J 18. 3 ἐκ τῶν ἀρχιερέων καὶ ἐκ τῶν Φαρισαίων ὑπηρέτας

J 18. 4 ερχεται εκει μετα φανων και λαμπαδων και οπλων. Ιησους ουν ειδως παντα τα ερχομενα επ
J 18. 5 αυτον εξηλθεν και λεγει αυτοις, Τινα ζητειτε; απεκριθησαν αυτω, Ιησουν τον Ναζωραιον.
J 18. 5 λεγει αυτοις, Εγω ειμι. ειστηκει δε και

M 26.48 ὁ δὲ παραδιδοὺς αὐτὸν ἔδωκεν αὐτοῖς σημεῖον λέγων, Ὃν ἂν φιλήσω
Mk 14.44 δεδώκει δὲ ὁ παραδιδοὺς αὐτὸν σύσσημον αὐτοῖς λέγων, Ὃν ἂν φιλήσω
J 18. 5 Ἰούδας ὁ παραδιδοὺς αὐτὸν μετ᾽ αὐτῶν.

M 26.48 αὐτός ἐστιν· κρατήσατε αὐτόν.
Mk 14.44 αὐτός ἐστιν· κρατήσατε αὐτὸν καὶ ἀπάγετε ἀσφαλῶς.

M 26.47 και ετι..ηλθεν..οχλος πολυς..απο των αρχιερεων.. πρεσβυτερων ℵABCE^{c}FGKLWYΘ 1.1582
ετι δε..ηλθεν..οχλος πολυς..απο των αρχιερεων.. πρεσβυτερων D
και ετι..ηλθεν..οχλος πολυς..απο των αρχιερων .. πρεσβυτερων E*
και ετι.. ..οχλος πολυς..απο των αρχιερεων.. πρεσβυτερων Π 565
ετι..ηλθεν..οχλος πολυς..απο των αρχιερεων.. πρεσβυτερων 28
Mk 14.43 και ευθυς ετι.. ..οχλος ..παρα των αρχιερεων..των πρεσβυτερων ℵ^{c}L
και ευθυς ετι.. ..οχλος ..παρα των αρχιερεων.. πρεσβυτερων ℵ*
και ευθεως ετι.. ..οχλος πολυς..παρα των αρχιερεων.. πρεσβυτερων A
και ευθυς ετι.. ..οχλος ..απο των αρχιερεων..των πρεσβυτερων B
και ευθυς ετι.. ..οχλος πολυς..παρα των αρχιερεων..των πρεσβυτερων C
και ετι.. ..οχλος πολυς..παρα των αρχιερεων..των πρεσβυτερων D
και ετι.. ..οχλος πολυς..παρα των αρχιερεων.. πρεσβυτερων W
και ευθεως ετι.. ..οχλος πολυς..παρα των αρχιερεων..των πρεσβυτερων YΠ 28
ετι.. ..οχλος ..παρα των αρχιερεων..των πρεσβυτερων Θ
και ετι.. ..οχλος πολυς..παρα των αρχιερεων.. πρεσβυτερων 1.1582
και ετι.. ..οχλος ..παρα των αρχιερεων..των πρεσβυτερων 565
L 22.47 οχλος P^{75} ℵABLWYΘ 1.28
οχλος πολυς D

M 26.48 αυτοις σημειον .. ον αν .. κρατησατε BCDL
αυτοις σημειον .. ον εαν .. κρατησατε ℵAFGKWYΠ 1.28.565.1582
αυτοις σημειον .. ον εαν .. κρατεισατε E
αυτοις σημειον .. ον αν .. κρατησαται Θ
Mk 14.44 συσσημον αυτοις .. ον αν .. κρατησατε ABCYΠ 1.28.1582
συνσημον αυτοις .. ον αν .. κρατησατε ℵ
σημειον .. ον αν .. κρατησατε D 565
συσημον αυτοις .. ον εαν .. κρατησαται L
σημιον αυτης .. ον αν .. κρατησατε Θ*
σημιον αυτοις .. ον αν .. κρατησατε Θ^{c}

M 26.48 - R 16.16

68. JESUS ARRESTED Matthew 26.47-56

M 26.49 καὶ εὐθέως προσελθὼν τῷ Ἰησοῦ εἶπεν, Χαῖρε, ῥαββί· καὶ κατεφίλησεν
Mk 14.45 καὶ ἐλθὼν εὐθὺς προσελθὼν αὐτῷ λέγει, Ῥαββί, καὶ κατεφίλησεν
L 22.47 καὶ ἤγγισεν τῷ Ἰησοῦ φιλῆσαι

M 26.50 αὐτόν. | ὁ δὲ Ἰησοῦς εἶπεν αὐτῷ, Ἑταῖρε, ἐφ' ὃ πάρει. τότε προσελθόντες
Mk 14.46 αὐτόν. οἱ δὲ
L 22.48 αὐτόν. Ἰησοῦς δὲ εἶπεν αὐτῷ, Ἰούδα, φιλήματι τὸν υἱὸν τοῦ ἀνθρώπου
J 18. 6 ὡς οὖν εἶπεν αὐτοῖς, Ἐγώ εἰμι, ἀπῆλθον

M 26.50 ἐπέβαλον τὰς χεῖρας ἐπὶ τὸν Ἰησοῦν καὶ ἐκράτησαν αὐτόν.
Mk 14.46 ἐπέβαλον τὰς χεῖρας αὐτῷ καὶ ἐκράτησαν αὐτόν.
L 22.49 παραδίδως; ἰδόντες δὲ οἱ περὶ αὐτὸν τὸ ἐσόμενον εἶπαν, Κύριε, εἰ
J 18. 6 εἰς τὰ ὀπίσω καὶ ἔπεσαν χαμαί.

M 26.51 καὶ ἰδοὺ εἷς τῶν μετὰ Ἰησοῦ ἐκτείνας
Mk 14.47 εἷς δέ τις τῶν παρεστηκότων
L 22.50 πατάξομεν ἐν μαχαίρῃ; καὶ ἐπάταξεν εἷς τις ἐξ αὐτῶν
J 18.10 Σίμων οὖν Πέτρος

M 26.51 τὴν χεῖρα ἀπέσπασεν τὴν μάχαιραν αὐτοῦ καὶ πατάξας
Mk 14.47 σπασάμενος τὴν μάχαιραν ἔπαισεν
J 18.10 ἔχων μάχαιραν εἵλκυσεν αὐτὴν καὶ ἔπαισεν

M 26.49 και ευθεως προσελθων τω Ιησου ειπεν Χαιρε ραββι GLΘΠ 1.28.1582
και ευθεως προσελθων τω Ιησου ειπεν Χαιρε ραββει ℵABDEFKY 565
και ευθεως προσελθων τω Ιησου ειπεν αυτω Χαιρε ραββι C
και ευθεως προσηλθεν και τω Ιησου ειπεν Χαιρε ραββει W
Mk 14.45 και ελθων ευθυς προσελθων αυτω λεγει ραββι L
και ελθων ευθυς και προσελθων αυτω λεγει ραββει ℵ*
και ελθων ευθυς προσελθων αυτω λεγει ραββει ℵ^{c}BC*
και ελθων ευθεως προσελθων αυτω λεγει ραββει ραββει A
και ελθων ευθυς προσελθων αυτω λεγει Χαιρε ραββει C^{c}
και προσελθων λεγει αυτω ραββει D
και ελθων ευθεως προσελθων αυτω λεγει Χαιρε ραββει W
και προσελθων λεγει αυτω ραββι Θ
και ελθων ευθεως προσελθων αυτω λεγει ραββι ραββι Π
και ευθεως προσελθων αυτω λεγει Χαιρε ραββι 1.1582
και ελθων ευθεως προσελθων τω Ιησου λεγει αυτω ραββι ραββι 28
και προσελθων λεγει αυτω Χαιρε ραββει 565

M 26.49 αυτον all texts
L 22.47 αυτον P^{75} ℵABLWY 1.28
Ιησουν τουτο γαρ συμειον δεδωκει αυτοις ον αν φιλησω αυτος εστιν D (see M 26.48)
αυτον τουτο γαρ σημιον δεδωκι αυτοις ον αν φιλης αυτος εστιν Θ

M 26.50 ο δε Ιησους ειπεν αυτω εταιρε εφ ο παρει ABC^{c}E^{c}FGKLYΠ 28.585
ο δε ειπεν αυτω εταιρε εφ ο παρει ℵ
ο δε Ιησους ειπεν αυτω ε.ταιρε εφ ο παρει C*
ειπεν δε αυτω ο Ιησους εφ ο παρει ετεραι D
ο δε Ιησους ειπεν αυτω ετερε εφ ο παρει E*W
ο δε Ιησους ειπεν αυτω ετερε εφ ο παρι Θ
ο δε Ιησους ειπεν αυτω εταιρε εφ ω παρει 1.1582
L 22.48 Ιησους δε ειπεν αυτω P^{75} ℵBL
ο δε Ιησους ειπεν αυτω AWYΘ 1.28
ο δε Ιησους ειπεν τω D

M 26.50 επεβαλον τας χειρας επι τον Ιησουν και εκρατησαν αυτον ℵABCDEFGKLWYΘΠ 1.565.1582
εκρατησαν τον Ιησουν και επεβαλον επ αυτον τας χειρας αυτων 28

M 26.51 εις των μετα Ιησου .. μαχαιραν .. παταξας ℵAC^{c}EFKWYΘ 1.28.1582
εις των μετα αυτου .. μαχαιραν .. παταξας B
εις τω μετα Ιησου .. μαχαιραν .. παταξας C*
εις των μετα Ιησου .. μαχαιραν .. επαταξεν D
εις των μετα Ιησου .. μαχαιρα .. παταξας GΠ 565
εις των μετα του Ιησου .. μαχαιραν .. παταξας L

M 26.49 - Gn 33.4; Pr 27.6; 2 Sm 20.9 | M 26.51 - J 18.26

M 26.51 τὸν δοῦλον τοῦ ἀρχιερέως ἀφεῖλεν αὐτοῦ τὸ ὠτίον.
Mk 14.47 τὸν δοῦλον τοῦ ἀρχιερέως καὶ ἀφεῖλεν αὐτοῦ τὸ ὠτάριον.
L 22.50 τοῦ ἀρχιερέως τὸν δοῦλον καὶ ἀφεῖλεν τὸ οὖς αὐτοῦ τὸ δεξιόν.
J 18.10 τὸν τοῦ ἀρχιερέως δοῦλον καὶ ἀπέκοψεν αὐτοῦ τὸ ὠτάριον τὸ δεξιόν. ἦν δὲ

M 26.52 τότε λέγει αὐτῷ ὁ Ἰησοῦς, Ἀπόστρεψον
Lk 22.51 ἀποκριθεὶς δὲ ὁ Ἰησοῦς εἶπεν, Ἐᾶτε ἕως
J 18.11 ὄνομα τῷ δούλῳ Μάλχος. εἶπεν οὖν ὁ Ἰησοῦς τῷ Πέτρῳ, Βάλε

M 26.52 τὴν μάχαιράν σου εἰς τὸν τόπον αὐτῆς, πάντες γὰρ οἱ λαβόντες μάχαιραν
L 22.51 τούτου· καὶ ἁψάμενος τοῦ ὠτίου ἰάσατο αὐτόν.
J 18.11 τὴν μάχαιραν εἰς τὴν θήκην· τὸ ποτήριον ὃ δέδωκέν μοι ὁ πατὴρ οὐ μὴ

M 26.53 ἐν μαχαίρῃ ἀπολοῦνται. ἢ δοκεῖς ὅτι οὐ δύναμαι παρακαλέσαι τὸν πατέρα
J 18.11 πίω αὐτό;

M 26.54 μου, καὶ παραστήσει μοι ἄρτι πλείω δώδεκα λεγιῶνας ἀγγέλων; πῶς οὖν
M 26.54 πληρωθῶσιν αἱ γραφαὶ ὅτι οὕτως δεῖ γενέσθαι;

M 26.51 τον δουλον του αρχιερεως αφειλεν αυτου το ωτιον ℵABCEFGKLYΠ 1.28.565.1582
τον δουλον του αρχιερεως και αφειλεν αυτου το ωτιον D
τον δουλον του αρχιερεως και αφιλεν αυτου το ωτιον WΘ
Mk 14.47 αυτου το ωταριον ℵBD 1.1582*
αυτου το ωτιον ΛCLWYΘΠ 28.565.1582^{c}
L 22.50 του αρχιερεως τον δουλον και αφειλεν το ους αυτου ℵB
τον δουλον του αρχιερεως και αφειλεν το ους αυτου P^{75}
τον δουλον του αρχιερεως και αφειλεν αυτου το ους AWYΘ 1.28
τον δουλον του αρχιερεως και αφειλατο αυτου το ωτιον D
του αρχιερεως τον δουλον και αφιλεν ους αυτου L
J 18.10 τον του αρχιερεως δουλον και απεκοφεν αυτου το ωταριον BCLW
τον δουλον του αρχιερεως και απεκοφεν το ..... αυτου P^{66}
τον δουλον του αρχιερεως και απεκοφεν αυτου το ωταριον ℵ
τον του αρχιερεως δουλον και απεκοφεν αυτου το ωτιον AYΘ 1.28
M 26.52
αυτω ..την μαχαιραν σου..τοπον..παντες γαρ οι λαβοντες μαχαιραν εν μαχαιρη απολουνται ℵB*L
αυτω ..σου την μαχαιραν..τοπον..παντες γαρ οι λαβοντες μαχαιραν εν μαχαιρη απολουνται AC*
αυτω ..την μαχαιραν σου..τοπον..παντες γαρ οι λαβοντες μαχαιραν εν μαχαιρα απολουνται B^{c}D
αυτω ..σου την μαχαιραν..τοπον..παντες γαρ οι λαβοντες μαχαιραν εν μαχαιρα απολουνται C^{c}EG 28
αυτω ..σου την μαχαιραν..τοπον..παντες γαρ οι λαβοντες μαχαιραν εν μαχαιρα αποθανουνται FY
αυτω ..την μαχαιραν ..τοπον..παντες γαρ οι λαβοντες μαχαιραν εν μαχαιρα αποθανουνται K
αυτοις..σου την μαχαιραν..τοπον..παντες γαρ οι λαβοντες μαχαιραν εν μαχαιρα αποθανουνται W
αυτω ..την μαχαιραν ..τοπον..παντες γαρ οι λαβοντες μαχαιραν εν μαχαιρη απολουνται Θ
αυτω ..την μαχαιραν ..τοπον..παντες γαρ οι λαβοντες μαχαιραν εν μαχαιρα απολουνται Π
αυτω ..την μαχαιραν σου..τοπον..παντες γαρ οι λαμβανοντες μαχαιραν εν μαχαιρα απολουνται 1.1582
αυτω ..την μαχαιραν ..τοπον..παντες γαρ οι λαβωντες μαχαιραν εν μαχαιρα αποθανουνται 565
J 18.11
την μαχαιραν ..θηκην P^{66} ℵABCDLWY
την μαχαιραν ..θηκην παντες γαρ οι λαβοντες μαχαιραν εν μαχαιρα απολουνται Θ
την μαχαιραν σου..θηκην 1.28
M 26.53 δοκεις .. δυναμαι .. αρτι πλειω ..λεγιωνας αγγελων
δοκεις .. δυναμαι .. ωδε αρτι πλειω ..λεγιωνων αγγελους ℵ*
δοκεις .. δυναμαι .. αρτι πλειους ..λεγεωνων αγγελων $ℵ^{c}$L
δοκεις .. δυναμαι αρτι .. πλειους η ..λεγεονων αγγελων A
δοκεις .. δυνομαι .. αρτι πλειους ..λεγιωνας αγγελων B*
δοκεις .. δυναμαι .. αρτι πλειους ..λεγεωνας αγγελων B^{c}
δοκει σοι .. δυναμαι αρτι .. πλειους η ..λεγεωνων αγγελων C
δοκεις .. δυναμαι αρτι .. πλειους ..λεγειωνης αγγελων D
δοκεις .. δυναμαι αρτι .. πλειους η ..λεγεωνας αγγελων E*FG 28
δοκεις .. δυναμαι αρτι .. πλειους η ..λεγεονας αγγελων E^{c}
δοκεις .. δυναμαι αρτι .. πλειους η ..λεγεωνων αγγελους KΠ* 565
δοκεις .. δυναμαι αρτι .. πλιους η ..λεγεωνας αγγελων W
δοκεις .. δυναμαι αρτι .. πλειους η ..λεγιωνας αγγελων Y
δοκεις .. δυναμαι αρτι .. ωδε πλιους ..λεγεωνων αγγελων Θ
δοκεις .. δυναμαι αρτι .. πλειους η ..λεγεωνων αγγελων $Π^{c}$ 13
δοκει σοι .. δυναμαι αρτι .. ωδε πλειους η ..λεγεωνας αγγελων 1.1582
M 26.54 πληρωθωσιν .. ουτως δει ℵABEFGKLWYΘΠ 565
πληρωθωσιν .. ουτως εδει C 1.28.1582
πληρωθησονται .. ουτως δει D
πληρωθωσιν .. ουτος δει 13

M 26.52 - Gn 9.6; Re 13.10 | M 26.53 - M 4.11; L 2.13; J 1.51; 18.36; Mk 5.9

M 26.55 Ἐν ἐκείνῃ τῇ ὥρᾳ εἶπεν ὁ Ἰησοῦς τοῖς ὄχλοις,
Mk 14.48 καὶ ἀποκριθεὶς ὁ Ἰησοῦς εἶπεν αὐτοῖς,
L 22.52 εἶπεν δὲ Ἰησοῦς πρὸς τοὺς παραγενομένους ἐπ' αὐτὸν
J 18. 7 πάλιν οὖν ἐπηρώτησεν αὐτούς,

M 26.55 Ὡς ἐπὶ λῃστὴν
Mk 14.48 Ὡς ἐπὶ λῃστὴν
L 22.52 ἀρχιερεῖς καὶ στρατηγοὺς τοῦ ἱεροῦ καὶ πρεσβυτέρους, Ὡς ἐπὶ λῃστὴν
J 18. 7 Τίνα ζητεῖτε;

M 26.55 ἐξήλθατε μετὰ μαχαιρῶν καὶ ξύλων συλλαβεῖν με; καθ' ἡμέραν
Mk 14.49 ἐξήλθατε μετὰ μαχαιρῶν καὶ ξύλων συλλαβεῖν με; καθ' ἡμέραν ἤμην
L 22.53 ἐξήλθατε μετὰ μαχαιρῶν καὶ ξύλων; καθ' ἡμέραν ὄντος μου
J 18. 8 οἱ δὲ εἶπαν, Ἰησοῦν τὸν Ναζωραῖον. ἀπεκρίθη Ἰησοῦς, Εἶπον ὑμῖν ὅτι

M 26.55 ἐν τῷ ἱερῷ ἐκαθεζόμην διδάσκων καὶ οὐκ ἐκρατήσατέ
Mk 14.49 πρὸς ὑμᾶς ἐν τῷ ἱερῷ διδάσκων καὶ οὐκ ἐκρατήσατέ
L 22.53 μεθ' ὑμῶν ἐν τῷ ἱερῷ οὐκ ἐξετείνατε τὰς χεῖρας ἐπ'
J 18. 9 ἐγώ εἰμι· εἰ οὖν ἐμὲ ζητεῖτε, ἄφετε τούτους ὑπάγειν·

M 26.56 με. τοῦτο δὲ ὅλον γέγονεν ἵνα πληρωθῶσιν αἱ γραφαὶ τῶν προφητῶν.
Mk 14.49 με· ἀλλ' ἵνα πληρωθῶσιν αἱ γραφαί.
L 22.53 ἐμέ. ἀλλ' αὕτη ἐστὶν ὑμῶν ἡ ὥρα καὶ ἡ ἐξουσία τοῦ
J 18. 9 ἵνα πληρωθῇ ὁ λόγος ὃν εἶπεν ὅτι Οὓς

M 26.56 Τότε οἱ μαθηταὶ πάντες ἀφέντες αὐτὸν ἔφυγον.
Mk 14.50 καὶ ἀφέντες αὐτὸν ἔφυγον πάντες.
L 22.53 σκότους.
J 18. 9 δέδωκάς μοι οὐκ ἀπώλεσα ἐξ αὐτῶν οὐδένα.

M 26.55
ειπεν ο Ιησους..εξηλθατε ..συλλαβειν..εν τω ιερω εκαθεζομην διδασκων..ουκ εκρατησατε ℵB
ειπεν ο Ιησους..εξηλθατε ..συλλαβειν..εκαθεζομην προς υμας διδασκων εν τω ιερω..ουκ εκρατησατε A
ειπεν ο Ιησους..εξηλθατε ..συλλαβειν..προς υμας εκαθεζομην εν τω ιερω διδασκων..ουκ εκρατησατε C
ο Ιησους ειπεν.. ηλθατε ..συνλαβειν..προς υμασ εκαθημην εν τω ιερω διδασκων..ουκ εκρατησατε D
ειπεν ο Ιησους..εξηλθατε ..συλλαβειν..προς υμας εκαθεζομην διδασκων εν τω ιερω..ουκ εκρατησατε EFGW 28
ειπεν ο Ιησους..εξηλθετε ..συλλαβειν..προς υμας εκαθεζομην εν τω ιερω διδασκων..ου κρατησατε K
ειπεν ο Ιησους..εξηλθαται..συλλαβειν..εν τω ιερω εκαθεζομην διδασκων..ουκ εκρατησατε L
ειπεν ο Ιησους..εξηλθετε ..συλλαβειν..προς υμας εκαθεζομην εν τω ιερω διδασκων..ουκ εκρατησατε YΠ
ειπεν ο Ιησους..εξηλθατε ..συνλαβειν..προς υμας εν τω ιερω εκαθεζομην διδασκων..ουκ εκρατησατε Θ*
ειπεν ο Ιησους..εξηλθετε ..συνλαβειν..προς υμας εν τω ιερω εκαθεζομην διδασκων..ουκ εκρατησατε Θ[c]
ειπεν ο Ιησους..εξηλθετε ..συλλαβειν..προς υμας εν τω ιερω εκαθεζομην ..ουκ εκρατησατε 1.1582*
ειπεν ο Ιησους..εξηλθατε ..συλλαβειν..προς υμας εκαθεζομην διδασκων εν τω ιερω..ουκ εκρατησατε 13
ειπεν ο Ιησους..εξηλθετε ..συλλαβειν..προς υμας εκαθεζομην διδασκων εν τω ιερω..ουκ εκρατησατε 565
ειπεν ο Ιησους..εξηλθετε ..συλλαβειν..προς υμας εν τω ιερω εκαθεζομην διδασκων..ουκ εκρατησατε 1582[c]
Mk 14.48 εξηλθατε ..συλλαβειν ℵABCL 565
εξηλθατε ..συνλαβειν DW
εξηλθετε ..συλλαβειν YΠ 1.28.1582
L 22.52 εξηλθατε P[75] ℵBDLΘ 28
εξηλθετε 1.

M 26.56 γραφαι των προφητων all texts
Mk 14.49 γραφαι ℵABCDLYΠ 1.28.1582
γραφαι των προφητων WΘ[c] 565
γραφαι τον προφητων Θ*

M 26.56
τοτε οι μαθηται παντες αφεντες αυτον εφυγον ℵACEFGKLYΘΠ 1.13.
τοτε οι μαθηται αυτου παντες αφεντες αυτον εφυγον οι δε κρατησαντες τον Ιησουν εφυγον B* |28.565.1582
τοτε οι μαθηται αυτου παντες αφεντες αυτον εφυγον B[c]
τοτε οι μαθηται παντες αφεντες αυτ.. ...... D
τοτε οι μαθητε παντες αφεντες αυτον εφυγον W
Mk 14.50
και αφεντες αυτον εφυγον παντες ℵBCL
και αφεντες αυτον παντες εφυγον ADYΠ 1.28.1582
τοτε οι μαθηται αυτου αφεντες αυτον παντες εφυγον W
τοτε οι μαθηται αφεντες παντες εφυγον Θ
τοτε οι μαθηται αφεντες αυτον εφυγον 565

M 26.55 - L 2.46; 19.47; 21.37; J 7.26; 18.20 | M 26.56 - Zch 13.7; M 26.31; J 16.32

69. BEFORE THE HIGH PRIEST

Matthew 26.57-68

M 26.57 Οἱ δὲ κρατήσαντες
Mk 14.53 Καὶ
L 22.54 Συλλαβόντες
J 18.12 Ἡ οὖν σπεῖρα καὶ ὁ χιλίαρχος καὶ οἱ ὑπηρέται τῶν Ἰουδαίων συνέλαβον

M 26.57 τὸν Ἰησοῦν ἀπήγαγον
Mk 14.53 ἀπήγαγον τὸν Ἰησοῦν
L 22.54 δὲ αὐτὸν ἤγαγον καὶ εἰσήγαγον
J 18.13 τὸν Ἰησοῦν καὶ ἔδησαν αὐτὸν |καὶ ἤγαγον
J 18.24 ἀπέστειλεν οὖν αὐτὸν ὁ Ἅννας δεδεμένον

M 26.57 πρὸς Καϊάφαν τὸν ἀρχιερέα,
Mk 14.53 πρὸς τὸν ἀρχιερέα, καὶ
L 22.54 εἰς τὴν οἰκίαν τοῦ ἀρχιερέως·
J 18.13 πρὸς Ἅνναν πρῶτον· ἦν γὰρ πενθερὸς τοῦ Καϊάφα, ὃς ἦν ἀρχιερεὺς τοῦ
J 18.24 πρὸς καϊάφαν τὸν ἀρχιερέα.

M 26.57 ὅπου οἱ γραμματεῖς καὶ οἱ πρεσβύτεροι
Mk 14.53 συνέρχονται πάντες οἱ ἀρχιερεῖς καὶ οἱ πρεσβύτεροι καὶ οἱ γραμματεῖς.
J 18.14 ἐνιαυτοῦ ἐκείνου· ἦν δὲ Καϊάφας ὁ συμβουλεύσας τοῖς Ἰουδαίοις ὅτι

J 18.14 συμφερει ενα ανθρωπον αποθανειν υπερ του λαου.

M 26.58 συνήχθησαν. ὁ δὲ Πέτρος ἠκολούθει αὐτῷ ἀπὸ μακρόθεν ἕως
Mk 14.54 καὶ ὁ Πέτρος ἀπὸ μακρόθεν ἠκολούθησεν αὐτῷ ἕως ἔσω
L 22.54 ὁ δὲ Πέτρος ἠκολούθει μακρόθεν.
J 18.15 Ἠκολούθει δὲ τῷ Ἰησοῦ Σίμων Πέτρος καὶ

L 22.55 περιαψαντων δε πυρ
J 18.15 αλλος μαθητης. ο δε μαθητης εκεινος ην γνωστος τω αρχιερει, και συνεισηλθεν τω Ιησου

M 26.58 τῆς αὐλῆς τοῦ ἀρχιερέως, καὶ εἰσελθὼν ἔσω ἐκάθητο
Mk 14.54 εἰς τὴν αὐλὴν τοῦ ἀρχιερέως, καὶ ἦν συγκαθήμενος
L 22.55 ἐν μέσῳ τῆς αὐλῆς καὶ συγκαθισάντων ἐκάθητο ὁ Πέτρος
J 18.16 εἰς τὴν αὐλὴν τοῦ ἀρχιερέως, |ὁ δὲ Πέτρος εἱστήκει

M 26.57
τον Ιησουν απηγαγον προς Καιαφαν τον αρχιερεα ..οι γραμματεις και οι πρεσβυτεροι ℵABEFGKWYΠ 1.13.28.
τον Ιησουν απηγον προς Καιαφαν τον αρχιερεα ..οι γραμματεις και οι πρεσβυτεροι C |1582
τον Ιησουν απηγαγον προς Καειφαν τον αρχιερεα ..οι γραμματεις και οι πρεσβυτεροι D
τον Ιησουν απιγαγον προς Καιαφαν τον αρχιερεα ..οι γραμματεις και οι πρεσβυτεροι L
τον Ιησουν απηγαγον προς Καιαφαν τον αρχιερεαν..οι γραματεις και οι πρεσβυτεροι Θ
αυτον Ιησουν απηγαγον προς Καιαφαν τον αρχιερεα ..οι γραμματεις και οι πρεσβυτεροι 565
Mk 14.53
οι πρεσβυτεροι και οι γραμματεις ℵBCLW^{c}YΘ 1.28.1582
οι γραμματεις και οι πρεσβυτεροι AΠ 565
γραμματεις και πρεσβυτεροι D
J 18.13 και ηγαγον P[66] ℵBDW
και απηγαγον αυτον ALYΘ 1.28
και απηγαγον C

M 26.58 ηκολουθει αυτω απο μακροθεν εως της αυλης..αρχιερεως..εκαθητο ABDGK^{c}WY
ηκολουθει αυτω μακροθεν εως της αυλης..αρχιερεως..εκαθητο ℵCFLΠ 1.1582
ηκολουθη αυτω μακροθεν εως της αυλης..αρχιερεως..εκαθητο EΘ
ηκολουθει αυτω απο μακροθεν εως της αυλης..αρχερεως ..εκαθητο K*
ηκολουθη αυτω απο μακροθεν εως της αυλης..αρχιερεως..εκαθητω 13
ηκολουθη μακροθεν εως της αυλης..αρχιερεως..εκαθιτο 28
ηκολουθει αυτω απο μακροθεν εως της αυλης..αρχιερεως..εκαθητω 565
Mk 14.54 απο μακροθεν ηκολουθησεν αυτω εως εσω εις την αυλην ℵABCYΠ 28
απο μακροθεν ηκολουθησεν αυτω εως εις την αυλην D
μακροθεν ηκολουθησεν αυτω εως εσω εις την αυλην L
απο μακροθεν ηκολουθει αυτω εως εσω εις την αυλην W
απο μακροθεν ηκολουθη αυτω εως εσω εις την αυλην Θ
απο μακροθεν ηκολουθει αυτω εως της αυλης 1.1582
απο μακροθεν ηκολουθει αυτω εως εσω εις την αυλην 565
L 22.54 ηκολουθει μακροθεν P[75] ℵABLWY
ηκολουθει αυτω απο μακροθεν D
ηκολουθη μακροθεν Θ 28

M 26.57 - M 26.3

M 26.58 μετὰ τῶν ὑπηρετῶν ἰδεῖν τὸ τέλος.
Mk 14.54 μετὰ τῶν ὑπηρετῶν καὶ θερμαινόμενος πρὸς τὸ φῶς.
L 22.55 μέσος αὐτῶν.
J 18.16 πρὸς τῇ θύρᾳ ἔξω. ἐξῆλθεν οὖν ὁ μαθητὴς ὁ ἄλλος ὁ γνωστὸς τοῦ ἀρχιερέως

J 18.17 και ειπεν τη θυρωρω και εισηγαγεν τον Πετρον. λεγει ουν τω Πετρω η παιδισκη η θυρωρος,
J 18.18 Μη και συ εκ των μαθητων ει του ανθρωπου τουτου; λεγει εκεινος, Ουκ ειμι. |ειστηκεισαν
J 18.18 δε οι δουλοι και οι υπηρεται ανθρακιαν πεποιηκοτες, οτι ψυχος ην, και εθερμαινοντο· ην
J 18.18 δε και ο Πετρος μετ αυτων εστως και θερμαινομενος.

M 26.59 οἱ δὲ ἀρχιερεῖς
Mk 14.55 οἱ δὲ ἀρχιερεῖς
L 22.66 Καὶ ὡς ἐγένετο ἡμέρα, συνήχθη τὸ πρεσβυτέριον τοῦ λαοῦ, ἀρχιερεῖς τε καὶ
J 18.19 Ὁ οὖν ἀρχιερεὺς ἠρώτησεν

M 26.59 καὶ τὸ συνέδριον ὅλον ἐζήτουν
Mk 14.55 καὶ ὅλον τὸ συνέδριον ἐζήτουν
L 22.66 γραμματεῖς, καὶ ἀπήγαγον αὐτὸν εἰς τὸ συνέδριον αὐτῶν,
J 18.20 τὸν Ἰησοῦν περὶ τῶν μαθητῶν αὐτοῦ καὶ περὶ τῆς διδαχῆς αὐτοῦ. ἀπεκρίθη

M 26.60 ψευδομαρτυρίαν κατὰ τοῦ Ἰησοῦ ὅπως αὐτὸν θανατώσωσιν, |καὶ
Mk 14.56 κατὰ τοῦ Ἰησοῦ μαρτυρίαν εἰς τὸ θανατῶσαι αὐτόν, καὶ
J 18.20 αὐτῷ Ἰησοῦς, Ἐγὼ παρρησίᾳ λελάληκα τῷ κόσμῳ· ἐγὼ πάντοτε ἐδίδαξα ἐν

M 26.60 οὐχ εὗρον πολλῶν προσελθόντων ψευδομαρτύρων.
Mk 14.56 οὐχ ηὕρισκον· πολλοὶ γὰρ ἐψευδομαρτύρουν κατ' αὐτοῦ, καὶ ἴσαι
J 18.20 συναγωγῇ καὶ ἐν τῷ ἱερῷ, ὅπου πάντες οἱ Ἰουδαῖοι συνέρχονται, καὶ ἐν

M 26.60 ὕστερον δὲ προσελθόντες δύο
Mk 14.57 αἱ μαρτυρίαι οὐκ ἦσαν. καὶ τινες ἀναστάντες ἐψευδομαρτύρουν
J 18.21 κρυπτῷ ἐλάλησα οὐδέν. |τί με ἐρωτᾷς; ἐρώτησον τοὺς ἀκηκοότας τί ἐλάλησα

M 26.59
αρχιερεις και το συνεδριον ολον..ψευδομαρτυριαν..οπως αυτον θανατωσωσιν ℵB[c]
αρχιερεις και οι πρεσβυτεροι και το συνεδριον ολον..ψευδομαρτυριαν..οπως θανατωσωσιν αυτον AKYΠ 565
αρχιερεις και το συνεδριον ολον..ψευδομαρτυραν ..οπως αυτον θανατωσωσιν B*
αρχιερεις και οι πρεσβυτεροι και το συνεδριον ολον..ψευδομαρτυριαν..οπως αυτον θανατωσουσιν C
αρχιερεις και το συνεδριον ολον..ψευδομαρτυρειαν.οπως αυτον θανατωσουσιν D
αρχιερεις και οι πρεσβυτεροι και το συνεδριον ολον..ψευδομαρτυριαν..οπως θανατωσουσιν αυτον EGW
αρχιερεις και οι πρεσβυτεροι και το συνεδριον ολον..ψευδομαρτυριαν..οπως αυτον θανατωσωσιν F 1.13.1582
αρχιερεις και το συνεδριον ολον..ψευδομαρτυριαν..οπως αυτον θανατωσουσιν L
αρχιερεις και το συνεδριον ολον..ψευδομαρτυριαν..οπως θανατωσωσιν Θ
αρχιερεις και οι πρεσβυτεροι και ολον το συνεδριον..ψευδομαρτυριαν..οπως θανατωσουσιν αυτον 28

Mk 14.55
μαρτυριαν εις το θανατωσαι ℵBCLWYΠ 1.2[illegible]
ψευδομαρτυριαν εις το θανατωσαι A |1582
μαρτυριαν ινα θανατωσουσιν DΘ
μαρτυριαν ινα θανατωσωσιν 565

M 26.60 ουχ ευρον πολλων προσελθοντων ψευδομαρτυρων .. ℵBL
ουκ ευρον και πολλων προσελθοντων ψευδομαρτυρων ουχ ευρον .. A
ουχ ευρον πολλων ψευδομαρτυρων προσελθοντων .. C*
ουχ ευρον και πολλων ψευδομαρτυρων προσελθοντων ουχ ευρον .. C[c]FYWΠ 13.28.
ουκ ευρον το εξης και πολλοι προσηλθον ψευδομαρτυρες και ουκ ευρον το εξης.. D |565
ουχ ηυρον και πολλων ψευδομαρτυρων προσελθοντων ουχ ευρον .. EG
ουχ ευρον και πολλων ψευδομαρτυρων ελθοντων ουχ ευρον .. K
ουχ ευρισκον πολλον προσελθωντων ψευδομαρτυρων .. Θ
ουχ ευρον προσελθοντων πολλων ψευδομαρτυρων .. 1.1582*
ουχ ευρον και προσελθοντων πολλων ψευδομαρτυρων ουχ ευρον .. 1582[c]

Mk 14.55 ουχ ηυρισκον DW 1.1582
ουχ ευρισκον ℵACΘΠ 565
ουκ ηυρισκεν B*
ουχ ηυρισκεν B[c]
ουκ ηυρισκον L
ου ευρισκον Y*
ουχι ευρισκον Y[c]
ουχ ευρον 28

M 26.60 προσελθοντες δυο ℵBL 1.1582*
προσελθοντες δυο μαρτυρες A*
προσελθοντες δυο ψευδομαρτυρες A[c]CEFGKYΘΠ 13.28.565.1582[c]
ηλθον δυο ψευδομαρτυρες D
προσελθοντες δυο τινες ψευδομαρτυρες W

M 26.61 |εἶπαν, Οὗτος ἔφη, Δύναμαι
Mk 14.58 κατ' αὐτοῦ λέγοντες |ὅτι 'Ημεῖς ἠκούσαμεν αὐτοῦ λέγοντος ὅτι 'Εγὼ
J 2.19 ἀπεκρίθη 'Ιησοῦς καὶ εἶπεν αὐτοῖς,
J 18.21 αὐτοῖς· ἴδε οὗτοι οἴδασιν ἃ εἶπον ἐγώ.

M 26.61 καταλῦσαι τὸν ναὸν τοῦ θεοῦ καὶ διὰ τριῶν ἡμερῶν
Mk 14.58 καταλύσω τὸν ναὸν τοῦτον τὸν χειροποίητον καὶ διὰ τριῶν ἡμερῶν ἄλλον
J 2.19 Λύσατε τὸν ναὸν τοῦτον καὶ ἐν τρισὶν ἡμέραις

M 26.62 οἰκοδομῆσαι. καὶ
Mk 14.59,60 ἀχειροποίητον οἰκοδομήσω· καὶ οὐδὲ οὕτως ἴση ἦν ἡ μαρτυρία αὐτῶν. καὶ
J 2.19 ἐγερῶ αὐτόν.

M 26.62 ἀναστὰς ὁ ἀρχιερεὺς εἶπεν αὐτῷ,
Mk 14.60 ἀναστὰς ὁ ἀρχιερεὺς εἰς μέσον ἐπηρώτησεν τὸν 'Ιησοῦν λέγων, Οὐκ

M 26.63 Οὐδὲν ἀποκρίνῃ; τί οὗτοί σου καταμαρτυροῦσιν; |ὁ δὲ 'Ιησοῦς ἐσιώπα.
Mk 14.61 ἀποκρίνῃ οὐδέν; τί οὗτοί σου καταμαρτυροῦσιν; |ὁ δὲ ἐσιώπα καὶ

M 26.63 καὶ ὁ ἀρχιερεὺς εἶπεν αὐτῷ,
Mk 14.61 οὐκ ἀπεκρίνατο οὐδέν. πάλιν ὁ ἀρχιερεὺς ἐπηρώτα αὐτὸν καὶ λέγει αὐτῷ,
L 22.67 λέγοντες,
L 22.70 εἶπαν δὲ πάντες,

M 26.63 'Εξορκίζω σε κατὰ τοῦ θεοῦ τοῦ ζῶντος ἵνα ἡμῖν εἴπῃς εἰ σὺ εἶ ὁ Χριστὸς
Mk 14.61 Σὺ εἶ ὁ Χριστὸς
L 22.67 Εἰ σὺ εἶ ὁ Χριστός,
L 22.70 Σὺ οὖν εἶ

M 26.61
ειπαν ουτος εφη δυναμαι καταλυσαι..του θεου.. οικοδομησαι
ειπαν ουτος εφη δυναμαι καταλυσε ..του θεου..αυτον οικοδομησαι ℵ
ειπον ουτος εφη δυναμαι καταλυσαι..του θεου..οικοδομησαι αυτον AEFGWYΠ 13.28.565.
ειπον ουτος εφη δυναμαι καταλυσαι..του θεου.. οικοδομησαι B 1.1582* |1582^c
ειπον ουτος εφη δυναμαι καταλυσαι..του θεου..αυτον οικοδομησαι C*L
ειπον ουτος εφη δυναμαι καταλυσαι..τουτον ..αυτον οικοδομησαι C^c
και ειπον τουτου ηκουσαμεν λεγοντα δυναμαι καταλυσαι..του θεου..οικοδομησαι αυτον D*
και ειπον τουτου ηκουσαμεν λεγοντος δυναμαι καταλυσαι..του θεου..οικοδομησαι αυτον D^c
ειπον ουτος εφη δυναμε καταλυσαι..του θεου..οικοδομησαι αυτον K
ειπαν ουτος εφη δυναμαι καταλυσε ..του θεου.. οικοδομησαι Θ

M 26.62 αυτω ουδεν αποκρινη τι ουτοι σου καταμαρτυρουσιν ℵ^cA^cBCDEFGKLWYΠ 1.13.565.1582
αυτω ℵ*
αυτω ουδεν αποκρινη τι ουτοι σοι καταμαρτυρουσιν Α*
αυτοις ουδεν αποκρινη τι ουτοι σου καταγωρουσιν Θ
αυτω ουδεν αποκρινει τι ουτοι σου καταμαρτυρουσιν 28
Mk 14.60 ουκ αποκρινη ουδεν ℵABCDLYΘΠ 1.565.1582
ουδεν αποκρινη 28

M 26.63 ο δε Ιησους εσιωπα και ο αρχιερευς ειπεν αυτω εξορκιζω..του ζωντος ℵ^cB^cG 1.13.1582
εξορκιζω..του ζωντος ℵ*
ο δε Ιησους εσιωπα και αποκριθεις ο αρχιερευς ειπεν αυτω εξορκιζω..του ζωντος ACKWY 28
ο δε Ιησους εσιωπα και ο αρχιερευς ειπεν αυτω εξορκιζω..του ζωτος B*
ο δε Ιησους εσιωπα αποκριθεις ουν ο αρχιερευς ειπεν αυτω ορκιζω..του ζωντος D
ο δε εσιωπα και αποκριθεις ο αρχιερευς ειπεν αυτω εξορκιζω..του ζωντος EF
ο δε Ιησους εσιωπα και ο αρχιερευς ειπεν αυτω ορκιζω..του ζοντος L
ο δε Ιησους εσιωπα και ο αρχιερευς ειπεν αυτω ορκιζω..του ζωντος Θ
ο δε Ιησους εσιωπα και αποκριθεις ο αρχιερευς ειπεν αυτω ορκιζω..του ζωντος Π
ο δε εσιωπα και αποκριθεις ο αρχιερευς ειπεν αυτω ορκιζω..του ζωντος 565
Mk 14.61 ο δε εσιωπα BCLWYΘΠ 1.28.1582
ο δε Ιησους εσιωπα ℵA 565

M 26.60 - J 8.17 | M 26.61 - M 27.40; Ac 6.14
M 26.63 - Is 53.7; M 27.12, 14; L 23.9; J 19.9; M 16.16f; Mk 5.7; J 10.24

M 26.64 ὁ υἱὸς τοῦ θεοῦ. λέγει αὐτῷ ὁ Ἰησοῦς, Σὺ εἶπας·
Mk 14.62 ὁ υἱὸς τοῦ εὐλογητοῦ; ὁ δὲ Ἰησοῦς εἶπεν, Ἐγώ εἰμι,
L 22.67 εἰπὸν ἡμῖν. εἶπεν δὲ αὐτοῖς, Ἐὰν ὑμῖν εἴπω οὐ
L 22.70 ὁ υἱὸς τοῦ θεοῦ; ὁ δὲ πρὸς αὐτοὺς ἔφη, Ὑμεῖς λέγετε

M 26.64 πλὴν λέγω ὑμῖν,
L 22.68 μὴ πιστεύσητε· ἐὰν δὲ ἐρωτήσω οὐ μὴ ἀποκριθῆτε.
L 22.70 ὅτι ἐγώ εἰμι.

M 26.64 ἀπ' ἄρτι ὄψεσθε τὸν υἱὸν τοῦ ἀνθρώπου
Mk 14.62 καὶ ὄψεσθε τὸν υἱὸν τοῦ ἀνθρώπου
L 22.69 ἀπὸ τοῦ νῦν δὲ ἔσται ὁ υἱὸς τοῦ ἀνθρώπου

M 26.64 καθήμενον ἐκ δεξιῶν τῆς δυνάμεως
Mk 14.62 ἐκ δεξιῶν καθήμενον τῆς δυνάμεως
L 22.69 καθήμενος ἐκ δεξιῶν τῆς δυνάμεως τοῦ θεοῦ.

M 26.64 καὶ ἐρχόμενον ἐπὶ τῶν νεφελῶν τοῦ οὐρανοῦ.
Mk 14.62 καὶ ἐρχόμενον μετὰ τῶν νεφελῶν τοῦ οὐρανοῦ.

M 26.65 τότε ὁ ἀρχιερεὺς διέρρηξεν τὰ ἱμάτια αὐτοῦ λέγων, Ἐβλασφήμησεν· τί
Mk 14.63 ὁ δὲ ἀρχιερεὺς διαρρήξας τοὺς χιτῶνας αὐτοῦ λέγει, Τί
L 22.71 οἱ δὲ εἶπαν, Τί

M 26.65 ἔτι χρείαν ἔχομεν μαρτύρων; ἴδε νῦν ἠκούσατε τὴν βλασφημίαν·
Mk 14.64 ἔτι χρείαν ἔχομεν μαρτύρων; ἠκούσατε τῆς βλασφημίας·
L 22.71 ἔτι ἔχομεν μαρτυρίας χρείαν; αὐτοὶ γὰρ ἠκούσαμεν ἀπὸ τοῦ στόματος

M 26.63 υιος του θεου ℵABC^{c}DEFGKLYΠ 1.13.28.565.1582
υιος του θεου του ζωντος C*W
του θεου υιος θ
Mk 14.61 υιος του ευλογητου ℵ^{c}BCDLθ 1.565.1582
υιος του θεου ℵ*
υιος του θεου του ευλογητου AYΠ

M 26.64 λεγει αυτω ο Ιησους συ ειπας .. υμιν ℵABCE^{c}FGKLYΠ 1.13.28. |565.1582
λεγει αυτω ο Ιησους συ ειπας .. υμειν οτι D
λεγ αυτω ο Ιησους συ ειπας .. υμιν E*
λεγει αυτω ο Ιησους συ συ ειπας .. υμιν θ
Mk 14.62 ο δε Ιησους ειπεν ℵABCLYΠ 28
ο δε Ιησους αποκριθεις λεγει αυτω D
ο δε Ιησους αποκριθεις ειπεν αυτω W 1.1582
ο δε Ιησους αποκριθεις λεγι αυτω συ ειπας οτι θ 565

M 26.64 οφεσθε τον υιον..καθημενον εκ δεξιων..επι των νεφελων ℵABCEFGKLYΠ 1.13.28.565.1582
οφεσθαι τον υιον..καθημενον εκ δεξιων..επι των νεφελων DW
οφεσθε τον υον ..καθημενον εκ δεξιων..επι των νεφελων θ
Mk 14.62 οφεσθε τον υιον..εκ δεξιων καθημενον..μετα των νεφελων ℵBCYΠ 565
οφεσθε τον υιον..καθημενον εκ δεξιων..μετα των νεφελων A
οφεσθαι τον υιον..εκ δεξιων καθημενον..μετα των νεφελων DLθ
οφεσθε τον υιον..καθημενον εκ δεξιων..επι των νεφελων 1.1582
οφεσθε τον υιον..εκ δεξιων καθημενον..επι των νεφελων 28

M 26.65 ο αρχιερευς διερρηξεν.. λεγων ..εχομεν μαρτυρων ιδε ..βλασφημιαν BL
αρχιερευς διερρηξεν..και λεγει ιδε..εχομεν μαρτυριων ιδε ..βλασφημιαν ℵ*
αρχιερευς διερρηξεν.. λεγων οτι..εχομεν μαρτυριων ιδε ..βλασφημιαν ℵ^{c}
ο αρχιερευς διερρηξεν.. λεγων οτι..εχομεν μαρτυρων ιδε ..βλασφημιαν αυτου ACEFGYΠ 1.13. |1582
ο αρχιερευς διερρηξεν.. λεγων ..εχομεν μαρτυρων ιδε ..βλασφημειαν D
ο αρχιερευς διερριξεν.. λεγων οτι..εχομεν μαρτυρων ιδε ..βλασφημιαν αυτου K
ο αρχιερευς διερηξεν .. λεγων οτι..εχομεν μαρτυρων ειδε ..βλασφημιαν αυτου W
ο ααρχιερεως διερρηξεν.. λεγων ..εχομεν μαρτυρων ιδου..βλασφημιαν εαυτου θ
ο αρχιερευς .. λεγων οτι..εχομεν μαρτυρων ιδε ..βλασφημιαν αυτου 28
ο αρχιερευς διερρηξεν.. λεγων οτι..εχωμεν μαρτυρων ιδε ..βλασφημιαν αυτου 565
Mk 14.63 λεγει ℵABCLWYθΠ 1.28.1582
λεγων 565

M 26.63 - M 27.11 | M 26.64 - Ps 110.1; Dn 7.13; M 24.30; Mk 16.19; 2 C 13.4; L 21.27; M 10.23
M 26.65- Lv 10.6; 21.10; Nu 14.6; 2 Sm 13.19; Ezr 9.3; Jb 1.20; 2.12; Jr 36.24; Ac 14.14; 22.23;
M 9.3; J 10.33 | M 26.65-66 - Lv 24.16; J 19.7

M 26.66 τί ὑμῖν δοκεῖ; οἱ δὲ ἀποκριθέντες εἶπαν, Ἔνοχος θανάτου ἐστίν.
Mk 14.64 τί ὑμῖν φαίνεται; οἱ δὲ πάντες κατέκριναν αὐτὸν ἔνοχον εἶναι θανάτου.
L 22.71 αὐτοῦ.

M 26.67 Τότε ἐνέπτυσαν
Mk 14.65 Καὶ ἤρξαντό τινες ἐμπτύειν αὐτῷ
L 22.63 Καὶ οἱ ἄνδρες οἱ συνέχοντες αὐτὸν ἐνέπαιζον αὐτῷ δέροντες,

M 26.67 εἰς τὸ πρόσωπον αὐτοῦ καὶ ἐκολάφισαν αὐτόν, οἱ δὲ
Mk 14.65 καὶ περικαλύπτειν αὐτοῦ τὸ πρόσωπον καὶ κολαφίζειν αὐτὸν καὶ
L 22.64 |καὶ περικαλύψαντες αὐτὸν
J 18.22 ταῦτα δὲ αὐτοῦ εἰπόντος εἷς

M 26.68 ἐράπισαν |λέγοντες,
Mk 14.65 λέγειν αὐτῷ,
L 22.64 ἐπηρώτων λέγοντες,
J 18.22 παρεστηκὼς τῶν ὑπηρετῶν ἔδωκεν ῥάπισμα τῷ Ἰησοῦ εἰπών,

M 26.68 Προφήτευσον ἡμῖν, Χριστέ, τίς ἐστιν ὁ παίσας σε;
Mk 14.65 Προφήτευσον, καὶ οἱ ὑπηρέται ῥαπίσμασιν αὐτὸν ἔλαβον.
L 22.65 Προφήτευσον, τίς ἐστιν ὁ παίσας σε; καὶ ἕτερα πολλὰ
J 18.23 Οὕτως ἀποκρίνῃ τῷ ἀρχιερεῖ; ἀπεκρίθη αὐτῷ Ἰησοῦς, Εἰ κακῶς ἐλάλησα,

L 22.65 βλασφημουντες ελεγον εις αυτον.
J 18.24 μαρτυρησον περι του κακου· ει δε καλως, τι με δερεις; απεστειλεν ουν αυτον ο Αννας

J 18.24 δεδεμενον προς Καιαφαν τον αρχιερεα.

M 26.65	ιδε νυν ηκουσατε	την βλασφημιαν	all texts (see page 330)
Mk 14.64	ηκουσατε	της βλασφημιας	BCLYΠ 28
	ιδε νυν ηκουσατε	της βλασφημιας	ℵ
	ηκουσατε	την βλασφημιαν	A
	ηκουσατε	την βλασφημιαν αυτου	D
	ηκουσατε παντες	την βλασφημιαν αυτου	1.1582

M 26.66	δοκει	.. αποκριθεντες	ειπαν	ℵ*
	δοκει	.. αποκριθεντες	ειπον	ℵ[c]ABCEFGKLWYΘΠ 1.13.28.565.1582
	δοκει	.. απεκριθησαν παντες και	ειπον	D
Mk 14.64	φαινεται			ℵABLYΠ 1.1582
	δοκει			D 28.565
	δοκη			Θ

M 26.67	το προσωπον αυτου..εκολαφισαν ..οι	δε εραπισαν	ℵABLWΘ
	το προσωπον αυτου..εκολαφιλασαν..οι	δε εραπισαν	C
	το προσωπον αυτου..εκολαφισαν ..αλλοι	δε εραπεισαν αυτου	D
	το προσωπον αυτου..εκολαφησαν ..οι	δε ερραπισαν	EFK 13
	το προσωπον αυτου..εκολαφισαν ..οι	δε ερραπισαν αυτου	G 1.1582
	το προσωπον αυτου..εκολαφισαν ..οι	δε ερραπισαν	YΠ 28.565

Mk 14.65

αυτω	και περικαλυπτειν	αυτου το προσωπον.. κολαφιζειν	ℵBCL
αυτω	και περικαλυπτειν	το προσωπον αυτου.. κολαφιζειν	AYΠ 1.28.
		τω προσωπω αυτου..εκολαφιζον	D |1582
αυτω	και περικαλυπτιν	το προσωπον αυτου.. κολαφιζειν	W
αυτου τω προσωπω	και περικαλυπτιν	το πρωσωπων αυτου.. κολαφιζειν	Θ
αυτου του προσωπω	και περικαλυπτειν	το προσωπον αυτου.. κολαφιζειν	565

M 26.68	προφητευσον	ημιν Χριστε τις εστιν ο παισας σε	ℵABCDEFGKYΠ 1.13.565.1582
	προφητευσον	ημιν Χριστε τις εστιν ο πασεσας σε	L*
	προφητευσον	ημιν Χριστε τις εστιν ο πεσας σε	L[c]W 28
	προφητευσον	ημιν Χριστε τις εστιν ο πεσα σε	Θ
Mk 14.65	προφητευσον		ℵABCDLYΠ 28.1582[c]
	προφητευσον νυν	Χριστε τις εστιν ο πεσας σε	W
	προφητευσον	ημιν Χριστε τις εστιν ο παισας σε	Θ 565

M 26.66 - J 19.7; Lv 24.16; M 27.30; 1 P 2.20 | M 26.67 - Is 50.6; 53.5 | M 26.68 - L 23.39

70. PETER'S DENIAL

Matthew 26.59-75

L 22.54 Συλλαβοντες δε αυτον ηγαγον και εισηγαγον εις την οικιαν του αρχιερεως· ο δε Πετρος
L 22.55 ηκολουθει μακροθεν. περιαψαντων δε πυρ εν μεσω της αυλης

M 26.69 Ὁ δὲ Πέτρος ἐκάθητο ἔξω ἐν τῇ αὐλῇ·
Mk 14.66 Καὶ ὄντος τοῦ Πέτρου κάτω ἐν τῇ αὐλῇ
L 22.55 καὶ συγκαθισάντων ἐκάθητο ὁ Πέτρος μέσος αὐτῶν.
J 18.16 ὁ δὲ Πέτρος εἱστήκει πρὸς τῇ θύρᾳ ἔξω. ἐξῆλθεν οὖν

J 18.16 ο μαθητης ο αλλος ο γνωστος του αρχιερεως και ειπεν τη θυρωρω και εισηγαγεν το Πετρον.

M 26.69 καὶ προσῆλθεν αὐτῷ μία παιδίσκη
Mk 14.67 ἔρχεται μία τῶν παιδισκῶν τοῦ ἀρχιερέως, |καὶ ἰδοῦσα τὸν
L 22.56 ἰδοῦσα δὲ αὐτὸν παιδίσκη τις
J 18.17 λέγει οὖν τῷ Πέτρῳ ἡ παιδίσκη ἡ θυρωρός,

M 26.69 λέγουσα, Καὶ σὺ
Mk 14.67 Πέτρον θερμαινόμενον ἐμβλέψασα αὐτῷ λέγει, Καὶ σὺ μετὰ
L 22.56 καθήμενον πρὸς τὸ φῶς καὶ ἀτενίσασα αὐτῷ εἶπεν, Καὶ οὗτος
J 18.17 Μὴ καὶ σὺ ἐκ τῶν

M 26.70 ἦσθα μετὰ Ἰησοῦ τοῦ Γαλιλαίου. ὁ δὲ ἠρνήσατο ἔμπροσθεν
Mk 14.68 τοῦ Ναζαρηνοῦ ἦσθα τοῦ Ἰησοῦ. ὁ δὲ ἠρνήσατο
L 22.57 σὺν αὐτῷ ἦν· ὁ δὲ ἠρνήσατο
J 18.17 μαθητῶν εἶ τοῦ ἀνθρώπου τούτου;

M 26.70 πάντων λέγων, Οὐκ οἶδα τί λέγεις.
Mk 14.68 λέγων, Οὔτε οἶδα οὔτε ἐπίσταμαι σὺ τί λέγεις.
L 22.57 λέγων, Οὐκ οἶδα αὐτόν, γύναι.
J 18.18 λέγει ἐκεῖνος, Οὐκ εἰμί. εἱστήκεισαν δὲ οἱ δοῦλοι καὶ οἱ ὑπηρέται

J 18.18 ανθρακιαν πεποιηκοτες, οτι ψυχος ην, και εθερμαινοντο· ην δε και ο Πετρος μετ αυτων
J 18.18 εστως και θερμαινομενος.

M 26.69	εκαθητο εξω .. παιδισκη .. Γαλιλαιου	Lθ 1582
	εκαθητο εξω .. παιδισκη .. Γαλιλεου	ℵ
	εκαθητο εξω .. παιδισκη .. Γαλειλαιου	BD
	εξω εκαθητο .. παιδισκη .. Γαλιλαιου	AEFGKWYΠ 28
	εξω εκαθητο .. παιδισκη .. Ναζωραιου	C
	εκαθητο εξω .. πεδισκη .. Γαλιλαιου	1.
	εκαθητο εξωθεν .. παιδισκη .. Γαλιλαιου	13
	εκαθητο .. παιδισκη .. Γαλιλαιου	565
Mk 14.66	των παιδισκων	ABDWYΠ 1.28.565.1582
	παιδισκη	ℵC
M 26.70	εμπροσθεν παντων..ουκ οιδα τι λεγεις	ℵBC^c EGLθ 13
	εμπροσθεν αυτων ..ουκ οιδα τι λεγεις	AC*FW
	ενπροσθεν παντων..ουκ οιδα τι λεγεις ουδε επισταμαι	D
	εμπροσθεν αυτων ..ουκ οιδα τι λεγεις	KYΠ 565
	εμπροσθεν αυτων παντων..ουκ οιδα ο λεγεις ουδε επισταμαι	1.1582
Mk 14.68	ουτε οιδα ουτε επισταμαι συ τι λεγεις	ℵBLW 1.565.1582
	ουκ οιδα ουδε επισταμαι τι συ λεγεις	AYΠ
	ουκ οιδα ουτε επισταμαι συ τι λεγεις	C
	ουτε οιδα ουτε ηπισταμαι τι λεγεις	D
	ουτε οιδα ουτε επισταμε τη συ λεγεις	θ
	ουκ οιδα ουτε επισταμαι τι συ λεγεις	28

M 26.71 ἐξελθόντα δὲ εἰς τὸν πυλῶνα
Mk 14.69 καὶ ἐξῆλθεν ἔξω εἰς τὸ προαύλιον· καὶ ἀλέκτωρ ἐφώνησεν. καὶ ἡ
L 22.58 καὶ μετὰ βραχὺ
J 18.25 Ἦν δὲ Σίμων Πέτρος ἑστὼς καὶ θερμαινόμενος.

M 26.71 εἶδεν αὐτὸν ἄλλη καὶ λέγει τοῖς ἐκεῖ, Οὗτος ἦν
Mk 14.69 παιδίσκη ἰδοῦσα αὐτὸν ἤρξατο πάλιν λέγειν τοῖς παρεστῶσιν ὅτι Οὗτος
L 22.58 ἕτερος ἰδὼν αὐτὸν ἔφη, Καὶ σὺ
J 18.25 εἶπον οὖν αὐτῷ, Μὴ καὶ σὺ

M 26.72 μετὰ Ἰησοῦ τοῦ Ναζωραίου. καὶ πάλιν ἠρνήσατο μετὰ ὅρκου ὅτι
Mk 14.70 ἐξ αὐτῶν ἐστιν. ὁ δὲ πάλιν ἠρνεῖτο.
L 22.58 ἐξ αὐτῶν εἶ· ὁ δὲ Πέτρος ἔφη, Ἄνθρωπε,
J 18.25 ἐκ τῶν μαθητῶν αὐτοῦ εἶ; ἠρνήσατο ἐκεῖνος καὶ εἶπεν,

M 26.73 Οὐκ οἶδα τὸν ἄνθρωπον. μετὰ μικρὸν δὲ προσελθόντες οἱ ἑστῶτες
Mk 14.70 καὶ μετὰ μικρὸν πάλιν οἱ παρεστῶτες
L 22.59 οὐκ εἰμί. καὶ διαστάσης ὡσεὶ ὥρας μιᾶς ἄλλος τις διϊσχυρίζετο
J 18.26 Οὐκ εἰμί. λέγει εἷς ἐκ τῶν δούλων

M 26.73 εἶπον τῷ Πέτρῳ, Ἀληθῶς καὶ σὺ
Mk 14.70 ἔλεγον τῷ Πέτρῳ, Ἀληθῶς
L 22.59 λέγων, Ἐπ' ἀληθείας καὶ οὗτος
J 18.26 τοῦ ἀρχιερέως, συγγενὴς ὢν οὗ ἀπέκοψεν Πέτρος τὸ ὠτίον, Οὐκ ἐγώ σε εἶδον

M 26.73 ἐξ αὐτῶν εἶ, καὶ γὰρ ἡ λαλιά σου δῆλόν σε ποιεῖ.
Mk 14.70 ἐξ αὐτῶν εἶ, καὶ γὰρ Γαλιλαῖος εἶ.
L 22.59 μετ' αὐτοῦ ἦν, καὶ γὰρ Γαλιλαῖός ἐστιν·
J 18.26 ἐν τῷ κήπῳ μετ' αὐτοῦ;

M 26.71 πυλωνα all texts
Mk 14.68 προαυλιον και αλεκτωρ εφωνησεν ACYΠ 28
προαυλιον ℵBL
προσαυλην και αλεκτωρ εφωνησεν D
αυλην W

M 26.71 εξελθοντα δε ..ειδεν αυτον αλλη .. τοις εκει ουτος..Ναζωραιου ℵB
εξελθοντα δε αυτον..ειδεν αυτον αλλη ..αυτοις εκει και ουτος..Ναζωραιου AE*FY
εξελθοντα δε αυτον.. ιδεν αλλη ..αυτοις εκει και ουτος..Ναζωραιου C
εξελθοντος δε αυτου..ειδεν αυτον αλλη παιδισκη.. τοις εκει ουτος..Ναζωραιου D
εξελθοντα δε αυτον..ειδεν αυτον αλλη .. τοις εκει και ουτος..Ναζωραιου E^{c}GΠ
εξελθοντα δε αυτον.. ιδεν αυτον αλλη .. τοις εκει και ουτος..Ναζωραιου KW 565
εξελθοντα δε .. ιδεν αλλη ..αυτοις εκει και ουτος..Ναζωραιου L
εξελθοντα δε αυτον.. ιδεν αλλη .. τοις εκει και ουτος..Ναζωραιου Θ
εξελθοντα δε αυτον..ειδεν αλλη ..αυτοις εκει και ουτος..Ναζαρηνου 1.
εξελθοντα δε .. ιδεν αυτον αλλην .. τοις εκει και ουτως..Ναζωραιου 13
εξελθοντα δε ..ειδεν αυτον αλλη ..αυτοις εκει και ουτος..Ναζαρηνου 1582
M 26.72 ηρνησατο μετα ορκου οτι ABCKLΘΠ 565
ηρνησατο μετα ορκου ℵ
ηρνησατο μεθ ορκου λεγων D
ειρνησατο μεθ ορκου οτι E
ηρνησατο μεθ ορκου οτι FGY 1.1582
ηρνησατο μετα ρορκου οτι W
ηρνισατο μεθ ορκου οτι 13
M 26.73
δε ..ειπον ..αληθως και συ..και γαρ η λαλια σου δηλον σε ποιει ℵAB$C^{c}E^{c}$FGKWYΠ 13
δε ..ειπον ..αληθως και συ..και γαρ Γαλιλαιος ει και η λαλια σου δηλον σε ποιει C*
δε ..ειπον ..αληθως ..και γαρ η λαλεια σου ομοιαζει D
δε ..ειπον ..αληθος και συ..και γαρ η λαλια σου δηλον σε ποιει E*
δε ..ειπον ..αληθως και συ.. L
δε ..ειπον ..αλληθως ..και γαρ η λαλια σου δηλον σε ποιει Θ
δε ..ειπον ..αληθως ..και γαρ η λαλια σου δηλον σε ποιει 1.
δε ..ειπον ..αληθως και συ..και γαρ η λαλημα σου δηλον σε ποιει 565
δε παλιν..ειπον ..αληθως ..και γαρ η λαλια σου δηλον σε ποιει 1582
Mk 14.70 ελεγον.. ..και γαρ Γαλιλαιος ει C 1.1582
ελεγον.. ..και γαρ Γαλειλαιος ει ℵBD
ελεγον.. ..και γαρ Γαλιλαιος ει και η λαλια σου ομοιαζει AYΠ 28
ειπον .. ..και γαρ Γαλιλαιος ει L
ελεγον.. ..και γαρ Γαλιλαιος ει και η λαλημα σου ομηαξει Θ

M 26.71 - Ac 4.13 | M 26.72 - J 8.55 | M 26.73 - J 8.43

M 26.74	τότε ἤρξατο καταθεματίζειν καὶ ὀμνύειν ὅτι Οὐκ οἶδα τὸν ἄνθρωπον.
Mk 14.71	ὁ δὲ ἤρξατο ἀναθεματίζειν καὶ ὀμνύναι ὅτι Οὐκ οἶδα τὸν ἄνθρωπον τοῦτον
L 22.60	εἶπεν δὲ ὁ Πέτρος, Ἄνθρωπε, οὐκ οἶδα
J 18.27	πάλιν οὖν ἠρνήσατο Πέτρος·

M 26.75	καὶ εὐθέως ἀλέκτωρ ἐφώνησεν. καὶ
Mk 14.72	ὃν λέγετε. καὶ εὐθὺς ἐκ δευτέρου ἀλέκτωρ ἐφώνησεν. καὶ
L 22.61	ὃ λέγεις. καὶ παραχρῆμα ἔτι λαλοῦντος αὐτοῦ ἐφώνησεν ἀλέκτωρ. καὶ
J 18.27	καὶ εὐθέως ἀλέκτωρ ἐφώνησεν.

M 26.75	ἐμνήσθη ὁ Πέτρος τοῦ
Mk 14.72	ἀνεμνήσθη ὁ Πέτρος τὸ
L 22.61	στραφεὶς ὁ κύριος ἐνέβλεψεν τῷ Πέτρῳ, καὶ ὑπεμνήσθη ὁ Πέτρος τοῦ

M 26.75	ῥήματος Ἰησοῦ εἰρηκότος ὅτι Πρὶν ἀλέκτορα φωνῆσαι
Mk 14.72	ῥῆμα ὡς εἶπεν αὐτῷ ὁ Ἰησοῦς ὅτι Πρὶν ἀλέκτορα φωνῆσαι
L 22.61	ῥήματος τοῦ κυρίου ὡς εἶπεν αὐτῷ ὅτι Πρὶν ἀλέκτορα φωνῆσαι

M 26.75	τρὶς ἀπαρνήσῃ με· καὶ ἐξελθὼν ἔξω ἔκλαυσεν πικρῶς.
Mk 14.72	δὶς τρίς με ἀπαρνήσῃ· καὶ ἐπιβαλὼν ἔκλαιεν.
L 22.62	σήμερον ἀπαρνήσῃ με τρίς· καὶ ἐξελθὼν ἔξω ἔκλαυσεν πικρῶς.

M 26.74	καταθεματιζειν ..ομνυειν..		και ευθεως	ℵACDFGKWYΠ 1.13.565.1582
	καταθεματιζειν ..ομνυειν..		και ευθυς	Bθ
	καταναθεματιζειν..ομνυειν..		και ευθεως	E
	καταναθεματιζειν..ομνυειν..		και ευθυς	L
Mk 14.71	αναθεματιζειν..ομνυναι..τουτον	ον λεγετε	και ευθυς εκ δευτερου	B
	αναθεματιζειν..ομνυειν..		και ευθυς	ℵ
	αναθεματιζειν..ομνυειν..τουτον	ον λεγετε	και εκ δευτερου	ACΠ 1.28.1582
	αναθεματιζειν..λεγειν ..	ον λεγεται	και ευθεως εκ δευτερου	D
	αναθεματιζειν..ομνυναι..τουτον	ον λεγεται	και ευθυς	L
	αναθεματιζειν..ομνυειν..τουτον	ον λεγεται	και ευθεως εκ δευτερου	W
	αναθεματιζειν..ομνυναι..τουτον	ον λεγετε	και εκ δευτερου	Y
	αναθεματιζειν..ομνυειν..τουτον	ον λεγετε	και ευθεως εκ δευτερου	θ
	καταθεματιζειν ..ομνυειν..τουτον	ον λεγετε	και ευθεως εκ δευτερου	565

M 26.75

του ρηματος	Ιησου ειρηκοτος	οτι πριν	αλεκτορα φωνησαι	..απαρνηση ..εκλαυσεν	ℵB
του ρηματος	Ιησου ειρηκοτος αυτω	οτι πριν η	αλεκτορα φωνησαι	..απαρνηση ..εκλαυσεν	A
του ρηματος	Ιησου ειρηκοτος αυτω	οτι πρειν	αλεκτορα φωνησαι	..απαρνησει..εκλαυσεν	C*
του ρηματος του	Ιησου ειρηκοτος αυτω	οτι πρειν	αλεκτορα φωνησαι	..απαρνησει..εκλαυσεν	C^{c}
του ρηματος	Ιησου ειρηκοτος	πριν	αλεκτορα φωνησαι	..απαρνηση ..εκλαυσεν	D
του ρηματος	Ιησου ειρηκοτος αυτω	οτι πριν	αλεκτορα φωνησαι	..απαρνηση ..εκλαυσεν	EFGθΠ^{c}
του ρηματος του	Ιησου ειρηκοτος αυτω	οτι πριν	αλεκτορα φωνησαι	..απαρνηση ..εκλαυσεν	KWYΠ*
του ρηματος του	Ιησου ειρηκοτος	οτι πριν	αλεκτορα φωνησαι	..απαρνηση ..εκλαυσεν	L
του ρηματος του	Ιησου ειρηκοτος αυτω	οτι πριν	αλεκτοροφωνιας	..απαρνηση ..εκλαυσεν	1.1582
του ρηματος του	Ιησου ειρηκοτος αυτω	οτι πριν	αλεκτωρ φωνησαι	..απαρνηση ..εκλαυσεν	13
του ρηματος	Ιησου ειρηκοτος αυτω	οτι πριν	αλεκτορα φωνησαι	..απαρνησει..εκλαυσεν	565

Mk 14.72

το ρημα ως..	..εκλαιεν	ℵ^{c}ABΠ
το ρημα ως..	..εκλαυσεν	ℵ*C
του ρηματος ου..	..εκλαιεν	W
του ρηματος ..	..εκλαιεν	1.28.1582

L 22.61	οτι πριν αλεκτορα φωνησαι σημερον	P^{75} ℵL
	οτι πριν η αλεκτορα φωνησαι σημερον	B
	πριν αλεκτορα φωνησαι	D
	οτι πριν αλεκτορα φωνησαι	WYθ 1.28

M 26.75 - M 26.34; Mk 14.30; L 22.34; J 13.38; Is 22.4; 1 J 3.20

71. JESUS BROUGHT BEFORE PILATE

Matthew 27.1-2

M 27. 1 Πρωΐας δὲ γενομένης συμβούλιον ἔλαβον πάντες οἱ
Mk 15. 1 Καὶ εὐθὺς πρωῒ συμβούλιον ποιήσαντες οἱ
L 22.66 Καὶ ὡς ἐγένετο ἡμέρα, συνήχθη τὸ πρεσβυτέριον τοῦ λαοῦ,

M 27. 1 ἀρχιερεῖς καὶ οἱ πρεσβύτεροι τοῦ λαοῦ κατὰ τοῦ Ἰησοῦ ὥστε θανατῶσαι
Mk 15. 1 ἀρχιερεῖς μετὰ τῶν πρεσβυτέρων καὶ γραμματέων καὶ ὅλον
L 22.66 ἀρχιερεῖς τε καὶ γραμματεῖς, καὶ ἀπήγαγον αὐτὸν εἰς

M 27. 2 αὐτόν· καὶ δήσαντες αὐτὸν ἀπήγαγον καὶ
Mk 15. 1 τὸ συνέδριον δήσαντες τὸν Ἰησοῦν ἀπήνεγκαν καὶ
L 23. 1 τὸ συνέδριον αὐτῶν, |Καὶ ἀναστὰν ἅπαν τὸ πλῆθος αὐτῶν ἤγαγον
J 18.28 Ἄγουσιν οὖν τὸν

M 27. 2 παρέδωκαν Πιλάτῳ τῷ ἡγεμόνι.
Mk 15. 1 παρέδωκαν Πιλάτῳ.
L 23. 1 αὐτὸν ἐπὶ τὸν Πιλᾶτον.
J 18.28 Ιησοῦν ἀπὸ τοῦ Καϊάφα εἰς τὸ πραιτώριον· ἦν δὲ πρωΐ· καὶ αὐτοὶ οὐκ

J 18.29 εισηλθον εις το πραιτωριον, ινα μη μιανθωσιν αλλα φαγωσιν το πασχα. εξηλθεν ουν ο
J 18.29 Πιλατος εξω προς αυτους και φησιν, Τινα κατηγοριαν φερετε κατα του ανθρωπου τουτου;
J 18.30 απεκριθησαν και ειπαν αυτω, Ει μη ην ουτος κακον ποιων, ουκ αν σοι παρεδωκαμεν αυτον.
J 18.31 ειπεν ουν αυτοις ο Πιλατος, Λαβετε αυτον υμεις, και κατα τον νομον υμων κρινατε αυτον.
J 18.32 ειπον αυτω οι Ιουδαιοι, Ημιν ουκ εξεστιν αποκτειναι ουδενα· |ινα ο λογος του Ιησου
J 18.32 πληρωθη ον ειπεν σημαινων ποιω θανατω ημελλεν αποθνησκειν.

72. DEATH OF THE BETRAYER

Matthew 27.3-10

M 27. 3 Τότε ἰδὼν Ἰούδας ὁ παραδιδοὺς αὐτὸν ὅτι κατεκρίθη μεταμεληθεὶς
M 27. 4 ἔστρεψεν τὰ τριάκοντα ἀργύρια τοῖς ἀρχιερεῦσιν καὶ πρεσβυτέροις |λέγων

M 27. 1 γενομενης συμβουλιον ελαβον ..ωστε θανατωσαι ℵABCFGKLWYΠ 1.1582
γενομενης συνβουλιον εποιησαν ..ινα θανατωσουσιν D
γενομενης συμβουλιον ελαβων ..ωστε θανατωσαι E 565
γενομενης συνβουλιον ελαβον ..ωστε θανατωσαι Θ
γεναμενης συμβουλιον ελαβον ..ωστε θανατωσαι 13
Mk 15. 1 συμβουλιον ποιησαντες ABWYΠ 1.28.1582
συνβουλιον εποιησαν D
συμβουλιον εποιησαν Θ 565

M 27. 2 και δησαντες..απηγαγον .. Πιλατω ℵL
και δησαντες..απηγαγον ..αυτον Ποντιω Πιλατω AC^cEFGWYΠ 1.565.1582
και δησαντες..απηγαγον .. Πειλατω B
και δησαντες..απηγαγον .. Ποντιω Πιλατω C*K
και δησαντες..απηγαγον ..αυτον Ποντιω Πειλατω Θ
και δησαντες..απηγαγον αυτον .. Ποντιω Πιλατω 13
Mk 15. 1 δησαντες..απηνεγκαν ℵABLYΠ 28
δησαντες..απηγαγον CW 1.1582
και δησαντες..απηγαγον εις την αυλην D
και δησαντες..απηγαγων Θ
και δησαντες..απηγαγον 565

M 27. 3 ιδων Ιουδας ο παραδιδους..μεταμεληθεις εστρεψεν.. πρεσβυτεροις
ιδων Ιουδας ο παραδιδους..μεταμεληθη απεστρεψεν.. πρεσβυτεροις ℵ*
ιδων Ιουδας ο παραδιδους..μεταμεληθεις απεστρεψεν.. πρεσβυτεροις ℵ^cCYΘ
ιδων Ιουδας ο παραδιδους..μεταμεληθεις απεστρεψεν..τοις πρεσβυτεροις AEFGKWΠ 13.565.1582
ιδων Ιουδας ο παραδους ..μεταμεληθεις εστρεψεν.. πρεσβυτεροις B
ειδων Ιουδας ο παραδους ..μεταμεληθεις απεστρεψεν.. πρεσβυτεροις L
ιδων ο Ιουδας ο παραδιδους..μεταμεληθεις απεστρεψεν.. πρεσβυτεροις 1.

M 27. 1 - M 12.14; Mk 3.6 | M 27. 3 - M 26.14f; Ac 1.18f

72. DEATH OF THE BETRAYER Matthew 27.3-10

M 27. 5 Ἥμαρτον παραδοὺς αἷμα ἀθῷον. οἱ δὲ εἶπαν, Τί πρὸς ἡμᾶς; σὺ ὄψῃ. |καὶ
M 27. 5 ῥίψας τὰ ἀργύρια εἰς τὸν ναὸν ἀνεχώρησεν,

M 27. 6 καὶ ἀπελθὼν ἀπήγξατο. οἱ δὲ ἀρχιερεῖς λαβόντες τὰ ἀργύρια
Ac 1.18b καὶ πρηνὴς γενόμενος ἐλάκησεν μέσος, καὶ ἐξεχύθη πάντα τὰ σπλάγχνα αὐτοῦ.

M 27. 6 εἶπαν, Οὐκ ἔξεστιν βαλεῖν αὐτὰ εἰς τὸν κορβανᾶν, ἐπεὶ τιμὴ αἵματός ἐστιν.

M 27. 7 συμβούλιον δὲ λαβόντες ἠγόρασαν ἐξ αὐτῶν τὸν ἀγρὸν τοῦ Κεραμέως
Ac 1.18a Οὗτος μὲν οὖν ἐκτήσατο χωρίον ἐκ μισθοῦ τῆς ἀδικίας,

M 27. 8 εἰς ταφὴν τοῖς ξένοις. διὸ ἐκλήθη ὁ
Ac 1.19 |καὶ γνωστὸν ἐγένετο πᾶσι τοῖς κατοικοῦσιν Ἰερουσαλήμ, ὥστε κληθῆναι τὸ

M 27. 8 ἀγρὸς ἐκεῖνος Ἀγρὸς
Ac 1.19 χωρίον ἐκεῖνο τῇ ἰδίᾳ διαλέκτῳ αὐτῶν Ἀκελδαμάχ, τοῦτ' ἔστιν, Χωρίον

M 27. 9 Αἵματος ἕως τῆς σήμερον. τότε ἐπληρώθη τὸ ῥηθὲν διὰ Ἰερεμίου τοῦ
Ac 1.19 Αἵματος.

M 27. 9 προφήτου λέγοντος, Καὶ ἔλαβον τὰ τριάκοντα ἀργύρια, τὴν τιμὴν τοῦ
M 27.10 τετιμημένου ὃν ἐτιμήσαντο ἀπὸ υἱῶν Ἰσραήλ, |καὶ ἔδωκαν αὐτὰ εἰς τὸν
M 27.10 ἀγρὸν τοῦ κεμαμέως, καθὰ συνέταξέν μοι κύριος.

M 27. 4	αθωον .. ειπαν .. οφη	13
	αθωον .. ειπον .. οφη	ℵAB*CFGKWΠ 1582*
	δικαιον .. ειπον .. οφη	B^{mg}Θ
	αθωον .. ειπον .. οφει	EY 1.565.1582^{c}
	δικαιον .. ειπαν .. οφει	L
M 27. 5	τα αργυρια εις τον ναον ανεχωρησεν	BLΘ 13
	τα τριακοντα αργυρια εις τον ναον ανεχωρησεν	ℵ
	τα αργυρια εν τω ναω ανεχωρησεν	AFGWYΠ 565.1582
	τα αργυρια εν τω ναω απεχωρησεν	C
	τα αργυρια εν τω ναω ανεχωρισεν	EK 1.
M 27. 6	ειπαν .. εξεστιν .. κορβαναν .. εστιν	B^{c}CFGL 565.1582
	ειπον .. εξεστιν .. κορβαναν .. εστιν	ℵAΠ 1.
	ειπαν .. εξεστιν .. κορβαν .. εστιν	B*
	ειπαν .. εξεστιν .. κορβοναν .. εστιν	EK
	ειπαν .. εστιν .. κορβαναν .. εστιν	W
	ειπον .. εξεστιν .. κορβαναν .. ετι	Y
	ει ειπον .. εξεστιν .. κορβαναν .. εστιν	Θ
	ειπον .. εξεστιν .. κορβοναν .. εστιν	13
M 27. 9	τοτε .. Ιερεμιου .. τετιμημενου .. Ισραηλ	$ℵ^{c}$BFGLΘ 1.13.565.1582
	και .. Ιερεμιου .. τετιμημενου .. Ισραηλ	ℵ*
	τοτε .. Ιηρεμιου .. τετιμημενου .. Ισραηλ	ACWΠ
	τοτε .. Ιερεμιου .. τετημημενου .. Ισραηλ	E
	τοτε .. Ιερεμιου .. τετιμημενου ..	K
	τοτε .. Ιερεμιου .. τεμιμενου .. Ισραηλ	Y
M 27.10	εδωκαν .. καθα .. κυριος	A^{c}BCEFGKLYΠ 13.565
	εδωκα .. καθα .. κυριος	ℵW
	εδωκεν .. καθα .. κυριος	A*
	εδωκαν .. καθως .. κυριος	Θ
	εδωκαν .. καθως .. ο κυριος	1.1582

M 27. 4 - M 27.24; 1 Sm 19.5; 1 Mcc 1.37; 2 Mcc 1.8; Jr 19.5 | M 27. 5 - 2 Sm 17.23; Tob 3.10(LXX)
M 27. 6 - Dt 23.18; Mk 7.11 | M 27. 9-10 - Zch 11.12f; Jr 32.6-9 | M 27.10 - Ex 9.12(LXX)

73. THE TRIAL BEFORE PILATE

Matthew 27.11-26

L 23. 1,2	Και ανασταν απαν το πληθος αυτων ηγαγον αυτον επι τον Πιλατον. ηρξαντο δε κατηγορειν
L 23. 2	αυτου λεγοντες, Τουτον ευραμεν διαστρεφοντα το εθνος ημων και κωλυοντα φορους Καισαρι
L 23. 2	διδοναι και λεγοντα εαυτον Χριστον βασιλεα ειναι.

M 27.11	Ὁ δὲ Ἰησοῦς ἐστάθη ἔμπροσθεν τοῦ ἡγεμόνος· καὶ ἐπηρώτησεν
Mk 15. 2	καὶ ἐπηρώτησεν
L 23. 3	ὁ δὲ Πιλᾶτος ἠρώτησεν
J 18.33	Εἰσῆλθεν οὖν πάλιν εἰς τὸ πραιτώριον ὁ Πιλᾶτος καὶ ἐφώνησεν τὸν

M 27.11	αὐτὸν ὁ ἡγεμὼν λέγων, Σὺ εἶ ὁ βασιλεὺς τῶν Ἰουδαίων; ὁ δὲ Ἰησοῦς
Mk 15. 2	αὐτὸν ὁ Πιλᾶτος, Σὺ εἶ ὁ βασιλεὺς τῶν Ἰουδαίων; ὁ δὲ ἀποκριθεὶς
L 23. 3	αὐτὸν λέγων, Σὺ εἶ ὁ βασιλεὺς τῶν Ἰουδαίων; ὁ δὲ ἀποκριθεὶς
J 18.34	Ἰησοῦς καὶ εἶπεν αὐτῷ, Σὺ εἶ ὁ βασιλεὺς τῶν Ἰουδαίων; ἀπεκρίθη

M 27.12	ἔφη, Σὺ λέγεις. καὶ ἐν τῷ
Mk 15. 3	αὐτῷ λέγει, Σὺ λέγεις. καὶ
L 23. 2a	ἤρξαντο δὲ
L 23. 4	αὐτῷ ἔφη, Σὺ λέγεις. ὁ δὲ Πιλᾶτος εἶπεν πρὸς τοὺς
J 18.34	Ἰησοῦν, Ἀπὸ σεαυτοῦ σὺ τοῦτο λέγεις ἢ ἄλλοι εἶπόν σοι περὶ ἐμοῦ;

L 23. 5	αρχιερεις και τους οχλους, Ουδεν ευρισκω αιτιον εν τω ανθρωπω τουτω. οι δε

M 27.12	κατηγορεῖσθαι αὐτὸν ὑπὸ τῶν ἀρχιερέων καὶ πρεσβυτέρων οὐδὲν ἀπεκρίνατο.
Mk 15. 3	κατηγόρουν αὐτοῦ οἱ ἀρχιερεῖς πολλά.
L 23. 2a	κατηγορεῖν αὐτοῦ λέγοντες,
L 23. 5	ἐπίσχυον λέγοντες ὅτι Ἀνασείει τὸν λαὸν διδάσκων καθ' ὅλης τῆς Ἰουδαίας,
J 18.35	ἀπεκρίθη ὁ Πιλᾶτος, Μήτι ἐγὼ Ἰουδαῖός εἰμι; τὸ ἔθνος τὸ σὸν καὶ οἱ

L 23. 5	και αρξαμενος απο της Γαλιλαιας εως ωδε.
L 23. 6,7	Πιλατος δε ακουσας επηρωτησεν ει ο ανθρωπος Γαλιλαιος εστιν· και επιγνους οτι εκ
L 23. 7	της εξουσιας Ηρωδου εστιν ανεπεμψεν αυτον προς Ηρωδην, οντα και αυτον εν Ιεροσολυμοις
L 23. 8	εν ταυταις ταις ημεραις. ο δε Ηρωδης ιδων τον Ιησουν εχαρη λιαν, ην γαρ εξ ικανων
L 23. 8	χρονων θελων ιδειν αυτον δια το ακουειν περι αυτου, και ηλπιζεν τι σημειον ιδειν υπ
L 23. 8	αυτου γινομενον.

M 27.11	εσταθη..επηρωτησεν..ο ηγεμων..Ιουδαιων..Ιησους	εφη		ℵ^{c}
	εσταθη..επηρωτησεν.. ηγεμων..Ιουδαιων..Ιησους	εφη		ℵ*
	εστη ..επηρωτησεν..ο ηγεμων..Ιουδαιων..Ιησους	εφη	αυτω	AFGYΠ 13.565
	εσταθη..επηρωτησεν..ο ηγεμων..Ιουδαιων..Ιησους	εφη	αυτω	B 1.1582
	εσταθη..επηρωτησεν..ο ηγεμων..Ιουδαιων.......	...	....	C
	εστι ..επηρωτησεν..ο ηγεμων..Ιουδαιων..Ιησους	εφη	αυτω	EK
	εσταθη..επηρωτησεν..ο ηγεμων..Ιουδαιων..	εφη		L
	εστη ..επηρωτησεν.. ..Ιουδαιων..Ιησους	εφη	αυτω	W
	εσταθη..επηρωτησεν.. ..Ιουδεων ..Ιησους	εφη	αυτω	θ
L 23. 3	ηρωτησεν..	αυτω	εφη	B
	ηρωτησεν..		εφη	P^{75}
	επηρωτησεν..	αυτω	εφη	ALYθ 565
	επηρωτησεν..	αυτω	λεγων	D
	επηρωτησεν..	αυτος	εφη	W
	επηρωτησεν..	αυτω		1.1582

M 27.12	κατηγορεισθαι αυτον.. πρεσβυτερων	ουδεν απεκρινατο	ℵB* 1.13.1582
	κατηγορεισθαι αυτον..των πρεσβυτερων	ουδεν απεκρινατο	AB^{c}EFGKYΠ 565
	κατηγορεισθαι αυτον.. πρεσβυτερων	ουδεν αποκρινατο	L
	κατηγορισθαι αυτον..των πρεσβυτερων	ουδεν απεκρινατο	W
	κατεγορεισθε αυτον.. πρεσβυτερον	ουδεν απεκρινατο	θ
Mk 15. 3	αυτου.. πολλα		ℵABCDYΠ 1.1582
	αυτου.. πολλα αυτος δε	ουδεν απεκρινατο	Wθ 565
	αυτον.. πολλα		28

M 27.11 - M 2.2; 27.29, 37; Mk 15.9, 12, 18, 26; L 23.37f; J 18.39; 19.3, 19, 21; 1 Ti 6.13
M 27.12 - Is 53.7; M 26.64; 27.14; L 23.9; J 19.9; Ac 24.2

J 18.36 αρχιερεις παρεδωκαν σε εμοι· τι εποιησας; απεκριθη Ιησους, Η βασιλεια η εμη ουκ
J 18.36 εστιν εκ του κοσμου τουτου· ει εκ του κοσμου τουτου ην η βασιλεια η εμη, οι υπηρεται
J 18.36 οι εμοι ηγωνιζοντο αν, ινα μη παραδοθω τοις Ιουδαιοις· νυν δε η βασιλεια η εμη ουκ
J 18.37 εστιν εντευθεν. ειπεν ουν αυτω ο Πιλατος, Ουκουν βασιλευς ει συ; απεκριθη ο Ιησους,
J 18.37 Συ λεγεις οτι βασιλευς ειμι. εγω εις τουτο γεγεννημαι και εις τουτο εληλυθα εις τον
J 18.37 κοσμον, ινα μαρτυρησω τη αληθεια· πας ο ων εκ της αληθειας ακουει μου της φωνης.
J 18.38 λεγει αυτω ο Πιλατος, Τι εστιν αληθεια;
J 18.38 Και τουτο ειπων παλιν εξηλθεν προς τους Ιουδαιους, και λεγει αυτοις, Εγω ουδεμιαν
J 18.38 ευρισκω εν αυτω αιτιαν.

M 27.13 τότε
Mk 15. 4 ὁ δὲ Πιλᾶτος
J 19. 8,9 Ὅτε οὖν ἤκουσεν ὁ Πιλᾶτος τοῦτον τὸν λόγον, μᾶλλον ἐφοβήθη, |καὶ

M 27.13 λέγει αὐτῷ ὁ Πιλᾶτος, Οὐκ
Mk 15. 4 πάλιν ἐπηρώτα αὐτὸν λέγων, Οὐκ
L 23. 9 ἐπηρώτα δὲ αὐτὸν
J 19. 9 εἰσῆλθεν εἰς τὸ πραιτώριον πάλιν καὶ λέγει τῷ Ἰησοῦ, Πόθεν εἶ

M 27.14 ἀκούεις πόσα σου καταμαρτυροῦσιν; καὶ οὐκ
Mk 15. 5 ἀποκρίνῃ οὐδέν; ἴδε πόσα σου κατηγοροῦσιν. ὁ δὲ Ἰησοῦς οὐκέτι
L 23. 9 ἐν λόγοις ἱκανοῖς· αὐτὸς δὲ οὐδὲν
J 19. 9 σύ; ὁ δὲ Ἰησοῦς

M 27.14 ἀπεκρίθη αὐτῷ πρὸς οὐδὲ ἓν ῥῆμα, ὥστε θαυμάζειν τὸν ἡγεμόνα λίαν.
Mk 15. 5 οὐδὲν ἀπεκρίθη, ὥστε θαυμάζειν τὸν Πιλᾶτον.
L 23.10 ἀπεκρίνατο αὐτῷ. εἱστήκεισαν δὲ οἱ ἀρχιερεῖς καὶ οἱ γραμματεῖς
J 19. 9 ἀπόκρισιν οὐκ ἔδωκεν αὐτῷ.

L 23.11 ευτονως κατηγορουντες αυτου. εξουθενησας δε αυτον και ο Ηρωδης συν τοις στρατευμασιν
L 23.12 αυτου και εμπαιξας περιβαλων εσθητα λαμπραν ανεπεμψεν αυτον τω Πιλατω. εγενοντο δε
L 23.12 φιλοι ο τε Ηρωδης και ο Πιλατος εν αυτη τη ημερα μετ αλληλων· προυπηρχον γαρ εν εχθρα
L 23.12 οντες προς αυτους.
L 23.13,14 Πιλατος δε συγκαλεσαμενος τους αρχιερεις και τους αρχοντας και τον λαον |ειπεν
L 23.14 προς αυτους, Προσηνεγκατε μοι τον ανθρωπον τουτον ως αποστρεφοντα τον λαον, και ιδου
L 23.14 εγω ενωπιον υμων ανακρινας ουθεν ευρον εν τω ανθρωπω τουτω αιτιον ων κατηγορειτε κατ
L 23.15 αυτου, |αλλ ουδε Ηρωδης· ανεπεμψεν γαρ αυτον προς ημας· και ιδου ουδεν αξιον θανατου
L 23.16 εστιν πεπραγμενον αυτω. παιδευσας ουν αυτον απολυσω.

J 19.10 λεγει ουν αυτω ο Πιλατος, Εμοι ου λαλεις; ουκ οιδας οτι εξουσιαν εχω απολυσαι σε και
J 19.11 εξουσιαν εχω σταυρωσαι σε; απεκριθη αυτω Ιησους, Ουκ ειχες εξουσιαν κατ εμου ουδεμιαν
J 19.12 ει μη ην δεδομενον σοι ανωθεν· δια τουτο ο παραδους με σοι μειζονα αμαρτιαν εχει. εκ
J 19.12 τουτου ο Πιλατος εζητει απολυσαι αυτον· οι δε Ιουδαιοι εκραυγασαν λεγοντες, Εαν τουτον
J 19.12 απολυσης, ουκ ει φιλος του Καισαρος· πας ο βασιλεα εαυτον ποιων αντιλεγει τω Καισαρι.
J 19.13 Ο ουν Πιλατος ακουσας των λογων τουτων ηγαγεν εξω τον Ιησουν, και εκαθισεν επι βημα-
J 19.14 τος εις τοπον λεγομενον Λιθοστρωτον, Εβραιστι δε Γαββαθα. ην δε παρασκευη του πασχα,
J 19.14 ωρα ην ως εκτη. και λεγει τοις Ιουδαιοις, Ιδε ο βασιλευς υμων.

M 27.13	αυτω ο Πιλατος ..	ποσα σου	καταμαρτυρουσιν	ℵE^c FKLWYΠ 13.565
	αυτω ο Πειλατος ..	ποσα σου	καταμαρτυρουσιν	AB^c Θ
	αυτω ο Πειλατος ..	οσα σου	καταμαρτυρουσιν	B*
	αυτω ο Πιλατος ..	τοσα καταμαρτυρουσιν	σου	D*
	αυτω ο Πιλατος ..	ποσα σου	καταμαρτυρουσιν σου	D^c
	αυτο ο Πιλατος ..	ποσα σου	καταμαρτυρουσιν	E*
	αυτω ο Πιλατος ..	ποσα σου	καταταμαρτυρουσιν	G
	αυτω ο Πιλατος ..	ποσα σου	κατηγορουσιν	1.1582
Mk 15. 4			κατηγορουσιν	ℵBCDW 1.1582
			καταμαρτυρουσιν	AYΘΠ 28.565

M 27.14	προς ουδε εν	ℵABEFGKWYΠ 1.565.1582
	εν	D
	προς ουδεν	LΘ 13

M 27.14 - Is 53.7; M 26.63; 27.12

M 27.15 Κατὰ δὲ ἑορτὴν εἰώθει ὁ ἡγεμὼν ἀπολύειν ἕνα τῷ
Mk 15. 6 Κατὰ δὲ ἑορτὴν ἀπέλυεν αὐτοῖς ἕνα
L 23.17 ἀνάγκην δὲ εἶχεν ἀπολύειν αὐτοῖς κατὰ ἑορτὴν ἕνα.
J 18.39a ἔστιν δὲ συνήθεια ὑμῖν ἵνα ἕνα ἀπολύσω

M 27.16 ὄχλῳ δέσμιον ὃν ἤθελον. εἶχον δὲ τότε δέσμιον ἐπίσημον λεγόμενον
Mk 15. 7 δέσμιον ὃν παρῃτοῦντο. ἦν δὲ ὁ λεγόμενος
J 18.40b ὑμῖν ἐν τῷ πάσχα· ἦν δὲ ὁ

M 27.16 Ἰησοῦν Βαραββᾶν.
Mk 15. 7 Βαραββᾶς μετὰ τῶν στασιαστῶν δεδεμένος οἵτινες ἐν τῇ στάσει
L 23.19 ὅστις ἦν διὰ στάσιν τινὰ
J 18.40b Βαραββᾶς λῃστής.

M 27.17 συνηγμένων οὖν αὐτῶν
Mk 15. 8 φόνον πεποιήκεισαν. καὶ ἀναβὰς ὁ ὄχλος
L 23.19 γενομένην ἐν τῇ πόλει καὶ φόνον βληθεὶς ἐν τῇ φυλακῇ.

M 27.17 εἶπεν αὐτοῖς ὁ Πιλᾶτος, Τίνα
Mk 15. 9 ἤρξατο αἰτεῖσθαι καθὼς ἐποίει αὐτοῖς. ὁ δὲ Πιλᾶτος ἀπεκρίθη αὐτοῖς λέγων,

M 27.17 θέλετε ἀπολύσω ὑμῖν, Ἰησοῦν τὸν Βαραββᾶν ἢ Ἰησοῦν τὸν λεγόμενον
Mk 15. 9 Θέλετε ἀπολύσω ὑμῖν τὸν βασιλέα τῶν Ἰουδαίων;
J 18.39b βούλεσθε οὖν ἀπολύσω ὑμῖν τὸν βασιλέα τῶν Ἰουδαίων;

M 27.15 εορτην ειωθει ο ηγεμων απολυειν ενα τω οχλω δεσμιον ον ηθελον ℵ^c ABEFLWΘ 1.1582
εορτην ειωθει ο ηγεμων απολυειν ενα τω οχλω δεσμιον ον παρητουντο ℵ*
την εορτην ειωθει ο ηγεμων απολυειν ενα δεσμιον τω οχλω ον ηθελον D
εορτην ειωθει ο ηγεμων απολυειν ενα τω χλω δεσμιον ον ηθελον G
εορτην ειωθη ο ηγεμων απολυειν ενα τω οχλω δεσμιον ον ηθελον KΠ
εορτην ειωθη ο ηγεμων απολυειν τω οχλω ενα δεσμιον ον ηθελον 13
εορτην ιωθει ο ηγεμων απολυειν ενα τω οχλω δεσμιον ον ηθελον 565
Mk 15. 6 εορτην απελυεν ℵABCYΘΠ 1.28.565.1582
την εορτην απελυεν D
εορτην ιωθει ο ηγεμων απολυειν W

M 27.16
τοτε .. λεγομενον Ιησουν Βαραββαν 1*.1582*
τοντε.. λεγομενον Βαραββαν ℵ*
τοτε .. λεγομενον Βαραββαν ℵ^c ABEFGKLWYΠ 1^c.565.
τοτε ..τον λεγομενον Βαραββαν D |1582^c
τοτε .. λεγωμενον Ιησουν Βαρραββαν Θ
τοτε .. λεγομενον Βαραββαν οστις δια φθονον ην βεβλημενος εις φυλακην 13
Mk 15. 7
δε Βαραββας ℵABCDYΠ 1.28.565.
δε Βαρραββας Θ
δε τοτε Βαρναβας W

M 27.17 ουν..Πιλατος τινα θελετε απολυσω υμιν Ιησουν τον Βαραββαν ..λεγομενον
ουν..Πιλατος τινα θελετε απολυσω υμιν Βαραββαν ..λεγομενον ℵE^c KYΠ 565
ουν..Πειλατος τινα θελετε απολυσω υμιν Βαραββαν ..λεγομενον A
ουν..Πειλατος τινα θελετε απολυσω υμιν τον Βαραββαν ..λεγομενον B
δε ..Πειλατος τινα θελεται υμειν απολυσω Βαραββαν ..λεγομενον D
ουν..Πιλατος Βαραββαν ..λεγομενον E*
ουν..Πηλατος τινα θελετε απολυσω υμιν Βαραββαν ..λεγομενον F
ουν..Πιλατος τινα θελετε απολυσω υμιν Βαραββαν ..λεγομεν G
ουν..Πιλατος τινα θελετε απολυσω υμιν Βαραββαν ..λεγωμενον L
ουν..Πιλατος τινα θελεται απολυσω υμιν Βαραββαν ..λεγομενον W
δε ..Πειλατος τινα θελετε των δυο απολυσω υμιν Ιησουν Βαρραββαν..λεγομενον Θ
ουν..Πιλατος τινα θελετε απολυσω υμιν των δυο Ιησουν τον Βαραββαν ..λεγομενον 1*.1582*
ουν..Πιλατος τινα θελετε απολυσω υμιν των δυο Βαραββαν ..λεγομενον 1^c.1582^c
δε ..Πιλατος τινα θελετε απολυσω υμιν Βαραββαν ..λεγομενον 13

M 27.17 - M 1.16; 21.38

M 27.18,19 Χριστόν; ᾔδει γὰρ ὅτι διὰ φθόνον παρέδωκαν αὐτόν. Καθημένου
Mk 15.10 ἐγίνωσκεν γὰρ ὅτι διὰ φθόνον παραδεδώκεισαν αὐτὸν οἱ ἀρχιερεῖς.

M 27.19 δὲ αὐτοῦ ἐπὶ τοῦ βήματος ἀπέστειλεν πρὸς αὐτὸν ἡ γυνὴ αὐτοῦ λέγουσα,
M 27.19 Μηδὲν σοὶ καὶ τῷ δικαίῳ ἐκείνῳ, πολλὰ γὰρ ἔπαθον σήμερον κατ᾽ ὄναρ δι᾽

M 27.20 αὐτόν. Οἱ δὲ ἀρχιερεῖς καὶ οἱ πρεσβύτεροι ἔπεισαν τοὺς
Mk 15.11 οἱ δὲ ἀρχιερεῖς ἀνέσεισαν τὸν
L 23.18 ἀνέκραγον δὲ παμπληθεὶ λέγοντες, Αἶρε
J 19.6a ὅτε οὖν εἶδον αὐτὸν οἱ ἀρχιερεῖς καὶ οἱ ὑπηρέται

M 27.20 ὄχλους ἵνα αἰτήσωνται τὸν Βαραββᾶν τὸν δὲ Ἰησοῦν ἀπολέσωσιν.
Mk 15.11 ὄχλον ἵνα μᾶλλον τὸν Βαραββᾶν ἀπολύσῃ αὐτοῖς.
L 23.18 τοῦτον, ἀπόλυσον δὲ ἡμῖν τὸν Βαραββᾶν·

M 27.21 ἀποκριθεὶς δὲ ὁ ἡγεμὼν εἶπεν αὐτοῖς, Τίνα θέλετε ἀπὸ τῶν δύο
L 23.20 πάλιν δὲ ὁ Πιλᾶτος προσεφώνησεν αὐτοῖς, θέλων

M 27.21 ἀπολύσω ὑμῖν; οἱ δὲ εἶπαν, Τὸν Βαραββᾶν.
L 23.20 ἀπολῦσαι τὸν Ἰησοῦν·
J 18.40a ἐκραύγασαν οὖν πάλιν λέγοντες, Μὴ τοῦτον ἀλλὰ τὸν Βαραββᾶν.

M 27.18 ηδει ..δια φθονον παρεδωκαν αυτον ℵABDEFGKLWY 1.565.1582
ηδει .. α φθονον παρεδωκαν αυτον 13
Mk 15.10 εγινωσκεν ..δια φθονον παραδεδωκεισαν αυτον οι αρχιερεις ℵ^c C 28
εγνωκει ..δια φθονον παραδεδωκεισαν αυτον οι αρχιερεις ℵ*
εγινωσκεν ..δια φθονον παραδεδωκεισαν αυτον B
ηδι ..δια φθονον παρεδωκαν αυτον οι αρχιερεις D
ηδει ..δια φθονον παρεδωκαν αυτον οι αρχιερεις Wθ 565
ηδει ..δια φθονον παρεδωκαν αυτον 1.1582

M 27.19 καθημενου .. του βηματος .. πολλα .. επαθον σημερον ℵABDEFGKL^c WYΠ 1.13.565.1582
καθημενευ .. του βηματος .. πολλα .. επαθον σημερον L*
καθημενου .. βηματος .. πολα .. επαθον θ*
καθημενου .. βηματος .. πολλα .. επαθον θ^c

M 27.20 πρεσβυτεροι επεισαν τους οχλους ινα αιτησωνται τον Βαραββαν ℵABDGKWYΠ 1.565.1582
πρεσβυτεροι επεισαν τους οχλους ινα αιτησονται τον Βαραββαν E
πρεσβυτεροι του λαου επεισαν τους οχλους ινα αιτησωνται τον Βαραββαν F
πρεσβυτεροι επεισαν τους οχλους ινα αιτησωνται τον Βαραβαν L
πρεσβυτεροι επεισαν τους οχλους ινα αιτησωνται τον Βαρραββαν θ
πρεσβυτεροι επεισαν τους οχλους ινα αιτισονται τον Βαραββαν 13
Mk 15.11 ανεσεισαν τον οχλον ινα μαλλον τον Βαραββαν ℵABYΠ 1.1582
επεισαν τω οχλω ινα μαλλον Βαραββαν D
τον οχλον εποιησαν ινα τον Βαρραββαν θ
τον οχλον επεισαν ινα τον Βαραββαν 565

M 27.21 θελετε απο των δυο .. δε ειπαν τον Βαραββαν
θελετε απο των δυο .. δε ειπον τον Βαραββαν ℵB 1.1582*
θελετε απο των δυο .. δε ειπον Βαραββαν AFGKYΠ 13.565.1582^c
θελεται απο των δυο .. δε ειπαν Βαραββαν D
θελετε απο των δυο .. δε ειπων Βαραββαν E
θελετε απο των δυο .. δ ειπαν τον Βαραββαν L
θελεται απο των δυο .. δε ειπον Βαραββαν W
θελετε των δυο .. δε ειπαν τον Βαρραββαν θ

M 27.18 - J 11.47f; 12.19; Ac 7.9 | M 27.19 - L 23.47; Ac 3.14; 7.52; 1 J 2.1

M 27.22 λέγει αὐτοῖς ὁ Πιλᾶτος, Τί οὖν ποιήσω Ἰησοῦν
Mk 15.12 ὁ δὲ Πιλᾶτος πάλιν ἀποκριθεὶς ἔλεγεν αὐτοῖς, Τί οὖν θέλετε ποιήσω

M 27.22 τὸν λεγόμενον Χριστόν; λέγουσιν πάντες,
Mk 15.13 ὃν λέγετε τὸν βασιλέα τῶν Ἰουδαίων; οἱ δὲ πάλιν ἔκραξαν,
L 23.21 οἱ δὲ ἐπεφώνουν λέγοντες,
J 19. 6b ἐκραύγασαν λέγοντες,

M 27.23 Σταυρωθήτω. ὁ δὲ ἔφη,
Mk 15.14 Σταύρωσον αὐτόν. ὁ δὲ Πιλᾶτος ἔλεγεν αὐτούς,
L 23.22 Σταύρου, σταύρου αὐτόν. ὁ δὲ τρίτον εἶπεν πρὸς αὐτούς,
J 19. 6b Σταύρωσον σταύρωσον. λέγει αὐτοῖς ὁ Πιλᾶτος, Λάβετε

M 27.23 Τί γὰρ κακὸν ἐποίησεν;
Mk 15.14 Τί γὰρ ἐποίησεν κακόν;
L 23.22 Τί γὰρ κακὸν ἐποίησεν οὗτος;
J 19. 6b αὐτὸν ὑμεῖς καὶ σταυρώσατε, ἐγὼ γὰρ οὐχ εὑρίσκω ἐν αὐτῷ αἰτίαν.

L 23.22 ουδεν αιτιον θανατου ευρον εν αυτω· παιδευσας ουν αυτον απολυσω.
J 19. 7 απεκριθησαν αυτω οι Ιουδαιοι, Ημεις νομον εχομεν, και κατα τον νομον οφειλει αποθανειν,

J 19. 7 οτι υιον θεου εαυτον εποιησεν.

M 27.24 οἱ δὲ περισσῶς ἔκραζον λέγοντες, Σταυρωθήτω. ἰδὼν
Mk 15.14 οἱ δὲ περισσῶς ἔκραξαν, Σταύρωσον αὐτόν.
L 23.23 οἱ δὲ ἐπέκειντο φωναῖς μεγάλαις αἰτούμενοι αὐτὸν σταυρωθῆναι, καὶ
J 19.15 ἐκραύγασαν οὖν ἐκεῖνοι, Ἆρον ἆρον, σταύρωσον αὐτόν.

L 23.23 κατισχυον αι φωναι αυτων.
J 19.15 λεγει αυτοις ο Πιλατος, Τον βασιλεα υμων σταυρωσω; απεκριθησαν οι αρχιερεις, Ουκ

J 19.15 εχομεν βασιλεα ει μη Καισαρα.

M 27.22 Πιλατος .. ποιησω .. λεγομενον .. λεγουσιν .. σταυρωθητω ℵW 1.1582*
Πειλατος .. ποιησω .. λεγομενον .. λεγουσιν .. σταυρωθητω ABΘ
Πειλατος .. ποιησωμεν .. λεγομενον .. λεγουσιν .. σταυρωθητω D
Πιλατος .. ποιησω .. λεγομενον .. λεγουσιν αυτω .. σταυρωθητω EFGLY 13.1582^c
Πιλατος .. ποιησω .. λεγωμενον .. λεγουσιν .. σταρωθητω σταυρωθητω K*
Πιλατος .. ποιησω .. λεγωμενον .. λεγουσιν .. σταυρωθητω σταυρωθητω K^c
Πιλατος .. ποιησω .. λεγομενον .. λεγουσιν .. σταυρωθητω σταυρωθητω Π 565

M 27.23 ο δε εφη .. κακον εποιησεν .. περισσως εκραζον λεγοντες ℵBΘ
ο δε ηγεμων εφη .. κακον εποιησεν .. περισσως εκραζον λεγοντες AFGW 13
λεγει αυτοις ο ηγεμων .. κακον εποιησεν .. περισσως εκραξαν λεγοντες D
ο δε ηγεμων εφη .. κακον εποιησεν .. περισσως εκραζων λεγοντες E
ο δε ηγεμων εφη .. κακον εποιησεν .. περισσως εκραζον KYΠ
λεγει αυτοις ο ηγεμων .. κακον εποιησεν .. περισσως εκραζον λεγοντες L
λεγει αυτοις ο ηγεμων .. κακον εποιησεν .. περισσοτερον εκραζον 1.1582
ο δε ηγεμων εφη .. κακον εποιησεν .. περισσως εκραζων 565
Mk 15.14 εποιησεν κακον .. περισσως εκραξαν BC
κακον εποιησεν .. περισσως εκραξαν λεγοντες ℵ
κακον εποιησεν .. περισσως εκραζον ADYΠ 1.1582
κακον εποιησεν .. περισσοτερως εκραξαν 28
εποιησεν κακον .. περισσως εκραυγαζον λεγοντες 565

M 27.22f - Ac 3.13f; 13.28

M 27.24 δὲ ὁ Πιλᾶτος ὅτι οὐδὲν ὠφελεῖ ἀλλὰ μᾶλλον θόρυβος γίνεται, λαβὼν ὕδωρ
Mk 15.15 ὁ δὲ Πιλᾶτος βουλόμενος τῷ ὄχλῳ τὸ ἱκανὸν ποιῆσαι
L 23.24 καὶ Πιλᾶτος ἐπέκρινεν γενέσθαι τὸ αἴτημα αὐτῶν·

M 27.24 ἀπενίψατο τὰς χεῖρας ἀπέναντι τοῦ ὄχλου, λέγων, Ἀθῷός εἰμι ἀπὸ τοῦ
M 27.25 αἵματος τούτου· ὑμεῖς ὄψεσθε. καὶ ἀποκριθεὶς πᾶς ὁ λαὸς εἶπεν, Τὸ αἷμα

M 27.26 αὐτοῦ ἐφ' ἡμᾶς καὶ ἐπὶ τὰ τέκνα ἡμῶν. τότε ἀπέλυσεν αὐτοῖς τὸν
Mk 15.15 ἀπέλυσεν αὐτοῖς τὸν
L 23.25 ἀπέλυσεν δὲ τὸν
J 19. 1 Τότε οὖν ἔλαβεν ὁ Πιλᾶτος
J 19.16 τότε οὖν

M 27.26 Βαραββᾶν,
Mk 15.15 Βαραββᾶν,
L 23.25 διὰ στάσιν καὶ φόνον βεβλημένον εἰς φυλακὴν ὃν ᾐτοῦντο,

M 27.26 τὸν δὲ Ἰησοῦν φραγελλώσας παρέδωκεν ἵνα σταυρωθῇ.
Mk 15.15 καὶ παρέδωκεν τὸν Ἰησοῦν φραγελλώσας ἵνα σταυρωθῇ.
L 23.25 τὸν δὲ Ἰησοῦν παρέδωκεν τῷ θελήματι αὐτῶν.
J 19. 1 τὸν Ἰησοῦν καὶ ἐμαστίγωσεν.
J 19.16 παρέδωκεν αὐτὸν αὐτοῖς ἵνα σταυρωθῇ.

M 27.24 Πιλατος .. ωφελει .. μαλλον .. απεναντι .. οχλου ℵEFGKWY^{c}Π 1.13.565.1582
Πειλατος .. ωφελει .. μαλλον .. απεναντι .. οχλου A
Πειλατος .. ωφελει .. μαλλον .. κατεναντι .. οχλου B
Πιλατος .. ωφελει .. μαλλον .. κατεναντι .. οχλου D
Πιλατος .. οφελει .. μαλλον .. απεναντι .. οχλου L
Πιλατος .. ωφελει .. μαλον .. απεναντι .. οχλου Y*
Πειλατος .. ωφελει .. μαλον .. απεναντι .. λαου Θ

M 27.24 ειμι .. του αιματος τουτου υμεις οψεσθε BΘ
ειμι .. του αιματος του δικαιου τουτου υμεις δε οψεσθε ℵ*
ειμι .. του αιματος του δικαιου τουτου υμεις οψεσθε ℵ^{c}EFGKLYΠ 1.13.565.1582
ειμι .. του αιματος τουτου του δικαιου υμεις οψεσθε A
ειμι εγω .. του αιματος τουτου υμεις οψεσθαι D
ειμει .. του αιματος του δικαιου τουτου υμεις οψεσθαι W

M 27.25 πας ο λαος .. εφ ημας ℵABDEFGKWYΘΠ 1.13.565.1582
ο λαος πας .. εεφ ημας L

M 27.26 Βαραββαν ..τον δε Ιησουν φραγελλωσας παρεδωκεν ινα σταυρωθη ℵABEGKWY
Βαραββαν ..τον δε Ιησουν φλαγελλωσας παρεδωκεν αυτοις ινα σταυρωσωσιν αυτον D*
Βαραββαν ..τον δε Ιησουν φραγελλωσας παρεδωκεν αυτοις ινα σταυρωσωσιν αυτον D^{c}
Βαραββαν ..τον δε Ιησουν φραγελλωσας παρεδωκεν αυτοις ινα σταυρωθη FL 1.1582
Βαρραββαν..τον δε Ιησουν φραγελλωσας παρεδωκεν αυτοις ινα σταυρωσωσιν αυτον Θ
Βαραββαν ..τον δε Ιησουν φραγελωσας παρεδωκεν ινα σταυρωθη Π 565
Mk 15.15 Βαραββαν ..και παρεδωκεν τον Ιησουν φραγελλωσας ℵACΠ 1.28.1582
Βαραββαν ..παρεδωκεν δε τον Ιησουν φραγελλωσας B
Βαραββαν ..τον δε Ιησουν φραγελλωσας παρεδωκεν D 565
Βαραββαν ..και παρεδωκεν τον Ιησουν φραγελωσας Y
Βαρραββαν..και παρεδωκεν τον Ιησουν φραγελλωσας Θ

M 27.24 - Dt 21.6-9; 2 Sm 14.9; Ps 26.6; 73.13; Ac 18.6; 20.26; M 27.4; 23.32-36
M 27.25 - Ez 33.5; Ac 5.28; 18.6; 1 Th 2.15f

74. CRUCIFIXION AND DEATH

Matthew 27.27-56

M 27.27 Τότε οἱ στρατιῶται τοῦ ἡγεμόνος παραλαβόντες τὸν Ἰησοῦν εἰς
Mk 15.16 Οἱ δὲ στρατιῶται ἀπήγαγον αὐτὸν ἔσω τῆς αὐλῆς,
J 19. 2a καὶ οἱ στρατιῶται

M 27.28 τὸ πραιτώριον συνήγαγον ἐπ' αὐτὸν ὅλην τὴν σπεῖραν. καὶ
Mk 15.17 ὅ ἐστιν πραιτώριον, καὶ συγκαλοῦσιν ὅλην τὴν σπεῖραν. καὶ
J 19. 2c καὶ

M 27.29 ἐκδύσαντες αὐτὸν χλαμύδα κοκκίνην περιέθηκαν αὐτῷ, |καὶ πλέξαντες
Mk 15.17 ἐνδιδύσκουσιν αὐτὸν πορφύραν καὶ περιτιθέασιν αὐτῷ πλέξαντες
L 23.11b περιβαλὼν ἐσθῆτα λαμπρὰν
J 19. 2b ἱμάτιον πορφυροῦν περιέβαλον αὐτόν, |πλέξαντες

M 27.29 στέφανον ἐξ ἀκανθῶν ἐπέθηκαν ἐπὶ τῆς κεφαλῆς αὐτοῦ καὶ κάλαμον ἐν τῇ δεξιᾷ
Mk 15.17 ἀκάνθινον στέφανον·
J 19. 2b στέφανον ἐξ ἀκανθῶν ἐπέθηκαν αὐτοῦ τῇ κεφαλῇ,

M 27.29 αὐτοῦ, καὶ γονυπετήσαντες ἔμπροσθεν αὐτοῦ
Mk 15.19c |καὶ τιθέντες τὰ γόνατα
L 23.11a ἐξουθενήσας δὲ αὐτὸν καὶ ὁ Ἡρῴδης σὺν τοῖς στρατεύ-
J 19. 3 |καὶ ἤρχοντο πρὸς αὐτὸν

M 27.29 ἐνέπαιξαν αὐτῷ λέγοντες,
Mk 15.18 προσεκύνουν αὐτῷ. καὶ ἤρξαντο ἀσπάζεσθαι αὐτόν,
L 23.11a μασιν αὐτοῦ καὶ ἐμπαίξας
J 19. 3 καὶ ἔλεγον,

M 27.27 συνηγαγον ℵABEFGKLWYΘΠ 1.565.1582
συνηγαγεν D

M 27.28
εκδυσαντες αυτον χλαμυδα κοκκινην περιεθηκαν αυτω ℵ*Θ
ενδυσαντες αυτον χλαμυδα κοκκινην περιεθηκαν αυτω ℵ^c B
εκδυσαντες αυτον περιεθηκαν αυτω χλαμυδα κοκκινην AEFGKWΠ 1.1582
ενδυσαντες αυτον ειματιον πορφυρουν και χλαμυδα κοκκινην περιεθηκαν αυτω D
εκδυσαντες αυτον χλαμυδα κοκινην περιεθηκαν αυτω L
εκδυσαντες αυτον περιεθηκαν αυτω χλαμυδα κοκινην Y
εκδυσαντες αυτον περιεθηκαν αυτω χλαμμυδα κοκκινην 565
Mk 15.17
ενδιδυσκουσιν αυτον ℵBC 1.
ενδυουσιν αυτον AYΠ 28
ενδιδυσκουσιν αυτον χλαμηδα κοκκινην Θ*
ενδιδυσκουσιν αυτον χλαμυδα κοκκινην Θ^c
J 19. 2
περιεβαλον αυτον P^66 ℵABLWYΘ 1.
περιεβαλον αυτω 28

M 27.29
στεφανον εξ ακανθων επεθηκαν επι της κεφαλης..εν τη δεξια εμπροσθεν..ενεπαιξαν..λεγοντες ℵ
στεφανον εξ ακανθων επεθηκαν επι την κεφαλην..εν τη δεξια εμπροσθεν..ενεπεζον ..δεροντες A
στεφανον εξ ακανθων περιεθηκαν επι της κεφαλης..εν τη δεξια εμπροσθεν..ενεπαιξαν..λεγοντες B
στεφανον εξ ακανθων επεθηκαν επι την κεφαλην..εν τη δεξεια ενπροσθεν..ενεπεξαν ..λεγοντες D
τεφανον εξ ακανθων επεθηκαν επι την κεφαλην..επι την δεξιαν εμπροσθεν..ενεπαιζον..λεγοντες E
στεφανον εξ ακανθων επεθηκαν επι την κεφαλην..επι την δεξιαν εμπροσθεν..ενεπαιζον..λεγοντες FG 565
στεφανον εξ ακανθων εθηκαν επι την κεφαλην..επι την δεξιαν εμπροσθεν..ενεπαιζον..λεγοντες KYΠ
στεφανον εξ ακανθων επεθηκαν επι της κεφαλης..επη δεξια εμπροσθεν..ενεπαιξαν..λεγοντες L
στεφανον εξ ακανθων εθηκαν επι την κεφαλην..επι την δεξιαν εμπροσθεν..ενεπεζον ..λεγοντες W
στεφανον εξ ακανθων εθηκαν επι της κεφαλης..εν τη δεξια εμπροσθεεν.εναιπεζον..λεγοντες Θ
στεφανον εξ ακανθων εθηκαν επι την κεφαλην..εν τη δεξια εμπροσθεν..ενεπαιζον..λεγοντες 1.1582*
στεφανον εξ ακανθων επεθηκαν επι την κεφαλην..εν τη δεξια εμπροσθεν..ενεπαιζον..λεγοντες 1582^c
Mk 15.17
ακανθινον στεφανον ℵABCDYΠ 28.565
στεφανον εξ ακανθων Θ 1.1582
J 19. 2
τη κεφαλη P^66 ℵBLWYΘ 1.28
επι την κεφαλην A

M 27.29 - M 20.19; Ph 2.10; Ps 22.7

M 27.30	Χαῖρε, βασιλεῦ τῶν Ἰουδαίων, |καὶ ἐμπτύσαντες εἰς αὐτὸν ἔλαβον τὸν
Mk 15.19b	Χαῖρε, βασιλεῦ τῶν Ἰουδαίων· |καὶ ἐνέπτυον αὐτῷ,
J 19. 3	Χαῖρε, ὁ βασιλεὺς τῶν Ἰουδαίων·

M 27.30	κάλαμον καὶ ἔτυπτον εἰς τὴν κεφαλὴν αὐτοῦ.
Mk 15.19a	|καὶ ἔτυπτον αὐτοῦ τὴν κεφαλὴν καλάμῳ
J 19. 4	καὶ ἐδίδοσαν αὐτῷ ῥαπίσματα. Καὶ ἐξῆλθεν πάλιν ἔξω ὁ Πιλᾶτος

J 19. 4	και λεγει αυτοις, Ιδε αγω υμιν αυτον εξω, ινα γνωτε οτι ουδεμιαν αιτιαν ευρισκω εν
J 19. 5	αυτω. εξηλθεν ουν ο Ιησους εξω, φορων τον ακανθινον στεφανον και το πορφυρουν
J 19. 5	ιματιον. και λεγει αυτοις, Ιδου ο ανθρωπος.

M 27.31	καὶ ὅτε ἐνέπαιξαν αὐτῷ, ἐξέδυσαν αὐτὸν τὴν χλαμύδα καὶ ἐνέδυσαν αὐτὸν
Mk 15.20	|καὶ ὅτε ἐνέπαιξαν αὐτῷ, ἐξέδυσαν αὐτὸν τὴν πορφύραν καὶ ἐνέδυσαν αὐτὸν

M 27.31	τὰ ἱμάτια αὐτοῦ, καὶ ἀπήγαγον αὐτὸν εἰς τὸ σταυρῶσαι.
Mk 15.20	τὰ ἱμάτια αὐτοῦ. καὶ ἐξάγουσιν αὐτὸν ἵνα σταυρώσωσιν αὐτόν.
L 23.11c	ἀνέπεμψεν αὐτὸν τῷ Πιλάτῳ.

M 27.32	Ἐξερχόμενοι δὲ εὗρον ἄνθρωπον
Mk 15.21	Καὶ ἀγγαρεύουσιν παράγοντά τινα
L 23.26	Καὶ ὡς ἀπήγαγον αὐτόν, ἐπιλαβόμενοι

M 27.32	Κυρηναῖον ὀνόματι Σίμωνα· τοῦτον ἠγγάρευσαν
Mk 15.21	Σίμωνα Κυρηναῖον ἐρχόμενον ἀπ' ἀγροῦ, τὸν πατέρα Ἀλεξάνδρου
L 23.26	Σίμωνά τινα Κυρηναῖον ἐρχόμενον ἀπ' ἀγροῦ

M 27.32	ἵνα ἄρῃ τὸν σταυρὸν αὐτοῦ.
Mk 15.21	καὶ Ῥούφου, ἵνα ἄρῃ τὸν σταυρὸν αὐτοῦ.
L 23.26	ἐπέθηκαν αὐτῷ τὸν σταυρὸν φέρειν ὄπισθεν τοῦ Ἰησοῦ.
J 19.17	καὶ βαστάζων ἑαυτῷ τὸν σταυρὸν

M 27.29	βασιλευ	BDYΘΠ 1.
	ο βασιλευς	ℵAEFGKLW 565.1582c
	βασιλευς	1582*
Mk 15.18	βασιλευ	ℵBC*Θ 1.565
	ο βασιλευς	ACcYΠ 28.1582
J 19. 3	ο βασιλευς	ABDsupLWYΘ 1.28
	βασιλευ	P66 ℵ
M 27.30	εμπτυσαντες εις αυτον .. την κεφαλην	ℵABEFcGKLWYΠ 1.565.1582
	ενπτυσαντες εις αυτον .. την κεφαλην	D
	εμπτυσαντες ει αυτον .. την κεφαλην	F*
	εμπτυσαντες εις αυτον .. τη κεφαλην	Θ
M 27.31	εξεδυσαν αυτον την χλαμυδα και ενεδυσαν..και απηγαγον αυτον	ABEFGKWY 1.1582
	εκδυσαντες αυτον την χλαμυδα ενεδυσαν..και απηγαγον αυτον	ℵ
	εξεδυσαν αυτον την χλαμυδα και ενεδυσαν.. απηγαγον αυτον	D
	εκδυσαντες αυτον την χλαμυδα και ενεδυσαν..και απηγαγον αυτον	L
	εξεδυσαν αυτον την χλαμυδα και ενεδυσαν..και απηγαγων	Θ*
	εξεδυσαν αυτον την χλαμυδα και ενεδυσαν..και απηγαγον	Θc
	εξεδυσαν αυτον την χλαμυδα και ενεδυσαν..και απηγαγον αυτον	Π
	εξεδυσαν αυτω την χλαμμυδα και ενεδυσαν..και απηγαγον αυτον	565
Mk 15.20	εξεδυσαν αυτον την πορφυραν	ℵABCDLYΠ 28
	εξεδυσαν αυτον την χλαμυδα και την πορφυραν	Θ
	εξεδυσαν αυτον την χλαμυδα	1.1582
	εξεδυσαν αυτω την χλαμυδα και την πορφυραν	565
M 27.32	ευρον..Κυρηναιον ..Σιμωνα..ηγγαρευσαν ινα αρη	ℵABYΠ 1.1582
	ευρον..Κυρηναιον εις απαντησιν αυτου..Σιμωνα..ηνγαρευσαν ινα αρη	D
	ηυρον..Κυριναιον ..Σιμωνα..ηγγαρευσαν ινα αρη	E
	ηυρον..Κυρηναιον ..Σιμωνα..ηγγαρευσαν ινα αρη	F
	ηυρον..Κυρηναιον ..Σιμονα..ηγγαρευσαν ινα αρη	G
	ευρον..Κυριναιον ..Σιμωνα..ηγγαρευσαν ινα αρη	K
	ευρον..Κυρηναιον ..Σημωνα..ηγαρευσαν ινα αρη	L
	ευρον..Κυρηναιον ..Σιμωνα..ηνγαρευσαν ινα αρη	W
	ευρον..Κυριναιον ..Σιμωνα..ηνγαρευσαν ινα αρη	Θ
	ευρον..Κυρηναιον ..Σιμωνα..ηγγαρευσαν ινα αρει	565

M 27.29 - M 2.2; 27.11, 37; Mk 15.9, 12, 26; L 23.37, 38; J 18.39; 19.19, 21
M 27.32 - Ac 6.9; 11.20; 13.1

L 23.27	Ηκολουθει δε αυτω πολυ πληθος του λαου και γυναικων αι εκοπτοντο και εθρηνουν αυτον.
L 23.28	στραφεις δε προς αυτας ο Ιησους ειπεν, Θυγατερες Ιερουσαλημ, μη κλαιετε επ εμε· πλην
L 23.29	εφ εαυτας κλαιετε και επι τα τεκνα υμων, |οτι ιδου ερχονται ημεραι εν αις ερουσιν,
L 23.29	Μακαριαι αι στειραι και αι κοιλιαι αι ουκ εγεννησαν και μαστοι οι ουκ εθρεψαν.
L 23.30	τοτε αρξονται λεγειν τοις ορεσιν,
L 23.30	Πεσετε εφ ημας,
L 23.30	και τοις βουνοις,
L 23.30	Καλυψατε ημας·
L 23.31	οτι ει εν τω υγρω ξυλω ταυτα ποιουσιν, εν τω ξηρω τι γενηται;

M 27.33	Καὶ	ἐλθόντες		εἰς		τόπον		λεγόμενον Γολγοθᾶ,	ὅ ἐστιν
Mk 15.22	καὶ	φέρουσιν	αὐτὸν	ἐπὶ	τὸν	Γολγοθᾶν		τόπον,	ὅ ἐστιν
L 23.33a	καὶ ὅτε	ἦλθον		ἐπὶ	τὸν	τόπον	τὸν	καλούμενον	
J 19.17		ἐξῆλθεν		εἰς	τὸν			λεγόμενον	

M 27.34		Κρανίου Τόπος	λεγόμενος,	|ἔδωκαν	αὐτῷ πιεῖν
Mk 15.23	μεθερμηνευόμενον	Κρανίου Τόπος.		καὶ ἐδίδουν	αὐτῷ
L 23.33a		Κρανίον,			
J 19.17		Κρανίου Τόπον, ὃ λέγεται Ἑβραϊστὶ Γολγοθᾶ,			

M 27.34	οἶνον μετὰ χολῆς μεμιγμένον·	καὶ γευσάμενος	οὐκ	ἠθέλησεν πιεῖν.
Mk 15.23	ἐσμυρνισμένον	οἶνον, ὃς δὲ	οὐκ	ἔλαβεν.
J 19.23			Οἱ οὖν στρατιῶται	

M 27.33		τοπον		λεγομενον	Γολγοθα	ο	εστιν	Κρανιου Τοπος	λεγομενος		1.
		τοπον			Γολγοθα	ο	εστιν	Κρανιου Τοπος	λεγομενος		ℵ*
		τοπον		λεγομενον	Γολγοθα	ο	εστιν	Κρανιου Τοπος			ℵ^c D
		τοπον		λεγομενον	Γολγοθα	ος	εστιν	λεγομενος	Κρανιου Τοπος		AE^c YΠ
	τον	τοπον	τον	λεγομενον	Γολγοθα	ο	εστιν	Κρανιου Τοπος	λεγομενος		B
		τοπον		λεγομενον	Γολγοθα	ο	εστιν	λεγομενος	Κρανιου Τοπος		E*GK
		τοπον		λεγομενον	Γολλγοθα	ο	εστιν	λεγομενος	Κρανιου Τοπος		F
		τοπον		λεγωμενον	Γολγοθα	ο	εστιν	Κρανιου Τοπος	λεγομενος		L
		τοπον		λεγομενον	Γολγοθα	ο	εστιν	λεγομενον	Κρανιου Τοπος		W
		τοπον		λεγομενον	Γολγοθα	ος	εστιν	Κρανιου Τοπος			θ 565
		τοπον		λεγομενον	Γολγοθαν	ος	εστιν	Κρανιου Τοπος	λεγομενος		1582
Mk 15.22					Γολγοθαν						ℵBC^c Yθ
					Γολγοθα						AC*DΠ 1.28.565.1582
L 23.33				καλουμενον							P^75 ℵABDLWY 1.28
				λεγομενον							C

M 27.34		εδωκαν	αυτω	πιειν	οινον ..		και γευσαμενος ..	ηθελησεν	πιειν		Bθ 1.1582*
		εδωκαν	αυτω	πειν	οινον ..		και γευσαμενος ..	ηθελησεν	πειν		ℵ*
		εδωκαν	αυτω	πιειν	οινον ..		και γευσαμενος ..	ηθελεν	πιειν		ℵ^c KΠ
		εδωκαν	αυτω	πιειν	οξος ..		και γευσαμενος ..	ηθελεν	πιειν		AEFGWY 565
	και	εδωκαν	αυτω	πειν	οινον ..		και γευσαμενος ..	ηθελησεν	πειν		D
		εδωκαν	αυτω		οινον ..		και γευσαμενος ..	ηθελησεν	πιειν		L
		εδωκαν	αυτω	πιειν	οξος ..		και γευσαμενος ..	ηθελησεν	πιειν		1582^c
Mk 15.23			αυτω		..	ος δε					ℵB
			αυτω	πιειν	..	ο δε					AC^c YθΠ 28.565
			αυτω			ο δε					C*L
			αυτω	πειν	..		και				D
			αυτω	πιειν	..		και γευσαμενος				1.1582

M 27.34 - Ps 69.21

M 27.35 σταυρώσαντες δὲ αὐτὸν
Mk 15.24 καὶ σταυροῦσιν αὐτὸν
L 23.34 ἐκεῖ ἐσταύρωσαν αὐτὸν |ὁ δὲ Ἰησοῦς ἔλεγεν, Πάτερ, ἄφες
J 19.18a ὅπου αὐτὸν ἐσταύρωσαν,
J 19.23 ὅτε ἐσταύρωσαν τὸν Ἰησοῦν

M 27.35 διεμερίσαντο τὰ ἱμάτια αὐτοῦ
Mk 15.24 καὶ διαμερίζονται τὰ ἱμάτια αὐτοῦ
L 23.34 αὐτοῖς, οὐ γὰρ οἴδασιν τί ποιοῦσιν. διαμεριζόμενοι δὲ τὰ ἱμάτια αὐτοῦ
J 19.23 ἔλαβον τὰ ἱμάτια αὐτοῦ

J 19.23 και εποιησαν τεσσαρα μερη, εκαστω στρατιωτη μερος, και τον χιτωνα. ην δε ο χιτων
J 19.24 αραφος, εκ των ανωθεν υφαντος δι ολου. ειπαν ουν προς αλληλους, Μη σχισωμεν αυτον,
J 19.24 αλλα λαχωμεν περι αυτου τινος εσται· ινα η γραφη πληρωθη η λεγουσα, Διεμερισαντο

M 27.35 βάλλοντες κλῆρον,
Mk 15.24 βάλλοντες κλῆρον ἐπ᾿ αὐτὰ
L 23.34 ἔβαλον κλήρους.
J 19.24 τὰ ἱμάτιά μου ἑαυτοῖς καὶ ἐπὶ τὸν ἱματισμόν μου ἔβαλον κλῆρον.

M 27.36 καὶ καθήμενοι ἐτήρουν αὐτὸν ἐκεῖ.
Mk 15.25 τίς τί ἄρῃ. ἦν δὲ ὥρα τρίτη καὶ ἐσταύρωσαν αὐτόν.
L 23.38 ἦν δὲ
J 19.19 Οἱ μὲν οὖν στρατιῶται ταῦτα ἐποίησαν. |ἔγραψεν δὲ καὶ τίτλον

M 27.37 καὶ ἐπέθηκαν ἐπάνω τῆς κεφαλῆς αὐτοῦ τὴν αἰτίαν αὐτοῦ
Mk 15.26 καὶ ἦν ἡ ἐπιγραφὴ τῆς αἰτίας αὐτοῦ
L 23.38 καὶ ἐπιγραφὴ ἐπ᾿ αὐτῷ,
J 19.19 ὁ Πιλᾶτος καὶ ἔθηκεν ἐπὶ τοῦ σταυροῦ· ἦν

M 27.35 σταυρωσαντες all texts
Mk 15.24 και σταυρουσιν BL
και σταυρωσαντες ℵACDYΠ 1.28.565.1582
και σταυρωσαντες Θ
J 19.23 οτε εσταυρωσαν P^{66} ABD^{sup}WYΘ 1.28
οι σταυρωσαντες ℵ

M 27.35 διεμερισαντο ℵADEFGKLWYΘΠ 1.565.
διεμερισαν B* |1582
διεμερισατο B^{c}

L 23.34
ο δε Ιησους ελεγεν Πατερ αφες αυτοις ου γαρ οιδασιν τι ποιουσιν διαμεριζομενοι ℵ*CL 1.28
διαμεριζομενοι P^{75} ℵ BWΘ
ο δε Ιησους ειπεν Πατερ αφες αυτοις ου γαρ οιδασιν τι ποιουσιν διαμεριζομενοι A
διεμεριζοντο D

M 27.35 βαλλοντες κληρον ℵBEFGKLWYΠ^{c}
βαλοντες κληρον ADΠ
βαλοντες κληρων ινα πληρωθη το ρηθεν δια του προφητου Διεμερισαν τα ιματια Θ*
βαλοντες κληρον ινα πληρωθη το ρηθεν δια του προφητου Διεμερισαν τα ιματια $Θ^{c}$
βαλοντες κληρον ινα πληρωθη το ρηθεν υπο του προφητου Διεμερισαντο τα ιματια 1.1582

(cont) μου εαυτοις και επι τον ιματησμον μου εβαλον κληρον Θ*
(cont) μου εαυτοις και επι τον ιματησμον μου εβαλον κληρον $Θ^{c}$
(cont) μου εαυτοις και επι τον ιματισμον μου εβαλον κληρον 1.1582

Mk 15.24 βαλλοντες ℵABCDYΠ 1.28.565.1582
βαλοντες LΘ
L 23.34 εβαλον κληρους A
εβαλον κληρον P^{75} ℵBCL
βαλοντες κληρον D
εβαλον κληρον εν οις W
βαλλοντες κληρους Θ
εβαλλον κληρους 1.
εβαλλον κληρον 28

M 27.35 - Ps 22.18

M 27.37 γεγραμμένην· Οὗτός ἐστιν Ἰησοῦς ὁ βασιλεὺς τῶν Ἰουδαίων.
Mk 15.26 ἐπιγεγραμμένη, Ὁ βασιλεὺς τῶν Ἰουδαίων.
L 23.38 Ὁ βασιλεὺς τῶν Ἰουδαίων
J 19.19 δὲ γεγραμμένον, Ἰησοῦς ὁ Ναζωραῖος ὁ βασιλεὺς τῶν Ἰουδαίων.

L 23.38 ουτος.
J 19.20 τουτον ουν τον τιτλον πολλοι ανεγνωσαν των Ιουδαιων, οτι εγγυς ην ο τοπος της πολεως
J 19.21 οπου εσταυρωθη ο Ιησους· και ην γεγραμμενον Εβραιστι, Ρωμαιστι, Ελληνιστι. ελεγον
J 19.21 ουν τω Πιλατω οι αρχιερεις των Ιουδαιων, Μη γραφε, Ο βασιλευς των Ιουδαιων, αλλ οτι
J 19.22 εκεινος ειπεν, Βασιλευς ειμι των Ιουδαιων. απεκριθη ο Πιλατος, Ο γεγραφα, γεγραφα.

M 27.38 Τότε σταυροῦνται σὺν αὐτῷ δύο λησταί, εἷς ἐκ
Mk 15.27 Καὶ σὺν αὐτῷ σταυροῦσιν δύο λῃστάς, ἕνα ἐκ
L 23.32 Ἤγοντο δὲ καὶ ἕτεροι κακοῦργοι δύο σὺν αὐτῷ ἀναιρεθῆναι.
L 23.33b καὶ τοὺς κακούργους, ὃν μὲν ἐκ
J 19.18b καὶ μετ' αὐτοῦ ἄλλους δύο ἐντεῦθεν

M 27.39 δεξιῶν καὶ εἷς ἐξ εὐωνύμων. Οἱ δὲ παραπορευόμενοι ἐβλασφήμουν
Mk 15.29 δεξιῶν καὶ ἕνα ἐξ εὐωνύμων αὐτοῦ. Καὶ οἱ παραπορευόμενοι ἐβλασφήμουν
L 23.35 δεξιῶν ὃν δὲ ἐξ ἀριστερῶν. καὶ εἱστήκει ὁ λαὸς θεωρῶν.
J 19.18b καὶ ἐντεῦθεν, μέσον δὲ τὸν Ἰησοῦν.

M 27.40 αὐτὸν κινοῦντες τὰς κεφαλὰς αὐτῶν |καὶ λέγοντες, Ὁ καταλύων τὸν ναὸν
Mk 15.29 αὐτὸν κινοῦντες τὰς κεφαλὰς αὐτῶν καὶ λέγοντες, Οὐὰ ὁ καταλύων τὸν ναὸν

M 27.40 καὶ ἐν τρισὶν ἡμέραις οἰκοδομῶν, σῶσον σεαυτόν, εἰ υἱὸς εἶ τοῦ θεοῦ,
Mk 15.30 καὶ οἰκοδομῶν ἐν τρισὶν ἡμέραις, |σῶσον σεαυτὸν

M 27.40 καὶ κατάβηθι ἀπὸ τοῦ σταυροῦ.
Mk 15.30 καταβὰς ἀπὸ τοῦ σταυροῦ.

M 27.37 γεγραμμενην ουτος εστιν ℵABDEFGKLWYΠ 1.565.1582
γεγραμενην ουτος εστιν Θ
Mk 15.26 επιγεγραμμενη ℵABCLYΘΠ 1.28.565.1582
επιγεγραμμενη ουτος εστιν D

M 27.38 σταυρουνται συν αυτω δυο λησται .. ευωνυμων all texts
Mk 15.27 συν αυτω σταυρουσιν δυο ληστας .. ευωνυμων αυτου ℵACLYΠ 28
συν αυτω σταυρουνται δυο λησται .. ευωνυμων D
συν αυτω σταυρουσιν δυο λησται .. ευωνυμων Θ 1.1582
L 23.33 αριστερων P75 ℵABDWYΘ 1.
ευωνυμων CL 28

M 27.39 εβλασφημουν αυτον .. τας κεφαλας αυτων ℵABFGKLYΘΠ 1.565.1582
εβλασφημουν αυτον .. την κεφαλην αυτων D
εβλασφημουν .. τας κεφαλας αυτων E
εβλασφημουν αυτον .. αυτων τας κεφαλας W

M 27.40 λεγοντες ..εν τρισιν ημεραις οικοδομων ..ει του θεου και καταβηθι ℵ*A
λεγοντες ..εν τρισιν ημεραις οικοδομων ..ει του θεου καταβηθι ℵcEFGKYΠ 1.565.1582
λεγοντες ..εν τρισιν ημεραις οικοδομων ..θεου ει καταβηθι B
λεγοντες ουα..εν τρισιν ημεραις οικοδομων ..ει του θεου και καταβηθει D
λεγοντες .. τρισιν ημεραις οικοδομων ..ει του θεου καταβηθι L
λεγοντες ..εν τρισιν ημεραις οικοδομων ..ει του θεου καταβηθει W
λεγοντες ουα..εν τρισιν ημεραις οικοδομων αυτον..ει του θεου καταβηθη Θ
Mk 15.29 λεγοντες ουα..οικοδομων εν τρισιν ημεραις .. (30) καταβας BLc
λεγοντες ουα..εν τρισιν ημεραις οικοδομων .. καταβας ℵ
λεγοντες ουα.. τρισιν ημεραις οικοδομων .. και καταβας AY 28
λεγοντες ουα..εν τρισιν ημεραις οικοδομων .. και καταβα CΠ
λεγοντες ουα..οικοδομων τρισιν ημεραις .. καταβας D
λεγοντες ..οικοδομων εν τρισιν ημεραις .. καταβας L*
λεγοντες ουα..εν τρισιν ημεραις οικοδομων .. και καταβηθι 1.1582

M 27.37 - M 2.2; 27.11, 29; Mk 15.9, 12, 18; L 23.37; J 18.39; 19.3, 21
M 27.38 - Is 53.12; Gn 40.3-22 | M 27.39 - Ps 22.7; 109.25; Lm 2.15; He 12.3
M 27.40 - M 26.61; Mk 14.58; J 2.19f; M 4.3, 6; 26.63; L 4.3, 9

M 27.41 ὁμοίως καὶ οἱ ἀρχιερεῖς ἐμπαίζοντες μετὰ τῶν
Mk 15.31 ὁμοίως καὶ οἱ ἀρχιερεῖς ἐμπαίζοντες πρὸς ἀλλήλους μετὰ τῶν
L 23.35 ἐξεμυκτήριζον δὲ καὶ οἱ ἄρχοντες

M 27.42 γραμματέων καὶ πρεσβυτέρων ἔλεγον, |"Αλλους ἔσωσεν, ἑαυτὸν οὐ δύναται
Mk 15.31 γραμματέων ἔλεγον, "Αλλους ἔσωσεν, ἑαυτὸν οὐ δύναται
L 23.35 λέγοντες, "Αλλους ἔσωσεν, σωσάτω

M 27.42 σῶσαι· βασιλεὺς 'Ισραὴλ ἐστιν, καταβάτω
Mk 15.32 σῶσαι· ὁ Χριστὸς ὁ βασιλεὺς 'Ισραὴλ καταβάτω
L 23.35 ἑαυτόν, εἰ οὗτός ἐστιν ὁ Χριστὸς τοῦ θεοῦ ὁ ἐκλεκτός.

M 27.43 νῦν ἀπὸ τοῦ σταυροῦ καὶ πιστεύσομεν ἐπ' αὐτόν. πέποιθεν
Mk 15.32 νῦν ἀπὸ τοῦ σταυροῦ, ἵνα ἴδωμεν καὶ πιστεύσωμεν.

M 27.43 ἐπὶ τὸν θεόν, ῥυσάσθω νῦν εἰ θέλει αὐτόν· εἶπεν γὰρ ὅτι θεοῦ εἰμι υἱός.

M 27.41 ομοιως και..εμπαιζοντες ..γραμματεων και πρεσβυτερων ελεγον B 1.1582*
ομοιως ..εμπαιζοντες ..πρεσβυτερων και γραμματεων ελεγον ℵ
ομοιως ..εμπαιζοντες ..γραμματεων και πρεσβυτερων ελεγον A
ομοιως δε και..ενπαιζοντες ..γραμματαιων και φαρισαιων λεγοντες D
ομοιως δε και..εμπαιζονταις..γραμματαιων και πρεσβυτερων και φαρισαιων ελεγον E*
ομοιως δε και..εμπαιζοντες ..γραμματαιων και πρεσβυτερων και φαρισαιων ελεγον E^c
ομοιως δε και..εμπαιζοντες ..γραμματεων και πρεσβυτερων και φαρισαιων ελεγον FGY
ομοιως και..εμπαιζοντες ..γραμματευων και πρεσβυτερων και φαρισαιων ελεγον K*
ομοιως και..εμπαιζοντες ..γραμματαιων και πρεσβυτερων και φαρισαιων ελεγον K^c
ομοιως ..εμπαιζοντες ..γραμματαιων και πρεσβυτερων ελεγον L
ομοιως ..εμπεζοντες ..γραμματεων και φαρισαιω ελεγον W
ομοιως και..εμπεζοντες ..γραμματεων και πρεσβυτερων ελεγων Θ*
ομοιως και..εμπεζοντες ..γραμματεων και πρεσβυτερων ελεγον Θ^c
ομοιως ..εμπαιζοντες ..γραμματεων και πρεσβυτερων και φαρισαιων ελεγον Π
ομοιως και..εμπαιζοντες ..γραμματαιων και πρεσβυτερων και φαρισαιων ελεγον 565
ομοιως δε και..εμπαιζοντες ..γραμματεων και πρεσβυτερων ελεγον 1582^c
Mk 15.31 ομοιως και..εμπαιζοντες προς αλληλους ℵABC*YΠ 1.1582
ομοιως δε και..εμπαιζοντες προς αλληλους C^c
..ενπεζοντες εις αλληλους D
ομοιως και..εμπεζοντες εις αλληλους Θ
ομοιως και..ενπαιζοντες 28

M 27.42 βασιλευς .. και πιστευσομεν επ αυτον B
βασιλευς .. και πιστευσωμεν επ αυτον ℵL
ει βασιλευς .. και πιστευομεν αυτω A
βασιλευς .. και πιστευσομεν αυτω D
ει βασιλευς .. και πιστευσομεν επ αυτω EKYΠ
ει βασιλευς .. και πιστευσωμεν επ αυτω F 565
ει βασιλευς .. και πιστευσομεν επ αυτω G
ει βασιλευς .. και πιστευσωμεν επ αυτον W
ει βασιλευς .. κ πιστευσωμεν αυτω Θ
ει βασιλευς .. και πιστευσομεν αυτω 1.1582
Mk 15.32 πιστευσωμεν ℵABC*LYΠ 28*
πιστευσωμεν αυτω C^cDΘ 1.28^c.565.1582

M 27.43 πεποιθεν επι τον θεον .. νυν .. θεου ℵL
πεποιθεν επι τον θεον .. αυτον .. θεου AYΠ 565
πεποιθεν επι τω θεω .. νυν .. θεου B
ει πεποιθεν επι τον θεον .. νυν αυτον .. θεου D 1.1582
πεποιθεν επι τον θεον .. νυν αυτον .. θεου EFGK
πεποιθεν επι τον θεον .. νυν αυτον .. του θεου W
ει πεπειθεν επι τον θεον .. νυν αυτον .. θεου Θ

M 27.42 - L 4.23; J 1.49; 12.13 | M 27.43 - Ps 22.8; Wsd 2.13, 18-20; J 5.18; 10.36; 19.7

M 27.44 τὸ δ' αὐτὸ καὶ οἱ λῃσταὶ οἱ συσταυρωθέντες σὺν αὐτῷ ὠνείδιζον αὐτόν.
Mk 15.32 καὶ οἱ συνεσταυρωμένοι σὺν αὐτῷ ὠνείδιζον αὐτόν.
L 23.39 Εἷς δὲ τῶν κρεμασθέντων κακούργων ἐβλασφήμει αὐτὸν

L 23.40 λεγων, Ουχι συ ει ο Χριστος; σωσον σεαυτον και ημας. αποκριθεις δε ο ετερος επιτιμων
L 23.41 αυτω εφη, Ουδε φοβη συ τον θεον, οτι εν τω αυτω κριματι ει; και ημεις μεν δικαιως,
L 23.42 αξια γαρ ων επραξαμεν απολαμβανομεν· ουτος δε ουδεν ατοπον επραξεν. και ελεγεν, Ιησου,
L 23.43 μνησθητι μου οταν ελθης εις την βασιλειαν σου. και ειπεν αυτω, Αμην σοι λεγω, σημερον
L 23.43 μετ εμου εση εν τω παραδεισω.

M 27.45 Ἀπὸ δὲ ἕκτης ὥρας σκότος ἐγένετο ἐπὶ πᾶσαν τὴν γῆν ἕως
Mk 15.33 Καὶ γενομένης ὥρας ἕκτης σκότος ἐγένετο ἐφ' ὅλην τὴν γῆν ἕως
L 23.44 Καὶ ἦν ἤδη ὡσεὶ ὥρα ἕκτη καὶ σκότος ἐγένετο ἐφ' ὅλην τὴν γῆν ἕως

M 27.46 ὥρας ἐνάτης. περὶ δὲ τὴν ἐνάτην ὥραν ἀνεβόησεν ὁ Ἰησοῦς φωνῇ μεγάλῃ
Mk 15.34 ὥρας ἐνάτης. καὶ τῇ ἐνάτῃ ὥρᾳ ἐβόησεν ὁ Ἰησοῦς φωνῇ μεγάλῃ,
L 23.45a ὥρας ἐνάτης |τοῦ ἡλίου ἐκλιπόντος,
J 19.28 Μετὰ τοῦτο εἰδὼς ὁ Ἰησοῦς ὅτι ἤδη πάντα

M 27.46 λέγων, Ηλι ηλι λεμα σαβαχθανι;
Mk 15.34 Ελωι ελωι λεμα σαβαχθανι;
J 19.28 τετέλεσται, ἵνα τελειωθῇ ἡ γραφή, λέγει, Διψῶ.

M 27.46 τοῦτ' ἔστιν, Θεέ μου θεέ μου, ἱνατί με ἐγκατέλιπες;
Mk 15.34 ὅ ἐστιν μεθερμηνευόμενον Ὁ θεός μου ὁ θεός μου, εἰς τί ἐγκατέλιπές με;

M 27.44 δ αυτω .. συσταυρωθεντες συν .. ωνειδιζον αυτον
δ αυτω .. συνσταυρωθεντες συν .. ωνειδιζον αυτον ℵB
δ αυτω .. συνσταυρωθεντες .. ωνειδιζον αυτον AEG
δε αυτοι .. σταυρωθεντες συν .. ωνειδιζον αυτον D
δ αυτω .. συσταυρωθεντες .. ωνειδιζον αυτον FKYΠ 1.565.1582
δ αυτω .. σταυρωθεντες συν .. ονειδιζον αυτον L
δ αυτω .. συσταυρωθεντες .. ωνιδιζαν αυτον W
δ αυτω .. σταυρωθεντες συν .. ωνιδιζον αυτον Θ

M 27.45 σκοτος εγενετο επι πασαν την γην εως ωρας ενατης AB[C]EFKLYΘΠ 1.565.1582
σκοτος εγενετο εως ωρας ενατης ℵ*
σκοτος εγενετο εφ ολη την γην εως ωρας ενατης ℵ[C]
σκοτος εγενετο επι πασαν την γην ε ωρας ενατης B*
σκοτος εγενετο επι πασαν την γην εως ενατης ωρας D
σκοτος εγενετο επι πασαν την γην εως ωρας εννατης G
εγενετο σκοτος επι πασαν την γην εως ωρας ενατης W

M 27.46 ενατην ..ανεβοησεν ο Ιησους..λεγων ηλι ηλι λεμα σαβαχθανι ..θεε[1].με εγκατελιπες
ενατην ..ανεβοησεν ο Ιησους..λεγων ελωι ελωι λεμα σαβαχθανει..θεε..με εγκατελιπες ℵ
ενατην ..ανεβοησεν ο Ιησους..λεγων ηλι ηλι λιμα σαβαχθανει..θεε..με εγκατελιπες A
ενατην .. εβοησεν ο Ιησους..λεγων ελωει ελωει λεμα σαβακτανει..θεε..με εγκατελιπες B
εννατην..ανεβοησεν Ιησους..λεγων ηλει ηλει λαμα ζαφθανει ..θεε..με ενκατελιπες D*
εννατην..ανεβοησεν Ιησους..λεγων ηλει ηλει λαμα σαφθανει ..θεε..με ενγατελιπες D[C]
ενατην ..ανεβοησεν ο Ιησους..λεγων ηλει ηλει λειμα σαβαχθανι ..θεε..με εγκατελειπες E
ενατην ..ανεβοησεν ο Ιησους..λεγων ηλι ηλι λειμα σαβαχθανι ..θεε..με εγκατελειπες F
εννατην..ανεβοησεν ο Ιησους..λεγων ηλι ηλι λειμα σαβαχθανι ..θεε..με εγκατελειπες G
ενατην ..ανεβοησεν ο Ιησους..λεγων ηλι ηλι λιμα σαβαχθανι ..θεε..με εγκατελειπες K
ενατην .. εβοησεν ο Ιησους..λεγων αηλι αηλι λεμα σαβαχθανι ..θεε..με εγκατελιπες L
ενατην .. εβοησεν ο Ιησους..λεγων ηλι ηλι μα σαβαχθανει..θε ..με ενκατελειπες W*
ενατην .. εβοησεν ο Ιησους..λεγων ηλι ηλι μα σαβαχθανει..θεε..με ενκατελειπες W[C]
ενατην ..ανεβοησεν ο Ιησους..λεγων ηλι ηλι λειμα σαβαχθανι ..θεε..με εγκατελιπες Y
ενατην ..ανεβοησεν ο Ιησους..λεγων ηλει ηλει λαμα σαβαχθανει..θεε..με ενγατελιπες Θ
ενατην ..ανεβοησεν ο Ιησους..λεγων ηλι ηλι λιμα σαβαχθανι ..θεε..με εγκατελιπες Π 565
ενατην ..ανεβοησεν ο Ιησους..λεγων ηλει ηλει λαμα σαβαχθανει..θεε..με εγκατελιπες 1.1582
.... ηλι ηλι ....θεε.... ClemAl (Ecl 57.3)

Mk 15.34 ελωι ελωι λεμα σαβαχθανι .. ..εγκατελιπες με
ελωι ελωι λεμα σαβακτανει.. ..εκατελιπες με ℵ*
ελωι ελωι λεμα σαβαχθανει.. ..εγκατελιπες με ℵ[C]
λεγων ελωι ελωι λιμα σιβακθανει.. ..με ενκατελειπες A
ελωι ελωι λαμα σαβαχθανι .. ..εγκατελιπες με B
λεγων ελωι ελωι λαμα σαβαχθανει.. ..με εγκατελιπες C
ηλει ηλει λαμα ζαφθανει .. ..ωνιδισας με D
ελωι ελωι λεμα σαβαχθανι .. ..εκατελειπες με L
λεγων ελωι ελωι λειμα σαβαχθανι .. ..με εγκατελιπες Y 28
ηλει ηλει λαμα σαβαχθανι .. ..με εγκατελιπες Θ
λεγων ελωι ελωι λιμα σαβαχθανι .. ..με εγκατελιπες Π
λεγων ελωι ελωει λαμα σαβαχθανει.. ..με εγκατελιπες 1.1582
ηλει ηλει λαμα σαβαχθανη .. ..εγκατελειπες με 565

M 27.44-45 - Am 8.9; Jr 15.9 | M 27.45 - Ex 26.31-33; 36.35 | M 27.46 - Ps 22.2; 31.5; Ac 7.59

M 27.47 τινὲς δὲ τῶν ἐκεῖ ἑστηκότων ἀκούσαντες ἔλεγον ὅτι Ἠλίαν φωνεῖ οὗτος.
Mk 15.35 καί τινες τῶν παρεστηκότων ἀκούσαντες ἔλεγον, Ἴδε Ἠλίαν φωνεῖ.

M 27.48 καὶ εὐθέως δραμὼν εἷς ἐξ αὐτῶν καὶ λαβὼν σπόγγον πλήσας
Mk 15.36 δραμὼν δέ τις καὶ γεμίσας σπόγγον
L 23.36 ἐνέπαιξαν δὲ αὐτῷ καὶ οἱ στρατιῶται προσερχόμενοι,
J 19.29 σκεῦος ἔκειτο ὄξους μεστόν· σπόγγον οὖν μεστὸν

M 27.49 τε ὄξους καὶ περιθεὶς καλάμῳ ἐπότιζεν αὐτόν. οἱ δὲ λοιποὶ ἔλεγον,
Mk 15.36 ὄξους περιθεὶς καλάμῳ ἐπότιζεν αὐτόν, λέγων,
L 23.37 ὄξος προσφέροντες αὐτῷ |καὶ λέγοντες,
J 19.29 τοῦ ὄξους ὑσσώπῳ περιθέντες προσήνεγκαν αὐτοῦ τῷ στόματι.

M 27.49 Ἄφες ἴδωμεν εἰ ἔρχεται Ἠλίας σώσων αὐτόν.
Mk 15.36 Ἄφετε ἴδωμεν εἰ ἔρχεται Ἠλίας καθελεῖν αὐτόν.
L 23.37 Εἰ σὺ εἶ ὁ βασιλεὺς τῶν Ἰουδαίων, σῶσον σεαυτόν.
J 19.30 ὅτε οὖν ἔλαβεν τὸ ὄξος

M 27.47 εκει εστηκοτων .. ελεγον οτι Ηλιαν φωνει C
εκει εστηκοτων .. ελεγον Ηλιαν φωνει ℵ
εκει εστωτων .. ελεγον οτι Ηλειαν φωνει A
εκει εστηκοτων .. ελεγον οτι Ηλειαν φωνει B
εκει εστωτων .. ελεγον Ηλειαν φωνει D
εκει εστωτων .. ελεγων οτι Ηλιαν φωνη E*
εκει εστωτων .. ελεγον οτι Ηλιαν φωνει E[c]FGKYΠ 1.565.1582
εκει εστηκοτων .. ελεγον Ηλειαν φωνει L
εκει στηκοτων .. ελεγον οτι Ηλιαν φωνει W
εκει εστηκοτων .. ελεγων Ηλεια φωνει Θ
Mk 15.35 παρεστηκοτων .. ελεγον ιδε Ηλιαν φωνει L 1.1582
παρεστωτων .. ελεγον ιδε Ηλειαν φωνει ℵ
εκει εστηκοτων .. ελεγον ιδου Ηλειαν φωνει A
εστηκοτων .. ελεγον ιδε Ηλειαν φωνει B
παρεστηκοτων .. ελεγον οτι Ηλιαν φωνει C
παρεστωτων .. ελεγον Ηλιαν φωνι ουτος D
παρεστωτων .. ελεγον οτι ιδου Ηλιαν φωνει YΠ
παρεστωτων .. ελεγον Ηλειαν φωνη Θ
παρεστωτων .. ελεγον οτι Ηλιαν φωνει 565
M 27.48 και ευθεως δραμων εις εξ αυτων και λαβων σπογγον πλησας τε οξους και ABCEFGKLWYΠ 1.565.1582
και ευθεως δραμων εις και λαβων σπογγον πλησας τε οξους και ℵ
και ευθεως δραμων εις εξ αυτων και λαβων σπονγον πλησας οξου και D
και ευθεως δραμων εις εξ αυτον και λαβων σπογγον πλησας τε οξους και Θ
Mk 15.36 δραμων δε τις και γεμισας σπογγον οξους ℵ
δραμων δε εις και γεμισας σπογγον οξους ACYΠ
δραμων δε τις γεμισας σπογγον οξους BL
και δραμων εις και πλησας σφογγον οξους D
και δραμων εις και πλησας σπογγον οξους και Θ
και δραμων εις και γεμισας σπογγον οξους και 1.1582
δραμων δε εις και γεμησας σπογγον οξους 28
και δραμων εις και πλησας σπογγον οξους 565
M 27.49 οι δε λοιποι ελεγον αφες ιδωμεν..Ηλιας σωσων αυτον AEGΠ 565.1582[c]
οι δε λοιποι ελεγον αφες ιδωμεν..Ηλιας σωσαι αυτον αλλος δε λαβων ℵ (cont below)
οι δε λοιποι ειπαν αφες ιδωμεν..Ηλειας σωσαι αυτον αλλος δε λαβων B (cont below)
οι δε λοιποι ελεγον αφες ιδωμεν..Ηλιας σωσωσων αυτον αλλος δε λαβων C (cont below)
οι δε λοιποι ειπον αφες ιδωμεν..Ηλειας και σωσει αυτον D
οι δε λοιποι ελεγον αφες ιδωμεν..Ηλιας σωσον αυτον FKY
οι δε λοιπον ελεγον αφες ιδωμεν..Ηλιας σωσων αυτον αλλος δε λαβων L (cont below)
οι δε λοιποι ελεγον αφες ιδωμεν..Ηλιας σωζων αυτον W
οι δε λοιποι ελεγον αφες ιδωμεν..Ηλειας σωσαι αυτον Θ
οι δε λοιποι ελεγον αφες ιδωμεν..Ηλιας και σωσει αυτον 1.1582*
οι δε λοιποι ελεγων αφες ειδομεν..Ηλιας σωσον αυτον 28
Mk 15.37 λεγων αφετε ιδωμεν..Ηλιας ACLYΠ
λεγων αφες ιδωμεν..Ηλειας ℵ
λεγων αφετε ιδωμεν..Ηλειας B
αφες ειδωμεν..Ηλιας D
λεγων αφες ιδωμεν..Ηλιας Θ 1.1582
οι δε λοιποι ελεγον αφες ιδωμεν..Ηλιας 28
λεγων αφες ειδωμεν..Ηλιας 565
M 27.49 (cont) λογχην ενυξεν αυτου την πλευραν και εξηλθεν υδωρ και αιμα ℵ
λογχην ενυξεν αυτου την πλευραν και εξηλθεν υδωρ και αιμα B
λογχην ενυξεν αυτου την πλευραν και εξηλθεν υδωρ και αιμα C
λογχην ενυξεν αυτου την πλευραν και εξηλθεν εν υδωρ και εμα L

M 27.48 - Ps 69.21

M 27.50 ὁ δὲ Ἰησοῦς πάλιν κράξας φωνῇ μεγάλῃ
Mk 15.37 ὁ δὲ Ἰησοῦς ἀφεὶς φωνὴν μεγάλην
L 23.46 καὶ φωνήσας φωνῇ μεγάλῃ ὁ Ἰησοῦς εἶπεν, Πάτερ, εἰς χεῖράς
J 19.30 ὁ Ἰησοῦς εἶπεν, Τετέλεσται· καὶ

M 27.50 ἀφῆκεν τὸ πνεῦμα.
Mk 15.37 ἐξέπνευσεν.
L 23.46 σου παρατίθεμαι τὸ πνεῦμά μου· τοῦτο δὲ εἰπὼν ἐξέπνευσεν.
J 19.30 κλίνας τὴν κεφαλὴν παρέδωκεν τὸ πνεῦμα.

M 27.51 Καὶ ἰδοὺ τὸ καταπέτασμα τοῦ ναοῦ ἐσχίσθη ἀπ' ἄνωθεν ἕως κάτω εἰς δύο,
Mk 15.38 Καὶ τὸ καταπέτασμα τοῦ ναοῦ ἐσχίσθη εἰς δύο ἀπ' ἄνωθεν ἕως κάτω.
L 23.45b ἐσχίσθη δὲ τὸ καταπέτασμα τοῦ ναοῦ μέσον.

M 27.52 καὶ ἡ γῆ ἐσείσθη, καὶ αἱ πέτραι ἐσχίσθησαν, |καὶ τὰ μνημεῖα ἀνεῴχθησαν
M 27.53 καὶ πολλὰ σώματα τῶν κεκοιμημένων ἁγίων ἠγέρθησαν, |καὶ ἐξελθόντες ἐκ
M 27.53 τῶν μνημείων μετὰ τὴν ἔγερσιν αὐτοῦ εἰσῆλθον εἰς τὴν ἁγίαν πόλιν καὶ

M 27.54 ἐνεφανίσθησαν πολλοῖς. Ὁ δὲ ἑκατόνταρχος καὶ οἱ μετ' αὐτοῦ
Mk 15.39 Ἰδὼν δὲ ὁ κεντυρίων ὁ παρεστηκὼς
L 23.47 Ἰδὼν δὲ ὁ ἑκατοντάρχης

M 27.54 τηροῦντες τὸν Ἰησοῦν ἰδόντες τὸν σεισμὸν καὶ τὰ γενόμενα ἐφοβήθησαν
Mk 15.39 ἐξ ἐναντίας αὐτοῦ ὅτι οὕτως ἐξέπνευσεν
L 23.47 τὸ γενόμενον ἐδόξαζεν

M 27.50 παλιν κραξας φωνη ℵABCDEGKYΘΠ 1.28.565.1582
κραξας φωνη FL
κραξας παλιν φωνη W
Mk 15.37 φωνην ℵABCDWYΘΠ 1.28.565.1582
φωνη L

M 27.51 καταπετασμα .. απ ανωθεν εως κατω εις δυο BC*
καταπετασμα .. εις δυο ανωθεν εως κατω ℵΘ
καταπετασμα .. εις δυο απο ανωθεν εως κατω AC[c]EF[c]GKWΠ 1.28.565.1582
καταπετασμα .. εις δυο μερη απο ανωθεν εως κατω D
καταπετασμα .. εις δυο απο ανωθεν εως κατω F*
καταπετασμα .. ανωθεν εως κατω εις δυο L
καταπετασμα .. εις δυο απ ανωθεν εως κατω Y
Mk 15.38 εις δυο απ ανωθεν εως κατω BLWY
εις δυο απο ανωθεν εως κατω ℵACΘΠ 1.28.565.1582
εις δυο μερη απ ανωθεν εως κατω D

M 27.52 και τα μνημεια ανεωχθησαν .. πολλα .. ηγερθησαν ℵ[c]BG
.. πολλα .. ηγερθησαν ℵ*
και τα μνηματα ανεωχθη .. πολλα .. ηγερθη A
και τα μνημεια ηνεωχθη .. πολλα .. ηγερθη C*
και τα μνημεια ηνεωχθησαν .. πολλα .. ηγερθη C[c]
και τα μνημια ανεωχθησαν .. πολλα .. ηγερθησαν DΘ[c]
και τα μνημεια ανεωχθησαν .. πολλα .. ηγερθη EK 28.565
και τα μνιμια ηνεωχθησαν .. πολλα .. ηγερθησαν L
και το μνημια ανεωχθη .. πολλα .. ηγερθη W
και τα μνημεια ανεωχθη .. πολλα .. ηγερθη Y
και τα μνημια ανεωχθησαν .. πολα .. ηγερθησαν Θ*
και τα μνημεια ηνεωχθησαν .. πολλα .. ηγερθησαν 1.1582

M 27.53 εισηλθον .. και ενεφανισθησαν ABCEFGKLWYΘΠ 1.28.565.1582
ενεφανισθησαν ℵ
ηλθον .. και εφανησαν D*
ηλθον .. και ενεφανεισαν D[c]

M 27.54 εκατονταρχος .. γενομενα ABCEFGKLWYΠ 1.565.1582
εκατονταρχης .. γενομενα ℵΘ
εκατονταρχης .. γεινομενα D
εκατονταρχος .. γινομενα 28
L 23.47 εκατονταρχης P[75] ℵ*B 1.
ετατονταρχος ℵcACDLWYΘ 28

M 27.51 - Ex 26.31-35; He 6.19; 9.3; 10.20; 12.26 | M 27.52-53 - Ez 37.12; Is 26.19; Dn 12.2
M 27.53 - Is 52.1; M 4.5; Re 11.2; 21.2, 10; 22.19; Ac 26.23

M 27.54 σφόδρα, λέγοντες, Ἀληθῶς θεοῦ υἱὸς ἦν οὗτος.
Mk 15.39 εἶπεν, Ἀληθῶς οὗτος ὁ ἄνθρωπος υἱὸς θεοῦ ἦν.
L 23.47 τὸν θεὸν λέγων, Ὄντως ὁ ἄνθρωπος οὗτος δίκαιος ἦν.

M 27.55 Ἦσαν δὲ ἐκεῖ γυναῖκες πολλαὶ
Mk 15.40 Ἦσαν δὲ καὶ γυναῖκες
L 23.49 εἱστήκεισαν δὲ πάντες οἱ γνωστοὶ αὐτῷ ἀπὸ μακρόθεν, καὶ γυναῖκες
J 19.25 εἱστήκεισαν δὲ παρὰ τῷ σταυρῷ τοῦ Ἰησοῦ ἡ μήτηρ αὐτοῦ καὶ ἡ ἀδελφὴ τῆς

M 27.55 ἀπὸ μακρόθεν θεωροῦσαι, αἵτινες ἠκολούθησαν τῷ Ἰησοῦ ἀπὸ τῆς Γαλιλαίας
Mk 15.40 ἀπὸ μακρόθεν θεωροῦσαι,
Mk 15.41 |αἳ ὅτε ἦν ἐν τῇ Γαλιλαίᾳ
L 23.49 αἱ συνακολουθοῦσαι αὐτῷ ἀπὸ τῆς Γαλιλαίας,
J 19.25 μητρὸς αὐτοῦ, Μαρία ἡ τοῦ Κλωπᾶ

M 27.56 διακονοῦσαι αὐτῷ· ἐν αἷς ἦν Μαρία ἡ Μαγδαληνὴ καὶ
Mk 15.40 ἐν αἷς καὶ Μαρία ἡ Μαγδαληνὴ καὶ
Mk 15.41 ἠκολούθουν αὐτῷ καὶ διηκόνουν αὐτῷ, καὶ ἄλλαι πολλαὶ αἱ συναναβᾶσαι
L 23.48 ὁρῶσαι ταῦτα. καὶ πάντες οἱ συμπαραγενόμενοι ὄχλοι ἐπὶ τὴν θεωρίαν
J 19.25 καὶ Μαρία ἡ Μαγδαληνή.

M 27.56 Μαρία ἡ τοῦ Ἰακώβου
Mk 15.40 Μαρία ἡ Ἰακώβου τοῦ μικροῦ
Mk 15.41 αὐτῷ εἰς Ἱεροσόλυμα.
L 23.48 ταύτην, θεωρήσαντες τὰ γενόμενα, τύπτοντες τὰ στήθη ὑπέστρεφον.
J 19.26 Ἰησοῦς οὖν ἰδὼν τὴν μητέρα καὶ τὸν μαθητὴν παρεστῶτα ὃν ἠγάπα, λέγει τῇ

M 27.54 λεγοντες .. θεου υιος ην ουτος AEFGKWYΘΠ 1.28.565.1582^{c}
λεγοντες .. υιος ην του θεου ουτος ℵ
λεγοντες .. υιος θεου ην ουτος BD^{c}
λεγοντες .. θεου υιος εστιν ουτος C
γοντες .. υιος θεου ην ουτος D*
λεγοντες .. θεου υιος ην ουτως L
λεγοντες .. θεου ο υιος ην ουτος 1582*
Mk 15.39 ουτος ο ανθρωπος υιος θεου ην ℵBLΘ
ο ανθρωπος ουτος υιος ην θεου ACWΠ 28.1582
ουτος ο ανθρωπος υιος θεου ην D 565
ο ανθρωπος ουτως υιος ην του θεου Y
ο αγιος ουτος υιος ην θεου 1.
M 27.55 δε εκει ..απο μακροθεν θεωρουσαι αιτινες..τω Ιησου..Γαλιλαιας ..διακονουσαι CEG 1.28.1582
δε κακει ..απο μακροθεν θεωρουσαι αιτινες..τω Ιησου..Γαλιλαιας ..διακονουσαι ℵ
δε εκει .. μακροθεν θεωρουσαι αιτινες..τω Ιησου..Γαλιλαιας ..διακονουσαι AW^{c}Y
δε εκει ..απο μακροθεν θεωρουσαι αιτινες..τω Ιησου..Γαλειλαιας..διακονουσαι B
δε και..απο μακροθεν θεωρουσαι αιτινες..τω Ιησου.αγιλειλαιας..διακονουσαι D
δε εκει ..απο μακροθεν θεωρουσαι αιτινες.. αυτω ..Γαλιλαιας ..διακονουσαι F
δε εκει και.. μακροθεν θεωρουσαι αιτινες..τω Ιησου..Γαληλαιας ..διακονουσαι K
δε εκει και..απο μακροθεν θεωρουσαι αιτινες..τω Ιησου..Γαληλαιας ..διακονουσαι L
δε εκει .. μακροθεν θεωρουσαι αιτινες..τω Ιησου..Γαλιλαιας ..διακονησαι W*
δε εκει ..θεωρουσαι απο μακροθεν αιτινες..τω Ιησου..Γαλιλαιας ..διακονουσαι Θ
δε εκει και.. μακροθεν θεωρουσαι αιτινες..τω Ιησου..Γαλιλαιας ..διακονουσαι Π
δε εκει ..απο μακροθεν θεωρουσαι οιτινες..τω Ιησου..Γαλιλαιας ..διακονουσαι 565
M 27.56 εν αις ην Μαρια η Μαγδαληνη και Μαρια η του Ιακωβου ℵ^{c}ABFGKWYΠ
εν αις ην Μαρια η του Ιακωβου ℵ*
εν αις ην και Μαριαμ η Μαγδαληνη και Μαριαμ η του Ιακωβου C
εν αις ην Μαρια Μαγδαληνη και Μαρια η του Ιακωβου D
εν αις ην Μαρια η Μαγδαληνη και Μαρια Ιακωβου E
εν αις ην Μαριαμ η Μαγδαληνη και Μαρια η του Ιακωβου L 1.1582
εν αις ην Μαριαμ η Μαγδαληνη και Μαριαμ η του Ιακωβου Θ
εν αις ην Μαρια η Μαγδαλινη και Μαρια η του Ιακωβου 28.565
Mk 15.40 εν αις και Μαρια η Μαγδαληνη και Μαρια η Ιακωβου ℵ
εν αις ην και Μαρια η Μαγδαληνη και Μαρια η του Ιακωβου AYΠ^{c}
εν αις και Μαριαμ η Μαγδαληνη και Μαρια η Ιακωβου BW
εν αις ην και Μαριαμ η Μαγδαληνη και Μαρια η Ιακωβου C*
εν αις ην Μαριαμ η Μαγδαληνη και Μαρια η Ιακωβου C^{c}
εν αις ην Μαρια Μαγδαληνη και Μαρια Ιακωβου D
εν αις και Μακαρια η Μαγδαληνη και Μαρια Ιακωβου L
εν αις ην και Μαριαμ η Μαγδαληνη και Μαριαμ Ηακωβου Θ
εν αις ην και Μαρια η Μαγδαληνη και Μαρια η Ιακωβου Π*
εν αις ην Μαριαμ η Μαγδαληνη και Μαριαμ η Ιακωβου 1.1582
εν αις ην Μαρια η Μαγαλινη και Μαρια Ιακωβου 28
εν αις ην Μαρια η Μαγδαληνη και Μαρια Ιακωβου 565

M 27.54 - M 16.16 | M 27.55-56 - L 8.2f | M 27.56 - M 27.61; 28.1

M 27.56 καὶ Ἰωσὴφ μήτηρ καὶ ἡ μήτηρ τῶν υἱῶν Ζεβεδαίου.
Mk 15.41 καὶ Ἰωσῆτος μήτηρ καὶ Σαλώμη, |αἳ ὅτε ἦν ἐν τῇ Γαλιλαίᾳ ἠκολούθουν
J 19.27 μητρί, Γύναι, ἴδε ὁ υἱός σου. εἶτα λέγει τῷ μαθητῇ, Ἴδε ἡ μήτηρ σου.

Mk 15.41 αυτω και διηκονουν αυτω, και αλλαι πολλαι αι συναναβασαι αυτω εις Ιεροσολυμα.
J 19.27 και απ εκεινης της ωρας ελαβεν ο μαθητης αυτην εις τα ιδια.

75. THE BURIAL

Matthew 27.57-61

M 27.57 Ὀψίας δὲ γενομένης
Mk 15.42 Καὶ ἤδη ὀψίας γενομένης, ἐπεὶ ἦν παρασκευή, ὅ ἐστιν προσάββατον,
L 23.54 καὶ ἡμέρα ἦν παρασκευῆς, καὶ σάββατον
J 19.42a ἐκεῖ οὖν διὰ τὴν παρασκευὴν τῶν Ἰουδαίων,

M 27.57 ἦλθεν ἄνθρωπος πλούσιος ἀπὸ Ἁριμαθαίας,
Mk 15.43 |ἐλθὼν Ἰωσὴφ ὁ ἀπὸ Ἁριμαθαίας
L 23.50 ἐπέφωσκεν. Καὶ ἰδοὺ ἀνὴρ
J 19.38 Μετὰ δὲ ταῦτα ἠρώτησεν τὸν Πιλᾶτον Ἰωσὴφ ὁ ἀπὸ Ἁριμαθαίας,

M 27.57 τοὔνομα Ἰωσήφ,
Mk 15.43 εὐσχήμων βουλευτής,
L 23.51 ὀνόματι Ἰωσὴφ βουλευτὴς ὑπάρχων καὶ ἀνὴρ ἀγαθὸς καὶ δίκαιος |--οὗτος

L 23.51 ουκ ην συγκατατεθειμενος τη βουλη και τη πραξει αυτων--ἀπὸ Ἁριμαθαίας πολεως των

M 27.57 ὃς καὶ αὐτὸς ἐμαθητεύθη τῷ Ἰησοῦ·
Mk 15.43 ὃς καὶ αὐτὸς ἦν προσδεχόμενος τὴν βασιλείαν τοῦ θεοῦ,
L 23.51 Ἰουδαίων, ὃς προσεδέχετο τὴν βασιλείαν τοῦ θεοῦ,
J 19.38 ὢν μαθητὴς τοῦ Ἰησοῦ κεκρυμμένος δὲ διὰ

M 27.58 οὗτος προσελθὼν τῷ Πιλάτῳ ᾐτήσατο τὸ σῶμα τοῦ Ἰησοῦ.
Mk 15.43 τολμήσας εἰσῆλθεν πρὸς τὸν Πιλᾶτον καὶ ᾐτήσατο τὸ σῶμα τοῦ Ἰησοῦ.
L 23.52 |οὗτος προσελθὼν τῷ Πιλάτῳ ᾐτήσατο τὸ σῶμα τοῦ Ἰησοῦ,
J 19.38 τὸν φόβον τῶν Ἰουδαίων, ἵνα ἄρῃ τὸ σῶμα τοῦ Ἰησοῦ·

M 27.56 και Ιωσηφ μητηρ και η μητηρ .. Ζεβεδαιου ℵ^{c}θ
και η Μαρια η Ιωσηφ και η μητηρ η .. Ζεβεδαιου ℵ*
και Ιωση μητηρ και η μητηρ .. Ζεβεδαιου ABCEFGKYΠ 1.565.1582
και Ιωσηφ μητηρ και η μητηρ .. Ζεβεδεου DL
και Ιωσηφ μητηρ και η μησηρ .. Ζεβαιδεου W
και Ηωση μητηρ και η μητηρ .. Ζεβεδαιου 28
Mk 15.40 και Ιωσητος ℵ^{c}DLθ 565.1582*
και Ιωση ℵ*ACW^{c}YΠ 1582^{c}
και Ιοση 28

M 27.57 οψιας δε .. ηλθεν .. Αριμαθαιας τουνομα .. εμαθητευθη ℵCθ 1.1582*
οψιας .. ηλθεν .. Αριμαθαιας τουνομα .. εμαθητευσεν A*
οψιας δε .. ηλθεν .. Αριμαθαιας τουνομα .. εμαθητευσεν A^{c}BEFGYΠ 28.1582^{c}
οψειας δε .. ηλθεν .. Αρειμαθειας το ονομα .. εμαθητευθη D
οψιας δε .. ηλθεν .. Αριμαθεας τουνομα .. εμαθητευσεν K
οψιας δε .. ηλθεν .. Αριμαθαιας τουνομ .. εμαθητευσεν L
οψειας δε .. ηλθεν .. Αριμαθεας τουνομα .. εμαθητευσεν W
οψιας δε .. ηλθεν .. Αριμαθιας τουνομα .. εμαθητευσεν 565
Mk 15.43 ελθων .. Αριμαθαιας ℵ^{c}ACLYΠ 1.1582
ελθων .. Αρειμαθαιας ℵ*B
ηλθεν .. Αριμαθιας D
ελθων .. Αριμαθειας W
ηλθεν .. Αριμαθιας θ 28
ηλθεν .. Αρημαθαιας 565

M 27.58 προσελθων .. τω Πιλατω ℵCEFGKLΠ^{c} 1.28.565.1582
προσελθων .. τω Πειλατω ABθ
προσηλθεν .. τω Πειλατω D
προσελθω .. τω Πιλατω W
προσελθων .. Πιλατω YΠ*

M 27.56 - M 4.21; 20.20 | M 27.57-58 - Dt 21.22f

M 27.58 τότε ὁ Πιλᾶτος
Mk 15.44 ὁ δὲ Πιλᾶτος ἐθαύμασεν εἰ ἤδη τέθνηκεν, καὶ προσκαλεσάμενος τὸν

Mk 15.45 κεντυριωνα επηρωτησεν αυτον ει παλαι απεθανεν· και γνους απο του κεντυριωνος

M 27.59 ἐκέλευσεν ἀποδοθῆναι. καὶ λαβὼν τὸ
Mk 15.46 ἐδωρήσατο τὸ πτῶμα τῷ Ἰωσήφ. καὶ ἀγοράσας σινδόνα καθελὼν
L 23.53 καὶ καθελὼν
J 19.38 καὶ ἐπέτρεψεν ὁ Πιλᾶτος. ἦλθεν οὖν καὶ ἦρεν τὸ
J 19.40 ἔλαβον οὖν τὸ

M 27.59 σῶμα ὁ Ἰωσὴφ
Mk 15.46 αὐτὸν
J 19.39 σῶμα αὐτοῦ. ἦλθεν δὲ καὶ Νικόδημος, ὁ ἐλθὼν πρὸς αὐτὸν νυκτὸς τὸ
J 19.40 σῶμα τοῦ Ἰησοῦ

J 19.39 πρωτον, φερων μιγμα σμυρνης και αλοης ως λιτρας εκατον.

M 27.59 ἐνετύλιξεν αὐτὸ ἐν σινδόνι καθαρᾷ,
Mk 15.46 ἐνείλησεν τῇ σινδόνι
L 23.53 ἐνετύλιξεν αὐτὸ σινδόνι,
J 19.40 καὶ ἔδησαν αὐτὸ ὀθονίοις μετὰ τῶν ἀρωμάτων, καθὼς ἔθος ἐστὶν τοῖς

J 19.41 Ιουδαιοις ενταφιαζειν. ην δε εν τω τοπω οπου εσταυρωθη κηπος, και εν τω κηπω μνημειον
J 19.42 καινον εν ω ουδεπω ουδεις ην τεθειμενος· εκει ουν δια την παρασκευην των Ιουδαιων,
J 19.42 οτι εγγυς ην το μνημειον,

M 27.60 καὶ ἔθηκεν αὐτὸ ἐν τῷ καινῷ αὐτοῦ μνημείῳ ὃ ἐλατόμησεν ἐν
Mk 15.46 καὶ ἔθηκεν αὐτὸν ἐν μνημείῳ ὃ ἦν λελατομημένον ἐκ
L 23.53 καὶ ἔθηκεν αὐτὸν ἐν μνήματι λαξευτῷ οὗ οὐκ
J 19.42 ἔθηκαν τὸν Ἰησοῦν.

M 27.60 τῇ πέτρᾳ, καὶ προσκυλίσας λίθον μέγαν τῇ θύρᾳ τοῦ μνημείου ἀπῆλθεν.
Mk 15.46 πέτρας, καὶ προσεκύλισεν λίθον ἐπὶ τὴν θύραν τοῦ μνημείου.
L 23.53 ἦν οὐδεὶς οὔπω κείμενος.

M 27.58 τοτε ο Πιλατος .. αποδοθηναι ℵL
τοτε ο Πειλατος.. αποδοθηναι το σωμα AD
τοτε ο Πειλατος.. αποδοθηναι B
τοτε ο Πιλατος .. αποδοθηναι το σωμα CEFGKWYΠ 28.565.1582[c]
τοτε ουν ο Πειλατος.. αποδοθηναι τω σωμα Θ
τοτε ουν ο Πιλατος .. αποδοθηναι 1.1582*
M 27.59 λαβων το σωμα ο Ιωσηφ .. αυτο εν σινδονι B
λαβων το σωμα ο Ιωσηφ .. αυτο σινδονι ℵACEFGKWYΠ 1.28.565.1582
παραλαβων Ιωσηφ το σωμα .. αυτο εν σινδονι D
λαβων το σωμα Ιωσηφ .. αυτω σινδονι L
λαβων τω σωμα ο Ιωσηφ .. αυτο εν σινδονι Θ
Mk 15.46 καθελων τη σινδονι ℵBL
λαβων εις την σινδονα D
και καθελων τη σινδονι Θ
και καθελων εν τη σινδονι 1.1582
και καθελων αυτον τη σινδονι 28
M 27.60 εθηκεν αυτο ..μνημειω ο..προσκυλισας λιθον μεγαν τη θυρα ..απηλθεν BCGKYΠ 565.1582
εθηκεν ..μνημειω ο..προσκυλισας λιθον μεγαν τη θυρα ..απηλθεν ℵΘ
εθηκεν αυτο ..μνημειω ο..προσκυλισας λιθον μεγαν επι τη θυρα ..απηλθεν A
εθηκεν αυτο ..μνημιω ο..προσκυλισασλισας λιθον μεγαν τη θυρα ..απηλθεν D*
εθηκεν αυτο ..μνημιω ο..προσκυλισας λιθον μεγαν τη θυρα ..απηλθεν D[c]
εθηκεν αυτο ..μνημειω ο..προσκυλησας λιθον μεγαν τη θυρα ..απηλθεν EF
εθηκεν ..μνημειω ω..προσκυλισας λιθον μεγαν τη θυρα ..απηλθεν L
εθηκεν αυτο ..μνημειω ω..προσκυλισας λιθον μεγα εν τη θυρα ..απηλθεν W
εθηκεν αυτο ..μνημειω ο..προσκυλισας λιθον μεγα τη θυρα ..απηλθεν 1.
εθηκεν αυτω ..μνημειω ω..προσκυλισας λιθον μεγα τη θυρα ..απηλθεν 28
Mk 15.46 εθηκεν αυτον.. προσκυλισεν λιθον επι την θυραν.. BCLYΠ
εθηκεν αυτον.. προσκυλισεν λιθον μεγαν επι την θυραν.. ℵ
εθηκεν αυτο .. προσκυλισεν λιθον επι την θυραν.. A
εθηκεν αυτον.. προσκυλισας λιθον επι την θυραν..απηλθεν D 1.1582
εθηκεν αυτον.. προσκυλισεν λιθον εν τη θυρα .. 565
L 23.53 εθηκεν αυτον..μνηματι ℵBC
εθηκεν αυτο ..μνηματι P[75] AWY 28
εθηκεν αυτον..μνημειω D
εθηκεν αυτω ..μνηματι LΘ
εθηκεν ..μνηματι 1.

M 27.59-60 - Mk 6.29; Ac 13.29 | M 27.60 - M 28.2; Mk 16.3f; L 24.2; J 20.1; Is 53.9; J 11.38

75. THE BURIAL Matthew 27.57-61

M 27.61 ἦν δὲ ἐκεῖ Μαριὰμ ἡ Μαγδαληνὴ καὶ ἡ ἄλλη Μαρία
Mk 15.47 ἡ δὲ Μαρία ἡ Μαγδαληνὴ καὶ Μαρία ἡ Ἰωσῆτος
L 23.55 Κατακολουθήσασαι δὲ αἱ γυναῖκες, αἵτινες ἦσαν συνεληλυθυῖαι ἐκ τῆς

M 27.61 καθήμεναι ἀπέναντι τοῦ τάφου.
Mk 15.47 ἐθεώρουν ποῦ τέθειται.
L 23.55 Γαλιλαίας αὐτῷ, ἐθεάσαντο τὸ μνημεῖον καὶ ὡς ἐτέθη τὸ σῶμα

L 23.56 αυτου, |υποστρεψασαι δε ητοιμασαν αρωματα και μυρα.

76. THE GUARD POSTED AT THE TOMB

Matthew 27.65-66

M 27.62 Τῇ δὲ ἐπαύριον, ἥτις ἐστὶν μετὰ τὴν παρασκευήν, συνήχθησαν οἱ ἀρχιερεῖς
M 27.63 καὶ οἱ Φαρισαῖοι πρὸς Πιλᾶτον |λέγοντες, Κύριε, ἐμνήσθημεν ὅτι ἐκεῖνος
M 27.64 ὁ πλάνος εἶπεν ἔτι ζῶν, Μετὰ τρεῖς ἡμέρας ἐγείρομαι. κέλευσον οὖν
M 27.64 ἀσφαλισθῆναι τὸν τάφον ἕως τῆς τρίτης ἡμέρας, μήποτε ἐλθόντες οἱ μαθηταὶ
M 27.64 αὐτοῦ κλέψωσιν αὐτὸν καὶ εἴπωσιν τῷ λαῷ, Ἠγέρθη ἀπὸ τῶν νεκρῶν, καὶ
M 27.64 ἔσται ἡ ἐσχάτη πλάνη χείρων τῆς πρώτης.

M 27.61 ην δε .. Μαριαμ η Μαγδαληνη .. η αλλη .. απεναντι ℵBCΘ 1.1582
ην δε .. Μαρια η Μαγδαληνη .. αλλη .. απεναντι A
ην δε .. Μαρια Μαγδαληνη .. αλλη .. κατεναντι D*
ην δε .. Μαρια η Μαγδαληνη .. αλλη .. κατεναντι D^c
ην δε .. Μαρια η Μαγδαληνν .. η αλλη .. απεναντι EFGKYΠ 565
ηην δε .. Μαριαμ η Μαγδαληνη .. η αλλη .. απεναντι L
ην δε .. Μαρια η Μαγδαληνη .. η αλλη .. επι W
ην δε .. Μαρια η Μαγδαλινη .. η αλλη .. απεναντι 28
Mk 15.47 Μαρια η Μαγδαληνη $ℵ^c$ABCLWYΠ 565
omit ℵ*
Μαρια Μαγδαληνη D
Μαριαμ η Μαγδαλην Θ 1.1582
Μαρια η Μαγδαλινη 28

M 27.62 τη δε .. προς Πιλατον ℵCEFGKWYΘΠ 1.28.565.1582
τη δε .. προς Πειλατον ABD
τη .. πρς Πιλατον L

M 27.63 εκεινος ο πλανος .. ζων .. εγειρομαι ℵABC*FKLWY 1.28.565.1582
ο πλανος εκεινος .. ζων .. εγειρομαι C^cGΘ
εκεινος ο πλανος .. ζων οτι .. εγειρομαι D
εκεινος ο πλανος .. ζων .. εγειρωμαι E

M 27.64 της τριτης ημερας..μαθηται αυτου κλεψωσιν αυτον..ειπωσιν ACEKWYΘΠ 1.1582*
της τριτης ημερας..μαθηται κλεψουσιν αυτον..ειπωσιν ℵ
της τριτης ημερας..μαθηται κλεψωσιν αυτον..ειπωσιν B
ημερας τρειτης..μαθηται αυτου κλεψωσιν αυτον..ερουσιν D
της τριτης ημερας..μαθηται αυτου νυκτος κλεψωσιν αυτον..ειπωσιν FG 565.1582^c
τριτης ημερας..μαθηται αυτου νυκτος φωσιν αυτον..ειπωσιν L*
τριτης ημερας..μαθηται αυτου νυκτος κλεψωσιν αυτον..ειπωσιν L^c
της τριτης ημερας..μαθηται αυτου κλεψωσιν αυτον νυκτος..ειπωσιν 28

M 27.64 ηγερθη .. εσται η εσχατη .. χειρων ABEFKWYΘΠ 1.1582*
ηγερθη .. εσται η εσχατη .. χειρον ℵ
ηγερθη .. εσται η σχατη .. χειρων C
ηγερθη .. εσται η αισχατη .. χειρω D
ηγερθη .. εσται η εσται η εσχατη .. χειρων G
ηγερθη .. εσται η εσχατη .. χερω L
οτι ηγερθη .. εσται η εσχατη .. χειρων 1582^c

M 27.61 - M 27.56; 28.1; Mk 15.40, 47; 16.1; L 24.10; J 19.25
M 27.63 - M 12.40; 16.21; 17.23; 20.19; Mk 8.31; 9.31; 10.34; L 9.22; 18.33; 23.5,14; 24.7; 2 C 6.8; J 7.12, 47 | M 27.64 - M 12.45; L 11.26; 2 P 2.20

76. THE GUARD POSTED AT THE TOMB Matthew 27.62-66

M 27.65 ἔφη αὐτοῖς ὁ Πιλᾶτος, Ἔχετε κουστωδίαν· ὑπάγετε ἀσφαλίσασθε ὡς οἴδατε.
M 27.66 οἱ δὲ πορευθέντες ἠσφαλίσαντο τὸν τάφον σφραγίσαντες τὸν λίθον μετὰ τῆς
M 27.66 κουστωδίας.

77. THE EMPTY TOMB

Matthew 28.1-10

M 28. 1 Ὀψὲ δὲ σαββάτων, τῇ
Mk 16. 1 Καὶ διαγενομένου τοῦ σαββάτου
Mk 16. 2 καὶ
Mk 16. 9 Ἀναστὰς δὲ πρωῒ πρώτῃ
L 24. 1 Καὶ τὸ μὲν σάββατον ἡσύχασαν κατὰ τὴν ἐντολήν, τῇ δὲ
J 20. 1 Τῇ δὲ

M 28. 1 ἐπιφωσκούσῃ εἰς μίαν σαββάτων, ἦλθεν
Mk 16. 2 λίαν πρωῒ τῇ μιᾷ τῶν σαββάτων ἔρχονται
Mk 16. 9 σαββάτου ἐφάνη πρῶτον
L 24. 1 μιᾷ τῶν σαββάτων ὄρθρου βαθέως ἐπὶ τὸ μνῆμα ἦλθον
L 24.10a ἦσαν δὲ
J 20. 1 μιᾷ τῶν σαββάτων

M 28. 1 Μαριὰμ ἡ Μαγδαληνὴ καὶ ἡ ἄλλη Μαρία
Mk 16. 1 Μαρία ἡ Μαγδαληνὴ καὶ Μαρία ἡ τοῦ Ἰακώβου καὶ Σαλώμη
Mk 16. 9 Μαρίᾳ τῇ Μαγδαληνῇ, παρ' ἧς ἐκβεβλήκει ἑπτὰ δαιμόνια.
L 24. 1 φέρουσαι ἃ
L 24.10a ἡ Μαγδαληνὴ Μαρία καὶ Ἰωάννα καὶ Μαρία ἡ Ἰακώβου·
J 20. 1 Μαρία ἡ Μαγδαληνὴ
J 20.11 Μαρία δὲ

M 28. 1 θεωρῆσαι τὸν τάφον.
Mk 16. 1 ἠγόρασαν ἀρώματα ἵνα ἐλθοῦσαι ἀλείψωσιν αὐτόν.
Mk 16. 2 ἐπὶ τὸ μνημεῖον
Mk 16. 5 καὶ εἰσελθοῦσαι εἰς τὸ μνημεῖον
L 24. 1 ἡτοίμασαν ἀρώματα.
L 24. 4 καὶ ἐγένετο ἐν τῷ ἀπορεῖσθαι αὐτὰς περὶ τούτου
J 20. 1 ἔρχεται πρωῒ σκοτίας ἔτι οὔσης εἰς τὸ μνημεῖον,
J 20.11 εἱστήκει πρὸς τῷ μνημείῳ

J 20.11 εξω κλαιουσα. ως ουν εκλαιεν παρεκυψεν εἰς τὸ μνημεῖον,

---

M 27.65 εφη ..Πιλατος εχετε κουστωδιαν υπαγετε ασφαλισασθε ως EFG
εφη δε..Πιλατος εχετε κουστωδιαν υπαγετε ασφαλισασθε ως ℵYΠ 1.565.1582
εφη δε..Πειλατος εχετε κουστωδιαν υπαγετε ασφαλισασθε ως A
εφη ..Πειλατος εχετε κουστωδιαν υπαγετε ασφαλισασθε ως B
εφη δε..Πιλατος εχετε κουστωδιαν υπαγετε ασφαλισασθαι ως C
εφη δε..Πειλατος εχεται φυλακας υπαγεται ασφαλισασθαι ως D*
εφη δε..Πειλατος εχεται κουστωδιαν υπαγεται ασφαλισασθαι ως D^c
εφη ..Πιλατος εχετες κουστωδιαν υπαγετε ασφαλισασθε ως K
εφη ..Πιλατος εχετε κουστωδιαν υπαγετε ασφαλισασθε εως L
εφη δε..Πειλατος εχεται κουστωδιαν υπαγεται ασφαλισασθαι ως W
εφη ..Πειλατος εχεται κουστωδιαν υπαγετε ασφαλισασθαι ως Θ
εφη δε..Πιλατος εχετε κουστωδιαν υπατετε ασφαλησασθε ως 28

M 27.66 ησφαλισαντο .. της κουστωδιας ℵBC$D^c$$E^c$FGWYΘΠ 1.565.1582
ησφαλισαντο .. της κωστουδιας A
ησφαλισαν .. των φυλακων D*
ησφαλησαντο .. της κουστωδιας E*
ησφαλησατο .. της κουστωδιας K
ησφαλισαντο .. της κουτωδιας L

M 28. 1 οψε δε σαββατων .. Μαριαμ η Μαγδαληνη .. η αλλη Μαρια ℵC 1582
οψε δε σαββατων .. Μαρια η Μαγδαληνη .. αλλη Μαρια A
οψε δε σαββατων .. Μαρια η Μαγδαληνη .. η αλλη Μαρια BD^cEFGKWYΠ 1.
οψε δε σαββατων .. Μαρια Μαγδαληνη .. η αλλη Μαρια D*
οψε σαβατω .. Μαριαμ η Μαγδαληνη .. η αλλη Μαριαμ L*
οψε σαββατω .. Μαριαμ η Μαγδαληνη .. η αλλη Μαριαμ L^c
οψε δε σαββατων .. Μαριαμ η Μαγδαληνη .. η αλλη Μαριαμ Θ
οψε δε σαββατων .. Μαρια η Μαγδαλινη .. η αλλη Μαρια 28
οψε δε σαββατω .. Μαρια η Μαγδαληνη .. η αλλη Μαρια 565

M 28. 1 - M 27.56, 61; Mk 15.40, 47; J 19.25

M 28. 2 καὶ ἰδοὺ σεισμὸς ἐγένετο μέγας· ἄγγελος γὰρ κυρίου καταβὰς ἐξ οὐρανοῦ
Mk 16. 2 ἀνατείλαντος τοῦ ἡλίου.
Mk 16. 5 εἶδον νεανίσκον
L 24. 4 καὶ ἰδοὺ ἄνδρες δύο
J 20.12 καὶ θεωρεῖ δύο ἀγγέλους

M 28. 2 καὶ προσελθὼν ἀπεκύλισεν τὸν λίθον καὶ
Mk 16. 3 καὶ ἔλεγον πρὸς ἑαυτάς, Τίς ἀποκυλίσει ἡμῖν τὸν λίθον ἐκ τῆς θύρας
Mk 16. 4 καὶ ἀναβλέψασαι θεωροῦσιν ὅτι ἀποκεκύλισται ὁ λίθος, ἦν γὰρ μέγας
L 24. 2 εὗρον δὲ τὸν λίθον ἀποκεκυλισμένον ἀπὸ
J 20. 1 καὶ βλέπει τὸν λίθον ἠρμένον ἐκ
J 20.12 ἐν λευκοῖς

M 28. 3 ἐκάθητο ἐπάνω αὐτοῦ. ἦν δὲ ἡ εἰδέα αὐτοῦ ὡς ἀστραπὴ καὶ τὸ ἔνδυμα
Mk 16. 3 τοῦ μνημείου;
Mk 16. 4 σφόδρα.
Mk 16. 5 καθήμενον ἐν τοῖς δεξιοῖς περιβεβλημένον
L 24. 3 τοῦ μνημείου, |εἰσελθοῦσαι δὲ οὐχ εὗρον τὸ σῶμα τοῦ κυρίου Ἰησοῦ.
L 24. 4 ἐπέστησαν αὐταῖς ἐν ἐσθῆτι ἀστραπτούσῃ.
J 20. 1 τοῦ μνημείου.
J 20.12 καθεζομένους, ἕνα πρὸς τῇ κεφαλῇ καὶ ἕνα πρὸς τοῖς ποσίν,

M 28. 4 αὐτοῦ λευκὸν ὡς χιών. ἀπὸ δὲ τοῦ φόβου αὐτοῦ ἐσείσθησαν οἱ τηροῦντες
Mk 16. 5 στολὴν λευκήν, καὶ ἐξεθαμβήθησαν.
L 24. 5 ἐμφόβων δὲ γενομένων αὐτῶν καὶ

M 28. 5 καὶ ἐγενήθησαν ὡς νεκροί. ἀποκριθεὶς δὲ ὁ ἄγγελος εἶπεν ταῖς γυναιξίν,
Mk 16. 6 ὁ δὲ λέγει αὐταῖς,
L 24. 5 κλινουσῶν τὰ πρόσωπα εἰς τὴν γῆν εἶπαν πρὸς αὐτάς,
J 20.13 καὶ λέγουσιν αὐτῇ
J 20.15 λέγει αὐτῇ

M 28. 2
εγενετο..καταβας εξ ουρανου και προσελθων απεκυλισεν τον λιθον ℵ
εγενετο..καταβας εξ ουρανου προσελθων απεκυλισεν τον λιθον απο της θυρας AGKYΠ
εγενετο..καταβας εξ ουρανου προσελθων απεκυλισεν τον λιθον B
εγενετο..καταβας εξ ουρανου και προσελθων απεκυλισεν τον λιθον απο της θυρας C
εγενετο..καταβας απ ουρανου προσελθων απεκυλισεν τον λιθον D
εγενετο..καταβας εξ ουρανου προσελθων απευλισεν τον λιθον απο της θυρας του μνημιου E*
εγενετο..καταβας εξ ουρανου προσελθων απεκυλισεν τον λιθον απο της θυρας του μνημειου E[c]F 1.565.1582
εγενετο..καταβας εξ ουρανου και προσελθων απεκυλισεν τον λιθον απο της θυρας του μνιμιου L
εγενετο..κατεβη εξ ουρανου και προσελθων απεκυλισεν τον λιθον απο της θυρας W
εγενετω..καταβας εξ ουρανου και προσελθων απεκυλισεν τον λιθον απο της θυρας Θ
εγενετο..καταβας εξ ουρανου και προσελθων απεκυλισεν τον λιθον απο της θυρας του μνημειου 28

M 28. 3 ην δε η ειδεα αυτου .. ως χιων
.. ως χιων ℵ*
ην δε η ειδεα αυτου .. ως η χιων ℵ[c]
ην δε η ειδεα αυτου .. ωσει χιων ACEY 28
ην δε η ειδε αυτου .. ως χιων B
ην δε η ειδεα αυτου .. ως χειων D
ην δε η ιδεα αυτου .. ωσει χειων F
ην δε η ιδεα αυτου .. ωσει χιων GW 565.1582[c]
ην δε η ιδεα αυτου .. ως χιων KΠ 1.1582*
ην δε η ιδε αυτου .. ωσει χιων L
ην δε η ιδεα αυτου .. ωσι χιων Θ

M 28. 4 του φοβου αυτου εσεισθησαν .. εγενηθησαν ως ℵBD
του φορου εσεισθησαν .. εγενοντο A
του φοβου αυτου εσεισθησαν .. εγενηθησαν ωσει C*
του φοβου αυτου εσεισθησαν .. εγενοντο ωσει C[c]AGKYΘΠ 28.1582[c]
του φοβου αυτου εσεισθησαν .. εγενοντω ωσει E
του φοβου αυτου εσεισθησαν .. εγεννηθησαν ως L
του φοβου αυτου εσεισθησαν .. εγενοντο ως W 1.1582*
του φορου εσαλευθησαν .. εγενοντο ωσει 565

M 28. 5 αποκριθεις δε .. τοις γυναιξιν ℵ[c]ABC[c]DEFGKLYΠ 1.28.565.1582
αποκριθεις δε .. ℵ*
αποκριθεις .. τοις γυναιξιν C*W
αποκριθεις δε .. τες γυναιξιν Θ

M 28. 2 - M 27.51, 60; Mk 15.46 | M 28. 3 - M 17.2; Mk 9.3; L 9.29; 11.36; Ac 1.10; 10.30

M 28. 5 Μὴ φοβεῖσθε ὑμεῖς, οἶδα γὰρ ὅτι Ἰησοῦν τὸν ἐσταυρωμένον
Mk 16. 6 Μὴ ἐκθαμβεῖσθε· Ἰησοῦν ζητεῖτε τὸν Ναζαρηνὸν
L 24. 5 Τί
J 20.13 ἐκεῖνοι, Γύναι, τί κλαίεις;
J 20.15 Ἰησοῦς, Γύναι, τί κλαίεις; τίνα

M 28. 6 ζητεῖτε· οὐκ ἔστιν ὧδε, ἠγέρθη γὰρ
Mk 16. 6 τὸν ἐσταυρωμένον· ἠγέρθη, οὐκ ἔστιν ὧδε·
L 24. 6 ζητεῖτε τὸν ζῶντα μετὰ τῶν νεκρῶν; οὐκ ἔστιν ὧδε, ἀλλὰ ἠγέρθη.
J 20.13 λέγει αὐτοῖς ὅτι
J 20.15 ζητεῖς; ἐκείνη δοκοῦσα ὅτι ὁ κηπουρός ἐστιν λέγει αὐτῷ, Κύριε,

J 20. 2 τρεχει ουν και ερχεται προς Σιμωνα Πετρον και προς τον αλλον μαθητην ον εφιλει ο Ιησους,
J 20. 2 και λεγει αυτοις,

M 28. 6 καθὼς εἶπεν· δεῦτε ἴδετε τὸν τόπον ὅπου ἔκειτο.
Mk 16. 6 ἴδε ὁ τόπος ὅπου ἔθηκαν
L 24. 6 μνήσθητε ὡς ἐλάλησεν ὑμῖν
J 20. 2 Ἦραν τὸν κύριον ἐκ τοῦ μνημείου, καὶ οὐκ οἴδαμεν ποῦ ἔθηκαν
J 20.12 ὅπου ἔκειτο τὸ
J 20.13 Ἦραν τὸν κύριόν μου, καὶ οὐκ οἶδα ποῦ ἔθηκαν
J 20.15 εἰ σὺ ἐβάστασας αὐτόν, εἰπέ μοι ποῦ ἔθηκας

M 28. 7 καὶ ταχὺ πορευθεῖσαι εἴπατε τοῖς μαθηταῖς αὐτοῦ
Mk 16. 7 αὐτόν. ἀλλὰ ὑπάγετε εἴπατε τοῖς μαθηταῖς αὐτοῦ καὶ
J 20. 3 αὐτόν. Ἐξῆλθεν οὖν ὁ Πέτρος καὶ ὁ ἄλλος μαθητής, καὶ ἤρχοντο
J 20.12 σῶμα τοῦ Ἰησοῦ.
J 20.14 αὐτόν. ταῦτα εἰποῦσα ἐστράφη εἰς τὰ ὀπίσω, καὶ θεωρεῖ τὸν
J 20.16 αὐτόν, κἀγὼ αὐτὸν ἀρῶ. λέγει αὐτῇ Ἰησοῦς, Μαριάμ. στραφεῖσα
J 20.17 πορεύου δὲ πρὸς τοὺς ἀδελφούς μου καὶ

J 20. 4 εις το μνημειον. ετρεχον δε οι δυο ομου· και ο αλλος μαθητης προεδραμεν ταχιον του
J 20. 5 Πετρου και ηλθεν πρωτος εις το μνημειον, |και παρακυψας βλεπει κειμενα τα οθονια, ου
J 20. 6 μεντοι εισηλθεν. ερχεται ουν και Σιμων Πετρος ακολουθων αυτω, και εισηλθεν εις το
J 20. 7 μνημειον· και θεωρει τα οθονια κειμενα, |και το σουδαριον, ο ην επι της κεφαλης αυτου,
J 20. 8 ου μετα των οθονιων κειμενον αλλα χωρις εντετυλιγμενον εις ενα τοπον. τοτε ουν εισηλθεν
J 20. 9 και ο αλλος μαθητης ο ελθων πρωτος εις το μνημειον, και ειδεν και επιστευσεν· ουδεπω
J 20.10 γαρ ηδεισαν την γραφην οτι δει αυτον εκ νεκρων αναστηναι. απηλθον ουν παλιν προς
J 20.10 αυτους οι μαθηται.

J 20.14 Ιησουν εστωτα, και ουκ ηδει οτι Ιησους εστιν.

J 20.17 εκεινη λεγει αυτω Εβραιστι, Ραββουνι (ο λεγεται Διδασκαλε). λεγει αυτη Ιησους, Μη
J 20.17 μου απτου, ουπω γαρ αναβεβηκα προς τον πατερα·

M 28. 5 φοβεισθε .. τον εσταυρωμενον ζητειτε ℵ^c ABCFGKYΠ 1.1582
φοβηθηται .. τον εσταυρωμενον ζητειτε ℵ*
φοβεισθαι .. τον εσταυρωμενον ζητειται D
φοβεισθε .. τον ενσταυρωμενον ζητειτε E
φοβεισθαι .. τον εσταυρωμενον ζητειτε L
φοβεισθαι .. τον εσταυρωμενον ζητιται W
φοβισθαι .. τον εσταυρωμενον ζητιται Θ
φοβεισθε .. ζητειτε τον Ναζαρινον τον εσταυρωμενον 28
φοβεισθε .. τον εσταυρωμενον ζητητε 565

M 28. 6 ιδετε .. εκειτο ℵBΘ
ιδετε .. εκειτο ο κυριος ACFGKLYΠ 1.28.565.1582
ειδεται .. εκειτο ο κυριος DW
ιδετε .. εκειτω ο κυριος E

M 28. 7 ταχυ πορευθεισαι ℵABCDEFGKWYΘΠ 1.28.1582
ταχοι πορευθεις L
ταχυ πορευθησαι 565

M 28. 6 - M 12.40; 16.21; 17.23; 20.19; Mk 8.31; 9.31; 10.34; L 9.22; 18.33; 24.7

M 28. 7 ὅτι Ἠγέρθη ἀπὸ τῶν νεκρῶν, καὶ ἰδοὺ προάγει ὑμᾶς εἰς τὴν
Mk 16. 7 τῷ Πέτρῳ ὅτι Προάγει ὑμᾶς εἰς τὴν
L 24. 6 ἔτι ὢν ἐν τῇ
J 20.17 εἰπὲ αὐτοῖς, Ἀναβαίνω πρὸς τὸν πατέρα μου καὶ πατέρα ὑμῶν καὶ θεόν μου

M 28. 8 Γαλιλαίαν, ἐκεῖ αὐτὸν ὄψεσθε· ἰδοὺ εἶπον ὑμῖν. καὶ ἀπελθοῦσαι ταχὺ
Mk 16. 8 Γαλιλαίαν· ἐκεῖ αὐτὸν ὄψεσθε, καθὼς εἶπεν ὑμῖν. καὶ ἐξελθοῦσαι ἔφυγον
L 24. 7 Γαλιλαίᾳ, |λέγων τὸν υἱὸν τοῦ ἀνθρώπου ὅτι δεῖ παραδοθῆναι εἰς χεῖρας
L 24. 9 καὶ ὑποστρέψασαι
J 20.18 καὶ θεὸν ὑμῶν. ἔρχεται Μαριὰμ ἡ

M 28. 8 ἀπὸ τοῦ μνημείου μετὰ φόβου καὶ χαρᾶς μεγάλης ἔδραμον
Mk 16. 8 ἀπὸ τοῦ μνημείου, εἶχεν γὰρ αὐτὰς τρόμος καὶ ἔκστασις· καὶ οὐδενὶ οὐδὲν
L 24. 8 ἀνθρώπων ἁμαρτωλῶν καὶ σταυρωθῆναι καὶ τῇ τρίτῃ ἡμέρᾳ ἀναστῆναι. καὶ
L 24. 9 ἀπὸ τοῦ μνημείου
L 24.10 ἦσαν δὲ ἡ Μαγδαληνὴ Μαρία καὶ Ἰωάννα καὶ Μαρία ἡ Ἰακώβου· καὶ αἱ λοιπαὶ
J 20.18 Μαγδαληνὴ

M 28. 9 ἀπαγγεῖλαι τοῖς μαθηταῖς αὐτοῦ. καὶ ἰδοὺ Ἰησοῦς
Mk 16. 8 εἶπαν, ἐφοβοῦντο γάρ.
L 24. 8 ἐμνήσθησαν τῶν ῥημάτων αὐτοῦ,
L 24. 9 ἀπήγγειλαν ταῦτα πάντα τοῖς ἕνδεκα καὶ πᾶσιν τοῖς λοιποῖς.
L 24.11 σὺν αὐταῖς ἔλεγον πρὸς τοὺς ἀποστόλους ταῦτα. καὶ ἐφάνησαν
J 20.18 ἀγγέλλουσα τοῖς μαθηταῖς ὅτι Ἑώρακα τὸν κύριον,

M 28. 9 ὑπήντησεν αὐταῖς λέγων, Χαίρετε. αἱ δὲ προσελθοῦσαι ἐκράτησαν αὐτοῦ
L 24.11 ἐνώπιον αὐτῶν ὡσεὶ λῆρος τὰ ῥήματα ταῦτα, καὶ ἠπίστουν αὐταῖς.
J 20.18 καὶ ταῦτα εἶπεν αὐτῇ.

M 28.10 τοὺς πόδας καὶ προσεκύνησαν αὐτῷ. τότε λέγει αὐταῖς ὁ Ἰησοῦς, Μὴ
J 20.17a λέγει αὐτῇ Ἰησους, Μή μου

L 24.12 Ο δε Πετρος αναστας εδραμεν επι το μνημειον, και παρακυψας βλεπει τα οθονια μονα·
L 24.12 και απηλθεν προς εαυτον θαυμαζων το γεγονος.

M 28. 7 απο των νεκρων και ιδου .. Γαλιλαιαν .. οψεσθε .. ειπον υμιν ℵ^c ACEFGKLYΘΠ^c 1.28.1582
απο των νεκρων και ιδου .. Γαλιλαιαν .. οψεσθε .. ειπα υμιν ℵ*
απο των νεκρων και ιδου .. Γαλειλαιαν .. οψεσθε .. ειπον υμιν B
και .. Γαλιλαιαν .. οψεσθαι .. ειπον υμειν D
απο των νεκρων και ιδου .. Γαλιλαιαν .. οψεσθαι .. ειπον υμιν W
απο των νεκρων και ιδου .. Γαλιλαιαν .. οψεσθε .. ειπον Π*
και ιδου .. Γαλιλαιαν .. οψεσθε .. ειπον υμιν 565

M 28. 8 απελθουσαι .. μαθηταις αυτου ℵBCL
εξελθουσαι .. μαθηταις αυτου ADEFGKWYΠ 1.28.565.1582
απελθουσαι .. μαθηταις Θ

M 28. 9 και ιδου Ιησους υπηντησεν .. χαιρετε ℵ*B
και ιδου Ιησους απηντησεν .. χαιρετε ℵ^c
ως δε επορευοντο απαγγειλαι τοις μαθηταις αυτου και ιδου Ιησους απηντησεν .. χαιρετε AFGK 28*
ως δε επορευοντο απαγγειλαι τοις μαθηταις αυτου και ιδου Ιησους υπηντησεν .. χαιρετε CΠ 565
και ιδου ο Ιησους απηντησεν .. χαιραιται D
ως δε επορευοντω απαγγειλαι τοις μαθηταις αυτου και ιδου Ιησους απηντησεν .. χαιρετε E
ως δε επορευοντο απαγγιλε τοις μαθηταις αυτου και ιδου ο Ιησους απηντησεν .. χαιρετε L
και ιδου ο Ιησους απηντησεν .. χαιρεται W
ως δε επορευοντο απαγγειλαι τοις μαθηταις αυτου και ιδου ο Ιησους υπηντησεν .. χαιρετε Y 1.1582
και ιδου ο Ιησους υπηντησεν .. χαιρεται Θ
ως δε επορευοντο απαγγειλαι τοις μαθηταις αυτου και ιδου ο Ιησους απηντησεν .. χαιρετε 28^c

M 28. 9 αυτου τους ποδας και προσεκυνησαν ℵABCEFGLWYΘΠ 1.13.28.565.1582
τους ποδας αυτου και προσεκυνησαν D
αυτου του ποδας και προεκυνησαν K*
αυτου του ποδας και προσεκυνησαν K^c

M 28. 7 - M 26.32; Mk 14.28; M 28.10, 16; J 16.16, 22; 21.1-23

77. THE EMPTY TOMB Matthew 28.1-10

M 28.10 φοβεῖσθε· ὑπάγετε ἀπαγγείλατε τοῖς ἀδελφοῖς μου ἵνα ἀπέλθωσιν εἰς τὴν
J 20.17a ἅπτου, οὔπω γὰρ ἀναβέβηκα πρὸς τὸν πατέρα·

M 28.10 Γαλιλαίαν, κἀκεῖ με ὄψονται.

78. BRIBING THE GUARD

Matthew 28.11-15

M 28.11 Πορευομένων δὲ αὐτῶν ἰδού τινες τῆς κουστωδίας ἐλθόντες εἰς τὴν πόλιν
M 28.12 ἀπήγγειλαν τοῖς ἀρχιερεῦσιν ἅπαντα τὰ γενόμενα. καὶ συναχθέντες μετὰ
M 28.12 τῶν πρεσβυτέρων συμβούλιόν τε λαβόντες ἀργύρια ἱκανὰ ἔδωκαν τοῖς στρατι-
M 28.13 ώταις |λέγοντες, Εἴπατε ὅτι Οἱ μαθηταὶ αὐτοῦ νυκτὸς ἐλθόντες ἔκλεψαν
M 28.14 αὐτὸν ἡμῶν κοιμωμένων. καὶ ἐὰν ἀκουσθῇ τοῦτο ἐπὶ τοῦ ἡγεμόνος, ἡμεῖς
M 28.14 πείσομεν αὐτὸν καὶ ὑμᾶς ἀμερίμνους ποιήσομεν.

M 28.10 φοβεισθε υπαγετε απαγγειλατε .. αδελφοις μου ℵ^c ABCFGKL^c YΘΠ 1.28.565.1582
φοβεισθε υπαγετε απαγγειλατε .. αδελφοις ℵ*
φοβεισθαι υπαγεται απαγγειλατε .. αδελφοις μου DW
φοβεισθε υπαγετε απαγγειλαται .. αδελφοις μου E
φοβεισθε υπαγετε απαγγιλατε .. αδελφοις μου L*
φοβεισθαι υπαγετε απαγγειλατε .. αδελφοις μου 13

M 28.10 απελθωσιν εις την Γαλιλαιαν κακει με οψονται C^c GL 1.28.1582
ελθωσιν εις την Γαλιλαιαν και εκει με οψονται ℵ*
απελθωσιν εις την Γαλιλαιαν και εκει με οψονται ℵ^c AC*EFKWYΘ^c Π 13.565
απελθωσιν εις την Γαλειλαιαν κακει με οψονται B
απελθωσιν εις Γαλιλαιαν κακει με οψεσθαι D*
απελθωσιν εις την Γαλιλαιαν κακει με οψεσθαι D^c
απελθωσιν εις την Γαλιλαιαν και εκει με οψοται Θ*

M 28.11 απηγγειλαν .. απαντα ℵBCEFGKLYΠ 1.13.28.1582
απηγγειλαν .. παντα A
ανηγγειλαν .. απαντα D 565
απηγγειλον .. απαντα W
ανηγγιλαν .. απαντα Θ

M 28.12 συμβουλιον τε λαβοντες αργυρια ικανα .. τοις στρατιωταις ABCEFGYΘΠ 1.13.565.1582
συμβουλιον τε εποιησαν αργυρια ικανα .. τοις στρατιωταις ℵ*
συμβουλιον τε και λαβοντες αργυρια ικανα .. τοις στρατιωταις ℵ^c
συνβουλιον λαβοντες αργυριον ικανον .. τοις στρατιωταις D
συμβουλιον τε λαβοντες αργυρια ικανα .. τοι στρατιωταις K
συμβουλιον τε λαβοντες αργυρια ικανα .. τοις στρατηωταις L
συνβουλιον τε λαβοντες αργυρια ικανα .. τοις στρατιωταις W
συμβουλιον τε λαβοντες αργυρια ικανα .. τοις στρατιωτες 28

M 28.13
ειπατε οτι οι μαθηται αυτου νυκτος ελθοντες εκλεψαν αυτον ημων κοιμωμενων ABCEGKLWYΠ 1.13.28.565.1582
οτι ειπατε οι μαθηται αυτου νυκτος ελθοντες εκλεψαν αυτον ημων κοιμωμενων ℵ
ειπατε οτι οι μαθηται αυτου νυκτος ελθοντες εκλεψαν υτον ημων κοιμωμενων D
ειπατε οτι ημων κοιμωμενων οι μαθηται αυτου νυκτος ελθοντες εκλεψαν αυτον F
ειπαται οτι οι μαθηται αυτου νυκτος ελθοντες εκλεψαν αυτον ημων κοιμωμενων Θ

M 28.14 και εαν .. τουτο επι .. πεισομεν αυτον .. ποιησομεν ACYΠ 28.1582
και εαν .. τουτο επι .. πεισομεν .. ποιησωμεν ℵ
και εαν .. τουτο υπο .. πεισομεν .. ποιησομεν B
και αν .. τουτο υπο .. πεισομεν αυτον .. ποιησομεν D*
και εαν .. τουτο υπο .. πεισομεν αυτον .. ποιησομεν D^c
και εαν .. τουτο επι .. πισωμεν αυτον .. ποιησωμεν E* 565
και εαν .. τουτο επι .. πισομεν αυτον .. ποιησωμεν E^c W
και εαν .. τουτο επι .. πεισομεν αυτον .. ποιησωμεν F
και εαν .. τουτο επι .. πεισωμεν αυτον .. ποιησωμεν G 13
και εαν .. τουτο επι .. πεισονμεν αυτον .. ποιησομεν K
και αν .. τουτο επι .. πεισομεν αυτον .. ποιησομεν L
και εαν .. τουτο επι .. πισομεν .. ποιησομεν Θ
καν .. τουτο επι .. πεισομεν αυτον .. ποιησομεν 1.

M 28.10 - M 26.32; 28.7, 16; Mk 14.28; J 21.1-23; He 2.11 | M 28. 12 - M 26.15 | M 28.13 - M 27.64

M 28.15	οἱ δὲ λαβόντες τὰ ἀργύρια ἐποίησαν ὡς ἐδιδάχθησαν. Καὶ διεφημίσθη
M 28.15	ὁ λόγος οὗτος παρὰ Ἰουδαίοις μέχρι τῆς σήμερον ἡμέρας.

79. GO AND MAKE DISCIPLES

Matthew 28.16-20

M 28.16	Οἱ δὲ ἕνδεκα μαθηταὶ ἐπορεύθησαν εἰς τὴν Γαλιλαίαν εἰς τὸ ὄρος οὗ
M 28.17	ἐτάξατο αὐτοῖς ὁ Ἰησοῦς, |καὶ ἰδόντες αὐτὸν προσεκύνησαν, οἱ δὲ ἐδίστασαν.

M 28.18	καὶ προσελθὼν ὁ Ἰησοῦς ἐλάλησεν	αὐτοῖς λέγων,		Ἐδόθη μοι πᾶσα ἐξουσία
Mk 16.15	καὶ	εἶπεν	αὐτοῖς,	
L 24.46	καὶ	εἶπεν	αὐτοῖς ὅτι	Οὕτως γέγραπται παθεῖν

M 28.19	ἐν οὐρανῷ καὶ ἐπὶ τῆς γῆς.	πορευθέντες	οὖν μαθητεύσατε
Mk 16.15		Πορευθέντες	εἰς τὸν κόσμον ἅπαντα κηρύξατε τὸ
L 24.47	τὸν Χριστὸν καὶ ἀναστῆναι ἐκ	νεκρῶν τῇ τρίτῃ ἡμέρᾳ,	|καὶ κηρυχθῆναι

M 28.19		πάντα τὰ ἔθνη,		βαπτίζοντες αὐτοὺς εἰς τὸ
Mk 16.16	εὐαγγέλιον	πάσῃ τῇ κτίσει.	ὁ πιστεύσας καὶ	βαπτισθεὶς σωθήσεται, ὁ δὲ
L 24.47				ἐπὶ τῷ

M 28.19	ὄνομα τοῦ πατρὸς καὶ τοῦ υἱοῦ καὶ τοῦ ἁγίου πνεύματος,	
Mk 16.16	ἀπιστήσας κατακριθήσεται.	
L 24.47	ὀνόματι	αὐτοῦ μετάνοιαν καὶ ἄφεσιν

M 28.15

τα αργυρια εποιησαν	ως ..	διεφημισθη ..		Ιουδαιοις	μεχρι	της	σημερον	ημερας	B*θ
αργυρια εποιησαν	ως ..	εφημισθη ..		Ιουδαιοις	εως	της	σημερον		ℵ*
τα αργυρια εποιησαν	καθως ..	εφημισθη ..		Ιουδαιοις	μεχρι	της	σημερον		ℵ[c]
τα αργυρια εποιησαν	ως ..	διεφημισθη ..		Ιουδαιοις	μεχρι	της	σημερον		AEFGKYΠ 1.565.1582
αργυρια εποιησαν	ως ..	διεφημισθη ..		Ιουδαιοις	μεχρι	της	σημερον	ημερας	B[c]
τα αργυρια εποιησαν	ως ..	διεφημισθη ..	τοις	Ιουδαιοις	εως	της	σημερον	ημερας	D
τα αργυρια εποιησα	ως ..	δεφημισθη ..		Ιουδαιοις	μεχρι	της	σημερον	ημερας	L*
τα αργυρια εποιησα	ως ..	διεφημισθη ..		Ιουδαιοις	μεχρι	της	σημερον	ημερας	L[c]
αργυρια εποιησαν	ως ..	διεφημισθη ..		Ιουδαιοις	μεχρις	της	σημερον		W
τα αργυρια εποιησαν	ως ..	διεφημισθη ..		Ιουδαιοις	μεχρη	τοις	σημερον		13
τα αργυρια εποιησαν	ως ..	διεφημεισθη..		Ιουδαιοις	μεχρι	της	σημερον		28

M 28.16	ο Ιησους	ℵABEFGKLWYθΠ 1.13.28.565.1582
	Ιησους	D

M 28.17	προσεκυνησαν	ℵBD
	προσεκυνησαν αυτω	AEFGKWYθΠ 1.13.565.1582
	προσεκυνησαν αυτον	28

M 28.18

ελαλησεν	αυτοις..	εδοθη μοι..	ουρανω	..της	γης	B
ελαλησεν		..εδοθη μοι..	ουρανω	..	γης	ℵ*
ελαλησεν	αυτοις..	εδοθη μοι..	ουρανω	..	γης	ℵ[c]AEFKWYΠ 1.28.565.1582
ελαλησεν	αυτοις..	εδοθη μοι..	ουρανοις	..της	γης	D
ελαλησεν	αυτοις......	....		....		G*
ελαλησεν	αυτοις..	εδωθη μοι..	ουρανω	..	γης	G[c]
ελαλησεν	αυτοις..	εδοθη μοι..	ουρανω	..	γης καθως απεστηλεν με ο πατηρ καγω αποστελω υμας	θ
ελαλησεν	αυτοις..	εδοθη μι ..	ουρανω	..	γης	13

M 28.19	πορευθεντες	ουν	μαθητευσατε ..	βαπτιζοντες ..	του	υιου	WΠ 1.13.565.1582*
	πορευθεντες		μαθητευσατε ..	βαπτιζοντες ..	του	υιου	ℵAE[c]FG[c]KY 28.1582[c]
	πορευθεντες	ουν	μαθητευσατε ..	βαπτισαντες ..	του	υιου	B
	πορευεσθαι	νυν	μαθητευσατε ..	βαπτισαντες ..		υιου	D
	πορευθεντες		μαθητευσαται ..	βαπτιζοντες ..	του	υιου	E*
	πορευθεντες	ουν	μαθητευσατε ..	βαπτιζωντες ..	του	υιου	θ

M 28.15 - M 27.8 | M 28.16 - M 26.32; 28.7, 10; Mk 16.14; L 24.9, 33; Ac 1.26; 2.14; 1 C 15.5

M 28.17 - M 14.31 | M 28.18 - Dn 7.14; M 9.6; 11.27; L 5.24; J 3.35; 13.3; 17.2; E 1.20-22; Ph 2.9f; Re 12.10

M 28.19 - M 10.5f; 24.14; Ac 1.8; 8.12; 14.21

M 28.20 διδάσκοντες αὐτοὺς τηρεῖν πάντα ὅσα ἐνετειλάμην ὑμῖν·
L 24.48 ἁμαρτιῶν εἰς πάντα τὰ ἔθνη---ἀρξάμενοι ἀπὸ Ἰερουσαλήμ· ὑμεῖς μάρτυρες

M 28.20 καὶ ἰδοὺ ἐγὼ μεθ' ὑμῶν εἰμι πάσας τὰς ἡμέρας ἕως τῆς συντελείας
L 24.49 τούτων. καὶ ἰδοὺ ἐγὼ ἀποστέλλω τὴν ἐπαγγελίαν τοῦ πατρός μου ἐφ' ὑμᾶς·

M 28.20 τοῦ αἰῶνος.
L 24.49 ὑμεῖς δὲ καθίσατε ἐν τῇ πόλει ἕως οὗ ἐνδύσησθε ἐξ ὕψους δύναμιν.

M 28.20 μεθ υμων ειμι .. αιωνος A*B 1.1582
ειμι μεθ υμων .. αιωνος ℵD
μεθ υμων ειμι .. αιωνος αμην $A^cE^cG^c$KYΘΠ 13.565
μεθ υμων ημι .. αιωνος αμην E*F 28
μεθ υμων ειμει .. αιωνος W

subscript κατα Μαθθαιαν B*
κατα Ματθαιαν B^c
ευαγγελιον κατα Μαθθαιαν ετελεσθη αρχεται ερχεται ευαγγελιον κατα Ιωαννην D
ευαγγελιον κατα Ματθαιαν ΑΕΠ 565
το κατα Μαθτ ευαγγελιον εξεδοθ υπ αυτου εν Ιεροσολυμοις μετα χρονους Η της του K
ευαγγελιον κατα Μαθθεον W
το κατα Μαθτ ευαγγελιον εξεδοθ υπ αυτου εν Ιερουσαλημ μετα χρονους Η της του 28

subscript (cont.) Χριστου αναληψεως K
Χριστου αναληψεως 28

M 28.20 - Hg 1.13; M 5.19; 18.20; J 14.23; Ac 18.10; M 13.39, 49; 24.3

APPENDIX I

QUOTATIONS FROM THE GOSPEL OF MATTHEW

IN

CLEMENT OF ALEXANDRIA

from

Stählin, Otto (ed.). Clemens Alexandrinus. Vols. I - IV. Leipzig: J. C. Hinrichs.

Vol. I Protrepticus Paedigogus, 1905.

Vol. II Stromata, Books 1 - 6, 1906.

Vol. III Stromata, Books 7 - 8.
Excerpta ex Theodoto,
Eclogae Propheticae,
Quis Dives Salvetur,
Fragmente, 1909.

Vol. IV Register, 1936.

M 1.17	εν δε τω κατα Ματθαιον ευαγγελιω η απο Αβρααμ γενεαλογια μεχρι Μαριας της μητρος του κυριου περαιουται· γινονται γαρ, φησιν, απο Αβρααμ εως Δαβιδ γεναι ιδ, και απο Δαβιδ εως της μετοικεσιας Βαβυλωνος γενεαι ιδ, και απο της μετοικεσιας βαβυλωνος εως του Χριστου ομοιως αλλαι γενεαι ιδ . . .	S I 147.5f
M 3. 3	Ευθειας ποιειτε τας οδους κυριου.	Pr. 9.1
M 3. 4	Ματθαιος μεν ουν ο αποστολος σπερματων και ακροδρυων και λαχανων ανευ κρεων μετελαμβανεν Ιωαννης δε υπερτεινας την εγκρατειαν ακριδας και μελι ησθιεν αγριον.	Pd II 16.1
M 3. 7	ενθεν και γεννηματα εχιδνων τους τοιουτους εκαλεσεν.	S IV 100.3
M 3. 7	δικαιοσυνη γεννηματα εχιδνων κεκληκε που.	Pr 4.3
M 3. 7	και τω ευαγγελιω δια Ιωαννου οφεις, φησιν, γεννηματα εχιδνων.	Pd I 80.1
M 3. 9	δυνατος γαρ ο θεος εκ των λιθων τουτων εγειραι τεκνα τω Αβρααμ.	Pr 4. 2
M 3.12	διακριθωμεν δε των αχυρμιων και εις την πατρωαν αποθηκην σωρευθωμεν· το γαρ πτυον εν τη χειρι του κυριου, ω αποκρινεται του πυρου το αχυρον το οφειλομενον τω πυρι.	Pd I 83.3
M 3.12	το γαρ πτυον εν τη χειρι αυτου του διακαθαραι την αλω, και συναξει τον σιτον εις την αποθηκην, το δε αχυρον κατακαυσει πυρι ασβεστω.	Ecl 25.1
M 3.17	αυτικα γουν βαπτιζομενω τω κυριω απ ουρανων επηχησε φωνη μαρτυς ηγαπημενου υιος μου ει συ αγαπητος, εγω σημερον γεγεννηκα σε.	Pd I 25.2
M 4. 4	ου γαρ επ αρτω ζησεται ο δικαιος.	Pd II 7.2
M 4. 4	ου γαρ επ αρτω μονω ζησεται ο δικαιος, αλλ εν τω ρηματι κυριου.	Pd III 40.1
M 4.17	βοα γουν επειγων εις σωτηριαν αυτος ηγγικεν η βασιλεια των ουρανων.	Pr 87.3
M 5. 3	τινι λαλησει κυριος υμων εστιν η βασιλεια των ουρανων.	Pr 99.4
M 5. 3	μακαριοι δε και οι πτωχοι ειτε πνευματι ειτε περιουσια δια δικαιοσυνην δηλονοτι.	S IV 26.3
M 5. 3	ουτος εστιν ο μακαριζομενος υπο του κυριου και πτωχος τω πνευματι καλουμενος, κληρονομος ετοιμος ουρανου βασιλειας.	Q 16.3
M 5. 3	διο και προσεθηκεν ο Ματθαιος, μακαριοι οι πτωχοι. πως; τω πνευματι.	Q 17.5
M 5. 4	οθεν εικοτως μακαριοι οι πενθουντες, οτι αυτοι παρακληθησονται.	S IV 37.5
M 5. 5	μακαριοι, φησιν, οι πραεις, οτι αυτοι κληρονομησουσι την γην.	S IV 36.1
M 5. 6	μακαριοι γαρ οι πεινωντες και διψωντες την δικαιοσυνην του θεου· ουτοι γαρ και εμπλησθησονται.	Ecl 14.4
M 5. 6	και παλιν· μακαριοι οι πεινωντες και διψωντες την δικαιοσυνην του θεου.	Q 17.5
M 5. 6	μακαριοι τω οντι κατα την γραφην οι πεινωντες και διψωντες την αληθειαν, οτι πλησθησονται τροφης αιδιου.	S V 70.1
M 5. 7	και τους μεν ελεημονας μακαριζει, οτι αυτοι ελεηθησονται.	Pd III 92.2
M 5. 7	παλιν φησιν, μακαριοι οι ελεημονες, οτι αυτοι ελεηθησονται.	S IV 38.1
M 5. 7	ελεατε, φησιν, ο κυριος, ινα ελεηθητε.	S II 91.2
M 5. 8	λαβων τε εν νω ως μακαριοι οι καθαροι τη καρδια, οτι αυτοι τον θεον οψονται.	S II 50.2
M 5. 8	μακαριους, ειπεν, τους καθαρους την καρδιαν, οτι αυτοι τον θεον οψονται.	S IV 39.1
M 5. 8	οι καθαροι δε τη καρδια τον θεον οψονται.	S V 7.7
M 5. 8	ινα καραρος τη καρδια γενομενος ιδης τον θεον.	Q 19.3
M 5. 8	μακαριοι δε οι καθαροι τη καρδια, οτι αυτοι τον θεον οψονται.	Exc 11.1
M 5. 9	και τω οντι μακαριοι οι ειρηνοποιοι οι τους	S I 7.2

M	5. 9	μακαριοι τοινυν οι ειρηνοποιοι.	S IV 40.2
M	5.10,9	μακαριοι φησιν οι δεδιωγμενοι ενεκεν δικαιοσυνης, οτι αυτοι υιοι θεου κληθησονταστι.	S IV 41.2
M	5. 3	τινι λαλησει κυριος υμων εστιν η βασιλεια των ουρανων.	Pr 99.4
M	5.10	μακαριοι φησιν οι δεδιωγμενοι υπερ της δικαιοσυνης, οτι αυτοι εσονται τελειοι. και μακαριοι οι δεδιωγμενοι ενεκα εμου, οτι εξουσι τοπον οπου ου διωχθησονται.	S IV 41.2f
M	5.10	ειπων γαρ μακαριοι οι δεδιωγμενοι ενεκεν δικαιοσυνης.	S IV 25.1
M	5.13	το γαρ αλας της γης ημεις.	Pd III 82.4
M	5.13	ουκουν ου πασιν ειρηται, υμεις εστε οι αλες της γης.	S I 41.3
M	5.14,13	ους ο λογος φως του κοσμου, και, αλας της γης καλει.	Q 36.1
M	5.14	και υμεις εστε το φως του κοσμου.	Exc 9.3
M	5.14	αλλα γαρ η ημετερα πιστις φως ουσα του κοσμου ελεγχει την απιστιαν.	S IV 80.3
M	5.15	ουδεις απτει λυχνον και υπο τον μοδιον τιθησιν, αλλ επι της λυχνιας φαινει τοις της εστιασεως της αυτης κατηξιωμενοις.	S I 12.3
M	5.16	δια τουτο ειρηκεν, λαμψατω το φως υμων εμπροσθεν των ανθρωπων.	Exc 3.1
M	5.16	δια τουτο ο σωτηρ λεγει, λαμψατω το φως υμων.	Exc 41.3
M	5.16	και ο μεν κυριος τα αγαθα υμων εργα λαμψατω εφη.	S III 36.4
M	5.16	λαμψατω γαρ σου τα εργα.	S IV 171.3
M	5.17	ο δε κυριος ου καταλυειν τον νομον αφικνειται, αλλα πληρωσαι.	S III 46.2
M	5.18	ων ουδε κεραια παρελευσεται μια μη ουχι επιτελης γενομενη.	Pr 82.1
M	5.18	ου μη ουν παρελθη απο του νομου ουτε το ιωτα ουτε η κεραια.	F 58
M	5.19	ουτος μεγιστος φησιν εν τη βασιλεια ος αν ποιη και διδασκη.	S II 97.2
M	5.20	εαν μη πλεοναση υμων η δικαιοσυνη πλειον των γραμματεων και Φαρισαιων.	S VI 164.2
M	5.20	οντως γαρ ως ο κυριος εφη, εαν μη περισσευση η δικαιοσυνη υμων πλειω των γραμματεων καί Φαρισαιων, ουκ εισελευσεσθε εις την βασιλειαν του θεου.	S III 33.3
M	5.20	πλεον των γραμματεων και Φαρισαιων.	S VI 115.3
M	5.25	και μετα του αντιδικου βασιζων φιλος αυτου πειραθητι απαλλαγηναι φησιν.	S III 36.1
M	5.25	παλιν δ αυ φησιν, ισθι ευνοων τω αντιδικω σου ταχυ, εως οτου ει εν τη οδω μετ αυτου . . . μηποτε παραδω σε τω κριτη, ο κριτης δε τω υπηρετη της αρχης του διαβολου.	S IV 95.2f
M	5.25	ο σωτηρ, και απηλλαχθαι αυτου παραινει κατα την οδον μη τη φυλακη περιπεσωμεν και τη κολασει.	Exc 52.1
M	5.27,28	ηκουσατε του νομου παραγγελλοντος· ου μοιχευσεις. εγω δε λεγω· ουκ επιθυμησεις.	S III 71.3
M	5.28	και ο εμβλεψας προς επιθυμιαν κρινεται.	S II 61.3
M	5.28	οτι πας ο βλεπων γυναικα προς το επιθυμησαι ηδη εμοιχευσεν αυτην.	S III 94.3
M	5.28	ο μεν γαρ φησιν, ου μοιχευσεις, το δε πας ο προσβλεπων κατ επιθυμιαν ηδη εμοιχευσεν λεγει.	S III 8.4
M	5.28	εξηγουμενος γαρ το εγω δε λεγω, ο εμβλεψας τη γυναικι προς επιθυμιαν ηδη μεμοιχευκεν.	S IV 114.2
M	5.28	και ουκ επιθυμησεις, επιθυμια γαρ μονη μεμοιχευκας.	Pr 108.5

M	5.28	το ου μοιχευσεις δια του ουκ επιθυμησεις.	Pd II 51.2
M	5.28	ακηκοως οπως ο ιδων προς επιθυμιαν εμοιχευσεν.	S II 50.2
M	5.28	ο γαρ επιθυμησας ηδη μεμοιχευκε φησιν.	S II 66.1
M	5.28	εγω δε λεγω, ουκ επιθυμησεις.	S III 9.1
M	5.28	εγω δε λεγω, μη επιθυμησης;	S III 31.1
M	5.28	το γαρ ουκ επιθυμησεις εν τω ευαγγελιω γεγραμμενον.	S III 76.1
M	5.28	μη εμβλεψης δε προς επιθυμιαν αλλοτρια γυναικι λεγουσα.	S VII 82.3
M	5.29	ο γουν κυριος συντομωτατα ιαται το παθος τουτο ει σκανδαλιξει σε ο οφθαλμος σου, εκκοφον αυτον λεγων.	Pd III 70.1
M	5.29	καν ο διξιος σου οφθαλμος σκανδαλιζη σε, ταχεως εκκοφον αυτον.	Q 24.2
M	5.32	ο δε απολελυμενην λαμβανων γυναικα μοιχαται, φησιν, εαν γαρ τις απολυση γυναικα, μοιχαται αυτην τουτεστιν αναγκαζει μοιχευθηναι.	S II 146.2
M	5.32	ουκ απολυσεις γυναικα πλην ει μη επι λογω πορνειας.	S II 145.3
M	5.32	ωστε ο απολυων την γυναικα χωρις λογου πορνειας ποιει αυτην μοιχευθηναι.	S III 147.2
M	5.36	ουδεις δε αλλος, φησιν ο κυριος, δυναται ποιησαι τριχα λευκην η μελαιναν.	Pd III 16.4
M	5.37	παλιν αυ τω του κυριου ρητω, εστω υμων το ναι ναι και το ου ου.	S V 99.1
M	5.37	εσται υμων το ναι ναι και το ου ου.	S VII 67.5
M	5.42	αμα γαρ τω φαναι τω αιτουντι σε δος επιφερει και τον θελοντα δανεισασθαι μη αποστραφης.	S III 54.1
M	5.42	γεγραπται παντι τω αιτουντι σε διδου.	S III 27.3
M	5.44-45	οση δε και χρηστοτης αγαπατε τους εχθρους υμων λεγει, ευλογειτε τους καταρωμενους υμας, και προσευχεσθε υπερ των επηρεαζοντων υμιν και τα ομοια. οις προστιθησιν ινα γενησθε υιοι του πατρος υμων του εν τοις ουρανοις.	S IV 95.1
M	5.44	οιδεν γαρ και τον κυριον αντικρυς ευχεσθαι υπερ των εχθρων παραγγειλαντα.	S VII 84.5
M	5.45	ος επι παντας ανθρωπους ανατελλει τον ηλιον αυτου.	Pr 114.3
M	5.45	επι τουτοις αυθις ο πατηρ μου, φησιν, επιλαμπει τον ηλιον τον αυτου επι παντας.	Pd I 72.2
M	5.45	ο τε γαρ θεος επι δικαιους και αδικους τον αυτου επιλαμπει ηλιον.	S VII 85.2
M	5.45	επει και της θειας χαριτος ο υετος επι δικαιους και αδικους καταπεμπεται.	S V 18.7
M	5.45	και παλιν, ο πατηρ μου φησιν, βρεχει επι δικαιους και αδικους.	Pd I 72.3
M	5.45	ορας οτι ο βρεχων επι δικαιους και αδικους δια των υπατεταγμενων δυναμεων εις εστι θεος.	S VI 29.2
M	5.45	βρεχει γαρ επι δικαιους και αδικους και τον ηλιον επιλαμπει πασιν.	Exc 9.3
M	5.45	επι δικαιους και αδικους.	S VII 86.5
M	5.45	ως αγαθην την αντιμισθιαν αμνησικακως προησεται επι δικαιους και αδικους δικαιος και αγαθος γινομενος.	S IV 137.2
M	5.48	τοιουτοις τισιν ο κυριος λεγει, γινεσθε ως ο πατηρ υμων τελειος.	S IV 137.3
M	5.48	γινομενω τελειω ως ο πατηρ, φησιν, ο εν τοις ουρανοις.	S VI 104.2
M	5.48	και μη τι τον γνωστικον τελειον ειναι βουλομενος ο σωτηρ ημων ως τον ουρανιον πατερα.	S VII 81.3
M	5.48	γινεσθε ως ο πατηρ υμων τελειοι.	S VII 88.4

M	6. 6	ει γαρ εν τω ταμιειω μυστικως προσευχεσθαι τω θεω δικαιον.	Pd III 82.3
M	6. 9	ο δε κυριος φησιν εν τη προσευχη, πατερ ημων ο εν τοις ουρανοις.	Pd I 73.1
M	6. 9	εμαθεν λεγειν, πατερ ημων.	Ecl 19.1
M	6.10	οπερ ευχομεθα και επι γης γενεσθαι το θελημα του θεου ως εν ουρανω.	S IV 66.1
M	6.10	θελημα θειον επι γης ως εν ουρανω.	S IV 172.2
M	6.12	διο και δικαιως ευχεται αφες ημιν λεγων και γαρ ημεις αφιεμεν.	S VII 81.1
M	6.14	αφιετε ινα αφεθη υμιν.	S II 91.2
M	6.14	τριτη δ αιτια το αφες και αφεθησεται σοι.	S VII 86.6
M	6.19	κενως δε θησαυριζων επι της γης οπου σης και βρωσις αφανισει.	S III 56.2
M	6.19	λεγων ειρηκεναι τον σωτηρα επι γης μη θησαυριζειν οπου σης και βρωσις αφανιζει.	S III 86.3
M	6.19	μη θησαυριζετε τοινυν υμιν θησαυρους επι της γης, οπου σης και βρωσις αφανιζει και κλεπται διορυσσουσι και κλεπτουσι ταχα μεν τους φιλοκτημονας ονειδιζων λεγει ο κυριος.	S IV 33.3f
M	6.20	κτησασθε θησαυρους εν ουρανω, οπου μητε σης μητε βρωσις αφανιζει μητε κλεπται διορυσσουσι.	Q 13.3
M	6.21	οπου γαρ ο νους τινος, φησιν, εκει και ο θησαυρος αυτου.	S VII 77.5
M	6.21	οπου γαρ ο νους του ανθρωπου, εκει και ο θησαυρος αυτου.	Q 17.1
M	6.22	λυχνος γαρ του σωματος εστιν ο οφθαλμος, φησιν η γραφη.	Pd III 70.4
M	6.24	ος μαμωνα δουλευειν προφηται.	Pr 94.3
M	6.24	ου γαρ οιμαι εβουλετο κατα την του σωτηρος εντολην δυσι κυριοις δουλευειν, ηδονη και θεω.	S III 26.2
M	6.24	τον πεισθησομενον δυσι κυριοις μελλειν δουλευειν απεφηνατο.	S III 81.2
M	6.24	τι δε ουδεις δυναται δυσι δουλευειν κυριος, θεω και μαμωνα.	S IV 30.4
M	6.24	ουδεις γαρ δυναται δυσι κυριοις δουλευειν, θεω και μαμωνα.	S VII 71.6
M	6.27	ου γαρ τη ηλικια, φησιν, εκ του φροντιζειν προσθειναι τι δυνασθε.	Ecl 12.3
M	6.28-29	ομοιως δε και περι εσθητος παρεγγυα η των τριτων μετειληφε των εκτος κατανοησατε λεγων τα κρινα πως ουτε νηθει ουτε υφαινει, λεγω δε υμιν, οτι ουδε Σολομων περιεβαλετο ως εν τουτων.	Pd II 102.5
M	6.30-31	ει δε τον χορτον σημερον εν αγρω οντα και αυριον εις κλιβανον βαλλομενον ο θεος ουτως αμφιεννυσι, ποσω μαλλον υμας, ολιγοπιστοι. και υμεις μη ζητειτε τι φαγητε η τι πιητε.	Pd II 103.1
M	6.32	ως αναγκαιων ουσων οιδε φησιν, ο πατηρ υμων οτι χρηζετε.	Pd II 103.5
M	6.33,32	ζητειτε γαρ ειπεν και μεριμνατε την βασιλειαν του θεου, και ταυτα παντα προστεθησεται υμιν· οιδεν γαρ ο πατηρ ων χρειαν εχετε.	Ecl 12.2
M	6.32-33	και παλιν, οιδεν γαρ ο πατηρ υμων οτι χρηζετε τουτων απαντων· ζητειτε δε πρωτον την βασιλειαν των ουρανων και την δικαιοσυνην, ταυτα γαρ μεγαλα, τα δε μικρα και περι τον βιον ταυτα προστεθησεται υμιν.	S IV 34.6
M	6.32	διο και φησι παγκαλως· ταυτα δε παντα τα εθνη του κοσμου ζητει.	Pd II 103.4
M	6.33	ζητειτε γαρ, φησι, την βασιλειαν του θεου, και τα της τροφης προστεθησεται υμιν.	Pd II 103.5
M	6.33	ζητειτε πρωτον την βασιλειαν των ουρανων, και ταυτα παντα προστεθησεται υμιν.	Pd II 120.2
M	6.33	αιτεισθε γαρ, φησι, τα μεγαλα, και τα μικρα υμιν προστεθησεται.	S I 158.2

M	6.34	διο καν τοις εχομενοις λεγει μη μεριμνατε περι της αυριον· αρκετον γαρ τη ημερα η κακια αυτης.	Pd I 17.2
M	6.34	μη γαρ μεριμνατε φησι περι της αυριον.	Pd I 98.4
M	7.1-2	μη κρινε τοινυν ινα μη κριθης. ω μετρω μετρεις, τουτω και αντιμετρηθησεται σοι.	Q 33.4
M	7. 2	ως κρινετε, ουτως κριθησεσθε.	S II 91.2
M	7. 2	ω μετρω μετρειτε αντιμετρηθησεται υμιν.	S II 91.2
M	7. 6	η φησιν, εμπροσθεν των χοιρων τους μαργαριτας βαλλειν, μη ποτε καταπατησωσι τοις ποσι και στραφεντες ρηξωσιν υμας.	S I 55.3
M	7. 7	ζητειτε γαρ και ευρησετε λεγει.	S I 51.4
M	7. 7	αιτεισθε γαρ και δοθησεται υμιν.	S II 116.2
M	7. 7	ζητει γαρ, και ευρησεις λεγει.	S V 11.1
M	7. 7	δια τουτο ειπεν αιτειτε και δοθησεται υμιν.	S III 57.2
M	7. 7	οθεν ζητει φησι και ευρησεις.	S IV 5.3
M	7.8,7	αιτειτε και δοθησεται υμιν. τω κρουοντι γαρ φησιν ανοιγησεται.	S V 16.6
M	7. 7	τουτου φωνην κατα την ευχην ουκ αναμενει κυριος αιτησαι λεγων και ποιησω· εννοηθητι και δωσω.	S VI 78.1
M	7. 7	αιτησαι φησιν η γραφη και ποιησω· εννοηθητι και δωσω.	S VI 101.4
M	7. 7	ζητειτε ειπεν και ευρησετε, κρουετε και ανοιγησεται, αιτεισθε και δοθησεται υμιν.	S VIII 1.2
M	7. 7	ου γαρ αναγκαζει ο θεος, βια γαρ εχθρον θεω αλλα τοις ζητουσι πориζει και τοις αιτουσι παρεχει και τοις κρουουσιν ανοιγει.	Q 10.2
M	7. 7-8	τω αιτουντι φησι δοθησεται και τω κρουοντι ανοιγησεται.	Pd III 36.3
M	7.11	ει δε ημεις πονηροι οντες ισμεν αγαθα δοματα διδοναι, ποσω μαλλον ο πατηρ των οικτιρμων.	Q 39.6
M	7.12	ως ποιειτε, ουτως ποιηθησεται υμιν.	S II 91.2
M	7.12	καθως θελετε ινα ποιωσιν υμιν οι ανθρωποι, ποιειτε αυτοις.	Pd III 88.1
M	7.13	τον δευτερον δε επι των τη ευρυχωρω και πλατεια οδω ουκ εμμενοντων.	S II 68.1
M	7.13	ακηκοασι γαρ δια της εντολης οτι πλατεια και ευρυχωρος οδος απαγει εις την απωλειαν και πολλοι οι διερχομενοι δι αυτης.	S IV 34.1
M	7.13	την δε εναντιαν την εις απωλειαν φερουσαν πλατειαν και ευρυχωρον.	S V 31.1
M	7.14	στενη γαρ τω οντι και τεθλιμμενη η οδος κυριου.	S IV 5.3
M	7.14	απασι και την μεν καλουντων στενην και τεθλιμμενην.	S V 31.1
M	7.21	ου πας αρα ο λεγων κυριε κυριε εισελευσεται εις την βασιλειαν του θεου, αλλ ο ποιων το θελημα του θεου.	S VII 74.8
M	7.21	τι με λεγετε κυριε και ου ποιειτε το θελημα του πατρος μου;	S VII 104.4
M	7.21	εκ πιστεως και φοβου προκοφας εις γνωσιν ανθρωπος οιδεν ειπειν κυριε κυριε.	Ecl 19.1
M	7.21	ου γαρ πας ο λεγων μοι κυριε κυριε εισελευσεται εις την βασιλειαν των ουρανων, αλλ ο ποιων το θελημα του πατρος μου.	Q 29.6
M	8. 4	και τον λεπρον εθεραπευσεν και ειπεν· δειξον σεαυτον τοις ιερευσιν εις μαρτυριον δια τοιαυτην παραδοσιν.	F 12
M	8. 4	διο τουτο ειπεν, απελθε και δειξον σεαυτον τοις ιερευσιν εις μαρτυριον.	F 12

M	8.12	καθο κακεινο ειρηται· οι δε αμαρτιαις περιπεσοντες βληθησονται εις το σκοτος το εξωτερον· εκει εσται ο κλαυθμος και ο βρυγμος των οδοντων. και τα παραπλησια.	Pd I 91.1
M	8.20	αι αλωπεκες φωλεους εχουσιν, ο δε υιος του ανθρωπου ουκ εχει που την κεφαλην κλινη.	S I 23.2
M	8.20	πετεινα γαρ ουρανου τους ουρανω των αλλων ορνεων διακεκριμενους.	S IV 31.4
M	8.20	αι αλωπεκες αρα φωλεους εχουσι.	S IV 31.2
M	8.22	καν συγχρησωνται τη του κυριου φωνη λεγοντος τω φιλιππω· αφες τους νεκρους θαψαι τους εαυτων νεκρους, συ δε ακολουθει μοι.	S III 25.3
M	8.22	νεκροι γαρ τους εαυτων θαπτουσι νεκρους.	S IV 155.4
M	8.22	οι νεκροι τους νεκρους θαπτετωσαν, συ δε μοι ακολουθει.	Q 23.2
M	9. 6-7	ο σωτηρ αναστα, φησι τω παρειμενω, τον σκιμποδα εφ ον κατακεισαι λαβων απιθι οικαδε. παραχρημα δε ο αρρωστος ερρωσθη.	Pd I 6.3
M	9.12	ως δε οι υγιαινοντες ου χρηζουσιν ιατρου.	Pd I 83.2
M	9.13	διο και κεκραγεν, ελεον θελω και ου θυσιαν.	Q 39.4
M	9.22	ο κυριος .. επελεγεν, η πιστις σου σεσωκεν σε.	S V 2.5
M	9.22	διο και τουτους ιωμενος ο κυριος ελεγεν, η πιστις σου σεσωκεν σε.	S VI 44.4
M	9.22	ωστε οταν ακουσωμεν, η πιστις σου σεσωκεν σε.	S VI 108.4
M	9.27	αμελει και των επεβοωμενων τον κυριον αυτον οι μεν πολλοι υιε Δαβιδ, ελεησον με ελεγον.	S VI 132.4
M	9.29	οπως αν εκεινο πληρωθη το λεχθεν γενηθητω κατα την πιστιν σου.	Pd I 29.3
M	9.29	και παλιν· κατα την πιστιν σου γενηθητω σοι.	S II 49.1
M	9.29	ο γουν σωτηρ φησι· γενηθητω σου κατα την πιστιν.	Exc 9.1
M	9.37	ει γουν ο μεν θερισμος πολυς, οι δε εργαται βραχεις τω οντι.	S I 7.1
M	10. 5	εις οδον εθνων μη απελθητε και εις πολιν Σαμαρειτων μη εισελθητε, ο κυριος λεγει.	S III 107.1
M	10. 8	δωρεαν λαβων, δωρεαν διδους.	S I 9.4
M	10.16	και ως περιστεραν ακακον και αχολον παλιν ημας.	Pd I 14.2
M	10.20	ει δε το πνευμα του πατρος εν ημιν μαρτυρει.	S IV 73.4
M	10.22	ο δε υπομεινας εις τελος, ουτος σωθησεται.	S IV 74.1
M	10.22	αλλ ο υπομεινας εις τελος, ουτος σωθησεται.	Q 32.6
M	10.23	επαν δ εμπαλιν ειπη, οταν διωκωσιν υμας εν τη πολει ταυτη, φευγετε εις την αλλην.	S IV 76.1
M	10.24-25	ουδεις γαρ μαθητης υπερ τον διδασκαλον. αρκετον δε εαν γενωμεθα ως ο διδασκαλος.	S II 77.4
M	10.25	αλλ αρκετον γαρ τω μαθητη γενεσθαι ως ο διδασκαλος λεγει ο διδασκαλος.	S VI 114.5
M	10.26	καν τις λεγη γεγραφθαι, ουδεν κρυπτον ο ου φανερωθησεται, ουδε κεκαλυμμενον ο ουκ αποκαλυφθησεται.	S I 13.3
M	10.27	αλλ ο ακουετε εις το ους, φησιν ο κυριος, κηρυξατε επι των δωματων.	S I 56.2
M	10.27	ο δε ακουετε εις το ους ... επι των δωματων, φησι, κηρυξατε.	S VI 124.5
M	10.28	φοβηθητε γουν λεγει τον μετα θανατον δυναμενον και ψυχην και σωμα εις γεενναν βαλειν.	Exc 14.3

M 10.28 περι τουτων των δυειν και ο σωτηρ λεγει, φοβεισθαι δειν τον δυναμενον ταυτην την ψυχην και τουτο το σωμα το ψυχικον εν γεεννη απολεσαι. Exc 51.3

M 10.30 αλλ αι μεν τριχες ηριθμηνται. S VI 153.2

M 10.30 αλλα και αι τριχες της κεφαλης υμων πασαι ηριθμημεναι, φησιν ο κυριος. Pd III 19.4

M 10.32 πας ουν οστις εαν ομολογηση εν εμοι εμπροσθεν των ανθρωπων, ομολογησω καγω εν αυτω εμπροσθεν του πατρος μου του εν ουρανοις. S IV 70.3

M 10.37 ο γαρ φιλων πατερα η μητερα υπερ εμε ... ουκ εστι μου αξιος. S VII 93.5

M 10.38 οθεν ειρηται, ος ουκ αιρει τον σταυρον αυτου και ακολουθει μοι, ουκ εστι μου αδελφος. Exc 42.3

M 10.39 ο απολεσας την ψυχην την εαυτου, φυσιν ο κυριος, σωσει αυτην. S II 108.3

M 10.39 ο γαρ ευρων την ψυχην αυτου απολεσει αυτην και ο απολεσας ευρησει αυτην. S IV 27.2

M 10.40 και αλλαχου· ο υμας δεχομενος εμε δεχεται, ο υμας μη δεχομενος εμε αθετει. Q 30.6

M 10.41-42 ος γαρ αν δεξηται, φησι, προφητην εις ονομα προφητου, μισθον προφητου ληψεται, και ος αν δεξηται δικαιον εις ονομα δικαιου, μισθον δικαιου ληψεται. και ος αν δεξηται ενα των μαθητων τουτων των μικρων, τον μισθον ουκ απολεσει. S IV 36.4

M 10.41-42 και παλιν· ο δεχομενος δικαιον η προφητην εις ονομα δικαιου η προφητου τον εκεινων μισθον ληψεται. ο δε μαθητην ποτισας εις ονομα μαθητου ποτηριον ψυχρου υδατος τον μισθον ουκ απολεσει. Q 31.4

M 11.3-6 ως εκεινο ειρηται προς τους ερομενους τον κυριον· ει αυτος ει ο Χριστος, η αλλον περιμενομεν· απελθετε και ειπατε Ιωαννη· τυφλοι αναβλεπουσιν, κωφοι ακουουσιν, λεπροι καθαριζονται, ανιστανται νεκροι. και μακαριος εστιν ος εαν μη σκανδαλισθη εν εμοι. Pd I 90.2

M 11.12 ουδε των καθευδοντων και βλακευοντων εστιν η βασιλεια του θεου αλλ οι βιασται αρπαζουσιν αυτην. Q 21.3

M 11.12 και βιαστων εστιν η βασιλεια του θεου. S IV 5.3

M 11.12 οι γαρ αρπαζοντες την βασιλειαν βιασται. S V 16.7

M 11.12 οτι μαλιστα βιαστων εστιν η βασιλεια. S VI 149.5

M 11.15 ο δε ο εχων ωτα ακουειν ακουετω λεγει. S II 24.4

M 11.15 ο κυριος λεγων ο εχων ωτα ακουειν ακουετω. S V 2.1

M 11.15 οτι φησιν ο κυριος, ο εχων ωτα ακουειν ακουετω. S VI 115.6

M 11.15 καν το ρητον εκεινο αναγαγειν εθελης ο εχων ωτα ακουειν ακουετω. S V 115.3

M 11.16-17 αυθις τε παιδιοις ομοιοι την βασιλειαν των ουρανων εν αγοραις καθημενοις και λεγουσιν, ηυλησαμεν υμιν και ουκ ωρχησασθε εθρηνησαμεν και ουκ εκοψασθε και οσα αλλα τουτοις οικειως επηγαγεν. Pd I 13.3

M 11.18-19 αλλα και ο κυριος περι εαυτου λεγων ηλθεν, φησιν, Ιωαννης μητε εσθιων μητε πινων και λεγουσι· δαιμονιον εχει. ηλθεν ο υιος του ανθρωπου εσθιων και πινων, και λεγουσιν· ιδου ανθρωπος φαγος και οινοποτης, φιλος τελωνων και αμαρτωλος. S III 52.4

M 11.19 ηλθεν γαρ, φησιν, ο υιος του ανθρωπου, και λεγουσιν· ιδου ανθρωπος φαγος και οινοποτης, τελωνων φιλος. Pd II 32.4

M 11.25 αγαλλιασαμενος γουν εν τω πνευματι Ιησους, εξομολογουμαι σοι, πατερ, φησιν, ο θεος του ουρανου και της γης, οτι απεκρυψας ταυτα απο σοφων και συνετων, και απεκαλυψας αυτα νηπιοις. Pd I 32.2

M 11.25 ναι, ο πατηρ, οτι ουτως ευδοκια εγενετο εμπροσθεν σου. δια τουτο τα κεκρυμμενα απο σοφων και συνετων του νυν αιωνος απεκαλυφθη τοις νηπιοις. Pd I 32.3

M 11.27 ουδεις γαρ εγνω τον υιον ει μη ο πατηρ, ουδε τον πατερα ει μη ο υιος και ω αν ο υιος αποκαλυψη. S I 178.2

M 11.27	θεον ουδεις εγνω, ει μη ο υιος και ω αν ο υιος αποκαλυφη.	Pr 10.3
M 11.27	ουδεις γαρ, φησι, γινωσκει τον πατερα ει μη ο υιος και ω αν ο υιος αποκαλυφη.	S VII 109.4
M 11.27	τουτον ουν πρωτον επιγνωναι τω ζησομενω την οντως ζωην παρακελευεται ον ουδεις επιγινωσκει ει μη ο υιος και ω αν ο υιος αποκαλυφη.	Q 8.1
M 11.27	θεον γαρ ουδεις εγνω, ει μη ο υιος και ω αν ο υιος αποκαλυφη.	Pd I 20.2
M 11.27	και τουτο ην το ουδεις εγνω τον πατεραν παντα αυτον οντα, πριν ελθειν τον υιον.	Pd I 74.1
M 11.27	επει μηδεις, φησιν ο κυριος, τον πατερα εγνω, ει μη ο υιος και ω αν ο υιος αποκαλυφη.	S V 84.3
M 11.27	και μονος ο παντοκρατωρ ον ουδεις εγνω ει μη ο υιος, και ω εαν ο υιος αποκαλυφη.	S VII 58.4
M 11.27	και πρωτος ουτος την εξ ουρανων αγαθην κατηγγειλεν δικαιοσυνην ουδεις εγνω τον υιον ει μη ο πατηρ, λεγων, ουδε τον πατερα ει μη ο υιος.	Pd I 88.2
M 11.27	τουτεστιν ο υιος οτι δι υιου ο πατηρ εγνωσθη.	Exc 7.1
M 11.28	και παλιν λεγει, δευτε προς με παντες οι κοπιωντες και πεφορτισμενοι, καγω αναπαυσω υμας και τα επι τουτοις α αυτοπροσωπει ο κυριος.	Pd I 91.2
M 11.28-30	δευτε προς με παντες οι κοπιωντες και πεφορτισμενοι, καγω αναπαυσω υμας. αρατε τον ζυγον μου εφ υμας και μαθετε απ εμου, οτι πραυς ειμι και ταπεινος τη καρδια, και ευρησετε αναπαυσιν ταις ψυχαις υμων· ο γαρ ζυγος μου χρηστος και το φορτιον μου ελαφρον εστιν.	Pr 120.5
M 11.29	αρατε, φησιν, αφ υμων τον βαρυν ζυγον και λαβετε τον πραον η γραφη φησι.	S II 22.5
M 11.29-30	δια τουτο ο κυριος αρατε τον ζυγον μου φησιν οτι χρηστος εστι και αβαρης.	S V 30.3
M 11.30	ουτω τοινυν ημας ευλαβως προσιεναι πειρωμενους εκδεξεται ο χρηστος του κυριου ζυγος.	S II 126.3
M 12. 7	διο και κεκραγεν, ελεον θελω και ου θυσιαν.	Q 39.4
M 12.29	και δυσαι παραινει και αρπασαι ως ισχυρου τα σκευη.	Exc 52.1
M 12.34	ενθεν και γεννηματα εχιδνων τους τοιουτους εκαλεσεν.	S IV 100.3
M 12.35	θησαυρους δε γε ο κυριος οιδε διττους τον μεν αγαθον, ο γαρ αγαθος ανθρωπος εκ του αγαθου θησαυρου της καρδιας προφερει το αγαθον, τον δε πονηρον ο γαρ κακος εκ του κακου θησαυρου προφερει το κακον, οτι εκ περισσευματος της καρδιας το στομα λαλει.	Q 17.2
M 12.36-37	η και περι τουτου γεγραπται· ος αν λαληση λογον αργον, αποδωσει λογον κυριω εν ημερα κρισεως. αυθις τε εκ του λογου σου δικαιωθηση, φησιν, και εκ του λογου σου καταδικασθηση.	Pd II 50.2
M 12.39	παλιν τε αυ ο Σωτηρ τους Ιουδαιους γενεαν ειπων πονηραν και μοιχαλιδα διδασκει.	S III 90.2
M 12.44-45	επανεισι γαρ εις τον κεκαθαρμενον οικον και κενον, εαν μηδεν των σωτηριων εμβληθη, το προενοικησαν ακαθαρτον πνευμα, συμπαραλαμβανον αλλα επτα ακαθαρτα πνευματα.	Ecl 12.8
M 12.50	αδελφοι μου γαρ, φησιν ο κυριος, και συγκληρονομοι οι ποιουντες το θελημα του πατρος μου.	Ecl 20.3
M 13. 8	ταυτας εκλεκτας ουσας τας τρεις μονας οι εν τω ευαγγελιω αριθμοι αινισσονται ο τριακοντα και ο εξηκοντα και ο εκατον.	S VI 114.3
M 11.15	ο δε ο εχων ωτα ακουειν ακουετω λεγει.	S II 24.4
M 11.15	ο κυριος λεγων ο εχων ωτα ακουειν ακουετω.	S V 2.1
M 11.15	οτι φησιν ο κυριος, ο εχων ωτα εκουειν ακουετω.	S VI 115.6

M 13. 9	καν το ρητον εκεινο αναγαγειν εθελης ο εχων ωτα ακουειν ακουετω.	S VI 115.6
M 13.11	επισφραγιζεται ταυτα ο σωτηρ ημων αυτος ωδε πως λεγων υμιν δεδοται γνωναι το μυστηριον της βασιλειας των ουρανων.	S V 80.6
M 13.12	και τω εχοντι δε προστεθησεται.	S I 14.2
M 13.13	δια τουτο, φησιν ο κυριος, εν παραβολαις αυτοις λαλω, οτι βλεποντες ου βλεπουσι και ακουοντες ουκ ακουουσι και ου συνιασι.	S I 2.3
M 13.16-17	και υμεις μακαριοι οι ορωντες και ακουοντες α μητε δικαιοι μητε προφηται, εαν ποιητε α λεγω.	Q 29.6
M 13.31	διοπερ παγκαλως αυτος αυτον εξηγουμενος κοκκω ναπυος εικασεν.	Pd I 96.1
M 13.32	ωστε εν τοις κλαδοις αυτης κατασκηνωσαι τα πετεινα του ουρανου.	F 54
M 13.33	φησι γαρ, ομοια εστιν η βασιλεια των ουρανων ζυμη, ην λαβουσα γυνη ενεκρυψεν εις αλευρου σατα τρια, εως ου εζυμωθη ολον.	S V 80.8
M 13.34	λεγουσιν γουν οι αποστολοι περι του κυριου οτι παντα εν παραβολαις ελαλησεν και ουδεν ανευ παραβολης ελαλει αυτοις.	S VI 125.1
M 13.35	και γαρ η προφητεια περι αυτου φησιν, ανοιξει εν παραβολαις το στομα αυτου και εξερευξεται τα απο καταβολης κοσμου κεκρυμμενα.	S V 80.7
M 13.38	αγρος γαρ ο κοσμος.	Pd II 104.3
M 13.43	λαμψαντες ως ο ηλιος.	Ecl 56.4
M 13.43	ο δε ο εχων ωτα ακουειν ακουετω λεγει.	S VI 149.5
M 13.43	ο κυριος λεγων ο εχων ωτα ακουειν ακουετω.	S V 2.1
M 13.43	οτι φησιν ο κυριος, ο εχων ωτα ακουειν ακουετω.	S VI 115.6
M 13.43	καν το ρητον εκεινο αναγαγειν εθελης ο εχων ωτα ακουειν ακουετω.	S V 115.3
M 13.47-48	σιωπω τα νυν την εν τω ευαγγελιω παραβολην λεγουσαν, ομοια εστιν η βασιλεια των ουρανων ανθρωπω σαγηνην εις θαλασσαν βεβληκοτι και του πληθους των εαλωκοτων ιχθυων την εκλογην των αμεινονων ποιουμενω.	S VI 95.3
M 15.8-9	νουθετει δε και δια Ησαιου κηδομενος του λαου, οπηνικα λεγει· ο λαος ουτος τοις χειλεσιν αυτων τιμωσι με, η δε καρδια αυτων πορρω εστιν απ εμου. ματην δε σεβονται με διδασκοντες διδασκαλιας ενταλματα ανθρωπων.	Pd I 76.4
M 15. 8	διο μηδε επιθυμησης λεγει και ο λαος ουτος τοις χειλεσι με τιμα, φησιν, η δε καρδια αυτων πορρω εστιν απ εμου.	S II 61.3
M 15. 8	ο γαρ λαος ο ετερος τοις χειλεσι τιμα, η δε καρδια αυτου πορρω απεστιν απο κυριου.	S IV 32.4
M 15. 8	εστι γαρ και ο λαος ο τοις χειλεσιν αγαπων.	S IV 112.1
M 15. 8	ο μεν γαρ τοις χειλεσιν αγαπων λαος, την δε καρδιαν μακραν εχων απο του κυριου αλλος εστιν.	S IV 43.3
M 15.11	ουδε τα εισιοντα κοινοι τον ανθρωπον, αλλα τα εξιοντα, φησι, του στοματος.	Pd II 8.4
M 15.11	ου γαρ τα εισερχομενα εις το στομα κοινοι τον ανθρωπον, αλλα η περι της ακρασιας διαληψις κενη.	Pd II 16.3
M 15.11,19	κακεινο επισταμενος οτι ου τα εισερχομενα εις το στομα κοινοι τον ανθρωπον, αλλα τα εξερχομενα δια του στοματος εκεινα κοινοι τον ανθρωπον. εκ γαρ της καρδιας εξερχονται διαλογισμοι.	S II 50.2
M 15.14	οδηγος δε αριστος ουχι ο τυφλος, καθα φησιν η γραφη, τυφλους εις το βαραθρον χειραγωγων.	Pd I 9.2
M 15.18	τα γαρ εξιοντα, φησιν, εκ του στοματος κοινοι τον ανθρωπον.	Pd II 49.1
M 15.22	αμελει και των επιβοωμενων τον κυριον αυτον οι μεν πολλοι, υιε Δαβιδ, ελεησον με, ελεγον.	S VI 132.4

M 16.17	καθαπερ ο Πετρος, ον και εμακαρισεν, οτι αυτω σαρξ και αιμα ουκ απεκαλυψε την αληθειαν, αλλ η ο πατηρ αυτου ο εν τοις ουρανοις.	S VI 132.4
M 16.26	τι γαρ ωφελειται ανθρωπος, εαν τον κοσμον ολον κερδηση, την δε ψυχην αυτου ζημιωθη; η τι δωσει ανθρωπος ανταλλαγμα της ψυχης αυτου;	S IV 34.4
M 16.26	τι γαρ οφελος, εαν τον κοσμον κερδηση, φησι, την δε ψυχην απολεσης;	S VI 112.3
M 16.28	ον ειπεν· εισι τινες των ωδε εστηκοτων, οι ου μη γευσονται θανατου, εως αν ιδωσι τον υιον του ανθρωπου εν δοξη.	Exc 4.3
M 17. 2	ου τα μεν ιματια ως φως ελαμψεν, το προσωπον δε ως ο ηλιος.	Exc 12.3
M 17. 5	διαρρηδην παραγγειλας ημιν· ουτος εστι μου ο υιος ο αγαπητος, αυτου ακουετε.	Pd I 97.2
M 17. 9	διο και λεγει αυτοις ο σωτηρ· μηδενι ειπητε ο ειδετε.	Exc 5.2
M 17. 9	το δε μηδενι ειπητε ... ινα μη ο εστιν ο κυριος νοησαντες.	Exc 5.4
M 17.15	αμελει και των επιβοωμενων τον κυριον αυτον οι μεν πολλοι, υιε Δαβιδ, ελεησον με, ελεγον.	S VI 132.4
M 17.20	αυτικα φησιν· εαν εχητε πιστιν ως κοκκον σιναπεως, μεταστησετε το ορος.	S II 49.1
M 17.20	οθεν αισθομενοι του μεγαλειου της δυναμεως ηξιουν προστιθεναι αυτοις πιστιν την ως κοκκον σιναπεως.	S V 3.1
M 18.1,2,4	εμφαντικωτερον δ ουν ημιν αποκαλυπτων ο κυριος το σημαινομενον εκ της παιδιον προσηγοριας γενομενης ζητησεως εν τοις αποστολοις οστις αυτων ειη μειζων. εστησεν ο Ιησους εν μεσω παιδιον ειπων· ος εαν εαυτον ταπεινωση ως το παιδιον τουτο, ουτος μειζων εστιν εν τη βασιλεια των ουρανων.	Pd I 16.1
M 18. 3	ην γαρ μη αυθις ως τα παιδια γενησθε και αναγεννηθητε, ως φησιν η γραφη, τον οντως οντα πατερα ου μη απολαβητε, ουδ ου μη εισελευσεσθε ποτε εις την βασιλειαν των ουρανων.	Pr 82.4
M 18. 3	ουδ αν ειπη, ην μη γενησθε ως τα παιδια ταυτα, ουκ εισελευσεσθε εις την βασιλειαν του θεου.	Pd I 16.2
M 18. 3	τουτο γαρ ην το ειρημενον, εαν μη στραφεντες γενησθε ως τα παιδια.	S IV 160.2
M 18. 3	τι βουλεται το λεχθεν αυτος διασαφησει ο κυριος λεγων, εαν μη στραφητε και γενησθε ως τα παιδια ταυτα, ου μη εισελθητε εις την βασιλειαν των ουρανων.	Pd I 12.4
M 18. 3	καν μη γενησθε ως τα παιδια ταυτα, ουκ εισελευσεσθε, φησιν, εις την βασιλειαν των ουρανων.	S V 13.4
M 18. 9	καν ο δεξιος σου οφθαλμος σκανδαλιζη σε, ταχεως εκκοψον αυτον.	Q 24.2
M 18. 9	ο γουν κυριος συντομωτατα ιαται το παθος τουτο, ει σκανδαλιζει σε ο οφθαλμος σου, εκκοψον αυτον λεγων.	Pd III 70.1
M 18.10	τουτους και τεκνα και παιδια και νηπια και φιλους ονομαζει και μικρους ενθαδε ως προς το μελλον ανω μεγεθος αυτων μη καταφρονησητε, λεγων, ενος των μικρων τουτων· τουτων γαρ οι αγγελοι δια παντος βλεπουσι το προσωπον του πατρος μου του εν ουρανοις.	Q 31.1
M 18.10	οταν ουν ειπη ο κυριος, μη καταφρονησητε ενος των μικρων τουτων· αμην λεγω υμιν, τουτων οι αγγελοι το προσωπον του πατρος δια παντος βλεπουσιν.	Exc 11.1
M 18.10	οι δε δια παντος το προσωπον του πατρος βλεπουσιν.	Exc 10.6
M 18.10	ιδιως γαρ εκαστος γνωριζει τον κυριον και ουχ ομοιως παντες το προσωπον του πατρος ορωσιν οι αγγελοι τουτων των μικρων των εκλεκτων.	Exc 23.4
M 18.16	παν ρημα ισταται επι δυο και τριων μαρτυρων.	Ecl 13
M 18.20	τινες δε οι δυο και τρεις υπαρχουσιν εν ονοματι Χριστου συναγομενοι, παρ οις μεσος εστιν ο κυριος;	S III 68.1
M 18.22	αφεις εβδομηκοντακις επτα.	S VII 85.2

M 19.3,8, 4,5,9 ει εξεστιν απολυσαι γυναικα Μωυσεως επιτρεψαντος; προς την σκληροκαρδιαν υμων, φησιν, ο Μωυσης ταυτα εγραφεν· υμεις δε ουκ ανεγνωτε οτι τω πρωτοπλαστω ο θεος ειπεν· εσεσθε οι δυο εις σαρκα μιαν; ωστε ο απολυων την γυναικα χωρις λογου πορνειας ποιει αυτην μοιχευθηναι. S III 47.2

M 19. 6 και μη πειρασθαι διαλυειν ο συνεζευξεν ο θεος. S III 46.4

M 19. 6 αυτος δε ουτος ο κυριος λεγει, ο ο θεος συνεζευξεν, ανθρωπος μη χωριζετω. S III 49.4

M 19. 6 ου γαρ αν ο συνεζευξεν ο θεος, διαλυσειεν ποτε ανθρωπος ευλογως. S III 83.4

M 19. 9 ουκ απολυσεις γυναικα πλην ει μη επι λογω πορνειας. S II 145.3

M 19. 9 ο δε απολελυμενην λαμβανων γυναικα μοιχαται, φησιν, εαν γαρ τις απολυση γυναικα, μοιχαται αυτην τουτεστιν αναγκαζει μοιχευθηναι. S II 146.2

M 19.11,12, 10,11 το δε ου παντες χωρουσι τον λογον τουτον· εισι γαρ ευνουχοι οιτινες εγεννηθησαν ουτως, και εισιν ευνουχοι οιτινες ευνουχισθησαν υπο των ανθρωπων, και εισιν ευνουχοι οιτινες ευνουχισαν εαυτους δια την βασιλειαν των ουρανων· ο δυναμενος χωρειν χωρειτω. οτι εαν ουτως η η αιτια της γυναικος, ου συμφερει τω ανθρωπω γαμησαι. τοτε ο κυριος εφη· ου παντες χωρουσι τον λογον τουτον, αλλ οις δεδοται. S III 50.1,2

M 19.11,12 ου παντες χωρουσι τον λογον τουτον. εισι γαρ ευνουχοι, οι μεν εκ γενετης, οι δε εξ αναγκης. S III 1.1

M 19.12 καλον γαρ δια την βασιλειαν των ουρανων ευνουχιζειν εαυτον πασης επιθυμιας και ... S III 59.4

M 19.12 ο αγονος και ακαρπος και πολιτεια και λογω, αλλ οι μεν ευνουχισαντες εαυτους απο πασης αμαρτιας την βασιλειαν των ουρανων. μακαριοι ουτοι εισιν οι του κοσμου νηστευοντες. S III 99.4

M 19.12 ο κυριος τοις χωρειν δυναμενοις συγκεχωρηκεν. S I 13.1

M 19.13,14 προσηνεγκαν τε αυτω, φησι, παιδια εις χειροθεσιαν ευλογιας, κωλυοντων δε των γνωριμων. ειπεν ο Ιησους αφετε τα παιδια και μη κωλυετε αυτα ελθειν προς με· των γαρ τοιουτων εστιν η βασιλεια των ουρανων. Pd I 12.3

M 19.17 ου μην αλλα και οπηνικα διαρρηδην λεγει, ουδεις αγαθος, ει μη ο πατηρ μου ο εν τοις ουρανοις. Pd I 72.2

M 19.17 αλλα και ουδεις αγαθος, ει μη ο πατηρ αυτου. Pd I 74.1

M 19.17 οτι εις αγαθος, ο πατηρ. S V 63.8

M 19.19 το μη μοιχευσης, μη φονευσης. S VII 60.4

M 19.19 ο γαρ τοιουτος τελειος ο το αγαπησεις τον πλησιον σου ως σεαυτον πληρωσας. Pd II 120.4

M 19.19 αγαπησεις τον πλησιον σου ως σεαυτον. Pr 108.5

M 19.21,20, 19 παλιν τε αυ οταν ειπη, ει θελεις τελειος γενεσθαι, πωλησας τα υπαρχοντα δος πτωχοις. ελεγχει τον καυχωμενον επι τω πασας τας εντολας εκ νεοτητος τετηρηκεναι. ... αγαπησεις τον πλησιον σου ως εαυτον. S III 55.2

M 19.21 δια τουτο και πωλησον σου τα υπαρχοντά, λεγει κυριος, και πτωχοις δος, και δευρο ακολουθει μοι. Pd II 36.2

M 19.21 και τουτ εστι, πωλησον σου τα υπαρχοντα και δος πτωχοις, και δευρο ακολουθει μοι, τουτεστιν τοις υπο του κυριου λεγομενοις επου. S IV 28.6

M 19.21 Ει θελεις τελειος γενεσθαι. Q 10.1

M 19.21 πωλησον τα υπαρχοντα σου. Q 11.1

M 19.21 δευρο ακολουθει μοι. Q 16.1

M 19.24 πειστεον ουν πολλω μαλλον τη γραφη λεγουση θαττον, καμηλον δια τρυπηματος βελονης διελευσεσθαι---η πλουσιον φιλοσοφειν. S II 22.3

M 19.24 οι μεν γαρ αυτοθεν και προχειρως ακουσαντες της του κυριου φωνης, οτι ραον καμηλος δια τρηματος ραφιδος διεκδυσεται η πλουσιος εις την βασιλειαν των ουρανων. Q 2.2

M 19.25	τι ουν φοβηθεντες λεγουσι, τις δυναται σωθηναι;	Q 20.4
M 19.26	ο δε κυριος αποκρινεται διοτι το εν ανθρωποις αδυνατον δυνατον θεω.	Q 21.1
M 19.27	και τι φησιν, ιδε ημεις αφηκαμεν παντα και ηκολουθησαμεν σοι.	Q 21.5
M 19.29	αυτικα ο κυριος εν τω ευαγγελιω φησιν, ος αν καταλειφη πατερα η μητερα η αδελφους και το εξης· ενεκεν του ευαγγλιου και του ονοματος μου, μακαριος ουτουσι ...	S IV 15.4
M 20.16	πολλους μεν τους κλητους, ολιγους δε τους εκλεκτους αινιττομενος.	S I 92.3
M 20.25	ετι φησιν, οι υπο των γηινων βασιλευομενοι και γεννωσι και γεννωνται.	S III 95.2
M 20.28	ουκ ηλθον, φησι, διακονηθηναι, αλλα διακονησαι.	Pd I 85.1
M 20.28	δια τουτο εισαγεται εν τω ευαγγελιω κεκμηκως ο καμνων υπερ ημων και δουναι την ψυχην την εαυτου λυτρον αντι πολλων υπισχνουμενος.	Pd I 85.1
M 20.30	αμελει και των επιβοωμενων τον κυριον αυτον οι μεν πολλοι, υιε Δαβιδ, ελεησον με ελεγον.	S VI 132.4
M 20.31	αμελει και των επιβοωμενων τον κυριον αυτον οι μεν πολλοι, υιε Δαβιδ, ελεησον με ελεγον.	S VI 132.4
M 21.8,9	δρεψαμενοι, φησι, κλαδους ελαιας η φοινικων. οι παιδες εξηλθον εις υπαντησιν κυριω και εκεκραγον λεγοντες, ωσαννα τω υιω Δαβιδ, ευλογημενος ο ερχομενος εν ονοματι κυριου.	Pd I 12.5
M 21.16	ουδεποτε ανεγνωτε οτι εκ στοματος νηπιων και θηλαζοντων κατηρτισω αινον;	Pd I 13.1
M 21.22	περι δε της πιστεως· παντα οσα εαν αιτησησθε εν τη προσευχη πιστευοντες, ληψεσθε φησιν.	Pd III 92.4
M 21.22	ωσπερ γαρ παν ο βουλεται δυναται ο θεος ουτως παν ο αν ο αιτηση ο γνωστικος λαμβανει.	S VII 41.4
M 21.31	τοιουτος δε ο πληρων μεν τον νομον· ποιων δε το θελημα του πατρος.	S II 19.1
M 22.13	καθο κακεινο ειρηται· οι δε αμαρτιαις περιπεσοντες βληθησονται εις το σκοτος το εξωτερον· εκει εσται ο κλαυθμος και ο βρυγμος των οδοντων και τα παραπλησια.	Pd I 91.1
M 22.14	πολλοι γαρ κλητοι, ολιγοι δε εκλεκτοϊ.	S V 17.5
M 22.14	πολλους μεν τους κλητους, ολιγους δε τους εκλεκτους αινιττομενος.	S I 92.3
M 22.20,21	ο κυριος ειπεν ου τινος το κτημα αλλα τινος η εικων και η επιγραφη; Καισαρος.	Exc 86.1
M 22.21	και τον στατηρα τοις τελωναις δους τα Καισαρος αποδους τω Καισαρι, φυλαξη τα του θεου τω θεω.	Pd II 14.1
M 22.21	αποδοτε τα Καισαρος Καισαρι και τα του θεου τω θεω.	Pd III 91.3
M 22.21	και τα του θεου τω θεω.	Ecl 24.2
M 22.30	αλλα μετα την αναστασιν, φησιν, ουτε γαμουσιν ουτε γαμιζονται.	S III 47.3
M 22.30	οι υιοι του αιωνος εκεινου ουτε γαμουσιν ουτε γαμιζονται.	S III 87.1
M 22.30	επαν μητε γαμωσι μητε γαμισκωνται.	S VI 100.3
M 22.30	καθ ην ουτε γαμουσιν ουτε γαμισκονται ετι.	S VI 140.1
M 22.37	ου φονευσεις, ου μοιχευσεις, ου παιδοφθορησεις, ου κλεψεις, ου ψευδομαρτυρησεις .. αγαπησεις κυριον τον θεον σου.	Pr 108.5
M 22.37	ημιν δε αγαπησεις κυριον τον θεον σου παρηνεσεν.	Pd I 59.2
M 22.37	και αγαπησης κυριον τον θεον σου και τον πλησιον σου.	Pd II 6.1
M 22.37	ει γαρ αγαπησεις κυριον τον θεον σου, επειτα τον πλησιον σου.	Pd II 43.1

M 22.37	αγαπησεις κυριον τον θεον σου εξ ολης της ψυχης σου και εξ ολης της δυναμεως σου.	Q 27.3
M 22.37,39	ως φησιν ο κυριος, αγαπησεις τον θεον σου εν ολη καρδια σου και εν ολη τη ψυχη σου και εν ολη τη ισχυι σου και τον πλησιον σου ως σεαυτον.	Pd III 88.1
M 22.37,39, 40	ταυτη που αγαπησεις κυριον τον θεον σου εξ ολης καρδιας και τον πλησιον σου ως σεαυτον· εν ταυταις λεγει ταις εντολαις ολον τον νομον και τους προφητας κρεμασθαι τε και εξηρτησθαι.	S II 71.1
M 22.39	ταυτη που, αγαπησεις κυριον τον θεον σου φησιν εξ ολης καρδιας σου, και αγαπησεις τον πλησιον σου ως σεαυτον.	S IV 10.3
M 22.37,39, 40	ο γαρ σωτηρ, αγαπαν παραγγειλας τον θεον και τον πλησιον, εν ταυταις φησι ταις δυσιν εντολαις ολον τον νομον και τους προφητας κρεμασθαι.	S V 97.1
M 22.39	αγαπησεις τον πλησιον σου ως σεαυτον.	Pr 108.5
M 22.39	και αγαπησης κυριον τον θεον σου και τον πλησιον σου.	Pd II 6.1
M 22.39	ει γαρ αγαπησεις κυριον τον θεον σου, επειτα τον πλησιον σου.	Pd II 43.1
M 22.39	ο γαρ τοιουτος τελειος ο το αγαπησεις τον πλησιον σου ως σεαυτον πληρωσας.	Pd II 120.4
M 22.39	αγαπησεις τον πλησιον σου ως σεαυτον.	Q 28.1
M 22.40	ειτα εκ τουτων επιφερει ολος ο νομος και οι προφηται κρεμανται.	Pd III 88.1
M 23. 4	τους εκουσιως δεδεμενους και τα δυσβαστακτα φορτια φησιν.	S VI 44.3
M 23. 5	ουκουν πλατυνειν τα φυλακτηρια χρη ποτε.	S I 49.1
M 23. 8	εις γαρ ο διδασκαλος και του λεγοντος.	S I 12.3
M 23. 8	ει δε εις διδασκαλος εν ουρανοις, ως φησιν η γραφη.	Pd I 17.3
M 23. 8	διο και φησιν ο λογος, μη ειπητε εαυτοις διδασκαλον επι της γης.	S II 14.3
M 23. 8	οθεν εικοτως ειρηται· μη ειπητε εαυτοις διδασκαλον επι της γης.	S VI 58.2
M 23. 9	εις μεν ουν ο πατηρ υμων ο εν τοις ουρανοις, μη καλεσητε ουν υμιν επι της γης πατερα φησιν.	S III 87.4
M 23. 9	μη καλει σεαυτω πατερα επι γης.	Q 23. 2
M 23. 9	μη καλεσητε ουν εαυτοις πατερα επι της γης· δεσποται γαρ επι της γης, εν δε ουρανοις ο πατηρ.	Ecl 20.3
M 23.12	ο ταπεινων εαυτον υψωθησεται, και ο υψων εαυτον ταπεινωθησεται.	Pd III 92.1
M 23.12	πας ο ταπεινων εαυτον υψωθησεται.	S II 132.1
M 23.25,26	και παλιν τοις αυτοις φησιν, ουαι υμιν, οτι καθαριζετε το εξω του ποτηριου και της παροψιδος, ενδοθεν δε γεμουσιν ακαθαρσιας. καθαρισον πρωτον το ενδον του ποτηριου, ινα γενηται και το εξωθεν καθαρον.	Pd III 48.1
M 23.27	ουαι γαρ υμιν, γραμματεις και Φαρισαιοι υποκριται, φησιν ο κυριος, οτι ομοιοι εστε ταφοις κεκονιαμενοις· εξωθεν ο ταφος φαινεται ωραιος, ενδον δε γεμει οστεων νεκρων και πασης ακαθαρσιας.	Pd III 47.4
M 23.33	και τω ευαγγελιω δια Ιωαννου οφεις φησιν γεννηματα εχιδνων.	Pd I 80.1
M 23.33	ενθεν και γεννηματα εχιδνων τους τοιουτους εκαλεσεν.	S IV 100.3
M 23.37	κεχρηται τω ειδει τουτω εν ευαγγελιω· Ιερουσαλημ Ιερουσαλημ, η αποκτεινουσα τους προφητας και λιθοβολουσα τους απεσταλμενους προς αυτην.	Pd I 79.2
M 23.37	ως καν τω ευαγγελιω λεγων, ποσακις ηθελησα συναγαγειν τα τεκνα σου, ον τροπον ορνις συναγει τα νοσσια αυτης υπο τας πτερυγας αυτης, και ουκ ηθελησατε.	Pd I 76.1
M 23.37	οτι δε ημας τους νεοττους λεγει, μαρτυς η γραφη ον τροπον ορνις συναγει τα νοσσια υπο τας πτερυγας αυτης.	Pd I 14.4

M 23.37 Ιερουσαλημ Ιερουσαλημ, ποσακις ηθελησα επισυναγαγειν τα τεκνα σου ως ορνις τους νεοσσους. S I 29.4

M 23.38-39 δια τουτο φησιν, αφιεται ο οικος υμων ερημος λεγω γαρ υμιν· απαρτι ου μη ιδητε με, εως αν ειπητε· ευλογημενος ο ερχομενος εν ονοματι κυριου. Pd I 79.3

M 24.13 ο δε υπομεινας εις τελος, ουτος σωθησεται. S IV 74.1

M 24.13 αλλ ο υπομεινας εις τελος, ουτος σωθησεται. Q 32.6

M 24.19 και παλιν· ουαι δε ταις εν γαστρι εχουσαις και ταις θηλαζουσαις εν εκειναις ταις ημεραις. S III 49.6

M 24.24 διο φησι, και ει δυνατον, τους εκλεκτους μου. Exc 9.1

M 24.29 ακουε παλιν προφητου λεγοντος, εκλειψει μεν ο ηλιος και ο ουρανος σκοτισθησεται, λαμψει δε ο παντοκρατωρ εις τον αιωνα, και αι δυναμεις των ουρανων σαλευθησονται και οι ουρανοι ειλιγησονται ως δερρις εκτεινομενοι και συστελλομενοι. Pr 81.4

M 24.35 και αυτοις λεγει, η γη φησι παλαιωθησεται και ο ουρανος παρελευσεται. Pr 78.4

M 24.37-39 και παλιν· ωσπερ δε ην εν ταις ημεραις Νωε, ησαν γαμουντες γαμιζοντες, οικοδομουντες, φυτευοντες και ως ην εν ταις ημεραις Λωτ, ουτως εσται η παρουσια του υιου του ανρωρπου. S III 49.4

M 24.38 ετι φησιν, οι υπο των γηινων βασιλευομενοι και γεννωσι και γεννωνται. S III 95.2

M 24.42 αυτικα ο αυτος σωτηρ παρεγγυα· γρηγορειτε. S V 106.1

M 24.45 ουτος εστιν ο δουλος ο πιστος ο προς του κυριου επαινουμενος. S II 27.3

M 25. 1 και αι παρθενοι αι φρονιμοι. Exc 86.3

M 25.13 αυτικα ο αυτος σωτηρ παρεγγυα· γρηγορειτε. S V 106.1

M 25.21,23,26,27,30 τους εν ολιγω πιστους αποδεξαμενος και επαγγειλαμενος επι πολλων καταστησειν εις την του κυριου χαραν προσεταξεν εισελθειν. πονηρε δουλε ειπεν και οκνηρε εδει σε βαλειν το αργυριον μου τοις τραπεζιταις, και ελθων εγω εκομισαμην αν το εμον. επι τουτοις ο αχρειος δουλος εις το εξωτερον εμβληθησεται σκοτος. S I 3.1-2

M 25.21 ουτος εστιν ο δουλος ο πιστος ο προς του κυριου επαινουμενος. S II 27.3

M 25.29 και τω εχοντι δε προστεθησεται. S I 14.2

M 25.30 καθο κακεινο ειρηται· οι δε αμαρτιαις περιπεσοντες βληθησονται εις το σκοτος το εξωτερον· εκει εσται ο κλαυθμος και ο βρυγμος των οδοντων. και τα παραπλησια. Pd I 91.1

M 25.33 και τα αρνια δε μου οταν λεγη στητω εκ δεξιων. Pd I 14.2

M 25.34-36 περι δε της μεταδοσεως δευτε ειπε προς με παντες οι ευλογημενοι, κληρονομησατε την ητοιμασμενην υμιν βασιλειαν απο καταβολης κοσμου. επεινασα γαρ και δεδωκατε μοι φαγειν, εδιψησα και εποτισατε με, ξενος ημην και συνηγαγετε με, γυμνος και περιεβαλετε με, ασθενης και επεσκεψασθε με, εν φυλακη ημην και ηλθετε προς με. Pd III 93.4

M 25.34-40 δευτε, οι ευλογημενοι του πατρος μου, κληρονομησατε την ητοιμασμενην υμιν βασιλειαν απο καταβολης κοσμου. επεινασα γαρ και εδωκατε μοι φαγειν, και εδιψησα και εδωκατε μοι πιειν, και ξενος ημην και συνηγαγετε με, γυμνος ημην και ενεδυσατε με, ησθενησα και επεσκεψασθε με, εν φυλακη ημην και ηλθετε προς με. τοτε αποκριθησονται αυτω οι δικαιοι λεγοντες· κυριε, ποτε σε ειδομεν πεινωντα και εθρεψαμεν, η διψωντα και εποτισαμεν; ποτε δε ειδομεν σε ξενον και συνηγαγομεν, η γυμνον και περιεβαλομεν; η ποτε σε ειδομεν ασθενουντα και επεσκεψαμεθα; η εν φυλακη και ηλθομεν προς σε; αποκριθεις ο βασιλευς ερει αυτοις· αμην λεγω υμιν, εφ οσον εποιησατε ενι τουτων των αδελφων μου των ελαχιστων, εμοι εποιησατε. Q 30.2-4

M	25.35,40	ο...κυριος, καθαπερ εν τω ευαγγελιω φιλανθρωπως λεγων· επεινασα και εδωκατε μοι φαγειν, εδιψησα και εδωκατε μοι πιειν. ο γαρ ενι τουτων των ελαχιστων πεποιηκατε, εμοι πεποιηκατε.	S II 73.1
M	25.35,36, 40	τι δ οταν ο κυριος φη, επεινασα και εχορτασατε με, εδιψησα και εποτισατε με, ξενος ημην και συνηγαγετε με, γυμνος και περιεβαλετε με. ειτα επιφερει εφ οσον εποιησατε ενι τουτων των ελαχιστων, εμοι εποιησατε.	S III 54.3
M	25.40	εφ οσον δε, φησιν, ενι τουτων εποιησατε των ελαχιστων, εμοι εποιησατε.	Pd III 30.3
M	25.40,46	και λεγων εφ οσον εποιησατε τοις μικροις τουτοις, εμοι εποιησατε. και απελευσονται οι τοιουτοι εις ζωην αιωνιον.	Pd III 93.5
M	25.41	και το πυρ δε προσκοπειτε ο ητοιμασεν ο κυριος τω διαβολω και τοις αγγελοις αυτου.	Pr 83.2
M	26.17	που θελεις ετοιμασωμεν σοι το πασχα φαγειν;	F 28
M	26.23	διδαξει δε ημας αυτος ο κυριος οτι δεδολωμενος ο Ιουδας εστιν, ος αν εμβαψηται μετ εμου λεγων εις το τρυβλιον, ουτος με παραδωσει.	Pd II 62.4
M	26.24	Ουαι τω ανθρωπω εκεινω, φησιν ο κυριος, καλον ην αυτω ει μη εγεννηθη.	S II 107.2
M	26.27-28	και ευλογησεν γε τον οινον, ειπων· λαβετε, πιετε. τουτο μου εστιν το αιμα· αιμα της αμπελου τον λογον τον περι πολλων εκχεομενον εις αφεσιν αμαρτιων.	Pd II 32.2
M	26.29	απεδειξε παλιν προς τους μαθητας λεγων, ου μη πιω εκ του γενηματος της αμπελου ταυτης, μεχρις αν πιω αυτο μεθ υμων εν τη βασιλεια του πατρος μου.	Pd II 32.3
M	26.32	και προαξω υμας λεγει τη τριτη των ημερων εις την Γαλιλαιαν.	Exc 61.5
M	26.41	αυτικα ο αυτος σωτηρ παρεγγυα· γρηγορειτε.	S V 106.1
M	26.41	ημιν δε ο σωτηρ ειρηκεν· το πνευμα προθυμον, η δε σαρξ ασθενης.	S IV 45.4
M	27.46	ως εν τω ευαγγελιω· ηλι ηλι αντι του θεε μου, θεε μου.	Ecl 57.3
M	28.19	και τοις αποστολοις εντελλεται περιιοντες κηρυσσετε και τους πιστευοντας βαπτιζετε εις ονομα πατρος και υιου και αγιου πνευματος.	Exc 76.3

APPENDIX II

THE MATTHEAN VOCABULARY

A comprehensive list of the vocabulary used by the gospel writer

and by the scribes who have copied his text

Ἄβελ, ὁ 6

23.35

Ἀβιά, ὁ 7

1. 7(2)

Ἀβραάμ, ὁ 11

1. 1
1. 2
1.17
3. 9(2)
8.11
22.32

ἀγαθός, ή, όν 18

5.45
5.45N
7.11(2)
7.17
7.18
12.34
12.34N
12.35(3)
19.16
19.16N
19.17(2)
20.15
22.10
25.21
25.23

ἀγαλλιάω 21

5.12 ἀγαλλιᾶσθε

ἄγαμος, ου, ὁ (ἡ) 22

22.10N

ἀγανακτέω 23

20.24 ἠγανάκτησαν
20.24N ἀγανάκτειν
21.15 ἠγανάκτησαν
26. 8 ἠγανάκτησαν

ἀγαπάω 25

5.43 ἀγαπήσεις
5.44 ἀγαπᾶτε
5.46 ἀγαπήσητε
ἀγαπῶντας
6.24 ἀγαπήσει
19.19 ἀγαπήσεις
22.37 ἀγαπήσεις
22.39 ἀγαπήσεις

ἀγάπη, ης, ἡ 26

24.12

ἀγαπητός, ή, όν 27

3.17
12.18
17. 5

ἀγγαρεύω 29

5.41 ἀγγαρεύσει
5.41N ἐνγαρεύσῃ
27.32 ἠγγάρευσαν
27.32N ἠνγάρευσαν

ἀγγεῖον, ου, τό 30

25. 3N
25. 4

ἄγγελος, ου, ὁ 32

1.20
1.24
2.13
2.19
4. 6
4.11
11.10
13.39
13.41
13.49
16.27
18.10
22.30
24.31
24.36
25.31
25.41
26.39N
26.53
28. 2
28. 5

ἄγγος, ους, τό 32.5

13.48

ἀγέλη, ης, ἡ 34

8.30
8.31
8.32
8.32N

ἁγιάζω 37

6. 9 ἁγιασθήτω
23.17 ἁγιάσας
23.17N ἁγιάζων
23.19 ἁγιάζον

ἅγιος, ία, ον 39

1.18
1.20
3.11
4. 5
7. 6
12.32
16.27N
24.15
25.31
27.52
27.53
28.19

ἄγκιστρον, ου, τό 44

17.27

ἄγναφος, ον 46

9.16

ἀγορά, ᾶς, ἡ 58

11.16
11.16N
20. 3
23. 7

ἀγοράζω 59

13.44 ἀγοράζει
13.46 ἠγόρασεν
14.15 ἀγοράσωσιν
21.12 ἀγοράζοντας
25. 9 ἀγοράσατε
25.10 ἀγοράσαι
27. 7 ἠγορασαν

ἄγριος, ία, ον 66

3. 4

ἀγρός, οῦ, ὁ 68

6.28
6.30
6.30N
13.24
13.27
13.31
13.36
13.38
13.44(2)
19.29
20. 6N
22. 5
24.18.
24.40
27. 7
27. 8(2)
27.10

ἄγω 71

10.18 ἀχθήσεσθε
10.18N σταθήσεσθε
14. 6N ἀγομένων
14. 6N ἀγομένοις
21. 2 ἀγάγετε
21. 2N ἄγετε
21. 7 ἤγαγον
26.46 ἄγωμεν

ἀγωνία, ας, ἡ 74

26.39N

ἀδελφή, ῆς, ἡ 79

12.50
13.56
19.29

ἀδελφός, οῦ, ὁ 80

1. 2
1.11
4.18(2)
4.21(2)
5.22(2)
5.22N
5.23
5.24
5.47
7. 3
7. 4
7. 4N
7. 5
10. 2(2)
10.21(2)
12.46
12.47
12.48
12.49
12.50

ἀδελφός (cont) 80

13.55
14. 3
17. 1
18.15(2)
18.21
18.35
19.29
20.24
22.24(2)
22.25(2)
23. 8
25.40
28.10

ἀδημονέω 85

26.37 ἀδημονεῖν

ᾅδης, ου, ὁ 86

11.23
16.18

ἀδικέω 91

20.13 ἀδικῶ

ἀδικία, ας, ἡ 93

23.25N

ἄδικος, ον 94

5.45

ἀδυνατέω 101

17.20 ἀδυνατήσει

ἀδύνατος, ον 102

19.26

ἀδυσβάστακτος, ον 102.5

23. 4N

ἀετός, οῦ, ὁ 105

24.28

Ἀζώρ, ὁ 107

1.13
1.14

ἀήρ, έρος, ὁ 109

16. 3N

ἀθῷος, ον 121

27. 4
27.24

αἰγιαλός, οῦ, ὁ 123

13. 2
13.48

Αἴγυπτος, ου, ἡ 125

2.13
2.14
2.15
2.19

αἷμα, ατος, τό 129

16.17
23.30
23.35(3)
26.28
27. 4
27. 6
27. 8
27.24
27.25
27.49N

αἱμορροέω 131

9.20 αἱμορροοῦσα

αἶνος, ου, ὁ 136

21.16

αἱρετίζω 140

12.18 ᾑρέτισα

αἴρω 142

4. 6 ἀροῦσιν
4. 6N αἱροῦσιν
9. 6 ἆρον
9.15N ἀρθῇ
9.16 αἴρει
11.29 ἄρατε
13.12 ἀρθήσεται
14.12 ἦραν
14.20 ἦραν
15.37 ἦραν
16.24 ἀράτω
16.24N ἄρας
17.27 ἆρον
17.27N ἄρας
20.14 ἆρον
21.21 ἄρθητι
21.43 ἀρθήσεται
22.13N ἄρατε
24.17 ἆραι
24.18 ἆραι
24.39 ἦρεν
25.28 ἄρατε
25.29 ἀρθήσεται
27.32 ἄρῃ

αἰτέω 154

5.42 αἰτοῦντι
6. 8 αἰτῆσαι
6. 8 ἀνοῖξε
7. 7 αἰτεῖτε
7. 8 αἰτῶν
7. 9 αἰτήσει
7.10 αἰτήσει
7.11 αἰτοῦσιν
14. 7 αἰτήσηται
18.19 αἰτήσωνται
20.20 αἰτοῦσα
20.22 αἰτεῖσθε
20.22N αἰτεῖτε
21.22 αἰτήσητε
27.20 αἰτήσωνται
27.58 ᾐτήσατο

αἰτία, ας, ἡ 156

19. 3
19.10
27.37

αἰών, ῶνος, ὁ 165

6.13N
12.32
13.22
13.39
13.40
13.49
21.19
24. 3
28.20

αἰώνιος, ον 166

18. 8
19.16
19.29
25.41
25.46(2)

ἀκαθαρσία, ας, ἡ 167

23.27

ἀκάθαρτος, ον 168

10. 1
12.43

ἄκανθα, ης, ἡ 173

7.16
13. 7(2)
13.22
27.29

ἄκαρπος, ον 175

13.22

ἀκέραιος, ον 185

10.16

ἀκμήν 188

15.16

ἀκοή, ῆς, ἡ 189

4.24
13.14
14. 1
24. 6

ἀκολουθέω 190

4.20 ἠκολούθησαν
4.22 ἠκολούθησαν
4.25 ἠκολούθησαν
8. 1 ἠκολούθησαν
8. 7N ἀκολούθει
8.10 ἀκολουθοῦσιν
8.19 ἀκολουθήσω
8.22 ἀκολούθει
8.23 ἠκολούθησαν
9. 9 ἀκολούθει
9. 9 ἠκολούθησεν
9. 9N ἠκολούθει
9.19 ἠκολούθησεν
9.19N ἠκολούθει
9.19N ἠκολούθησαν
9.27 ἠκολούθησαν
9.35N ἠκολούθησαν
10.38 ἀκολουθεῖ
12.15 ἠκολούθησαν

ἀκολουθέω (cont) 190

14.13 ἠκολούθησαν
16.24 ἀκολουθείτω
19. 2 ἠκολούθησαν
19.21 ἀκολούθει
19.27 ἠκολουθήσαμεν
19.28 ἀκολουθήσαντες
20.29 ἠκολούθησεν
20.29N ἠκολούθησαν
20.34 ἠκολούθησαν
21. 9 ἀκολουθοῦντες
26.58 ἠκολούθει
27.55 ἠκολούθησαν

ἀκούω 191

2. 3 ἀκούσας
2. 9 ἀκούσαντες
2.18 ἠκούσθη
2.22 ἀκούσας
4.12 ἀκούσας
5.21 ἠκούσατε
5.27 ἠκούσατε
5.33 ἠκούσατε
5.38 ἠκούσατε
5.43 ἠκούσατε
7.24 ἀκούει
7.26 ἀκούων
8.10 ἀκούσας
9.12 ἀκούσας
10.14 ἀκούσῃ
10.14N ἀκούσωσιν
10.27 ἀκούετε
10.27N ἠκούσατε
11. 2 ἀκούσας
11. 4 ἀκούετε
11. 5 ἀκούουσιν
11.15 ἀκουέτω
11.15N ἀκούειν
12.19 ἀκούσει
12.19N ἀκούει
12.24 ἀκούσαντες
12.42 ἀκοῦσαι
12.42N ἀκούσει
13. 9 ἀκουέτω
13. 9N ἀκούειν
13.13 ἀκούοντες..ἀκούουσιν
13.13N ἀκούοντες..ἀκούσωσιν
13.14 ἀκούσετε
13.14N ἀκούσατε
13.15 ἤκουσαν..ἀκούσωσιν
13.16 ἀκούουσιν
13.16N ἀκούει
13.17 ἀκοῦσαι..ἀκούετε..
..ἤκουσαν
13.18 ἀκούσατε
13.19 ἀκούοντος
13.20 ἀκούων
13.22 ἀκούων
13.23 ἀκούων
13.23N ἀκούειν..ἀκουέτω
13.43 ἀκουέτω
13.43N ἀκούειν
14. 1 ἤκουσεν
14.13 ἀκούσας..ἀκούσαντες
15.10 ἀκούετε
15.10N ἀκούσαται
15.12 ἀκούσαντες
15.31N ἀκούοντας
17. 5 ἀκούετε
17. 6 ἀκούσαντες
18.15 ἀκούσῃ
18.16 ἀκούσῃ

ἀκούω (cont) 191

19.22 ἀκούσας
19.25 ἀκούσαντες
20.24 ἀκούσαντες
20.30 ἀκούσαντες
20.30N ἤκουσαν
21.16 ἀκούεις
21.33 ἀκούσατε
21.45 ἀκούσαντες
22. 7N ἀκούσας
22.22 ἀκούσαντες
22.33 ἀκούσαντες
22.34 ἀκούσαντες
24. 6 ἀκούειν
25.29N ἀκούειν..ἀκουέτω
25.30N ἀκούειν..ἀκουέτω
26.61N ἠκούσαμεν
26.65 ἠκούσατε
27.13 ἀκούεις
27.47 ἀκούσαντες
28.14 ἀκουσθῇ

ἀκρασία, ας, ἡ 192

23.25

ἀκριβόω 198

2. 7 ἠκρίβωσεν
2. 7N ἠκρείβασεν
2.16 ἠκρίβωσεν
2.16N ἠκρείβασεν

ἀκριβῶς 199

2. 8

ἀκρίς, ίδος, ἡ 200

3. 4

ἄκρον, ου, τό 206

24.31

ἀκυρόω 208

15. 6 ἠκυρώσατε

ἀλάβαστρον, τό 211

26. 7

ἅλας, ατος, τό 217

5.13(2)

ἁλεεύς, έως, ὁ 217.5
ἁλιεύς, έως, ὁ

4.18
4.19

ἀλείφω 218

6.17 ἄλειψαι
6.17N ἄλιψον

ἀλεκτοροφωνία, ας, ἡ 219

26.34N
26.75N

ἀλέκτωρ, ορος, ὁ 220

26.34
26.74
26.75

ἄλευρον, ου, τό 224

13.33

ἀλήθεια, ας, ἡ 225

22.16

ἀληθής, ές 227

22.16

ἀλήθω 229

24.41 ἀλήθουσαι

ἀληθῶς 230

14.33
26.73
27.54

ἁλίζω 233

5.13 ἁλισθήσεται

ἀλλά 235

4. 4	9.24	18.30
5.15	10.20	19. 6
5.17	10.30N	19.11
5.39	10.34	20.23
6.13	11. 8	20.26
6.18	11. 9	20.28
7.21	13.21	21.21
8. 4	15.11	22.30
8. 8	16.12	22.32
9.12	16.17	24. 6
9.13	16.23	26.39
9.17	17.12	27.24
9.18	18.22	

ἀλλήλων 240

24.10(2)
25.32

ἄλλος, η, ο 243

2.12	13.31	25.16
4.21	13.33	25.17
5.39	16.14	25.20(2)
5.41N	19. 9	25.22
8. 9	20. 3	26.67N
10.23	20. 6	26.71
10.23N(3)		27.42
12.13	21. 8	27.49
13. 5	21.33	27.49N
13. 7	21.36	27.61
13. 8	21.41	28. 1
13.24	22. 4	

ἀλλότριος, ία, ον 245

17.25
17.25N
17.26
17.26N

Ἀλφαῖος, ου, ὁ 256

10. 3

ἅλων, ωνος, ἡ 257

3.12

ἀλώπηξ, εκος, ἡ 258

8.20

ἅμα 260

13.29
20. 1

ἁμαρτάνω 264

18.15 ἁμαρτήσῃ
18.21 ἁμαρτήσει
27. 4 ἥμαρτον

ἁμαρτία, ίας, ἡ 266

1.21 9. 5 12.31
3. 6 9. 6 26.28
9. 2

ἁμαρτωλός, όν 268

9.10
9.11
9.13
11.19
11.19N ἁμαρτωλός
20.18N
26.45

ἀμελέω 272

22. 5 ἀμελήσαντες

ἀμέριμνος, ον 275

28.14

ἀμήν 281

5.18 11.11 23.36
5.26 13.17 24. 2
6. 2 16.28 24.34
6. 2N 17.20 24.47
6. 5 18. 3 25.12
6.13N 18.13 25.40
6.16 18.18 25.45
8.10 18.19 26.13
10.15 19.23 26.21
10.15N 19.28 26.34
10.23 21.21 28.20N
10.42 21.31

Ἀμιναδάβ, ὁ 284

1. 4(2)

ἄμμος, ου, ἡ 285

7.26

ἄμπελος, ου, ἡ 288

21.29N
26.29

ἀμπελών, ῶνος, ἡ 290

20. 1 20. 8 21.39
20. 2 21.28 21.40
20. 4 21.33 21.41
20. 7

ἀμφίβληστρον, ου, τό 293

4.18

ἀμφιέννυμι 294

6.30 ἀμφιέννυσιν
11. 8 ἠμφιεσμένον

ἀμφότεροι, αι, α 297

9.17
13.30
15.14

Ἀμώς, ὁ 300

1.10(2)

ἄν 302

2.13 12.20 21. 3N
5.18 12.32 21.22
5.18 12.36N 21.44
5.19 12.50 22. 9N
5.21 12.52N 22.44
5.22 14. 7N 23.16
5.22 14.36N 23.16
5.26 15. 5 23.18
5.31 15. 5N 23.18
8.19N 15. 5N 23.30
10.11 16.19N 23.39
10.11 16.19N 24. 3N
10.14 16.25 24.22
10.14N 16.25N 24.28N
10.33 16.28 24.34
10.41N 18. 5N 24.39N
10.42 18. 6 24.43
11. 6 18.18N 24.43
11. 6N 18.18N 25.27
11.21 18.19N 26.13N
11.23 19. 9 26.36N
11.27N 20. 4N 26.48
12. 7 20.26N 28.14N
12.11N 20.27

ἀνά 303

13.25 20. 9 20.10

ἀναβαίνω 305

3.16 ἀνέβη
5. 1 ἀνέβη
13. 7 ἀνέβησαν
14.23 ἀνέβη
14.32 ἀναβάντων
14.32N ἐμβάντων
15.29 ἀναβάς
15.39N ἀνέβη
17.27 ἀναβάντα
17.27N ἀναβαίνοντα
20.17 ἀναβαίνων
20.17N ἀναβαίνειν
20.18 ἀναβαίνομεν

ἀναβιβάζω 307

13.48 ἀναβιβάσαντες
13.48N ἀνεβίβασαν

ἀναβλέπω 308

11. 5 ἀναβλέπουσιν
14.19 ἀναβλέψας
20.34 ἀνέβλεψαν
24.31 ἀναβλέψατε

ἀναβοάω 310

27.46 ἀνεβόησεν
27.46N ἐβόησεν

ἀναγγέλλω 312

28.11N ἀνήγγειλαν

ἀναγινώσκω 314

12. 3 ἀνέγνωτε
12. 5 ἀνέγνωτε
19. 4 ἀνέγνωτε
21.16 ἀνέγνωτε
21.42 ἀνέγνωτε
22.31 ἀνέγνωτε
24.15 ἀναγινώσκων

ἀναγκάζω 315

14.22 ἠνάγκασεν

ἀνάγκη, ης, ἡ 318

18. 7

ἀνάγω 321

4. 1 ἀνήχθη
17. 1N ἀνάγει

ἀναιρέω 337

2.16 ἀνεῖλεν
22. 7N ἀνεῖλεν

ἀναίτιος, ον 338

12. 5 12. 7

ἀνακάμπτω 344

2.12 ἀνακάμψαι

ἀνάκειμαι 345

9.10 ἀνακειμένου
22.10 ἀνακειμένων
22.11 ἀνακειμένους
26. 7 ἀνακειμένου
26.20 ἀνέκειτο

ἀνακλίνω 347

8.11 ἀνακλιθήσονται
14.19 ἀνακλιθῆναι
14.19 ἀναπέσειν
20.28N ἀνακλίνεσθαι

ἀναλαμβάνω 353

8.17N ἀνέλαβεν

ἀναλίσκω 355

21.41N ἀναλώσει

ἀνάπαυσις, εως, ἡ 372

11.19 12.43

ἀναπαύω 373

11.28 ἀναπαύσω
26.45 ἀναπαύεσθε

ἀναπίπτω 377

15.35 ἀναπεσεῖν
20.28N ἀναπέσῃς

ἀναπληρόω 378

13.14 ἀναπληροῦται
13.14N πληρωθήσεται
13.14N πληροῦται

ἀνάστασις, εως, ἡ 386

22.23 22.30 22.31
22.28

ἀναστρέφω 390

17.22N ἀναστρεφομένων

ἀνατέλλω 393

4.16 ἀνέτειλεν
5.45 ἀνατέλλει
13. 6 ἀνατείλαντος

ἀνατολή, ῆς, ἡ 395

2. 1 2. 9 24.27
2. 2 8.11 24.27N

ἀναφέρω 399

17. 1 ἀναφέρει
17. 1N ἀνάγει

ἀναχωρέω 402

2.12 ἀνεχώρησαν
2.13 ἀναχωρησάντων
2.14 ἀνεχώρησεν
2.22 ἀνεχώρησεν
4.12 ἀνεχώρησεν
9.24 ἀναχωρεῖτε
12.15 ἀνεχώρησεν
14.13 ἀνεχώρησεν
15.21 ἀνεχώρησεν
27. 5 ἀνεχώρησεν

Ἀνδρέας, ου, ὁ 406

4.18 10. 2

ἀνεκτός, όν 414

10.15 11.22 11.24

ἄνεμος, ου, ὁ 417

7.25 8.27 14.30
7.27 11. 7 14.32
8.24N 14.24 24.31
8.26

ἄνευ 427

10.29

ἀνέχομαι 430

17.17 ἀνέξομαι

ἄνηθον, ου, τό 432

23.23

ἀνήρ, ἀνδρός, ὁ 435

1.16 7.26 14.35
1.19 12.41 15.38
7.24 14.21 19.10N

ἀνθίστημι 436

5.39 ἀντιστῆναι
5.39N ἀντισταθῆναι

ἄνθρωπος, ου, ὁ 444

4. 4 12.31 19. 5
4.19 12.31N 19. 6
5.13 12.35 19.10
5.16 12.35 19.12
5.19 12.36 19.26
6. 1 12.43 20. 1
6. 2 12.45 20.18N
6. 5 13.24 21.25
6.14 13.25 21.26
6.15 13.28 21.28
6.16 13.31 21.33
6.18 13.44 22. 2
7. 9 13.45 22.11
7.12 13.52 22.16
8. 9 15. 9 23. 4
8.27 15.11 23. 5
8.27N 15.11 23. 7
9. 8 15.18 23.13
9. 9 15.20 23.27N
9.32 15.20 23.28
10.17 16.13 25.14
10.32 16.23 25.24
10.33 16.26 25.26N
10.35 16.26 26.24
10.36 17.14 26.24
11. 8 18. 7 26.24
11.19 18.12 26.72
12.10 18.23 26.74
12.11 19. 3 27.32
12.12 19. 4N 27.57
12.13

ἄνθρωπος (ὁ υἱὸς τοῦ) 444

8.20 16.28 24.37
9. 6 17. 9 24.39
10.23 17.12 24.44
11.19 17.22 25.13N
12. 8 18.11 25.31
12.32 19.28 26. 2
12.40 20.18 26.24
13.37 20.28 26.24
13.41 24.27 26.45
16.13 24.30 26.64
16.27 24.30

ἄνιπτος, ον 449

15.20

ἀνίστημι Trans. 450

22.24 ἀναστήσει
22.24N ἐξαναστήσει

ἀνίστημι Intrans. 450

9. 9 ἀναστάς
12.41 ἀναστήσονται
16.21N ἀναστῆναι
17. 9N ἀναστῇ
17.23N ἀναστήσεται
20.19N ἀναστήσεται
24.11N ἀναστήσονται
26.40N ἀναστάς
26.62 ἀναστάς

ἀνοίγω 455

2.11 ἀνοίξαντες
3.16 ἠνεῴχθησαν
3.16N ἀνεῴχθησαν
5. 2 ἀνοίξας
6. 8N ἀνοῖξαι
7. 7 ἀνοιγήσεται
7. 8 ἀνοιγήσεται
7. 8N ἀνοίγεται
9.30 ἠνεῴχθησαν
9.30N ἀνεῴχθησαν
13.35 ἀνοίξω
17.27 ἀνοίξας
20.33 ἀνοιγῶσιν
20.33N ἀνοίχθωσιν
20.33N ἀνεῴχθωσιν
25.11 ἄνοιξον
27.52 ἀνεῴχθησαν
27.52N ἠνεῴχθη
27.52N ἀνεῴχθη
27.52N ἠνεῴχθησαν

ἀνομία, ας, ἡ 458

7.23 23.28 24.12
13.41

ἀντάλλαγμα, ατος, τό 465

16.16

ἀντέχομαι 472

6.24 ἀνθέξεται

ἀντί 473

2.22 5.38 20.28
5.38 17.27

ἀντιδίδωμι

7. 9N ἀντιδώσει

ἀντίδικος, ου, ὁ 476

5.25 5.25

ἄνυδρος, ον 504

12.43

ἄνω 507

20.28N

ἄνωθεν 509

27.51

ἀξίνη, ης, ἡ 513

3.10

ἄξιος, ία, ον 514

3. 8 10.13 10.37
10.10 10.13 10.38
10.11 10.37 22. 8

ἀπαγγέλλω 518

2. 8 ἀπαγγείλατε
8.33 ἀπήγγειλαν
11. 4 ἀπαγγείλατε
12.18 ἀπαγγελεῖ
12.18N ἀπαγγέλλει
14.12 ἀπήγγειλαν
28. 8 ἀπαγγεῖλαι
28. 9 ἀπαγγεῖλαι
28.10 ἀπαγγείλατε
28.11 ἀπήγγειλαν

ἀπάγχομαι 519

27. 5 ἀπήγξατο

ἀπάγω 520

7.13 ἀπάγουσα
7.14 ἀπάγουσα
26.57 ἀπήγαγον
26.57N ἀπῆγον
27. 2 ἀπήγαγον
27.31 ἀπήγαγον

ἀπαίρομαι 522

9.15 ἀπαρθῇ

ἁπαλός, ή, όν 527

24.32

ἀπαντάω 528

25. 1N ἀπάντησεν
28. 9N ἀπήντησεν

ἀπάντησις, εως, ἡ 529

25. 6 27.32N

ἀπαρνέομαι 533

10.33N ἀπαρνήσεται
10.33N ἀπαρνήσηται
10.33N ἀπαρνήσομαι
16.24 ἀπαρνησάσθω
26.34 ἀπαρνήσῃ
26.35 ἀπαρνήσομαι
26.75 ἀπαρνήσῃ

ἅπας, ασα, αν 537

6.32 18.29N 24.39
17.11N 18.31N 28.11

ἀπάτη, ης, ἡ 539

13.22

ἄπειμι 548

15. 8N ἄπεστιν

ἀπέναντι 561

21. 2N 27.24 27.64

ἀπέρχομαι 565

2.22 ἀπελθεῖν
4.24 ἀπῆλθεν
4.24N ἐξῆλθεν
5.29N ἀπέλθῃ
5.30 ἀπέλθῃ
5.30N βλήθῃ
5.30N βληθήσει
8.18 ἀπελθεῖν
8.19 ἀπέρχῃ
8.21 ἀπελθεῖν
8.31N ἀπελθεῖν
8.32 ἀπῆλθον
8.33 ἀπελθόντες
9. 7 ἀπῆλθεν
10. 5 ἀπέλθητε
13.25 ἀπῆλθεν
13.28 ἀπελθόντες
13.28N ἐλθόντες
13.46 ἀπελθών
14.15 ἀπελθόντες
14.16 ἀπελθεῖν
14.25N ἀπῆλθεν
16. 4 ἀπῆλθεν
16.21 ἀπελθεῖν
18.30 ἀπελθών
18.31N ἀπελθόντες
19.22 ἀπῆλθεν
20. 5 ἀπῆλθον
21.29 ἀπῆλθεν
21.30 ἀπῆλθεν
22. 5 ἀπῆλθον
22.22 ἀπῆλθαν
25.10 ἀπερχομένων
25.18 ἀπελθών
25.25 ἀπελθών
25.25N ἀπῆλθον
25.46 ἀπελεύσονται
26.17N ἀπελθόντες
26.36 ἀπελθών
26.42 ἀπελθών
26.44 ἀπελθών
27. 5 ἀπελθών
27.60 ἀπῆλθεν
28. 8 ἀπελθοῦσαι
28. 8N ἐξελθόντες
28.10 ἀπέλθωσιν
28.10N ἐλθῶσιν

ἀπέχω 566

6. 2 ἀπέχουσιν
6. 5 ἀπέχουσιν
6.16 ἀπέχουσιν
14.24 ἀπεῖχεν
15. 8 ἀπέχει
15. 8N ἔστιν

ἀπιστία, ας, ἡ 570

13.58 17.20N

ἄπιστος, ον 571

23.23

ἁπλοῦς, ῆ, οῦν 573

6.22 10.16N

ἀπό 575

1.17 13.35 23.34
1.17 13.44 23.35
1.17 14. 2 23.39
1.21 14. 8N 24. 1
1.24 14.13 24.21
2. 1 14.24 24.27
2.16 14.26 24.27N
3. 4 14.29 24.29
3. 7 15. 1 24.31
3.13 15. 8 24.31N
3.16 15.22 24.32
4.17 15.27 25.28
4.25 15.27 25.29
5.18 15.28 25.29N
5.29 16. 6 25.32
5.30 16.11 25.32
5.42 16.12 25.34
6.13 16.12 25.41
7.15 16.21 26.16
7.16 16.21 26.29
7.16 17.18 26.39
7.16 17.18 26.39N
7.20 17.25 26.40N
7.23 17.25 26.42N
8. 1 17.25 26.47
8.11 17.25N 26.58
8.13N 17.26 26.64
8.24N 17.26N 27. 9
8.30 18. 7 27.21
8.34 18. 8 27.24
9.15 18. 9 27.40
9.16 18.35 27.42
9.22 19. 1 27.45
10.17 19. 4 27.51
10.28 19. 8 27.55
11.12 20. 8 27.55
11.19 20.20 27.57
11.25 20.29 27.64
11.29 21. 8 28. 2N
12.38 21.11 28. 4
12.43 21.43 28. 7
13. 1N 22.46 28. 8
13.12 23.33

ἀποδεκατόω 586.5

23.23 ἀποδεκατοῦτε

ἀποδημέω 589

21.33 ἀπεδήμησεν
25.14 ἀποδημῶν
25.15 ἀπεδήμησεν

ἀποδίδωμι 591

5.26 ἀποδῷς
5.33 ἀποδώσεις
6. 4 ἀποδώσει
6. 6 ἀποδώσει
6.18 ἀποδώσει
12.36 ἀποδώσουσιν
16.27 ἀποδώσει
18.25 ἀποδοῦναι
18.25 ἀποδοθῆναι
18.26 ἀποδώσω
18.28 ἀπόδος
18.29 ἀποδώσω
18.30 ἀποδῷ
18.30N ἀποδῇ
18.34 ἀποδῷ

ἀποδίδωμι (Cont) 591

20. 8 ἀπόδος
21.41 ἀποδώσουσιν
22.21 ἀπόδοτε
27.58 ἀποδοθῆναι

ἀποδοκιμάζω 593

21.42 ἀπεδοκίμασαν

ἀποθήκη, ης, ἡ 596

3.12 6.26 13.30

ἀποθνῄσκω 599

8.32 ἀπέθανον
8.32N ἀπέθανεν
9.24 ἀπέθανεν
9.24N ἀπέθανεν
22.24 ἀποθάνῃ
22.27 ἀπέθανεν
26.35 ἀποθανεῖν
26.52N ἀποθανοῦντα

ἀποκαθίστημι 600
ἀποκαθιστάνω

12.13 ἀπεκατεστάθη
12.13N ἀποκατέστη
12.13N ἀποκατεστάθη
17.11 ἀποκαταστήσει
17.11N ἀποκαθίστησι

ἀποκαλέω

10.25N ἀπεκάλεσαν

ἀποκαλύπτω 601

10.26 ἀποκαλυφθήσεται
10.26N ἀποκαλυφθήσεται
11.25 ἀπεκάλυψας
11.27 ἀποκαλύψαι
16.17 ἀπεκάλυψεν

ἀποκεφαλίζω 607

14.10 ἀπεκεφάλισεν

ἀποκρίνομαι 611

3.15 ἀποκριθείς
4. 4 ἀποκριθείς
8. 8 ἀποκριθείς
11. 4 ἀποκριθείς
11.25 ἀποκριθείς
12.38 ἀπεκρίθησαν
12.39 ἀποκριθείς
12.48 ἀποκριθείς
13.11 ἀποκριθείς
13.37 ἀποκριθείς
14.28 ἀποκριθείς
15. 3 ἀποκριθείς
15.13 ἀποκριθείς
15.15 ἀποκριθείς
15.23 ἀπεκρίθη
15.24 ἀποκριθείς
15.26 ἀποκριθείς
15.28 ἀποκριθείς
16. 2 ἀποκριθείς
16.16 ἀποκριθείς
16.17 ἀποκριθείς

ἀποκρίνομαι 611

17. 4 ἀποκριθείς
17.11 ἀποκριθείς
17.17 ἀποκριθείς
19. 4 ἀποκριθείς
19.27 ἀποκριθείς
20.13 ἀποκριθείς
20.22 ἀποκριθείς
21.21 ἀποκριθείς
21.24 ἀποκριθείς
21.27 ἀποκριθέντες
21.29 ἀποκριθείς
21.30 ἀποκριθείς
22. 1 ἀποκριθείς
22.29 ἀποκριθείς
22.46 ἀποκριθῆναι
24. 2 ἀποκριθείς
24. 4 ἀποκριθείς
25. 9 ἀπεκρίθησαν
25.12 ἀποκριθείς
25.26 ἀποκριθείς
25.37 ἀποκριθήσονται
25.40 ἀποκριθείς
25.44 ἀποκριθήσονται
25.45 ἀποκριθήσεται
26.23 ἀποκριθείς
26.25 ἀποκριθείς
26.62 ἀποκρίνῃ
26.63N ἀποκριθείς
26.66 ἀποκριθέντες
27.12 ἀπεκρίνατο
27.14 ἀπεκρίθη
27.21 ἀποκριθείς
27.25 ἀποκριθείς
28. 5 ἀποκριθείς

ἀποκρύπτω 613

11.25N ἀπέκρυψας
25.18N ἀπέκρυψεν

ἀποκτείνω 615

10.28 ἀποκτεννόντων
10.28N ἀποκτεινόντων
10.28 ἀποκτεῖναι
10.28N σφαξαι
14. 5 ἀποκτεῖναι
16.21 ἀποκτανθῆναι
17.23 ἀποκτενοῦσιν
21.35 ἀπέκτειναν
21.38 ἀποκτείνωμεν
21.39 ἀπέκτειναν
22. 6 ἀπέκτειναν
23.31N ἀποκτεινόντων
23.34 ἀποκτενεῖτε
23.37 ἀποκτείνουσα
23.37N ἀποκτένουσα
24. 9 ἀποκτενοῦσιν
26. 4 ἀποκτείνωσιν

ἀποκυλίω 617

28. 2 ἀπεκύλισεν

ἀπόλλυμι 622

2.13 ἀπολέσαι
5.29 ἀπόληται
5.30 ἀπόληται
8.25 ἀπολλύμεθα
8.29N ἀπολέσαι
9.17 ἀπόλλυνται
9.17N ἀπολοῦνται

ἀπόλλυμι 622

10. 6 ἀπολωλότα
10.28 ἀπολέσαι
10.39 ἀπολέσει
10.39 ἀπολέσας
10.42 ἀπολέσῃ
10.42N ἀπόληται
12.14 ἀπολέσωσιν
15.24 ἀπολωλότα
16.25 ἀπολέσει
16.25 ἀπολέσῃ
18.11N ἀπολωλός
18.14 ἀπόληται
19. 9N ἀπολελυμένην
21.41 ἀπολέσει
21.21N ἀναλώσει
22. 7 ἀπώλεσεν
22. 7N ἀνεῖλεν
26.52 ἀπολοῦνται
26.52N ἀποθανοῦνται
27.20 ἀπολέσωσιν

ἀπολύτρωσις, εως, ἡ 629

24.31N

ἀπολύω 630

1.19 ἀπολῦσαι
5.31 ἀπολύσῃ
5.32 ἀπολύων
5.32N ἀπολύσῃ
5.32 ἀπολελυμένην
14.15 ἀπόλυσον
14.22 ἀπολύσῃ
14.22 ἀπολύσας
15.23 ἀπόλυσον
15.32 ἀπολῦσαι
15.39 ἀπολύσας
18.27 ἀπέλυσεν
19. 3 ἀπολῦσαι
19. 7 ἀπολῦσαι
19. 8 ἀπολῦσαι
19. 9 ἀπολύσῃ
19. 9N ἀπολελυμένην
27.15 ἀπολύειν
27.17 ἀπολύσω
27.21 ἀπολύσω
27.26 ἀπέλυσεν

ἀπονίπτω 633

27.24 ἀπενίψατο

ἀποπνίγω 638

13. 7N ἀπέπνιξαν

ἀποσπάω 645

26.51 ἀπέσπασεν

ἀποστάσιον, ου, τό 647

5.31 19. 7

ἀποστέλλω 649

2.16 ἀποστείλας
8.31 ἀπόστειλον
8.31N ἐπίτρεψον
10. 5 ἀπέστειλεν
10. 5N ἀποστείλας
10. 5N ἐξαπέστειλεν

ἀποστέλλω (Cont) 649

10.16 ἀποστέλλω
10.16N ἀποστελῶ
10.40 ἀποστείλαντα
11.10 ἀποστέλλω
13.41 ἀποστελεῖ
14.35 ἀπέστειλαν
15.24 ἀπεστάλην
20. 2 ἀπέστειλεν
21. 1 ἀπέστειλεν
21. 3 ἀποστελεῖ
21. 3N ἀποστέλλω
21.34 ἀπέστειλεν
21.36 ἀπέστειλεν
21.37 ἀπέστειλεν
22. 3 ἀπέστειλεν
22. 4 ἀπέστειλεν
22. 4N ἀποστέλλει
22.16 ἀποστέλλουσιν
23.34 ἀποστέλλω
23.34N ἀποστελῶ
23.37 ἀπεσταλμένους
24.31 ἀποστελεῖ
24.31N ἀποστέλλη
27.19 ἀπέστειλεν
28.18N ἀπέστειλεν
28.18N ἀποστελῶ

ἀπόστολος, ου, ὁ 652

10. 2

ἀποστρέφω 654

5.42 ἀποστραφῇς
26.52 ἀπόστρεψον
27. 3N ἀπέστρεψεν

ἀποτελέω 658

12.18N ἀπαιτελει

ἀποτίθεμαι 659

14. 3 ἀπέθετο
14. 3N ἔθετο

ἀποχωρέω 672

7.23 ἀποχωρεῖτε
19. 6N ἀποχωριζέτω

ἅπτω 680, 681

8. 3 ἥψατο
8.15 ἥψατο
9.20 ἥψατο
9.21 ἅψωμαι
9.29 ἥψατο
14.36 ἅψωνται
14.36 ἥψαντο
17. 7 ἁψάμενος
17. 7N ἥψατο
20.34 ἥψατο

ἀπώλεια, ας, ἡ 684

7.13 26. 8

ἄρα 687

7.20 18. 1 19.27
12.28 19.25 24.45
17.26

Ἀράμ, ὁ 689

1. 3 1. 4

ἀργός, ή, όν 692

12.36 20. 3 20. 6

ἀργύριον, ου, τό 694

25.18 27. 3 27. 9
25.27 27. 5 28.12
26.15 27. 6 28.15
26.15N στατῆρας

ἄργυρος, ου, ὁ 696

10. 9

ἀρέσκω 700

14. 6 ἤρεσεν

ἀριθμέω 705

10.30 ἠριθμημέναι
10.30N ἠρίθμηνται

Ἁριμαθαία, ας, ἡ 707

27.57

ἀριστερός, ά, όν 710

6. 3

ἄριστον, ου, τό 712

22. 4

ἀρκετός, ή, όν 713

6.34 10.25

ἀρκέω 714

25. 9 ἀρκέσῃ

ἀρνέομαι 720

10.33 ἀρνήσηται
10.33N ἀπαρνήσηται
10.33 ἀρνήσομαι
10.33N ἀπαρνήσομαι
26.70 ἠρνήσατο
26.72 ἠρνήσατο

ἁρπαγή, ῆς, ἡ 724

23.25

ἁρπάζω 726

11.12 ἁρπάζουσιν
12.29 ἁρπάσαι
12.29N διαρπάσῃ
12.29N διαρπάσαι
13.19 ἁρπάζει

ἅρπαξ, αγος 727

7.15

ἄρρωστος, ον 732

14.14

ἄρσην, εν 733.5

19. 4

ἄρτι 737

3.15 23.39 26.53
9.18 26.29 26.64
11.12

ἄρτος, ου, ὁ 740

4. 3 14.19 16. 7
4. 4 15. 2 16. 8
6.11 15.26 16. 9
7. 9 15.33 16.10
12. 4 15.34 16.11
14.17 15.36 16.12
14.19 16. 5 26.26

ἀρχαῖος, αία, αῖον 744

5.21 5.27N 5.33

Ἀρχέλαος, ου, ὁ 745

2.22

ἀρχή, ῆς, ἡ 746

19. 4 24. 8 24.21
19. 8

ἀρχιερεύς, έως, ὁ 749

2. 4 26.47 27. 3
16.21 26.51 27. 6
20.18 26.57 27.12
21.15 26.58 27.20
21.23 26.59 27.41
21.45 26.62 27.62
26. 3 26.63 28.11
26. 3 26.65
26.14 27. 1

ἄρχω 756.757

4.17 ἤρξατο
11. 7 ἤρξατο
11.20 ἤρξατο
12. 1 ἤρξαντο
14.30 ἀρξάμενος
16.21 ἤρξατο
16.22 ἤρξατο
18.24 ἀρξαμένου
20. 8 ἀρξάμενος
20.24N ἤρξατο
24.31N ἀρχομένων
24.49 ἄρξηται
26.22 ἤρξατο
26.37 ἤρξατο
26.37N ἤρξαντο
26.74 ἤρξατο

ἄρχων, οντος, ὁ 758

9.18 9.34 20.25
9.23 12.24

Ἀσάφ, ὁ 760

1. 7 1. 8

ἄσβεστος, ον 762

3.12

ἀσθένεια, ας, ἡ 769

8.17 9.20N

ἀσθενέω 770

10. 8 ἀσθενοῦντας
25.36 ἠσθένησα
25.39 ἀσθενοῦντα
25.39N ἀσθενῆ

ἀσθενής, ές 772

25.39N 25.44 26.41
25.43

ἀσκός, οῦ, ὁ 779

9.17(4)

ἀσπάζομαι 782

5.47 ἀσπάσησθε
10.12 ἀσπάσασθε

ἀσπασμός, οῦ, ὁ 783

23. 7

ἀσσάριον, ου, τό 787

10.29

ἀστήρ, έρος, ὁ 792

2. 2 2. 9 24.29
2. 7 2.10

ἀστραπή, ῆς, ἡ 796

24.27 28. 3

ἀσύνετος, ον 801

15.16

ἀσφαλίζω 805

27.64 ἀσφαλισθῆναι
27.65 ἀσφαλίσασθε
27.66 ἠσφαλίσαντο
27.66N ἠσφάλισαν

ἄτιμος, ον 820

13.57

αὐλέομαι 832

11.17 ηὐλήσαμεν

αὐλή, ῆς, ἡ 833

26. 3 26.58 26.69

αὐλητής, οῦ, ὁ 834

9.23

αὐλίζομαι 835

21.17 ηὐλίσθη
21.17N ηὐλίσθησαν

αὐξάνω 837

6.28 αὐξάνουσιν
13.30N αὐξάνεσθαι
13.32 αὐξηθῇ
20.28N αὐξῆσαι

αὔριον 839

6.30 6.34(2)

αὐτός,ή, ό 846

1.21 8.24 16.20
3. 4 11.14 21.27
3.11 12. 3N 25.17N
6. 4N 12.50 26.48
8.17 14. 2 27.57

αὐτοί 846.91

5. 4 5. 9 23. 4
5. 5 12.27 25.44
5. 6 19.28N 27.44
5. 7 20. 9N
5. 8 20.10

ὁ αὐτός 846.98

5.46 22.34 27.44
5.47 26.44

αὐτὸς ὁ 846.99

3. 4

αὐτοῦ (adv) 847

6.34

ἀφαιρέω 851

26.51 ἀφεῖλεν

ἀφανίζω 853

6.16 ἀφανίζουσιν
6.19 ἀφανίζει
6.20 ἀφανίζει

ἀφεδρών, ῶνος, ὁ 856

15.17

ἄφεσις, έσεως, ἡ 859

26.28

ἀφίημι 863

3.15 ἄφες...ἀφίησιν
4.11 ἀφίησιν
4.20 ἀφέντες
4.22 ἀφέντες
5.24 ἄφες
5.40 ἄφες
5.40N ἀφήσεις
6.12 ἄφες
6.12 ἀφήκαμεν
6.12N ἀφίεμεν
6.12N ἀφίομεν
6.14 ἀφῆτε...ἀφήσει
6.15 ἀφῆτε...ἀφήσει
7. 4 ἄφες
8.15 ἀφῆκεν
8.22 ἄφες

ἀφίμι 863

9. 2 ἀφίενται
9. 2N ἀφέωνται
9. 2N ἀφέονται
9. 5 ἀφίενται
9. 5N ἀφίονται
9. 5N ἀφέωνται
9. 6 ἀφιέναι
12.31 ἀφεθήσεται
12.31 ἀφεθήσεται
12.32 ἀφεθήσεται
12.32 ἀφεθήσεται
12.32N ἀφεθῇ
13.30 ἄφετε
13.36 ἀφείς
15.14 ἄφετε
18.12 ἀφήσει
18.12N ἀφείς
18.12N ἀφίησιν
18.21 ἀφήσω
18.27 ἀφῆκεν
18.32 ἀφῆκα
18.35 ἀφῆτε
19.14 ἄφετε
19.27 ἀφήκαμεν
19.27N ἀφέντες
19.29 ἀφῆκεν
22.22 ἀφέντες
22.25 ἀφῆκεν
23.13 ἀφίετε
23.13N κωλύετε
23.23 ἀφήκατε
23.23N ἀφήκετε
23.23 ἀφιέναι
23.23N ἀφεῖναι
23.38 ἀφίεται
24. 2 ἀφεθῇ
24.40 ἀφίεται
24.41 ἀφίεται
24.41N ἀφίεται
26.44 ἀφείς
26.56 ἀφέντες
27.49 ἄφες
27.50 ἀφῆκεν

ἀφορίζω 873

13.49 ἀφοριοῦσιν
25.32 ἀφορίσει
25.32N ἀφορίει
25.32 ἀφορίζει

Ἀχαζ, ὁ 881

1. 9(2)

Ἀχίμ, ὁ 885

ἀχρεῖος, ον 888

25.30

ἄχρι 891

13.30 ἄχρι
13.30N ἕως
13.30N μέχρι
24.38 ἄχρι
24.38N ἄχρις

ἄχυρον, ου, τό 892

3.12

Βηθσαιδά(ν), ὁ 966

11.21

Βηθφαγή, ἡ 967

21. 1

βῆμα, ατος, τό 968

27.19

βιάζομαι 971

11.12 βιάζεται

βιαστής, οῦ, ὁ 973

11.12

βιβλίον, ου, τό 975

19. 7

βίβλος, ου, ἡ 976

1. 1

βλαστάνω 985

13.26 ἐβλάστησεν

βλασφημέω 987

9. 3 βλασφημεῖ
26.65 ἐβλασφήμησεν
27.39 ἐβλασφήμουν

βλασφημία, ας, ἡ 988

12.31 15.19 26.65
12.31

βλέπω 991

5.28 βλέπων
5.28N ἐμβλέψας
6. 4 βλέπων
6. 6 βλέπων
6.18 βλέπων
7. 3 βλέπεις
11. 4 βλέπετε
12.22 βλέπειν
13.13 βλέποντες..βλέπουσιν
13.13N βλέποντες..βλέπωσιν
13.14 βλέποντες..βλέψετε
13.14N βλέποντες..βλέψητε
13.16 βλέπουσιν
13.17 βλέπετε
14.30 βλέπων
15.31 βλέποντας..βλέποντας
18.10 βλέπουσιν
22.16 βλέπεις
24. 2 βλέπετε
24. 4 βλέπετε

βλητέος, α, ον 992

9.17N

βοάω 994

3. 3 βοῶντος
27.46N ἐβόησεν

βοηθέω 997

15.25 βοήθει
15.25N βοήθησον

βόθρος, ου, ὁ 998.5

15.14N

βόθυνος, ου, ὁ 999

12.11 15.14

Βοός, Βοές, ὁ 1003

1. 5(2)

βόσκω 1006

8.30 βοσκομένη
8.33 βόσκοντες
8.30N βοσκομένων

βούλομαι 1014

1.19 ἐβουλήθη
11.27 βούληται
11.27N βούλετε

βρέχω 10.26

5.45 βρέχει
5.45N βρέχει

βροχή, ῆς, ἡ 1028

βρυγμός, οῦ, ὁ 1030

8.12 13.50 24.51
13.42 22.13 25.30

βρῶμα, ατος, τό 1033

14.15

βρῶσις, εως, ἡ 1035

6.19 6.20

Γαδαρηνός, ή, όν 1046

8.28

γαλήνη, ης, ἡ 1055

8.26

Γαλιλαία, ας, ἡ 1056

2.22 4.25 26.73N
3.13 15.29 27.55
4.12 17.22 28. 7
4.15 19. 1 28.10
4.18 21.11 28.16
4.23 26.32

Γαλιλαῖος, α, ον 1057

26.69

γαμέω 1060

5.32 γαμήσῃ
5.32N γαμήσας

γαμέω 1060

19. 9 γαμήσῃ
19. 9N γαμήσας
19. 9N γαμῶν
19.10 γαμῆσαι
22.25 γήμας
22.25N γαμήσας
22.30 γαμοῦσιν
22.30N γαμοῦνται
24.38 γαμοῦντες

γαμίζω 1060.2

22.30 γαμίζονται
22.30N ἐκγαμίζονται
22.30N γαμίσκονται
22.30N ἐνγαμίζονται
24.38 γαμίζοντες
24.38N γαμίσκοντες
24.38N ἐκγαμίζοντες
24.38N ἐκγαμίκοντες

γάμος, ου, ὁ 1062

2.16 22. 8 22.11
22. 2 22. 9 22.12
22. 3 22.10 25.10
22. 4

γάρ 1063

1.18N 9.16 18.10
1.20 9.21 18.11
1.21 9.24 18.20
2. 2 10.10 19.12
2. 5 10.15N 19.14
2. 6 10.17 19.22
2.13 10.19 19.23N
2.20 10.20 20. 1
3. 2 10.23 20.16N
3. 3 10.26 21.26
3. 9 10.35 21.32
3.11N 11.10N 22.14
3.15 11.11N 22.16
4. 6 11.13 22.28
4.10 11.18 22.30
4.17N 11.30 23. 3
4.17 12. 6N 23. 4N
4.18 12. 8 23. 5
5.12 12.33 23. 8
5.18 12.34 23. 9
5.20 12.37 23.10N
5.29 12.40 23.13
5.30 12.50 23.13N
5.46 13.12 23.17
6. 7 13.15 23.19
6. 8 13.17 23.39
6.14 14. 3 24. 5
6.16 14. 4 24. 6
6.16N 14.24 24. 7
6.21 15. 2 24.21
6.24 15. 4 24.24
6.32 15.19 24.27
6.32 15.27 24.28N
6.34 16. 2 24.32N
7. 2 16. 3 24.37
7. 8 16.25 24.38
7.12 16.26 24.45N
7.25 16.27 25. 3
7.29 16.28N 25.14
8. 9 17.15 25.29
8.24N 17.20 25.35
9. 5 18. 4N 25.42
9.13 18. 7 26. 9

γάρ 1063

26.10 26.45N 27.43
26.11 26.52 28. 2
26.12 26.73 28. 5
26.28 27.18 28. 6
26.31 27.19
26.43 27.23

γαστήρ, τρός, ἡ 1064

1.18 1.23 24.19

γε 1065

6. 1 9.17 17.26
7.20 10.13N

γέεννα, ης, ἡ 1067

5.22 10.13N 23.15
5.29 10.28 23.33
5.30 18. 9

Γεθσημανί, 1068

26.36
26.36N Γεθσημανεί
26.36N Γεθσαμανεί
26.36N Γεσσημανεί
26.36N Γεθσσμανεί
26.36N Γεδσημανί
26.36N Γηθσημανί
26.36N Γετσημανεί

γέμω 1073

23.25 γέμουσιν
23.27 γέμουσιν
23.27N γέμει

γενεά, ᾶς, ἡ 1074

1.17 12.39 17.17
1.17 12.41 23.36
1.17 12.42 24.34
1.17 12.45
11.16 16. 4

γενέσια, ίων, τό 1077

14. 6

γένεσις, εως, ἡ 1078. 1083

1. 1 1.18

γένημα, ατος, τό 1079.5

26.29

γεννάω 1080

1. 2(3) ἐγέννησεν
1. 3(3) ἐγέννησεν
1. 4(3) ἐγέννησεν
1. 5(3) ἐγέννησεν
1. 6(2) ἐγέννησεν
1. 7(3) ἐγέννησεν
1. 8(3) ἐγέννησεν
1. 9(3) ἐγέννησεν
1.10(3) ἐγέννησεν
1.11 ἐγέννησεν
1.11N ἐγέννησεν
1.12(2) ἐγέννησεν
1.13(3) ἐγέννησεν
1.13N γέννα

γεννάω 1080

1.14(3) ἐγέννησεν
1.15(3) ἐγέννησεν
1.16 ἐγέννησεν
1.16 ἐγεννήθη
1.16N ἐγέννησεν
1.20 γεννηθέν
2. 1 γεννηθέντος
2. 4 γεννᾶται
19.12 ἐγεννήθησαν
19.12N ἐγενήθησαν
26.24 ἐγεννήθη
26.24N ἐγενήθη

γέννημα, ατος, τό 1081

3. 7 12.34 23.33

Γεννησαρέτ, ἡ 1082

14.34

γεννητός, ἡ, όν 1084

11.11

γένος, ους, τό 1085

13.47 17.21N

Γεργεσηνός, ἡ, όν 1086

8.28N

γεύομαι 1089

16.28 γεύσωνται
27.34 γευσάμενος

γεωργός, οῦ, ὁ 1092

21.33 21.35 21.40
21.34 21.38 21.41

γῆ, γῆς, ἡ 1093

2. 6 10.15N 16.19
2.20 10.29 17.25
2.21 10.34 18.18
4.15 11.24 18.18
4.15 11.25 18.19
5. 5 12.40 22. 9
5.13 12.42 22.35
5.18 13. 5 24.30
5.35 13. 5 24.35
6.10 13. 8 25.18
6.19 13.23 25.25
9. 6 14.24 25.25N
9.26 14.34 27.45
9.31 15.35 27.51
10.15 16.19 28.18

γίνομαι 1096

1.22 γέγονεν
4. 3 γένωνται
4.19N γένεσθαι
5.18 γένηται
5.45 γένησθε
6.10 γενηθήτω
6.16 γίνεσθε
7.28 ἐγένετο
8.13 γενηθήτω
8.16 γενομένης
8.24 ἐγένετο

γίνομαι (Cont) 1096

8.26 ἐγένετο
9.10 ἐγένετο
9.16 γίνεται
9.29 γενηθήτω
9.29N γεννηθήτω
10.16 γίνεσθε
10.25 γένηται
11. 1 ἐγένετο
11.20 ἐγένοντο
11.20N γεγόνεισαν
11.20N ἐγένετο
11.21 ἐγένοντο
11.21N ἐγεγόνεισαν
11.23 ἐγενήθησαν
11.23N ἐγένοντο
11.26 ἐγένετο
12.40N ἐγένετο
12.45 γίνεται
13.21 γενομένης
13.22 γίνεται
13.32 γίνεται
13.53 ἐγένετο
14. 6 γενομένοις
14. 6N γενομένων
14. 6N ἀγομένων
14. 6N ἀγομένοις
14.15 γενομένης
14.23 γενομένης
15.28 γενηθήτω
15.28N γεννηθήτω
16. 2 γενομένης
16. 2N γίνεται
17. 1N ἐγένετο
17. 2 εγένετο
17. 2N ἐγένοντο
18. 3 γένησθε
18. 3N γένεσθαι
18.12 γένηται
18.12N γένωνται
18.13 γένηται
18.19 γενήσεται
18.31 γενόμενα
18.31 γενόμενα
19. 1 ἐγένετο
19. 8 γέγονεν
19. 8N ἐγένετο
19.21N γένεσθαι
20. 8 γενομένης
20.26 γενέσθαι
20.26N εἶναι
20.27N γένεσθαι
21. 4 γέγονεν
21.19 γένηται
21.19N γένοιτο
21.21 γενήσεται
21.42 ἐγενήθη
21.42N ἐγεννήθη
21.42 ἐγένετο
23.15 γένηται
23.26 γένηται
24. 6 γενέσθαι
24.20 γένηται
24.21 γέγονεν
24.21N ἐγένετο
24.21 γένηται
24.21N γένοιτο
24.31N γείνεσθαι
24.32 γένηται
24.34 γένηται
24.44 γίνεσθε
25. 6 γέγονεν
25. 6N ἐγένετο
26. 1 ἐγένετο
26. 2 γίνεται

γίνομαι (Cont) 1096

26. 5 γένηται
26. 5N ἔσται
26. 6 γενομένου
26.20 γενομένης
26.39N γενόμενος
26.39N ἐγένετο
26.42 γενηθήτω
26.54 γενέσθαι
26.56 γέγονεν
27. 1 γενομένης
27.24 γίνεται
27.45 ἐγένετο
27.54 γενόμενα
27.54N γίνομενα
27.57 γενομένης
28. 2 ἐγένετο
28. 4 ἐγενήθησαν
28. 4N ἐγένοντο
28. 4N ἐγεννήθησαν
28.11 γενόμενα

γινώσκω 1097

1.25 ἐγίνωσκεν
1.25N ἔγνω
6. 3 γνώτω
7.23 ἔγνων
9.30 γινωσκέτω
10.26 γνωσθήσεται
10.26N ἀποκαλυφθήσεται
11.27N γινώσκει
11.27N γιγνώσκει
11.27N ἔγνω
12. 7 ἐγνώκειτε
12.15 γνούς
12.33 γινώσκεται
12.33N ἐπιγινώσκεται
13.11 γνῶναι
16. 3 γινώσκετε
16. 3N γιγνώσκεται
16. 8 γνούς
21.45 ἔγνωσαν
22.18 γνούς
24.32 γίνωσκετε
24.32N γιγνώσκεται
24.33 γίνωσκετε
24.39 ἔγνωσαν
24.43 γίνωσκετε
24.50 γίνωσκει
25.24 ἔγνων
26.10 γνούς

γογγύζω 1111

20.11 ἐγόγγυζον
20.11N ἐγόνγυσαν

Γολγοθᾶ, ἡ 1115

27.33

Γόμορρα, ων, τά 1116
ας, ἡ

10.15

γονεῦς, έως, ὁ 1118

10.21

γονυπετέω 1120

17.14 γονυπετῶν
27.29 γονυπετήσαντες

γραμματεύς, έως, ὁ 1122

2. 4	17.10	23.23
5.20	20.18	23.25
7.29	21.15	23.27
8.19	23. 2	23.29
9. 3	23.13	23.34
12.38	23.14	26. 3N
13.52	23.15	26.57
15. 1	23.16N	27.41
16.21		

γραφή, ῆς, ἡ 1124

21.42	26.54	26.56
22.29		

γράφω 1125

2. 5 γέγραπται
4. 4 γέγραπται
4. 6 γέγραπται
4. 7 γέγραπται
4.10 γέγραπται
11.10 γέγραπται
19. 7N ἔγραψεν
21.13 γέγραπται
26.24 γέγραπται
26.31 γέγραπται
27.37 γεγραμμένην

γρηγορέω 1127

24.42 γρηγορεῖτε
24.43 ἐγρηγόρησεν
25.13 γρηγορεῖτε
26.38 γρηγορεῖτε
26.40 γρηγορῆσαι
26.41 γρηγορεῖτε

γυμνός, ή, όν 1131

25.36	25.43	25.44
25.38		

γυνή, αικός, ἡ 1135

1.20	15.22	22.24
1.24	15.28	22.25
5.28	15.38	22.27
5.31	18.25	22.28
5.32	19. 3	22.28N
9.20	19. 5	26. 7
9.22	19. 8	26.10
11.11	19. 9	27.19
13.33	19.10	27.55
14. 3	19.29N	28. 5
14.21		

γωνία, ας, ἡ 1137

6. 5	21.42

δαιμονίζομαι 1139

4.24 δαιμονιζομένους
4.24N δεμονιαζομένους
8.16 δαιμονιζομένους
8.28 δαιμονιζόμεναι
8.33 δαιμονιζομένων
9.32 δαιμονιζόμενον
12.22 δαιμονιζόμενος
12.22N δαιμονιζόμενον
15.22 δαιμονίζεται

δαιμόνιον, ου, τό 1140

7.22	10. 8	12.27
9.33	11.18	12.28
9.34	12.24	17.18
9.34	12.24	

δαίμων, ονος, ὁ 1142

8.31

δάκτυλος, ου, ὁ 1147

23. 4

δανίζω 1155

5.42 δανίσασθαι

Δανιήλ, ὁ 1158

24.15

δάν(ε)ιον, ου, τό 1156

18.27

Δαυίδ, ὁ 1160.5

(spelled Δαυειδ,
Δαβιδ,
δαδ in Mss.,
never Δαυιδ except as
noted below)

1. 1
1. 6(2)
1.17(2)
1.20
9.27
12. 3
12.23
15.22
20.30 Δαυιδ P[45]
20.31
21. 9
21.15
22.42
22.43
22.45

δεῖ 1163

16.21 δεῖ
17.10 δεῖ
18.33 ἔδει
23.23 ἔδει
24. 6 δεῖ
25.27 ἔδει
26.35 δέῃ
26.54 δεῖ
26.54N ἔδει

δειγματίζω 1165

1.19 δειγματίσαι
1.19N παραδειγματίσαι

δεικνύω, δείκνυμι 1166

4. 8 δείκνυσιν
4. 8N δεικνύει
8. 4 δεῖξον
16.21 δεικνύειν

δειλός, ή, όν 1169

8.26

δεῖνα, ὁ, ἡ, τό 1170

26.18

δεινῶς 1171

8. 6 15.22N

δειπνέω 1172

20.28N δειπνήσω

δειπνοκλήτωρ, ορος, ὁ 1172.5

20.28N (2)

δεῖπνον, ου, τό 1173

23. 6

δέκα 1176

20.24 25. 1 25.28

δεκαδύο 1176.5

19.28N 26.14N

Δεκάπολις, εως, ἡ 1179

4. 25

δεκατέσσαρες 1180

1.17 (3)

δένδρον, ου, τό 1186

3.10 7.18 12.33
3.10 7.18 12.33
7.17 7.19 13.32
7.17 12.33 21. 8

δεξιός, ά, όν 1188

5.29 20.21 25.34
5.30 20.23 26.64
5.39 22.44 27.29
6. 3 25.33 27.38
18. 8N

δέομαι 1189

9.38 δεήθητε

δερμάτινος, η, ον 1193

3. 4

δέρω 1194

21.35 ἔδειραν

δεσμεύω 1195,1196

23. 4 δεσμεύουσιν

δέσμη, ης, ἡ 1197

13.30

δέσμιος, ου, ὁ 1198

27.15 27.16

δεσμωτήριον, ου, τό 1201

11. 2

δεσπότης, ου, ὁ 1203

10.25N

δεῦρο 1204

19.21

δεῦτε 1205

4.19 21.38 25.34
11.28 22. 4 28. 6

δεύτερος, α, ον 1208

21.30N 22.39 26.42
22.26

δέχομαι 1209

10.14 δέξηται
10.14N δέξονται
10.40 δεχόμενος
10.40 δέχεται
10.40 δεχόμενος
10.40 δέχεται
10.41 δεχόμενος
10.41 δεχόμενος
11.14 δέξασθαι
18. 5 δέξηται
18. 5 δέχεται

δέω 1210

12.29 δήσῃ
13.30 δήσατε
14. 3 ἔδησεν
16.19 δήσῃς
16.19 δεδεμένον
16.19N δεδεμένα
18.18 δήσητε
18.18 δεδεμένα
21. 2 δεδεμένην
22.13 δήσαντες
22.13N ἄρατε
27. 2 δήσαντες

δή 1211

13.23

δῆλος, η, ον 1212

26.73

δηνάριον, ου, τό 1220

18.28 20. 9 20.13
20. 2 20.10 22.19

διά w. gen. 1223

1.22 7.13 18.10
2. 5 8.17 19.24
2.12 8.28 21. 4
2.15 11. 2 21. 4N
2.17 12. 1 24.15
2.23 12.17 26.24
3. 3 12.43 26.61
4. 4 13.35 27. 9
4.14 18. 7 27.35
7.13

διά w. acc. 1223

6.25 14. 2 21.25
9.11 14. 3 21.43
9.14 14. 9 23.14
10.22 14. 9N 23.34
12.27 15. 2 24. 9
12.31 15. 3 24.12
13. 5 15. 4 24.22
13. 6 15. 6 24.44
13.10 17.19 26.24N
13.13 17.20 27.16N
13.21 18.23 27.18
13.52 19.12 27.19
13.58

διαβλέπω 1227

7. 5 διαβλέψεις

διάβολος, ον 1228

4. 1 4. 8 13.39
4. 5 4.11 25.41

διαθήκη, ης, ἡ 1242

26.28

διακαθαρίζω 1245.5

3.12 διακαθαριεῖ

διάκονος, ου, ὁ, ἡ 1249

20.26 22.13 23.11

διακρίνω 1252

16. 3 διακρίνειν
21.21 διακριθῆτε

διακωλύω 1254

3.14 διεκώλυεν

διαλλάσσομαι 1259

5.24 διαλλάγηθι
5.24N καταλλάγηθι

διαλογίζομαι 1260

16. 7 διελογίζοντο
16. 8 διαλογίζεσθε
21.25 διελογίζοντο

διαλογισμός, οῦ, ὁ 1261

9. 4N 15.19

διαμερίζω 1266

27.35 διεμερίσαντο
27.35N διεμερισαν
27.35N διεμερίσατο
27.35N διαμεριζομένοι
27.35N διεμερίζοντο

διάνοια, ας, ἡ 1271

22.37

διαπεράω 1276

9. 1 διεπέρασεν
14.34 διαπεράσαντες

<u>διαρπάζω</u> 1283

12.29 διαρπάσει
12.29N διαρπάση

<u>διαρρήσσω, διαρήσσω</u> 1284

26.65 διέρρηξεν
26.65N διέρηξεν

<u>διασαφέω</u> 1285

13.36 διασάφησον
13.36N φράσον
18.31 διεσάφησαν

<u>διασκορπίζω</u> 1287

25.24 διεσκόρπισας
25.24N εσκόρπισας
25.26 διεσκόρπισα
26.31 διασκορπισθήσονται
26.31N διεσκορπισθήσεται

<u>διαστέλλομαι</u> 1291

16.20 διεστείλατο
16.20N ἐπετίμησεν

<u>διαστρέφω</u> 1294

17.17 διεστραμμένη

<u>διασώζω</u> 1295

14.36 διεσώθησαν
14.36N ἐσώθησαν
14.36N διελώθησαν
(διαλύω)?

<u>διατάσσω</u> 1299

11. 1 διατάσσων

<u>διαφέρω</u> 1308

6.26 διαφέρετε
10.31 διαφέρετε
12.12 διαφέρει

<u>διαφημίζω</u> 1310

9.31 διεφήμισαν
28.15 διεφημίσθη
28.15N ἐφημίσθη

<u>διδασκαλία</u>, ας, ἡ 1319

15. 9 16.12N

<u>διδάσκαλος</u>, ου, ὁ 1320

8.19 12.38 22.24
9.11 17.24 22.36
10.24 19.16 23. 8
10.25 22.16 26.18

<u>διδάσκω</u> 1321

4.23 διδάσκων
5. 2 ἐδίδασκεν
5. 2N ἐδίδαξεν
5.19 διδάξη
5.19 διδάξη

<u>διδάσκω</u> 1321

7.29 διδάσκων
9.35 διδάσκων
11. 1 διδάσκειν
13.54 ἐδίδασκεν
15. 9 διδάσκοντες
21.23 διδάσκοντι
22.16 διδάσκεις
26.55 διδάσκων
28.15 ἐδιδάχθησαν
28.20 διδάσκοντες

<u>διδαχή</u>, ῆς, ἡ 1322

7.28 16.12 22.33

<u>δίδραχμον</u>, ου, τό 1323

17.24 δίδραχμα
17.24N διδράγματα
17.24N δίδραγμα
17.24 δίδραχμα
17.24N δίδραγμα

<u>δίδωμι</u> 13.25

4. 9 δώσω
5.31 δότω
5.42 δός
5.42N δίδου
6.11 δός
7. 6 δῶτε
7. 6N δότε
7. 7 δοθήσεται
7. 7N δοθήσεται
7.11 διδόναι
7.11 δώσει
9. 8 δόντα
10. 1 ἔδωκεν
10. 8 δότε
10. 8N δῶτε
10.19 δοθήσεται
12.39 δοθήσεται
13. 8 ἐδίδου
13. 8N ἐδίδουν
13.11 δέδοται
13.11 δέδοται
13.12 δοθήσεται
14. 7 δοῦναι
14. 8 δός
14. 9 δοθῆναι
14.11 ἐδόθη
14.16 δότε
14.19 ἔδωκεν
15.36 ἐδίδου
15.36N ἔδωκεν
16. 4 δοθήσεται
16.19 δώσω
16.26 δώσει
17.27 δός
19. 7 δοῦναι
19.11 δέδοται
19.21 δός
20. 4 δώσω
20.14 δοῦναι
20.23 δοῦναι
20.28 δοῦναι
21.23 ἔδωκεν
21.43 δοθήσεται
22.17 δοῦναι
24.24 δώσουσιν
24.29 δώσει
24.45 δοῦναι
24.45N δίδοναι

<u>δίδωμι</u> 1325

25. 8 δότε
25.15 ἔδωκεν
25.28 δότε
25.29 δοθήσεται
25.35 ἐδώκατε
25.42 ἐδώκατε
26. 9 δοθῆναι
26.15 δοῦναι
26.26 δούς
26.26N ἐδίδου
26.27 ἔδωκεν
26.48 ἔδωκεν
27.10 ἔδωκεν
27.10N ἔδωκα
27.34 ἔδωκαν
28.12 ἔδωκεν
28.18 ἐδόθη

<u>διεγείρω</u> 1326

1.24N διεγέρθεις
2.14N διεγέρθεις
2.21N διεγέρθεις

<u>διεξέρχομαι</u> 1326.5

9.32N διεξερχομένων
20. 3N διεξελθών

<u>διέξοδος</u>, ου, ἡ 1327

22. 9

<u>διέρχομαι</u> 1330

12.43 διέρχεται
19.24 δελθεῖν
19.24N εἰσελθεῖν

<u>διετής</u>, ές 1332

2.16

<u>διετία</u>, ας, ἡ 1333

2.16N

<u>δίκαιος</u>, αία, ον 1342

1.19 13.17 23.35
4. 4N 13.43 23.35
5.45 13.49 25.37
9.13 20. 4 25.46
10.41 20. 7N 27. 4N
10.41 23.28 27.19
10.41 23.29 27.24N

<u>δικαιοσύνη</u>, ης, ἡ 1343

3.15 5.11N 6.33
5. 6 5.20 21.32
5.10 6. 1

<u>δικαιόω</u> 1344

11.19 ἐδικαιώθη
12.37 δικαιωθήσῃ

<u>δίκτυον</u>, ου, τό 1350

4.20 4.21

διό 1352

27. 8

διορύσσω 1358

6.19 διορύσσουσιν
6.20 διορύσσουσιν
24.43 διορυχθῆναι
24.43N διορυγῆναι

διότι 1360

24.31N

διπλοῦς, ῆ, οῦν 1362

23.15

διστάζω 1365

14.31 ἐδίστασας
28.17 ἐδίστασαν

διυλίζω 1368

23.24 διυλίζοντες
23.24N διυλίζονται

διχάζω 1369

10.35 διχάσαι

διχοτομέω 1371

24.51 διχοτομήσει

διψάω 1372

5. 6 διψῶντες
25.35 ἐδίψησα
25.37 διψῶντα
25.42 ἐδίψησα
25.44 διψῶντα

διωγμός, οῦ, ὁ 1375

13.21

διώκω 1377

5.10 δεδιωγμένοι
5.11 διώξωσιν
5.11N διώξουσιν
5.12 ἐδίωξαν
5.44 διωκόντων
5.44 διωκόντων
10.23 διώκωσιν
10.23N διώκουσιν
10.23N διώκουσιν
10.23N διώκωσιν
10.23N ἐκδιώξουσιν
23.34 διώξετε

δοκέω 1380

3. 9 δόξητε
6. 7 δοκοῦσιν
17.25 δοκεῖ
18.12 δοκεῖ
21.28 δοκεῖ
22.17 δοκεῖ
22.42 δοκεῖ
24.44 δοκεῖτε
24.44N γινώσκετε

δοκέω 1380

26.53 δοκεῖς
26.53N δοκεῖ
26.66 δοκεῖ

δοκιμάζω 1381

16. 3N δοκιμάζειν
16. 3N δοκιμάζετε
16. 3N δοκιμάσαι

δοκός, οῦ, ἡ 1385

7. 3 7. 4 7. 5

δόλος, ου, ὁ 1388

26. 4

δόμα, ατος, τό 1390

7.11

δόξα, ης, ἡ 1391

4, 8 16.27 24.30
6.13N 16.28N 25.31
6.29 19.28 25.31

δοξάζω 1392

5.16 δοξάσωσιν
6. 2 δοξασθῶσιν
9. 8 ἐδόξασαν
9. 8N ἐδόξαζον
15.31 ἐδόξασαν
15.31N ἐδόξαζον

δόσις, εως, ἡ 1394

6. 1N.

δουλεύω 1398

6.24 δουλεύειν
6.24 δουλεύειν

δοῦλος, ου, ὁ 1401

8. 9 20.27 24.46
10.24 21.34 24.48
10.25 21.35 24.50
13.27 21.36 25.14
13.28 22. 3 25.19
18.23 22. 4 25.21
18.26 22. 6 25.23
18.27 22. 8 25.26
18.28 22.10 25.30
18.32 24.45 26.51

δύναμαι 1410

3. 9 δύναται
5.14 δύναται
5.36 δύνασαι
6.24 δύναται
6.24 δύνασθε
6.27 δύναται
7.18 δύναται
8. 2 δύνασαι
9.15 δύνανται
9.28 δύναμαι
10.28 δυναμένων
10.28 δυναμένων

δύναμαι 1410

12.29 δύναται
12.34 δύνασθε
13.17N ἠδυνήθησαν
16. 3 δύνασθε
17.16 ἠδυνήθησαν
17.16N ἐδυνήθησαν
17.19 ἠδυνήθημεν
17.19N ἐδυνήθημεν
19.12 δυνάμενος
19.25 δύναται
20.22 δύνασθε
20.22 δυνάμεθα
22.46 ἐδύνατο
22.46N ἠδύνατο
26. 9 ἐδύνατο
26. 9N ἠδύνατο
26.42 δύναται
26.53 δύναμαι
26.53N δύνομαι
26.61 δύναμαι
27.42 δύναται

δύναμις, εως, ἡ 1411

6.13N 13.54 24.29
7.22 13.58 24.30
11.20 14. 2 25.15
11.21 22.29 26.64
22.23

δυνατός, ή, όν 1415

11.25N 19.26 26.39
19.26N 24.24

δύο 1417

4.18 18. 9 24.41
4.21 18.16 24.41N
5.41 18.16 25.15
6.24 18.19 25.17
8.28 18.20 25.17
9.27 19. 5 25.22
9.28N 19. 6 25.22
10.10 20.21 25.22
10.29 20.24 26. 2
11. 2N 20.30 26.37
14.17 21. 1 26.60
14.19 21.28 27.17N
15.36N 21.31 27.21
18. 8 22.40 27.38
18. 8 24.40 27.51

δυσβάστακτος, ον 1419

23. 4 δυσβάστακτα
23. 4N ἀδυσβάστακτα

δυσκόλως 1423

19.23

δυσμή, ῆς, ἡ 1424

8.11 24.27

δωδεκα 1427

9.20 14.20 26.14
10. 1 19.28 26.20
10. 2 19.28 26.47
10. 5 20.17 26.53
11. 1

δῶμα, ατος, τό 1430

10.27 24.17

δωρεάν 1432

10. 8

δῶρον, ου, τό 1435

2.11 5.24 23.18
5.23 8. 4 23.19
5.24 15. 5 23.19

ἐάν 1437

4. 9 14. 7 20.27N
5.13 15. 5 20.28N
5.19 15.14 21. 3
5.23 16.19 21.21
5.31N 16.19 21.21N
5.32 16.25 21.22N
5.46 16.26 21.24
5.47 17.20 21.25
6.14 18. 5 21.26
6.22 18.12 22. 9
6.23 18.13 22.24
7.12 18.15 23. 3
8. 2 18.15 23.18N
8.19 18.17 24.23
9.21 18.17 24.26
10.13 18.18 24.28
10.42N 18.18 24.48
11. 6 18.19 26.13
11.27 18.19 26.48
12.11 20. 4 26.48N
12.32 20. 7N 28.14
12.36N 20.26

ἐὰν μή 1437.2

5.20 12.29 18.35
6.15 18. 3 21.21
10.13 18.16 26.42
11. 6

ἑαυτοῦ, ῆς, οῦ 1438

2.12N 16. 7 23.31
3. 9 16. 8 23.37N
5.28N 16.24 24.45N
6.16N 16.25N 24.48N
6.20N 17. 6N 24.49N
6.34 17. 8N 25. 1
8.22 18. 4 25. 3
9. 3 18.31 25. 3N
9.21 19.12 25. 4
12.25 19.19N 25. 7
12.25 21. 8 25. 9
12.26 21.25 26. 1N
12.45 21.38 26.11
12.45 22.16N 26.24N
13.21 23. 5N 26.65N
13.24N 23.12 27.35N
14.15 23.12 27.42
15.30

ἐάω 1439

24.43 εἴασεν

ἑβδομηκοντάκις 1441

18.22

ἐγγίζω 1448

3. 2 ἤγγικεν
4.17 ἤγγικεν
10. 7 ἤγγικεν
15. 8N ἐγγίζει
21. 1 ἤγγισαν
21.34 ἤγγισεν
24.31N ἐγγίζει
26.45 ἤγγικεν
26.46 ἤγγικεν

ἐγγύς, 1451

24.32 24.33 26.18

ἐγείρω 1453

1.24 ἐγερθεὶς
1.24N διεγερθεὶς
2.13 ἐγερθεὶς
2.14 ἐγερθεὶς
2.20 ἐγερθεὶς
2.21 ἐγερθεὶς
2.21N διεγερθεὶς
3. 9 ἐγεῖραι
8.15 ἠγέρθη
8.15N ἐγέρθη
8.25 ἤγειραν
8.26 ἐγειθεὶς
9. 5 ἔγειρε
9. 5N ἔγειραι
9. 6 ἐγερθεὶς
9. 6N ἔγειρε
9. 7 ἐγερθεὶς
9.19 ἐγερθεὶς
9.25 ἠγέρθη
10. 8 ἐγείρετε
10. 8N ἐγείρατε
11. 5 ἐγείρονται
11.11 ἐγήγερται
12.11 ἐγερεῖ
12.11N ἐγείρει
12.42 ἐγερθήσεται
14. 2 ἠγέρθη
16.21 ἐγερθῆναι
16.21N ἀναστῆναι
16.21N ἐγερθήσεται
17. 7 ἐγέρθητε
17. 7N ἐγείρεσθαι
17. 9 ἐγερθῇ
17. 9N ἀναστῇ
17.23 ἐγερθήσεται
17.23N ἀναστήσεται
20.19 ἐγερθήσεται
20.19N ἀναστήσεται
24. 7 ἐγερθήσεται
24. 7N ἐγερθήσονται
24.11 ἐγερθήσονται
24.11N ἐξεγερθήσονται
24.11N ἀναστήσονται
24.24 ἐγερθήσονται
25. 7 ἠγέρθησαν
26.32 ἐγερθῆναι
26.46 ἐγείρεσθε
27.52 ἠγέρθησαν
27.52N ἠγέρθη
27.63 ἐγείρομαι
27.64 ἠγέρθη
28. 6 ἠγέρθη
28. 7 ἠγέρθη

ἔγερσις, εως, ἡ 1454

27.53

ἐγκαταλείπω 1459

27.46 ἐγκατέλιπες

ἐγκρύπτω 1470

13.33 ἐνέκρυψεν
13.33N ἔκρυψεν

ἐγώ 1473

3.11 12.28 22.32
3.14 14. 2N 23.34
5.22 14.27 24. 5
5.28 18.33N 25.27
5.32 20.14N 26.15N
5.34 20.15 26.22
5.39 20.22 26.25
5.44 20.22N 26.33
8. 7 20.23N 26.39
8. 9 21.24N 27.24N
10.16 21.27 27.26N
11.10 21.29N 28.20
12.27 21.30

ἡμεῖς 1473.7

6.12 17.19 28.14
9.14 19.27

Ἐζεκίας, ου, ὁ 1478

1. 9 1.10

ἐθνικός, ή, όν 1482

5.47 6. 7 18.17

ἔθνος, ους, τό 1484

4.15 12.21 24. 7
6.32 20.19 24. 9
10. 5 20.25 24.14
10.18 21.43 25.32
12.18 24. 7 28.19

εἰ 1487

4. 3 12. 7 22.45
4. 6 12.10 23.30
5.29 12.26 24.24
5.30 12.27 24.43
6.23 12.28 26.33
6.30 14.28 26.39
7.11 17. 4 26.41N
8.31 17.21N 26.63
10.13N 18. 8 26.73N
10.25 18. 9 27. 6N
11.14 19. 3 27.40
11.21 19.10 27.43
11.23 19.17 27.43N
11.23N 19.17N 27.49
11.27 19.21

εἰ μή 1487.1

5.13 12.24 17. 8
6. 1 12.39 17.21
9.17 13.57 19.17N
11.27 14.17 21.19
11.27 15.24 24.22
12. 4 16. 4 24.36

ει οὐ 1487.2

26.24 26.42

εἰ τις 1487.4

16.24 18.18

εἰδέα, ας, ἡ 1487.5

28. 3

εἶδον 1492

2. 2 εἴδομεν
2. 9 εἶδον
2.10 ἰδόντες
2.11 εἶδον
2.16 ἰδών
3. 7 ἰδών
3.16 εἶδεν
4.16 εἶδεν
4.16N εἶδον
4.18 εἶδεν
4.21 εἶδεν
5. 1 ἰδών
5.16 ἴδωσιν
8.14 εἶδεν
8.18 ἰδών
8.34 ἰδόντες
9. 2 ἰδών
9. 4 ἰδών
9. 4N εἰδώς
9. 8 ἰδόντες
9. 9 εἶδεν
9.11 ἰδόντες
9.22 ἰδών
9.23 ἰδών
9.36 ἰδών
11. 8 ἰδεῖν
11. 8N εἰδεῖν
11. 9 ἰδεῖν
11. 9N εἰδεῖν
12. 2 ἰδόντες
12.38 ἰδεῖν
13.14 ἴδητε
13.15 ἴδωσιν
13.17 ἰδεῖν
13.17N εἰδεῖν
13.17 εἶδαν
13.17N ἴδαν
13.17N εἰδεῖν
13.17N εἶδον
13.17N ἴδον
14.14 εἶδεν
14.14N ἴδεν
14.26 ἰδόντες
16.28 ἴδωσιν
17. 8 εἶδον
18.31 ἰδόντες
20. 3 εἶδεν
20. 3N ἴδεν
20. 3N εὗρεν
21.15 ἰδόντες
21.19 ἰδών
21.20 ἰδόντες
21.32 ἰδόντες
21.38 ἰδόντες
22.11 εἶδεν
23.39 ἴδητε
23.39N ἴδετε
24.15 ἴδητε
24.15N εἴδητε
24.33 ἴδητε
24.33N εἴδηται
25.37 εἴδομεν

εἶδον 1492

25.37N εἴδαμεν
25.37N ἴδομεν
25.38 εἴδομεν
25.38N ἴδομεν
25.39 εἴδομεν
25.39N ἴδομεν
25.44 εἴδομεν
25.44N ἴδομεν
26. 8 ἰδόντες
26.58 ἰδεῖν
26.71 εἶδεν
26.71N ἴδεν
27. 3 ἰδών
27. 3N εἰδών
27.24 ἰδών
27.49 ἴδωμεν
27.49 εἴδομεν
27.54 ἰδόντες
28. 6 ἴδετε
28. 6N εἴδεται
28.17 ἰδόντες

οἶδα 1492.5

6. 8 οἶδεν
6.32 οἶδεν
7.11 οἴδατε
9. 4 ἰδών
9. 4N εἰδώς
9. 6 εἴδητε
9. 6N ἴδητε
9. 6N ᾔδειτε
9.24N εἰδότες
12.25 εἰδώς
12.25N ἰδών
12.25N ἰδώς
12.25N εἰδών
15.12 οἶδας
20.22 οἴδατε
20.25 οἴδατε
21.27 οἴδαμεν
22.16 οἴδαμεν
22.29 εἰδότες
22.29N ἰδόντες
24.36 οἶδεν
24.42 οἴδατε
24.43 ᾔδει
25.12 οἶδα
25.13 οἴδατε
25.26 ᾔδεις
26. 2 οἴδατε
26.70 οἶδα
26.72 οἶδα
26.74 οἶδα
27.18 ᾔδει
27.65 οἴδατε
28. 5 οἶδα

εἰκῇ 1500

5.22N εἰκῇ
5.22N ἠκῇ

εἰκών, όνος, ἡ 1504

22.20

εἰμί 1510

3.11	18.20	26.22
8. 8	20.15	26.25
8. 9	22.32	27.24
11.29	24. 5	27.43
14.27	25.26N	28.20

εἶ 1510.1

2. 6	14.33	25.24
4. 3	16.16	26.63
4. 6	16.17	26.73
5.25	16.18	27.11
11. 3	16.23	27.40
14.28	22.16	

ἐστίν 1510.2

1.20	12.48	20.15
1.23	12.50	20.15N
2. 2	13.19	20.23
3. 3	13.20	20.26N
3.11	13.21	21.10
3.15	13.22	21.11
3.17	13.23	21.25N
5. 3	13.31	21.38
5.10	13.32	21.42
5.34	13.32	22. 8
5.35	13.33	22.32
5.35	13.37	22.38
5.37	13.38	22.42
5.48	13.39	22.45
6.13N	13.39	23. 8
6.21	13.44	23. 9
6.22	13.45	23.10
6.23	13.47	23.16
6.25	13.52	23.17
7. 9	13.55	23.18
7.12	13.57	24. 6
8.27	14. 2	24.26
9. 5	14.15	24.32N
9.13	14.26	24.33
9.15	15. 5N	24.45
10. 2	15. 8N	26.18
10.10N	15.20	26.26
10.11	15.26	26.28
10.24	16.20	26.38
10.26	17. 4	26.39
10.37	17. 5	26.48
10.37	18. 1	26.66
10.38	18. 4	26.68
11. 6	18. 7N	27. 6
11.10	18. 8	27. 6N
11.11	18. 9	27.33
11.14	18.14	27.37
11.16	19.10	27.42
11.30	19.14	27.46
12. 6	19.17	27.54N
12. 7	19.24	27.62
12. 8	19.26	28. 6
12.23	19.26N	
12.30	20. 1	

ἐστέ 1510.4

5.11	8.26	23. 8
5.13	10.20	23.28
5.14	15.16	23.31

εἰσίν 1510.5

2.18	13.38	19. 6
7.13	13.39	19.12
7.14	13.56	19.12
7.15	15.14	19.12
10.30	15.32N	20.16N
12. 5	16.28	22.14
12.48	17.26	22.30
13.38	18.20	

ὦ 1510.6

6. 4 10.13 20. 4
6.22 10.13 24.28
6.23

ἴσθι 1510.8

2.13 5.37 18.17
5.25

εἶναι 1511

16.13 19.21 20.28N
16.15 20.27 22.23
17. 4

ὤν 1511.1

1.19 7.11 12.34
6.30 12.30 14.33N

ἤμην 1511.3

1.18 14.24N 25.23
2. 9 14.24 25.35
2.15 15.38 25.36
3. 4 19.22 25.43
4.18 21.25 26.24
7.27 21.33 26.43
7.29 22. 8 26.69
8.24N 22.25 26.71
8.30 23.30 27.16N
9.36 23.30N 27.54
12. 4 23.30 27.55
12.10N 24.38 27.56
12.40 25. 2 27.61
14.21 25.21 28. 3
14.23

ἔσομαι 1511.4

5.21 12.40 20.26
5.22 12.45 20.27
5.22 13.40 22.13
5.22 13.42 22.28
5.37N 13.49 23.11
5.48 13.50 23.13N
6. 5 16.19 24. 3
6.21 16.19 24. 7
6.22 16.22 24. 9
6.23 17.17 24.21
8.12 18.18 24.27
10.15 18.18 24.37
10.22 19. 5 24.39
11.22 19.27 24.40
11.24 19.30 24.51
11.28N 19.30N 25.30
12.11 20.16 27.64
12.27 20.26 27.64N

εἶπον 1511.7

εἶπας 1511.7

26.25 26.64

εἶπεν 1511.7

2. 8 8.10 9.29N
3. 7 8.13 11. 3
3.15 8.19 11. 4
4. 3 8.21 11.25
4. 4 8.22N 12. 3
4. 6N 8.32 12.11
4. 9 9. 2 12.25
5.14N 9.12 12.39
8. 4N 9.15 12.47
8. 4N 9.22 12.48

εἶπεν 1511.7

12.49 17.17 22.18
13.11 17.22 22.24
13.37 18. 3 22.29
13.57 18.21 22.37N
14. 2 19. 4 22.44
14. 8N 19. 5 24. 2
14.16 19.11 24. 4
14.18 19.14 25.12
14.28 19.16 25.22
14.29 19.17 25.24
15. 3 19.18 25.26
15. 4 19.23 26. 1
15.10 19.26 26.10
15.13 19.27 26.15
15.15 19.28 26.18
15.16 20. 4 26.21
15.24 20.13 26.23
15.26 20.17 26.25
15.27 20.21 26.26
15.28 20.21N 26.33
15.32 20.22 26.49
16. 2 20.25 26.50
16. 6 20.32 26.55
16. 8 21.16N 26.62
16.12 21.21 26.63
16.16 21.24 27.17
16.17 21.28 27.21
16.23 21.29 27.25
16.24 21.30 27.43
17. 4 21.30 27.63
17. 7 22. 1 28. 5
17.11 22.13 28. 6
17.13

εἴπατε 1511.7

10.27 22. 4 28. 7
21. 5 26.18 28.13

εἶπαν 1511.7

2. 5 16.14 26.61
9. 3 17. 9N 26.66
12. 2 17.24 27. 4
13.10 21.16 27. 6
13.27N 21.27 27.21
15.12N 25. 8 27.49N
15.34 26.35

εἶπον 1511.7

2. 5N 16.11 26.35N
9. 4N 16.14N 26.61N
9.11N 17.19 26.66N
12. 2N 17.24N 26.73
12.24 21.11N 27. 4N
13.10N 21.16N 27. 6N
13.27 21.27N 27.21N
15.12N 21.38 27.49N
15.34N 25. 8N 28. 7

εἰπέ 1511.7

4. 3 18.17 22.17
8. 8 20.21 24. 3
13.14N

εἰπόν 1511.7

4. 3N 22.17N 24. 3N
18.17N

εἶπα 1511.7

28. 7N

εἴπῃς 1511.7

8. 4 26.63

εἴπῃ 1511.7

5.22 12.32 21. 3
5.22 15. 5 24.23
12.32 20.28N 24.48

εἴπωμεν 1511.7

21.25 21.26

εἴπητε 1511.7

17. 9 21.21 23.39

εἴπωσιν 1511.7

5.11 23. 3 27.64
16.20 24.26

εἰπεῖν 1511.7

9. 5 9. 5

εἰπών 1511.7

26.44

εἰπόντος 1511.7

17.26 17.26N

εἰπόντι 1511.7

12.48N

εἴρω 1511.7

20.28 27.64

εἰρήνη 1515

10.12N 10.13 10.34
10.13 10.34

εἷς 1519

2. 1 5.29 8.32
2. 8 5.30 8.33
2.11 5.35 8.34
2.12 5.39 9. 1
2.13 6. 6 9. 1
2.13N 6.13 9. 6
2.14 6.13N 9. 7
2.20 6.26 9.13N
2.21 6.26 9.17
2.22 6.30 9.17
2.23 6.34 9.23
3.10 7.13 9.26
3.11 7.14 9.28
3.12 7.19 9.38
4. 1 7.21 10. 5
4. 5 8. 4 10. 5
4. 8 8. 5 10. 9
4.12 8.12 10.10
4.13 8.13N 10.11
4.18 8.14 10.12
4.24 8.18 10.16N
5. 1 8.23 10.17
5.13 8.28 10.17N
5.20 8.28 10.21
5.22 8.31 10.22
5.25 8.32 10.23

εἰς 1519

10.23	17.15	22. 9
10.23N	17.15	22. 9N
10.27	17.22	22.10
10.28N	17.24	22.13
10.41	17.25	22.16
10.41	17.27	23.34
10.42	18. 3	24. 9
11. 7	18. 6	24. 9N
12. 4	18. 6N	24.13
12. 9	18. 8	24.14
12.11	18. 8	24.14N
12.18N	18. 9	24.16
12.20	18. 9	24.38
12.29	18.10N	25. 1
12.41	18.14N	25. 6
12.44	18.15	25.10
13. 2	18.20	25.21
13. 7N	18.21	25.23
13.22	18.26N	25.30
13.30	18.29N	25.41
13.30	18.30	25.46
13.31N	19. 1	25.46
13.33	19. 5	26. 2
13.36	19. 6N	26. 3
13.42	19.17	26. 8
13.47	19.23	26.10
13.48	19.24	26.13
13.50	20. 1	26.18
13.52N	20. 2	26.28
13.54	20. 4	26.30
13.57N	20. 7	26.32
14. 3N	20.17	26.36
14. 5N	20.18	26.41
14.13	20.18N	26.45
14.15	20.19	26.52
14.19	20.28N	26.67
14.22	20.28N	26.71
14.22	21. 1	27. 5
14.23	21. 1	27. 6
14.24N	21. 1	27. 7
14.31	21. 2	27.10
14.32	21.10	27.16N
14.34	21.12	27.27
14.34N	21.17	27.30
14.35	21.18	27.30
15.11	21.19	27.31
15.14	21.21	27.32N
15.17	21.23	27.33
15.17	21.28N	27.51
15.17	21.29N	27.53
15.21	21.31	28. 1
15.24	21.31N	28. 7
15.29	21.32N	28.10
15.39	21.42	28.11
15.39	21.46	28.16
16. 5	22. 3	28.16
16.13	22. 4	28.19
16.21	22. 5	
17. 1	22. 5N	

εἷς 1520

5.18	9.18	18. 6
5.18	10.29	18.10
5.19	10.42	18.12
5.29	12.11	18.14
5.30	13.46	18.16
5.36	16.14	18.24
5.41	17. 4	18.28
6.24	17. 4	19. 5
6.24	17. 4	19. 6
6.27	17.15N	19. 6N
6.29	18. 2N	19.16
8.19	18. 5	19.17

εἷς 1520

19.17	24.40	26.21
20.12	24.40	26.22
20.13	24.41	26.40
20.21	24.41	26.47
20.21	24.41N	26.51
21.19	24.41N	26.69
21.24	25.15	27.14
22.35	25.18	27.15
23. 8	25.24	27.38
23. 9	25.40	27.38
23.10	25.45	27.48
23.25	26.14	28. 1

εἰσακούω 1522

6. 7 εἰσακουσθήσονται
6. 7N εἰσακουσθήσεται

εἰσέρχομαι 1525

2.21 εἰσῆλθεν
2.21N ἦλθεν
5.20 εἰσέλθητε
6. 6 εἴσελθε
7.13 εἰσέλθατε
7.13N εἰσέλθετε
7.13 εἰσερχόμενοι
7.13N πορευόμενοι
7.13N ἐρχόμενοι
7.21 εἰσελεύσεται
7.21N εἰσελεύσεται
8. 5 εἰσελθόντος
8. 5N εἰσελθόντι
8. 8 εἰσέλθῃς
9.25 εἰσελθών
9.25N ἐλθών
9.28N εἰσελθόντι
10. 5 εἰσέλθητε
10.11 εἰσέλθητε
10.11 εἰσέρχεσθε
10.12 εἰσερχόμενοι
10.13N εἰσελθέτω
12. 4 εἰσῆλθεν
12.29 εἰσελθεῖν
12.45 εἰσελθόντα
12.45N εἰσελθών
12.45N ἐλθόντα
13.36N εἰσῆλθεν
15.11 εἰσερχόμενον
15.11N ἐρχόμενον
15.11N εἰσερχόμενα
15.17N εἰσερχόμενον
17.25N εἰσελθόντα
17.25N εἰσῆλθεν
17.25N εἰσελθόντι
17.25N εἰσελθόντων
18. 3 εἰσέλθητε
18. 3N εἰσελεύσεσθε
18. 8 εἰσελθεῖν
18. 9 εἰσελθεῖν
19.17 εἰσελθεῖν
19.17N ἐλθεῖν
19.23 εἰσελεύσεται
19.24N εἰσελθεῖν
19.24 εἰσελθεῖν
20.28N εἰσερχόμενοι
21.10 εἰσελθόντος
21.10N ἐλθόντος
21.12 εἰσῆλθεν
21.12N εἰσελθών
21.23N εἰσελθόντι
22.11 εἰσελθών
22.12 εἰσῆλθες
22.12N ἦλθες

εἰσέρχομαι 1525

23.13 εἰσέρχεσθε
23.13 εἰσερχομένους
23.13 εἰσελθεῖν
24.38 εἰσῆλθεν
25.10 εἰσῆλθον
25.21 εἴσελθε
25.23 εἴσελθε
26.41 εἰσέλθητε
26.58 εἰσελθών
27.53 εἰσῆλθον
27.53N ἦλθον

εἰσπορεύομαι 1531

7.13N εἰσπορευόμενοι
13.22N εἰσπορευόμεναι
15.17 εἰσπορευόμενον
15.17N εἰσερχόμενον

εἰσφέρω 1533

6.13 εἰσενέγκῃς

εἶτα 1534

13.21N

εἴωθα 1536.5

27.15 εἰώθει

ἐκ, ἐξ 1537

1. 3	13.41	21.31
1. 5	13.47	22.35
1. 5	13.49	22.44
1. 6	13.52	23.25
1.16	15. 5	23.34
1.18	15.11	23.34
1.20	15.18	24. 1N
2. 6	15.18	24.17
2.15	15.19	24.29N
3. 9	16. 1	24.31
3.17	17. 5	25. 2
5.37	17. 9	25. 8
6.27	17. 9	25.33
7. 4	18.12	25.33
7. 5	18.19	25.34
7. 5	19.12	25.41
7. 9	19.20N	26.21
7.20N	20. 2	26.27
8.28	20.21	26.29
10.14N	20.21	26.42
10.23N	20.23	26.44
10.29	20.23	26.64
12.11	20.28N	26.73
12.33	20.28N	27. 7
12.34	21.16	27.29
12.35	21.19	27.38
12.35	21.25	27.38
12.37	21.25	27.48
12.37	21.25	27.53
12.42	21.26	28. 2
13. 1N		

ἕκαστος, η, ον 1538

18. 8	18.12	18.28
18.23		

ἑκατονταπλασίων, ον 1542

19.29

ἑκατοντάρχης, ου, ὁ 1543

8. 5 ἑκατόνταρχος
8. 5N ἑκατοντάρχης
8. 5N ἑκατοντάραχος
8. 8 ἑκατόνταρχος
8. 8N ἑκατοντάρχης
8. 8N ἑκατοντάραχος
8.13 ἑκατοντάρχῃ
8.13N ἑκατοντάρχῳ
8.13N ἑκατωνταράχῃ
8.13N ἑκατόνταρχος
8.13N ἑκατοντάραχος

ἐκβάλλω 1544

7. 4 ἐκβάλω
7. 4N ἐκβάλλω
7. 5 ἔκβαλε
7. 5 ἐκβαλεῖν
7. 5N ἐκβάλλειν
7.22 ἐξεβάλομεν
7.22N ἐξεβάλλομεν
8.12 ἐκβληθήσονται
8.12N ἐξελεύσονται
8.12N ἐκβαληθήσονται
8.16 ἐξέβαλεν
8.31 ἐκβάλλεις
8.31N ἐκβάλεις
9.25 ἐξεβλήθη
9.33 ἐκβληθέντος
9.34 ἐκβάλλει
9.34N ἐκβάλει
9.38 ἐκβάλῃ
9.38N ἐκβάλει
9.38N ἐκβάλλῃ
10. 1 ἐκβάλλειν
10. 1N ἐκβαλεῖν
10. 8 ἐκβάλλετε
10. 8N ἐκβάλετε
12.20 ἐκβάλῃ
12.20N ἐκβάλλῃ
12.24 ἐκβάλλει
12.24N ἐκβάλει
12.26 ἐκβάλλει
12.26N ἐκβάλει
12.27 ἐκβάλλω
12.27N ἐκβαλῶ
12.27 ἐκβάλλουσιν
12.27N ἐκβαλοῦσιν
12.28 ἐκβάλλω
12.35 ἐκβάλλει
12.35 ἐκβάλλει
13.52 ἐκβάλλει
13.52N ἐκβάλει
13.52N προφέρει
15.17 ἐκβάλλεται
15.17N ἐκβάλλετε
17.19 ἐκβαλεῖν
17.21N ἐκβάλλεται
21.12 ἐξέβαλεν
21.39 ἐξέβαλον
21.39N ἔβαλον
21.39N ἐξέβαλαν
22.13 ἐκβάλετε
22.13N βάλεται
22.13N ἐκβάλλετε
22.13N βάλατε
25.30 ἐκβάλετε
25.30N βάλεται
25.30N ἐκβάλλετε

ἐκγαμίζω 1546.5

22.30N ἐκγαμίζονται
24.38N ἐκγαμίζοντες
24.38N ἐκγαμίσκοντες

ἐκδίδομαι 1554

21.33 ἐξέδετο
21.33N ἐξέδοτο
21.41 ἐκδώσεται
21.41N ἐκδώσει

ἐκδιώκω 1559

10.23N ἐκδιώξουσιν

ἐκδύω 1562

27.28 ἐκδύσαντες
27.28N ἐνδύσαντες
27.31 ἐξέδυσαν
27.31N ἐκδύσαντες

ἐκεῖ 1563

2.13 14.13N 24.51
2.15 14.23 25.30
2.22 15.29 26.36
5.24 17.20 26.71
6.21 17.27N 27.36
8.12 18.20 27.47
12.10N 19. 2 27.55
12.45 21.17 27.61
13.42 22.11 28. 7
13.50 22.13 28.10N
13.58 24.28

ἐκεῖθεν 1564

4.21 11. 1 14.13
5.26 12. 9 15.21
9. 9 12.15 15.29
9.27 13.53 19.15

ἐκεῖνος, η, ο 1565

3. 1 14.35 24.22
7.22 15.11 24.22
7.25 15.18 24.29
7.27 15.22 24.29N
8.13 15.28 24.36
8.28 17.18 24.38
9.15N 17.27 24.43
9.22 18. 1 24.45N
9.26 18. 7N 24.46
9.31 18.26N 24.48
10.14 18.27 24.50
10.15 18.28 25. 7
10.19 18.32 25.19
11.25 20. 4 26.23N
12. 1 20.29N 26.24
12.45 21.40 26.24
13. 1 22. 7 26.29
13.11 22. 7N 26.55
13.27N 22.10 27. 8
13.44 22.23 27.19
14. 1 22.46 27.63
14.35 24.19

ἐκκλησία, ας, ἡ 1577

16.18 18.17 18.17

ἐκκόπτω 1581

3.10 ἐκκόπτεται
5.30 ἔκκοψον
5.30N ἔκοψον
5.30N κόψον
7.19 ἐκκόπτεται
18. 8 ἔκκοψον
18. 8 ἔξελε

ἐκλάμπω 1584

13.43 ἐκλάμψουσιν
13.43 λάμψουσιν

ἐκλεκτός, ή, όν 1588

20.16N 24.22 24.31
22.14 24.24

ἐκλύω 1590

9.36N ἐκλελυμένοι
15.32 ἐκλυθῶσιν

ἐκπειράζω 1598

4. 7 ἐκπειράσεις
4. 7N πειράσεις

ἐκπλήσσομαι 1605

7.28 ἐξεπλήσσοντο
7.28N ἐξεπληττοντο
7.28N ἐξεπλήσοντο
13.54 ἐκπλήσσεσθαι
13.54N ἐκπλήσεσθαι
13.54N ἐκπλήττεσθαι
19.25 ἐξεπλήσσοντο
19.25N ἐξεπλήσοντο
22.33 ἐξεπλήσσοντο
22.33N ἐξεπλήσοντο

ἐκπορεύομαι 1607

3. 5 ἐξεπορεύετο
4. 4 ἐκπορευομένῳ
4. 4N ἐκπορευομένου
15.11 ἐκπορευόμενον
15.18 ἐκπορευόμενα
17.21N ἐκπορεύεται
20.29 ἐκπορευομένων
20.29N ἐκπορευομένου

ἐκριζόω 1610

13.29 ἐκριζώσητε
15.13 ἐκριζωθήσεται

ἐκτείνω 1614

8. 3 ἐκτείνας
12.13 ἔκτεινον
12.13 ἐξέτεινεν
12.49 ἐκτείνας
14.31 ἐκτείνας
26.51 ἐκτείνας

ἐκτενής, ές 1618

26.39 ἐκτενέστερον

ἐκτινάσσω 1621

10.14 ἐκτινάξατε

ἕκτος, η, ον 1622

20. 5 27.45

ἐκτός 1623

23.25N 23.26

ἐκφύω 1631

24.32 ἐκφύῃ
24.32N ἐκφύει

ἐκχέω 1632

9.17 ἐκχεῖται

ἐκχύννομαι 1632.5

23.35 ἐκχυννόμενον
23.35N ἐκχυνόμενον
26.28 ἐκχυννόμενον
26.28N ἐκχυνόμενον

ἐλαία, ας, ἡ 1636

21. 1 24. 3 26.30

ἔλαιον, ου, τό 1637

25. 3 25. 8 25. 8N
25. 4

ἐλάσσων, ἔλασσον 1640

20.28 ἔλαττον

ἐλαφρός, ά, όν 1645

11.30

ἐλάχιστος, ίστη, ον 1646, 1647

2. 6 5.19 25.40
5.19 10.42N 25.45

Ἐλεαζαρ, ὁ 1648

1.15 1.15

ἐλέγχω 1651

18.15 ἔλεγξον
18.15N ἔλενξον
18.15N ἔλεγξε

ἐλεέω 1653

5. 7 ἐλεηθήσονται
9.27 ἐλέησον
15.22 ἐλέησον
17.15 ἐλέησον
18.33 ἐλεῆσαι
18.33 ἠλέησα
20.30 ἐλέησον
20.31 ἐλέησον

ἐλεημοσύνη, ης, ἡ 1654

6. 1N 6. 3 6. 4
6. 2

ἐλεήμων, ον 1655

5. 7

ἔλεος, ους, τό 1656

9.13 12 7 23.23

ἐλεύθερος, έρα, ον 1658

17.26

Ἐλιακίμ, ὁ 1662

1.13 1.13

Ἐλιούδ, ὁ 1664

1.14 1.15

ἐλπίζω 1679

12.21 ἐλπιοῦσιν
12.21N ἐλπίζουσιν

ἐλωί 1682

27.46N (2)

ἐμαυτοῦ, ῆς 1683

8. 9

ἐμβαίνω 1684

8.23 ἐμβάντι
8.23N ἐνβάντι
9. 1 ἐμβάς
9. 1N ἐνβάς
13. 2 ἐμβάντα
13. 2N ἐνβάντα
14.22 ἐμβῆναι
14.22N ἐνβῆναι
14.32N ἐμβάντων
14.32N ἐνβάντων
15.39 ἐνέβη
15.39N ἀνέβη
15.39N ἐνβαίνει

ἐμβάπτω 1686

26.23 ἐμβάψας
26.23N ἐνβαπτόμενος
26.23N ἐνβάψας

ἐμβλέπω 1689

5.28N ἐμβλέψας
6.26 ἐμβλέψατε
19.26 ἐμβλέψας
19.26N ἐνβλέψας

ἐμβριμάομαι 1690

9.30 ἐνεβριμήθη
9.30N ἐνεβριμήσατο

Ἐμμανουήλ, ὁ 1694

1.23

ἐμός, ή, όν 1699

18.20 20.15 25.27
19.29N 20.23

ἐμπαίζω 1702

2.16 ἐνεπαίχθη
20.19 ἐμπαῖξαι
20.19N ἐνπέξαι
27.29 ἐνέπαιξαν
27.29N ἐνέπεζον
27.29N ἐνέπεξαν
27.29N ἐνέπαιζον
27.31 ἐνέπαιξαν
27.41 ἐμπαίζοντες
27.41N ἐνπαίζοντες
27.41N ἐμπέζοντες

ἐμπίπρημι, ἐμπρήθω 1705.5

22. 7 ἐνέπρησεν

ἐμπίπτω 1706

12.11 ἐμπέσῃ
12.11N πέσῃ
12.11N ἐνπέσῃ
15.14N ἐνπεσοῦνται
15.14N ἐμπεσοῦνται

ἐμπορία, ας, ἡ 1711

22. 5

ἔμπορος, ου, ὁ 1713

13.45

ἔμπροσθεν 1715

5.16 10.33 18.14
5.24 10.33 23.13
6. 1 11.10 25.32
6. 2 11.26 26.70
7. 6 15.23N 27.11
10.32 17. 2 27.29
10.32 17.14N

ἐμπτύω 1716

26.67 ἐνέπτυσαν
27.30 ἐμπτύσαντες
27.30N ἐνπτύσαντες

ἐμφανίζω 1718

27.53 ἐνεφανίσθησαν
27.53N ἐφάνησαν
27.53N ἐνεφάνεισαν

ἐν 1722

1.18 5.19 7. 6
1.20 5.25 7.11
1.20 5.28 7.15
2. 1 5.34 7.21
2. 1 5.35 7.22
2. 2 5.36 8. 6
2. 5 5.45 8.10
2. 6 5.48N 8.11
2. 9 6. 1 8.13
2.16 6. 2 8.13N
2.16 6. 2 8.24
2.18 6. 4 8.32
2.19 6. 4 9. 3
3. 1 6. 4N 9. 4
3. 1 6. 5 9.10
3. 3 6. 5 9.15N
3. 6 6. 6 9.20N
3. 9 6. 6 9.21
3.11 6. 6N 9.31
3.11 6. 7 9.33
3.12 6. 9 9.34
3.17 6.10 9.35
4. 4N 6.14N 9.35N
4.13 6.18 10. 1N
4.16 6.18 10.11
4.16 6.18N 10.15
4.21 6.20 10.16
4.23 6.23 10.17
4.23 6.29 10.19
4.23 6.30N 10.20
5.12 7. 2 10.23
5.13 7. 2 10.23N
5.15 7. 3 10.27
5.16 7. 3 10.27
5.19 7. 4 10.28

ἐν (Cont) 1722

10.32	15.32	23.16
10.32	15.33	23.16
10.32	16. 7	23.18
10.33	16. 8	23.18
11. 1	16.17	23.20
11. 2	16.19	23.20
11. 6	16.19	23.20
11. 8	16.27	23.21
11. 8	16.28	23.21
11.11	17. 5	23.21
11.11	17.12	23.21N
11.16	17.21N	23.22
11.16N	17.22	23.22
11.20	18. 1	23.22
11.21	18. 1	23.30
11.21	18. 2	23.30
11.21	18. 4	23.34
11.22	18. 6	23.39
11.23	18.10	24.14
11.23	18.10	24.15
11.24	18.14	24.16
11.25	18.14	24.18
12. 1	18.18	24.19
12. 1N	18.18	24.19
12. 2	18.19	24.20N
12. 5	18.20	24.26
12. 5	19.21	24.26
12.11N	19.28	24.30
12.18N	20. 3	24.38
12.19	20.15	24.40
12.21N	20.17	24.41
12.24	20.21	24.45
12.27	20.26	24.48
12.27	20.26	24.50
12.28	21. 8	24.50
12.32	21. 8	25. 3N
12.32	21. 9	25. 4
12.36	21. 9	25.13N
12.40	21.12	25.16
12.40	21.14	25.18N
12.41	21.15	25.25
12.42	21.19	25.31
12.50	21.22	25.36
13. 1	21.23	25.39
13. 3	21.24	25.43
13. 4	21.25	25.44
13.10	21.27	26. 5
13.13	21.28	26. 5
13.19	21.32	26. 6
13.21	21.32N	26.10N
13.24	21.33	26.13
13.25	21.38	26.23
13.27	21.41	26.29
13.30	21.42	26.31
13.31	21.42	26.31
13.32	22. 1	26.33
13.34	22.15	26.33N
13.35	22.16	26.34
13.40	22.23	26.39N
13.43	22.28	26.52
13.44	22.30	26.55
13.49	22.30	26.55
13.52N	22.36	26.69
13.54	22.37	27. 5N
13.57	22.37	27.12
13.57	22.37	27.29
13.57	22.37N	27.40
14. 1	22.40	27.56
14. 2	22.43	27.59
14. 3	22.45N	27.60
14. 6	23. 6	27.60
14.10	23. 6	27.60N
14.11N	23. 7	28.18
14.13	23. 9N	
14.33	23.11N	

ἐναντίος, α, ον 1727

8.24N 14.24

ἐναργέω

14. 2N ἐναργοῦσιν

ἔνατος, η, ον 1728.2

20. 5 27.45 27.46

ἐνγαρεύω 1728.3

5.41N ἐνγαρεύσῃ

ἕνδεκα 1733

28.16

ἑνδέκατος, η, ον 1734

20. 6 20. 9

ἔνδοξος, ον 1741

20.28N

ἔνδυμα, ατος, τό 1742

3. 4 7.15 22.12
6.25 22.11 28. 3
6.28

ἐνδύω 1746

6.25 ἐνδύσησθε
22.11 ἐνδεδυμένον
27.28N ἐνδύσαντες
27.31 ἐνέδυσαν

ἕνεκα, ἕνεκεν 1752

5.10 ἕνεκεν
5.10N ἕνεκα
5.11 ἕνεκεν
5.11N ἕνεκα
10.18 ἕνεκεν
10.39 ἕνεκεν
16.25 ἕνεκεν
16.25N ἕνεκα
19. 5 ἕνεκα
19. 5N ἕνεκεν
19.29 ἕνεκεν
19.29N ἕνεκα

ἐνενήκοντα 1752.2

18.12 18.13

ἐνεργέω 1754

14. 2 ἐνεργοῦσιν
14. 2N ἐναργοῦσιν

ἔνθεν 1759.5

17.20

ἐνθηλάζω 1759.2

24.19N ἐνθηλαζούσαις

ἐνθυμέομαι 1760

1.20 ἐνθυμηθέντος
9. 4 ἐνθυμεῖσθε

ἐνθύμησις, εως, ἡ 1761

9.24 12.25

ἐνισχύω 1765

26.39N ἐνυσχύον

ἐννέα 1768

18.12 18.13

ἔνοχος, ον 1777

5.21 5.22 26.66
5.22 5.22

ἔνταλμα, ατος, τό 1778

15. 9

ἐνταφιάζω 1779

26.12 ἐνταφιάσαι

ἐντέλλομαι 1781

4. 6 ἐντελεῖται
15. 4N ἐνετείλατο
17. 9 ἐνετείλατο
19. 7 ἐνετείλατο
19. 7N ἔγραψεν
28.20 ἐνετειλάμην

ἐντεῦθεν 1782

4. 6N 17.20N 26.46N

ἐντολή, ῆς, ἡ 1785

5.19 19.17 22.38
15. 3 22.36 22.40
15. 6N

ἐντός 1787

23.26 23.26N

ἐντρέπω 1788

21.37 ἐντραπήσονται

ἐντυλίσσω 1794

27.59 ἐνετύλιξεν

ἕξ 1803

17. 1

ἐξαιρέω 1807

5.29 ἔξελε
18. 8N ἔξελε
18. 9 ἔξελε

ἑξακόσιοι, αι, α 1812

13.23N

ἐξανατέλλω 1816

13. 5 ἐξανέτειλεν
13. 5N ἐξανέτειλαν

ἐξανίστημι 1817

22.24N ἐξαναστήσει

ἐξαποστέλλω 1821

10. 5N ἐξαπέστειλεν

ἐξαγείρω 1825

24.11N ἐξεγερθήσονται

ἐξέρχομαι 1831

2. 6 ἐξελεύσεται
4.24N ἐξῆλθεν
5.26 ἐξέλθῃς
8.12N ἐξελεύσονται
8.28 ἐξερχόμενοι
8.32 ἐξελθόντες
8.34 ἐξῆλθεν
8.34N ἐξῆλθον
9.26 ἐξῆλθεν
9.31 ἐξελθόντες
9.32 ἐξερχομένων
9.32N διεξερχομένων
10.11 ἐξέλθητε
10.14 ἐξερχόμενοι
11. 7 ἐξέλθητε
11. 7 ἐξέλθητε
11. 7N ἐξήλθετε
11. 7N ἐξεληλύθατε
11. 8 ἐξήλθατε
11. 8N ἐξήλθετε
11. 8N ἐξεληλύθατε
11. 9 ἐξήλθατε
11. 9N ἐξήλθετε
11. 9N ἐξεληλύθατε
12.14 ἐξελθόντες
12.43 ἐξέλθῃ
12.43N ἐξήλθῃ
12.44 ἐξῆλθον
13. 1 ἐξελθών
13. 1N ἐξῆλθεν
13. 3 ἐξῆλθεν
13.49 ἐξελεύσονται
14.14 ἐξελθών
15.18 ἐξέρχεται
15.18N ἐξέρχονται
15.19 ἐξέρχονται
15.21 ἐξελθών
15.22 ἐξελθοῦσα
16. 5N ἐξελθόντες
17.18 ἐξῆλθεν
18.28 ἐξελθών
20. 1 ἐξῆλθεν
20. 3 ἐξελθών
20. 3N διεξελθών
20. 5 ἐξελθών
20. 6 ἐξελθών
20. 6N ἐξῆλθεν
21.17 ἐξῆλθεν
22.10 ἐξελθόντες
24. 1 ἐξελθών
24.26 ἐξέλθητε
24.27 ἐξέρχεται
25. 1 ἐξῆλθον
25. 1N ἐξῆλθαν
25. 6 ἐξέρχεσθε
25. 6N ἐγείρεσθε
26.30 ἐξῆλθον
26.55 ἐξήλθατε
26.55N ἤλθατε
26.55N ἐξήλθετε
26.71 ἐξελθόντα
26.71N ἐξελθόντος
26.75 ἐξελθών
27.32 ἐξερχόμενοι
27.49N ἐξῆλθεν
27.53 ἐξελθόντες
28. 8N ἐξελθοῦσαι

ἔξεστιν 1832

12. 2 ἔξεστιν
12. 4 ἐξόν
12 4N ἔξεστιν
12.10 ἔξεστιν
12.12 ἔξεστιν
14. 4 ἔξεστιν
15.26N ἔξεστιν
19. 3 ἔξεστιν
20.15 ἔξεστιν
20.15N ἐστίν
22.17 ἔξεστιν
27. 6 ἔξεστιν
27. 6N ἐστίν

ἐξετάζω 1833

2. 8 ἐξετάσατε
10.11 ἐξετάσατε

ἐξέχω 1833.5

20.28N ἐξέχοντας

ἑξήκοντα 1835

13. 8 13.23

ἑξῆς 1836

26.60N (2)

ἐξίστημι 1839

12.23 ἐξίσταντο

ἐξομολογέω 1843

3. 6 ἐξομολογούμενοι
11.25 ἐξομολογοῦμαι
11.25N ἐξομωλογοῦμεν

ἐξορκίζω 1844

26.63 ἐξορκίζω
26.63N ὁρκίζω

ἐξουσία, ας, ἡ 1849

7.29 10. 1 21.24
8. 9 21.23 21.27
9. 6 21.23 28.18
9. 8

ἔξω 1854

5.13 13.48 25.30N
10.14 21.17 26.69
12.46 21.39 26.75
12.47

ἔξωθεν 1855

23.25 23.27 23.28

ἐξώτερος, α, ον 1857

8.12 22.13 25.30

ἑορτή, ῆς, ἡ 1859

26. 5 27.15

ἐπαίρω 1869

17. 8 ἐπάραντες
17. 8N ἐπέραντες
24.31N ἐπάρατε

ἐπάν 1875

2. 8

ἐπανάγω 1877

21.18 ἐπανάγων
21.18N ἐπαναγάγων
21.18N παράγων
21.18N ὑπάγων

ἐπαναστρέφω 1879.5

10.13N ἐπαναστραφήτω

ἐπανίστημι 1881

10.21 ἐπαναστήσονται

ἐπάνω 1883

2. 9 21. 7N 23.22
5.14 23.18 27.37
21. 7 23.20 28. 2

ἐπαύριον 1887

27.62

ἐπεί 1893

14. 5N 21.46 27. 6
18.32

ἐπειδή 1894

21.46N

ἐπέρχομαι 1904

20.28N ἐπέλθῃ
20.28N ἐπέλθῃ

ἐπερωτάω 1905

12.10 ἐπηρώτησαν
12.10N ἐπερώτησαν
16. 1 ἐπηρώτησαν
16. 1N ἐπηρώτων
17.10 ἐπηρώτησαν
21.24N ἐπερωτήσω
22.23 ἐπηρώτησαν
22.35 ἐπηρώτησεν
22.41 ἐπηρώτησεν
22.46 ἐπερωτῆσαι
27.11 ἐπηρώτησεν

ἐπηρεάζω 1908

5.44N ἐπηριαζόντων
5.44N ἐπηρεαζόντων

ἐπί w. gen. 1909

1.11 18.18 24.41N
2.22N 18.19 24.45
4. 6 19.28 25.21
6.10 21. 7 25.23
6.19 21. 7N 25.31
9. 2 21.19 26. 7
9. 6 21.19N 26. 7N
10.27 22.16N 26.12
14.19 23. 2 26.64
14.25N 23. 9 27.19
14.26 23.35 27.29
16.19 24. 3 27.61N
16.19 24.17 28.14
18.16 24.30 28.18
18.18

ἐπί w. dat. 1909

4. 4 16.18 22.33
4. 4 18. 5 24. 5
7.28 18.13 24.33
9.16 18.13 24.47
12.21N 18.26 25.16N
13.14N 18.29 25.22
14. 8 19. 9 27.43N
14.11 22.16N 27.60N
14.14

ἐπί w. acc. 1909

3. 7 12.49 22. 5
3.13 13. 2 22. 9
3.16 13. 5 22.34
4. 5 13. 7 23. 4
5.15 13. 8 23.35
5.23 13.20 23.36
5.45 13.23 24. 2
5.45 13.48 24. 7
5.45N 14.14N 24. 7
6.27 14.25 24.16N
7.24 14.26N 25.21
7.25 14.28 25.23
7.26 14.29 25.40
9. 9 14.34 25.45
9.15 15.32 26.39
9.18 15.35 26.39N
10.13 17. 6 26.50
10.13N 18. 6N 26.50
10.18 18.12 26.55
10.21 18.26N 27.25
10.29 18.29N 27.25
10.34 19.15N 27.27
11.29 19.28 27.29N
12.18 21. 5 27.29N
12.25N 21. 5 27.35N
12.26 21.19 27.42
12.28 21.44 27.43
12.41N 21.44 27.45

ἐπιβαίνω 1910

21. 5 ἐπιβεβηκώς

ἐπιβάλλω 1911

9.16 ἐπιβάλλει
26.50 ἐπέβαλον

ἐπίβλημα, ατος, τό 1915

9.16

ἐπιγαμβρεύω 1918

22.24 ἐπιγαμβρεύσει

ἐπιγινώσκω 1921

7.16 ἐπιγνώσεσθε
7.20 ἐπιγνώσεσθε
11.27 ἐπιγινώσκει
11.27N γινώσκει
11.27N ἐπιγιγνώσκει
11.27 ἐπιγινώσκει
11.27N ἐπιγιγνώσκει
12.33N ἐπιγινώσκεται
14.35 ἐπιγνόντες
17.12 ἐπέγνωσαν

ἐπιγραφή, ῆς, ἡ 1923

22.20

ἐπιδείκνυμι 1925

16. 1 ἐπιδεῖξαι
22.19 ἐπιδείξατε
22.19N ὑποδείξατε
24. 1 ἐπιδεῖξαι

ἐπιδίδωμι 1929

7. 9 ἐπιδώσει
7. 9N ἀντιδώσει
7.10 ἐπιδώσει

ἐπιζητέω 1934

6.32 ἐπιζητοῦσιν
6.32N ἐπιζητεῖ
12.39 ἐπιζητεῖ
12.39N ζητεῖ
16. 4 ἐπιζητεῖ
16. 4N αἰτεῖ
16. 4N ζητεῖ

ἐπιθυμέω 1937

5.28 ἐπιθυμῆσαι
5.28N ἐπεθυμῆσαι
13.17 ἐπεθύμησαν

ἐπικαθίζω 1940

21. 7 ἐπεκάθισεν
21. 7N ἐκάθισαν
21. 7N ἐπεκάθισαν
21. 7N ἐκάθητο
21. 7N ἐκάθισεν

ἐπικαλέω 1941

4.18N ἐπικαλούμενον
10. 3N ἐπικληθείς
10.25 ἐπεκάλεσαν
10.26N ἐπεκαλέσαντο
10.26N καλοῦσιν
10.26N ἐκαλέσαντο
10.26N ἀπεκάλεσαν
10.26N ἐκάλεσαν

ἐπικερδαίνω 1946

25.22 ἐπεκέρδησα

ἐπιλαμβάνομαι 1949

14.31 ἐπελάβετο

ἐπιλανθάνομαι 1950

16. 5 ἐπελάθοντο

ἐπιορκέω 1964

5.33 ἐπιορκήσεις
5.33N ἐφιορκήσεις

ἐπιούσιος, ον 1967

6.11

ἐπιπλήσσω 1969

12.16N ἐπέπληξεν
12.16N ἐπέπλησσεν

ἐπίσημος, ον 1978

27.16

ἐπισκέπτομαι 1980

25.36 ἐπεσκέψασθε
25.43 ἐπεσκέψασθε

ἐπισκιάζω 1982

17. 5 ἐπεσκίασεν
17. 5N ἐπεσκίαζεν

ἐπισπείρω 1986.5

13.25 ἐπέσπειρεν
13.25N ἐπέσπαρκεν
13.25N ἔσπειρεν

ἐπίσταμαι 1987

26.70N ἐπίσταμαι

ἐπιστρέφω 1994

9.22N ἐπιστράφεις
10.13 ἐπιστραφήτω
10.13N ἐπαναστραφήτω
12.44 ἐπιστρέψω
12.44N ὑποστρέψω
13.13N ἐπιστρέψωσιν
13.15 ἐπιστρέψωσιν
13.15N ἐπιστρέψουσιν
16.23N ἐπιστράφεις
24.18 ἐπιστρεψάτω

ἐπισυνάγω 1996

23.37 ἐπισυναγαγεῖν
23.37N ἐπισυνάγειν
23.37 ἐπισυνάγει
23.37N ἐπισυναγάγει
24.31 ἐπισυνάξουσιν
24.31N ἐπισυνάξει

ἐπιτίθημι 2007

9.18 ἐπίθες
9.18N ἐπιθείς
19.13 ἐπιθῇ
19.15 ἐπιθείς
21. 7 ἐπέθηκαν
23. 4 ἐπιτιθέασιν
27.29 ἐπέθηκαν
27.29N περιέθηκαν
27.29N ἔθηκαν
27.37 ἐπέθηκαν

ἐπιτιμάω 2008

8.26 ἐπετίμησεν
12.16 ἐπετίμησεν
12.16N ἐπέπληξεν
12.16N ἐπέπλησσεν
12.16N ἐπετίμα
16.20N ἐπετίμησεν
16.22 ἐπιτιμᾶν
16.22N ἐπιτείμων
17.18 ἐπετίμησεν
19.13 ἐπετίμησαν
19.13N ἐπετίμων
20.31 ἐπετίμησεν

ἐπιτρέπω 2010

8.21 ἐπίτρεψον
8.31N ἐπίτρεψον
19. 8 ἐπέτρεψεν
19. 8N ἔγραψεν

ἐπίτροπος, ου, ὁ 2012

20. 8

ἐπιφώσκω 2020

28. 1 ἐπιφωσκούσῃ

ἐπουράνιος, ον 2032

18.35N

ἑπτά 2033

12.45 16.10 22.25
15.34 16.10N 22.26
15.36 18.22 22.28
15.37

ἑπτάκις 2034

18.21 18.22 18.22N

ἐργάζομαι 2038

7.23 ἐργαζόμενοι
11. 3 ἐργαζόμενος
21.28 ἐργάζου
25.16 ἠργάσατο
25.16N εἰργάσατο
26.10 ἠργάσατο
26.10N εἰργάσατο

ἐργάτης, ου, ὁ 2040

9.37 10.10 20. 2
9.38 20. 1 20. 8

ἔργον, ου, τό 2041

5.16 12.37N 23. 5
11. 2 16.27N 23.32N
11.19 23. 3 26.10

ἐρεύγομαι 2044

13.35 ἐρεύξομαι
13.35N φθέγξομαι

ἐρημία, ας, ἡ 2047

25.33

ἔρημος, ον 2048

3. 1 11. 7 15.33N
3. 3 14.13 23.38
4. 1 14.15 24.26

ἐρημόω 2049

12.25 ἐρημοῦται

ἐρήμωσις, εως, ἡ 2050

24.15

ἐρίζω 2051

12.19 ἐρίσει

ἐρίφιον, ου, τό 2055

25.32N 25.33

ἔρχομαι 2064

2. 2 ἤλθομεν
2. 8 ἐλθών
2. 9 ἐλθών
2.11 ἐλθόντες
2.21N ἦλθεν
2.23 ἐλθών
3. 7 ἐρχομένους
3.11 ἐρχόμενος
3.14 ἔρχῃ
3.16 ἐρχόμενον
4.13 ἐλθών
5.17 ἦλθον
5.17 ἦλθον
5.24 ἐλθών
6.10 ἐλθέτω
6.10N ἐλθάτω
7.13N ἐρχόμενοι
7.15 ἔρχονται
7.25 ἦλθον
7.25N ἦλθαν
7.27 ἦλθον
7.27N ἦλθαν
8. 2N ἐλθών
8. 7 ἐλθών
8. 9 ἔρχου
8. 9 ἔρχεται
8.14 ἐλθών
8.28 ἐλθόντος
8.29 ἦλθες
9. 1 ἦλθεν
9.10 ἐλθόντες
9.13 ἦλθον
9.13N ἐλήλυθα
9.15 ἐλεύσονται
9.18 ἐλθών
9.18N προσελθών
9.18N προσῆλθεν
9.23 ἐλθών
9.25N ἐλθών
9.28 ἐλθόντι
9.28N εἰσελθόντι
9.28N ἔρχεται
10.13 ἐλθάτω
10.13N ἐλθέτω
10.13N ἔστε
10.13N εἰσελθέτω
10.23 ἔλθῃ
10.34 ἦλθον
10.34 ἦλθον
10.35 ἦλθον
11. 3 ἐρχόμενος
11. 3N ἐργαζόμενος
11.14 ἔρχεσθαι
11.14N ἐλεύσεσθαι
11.18 ἦλθεν
11.19 ἦλθεν
12. 9 ἦλθεν
12.42 ἦλθεν
12.44 ἐλθόν
13. 4 ἐλθόντα
13. 4N ἦλθεν
13. 4N ἦλθον
13.19 ἔρχεται
13.25 ἦλθεν
13.28N ἐλθόντες
13.32 ἐλθεῖν
13.36 ἦλθεν
13.36N εἰσῆλθεν
13.54 ἐλθών
13.54N ἦλθεν
14.12 ἐλθόντες
14.25 ἦλθεν
14.25N ἀπῆλθεν
14.28 ἐλθεῖν

ἔρχομαι 2064

14.29 ἐλθέ
14.29 ἦλθεν
14.29N ἐλθεῖν
14.30N ἐλθεῖν
14.34 ἦλθον
15.11N ἐρχόμενον
15.25 ἐλθοῦσα
15.29 ἦλθεν
15.39 ἦλθεν
15.39N ἦλθον
16. 5 ἐλθόντες
16. 5N ἐξελθόντες
16.13 ἐλθών
16.24 ἐλθεῖν
16.27 ἔρχεσθαι
16.28 ἐρχόμενον
17.10 ἐλθεῖν
17.11 ἔρχεται
17.12 ἦλθεν
17.14 ἐλθόντων
17.14N ἐλθών
17.24 ἐλθόντων
17.25 ἐλθόντα
17.25N εἰσελθόντα
17.25N εἰσῆλθεν
17.25N ἦλθον
17.25N εἰσελθόντι
17.25N εἰσελθόντων
18. 7 ἐλθεῖν
18. 7 ἔρχεται
18.11N ἦλθεν
18.31 ἐλθόντες
18.31N ἀπελθόντες
19. 1 ἦλθεν
19. 1N ἦλθεν
19.14 ἐλθεῖν
19.14 ἔρχεσθε
19.17N ἐλθεῖν
20. 9 ἐλθόντες
20.10 ἐλθόντες
20.28 ἦλθεν
21. 1 ἦλθον
21. 1N ἦλθεν
21. 5 ἔρχεται
21. 9 ἐρχόμενος
21.10N ἐλθόντος
21.19 ἦλθεν
21.23 ἐλθόντος
21.23N ἐλθόντι
21.23N εἰσελθόντι
21.31N ἦλθεν
21.32 ἦλθεν
21.40 ἔλθῃ
22. 3 ἐλθεῖν
22.12N ἦλθες
23.35 ἔλθῃ
23.35N ἐπέλθῃ
23.39 ἐρχόμενος
24. 5 ἐλεύσονται
24.30 ἐρχόμενον
24.39 ἦλθεν
24.42 ἔρχεται
24.43 ἔρχεται
24.44 ἔρχεται
24.46 ἐλθών
24.48N ἐλθεῖν
24.48N ἔρχεσθαι
25. 6N ἔρχεται
25.10 ἦλθεν
25.11 ἔρχονται
25.11N ἦλθον
25.13N ἔρχεται
25.19 ἔρχεται
25.27 ἐλθών

ἔρχομαι (Cont) 2064

25.31 ἔλθῃ
25.36 ἤλθατε
25.36N ἤλθετε
25.39 ἤλθομεν
25.39N ἤλθαμεν
26.36 ἔρχεται
26.40 ἔρχεται
26.43 ἐλθὼν
26.45 ἔρχεται
26.47 ἦλθεν
26.55N ἤλθατε
26.60N ἐλθόντων
26.60N ἦλθον
26.64 ἐρχόμενον
27.33 ἐλθόντες
27.49 ἔρχεται
27.53 ἦλθον
27.57 ἦλθεν
27.64 ἐλθόντες
28. 1 ἦλθεν
28.10N ἔλθωσιν
28.11 ἐλθόντες
28.13 ἐλθόντες

ἐρῶ 2064.5

1.22 ῥηθέν
2.15 ῥηθέν
2.17 ῥηθέν
2.23 ῥηθέν
3. 3 ῥηθείς
4.14 ῥηθέν
5.21 ἐρρέθη
5.21N ἐρρήθη
5.27 ἐρρέθη
5.27N ἐρρήθη
5.31 ἐρρέθη
5.31N ἐρρήθη
5.33 ἐρρέθη
5.38 ἐρρέθη
5.38N ἐρρήθη
5.43 ἐρρέθη
7. 4 ἐρεῖς
7. 4N λέγεις
7.22 ἐροῦσιν
8.17 ῥηθέν
12.17 ῥηθέν
13.30 ἐρῶ
13.35 ῥηθέν
17.20 ἐρεῖτε
20.28N ἐρεῖ
21. 3 ἐρεῖτε
21. 4 ῥηθέν
21. 4N ῥηθέν
21.24 ἐρῶ
21.25 ἐρεῖ
22.31 ῥηθέν
24.15 ῥηθέν
25.34 ἐρεῖ
25.40 ἐρεῖ
25.41 ἐρεῖ
26.75 εἰρηκότος
27. 9 ῥηθέν
27.64N ἐροῦσιν

ἐρωτάω 2065

15.23 ἠρώτουν
15.23N ἠρώτων
16.13 ἠρώτα
19.17 ἐρωτᾷς
19.17N λέγεις
21.24 ἐρωτήσω
21.24N ἐπερωτήσω

ἐσθίω 2068

6.25 φάγητε
6.25N φάγετε
6.31 φάγωμεν
9.11 ἐσθίει
11.18 ἐσθίων
11.19 ἐσθίων
12. 1 ἐσθίειν
12. 4 ἔφαγον
12. 4N ἔφαγεν
12. 4 φαγεῖν
14.16 φαγεῖν
14.20 ἔφαγον
14.21 ἐσθίοντες
14.21N αἰσθίωντες
15. 2 ἐσθίωσιν
15. 2N ἐσθίουσιν
15.20 φαγεῖν
15.27 ἐσθίει
15.27 ἐσθίουσιν
15.32 φάγωσιν
15.32N φαγεῖν
15.37 ἔφαγον
15.38 ἐσθίοντες
24.49 ἐσθίῃ
24.49N ἐσθίειν
24.49N ἐσθῇ
25.35 φαγεῖν
25.42 φαγεῖν
26.17 φαγεῖν
26.21 ἐσθιόντων
26.26 ἐσθιόντων
26.26 φάγετε

Ἑσρώμ, ὁ 2074

1. 3 1. 3

ἔσχατος, η, ον 2078

5.26 20. 8 20.16
12.45 20.12 21.31N
19.30 20.14 27.64
19.30 20.16

ἔσω 2080

26.58

ἔσωθεν 2081

7.15 23.26N 23.28
23.25 23.27

ἑταῖρος, ου, ὁ 2083

11.16N 22.12 26.50
20.13

ἕτερος, α, ον 2087

6.24 10.23N 15. 8N
6.24 11. 3 15.30
8.21 11.16 16.14
10.23 12.45 21.30

ἔτι 2089

5.13 18.16 26.47
5.41N 19.20 26.65
12.46 20.28N 27.63
17. 5 20.28N

ἑτοιμάζω 2090

3. 3 ἑτοιμάσατε
20.23 ἡτοίμασται
22. 4 ἡτοίμακα
22. 4N ἡτοίμασα
25.34 ἡτοιμασμένην
25.41 ἡτοιμασμένον
25.41N ἡτοίμασεν
25.41N ἡτοιμασμένῳ
26.17 ἑτοιμάσωμεν
26.19 ἡτοίμασαν

ἕτοιμος, η, ον 2092

22. 4 24.44 25.10
22. 8

ἔτος, ους, τό 2094

9.20

εὖ 2095

25.21 25.23

εὐαγγελίζομαι 2097

11. 5 εὐαγγελίζονται

εὐαγγέλιον, ου, τό 2098

4.23 24.14 26.13
9.35

εὐδία, ας, ἡ 2105

16. 2

εὐδοκέω 2106

3.17 εὐδόκησα
3.17N ηὐδόκησα
12.18 εὐδόκησεν
12.18N ηὐδόκησεν
17. 5 εὐδόκησα
17. 5N ηὐδόκησα

εὐδοκία, ας, ἡ 2107

11.26

εὐθέως 2112

4.20 13.21N 21. 3N
4.22 14.22 24.19
8. 3 14.27N 25.15
13. 5 14.31 26.49
13. 6N 20.34 26.74
13.20N 21. 2 27.48

εὐθύς, εῖα, ύ 21.17

3. 3

εὐθύς 2117.5

3.16 14.27 24.32N
13. 5N 14.31N 26.74N
13.20 21. 1N
13.21 21. 3

εὐκαιρία, ας, ἡ 2120

26.16

εὔκοπος, ον 2123

9. 5 19.24

εὐλογέω 2127

5.44N εὐλογεῖτε
14.19 εὐλόγησεν
14.19N ηὐλόγησεν
21. 9 εὐλογημένος
23.39 εὐλογημένος
25.34 εὐλογημένοι
26.26 εὐλογήσας
26.26N εὐχαριστήσας

εὐνοέω 2132

5.25 εὐνοῶν

εὐνουχίζω 2134

19.12 εὐνουχίσθησαν
19.12N ηὐνουχίσθησαν
19.12 εὐνούχισαν

εὐνοῦχος, ου, ὁ 2135

19.12 (3)

εὑρίσκω 2147

1.18 εὑρέθη
1.18N ηὑρέθη
2. 8 εὕρητε
7. 7 εὑρήσετε
7. 8 εὑρίσκει
7.14 εὑρίσκοντες
8.10 εὗρον
8.10N ηὗρεν
8.13N εὗρεν
8.13N εὗρον
10.39 εὑρών
10.39 εὑρήσει
11.29 εὑρήσετε
12.43 εὑρίσκει
12.44 εὑρίσκει
13.44 εὑρών
13.46 εὑρών
16.25 εὑρήσει
16.25N σώσει
17.27 εὑρήσεις
18.13 εὑρεῖν
18.28 εὗρεν
18.28N εὗρον
20. 3N εὗρεν
20. 6 εὗρεν
21. 2 εὑρήσετε
21.19 εὗρεν
22. 9 εὕρητε
22.10 εὗρον
22.10N εὗραν
24.46 εὑρίσκει
26.40 εὑρίσκει
26.43 εὗρεν
26.43N εὑρίσκει
26.60 εὗρον
26.60N ηὗρον
26.60N εὑρίσκον
27.32 εὗρον
27.32N ηὗρον

εὐρύχωρος, ον 2149

7.13

εὐχαριστέω 2168

15.36 εὐχαριστήσας
15.36N εὐχαρίστησεν
26.26N εὐχαριστήσας
26.27 εὐχαριστήσας

εὐώνυμος, ον 2176

20.21 25.33 27.38
20.23 25.41

ἐχθρός, ά, όν 2190

5.43
5.44
10.36
10.36N ἐκθροί
13.25
13.25N ἐκθρός
13.28
13.39
22.44

ἔχιδνα, ης, ἡ 2191

3. 7 12.34 23.33

ἔχω 2192

1.18 ἔχουσα
1.23 ἕξει
3. 4 εἶχεν
3. 9 ἔχομεν
3.14 ἔχω
4.24 ἔχοντας
5.23 ἔχει
5.46 ἔχετε
5.46N ἕξετε
6. 1 ἔχετε
6. 1N ἔχεται
6. 8 ἔχετε
6. 8N ἔχεται
7.29 ἔχων
8. 9 ἔχων
8.16 ἔχοντας
8.16N ἔχοντα
8.20 ἔχουσιν
8.20 ἔχει
9. 6 ἔχει
9.12 ἔχουσιν
9.12 ἔχοντες
9.20N ἔχουσα
9.36 ἔχοντα
11.15 ἔχων
11.18 ἔχει
12.10 ἔχων
12.11 ἕξει
12.11N ἔχει
13. 5 εἶχεν
13. 5 ἔχειν
13. 6 ἔχειν
13. 9 ἔχων
13.12 ἔχει
13.21 ἔχει
13.23N ἔχων
13.27 ἔχει
13.43 ἔχων
13.44 ἔχει
13.46 εἶχεν
14. 4 ἔχειν
14. 5 εἶχον
14.16 ἔχουσιν
14.17 ἔχομεν
14.35 ἔχοντας
15.30 ἔχοντες
15.32 ἔχουσιν
15.34 ἔχετε
15.34N ἔχεται
16. 8 ἔχετε
16. 8N ἐλάβετε
16. 8N ἔχεται

ἔχω 2192

17.15N ἔχει
17.20 ἔχητε
18. 8 ἔχοντα
18. 9 ἔχοντα
18. 9N ἔχειν
18.25 ἔχοντος
18.25N ἐχόντων
18.25 ἔχει
18.25N εἶχεν
19.16 σχῶ
19.16N ἔχω
19.21 ἕξεις
19.22 ἔχων
21. 3 ἔχει
21. 3N ἔχει
21.21 ἔχητε
21.26 ἔχουσιν
21.26N εἶχον
21.28 εἶχεν
21.38 σχῶμεν
21.38N κατασχῶμεν
21.46 εἶχον
22.12 ἔχων
22.24 ἔχων
22.25 ἔχων
22.28 ἔσχον
22.28N εἶχον
24.19 ἐχούσαις
25.25 ἔχεις
25.28 ἔχοντι
25.29 ἔχοντι
25.29 ἔχοντος
25.29 ἔχει
25.29N ἔχειν
25.29N ἔχων
25.30N ἔχων
26. 7 ἔχουσα
26.11 ἔχετε
26.11 ἔχετε
26.65 ἔχομεν
27.16 εἶχον
27.65 ἔχετε
27.65 ἔχεται

ἕως 2193.5

1.17 18.21 26.29
1.17 18.22 26.38
1.17 18.22 26.58
2.15 20. 8 27. 8
11.12 22.26 27.45
11.13 23.35 27.51
11.23 24.21 27.64
11.23 24.27 27.65N
13.30 24.31 28.15N
17.17 25.10N 28.20
17.17

Ζαβουλών, ὁ 2194

4.13 4.15

Ζάρα, ὁ 2196

1. 3

ζαφθάνει 2196.5

27.46N ζαφθάνει
27.46N σαφθάνει

Ζαχαρίας, ου, ὁ 2197

23.35

ζάω 2198

4. 4 ζήσεται
9.18 ζήσεται
16.16 ζῶντος
16.16N σώζοντος
22.32 ζώντων
26.63 ζῶντος
26.63N ζῶντος
27.63 ζῶν

ζβέννυμι 2198.5

25. 8N ζβέννυνται

Ζεβεδαῖος, ου, ὁ 2199

4.21 10. 2 26.37
4.21 20.20 27.56

ζημιόω 2210

16.26 ζημιωθῇ

ζητέω 2212

2.13 ζητεῖν
2.20 ζητοῦντες
6.33 ζητεῖτε
7. 7 ζητεῖτε
7. 8 ζητῶν
7. 8N αἰτῶν
12.39N ζητεῖ
12.43 ζητοῦν
12.46 ζητοῦντες
12.47 ζητοῦντες
13.45 ζητοῦντι
13.45N ζητοῦν
16. 4N ζητεῖ
18.11N ζητῆσαι
18.11N ζητεῖ
18.12 ζητεῖ
18.12N ζητήσει
20.28N ζητεῖτε
21.46 ζητοῦντες
26.16 ἐζήτει
26.59 ἐζήτουν
28. 5 ζητεῖτε

ζιζάνιον, ου, τό 2215

18.25 18.29 18.38
18.26 18.30 18.40
18.27 18.36

Ζοροβαβέλ, ὁ 2216

1.12 1.13

ζυγός, οῦ, ὁ 2218

11.29 11.30

ζύμη, ης, ἡ 2219

13.33 16.11 16.12
16. 6

ζυμόω 2220

13.33 ἐζυμώθη

ζωή, ῆς, ἡ 2222

7.14 19.16 19.29
18. 8 19.17 25.46
18. 9

ζώνη, ης, ἡ 2223

3. 4 10. 9

ἤ 2228

1.18 12.33 19.29
5.17 12.33 19.29
5.18 12.37N 19.29
5.36 12.48N 20.15
6.24 13.21 20.15
6.24 15. 4 20.23N
6.25 15. 5 21.23N
6.31 15. 6N 21.25
6.31 16.14 22.17
7. 4 16.26 23.17
7. 9 17.25 23.19
7.10 17.25 24.23
7.16 18. 8 25.37
9. 5 18. 8 25.38
10.11 18. 8 25.39
10.14 18. 8 25.39N
10.15 18. 9 25.44
10.19 18.13 25.44
10.37 18.16 25.44
10.37 18.16 25.44
11. 3 18.20 25.44
11.22 19.24 26.53
11.24 19.29 26.53N
12. 5 19.29 26.75N
12.25 19.29 27.17
12.29

ἡγεμών, όνος, ὁ 2232

2. 6 27.11 27.21
10.18 27.14 27.27
27. 2 27.15 28.14
27.11

ἡγέομαι 2233

2. 6 ἡγούμενος

ἤδη 2235

3.10 14.24 17.12
5.28 15.32 24.32
14.15

ἡδύοσμον, ου, τό 2238

23.23

ἥκω 2240

8.11 ἥξουσιν
23.36 ἥξει
24.14 ἥξει
24.50 ἥξει.

ἠλί 2241

27.46 ἠλί
27.46N ἐλωί
27.46N ἐλωεί
27.46N ἠλεί
27.46N ἀηλί

Ἠλίας, ου, ὁ 2243

11.14 17. 4 17.12
16.14 17.10 27.47
17. 3 17.11 27.49

ἡλικία, ας, ἡ 2244

6.27

ἥλιος, ου, ὁ 2246

5.45 13.43 24.29
13. 6 17. 2

ἡμέρα, ας, ἡ 2250

2. 1 13. 1 24.36
3. 1 15.32 24.37
4. 2 16.21 24.38
6.34 17. 1 24.38
7.22 17.23 24.42
8.13N 18. 1N 24.50
9.15 20. 2 25.13
9.15N 20. 6 26. 2
10.15 20.12 26.29
10.19N 20.19 26.55
11.12 22.23 26.61
11.22 22.46 27.40
11.23N 23.30 27.63
11.24 24.19 27.64
12.36 24.22 28.15
12.40 24.22 28.20
12.40 24.29

Ἡρῴδης, ου, ὁ 2264

2. 1 2.15 14. 1
2. 3 2.16 14. 3
2. 7 2.19 14. 6
2.12 2.22 14. 6
2.13

Ἡρῳδιανοί, ῶν, οἱ 2265

22.16

Ἡρῳδιάς, άδος, ἡ 2266

14. 3 14. 6

Ἠσαΐας, ου, ὁ 2268

1.22N 8.17 13.35N
3. 3 12.17 15. 7
4.14 13.14

ἥσσων, ον 2276

20.28N ἥττονα
20.28N ἥττων

Θαδδαῖος, ου, ὁ 2280

10. 3 Θαδδαῖος
10. 3N Λεββαῖος

θάλασσα, ης, ἡ 2281

4.15 8.32 15.29
4.18 13. 1 17.27
4.18 13.47 18. 6
8.24 14.24N 21.21
8.26 14.25 23.15
8.27 14.26

Θάμαρ, ἡ 2283

1. 3

θάνατος, ου, ὁ 2288

4.16 16.28 26.38
10.21 20.18 26.66
15. 4

θανατόω 2289

10.21 θανατώσουσιν
20.19N θανατῶσαι
26.59 θανατώσωσιν
26.59N θανατώσουσιν
27. 1 θανατῶσαι
27. 1N θανατώσουσιν

θάπτω 2290

8.21 θάψαι
8.22 θάψαι
14.12 ἔθαψαν
14.12N ἔθαψεν

θαρσέω 2293

9. 2 θάρσει
9. 2N θαρεῖ
9.22 θάρσει
14.27 θαρσεῖτε

θαυμάζω 2296

8.10 ἐθαύμασεν
8.27 ἐθαύμασαν
9. 8N ἐθαύμασαν
9.33 ἐθαύμασαν
15.31 θαυμάσαι
21.20 ἐθαύμασαν
22.22 ἐθαύμασαν
27.14 θαυμάζειν

θαυμάσιος, α, ον 2297

21.15

θαυμαστός, ή, όν 2298

21.42

θεάομαι 2300

6. 1 θεαθῆναι
11. 7 θεάσασθαι
22.11 θεάσασθαι
23. 5 θεαθῆναι

θέλημα, ατος, τό 2307

6.10 12.50 21.31
7.21 18.14 26.42

θέλω 2309

1.19 θέλων
2.18 ἤθελεν
2.18N ἠθέλησεν
5.40 θέλοντι
5.40N θέλων
5.42 θέλοντα
5.42N θέλοντι
7.12 θέλητε
8. 2 θέλῃς
8. 3 θέλω
9.13 θέλω
11.14 θέλετε
12. 7 θέλω
12.38 θέλομεν
13.28 θέλεις
14. 5 θέλων
15.28 θέλεις
15.32 θέλω
16.24 θέλει
16.25 θέλῃ
17. 4 θέλεις

θέλω 2309

17.12 ἠθέλησαν
18.23 ἠθέλησεν
18.30 ἤθελεν
18.30N ἠθέλησεν
19.17 θέλεις
19.21 θέλεις
20.14 θέλω
20.15 θέλω
20.21 θέλεις
20.26 θέλῃ
20.27 θέλῃ
20.32 θέλετε
21.29 θέλω
21.30N θέλω
22. 3 ἤθελον
23. 4 θέλουσιν
23. 4N θέλωσιν
23.37 ἠθέλησα
23.37 ἠθελήσατε
26.15 θέλετε
26.17 θέλεις
26.39 θέλω
27.15 ἤθελον
27.15N παρητοῦντο
27.17 θέλετε
27.21 θέλετε
27.34 ἠθέλησεν
27.34N ἤθελεν
27.43 θέλει

θεμελιόω 2311

7.25 τεθεμελίωτο

θεός, οῦ, ὁ 2316

1.23 12.28 22.29
3. 9 13.37N 22.30N
3.16 14.33 22.31
4. 3 15. 3 22.32
4. 4 15. 4 22.32
4. 6 15. 6 22.32
4. 7 15.31 22.32
4.10 16.16 22.32N
5. 6N 16.23 22.37
5. 8 19. 6 23.22
5. 9 19.17N 23.39N
5.34 19.24 26.61
6. 8N 19.26 26.63
6.24 21.12N 26.63
6.30 21.31 27.40
6.32N 21.31N 27.43
6.33 21.43 27.43
8.29 22.16 27.46
9. 8 22.21 27.46
12. 4 22.21 27.54
12.28

θεραπεία, ας, ἡ 2322

24.45N

θεραπεύω 2323

4.23 θεραπεύων
4.24 ἐθεράπευσεν
8. 7 θεραπεύσω
8.16 ἐθεράπευσεν
9.35 θεραπεύων
10. 1 θεραπεύειν
10. 8 θεραπεύετε
10. 8N θεραπεύσατε
12.10 θεραπεῦσαι
12.10N θεραπεύειν
12.15 ἐθεράπευσεν

θεραπεύω 2323

12.16N ἐθεράπευσεν
12.22 ἐθεράπευσεν
14.14 ἐθεράπευσεν
15.30 ἐθεράπευσεν
17.16 θεραπεῦσαι
17.18 ἐθεραπεύθη
17.18N ἐθαραπεύθη
19. 2 ἐθεράπευσεν
21.14 ἐθεράπευσεν

θερίζω 2325

6.26 θερίζουσιν
25.24 θερίζων
25.26 θερίζω

θερισμός, οῦ, ὁ 2326

9.37 9.38 13.30
9.38 13.30 13.39

θεριστής, οῦ, ὁ 2327

13.30 13.39

θέρος, ους, τό 2330

24.32 24.33N

θεωρέω 2334

27.55 θεωροῦσαι
28. 1 θεωρῆσαι

θηλάζω 2337

21.16 θηλαζόντων
24.19 θηλαζούσαις
24.19N θηλαζομέναις
24.19N ἐνθηλαζούσαις

θῆλυς, εια, υ 2338

19. 4

θησαυρίζω 2343

6.19 θησαυρίζετε
6.19N θησαυρίσεται
6.20 θησαυρίζετε

θησαυρός, οῦ, ὁ 2344

2.11 6.21 13.44
6.19 12.35 13.52
6.20 12.35 19.21

θλίβω 2346

7.14 τεθλιμμένη

θλῖψις, εως, ἡ 2347

13.21 24.21 24.29
24. 9

θνῄσκω 2348

2.20 τεθνήκασιν

θορυβέω 2350

9.23 θορυβούμενον

θόρυβος, ου, ὁ 2351

26. 5 27.24

θρηνέω 2354

11.17 ἐθρηνήσαμεν

θρῆνος, ου, ὁ 2354.5

2.18N

θρίξ, τριχός, ἡ 2359

3. 4   5.36   10.30

θροέομαι 2360

24. 6 θροεῖσθε

θρόμβος, ου, ὁ 2361

26.39N

θρόνος, ου, ὁ 2362

5.34   19.28   25.31
19.28   23.22

θυγάτηρ, τρός, ἡ 2364

9.18   10.37   15.28
9.22   14. 6   21. 5
10.35   15.22

θυμόομαι 2373

2.16 ἐθυμώθη

θύρα, ας, ἡ 2374

6. 6   25.10   28. 2N
24.33   27.60

θυσία, ας, ἡ 2378

9.13   12. 7

θυσιαστήριον, ου, τό 2379

5.23   23.18   23.20
5.24   23.19   23.35

θύω 2380

22. 4 τεθυμένα
22. 4N τεθημένα

Θωμᾶς, ᾶ, ὁ 2381

10. 3

'Ιακώβ, ὁ 2384

1. 2   1.15   8.11
1. 2   1.16   22.32

'Ιάκωβος, ου, ὁ 2385

4.21   10. 3   17. 1
10. 2   13.55   27.56

ἰάομαι 2390

8. 8 ἰαθήσεται
8.13 ἰάθη
13.15 ἰάσομαι
15.28 ἰάθη

ἰατρός, οῦ, ὁ 2395

9.12

ἴδε 2396

25.20   25.25   26.65N
25.22   26.65

ἴδιος, ία, ον 2398

9. 1   16.22N   24. 3
13.24N   17. 1   25.14
13.57N   17.19   25.15
14.13   20.17
14.23   22. 5

ἰδού 2400

1.20   10.16   21. 5
1.23   11. 8   22. 4
2. 1   11.10   23.34
2. 9   11.19   23.38
2.13   12. 2   24.23
2.19   12.10   24.25
3.16   12.18   24.26
3.17   12.41   24.26
4.11   12.42   25. 6
7. 4   12.46   25.25N
8. 2   12.47   26.45
8.24   12.49   26.46
8.29   13. 3   26.47
8.32   15.22   26.51
8.34   17. 3   26.65N
9. 2   17. 5   27.51
9. 3   17. 5   28. 2
9.10   19.16   28. 7
9.18   19.27   28. 7
9.20   20.18   28. 9
9.32   20.30   28.11
28.20

ἱδρώς, ῶτος, ὁ 2402

26.39N

'Ιερεμίας, ου, ὁ 2408

2.17   16.14   27. 9

ἱερεύς, έως, ὁ 2409

8. 4   12. 4   12. 5

'Ιεριχώ, ἡ 2410

20.29

ἱερόν, οῦ, τό 2411

4. 5   21.12   24. 1
12. 5   21.14   24. 1
12. 5N   21.15   24. 3N
12. 6   21.23   26.55
21.12

'Ιεροσόλυμα, τά 2414

2. 1   5.35   20.18
2. 3   15. 1   21. 1
3. 5   16.21   21.10
4.25   20.17

'Ιερουσαλήμ, ἡ 2419

2. 1N   23.37   23.37

'Ιησοῦς, οῦ, ὁ 2424

1. 1   14.16   22.18
1.16   14.22N   22.20N
1.18   14.25N   22.29
1.21   14.27   22.41
1.25   14.29   22.43N
2. 1   14.31   23. 1
3.13   15. 1   24. 1
3.15   15.16N   24. 2N
3.16   15.21   24. 4
4. 1   15.28   26. 1
4. 4N   15.29   26. 4
4. 7   15.29N   26. 6
4.10   15.30N   26.10
4.12N   15.32   26.17
4.17   15.34   26.18N
4.18N   16. 6   26.19
4.18N   16. 8   26.23N
4.23N   16.13   26.25N
7.28   16.15N   26.26
8. 3N   16.17   26.31
8. 4   16.20N   26.34
8. 5N   16.21   26.36
8. 7N   16.24   26.38N
8.10   17. 1   26.42N
8.13   17. 2N   26.49
8.14   17. 4   26.50
8.18   17. 7   26.50
8.20   17. 8   26.51
8.22   17. 9   26.52
8.29N   17.11N   26.55
8.32N   17.14N   26.56N
8.34   17.17   26.57
9. 1N   17.18   26.59
9. 2   17.19   26.63
9. 4   17.20N   26.64
9. 9   17.22   26.69
9.10   17.25   26.71
9.12N   17.26   26.75
9.15   18. 1   27. 1
9.18N   18. 2N   27.11
9.19   18.11   27.11
9.22   19. 1   27.16
9.23   19.11N   27.17
9.27   19.14   27.17
9.27N   19.17N   27.20
9.28   19.18   27.22
9.30   19.21   27.26
9.35   19.23   27.27
9.36N   19.26   27.37
10. 1N   19.28   27.46
10. 5   20.17   27.50
11. 1   20.21N   27.54
11. 2N   20.22   27.55
11. 4   20.23N   27.57
11. 7   20.25   27.58
11.20N   20.29N   28. 5
11.25   20.30   28. 9
12. 1   20.30N   28.10
12. 3N   20.32   28.16
12. 9N   20.34   28.18
12.15   21. 1
12.25N   21. 1N
13. 1   21. 6
13.31N   21.11
13.34   21.12
13.36N   21.15N
13.51N   21.16
13.52N   21.21
13.53   21.24
13.57   21.27
14. 1   21.27N
14.12   21.31
14.13   21.42
14.14N   22. 1

ἱκανός, ή, όν 2425

3.11 14.24N 28.12
8. 8

ἵλεως, ων 2436

16.22

ἱμάτιον, ου, τό 2440

5.40 14.36 26.65
9.16 17. 2 27.28N
9.16 21. 7 27.31
9.20 21. 8 27.35
9.21 23. 5N 27.35N
11. 8N 24.18

ἱματισμός, οῦ, ὁ 2441

27.35N

ἵνα 2443

1.22 12.42N 21. 4
2.15 13.13N 22.24N
4. 3 14.15 23.15N
4.14 14.36 23.26
5.29 16.20 26. 4
5.30 18. 6 26.16
6.18N 18.14 26.56
7.12 18.16 26.63
8. 8 19.13 27. 1N
8.34N 19.16 27.20
9. 6 20.21 27.26
10.25 20.31 27.32
12.10 20.32N 27.35N
12.17 20.33 28.10

ἵνα μή 2443.5

5.29 12.16 26. 5
5.30 17.27 26.41
7. 1 24.20

ἵνα τί 2444

9. 4 27.46

Ἰορδάνης, ου, ὁ 2446

3. 5 3.13 4.25
3. 6 4.15 19. 1

Ἰουδαία, ας, ἡ 2449

2. 1 3. 1 19. 1
2. 5 3. 5 24.16
2.22 4.25

Ἰουδαῖος, αία, αῖον 2453

2. 2 27.29 28.15
27.11 27.37

Ἰούδας, α, ὁ 2455
(son of Jacob)
1. 2 2. 6 2. 6
1. 3

Ἰούδας, α, ὁ 2455.2
(Iscariot)
10. 4 26.25 27. 3
26.14 26.47

Ἰούδας, α, ὁ 2455.5
(apostle)
13.55

Ἰσαάκ, ὁ 2464

1. 2 Ἰσαάκ, Ἰσαάκ
1. 2N Ἰσάκ, Ἰσάκ
8.11 Ἰσαάκ
8.11N Ἰσάκ
22.32 Ἰσαάκ
22.32N Ἰσάκ

Ἰσκαριώτης, ου, ὁ 2469

10. 4 Ἰσκαριώτης
10. 4N Ἰσκαριώθ
10. 4N Σκαριώτης
26.14 Ἰσκαριώτης
26.14N Σκαριώτης

ἴσος, η, ον 2470

20.12

Ἰσραήλ, ὁ 2474

2. 6 9.33 15.31
2.20 10. 6 19.28
2.21 10.23 27. 9
8.10 15.24 27.42

ἵστημι 2476

2. 9 ἐστάθη
2. 9N ἔστη
4. 5 ἔστησεν
4. 5N ἵστησιν
6. 5 ἑστῶτες
9.22N ἔστη
10.18N σταθήσεσθαι
12.25 σταθήσεται
12.25N στήσεται
12.26 σταθήσεται
12.46 εἱστήκεισαν
12.47 ἑστήκασιν
12.47N ἑστήκεισαν
12.47N ἑστήκασαν
13. 2 εἱστήκει
13. 2N ἱστήκει
13. 2N ἑστήκει
16.28 ἑστώτων
16.28N ἑστῶτες
16.28N ἑστηκότων
18. 2 ἔστησεν
18.16 σταθῇ
18.16N σταθήσεται
20. 3 ἑστῶτας
20. 6 ἑστῶτας
20. 6 ἑστήκατε
20.32 στάς
24.15 ἑστός
24.15 ἑστώς
25.33 στήσει
26.15 ἔστησαν
26.73 ἑστῶτες
27.11 ἐστάθη
27.11N ἔστη
27.47 ἑστηκότων
27.47N ἑστώτων

ἰσχυρός, ά, όν 2478

3.11 12.29 14.30
12.29

ἰσχύς, ύος, ἡ 2479

22.37N

ἰσχύω 2480

5.13 ἰσχύει
8.28 ἰσχύειν
9.12 ἰσχύοντες
26.40 ἰσχύσατε
26.40N ἴσχυσας

ἰχθύς, ύος, ὁ 2486

7.10 14.19 17.27
14.17 15.36

Ἰωαθάμ, ὁ 2488

1. 9 (2)

Ἰωάννης, ου, ὁ 2491
(Baptist)
3. 1 Ἰωάννης
3. 1N Ἰωάνης
3. 4 Ἰωάννης
3. 4 Ἰωάνης
3.13 Ἰωάννην
3.13N Ἰωάνην
3.14 Ἰωάννης
3.14N Ἰωάνης
4.12 Ἰωάννης
4.12N Ἰωάνης
9.14 Ἰωάννου
9.14N Ἰωάνου
11. 2 Ἰωάννης
11. 2 Ἰωάνης
11. 4 Ἰωάννῃ
11. 4N Ἰωάνει
11. 4N Ἰωάνη
11. 4N Ἰωάννει
11. 7 Ἰωάννου
11. 7N Ἰωάνου
11.11 Ἰωάννου
11.11N Ἰωάνου
11.11N Ἰάννου
11.12 Ἰωάννου
11.12N Ἰωάνου
11.12N Ἰωάννους
11.12N Ἰάννου
11.13 Ἰωάννου
11.13N Ἰωάνου
11.13N Ἰάννου
11.18 Ἰωάννης
11.18N Ἰωάνης
14. 2 Ἰωάννης
14. 2N Ἰωάνης
14. 3 Ἰωάννην
14. 3N Ἰωάνην
14. 8 Ἰωάννου
14. 8N Ἰωάνου
14.10 Ἰωάννην
14.10N Ἰωάνην
16.14 Ἰωάννην
16.14N Ἰωάνην
17.13 Ἰωάννου
17.13N Ἰωάνου
21.25 Ἰωάννου
21.25N Ἰωάνου
21.26 Ἰωάννην
21.26N Ἰωάνην
21.32 Ἰωάννης
21.32N Ἰωάνης

'Ιωάννης, ου, ὁ 2491.2
(disciple)
4.21 'Ιωάννην
4.21N 'Ιωάνην
10. 2 'Ιωάννης
10. 2N 'Ιωάνης
17. 1 'Ιωάννην
17. 1N 'Ιωάνην

'Ιωάννης, ου, ὁ 2491.3
(brother of Jesus)
13.55N 'Ιωάννης

'Ιωβήδ, ὁ 2492.2

1. 5 'Ιωβήδ
1. 5N 'Ωβήδ
1. 5N 'Οβήδ

'Ιωνᾶς, ᾶ, ὁ 2495

12.39 12.41 16. 4
12.40

'Ιωράμ, ὁ 2496

1. 8 (2)

'Ιωσαφάτ, ὁ 2498

1. 8 (2)

'Ιωσῆς, ῆ, ὁ 2500

13.55N
27.56N

'Ιωσήφ, ὁ 2501.2
(Mary's husband)
1.16 1.20 2.13
1.18 1.24 2.19
1.19

'Ιωσήφ, ὁ 2501.4
(Arimathea)
27.57 27.59

'Ιωσήφ, ὁ 2501.6
(brother of Jesus)
13.55

'Ιωσήφ, ὁ 2501.9
(son of a Mary)
27.56

'Ιωσίας, ου, ὁ 2498.5

1.10 'Ιωσιάν, 'Ιωσίας
1.10N 'Ιωσειάν, 'Ιωσείας

ἰῶτα, τό 2503

5.18

κἀγώ 2504

2. 8 18.33N καὶ ἐγώ
10.32 21.24
10.33 21.24N καὶ ἐγώ
11.28 21.24
16.18 21.24N καὶ ἐγώ
18.33 26.15
26.15N καὶ ἐγώ
28.18N

καθά 2505

27.10

καθαρίζω 2511

8. 2 καθαρίσαι
8. 3 ἐκαθαρίσθη
8. 3N ἐκαθερίσθη
10. 8 καθαρίζετε
10. 8N καθαρείσατε
11. 5 καθαρίζονται
23.25 καθαρίζετε
23.26 καθάρισον

καθαρός, ά, όν 2513

5. 8 23.26 27.59

καθέδρα, ας, ἡ 2515

21.12 23. 2

καθέζομαι 2516

26.55 ἐκαθεζόμην
26.55N ἐκαθήμην

καθεύδω 2518

8.24 ἐκάθευδεν
9.24 καθεύδει
13.25 καθεύδειν
25. 5 ἐκάθευδον
26.40 καθεύδοντας
26.43 καθεύδοντας
26.45 καθεύδετε

καθηγητής, οῦ, ὁ 2519

23. 8 23.10 (2)

κάθημαι 2521

4.16 καθήμενος
4.16 καθημένοις
4.16N καθήμενοι
9. 9 καθήμενον
11.16 καθημένοις
11.21N καθήμενοι
11.21N καθήμεναι
13. 1 ἐκάθητο
13. 2 καθῆσθαι
15.29 ἐκάθητο
19.28 καθήσεσθε
19.28N καθίσεσθε
19.28N καθεσθήσεσθε
20.30 καθήμενοι
21. 7 ἐκάθητο
22.44 κάθου
23.22 καθημένῳ
24. 3 καθημένου
26.55N ἐκαθήμην
26.58 ἐκάθητο
26.64 καθήμενον
26.69 ἐκάθητο
27.19 καθημένου
27.36 καθήμενοι
27.61 καθήμεναι

καθίζω 2523

5. 1 καθίσαντος
13.48 καθίσαντες
19.28 καθίσῃ

καθίζω 2523

20.21 καθίσωσιν
20.23 καθίσαι
23. 2 ἐκάθισαν
25.31 καθίσει
25.31N καθίσῃ
26.36 καθίσατε

καθίστημι 2525

24.45 κατέστησεν
24.45N καταστήσει
24.47 καταστήσει
25.21 καταστήσω
25.23 καταστήσω

καθώς 2531

21. 6 27.10N 28.15N
26.24 28. 6 28.18N

Καϊάφας, α, ὁ 2533

26. 3 26.57

καινός, ή, όν 2537

9.17 26.28N 27.60
13.52 26.29

καιρός, οῦ, ὁ 2540

8.29 14. 1 21.41
11.25 16. 3 24.45
12. 1 20.29N 26.18
13.30 21.34

Καῖσαρ, αρος, ὁ 2541

22.17 22.21 (2)

Καισάρεια, ας, ἡ 2542

16.13 Καισαρείας
16.13N Καισαρίας

καίω 2545

5.15 καίουσιν
13.40N καίεται

κἀκεῖ 2546

5.23 26.32N 28.10
10.11 27.55N

κἀκεῖνος, η, ο 2548

15.18 20. 4N 23.23

κακία, ας, ἡ 25.49

6.34

κακολογέω 2551

15. 4 κακολογῶν

κακός, ή, όν 2556

21.41 24.48 27.23

κακῶς 2560

4.24 14.35 17.15
8.16 15.22 21.41
9.12

<u>καλέω</u> 2564

1.21 καλέσεις
1.23 καλέσουσιν
1.23N καλέσεις
1.25 ἐκάλεσεν
2. 7 καλέσας
2.15 ἐκάλεσα
2.23 κληθήσεται
4.18N καλούμενον
4.21 ἐκάλεσεν
5. 9 κληθήσονται
5.19 κληθήσεται
5.19 κληθήσεται
9. 9N καλούμενον
9.13 καλέσαι
10. 2N καλούμενος
10.25N καλοῦσιν
10.25N ἐκαλέσαντο
10.25N ἐκάλεσαν
20. 8 κάλεσον
21.13 κληθήσεται
22. 3 καλέσαι
22. 3 κεκλημένους
22. 4 κεκλημένοις
22. 8 κεκλημένοι
22. 9 καλέσατε
22.43 καλεῖ
22.45 καλεῖ
23. 7 καλεῖσθαι
23. 8 κληθῆτε
23. 8N καλέσηται
23. 9 καλέσητε
23.10 κληθῆτε
25.14 ἐκάλεσεν
27. 8 ἐκλήθη

<u>καλός</u>, ή, όν 2570

3.10 13.23 15.26
5.16 13.24 17. 4
7.17 13.27 18. 8
7.18 13.37 18. 9
7.19 13.38 26.10
12.33 13.45 26.24
13. 8 13.48

<u>καλύπτω</u> 2572

8.24 καλύπτεσθαι
10.26 κεκαλυμμένον
10.26N συγκεκαλυμμένον

<u>καλῶς</u> 2573

12.12 15. 7

<u>κάμηλος</u>, ου, ὁ 2574

3. 4 19.24 23.24

<u>κάμινος</u>, ου, ἡ 2575

13.42 13.50

<u>καμμύω</u> 2576

13.15 ἐκάμμυσαν
13.15N ἐκάμυσαν

<u>κἄν</u> 2579

10.23N 21.21 28.14N
14.36N 26.35

<u>Καναναῖος</u> ου, ὁ 2581

10. 4

<u>καρδία</u>, ας, ἡ 2588

5. 8 12.35N 15. 8
5.28 12.35N 15.18
6.21 12.40 15.19
9. 4 13.15 18.35
11.29 13.15 22.37
12.34 13.19 24.48

<u>καρπός</u>, οῦ, ὁ 2590

3. 8 7.19 13.26
3.10 7.20 21.19
7.16 12.33 21.34
7.17 12.33 21.34
7.17 12.33 21.41
7.18 13. 8 21.43
7.18

<u>καρποφορέω</u> 2592

13.23 καρποφορεῖ

<u>κάρφος</u>, ους, τό 2595

7. 3 7. 4 7. 5

<u>κατά</u> (c. gen.) 2596

5.11 12.14 20.11
5.23 12.25 20.11N
8.32 12.25 22.15N
10. 1N 12.30 26.59
10.35 12.32 26.63
10.35 12.32 27. 1
10.35

<u>κατά</u> (c. acc.) 2596

1.20 14.13 23. 3
2.12 14.23 24. 3
2.13 16.22N 24. 7
2.16 16.27 25.15
2.19 17. 1 26.55
2.22 17.19 27.15
9.29 19. 3 27.19
12.25N 20.17

<u>καταβαίνω</u> 2597

3.16 καταβαῖνον
3.16N καταβαίνοντα
7.25 κατέβη
7.27 κατέβη
8. 1 καταβάντος
8. 1N καταβάντι
8. 1N καταβαίνοντος
11.23 καταβήσῃ
11.23N καταβιβασθήσῃ
14.29 καταβάς
17. 9 καταβαινόντων
17. 9N καταβαίνοντες
24.17 καταβάτω
24.17N καταβαινέτω
26.39N καταβαίνοντες
27.40 κατάβηθι
27.42 καταβάτω
28. 2 καταβάς
28. 2N κατέβη

<u>καταβιβάζω</u> 2601

11.23N καταβιβασθήσῃ

<u>καταβολή</u>, ῆς, ἡ 2602

13.35 25.34

<u>καταγελάω</u> 2606

9.24 κατεγέλων
9.24N κατεγέλουν

<u>κατάγνυμι</u> 2608

12.20 κατεάξει
12.20N κατιάξεις

<u>καταδικάζω</u> 2613

7. 1N καταδικάζετε
7. 1N καταδικάσθηται
12. 7 κατεδικάσατε
12.37 καταδικασθήσῃ
12.37N κατακριθήσῃ

<u>καταθεματίζω</u> 2616.5

26.74 καταθεματίζειν
26.74N καταναθεματίζειν

<u>καταισχύνω</u> 2617

20.28N καταισχυνθήσῃ

<u>κατακαίω</u> 2618

3.12 κατακαύσει
13.30 κατακαῦσαι
13.40 κατακαίεται
13.40N καίεται
13.40N κατακαίονται

<u>κατακλυσμός</u>, οῦ, ὁ 2627

24.38 24.39

<u>κατακρίνω</u> 2632

12.37N κατακριθήσῃ
12.41 κατακρινοῦσιν
12.41N κακρινοῦσιν
12.42 κατακρινεῖ
20.18 κατακρινοῦσιν
27. 3 κατεκρίθη

<u>κατακυριεύω</u> 2634

20.25 κατακυριεύουσιν
20.25N κατακυριεύσουσιν

<u>καταλείπω</u> 2641

4.13 καταλιπών
16. 4 καταλιπών
19. 5 καταλείψει
21.17 καταλιπών
21.17N καταλείπων

<u>καταλλάσσω</u> 2644

5.24N καταλλάγηθι

<u>καταλύω</u> 2647

5.17 καταλῦσαι
5.17 καταλῦσαι
24. 2 καταλυθήσεται
26.61 καταλῦσαι
27.40 καταλύων

<u>καταμανθάνω</u> 2648

6.28 καταμάθετε

<u>καταμαρτυρέω</u> 2649

26.62 καταμαρτυροῦσιν
26.62N καταγώρουσιν
27.13 καταμαρτυροῦσιν
27.13N κατηγόρουσιν

<u>καταναθεματίζω</u> 2650.5

26.74N καταναθεματίζειν

<u>κατανοέω</u> 2657

7. 3 κατανοεῖς

<u>καταπατέω</u> 2662

5.13 καταπατεῖσθαι
7. 6 καταπατήσουσιν
7. 6N καταπατήσωσιν

<u>καταπέτασμα</u>, ατος, τό 2665

27.51

<u>καταπίνω</u> 2666

23.24 καταπίνοντες

<u>καταποντίζομαι</u> 2670

14.30 καταποντίζεσθαι
18. 6 καταποντισθῇ

<u>καταράομαι</u> 2672

5.44N καταρωμένους
25.41 κατηραμένοι
25.41N κατηραμμένοι

<u>καταρτίζω</u> 2675

4.21 καταρτίζοντας
21.16 κατηρτίσω
21.16N καταρτείσω

<u>κατασκευάζω</u> 2680

11.10 κατασκευάσει

<u>κατασκηνόω</u> 2681

13.32 κατασκηνοῦν
13.32N κατασκηνοῖν

<u>κατασκήνωσις</u>, εως, ἡ 2682

8.20

<u>καταστρέφω</u> 2690

21.12 κατέστρεψεν

<u>καταφιλέω</u> 2705

26.49 κατεφίλησεν

<u>καταφρονέω</u> 2706

6.24 καταφρονήσει
18.10 καταφρονήσητε

<u>καταχέω</u> 2708

26. 7 κατέχεεν

<u>κατέναντι</u> 2713

21. 2 24. 3N 27.24N
27.61N

<u>κατεξουσιάζω</u> 2715

20.25 κατεξουσιάζουσιν

<u>κατεσθίω</u> 2719

13. 4 κατέφαγεν
23.14 κατεσθίετε
23.14N καταισθείεται

<u>κατέχω</u> 2722

21.38N κατασχῶμεν

<u>κατηγορέω</u> 2723

12.10 κατηγορήσωσιν
12.10N κατηγορήσουσιν
26.62N καταγωροῦσιν
27.12 κατηγορεῖσθαι
27.13N κατηγοροῦσιν

<u>κατισχύω</u> 2729

16.18 κατισχύσουσιν
16.18N κατισχύσωσιν

<u>κατοικέω</u> 2730

2.23 κατῴκησεν
4.13 κατῴκησεν
4.13N κατοίκησεν
12.45 κατοικεῖ
23.21 κατοικοῦντι
23.21N κατοικήσαντι

<u>κάτω</u> 2736

2.16 20.28N 27.51
4. 6

<u>καυματίζω</u> 2739

13. 6 ἐκαυματίσθη

<u>καύσων</u>, ωνος, ὁ 2742

20.12

<u>Καφαρναούμ</u>, ἡ 2746.5

4.13 Καφαρναούμ
4.13N Καπερναούμ
8. 5 Καφαρναούμ
8. 5N Καπερναούμ
11.23 Καφαρναούμ
11.23N Καπερναούμ
17.24 Καφαρναούμ
17.24N Καπερναούμ
17.24N Καπαρναούμ

<u>κεῖμαι</u> 2749

3.10 κεῖται
5.14 κειμένη
28. 6 ἔκειτο

<u>κελεύω</u> 2753

8.18 ἐκέλευσεν
14. 9 ἐκέλευσεν
14.19 κελεύσας
14.19N ἐκέλευσεν
14.19N κελεύσατε
14.28 κέλευσον
15.35N ἐκέλευσεν
18.25 ἐκέλευσεν
27.58 ἐκέλευσεν
27.64 κέλευσον

<u>κεραία</u>, ας, ἡ 2762

5.18

<u>κεραμεύς</u>, έως, ὁ 2763

27. 7 27.10

<u>κερδαίνω</u> 2770

16.26 κερδήσῃ
18.15 ἐκέρδησας
25.16 ἐκέρδησεν
25.16N ἐποίησεν
25.17 ἐκέρδησεν
25.20 ἐκέρδησα
25.22 ἐκέρδησα
25.22N ἐπεκέρδησα

<u>κεφαλή</u>, ῆς, ἡ 2776

5.36 14.11 27.29
6.17 21.42 27.30
8.20 24.31N 27.37
10.30 26. 7 27.39
14. 8

<u>κῆνσος</u>, ου, ὁ 2778

17.25 22.17 11.19

<u>κήρυγμα</u>, ατος, τό 2782

12.41

<u>κηρύσσω</u> 2784

3. 1 κηρύσσων
4.17 κηρύσσειν
4.23 κηρύσσων
9.35 κηρύσσων
10. 7 κηρύσσετε
10.27 κηρύξατε
10.27N κηρυχθήσετε
10.27N κηρύσσετε
11. 1 κηρύσσειν
24.14 κηρυχθήσεται
26.13 κηρυχθῇ

<u>κῆτος</u>, ους, τό 2785

12.40

<u>κιβωτός</u>, οῦ, ἡ 2787

24.38

<u>κινέω</u> 2795

23. 4 κινῆσαι
27.39 κινοῦντες

κλάδος, ου, ὁ 2798

13.32 21. 8 24.32

κλαίω 2799

2.18 ἔκλαυσεν
11.17N ἐκλαύσασθαι
26.75 ἔκλαυσεν

κλάσμα, ατος, τό 2801

14.20 15.37

κλαυθμός, οῦ, ὁ 2805

2.18 13.50 24.51
8.23 22.13 25.30
13.42

κλάω 2806

14.19 κλάσας
15.36 ἔκλασεν
26.26 ἔκλασεν

κλείς, κλειδός, ἡ 2807

16.19

κλείω 2808

6. 6 κλείσας
23.13 κλείετε
23.13N καὶ ἔσται
25.10 ἐκλείσθη
25.10N ἠκλείσθη

κλέπτης, ου, ὁ 2812

6.19 6.20 24.43

κλέπτω 2813

6.19 κλέπται
6.20 κλέπται
19.18 κλέψεις
27.64 κλέψωσιν
27.64N κλέψουσιν
28.13 ἔκλεψαν

κληρονομέω 2816

5. 5 κληρονομήσουσιν
19.16N κληρονομήσω
19.29 κληρονομήσει
19.29N κληρονομῆσαι
25.34 κληρονομήσατε

κληρονομία, ας, ἡ 2817

21.38

κληρονόμος, ου, ὁ 2818

21.38

κλῆρος, ου, ὁ 2819

27.35 27.35N

κλητός, ή, όν 2822

20.16N 22.14

κλίβανος, ου, ὁ 2823

6.30

κλίνη, ης, ἡ 2825

9. 2 9. 6 24.41N

κλίνω 2827

8.20 κλίνῃ

κλοπή, ῆς, ἡ 2829

15.19

κοδράντης, ου, ὁ 2835

5.26

κοιλία, ας, ἡ 2836

12.40 15.17 19.12

κοιμάομαι 2837

27.52 κεκοιμημένων
28.13 κοιμωμένων

κοινόω 2840

15.11 κοινοῖ
15.11N κοινωνεῖ
15.11 κοινοῖ
15.11N κοινωνεῖ
15.18 κοινοῖ
15.18N κοινωνεῖ
15.20 κοινοῦντα
15.20N κοινωνοῦντα
15.20 κοινοῖ
15.20N κοινωνεῖ

κοινωνέω 2841

15.11N κοινωνεῖ
15.11N κοινωνεῖ
15.18N κοινωνεῖ
15.20N κοινωνοῦντα
15.20N κοινωνεῖ

κοινωνός, οῦ, ὁ, ἡ 2844

23.30

κόκκινος, η, ον 2847

27.28

κόκκος, ου, ὁ 2848

13.31 17.20

κόλασις, εως, ἡ 2851

25.46

κολαφίζω 2852

26.67 ἐκολάφισαν

κολλάομαι 2853

19. 5 κολληθήσεται
19. 5N προσκολληθήσεται

κολλυβιστής, οῦ, ὁ 2855

21.12

κολοβόω 2856

24.22 ἐκολοβώθησαν
24.22N κολοβωθήσονται
24.22 κολοβωθήσονται

κομίζω 2865

25.27 ἐκομισάμην

κονιάω 2867

23.27 κεκονιαμένοις

κονιορτός, οῦ, ὁ 2868

10.14

κοπάζω 2869

14.32 ἐκόπασεν

κοπιάω 2872

6.28 κοπιῶσιν
6.28N κοπιοῦσιν
6.28N κοπιᾷ
11.28 κοπιῶντες

κόπος, ου, ὁ 2873

26.10

κόπτω 2875

5.30N ἔκοψον
5.30N κόψον
11.17 ἐκόψασθε
11.17N ἐκλαύσασθαι
11.17N κόψασθαι
21. 8 ἔκοπτον
24.30 κόψονται

κοράσιον, ου, τό 2877

9.24 9.25 14.11

κορβανᾶς, ᾶ, ὁ 2878.5

27. 6

κοσμέω 2885

12.44 κεκοσμημένον
12.44N κοσμημένον
23.29 κοσμεῖτε
25. 7 ἐκόσμησαν

κόσμος, ου, ὁ 2889

4. 8 13.49N 24.21
5.14 16.26 25.34
13.35 18. 7 26.13
13.38

κουστωδία, ας, ἡ 2892

27.65 27.66 28.11

κόφινος, ου, ὁ 2894

14.20 16. 9

κράζω 2896

8.29 ἔκραξαν
8.29N ἔκραζον
9.27 κράζοντες
9.27N κραυγάζοντες
14.26 ἔκραξαν
14.30 ἔκραξεν
14.30N ἐκραύγαζεν
15.22 ἔκραζεν
15.22N ἔκραξεν
15.22N ἐκραύγασεν

<u>κράζω</u> 2896

15.23 κράζει
20.30 ἔκραξαν
20.31 ἔκραξαν
20.31N ἐκραύγασαν
20.31N ἔκραζον
20.31N ἐκραύγαζον
21. 9 ἔκραζον
21. 9N ἔκραξαν
21.15 κράζοντας
27.23 ἔκραζον
27.23N ἔκραξαν
27.50 κράξας

<u>κρανίον</u>, ου, τό 2898

27.33

<u>κράσπεδον</u>, ου, τό 2899

9.20 14.36 23. 5
9.21N

<u>κρατέω</u> 2902

9.25 ἐκράτησεν
12.11 κρατήσει
12.11N κρατήσας
12.11N κράτει
14. 3 κρατήσας
18.28 κρατήσας
21.46 κρατῆσαι
21.46N κρατήσας
21.46N ποιῆσαι
22. 6 κρατήσαντες
26. 4 κρατήσωσιν
26. 4N κρατήσουσι
26.48 κρατήσατε
26.50 ἐκράτησαν
26.55 ἐκρατήσατε
26.55N κρατήσατε
26.56N κρατήσαντες
26.57 κρατήσαντες
28. 9 ἐκράτησαν

<u>κραυγάζω</u> 2905

9.27N κραυγάζοντες
12.19 κραυγάσει
14.30N ἐκραύγαζεν
15.22N ἐκραύγασεν
20.31N ἐκραύγασαν

<u>κραυγή</u>, ῆς, ἡ 2906

25. 6

<u>κρεμάννυμι</u> 2910

18. 6 κρεμασθῇ
22.40 κρέμαται
22.40N κρέμανται

<u>κρημνός</u>, οῦ, ὁ 2911

8.32

<u>κρίμα</u>, ατος, τό 2917

7. 2 23.14

<u>κρίνον</u>, ου, τό 2918

6.28

<u>κρίνω</u> 2919

5.40 κριθῆναι
7. 1 κρίνετε
7. 2 κρίνετε
7. 2 κριθήσεσθε
19.28 κρίνοντες

<u>κρίσις</u>, εως, ἡ 2920

5.21 11.24 12.41
5.22 12.18 12.42
10.15 12.20 23.23
11.22 12.36 23.33

<u>κριτής</u>, οῦ, ὁ 2923

5.25 5.25 12.27

<u>κρούω</u> 2925

7. 7 κρούετε
7. 8 κρούοντι

<u>κρυπτός</u>, ή, όν 2927

6. 4 6. 6 10.26
6. 4 6. 6

<u>κρύπτω</u> 2928

5.14 κρυβῆναι
11.25 ἔκρυψας
11.25N ἀπέκρυψας
13.33N ἔκρυψεν
13.35 κεκρυμμένα
13.44 κεκρυμμένῳ
13.44 ἔκρυψεν
25.18 ἔκρυψεν
25.18N ἀπέκρυψεν
25.25 ἔκρυψα

<u>κρυφαῖος</u>, αία, αῖον 2930.5

6.18(2)

<u>κτάομαι</u> 2932

10. 9 κτήσησθε
10. 9N κτήσεσθε

<u>κτῆμα</u>, ατος, τό 2933

19.22

<u>κτίζω</u> 2936

19. 4 κτίσας
19. 4N ποιήσας
19. 4N ἐποίησας

<u>κύκλῳ</u> 2945

14.15N

<u>κυλλός</u>, ή, όν 2948

15.30 15.31 18. 8

<u>κῦμα</u>, ατος, τό 2949

8.24 14.24

<u>κύμινον</u>, ου, τό 2951

23.23

<u>κυνάριον</u>, ου, τό 2952

15.26 15.27 15.27N

<u>Κυρηναῖος</u>, ου, ὁ 2956

27.32

<u>κύριος</u>, ου, ὁ 2962

1.20 12. 8 22.37
1.22 13.27 22.43
1.24 13.51N 22.44
2.13 14.28 22.44
2.15 14.30 22.45
2.17N 15.22 23.39
2.19 15.25 24.42
3. 3 15.27 24.45
3. 3N 15.27 24.46
4. 4N 16.22 24.48
4. 7 17. 4 24.50
4.10 17.15 25.11
5.14N 18.21 25.18
5.33 18.25 25.19
6.24 18.26N 25.20
7.21 18.27 25.21
7.21 18.31 25.21
7.22 18.32 25.22
7.22 18.34 25.23
8. 2 20. 8 25.23
8. 6 20.30 25.24
8. 8 20.30N 25.26
8.21 20.31 25.37
8.25 20.33 25.44
9.27N 21. 3 26.22
9.28 21. 9 27.10
9.38 21.29N 27.63
10.24 21.30 28. 2
10.25 21.40 28. 6N
11.25 21.42

<u>κύων</u>, κυνός, ὁ 2965

7. 6

<u>κωλύω</u> 2967

19.14 κωλύετε
19.14N κωλύσητε
23.13N κωλύετε

<u>κώμη</u>, ης, ἡ 2968

9.35 10.14N 21. 2
10.11 14.15

<u>κώνωψ</u>, ωπος, ὁ 2971

23.24

<u>κωφός</u>, ή, όν 2974

9.32
9.33
11. 5
12.22 κωφός
12.11N κωφόν
12.22
15.30
15.31

<u>λάθρα</u> 2977

1.19 2. 7

λαλέω 2980

9.18 λαλοῦντος
9.33 ἐλάλησεν
10.19 λαλήσητε
10.19N λαλήσετε
10.19 λαλήσητε
10.19N λαλήσετε
10.20 λαλοῦντες
10.20 λαλοῦν
12.22 λαλεῖν
12.34 λαλεῖν
12.34 λαλεῖ
12.36 λαλήσουσιν
12.36N λαλήσωσιν
12.46 λαλοῦντος
12.46 λαλῆσαι
12.47 λαλῆσαι
13. 3 ἐλάλησεν
13.10 λαλεῖς
13.13 λαλῶ
13.13N λαλεῖ
13.31N ἐλάλησεν
13.33 ἐλάλησεν
13.34 ἐλάλησεν
13.34 ἐλάλει
13.34N ἐλάλησεν
13.34N ἐλάλησεν
13.34N ἠλάλη
14.27 ἐλάλησεν
15.31 λαλοῦντας
15.31N ἀκούοντας
17. 5 λαλοῦντος
23. 1 ἐλάλησεν
26.13 λαληθήσεται
26.47 λαλοῦντος
28.18 ἐλάλησεν

λαλιά, ᾶς, ἡ 2981

26.73

λαμά 2982

27.46N

λαμβάνω 2983

5.40 λαβεῖν
7. 8 λαμβάνει
8.17 ἔλαβεν
8.17N ἀνέλαβεν
10. 8 ἐλάβετε
10.38 λαμβάνει
10.41 λήμψεται
10.41N λήψεται
10.41 λήμψεται
10.41N λήψεται
12.14 ἔλαβον
12.14N ἐποίησαν
13.20 λαμβάνων
13.31 λαβών
13.33 λαβοῦσα
14.19 λαβών
14.19N ἔλαβεν
15.26 λαβεῖν
15.36 ἔλαβεν
15.36N λαβών
16. 5 λαβεῖν
16. 7 ἐλάβομεν
16. 8N ἐλάβετε
16. 9 ἐλάβετε
16.10 ἐλάβετε
17.24 λαμβάνοντες
17.25 λαμβάνουσιν
17.27 λαβών
19.29 λήμψεται
19.29N λήψεται

λαμβάνω 2983

20. 7N λήμψεσθε
20. 7N λήψεσθε
20. 9 ἔλαβον
20.10 λήμψονται
20.10N λήψονται
20.10 ἔλαβον
20.11 λαβόντες
21.22 λήμψεσθε
21.22N λήψεσθε
21.34 λαβεῖν
21.35 λαβόντες
21.39 λαβόντες
22.15 ἔλαβον
23.14N λήμψεσθε
25. 1 λαβοῦσαι
25. 3 λαβοῦσαι
25. 3N λαββοῦσαι
25. 3 ἔλαβον
25. 4 ἔλαβον
25.16 λαβών
25.17N λαβών
25.18 λαβών
25.20 λαβών
25.22N λαβών
25.24 εἰληφώς
25.24N λαβών
26.26 λαβών
26.26 λάβετε
26.27 λαβών
26.52 λαβόντες
26.52N λαμβάνοντες
27. 1 ἔλαβον
27. 1N ἐποίησαν
27. 6 λαβόντες
27. 7 λαβόντες
27. 9 ἔλαβον
27.24 λαβών
27.30 ἔλαβον
27.48 λαβών
27.49N λαβών
27.59 λαβών
27.59N παραλαβών
28.12 λαβόντες
28.12N ἐποίησαν
28.15 λαβόντες

λαμπάς, άδος, ἡ 2985

25. 1 25. 4 25. 8
25. 3 25. 7

λάμπω 2989

5.15 λάμπει
5.16 λαμψάτω
13.43N λάμψουσιν
17. 2 ἔλαμψεν

λαός, οῦ, ὁ 2992

1.21 13.14N 26.47
2. 4 13.15 27. 1
2. 6 15. 8 27.20N
4.16 16.21N 27.24N
4.23 21.23 27.25
9.35N 26. 3 27.64
10. 1N 26. 5

λατομέω 2998

27.60 ἐλατόμησεν

λατρεύω 3000

4.10 λατρεύσεις

λάχανον, ου, τό 3001

13.32

Λεββαῖος, ου, ὁ 3002

10. 3N

λεγιών, ῶνος, ἡ 3003

26.53

λέγω 3004

1.16 λεγόμενος
1.16N λεγόμενον
1.20 λέγων
1.22 λέγοντος
2. 2 λέγοντες
2.13 λέγων
2.15 λέγοντος
2.17 λέγοντος
2.20 λέγων
2.23 λεγομένην
2.23N λεγομένη
3. 2 λέγων
3. 3 λέγοντος
3. 9 λέγειν
3. 9 λέγω
3.14 λέγων
3.17 λέγουσα
4. 6 λέγει
4. 9N λέγει
4.10 λέγει
4.14 λέγοντος
4.17 λέγειν
4.18 λεγόμενον
4.18N καλούμενον
4.18N ἐπικαλούμενον
4.19 λέγει
5. 2 λέγων
5.18 λέγω
5.20 λέγω
5.22 λέγω
5.26 λέγω
5.28 λέγω
5.32 λέγω
5.34 λέγω
5.39 λέγω
5.44 λέγω
6. 2 λέγω
6. 5 λέγω
6.16 λέγω
6.25 λέγω
6.29 λέγω
6.31 λέγοντες
7. 4N λέγεις
7.21 λέγων
8. 2 λέγων
8. 3 λέγων
8. 4 λέγει
8. 4N εἶπεν
8. 6 λέγων
8. 7 λέγει
8. 9 λέγω
8.10 λέγω
8.11 λέγω
8.17 λέγοντος
8.20 λέγει
8.22 λέγει
8.22N εἶπεν
8.25 λέγοντες
8.26 λέγει
8.27 λέγοντες
8.29 λέγοντες
8.31 λέγοντες

<u>λέγω</u> 3004

26.13 λέγω
26.14 λεγόμενος
26.17 λέγοντες
26.18 λέγει
26.21N λέγει
26.21 λέγω
26.22 λέγειν
26.25 λέγει
26.27 λέγων
26.29 λέγω
26.31 λέγει
26.34 λέγω
26.35 λέγει
26.36 λεγόμενον
26.36 λέγει
26.38 λέγει
26.39 λέγων
26.40 λέγει
26.42 λέγων
26.45 λέγει
26.48 λέγων
26.52 λέγει
26.61N λέγοντα
26.61N λέγοντος
26.64 λέγει
26.64 λέγω
26.65 λέγων
26.65N λέγει
26.68 λέγοντες
26.69 λέγουσα
26.70 λέγων
26.70 λέγεις
26.71 λέγει
26.72N λέγων
27. 4 λέγων
27. 9 λέγοντος
27.11 λέγων
27.11 λέγεις
27.13 λέγει
27.16 λεγόμενον
27.17 λεγόμενον
27.19 λέγουσα
27.22 λέγει
27.22 λεγόμενον
27.22 λέγουσιν
27.23N λέγει
27.23 λέγοντες
27.24 λέγων
27.29 λέγοντες
27.29N δέροντες
27.33 λεγόμενον
27.33 λεγόμενος
27.33N λεγόμενον
27.40 λέγοντες
27.41 ἔλεγον
27.41N λέγοντες
27.46 λέγων
27.47 ἔλεγον
27.49 ἔλεγον
27.49N εἶπαν
27.49N εἶπον
27.54 λέγοντες
27.63 λέγοντες
28. 9 λέγων
28.10 λέγει
28.13 λέγοντες
28.18 λέγων

<u>λεῖος</u>, α, ον 3006

17. 1N

<u>λεμά</u> 3011.5

27.46 λεμά 27.46N λαμά
27.46N λιμά 27.46N λειμά

<u>λεμά</u> 3011.5

27.46 λεμά
27.46N λιμά
27.46N λαμά
27.46N λειμά

<u>λέπρα</u>, ας, ἡ 3014

8. 3

<u>λεπρός</u>, ά, όν 3015

8. 2 11. 5 26. 6
10. 8

<u>λεπρωσος</u> 3015.5

26. 6N

<u>λευκός</u>, ή, όν 3022

5.36 17. 2 28. 3

<u>ληνός</u>, οῦ, ἡ 3025

21.33

<u>λῃστής</u>, οῦ, ὁ 3027

21.13 27.38 27.44
26.55

<u>λίαν</u> 3029

2.16 8.28 27.14
4. 8

<u>λίβανος</u>, ου, ὁ 3030

2.11

<u>λιθοβολέω</u> 3036

21.35 ἐλιθοβόλησαν
23.37 λιθοβολοῦσα
23.37N λιθοβολήσασα

<u>λίθος</u>, ου, ὁ 3037

3. 9 18. 6N 24. 2
4. 3 21.42 27.60
4. 6 21.44 27.66
7. 9 24. 2 28. 2

<u>λικμάω</u> 3039

21.44 λικμήσει

<u>λιμός</u>, οῦ, ὁ, ἡ 3042

24. 7

<u>λίνον</u>, ου, τό 3043

12.20

<u>λόγος</u>, ου, ὁ 3056

5.32 13.19 19. 9N
5.37 13.20 19.11
7.24 13.21 19.22
7.26 13.22 21.24
7.28 13.22 22.15
8. 8 13.23 22.46
8.16 15. 6 24.35
10.14 15.12 25.19
12.32 15.23 26. 1
12.36 18.23 26.44
12.37 19. 1 28.15
12.37

15. 6 λόγον
15. 6N νόμον
15. 6N ἐντολήν

<u>λόγχη</u>, ης, ἡ 3057

27.49N

<u>λοιπός</u>, ή, όν 3062, 3063,3064

22. 6 26.45 27.49
25.11

<u>λύκος</u>, ου, ὁ 3074

7.15 10.16

<u>λυπέω</u> 3076

14. 9 λυπηθείς
14. 9N ἐλυπήθη
17.23 ἐλυπήθησαν
18.31 ἐλυπήθησαν
19.22 λυπούμενος
26.22 λυπούμενοι
26.37 λυπεῖσθαι

<u>λύτρον</u>, ου, τό 3083

20.28

<u>λυχνία</u>, ας, ἡ 3087

5.15

<u>λύχνος</u>, ου, ὁ 3088

5.15 6.22

<u>λύω</u> 3089

5.19 λύσῃ
5.19N λύσει
16.19 λύσῃς
16.19N λύσεις
16.19 λελυμένον
16.19N λελυμένα
18.18 λύσητε
18.18 λελυμένα
18.18N λελυμεν
21. 2 λύσαντες

<u>Μαγαδάν</u>, ἡ 3093

15.39 Μαγαδάν
15.39N Μαγεδάν
15.39N Μαγδαλάν
15.39N Μαγδαλά

<u>Μαγδαληνή</u>, ῆς, ἡ 3094

27.56 27.61 28. 1

<u>μάγος</u>, ου, ὁ 3097

2. 1 2.13N 2.16
2. 7 2.16

<u>μαθητεύω</u> 3100

13.52 μαθητευθείς
27.57 ἐμαθητεύθη
27.57N ἐμαθήτευσεν
28.19 μαθητεύσατε

<u>μαθητής</u>, οῦ, ὁ 3101

5. 1 14.22 21. 1
8.21 14.26 21. 6
8.22N 15. 2 21.20

μαθητής, οῦ, ὁ 3101

8.23 15.12 22.16
9.10 15.23 23. 1
9.11 15.32 24. 1
9.14 15.33 24. 3
9.14 15.36 26. 1
9.19 15.36 26. 8
9.37 16. 5 26.17
10. 1 16.13 26.18
10.24 16.20 26.19
10.25 16.21 26.20N
10.42 16.24 26.26
11. 1 17. 6 26.35
11. 2 17.10 26.36
12. 1 17.13 26.40
12. 2 17.16 26.45
12.47N 17.19 26.56
12.49 18. 1 27.64
13.10 19.10 28. 7
13.36 19.13 28. 8
14.12 19.23 28. 9N
14.15 19.25 28.13
14.19 20.17 28.16
14.19

Μαθθαῖος, ου, ὁ 3102.2

9. 9 Μαθθαῖον
9. 9N Ματθαῖον
9. 9N Ματθέων
9. 9N Μαθθέον
9. 9N Μματθαῖον
10. 3 Μαθθαῖος
10. 3N Ματθαῖος
10. 3N Ματθέος

Μαθθάν, ὁ 3102.4

1.15 Ματθάν, Ματθάν
1.15N Μαθθάν, Μαθθάν

μακάριος, ία, ίον 3107

5. 3 5. 8 11. 6
5. 4 5. 9 13.16
5. 5 5.10 16.17
5. 6 5.11 24.46
5. 7

μακράν 3112

8.30

μακρόθεν 3113

26.58 27.55

μακροθυμέω 3114

18.26 μακροθύμησον
18.29 μακροθύμησον

μακρός, ά, όν 3117

23.14N

μαλακία, ας, ἡ 3119

4.23 9.35 10. 1

μαλακός, ή, όν 3120

11. 8 (2)

μᾶλλον 3123

6.20N 10. 6 18.13
6.26 10.25 20.31N
6.30 10.28 25. 9
7.11 12.12N 27.24

μαμωνᾶς, ᾶ, ὁ 3126

6.24

Μανασσῆς, ῆ, ὁ 3128

1.10 Μανασσῆ
1.10 Μανασσῆς
1.10N Μανασσῆ

μανθάνω 3129

9.13 μάθετε
11.29 μάθετε
24.32 μάθετε

μαργαρίτης, ου, ὁ 3135

7. 6 13.45 13.46
13.46N

Μαρία, ας, ἡ 3137

1.16
1.18
1.20 Μαρίαν
1.20N Μαριάμ
2.11
13.55 Μαριάμ
13.55N Μαρία

Μαρία ἡ Μαγδαληνή 3137.2

27.56 Μαρία ἡ Μαγδαληνή
27.56N Μαριὰμ ἡ Μαγδαληνή
27.61 Μαριὰμ ἡ Μαγδαληνή
27.61N Μαρία ἡ Μαγδαληνή
27.61N Μαρία Μαγδαληνή
28. 1 Μαριὰμ ἡ Μαγδαληνή
28. 1N Μαρία ἡ Μαγδαληνή
28. 1N Μαρία Μαγδαληνή

Μαρία ἡ τοῦ Ἰακώβου 3137.3

27.56 Μαρία ἡ τοῦ Ἰακώβου
27.56N Μαριὰμ ἡ τοῦ Ἰακώβου
27.56N Μαρία Ἰακώβου
27.56N Μαρία ἡ Ἰωσήφ
27.61 Μαρία
28. 1 Μαρία
28. 1N Μαριάμ

μαρτυρέω 3140

23.31 μαρτυρεῖτε

μαρτύριον, ου, τό 3142

8. 4 24.14 26.65N
10.18

μάρτυς, μάρτυρος, ὁ 3144

18.16 26.60N 26.65

μαστιγόω 3146

10.17 μαστιγώσουσιν
20.19 μαστιγῶσαι
23.34 μαστιγώσετε

μάτην 3155

15. 9

Ματθαῖος, ου, ὁ 3102.2

9. 9N 10. 3N

Ματθάν, ὁ 3102.4

1.15N (2)

μάτων

8.21N

μάχαιρα, ης, ἡ 3162

10.34 26.52 26.52
26.47 26.52 26.55
26.51

μάχη, ης, ἡ 3163

10.34N

μεγαλύνω 3170

23. 5 μεγαλύνουσιν

μέγας, μεγάλη, μέγα 3173

2.10 20.25 24.31
4.16 20.26 27.46
5.19 20.28N 27.50
5.35 22.36 27.60
7.27 22.38 27.60N
8.24 23. 4N 28. 2
8.26 24.21 28. 8
15.28 24.24

μεθερμηνεύομαι 3177

1.23 μεθερμηνευόμενον

μεθύω 3184

24.49 μεθυόντων
24.49N μεθύστων

μείζων 3187

11.11 18. 1 23.11
11.11 18. 4 23.17
12. 6 20.31 23.19
13.32 22.36N

μέλας, μέλαινα, μέλαν 3188, 3189

5.36

μέλει 3190.5

16.27N μέλει
22.16 μέλει
22.16N μέλλει

μέλι, ιτος, τό 3192

3. 4

μέλλω 3195

2.13 μέλλει
3. 7 μελλούσης
11.14 μέλλων
12.32 μέλλοντι
12.32N μέλοντι
16.27 μέλλει
16.27N μέλει
17.12 μέλλει
17.22 μέλλει
20.17N μέλλων
20.22 μέλλω
22.16N μέλλει
24. 6 μελλήσετε
24. 6N μέλλεται
24. 6N μέλλετε

μέλος, ους, τό 3196

5.29 5.30

μέν 3303

3.11 16. 3 23.27
9.37 16.14 23.28
10.13 17.11 25.15
13. 4 20.23 25.33
13. 8 21.35 26.24
13.23 22. 5 26.41
13.32 22. 8

μένω 3306

10.11 μείνατε
10.11N μένετε
11.23 ἔμεινεν
11.23N ἔμειναν
11.23N ἔμεινον
26.38 μείνατε

μερίζω 3307

12.25 μερισθεῖσα
12.25 μερισθεῖσα
12.26 ἐμερίσθη

μέριμνα, ης, ἡ 3308

13.22

μεριμνάω 3309

6.25 μεριμνᾶτε
6.25N μεριμνήσητε
6.27 μεριμνῶν
6.28 μεριμνᾶτε
6.31 μεριμνήσητε
6.34 μεριμνήσητε
6.34 μεριμνήσει
10.19 μεριμνήσητε

μέρος, ους, τό 3313

2.22 16.13 24.51
15.21

μέσος, η, ον 3319

10.16 14. 6 18.20
13.25 14.24N 25. 6
13.49 18. 2

μεστός, ή, όν 3324

23.28

μετα c. gen. 3326

1.23 17. 8N 26.23
2. 3 17.17 26.29
2.11 18.16 26.36
4.21 18.23 26.38
5.25 19.10 26.40
5.41 20. 2 26.47
8.11 20.20 26.47
9.11 21. 2 26.51
9.15 22.16 26.55
12. 3 24.30 26.58
12. 4 24.31 26.69
12.30 24.49 26.71
12.30 24.51 26.72
12.41 25. 3 27.34
12.42 25. 4 27.41

μετά c. gen. 3326

12.45 25.10 27.54
13.20 25.19 27.66
14. 7 25.31 28. 8
15.30 26.11 28.12
16.27 26.18 28.20
17. 3 26.20

μετά c. acc. 3326

1.12 24.29 26.73
16.21N 25.19 27.53
17. 1 26. 2 27.62
17.23N 26.32 27.63

μεταβαίνω 3327

8.34 μεταβῇ
8.34N μεταβῆναι
11. 1 μετέβη
12. 9 μεταβάς
15.29 μεταβάς
17.20 μετάβα
17.20N μετάβηθι

μεταίρω 3332

13.53 μετῆρεν
19. 1 μετῆρεν

μεταμέλομαι 3338

21.29 μεταμεληθείς
21.32 μετεμελήθητε
27. 3 μεταμεληθείς
27. 3N μεταμελήθη

μεταμορφόομαι 3339

17. 2 μετεμορφώθη
17. 2N μεταμορφώθεις

μετανοέω 3340

3. 2 μετανοεῖτε
4.17 μετανοεῖτε
11.20 μετενόησαν
11.21 μετενόησαν
12.41 μετενόησαν

μετάνοια, ας, ἡ 3341

3. 8 3.11 9.13N

μεταξύ 3342

18.15 22.35

μετοικεσία, ας, ἡ 3350

1.11 1.17 1.17
1.12

μετρέω 3354

7. 2 μετρεῖτε
7. 2 μετρηθήσεται
7. 2N ἀντιμετρηθήσεται

μέτρον, ου, τό 3358

7. 2 23.32

μέχρι 3360

11.23 μέχρι
13.30N μέχρι
13.30N μέχρις
28.15 μέχρι
28.15N μέχρις
28.15N ἕως

μή 3361

1.19 10. 5 18.25
1.20 10. 5 19. 6
2. 6N 10. 9 19. 9
2.12 10.10 19.14
3. 9 10.14 19.17N
3.10 10.19 20.28N
5.17 10.26 21.21
5.20 10.28 22.11N
5.34 10.28 22.12
5.39 10.31 22.23
5.42 10.34 22.24
6. 1 11. 6 22.25
6. 1 11.23 22.29
6. 2 11.27 23. 3
6. 3 12. 4 23. 8
6. 7 12.20N 23. 9
6. 8 12.24 23.23
6.13 12.30 24. 2N
6.15 12.30 24. 4
6.16 12.32N 24. 6
6.18 13. 5 24.17
6.19 13. 6 24.18
6.25 13.13N 24.20
6.31 13.13N 24.23
6.34 13.13N 24.26
7. 1 13.14 24.26
7. 6 13.19 24.36
7. 9 14.27 25.29
7.10 15.32N 26. 5
7.19 17. 7 26. 5
7.26 17.21N 26.41
8.28 18. 3 26.42
9.15 18.10 28. 5
9.36 18.13 28.10

οὐ μή 3364

5.18 15. 6 24.21
5.20 16.22 24.34
5.26 16.28 24.35
10.23 18. 3 25. 9
10.42 23.39 26.29
13.14 24. 2 26.35
13.14

μηδέ 3366

6.25 μηδέ
7. 6 μηδέ
10. 9 μηδέ ... μηδέ
10. 9N μητέ ... μητέ
10. 9N μητέ ... μηδέ
10. 9N μηδέ ... μητέ
10.10 μή .μηδέ.μηδέ.μηδέ
10.10N μητέ.μητέ.μητέ.μητέ
10.10N μή .μητέ.μητέ.μητέ
10.10N μή .μηδέ.μητέ.μητέ
10.14 μηδέ
22.29 μηδέ
23.10 μηδέ
24.20 μηδέ
24.26N μηδέ

μηδείς, μηδεμία, μηδέν 3367

8. 4 16.20 23. 8N
9.30 17. 9 27.19

μηκέτι 3371

21.19

μήποτε 3379

4. 6 13.15 25. 9
5.25 13.29 26. 5N
7. 6 15.32 27.64
13.13N 20.28N

μητέ 3383

5.34 10. 9N (2)
5.35 (2) 10.10N (4)
5.36 11.18 (2)

μήτηρ, τρός, ἡ 3384

1.18 12.47 15. 5
2.11 12.48 15. 6N
2.13 12.49 19. 5
2.14 12.50 19.12
2.20 13.55 19.19
2.21 14. 8 19.29
10.35 14.11 20.20
10.37 15. 4 27.56
12.46 15. 4 27.56

μήτι 3385

7.16 14. 2N 26.25
12.23 26.22

μίγνυμι 3396

27.34 μιγμένον

μικρόν 3397

26.39 26.73

μικρός, ά, όν 3398

10.42 18. 6 18.14
11.11 18.10 20.28N
13.32

μίλιον, ου, τό 3400

5.41

μιμνήσκομαι 3403

6.23 μνησθῇς
26.75 ἐμνήσθη
27.63 ἐμνήσθημεν

μισέω 3404

5.43 μισήσεις
5.44N μίσουσιν
5.44N μισοῦντας
6.24 μισήσει
10.22 μισούμενοι
24. 9 μισούμενοι
24.10 μισήσουσιν

μισθόομαι 3409

20. 1 μισθώσασθαι
20. 7 ἐμισθώσατο

μισθός, οῦ, ὁ 3408

5.12 6. 5 10.41
5.46 6.16 10.42
6. 1 10.10N 20. 8
6. 2 10.41

μνῆμα, ατος, τό 3418

27.52N

μνημεῖον, ου, τό 3419

8.28 27.53 28. 2N
26.29 27.60 28. 8
27.52 27.60

μνημονεύω 3421

16. 9 μνημονεύετε

μνημόσυνον, ου, τό 3422

26.13

μνηστεύομαι 3423

1.16N μνηστευθεῖσα
1.18 μνηστευθείσης

μόδιος, ίου, ὁ 3426

5.15

μοιχαλίς, ίδος, ἡ 3428

12.39 16. 4

μοιχάομαι 3429

5.32N μοιχᾶσθαι
5.32 μοιχᾶται
19. 9N μοιχᾶται
19. 9 μοιχᾶται

μοιχεία, ας, ἡ 3430

15.19

μοιχεύω 3431

5.27 μοιχεύσεις
5.28 ἐμοίχευσεν
5.32 μοιχευθῆναι
5.32N μοιχᾶσθαι
19. 9N μοιχευθῆναι
19.18 μοιχεύσεις

μόνον 3440

5.47 10.42 21.19
8. 8 14.36 21.21
9.21

μόνος, η, ον 3441

4. 4 14.23 18.15
4.10 17. 8 24.36
12. 4

μονόφθαλμος, ον 3442

18. 9

μυλικός, ή, όν 3457

18. 6N

μύλος, ου, ὁ 3458

18. 6 24.41

μυλών, ῶνος, ὁ 3458.5

24.41N

μυρίος, α, ον 3463

18.24

μύρον, ου, τό 3464

26. 7 26. 9N 26.12

μυστήριον, ου, τό 3466

13.11

μωραίνω 3471

5.13 μωρανθῇ

μωρός, ά, όν 3474

5.22 23.19N 25. 3
7.26 25. 2 25. 8
23.17

Μωϋσῆς, έως, ὁ 3475

8. 4 Μωϋσῆς
8. 4N Μωσῆς
17. 3 Μωϋσῆς
17. 3N Μωσῆς
17. 4 Μωϋσεῖ
19. 7 Μωϋσῆς
19. 7N Μωσῆς
19. 8 Μωϋσῆς
19. 8N Μωσῆς
22.24 Μωϋσῆς
22.24N Μωσῆς
23. 2 Μωϋσέως
23. 2N Μωσέως

Ναασσών, ὁ 3476

1. 4 Ναασσών..Ναασσών
1. 4N Νασσόν ..Νασσών

Ναζαρά, Ναζαρέτ, ἡ 3478

2.23 Ναζαρέτ
2.23N Ναζαρέθ
2.23N Ναζαράθ
4.13 Ναζαρά
4.13N Ναζαρέθ
4.13N Ναζαρέτ
4.13N Ναζαράθ
21.11 Ναζαρέθ
21.11N Ναζαρέτ

Ναζαρηνός, ή, όν 3479

26.71N Ναζαρηνοῦ
28. 5N Ναζαρινόν

Ναζωραῖος, ου, ὁ 3480

2.23 Ναζωραῖος
2.23N Ναζωρέος
2.23N Ναζοραῖος
26.69N Ναζωραίου
26.71 Ναζωραίου
26.71N Ναζαρηνοῦ

ναί 3483

5.37 11. 9 15.27
5.37 11.26 17.25
9.28 13.51 21.16

ναός, οῦ, ὁ 3485

23.16 23.21 27. 5
23.16 23.35 27.40
23.17 26.61 27.51

νεανίσκος, ου, ὁ 3495

19.20 19.22

νεκρός, ά, όν 3498

8.22 14. 2 23.27
8.22 17. 9 27.64
10. 8 22.31 28. 4
11. 5 22.32 28. 7

νέος, α, ον 3501

9.17 9.17N 21. 5N
9.17 19.20N

νεφέλη, ης, ἡ 3507

17. 5 24.30 26.64
17. 5

Νεφθαλίμ, ὁ 3508

4.13 Νεφθαλίμ
4.13N Νεφθαλείμ
4.13N Νεφθαλήμ
4.15 Νεφθαλίμ
4.15N Νεφθαλείμ
4.15N Νεφθαλήμ
4.15N Νεφθαλείν

νήθω 3514

6.28 νήθουσιν
6.28N νήθει

νήπιος, ία, ιον 3516

11.25 21.16

νηστεία, ας, ἡ 3521

17.21N

νηστεύω 3522

4. 2 νηστεύσας
6.16 νηστεύητε
6.16 νηστεύοντες
6.17 νηστεύων
6.18 νηστεύων
9.14 νηστεύομεν
9.14 νηστεύουσιν
9.15 νηστεύσουσιν
9.15N νηστεύειν

νῆστις, ὁ, ἡ 3523

15.32

νῖκος, ους, τό 3534

12.20

Νινευίτης, ου, ὁ 3535, 3536

12.41 Νινευῖται
12.41N Νινευεῖτε
12.41N Νινευεῖται
12.41N Νεινευέται
12.41N Νεινευεῖται

νίπτω 3538

6.17 νίψαι
15. 2 νίπτονται

νοέω 3539

15.17 νοεῖτε
16. 9 νοεῖτε
16.11 νοεῖτε
24.15 νοείτω

νομίζω 3543

5.17 νομίσητε
10.34 νομίσητε
20.10 ἐνόμισαν

νομικός, ή, όν 3544

22.35

νόμισμα, ατος, τό 3546

22.19

νόμος, ου, ὁ 3551

5.17 11.13 22.36
5.18 12. 5 22.40
7.12 15. 6N 23.23

νόσος, ου, ἡ 3554

4.23 8.17 10.11
4.24 9.35

νοσσίον, ου, τό 3556

23.37

νότος, ου, ὁ 3558

12.42

νύμφη, ης, ἡ 3565

10.35 22.10N 25. 1N

νυμφίος, ου, ὁ 3566

9.15N 25. 1 25.66
9.15 25. 5 25.10

νυμφών, ῶνος, ὁ 3567

9.15 νυμφῶνος
9.15N νυνφίου
22.10N νυμφών

νῦν 3568,3569

5. 4N 26.65 27.43
12.32N 27.42 28.19N
24.21

νύξ, νυκτός, ἡ 3571

2.14 14.25 26.34
4. 2 25. 6 27.64N
12.40 26.31 28.13
12.40

νύσσω 3572

27.49N ἔνυξεν

νυστάζω 3573

25. 5 ἐνύσταξαν

Νῶε, ὁ 3575

24.37 24.38

ξένος, η, ον 3581

25.35 25.43 27. 7
25.38 25.44

ξηραίνω 3583

13. 6 ἐξηράνθη
13. 6N ἐξηράνθησαν
21.19 ἐξηράνθη
21.20 ἐξηράνθη

ξηρός, ά, όν 3584

12.10 23.15

ξύλον, ου, τό 3586

26.47 26.55

ὁδηγέω 3594

15.14 ὁδηγῇ
15.14N ὁδαγῇ
15.14N ὁδιγῶν
15.14N ὁδηγόν

ὁδηγός, οῦ, ὁ 3595

15.14 23.16 23.24

ὁδός, οῦ, ἡ 3598

2.12 10. 5 21. 8
3. 3 10.10 21. 8
3. 3N 11.10 21.19
4.15 13. 4 21.32
5.25 13.19 22. 9
7.13 15.32 22.10
7.14 20.17 22.16
8.28 20.30

ὀδούς, ὀδόντος, ὁ 3599

5.38 13.42 24.51
5.38 13.50 25.30
8.12 22.13

ὀδυρμός, οῦ, ὁ 3602

2.18

Ὀζίας, ου, ὁ 3604

1. 8 Ὀζίαν, ..Ὀζίας
1. 8N Ὀζείαν,..Ὀζείας

ὅθεν 3606

12.44 25.24 25.26
14. 7 25.24N

οἶδα 1492.5

6. 8 οἶδεν
6.32 οἶδεν
7.11 οἴδατε
9. 4 ἰδών
9. 4N εἰδώς
9. 6 εἴδητε
9. 6N ἴδητε
9. 6N ᾔδειτε
9.24N εἰδότες
12.25 εἰδώς
12.25N ἰδών
12.25N ἰδώς
12.25N εἰδών
15.12 οἶδας
20.22 οἴδατε
20.25 οἴδατε
21.27 οἴδαμεν
22.16 οἴδαμεν
22.29 εἰδότες
22.29N ἰδόντες

οἶδα (Cont) 1492.5

24.36 οἶδεν
24.42 οἴδατε
24.43 ᾔδει
25.12 οἶδα
25.13 οἴδατε
25.26 ᾔδεις
26. 2 οἴδατε
26.70 οἶδα
26.72 οἶδα
26.74 οἶδα
27.18 ᾔδει
27.65 οἴδατε
28. 5 οἶδα

οἰκετεία, ας, ἡ 3609.5

24.45

οἰκέτης, ου, ὁ 3610

6.24N

οἰκία, ας, ἡ 3614

2.11 9.23 13.36
5.15 9.28 13.57
7.24 10.12 17.25
7.25 10.13 19.29
7.26 10.14 23.14
7.27 12.25 24.17
8. 6 12.29 24.43
8.14 12.29 24.45N
9.10 13. 1 26. 6

οἰκοδεσπότης, ου, ὁ 3617

10.25 20. 1 21.33
13.27 20.11 24.43
13.52

οἰκοδομέω 3618

7.24 ᾠκοδόμησεν
7.24N οἰκοδόμησεν
7.26 ᾠκοδόμησεν
7.26N οἰκοδωμήσεται
16.18 οἰκοδομήσω
21.33 ᾠκοδόμησεν
21.42 οἰκοδομοῦντες
23.29 οἰκοδομεῖτε
23.29N οἰκοδόμηται
26.61 οἰκοδομῆσαι
27.40 οἰκοδομῶν

οἰκοδομή, ῆς, ἡ 3619

24. 1

οἶκος, ου, ὁ 3624

8.13N 11. 8 21.13
9. 6 12. 4 21.13
9. 7 12.44 23.38
10. 6 15.24 24.43N
10.12N

οἰκουμένη, ης, ἡ 3625

24.14

οἰνοπότης, ου, ὁ 3630

11.19

οἶνος, ου, ὁ 3631

9.17 9.17 27.34
9.17N

οἷος, α, ον 3634

24.21

ὀκνηρός, ά, όν 3636

25.26

ὀλιγοπιστία, ας, ἡ 3639.5

17.20

ὀλιγόπιστος, ον 3640

6.30 14.31 16. 8
8.26

ὀλίγος, η, ον 3641

7.14 20.16N 25.21
9.37 22.14 25.23
15.34

ὅλος, η, ον 3650

1.22 13.33 22.37N
4.23 14.35 22.40
4.24 16.26 24.14
5.29 20. 6 26.13
5.30 20. 6N 26.56
6.22 21. 4N 26.59
6.23 22.37 27.27
9.26 22.37 27.45N
9.31 22.37

ὅλως 3654

5.34

ὄμμα, ατος, τό 3659

9.29N 20.34

ὀμνύω 3660

5.34 ὀμόσαι
5.36 ὀμόσῃς
14. 7N ὤμωσεν
23.16 ὀμόσῃ
23.16N ὀμόσει
23.16 ὀμόσῃ
23.18 ὀμόσῃ
23.18N ὀμόσει
23.18 ὀμόσῃ
23.20 ὀμόσας
23.20N ὀμνύων
23.20 ὀμνύει
23.21 ὀμόσας
23.21 ὀμνύει
23.22 ὀμόσας
23.22 ὀμνύει
26.74 ὀμνύειν

ὁμοιάζω 3662

23.27N ὁμοιάζετε
26.73N ὁμοιάζει

ὅμοιος, οία, οιον 3664

11.16 13.44 13.52
13.31 13.45 20. 1
13.33 13.47 22.39

ὁμοιόω 3666

6. 8 ὁμοιωθῆτε
7.24 ὁμοιωθήσεται
7.24N ὁμοιώσω
7.26 ὁμοιωθήσεται
11.16 ὁμοιώσω
13.24 ὡμοιώθη
13.24N ὁμοιώθη
13.31N ὡμοιώθη
18.23 ὡμοιώθη
18.23N ὁμοιώθη
22. 2 ὡμοιώθη
22. 2N ὁμοιώθη
25. 1 ὁμοιωθήσεται
25. 1N ὡμοιώθη

ὁμοίως 3668

22.26 25.17N 27.41
22.39N 26.35

ὁμολογέω 3670

7.23 ὁμολογήσω
10.32 ὁμολογήσει
10.32N ὁμολογήσῃ
10.32 ὁμολογήσω
14. 7 ὡμολόγησεν
14. 7N ὤμωσεν

ὄναρ, τό 3677

1.20 2.13 2.22
2.12 2.19 27.19

ὀνειδίζω 3679

5.11 ὀνειδίσωσιν
5.11N διώξουσιν
11.20 ὀνειδίζειν
27.44 ὠνείδιζον

ὀνικός, ή, όν 3684

18. 6

ὄνομα, ατος, τό 3686

1.21 10.22 21. 9
1.23 10.41 23.39
1.25 10.41 24. 5
6. 9 10.42 24. 9
7.22 12.21 27.32
7.22 18. 5 27.57N
7.22 18.20 28.19
10. 2 19.29

ὄνος, ου, ὁ, ἡ 3688

21. 2 21. 5 21. 7

ὄξος, ους, τό 3690

27.34N 27.48

ὀπίσω 3694

3.11 10.38 16.24
4.10N 15.22N 24.18
4.19 16.23

ὅπου 3699

6.19 8.19 25.24N
6.19 13. 5 25.26
6.20 18.20N 26.13
6.20 24.28 26.57
6.21 25.24 28. 6

ὅπως 3704

2. 8 6. 5 12.14
2.23 6.16 12.17N
5.16 6.18 13.35
5.45 8.17 22.15
6. 2 8.34 23.35
6. 4 9.38 26.59

ὅραμα 3705

17. 9

ὁράω 3708

5. 8 ὄψονται
8. 4 ὅρα
9.30 ὁρᾶτε
16. 6 ὁρᾶτε
17. 3 ὤφθη
17. 3N ὤφθησαν
18.10 ὁρᾶτε
22.29N ἰδόντες
24. 6 ὁρᾶτε
24.30 ὄψονται
26.32N ὄψεσθε
26.39N ὤφθη
26.64 ὄψεσθε
27. 4 ὄψῃ
27. 4N ὄψει
27.24 ὄψεσθε
27.49N εἴδομεν
28. 7 ὄψεσθε
28.10 ὄψονται
28.10N ὄψεσθαι

ὀργή, ῆς, ἡ 3709

3. 7

ὀργίζομαι 3710

5.22 ὀργιζόμενος
18.34 ὀργισθείς
22. 7 ὠργίσθη

ὅριον, ου, τό 3725

2.16 8.34 15.39
4.13 15.22 19. 1

ὁρκίζω 3726

26.63N ὁρκίζω

ὅρκος, ου, ὁ 3727

5.33 14. 9 26.72
14. 7

ὄρος, ους, τό 3735

4. 8 17. 1 21.21
5. 1 17. 9 24. 3
5.14 17.20 24.16
8. 1 18.12 26.30
14.23 21. 1 28.16
15.29

ὀρύσσω 3736

21.33 ὤρυξεν
25.18 ὤρυξεν

ὅς, ἥ, ὅ 3739

1.16 12.18 19. 9
1.25 12.32 19.29N
2. 6N 12.32 20. 4
2. 9 12.36 20.22
2.16 13. 5N 20.26
3.11 13.23 20.27
3.12 13.31 21.24
5.19 13.32 21.44
5.19 13.33 22.10
5.21 13.44 22.12N
5.22 13.46N 23.12N
5.22 13.46N 23.16
5.25N 13.48 23.16
5.31 13.52N 23.18
5.32N 14. 2N 23.18
5.32 14. 7 23.35
7. 9 14.22 24.45
10. 4N 15. 5 24.46
10.11 15. 5 25.13N
10.14 15.13 25.29N
10.23N 16.19 25.30N
10.26 16.19 25.41
10.26 16.25 26.24
10.41N 16.25 26.36
10.42 17. 5 26.39N
11. 6 17. 9 26.48
11.10 18. 5 26.50
11.10 18. 6 26.70N
11.16 18. 7 27. 9
11.20 18.18N 27.15
11.23N 18.19 27.33N
11.27 18.20N 27.56
12. 4N 18.23 27.57
12.11 18.28 27.60
12.18 18.34

ὅς μέν

13. 4 13.23 22. 5
13. 8 21.35 25.15

ὅ ἐστιν

1.23 27.33

ὅ modifies sentence

12. 4

ὅς demon.

6. 8 12. 2 19.11
10.27 13.12 20.15
10.27 13.17 20.23
10.38 13.17 25.29
11. 4 19. 6 26.13

ὅς attrac. of rel.

7. 2 21.42 24.44
7. 2 23.37 24.50
18.19 24.38 24.50

ὅσος, η, ον 3745

7.12 16.19N 22. 9
9.15 17.12 22.10N
10.14N 18.18 23. 3
13.44 18.18 25.40
13.46 18.25 25.45
14.36 21.22 28.20
16.19N

ὀστέον, ου, τό 3747

23.27

ὅστις, ἥτις ὅ τι 3748

2. 6 13.12 21.41
5.25 13.12 22. 2
5.39 13.52 23.12
5.41 16.28 23.12
7.15 18. 4 23.27
7.24 19.12 25. 1
7.26 19.12 25. 3N
7.26N 19.12 27.16N
10.32 19.29 27.55
10.33 20. 1 27.55N
12.50 21.33 27.62

ὅταν 3752

2. 8N 10.19 21.40
5.11 10.23 23.15
6. 2 12.43 24.15
6. 5 13.32 24.32
6. 6 15. 2 24.33
6.16 16.26N 25.31
9.15 19.28 26.29

ὅτε 3753

7.28 13.53 21. 1
9.25 16. 9N 21.34
11. 1 17.15N 26. 1
12. 3 17.24N 26.16N
13.26 17.25N 27.31
13.48 19. 1

ὅτι 3754

2.16 7.14 16.11
2.18 7.14N 16.12
2.22 7.23 16.17
2.23 8.11 16.18
3. 9 8.17N 16.20
3. 9N 8.27 16.21
4. 6 9. 6 16.23
4.12 9.18 16.28
5. 3 9.24N 16.28N
5. 4 9.28 17.10
5. 5 9.33N 17.11N
5. 6 9.36 17.12
5. 7 10. 7 17.13
5. 8 10.23N 17.15
5. 9 10.34 17.20N
5.10 11.20 18.10
5.12 11.21 18.13
5.17 11.23 18.19
5.20 11.24 19. 4
5.21 11.25 19. 8
5.22 11.26 19. 9
5.23 11.29 19.23
5.27 12. 5 19.24N
5.28 12. 6 19.28
5.31N 12.23N 20. 7
5.32 12.31 20.10
5.33 12.36 20.12N
5.34 12.41 20.15
5.35 12.42 20.25
5.36 13.11 20.30
5.38 13.13 21. 3
5.43 13.16 21.16
5.45 13.17 21.31
6. 5 14. 5 21.43
6. 7 14.26 21.45
6.13N 15.12 22.16
6.16N 15.17 22.34
6.26 15.23 23.10
6.29 15.32 23.13
6.32 16. 7 23.14
7.13 16. 8 23.15

ὅτι (Cont) 3754

23.23	24.44	26.74
23.25	24.47	26.75
23.27	25. 8	27. 3
23.29	25.13	27.18
23.31	25.24	27.24
23.36N	25.26	27.43
23.39N	26. 2	27.47
24. 2N	26.21	27.63
24. 5N	26.29N	27.63N
24.23	26.34	27.64N
24.33	26.53	28. 5
24.34	26.54	28. 7
24.42	26.64N	28.13
24.43	26.72	

οὗ 3757

2. 9	18.20	28.16

οὗ 3756.5

5.37	13.29	22.17

οὐ, οὐκ, οὐχ 3756

1.25	11.20	16.11
2.18	12. 2	16.11
2.18	12. 3	16.12
3.11	12. 4	16.17
4. 4	12. 5	16.18
4. 7	12. 7	16.22
5.14	12. 7	16.23
5.18	12.19	17.12
5.20	12.20	17.16
5.21	12.20	17.19
5.27	12.24	17.21
5.33	12.25	17.21N
5.36	12.31	17.24
6. 1	12.32	18.14
6. 5	12.39	18.20
6.20	12.43	18.22
6.24	13. 5	18.30
6.26	13.11	18.33
6.26	13.12	19. 4
6.28	13.13	19. 8
6.30	13.13	19.10
7. 1N	13.14	19.11
7. 1N	13.14	19.18
7. 3	13.17	19.18
7.18	13.17	19.18
7.21	13.21	19.18
7.22	13.34N	20.13
7.25	13.55	20.15
7.29	13.55	20.22
8. 8	13.57	20.23
8.20	13.58	20.26
9.12	14. 4	20.28
9.13	14.16	21.16N
9.13	14.17	21.19N
9.14	15. 2	21.21
9.24	15.11	21.25
10.20	15.13	21.27
10.24	15.17	21.29
10.26	15.20	21.30N
10.26	15.23	21.31N
10.29	15.24	21.32
10.34	15.26	21.32N
10.37	15.32	22. 3
10.37	15.32	22. 8
10.38	16. 3	22.11
10.38	16. 4	22.16
11.11	16. 7	22.16
11.17	16. 8	22.31
11.17	16. 9N	22.35

οὐ, οὐκ, οὐχ 3756

23. 3	24.50	26.24
23. 4	24.50	26.29
23.13	25. 3	26.39
23.30	25. 9	26.40
23.37	25.12	26.42
24. 2	25.13	26.53
24. 2	25.24	26.55
24. 2	25.24	26.60
24.21	25.26	26.70
24.21	25.26	26.72
24.22	25.42	26.74
24.29	25.42	27. 6
24.34	25.43	27.13
24.35	25.43	27.14
24.39	25.43	27.34
24.42	25.44	27.42
24.43	24.45	28. 6
24.44	26.11	

οὐά 3758

27.40N		

οὐαί 3759

11.21	23.15	23.27
18. 7	23.16	23.29
18. 7	23.23	24.19
23.13	23.25	26.24
23.14		

οὐδαμῶς 3760

2. 6		

οὐδέ 3761

5.15	10.24	21.32
6.15	10.26N	22.46
6.20	11.27	23.13
6.26	12. 4	24.21
6.26	12.19	24.36
6.28	12.19	24.36
6.28N	13.13	25.13
6.29	16. 9	25.45
7.18	16.10	26.70N
8.10N	21.27	27.14
9.17		

οὐδείς, οὐδεμία, οὐδέν 3762

5.13	17. 8	23.16
6.24	17.20	23.18
8.10	19.17N	24.36
9.16	20. 7	26.62
10.26	21.19	27.12
11.27	22.16	27.14N
13.34	22.46	27.24
15. 5N		

οὐδέποτε 3763

7.23	21.16	26.33
9.33	21.42	

οὐδέπω 3764

7.23N		

οὐκέτι 3765

17. 8N	19. 6	22.46

οὖν 3766

1.17	12.26	22.17
3. 8	13.18	22.21
3.10	13.27	22.28
5.19	13.28	22.43
5.23	13.30N	22.45
5.25N	13.40	23. 3
5.48	13.56	23.12N
6. 2	14.15N	23.20
6. 8	14.25N	24.15
6. 9	15.33N	24.26
6.22	17.10	24.42
6.23	18. 4	25.13
6.31	18.26	25.27
6.34	18.29	25.28
7.11	18.31	26.19N
7.12	18.33N	26.24N
7.19N	18.35N	26.54
7.24	19. 6	26.63N
9.38	19. 7	27.17
10.16	20. 9N	27.22
10.26	21.25	27.58N
10.31	21.36N	27.64
10.32	21.40	28.19
12.12	22. 9	

οὔπω 3768

6.30N	16. 9	24. 6
15.17N	16.11N	

οὐράνιος, ον 3770

5.48	6.26	18.35
6. 8N	6.32	23. 9
6.14	15.13	

οὐρανός, οῦ, ὁ 3772

3. 2	11.12	18.14
3.16	11.23	18.18
3.16N	11.25	18.18
3.17		18.19
4.17	12.50	18.23
5. 3	13.11	19.12
5.10	13.24	19.14
5.12	13.31	19.21
5.16	13.32	19.23
5.18	13.33	19.24N
5.19	13.43N	20. 1
5.19	13.44	21.25
5.20	13.45	21.25
5.34	13.47	22. 2
5.45	13.52	22.30
6. 1	14.19	23.13
6. 9	16. 1	23.22
6.10	16. 2	24.29
6.20	16. 3	24.29
6.26	16. 3	24.30
7.11	16.17	24.30
7.21	16.19	24.31
7.21	16.19	24.35
7.21N	16.19	24.36
8.11	18. 1	25. 1
8.20	18. 3	26.39N
10. 7	18. 4	26.64
10.32	18.10	28. 2
10.33	18.10	28.18
11.11		

οὐρανοῖς, πατὴρ ἐν

5.16 7.21 16.17
5.45 10.32 18.10
6. 1 10.33 18.14
6. 9 12.50 18.19
7.11

οὐρανῶν, ἡ βασιλεία τῶν

3. 2 11.12 18. 3
4.17 13.11 18. 4
5. 3 13.24 18.23
5.10 13.31 19.12
5.19 13.33 19.14
5.19 13.43N 19.23
5.20 13.44 19.24
7.21 13.45 19.24N
7.21N 13.47 20. 1
8.11 13.52 22. 2
10. 7 16.19 23.13
11.11 18. 1 25. 1

Οὐρίας, ου, ὁ 3774

1. 6 Οὐρίου
1. 6N Οὐρείου

οὖς, ὠτός, τό 3775

10.27 13.15 13.43
11.15 13.15 25.29N
13. 9 13.16 25.30N

οὔτε 3777

6.20 6.29 16. 9
6.20 12.32 22.30
6.26 12.32 22.30

οὗτος 3778

3. 3 13.20 21.38
3.17 13.22 21.42
5.19 13.23 24. 9N
7.12 13.55 24.13
7.21N 14. 2 26.23
8.27 15. 8 26.61
9. 3 16.20N 26.71
10.22 16.25N 27.37
11.10 17. 5 27.47
12.23 18. 4 27.54
12.24 21.10 27.58
12.50N 21.11 28.15
13.19

αὕτη 3778.1

9.26 22.20 26. 8
13.54 22.38 26.12
21.42 24.34 26.13

τοῦτο 3778.2

1.22 15.11N 24.14
5.46N 16.22 24.44
6.25 17.21N 26. 9
8. 9 18. 4 26.12
9.28 18.23 26.13
12.11 19.26 26.24N
12.27 20.23 26.26
12.31 20.28N 26.28
13.13 21. 4 26.39
13.28 21.43 26.42
13.52 23.14 26.56
14. 2 23.34 28.14
15.11

τοῦτ' ἔστιν 3778.3

27.46

τούτου 3778.4

5.37N 13.39N 26.29
13.15 13.40N 26.61N
13.22N 19. 5 27.24

ταύτης 3778.5

10.23N 12.41 12.42

τούτῳ 3778.6

8. 9 13.14N 17.20
10.12N 13.54 20.14
12.32 13.56 21.21

ταύτῃ 3778.7

10.23 16.18 26.31
12.45 22.39N 26.34

τοῦτον 3778.8

15.32N 19.22N 27.32
19.11 21.44

ταύτην 3778.9

11.16 21.23 23.36
13.18

οὗτοι 3778.91

4. 3 20.21 25.46
13.28 21.16 26.62

ταῦτα 3778.93

1.20 13.54N 23.36
4. 9 13.56 24. 2
6.32 15.20 24. 3
6.33 15.24N 24. 6N
9.18 19.20 24. 8
10. 2 21.23 24.33
11.25 21.24 24.34
13.34 21.27 25.29N
13.51 23.23 25.30N

τούτων 3778.94

3. 9 6.32 18.14
5.19 10.42 24.31N
5.37 11. 7 25.40
6.26N 18. 6 25.45
6.29 18.10

ταύταις 3778.96

22.40

τούτους 3778.97

7.24 7.28 19. 1
7.26 10. 5 26. 1

ταύτας 3778.98

13.53

οὕτως 3779

1.18 2. 5 3.15

οὕτω 3779

3.15N 7.17N 24.33N
6. 9N 23.28N

οὕτως 3779

5.12 11.26 19.12
5.16 12.40 20.16
5.19 12.45 20.26
5.46N 13.40 23.28
5.47N 13.49 24.27
6. 9 16. 2N 24.33
6.30 17.12 24.37
7.12 18.14 24.39
7.17 18.35 24.46
7.22N 19. 8 26.40
9.33 19.10 26.54

οὐχί 3780

5.46 12.11 13.56
5.47 13.27 18.12
6.25 13.28N 20.13
10.29

ὀφειλέτης, ου, ὁ 3781

6.12 18.24

ὀφειλή, ῆς, ἡ 3782

18.27N 18.32

ὀφείλημα, ατος, τό 3783

6.12

ὀφείλω 3784

18.28 ὤφειλεν
18.28 ὀφείλεις
18.30 ὀφειλόμενον
18.34 ὀφειλόμενον
23.16 ὀφείλει
23.18 ὀφείλει

ὀφθαλμός, οῦ, ὁ 3788

5.29 7. 4 18. 9
5.38 7. 5 18. 9
5.38 7. 5 20.15
6.22 9.29 20.33
6.22 9.30 20.34N
6.23 13.15 20.34N
7. 3 13.15 21.42
7. 3 13.16 26.43
7. 4 17. 8

ὄφις, εως, ὁ 3789

7.10 10.16 23.33

ὄχλος, ου, ὁ 3793

4.25 13.36 17.14
5. 1 14. 5 19. 2
7.28 14.13 20.29
8. 1 14.14 20.31
8.18 14.15 21. 8
9. 8 14.19 21. 9
9.23 14.19 21.11
9.25 14.22 21.26
9.33 14.23 21.46
9.36 15.10 22.33
11. 7 15.30 23. 1

ὄχλος, ου, ὁ (Cont) 3793

12.23 15.31 26.47
12.46 15.32 26.55
13. 2 15.33 27.15
13. 2 15.35 27.20
13.34 15.36 27.24
13.34N 15.39

ὀψέ 3796

28. 1

ὀψία, ας, ἡ 3798

8.16 16. 2 26.20
14.15 20. 8 27.57
14.23

παγιδεύω 3802

22.15 παγιδεύσωσιν

παιδίον, ου, τό 3813

2. 8 2.20 18. 2
2. 9 2.20 18. 3
2.11 2.21 18. 4
2.13 11.16 18. 5
2.13 14.21 19.13
2.14 15.38 19.14

παιδίσκη, ης, ἡ 3814

26.69 26.71N

παῖς, παιδός, ὁ, ἡ 3816

2.16 8.13N 17.18
8. 6 12.18 18.25N
8. 8 14. 2 21.15
8.13

παίω 3817

26.68 παίσας

πάλαι 3819

11.21

παλαιός, ά, όν 3820

9.16 9.17 18.52
9.16N

πάλιν 3825

4. 7 16. 3N 26.42
4. 8 18.19 26.43
5.33 19.24 26.44
7.17N 20. 5 26.44
13.44N 21.36 26.72
13.45 22. 1 26.73N
13.47 22. 4 27.50

παλιγγενεσία, ας, ἡ 3824

19.28 παλιγγενεσία
19.28N παλινγενεσία

πάντοτε 3842

26.11 (2)

παρά w. gen. 3844

2. 4 2.16 20.20N
2. 7 18.19 21.42

παρά w. dat. 3844

6. 1 19.26 22.25
8.10 19.26 28.15
18.20N 21.25N

παρά w. acc. 3844

4.18 13.19 15.30
13. 1 15.29 20.30
13. 4

παραβαίνω 3845

15. 2 παραβαίνουσιν
15. 3 παραβαίνετε
15. 3N παραβαῖναι

παραβολή, ῆς, ἡ 3850

13. 3 13.33 15.15
13.10 13.34 21.33
13.13 13.34 21.45
13.18 13.35 22. 1
13.24 13.36 24.32
13.31 13.53

παραγγέλλω 3853

10. 5 παραγγείλας
15.35 παραγγείλας
15.35N ἐκέλευσεν
15.35N παρανγείλας

παραγίνομαι 3854

2. 1 παρεγένοντο
3. 1 παραγίνεται
3.13 παραγίνεται

παράγω 3855

4.18N παράγων
9. 9 παράγων
9.27 παράγοντι
20.30 παράγει
21.18N παράγων

παραδειγματίζω 3856

1.19 παραδειγματίσαι

παραδίδωμι 3860

4.12 παρεδόθη
5.25 παραδῷ
5.25N παραδώσει
5.25N παραδῷ
5.25N παραδώσει
10. 4 παραδούς
10. 4N παραδίδους
10. 4N παρέδωκεν
10.17 παραδώσουσιν
10.17N παραδώσωσιν
10.19 παραδῶσιν
10.19N παραδίδωσιν
10.19N παραδώσουσιν
10.21 παραδώσει
11.27 παρεδόθη
17.22 παραδίδοσθαι
18.34 παρέδωκεν
20.18 παραδοθήσεται
20.19 παραδώσουσιν
24. 9 παραδώσουσιν
24. 9 παραδώσωσιν
24.10 παραδώσουσιν
25.14 παρέδωκεν

παραδίδωμι 3860

25.20 παρέδωκας
25.22 παρέδωκας
26. 2 παραδίδοται
26. 2N παραδοθήσεται
26.15 παραδώσω
26.15N παραδῷ
26.16 παραδῷ
26.21 παραδώσει
26.23 παραδώσει
26.24 παραδίδοται
26.25 παραδιδούς
26.45 παραδίδοται
26.46 παραδιδούς
26.46N παραδιδών
26.48 παραδιδούς
27. 2 παρέδωκαν
27. 3 παραδιδούς
27. 3N παραδούς
27. 4 παραδούς
27.18 παρέδωκαν
27.26 παρέδωκεν

παράδοσις, εως, ἡ 3862

15. 2 15. 3 15. 6

παραθαλάσσιος, ία, ον 3864

4.13

παραιτέομαι 3868

27.15N παρῃτοῦντο

παρακαλέω 3870

2.18 παρακληθῆναι
5. 4 παρακληθήσονται
8. 5 παρακαλῶν
8.31 παρεκάλουν
8.34 παρεκάλεσαν
14.36 παρεκάλουν
18.29 παρεκάλει
18.32 παρεκάλεσας
18.32N ἐπαρεκάλεσας
20.28N παρακληθέντες
26.53 παρακαλέσαι

παρακούω 3878

18.17 παρακούσῃ
18.17 παρακούσῃ

παραλαμβάνω 3880

1.20 παραλαβεῖν
1.24 παρέλαβεν
2.13 παράλαβε
2.14 παρέλαβεν
2.20 παράλαβε
2.21 παρέλαβεν
4. 5 παραλαμβάνει
4. 8 παραλαμβάνει
12.45 παραλαμβάνει
17. 1 παραλαμβάνει
18.16 παράλαβε
20.17 παρέλαβεν
24.40 παραλαμβάνεται
24.41 παραλαμβάνεται
24.41N παραλαμβάνεται
26.37 παραλαβών
27.27 παραλαβόντες
27.59 παραλαβών

παραλυτικός, ή, όν 3885

4.24 9. 2 9. 6
8. 6 9. 2

παραπορεύομαι 3899

27.39 παραπορευόμενοι

παράπτωμα, ατος, τό 3900

6.14 6.15N 18.35N
6.14N 6.15

παρασκευή, ῆς, ἡ 3904

27.62

παρατίθημι 3908

13.24 παρέθηκεν
13.31 παρέθηκεν
13.31N ἐλάλησεν

παραχρῆμα 3916

21.19 21.20

πάρειμι 3918

26.50 πάρει

παρεκτός 3924

5.32 19. 9N

παρέρχομαι 3928

5.18 παρέλθῃ
5.18 παρέλθῃ
8.28 παρελθεῖν
14.15 παρῆλθεν
24.34 παρέλθῃ
24.35 παρελεύσεται
24.35N παρελεύσονται
24.35 παρέλθωσιν
25.22N παρελθών
26.39 παρελθάτω
26.39N παρελθέτω
26.42 παρελθεῖν

παρέχω 3930

26.10 παρέχετε

παρθένος, ου, ἡ 3933

1.16N 25. 1 25.11
1.23 25. 7

παρίστημι 3936

26.53 παραστήσει

παρομοιάζω 3945

23.27 παρομοιάζετε
23.27N ὁμοιάζετε

παρουσία, ας, ἡ 3952

24. 3 24.37 24.39
24.27

παροψίς, ίδος, ἡ 3953

13.26N 23.25 23.26N

πᾶς, πᾶσα, πᾶν 3956

1.17 11.27 21.12
2. 3 11.28 21.22
2. 4 12.15 21.26
2.16 12.23 21.37N
2.16 12.25 22. 4
3. 5 12.25 22.10
3. 5 12.31 22.27
3. 5N 12.36 22.28
3. 6N 13. 2 23. 3
3.10 13.19 23. 5
3.15 13.32 23. 8
4. 4 13.32N 23.20
4. 8 13.34 23.27
4. 9 13.41 23.35
4.23 13.44 23.36
4.23 13.46 24. 2
4.24 13.47 24. 8
4.24N 13.51 24. 9
5.11 13.52 24.14
5.15 13.54N 24.22
5.18 13.56 24.30
5.22 13.56 24.33
5.28 14.20 24.34
5.32 14.35 24.39N
6.29 15.11N 24.47
6.32 15.13 25. 5
6.33 15.17 25. 7
7. 8 15.30N 25.29
7.12 15.37 25.31
7.17 17.11 25.32
7.19 18.10 26. 1
7.21 18.16 26.27
7.23N 18.19 26.31
7.24 18.25 26.33
7.26 18.26 26.35
7.28N 18.27N 26.52
8.16 18.29N 26.56
8.32 18.30N 26.66N
8.33 18.31 26.70
8.34 18.32 27. 1
9.35 18.34 27.22
9.35 19. 3 27.25
10. 1 19.11 27.45
10. 1 19.20 28.11N
10.22 19.26 28.18
10.30 19.27 28.19
10.32 19.29 28.20
11.13 21.10 28.20
11.19N

πάσχα, τό 3957

26. 2 26.18 26.19
26.17

πάσχω 3958

16.21 παθεῖν
17.12 πάσχειν
17.15 πάσχει
17.15N ἔχει
27.19 ἔπαθον

πατάσσω 3960

26.31 πατάξω
26.51 πατάξας
26.51N ἐπάταξεν

πατήρ, πατρός, ὁ 3962

2.22 10.21 18.14
3. 9 10.29 18.19
4.21 10.32 18.35
4.22 10.33 19. 5

πατήρ, πατρός, ὁ 3962

5.16 10.35 19.19
5.45 10.37 19.29
5.48 11.25 20.23
6. 1 11.26 21.31
6. 4 11.27 23. 9
6. 6 11.27 23. 9
6. 6 11.27 23.30
6. 8 12.50 23.32
6. 9 13.43 24.36
6.14 15. 4 25.34
6.15 15. 4 25.41N
6.18 15. 5 26.29
6.18 15. 6 26.39
6.26 15.13 26.39N
6.32 16.17 26.42
7.11 16.27 26.53
7.21 16.28N 28.18N
8.21 18.10 28.19
10.20

πατρίς, ίδος, ἡ 3968

13.54 13.57

παχύνομαι 3975

13.15 ἐπαχύνθη

πεζῇ 3979

14.13

πεζός, ή, όν 3979.5

14.13N

πείθω 3982

27.20 ἔπεισαν
27.43 πέποιθεν
27.43N πέπειθεν
28.14 πείσομεν

Πειλᾶτος, ου, ὁ 3982.5
(see under Πιλᾶτος)

πεινάω 3983

4. 2 ἐπείνασεν
5. 6 πεινῶντες
12. 1 ἐπείνασαν
12. 3 ἐπείνασεν
21.18 ἐπείνασεν
25.35 ἐπείνασα
25.37 πεινῶντα
25.42 ἐπείνασα
25.44 πεινῶντα

πειράζω 3985

4. 1 πειρασθῆναι
4. 3 πειράζων
4. 7N πειράσεις
16. 1 πειράζοντες
19. 3 πειράζοντες
22.18 πειράζετε
22.35 πειράζων

πειρασμός, οῦ, ὁ 3986

6.13 26.41

πέλαγος, ους, τό 3989

18. 6

πέμπω 3992

2. 8 πέμψας
11. 2 πέμψας
14.10 πέμψας
22. 7 πέμψας

πενθερά, ᾶς, ἡ 3994

8.14 10.35

πενθέω 3996

5. 4 πενθοῦντες
9.15 πενθεῖν
9.15N νηστεύειν

πεντακισχίλιοι, αι, α 4000

14.21 16. 9

πέντε 4002

14.17 25.15 25.20
14.19 25.16 25.20
16. 9 25.16 25.20
25. 2 25.20 25.28N
25.15

πέραν 4008

4.15 8.28 16. 5
4.25 14.22 19. 1
8.18

πέρας, ατος, τό 4009

12.42

περί w. gen. 4012

2. 8 14.14N 21.45
4. 6 15. 7 22.16
6.28 16.11 22.31
9.36 17.13 22.42
11. 7 18.19 24.36
11.10 19.17 26.24
12.36 20.24 26.28

περί w. acc. 4012

3. 4 18. 6 20. 6
8.18 20. 3 20. 9
13.22N 20. 5 27.46

περιάγω 4013

4.23 περιῆγεν
9.35 περιῆγεν
23.15 περιάγετε

περιβάλλω 4016

6.29 περιεβάλετο
6.29N περιβέβλητε
6.31 περιβαλώμεθα
6.31N περιβαλλώμεθα
25.36 περιεβάλετε
25.38 περιεβάλομεν
25.43 περιεβάλετε

περίλυπος, ον 4036

26.38

περιπατέω 4043

4.18 περιπατῶν
4.18N παράγων
9. 5 περιπάτει
11. 5 περιπατοῦσιν
14.25 περιπατῶν
14.26 περιπατοῦντα
14.29 περιεπάτησεν
15.31 περιπατοῦντας

περίσσευμα, ατος, τό 4051

12.34

περισσεύω 4052

5.20 περισσεύσῃ
5.20N περισσεύσει
13.12 περισσευθήσεται
14.20 περισσεῦον
15.37 περισσεῦον
15.37N περισεῦον
25.29 περισσευθήσεται
25.29N περισσεύσεται

περισσός, ή, όν 4053

5.37 5.47 27.23N

περισσότερος, τέρα, ον 4055

11. 9 23.14

περισσῶς 4057

27.23

περιστερά, ᾶς, ἡ 4058

3.16 10.16 21.12

περιτίθημι 4060

21.33 περιέθηκεν
21.33N περιέθηκαν
27.28 περιέθηκαν
27.29N περιέθηκαν
27.48 περιθείς

περίχωρος, ον 4066

3. 5 14.35

πετεινόν, οῦ, τό 4071

6.26 13. 4 13.32
8.20

πέτρα, ας, ἡ 4073

7.24 16.18 27.60
7.25 27.51

Πέτρος, ου, ὁ 4074

4.18 16.22 26.33
8.14 16.23 26.35
10. 2 17. 1 26.37
14.28 17. 4 26.40
14.29 17.24 26.58
15.15 17.26N 26.69
16.16 18.21 26.73
16.18 19.27 26.75

πετρώδης, ες 4075

13. 5 13.20

πήρα, ας, ἡ 4082

10.10

πῆχυς, εως, ὁ 4083

6.27

πικρῶς 4090

26.75

Πιλᾶτος, ου, ὁ 3982.5

27. 2 Πιλάτῳ
27. 2N Πειλάτῳ
27.13 Πιλᾶτος
27.13N Πειλᾶτος
27.17 Πιλᾶτος
27.17N Πειλᾶτος
27.17N Πηλᾶτος
27.22 Πιλᾶτος
27.22N Πειλᾶτος
27.24 Πιλᾶτος
27.24N Πειλᾶτος
27.58 Πιλάτῳ
27.58N Πειλάτῳ
27.58 Πιλᾶτος
27.58N Πειλᾶτος
27.62 Πιλᾶτον
27.62N Πειλᾶτον
27.65 Πιλᾶτος
27.65N Πειλᾶτος

πίμπλημι 4090.5

22.10 ἐπλήσθη
27.48 πλήσας

πίναξ, ακος, ἡ 4094

14. 8 14.11 23.25N

πίνω 4095

6.25 πίητε
6.25N πίητε
6.31 πίωμεν
9.11N πίνει
11.18 πίνων
11.19 πίνων
20.22 πιεῖν
20.22N πείειν
20.22N πῖν
20.22N ποιεῖν
20.22 πίνειν
20.22N πίειν
20.22N πείνειν
20.23 πίεσθε
24.38 πίνοντες
24.49 πίνῃ
24.49N πείνῃ
24.49N πίνει
24.49N πινεῖν
26.27 πίετε
26.27N πείεται
26.29 πίω
26.29 πίνω
26.29N πίω
26.42 πίω
27.34 πιεῖν
27.34N πεῖν
27.34 πιεῖν
27.34N πεῖν

πιπράσκω 4097

13.46 πέπρακεν
13.46N ἐπώλησεν
18.25 πραθῆναι
26. 9 πραθῆναι

πίπτω 4098

2.11 πεσόντες
4. 9 πεσών
7.25 ἔπεσεν
7.27 ἔπεσεν
10.29 πεσεῖται
12.11N πέσῃ
13. 4 ἔπεσεν
13. 5 ἔπεσεν
13. 7 ἔπεσεν
13. 8 ἔπεσεν
13. 8N ἔπεσαν
15.14 πεσοῦνται
15.14N ἐνπεσοῦνται
15.14N ἐμπεσοῦνται
15.27 πιπτόντων
15.27N πειπτόντων
17. 6 ἔπεσαν
17. 6N ἔπεσον
17.15 πίπτει
18.26 πεσών
18.29 πεσών
21.44 πεσών
21.44N παισών
21.44 πέσῃ
24.29 πεσοῦνται
26.39 ἔπεσεν
26.39N ἔπεσεν

πιστεύω 4100

8.13 ἐπίστευσας
9.28 πιστεύετε
18. 6 πιστευόντων
18. 6N πιστεύων
18.10N πιστευόντων
21.22 πιστεύοντες
21.25 ἐπιστεύσατε
21.32 ἐπιστεύσατε
21.32 ἐπίστευσαν
21.32 πιστεῦσαι
24.23 πιστεύσητε
24.23N πιστεύετε
24.23N πιστεύητε
24.26 πιστεύσητε
27.42 πιστεύσομεν
27.42N πιστεύσωμεν
27.42N πιστεύομεν

πίστις, εως, ἡ 4102

8.10 9.29 21.21
9. 2 15.28 23.23
9.22 17.20

πιστός, ή, όν 4103

9.22N 25.21 25.23
24.45 25.21 25.23

πλανάω 4105

18.12 πλανηθῇ
18.12 πλανώμενον
18.12N πλανόμενον
18.13 πεπλανημένοις
22.29 πλανᾶσθε
24. 4 πλανήσῃ
24. 4N πλανήσει

πλανάω 4105

24. 5 πλανήσουσιν
24. 5N πλανήσωσιν
24.11 πλανήσουσιν
24.24 πλανῆσαι
24.24N πλανηθῆναι
24.24N πλανᾶσθαι

πλάνη, ης, ἡ 4106

27.64

πλάνος, ον 4108

27.63

πλατεῖα, ας, ἡ 4113

6. 5 12.19

πλατύνω 4115

23. 5 πλατύνουσιν
23. 5N πλατύνουν
23. 5N πλατύνοντες

πλατύς, εῖα, ύ 4116

7.13

πλεῖστος, η, ον 4118

11.20 21. 8

πλείων, πλεῖον 4119

5.20 πλεῖον
5.20N πλέον
5.20N πλείω
6.25 πλεῖον
12.41 πλεῖον
12.42 πλεῖον
20.10 πλεῖον
20.10N πλείονα
20.10N πλείω
21.36 πλείονας
26.53 πλείω
26.53N πλείους

πλέκω 4120

27.29 πλέξαντες

πλευρά, ᾶς, ἡ 4125

27.49N

πληθύνω 4129

24.12 πληθυνθῆναι
24.12N πληθύναι

πλήν 4133

11.22 18. 7 26.64
11.24 26.39

πλήρης, ες 4134

14.20 15.37

πληρόω 4137

1.22 πληρωθῇ
2.15 πληρωθῇ
2.17 ἐπληρώθη

πληρόω 4137

2.23 πληρωθῇ
3.15 πληρῶσαι
4.14 πληρωθῇ
5.17 πληρῶσαι
8.17 πληρωθῇ
12.17 πληρωθῇ
13.14N πληρωθήσεται
13.14N πληροῦται
13.35 πληρωθῇ
13.48 ἐπληρώθη
21. 4 πληρωθῇ
21. 4N πληρωθῇ
23.32 πληρώσατε
23.32N πληρώσετε
23.32N ἐπληρώσατε
26.54 πληρωθῶσιν
26.54N πληρωθήσονται
26.56 πληρωθῶσιν
27. 9 ἐπληρώθη
27.35 πληρωθῇ

πλήρωμα, ατος, τό 4138

9.16

πλησίον, ου, ὁ 4139

5.43 19.19 22.39

πλοῖον, ου, τό 4143

4.21 13. 2 14.29
4.22 14.13 14.32
8.23 14.22 14.33
8.24 14.24 15.39
9. 1

πλούσιος, ία, ιον 4145

19.23 19.24 27.57

πλοῦτος, ου, ὁ 4149

13.22

πνεῦμα, ατος, τό 4151

1.18 10. 1 12.45
1.20 10.20 22.43
3.11 12.18 22.45N
3.16 12.28 26.41
4. 1 12.31 26.41N
5. 3 12.32 27.50
8.16 12.43 28.19

πνέω 4154

7.25 ἔπνευσαν
7.27 ἔπνευσαν

πνίγω 4155

13. 7 ἔπνιξαν
13. 7N ἀπέπνιξαν
18.28 ἔπνιγεν

πόθεν 4159

13.27 13.56 21.25
13.54 15.33

ποιέω 4160

1.24 ἐποίησεν
3. 3 ποιεῖτε

ποιέω (Cont) 4160

3. 8 ποιήσατε
3.10 ποιοῦν
4.19 ποιήσω
5.19 ποιήσῃ
5.19N ποιήσει
5.32 ποιεῖ
5.36 ποιῆσαι
5.36N ποίειν
5.36N ποιήσῃ
5.44N ποιεῖτε
5.46 ποιοῦσιν
5.47 ποιεῖτε
5.47 ποιοῦσιν
6. 1 ποιεῖν
6. 1N ποιεῖ
6. 2 ποιῇς
6. 2N ποιεῖς
6. 2 ποιοῦσιν
6. 3 ποιοῦντας
6. 3 ποιεῖ
7.12 ποιῶσιν
7.12N ποιοῦσιν
7.12 ποιεῖτε
7.17 ποιεῖ
7.17 ποιεῖ
7.18 ποιεῖν
7.18N ἐνέγκειν
7.18 ποιεῖν
7.18N ἐνέγκειν
7.19 ποιοῦν
7.21 ποιῶν
7.22 ἐποιήσαμεν
7.24 ποιεῖ
7.26 ποιῶν
7.26N ποιεῖ
8. 9 ποιεῖ
9.28 ποιῆσαι
12. 2 ποιοῦσιν
12. 2 ποιεῖν
12. 3 ἐποίησεν
12.12 ποιεῖν
12.14N ἐποίησαν
12.16 ποιήσωσιν
12.33 ποιήσατε
12.33N ποιήσηται
12.33 ποιήσατε
12.33N ποιήσαται
12.50 ποιήσῃ
13.23 ποιεῖ
13.26 ἐποίησεν
13.28 ἐποίησεν
13.41 ποιοῦντας
13.58 ἐποίησεν
17. 4 ποιήσω
17. 4N ποιήσωμεν
17.12 ἐποίησεν
18.35 ποιήσει
19. 4N ποιήσας
19. 9N ποιεῖ
19.16 ποιήσω
19.16N ποιήσας
20. 5 ἐποίησεν
20.12 ἐποίησαν
20.12 ἐποιήσας
20.15 ποιῆσαι
20.22N ποιεῖν
20.32 ποιήσω
20.32N ποιῆσαι
21. 3N ποιεῖται
21. 6 ποιήσαντες
21. 6N ἐποίησαν
21.13 ποιεῖτε
21.13N ἐποιήσατε
21.13N πεποιήκατε

ποιέω 4160

21.15 ἐποίησεν
21.21 ποίησετε
21.23 ποιεῖς
21.24 ποιῶ
21.27 ποιῶ
21.31 ἐποίησεν
21.36 ἐποίησαν
21.40 ποιήσει
21.43 ποιοῦντι
21.46N ποιῆσαι
22. 2 ἐποίησεν
22. 2N ποιῶν
23. 3 ποιήσατε
23. 3N ποιεῖ
23. 3 ποιεῖτε
23. 3 ποιοῦσιν
23. 5 ποιοῦσιν
23.15 ποιῆσαι
23.15N ποιήσηται
23.15 ποιεῖτε
23.23 ποιῆσαι
23.23N ποίειν
24.46 ποιοῦντα
25.16N ἐποίησεν
25.40 ἐποιήσατε
25.40 ἐποιήσατε
25.45 ἐποιήσατε
25.45 ἐποιήσατε
26.12 ἐποίησεν
26.13 ἐποίησεν
26.18 ποιῶ
26.18N ποιήσω
26.19 ἐποίησαν
26.73 ποιεῖ
26.73N ὁμοιάζει
27. 1N ἐποίησαν
27.22 ποιήσω
27.22N ποιήσωμεν
27.23 ἐποίησεν
28.12N ἐποιήσαν
28.14 ποιήσομεν
28.14N ποιήσωμεν
28.15 ἐποίησαν

ποικίλος, η, ον 4164

4.24

ποιμαίνω 4165

2. 6 ποιμανεῖ
2. 6N ποιμενεῖ

ποιμήν, ένος, ὁ 4166

9.36 25.32 26.31

ποίμνη, ης, ἡ 4167

26.31

ποῖος, α, ον 4169

19.18 21.27 24.42N
21.23 22.36 24.43
21.24 24.42

πόλεμος, ου, ὁ 4171

24. 6 (2)

πόλις, εως, ἡ 4172

2.23 10.14 21.10
4. 5 10.15 21.17

πόλις, εως, ἡ 4172

5.14 10.23 21.18
5.35 10.23 22. 7
8.33 11. 1 23.34
8.34 11.20 23.34
9. 1 12.25 26.18
9.35 14.13 27.53
10. 5 21. 2N 28.11
10.11

πολλάκις 4178

17.15

πολλαπλασίων, ον 4179

19.29N

πολυλογία, ας, ἡ 4180

6. 7

πολύς, πολλή, πολύ 4183

2.18 10.31 21.11N
3. 7 12.15 22.14
4.25 13. 2 24. 5
5.12 13. 3 24. 5
6.26N 13. 5 24.10
6.30 13.17 24.11
7.13 13.58 24.11
7.22 14.14 24.12
7.22 14.24 24.30
7.22N 15.30 25.19
8. 1 15.30 25.21
8.11 16.21 25.23
8.16 18.24N 26. 9
8.18N 19. 2 26.28
8.18N 19.22 26.47
8.30 19.30 26.60
9.10 20.16N 27.19
9.14 20.28 27.52
9.35N 20.29 27.53
9.37 20.31N 27.55

πολύτιμος, ον 4186

13.46 26. 7N

πονηρία, ας, ἡ 4189

22.18

πονηρός, ά, όν 4190, 4191

5.11 7.18 13.19
5.37 9. 4 13.38
5.39 12.34 13.49
5.45 12.35 15.19
5.45N 12.35 16. 4
6.13 12.35 18.32
6.23 12.39 20.15
7.11 12.45 22.10
7.17 12.45 25.26

Πόντιος, ου, ὁ 4194

27. 2N

πορεύομαι 4198

2. 8 πορευθέντες
2. 9 ἐπορεύθησαν
2.20 πορεύου
7.13N πορευόμενοι
8. 9 πορεύθητι

πορεύομαι (Cont) 4198

9.13 πορευθέντες
10. 6 πορεύεσθε
10. 6N πορεύθητι
10. 7 πορευόμενοι
11. 4 πορευθέντες
11. 7 πορευομένων
12. 1 ἐπορεύθη
12.45 πορεύεται
13.14N πορεύομαι
17.27 πορευθείς
18.12 πορευθείς
18.12N πορευόμενοι
19.15 ἐπορεύθη
21. 2 πορεύεσθε
21. 2N πορεύθητε
21. 2N πορεύεσθαι
21. 2N πορεύθηται
21. 6 πορευθέντες
22. 9 πορεύεσθε
22. 9N πορεύεσθαι
22.15 πορευθέντες
24. 1 ἐπορεύετο
25. 9 πορεύεσθε
25. 9N πορεύεσθαι
25.16 πορευθείς
25.41 πορεύεσθε
25.41N ὑπάγετε
25.41N πορεύεσθαι
26.14 πορευθείς
27.66 πορευθέντες
28. 7 πορευθεῖσαι
28. 7N πορευθείς
28. 9N ἐπορεύοντο
28.11 πορευομένων
28.16 ἐπορεύθησαν
28.19 πορευθέντες
28.19N πορεύεσθαι

πορνεία, ας, ἡ 4202

5.32 15.19 19. 9

πόρνη, ης, ἡ 4204

21.31 21.32

πόρρω 4206,4208

15. 8

πορφύρεος, έα, εον 4210

27.28N

ποσάκις 4212

18.21 23.37

πόσος, η, ον 4214

6.23 12.12 16.10
7.11 15.34 27.13
10.25 16. 9

ποταμός, οῦ, ὁ 4215

3. 6 7.25 (2)

ποταπός, ή, όν 4217

8.27

πότε 4219

17.17 25.37 25.39
17.17 25.38 25.44
24. 3

ποτήριον, ου, τό 4221

10.42 23.25 26.39
20.22 23.26 26.42N
20.23 26.27

ποτίζω 4222

10.42 ποτίσῃ
10.42N ποτείσῃ
25.35 ἐποτίσατε
25.37 ἐποτίσαμεν
25.42 ἐποτίσατε
25.42N ἐποτείσατε
27.48 ἐπότιζεν

ποῦ 4226

2. 2 8.20 26.17
2. 4 24.28N

πούς, ποδός, ὁ 4228

4. 6 15.30 22.13
5.35 18. 8 22.44
7. 6 18. 8 28. 9
10.14 18.29N

πρᾶγμα, ατος, τό 4229

18.19

πραιτώριον, ου, τό 4232

27.27

πρᾶξις, εως, ἡ 4234

16.27

πραΰς, πραεῖα, πραΰ 4239

5. 5 11.29 21. 5

πρέπω 4241

3.15 πρέπον

πρεσβύτερος, α, ον 4245

15. 2 26.47 27.12
16.21 26.57 27.20
21.23 27. 1 27.41
26. 3 27. 3 28.12

πρίν 4250

1.18 26.34 26.75

πρό 4253

3.10N 6. 8 11.10
5.12 8.29 24.38

προάγω 4254

2. 9 προῆγεν
14.22 προάγειν
21. 9 προάγοντες
21.31 προάγουσιν
26.32 προάξω
26.32N προσάξω
28. 7 προάγει

προβαίνω 4260

4.21 προβάς

πρόβατον, ου, τό 4263.5

7.15 12.11 18.12N
9.36 12.12 25.32
10. 6 15.24 25.33
10.16 18.12 26.31

προβιβάζω 4264

14. 8 προβιβασθεῖσα

προέρχομαι 4281

26.39 προελθών

προερῶ 4280

24.25 προείρηκα

πρόθεσις, εως, ἡ 4286

12. 4

πρόθυμος, ον 4289

26.41

πρός w. dat. 4314

8. 5N

πρός w. acc. 4314

2.12 13.30 23.34
3. 5 13.56 23.37
3.10 14.25 25. 9
3.13 14.28 25.36
3.14 14.29 25.39
3.15 15. 1N 26.12
3.16N 15.24N 26.14
3.17N 17.14 26.18
4. 6 19. 8 26.18
5.28 19.14 26.40
6. 1 21. 1N 26.45
7.15 21.31N 26.55N
10. 6 21.32 26.57
10.13 21.34 27. 4
10.27N 21.37 27.14
11.18N 22.16N 27.19
11.28 23. 5 27.62
13. 2

προσάγω 4317

18.24N προσήχθη
26.32N προσάξω

προσδοκάω 4328

11. 3 προσδοκῶμεν
24.50 προσδοκᾷ

προσέρχομαι 4334

4. 3 προσελθών
4. 3N προσῆλθεν
4.11 προσῆλθον
5. 1 προσῆλθαν
5. 1N προσῆλθον
8. 2 προσελθών
8. 2N ἐλθών
8. 5 προσῆλθεν
8.19 προσελθών
8.25 προσελθόντες
9.14 προσέρχονται
9.18N προσελθών

προσέρχομαι 4334

9.20 προσελθοῦσα
9.28 προσῆλθον
9.28N προσῆλθαν
13.10 προσελθόντες
13.27 προσελθόντες
13.36 προσῆλθον
13.36N προσῆλθαν
14.12 προσελθόντες
14.15 προσῆλθον
14.15N προσῆλθαν
14.33N προσελθόντες
15. 1 προσέρχονται
15. 1N προέρχονται
15.12 προσελθόντες
15.23 προσελθόντες
15.30 προσῆλθον
16. 1 προσελθόντες
17. 7 προσῆλθεν
17. 7N προσελθών
17.14 προσῆλθεν
17.19 προσελθόντες
17.24 προσῆλθον
17.24N προσῆλθαν
18. 1 προσῆλθον
18.21 προσελθών
19. 3 προσῆλθον
19.16 προσελθών
20.20 προσῆλθεν
20.28N προσελθών
21.14 προσῆλθον
21.23 προσῆλθον
21.28 προσελθών
21.30 προσελθών
22.23 προσῆλθον
24. 1 προσῆλθον
24. 3 προσῆλθον
25.20 προσελθών
25.22 προσελθών
25.22N παρελθών
25.24 προσελθών
26. 7 προσῆλθεν
26.17 προσῆλθον
26.39N προσελθών
26.49 προσελθών
26.49N προσῆλθεν
26.50 προσελθόντες
26.60 προσελθόντων
26.60N προσῆλθον
26.60N ἐλθόντων
26.60 προσελθόντες
26.60N ῆλθον
26.69 προσῆλθεν
26.73 προσελθόντες
27.58 προσελθών
27.58N προσῆλθεν
28. 2 προσελθών
28. 9 προσελθοῦσαι
28.18 προσελθών

προσευχή, ῆς, ἡ 4335

17.21N 21.22 26.40N
21.13

προσεύχομαι 4336

5.44 προσεύχεσθε
6. 5 προσεύχησθε
6. 5N προσεύχῃ
6. 5 προσεύχεσθαι
6. 5N προσευχόμενοι
6. 6 προσεύχῃ
6. 6 πρόσευξαι
6. 7 προσευχόμενοι
6. 9 προσεύχεσθε

προσεύχομαι 4336

14.23 προσεύξασθαι
19.13 προσεύξηται
23.14 προσευχόμενοι
24.20 προσεύχεσθε
24.20N προσεύχεσθαι
26.36 προσεύξωμαι
26.36N προσεύξομαι
26.39 προσευχόμενος
26.39N προσηύχετο
26.41 προσεύχεσθε
26.41N προσεύχεσθαι
26.42 προσηύξατο
26.44 προσυήξατο

προσέχω 4337

6. 1 προσέχετε
7.15 προσέχετε
10.17 προσέχετε
16. 6 προσέχετε
16.11 προσέχετε
16.11N προσέχειν
16.12 προσέχειν

προσήλυτος, ου, ὁ 4339

23.15

πρόσκαιρος, ον 4340

13.21

προσκαλέομαι 4341

10. 1 προσκαλεσάμενος
15.10 προσκαλεσάμενος
15.32 προσκαλεσάμενος
18. 2 προσκαλεσάμενος
18.32 προσκαλεσάμενος
20.25 προσκαλεσάμενος

προσκολλάομαι 4347

19. 5N προσκολληθήσεται

προσκόπτω 4350

4. 6 προσκόψῃς
7.27 προσέκοψαν
7.27N προσέρρηξαν
7.27N προσέριξαν
7.27N προσέκρουσαν

προσκρούω 4350.5

7.25N προσέκρουσαν
7.27N προσέκρουσαν

προσκυλίω 4351

27.60 προσκυλίσας

προσκυνέω 4352

2. 2 προσκυνῆσαι
2. 8 προσκυνήσω
2.11 προσεκύνησαν
4. 9 προσκυνήσῃς
4.10 προσκυνήσεις
8. 2 προσεκύνει
8. 2N προσεκύνησεν
9.18 προσεκύνει
9.18N προσεκείνει
14.33 προσεκύνησαν

προσκυνέω 4352

15.25 προσεκύνει
15.25N προσεκύνησεν
18.26 προσεκύνει
18.36N προσεκείνη
20.20 προσκυνοῦσα
28. 9 προσεκύνησαν
28.17 προσεκύνησαν

προσλαμβάνομαι 4355

16.22 προσλαβόμενος

προσμένω 4357

15.32 προσμένουσιν

προσπίπτω 4363

7.25 προσέπεσαν
7.25N προσέπεσεν
7.25N προσέπεσον
7.25N προσέκρουσαν
7.25N προσέρρηξαν

προσρήγνυμι 4366

7.25N προσέρρηξαν
7.27N προσέρρηξαν
7.27N προσέρηξαν

προστάσσω 4367

1.24 προσέταξεν
8. 4 προσέταξεν
21. 6N προσέταξεν

προστίθημι 4369

6.27 προσθεῖναι
6.33 προστεθήσεται

προσφέρω 4374

2.11 προσήνεγκαν
4.24 προσήνεγκαν
5.23 προσφέρῃς
5.23N προσφέρεις
5.24 πρόσφερε
5.24N προσφέρεις
8. 4 προσένεγκον
8. 4N προσένεγε
8. 4N προσένεγκαι
8.16 προσήνεγκαν
9. 2 προσέφερον
9. 2N προσφέρουσιν
9.32 προσήνεγκαν
12.22 προσηνέχθη
12.22N προσήνεγκαν
14.35 προσήνεγκαν
17.16 προσήνεγκα
17.16N προσήνεγκαν
18.24 προσηνέχθη
18.24N προσήχθη
19.13 προσηνέχθησαν
19.13N προσηνέχθη
19.13N προσήνεγκαν
22.19 προσήνεγκαν
25.20 προσήνεγκεν

προσφωνέω 4377

11.16 προσφωνοῦντα
11.16N προσφώνουσιν

πρόσωπον, ου, τό 4383

6.16 17. 2 22.16
6.17 17. 6 26.39
11.10 18.10 26.67
16. 3

πρόφασις, εως, ἡ 4392

23.14

προφέρω 4393

13.52N προφέρει

προφητεία, ας, ἡ 4394

13.14

προφητεύω 4395

7.22 ἐπροφητεύσαμεν
7.22N προεφητεύσαμεν
11.13 ἐπροφήτευσαν
11.13N προεφήτευσαν
15. 7 ἐπροφήτευσεν
15. 7N προεφήτευσεν

προφήτης, ου, ὁ 4396

1.22 10.41 21.11
2. 5 10.41 21.26
2.15 11. 9 21.46
2.17 11. 9 22.40
2.23 11.13 23.29
3. 3 12.17 23.30
4.14 12.39 23.31
5.12 13.17 23.34
5.17 13.35 23.37
5.18N 13.57 24.15
7.12 14. 5 26.56
8.17 16.14 27. 9
10.41 21. 4 27.35N

προφθάνω 4399

17.25 προέφθασεν

πρωΐ 4404

16. 3 20. 1 21.18

πρωΐα 4405

21.18N 27. 1

πρωτοκαθεδρία, ας, ἡ 4410

23. 6

πρωτοκλισία, ας, ἡ 4411

23. 6

πρῶτον 4412

5.24 8.21 17.10
6.33 12.29 17.11N
7. 5 13.30 23.26

πρῶτος, η, ον 4413

10. 2 20.10 21.36
12.45 20.16 22.25
17.27 20.16 22.38
19.30 20.27 26.17
19.30 21.28 27.64
20. 8 21.31

πρωτότοκος, ον 4416

1.25N

πτερύγιον, ου, τό 4419

4. 5

πτέρυξ, υγος, ἡ 4420

23.37

πτύον, ου, τό 4425

3.12

πτῶμα, ατος, τό 4430

14.12 24.28

πτῶσις, εως, ἡ 4431

7.27

πτωχός, ή, όν 4434

5. 3 19.21 26.11
11. 5 26. 9

πύλη, ης, ἡ 4439

7.13 7.14 16.18
7.13

πυλών, ῶνος, ὁ 4440

26.71

πυνθάνομαι 4441

2. 4 ἐπυνθάνετο

πῦρ, ός, τό 4442

3.10 7.19 17.15
3.11 13.40 18. 8
3.12 13.42 18. 9
5.22 13.50 25.41

πύργος, ου, ὁ 4444

21.33

πυρέσσω 4445

8.14 πυρέσσουσαν

πυρετός, οῦ, ὁ 4446

8.15

πυρράζω 4449

16. 2 πυρράζει
16. 2N πυράζει
16. 3 πυρράζει
16. 3N πυράζει

πωλέω 4453

10.29 πωλεῖται
10.29N πωλοῦνται
13.44 πωλεῖ
13.46N ἐπώλησεν
19.21 πώλησον
21.12 πωλοῦντας
21.12 πωλούντων
25. 9 πωλοῦντας

πῶλος, ου, ὁ 4454

21. 2 21. 5 21. 7

πῶς 4459

6.28 12.29 22.15N
7. 4 12.34 22.43
10.19 16.11 22.45
12. 4 21.20 23..33
12.12N 22.12 26.54
12.26

Ῥαββί 4461

23. 7 Ῥαββί
23. 7N Ῥαββεί
23. 7N Ῥαββί Ῥαββί
23. 7N Ῥαββεί Ῥαββεί
23. 8 Ῥαββί
23. 8N Ῥαββεί
26.25 ῥαββί
26.25N ῥαββεί
26.49 ῥαββί
26.49N ῥαββεί

ῥάβδος, ου, ἡ 4464

10.10

ῥακά 4469

5.22 ῥακά
5.22N ῥαχά
5.22N ῥακκά
5.22N ῥακάν

ῥάκος, ους, τό 4470

9.16

Ῥαμά, ἡ 4471

ῥαπίζω 4474

5.39 ῥαπίζει
5.39N ῥαπείσει
5.39N ῥαπίσει
26.67 ἐράπισαν
26.67N ἐρράπισαν
26.67N ἐράπεισαν

ῥαφίς, ίδος, ἡ 4476

19.24

Ῥαχάβ, ἡ 4477

1. 5 Ῥαχάβ
1. 5N Ῥηχάβ

Ῥαχήλ, ἡ 4478

2.18 Ῥαχήλ
2.18N Ῥαχιήλ

ῥήγνυμι 4486

7. 6 ῥήξωσιν
9.17 ῥήγνυνται
9.17N ῥήσσει

ῥῆμα, ατος, τό 4487

4. 4 18.16 27.14
12.36 26.75

ῥίζα, ης, ἡ 4491

3.10 13. 6 13.21

ῥίπτω 4495,4496

9.36 ἐρριμμένοι
9.36N ἐριμμένοι
9.36N ῥεριμμένοι
15.30 ἔρριψαν
15.30N ἔριψαν
27. 5 ῥίψας

Ῥοβοάμ, ὁ 4497

1. 7 (2)

Ῥούθ, ἡ 4503

1. 5

ῥύμη, ης, ἡ 4505

6. 2

ῥύομαι 4506

6.13 ῥῦσαι
27.43 ῥυσάσθω

σαβαχθανί 4518

27.46 σαβαχθανί
27.46N σαβαχθανεί
27.46N σαβακτανεί
27.46N ζαφθανεί
27.46N σαφθανεί

σάββατον, ου, τό 4521

12. 1 12. 8 24.20
12. 2 12.10 28. 1
12. 5 12.11 28. 1
12. 5 12.12

σαγήνη, ης, ἡ 4522

13.47

Σαδδουκαῖος, ου, ὁ 4523

3. 7 16.11 22.23
16. 1 16.12N 22.34
16. 6 16.12

Σαδώκ, ὁ 4524

1.13 Σαδώκ, Σαδώκ
1.13N Σαδώχ, Σαδώχ
1.13N Σαδδώκ, Σαδδώκ

σάκκος, ου, ὁ 4526

11.21

Σαλαθιήλ, ὁ 4528

1.12 Σαλαθιήλ, Σαλαθιήλ
1.12N Σελαθιήλ, Σελαθιήλ

σαλεύω 4531

11. 7 σαλευόμενον
24.29 σαλευθήσονται
28. 4N ἐσαλεύθησαν

Σαλμών, ὁ 4533

1. 4 1. 5

σάλπιγξ, ιγγος, ἡ 4536

24.31

σαλπίζω 4537

6. 2 σαλπίσῃς

Σαμαρίτης, ου, ὁ 4541

10. 5 Σαμαριτῶν
10. 5N Σαμαρειτῶν

σαπρός, ά, όν 4550

7.17 12.33 13.48
7.18 12.33

σάρξ, σαρκός, ἡ 4561

16.17 19. 6 26.41
19. 5 24.22

σαρόω 4563

12.44 σεσαρωμένον

Σατανᾶς, ᾶ, ὁ 4566,4567

4.10 12.26 16.23

σάτον, ου, τό 4568

13.33

σβέννυμι 4570

12.20 σβέσει
12.20N ζβέσει
25. 8 σβέννυνται
25. 8N ζβέννυνται
25. 8N σβένθνται

σεαυτοῦ, ῆς 4572

4. 6 σεαυτόν
8. 4 σεαυτόν
18.16N σεαυτοῦ
19.19 σεαυτόν
19.19N ἑαυτόν
22.39 σεαυτόν
22.39N ἑαυτόν
27.40 σεαυτόν

σέβομαι 4576

15. 9 σέβονται

σεισμός, οῦ, ὁ 4578

8.24 27.54 28. 2
24. 7

σείω 4579

21.10 ἐσείσθη
27.51 ἐσείσθη
28. 4 ἐσείσθησαν
28. 4N ἐσαλεύθησαν

σελήνη, ης, ἡ 4582

24.29

σεληνιάζομαι 4583

4.24 σεληνιαζομένους
17.15 σεληνιάζεται

σημεῖον, ου, τό 4592

12.38 16. 3 24. 3
12.39 16. 4 24.24
12.39 16. 4 24.30
12.39 16. 4 26.48
16. 1

σήμερον 4594

6.11 16. 3 27.19
6.30 21.28 28.15
11.23 27. 8

σής, σητός, ὁ 4597

6.19 6.20

σιαγών, όνος, ἡ 4600

5.39

Σίμων, ωνος, ὁ 4613
(Πέτρος)
4.18 16.16 17.25
10. 2 16.17

Σίμων, ωνος, ὁ 4613.5

10. 4 26. 6 27.32
13.55

σίναπι, εως, τό 4615

13.31 17.20

σινδών, όνος, ἡ 4616

27.59

σιτιστός, ή, όν 4619

22. 4

σῖτος, ου, ὁ 4621

3.12 13.29 13.30
13.25

Σιών, ἡ 4622

21. 5

σιωπάω 4623

20.31 σιωπήσωσιν
20.31N σιωπήσουσιν
26.63 ἐσιώπα

σκανδαλίζω 4624

5.29 σκανδαλίζει
5.30 σκανδαλίζει
11. 6 σκανδαλισθῇ
13.21 σκανδαλίζεται
13.21N σκανδαλίζονται
13.57 ἐσκανδαλίζοντο
13.57N ἐνσκανδαλίζοντο
15.12 ἐσκανδαλίσθησαν
17.27 σκανδαλίσωμεν
17.27N σκανδαλίζωμεν

σκανδαλίζω 4624

18. 6 σκανδαλίση
18. 6N σκανδαλείση
18. 8 σκανδαλίζει
18. 9 σκανδαλίζει
18. 9N σκανδαλεῖ
18. 9N σκανδαλίζη
24.10 σκανδαλισθήσονται
26.31 σκανδαλισθήσεσθε
26.33 σκανδαλισθήσονται
26.33 σκανδαιλιθήσομαι

σκάνδαλον, ου, τό 4625

13.41 18. 7 18. 7
16.23 18. 7

Σκαριώτης, ὁ 4626.5

10. 4N 26.14N

σκεῦος, ους, τό 4632

12.29

σκηνή, ῆς, ἡ 4633

17. 4

σκιά, ᾶς, ἡ 4639

4.16

σκληροκαρδία, ας, ἡ 4641

19. 8

σκληρός, ά, όν 4642

25.24

σκορπίζω 4650

12.30 σκορπίζει
25.24N ἐσκορπίσας

σκοτεινός, ή, όν 4652

6.23

σκοτία, ας, ἡ 4653

4.16N σκοτίᾳ
10.27 σκοτίᾳ

σκοτίζομαι 4654

24.29 σκοτισθήσεται

σκότος, ους, τό 4655

4.16 8.12 25.30
6.23 22.13 27.45
6.23

σκυθρωπός, (ή), όν 4659

6.16

σκύλλω 4660

9.36 ἐσκυλμένοι
9.36N ἐκλελυμένοι

σμύρνα, ης, ἡ 4666

2.11

Σόδομα, ων, τά 4670

10.15 11.23 11.24

Σολομών, ῶνος, ὁ 4672

1. 6 Σολομῶνα
1. 6N Σαλομών
1. 6N Σολωμῶνα
1. 6N Σολομῶντα
1. 6N Σολομών
1. 7 Σολομών
6.29 Σολομών
12.42 Σολομῶνος
12.42N Σολομῶντος
12.42 Σολομῶνος
12.42N Σολομῶντος

σός, σή, σόν 4674

7. 3 7.22 24. 3
7.22 13.27 25.25
7.22 20.14

σοφία, ας, ἡ 4678

11.19 12.42 18.54

σοφός, ή, όν 4680

11.25 23.34

σπεῖρα, ης, ἡ 4686

27.27

σπείρω 4687

6.26 σπείρουσιν
13. 3 σπείρων
13. 3 σπείρειν
13. 3N σπίρε
13. 3N σπεῖραι
13. 4 σπείρειν
13.18 σπείραντος
13.18N σπείροντος
13.19 ἐσπαρμένον
13.19N σπειρόμενον
13.19 σπαρείς
13.20 σπαρείς
13.22 σπαρείς
13.22N σπειρόμενος
13.23 σπαρείς
13.24 σπείραντι
13.24N σπείροντι
13.25N ἔσπειρεν
13.27 ἔσπειρας
13.27N ἔσπειρες
13.31 ἔσπειρεν
13.37 σπείρων
13.39 σπείρας
13.39N σπείρων
25.24 ἔσπειρας
25.26 ἔσπειρα

σπέρμα, ατος, τό 4690

13.24 13.37 22.24
13.27 13.38 22.25
13.32

σπήλαιον, ου, τό 4693

21.13

σπλαγχνίζομαι 4697

9.36 ἐσπλαγχνίσθη
9.36N ἐσπλανχνίσθη
14.14 ἐσπλαγχνίσθη
15.32 σπλαγχνίζομαι
15.32N σπλανχνίζομαι
18.27 σπλαγχνισθείς
18.27N σπλανχνισθείς
20.34 σπλαγχνισθείς
20.34N σπλανχνισθείς

σποδός, ου, ἡ 4700

11.21

σπόριμος, ον 4702

12. 1

σπόρος, ου, ὁ 4703

13. 3N

στάδιον, ου, τό 4712

14.24

στατήρ, ῆρος, ὁ 4715

17.27 26.15N 16.16

σταυρός, οῦ, ὁ 4716

10.38 27.32 27.42
16.24 27.40

σταυρόω 4717

20.19 σταυρῶσαι
23.34 σταυρώσετε
26. 2 σταυρωθῆναι
27.22 σταυρωθήτω
27.22N σταυρωθήτω
27.23 σταυρωθήτω
27.26 σταυρωθῇ
27.26N σταυρώσωσιν
27.31 σταυρῶσαι
27.35 σταυρώσαντες
27.38 σταυροῦνται
27.44N σταυρωθέντες
28. 5 ἐσταυρωμένον

σταφυλή, ῆς, ἡ 4718

7.16

στάχυς, υος, ὁ 4719

12. 1

στέγη, ης, ἡ 4721

8. 8

στενός, ή, όν 4728

7.13 7.14

στέφανος, ου, ὁ 4736

27.29

στόμα, ατος, τό 4750

4. 4 15. 8N 15.18
5. 2 15.11 17.27
6. 8N 15.11 18.16
12.34 15.17 21.16
13.35

<u>στράτευμα</u>, ατος, τό 4753

22. 7

<u>στρατιώτης</u>, ου, ὁ 4757

8. 9 27.27 28.12

<u>στρέφω</u> 4762

5.39 στρέψον
7. 6 στραφέντες
9.22 στραφείς
9.22N ἐπιστραφείς
16.23 στραφείς
16.23N ἐπιστραφείς
18. 3 στραφῆτε
27. 3 ἔστρεψεν
27. 3N ἀπέστρεψεν

<u>στρουθίον</u>, ου, τό 4765

10.29 10.31

<u>στρώννυμι</u>, <u>στρωννύω</u> 4766

21. 8 ἔστρωσαν
21. 8 ἐστρώννυον
21. 8N ἔστρωσαν
21. 8N στρώννυον

<u>στυγνάζω</u> 4768

16. 3 στυγνάζων

<u>σύ</u> 4771

2. 6 14.28 26.63
3.14 14.33N 26.64
3.17N 16.16 26.69
6. 6 16.18 26.73
6.17 25.21N 27. 4
8.29N 25.23N 27.11
11. 3 26.25 27.11
11.23 26.39

<u>ὑμεις</u> 4771

5.13 15. 3 22.29N
5.14 15. 5 23. 8
5.48 15.16 23. 8
6. 9 16.15 23.13
6.26 19.28 23.28
7.11 19.28 23.32
7.12 20. 4 24.33
9. 4N 20. 7 24.44
10.20 20.28N 26.31
10.31 21.13 27.24
13.18 21.32 28. 5
14.16

<u>συγκαλύπτω</u> 4780

10.26N συγκεκαλυμμένον

<u>σύγκειμαι</u> 4785.5

9.10 συνέκειντο

<u>συζεύγνυμι</u> 4801

19. 6 συνέζευξεν

<u>συκῆ</u>, ῆς, ἡ 4808

21.19 21.20 24.32
21.19 21.21

<u>συλλαλέω</u> 4921.2

17. 3 συλλαλοῦντες
17. 3N συνλαλοῦντες

<u>συλλαμβάνω</u> 4815

26.55 συλλαβεῖν
26.55N συνλαβεῖν

<u>συλλέγω</u> 4816

7.16 συλλέγουσιν
13.28 συλλέξωμεν
13.28N συνλέξωμεν
13.29 συλλέγοντες
13.29N συνλέγοντες
13.30 συλλέξατε
13.30N συνλέξατε
13.30N συνλέγεται
13.40 συλλέγεται
13.40N συνλέγονται
13.41 συλλέξουσιν
13.41N συνλέξουσιν
13.48 συνέλεξαν

<u>συμβουλεύω</u> 4823

26. 4 συνεβουλεύσαντο
26. 4N συνεβουλεύοντο

<u>συμβούλιον</u>, ου, τό 4824

12.14 27. 1 28.12
22.15 27. 7

<u>συμφέρω</u> 4851

5.29 συμφέρει
5.30 συμφέρει
18. 6 συμφέρει
18. 6N συνφέρι
19.10 συμφέρει
19.10N συνφέρει

<u>συμφωνέω</u> 4856

18.19 συμφωνήσωσιν
18.19N συνφωνήσουσιν
18.19N συμφωνήσουσιν
20. 2 συμφωνήσας
20.13 συνεφώνησας

<u>σύν</u> 4862

13.29N 26.35 27.44
25.27 27.38

<u>συνάγω</u> 4863

2. 4 συναγαγών
3.12 συνάξει
6.26 συνάγουσιν
12.30 συνάγων
13. 2 συνήχθησαν
13.30 συναγάγετε
13.30N συνάγετε
13.30N συνλέγεται
13.47 συναγαγούσῃ
13.47N συναγούσῃ
13.47N συνάγουσιν
13.47N συναγάγουσι
18.20 συνηγμένοι
20.28N συνάγε
22.10 συνήγαγον
22.34 συνήχθησαν
22.41 συνηγμένων

<u>συνάγω</u> 4863

24.28 συναχθήσονται
25.24 συνάγων
25.26 συνάγω
25.26N συνάγων
25.32 συναχθήσονται
25.32N συναχθήσεται
25.35 συνηγάγετε
25.38 συνηγάγομεν
25.43 συνηγάγετε
26. 3 συνήχθησαν
26.57 συνήχθησαν
27.17 συνηγμένων
27.27 συνήγαγον
27.27N συνήγαγεν
27.62 συνήχθησαν
28.12 συναχθέντες

<u>συναγωγή</u>, ῆς, ἡ 4864

4.23 9.35 13.54
6. 2 10.17 23. 6
6. 5 12. 9 23.34

<u>συναίρω</u> 4868

18.23 συνᾶραι
18.24 συναίρειν
25.19 συναίρει

<u>συνανάκειμαι</u> 4873

9.10 συνανέκειντο
9.10N συνέκειντο
14. 9 συνανακειμένους

<u>συνάντησις</u>, εως, ἡ 4876.5

8.34N 25. 6N

<u>συναυξάνομαι</u> 4885

13.30 συναυξάνεσθαι
13.30N αὐξάνεσθαι

<u>σύνδουλος</u>, ου, ὁ 4889

18.26N 18.29 18.33
18.28 18.31 24.49

<u>συνέδριον</u>, ου, τό 4892

5.22 10.17 26.59

<u>συνέρχομαι</u> 4905

1.18 συνελθεῖν

<u>συνετός</u>, ή, όν 4908

11.25

<u>συνέχω</u> 4912

4.24 συνεχομένους

<u>συνθλάομαι</u> 4917

21.44 συνθλασθήσεται

<u>συνίημι</u> 4920

13.13 συνίουσιν
13.13N συνίωσιν
13.13N συνῶσιν

συνίημι (Cont) 4920

13.14 συνῆτε
13.15 συνῶσιν
13.19 συνιέντος
13.19N συνιόντος
13.23 συνιείς
13.23N συνίων
13.51 συνήκατε
15.10 συνίετε
16.12 συνῆκαν
17.13 συνῆκαν

συνπνίγω 4846

13.22 συμπνίγει
13.22N συνπνίγει
13.22N συνπνείγει

συνσταυρόω 4957

27.44 συσταυρωθέντες
27.44N συνσταυρωθέντες
27.44N σταυρωθέντες

συντάσσω 4929

21. 6 συνέταξεν
21. 6N προσέταξεν
26.19 συνέταξεν
27.10 συνέταξεν

συντέλεια, ας, ἡ 4930

13.39 13.49 24.33N
13.40 24. 3 28.20

συντελέω 4931

7.28N συνετέλεσεν

συντηρέω 4933

9.17 συντηροῦνται
9.17N τηροῦνται

συντρίβω 4937

12.20 συντετριμμένον

Συρία, ας, ἡ 4947

4.24

συστρέφω 4962

17.22 συστρεφομένων
17.22N αναστρεφομένων

σφάζω 4969

10.28N σφᾶξαι

σφάλλω 4969.5

15.14N σφαλήσεται

σφόδρα 4970

2.10 17. 6 19.25
7.27N 17.23 26.22
14.30N 18.31 27.54

σφραγίζω 4972

27.66 σφραγίσαντες

σφυρίς, ίδος, ἡ 4974.5

15.37 σπυρίδας
15.37N σφυρίδας
16.10 σπυρίδας
16.10N σφυρίδας

σχίζω 4977

27.51 ἐσχίσθη
27.51 ἐσχίσθησαν

σχίσμα, ατος, τό 4978

9.16

σχολάζω 4980

12.44 σχολάζοντα

σῴζω 4982

1.21 σώσει
8.25 σῶσον
9.21 σωθήσομαι
9.22 σέσωκεν
9.22N σεσώκαιεν
9.22 ἐσώθη
10.22 σωθήσεται
14.30 σῶσον
14.36N ἐσώθησαν
16.16N σώζοντος
16.25 σῶσαι
16.25N σώσει
19.25 σωθῆναι
24. 9N σωθήσετε
24.13 σωθήσεται
24.22 ἐσώθη
27.40 σῶσον
27.42 ἔσωσεν
27.42 σῶσαι
27.49 σώσων
27.49N σῶσαι
27.49N σώσει
27.49N σώζων

σῶμα, ατος, τό 4983

5.29 6.25 26.26
5.30 10.28 27.52
6.22 10.28 27.58
6.22 14.12N 27.58N
6.23 24.28N 27.59
6.25 26.12

τάλαντον, ου, τό 5007

18.24 25.20 25.22
25.15 25.20 25.24
25.16 25.20 25.25
25.16N 25.20 25.28
25.17N 25.22 25.28
25.18N 25.22

ταμεῖον, ου, τό 5009

6. 6 ταμεῖον
6. 6N ταμιεῖον
24.26 ταμείοις
24.26N ταμιείοις

ταμιεῖον, ου, τό 5009.5

6. 6N ταμιεῖον
24.26N ταμιείοις

ταπεινός, ή, όν 5011

11.29

ταπεινόω 5013

18. 4 ταπεινώσει
23.12 ταπεινωθήσεται
23.12 ταπεινώσει

ταράσσω 5015

2. 3 ἐταράχθη
14.26 ἐταράχθησαν

τάσσω 5021

8. 9N τασσόμενος
28.16 ἐτάξατο

ταῦρος, ου, ὁ 5022

22. 4

ταφή, ῆς, ἡ 5027

27. 7

τάφος, ου, ὁ 5028

23.27 27.61 27.66
23.27N 27.64 28. 1
23.29

ταχύ 5035

5.25 28. 7 28. 8

τέ 5037

22.10 27.48 28.12
24.49N

τέκνον, ου, τό 5043

2.18 10.21 21.28
3. 9 11.19N 21.28
7.11 15.26 22.24
9. 2 18.25 23.37
10.21 19.29 27.25

τέκτων, ονος, ὁ 5045

13.55

τέλειος, α, ον 5046

5.48 5. 48 19.21

τελευτάω 5053

2.19 τελευτήσαντος
9.18 ἐτελεύτησεν
15. 4 τελευτάτω
22.25 ἐτελεύτησεν

τελέω 5055

7.28 ἐτέλεσεν
10.23 τελέσητε
11. 1 ἐτέλεσεν
13.53 ἐτέλεσεν
17.24 τελεῖ
19. 1 ἐτέλεσεν
19. 1N ἐλάλησεν
26. 1 ἐτέλεσεν

τέλος, ους, τό 5056

10.22 24. 9N 24.14
17.25 24.13 26.58
24. 6

τελώνης, ου, ὁ 5057

5.46 9.11 18.17
5.47N 10. 3 21.31
9.10 11.19 21.32

τελώνιον, ου, τό 5058

9. 9

τέρας, ατος, τό 5059

24.24

τέσσαρες 5061.2

24.31

τεσσεράκοντα 5062

4. 2 τεσσεράκοντα
4. 2N τεσσαράκοντα
4. 2 τεσσεράκοντα
4. 2N τεσσαράκοντα

τέταρτος, η, ον 5067

14.25

τετραάρχης, ου, ὁ 5067.4

14. 1 τετραάρχης
14. 1N τετράρχης
14. 1N τετάρχης

τετρακισχίλιοι, αι, α 5070

15.38 16.10

τηρέω 5083

9.17N τηροῦνται
19.17 τήρησον
19.17N τήρει
23. 3N τήρειν
23. 3 τηρεῖτε
23. 3N τήρει
27.36 ἐτήρουν
27.54 τηροῦντες
28. 4 τηροῦντες
28.20 τηρεῖν

τίθημι 5087

5.15 τιθέασιν
12.18 θήσω
14. 3N ἔθετο
22.44 θῶ
24.51 θήσει
27.29N ἔθηκαν
27.60 ἔθηκεν

τίκτω 5088

1.21 τέξεται
1.23 τέξεται
1.25 ἔτεκεν
2. 2 τεχθείς

τίλλω 5089

12. 1 τίλλειν

τιμάω 5091

15. 4 τίμα
15. 6 τιμήσει
15. 6N τιμήσῃ
15. 8 τιμᾷ
19.19 τίμα
27. 9 τετιμημένου
27. 9 ἐτιμήσαντο

τιμή, ῆς, ἡ 5092

27. 6 27. 9

τίς, τί 5101

3. 7 12.11N 21.10
5.13 12.27 21.16
5.46 12.48 21.23
5.47 12.48 21.25
6. 3 13.10 21.28
6.25 13.54N 21.31
6.25 14.31 21.40
6.25 15. 2 22.17
6.27 15. 3 22.18
6.28 15.32 22.20
6.31 16. 8 22.28
6.31 16.13 22.42
6.31 16.15 22.42
7. 3 16.26 23.17
7. 9 16.26 23.19
7.14 17.10 23.19N
8.26 17.19 24. 3
8.29 17.25 24.45
9. 5 17.25 26. 8
9.11 18. 1 26.10
9.13 18.12 26.15
9.14 19. 7 26.62
10.11 19.16 26.65
10.19 19.17 26.66
10.19 19.20 26.68
11. 7 19.25 26.70
11. 8 19.27 27. 4
11. 9 20. 6 27.17
11.16 20.21 27.21
12. 3 20.22 27.22
12. 7 20.32 27.23
12.11

τὶς, τὶ 5100

5.23 13.44N 22.24
8.20N 16.24 22.35N
8.28 16.28 22.46
9. 3 17.14N 24. 4
9. 9N 18.12 24.17N
9.15N 18.28 24.23
11.27 19. 3N 25.14N
12.19 20.20 25.19N
12.29 21. 3 26.60N
12.38 21.28N 27.47
12.47 21.33N 28.11

τοιοῦτος, αύτη, οῦτον 5108

9. 8 τοιαύτην
9. 8N τοιαῦτον
18. 5 τοιοῦτο
18. 5N τοιοῦτον

τόκος, ου, ὁ 5110

25.27

τολμάω 5111

22.46 ἐτόλμησεν

τόπος, ου, ὁ 5117

12.43 20.28N 26.52
14.13 20.28N 27.33
14.15 24. 7 27.33
14.35 24.15 28. 6
15.33N

τοσοῦτος, αύτη, οῦτον 5118

8.10 15.33

τότε 5119

2. 7 14. 3N 24.31N
2.16 15. 1 24.40
2.17 15.12 25. 1
3. 5 15.28 25. 7
3.13 16. 7N 25.31
3.15 16.12 25.34
4. 1 16.20 25.37
4. 5 16.21 25.41
4.10 16.24 25.44
4.11 16.27 25.45
4.17 17.13 26. 3
5.24 17.17N 26.14
7. 5 17.19 26.16
7.23 18.21 26.31
8.26 18.32 26.36
9. 6 19.13 26.38
9.14 19.27 26.45
9.15 20.20 26.50
9.29 21. 1 26.52
9.37 22. 8 26.56
11.20 22.13 26.65
12.13 22.15 26.67
12.22 22.21 26.74
12.29 23. 1 27. 3
12.38 24. 9 27. 9
12.44 24.10 27.13
12.45 24.14 27.16
13.14N 24.16 27.26
13.23N 24.21 27.27
13.26 24.23 27.38
13.36 24.30 27.58
13.43 24.30 28.10

τοὔνομα 5122

27.57

τράπεζα, ης, ἡ 5132

15.27 21.12

τραπεζίτης, ου, ὁ 5133

25.27

τράχηλος, ου, ὁ 5137

18. 6

τρεῖς, τρία 5140

12.40 15.32 18.20
12.40 16.21N 26.61
12.40 17. 4 27.40
12.40 17.23N 27.63
13.33 18.16

τρέφω 5142

6.26 τρέφει
25.37 ἐθρέψαμεν

<u>τρέχω</u> 5143

27.48 δραμὼν
28. 8 ἔδραμον

<u>τρῆμα</u>, ατος, τό 5143.5

19.24N

<u>τριάκοντα</u> 5144

13. 8 26.15 27. 5N
13.23 27. 3 27. 9

<u>τρίβολος</u>, ου, ὁ 5146

7.16

<u>τρίβος</u>, ου, ἡ 5147

3. 3

<u>τρίς</u> 5151

26.34 26.75

<u>τρίτος</u>, η, ον 5154

16.21 20.19 26.44
17.23 22.26 27.64
20. 3

<u>τρόπος</u>, ου, ὁ 5158

23.37

<u>τροφή</u>, ῆς, ἡ 5160

3. 4 10.10 24.45
6.25 14.15N

<u>τρύβλιον</u>, ου, τό 5165

26.23 τρυβλίῳ
26.23N τρυβάλιον

<u>τρυμαλιά</u>, ᾶς, ἡ 5168

19.24N

<u>τρύπημα</u>, ατος, τό 5169

19.24 τρυπήματος
19.24N τρήματος
19.24N τρυμαλιᾶς

<u>τρώγω</u> 5176

24.38

<u>τύπτω</u> 5180

24.49 τύπτειν
27.30 ἔτυπτον

<u>Τύρος</u>, ου, ἡ 5184

11.21 11.22 15.21

<u>τυφλός</u>, ή, όν 5185

9.27 15.14 23.16
9.28 15.14 23.17
11. 5 15.30 23.19
12.22 15.31 23.24
15.14 20.30 23.26
15.14 21.14

<u>τύφομαι</u> 5188

12.20 τυφόμενον

<u>ὑβρίζω</u> 5195

22. 6 ὕβρισαν

<u>ὑγιαίνω</u> 5198

8.13N ὑγιαίνοντα

<u>ὑγιής</u>, ές 5199

12.13 15.31

<u>ὕδωρ</u>, ατος, τό 5204

3.11 10.42N 17.15
3.16 14.28 27.24
8.32 14.29 27.49N

<u>υἱός</u>, οῦ, ὁ 5207

1. 1 13.37 21.37
1. 1 13.38 21.37
1.20 13.38 21.38
1.21 13.41 22. 2
1.23 13.55 22.42
1.25 14.33 22.45
2.15 15.22 23.15
3.17 16.13 23.31
4. 3 16.16 23.35
4. 6 16.27 24.27
5. 9 16.28 24.30
5.45 17. 5 24.30
7. 9 17. 9 24.36
8.12 17. 9N 24.37
8.20 17.12 24.39
8.29 17.15 24.44
9. 6 17.22 25.13N
9.15 17.25 25.31
9.27 17.26 26. 2
10.23 18.11 26.14
10.35N 19.28 26.24
10.37 20.18 26.37
11.19 20.20 26.45
11.27 20.20 26.63
11.27 20.21 26.64
11.27 20.28 27. 9
12. 8 20.30 27.40
12.23 20.31 27.43
12.27 21. 5 27.54
12.32 21. 9 27.56
12.40 21.15 28.19

<u>υἱὸς τοῦ ἀνθρώπου</u>

8.20 16.28 24.37
9. 6 17. 9 24.39
10.23 17.12 24.44
11.19 17.22 25.13N
12. 8 18.11 25.31
12.32 19.28 26. 2
12.40 20.18 26.24
13.37 20.28 26.24
13.41 24.27 26.45
16.13 24.30 26.64
16.27 24.30

<u>υἱὸς τοῦ Δαυίδ</u>

1. 1 15.22 21.15
1.20 20.30 22.42
9.27 20.31 22.45
12.23 21. 9

<u>υἱὸς τοῦ θεοῦ</u>

2.15 11.27 24.36
3.17 11.27 26.63
4. 3 11.27 27.40
4. 6 14.33 27.43
5. 9 16.16 27.54
8.29 17. 5 28.19

<u>ὑπάγω</u> 5217

4.10 ὕπαγε
5.24 ὕπαγε
5.41 ὕπαγε
8. 4 ὕπαγε
8.13 ὕπαγε
8.32 ὑπάγετε
9. 6 ὕπαγε
9. 6N πορεύου
9. 6N εἴπαγε
10. 6N ὑπάγετε
13.44 ὑπάγει
16.23 ὕπαγε
18.15 ὕπαγε
19.21 ὕπαγε
20. 4 ὑπάγετε
20. 7 ὑπάγετε
20.14 ὕπαγε
21.18N ὑπάγων
21.28 ὕπαγε
21.29N ὑπάγω
21.30N ὑπάγω
25.10N ὑπάγουσιν
25.41N ὑπάγετε
26.18 ὑπάγετε
26.24 ὑπάγει
27.65 ὑπάγετε
28.10 ὑπάγετε

<u>ὑπακούω</u> 5219

8.27 ὑπακούουσιν

<u>ὑπαντάω</u> 5221

8.28 ὑπήντησαν
28. 9 ὑπήντησεν
28. 9N ἀπήντησεν

<u>ὑπάντησις</u>, εως, ἡ 5222

8.34 25. 1 25. 6

<u>ὑπάρχω</u> 5224,5225

5.12N ὑπάρχοντας
19.21 ὑπάρχοντα
24.47 ὑπάρχουσιν
25.14 ὑπάρχοντα

<u>ὑπέρ</u> w. gen. 5228

5.44 26.28N

<u>ὑπέρ</u> w. acc. 5228

10.24 10.37 10.37
10.24

<u>ὑπηρέτης</u>, ου, ὁ 5257

5.25 26.58

<u>ὕπνος</u>, ου, ὁ 5258

1.24

ὑπό w. gen. 5259

1.22 4. 1 16.21N
2.15 5.13 17.12
2.16 6. 2 19.12
2.17N 8.24 20.23
2.33N 10.22 21. 4N
3. 3N 11. 7 22.31
3. 6 11.27 23. 7
3.13 12.17N 24. 9
3.14 14. 8 27.12
4. 1 14.24 28.14N

ὑπό w. acc. 5259

5.15 8. 9 15.30N
8. 8 8. 9 23.37

ὑποδείκνυμι 5263

3. 7 ὑπέδειξεν
22.19N ὑποδείξατε

ὑπόδημα, ατος, τό 5266

3.11 10.10

ὑποζύγιον, ου, τό 5268

21. 5

ὑποκάτω 5270

22.44

ὑπόκρισις, εως, ἡ 5272

23.18

ὑποκριτής, οῦ, ὁ 5273

6. 2 16. 3N 23.23
6. 5 22.18 23.25
6. 7N 23.13 23.27
6.16 23.14 23.29
7. 5 23.15 24.51
15. 7 23.16N

ὑπομένω 5278

10.22 ὑπομείνας
10.22N ὑπομένας
24. 9N ὑπομείνας
24.13 ὑπομείνας

ὑποπόδιον, ου, τό 5286

5.35 22.44N

ὑποστρέφω 5290

8.13N ὑποστρέψας

ὑστερέω 5302

19.20 ὑστερῶ

ὕστερον 5305

4. 2 21.32 25.11
21.29 21.37 26.60
21.30N 22.27

ὕστερος, α, ον 5306

21.31N ὕστερος

ὑψηλός, ή, όν 5308

4. 8 17. 1

ὕψιστος, η, ον 5310

21. 9

ὑψόω 5312

11.23 ὑψωθήσῃ
11.23N ὑψώθης
11.23N ὑψωθεῖσα
23.12 ὑψώσει
23.12 ὑψωθήσεται

φάγος, ου, ὁ 5314

11.19

φαίνω 5316

1.20 ἐφάνη
2. 7 φαινομένου
2.13 φαίνεται
2.13N ἐφάνη
2.19 φαίνεται
6. 5 φανῶσιν
6.16 φανῶσιν
6.18 φανῇς
9.33 ἐφάνη
13.26 ἐφάνη
23.27 φαίνονται
23.27N φαίνετε
23.28 φαίνεσθε
24.27 φαίνεται
24.27N φαίνει
24.30 φανήσεται
27.53N ἐφάνησαν

φανερός, ά, όν 5318

6. 4N 6.18N 12.16
6.18N

φανερόω 5319

10.26N φανερωθήσεται

φάντασμα, ατος, τό 5326

14.26

Φαρές, ὁ 5329

1. 3 (2)

Φαρισαῖος, ου, ὁ 5330

3. 7 16. 1 23.14
5.20 16. 6 23.15
7.29N 16.11 23.16N
9.11 16.12N 23.23
9.14 16.12 23.25
9.34 19. 3 23.26
12. 2 21.45 23.27
12.14 22.15 23.29
12.24 22.34 26. 3N
12.38 22.41 27.41N
15. 1 23. 2 27.62
15.12 23.13

φέγγος, ους, τό 5338

24.29

φέρω 5342

6.13N ἐνέγκης
7.18N ἐνεγκεῖν
7.18N ἐνεγκεῖν
14.11 ἠνέχθη
14.11 ἤνεγκεν
14.18 φέρετε
17.17 φέρετε

φεύγω 5343

2.13 φεῦγε
3. 7 φυγεῖν
8.33 ἔφυγον
10.23 φεύγετε
10.23N φεύγετε
23.33 φύγητε
23.33N φύγεται
24.16 φευγέτωσαν
26.56 ἔφυγον
26.56N ἔφυγον

φήμη, ης, ἡ 5345

9.26

φημί 5346

4. 7 ἔφη
8. 8 ἔφη
8. 8N εἶπεν
13.28 ἔφη
13.29 φησίν
13.29N λέγει
13.29N ἔφη
14. 8 φησίν
14.16N φησίν
17.25N ἔφη
17.26 ἔφη
19.18N φησίν
19.18N ἔφη
19.21 ἔφη
19.21N λέγει
21.27 ἔφη
22.37 ἔφη
22.37N εἶπεν
25.21 ἔφη
25.23 ἔφη
26.34 ἔφη
26.61 ἔφη
26.61N λέγοντα
26.61N λέγοντος
27.11 ἔφη
27.23 ἔφη
27.23N λέγει
27.65 ἔφη

φημίζω 5346.5

28.15N ἐφημίσθη

φθάνω 5348

12.28 ἔφθασεν
12.28N ἔφθασαν

φθέγγομαι 5350

13.35N φθέγξομαι

φθόνος, ου, ὁ 5355

15.19N 27.16N 27.18

φιλέω 5368

6. 5 φιλοῦσιν
10.37 φιλῶν
10.37 φιλῶν
23. 6 φιλοῦσιν
26.48 φιλήσω

Φίλιππος, ου, ὁ 5376

10. 3 14. 3 16.13

φίλος, η, ον 5384

5.47N 11.19

φιμόω 5392

22.12 ἐφιμώθη
22.12N ἐφειμώθη
22.34 ἐφίμωσεν

φοβέομαι 5399

1.20 φοβηθῇς
2.22 ἐφοβήθη
9. 8 ἐφοβήθησαν
9. 8N ἐθαύμασαν
10.26 φοβηθῆτε
10.28 φοβεῖσθε
10.28N φοβήθητε
10.31 φοβεῖσθε
10.31N φοβήθητε
14. 5 ἐφοβήθη
14.27 φοβεῖσθε
14.30 ἐφοβήθη
17. 6 ἐφοβήθησαν
17. 7 φοβεῖσθε
19.25N ἐφοβήθησαν
21.26 φοβούμεθα
21.46 ἐφοβήθησαν
25.25 φοβηθεὶς
27.54 ἐφοβήθησαν
28. 5 φοβεῖσθε
28. 5N φοβήθηται
28.10 φοβεῖσθε

φόβος, ου, ὁ 5401

14.26 28. 4 28. 8

φονεύς, έως, ὁ 5406

22. 7

φονεύω 5407

5.21 φονεύσεις
5.21 φονεύσῃ
5.21N φονεύσει
19.18 φονεύσεις
23.31 φονευσάντων
23.31N ἀποκτεινόντων
23.35 ἐφονεύσατε

φόνος, ου, ὁ 5408

15.19

φορέω 5409

11. 8 φοροῦντες

φορτίζω 5412

11.28 πεφορτισμένοι

φορτίον, ου, τό 5413, 5414

11.30 23. 4

φραγελλόω 5417

27.26 φραγελλώσας

φραγμός, οῦ, ὁ 5418

21.33

φράζω 5419

13.36N φράσον
15.15 φράσον

φρονέω 5426

16.23 φρονεῖς
16.23N ἐφρώνεσας

φρόνιμος, ον 5429

7.24 25. 2 25. 8
10.16 25. 4 25. 9
24.45

φυγή, ῆς, ἡ 5437

24.20

φυλακή, ῆς, ἡ 5438

5.25 24.43 25.44
14. 3 25.36 27.16N
14.10 25.39 27.65N
14.25 25.43 27.66N
18.30

φυλακτήριον, ου, τό 5440

23. 5

φυλάσσω 5442

19.20 ἐφύλαξα
19.20N ἐφυλαξάμην

φυλή, ῆς, ἡ 5443

19.28 24.30

φύλλον, ου, τό 5444

21.19 24.31

φυτεία, ας, ἡ 5451

15.13

φυτεύω 5452

15.13 ἐφύτευσεν

φωλεός,οῦ, ὁ 54.54

8.20

φωνέω 5455

20.32 ἐφώνησεν
25.30N ἐφώνη
26.34 φωνῆσαι
26.34N ἀλεκτοροφωνίας
26.74 ἐφώνησεν
26.75 φωνῆσαι
26.75N αλεκτοροφωνίας
27.47 φωνεῖ

φωνή, ῆς, ἡ 5456

2.18 12.19 27.46
3. 3 17. 5 27.50
3.17 24.31N

φῶς, φωτός, τό 5457

4.16 5.16 17. 2
4.16 6.23 17. 5N
5.14 10.27

φωτεινός, ή, όν 5460

6.22 17. 5

χαίρω 5463

2.10 ἐχάρησεν
5.12 χαίρετε
18.13 χαίρει
26.49 χαῖρε
27.29 χαῖρε
28. 9 χαίρετε

χαλεπός, ή, όν 5467

8.28

χαλκός, οῦ, ὁ 5475

10. 9

Χαναναῖος, α, ον 5478

10. 4N Χαναναῖς
15.22 Χαναναῖα

χαρά, ᾶς, ἡ 5479

2.10 13.44 25.23
13.20 25.21 28. 8

χεῖλος, ους, τό 5491

15. 8

χειμών, ῶνος, ὁ 5494

16. 3 24.20

χείρ, χειρός, ἡ 5495

3.12 12.49 19.15
4. 6 14.31 20.18N
5.30 15. 2 22.13
8. 3 15.20 26.23
8.15 17.22 26.45
9.18 18. 8 26.50
9.25 18. 8 26.51
12.10 19.13 27.24
12.13

χείρων, ον 5501

9.16 12.45N 27.64
12.45

χήρα, ας, ἡ 5503

23.14

χιτών, ῶνος, ὁ 5509

5.40 10.10

χιών, όνος, ἡ 5510

17. 2N

<u>χλαμύς</u>, ύδος, ἡ 5511

27.28 27.31

<u>χοῖρος</u>, ου, ὁ 5519

7. 6 8.31 8.32N
8.30 8.32

<u>χολή</u>, ῆς, ἡ 5521

27.34

<u>Χοραζίν</u>, ἡ 5523

11.21 Χοραζίν
11.21N Χοραζείν
11.21N Χοροζαίν
11.21N Χωραζείν
11.21N Χοραζζή
11.21N Χοραζεί

<u>χορτάζω</u> 5526

5. 6 χορτασθήσονται
14.20 ἐχορτάσθησαν
15.33 χορτάσαι
15.37 ἐχορτάσθησαν

<u>χόρτος</u>, ου, ὁ 5528

6.30 13.26 14.19

<u>χρεία</u>, ας, ἡ 5532

3.14 9.12 21. 3
6. 8 14.16 26.65

<u>χρῄζω</u> 5535

6.32 χρῄζετε
6.32N χρῆτε

<u>χρῆμα</u>, ατος, τό 5536

19.22N

<u>χρηματίζω</u> 5537

2.12 χρηματισθέντες
2.22 χρηματισθείς

<u>χρήσιμος</u>, η, ον 5539

20.28N

<u>Χριστός</u>, οῦ, ὁ 5547

1. 1 16.16 24.23
1.16 16.20 26.63
1.17 16.21N 26.68
1.18 22.42 27.17
2. 4 23.10 27.22
11. 2 24. 5

<u>χρονίζω</u> 5549

24.48 χρονίζει
25. 5 χρονίζοντος

<u>χρόνος</u>, ου, ὁ 5550

2. 7 2.16 25.19

<u>χρυσός</u>, οῦ, ὁ 5557

2.11 23.16 23.17
10. 9 23.17

<u>χωλός</u>, ή, όν 5560

11. 5 15.31 21.14
15.30 18. 8

<u>χώρα</u>, ας, ἡ 5561

2.12 4.16 8.28
2.13N

<u>χωρέω</u> 5562

15.17 χωρεῖ
19.11 χωροῦσιν
19.12 χωρεῖν
20.28N χωρεῖ

<u>χωρίζω</u> 5563

19. 6 χωριζέτω
19. 6N ἀποχωριζέτω

<u>χωρίον</u>, ου, τό 5564

26.36

<u>χωρίς</u> 5565

13.34 14.21 15.38

<u>ψεύδομαι</u> 5574

5.11 ψευδόμενοι

<u>ψευδομαρτυρέω</u> 5576

19.18 ψευδομαρτυρήσεις

<u>ψευδομαρτυρία</u>, ας, ἡ 5577

15.19 26.59

<u>ψευδομάρτυς</u>, υρος, ὁ 5575

26.60 26.60N

<u>ψευδοπροφήτης</u>, ου, ὁ 5578

7.15 24.11 24.24

<u>ψευδόχριστος</u>, ου, ὁ 5580

24.24

<u>ψιχίον</u>, ου, τό 5589

15.27

<u>ψυχή</u>, ῆς, ἡ 5590

2.20 10.39 16.26
6.25 11.29 16.26
6.25 12.18 20.28
10.28 16.25 22.37
10.28 16.25 26.38
10.39

<u>ψυχόμαι</u> 5594

24.12 ψυγήσεται

<u>ψυχρός</u>, ά, όν 5593

10.42

ὦ 5599

15.28 17.17

<u>ὧδε</u> 5602

8.29 14.18 22.12
12. 6 16.28 24. 2
12.41 17. 4 24.23
12.42 17. 4 26.38
14. 8 17.17 26.53N
14.17 20. 6 28. 6

<u>ὠδίν</u>, ῖνος, ἡ 5604

24. 8

<u>ὦμος</u>, ου, ὁ 5606

23. 4

<u>ὥρα</u>, ας, ἡ 5610

8.13 20. 5 24.50
8.13N 20. 6N 25.13
9.22 20. 9 26.40
10.19 20.12 26.45
14.15 22.46N 26.55
15.28 24.36 27.45
17.18 24.42N 27.45
18. 1 24.43N 27.46
20. 3 24.44

<u>ὡραῖος</u>, α, ον 5611

23.27

<u>ὡς</u> 5613

1.24 12. 4N 21. 6N
3.16N 12.13 21.26
5.48 13.43 21.46N
6. 5 14. 5 22.30
6.10 14.21N 22.39
6.12 15.28 24.38
6.16 15.38N 26.19
6.29 17. 2 26.39
7.29 17. 2 26.39
7.29 17.20 26.55
8.13 18. 3 27.65
9.36N 18. 4 28. 3
10.16 18.17N 28. 3
10.16 18.33 28. 4
10.16 19.19 28. 9N
10.25 20.14 28.15
10.25 20.15N

ὡσαννά 5614

21. 9 ὡσαννα . ὡσαννά
21. 9N ὁσαννά . ὁσαννά
21. 9N ὡσανά . ὡσανά
21. 9N ὡσαννά . ὡσανά
21.15 ὡσαννά
21.15N ὁσαννά
21.15N ὡσανά

ὡσαύτως 5615

20. 5 21.36 25.17
21.30

<u>ὡσεί</u> 5616

10.16N 20. 5 26.39N
10.16N 21.30 28. 3N
12.13N 21.36 28. 4N
15.38N 25.17

<u>ὥσπερ</u> 5618

5.48N	12.40	24.37
6. 2	13.40	24.38N
6. 5N	18.17	25.14
6. 7	20.28	25.32
6.16N	24.27	

<u>ὥστε</u> 5620

8.24	13.32	22.32N
8.28	13.54	23.31
10. 1	15.31	24.24
12.12	15.33	27. 1
12.22	19. 6	27.14
13. 2		

<u>ὠτίον</u>, ου, τό 5621

26.51

<u>ὠφελέω</u> 5623

15. 5 ὠφεληθῇς
16.26 ὠφεληθήσεται
16.26N ὠφελεῖται
27.24 ὠφελεῖ